# 우리말 불교개념 사전

1

| 인간관 |

우리말 불교개념 사전 1 | 인간관 |

초판인쇄 2024년 04월 04일
초판발행 2024년 04월 11일

편 자 고영섭
발 행 인 윤석현
발 행 처 박문사
책임편집 최인노
등록번호 제2009-11호

우편주소 서울시 도봉구 우이천로 353 성주빌딩
대표전화 02) 992 / 3253
전 송 02) 991 / 1285
홈페이지 http://jnc.jncbms.co.kr
전자우편 bakmunsa@hanmail.net



ISBN 979-11-92365-54-1 04220
979-11-92365-53-4 (SET)

정가 49,900원

# 우리말 불교개념 사전

1

| 인간관 |

동국대학교 세계불교학연구소

고 영 섭 편

박문사

일러두기:

1. 이 사전은 인간관(1책), 세계관(2책), 수행론(2책)으로 분류한 123개 개념을 전5책에 담은 우리말 불교개념 사전이다.
2. 빠알리어표기는 첫 음의 경우 격음을 지양해 경음으로 표기하였다.
   Pali – 빠알리어
3. 범어표기는 첫 음의 경우 경음을 지양해 평음으로 표기하였다.
   Sanskrit – 산스크리트
4. 티베트어표기는 첫 음의 경우 경음을 지양해 격음으로 표기하였다.
   Tibetan – 티베탄
5. 이미 우리말로 굳어진 한자어의 음은 한자로 표기하지 않았다.
6. 각 원고 말미에는 집필자의 이름과 소속을 덧붙였다.
7. 기타

# |서문|

무릇 사전은 한 문명을 이해하는 척도이자 한 학문을 인식하는 지도이다. 지도가 공간의 표상을 일정한 형식을 이용해 표현한 것이라면, 척도는 자료를 수집할 때 관찰된 현상에 하나의 값을 할당시키기 위하여 사용하는 측정과 평가의 기준이다. 이처럼 문명 이해의 척도이자 학문 인식의 지도인 온전한 사전의 유무는 해당 문명의 정도와 해당 학문의 수준을 가늠해 준다.

붓다에 대한 연구인 전승 불학과 붓다의 가르침에 대한 연구인 근현대 불교학 사이에는 연속과 단절이 존재한다. 전승 불학에서는 계정혜학과 불선유학의 연속성이 확인되지만 근현대 불교학에서는 계정혜학과 불선유학의 지속성이 확인되지 않는다. 연속성 속에서는 전승 불학의 특징과 특성이 강하게 발휘되지만 불연속성 속에서는 근현대 불교학의 특징과 특성이 강하게 발휘된다. 이 때문에 이 시대를 사는 인문학도와 불교학도는 전승 불학과 근현대 불교학의 연속과 불연속을 통섭해 이들의 강점과 장점을 원용하고 변용해 새로운 인문학과 불교학을 전개해야 할 과제를 지니고 있다.

민족 사학인 동국대학교는 우리나라에서 가장 오래된 배움터이다. 고구려 소수림왕 2년(372)년에 수도 집안에 들어온 순도가 전해온 불교를 공인하면서부터 그가 머문 초문사가 대학의 역사가 시작된 곳이기 때문이다. 우리나라의 고대 고구려 백제 신라 가야 사국의 교육은 대개 유학을 중심으로 한 관학과 불학을 중심으로 한 사학을 중심으로 전개해 왔다. 정부 주도의 관학과 달리 특히 민간 주도의 사학은 불교 사찰의 강원을 중심으로 교육이 이루어져 왔다. 신라 중기에 선법이 전래되면서부터는 선원에서도 교육이 이루어져 왔다.

고려시대 정종 때에는 관학과 함께 사학인 불교를 공부하는 이들을 위해 장학재단 광학보가 설치되었다. 조선후기에는 강원과 선원 및 염불원의 삼원을 중심으로 삼문 수행이 이루어졌다. 대한시대에 들어서 전국 16개 중법산 이상의 사찰에서 출자하여 중앙의 불교 사찰 원흥사에서 명진학교(1906)를 개교하였다. 명진학교는 이후 불교사범학교(1910~1914), 불교고등강숙

(1914~1915), 불교중앙학림(1915~1922), 불교학원(1922~1928), 불교전수학교(1928~1930), 중앙불교전문학교(1930~1940), 혜화전문학교(1940~1946), 동국대학(1946~1953), 동국대학교(1953~현재)로 이름을 바꾸어가며 이어져 오고 있다.

2003년 당시 편자는 우리 불교학의 지형을 제고하기 위해 불교학과의 젊은 교수들 중심으로 단권의 『우리말 불교개념 사전』을 기획하였다. 그런데 이 사실이 서윤길 대학원장님에게 알려지면서 이 기획을 동국대학교의 개교 100주년을 준비하는 사업으로 확대하자는 제안을 받았다. 그 결과 홍기삼 총장님의 동의 아래 학교출판부의 원고료 지원과 사전 간행 지원이라는 전향적인 방향으로 확장되었다. 그리하여 동국대학교의 뿌리가 된 불교학과 창설 100주년을 준비하기 위해 불교학과 교수들 중심으로 『우리말 불교개념 사전』을 편찬하기 위한 준비위원회가 구성되었다.

준비위에서는 이렇게 분류와 책수 및 집필 형식을 확정하고 108명의 박사 필자들에게 125개의 표제어를 150~200매 분량으로 청탁하였다. 이러한 일련의 준비 과정은 지난 한 세기 동대를 중심으로 한 국내 불교연구의 성과를 집대성하는 작업이었다. 이 때문에 당시 우리나라 인문학계에서는 이제까지 들은 적이 없는 『우리말 불교개념 사전』 편찬의 의미와 가치에 대해 큰 관심을 가지고 있었다. 그때 사전 간행을 위한 원고청탁서에는 이 사전의 집필 방향과 편찬 내용 잘 나타나 있다.

불교에는 수행의 실제를 이론화한 무수한 개념들이 있습니다. 그 개념들은 깊고 넓은 시공간적 의미를 머금고 있기 때문에 인간(존재)과 세계(우주)와 수행(해탈)에 대한 불교의 깊고 넓은 의미 영역에 대한 올바른 이해를 위해서는 '개념사전'이라는 이정표가 필수적으로 요청됩니다. 먼저 각 개념들에 대한 온전한 이해를 위해서는 해당 개념의 1) 어원적 근거 및 개념 풀이, 2) 역사적 맥락 및 텍스트별 용례, 3) 인접 개념과의 관계 및 현대적 논의, 4) 출전 근거와 참고 문헌 등에 대한 탐색이 전제되어야만 합니다. 이들 네 축에 입각한 유기적이고도 포괄적인 이해 위에서 비로소 불교를 온전히 파악할 수 있게 됩니다.

불교사전은 불교를 이해하는 척도가 됩니다. 하지만 종래의 불교사전은 소항목 중심에다 단순한 개념 풀이에 머물러 있어 1) 어원적 근거 및 개념 풀이, 2) 역사적 맥락 및 텍스트별 맥락의 용례, 3) 인접 개념과의 관계 및 현대적 논의, 4) 출전 근거와 참고 문헌 등을 집중적으로 제시한 전문 사전은 아직까지 존재하지 않았습니다. 몇몇 불교사전들 일부에서 위의 몇 축이 제시되었다 해도 지극히 얕은 수준에서 산발적으로 나열되었을 뿐, 이들 네 축이 유기적으로 제시되거나 체계적으로 해명된 예의 사전은 없었습니다. 따라서 종래의 사전들은 단편적이고 주변적인 글자풀이의 수준에 머물러 있어 해당 개념에 대한 종합적 이해가 이루어질 수 없었습니다.

우리가 준비하는『우리말 불교개념 사전』은 해당 개념마다 불교고전어인 범/파/장/한문과 중국어 및 영어에 이르는 어원적 근거, 각 개념의 시대별 및 텍스트별 용례 분석과 설명을 제시하는 역사적 용례, 해당 개념과 유관한 개념과의 동이 구분을 통한 인접 개념과의 관계 및 현대적 의미, 출전 근거(1차 자료)와 참고 문헌(2차 자료 이상)의 제시를 통하여 종래에는 찾아볼 수 없었던 전혀 새로운 의미의 사전이 될 것입니다.

이러한 네 가지 특징을 담은 새로운 형식의『우리말 불교개념 사전』은 이미 오래전부터 요청되어 왔습니다. 하지만 우리 불교학계의 인적 물적 인프라의 미약 등으로 인해 아직까지 이루어지지 못했습니다.『우리말 불교개념 사전』은 이러한 요구를 충실히 담아 불교개념에 대한 본질적 이해와 유기적 이해를 아울러 가능하게 해 줄 것으로 믿습니다.

편자는 기획과 편찬준비위원회를 대표하여 동료 교수들과 함께 수습된 원고를 모아서 '인간관'과 '세계관'과 '수행론'의 분류 아래 총5책 123개의 원고를 엮었다. '인간관'을 다룬 제1책에는 '붓다' 등 26개 개념, '세계관'을 다룬 제2책과 제3책에는 각기 '연기' 등 25개 개념과 '보법' 등 23개 개념, 그리고 '수행론'을 다룬 제4책과 제5책에는 '일념삼천' 등 23개 개념과 '삼도' 등 26개 개념을 담았다.

기존의 사전과는 차별성을 갖는 상위 범주 네 축과 하위 범주 포함 여덟 축의 구조는 이 사전의 독자적인 면모라고 할 수 있다. 이 사전은 불교정신에 기초해 창학한 민족 사학 동국대학교의 불교학과가 창설 100주년을 맞이하여 준비하는『우리말 불교개념 사전』이라는 점에서 '동대 전인교육 백년'과 '불교연구 백년의 성취'를 아울러 담아내고 있다.

동국대학교 창학 100주년과 불교학과 창설 100주년을 기념하여 준비한『우리말 불교개념 사전』(전5책)이 우여곡절 끝에 기획과 집필 및 교정과 간행에 이르기까지 예정보다 크게 늦어 117주년이 되는 금년에서야 겨우 간행할 수 있었다. 그 사이 원고를 집필을 해 주신 여러 필자들과 이미 세상을 떠나신 필자들께 감사와 위로의 마음을 전하고 싶다. 처음 『우리말 불교개념 사전』 편찬의 발의와 기획을 도맡았던 편자는 이 막중한 책임을 피할 수 없어 늦게나마 불사를 마무리하고자 폐기한 사전 원고를 출판부에서 넘겨받았다. 그 원고의 교정을 거듭한 끝에 편자와 동국대학교 불교대학 세계불교학연구소 이름으로 편찬을 마무리하기로 했다.

『우리말 불교개념 사전』 편찬을 위해 물심양면으로 지원해 주신 당시 동국대학교 홍기삼 총장님, 대학원 서윤길 원장님, 출판부 이철교 부장님, 그리고 편찬위원인 불교학과 박인성, 우제선, 신성현, 지창규, 고영섭, 김종욱 교수님께 감사를 드린다. 또 사전 원고를 읽고 꼼꼼히 교정해 준 동국대 연구교수 오지연 박사, 불교학과 박사반 박경미 원생에게도 감사를 드린다. 아울러 이 사전이 세상에 나올 수 있게 인내하며 출판해 주신 윤석현 박문사 사장님, 인연을 맺어주신 권석동 부장께도 감사를 드린다.

2024년 2월 9일

동국대학교 불교대학 세계불교학연구소

소장 고영섭 합장

# |차 례|

# 붓다

범 Buddha 장 saṅs-rgyas, bcom-ldan-ḥdas 한 佛陀

불교는 붓다(Buddha)가 설한 가르침이라는 뜻이다. 이러한 붓다는 불(佛)·법(法)·승(僧) 삼보(三寶) 가운데 첫째로서 불교를 이해하는 기초이면서 불교의 구경에 해당하는 것이다. 또한 신앙의 대상이기도 하다.

## Ⅰ. 어원적 근거

'붓다'라는 말은 인도 고대어인 빠알리어(Pāli)나 범어 모두 같고, 주로 경칭으로 사용된다. 어원적으로 분석해 볼 때 '붓다'라는 말은 'budh'[깨어나다, 알아채다, 이해하다]라는 어원에서나,[1] 이것의 동사형인 'bujjhati'(budh+

1 일반적으로 빠알리어의 과거분사는 어근에 t가 있거나 없거나 ta를 더하여 만들어진다. (마찬가지로 어근에 na를 더해서 만들기도 한다.) 이러한 경우 과거분사 Buddha는 어근 budh에 ta를 더해진 것에 다시 연음현상이 일어나 Buddha가 된 것으로 설명할 수 있다.

yatti, dh+ya는 jjha로 변화한다.)의 과거(수동)분사가 다시 명사화된 것이다. 'budh'의 어원에서 '붓다'라는 말을 생각해 본다면, '현인(賢人)'이나 '밝혀진 자'와 같은 의역보다는 '깨어난 자'가 더 정확한 말일 것이다.

인도의 불교경전은 동아시아의 한문불교권으로 전래되면서 한자로 번역되었다. 먼저 음역으로 붓다는 불타(佛陀)을 비롯하여 불(佛)·부도(浮圖)·부도(浮屠)·부타(部陀)·부두(浮頭)·발태(勃駄)·모태(母駄)·몰태(沒駄)·보타(步他) 등으로 옮겨졌다. 의역으로는 지자(智者)와 각자(覺者) 또는 정각자(正覺者)라고 한다. 그리고 불타라는 말이 쓰이기 이전에 '불(佛)'이라는 말이 쓰였는데 불타는 당나라 현장(玄奘)의 인도 유학에 따른 정확한 음역으로 간주된다. 왜 불타의 '타'가 생략되었는지에 대해서는 중앙아시아 초기 역자에 의한 그들의 발음의 영향 때문이거나, 뒷 모음을 생략하여 발음하는 인도의 프락끄리뜨(Prākṛt)의 영향으로도 생각해 볼 수 있다. 현재 우리말에 있어 부처는 불타의 '부텨'가 구개음화된 것으로 볼 수 있다. 일본에서는 '붓다'의 음역어로 부도(浮圖 : 일어로 '후토')에서 유래하는 '호토케'라는 말이 쓰인다.

티벳으로 불교가 전해지면서 붓다는 쌍개(saṅs-rgyas)와 쫌댄대(bcom-ldan-ḥdas)라는 말이 각각 사용되었다.[2] 이 용어는 범어 삼먁삼붓다(samyaksaṁbuddha : 正等覺者)나 붓도 바가완(Buddho bhagavan : 佛世尊)에서 의역되었을 것으로 본다.[3] 불교가 서양에 알려진 후 영어로는 'the Enlightened One'이나 'the Awakened One' 등으로 번역되고 있으며 독일어로는 'der Erwachte'로 번역되었다. 요컨대 'budh'라는 동사는 잠에서 깨어난다는 것을 의미하고 있다.

## Ⅱ. 고대인도 종교에서의 용례

이러한 어원에 근거하여 붓다라는 말은 기본적으로 '깨어난 자', 다시 말해, '진리에 눈 뜬 사람'을 의미한다. 이는 '깨어난 자'가 어둠에 대한 밝음

2 '쌍개'의 의미는 '(번뇌와 무지를) 정화하고 (지혜반야를) 넓힌 자', 그리고 '쫌댄대'는 '(번뇌와 무지를 전부) 정복하고 피안에 도달한 자'라는 의미로 풀 수 있다.

3 이에 대한 논의는 F. Otto Schrader의 "On some Tibetan names of the Buddha", *Indian Historical Quartery* vol. 9, 1943, 46-48면 참고.

으로 대비되는 것은 석가모니가 밤에 성불(成佛)했다는 데서도 비유적으로 잘 나타나 있다.[4] 또한 빠알리 경전에 의하면 '붓다'는 삶의 미망, 즉 꿈으로부터 완전하게 깨어난 사람이다. 이것은 『맛지마 니까야』(Majjhima Nikāya)의 뽀탈리야 숫따(*Potaliya Sutta*)에서 꿈에서 깨어난 사람을 빠띠붓다(paṭibuddha)라고 하는 표현에서도,[5] 그리고 『상윳타 니까야』(Saṁyutta Nikāya)의 한 경에서는 '붓다'라는 말 대신에 숫따빠붓다(Suttappabuddha)[잠으로부터 깨어남]라는 말을 쓰고 있는 것으로도 알 수 있다.[6] 따라서 기본적으로 붓다라는 말은 '진리와 같은 무엇인가를 깨달은 사람'을 의미한다. 무명(無明) 속에서 방황하고 잠이 들어 꿈을 꾸다가 어느 순간 진리에 접하게 되면 별안간 눈이 떠진다는 의미에서, 각성한 사람이 바로 붓다라는 말이다.

이러한 붓다라는 말은 빠알리 문헌에서 보통명사로 사용되었다. 고유명사가 아닌 점은 후대 빠알리 문헌인 『마하니뎃사』(*Mahāniddesa*)와 『빠띠삼비다맛가』(*Patisambhidāmagga*)에서 다음과 같이 설명하고 있다.

> 붓다라는 말은 부모, 형제, 자매에 의해서나 친구나 동료들, 그리고 친척이나 혈족에 의해서나, 또는 사문들이나 바라문이나 신들에 의해서 주어진 것이 아니다. 붓다라는 말은 보리수 아래서 전지(全知) 능력을 함께 갖춘 깨달은 자의 지극한 해탈로부터 온 말이다.[7]

자이나교의 오래된 문헌에는 고대 인도의 성인과 현자 모두를 '붓다'라 칭하고 있다. 이 문헌에는 45명의 고대 인도 성인들이 소개되는데, 자이나교뿐 만이 아니라 불교와 바라문교의 성인들까지 포함되어 있다. 그런데 여기서 붓다라는 말은 어느 종교이든 간에 성인이나 뛰어난 사문을 지칭하는 말로 쓰여졌는데, 예를 들면 잘 알려진 우파니샤드 철학자 야즈나발키야(12장에 쁘라크리트 말로 잔나왁까)나 웃달라까(35장의 앗달략), 그리고 불교의 가섭존자(9장의 마하까사와)와 사리불존자(38장의 사띠붓따)가 그것이다. 자이나교 또한 마하비라의 이름인 밧드하마나(29장의 밧드하마

4 Digha-Nikāya vol. Ⅰ, 134면.
5 Majjhima Nikāya vol. Ⅰ, 365면; *Suttanipāta v.* 809.
6 Saṁyutta Nikāya vol. Ⅰ, 143면.
7 *Patisambhidāmagga* vol. I. 174면 ; *Mahāniddesa* 458면.

나)도, 그리고 마하비라의 바로 위 조사(祖師, Titthaṁkara)인 빠사(31장의 빠사)도 또한 붓다로 불려졌다.[8] 이들을 포함한 45명의 성인들이 모두 『이시바시야임』(*Isibhāsiyāiṃ*)의 간기(刊記)에 붓다라고 되어 있는데, 여기서 이상하게도 석가모니 붓다 혹은 고따마 붓다는 빠져 있다. 대신에 마하가섭과 사리불 또한 붓다라는 칭호로 불려졌다.[9] 이렇게 자이나교는 그들의 조사들에게 붓다라는 명호를 적용하고 있는데, 여기에서 네 종류의 붓다 개념을 찾아볼 수 있다.[10] 따라서 자이나교 문헌을 통해 보면 처음에 '붓다'라는 말은 어느 정도 배움을 갖춘 자의 의미에서 시작하여 불교에서처럼 궁극적인 진리에 이른 존재에까지 적용되게 된 것이다. 이것은 바로 붓다라는 말이 누구나 가능할 수 있는 깨달음에 바탕하고 있음을 보여주는 설명이다.

불교와 비슷한 용례로 '붓다'라는 말이 사용되고 있었던 것은 같은 지역에서 활동했으며, 같은 사문 종교인 자이나교에서이다. 그렇지만 경우에 따라서는 일부 학자들이 제의하듯 자이나교가 '붓다'라는 칭호를 그들의 조사를 위해 불교로부터 차용해 왔다면,[11] 고대인도 종교사에서 석가모니나 또는 그의 제자들이 처음으로 과거(수동)분사인 붓다(buddha)를 특정한 사람, 즉 깨달음을 얻은 사람을 위한 존칭으로 명사화했을 것으로 볼 수 있다. 이렇게 되면 인도 종교사에 있어 처음으로 진리를 깨친 자를 붓다라고 칭한 시도는 석가모니를 중심으로 하는 수행집단이었을 가능성을 전혀 배제할 수 없다.[12] 한편으로 '붓다'라는 칭호는 후대에 이르러 불교의 창시자에게만 주로 적용하였다. 그렇더라도, 최근의 학자들은 '붓다'라는 말이 오로지 불교에서만 쓰이지 않았을 것이라고 짐작하는데, 그것은 이

---

8 참고 M. Vinayasagar 번역의 *Isibhāsiyāiṃ* 55-57면; 58-60면에서 두 조사들인 Vaddhamāṇa와 Pāsa의 이름과 관련한 문제를, 그리고 마하비라의 개인적인 이름을 넣은 자이나교 문헌, 예를 들면 *Āyāraṁga Sutta*의 제2부 (Ⅱ. 3. 400)과 *Kalpa Sutta*(4. 90)에서만 나타난다.

9 Tr. M. Vinayasagar's *Isibhāsiyāiṃ Suttaim,* 2-5면.

10 조준호(Cho, Joon-ho), 'A Study of The Concept of Buddha' : A Critical Study Based on the Pāli Texts, Delhi : 델리대 학위논문. 1999, 95-104면.

11 Law B. C., *Some Jaina Canonical Sūtras,* Delhi: Indological Book House, 1988, 2면.

12 그러므로 인도 종교 전통에 있어, 예를 들면 14세기에 Mādhava에 쓰여진 *Sarvadarśanasaṅgraha* 불교이든 불교가 아니든 불교의 창시자를 '붓다'라고 부르는 것은 매우 적절한 말일 수 있다. 그리고 '붓다'를 따르는 사람을 다른 인도 종교에서 바웃드하(Bauddha)라고 언급했던 것도 이와 같은 맥락이며, 마찬가지로 불교를 '깨달음의 종교'라고 부르는 것도 이러한 이유일 것이다.

말이 원래 보통명사인데다 다른 사문종교인 자이나교에서도 쓰여졌기 때문이다. 예를 들면, 자이나교의 『이시바시야암』(*Isibhāsiyāiṁ*, 범 Ṛṣbhāsita)[13] 에서는 높은 수준에 이른 사람들에까지 널리 사용했음을 짐작하게 한다. 이러한 사실은 초기불교의 오래된 층의 경전에서 석가모니 붓다뿐만 아니라 석가모니 붓다의 제자 또한 '붓다'나 '여래(如來)' 로 부르는 경우로 미루어볼 때 '붓다'라는 용어는 자이나교나 불교와 같은 고대 인도 종교에서 뛰어난 성자를 일컫는 칭호였다.

하지만 같은 인도 종교라도 고대 바라문 종교 문헌에서 자신들의 성자를 '붓다'라고 칭하는 경우는 찾아 볼 수 없다. 이러한 '붓다'의 용어에 대하여 바라문 전통에 속하는 고대 인도의 범어로 된 전적을 조사해 보면, '붓다'의 어원과 관련있는 '부드(budh)'라는 동사는 경험적인 사실을 알거나 경험세계에 있는 사실에 대해 알아차리는 것을 뜻하는 정도로 쓰인다. 예를 들어 나뭇가지에서 나뭇잎이 떨어진다고 할 때도 부드라는 말을 사용된다. 하지만 후에 상키야 철학에서는 특수한 용법으로 buddhi라는 말을 사용하였는데, 이는 지성이나 이해를 뜻하며 어원적으로 '붓다'라는 말과 관련이 있을 것으로 생각된다. 그리고 빠알리 경전에서 buddhi는 매우 드물게 나타지만, 불교발생 이후에 성립된 「우파니샤드」나 『바가바드기타』(*Bhagavad-gita*)에서는 중요한 개념으로 등장한다. 따라서 불교 이전 바라문교의 문헌에서는 불교와 자이나교에서처럼 수행자를 붓다로 불렀던 예는 발견할 수 없다. 이것은 비교적 성립시기가 이르거나 늦은 우파니샤드에서도 마찬가지이다. 다만 불교 이후에 성립되었을 서사시류(*Mahābhārata*나 *Rāmayāṇa*)나 역사적 가치를 지니는 뿌라나(*Purāna*) 등에서는 오히려 불교에서 사용

---

13 학자들에 따라 *Isibhāsiyāiṃ*은 초기 자이나교 문헌들인 *Āyāraṁga Sutta, Sūyagaḍaṁga Sutta* 그리고 *Uttarajjhayaṇa Sutta*보다도 이른 것으로 보고 있다. 나아가 불교의 *Suttanipāta*보다도 오래된 것으로 본다. 이러한 것은 Isibhāsiyāiṃ 에 쓰여진 언어·문체 그리고 내용에 따른 것이나, 이를 전적으로 받아들일 수는 없다. 왜냐하면 자이나교에서조차 이를 경전으로 인정하지 않고 있으며, 편집 성격에 있어서도 의심스러운 점이 있기 때문이다. 그리고 대부분의 선인들이 고대인도 종교 전통에서 나타나지 않고 소마, 야마, 바루나 그리고 베사마나와 같은 경우에서는 베다 신화에 관련된 가공적인 인물로밖에 볼 수 없기 때문이다. 나아가 바라문 종교의 대표자격인 우파니샤드 철인 야즈나발키야를 사문 종교의 추종자로 묘사한 것은 도저히 생각해 볼 수 없는 일이다. 아마도 *Isibhāsiyāiṃ*의 저자나 편집자는 조금은 특별한 상황에서 이를 작성하거나 편집하였던 듯하다. 이것은 다른 문헌에서는 드물게 나타나는 언어, 문체 그리고 내용으로 보아도 짐작할 수 있다. 그래서 이 문헌을 진정한 것으로 자신있게 받아들이는 것에는 약간의 문제가 있다.

하는 붓다에 대한 부정적인 분위기가 묘사되어 있다.[14] 결론적으로 고대 인도 문헌의 연대기를 통해서 볼 때, 초기불교 문헌 이전의 베다나 바라문 문헌에서는 붓다라는 말을 주목할 만큼 사용한 예를 찾아볼 수 없으며, 더 나아가 그들의 성자나 사제 계급을 '붓다'라고 부르지도 않았다. 달리 이야기하면, 바라문교에서는 그들의 성자들에게 '붓다'라는 칭호를 적용시키지도, 그 어떤 개념적 구성도 보여 주지 않는다.

## Ⅲ. 개념의 전개

자이나교에서도 최고의 성자를 '붓다'라고 부른다. 이로 보아 최고의 성자를 나타내는 '붓다'는 당시 바라문계가 아닌 주로 사문종교계의 칭호였던 것이다. 그리고 최종적으로 석가모니의 제자들 사이에서 가장 중요한 칭호로 정착되었다. 즉 석가모니 교단의 중심 칭호가 되어 그들과 함께하는 종교인 불교, 즉 깨달음의 가르침으로 알려지게 된 것이다.

붓다의 생애, 예를 들면 임신·탄생·성장과정 등과 관련해 보통사람과 다른 특별한 이야기와 일화들이 많다. 이를 불교에서는 미증유법(未曾有法: acchariyabhutadhammā)이라 표현했다.[15] 붓다의 생애는 시기적으로 그리고 사상적으로 여러 발달단계를 보여준다. 재미있는 것은 초기에 성립된 문헌보다 후대에 성립된 문헌으로 갈수록 오히려 신화화(神話化) 경향이 커진다는 것이다. 이는 초기경전에 나타나는 붓다의 사실적이고 생생한 활동상을 유교의 『논어』 등에 나타나는 공자의 진솔하고도 사실적인 모습과 비교한다면, 후대에 성립한 불교전적에서의 붓다 모습은 마치 성경에 나타나는 예수의 가공할 만한 신화화 정도와 비교된다.[16] 이는 인류 역사에

14 조준호(Cho, Joon-ho), 앞의 논문, 84-95면.

15 Majjhima Nikāya Ⅲ. 119-124면 ; 중아함 32경『未曾有法經』(『大正藏』1권, 469하-471하)

16 비교하여 살펴보면, 성경에서 예수의 삶을 말하는 최초의 복음서는 『마가복음』이라 할지라도 예수 사후 적어도 2~3 세대 후, 그것도 유대지역이 아닌 로마에서, 구전으로 내려온 단편적인 예수의 이야기를 수집·정리한 것으로부터 출발하고 있다는 사실이다.(참고, 장 들로르르모(정양모 역주), 『루가 복음서』(서울:분도출판사, 1983) 이것이 의미하는 바는 첫 복음서라 할지라도 구전에 의해 신화화가 상당히 진척된 상태에서 편집되었음을 의미한다. 이러한 이유 때문에 공관복음이라는 네 신약 또한 신화화 수준이 각각 다르다. 즉 성립 시기의 단계(마가복음→마태 / 누가복음→ 요한복음)에 따

서 흔히 과거로 거슬러 갈수록 신화화 경향이 커진다는 양상과는 차이가 난다.

역사적인 인물로서 석가모니 붓다는 인도 동북부에서 B.C. 6세기 혹은 5세기경에 활약하였다. 그의 구제론은 종교 철학적인 그리고 도덕적 가르침을 통해 인간고(人間苦)의 해결을 중점으로 하고 있다. 그래서 당시 세속 일반에 유포되어 있던 주문·주술·미신 그리고 비밀법 같은 것을 금지하고 또한 비판 공격했다. 이러한 의미에서 그는 대단히 이지적이고 합리적이고 실제적이며 윤리적인 인격의 소유자이었다. 붓다의 입멸 후 처음에는 위대한 스승으로만 여겨졌던 석가모니 붓다에게 차츰 초인적(超人的)인 성격을 부여하기 시작했다. 그러한 성격은 석가모니 붓다의 지적·도덕적 그리고 신체적 모든 부분에 걸쳐 이루어져 결국 그를 인간을 뛰어 넘은 존재나 혹은 신성(神性)을 가진 어떤 존재로 비춰지게 하였다. 점차적으로 붓다는 다양한 관점으로 설명되었으며, 현재 이것을 바로 '붓다 개념' 또는 '불타관(佛陀觀)'이라고 하는 것이다.

### 1. '나는 붓다이다'(buddhosmi)라는 선언

초기 빠알리 경전에서 붓다라는 말과 개념은 먼저 석가모니, 즉 역사적인 붓다를 중심으로 나타나 있다. 그리고 붓다가 스스로 성불(成佛)하게 된 계기가 설명되어 있다. 그가 어떻게 눈물을 흘리는 부모를 뿌리치고 집을 떠났으며, 어떻게 알라라 칼라마(Āḷāra Kālāma)와 웃다카 라마풋타(Uddaka Rāmaputta)에 사사(師事)받았으며, 결국에는 그들에게 만족하지 않고 자신만의 길에 들어서 열반을 성취하였는지가 길게 진술되어 있다.[17] 그리고 나서 그 스스로 깨달음을 얻어 '붓다'라고 칭하였다. 왜 붓다인가에 대한 가장 간단한 이유가 초기불교경전 가운데에서도 오래된 층에 속하는 『숫따니파타』(*Suttanipāta*)의 게송에 나타나 있다.

---

라 예수의 신격화 단계와 수준이 일치해 있다. 즉 아직까지도 예수의 인간적인 측면이 남아있는 마가를 시작으로 처녀출생과 유아기의 초자연적 사건을 말하는 『마태복음』과 『누가복음』으로의 발전, 그리고 최종적으로 살아있는 신 자체로 부각되어 있는 『요한복음』이 그것이다.

17 Majjhima Nikāya I, 161면 ff.

나는 알아야 할 것을 알았고,
닦아야 할 것을 닦았고,
버려야 할 것을 버렸다.
그래서 바라문이여, 나는 붓다이다.[18]

이 짤막한 게송에 대한 구체적인 설명은 다른 산문 경전의 내용을 통해 알 수 있는데 다름아닌 사성제(四聖諦)를 의미한다.[19] 즉 안 것은 고성제(苦聖諦)이고, 닦은 것은 도성제(道聖諦)이며, 버린 것은 집성제(集聖諦)를 의미한다. 이러한 붓다에 대한 정의는 이후 복잡한 내용으로 채워진 것과 비교할 때 매우 간단하다. 다음으로 '붓다됨'을 성취한 계기를 설명하는 일반적인 경전의 묘사는 다음과 같이 나타난다.

나에게 지혜와 통찰이 일어났다. 흔들릴 수 없는 자유로움이 생기고, 이것이 나의 마지막 삶이다. 다시는 이와 같은 삶을 받지 않는다. 그리고 다음과 같은 앎이 일어났다. 내가 성취한 이 법은 깊어서 보기도 어렵고, 이해하기도 어렵다. 적정(寂靜)하고, 수승(殊勝)하며, 사유(思惟)를 넘어 있으며, 매우 미묘하고, 지혜 있는 자만이 파악할 수 있다.[20]

붓다가 깨달음과 관련하여 스스로 '사유의 범위를 넘어 있음(atakkāvacaro)'을 분명히 하고 있다는 것은 주목할 만하며 이는 한역 아함에서 '불가사유(不可思惟)'라는 말로 옮겨졌다.[21] 왜 동아시아 선종 전통에서 사유분별을 쉬어야함이 강조되었는지 이유를 알게 해주는 대목이다. 이처럼 깨달음과 사유의 관계는 다음의 경전에서 더욱 강조되어 나타난다.

(누군가) 사문 고타마는 인간을 뛰어넘지 못했고, 성인이 갖출 수 있는 지견(知見 : ñāṇadassana)의 성취가 없다. 그는 (다만) 사유(思惟 : takka)가 개

---

18 *Suttanipāta v.* 558.

19 Vināya Piṭaka. Ⅰ, 11면 ; Saṁyutta Nikāya Ⅳ, 330-331면 ; Saṁyutta Nikāya Ⅴ, 421-424면.

20 Majjhima Nikāya Ⅰ, 167면.

21 Saṁyutta Nikāya Ⅰ, 136면과 『증일아함』 제11 「권청품(勸請品)」(『大正藏』2권, 593상); 사유의 문제에서 흔히 8정도의 정사유(正思惟)나 『잡아함』의 전정사유(專精思惟)와 혼돈하는 경우를 볼 수 있는데 각 용어의 원어와 쓰임새는 다르다.

> 입된 개인적 이해에 따른 분별(分別 : vīmaṁsa[22])로 법을 설한다. … 만약 이같은 사견(邪見)을 가지고 제시하며 (끝내) 사견을 버리지 않으면 지옥의 나락에 떨어질 것이다.[23]

여기서 석가모니의 깨달음과 관련해 사유나 분별과 대비되는 참된 앎[知: **ñāṇa**]과 직관[見 : dassana]의 문제는 이후 불교교리의 내용을 풍부하게 할 수 있었던 원천이 되었다.

깨달음을 얻은 '붓다'는 그가 깨달았던 장소인 보드가야에서 한 나체(裸體) 수행자인 우빠까를 만나 처음으로 '나 홀로 일체를 깨달은 붓다이다'라고 하여 '붓다'임을 선언한다.

> 나는 모든 것을 극복한 승리자이고, 모든 것을 안 자이고,
> 모든 번뇌로부터 완전히 벗어났으며, 모든 것을 떠나 있다.
> 갈애를 멸하는 것으로 해탈하였다.
> 내 스스로 깨달았으며, 그 누구를 스승으로 하겠는가?
> 나에게는 스승도 없고,
> 나와 같은 어떤 사람도 없다.
> 인간의 세계에서나 신들의 세계에서도
> 나와 견줄 만한 사람은 없다.
> 나는 이 세상에서 완전해진 존경받을 아라한이며,
> 최고의 스승이며, 나 홀로 일체를 깨달은 붓다이다.
> 청량(淸涼)하게 된 나는 열반을 성취하였다.
> 이제 법륜(法輪)을 굴리기 위해,
> 나는 바라나시라는 도시로 간다.
> 불사(不死)의 법고(法鼓)를 칠 것이다.
> 이 세상의 눈 먼 존재들을 위하여.[24]

여기서 우빠까는 자이나 수행승으로 보인다. 왜냐하면 그에 의해 최고의

---

22 vīmaṁsa를 '분별'로 옮기는 것은 초기경전의 쓰임새와 함께 후대 유식의 vikalpa(分別) 개념과 비슷한 맥락에 따른 것이다.

23 Majjhima Nikāya Ⅰ, 71면.

24 앞의 책, 171면. = Vināya Piṭaka vol. Ⅰ, 7면.

경지를 얻은 사람은 Jina(범 Jaina)로 불려졌기 때문이다. 그리고 다시 붓다는 이러한 우빠까를 상대하여 자이나교의 자이나, 즉 승리자라는 말을 사용하여 그는 자이나의 최고 성자인 것에 비견하여 '붓다'를 언급하고 있는 것이다. 그리고 붓다 개념과 관련하여 '붓다란 어떠한 종류의 존재인가?'를 밝히는 유명한 경전은 한 바라문이 석가모니의 정체성을 묻는 질문을 통해 잘 나타난다.

> 당신은 신(神)인가?
> 바라문이여, 나는 신이 아니다.
> 그러면, 건달바(乾達婆)인가?
> 건달바도 아니다.
> 야차(夜叉)인가?
> 야차도 아니다.
> 그렇다면, 당신은 인간인가?
> 나는 인간도 아니다.
> 당신은 모든 나의 질문에 아니다라고 했다.
> 그렇다면, 당신은 누구인가?
> ...
> 바라문이여, 나는 붓다이다.[25]

여기서 석가모니는 단호하게 '인간'은 물론 그 어떤 범주에도 속하지 않음을 강조하고 있다. 신도 아니고 인간도 아니라고 한다. 그리고 이러한 존재들과는 다른 새로운 존재의 영역으로서 '붓다'를 제시하고 있다. 초기경전의 이러한 붓다 개념의 규정은 이후 다양한 불타관의 전개와 발전을 위한 단초가 되었다. 예를 들면, 대승불교에 이르기까지 붓다는 신과 같은 존재의 하나로도 간주할 수 없었던 것이 기본적인 입장이었다. 신보다 높은 위치에 둠으로써 신들의 경배 대상이 바로 붓다였으며 신들 또한 인간과 마찬가지로 붓다의 교화 대상으로 삼았다. 붓다의 명호 가운데 천인사(天人師)는 그러한 한 면을 잘 보여주는 칭호이다.

---

25 Aṅguttara Nikāya II, 38면.

## 2. 붓다 개념의 발전

### 1) 신체적인 특징

새로운 존재 영역으로서 붓다 선언 후에 붓다에 대한 특별한 내용은 석가모니라는 한 인격체를 중심으로 형성되어 갔다. 그 중에 붓다의 외면적인 신체의 특징으로 전륜성왕(轉輪聖王)과 함께 나타난다고 하는 삼십이대인상(三十二大人相: mahāpurisa-lakkhana)이 있는데, 『중아함』의 「삼십이상경(三十二相經)」과 그에 상응한 빠알리 「랍카나숫딴따」(*Lakkhana Suttanta*)에 나타난 바는 다음과 같다.[26]

1. 발바닥이 편편하다
2. 발바닥에 바퀴 같은 무늬가 있고, 바퀴에는 천 개의 바퀴살이 있어 일체를 두루 갖추고 있다.
3. 발가락이 가늘고 길다.
4. 발 둘레가 바르고 곧다.
5. 발꿈치 양쪽이 편편하고 꽉 찼다.
6. 두 복사뼈가 꽉 찼다.
7. 몸의 털이 위로 향해 나있다
8. 손가락과 발가락 사이마다 얇은 막이 있어 마치 기러기의 발과 같다
9. 손과 발이 극히 아름답고 부드럽고 연하기가 마치 도라화(兜羅華)와 같다.
10. 피부가 연하고 부드러워서 티끌이나 물이 묻지 않는다.
11. 한 구멍에 하나의 털이 나 있다. 하나의 구멍마다 털이 나 있다고 하는 말은 온몸의 한 구멍마다 하나의 털이 나 있다는 말이며 그 색깔은 검푸르고 소라처럼 오른쪽으로 돌돌 말려 있다
12. 장딴지가 마치 사슴 장딴지와 같다.
13. 남근(男根)이 감추어진 것이 마치 말[馬]의 생식기가 감추어져 있는 것과 같다.
14. 몸 모양이 둥글고 아름다운 것이 마치 니구류(尼拘類)나무와 같이 위아래 둥글기가 서로 꼭 맞다.

26 『三十二相經』(『大正藏』1권, 493하-494상) ; Digha Nikāya Ⅲ, 143-145면.

15. 몸이 굽지 않다.
16. 몸이 굽지 않다는 것은 꼿꼿이 서서 팔을 펴면 몸을 구부리지 않고도 그 팔이 무릎을 만질 수 있다.
17. 몸이 황금색으로서 자마금(紫磨金)과 같다.
18. 몸의 일곱 군데가 원만하다. 일곱 군데가 원만하다는 말은 두 손바닥 두 발바닥 두 어깨와 목 부분이 원만한 것이다.
19. 윗몸이 커서 마치 사자와 같다.
20. 뺨이 사자와 같다.
21. 등이 편편하고 곧다.
22. 두 어깨가 위로 목과 연이어져서 두둑하고 편편하고 원만하다.
23. 이가 마흔 개이다
24. 이가 고르고 성글지 않다.
25. 이가 희고 환하다.
26. 제일 맛있는 것을 맛볼 수 있다.
27. 뛰어난 음성은 매우 듣기 좋은 것이 마치 가라비가(加羅毗伽)와 같다.
28. 혀가 넓고 길다. 혀가 넓고 길다는 것은 혀가 입에서 나와 온 얼굴을 두루 덮을 수 있다.
29. 눈물 받는 곳이 꽉 차서 마치 소의 그것과 같다.
30. 눈동자가 검푸르다.
31. 정수리의 육계가 있는데 둥근 모습으로 되어 있으며 머리카락은 소라처럼 오른쪽으로 돌돌 말려 있다.
32. 두 눈썹 사이에 깨끗하고 흰 털이 났으며 오른쪽으로 감겨져 있다.

32대인상과 같은 신상이 취득되는 것은 이전의 선행과 공덕에 따른 과보로 갖추어지는 것으로 설명된다. 32상 80종호는 범인(凡人)과 다른 붓다의 위대성을 나타내기 위한 붓다만의 신체적인 특징이다. 일반대중에 붓다의 위대성을 효과적으로 전달하려는 목적에서 신상 항목에 따라서는 상당히 신화적인 내용이 이용되었음을 알 수 있다. 초기불교 이래 유부나 대중부 등은 불타관의 많은 부분에서 큰 이견을 보이고 쟁론하는 반면 32상과 80종호에 있어서는 거의 모든 부파에서 그 항목과 내용이 대동소이하다. 이는 대승에서도 마찬가지이다. 32대인상에 대한 배열순서와 내용은 빠알리나 한역 아함에 있어 정확히 일치하지 않는다. 그러면서 다시 부수적인 신체적 특징으로 80종호(八十種好 : anuvyañjana)로 확장되었다. 80종호는 후에 대승경전에서 더욱 강조되지만 빠알리 전통의 주석서에서도 드물게 나타난다.

### 2) 정신적인 특징

붓다의 정신적인 특징은 눈으로 형체를 보는 데 있어 욕(欲 : chanda)이나 탐욕(貪欲 : rāga)을 가지고 있지 않다는 것이 기본적이다. 왜냐하면 그로부터 해탈했기 때문이다.[27] 그렇기에 범부가 '탐욕에 따른 행위(kāmakāra)'를 할 때 붓다는 '방편에 따른 행위(saṁkheyyakāra)'를 한다.[28] 그리고 붓다는 수정주의(修定主義)를 버린 것이 아니라 성도 이후에도 일정한 장소에서 보름 또는 2개월이나 그 이상 집중적인 선정을 하고 있음을 보여준다. 그리고 일상사의 일거수 일투족이나 행주좌와(行住坐臥)의 어떠한 상태에서도 항상 선정에 있었다.[29] 마찬가지로 또한 '염처(念處 : satipaṭṭhāna)'의 상태에 있다. 즉 여실지견(如實知見 : yathābhūtañāṇadassana)의 상태에 있다. 그래서 아래 설명될 여래 10력 가운데 붓다는 모든 종류의 선정(Jhāna), 해탈삼매(vimokhasamādhi), 그리고 경지의 성취(samāpattī)자로 설명된다. 이는 반열반(般涅槃)에 있어서도 마찬가지로 붓다는 사선(四禪) 가운데 제사선(第四禪)의 상태라고 한역『유행경(遊行經)』이나 이에 대응되는 빠알리 경전에서는 말한다. 이렇게 붓다의 정신적인 특징은 기본적으로 선정과 관련해 있음을 알 수 있다. 그러니 이러한 붓다에 대한 육체적·정신적 특징을 한마디로 정의할 수 없다고 한다. 그것은 마치 깊이와 넓이를 측량할 수 없는 큰 바다와 같기 때문이라고 한다.[30] 따라서 붓다의 경지는 '말'과 '언어'를 넘어 있는 것으로 표현된다.[31]

이처럼 붓다의 신체적인 특징으로 대표되는 것이 32대인상이라면 정신

27 Saṁyutta Nikāya Ⅳ, 164면.

28 *Suttanipāta v.* 351 : 여기서 saṁkheyyakāra는 'act deliberately'나 'purposeful activities' 등으로 옮길 수 있다. 의미상 이것은 오온 가운데 제4온인 '행온의 의도적인 행위'의 개념에 가까우나 열반의 성취자로서 아라한과 붓다에서는 범부의 오온과는 다른 지경에 이르렀기 때문에 그것과 구별하기 위해 '방편에 따른 행위'라는 말로 옮긴다. 즉 역설적인 표현으로 '업(業)과 행(行)이 소멸된 자의 행위'라 할 수 있다.

29 *Theragāthā vs.* 696-697 ; Aṅguttara Nikāya Ⅰ, 346면;『중아함』,「용상경(龍象經)」(『大正藏』1권, 608하)

30 Saṁyutta Nikāya Ⅳ, 376면 ; Majjhima Nikāya Ⅰ, 487면 등.

31 *Suttanipāta v.* 1076 : *Theragāthā v.* 469 참조.

적인 내면의 특징들은 정형적으로 여래 10호 또는 9호를 비롯하여 삼명(三明)·육통(六通)·십력(十力) 그리고 사무외심(四無畏心)으로 설명된다. 그리고 십력에 사무외심·삼념주(三念住)와 대비(大悲)가 더해져 이후 18불공법(不共法)이라 하여 붓다의 본질을 나타내는 대표적인 말이 되었다. 석가모니 스스로 '깨달은 자'라는 자각은 물론 다시 중생을 깨달음으로 인도한다는 의미에서 '스승(satthā)이나 도사(導師)' 등의 용어가 기본적으로 사용된다. 수많은 명호(名號) 가운데 여래 10호가 중요하며 다음과 같다.

(1) 여래(如來 : tathāgata) 10호

붓다의 힘과 특징과 성격 그리고 기능을 나타내는 데는 수많은 명호가 사용된다. 그 중에서도 여래를 제외한 9가지는 초기 불교 경전에서 매우 빈번하면서 동시에 관용적으로 널리 사용된다. 불교의 전통에 따라 여래를 제외한 아라한부터 불세존까지를 여래 9호로 나열하거나 혹은 불세존을 불(佛)과 세존(世尊)으로 구분하여 여래까지 포함하여 여래 11호 또는 여래를 제외하여 여래 10호라 하는데 그 정형구는 다음과 같다.

> 세존(世尊)은 아라한[阿羅漢]이시며, 완전한 깨달음을 이루신 분[正遍知]이시며, 지혜와 덕행을 잘 갖추신 분[明行足]이시며, 잘 가신 분[善逝]이시며, 세상을 아는 분[世間解]이시며, 위없는 분[無上士]이시며, 인간을 잘 이끄시는 분[調御丈夫]이시며, 신들과 인간들의 스승[天人師]이시며, 이 세상의 사람들에게 공경 받는 붓다[佛世尊]이다.[32]

① 여래(如來) : 다타아가타(多陀阿伽陀)로 음역되고 여거(如去)라고도 의역되었다. 아래에서 더 설명한다.

② 응공(應供) : 음역으로 아라한(阿羅漢)이 있으며 그 의미는 상응(相應)한 이의 뜻이다. 사람과 하늘[天]로부터 존경받는 이로서 마땅히 공양을 받을 만한 가치가 있는 사람을 의미한다.[찾아보기→아라한]

③ 정변지(正遍知) : 등정각(等正覺)이라고도 하는데 음역으로 아뇩다라삼먁삼보리(阿耨多羅三藐三菩提)라고 한다. 위없는 바른 깨달음을 성취했기 때문에 등정각이라 한다.

---

32 Digha Nikāya I, 49면.

④ 명행족(明行足) : 반야지혜와 자비의 실천이 구족하기 때문에 또는 숙명명(宿命明) 등의 삼명(三明)과 모든 덕행과 삼매(三昧)를 완전히 갖추었기 때문이다.
⑤ 선서(善逝) : 수가타(修伽陀)로 음역된다. 열반의 저 언덕으로 잘 건너가신 분이라는 뜻이다.
⑥ 세간해(世間解) : 세간이나 출세간의 인과법에 의해서 알지 못하는 것이 없다는 뜻이다.
⑦ 무상사(無上士) : 일체 중생 가운데 가장 높아서 위가 없다는 뜻이다.
⑧ 조어장부(調御丈夫) : 여러 가지 법을 설해서 일체 중생을 조복(調伏)하고 제어해서 열반을 얻게 하기 때문이다.
⑨ 천인사(天人師) : 천상과 인간의 스승이라는 뜻이다.
⑩ 불세존(佛世尊) : 붓다로서 모든 사람과 성인의 존경을 받기 때문에 세상에서 가장 높은 분이라는 뜻이다.

이러한 명호는 하나하나가 붓다의 정신적인 내용의 특징을 이해하는 데도 매우 중요한 것으로, 붓다의 성격과 기능에 있어 지적이며 종교·도덕적인 측면까지 포함하여 모두 완전하다는 것을 보여준다. 마찬가지로 제자들에 의한 붓다에 대한 존경과 찬양의 초기형태를 보여주고 있다. 이 가운데 불타 개념의 승격과 함께 그 의미가 현격하게 달라진 명호는 바로 아라한이다. 즉 초기에는 붓다와의 동격으로 쓰이던 것이 성문 제자들의 최고 경지를 나타내는 말로 쓰이다가 결국 대승에 이르러서는 소승을 대표하는 수행자 상으로 정착되기에 이르렀다. 여래 십호의 정형구에 여래라는 명호는 나타나지 않지만 여래 십호라 칭하는 이유는 초기경전에서 가끔 여래를 설명하는 말로 나열되기 때문이다. 그래서 여래 십호로 지칭되는데 이처럼 원래 여래의 원어 타타가타(tathāgata)는 석가모니 붓다가 스스로를 3인칭으로 칭할 때 주로 사용하는 명호로 나타난다.[33] 그 의미에 관해서는 어떻게 어원을 분석하느냐에 따라 몇 가지로 구분하여 설명할 수 있다.

33 이러한 점에서 불제자들이 석가모니 붓다를 주로 부를 때 사용하는 말은 '세존(世尊 : Bhagavan)'이며 고타마(瞿曇 : Gotama)는 율장에서 사용할 수 없도록 하였다. 대신 바라문 등의 일반인들이 석가모니를 부를 때 고타마나 대사문(大沙門 : mahāsamaṇa)이라는 칭호가 사용되었다.

① *tathā* + *gato* : 이와 같이 가신 분, 따라서 여거(如去)로 한역되었다.

② *tathā* + *āgato* : 이와 같이 오신 분, 따라서 여래(如來)로 한역되었다.

전통적인 주석에 의하면 사선(四禪)으로 성불하고 모든 세계의 중생을 교화를 했던 과거불과 같은 방법으로 오셨다는 의미이다.

③ *tatha* + (*lakkhaṇaṁ*) *āgato* : 진리의 세계로부터 온 자

④ 이러한 설명에 이어 부수적으로 진여의 법을 깨달은 자(tathadhamme yāthāvato abhisambuddho), ⑤ 진여의 법을 본 자(tathadassitāya) ⑥ 진여의 법을 설하는 자(tathavāditāya) ⑦ 설하시는 바와 다름이 없이 행하는 자(tathakāritāya) ⑧ 어떠한 것에도 굴복되지 않는 일체의 정복자(abhibhavanaṭṭhena) 등으로도 설명된다. 여래의 명호와 관련하여 주목할 사항은 초기경전에서 이러한 명호는 석가모니 붓다에게만 사용된 것이 아니고 제자였던 아라한들에게도 사용되고 있음을 찾아 볼 수 있다는 것이다.[34] 그리고 tathāgata의 이러한 다양한 어원 분석과 관련하여 E. J. Thomas는 호주 아시아계(Austro-Asiatic group)와 관련해 설명하고 있다.[35]

(2) 삼명(三明 : ti-vijjā)

① 숙명통(宿命通 : pubbenivasānussati) : 자신은 물론 타인의 셀 수 없는 전생(前生)을 기억한다.

② 천안통(天眼通 : dibbacakkhu) : 다른 사람이 업(業)에 따라 죽은 다음 어떠한 존재로 태어나는지를 볼 수 있다.

③ 누진통(漏盡通 : āsavakkhaya abhiñña) : 유루(有漏)의 제거(除去)로 이 생(生)에서 스스로 지식과 마음의 해탈을 깨닫고 성취하여 머무른다.

(3) 육통(六通 : chaḷ-abhiññā)

① 신족통(神足通=神變智 : iddhi-vidhā) : 원하는 대로 변신할 수도 있으며 장애에 걸림 없이 날아다닐 수 있는 능력.

② 천이통(天耳通=天耳智 : dibba-sota) : 원하는 대로 하늘귀[天耳]로 멀고 가까운 신들과 인간의 소리를 들을 수 있는 능력.

③ 타심통(他心通=他心智 : Cetopariya-ñāṇa 또는 Paracitta-vijānana-ñāṇa) :

---

34 Majjhima Nikāya I, 139-140면, 486-487면.

35 E. J. Thomas, 'Tathāgata and Tahāgaya', in N.K. Singh (ed.), *International Encyclopaedia of Buddhism,* vol. 34, 4729-4733면.

타인의 마음을 원하는 대로 자유롭게 아는 능력.
④ ⑤ ⑥은 삼명.

(4) 십력(十力 : dasa-bala)[36]
① 도리와 도리가 아닌 것을 여실하게 아는 힘.
(*Thānañca ṭhānato atthānañ ca atthānato yathābhūtaṃ pajānāti.*)
② 과거·현재·미래에 걸쳐 사람의 업보와 원인을 여실하게 아는 힘.
(*Atītānāgatapaccuppanānaṃ kammassamādānānaṃ ṭhānaso hetuso vipākaṃ yathābhūtaṃ pajānāti.*)
③ 인천(人天) 등의 모든 세계에 이끄는 길에 대해 여실히 아는 힘.
(*Sabbatthagāminiṃ paṭipadaṃ yathābhūtam pajānāti.*)
④ 다양한 요소 혹은 세계(dhātu)를 여실하게 아는 힘.
(*Anekadhātunādhātu-lokaṃ yathābhūtam pajānāti.*)
⑤ 중생들의 온갖 종류의 성향을 여실하게 아는 힘.
(*Sattānaṃ nānādhimuttikataṃ yathābhūtam pajānāti.*)
⑥ 중생들의 높고 낮은 근기(정신적인 수준이나 능력)를 여실하게 아는 힘.
(*Parasattānaṃ parapuggalānaṃ indriyaparopariyattaṃ yathābhūtam pajānāti.*)
⑦ 여러 종류의 선정, 해탈삼매 그리고 경지의 성취에 통달한 힘.
(*Jhāna-vimokhasamādhi-samāpattīnaṃ saṅkilesaṃ vodānaṃ vuṭṭhānaṃ yathābhūtaṃ pajānāti.*)
⑧ ⑨ ⑩은 삼명.

(5) 사무외심(四無畏心 : catu-vesārajja)[37]
① 모든 법을 남김없이 통틀어 깨달았다는 자신.
[正等覺無畏 : *sabbadhammābhisambodhi-vesārajja*]
② 모든 번뇌를 남김없이 소멸했다는 자신.

---

36 『大正藏』2권, 186중-187상 ; Majjhima Nikāya Ⅰ. 69-72면 ; 십력에 대한 다양한 한역 가운데 하나를 소개하면 다음과 같다. ① 知是覺非處力, ② 知業報力, ③ 知諸禪三昧力, ④ 知他衆生諸根上下力, ⑤ 知他衆生種種欲力, ⑥ 知世間種種性力, ⑦ 知一切道智處相力, ⑧ 知宿命力, ⑨ 知天眼力, ⑩ 知漏盡力.

37 Majjhima Nikāya Ⅰ, 71-72면.

[漏永盡無畏 : *sabbāsavakkhyañāṇa-vesārajja*]

③ 도를 이루는데 장애되는 것을 잘 설명하였다는 자신.

[說障法無畏 : *Antarāyikadhammānaṁ yathābhūtāniccita-vyākaraṇa-vesārajja*]

④ 고를 완전히 멸할 수 있는 방법을 잘 설명하였다는 자신.

[說出道無畏 : *sabbasampadādhigamāya nesaggika-paṭipadā-tathā bhūta-vesārajja*]

### 3) 십팔불공법(十八不共法: Aṭṭharasaāvenika)

십팔불공법이라는 용어가 『아함경』이나 빠알리 니까야(Nikāya)에서 언급되면서 그 내용이 구체적으로 열거되는 경우는 찾아 볼 수 없다. 후대 빠알리 주석서에서는 그 이름만이 언급되며 『구사론(俱舍論)』 등의 논서에서는 쉽게 찾을 수 있다. 대승의 경우는 『대지도론(大智度論)』 등에서 찾아 볼 수 있다. 십팔불공법은 성문이나 독각 등과 공통되지 않고 오직 붓다만이 소유하고 있다는 것이 특징이다. 예를 들면, 『구사론』에서 18가지 덕성을 열거하는데 이것은 앞에서 열거한 십력과 사무외심에 삼념주(三念住)와 대비(大悲)가 더해져 18가지가 된다.[38] 십력은 초기경전에서 붓다가 아닌 아라한 등의 성인에게도 적용시켰던 근거를 찾아볼 수 있으나 후대 논서에서는 주로 붓다에게만 한정시키는 경향이 있다. 즉 붓다 이외의 성자는 십력이 아니라 십지(十智)라는 설명으로 그 차별성을 두고 있다. 사무외심과 삼념주는 초기경전에 드물게 언급되면서도 주로 붓다와 관련해 나타나는 것으로 보아 십력과 같이 나중에 부가된 것으로 보인다. 여기서는 이미 십력과 사무외심은 앞에서 살펴보았기에 생략하기로 하고 나머지 삼념주와 대비만을 살펴본다.

(1) 십력

(2) 사무외심

(3) 삼념주(三念住 : tayo satipaṭṭhānā)[39]

삼념주 또한 삼의지(三意止)로 한역되었는데 사념처와 정확히 같은 용어이다.

---

38 『大正藏』27권.

39 『大正藏』1권, 693하-694상 : 이같은 중아함 제42권의 『대분별육처경(六分別六處經)』은 Majjhima Nikāya III, 221면에 상응하는 경전이다.

① 중생이 붓다를 신봉해도 붓다는 환희심을 내지 않고 마음이 평정한 상태[第一意止 : paṭhamaṃ satipaṭṭhāna].
② 중생이 붓다를 믿지 않아도 붓다가 우뇌하지 않으며 항상 마음이 태연한 상태[第二意止 : dutiyaṃ satipaṭṭhān].
③ 동시에 一類를 믿고 一類는 믿지 않아도 붓다가 알아서 환희와 우감(憂感)을 내지  않는 상태[第三意止 : tatiyaṃ satipaṭṭhāna].

(4) 대비(大悲: mahā-karuṇā)

붓다의 위대한 대비심은 중생의 괴로움을 불쌍히 여겨 구제하려는 마음이다. 후대 대승불교가 되면 더욱 강조되었지만 초기불교 경전에서 대비의 용어가 사용되는 경우는 찾아 볼 수 없다. 물론 사무량심(四無量心) 가운데 두 번째인 비무량심(悲無量心)에서 나타나지만 이 때는 붓다만이 소지한 덕성보다는 일반인에게까지 강조되는 덕목 중의 하나였다. '대비'라는 용어가 빠알리 문헌에서 처음 보이는 것은 경장이지만 논서적 경향을 지닌 『빠띠삼비다맛가』(Patisambhidāmagga)에서 나타난다.[40] 그러나 여기서 붓다만이 소지한 덕성이라 보기 힘든데 이후에 아라한에게서도 비슷하게 언급되기 때문이다. 그리고 주석서가 성립되는 단계에서는 붓다는 45년 동안 중생을 교화하기 위해 매일 이른 아침 '대비의 성취(mahākaruṇā samāpatti)'를 위한 삼매에 든다고 설명한다.[41] 『구사론』에서는 대비를 제4선에서 일어난다는 것을 비롯해 대비인 5가지 이유와 비(悲)는 욕계의 범위에 있지만 대비는 색계와 무색계에까지 이른다는 설명 등으로 비와 대비와의 8가지 차별에 대해 설명하고 있다.[42]

대체적으로 이상과 같은 붓다에 대한 기본적인 성격의 기술과 나열은 초기불교와 후대 주석서 그리고 대승불교에 이르기까지 공통적으로 나타나는 붓다 개념이다. 그리고 같은 초기경전에 포함되는 한역 『아함경』은 원래 법장부나 설일체유부, 그리고 알려지지 않은 초기불교 부파의 소속 중에 속해 있는 것으로 약간씩 상이한 내용을 담고 있다. 다시 후기 빠알리 경전에서는 붓다만의 다섯 눈[佛眼]과 14가지 불지(佛智 : Cuddasa Buddhañāṇa)가 나타나고,[43] 더 나아가 북방전통의 불교에서는 붓다의 신체적 특징으로 80

40 *Patisambhidāmagga,* vol. I, 126면.
41 *Paramatthadipani(Petavatthu aṭṭhakathā)*, 61면.
42 『阿毘達磨俱舍論』(『大正藏』29권, 141상)

종호가 부수적인 신체적 특징으로 다시 확장되어 구체적으로 그 항목이 열거되고 있으나 후대 빠알리 주석서에서는 80종호의 이름만이 언급되고 있다.

#### 4) 붓다의 전지(全知 : sabbaññā) 능력

전지(全知)라는 말이 뜻하는 것은 무한히 알 수 있고, 이해하고, 통찰할 수 있는 존재의 상태나 성격을 가지고 있는 것을 말한다. 빠알리 경전에서 많은 불교 용어들이 붓다의 전지를 나타내는 말로 사용되었다. Sabbaññu, Sabbaññutā, Sabbadassāvi(모든 것을 보는 사람), Anantadassin(끝이 없이 무한히 통찰하는 사람), Samanta-cakkhu(전체를 보는 것) 등이다. 당시의 유력한 종교 지도자들 또한 "어떤 사문들은 모든 것을 알고, 모든 것을 보고, 또한 한번에 전체를 파악하는 앎과 통찰이 있다"[44]고 전지를 주장하였다. 그리고 석가모니 붓다도 그렇게 주장하는 것으로 알려진다. 즉 사문 고타마는 모든 것을 알고, 모든 것을 보고, 그리고 그는 한 번에 전체를 파악하는 앎과 통찰력이 있다고 말해지는데 그것은 다음과 같다 : "나는 걸을 때나 서 있을 때나 아니면 잠들어 있거나 깨어 있을 때도, 마찬가지로 항상 계속적으로 앎과 통찰이 일어난다." 하지만 이와 같은 붓다의 전지 능력은 오해로 시정을 요구하고 있다.[45] 이는 전지 개념과 관련하여 자이나교의 니간타 나따뿟따를 비판하는 데서 잘 나타난다. 즉 니간타 나따뿟따가 걷거나 서 있을 때나, 아니면 잠들어 있거나 깨어 있을 때도, 마찬가지로 항상 자동적으로 계속 일어난다고 하는 것에 대해 붓다의 경우는 어떤 것을 알려고 했을 때 일어난다는 의미의 전지로 설명한다. 그리고 한 번에 모든 것을 동시에 알 수 있고 볼 수 있다고 하는 의미로서의 전지가 아니라 한 번에 하나의 대상에 대한 전지를 의미하지 한꺼번에 모든 대상을 의미하는 것이 아니라고 한다는 데서 차이가 있다.[46]

---

43 *Patisambhidāmagga,* vol. I, 133면.
44 Majjhima Nikāya Ⅰ, 519면.
45 Majjhima Nikāya Ⅰ, 482면.
46 하지만 초기불교 이후로 가면 이러한 붓다의 전지 개념이 강조되지 않는 경향이 있는 것으로 보인다.

# Ⅳ. 인접 개념과의 관계와 확장

## 1. 보살 개념의 등장

한 세계에 한 붓다라는 구체적인 표현은 다시 보살(菩薩)의 개념 속에 나타난다. 보살은 보리살타(菩提薩埵)의 축약형으로 범어로 bodhisattva, 그리고 빠알리어로 bodhisatta에 대한 음역이다. bodhi는 붓다의 어원과 마찬가지로 budh이며 sattva는 '생명이 있는 존재'를 의미하는 것으로 한역은 중생(衆生)이나 유정(有情)이다. 초기불교경전에서 보살이라는 말의 사용은 제한되어 있다. 즉 석가모니가 보드가야의 보리수 아래서 붓다를 이루기 전까지 전생의 도솔천과 현생의 보리수 아래에서 바로 깨달음을 얻기 직전까지의 시기만을 지칭한다. 보살이라는 말은 과거불에도 똑같이 적용되었다. 그렇지만 빠알리 경전에서는 아직 도솔천에 있는 미래불인 미륵에게는 적용되지 않았다.

> "내(또는 그)가 깨달음을 얻기 전에, 내(또는 그)가 아직 보살로서 있을 때"

라는 표현이 나타난다. 따라서 보살이라는 말은 결코 깨달음을 얻고 난 후의 붓다에게 적용되지 않았다. 분명히 성불(成佛)하기 직전의 삶과 관련되어 적용될 뿐이다. 후기 빠알리어 경전에서는 보살이라는 말이 붓다의 수많은 전생담(前生談)과 관련하여 언급된다. 그러나 초기경전에서는 후기 빠알리 문헌과는 달리 보살이라는 말이 붓다의 전생을 언급하는 데 사용되지 않은 듯도 하다. 본생담과 같은 붓다의 전생은 「마하고빈다 숫딴따」(*Mahāgovinda Suttanta*), 「마하수닷사나 숫딴따」(*Mahāsudassana Suttanta*), 「마카데바 숫따」(*Makhādeva Sutta*) 등에서 찾아볼 수 있다. 그렇지만 이러한 초기불교 문헌에서 보살이라는 칭호는 결코 붓다에게 적용되어 나타나지 않는다.

초기경전에 해당하는 「마하파다나 숫딴따」(*Mahāpadāna Suttanta*)과 「아차리야부따담마 숫따」(*Acchariyabhutadhammā Sutta*)는 보살의 미증유적인 삶이 잘 담겨져 있다. 석가모니 붓다의 끝에서 두 번째의 삶은 도솔천에서 시작한다. 그곳에서 그가 머물 때 많은 신성한 존재들이 인간세계에 태어날 적합한 시기가 도래했음을 상기시켰다. 보살은 주의가 집중되고 깨어 있는 상태에서 도솔천에 태어나 머물다가 마야부인의 태에 강림하였다. 이 때 신들의 웅대한 광명도 미칠 수 없는 곳까지 끝없이 장대하고 찬란한 빛과 일만 세계가 흔들리고 진동하는 지진이 일어났다. 보살이 어머니의 태에 들자, 어머니는 오계를 지키는 것과 같은 도덕적인 삶과 감각적인 즐거움을 위한 이성(異性)의 생각이 일지 않았다. 열달 후 서서 출산을 하였고 이 때 네 명의 신(神)들이 그를 보호하였다. 하늘로부터 두 물줄기가 내려왔는데 하나는 시원한 것이고 다른 하나는 따뜻한 것이었다. 보살은 태어나자마자 바로 서서 북쪽으로 일곱 걸음을 걸으며 모든 방향을 관찰하면서 "나는 이 세상에 최고의 사람이고, 나는 이 세상의 최선(最善)의 사람이고, 나는 이 세상에 첫 번째이다. 이것이 나의 마지막 탄생이다. 더 이상의 다른 삶은 반복되지 않는다"라고 외쳤다.

이같은 「맛지마 니까야」에 나타난 보살의 임신과 강림(降臨), 그리고 탄생과 관련된 이야기는 「디가니까야」의 「마하파다나 숫딴따」(*Mahāpadāna Suttanta*)에서 윗빠시 붓다의 사건으로도 나타난다. 그리고 모든 붓다들의 탄생과 관련해 똑같은 사건으로 주어진다.

그러므로 「마하파다나 숫딴따」(*Mahāpadāna Suttanta*)은 이와 같은 붓다들의 전형적인 모습에서의 탄생을 법성(法性 : 존재의 성질 또는 법)으로 표현하였다. 이에 반해 「맛지마 니까야」에서는 '놀랍고 경이로운 법'이라고 표현하였다. 한역(漢譯)의 미증유법(未曾有法)이 그것이다. S. Dutta의 분석에 의하면 보살 탄생과 관련해 법성이라는 말의 사용은 다음과 같은 의미가 있다고 풀고 있다. 즉 "법성이라는 말이 함축하고 있는 것은 성불(成佛)이 예견되는 보살의 출현이라는 사건과 같은 우주적 삶을 살고 있는 존재들의 영원한 정신적 질서를 함축하고 있다는 것이다"라고 한다.

보살은 스스로 도솔천의 한 신으로 머물다가 천상으로부터 지진(地震)과 함께 찬란한 빛이 비치는 가운데 어머니의 태에 강림하였다. 이것은 붓다나 보살이 온세계의 모든 중생을 구제하기 위한 사명을 가지고 있었음을 분명히 보여주는 것이다. 보살은 스스로의 의지에 따라 인간의 삶으로 내려왔다. 그리고 모든 종류의 신들이 보살을 시중드는 역할을 하는 것으로 나타난다. 그래서 보살은 사람으로 있을 때는 사람의 말을 하고 신들과 같이 할 때는 신들과도 이야기를 나눌 수 있는 것으로 나타난다. 보살 탄생의 이야기에 있어 탄생과 강림 그리고 반열반(般涅槃)에 이르기까지 모두 분명히 깨어 있는 주의집중 상태에서 이루어졌다고 한다.

더 나아가 이러한 행적(行蹟)에 대한 설명은 보살이 어머니의 태에 강림하게 되는 계기가 결코 부부 사이의 육체적인 접촉이 아니라는 것을 나타낸다. 왜냐하면, 강림과 함께 임신될 때 이미 보살의 모든 감각기관은 갖추어져 있었기 때문이다. 보통 사람의 태아들처럼 산모의 태속에서 발육·성장하는 것이 아니라는 것이다. 또한 보살이 태어날 때 그의 몸은 피나 점액질, 그리고 양수 등에 의해 전혀 더럽혀지지 않았다고 한다. 즉 그 어떠한 부정한 것도 보살의 몸을 더럽히지 못하고 깨끗한 상태로서 탄생하였다. 청정한 행을 완전히 갖춘 어머니의 태 안에서 보살의 어머니가 들여다 볼 수 있을 정도로 구족한 존재였다. 보살의 어머니는 임신 중에도 오계(五戒)를 수지(受持)하였다고 한다. 오계는 훗날 붓다가 된 그녀의 아들이 제정하기 전에 이미 어머니에 의해 닦아졌던 것이다. 보살이 탄생한 후 7일이 지나자 보살의 어머니는 돌아가셨다. 아마 이러한 이야기는 후대의 경전 편집자들에 의해 한때 보살 또는 붓다가 머물렀던 마야 부인의 태가 다시 인간적인 정에 더럽혀져서는 안 된다는 생각에서 표현된 것 같다. 아무튼 돌아가신 보살의 어머니는 도솔천에 다시 태어나 복된 삶을 살 수 있었다고 한다.

보살이 태어나는 데 있어 산파 역할은 신들이 하였으며 그의 탄생과 더불어 1만 세계가 큰 지진으로 흔들렸고 찬란한 광채가 널리 퍼졌다고 한다. 마찬가지로 하늘로부터 신비한 두 물줄기가 흘러 보살과 산모를 씻겨 주었다고 한다. 보살이 전우주의 화음(和音) 속에 탄생하였다는 것은 보살의 탄생이야말로 우주적인 대사건임을 나타낸다. 다시 말해, 보살은 모든 세계의 존재들을 구할 구제자로서 이 세상에 출현한 것으로 보는 것이다.

이러한 초기불교의 보살 개념은 다양한 모습으로 확대되었다. 첫째 초기불교에서처럼 석가모니 붓다를 비롯한 각각의 과거불에게만 한정되었던 것에서 벗어나 성불과 열반을 미루고 중생들과 동고동락하면서 중생 구제의 삶을 사는 수행자를 보살이라 칭하는 것으로 확대되었다. 그리고 법장보살·관음보살·문수보살·보현보살·세지보살·지장보살 등 무수한 보살들이 대승경전에 나열되고 있다. 이러한 제보살들은 대승의 제불(諸佛)과 서로 호응하면서 스스로 성불할 수 있어도 이를 미루는 이상적인 이타행자의 표본으로 나타난다.

## 2. 붓다의 반열반과 수명[47]

붓다의 반열반 후에 그의 초인적인 특성은 더욱더 확장되고 강조되어갔다. 왜냐하면, 시간이 흐르면서 그의 인격의 역사성에 대한 기억이 후대 불교로 갈수록 희미해져 감에 따라 그의 반열반이 예외 없이 무상(無常)한 이치의 인간적인 한계를 보여 주었다고 하더라도, 붓다를 숭앙하는 사람들에게 있어서 붓다는 초인적인 면모를 갖춘 존재로 신앙되었다. 초기불교 경전에서 반열반에 든 후의 붓다는 더 이상 세상에 존재할 수 없는 것으로 여겨졌다. 차라리 살아 있는 것 이상의 그 어떤 존재의 상태라고 하여도, 그것은 결코 대답할 수 없는 무기(無記 : avyākata)의 범주에 속한 질문이었다.

붓다는 반열반 후 인간이나 신들, 그리고 그밖의 어떠한 존재들에 의해서도 보여질 수 있는 존재가 아니라고 한다. 그리고 반열반 후의 붓다에게 드리는 예경(禮敬)은 단지 정신적인 가치를 지닌 것이라고 한다. 붓다가 반열반에 들 때 그의 신체는 전륜성왕의 장례법에 따라 행했다고 한다. 붓다는 밤에 깨달음을 이루었고, 그리고 다시 밤에 반열반에 들 때 그의 피부색은 지극히 밝게 빛났다고 「마하빠리님바나 숫딴따」(*Mahāparinibbāna Suttanta*)는 전하고 있다.[48] 붓다는 질병에 있어서도 일반 사람과 달랐던 것은 아니었다. 앞에서 언급한 것처럼 붓다는 질병으로부터 고통받기도 하였으며, 춘다가 올린 '수까라 맛다바'(sūkara-maddava)라고 하는 이름의 공양을 받고 반열반한 것으로 나타나 있다. 극심한 질병에 이질과 그리고 죽음에 이를 정도의 격심한 통증이 붓다에게도 엄습했다고 경전은 전한다.

하지만 붓다는 1겁(劫)을 살 수 있으며 나아가 1겁의 남은 기간을 사시기를 간청한다면 그 만큼 더 사실 수 있다고 기술하고 있다. 붓다는 시봉인 아난다와의 대화에서 사신족(四神足)을 갖춘 사람은 원하기만 하면 1겁 동안

---

47 붓다의 마지막 공양과 반열반에 관련한 서양 학자들의 논문이 많다. 대표적으로 E. J. Tomas, 'Buddha's Last Meal', *Indian Culture* vol. 15 ; 'Buddha's Prolongation of Life', *BSOAS* vol. 21(1958) ; W. Pachow, 'Sūkara-maddava and the Death of the Buddha', *ABORI*(1942), 127-133면 ; A. Waley, 'Did the Buddha die of Eating Pork? with a note on Buddha's Image'(1931-2), 343-354면 등이 있다. 국내에서는 안양규의 「붓다의 수명포기 원인에 관하여」, 『한국불교학』, 한국불교학회, 2000. ;「붓다의 수명연장과 수명 포기」, 『한국불교학』, 한국불교학회, 2001. ;「붓다의 마지막 공양과 그의 입멸」, 『가산학보』, 가산불교문화연구원, 2002. 등 다수의 논문이 있다.

48 Digha Nikāya Ⅱ, 3-4면.

이나 1겁의 남은 기간을 살 수 있다고 하는데 붓다도 이러한 사신족을 이미 갖추고 있다고 한다. 그렇지만 아난다는 붓다의 이러한 제의에 대한 의미를 미처 깨닫지 못하고 붓다께 1겁이나 1겁의 남은 기간을 사시도록 간청하지 못했다고 한다. 붓다가 반열반하시기 바로 전에 땅이 진동하였다. 그리고 이것은 상서로운 조짐으로 붓다의 반열반이 곧 일어날 것으로 설명된다. 마찬가지로 붓다의 생애에서 중요한 행적(行蹟)마다 모두 땅이 진동하였다. 더 나아가, 붓다의 반열반의 방법은 다른 사람들과 같지 않다고 한다. 색계(色界)와 무색계(無色界)의 모든 선정의 단계를 경유하면서 제4선에서 반열반에 들었다고 한다.

따라서 붓다의 수명에 있어 1겁이라는 기간은 거의 무한에 가깝다고 할 수 있다. 그리고 이러한 기간은 과거불에 있어서도 그대로 적용되었다. 「마하파다나 숫딴따」(*Mahāpadāna Suttanta*)에 의하면 과거불들의 각기 다른 수명의 기간에 대해 언급하고 있다. 비바시불(毘婆尸佛)은 8만 년, 시기불(尸棄佛)은 7만 년, 비사부불(毘舍浮佛)은 6만 년, 구류손불(拘留孫佛)은 4만 년, 구나함모니불(拘那含牟尼佛)은 3만 년, 가섭불(迦葉佛)은 2만 년, 그리고 고타마 붓다는 단지 백 년으로 나타난다.

미래불인 미륵불(彌勒佛)은 인간 수명이 8만 년이 될 때 출현한다고 「짜가밧띠시하나다 숫딴따」(*Cakkavatti-Sīhanāda Suttanta*)에서는 말한다.[49] 이것은 「마하파다나 숫딴따」(*Mahāpadāna Suttanta*)에서 보여주었듯이 미래불의 수명이 다시 처음의 과거불인 비바시불의 기간으로 되돌아간다는 것을 의미한다. 이것은 다시 인간의 수명이 백 년에서 8만 년에 걸쳐 있을 때까지가 붓다들이 이 세상에 출현한다고 하는 것을 보여준다.

### 3. 화현설로의 발전과 철학적 불신론(佛身論)

초기경전의 일부에서 1겁 이상을 살 수 있다고 하는 붓다의 수명은 결국 이후 화현설(化現說)의 근거로 볼 수 있다. 즉 거의 무한대에 가까운 붓다의 수명에 대한 개념은 차츰 형이상학적인 궁리(窮理)를 거듭하여 영원한 붓다의 개념으로 차츰 발전하게 되었다. 예를 들면, 대승불교의 『법화경(法華經)』에서 붓다는 지상에서 80평생의 삶으로 마감할 수 없는 존재로 선언하

49 Digha Nikāya Ⅲ, 75면.

기에 이른다. 붓다는 결코 죽을 수 없는 존재로서 영원히 사는 생명이라고 한다. 그리고 그가 보여준 반열반은 단지 중생들을 이끌기 위한 방편(方便)으로 화현에 지나지 않는다고 하는 것이다. 결국 붓다는 죽을 수 없는 영원한 존재로 간주되었다. 학파마다 철학적 불신론(佛身論)이라 할 수 있는 삼신론(三身論)의 전개도 이 맥락에서 비롯된다. 삼신설은 먼저 80세로 반열반 한 붓다의 본질을 논함에 있어서 그것이 색신(色身: rūpa-kāya)이냐 법신(法身: dhamma-kāya)이냐 하는 것으로 전개된 불신론이다. 석가모니불은 누구나 볼 수 있는 색신을 가지고 있는데 이는 법신이 변화하여 모습을 나타낸 것으로 본다. 그리하여 법(法)·보(報)·응(應) 또는 법(法)·응(應)·화(化)의 3신 또는 자성신(自性身 = 法身)·수용신(受用身)·변화신(變化身)이라고 하는 삼신설이 성립하여 대승의 기본 불신론이 되었다. 삼신설은 뒤에 자수용신과 타수용신 나누어 사신설로 발전했으며, 다시 밀교에서는 오지오불신설(五智五佛身說)로 전개되었다.

결국 인격적 존재 또는 역사적 존재로서의 붓다에서 어디에나 편만한 상주 불변의 비인격적 원리로서의 법신불(法身佛) 개념에까지 이른다. 이 같은 경향은 당시 바라문 전통의 우파니샤드 철학의 우주적 원리인 범(Brahman)의 개념과 무관하지 않다. 하지만 이러한 형이상학적인 원리로 전개되는 붓다 개념의 근거를 과연 초기불교의 경전에서 찾을 수 있는가는 하나의 쟁점이 될 수 있다. 빠알리 니카야에서 담마 까야(dhamma kāya)라는 말 자체가 단지 한번 언급된다.[50] 그러나 여기서는 '붓다의 교법의 전체를 모아놓은 것'이라는 이상의 의미는 아니다. 흔히 동아시아 한역 불교권에서 증일아함의 경구를 통해 다시 법신의 초기불교적 근거를 구하려는 시도를 볼 수 있다.[51] 그러나 한역 증일아함에서 나타나는 법신의 말이 정확히 후대의 법신 개념에 접근해 있느냐는 것이 의문이며, 그리고 한역 증일아함은 후대 대승의 영향권에 있었던 것이 재차 한역된 것임이 밝혀졌다. 왜냐하면 한역 증일아함은 다른 초기 경전과 달리 그 자체가 많은 대승의 용어와 개념들을 담고 있기 때문이다. 이에 대응되는 빠알리 경전과의 비교에서도 대승의 영향은 확연하게 드러난다. 이러한 점에서 불교의 근본적인 의미에 있어 법신불 개념은 논란이 될 수 있다. 이는 현재뿐만이 아니라

50 Dīgha Nikāya Ⅲ, 84면.
51 이기영, 「佛身에 관한 연구」, 『한국불교연구』, 한국불교연구원, (1982).

과거의 불교 교학에서도 마찬가지였다. 초기불교의 전통에 있는 상좌부 계통의 설일체유부 등의 경우는 어디까지나 색신설을 견지한 반면에 대중부 계통에서는 법신의 화신설(化身說)을 제시하였다. 이러한 대중부의 붓다 개념은 대승불교의 삼신 사상과 긴밀한 관련이 있는 것으로 보인다.

## 4. 붓다의 종류

자이나교 경전에서는 대체로 4가지 단계의 붓다 개념을 보여 준다. 그 가운데 사하삼붓다만이 빠알리의 초기불교 경전에 나타나는 삼마삼붓다(Sammāsambuddha, 正等覺者)나 빠쩻까부타(Paccekabuddhā, 獨覺佛)와 연대기적으로 같은 시기에 해당된다고 할 수 있다. 빠쩻까부타(Paccekabuddhā)의 빠쩻까보디(Paccekabodhi, 독각불의 菩提)는 따로 제시되어 있지 않다. 즉 초기의 빠알리 경전에서는 단 한 가지 종류의 보리만이 있다. 사실 빠쩻까부타(Paccekabuddhā)는 빠알리의 초기불교 경전에 그렇게 많은 회수로 나타나지는 않으며 주로 「앙굿타 니까야」이후 후기 문헌에 많이 나타난다. 그리고 주석서에 이르러 보리(菩提, bodhi) 또한 세 가지로 분류되는데 사바까보디(Sāvakabodhi, 聲聞의 菩提), 즉 아라한의 보리를 의미하며, 빠쩻까보디(Paccekabodhi, 獨覺의 菩提), 그리고 삼마삼보디(Sammāsambodhi, 正等覺의 菩提)가 그것이다. 이러한 맥락에서 후기의 빠알리 주석서인 『우다나』(*Udāna*)의 주석서에 의하면 3가지 종류의 붓다가 설명된다. 즉, 사바까붓다(Sāvaka-Buddhā, 聲聞佛), 빠쩻까부타(Pacceka-Buddhā, 獨覺佛), 그리고 삼마삼붓다(Sammāsam-Buddha, 正等覺者)로 나타난다. 또한 대승으로 이전해가는 『디비야와다나』(*Dīvyāvadāna*)(226, 271)에서도 마찬가지로 세 가지 보리(菩提)를 말한다. 첫째는 '성문(聲聞)의 보리(śrāvakabodhi)', 둘째는 '독각(獨覺)의 보리(prateyekabodhi)' 그리고 셋째는 '무상(無上)의 정등각(正等覺, samyaksambodhi)'이다. 그리고 모두는 마지막의 정등각을 추구한다고 한다. 그리고 또 다른 빠알리 주석서에서는 4가지 종류의 붓다도 언급한다. 삽반뉴붓다(Sabbaññu-Buddha, 一切知佛), 빠쩻까부타(Pacceka-Buddha, 獨覺佛), 짜뚜삿쩨붓다(Catusacce-Buddha, 四諦佛) 그리고 바후숫따부다스(Bahussuta-Buddhas, 多聞佛)이 그것이다.[52] 모든 아라한유루(有漏)

52 *Saratthappakāsinī*(*Samyutta* 주석서) I, 25면; *Manorathapūraṇī*(Aṅguttara 주석서)

를 제거한 무루(無漏)은 사성제를 깨달은 짜뚜삿쩨붓다(Catusacce-Buddha)로 불렸다. 그리고 배움을 갖춘 모든 사람을 바후숫따부다스(Bahussuta-Buddhas)라 하였다. 빠쩻까부타(Pacceka-Buddha)는 2아승지에 100천겁 동안 십바라밀을 닦고, 삿반뉴붓다(Sabbaññu-Buddha)는 과거 6불이나 석가모니불과 같은 삼마삼붓다(Sammāsam-Buddha, 正等覺者)를 의미한다.

불교사상사에서 독각불 개념은 석가모니와 같은 삼마삼붓다 개념을 격상시키기 위해 강조된다. 이러한 점에서 정등각자는 다수의 독각불들 가운데 단 하나의 붓다이며, 그만이 전지능력(全知能力)을 성취했으며, 그리고 그만이 깨달은 법(法)을 다른 사람들에게 가르칠 수 있는 능력을 지녔다고 한다. 그리고 정등각자는 법을 스스로 깨달았으며 다른 사람을 깨닫게 하는데 반해 독각불은 정등각자와 같이 그들 스스로 법을 깨달았지만, 다만 다른 사람들을 깨닫게 하기 위한 법을 설할 수 없다는 구분이 지어진다. 그리고 정등각자가 이 세계에 출현하면 모든 독각불은 없어지거나 또는 공중에서 그들 스스로 모두 반열반에 드는 것으로 나타난다.

### 5. 과거불과 미래불 개념과 현재 다방불(多方佛) 사상

「마하파다나 숫딴따」(*Mahāpadāna Suttanta*)나 이에 대응되는 한역『대본경(大本經)』 등에 의하면 석가모니 붓다 이전의 과거 6불이 설명된다. 마찬가지로 「짜가밧띠 시하나다 숫딴따」(*Cakkavatti-Sīhanāda Suttanta*)이나『증일아함』 등에서는 미래불인 미륵불이 석가모니 붓다 이후 이 세상에 출현할 붓다라 한다. 먼저 과거 7불은 비바시불(Vippasi: 毘婆尸佛), 시기불(Sikhī: 尸棄佛), 비사부불(Vessabhū: 毘舍浮佛), 구류손불(Kakusandha: 拘留孫佛), 구나함모니불(Koṇāgamana: 拘那含牟尼佛), 가섭불(Kassapa: 迦葉佛), 그리고 석가모니불(Gotama: 釋迦牟尼佛)이고 다시 후대의『붇다밤사(Buddhavaṁsa)』에서 연등불(燃燈佛: Dipaṁkara)부터 시작하는 24과거불, 대승에서는 헤아릴 수 없는 시간과 공간에 많은 붓다들의 이름이 나타난다. 마찬가지로 미래불에 있어서도 미륵불 말고도 5불·천불·8만불 등으로 전개된다. 미래불은 지상에 출현하기까지 도솔천에 머무르고 있기에 정확히는 미륵보살로 칭해진다. 과거 7불에 있어서도 성불 이전에 모두 도솔천의 보살로 머물

---

I, 115면.

렀다고 한다. 이로써 시간적으로 현재불에서 과거불 그리고 미래불이라는 삼세불로 확대된 붓다의 존재는 계속 늘어나 공간적으로도 4방[동서남북]·8방[사방의 중간 방위 즉 동남, 남서 등의 4간방을 더한다.]·시방[十方 : 8방에 상하를 더한다]에 현재불이 등장함으로써 총칭하면 '현재 다방불(現在多方佛) 사상'으로 발전하였다. 예를 들어, 동방 묘희(妙喜) 세계의 아촉불(阿閦佛), 서방 극락세계의 아미타불, 남방의 보상불 그리고 북방의 미묘음불 그리고 사자음광불, 약사유리광불, 위음왕불, 일월정명덕불 등이다. 이러한 다불(多佛)사상은 삼천대천세계마다 각기 다른 붓다가 존재한다는 입장으로 초기불교 부파 가운데 대중부에서 주장하였다. 이에 반해 유부를 비롯한 빠알리 경전을 바탕으로 하는 부파에서는 수용되지 않았다. 그리고 이러한 연장선상에서 대승의 다불사상이 출현하였다.

## 6. 불계와 일국토 일불설(一國土 一佛說)

불계(佛界)에 대한 빠알리어 붓다켓따(Buddhakhetta)라는 말은 오래된 층(層)의 초기불교 경전에서는 찾아볼 수 없다. 대신 신층(新層)에 해당하는 아빠다나(Apadāna)의 붓다 아빠다나에 처음으로 나타난다. 불계는 일불(一佛)의 공간을 나타내는 말로 켓따(khetta)는 토지나 국토를 의미한다. 불계는 붓다가 미칠 수 있는 앎의 범위와 영역과 관련있는 개념으로 주로 삼천대천세계가 이야기된다. 즉 삼천대천세계의 범위가 한 붓다의 불계를 나타내는 기본 단위이다. 그래서 무상정등각자는 독각불, 아라한, 보살, 그리고 다른 어떤 존재들과도 다른 존재이기에 같은 세계, 같은 시간에는 단 한 붓다만이 존재할 수 있다는 붓다 개념이 강조되었다. 그리고 같은 세계, 같은 시간에 다수의 붓다들이 존재할 수 없다고 한다. 다시 말해, 같은 세계, 같은 시간에 두 명의 붓다가 존재한다는 것은 도저히 불가능하다는 것이다. 그렇기에 붓다들의 수명이 한정되어 있고 그가 가르침을 베푸는 기간도 한정되어 있다고 하면서 석가모니 붓다 이전의 과거에 각각 다른 시기에 한 붓다만이 나타났었고, 미래에도 마찬가지로 미륵불과 같은 한 붓다의 출현만을 예고하기에 이른 것이다. 이것을 '일국토 일불설(一國土 一佛說)' 또는 '시방계일불설(十方界一佛說)'이라 한다. 초기경전의 한 전거를 들면 다음과 같다.

> 한 세상에 두 명의 아라한이며 정등각자(正等覺者)인 사람이 함께 출현하는 것은 불가능하다. 이러한 상황은 일어나지 않는다.' 그는 다음과 같이 이해한다. '다만 한 세상에 한 사람의 아라한이며 정등각자의 출현이 가능한 상황만이 일어난다.' 그는 다음과 같이 이해한다. '한 세상에 두 전륜왕(轉輪王)의 출현이 동시에 있는 것은 불가능하다. 그러나 한 세상에 단 한 사람의 전륜성왕만이 있을 수 있는 것이다.'[53]

그러나 초기 경전에서 왜 이 세상에 두 붓다나 그 이상이 출현할 수 없는지는 아마 한 붓다만으로도 이 세상의 모든 중생들의 행복과 이익을 가져다주기에 충분하다고 보인다. 구체적인 설명은 정전(正典) 이후의 「밀란다빵하(*Milindapañha*)」에 이르러 매우 독특한 설명에서 찾을 수 있다. 마치 어떤 사람이 그 원하는 양만큼 음식을 먹었을 때 더 이상의 음식을 먹을 수 없는 것과 같이 이 세계는 한 붓다로 충분하고 두 붓다는 이 세계 자체가 감당하지 못할 것이라는 설명을 하고 있다. 또한 두 붓다의 제자들 사이에 누구와 견줄 수 없는 최고의 존재에 대한 논란 때문에 두 명의 붓다가 같은 세계, 같은 시간에 출현할 수 없다는 설명을 제시하고 있다.[54]

한 세상에 단 한 분의 붓다만이 존재할 수 있다는 주장은 이제 테라바다[上座部] 전통에서 뿐만이 아니라 모든 다른 불교 부파들에서도 공식적인 입장이 되었다. 대승도 마찬가지로 같은 시간에 두 명 이상의 붓다들이 출현할 수 있다고는 말하지 않는다. 그렇지만 대중부와 대승불교는 이 세계에 많은 삼천대천세계의 존재를 인정하면서 각각의 그러한 삼천대천세계에 많은 붓다들이 동시에 존재한다고 한다.

## V. 부파적 논쟁 그리고 대승의 철학적 불신론

붓다의 반열반 후 단일한 불교교단은 제2결집을 계기로 상좌부와 대중부로 근본분열되고 다시 18 내지 20개로 지말분열되었다. 대중부계열의 불타관은 주로 설일체유부(說一切有部)에 속하는 전적을 통해 살펴 볼 수

---

53 Majjhima Nikāya Ⅲ, 65면 = Aṅguttara Nikāya I, 27면 ; 마찬가지로 참고 Digha Nikāya Ⅲ. 114면.

54 *Milindapañha,* 237-239면.

있는데 대중부가 중요한 쟁점으로 삼고 있는 것은 다음과 같다.[55]

1) 여러 붓다가 (동시에) 이 세상에 출현하며,[56]
2) 모든 여래에게 유루법이 없으며,
3) 모든 붓다의 말씀은 모두가 전법륜이요,
4) 붓다는 일음(一音)으로 온갖 법을 설하며,
5) 세존께서 하신 말씀은 불여의(不如義)가 없다.
6) 여래의 색신은 실로 끝이 없고,
7) 여래의 위력도 또한 끝이 없으며,
8) 모든 부처님의 수명 또한 끝이 없으며,
9) 부처님께서는 유정을 교화할 때에 그로 하여금 깨끗한 믿음으로 만족한 마음을 내게 한다.
10) 부처님은 잠이나 꿈이 없다.
11) 붓다는 질문에 답할 때 사유함이 없다.
12) 붓다가 언제나 명등(名等)을 설하지 않는 것은 항상 정(定)에 들어있기 때문이다.
13) 일찰나(一刹那)의 마음으로 모든 법을 알고, 일찰나의 마음에 상응하는 반야(般若)로 모든 법을 다 알지 않음이 없다.
14) 붓다는 누진지(漏盡智)와 무생지(無生智)가 동시에 함께하다가 반열반에 이른다.

이러한 대중부의 불타관에 대립하여 상좌부계의 유부는 다음과 같이 반박한다.[57]

1) 여러 붓다가 (동시에) 같은 세상에 출현할 수 없으며,
2) 여래의 생신은 유루로 보아야 한다.
3) 여래의 말씀 모두가 전법륜이 되는 것은 아니며,[58]

55 『異部宗輪論』(『大正藏』49권, 15중)
56 '諸佛世尊皆是出世'에 대한 번역은 빠알리 논서 등을 통해 볼 때 일국토일불설(一國土一佛說)에 반해 여러 붓다가 동시에 같은 세상에 출현할 수 있다는 의미로 보인다. 즉 두 전륜성왕이 같은 국토에 존재할 수 없는 것처럼 붓다 또한 같은 세계에 동시에 출현할 수 없다는 것이다.
57 『異部宗輪論』(『大正藏』49권, 16하)

4) 붓다의 일음(一音)으로 온갖 법을 말씀할 수 있는 것이 아니다.[59]
5) 세존이라도 또한 불여의언(不如義言)이 있고,
6) 붓다가 말씀한 경은 모두 요의(了義)가 아니며, 붓다 스스로도 불요의경이 있다고 말씀하셨다.
7) 일찰나(一刹那)의 마음으로 모든 법을 알 수 있는 것이 아니다.[60]
8) 누진지(漏盡智)와 무생지(無生智)는 순차로 일어나는 것이지 동시에 함께 하는 것이 아니다.

여기서 대중부의 "모든 여래는 유루법이 없다"[61]라는 입장에 설일체유부는 자파의 논서인 『대비바사론(大毘婆沙論)』에서 생신(生身)과 법신(法身)으로 나누어 생신은 유루로 보아야 한다고 주장한다. 왜냐하면, 붓다의 몸에 대하여 애욕과 성냄이나 교만 그리고 어리석음 등을 일으키는 사례가 있었기 때문이라는 것이다. 만약 생신이 무루라면 다른 사람에 의해 이러한 감정과 마음이 일어나지 않았을 것이라는 것이다.[62]

이외에 부파간의 상이점을 살펴보면 다음과 같다. 먼저 화지부(化地部)는 부처님과 이승(二乘)의 아라한과 독각에 있어 해탈은 물론 성도(聖道)에 있어서도 차이가 없다"[63]라고 주장하는 반면에 유부와 법장부(法藏部)는 해탈은 같으나 성도에서 차이가 있다라고 보았다.[64]

앞에서 살펴본 바와 같이 대중부의 초월적인 불타론은 후대 대승으로 이어지고 있는 측면이 많다.[65] 예를 들면, 대승의 초기논서인 『대지도론』이후, 일반적인 여러 국토에 많은 붓다가 현존하고 있다는 대승의 다불사상(多佛思想)은 대중부의 '모든 부처님은 (동시에) 이 세상에 출현할 수 있다'

58 특히 전법륜으로 팔정도를 듣다.
59 이는 아래 '일찰나의 마음으로 모든 법을 알 수 있는 것이 아니다.'와 같은 상좌부의 전통적인 심식설에 따른 입장이다.
60 어떻게 인식 하는가 문제에 있어 상좌부 계통은 대단히 미세한 심식설(心識說)을 전개하는데 이에 따르면 두 생각이 동시에 일어날 수 없다는 것이다. 이에 붓다도 예외일 수 없다는 것이다.
61 "佛生身是無漏. 如大衆部彼作是說."
62 『大毘婆沙論』44(『大正藏』27권, 229상). 이러한 유부와 대중부의 불타관에 이어 대승의 불신론(佛身論)에 대한 최근의 논의는 윤미경, 「『大智度論』의 佛身論 연구」, 『한국불교학』제37집, 한국불교학회, 2004을 참조.
63 『異部宗輪論』(『大正藏』49권, 16중)
64 『異部宗輪論』(『大正藏』49권, 17상) : "佛與二乘皆同一道同一解脫說."
65 이러한 이유 때문에 한 때 대승의 기원을 대중부로 보려고 했다.

는 주장으로부터 계승되었고, 『법화경』「여래수량품」의 구원실성(久遠實成) 사상은 '모든 부처님의 수명 또한 끝이 없다'는 주장으로부터 계승되었으며, 『유마경(維摩經)』의 일음설법(一音說法) 사상은 '붓다는 일음(一音)으로 온갖 법을 설한다'는 것으로부터 계승되었음을 알 수 있다.[66] 마찬가지로 대승의 모든 여래는 유루법이 아니라 무루법이라는 입장과도 상통한다고 볼 수 있다.[67]

좀 더 구체적으로 살펴보면 다음과 같다. 먼저 초기대승경전에 속하면서도 가장 중요한 경전 가운데 하나인 『법화경』의 불타론은 「여래수량품」에 잘 나타나 있다. 구원본불(久遠本佛)이라는 표현이 그것인데 붓다는 아득한 옛날에 이미 성불했다는 입장을 보이고 있다. 이는 『법화경』 중심사상의 하나로, 역사적 붓다의 성불에 대비하여 영원불멸의 불타론을 보여준다. 즉 마야부인의 태에 들어 태자로 태어나 보리수 아래 6년 수도 끝에 성불한 것이나 쿠시나가라에서 입멸하신 것은 모두 일체중생을 제도하기 위한 방편이라는 것이다.[68] 따라서 색신(色身)을 가지고 이 세상에 출현했던 석가불의 80 평생은 결국 가상(假象)의 존재였다는 것이다. 이와 같은 불타관은 대중부의 초월적인 불타론과 관련이 있음을 알 수 있다. 즉 대중부가 앞에서 말한 대로 이 세상에서의 붓다의 삶은 환영에 지나지 않는다고 주장한 것과 상통하고 있다.

유식불교의 불타론은 주로 불신론에 초점이 맞추어져 있다. 대표적인 논서인 『섭대승론(攝大乘論)』에 자성신(自性身)·수용신(受用身) 그리고 변화신(變化身)과 같은 삼신설이 제시되어 있는데,[69] 각각 법신(法身)·보신(報身) 그리고 화신(化身)에 대응된다. 여기서 삼신설은 다시 사지(四智)와 대비되어 자성신은 대원경지(大圓鏡智), 수용신은 평등성지(平等性智)와 묘관찰지(妙觀察智) 그리고 변화신은 성소작지(成所作智)로 설명된다.

인도의 호법(護法) 그리고 중국의 현장(玄奘)으로 이어지는 법상종은 유위종자차별설(有爲種子差別說)에 입각한 오성각별설(五姓各別說)을 말하면서 처음부터 전혀 붓다가 될 성품이 없다는 단선근(斷善根)의 무불성종성

66 김동화, 『불교교리발달사』(서울: 불교통신교육원, 1983), 93면.

67 윤미경, 앞의 논문, 74-76면.

68 『妙法法華經』(『大正藏』9권, 42중하)

69 『成唯識論』 제10에서는 다시 수용신을 자수용신과 타수용신으로 나누어 설명하기도 한다.

(無佛姓種姓)을 말한다. 그러한 자를 다시 일천제(一闡提 : icchantika)라 하여 대승의 일반적인 정신인 '일체중생실유불성(一切衆生悉有佛性)' 교의와 다른 입장을 표명하였다. 다시 『입능가경(入楞伽經)』과 『대장엄론경(大莊嚴論經)』에서는 두 가지 종류의 일천제를, 그리고 『성유식론(成唯識論)』에서는 세 종류로 세분하여 설명한다. 한편 이러한 불타론에 대응하여 『승만경(勝鬘經)』이나 『열반경(涅槃經)』 등의 여래장(如來藏) 계통의 경전들에서는 법신상주(法身常住)와 함께 일체중생실유불성을 강조하였다.

『화엄경(華嚴經)』에서 보여주는 대표적인 불타론은 비로자나불(毘盧遮那佛)이라는 '법신불' 사상이다. 후대 금강승(金剛乘) 계통의 경전에서 대일여래(大日如來)로 의역되었듯이 광명을 본질로 함을 의미한다. 이는 철학적 불신론으로서 비로자나불의 광명이 온 세계에 비추고 있지 않음이 없고 그 위력 또한 충만해 있다는 것이다. 이 법신불은 모양도 색깔도 없다. 즉 무상(無相)이며 무색(無色)이며, 생멸이 없이 시방에 변만(遍滿)해 있는 무소부주(無所不住)로 일체 중생에 무한히 전개되어 있음과 동시에 일체존재 하나하나가 모두 비로자나불의 현현이라는 것이다.[70] 여기서 석가모니 붓다는 곧 비로자나불을 본질로 하고 있는 것으로 볼 수 있다. 왜냐하면 비로자나불은 석가모니 붓다의 많은 명호 가운데 하나로 열거되며 더 나아가 석가모니 붓다가 선정에 들어 그 본래의 모습을 드러낸 것이 비로자나불이기 때문이다.[71] 이러한 화엄의 사상은 후대 금강승(金剛乘)에 가서는 역사적 존재로서의 석가모니불과 무관한, 즉 시간과 공간의 제약을 벗어난 초월적이고 절대적인 법신불 사상으로까지 나아간다. 여기서 비로자나불은 모든 존재가 현현하고 환원되는 유일한 원천으로 간주된다.

지금까지 불교의 중심 개념을 이루는 붓다 개념 또는 불타론이 초기불교 이래 어떻게 전개되었는지를 살펴보았다. 역사적인 붓다를 시작으로 시대와 장소에 따라 또는 자파의 사상적 입장에 따라 붓다에 대한 다양한 이해와 해석을 보여준 것이 현재의 붓다 개념 또는 불타론이나 불타관을 이루고 있다. 특히 초기불교를 계승하는 유부와 대중부 등과 같은 여러 부파에서 다양한 불타론이 제시되어 본격적인 논의가 펼쳐졌으며, 다시 대승에 이르러 이전 부파들의 입장을 계승하는 것으로 보이는 다불사상, 구원본불

70 「如來光明覺品」, 「十地品」, 「世間淨眼品」, 「寶王如來性起品」 등.
71 노권용, 「불타관의 연구」, 원광대 박사학위논문, 1987, 76-78면.

의 불타론, 시방에 변만해 있다는 법신불 사상 그리고 일체중생실유불성과 같은 불성론(佛性論) 등으로 전개되었음을 알 수 있다. 다시말해, 새로운 불교교리로 전개되어가는 중심에는 바로 붓다를 어떻게 이해해야 하는가 하는 문제와 직결되어 있음을 알 수 있다.

한편 『대일경(大日經)』 등의 금강승(金剛乘)에서는 모든 세계 그 자체를 법신불인 대일여래(大日如來)의 현현으로 보는 불타론도 대두되었다. 이러한 불타론의 전개를 흔히 '발전'이나 '발달'로 또는 '불타론의 종합적 귀결'로 보거나 서술하는 경향이 대종을 이룬다. 초기불교의 불타론이 소박한 데에 반해 후대의 불타론은 불교신앙 또는 불교사상의 폭을 다채롭게 확장한 것으로 보기도 한다. 이러한 입장에서 후대에 그렇게 발전할 수 있었던 맹아는 이미 초기불교에 있었던 것으로 보고 있다. 하지만 당시 불교 흥기의 종교·철학적 배경을 통해 볼 때 밀교의 법신 사상에 이르기까지의 불타론이 전혀 문제의 여지가 없는 것으로 볼 수는 없다. 다시 말해, 범신론(汎神論)의 불교적 재판(再版) 또는 다른 치장이라는 오해의 소지가 있어 '발달'로 보아야 하는지 아니면 '퇴보'로 보아야 하는지는 앞으로 또 다른 비판적 검토가 필요할 것이다. 또 다른 문제는 이러한 붓다 개념은 후일 불성론(佛性論)이나 성불론(成佛論)을 더욱 복잡하고 고원하게 만드는 교리의 뿌리 역할을 하게 된다. 그래서 붓다를 성취하는 일은 보통사람으로서는 도저히 미칠 수 없을 정도로 난해하고 아득한 느낌을 주는 것으로 전개되었다. 이같은 문제를 해결하기 위해 대승은 다수의 부처 후보로서 다수의 보살을 이야기하는 것으로 나아가기도 하였지만, 사실 이 또한 헤아릴 수 없는 붓다의 특수한 신체적·정신적 특징의 설명을 하고 있기는 마찬가지이다. 급기야 성불하는 데에 거의 무한에 가까운 삼·칠 혹은 삼십삼의 아승지겁(asaṁkhyakalpa)과 같은 긴 세월과 매우 복잡하고 세밀한 수행의 계위(階位)가 설해졌다. 하지만 이러한 억겁성불론(億劫成佛論)을 거꾸로 초기경전으로부터 거슬러 검토해 보면 사뭇 다른 양상의 붓다 개념과 만날 수 있다.

## Ⅵ. 현대적 논의와 종합적 평가

앞에서 살펴본 바와 같이 역사적인 붓다는 스스로 신도 인간도 아니라는 존재 규명을 했음에도 불구하고 대부분의 근·현대 서양 학자나 이에 영향을 받은 동양의 학자들은 붓다는 역사적인 존재이며, 우리와 똑같은 인간이라는 관점에서 보려고 한다. 이는 그동안 서양에서 '예수라는 신이 인간의 몸으로 태어나 살다가 다시 신이 되었다.'는 기독교의 도그마에, 그리고 동양에서 붓다가 신격화되고 신비화된 흐름에 반하는 주장으로 더욱 '인간 붓다'를 강조하는 경향이 있어 왔다. 이러한 불타관은 동 서양의 많은 불전(佛傳) 작가들의 글에서도 대동소이하다.

국내에 있어 불타관 또는 불타론에 대한 논의는 주로 일본학자의 견해와 김동화 박사의 저작에 크게 의존하고 있는 것으로 보인다. 일본학자들의 연구는 주로 대승불교와 관련해 불신론에 많이 치중해 있으며 하나하나 인용하기 힘들 정도로 많은 결과물이 있다. 국내에서는 김동화 박사가 『원시불교사상』을 필두로 하여 『불교교리발달사』에서 거의 모든 불교역사에서 전개된 불타관을 전거 중심으로 종합정리하고 있다. 이어서 다시 이러한 연구 성과를 바탕으로 노권용이 「불타관의 연구」라는 단행논문으로 초기에서 밀교에 이르기까지의 불타관을 정리하고 있다. 이후 조준호 또한 단독논문으로 빠알리 경전과 불교 외 고대 인도종교 전적들을 중심으로 붓다 개념의 기원과 전개를 그리고 이러한 맥락에서 근본적인 의미의 붓다 개념을 추적하고 있다. 그리하여 초기불교문헌의 성립과 교리적인 문제에 대한 비판적인 분석을 통해 오래된 층의 빠알리 경전으로 갈수록 아라한 개념과 붓다개념이 다르지 않음을 보여주고 있다. 결론적으로 일국토 일불설이 초기경전에 나타난다하더라도 후대의 부가로 간주하고 있다.[72] 그리고 최근의 일본학자 가운데 Toshiichi Endo는 빠알리 경전의 주석서(Aṭṭhakathā)에 나타난 불타관을 잘 정리하고 있다.[73] 붓다의 개념이 후대로 갈수록 어떻게 서술되고 있는가를 주석서를 통해 자세하게 밝히고 있다.

불타론을 개략적으로 정리해 보면, 불교교리사 전반에 흐르는 붓다의 기본적 의미는 자각각타(自覺覺他)의 존재, 즉 스스로 모든 법의 진리를 깨닫고, 동시에 중생을 교도(敎導)하여 깨닫게 하는 존재로 말할 수 있다.

따라서 초기경전 이래 붓다의 일반적인 모습은 '열반으로 인도하는 도사(導師 : maggakkhāyī[74])'로 나타난다. 이러한 중심적인 붓다 개념의 한편에

---

72 조준호(Cho, Joon-ho), 앞의 논문.

73 Toshiichi Endo, *Buddha in Theravada Buddhism : A Study of the Concept of Buddha in the Pali Commentaries,* Dehiwela: Systematic Print(Pvt) Ltd, 1997.

74 예를 들면, 『大正藏』1권, 653상하 ; Majjhima Nikāya III, 6면.

는 항상 초월적 존재, 초자연적 존재로 결부시킨 면도 없지 않다. 후대 전적에 따라서는 예언과 기적을 자유자재로 행함은 물론 세상의 화복(禍福)까지 주관하는 존재로 보려는 경향도 나타난다. 그리고 전적에 따라서는 또한 이러한 다양한 불타론이 혼재 또는 혼합해 있는 양상도 보여준다. 다른 한편으로 대승에서는 불신(佛身)에 관한 철학적 전개가 두드러지는데 먼저 이신론(二身論)이 대두되다가 최종적으로 법신(法身)·보신(報身)·화신(化身)이라는 삼신론(三身論)으로 확정된다.

흔히 과거 인류사에 있어 종교적 권위를 가진 이가 출현하면 스스로 또는 다른 사람에 의해 '신의 권화(權化)'라고 하거나 '신의 아들'이라든지 '신의 예언자' 또는 '신의 대리자'라고 주장되거나 말해졌다. 종교에 따라서는 이러한 신화적 주장 자체가 그 종교의 중심이 되어 있는 경우도 있다. 이들은 대개 신적인 위치나 신의 대리자로서 '선포적 메시지'를 전하는데 급급해 있다. 신의 계시라는 권위를 앞세워 예나 지금이나 믿기 어려운 사실을 사람들에게 믿도록 강요한다. 이러한 '선포적 가르침'은 기본적으로 '신화적 도그마(dogma)'에 기초하고 있으며 나아가 신앙 대상과 수직적 위계가 윤리의 중심이 되어 있다. 그리고 계시의 선포자 또한 선포적 가르침을 그의 삶 속에서조차 충분히 구현해 내지 못하면서 다른 사람들에게만 강요하고 끝나는 경우도 적지 않다.

이에 반해 불전과 경전을 종합해 보면, 석가모니 붓다는 다른 많은 종교 교조들과 달리 인간 밖의 초월적 타자(他者)를 끌어들여 그러한 권위로써 인간의 근본적인 문제를 해결하려 했던 것이 아니다. 스스로 진리의 각자(覺者)와 도사(導師: maggakkhāyī)라 선언하는 것을 통해서도 알 수 있듯이 고통의 세계에서 벗어나지 못하는 인간의 실존적 상황을 신화적 도그마에 의존하여 해결하려 했던 것이 아니라 연기법과 같은 보편적인 사상체계와 팔정도와 같은 윤리도덕적인 생활방식을 통해서 벗어나게 하고자 했으며, 그것을 몸소 온전하게 실현했던 지혜와 자비의 인물이다. 깨달음 이후 45년이라는 짧지 않은 그의 삶 자체가 그대로 가르침이었고, 가르침 자체가 바로 삶이었던 것이다. 삶과 가르침이 결코 괴리되지 않은 일치를 보여주었다. 오히려 경계하였던 것은 초월적 존재의 권위를 빌어 믿기 어려운 어떤 것을 선포하거나, 자신도 감당할 수 없는 도덕률을 남에게 강요하는 것이었다. 다만 스스로의 삶 속에서 누구나 실현할 수 있는 가르침을 시현(示現)하였던 것이다. 따라서 한마디로 그를 표현하자면 불교가 지혜와 자비의 가르침이라 평가되듯이 그는 위대한 지혜의 소유자요, 위대한 자비의 실천자라고 말할 수 있다. 오늘에 와서도 여전히 헤아릴 수 없는 정신적 깊이와 도덕적 위대성을 지닌 인류의 영원한 스승으로 남아있는 이유도 바로 이 때문이라 할 수 있다. ❁

**조준호** (고려대)

# 아라한

범 arhat 장 dgra bcom pa 한 阿羅漢

## Ⅰ. 기본 어의

고대 인도어에서 문법적으로 남성 주격인 아라한은 어근 arh(arhati)로부터 유래한다. 범어로 arhat, 빠알리어로 arahant이다. 어원 arh에 따른 기본적인 의미는 '가치있는(to be worthy)' 이나 '대접받을 만한(to deserve)' 또는 '공덕이 있는(to merit)' 것으로 풀고 있다.[1] 불교경전에서 아라한의 어원은 '거리'의 의미를 갖는 ārakā로 제시된다. 왜냐하면 모든 불선법(不善法)으로부터 거리를 갖는 존재이기 때문이다.[2] 이는 어원적으로 ari(적) + han(파괴자)으로도 설명하는데 이는 번뇌라는 적을 제거한 자로로서 서장역과 한역에서도 동일하게 나타난다. 빠알리어로 아라한은 약 4가지 형태의 명

1 David, Rhys, *The Pali Text Society's Pali-English Dictionary,* repr., Delhi: Munshiram Manoharlal Publishers, 1989, 77면.

2 Katz, N. *Buddhist Image of Human Perfection,* Delhi: Motilal Banarsidass Publishers, 1989, 1면.

사로 나타난다. arahan, arahā, arahat 그리고 arahant이다. 이에 대해 범어 arhat는 빠알리어 arahan에 해당하며 동사는 각각 arhati와 arahati로 쓰여진다. 이 말은 '가치 있는', '가치를 갖고 있는'이라는 뜻의 범어 arghati, 빠알리어 agghati와 비슷한 말이다. 서장어 번역은 dgra bcom pa (다쫌빠)이다. dgra는 '적'을 의미하고, bcom은 '정복자'나 '진압자'이다. 즉 '(번뇌와 무지라는) 적을 정복한 자'라는 의역이다.[3] 또한 한역 '살적(殺賊)'도 이에 해당하는 역어임을 알 수 있다.

한문 아라한(阿羅漢)은 범어로부터 음역(音譯)된 것이다. 이외에도 아라가(阿羅訶 / 阿囉呵)·아노한(阿盧漢)·알라갈제(遏囉曷帝)와 줄여서 나한(羅漢)·나가(囉呵) 등의 음역어들을 경전에서 찾아 볼 수 있다. 이 가운데 '나한'이라는 말은 현재 널리 쓰이고 있다. 의역(意譯)으로는 기본어의가 응수공양(應受供養)인 것에서 응공(應供)·응(應)을 비롯하여 살적(殺賊)·응진(應眞)·불생(不生)·무생(無生)·이악(離惡)·무학(無學)·진인(眞人) 등으로 번역되고 있다. 이 가운데 응공·살적·불생은 아라한을 대표하는 세 가지 뜻이라 한다.

간략하게 살펴보면 다음과 같다.

첫째, '응공(應供)'이란 아라한의 어원에 근거하여 '상응(相應)한 이'라는 뜻에서 '사람과 하늘[天]로부터 존경받는 이로서 마땅히 공양을 받을 만한 가치가 있는 사람'을 의미한다. 또는 '세상 사람의 공양에 상응할 수 있는 사람'이나 '모든 번뇌를 끊어서 다른 이로부터 공양을 받을 만한 자격이 있는 존재'라는 의미를 지닌다.

둘째, '살적(殺賊)'이란 번뇌라는 적을 모두 죽였다는 뜻으로 모든 번뇌를 멸한 경지를 이룬 사람을 뜻한다.

셋째, '응진(應眞)'은 진리에 계합(契合)했기 때문에 사용된 말이며,

넷째, '불생(不生)'과 '무생(無生)'은 더 이상 고통받는 생사윤회의 세계에 태어나지 않기 때문이다. 이것은 깨달음을 얻어 열반·해탈의 경지에 들어섰음을 의미한다.

다섯째, '이악(離惡)'은 미혹되고 미망된 그릇된 상태로부터 떠나 있다는 의미이며,

여섯째, '무학(無學)'은 더 이상 닦고 배울 것이 없기 때문이다.

---

3 Dass, S. C. *A Tibetan-English Dictionary,* Delhi: Motilal Banarsidass, 1970, 277면.

마지막으로 수행을 완성하여 세상으로부터 존경받을 만한 사람이고 존귀한 성자이기에 '진인(眞人)'이라고도 쓰였다.

내용상의 번역과 함께 경전에서 아라한을 설명하는 용어들이 보여주는 공통점은 아라한이 불교가 목표하는 최고의 경지인 열반·해탈을 이룬 존재라는 것이다. 때문에 현재 서구 불교학자들은 아라한을 인격으로나 도덕적으로나 깨달음에 이르기까지 모든 면에서 '완전해진 인격체(man perfected/perfected person)'라고 해석한다. 그래서 정형적인 여래십호(如來十號)[4]에서도 아라한은 석가모니 붓다를 지칭하는 가장 중요한 이름 중의 하나로 언급된다. 불교적 의미에 최초의 아라한은 다름 아닌 불교의 교조(敎祖)이다. 이것은 바로 아라한이 본래 불교 흥기 이전 시기에 최고의 수행자였음을 나타낸다. 특히 고대에서 인도종교를 바라문교(Brāhmaṇa)와 사문종교(沙門宗敎 : Śramaṇa / Samaṇa)의 두 가지로 구분할 때, 바라문교의 바라문 수행자나 사제(司祭)에 대응되는 사문종교의 이상적인 수행자를 아라한이라 칭했다. 이는 불교 흥기 이전부터 있었던 자이나교에서 석가모니 붓다 시대의 그들의 중흥조인 니간타 나따뿟따(Nigaṇṭha Nātaputta)와 그 밖의 다른 띠르탕까라(祖師 :Tīrthaṁkara)에게도 이 말이 적용되고 있는 것을 통해 알 수 있다. 그러므로 불교를 위시한 고대인도 종교에서 '아라한'이란 전통적으로 매우 중요한 개념이었다고 할 수 있다. 특히 초기불교와 자이나교와 연관지어진 아라한이란 종교적으로 최고의 경지를 성취한 사람을 나타내는 말로 쓰여서 이후 다양한 개념으로 발전하였다.

## Ⅱ. 역사적 전개

일반적으로 고대인도 종교 전통의 맥락에서 명사 arhat과 동사 arhati는 공덕이 있어 대접받을 만한 가치가 있는 특별한 사람이나 신격의 존재를 나타내는 데 사용하였다. 마찬가지로 이 말이 의미하는 바는 '할 수 있는 존재', 혹은 '능력의 존재'를 나타낸다.

매우 드문 예이기는 하지만 불교나 자이나교와 같은 사문종교 이전의 인

4 ① 여래(如來), ② 응공(應供), ③ 等正覺(등정각), ④ 명행족(明行足), ⑤ 선서(善逝), ⑥ 세간해(世間解), ⑦ 무상사(無上士), ⑧ 조어장부(調御丈夫), ⑨ 천인사(天人師), ⑩ 불세존(佛世尊).

도에서 가장 오래된 『리그베다』(1.94.1)에서 아그니(Agni)신은 그를 찬송하는 노래에서 그를 '가치있는 자'라는 의미의 arhat라는 말로 찬양한다. 예를 들면, '희생 제의자로서의 가치가 있는 자'나 '마땅히 희생제의의 최고자가 될 자' 등과 같이 주로 베다 종교의 종교의식인 동물이나 사람을 죽여 신들에게 올리는 희생제의(yajña)와 관련하여 나타난다. 그리고 베다의 연장선상에 있는 「샤타파타 브라흐마나(Śatapatha Brāhmaṇa)」에서 몇 가지 용례를 찾아 볼 수 있지만 이후의 『우파니샤드』에서는 arhat라는 말의 사용은 나타나지 않는다. 대신 동사형으로 '할 수 있는 상태'를 의미하는 arhati는 약5회에 걸쳐 한정적으로 나타난다. 그리고 『바가바드기타』에서도 『우파니샤드』와 마찬가지로 비슷한 맥락에서 나타날 뿐이다.

자이나교 경전에서는 이 말이 가끔 사용되는데 그 쓰임새와 의미에서 같은 사문 종교에 속해 있던 불교와 거의 근접해 있다. 여기서 arahat는 탐욕(貪欲)과 진심(嗔心) 그리고 미혹(迷惑)에서 벗어난 자와 같은 의미로 쓰인다. 그리고 그는 또한 모든 것을 아는 전지자(全知者)이며 초자연적인 신통(神通)을 행할 수 있는 것으로 설명된다. 이러한 자이나교에서 아라한의 의미는 불교와 거의 일치한다. 그러나 중요한 차이점은 자이나교에서 아라한은 자이나교의 중흥조로 일컫는 니간타 나따뿟따 혹은 마하비라(Mahāvīra)와 그 앞의 조사(祖師)인 빠사(Pāsa)에게만 한정적으로 사용된다는 점이다. 자이나교에서 조사는 불교와 비교할 때 붓다(Buddha)와 같은 최고의 위치에 해당한다. 이것은 불교가 후에 석가모니만을 붓다라 칭하고 그의 많은 뛰어난 제자들을 아라한이라고 불렀던 용례와 비슷하다. 즉 자이나교에서는 마하비라와 같은 최고의 조사만을 아라한이라고 한정해서 불렀던 것이다. 이는 당시 인도 종교전통에서 특정한 존재에게만 한정적으로 적용되었던 아라한이라는 말을 불교는 보편화시키고 있다는 중대한 의미를 갖는다. 하지만 반대로 자이나교에서는 그들의 조사(祖師)와 같은 위치에 해당하는 불교의 붓다를 다른 뛰어난 자이나 수행자들 일반에 적용시켰다.[5] 그리고 불교에서 석가모니에게만 한정했던 모니(牟尼, Muni)는 현재까지도 보통의 자이나 수행자들에게서 보여 진다.

아라한의 칭호가 석가모니 붓다의 구호(九號) 혹은 십호(十號) 중에서 첫

---

5 D. Malvania & H. C. Bhayani (eds.), *Sambodhi,* vol. I , no.4, 1-7면의 'Epithet of Lord Mahāvīra in Early Jaina Canon.'

번째 명호임과 아울러 자이나교에서는 오로지 조사들에게만 불려졌다는 데서도 아라한이라는 칭호가 얼마나 불교와 자이나교를 포함한 사문종교 일반에서 중요한 위치를 차지하고 있었는지를 알 수 있다. 이외에도 인도종교철학 전통에 있어 중요하게 다루어지고 있는 비구(Bhikṣu), 사문(Śramana), 열반(Nirvāṇa), 업(Karma), 고행(Tapas) 그리고 선정(Dhyāna) 등과 같은 용어들도 분석적으로 검토해보면 비슷한 맥락에 있다.[6]

하지만 「리그베다」의 아그니신에 대한 적용 이후 아라한의 칭호는 『우파니샤드』 또는 그 이후의 바라문 전적에는 거의 나타나지 않는다. 다만 동사 Arhati만이 몇 차례 나타날 뿐이다.[7] 그리고 불교와 자이나교와 같이 전문용어와 개념으로 발전을 보여주지 못하고, 문맥에 따라 달리 해석할 수 있을 정도의 일반적인 의미에 그치고 있다. 나아가서 바라문교 계통에서 아라한이라는 칭호가 불교나 자이나교에서처럼 그들의 뛰어난 수행자를 지칭하는 전문용어로 발전할 수 없었던 이유는 바라문교의 자체 내의 법전(法典)을 통해 알 수 있다. 이에 따르면 Vrātya 종족[8]에 속하는 Arahat와 Yaudha가 자신들의 바라문 사회의 사제계급인 브라흐만과 무사계급 크샤뜨리야와 대응되는 개념으로 쓰였기 때문이다.[9] 즉 Arahat와 Yaudha는 바라문 사회와는 다른 기원을 갖는 사회 속에서 종교적인 일을 수행하거나 정치력을 행사했던 사람들이라고 볼 수 있다.

다시 말해, 바라문 전적에서 아라한의 칭호는 붓다의 칭호와 같이 자신들의 사제나 수행자를 칭하는 말로 적용하지 않았음은 물론 전문적인 개념의 전개 또한 찾아 볼 수 없다.[10] 대신에 바라문교가 지배적인 사회체제에서 그들의 사제를 브라흐만이라고 부르고, 무력에 바탕한 정치계급을 크샤뜨리

6 조준호, 『우파니샤드 철학과 불교 - 종교 문화적 그리고 사상적 기원에 대한 비판적 검토-』(서울:경서원, 2004), 70-100면 참고.

7 기본적으로 '가치가 있다', '받을 만하다'와 같은 뜻이 있다. 기본 *Upaniṣad*에서 6회가량 그리고 *Bhagavadgīta*에서 10회가량 쓰인 것으로 보인다. (G. A. Jacob, A *Concordance to the Principal Upaniṣads and Bhagavadgīta*의 Arhati, 참고)

8 바라문 사회 체계가 아닌 집단을 바라문 사회 집단이 불렀던 것으로 이는 종교 사회만이 아닌 인종적 기원 또한 다를 가능성이 높다. 즉 바라문이 소위 아리안이라 칭해지는 인도-유럽인 계통이라면 Vrātya는 이들과는 이질적인 집단이었지만 오랜 인도사에서 차츰 아리안화 또는 인도-유럽인화 되어갔다.

9 Vedic Index, vol.Ⅱ, 343면.

10 졸저, *A Study of the Concept of "Buddha" : A Critical Study Based on the Pāli Texts,* Delhi대 학위논문, 1999, 84-89면.

야로 불렀던 것에 비견되는 칭호로 각각 사문종교의 Arahat와 Yaudha가 바라문교 법전류에 언급되고 있다. 이는 B.C.E. 2세기 파탄잘리(Patañjali)에 이르도록 사문과 바라문간의 관계가 마치 뱀과 몽구스와 같은 영원한 천적 관계라고 비유했던 것을 통해서도 알 수 있다.[11] 그것은 불교, 자이나교 경전은 물론 당시 시리아 대사로 동북부 인도의 마가다 제국에 체류하고 있었던 메가스테네스(Megasthnes)가 남긴 기록이나 아소카 비문에서조차 사문종교가 바라문교 집단과 대등한 혹은 우위적인 입장에서 기술되고 있는 데에서도[12] 아라한의 사문종교가 어떠한 위치에 있었는지를 가늠할 수 있게 한다. 사문종교의 최고 성자를 나타내는 아라한은 바라문 사회체제나 종교와는 다른 독립적인 지위를 가지고 바라문교와 대립하는 이질적인 기원을 가진 수행자 집단이었을 가능성이 높다. 즉 자이나교나 불교의 기원지인 인도 아대륙의 동북부에서 처음부터 그 독립적인 위상을 가지고 있었음을 짐작해 볼 수 있다. 그렇기에 아라한이 사문종교의 기원과 관련하여 이 지역을 벗어나 그 어떤 다른 인도 아대륙의 지역이 언급되지 않은 것에 대한 이유가 되는 것에서도 양자의 종교 문화적 그리고 사상적 기원을 달리하고 있었음을 알 수 있다.

## Ⅲ. 개념 전개

### 1. 아라한의 종류

불교에서 성스러운 삶의 길에 들어선 사람을 복전인(福田人)이라 한다. 자신에게나 남에게 복을 심는 그리고 복 되게 하는 터전이라는 의미이다. 그래서 다른 이로부터 좋은 대접(공양)을 받을 만한 사람을 말한다. 특히 여래나 아라한 등과 같은 공양을 받을 만한 법력(法力)이 있는 이에게 공양하면 더 큰 복(福)이 되는 것이 마치 농부가 기름진 밭에 씨를 뿌리면 다음에 큰 결실을 얻는 것과 같은 이치로 설명하고 있다. 이러한 점에서 여래와 함께 아라한은 두 복전인 가운데 하나로 강조된다. 아라한의 무학위(無學

11 *Mahābhāṣya,* vol.Ⅱ. 4. 9.

12 그 정형적인 문구는 Samaṇābrāhmaṇa(사문과 바라문)나 Brāhmaṇāsamaṇa(바라문과 사문)이다.

位) 성취자를 다시 그 우열에 따라 구무학(九無學 : nava aśaikṣa)으로 나누어 설명한다. 구종아라한(九種阿羅漢)·구나한(九羅漢) 등으로도 불려지며 경전에 다음과 같이 나타난다.

> 나는 이와 같이 들었다. 어느 때 부처님께서 사위국을 유행하실 적에 승림급고독원에 머무셨다. 그 때 급고독 거사는 부처님 계신 곳으로 나아가 부처님 발에 머리를 조아리고, 물러나 한쪽에 앉아 여쭈었다. "세존이시여, 세상에는 복전인(福田人)이 몇이나 있습니까?" 세존께서 말씀하셨다. "거사여, 세상에는 대략 두 종류의 복전인이 있나니, 어떤 것이 두 종류인가? 첫째는 학인(學人)이요, 둘째는 무학인(無學人)이다. 다시 학인에 열여덟 종류가 있고 무학인에 아홉 종류가 있다. 거사여, 어떤 것이 18학인인가? 신행(信行)·법행(法行)·신해탈(信解脫)·견도(見到)·신증(身證)·가가(家家)·일종(一種)·향수다원(向須陀洹)·득수다원(得須陀洹)·향사다함(向斯陀含)·득사다함(得斯陀含)·향아나함(向阿那含)·득아나함(得阿那含)·중반열반(中般涅槃)·생반열반(生般涅槃)·행반열반(行般涅槃)·무행반열반(無行般涅槃)·상류색구경(上流色究景)이니, 이것을 18학인이라 한다. 거사여, 어떤 것이 9무학인인가? 사법(思法)·승진법(昇進法)·부동법(不動法)·퇴법(退法)·불퇴법(不退法)·호법(護法)·실주법(實住法)·혜해탈(慧解脫) 그리고 구해탈(俱解脫)이니, 이것을 아홉 무학인이라고 하느니라.[13]

불도를 닦는 데 있어 '18유학(有學), 9무학(無學)'은 이 경을 근거로 논의된다.[14] 유학이 아직 닦아야 하는 단계인데 반해, 무학은 앞에서 말한 대로 더 닦을 필요가 없는 경지에 이른 아라한의 별칭이다. 아홉 무학인 가운데에서도 가장 뛰어난 단계는 단연 구해탈(俱解脫) 아라한이라 할 것이다. 이렇게 아홉 무학인은 아홉 종류 또는 아홉 단계로 아라한을 나누어 설명하고 있는 것이라 할 수 있는데 여기서는 다시 간략하게 아홉 종류의 위계(位

13 『중아함』의 「福田經」(『大正藏』1권, 616상)

14 마찬가지로 『구사론』에서는 구종불환(九種不還)을 말한다. 구종이란 불환과를 얻은 성자가 욕계에 죽어 색계 또는 무색계에 이르러 빠르고 느림에 따라 중반(中般 : antara pariṇirvāyin)·생반(生般 : upādya pariṇirvāyin)·상류반(上流般 : ūrdhvasrota pariṇirvāyin)으로 삼종불환(三種不還) 그리고 이를 다시 중반에 세 가지로, 생반에 생반 자체를 포함해 세 가지 그리고 상류반에 세 가지 로 나누어 아홉 가지가 되므로 구종불환이라 부른다.

階) 또는 종류를 살펴보면 다음과 같다.

첫째, 퇴법(退法)이란 질병 등의 특별한 인연이 닥치면 곧 얻었던 과(果)를 잃어버리는 자이니 아라한 중 가장 근기가 둔한 자이다.

둘째, 사법(思法)이란 얻은 아라한과를 잃게 될까 두려워 자살하여 얻은 과를 지키려는 자이다.

셋째, 호법(護法)이란 얻은 법에서 물러나지 않도록 보호하고 지키지만 만일 조금만 나태해도 곧 물러나고 잃어버리게 되는 자이다.

넷째, 실주법(實住法)이란 특별한 인연이 없으면 물러나지도 않고 또 특별한 인연이 없으면 앞으로 나아가지도 않는 자이다.

다섯째, 승진법(昇進法)이란 수행을 충분히 감내할 수 있어 동요하지 않는 경지를 빨리 증득하는 자이다.

여섯째, 부동법(不動法)이란 어떤 역경계를 만나더라도 수행의 의지와 갖가지 삼매의 인연이 부서지지 않는 자이다.

일곱째, 불퇴법(不退法)이란 어떤 역경을 만나더라도 얻은 법의 공덕을 잃지 않는 자이다.

여덟째, 혜해탈(慧解脫)이란 지혜를 방해하는 번뇌를 끊어 지혜의 자유를 얻은 자이다.

아홉째, 구해탈(俱解脫)이란 선정과 지혜를 방해하는 모든 번뇌를 끊어 심해탈(心解脫)과 혜해탈(慧解脫)을 모두 성취한 자를 말한다.

이같이 아라한을 아홉 종류의 위계나 종류로 구분하는 것은 비록 초기경전에 속해 있더라도 후대 부파불교시대에 첨가되었을 가능성이 크다. 다시 말해, 후대 수행자들이 현실적으로 자증(自證)하기 힘든 일체번뇌를 제거한 존재로서의 아라한 개념에 대한 변호를 경전적인 근거로 삼으려는 목적 때문에 더해진 것으로 보인다.

### 2. 아라한의 수행과 경지

아라한은 멸진정(滅盡定)의 성취자로 나타난다.[15] 항상 선정을 닦는 수행

---

15 멸진정은 적어도 불환과(不還果) 이상부터 가능하다고 나타난다.

자로 나타난다. 그리고 범부들과 달리 악업(惡業)을 더 이상 지을 수 없는 존재로 나타난다.[16] 왜냐하면 속박이 되는 선과 악을 벗어나 있기 때문이다. 그리고 아라한은 붓다와 마찬가지로 항상 '염처(念處 : satipaṭṭhāna)'의 상태에 있다. 즉 여실지견 (如實知見 : yathābhūtañāṇadassana)의 상태에 있다. 좀 더 구체적으로 이러한 아라한의 경지에 이르는 단계를 사향사과(四向四果) 또는 사쌍팔배(四雙八輩)라 하며 이를 다시 성문사과(聲聞四果)나 사문사과(沙門四果)라 하기도 한다. 성스러운 삶의 길에 들어서 일체번뇌를 단절하여 열반을 성취하는 마지막 완성의 단계까지를 보여주는 데 다음과 같다.

① 예류향(豫流向)
② 일래향(一來向)
③ 불환향(不還向)
④ 아라한향(阿羅漢向)
⑤ 예류과(豫流果)
⑥ 일래과(一來果)
⑦ 불환과(不還果)
⑧ 아라한과(阿羅漢果)

첫째, 예류향과 예류과는 수다원(須陀洹)이라 음역되기도 한다. 최종목표인 아라한에 이르는 길에 있어 그 시작으로 '성인의 흐름 또는 도의 흐름에 들어갔거나 탔다'는 의미이다. 다시 말해, 거룩하고 성스러운 길 또는 흐름에 들었다는 것을 의미한다. 교리적인 설명으로는 욕계(欲界)의 오하분결(五下分結) 가운데 삼결(三結 : 有身見. 戒禁取見·疑)이 끊어진 경지로 나타난다. 여기에 달한 자는 많게는 일곱 번까지 인간과 천상에 윤회하여 마침내 열반을 얻는다고 하여 결국 14회의 삶이 이야기되고 있다. 하지만 수행의 정도에 따라 7번을 2번 또는 3번 또는 1번으로 줄일 수도 있다 한다.

둘째, 일래향과 일래과는 사다함(斯陀含)[17]이라 음역된다. '다시 한 번만 이 세계에 돌아온다.'는 뜻으로 여기에 도달한 자는 한번만 더 태어나면 그 다음에는 해탈하기 때문에 일래라고 하는 이름을 얻는 것이다. 오하분결 가운데 삼결과 삼독(三毒)이 엷어진 자를 말한다.

셋째, 불환향과 불환과는 아나함(阿那含)이라 음역된다. 말 그대로 '다시 오지 않는다'라는 뜻으로 이곳에서 죽으면 다시 돌아오는 일없이 천상세계

16 Aṅguttara Nikāya vol. Ⅰ, 211면: vol.Ⅳ, 370면.
17 신라의 화랑도 명칭에서도 찾아 볼 수 있다는 점은 흥미롭다.

에서 열반을 얻기 때문에 이것을 불환이라고 이름하며 욕계의 오하분결을 모두 끊은 경지를 말한다.

마지막으로 아라한향과 아라한과는 불교의 최고 목표인 일체 번뇌를 끊어 열반과 해탈을 성취하여 최고의 지위에 이른 자이다. 따라서 '최고의 덕을 갖춘 완전해진 존재'라 칭할 수 있고 그 이상의 다른 어떤 경지를 가정하지 않았던 것이 불교 원래의 입장이었다. 교리적으로는 오하분결을 포함한 삼독과 일체번뇌를 다한 자를 말한다. 그래서 또한 인간·천상세계의 공양에 마땅히 응할 자격이 있는 적격자라는 의미에서 '적자(適者)' 또는 '응자(應者)'라는 이름을 얻기도 한다. 범부에서 아라한 경지까지 나아가는 것은 십결(十結)의 제거를 통해 설명된다. 십결은 다시 오하분결(五下分結)과 오상분결(五上分結)로 구분한다. 이는 범부는 십결에 구속되어 있는 반면 아라한은 십결의 결박으로부터 벗어난 존재임을 말한다. 십결이란 유신견(有身見)·의(疑)·계금취견(戒禁取見)·욕탐(欲貪)·진에(瞋恚)·색애(色愛)·무색애(無色愛)·아만(我慢)·도거(掉擧)·무명(無明)이다.

경전에 공통적으로 아라한과를 성취한 계기를 표현하는 정형구를 소개하면 다음과 같다.

> 깨끗한 믿음의 마음으로써 위없는 청정행을 닦고 현재에 있어서 스스로의 몸으로 증명하여 생사는 이미 다하고 청정행은 이미 세워졌으며 할 일을 다해 마쳐 뒷 목숨을 받지 않고 곧 아라한을 이루었다.[18]

아라한은 이미 현생에서 모든 번뇌를 소멸시킨 누진지(漏盡智)를 성취했다. 이러한 점에서 아라한에게 다시 두 가지 지(智)가 이야기된다. 그것은 누진지와 다시는 번뇌가 발생하지 않을 것이라는 것을 분명히 아는 무생지(無生智)이다.

이렇게 아라한에 이르기까지 예류·일래·불환·아라한의 네 위(位)로 나누고 각 위를 다시 향(向 : 향해가는 과정)과 과(果 : 도달점)로 나누는 것을 사향사과(四向四果)라 하며 여기서 다시 아라한향까지를 유학(有學)이라 하여 칠종유학(七種有學)이라 한다. 그리고 마지막 여덟 번째만을 무학(無

18 『大正藏』1권, 104하 : "以淨信心修無上梵行 現法中自身作證 生死已盡 梵行已立 所作已辦 不受後有 卽成阿羅漢"

學)이라 하는 것이다.

그렇다면 이러한 아라한과를 성취한 사람을 어떻게 알 수 있을까. 경전에서 스스로 일체번뇌가 다했음을 깨달아 아는 것으로 아라한과를 성취했음을 알 수 있고, 마찬가지로 아라한은 다른 아라한에 의해서 간파될 수도 있다고 한다. 초기경전의 많은 곳에서 최초의 아라한인 석가모니 붓다가 그의 제자들이 아라한과를 성취하였음을 선언하는 경우가 많이 나타난다. 그렇지만 살아있는 아라한은 보통 사람뿐만이 아니라 신들[인드라, 브라마, 프라자파띠]도 쉽게 알 수 없다고 한다. 더 나아가 보통 사람에 있어서는 아라한과를 성취했는지 성취하지 못했는지를 쉽게 단정할 수 없다고 한다. 이와 관련하여 대표적인 예로 코살라국의 왕 빠세나디에게 석가모니 붓다의 충고가 많이 언급된다. 즉 빠세나디 왕은 7명의 고행자와 7명의 나체 수행자 7명의 자이나 수행자의 모습에 감동을 받은 나머지 석가모니 붓다를 찾아 세상에 아라한이 있다면 아마 그들이 아라한일 것이라 말하자 붓다는 남의 마음을 아는 지혜를 얻지 못한 왕으로서는 그들이 아라한인지 아닌지를 알 수 없다고 한다. 다만 알 수 있는 방법은 그와 함께 오래 살면서 계행(戒行) 등을 오래 살펴보아야 알 수 있지 모습으로 단정해서는 안 된다고 한다.[19]

이러한 아라한의 죽음에 대한 태도는 이미 열반 성취자였음으로 대단히 초연하다. 지혜제일의 사리불의 게송을 소개하면 다음과 같다.

> 나는 죽음에 대해 기뻐하지 않는다. 사는 것에 대해서도 즐거워하지 않는다. 다만 나는 이 몸을 분명하고 그리고 초연하게 눕히겠다.

> 나는 죽음에 대해 기뻐하지 않는다. 사는 것에 대해서도 즐거워하지 않는다. 그러나 나는 자기 일을 마친 고용인이 월급날을 기다는 것처럼 그 시간을 기다린다.[20]

---

19 『大正藏』2권, 306상, 『별역 잡아함』제471경, 『Saṁyutta Nikāya』vol. Ⅰ. 104면, 『Udāna』제6장 2

20 『Theragāthā』 게송 1002-3

### 3. 아라한과(阿羅漢果) 성취와 능력

아라한을 이루는데 남녀노소의 구별이 있는 것은 아니다. 이는 초기불교 경전에 잘 나타나는데 몇 가지 예를 들면 다음과 같다. 어린 나이에 출가하여 식사를 준비·제공하는 달파말라(達婆末羅)는 이미 16세에 아라한이 된 것으로 나타나며, 발타라(跋陀羅)도 또한 아주 어릴 때에 출가하여 곧바로 아라한이 되었다는 것을 스스로 이야기하고 있다. 특히 산키챠(Sañkicca)는 7세에 출가하여 삭발과 동시에 아라한과를 얻었다는 이야기가 전해져 오고 있으며, 그 밖에도 아주 나이어린 아라한도 있었다는 예는 얼마든지 있다. 그리고 초전법륜 시에 한 부처님의 도반이었던 교진여(憍陳如) 등 5비구가 아라한이 된 것은 부처님께 귀의한 후 5일째라고 전해지며, 목건련은 부처님께 귀의한 후 5일째, 사리불은 15일째라고 되어있다. 또한 대부호의 아들 야사(耶舍)가 아라한이 된 것은 부처님께 귀의한 후 얼마 안 되어서였고, 그다지 잘 알려지지 않은 묘향(妙香)이 아라한이 된 것은 부처님께 귀의한 후 7일째였다. 그 밖에 차마니(差摩尼)와 같은 비구니는 8일째에 깨닫고, 선생녀(善生女)와 같은 이는 부처님을 보고 법을 듣자마자 아라한이 되어 후에 집에 돌아가 남편의 허가를 얻어 출가하였다 한다. 이외에도 초기경전에서 직접적으로 아라한이라 명시하지는 않았지만 수행에 따른 도과(道果)의 표현에 따르면 아라한 경지의 성취로 볼 수 있는 비구·비구니·우바새 그리고 우바이를 많이 찾아 볼 수 있다. 재가자 신분으로 아라한과를 얻은 예를 들면 다음과 같다. 앞에서 말한 대로 야사는 출가하기 전 재가 상태에서 부처님의 가르침을 받고 아라한과를 성취하였으며, 마가다국의 왕비, 케마(Khemā) 또한 마찬가지로 재가자로서 아라한과의 증득 후 출가하는 경우나 부처님의 세속 부친인 정반왕 또한 임종 바로 직전에 아라한과를 성취한 것으로 나타난다. 그리하여 초기경전의 하나인 앙굿따라 니까야에서는 '재가(gahapati) 아라한' 21인의 이름을 분명히 하나하나 나열하면서 반복적으로 설명하는 데까지 이른다.

이 밖에도 경전이나 논서 또는 주석서를 보면 수많은 수행자들, 남녀노소에 상관없이 출가 재가에 상관없이 얼마나 진지한 수행에 따라 아라한과의 증득을 이야기하는 것으로 보아 수행의 진전이 반드시 모든 단계를 차례차례 밟아간 것으로는 볼 수 없을 것이다. 수행기간의 많고 적음이라든가 나이가 많고 적음에 따라 아라한이 되는 조건이 될 수 없었던 것으로 생각할 수 있다. 다만 출가이든 재가이든 남자이든 여자이든 나이가 많든 적든 간에 계행의 삶을 살고 마음을 청정하게 하는 수행의 여하에 달려 있었다고 볼 수 있다.

다음으로 아라한의 능력으로서 모든 아라한과를 얻은 자와 관련하여 삼명육통(三明六通)이 이야기된다. 일반적으로 경전에서 삼명육통은 선정을 통한 수행으로 얻어지는 비범하고 초인적인 능력을 가리킨다. 통(通 : abhiññā)이라 함은 걸림 없이 자유자재한 능력을 말한다. 그렇다고 모든 아라한이 삼명육통을 모두 행할 수 있다는 것은 아니고 아라한에 따라 부분적으로 또는 전체가 가능하다고 한다. 삼명이란 아라한과를 성취한 성자에게 갖추어진 특별한 능력으로 세 가지에 대해 밝게 아는 것인데, 즉 숙명명(宿命明)·천안명(天眼明)·누진명(漏盡明)을 말한다. 다시 육통은 여섯 가지 신통력을 말하는데 삼명의 세 가지를 숙명통(宿命通)·천안통(天眼通)·누진통(漏盡通)이라 달리 이름 하면서 신족통(神足通)·천이통(天耳通)·타심통(他心通)을 더한 것을 말한다.

먼저 삼명(三明 : tevijjā)을 살펴보면 다음과 같다.

① 숙명통(宿命通) : 자신은 물론 타인의 셀 수 없는 전생(前生)을 기억한다.
② 천안통(天眼通): 다른 사람이 업(業)에 따라 죽은 다음 어떠한 존재로 태어나는지를 볼 수 있다.
③ 누진통(漏盡通) : 유루(有漏)를 제거하여 이 생(生)에서 스스로 지식과 마음의 해탈을 깨닫고 성취하여 머무른다.

다음으로 육통(六通 : chaḷabhiññā)은 이는 앞의 삼명에 다음의 세 가지를 더한 것이다.

④ 신족통(神足通) : 원하는 대로 변신할 수도 있으며 장애에 걸림 없이 날아다닐 수 있는 능력.
⑤ 천이통(天耳通) : 원하는 대로 하늘귀[天耳]로 멀고 가까운 신들과 인간의 두 소리를 들을 수 있는 능력.
⑥ 타심통(他心通) : 타인의 마음을 원하는 대로 자유롭게 아는 능력.

이들에 관한 낱낱의 설명은 다 할 수 없지만, 요컨대 하나를 변화시켜 여럿을 만들고, 여럿을 합해 하나로 만들 수 있으며 돌 벽을 뚫고 지나가는 것은 허공에서와 같이 걸림이 없고, 땅속으로 드나드는 것은 마치 물에서와 같으며, 땅을 밟듯이 물 위를 걸어 빠지지 않고 허공에 올라가 가부좌를 하고 앉는 것이 마치 새와 같게 할 수도 있어 저 해와 달을 손으로 움켜잡을 수도 그리고 범천에까지 이를 수도 있다고 한다. 마찬가지로 모든 중생들이 죽을 때와 태어날 때, 좋은 모습과 추한 모습, 귀한 몸과 천한 몸, 나쁜 세계로 향해 가되 저마다 지은 업을 따라 태어나는 것들을 알 수 있다고 한다. 이처럼 몸을 공중에 날리기도 하고, 산이나 강이나 바다에 가로막힌 저쪽 먼 곳의 일들을 보고 들을 수도 있고, 과거세는 물론 미래세를 볼 수 있는 능력을 갖기도 하는 등, 시간과 공간을 초월하여 자유로운 활동을 할 수 있는 능력을 아라한은 갖추고 있다 한다. 한역『장아함(長阿含)』「견고경(堅固經)」에는 여래가 스스로 체득하여 가르치는 것으로 신족통과 타심통과 함께 교계통(教誡通)을 말하기도 한다. 여기서 교계통은 여래가 세상에 출현하여 사문이나 바라문들에게 생각하고 행동할 바를 가르쳐 훈계할 수 있는 능력이라 한다. 세 가지 수승한 신통인 천안통·숙명통·누진통은 여래와 아라한이 모두 지니는 것으로 나타나지만 마찬가지로 누구나 수행을 통하여 얻을 수 있다고 한다. 그러나 마지막 누진통만은 아라한 이상의 경지에 오르지 못하면 얻을 수 없다고 한다. 그렇지만 계율 상에 있어 특별한 경우가 아니고서는 이러한 신통력을 배우려 하거나 함부로 나타내거나 이용하는 것을 금지하였다. 그래서 거짓으로 신통력이 있다고 하면 교단에서 추방당하는 바라이죄(波羅夷罪)에 해당하였다.

신통력과 관련하여 거의 모든 불교권에서 아라한 신앙이 대단하였는데 그것은 역사적으로 우리나라에서도 많은 사찰의 나한상과 나한도가 봉안되어 있는 것을 통하여 그리고 신통한 아라한과 관련된 많은 이야기들이 전해져 내려오고 있는 것을 통하여 잘 알 수 있다. 이는 나한들이 신통력을 갖춘 존재로서 복을 주고 소원을 성취시켜주는 특별한 능력이 있다는 믿음에서 연유한 것이라 할 수 있다. 마찬가지로 이러한 아라한의 도덕적 완성과 위신력(威神力)을 불교의 오역죄(五逆罪)와 관련시켜 볼 수 있는데 이를 범하면 무간지옥(無間地獄)에 들어간다고 하여 오무간업(五無間業)이라고도 한다. 즉 아버지와 어머니를 죽이고[殺父·殺母] 아라한을 죽이고[殺阿羅漢] 교단의 화합을 깨거나[波和合僧] 붓다의 몸에 피를 흘리게 하는 것[出佛身血] 등의 다섯 가지를 말한다. 이로 보아 아라한이 얼마나 성스럽고 거룩하고 존귀한 존재로서 강조되었는지를 알 수 있다.

다음으로 신통력에 관한 몇 가지 재미있는 사례를 살펴보면 다음과 같다. 먼저 아니룻다는 천안통으로 삼천대천세계를 두루 본다고 한다.[21] 사리불의 경우 달밤에 이동 중이던 야차가 심술로 큰 코끼리를 땅에 묻어 버릴 정도의 강한 힘과 산 정상을 산산조각 낼 정도의 큰 힘으로 사리불의 머리에 일격을 가했지만 도리어 야차는 "앗 뜨거워, 앗 뜨거워"하며 대지옥에 떨어졌다고 한다. 목건련이 신통력으로 이같은 사실을 보고 달려와 사리불의 안부를 묻자 "약간의 두통만 있을 뿐이라고" 답하는 것으로 사리불의 희유하고 위대한 신통력이 나타나 있다.[22] 다음으로 16나한의 하나인 빈두로파라타(賓頭盧頗羅墮 : Piṇḍola-bhādvāja)의 신통력이 많이 이야기되는데 빈두로파라타는 나한상에 있어 흰머리에 기다란 눈썹을 가진 나한으로 그려진다. 그는 붓다의 부촉으로 반열반에 들지 않고 여러 곳의 전도여행과 함께 남인도의 마리산에 있으면서 불멸 후에 중생을 제도하여, 말세의 공양을 받아 대복전(大福田)이 되었으므로 '주세(住世)아라한'이라고도 불린다. 후대 인도에서 대승 절에서는 문수보살을 상좌로 하는 것에 반해 초기불교 전통을 잇는 부파 절에는 빈두로파라타를 상좌로 모시는 풍습이 있었다고 한다. 이는 중국에서도 동진(東晋)의 도안(道安)이 처음으로 빈두로를 신앙했고, 송나라 태초(泰初) 말기(471)에 법현·법경 등이 처음으로 그의 형상을 넣어 공양하였다고 하며 우리나라에서도 독성(獨聖)·나반존자(那畔尊者)라 하여 절마다 봉안하였다. 그의 신통력과 관련하여 많은 일화들이 유명한데 그 가운데 증일아함에 의하면 신통력으로 인색한 한 재가자를 깨우치는 이야기가 나타난다. 즉 한 재가자가 걸식하는 그에게 네 눈알이 빠지더라도 나는 끝내 너에게 보시하지 않겠다고 하자 실제로 삼매에 들어 신통력으로 두 눈을 빼었다고 한다. 그러자 더욱 재가자가 화를 내면서 네가 공중에 거꾸로 매달리고, 온 몸에 연기가 나며, 내 앞에서 죽더라도 끝내 밥을 주지 않겠다고 하자 마찬가지로 신통력으로 그렇게 하였다고 한다. 이에 그 재가자는 사문이 우리 집에서 죽으면 관가로부터 벌을 받을까 걱정이 되어 살아난다면 밥을 줄텐데 중얼거리자 그대로 다시 살아났다고 한다. 그리고 작은 떡을 보시하려고 떼어내려면 자꾸 커지자 재가자는 빈

21 Aṅguttara Nikāya vol. I , 260면.

22 Udāna 제4장 4.

두로파라타에게 왜 나를 못 살게 구느냐고 도리어 원망했다고 한다. 이에 빈두로는 자신은 먹을 것이 필요없다며 다만 부탁하고 싶은 것이 있기에 그러했다고 하면서 그 떡을 부처님에 올리라 한다. 그런데 올린 떡이 계속 늘어나자 다시 많은 비구들에게 돌리고도 여전히 남아, 많은 우바새와 우바이에게 돌리고 다시 가난한 사람에게 계속 나눌 수 있었다고 한다.[23] 다음은 불교 교단에서 신통을 함부로 재가자에게 보여서는 안 된다는 계율 조항이 생기게 된 이야기이다. 『율장』에 의하면 빈두로는 신통력이 대단한 목련존자와 함께 이른 아침 탁발 나갔다가 신통력을 과시하려는 유혹을 받게 된다. 그것은 왕사성의 한 부자가 긴 장대에 고급 향으로 만든 바루를 걸어 놓고 누구든지 신통력을 써서 내려 가지고 가게 했으나 당시의 많은 사람들이 모두 실패했다고 한다. 그렇지만 빈두로는 가볍게 날아올라 바루를 한 손에 들고 왕사성을 공중에서 세 바퀴나 날아돌자 모든 왕사성의 사람들이 놀라 환호하며 존경을 표했다고 한다. 그리고 곧바로 이것은 붓다에게 알려져 재가자 앞에서 이적(異蹟)을 보여서는 안되고 보이면 돌길라(dukkaṭa) 죄를 범하는 것으로 신통 금지라는 새 율조항이 부가된 계기가 되었다고 한다.[24]

다음으로 목련존자는 마우드갈랴야나라는 동명의 불제자들이 많아서 마하 마우드갈랴야나(大目連)라고 한다. 후에 불제자 중에서 '신통 제일'이라고 불릴 정도로 신통이 자재하였다. 어느 날 그의 안색이 너무나 좋아서 사리불이 그 이유를 물은즉 "오늘 나는 불타와 법담(法談)을 나누었는데, 불타와 내가 모두 천안천이(天眼天耳)를 가지고 있음을 알았기 때문이요"라고 대답했다고 한다. 이러한 사실로 미루어 볼 때, 그의 신통력은 스승인 석가모니 붓다와 동등한 것으로 여겼던 것 같다. 그는 가끔 아귀(餓鬼)를 보고 웃곤 했는데, 그 이유를 묻는 이에게 아귀에 대해 설명했다고 한다. 아귀는 보통 사람은 볼 수 없는 조상의 영혼이나 전세에 지은 악업의 대가로 기아와 갈증에 시달리며 배회하는 귀신을 뜻한다. 또한 한번은 목련존자는 붓다와 함께 사위성 교외의 녹자모(鹿子母) 강당에 있을 때, 많은 비구들이 단정치 못한 자세로 잡담을 즐기는 광경을 보고, 신통력을 써서 발가락으로 강당을 흔들었기 때문에 비구들이 놀라서 도망친 일도 있다고 한다. 또

23 『增一阿含經』(『大正藏』2권, 648하)
24 Vinaya Piṭaka vol.Ⅱ, 110면.

모여든 비구 중에 부정한 자가 있음을 알고 그의 팔을 잡아 축출해냈다고도 한다. 이 때문에 그는 아난다와 사리불과 함께 교단 내부의 분쟁을 해결하는 역할을 하기도 했으므로, 교단의 통제를 위해서도 그는 큰 힘이 되었다.

## 4. 아라한의 사회적 실천

흔히 대승권에서 아라한은 지극히 개인적이고 자리(自利)적인 수행자 상으로 편견을 갖고 있는 경우가 있다. 그렇지만 부처님이 성도 후 인류 역사상 최초로 육십명이라는 조직적인 전도단(傳道團)을 결성하여 각지로 파견했을 때 그 구성원은 바로 아라한들이었다. 유명한 '전도(傳道)[25] 또는 전법(傳法) 선언'이라 하는데 다음과 같다.

> 나는 — 인간 사회(manussā)와 신성(神性 : dibbā)으로부터의 — 모든 질곡과 구속에서 해방되었다. 그대들 또한 나와 같이 모든 질곡과 구속으로부터 자유롭다. 비구들이여, 그러니 이제 '인간과 신들(devamanussā)'의 이익(attha)을 위해 '세계에 대한 큰 자비심(lokānukampa)'을 가지고 '많은 종류의 대중들의 복지(bahujanahita)'와 '많은 부류의 대중들의 행복(bahujanasukha)'을 위해 널리 돌아다녀라. 그래서 두 사람이 한 길을 가지 말라. 비구들이여, 처음도 좋고 중간도 좋고 마지막도 좋은, 조리 있고 적절한 표현으로 법을 잘 설하라. 그리고 안팎[내용과 형식]에 있어 무엇이 순수하고 완전한 행위와 삶의 완성인지를 보여주고 설명하라. 중생들 가운데는 법을 알아들을 아직 때묻지 않은 사람들도 많다. 그들이 법을 듣지 못한다면 구제받지 못하고 퇴보할 것이다. 그러나 법을 들으면 곧 이해하고 깨달아 나아가게 될 것이다. 비구들이여, 나 또한 법을 설하기 위해 우루벨라의 세나니 마을로 갈 것이다.[26]

이같이 아라한 중심의 대대적인 사회적 교화활동은 불교의 사회적 실천

25 '전도'라는 말이 현재 기독교에서 많이 쓰여 불교에서는 기피하고 있으나, 사실은 한역 불교경전에 나타나는 불교 용어에 대한 기독교의 차용이다.

26 빠알리 율장 vol. Ⅰ, 20면과 대응되는 다른 부파의 한역 율장에서도 각각 나타난다. 또한 『잡아함』의 「승색경(繩索經)」과 대응되는 빠알리 경전(Saṁyutta Nikāya vol. Ⅰ, 105-106면), 그리고 *Suttanipāta*의 v. 693에도 압축적으로 표현되어 있다.

운동의 핵심으로 불교 역사상 가장 획기적인 사건이다. 개개인과 사회의 성중화(聖衆化)를 위한 가장 전면적이고 본격적인 대사회적 운동이다. 따라서 아라한들은 가장 적극적인 사회참여의 실천자로서 아라한이 자리적이기만 하고 이타적이지 않다는 선입견은 재고가 필요한 부분이다.

더 구체적으로 10대 아라한 가운데 하나인 부루나(富樓那) 존자는 죽음을 각오한 사회적 실천운동의 모습을 보여준다. 즉 현재 뭄바이(Mumbai, 과거의 Bombay)의 소빠라(Sopārā) 지역의 포학한 사람들을 교화하면서 부처님과 다음과 같은 대화를 나누었다.

> "그 곳 사람들은 거칠고 사납고 비난하고 욕을 잘 하는데 만약 그렇게 하면 어떻게 하겠는가?", "손이나 돌을 사용해 때리지 않으니 그 곳 사람들은 어질고 착하고 지혜가 있다고 생각하겠습니다" 다시 "손이나 돌을 사용하여 친다면?", "그 곳 사람들이 어질고 착하고 지혜가 있어 몽둥이를 사용하지 않는다고 생각하겠습니다", "그렇다면 다시 칼이나 몽둥이를 사용하여 해친다면?", "그 곳 사람들은 어질고 착하고 지혜가 있어 죽이지는 않는다고 생각하겠습니다", "만약 그들이 칼이나 몽둥이를 사용하여 죽인다면?", "그 곳 사람들은 어질고 착하고 지혜가 있어 썩어 무너질 몸을 해탈하게 한다고 생각하겠습니다"[27]

## 5. 10대 아라한, 16대 아라한 그리고 500아라한

### 1) 10대 아라한

부처님의 10대 제자는 수많은 제자들 중 가장 뛰어난 아라한으로서 사리불(舍利佛)·마하목건련(摩訶目犍連)·마하가섭(迦葉)·수보리(須菩提)·부루나(富樓那)·가전연(迦旃延)·아나율(阿那律)·우바리(優婆離)·라후라(羅睺羅)·아난(阿難)의 10제자를 가리킨다. 그 위덕(威德)과 특징을 대강 소개하면 다음과 같다.

① 사리불: 지혜 제일로 부처님의 설법을 들으면 그 뜻을 깊고 넓게 깨달

---

27 Saṁyutta Nikāya vol.Ⅳ, 60-63면 ; Majjhima Nikāya vol.Ⅲ, 267-270면 ; 잡아함 제13권『부루나경(富樓那經)』

앉을 뿐만 아니라 설법에 대한 설명 또한 탁월하였다.

② 목건련: 신통 제일로 신족통(神足通)을 얻어서 산하석벽(山河石壁)을 걸림 없이 오고 가며 천상·인간 내지 시방세계를 순식간에 자유롭게 왕래하였다. 천안통으로 지옥을 보니 그곳에서 자신의 어머니가 고통받고 있는 모습을 보고 어머니를 천도했다는 이야기는 유명하다.

③ 마하가섭: 12종의 고행과 같은 두타행(頭陀行)의 제일로 헤진 옷과 적은 음식으로 굶주림을 참고 나무 아래나 무덤 곁에서 참선하고 잠을 자는 등의 갖은 실천으로 사람을 교화하였다.

④ 수보리: 해공(解空) 제일로서 바위굴이나 한적한 곳에 홀로 앉아 공(空)의 진리를 관하여 그 이치를 깊이 관찰하였다.

⑤ 부루나: 설법 제일의 아라한으로 언론과 변술이 매우 뛰어날 뿐 아니라 상대편의 근기에 맞추어 자유자재한 방편으로 반드시 감화시키어 교화하는 특수한 위력이 있었다.

⑥ 마하가전연: 논의(論議) 제일의 아라한으로 교리의 깊은 뜻을 잘 분별하여 논리 정연하게 이론을 펴나가 많은 외도들을 굴복시켰다.

⑦ 아나율: 천안(天眼) 제일의 아라한으로 천안통으로 인간과 천상세계를 두루 다 보았다.

⑧ 우파리: 지계(持戒) 제일의 아라한으로 계율을 면밀히 지녀 조금도 계율에 어긋난 일을 하지 않았다. 그리하여 제1결집 때 율장을 외워내어 편집하였다고 한다.

⑨ 라후라: 밀행(密行) 제일의 아라한으로 부처님의 친아들이기도 하다. 부처님의 가르침을 그대로 실천하는데 남이 보고 듣는 곳에서든 그렇지 않는 곳에서든 조심하고 은근하게 수행했다.

⑩ 아난다: 다문(多聞) 제일의 아라한으로 뛰어난 기억력으로 부처님의 가르침을 한번 들으면 다시 잊어버리지 않아 제1결집 시에 다시 외워내게 하여 경전을 편찬하게 했다고 한다.

10대 아라한 가운데 마하가섭존자의 위상은 확고하다. 사리불과 목건련의 입적 후 스승인 석가모니 붓다의 장례식에 장주로서 교단을 대표하는 아라한으로 부상한다.

### 2) 16나한

10대 제자에 다음가는 큰 아라한으로 16나한을 들게 된다. 16나한은 『입대승론(入大乘論: Mahāyānāvatāra-Śāstra)』이라는 논서에 언급되어 있다. 여기에 의하면 빈도라바라타사존자를 위시한 16명의 대 아라한 성문 제자들에게 불법을 수호할 것을 부촉하였다는 것이다. 즉 부처님이 반열반에 드실 적에 최상의 법을 16대 아라한에게 부탁하시면서 이 법을 함께 호지하여 꺼져 없어지지 않게 하라고 하였다. 그렇기에 그들은 깊이 열반에 들지 않고 이 세상에 머물면서 불법이 잘 보존되도록 하는 역할을 한다고 한다. 16명의 이름을 나열하면 다음과 같다.

| | | |
|---|---|---|
| 제1 빈도라바라타사존자 | 제2 가락가발사존자 | |
| 제3 가락가바리타사존자 | 제4 소빈타존자 | 제5 낙구라존자 |
| 제6 발타라존자 | 제7 가리가존자 | 제8 벌사라불다라존자 |
| 제9 술박가존자 | 제10 반탁가존자 | 제11 라흐라존자 |
| 제12 나가세나존자 | 제13 인갈타존자 | 제14 벌라바사존자 |
| 제15 아시다존자 | 제16 주다반탁가존자 | |

이러한 16대 아라한은 삼명(三明)·육통(六通)·팔해탈(八解脫)을 모두 갖추고 삼장(三藏)을 다 외워 지니며 신통력으로 그 수명을 연장하여 세존의 정법이 마땅히 머무는 곳에는 항상 따라가 호지하며 시주하는 사람의 복밭이 되었다고 한다. 우리나라에도 전통적으로 16아라한을 봉안한 사찰이 많으며 그들을 16성중(聖衆)이라고 부르며 기원의 대상으로 삼았다.

16나한과 관련하여 티벳불교에서는 16나한에서 두 나한을 더하여 '18나한'을 들기도 하는데 내용은 약간 차이가 있다. 예를 들면, 17번째는 재미있게도 중국의 포대화상이 들어가 있고, 18번째는 달마카라(Dharmakala)라는 재가불자라는 점이 인도불교의 전통적인 면과는 다른 점이다.

### 3) 5백나한

5백 아라한에 대한 초기경전의 언급은 『중아함』과 이에 대응되는 빠알리 경전에서이다. 붓다는 5백 아라한과 함께 안거를 마친 것을 이야기하고 있다.[28] 『중아함』에서는 5백 아라한 중 90명은 삼명을 얻고, 90명은 구해탈(俱解脫)을 얻고, 나머지는 혜해탈(慧解脫)을 얻었다 한다. 빠알리는 더 구체적으로 삼명을 60명, 육신통을 60명, 구해탈을 60명 그리고 나머지는 혜해탈로 분류하고 있다. 다시 5백 나한에 대해 경전에 나타나는 것은 왕사성 결집이라고도 불리는 제1결집에서 비롯되는데, 부처님이 반열반에 든 후 5명의 아라한은 칠엽굴에 모여 붓다의 가르침을 최초로 편집했다고 한다. 이 때문인지 이후 제2결집에서도 마찬가지로 5백 아라한으로 숫자가 항상 고정되어 나타나게 된다. 그리고 대승도 이러한 숫자로『법화경』의「5백제자수기품」에 보면 모두 성불의 수기(授記)가 내려지는 것으로 나타난다. 우리나라에서도 5백 나한상을 봉안한 곳이 많은데, 그 상호가 인도풍의 모습에 인도식의 이름으로 내려오는 것은 물론 모두 각기 다른 얼굴 표정을 하고 있다는 것이 그 특징이다. 이는 원래의 아라한의 성격과는 다른 일반대중의 희비애락(喜悲哀樂)에 부응하여 영험을 줄 수 있다고 하는 신앙의 표현으로 볼 수 있다.

### 6. 후대 불교의 아라한 이해

앞의『중아함』의 구무학(九無學) 또는 구종아라한(九種阿羅漢)을『성실론(成實論)』권1에서는 퇴상(退相)·수상(守相)·사상(死相)·주상(住相)·가진상(可進相)·불괴상(不壞相)·혜해탈상(慧解脫相)·구해탈(俱解脫) 그리고 불퇴상(不退相)이라는 말로 나타난다.[29] 이는 연각(緣覺)·불(佛) 대신 혜해탈(慧解脫)·구해탈(俱解脫)을 더한 또 다른 형의 9종 아라한(九無學)이다. 그 중 혜해탈은 지혜의 힘에 의해 번뇌를 해탈한 아라한을 말하고, 구해탈은 혜해탈인(慧解脫人)이 다시 멸진정을 얻은 경우를 말한다.[30] 이것을 구해탈이라고 일컫는 것은 멸진정을 얻은 것이 심해탈을 의미하고 있고 따라서 마음과 지혜 양면에서 모두 해탈을 얻었음을 의미한다. 혜해탈과 구해탈을 2종 나한이라 하고, 여기에 무의해탈(無疑解脫)을 더하여 3종 나한이라고 한다. 무의해탈이라 함은, 구해탈 중에서 일체의 문의(文義)에 통달하여, 사무의해(四無礙解)를 얻은 자를 말한다. 마찬가지로『대승의장(大乘義章)』은『중아함』의 구무학에 대한 주석을 달고 있다.[31]

---

28 Saṁyutta Nikāya vol. Ⅰ, 191면;『雜阿含經』45권 15(『大正藏』2권, 330상)

29 다시 이에 대한 각각의 설명은『阿毘曇甘露味論』(『大正藏』28권, 973상-하)

30 후대 불교에서는 혜해탈자와 구해탈자를 이분하여 전자는 멸진정을 얻지 못하고 오직 후자의 구해탈자만이 얻은 것으로 보려는 도식적인 경향이 있다.

하지만 아라한을 아홉 종류의 위계나 종류로 구분하는 것은 비록 초기경전에 속해 있더라도 후대 부파불교의 첨가일 가능성이 높다. 다시 말해, 후대 수행자들이 현실적으로 자증(自證)하기 힘든 일체번뇌를 제거한 존재로서의 아라한 개념에 대한 변호를 경전적인 근거로 삼으려는 목적 때문에 더해진 것으로 짐작할 수 있다. 대승에서 열반은 단 하나의 경지이기에 한 종류의 열반만이 존재할 수 있다고 한다. 이같은 입장은 초기불교의 오래된 층과 일치한다. 다시말해, 근본적으로 아라한이 성취한 열반은 두 개, 세 개가 이야기될 수 있는 문제가 아니라는 것이다. 만약 어떤 식으로든 번뇌가 남아있다면 초기경전의 근본적인 의미의 아라한 개념에서 벗어나 있다. 사실 유여의열반(有餘依涅槃)과 무여의열반(無餘依涅槃)의 두 종류 또는 이후 그 이상의 열반의 종류는 후대의 열반 이해일 가능성이 크다. 그러기에 앞의 두 종류 열반도 초기 경전의 신층(新層)에 그것도 극히 한정된 부분에서만 나타난다.

이와 관련하여 초기불교의 전통의 부파 가운데 가장 파행적인 아라한 이해의 대표적인 예는 설일체유부 계통의 『대비바사론』이나 『이부종륜론(異部宗輪論)』등에 나타난 '대천(大天 : Mahādeva)의 오사(五事)'를 들 수 있다. '대천오사'는 '오사비법(五事非法)' 또는 '오사망언(五事妄言)'이라고도 한다. 여기에 의하면 최초의 단일한 불교 교단이 대천오사라는 아라한 이해의 논란 문제로 상좌부(上座部)와 대중부(大衆部)로 근본분열 되었다고 한다. 하지만 현대불교학은 근본분열의 계기가 다름아닌 계율과 관련한 십사비법(十事非法) 때문이라는 설이 보다 설득력을 갖고 있으며 대천오사와 관련한 분열은 대중부 내의 지말 분열로 보고 있다.

대천 오사란 대천이라는 고승이 제창한 아라한의 경지에 관한 다섯 가지 주장으로 첫째, 아라한이라도 다른 것, 예컨대 천마(天魔) 등의 유혹에 빠지면 부정(不淨)이 흘러나옴을 면치 못함[餘所誘], 둘째, 아라한이라도 무지 즉 염오무지(染汚無知)는 없으나 불염오무지(不染汚無知)는 아직 존재함[無知], 셋째, 아라한에게도 의문이나 의혹은 남아 있음[猶豫], 넷째, 남으로 하여금 오입(悟入)하게 함[他令入], 다섯째, 도는 소리에 의해 생겨남[道因聲故起]을 말한다. 이는 전적으로 아라한의 경지를 낮게 보려는 후대의 해이해진 아라한관의 표현으로 볼 수 있다. 『대비바사론』 또한 악견(惡見)으로 규

---

31 『大乘義章』(『大正藏』44권, 797상-중)

정하고 있다.

예를 들어, 첫 번째, 아라한이라도 천마(天魔) 등의 유혹에 빠지면 부정(不淨)이 흘러나옴을 면치 못한다는 이야기는 일체번뇌를 다한 아라한이 억압된 성적 욕구가 남아 있어 몽정(夢精)도 할 수도 있다는 뜻이다. 만약 그렇다고 한다면 그 자체로서 이미 아라한 개념에서 벗어나 있다고 할 수 있다. 근본적인 의미의 아라한은 일체 번뇌를 다해 무의식적인 욕구충족이나 욕구표현인 꿈과 그리고 이를 통한 몽정이 있을 수 없는 존재로 설명된다.[32] 마찬가지로 아라한에게도 의문이나 의혹은 남아 있음[猶豫]은 아라한은 이미 오개(五蓋) 가운데 의개(疑蓋)가 제거되었음을 전제로 함에 위배되는 것 등이다.

대천오사와 관련한 비슷한 내용은 빠알리 전통의 주석서에서도 찾아 볼 수 있다. 이는 불교 부파간의 상이한 교리 이해를 보고하고 있는 『까타밧투』(*Kathāvatthu*) 주석서에 나타난다. 일부 부파에서는 아라한도 무의식적인 유혹에 휘말 수 있는 부정(不淨)이 남아 있으며, 아라한이라도 알지 못하는 것이 있으며, 법에 관한 의심이 있으며, 그리고 다른 이에 의해 깨달아질 수 있다는 등이다.

후대 빠알리 전통의 최고의 논서로 간주되는 『위숫디맛가』(淸淨道論, *Visuddhimagga*)에서 아라한인 이유에 대해 다음의 네 가지가 거론된다.

첫째는 번뇌로부터 별리(別離)했기 때문(ārakā), 둘째는 번뇌를 제거했기 때문(ari), 셋째는 응공(應供)의 존재이기 때문(arahatta), 넷째는 숨기는 악행이 없기 때문(araha)이 그것이다. 『숫따니빠다』(*Sutta-Nipāta*) 주석서 또한 아라한은 모든 번뇌를 그친 자로 나타난다. 기본적으로 아라한의 기본 정의에 있어 후대 빠알리 전적은 디그하 니까야 등의 경장과 다른 주목할 만한 수정이나 첨가는 찾아보기 어렵다.

이렇게 기본 정의에 있어 그렇다 하더라도 아라한 이해에 대한 조금 이채로운 설명은 경장 속에 포함되어 있지만 논서에 가까운 『밀린다팡하』(*Milindapañha,* 밀린다왕문경)에서 찾아볼 수 있다. 즉 아라한들은 닙바나나가라(nibbānanagara)라고 하는 '열반의 성(城)'에서 집단적으로 거주하고 있다는 것이 그것이다. 번뇌를 제거하고 정화된 존재이기에 열반이라고 하는 '최상의 성'에 모여 산다는 것이다. 각각 홀로 사는 것이 아니라 다른

32 Vinaya Piṭaka vol. Ⅰ, 295면.

아라한들과 긴밀한 관련을 맺으며 살고 있다는 것이다. 마찬가지로 부분적으로 아라한 경지를 향해 있는 자도 거주한다고 한다.

또한『밀린다팡하』(*Milindapañha*)에서는 아라한도 죄를 범할 수 있다고 한다. 예를 들면, 방사(房舍) 건립과 관련하거나, 여성에 대해, 탁발 시간을 잘못 알고 가는 것이나, 공양에 초대를 받고도 초대받은 줄 모른 것이나 남은 음식이 아닌 데도 남은 음식으로 아는 것 등이 그것이다. 마찬가지로 재가자와 관련한 아라한 이해도 특이하다. 예를 들어, 재가자가 아라한 경지에 이를 때에는 그 날로 출가하든가, 아니면 출가하지 않으면 반열반(般涅槃)이라는 입멸(入滅)에 드는 것과 같은 둘 중의 하나이어야 한다는 것이다. 출가하지 않거나 반열반에 들지 않고는 그 날을 넘길 수 없다고 한다. 물론 이처럼『밀린다팡하』(*Milindapañha*)에서 말하는 공간적인 장소로서 '열반의 성(城)'이나 재가자의 열반 성취와 관련한 이야기를 이른 시기의 초기경전에서는 찾아볼 수 없다. 오히려 아라한 경지를 성취한 상태의 많은 재가자들이 존재하였던 것으로 나타난다. 마찬가지로『까타밧투』(*Kathāvatthu*) 주석서에서 아라한은 네 가지 도의 지혜(catumaggañāṇa)에 의한 존재이지만 붓다처럼 일체지자(一切智者 : sabbaññutañāṇa)가 아니라고 한다.

초기불교 경장이나 율장의 대부분의 뛰어난 제자는 모두 아라한이었다. 후대 대승이 보살만이 '자비의 화신'으로 간주되고 있는 것처럼 초기불교에서도 아라한 또한 대자대비의 실천자로 나타난다. 그래서 일반적으로 초기불교 전통의 부파는 아라한을 높이 평가하고 있지만 대승의 경우 보살을 더 높이 평가하고 아라한을 열등한 존재로 간주한다. 흔히 아라한은 보살과 비교되는 입장에서 자신의 이익만을 추구하는 이기적인 존재로 묘사된다. 이러한 이유 때문에 동아시아를 비롯하여 대승불교가 흥성했던 지역에서는 표면적으로 아라한보다는 보살이 크게 숭배되었다. 나아가 대승은 이전의 불교에서 아라한과 밀접한 관련이 있는 열반에 대해 잘못 이해하고 있다고 비판한다. 궁극의 경지는 아라한의 열반이 아니라 무상보리(無上菩提)의 성취에 의한 성불(成佛)임을 강조한다. 결국 대승의 아라한은 붓다와의 차별이 크다. 아라한은 완전한 성문으로 단지 '번뇌장(煩惱障 : kleśāvarṇa)'은 없으나 '소지장(所知障 : jñeyāvarṇa)'을 제거하지 못한 것으로 본다. 붓다만이 번뇌장은 물론 소지장까지 완전히 제거한 존재로 본다.

이러한 맥락에서 많은 대승경전에서 아라한의 성문승(聲聞乘)은 대승에 대응되는 비판의 대상이 되었다. 대표적인 예로 대승의 유명한『법화경』에서는 일불승(一佛乘)을 강조하면서 아라한인 사리불을 등장시켜 그의 경지를 완전하지 못한 것으로 고백시키고 있다. 다시 마하가전연과 마하가섭과 마하목건련과 같은 또다른 아라한들까지 등장시켜 그들의 불완전한 경지를 스스로 고백하게 한다. 마찬가지로 『유마경』에 이르러서는 모든 성문들은 해탈의 법문을 들어도 알아듣지도 못하는 것이 마치 장님이 앞을 보지 못하는 경우처럼 대승에 있어 패종(敗種)과 같음을 대가섭이 사리불을 향해 탄식하게 하고 있다. 이러한 기술은 초기불교의 근본적인 입장에서의 아라한관에 비추어 볼 때 아라한 위치가 최악으로 실추되었음을 볼 수 있다. 현재 이러한 아라한관을 통해 볼 수 있는 대승과 대승 이전 불교의 상반된 이해를 어떻게 이해해야 할 것인가하는 문제에는 상당한 주의가 필요하다. 이에 대한 논의는 차지하고 아비달마불교에서의 아라한은 대승불교로부터 회신멸지(灰身滅智), 즉 무여열반(無餘涅槃)에 든다는 것은 결국 육신을 재로 만들고 지혜마저 소멸 상태로 만드는 것에 불과하다고 비판받는다. 그러나 이러한 대승의 비판은 사실 초기불교에서 상주론(常住論)과 함께 비판한 단멸론(斷滅論)에 대한 동어반복에 지나지 않는다. 오히려 초기불교에서는 공무(空無)를 말하는 외도의 허무 단멸론을 비판하는 근거로 열반을 성취한 아라한을 제시했었다. 다만 아라한의 경지를 설명하는 데에 있어 사후 더 이상 윤회하지 않고 존재할 수 있는 모든 조건이 제거되었다는 표현이 그러한 오해의 빌미를 제공한 것으로 볼 수 있다. 이같은 표현상의 문제는 이미 초기불교 경전 가운데에서도 문제시되어 교리문답 형식으로 쟁점화된 경우를 볼 수 있다. 결론적으로 경전에서 이러한 오해를 미연에 방지하기 위해 열반이 해답으로 제시되었고 열반의 경지는 언어를 통한 사량분별(思量分別)의 경계를 벗어난 불가사의한 세계라고 설명한 것을 여러 곳에서 찾아 볼 수 있다. 그래서 경전에서 아라한의 경지는 마치 깊은 대양처럼 깊고 측정할 수 없는 심원한 것으로 설명되고 있으며[33], 죽은 아라한과 마찬가지로 살아있는 아라한도 이해하기 어렵다고 하였다.[34]

33 Majjhima Nikāya vol. Ⅰ, 486면.
34 Majjhima Nikāya vol. Ⅰ, 140면.

## Ⅳ. 현대적 논의 및 종합적 평가

I. B. Horner는 그의 *The Early Buddhist Theory of Man Perfected*(1936)는 아라한 개념의 기원과 전개에 관한 괄목할 만한 연구 성과를 보여준다. 먼저 아라한 개념을 불교 외의 고대인도 전적에서부터 거슬러 추적하고 있는데 멀리는 『리그 베다』와 『샤따빠타 브라흐마나』(Śaṭapatha Brāhmaṇa) 등에까지 그 용례를 보여주고 있다. 하지만 『우파니샤드』나 『바가바드기타』에 이르면 동사 arhati의 한정적인 쓰임새만 나타날 뿐 주목할 만한 개념의 발달은 찾아볼 수 없다고 한다. 이에 반해 불교와 같은 사문종교 계열인 자이나교에서는 불교와 같이 성자를 나타내는 최고의 칭호였던 것으로 설명한다. 그리고 아라한 개념의 본격적인 전개는 불교 속에서 구하는데 초기 불교 경전의 오래된 층에는 비불교적인 아라한 개념도 아직 남아있는 것으로 간주한다. Horner는 이렇게 주요 초기 경전에서 어떻게 아라한 개념이 사용되는지를 그리고 초기불교를 바탕으로 한 부파의 문헌과 대승의 문헌에 보이는 아라한 용례를 비교적 간략하게 정리하고 있다.

이렇게 Horner의 연구가 초기 빠알리 경전에 초점이 맞추어져 있다면 대체로 부파의 아라한 개념을 정리하고 있는 연구는 S.N. Dube의 *Cross Currents in Early Buddhism*(1980)이다. 그는 초기불교 이래 부파 간 교리적 쟁점을 담고 있는 *Kathāvatthu*를 중심으로 아라한 개념을 보살개념과 함께 부분적으로 보충하고 있다.

다음으로 N. Katz의 *Buddhist Image of Human Perfection*(1982)은 Horner의 정리를 바탕으로 다섯 니끼야에서 아라한의 쓰임새에 대해 한 걸음 더 나아간 연구를 보여주고 있다. 마찬가지로 교리적이고 수행적인 면은 물론 붓다 개념과 보살 개념 그리고 금강승(金剛乘)의 Mahāsiddha개념과의 관련도 잘 서술하고 있다.

조준호는 그의 학위논문인 "A Study of The Concept of Buddha: A Critical Study Based on the Pāli Texts"(델리대, 1999)에서 이러한 선행연구를 바탕으로 빠알리 경전의 오래된 층으로 갈수록 아라한 개념과 붓다 개념이 근본적으로 다르지 않음을 논증하는 시도를 보여준다. 이외에 국내 연구로 김동화 박사의 『불교교리발달사』에서는 한역을 바탕으로 한 부파불교의 성인관을 설명하는데 있어서 아라한관의 차이와 문제를 압축적으로 비교하고 있다.[35] 마지막으로 불교사전 가운데 *Encyclopaedia of Buddhism*

(1966)에서 W. G. Weeraratne 등의 'Arahant'항도 참고할 만하다.

결론적으로 아라한이 갖는 종교적 의미를 평가하면, 원래 불교가 시작할 때 아라한 경지를 성취하는 것이 불교수행의 최고목표이었다는 점이다. 그것은 일체 번뇌를 끊어 열반의 경지를 성취하여 생사윤회의 세계에 더 이상 태어나지 않는다는 설명으로도 잘 알 수 있다. 이러한 아라한이 신앙적으로도 일반대중에게 폭넓게 수용되었던 이유는 아라한의 권능(權能) 가운데 기복적(祈福的) 또는 구복적(求福的)인 구원의 가능성도 담고 있기 때문이라 생각된다. 그것은 아라한의 신통력(神通力 : iddhi)이다. 그 예는 빈두로파라타나 목련존자 등에서 충분히 살펴보았다. 이와 관련하여 아라한과 같은 성인에 대한 공양은 그 자체로 큰 복을 짓는 것으로 아라한에게 복의 씨앗을 심으면 나중에 큰 복과(福果)를 얻을 수 있다는 복전(福田 :puññakhetta) 사상이 또한 중요한 역할을 하였다고 볼 수 있다. 마찬가지로 대승불교 흥기 이후에도 대승불교권에서조차 아라한이 비판된 듯 보이지만 다른 한편에서 신앙되어온 이유는 보살신앙과 관련하여 생각해 볼 수 있다. 즉 보살사상에서 채울 수 없는 측면을 아라한 신앙이 가지고 있기 때문일 것이다. 예를 들면 보살은 아라한과 같이 복전의 대상으로 강조되거나 또는 신통력의 시현자로 강조되지 않는다. 마찬가지로 아라한처럼 탈속(脫俗)적인 신비한 모습이 아닌 이유 등을 들 수 있다. 결론적으로 아라한과 관련한 신통력과 복전사상 그리고 탈속의 신비함이 아라한 신앙의 주요 요인으로 볼 수 있을 것이다. 더 나아가 우리나라를 포함한 동아시아에 있어 이러한 초세속적이고 탈속적인 아라한의 삶은 신선(神仙)사상과 결합하여 한국화 또는 토착화의 모습으로 나타난 것으로 정리할 수 있다. 대표적으로 독성각에 모셔진 빈두로파라타를 들 수 있다.

하지만 후대로 갈수록 불교에서의 아라한은 근기가 낮은 소승들이나 추구하는 성자로 낮추어 보고 멸시하는 풍토가 생기게 되었다는 점이다. 하지만 이는 본래의 아라한의 모습이라기보다 후대에 불교 본래의 중생교화의 정신을 잃고 오로지 현학적인 학문 불교로 전개될 때의 최고 수행자상에 대한 왜곡된 아라한관(阿羅漢觀)에 대한 것이라 할 수 있다. 더군다나  이러한 현상은 후대의 보살 정신과 대비적으로 강조되면서 더욱

35 이후 현재까지 국내의 아라한에 대한 본격적인 연구는 찾아보기 어렵다.

심화되었다고 할 수 있다. 이와는 반대로 초기불교에 따르면 아라한의 본래 정신은 대단히 이타적인 수행자상 그 자체였다. 불교 최고의 수행자상으로서 아라한의 이해는 여러 가지 측면에서 재검토가 요청된다 하겠다. ❀

**조준호** (고려대)

# 보살

범 bodhisattva 장 byaṅ-chub-sems dpaḥ 한 菩薩

## Ⅰ. 어원 및 개념

'보살'이란 말은 인도종교사에서 불교 이외에서는 사용된 적이 없는 불교만의 용어로서, 범어 Bodhisattva를 한문으로 소리나는 대로 번역한 '菩提薩埵'를 우리말로 읽었을 때의 발음 '**보리살타**'를 줄인 말이다. 빠알리어로는 bodhisatta, 서장어로는 byaṅ-chub-sems dpaḥ[1], 중국어로는 푸사(菩薩, pusa), 일본어로는 보사츠(bosatsu, ボサツ), 영어로는 범어 그대로 Bodhisattva로 표기한다.

세일론(Ceylon)에서 발간된 *Encyclopedia of Buddhism*에 의하면, "범어 bodhisattva는 bodhi와 sattva의 합성어로서, bodhi는 동사원형 √budh[깨닫다(awake), 알다(know)]에서 파생된 말이며 깨침·깨달음을 의미한다.

1 byaṅ-chub은 bodhi를, sems는 마음을, dpaḥ는 영웅, 강자를 의미한다. Har Dayal, *The Bodhisattva Doctrine in Buddhist Sanskrit Literature,* London: 1932, 8면.

sattva는 어근 √as(있다)의 현재분사인 sat(sant)에서 파생한 말로 '존재'·'있는 자'·'유정(有情)'을 의미한다. 따라서 bodhisattva는 '깨달음이 핵심인 자'(one whose essence is Enlightenment) 또는 '깨달은 지식'(enlightened knowledge)을 의미한다. 또는 '깨달음을 추구하는 자' 또는 '붓다가 될 자'를 함축한다"[2]고 한다.

니시 기유(西義雄)는 "bodhi는 일찍이 『리그베다』에서 bodhimanas로 사용되었는데, 언어학적으로 보면 bodhi는 bodha와 동일하고 동사원형 √budh(깨닫다)의 명사형이다. 석존 당시에는 이 bodhi에 의해서 유정이 윤회로부터 해탈하면 이를 '깨달은 자[budha]' 또는 '수승한 자[勝者, jina]'로 칭했는데, 이 '깨달은 자'의 깨달음을 'bodhi' 또는 'bodha'로 칭했다"고 한다. 빠알리문헌에서 bodhi는 bodhi 하나만 따로 사용되는 경우 외에 여러 가지 접두사가 붙여져 사용되는 경우가 있다. 『쌍윳다니까야』[3]의

> "sādhu thito sato bodhiṃ samajihagan ti//(今已果得 無上菩提)
> sīlaṃ samādhipaññca/(戒定聞慧道)
> maggam bodhāya bhāvayaṁ//(我已實修習)
> pattho-smi paramam suddhiṃ(得第一淸淨)
> nihato tvam asi antakāti//(其淨無有上)"

라는 게송에 나오는 bodhāya의 bodha는 bodhi와 같다. 한역에서는 'pañña'의 교법을 듣고서 얻은 지혜[聞慧]라고 하고, 'maggam bodhāya'를 그냥 '도'(道)로 번역하였는데, bodhi를 '도'로 번역한 다른 예도 있을 뿐 아니라 한역에서는 5언 게송의 한 구절로 만들기 위하여 이와 같이 번역한 것일 수도 있다. 그러므로 bodhi란 말은 분명히 깨달은 붓다의 '깨달음'을 가리키는 것이다.[4] sattva(살타)는 '보리살타'라는 복합어로 쓰이는 경우 『대비바사론』176권 등에서 '용맹자' 혹은 '보리를 구하는 자'[5]라는 뜻으로 사용되고 있다.[6] 따라서 bodhisattva는 '깨달음을 소유하는 유정', '깨달음의 유정'

2 *Encyclopedia of Buddhism* vol.Ⅲ, The Government of Ceylon, Ceylon, 1971. 244면.
3 *Saṃyutta-nikāya* vol.I. 103면; 『雜阿含經』39(『大正藏』2권, 287하-288상)
4 西義雄, 『大乘菩薩道の研究』(京都: 平樂社書店, 1968), 59-61면.
5 『大毘婆沙論』176(『大正藏』27권, 887중)
6 西義雄, 「bodhisattvaの 語源について」 『大乘菩薩道の研究』(京都: 平樂社書店, 1968),

이라는 의미[7]라고 한다.

히가다 류소(干潟龍祥)는 bodhisattva라는 말은 bodhi와 sattva와의 합성어이기 때문에 가장 솔직한 보통의 의미는 '지혜 있는 유정', '지혜를 본질로 하는 유정', '지혜를 가진 유정'이며, 보살의 기원적인 의미는 '보리를 구하고 있는 유정으로서, 보리를 얻을 것이 확정되어 있는 유정'이라고 한다.[8] 야마다 류조(山田龍城)는 '보살'을 성도하기 이전의 수행기, 일반적인 본생으로서의 보살, 특별한 수행도를 가지게 된 보살, 대승의 보살이라는 4단계로 설명한다.[9] 사이구사 미츠요시(三枝充悳)는 보리란 본래 budh(자각하다)에 근거한 말로 지혜·깨달음·불의 지혜에 상당하며, 유정은 원래 √as(있다, 존재한다)를 어원으로 하는 것으로, 생명이 있는 것을 말하기 때문에, '보살이란 반드시 붓다가 될 후보자'라는 정의가 가장 적절하다고 한다.[10] 히라카와 아키라(平川彰)는 '연등불 수기'에서 '보살'이라는 관념이 고안되었으며, 불교경전에서는 '보리를 구하는 사람'이라는 의미로 쓰이고 있다고 한다.[11] 가지야마 유우이치(梶山雄一)는 보살은 '정각을 얻으리라고 결정되어 있으면서도 아직 그것을 얻지 못한 사람'이라고 한다.[12] 이시가와 카이조(石川海淨)는 boddhisattva를 복합사로 보고, '깨달음 또는 도를 구하는 유정' 즉 구도(求道)의 보살, '보리를 깨달은 유정' 즉 오도(悟道)의 보살 곧 붓다, '깨달음을 주는 유정' 즉 나보다는 남을 위해 살겠다는 굳은 원을 세운[利他誓願] 불보살의 세 종류로 해석한다.[13]

『망월불교대사전』에는 Bodhisattva를 "소리나는 대로 번역하면 보리색다(菩提索多), 모지살달박(冒地薩怛縛) 혹은 부살(扶薩)이 되며, 도중생(導衆生), 각중생(覺衆生), 도심중생(導心衆生) 등으로 번역한다. 삼승의 하나, 십계의 하나, 무상보리를 구하며 중생을 이익 되게 하고 모든 바라밀행을 닦아 미래에 성불하려고 하는 큰 마음을 가진 중생을 말한다"[14]고 되어 있다.

---

64면.

7 西義雄, 『大乘菩薩道の研究』(京都: 平樂寺書店, 1968), 11-18면.

8 干潟龍祥, 『本生經類の思想史的 研究』(東京: 山喜房佛書林, 1978), 57면.

9 山田龍城, 『大乘佛教成立論序說』(京都: 平樂寺書店, 1977), 13면.

10 平川彰·梶山雄一·高崎直道 編, 鄭承碩 譯, 『大乘佛教概說』(서울: 김영사, 1989), 117-130면.

11 平川彰·梶山雄一·高崎直道 編, 鄭承碩 譯, 『大乘佛教概說』(서울: 김영사, 1989), 117-130면.

12 목정배, 『불교교리사』(서울: 지양사, 1987), 76면.

13 「菩薩思想の源流に就いて」, 『日本印度學佛教學研究』 제1권 1호, 昭和 27년, 147-148면.

14 『望月佛教大辭典』(東京: 昭和 49年), 4658-4660면.

『대지도론』은 제44권에서 "천축의 어법은 글자를 합하여 말을 만들고, 말을 합하여 문장을 만든다. 보(菩)가 한 글자이고 리(提)가 한 글자인데, 이 두 글자를 합하지 않으면 말이 안 되고, 합하면 보리(菩提)가 된다. 진(秦)나라 말로는 무상지혜(無上智慧)라고 한다. 살타(薩埵)는 중생(衆生)이라고도 하고 대심(大心)이라고도 한다. 무상지혜를 위하여 큰마음[大心]을 내는 것을 보리살타(菩提薩陀)라고 한다. 중생들로 하여금 위없는 도[無上道]를 행하도록 하려고 하기 때문에 보리살타(菩提薩埵)라고 한다"[15]고 설명하고 있다.

그리고 보살마하살(bodhisattva mahasattva)의 '마하살'의 의미에 대하여, 제5권에서는 "무엇을 마하살타(摩訶薩埵)라고 하는가? 마하는 대(大), 살타는 중생 또는 용기 있는 마음을 말한다. 이 사람의 마음은 큰일을 위하여 큰 용기가 있는 마음[大勇心]에서 물러나지 않고 되돌아가지 않을 수 있기 때문에 마하살타라고 한다. 또 마하살타란 많은 중생 중에서 가장 우두머리가 되기 때문에 마하살타라 하고, 또 많은 중생 중에서 대자대비(大慈大悲)를 일으켜 대승(大乘)을 성립하게 하고, 능히 큰 도[大道]를 행하여, 가장 큰 곳을 얻기 때문에 마하살타라 하며, 또 대인의 상(相)을 성취하기 때문에 마하살타라고 한다"[16]고 설명한다.

이 외에도 『대지도론』은 보살에 대하여 많은 설명들을 하고 있다. "공법(空法)에 깊이 들어서 육바라밀을 행하고 대자대비가 있는 이를 보살인이라고 부른다"[17]고 하고, "보리는 붓다의 도를 말하고 살타는 중생 혹은 큰마음[大心]을 말한다. 이 사람이 모든 불도(佛道)의 공덕을 다 얻고자 하는 그 마음은 마치 금강으로 된 산처럼 끊을 수도 없고 파괴할 수도 없기 때문에 큰마음이라고 한다. (중략) 또 좋은 법을 칭찬하는 것을 '살'이라 하고, 좋은 법의 본체와 모습[體相]을 '타'라고 한다. 보살의 마음은 자리와 이타를 생각하고, 모든 중생을 제도하려고 하고, 모든 법의 진실한 성품을 알고, 아뇩다라삼먁삼보리의 도를 행하고, 모든 현인과 성인들로부터 칭찬받기 때문에 보리살타라고 한다. 무엇 때문인가? 모든 법 가운데서 불법이 제일인데 이 사람이 그 법을 얻으려고 하기 때문이다. 그래서 모든 성현들로부터 찬탄 받는 것이다. 또 이 사람은 모든 중생이 태어나고[生]·늙고[老]·죽는[死] 것에서 해탈하도록 하기 위하여 불도를 모색하므로 보리살타라고 한

15 『大智度論』44(『大正藏』25권, 380중하)
16 『大智度論』5(『大正藏』25권, 94상)
17 『大智度論』52(『大正藏』25권, 432상)

다. 또 3종의 도(道)는 모두 보리이다. 첫째는 불도, 둘째는 성문도, 셋째는 벽지불도이다. 벽지불도와 성문도는 비록 보리를 얻었더라도 보리라고 하지 않는다. 불의 공덕 중의 보리만을 보리라고 하고 이를 보리살타라고 한다"[18]는 등의 설명을 하고 있다. 이러한 『대지도론』의 보살마하살에 대한 정의를 한 마디로 하자면 '위없는 깨달음[無上菩提]을 구하기 위하여 마음을 내어서 수행하는 아주 용기 있는 대중의 지도자'라고 할 수 있다.

『사리불아비담론』제8에서는 "만약 삼십이상을 성취하고 다른 사람을 따라 듣지 않고, 다른 사람의 가르침을 받지 않고, 다른 사람의 설법을 청하지 않고, 다른 법을 듣지 않고, 스스로 생각하고 스스로 깨닫고 스스로 관찰하여 일체의 법에 대하여 지견에 걸림이 없으며, 마땅히 스스로의 힘으로 존귀하고 뛰어나고 귀한 자재력을 얻어 마땅히 무상정각을 알고 볼 수 있으며, 마땅히 여래만이 갖춘 열 가지 지혜의 힘[十力]과 두려움 없이 자신있게 설법할 수 있는 네 가지의 무소외[四無所畏]를 성취하고 큰 자비[大慈]를 성취하여 법륜을 굴리면 이를 보살인이라고 부른다"[19]고 한다.

『유가사지론석』에서는 "큰 깨달음을 희구하고 유정을 불쌍하게 여기고 혹은 보리를 구하려는 뜻과 원이 견고하고 맹렬하며, 오랫동안 닦고 증득하여 영원히 세간을 벗어나 큰 행과 큰 과보가 있기 때문에 보살이라고 한다"[20]고 되어 있다.

『불지경론』 제2에서는 "'보살마하살'이라고 부르는 것은 모든 살타가 보리를 구하기 때문이다. 그리고 이들이 삼승에 통하고 큰 것[大]을 골라서 취하기[簡取] 때문에 다시 '마하살'이라고 하는 것이다. 또 보리와 살타를 반연하여 경계로 삼기 때문에 보살이라고 하는 것이다. 자신의 이익과 남의 이익을 모두 구하려는 큰 소원을 두루 갖추고 큰 깨달음[大菩提]을 구하여 유정을 이롭게 하기 때문이다. 또 '살타'란 용맹하다는 뜻이다. 용맹하게 정진하여 큰 깨달음을 구하기 때문에 보살이라고 한다"[21]고 나타나 있다. 여기서도 보리살타는 '유정의 이익을 위하여 용맹하게 보리를 구하는 유정'이라는 뜻으로 나타나 있음을 볼 수 있다.

『불공견삭다라니의궤경』에서는 "보리살타란 말은 무엇을 이르는 것인

18 『大智度論』4(『大正藏』25권, 86상중)
19 『舍利佛阿毘曇論』8(『大正藏』28권, 585상중)
20 『瑜伽師地論釋』1(『大正藏』30권, 887중하)
21 『佛地經論』2(『大正藏』26권, 300상)

가? 보리는 지혜[智]에 이름붙인 것이고 살타는 자비[悲)에 이름붙인 것으로서 방편 상의 여러 가지 의미를 널리 보여주는 것이다. 이 두 가지 법이 유정을 구제하는 짐을 지기 때문에 보리살타라는 이름을 얻는 것이다"[22]라고 한다.

『대보적경』에서는 "보리살타(菩提薩埵), 넓고 큰 살타[廣大薩埵], 지극히 오묘한 살타[極妙薩埵], 일체의 삼계를 수승하게 초월한 살타[勝出一切三界薩埵], 몸과 말과 뜻으로 짓는 세 가지 업의 과실이 없음[身業無失語業無失意業無失], 몸과 말과 뜻으로 짓는 세 가지 업이 청정함[身業淸淨語業淸淨意業淸淨], 몸과 말과 뜻으로 짓는 세 가지 업에 흔들림이 없음[身業無動語業無動意業無動]"[23]이라는 일곱 종류의 이름을 들고 있다.

『보살지지경』제18에서는 "용맹(勇猛), 무상(無上), 불자(佛子), 불지(佛持), 대사(大師), 대성(大聖), 대상주(大商主), 대명칭(大名稱), 대공덕(大功德), 대자재(大自在)[24]"라는 열 가지의 이름을 소개하고 있다.

『대승장엄경론』제12에서는 "보리살타마하살타(菩提薩埵摩訶薩埵), 깨달음과 지혜를 성취한 사람[成就覺慧], 최상의 지혜를 비추는 사람[最上照明], 가장 수승하고 진실한 불자[最勝眞子], 가장 수승한 것을 가진 자[最勝任持], 널리 항복받을 수 있는 자[普能降伏], 가장 우수한 싹[最勝萌芽], 용감한 자[勇健], 최고의 성인[最聖], 상단의 주인[商主], 큰 칭호[大稱], 남을 불쌍하게 여기는 자[憐愍], 큰 복이 있는 자[大福], 자재로운 자[自在], 법사(法師)[25]"라는 열다섯 종류의 이름을 들고 있다. 『유가사지론』제46[26]과 『현양성교론』제8[27]에도 이와 거의 유사한 명칭들이 나타나 있으며, 이 외에도 정사(正士), 시사(始士), 고사(高士), 대도심성중생 등의 명칭도 보인다.

'보살'의 개념에 대한 견해는 이와 같이 다양하다. 그러나 이를 전부 종합하면 결국 '보살'이란 알려져 있는 대로 '위로는 붓다와 같은 깨달음을 구하고[上求菩提] 아래로는 중생을 구원하기 위하여[下化衆生] 용감하게 노력하는 사람'이라고 할 수 있을 것이다.

---

22 『不空羂索陀羅尼儀軌經』上(『大正藏』20권, 433하)
23 『大寶積經』36(『大正藏』11권, 206하)
24 『菩薩地持經』18(『大正藏』30권, 937하)
25 『大乘莊嚴經論』12(『大正藏』31권, 656상)
26 『瑜伽師地論』46(『大正藏』30권, 549상중)
27 『顯揚聖教論』8(『大正藏』31권, 521상)

# Ⅱ. 보살의 역사적 용례

## 1. 초기불교의 보살

붓다와 붓다의 직제자들이 설법을 하던 당시로부터 붓다의 입멸 후 100년 무렵 부파의 근본분열 이전까지 비교적 붓다의 가르침이 그대로 유지된 시기를 흔히 '초기불교' 혹은 '원시불교'라고 한다. 다시 말해서 빠알리 5니까야와 한역 4아함을 중심으로 『대정신수대장경』의 아함부에 포함되어 있는 불교를 초기불교[28]로 보고 그러한 경전에 나타난 보살을 살펴본다.

### 1) 『아함경』과 『니까야』의 보살

『아함경』과 『니까야』에서는 '보살'을 전생보살, 현생보살, 미래보살의 삼세보살로 그리고 있다. **전생보살**에 대한 경문의 예를 보면, 『아함경』의 "옛날 비바시불께서 아직 정각을 이루시기 전에"[29]라는 구절이 『니까야』에서는 "비구들이여, 비바시세존·응공·정등각자의 정각 전, 아직 정각을 이루지 않은 보살이었을 때"[30]라는 정형구로 나타난다. 『증일아함』[31]과 『잡아함』[32]에도 마찬가지로 과거 육불의 최후에 제칠불로서 석가모니불이 나와 있다. 이 경문들에서 '보살'은 '과거의 여러 붓다가 아직 정각을 이루기 전 수행할 때의 모습'을 가리키고 있다. 구모이 쇼젠(雲井昭善)은 히가다 류소(干潟龍祥)의 '보살이란 보리를 얻고자 하는 유정으로서 보리를 얻게 될 것이 확정되어 있는 유정'[33]이라는 의미와 대승불교의 '보리를 구하는 사람은 모두 보살'이라고 하는 의미를 연결시키면 과거 육불에도 같은 해석을 적용할 수 있을 것이라고 한다.[34] 그렇다면 초기불교의 '보살'은 정각 이

28 三枝充悳 『初期佛教の思想』(東京: 東洋哲學研究所, 1978), 5면.

29 『雜阿含經』15(『大正藏』2권, 101중)

30 *Saṃyutta-nikāya* vol.Ⅱ, 5면, 10면, 104면, 170면; *SN.* vol.Ⅲ, 27면; *SN.* vol.Ⅳ, 97면, 233면; *SN.* vol.Ⅴ, 263면, 281면, 317면; *Majjhima-nikāya* vol.Ⅰ, 11면, 163면, 240면; *MN.* vol.Ⅱ, 211면; *Aṅguttara-nikāya* vol.Ⅰ, 258면; *AN.* vol.Ⅲ, 82면, 240면; *AN.* vol.Ⅳ, 302면, 439면, "pubbe me sambhodā anabhisambuddhassa bodhisattasseva sato"

31 『增一阿含經』45(『大正藏』1권, 790상중)

32 『雜阿含經』34(『大正藏』2권, 243중하)

33 干潟龍祥, 『本生經類の思想史的硏究』(東京: 山喜房書林, 1978), 65면.

34 雲井昭善, 「原始佛教における菩薩の觀念」, 西義雄博士 頌壽記念論集 『菩薩思想』(東京:

전의 석가보살 한 사람 외에 과거불의 전생에도 똑같이 적용하여 일곱 명의 보살이 있었다고 할 수 있다. 그러나 과거 육불은 어디까지나 불전상의 인물이기 때문에 실제로 초기불교의 보살은 석가보살 단 한 명뿐이다. 이외에도 『아함경』과 『니까야』에 나타난 '보살'의 예를 들면, 빠알리 『장부』 16경 『대반열반경』의 "보살은 도솔천에서 죽어서 정념, 정지로서 모태에 들어갈 때,"[35] 『장아함경』 『유행경』의 "비로소 보살이 도솔천으로부터 모태에 강신하여 생각을 오롯이 하여 산란하지 않고"[36], 빠알리 『장부』의 "비바시 보살이 도솔천으로부터 내려와 정념으로 자각하여 어머니 태에 들어간다"[37], 『장아함』 「대본경」의 "모든 붓다가 항상 그렇듯이 비바시보살이 도솔천으로부터 어머니 태에 강신하여 오른쪽 옆구리로 들어가 정념으로 산란하지 않고"[38], 『증지부』의 "보살이 정념·정지로 태에 들고 (중략) 태에서 나와"[39], 『증일아함』의 "보살이 도솔천으로부터 내려와서 어머니 태 속에 있으면서 (중략) 또 보살이 출가하여 도를 배우고"[40] 등이 있다. 이와 같이 현존하는 『아함경』과 『니까야』에 나타난 '보살'은 석존을 비롯한 과거 여러 붓다가 아직 정각을 이루기 전 전생의 모습을 가리킨다.

현생보살에 대한 경문은 『잡아함』 「아육왕경」에 "이 곳의 보살은 삼십이상과 팔십종호를 나타내시고, 그 몸은 자마금색으로 장엄하셨다. (중략) 태자께서 태어나, 모든 신들에게 태자를 향하여 예배하도록 하였을 때, 그 신들은 모두 보살께 예배하였다. (중략) 이 나무 밑에서 보살마하살은 자비와 삼매의 힘으로 마군들을 부수고 아뇩다라삼먁삼보리를 얻었다"[41]고 하고, 『장아함』 「대본경」에서는 "보살이 이 세상에 살아있을 때 그 목소리는 가릉빈가 새처럼 맑고 확 트였고 부드럽고 우아하였다. (중략) 보살은 살아있을 때 해가 갈수록 점점 자라나 천정당에 있으면서 도로써 사람들을 교화시켰다. 그 은혜는 뭇 백성들에게 미치어 이름과 덕망이 멀리서도 들렸다. (중략) 그 때 보살은 이렇게 역·순으로 십이인연을 관찰하고 그것을 있는

---

大東出版社, 1981), 5면.

35 *Dīgha-nikāya* vol.Ⅱ, 108면

36 『長阿含經』2(『大正藏』1권, 16상)

37 *DN*. vol.Ⅱ, 12면.

38 『長阿含經』1(『大正藏』1권, 3하)

39 *AN*. vol.V, 313면.

40 『增一阿含經』37(『大正藏』2권, 753하)

41 『雜阿含經』23(『大正藏』2권, 166하-167중)

그대로 알고 있는 그대로 보았다. 그래서 그 자리에서 아뇩다라삼먁삼보리를 이루었다"[42]고 되어 있다. 『장아함』「세기경」에는 "백정왕에게 아들이 있었으니 보살이라고 하며, 그 보살에게는 라훌라라는 아들이 있었다"[43]라고 되어 있다. 『증일아함』「칠일품」에는 "내가 본래 아직 불도를 이루지 못하여 보살행을 하고 있었을 때, 도량의 보리수 밑에 앉아 있었다"[44]고 나타나 있다. 이 경문들에 의하면 '보살'은 이번 생에 카필라국에 태어난 고타마싯달타 태자가 보리를 얻기 위하여 보살행을 하고 있던 모습을 '보살'이라고 부르고 있다. 즉 현생의 보살을 묘사하고 있는 것이다.

미래보살에 대한 경문으로서, 『증일아함』「선지식품」의 "미륵보살은 삼십겁을 지나야 비로소 부처가 되어 진정한 바른 깨달음[正等覺]에 이르게 될 것이다. 나는 정진하는 힘과 용맹스런 마음으로써 미륵보살보다 앞서게 되었다"[45]라는 것과, 『증일아함』「팔난품」의 "미륵보살은 마땅히 삼십겁을 지나야 위없이 바르고 참다운 깨달음[無上正眞等正覺]을 이룰 것이다. (중략) 나는 정진하는 힘으로 성불을 앞질렀다"[46]는 것 등을 볼 수 있는데, 미래불인 미륵불의 수행시대도 미륵보살이라고 부르고 있음을 알 수 있다. 이와 같이 『아함경』과 『니까야』에서는 '보살'을 과거 육불을 비롯하여 붓다가 된 석가모니의 전생, 성도 이전 보리를 구하려고 보살행을 하는 현생의 태자, 삼십 겁 후에 성불하게 될 미래불인 미륵불의 수행시대인 미륵보살을 '보살'로 부르고 있다. 그러나 미륵보살을 제외하고는 전생이든 현생이든 모두 석가모니의 성도 이전을 가리키는 말로서 '보살'이 사용되고 있다.

### 2) 기타 불전의 '보살'

불교 경전 중에서 가장 오래된 경전인 『숫타니파타』「날리까의경」 683-684게송에는, "비할 데 없이 뛰어난 보배인 저 보살은 모든 사람의 이익과 안락을 위해 인간 세계에 태어났습니다. 석가족 마을 룸비니 동산에"[47]라고 하

42 『長阿含經』1(『大正藏』1권, 6상-7하)
43 『長阿含經』22(『大正藏』1권, 149중)
44 『增一阿含經』34(『大正藏』1권, 739상)
45 『增一阿含』11(『大正藏』1권, 600상)
46 『增一阿含』37(『大正藏』1권, 754중)
47 法頂 譯, 『숫타니파타』(서울: 샘터, 1991), 204면.

여, 성도하기 전의 석존을 '보살'이라고 부르고 있다. 『장로게』(Theragāthā) 534게에는 "정반왕은 바로 대선인의 아버지, 마하마야는 바로 붓다의 어머니. 그녀는 보살을 태 속에 지녔고, 몸이 다 부서지고 목숨이 다하면 천상에서 즐기리라"[48]고 하여, 붓다가 모태에서 태어나기 전의 모습을 '보살'이라고 한다. 즉 이 두 가지 가장 오래된 자료는 모두 성도 이전의 붓다를 '보살'이라고 부르고 있다.

『본생경』(Jātaka)은 붓다가 깨달음을 얻기 전 수행자로 있었을 때를 '보살'이라고 부르고, 과거세에 어떤 수행을 하고 어떤 공덕을 쌓았기에 현세에 붓다가 될 수 있었는가하는 원인과 결과를 "보살은 ○○으로 태어났다. 그 때 보살은 △△의 선행을 하였다. '그 때의 ○○는 바로 나 붓다였다'는 식으로 구성하고 있다. 그래서 『본생경』에서 주인공으로 등장하는 자는 전부 '보살'로서 활약하는데, 그들은 선인·국왕·바라문·부유한 상인 등의 인간뿐만 아니라 제석천·귀신·사자·원숭이·코끼리·사슴·새 등 갖가지 동물의 모습으로도 활약한다. 그런데 그 보살들은 모두 붓다의 전생을 가리키고 있다. 인간 뿐 만 아니라 온갖 동물로서 활약하는 『본생경』의 보살은 사아승지 십만겁을 지나면서 연등불을 비롯한 이십사불 앞에서 서원을 세우고 십바라밀을 닦음으로써 도솔천에 태어나고, 다시 이 사바세계의 석가보살로 태어나 붓다가 된 것이다.

보살은 이와 같이 서원과 보리의 바탕[資糧]을 완성하고 십바라밀 등의 선행을 오랫동안 쌓아 붓다가 되었기 때문에, 보살의 본생의 행위와 붓다는 인과관계에 있다. 즉 '원인으로서 보살의 본생의 선행'이 '결과로서 붓다가 된 것'이다. 위대한 인물은 현세의 노력에 의해서만 되는 것이 아니고, 전생에 오랫동안 선업을 쌓은 공덕의 과보로서 완성되는 것이라는 불교 이전부터의 인도사람들의 사상이 불교에 받아들여져 그 선행의 구체적인 이야기가 본생 이야기로 만들어진 것이다. 그래서 보살사상의 발생은 『본생경』의 발생에 의한 것이라고도 하며,[49] 『본생경』의 석가보살에서 과거육불과 미래불로 나아가 그들의 수행시대도 보살이라고 부르게 되고, 그것이 일반화되어 대승불교에 와서는 '보리심을 일으켜 서원을 세우고 수행하는 자는 누구든지 보살'이라고 부르게 된다.

48 『장로게』 『한글대장경』16-2(서울: 동국역경원, 1986), 409-410면.
49 干潟龍祥, 『改訂增補 本生經類の思想史的 研究』(東京: 山喜房書林, 1978), 64-66면.

## 2. 아비달마불교의 보살

붓다의 열반 후 100여년이 지났을 무렵 불교승단은 계율에 관한 논쟁으로 두 파로 분열되었고, 그 두 파는 제각기 다시 분열을 거듭하여 결국에는 20개의 부파로 세분되었다. 이렇게 초기불교가 여러 개의 종파불교로 분열된 것을 부파불교 또는 아비달마불교라고 한다. 분열의 원인을 실론의 『도사』와 『대사』는 계율에 관한 십사(十事)의 논쟁 후 700명의 장로가 행한 '제2결집' 때문이라고 하고, 이 대결집을 한 교리중심의 개혁파를 '대중부'라 하고, 계율중심의 전통을 존중하는 장로비구들을 '상좌부'라 하였으며, 그 후 두 파는 다시 분열을 거듭하여 총 18파로 분리되었다고 한다. 북전(北傳)의 『이부종륜론』에 의하면, 불멸 후 약 1백 년경 아쇼카 왕 때 마가다국 파탈리푸트라성에서, 사중[50]이 함께 대천의 오사(五事)[51]를 논의하는 과정에서 의견이 달라, 대중부와 상좌부의 두 파로 갈라졌다[52]고 한다.

### 1) 설일체유부의 '보살'

설일체유부는 아비달마불교를 대표하는 상좌부계 부파이다. 『구사론』과 『대비바사론』은 주로 성문승에 대해서만 논하고 보살은 부수적으로 취급하고 있을 뿐이지만 조금씩 흩어져 있는 자료들을 모아서 유부의 보살을 살펴본다.

『대비바사론』 제176권은 "유정으로서 어리석지 않은 자 즉 총명하고 지혜로운 자가 보리살타이다"[53], "이 살타는 아뇩다라삼먁삼보리를 얻지 않았을 때, 강한 의지로써 항상 보리를 수순하고, 보리를 향하여 나아가고, 보리에 더 가까이 다가가고, 보리를 좋아하여 즐기고, 보리를 존중하고, 보리를 간절하게 바라고, 보리를 증득하기 위하여 게으름을 부리지 않고 쉬지도 않고, 보리를 구하는 마음을 잠시도 버리지 않는다. 그래서 보리살타라고 한다. (중략) 또한 살타는 용맹한 사람이라는 뜻이다. 아뇩다라삼먁삼보리를 얻지 못했을 때 항상 용맹 정진하여 보리를 빨리 증득하기를 바라고 구하였기 때문에 보리살타라고 한다"[54]고 한다.

---

50 龍象衆(Gnas-brtan-klu), 鄙衆(Sar-phyogs-pa, 東方衆), 聞衆(Mandu-hos-pa), 大德衆.
51 아라한에게도 餘所誘, 無知, 猶豫, 他令入, 道因聲故起는 있다는 주장
52 『異部宗輪論』(『大正藏』49권, 15상)
53 『大毘婆沙論』176(『大正藏』27권, 886하)

또 "보살이 처음 마음을 내었을 때부터 삼무수겁을 지나면서 여러 가지 어렵고 힘든 행[難行, 苦行]을 닦았더라도 원만한 용모를 얻기 위한 행[妙相業]을 닦지 않은 동안은 아직 진실한 보살이라고 부를 수 없다. 진실한 보살이 되기 위해서는 반드시 보리를 얻겠다고 결심해야 하고, 지옥·아귀·축생의 삼악취가 아닌 선취[인간계 또는 천계]에 태어나겠다는 결심을 해야 한다고 한다. 그러면 진실보살은 ①모든 악취를 버리고 항상 선취에 태어나고 ② 하열하고 비천한 가문에 태어나지 않고 항상 귀족의 가문[바라문족, 찰제리족, 거부, 장자의 가문]에 태어나고 ③ 항상 남자 몸을 받고 ④ 항상 모든 근을 구족하고[불구가 아니라는 뜻] ⑤ 항상 많이 듣고 배워서 중생들을 섭수하고 보리의 자량을 원만하게 하게 되는 다섯 가지 좋은 일[自性生念]을 얻게 된다"고 한다.[55]

보살의 입태와 관련하여 『대비바사론』은 유정의 입태를 네 가지로 나눈다. 모든 유정은 모태에 들어가서[入胎] 머물다가[住胎] 태어나는 것[出胎]을 바로 알지 못하며, 전륜왕이나 바라밀다성문이나 예류과와 일래과를 성취한 자는 모태에 들어가는 것은 바로 알지만 모태에 머무는 것과 태어나는 것에 대해서는 바로 알지 못한다. 독각은 모태에 들어가는 것과 모태에 머무는 것은 바로 알지만 태어나는 것에 대해서는 바로 알지 못하는데 비하여, 보살은 모태에 들어가고 태 속에 머물고 태어나는 것 모두를 바로 안다고 한다.[56]

『구사론』「분별세품」은 "보살은 중생을 제도함으로써 남을 가엾게 여겨 도와주고자 하는 자기의 마음[悲心]을 실현한다. 그러므로 남을 제도하는 것을 바로 자기의 이익으로 여긴다"[57], "하품의 사람인 이생범부는 방편을 부지런히 닦아 항상 자신의 즐거움만 구하며, 중품의 사람인 이승은 즐겁지 못한 것이 바로 괴로움이기 때문에 괴로움을 없애려고 한다. 상품의 사람인 보살은 자기는 괴롭더라도 남의 편안함과 즐거움을 항상 부지런히 구하며 남의 괴로움을 영원히 없애려고 한다. 그것은 남을 자기로 여기기 때문이다"[58]라고 하여, 보살은 남을 구제하려는 원을 세우고 실천수행하는

54 『大毘婆沙論』176(『大正藏』27권, 887상중)
55 『大毘婆沙論』176(『大正藏』27권, 887상)
56 『大毘婆沙論』176(『大正藏』27권, 863중)
57 『俱舍論』12(『大正藏』29권, 63하)
58 『俱舍論』12(『大正藏』29권, 64상)

사람임을 밝히고 있다. 그리고 보살은 원만한 용모를 얻기 위한 행[妙相業]을 닦은 이후 삼십이상의 훌륭한 용모를 얻는 과보를 불러오는 업[相異熟果業]을 얻어 '주정(住定)'이란 이름을 세우고, 그 이후 비로소 성불할 수 있다고 한다.[59]

### 2) 대중부의 '보살'

『태자서응본기경』에는 "보살은 91겁 후에 일생보처보살이 되어 도솔천상에 태어나 모든 하늘을 위하여 설법하고 교화한 후에 천축의 가유라위국 왕비 마야부인의 태 속으로 들어갔다. 보살이 처음 내려올 때 화생으로 흰 코끼리를 타고, 태양의 정기로 모체가 낮잠을 잘 때 꿈에 나타나 오른쪽 옆구리로 들어가자 부인이 잠에서 깨어났다"[60]고 되어 있다.

『보요경』에는 "보살이 도솔천상으로부터 내려와 그 위엄있는 영혼[靈]이 화하여 흰 코끼리가 되었는데, 입에는 6개의 어금니가 있었다. (중략) 모태에 강신하여 오른쪽 옆구리로 들어갔다. 보살이 머무는 곳은 오른쪽이지 왼쪽이 아니다. 그 때 왕후가 잠에서 홀연히 깨어났다"[61]고 되어 있다. 『대지도론』 제50권에도 "보살은 흰 코끼리를 타고, 한량없는 도솔제천이 둘러싸고 공경하고 공양하며 따르는 가운데 모태에 들어갔다"[62]고 한다.

위에서 보았듯이 석가보살이 모태에 탁태할 때는 보살자신이 흰 코끼리의 모습으로 탁태하였다고 하는 설과 흰 코끼리를 타고 왔다는 두 가지 설이 있다. 그런데 두 설 모두 왕비의 꿈에 있었던 일이라는 점에서는 일치하고 있으므로 이는 석가모니 붓다의 태몽이다. 또 일반인은 모태 내에서 5단계로 발육하는 데 비하여 모든 보살 특히 일생보처 최후신의 보살은 어머니의 태 속에 있으면서도 청정하여, 갈라람과 알부담[皰][63]과 폐시(閉尸, 血肉)와 건남(鍵南, 堅肉)의 성장을 거치지 않고, 사대에 의하여 오근을 단번에 구족한다[64]고 한다.

---

59 『大毘婆沙論』178(『大正藏』27권, 892하)

60 『太子瑞應本起經』上(『大正藏』3권, 473중)

61 『普曜經』2(『大正藏』3권, 491상중)

62 『大智度論』50(『大正藏』25권, 418하)

63 갈라람이란 雜穢라고 하는데, 아버지의 정액이 어머니 태 속에 들어간 후 7일간은 그 상태를 지속하는 것을 말하고, 알부담이란 부모의 적백 두 액이 섞여서 점점 응결되어 瘡疱처럼 된 것을 말한다.

64 小山憲榮, 『異部宗輪論述記發軔』中, 24우.

대중부는 "보살은 모태에서 나올 때 전부 오른쪽 옆구리로 태어난다. (중략) 중국에서는 왼쪽을 귀하게 여기고, 천축에서는 오른쪽을 소중하게 여기기 때문에, 인도의 풍속을 따라 오른쪽 옆구리로부터 태어난다"[65]고 한다. 또 『대지도론』 제50권에서는 "보살이 태어나려고 할 때는 모든 하늘과 용과 귀신이 삼천대천세계를 장엄하는데, 이 때 칠보로 된 연화좌가 저절로 나타난다. 그러면 모태에서 먼저 무량한 보살이 나와 연화좌에 앉아서 손을 한데 모으고 찬탄하며 기다린다. 보살과 모든 하늘·용·귀신·신선·성인·왕녀들도 모두 손을 모으고 일심으로 보살이 탄생하는 것을 보려고 한다. 그런 후에 보살은 어머니의 오른쪽 옆구리에서 나오는데, 마치 보름달이 구름 속에서 빠져 나와 큰 광명을 놓아 무량한 세계를 밝게 비추는 것과 같다. 이 때 큰 명성이 시방세계에 두루 넘쳐 '어떤 나라에 보살의 최후신이 태어났다'고들 떠들썩해진다"[66]고 한다.

『대비바사론』 제120권은 "보살은 외도의 비방을 막기 위해서 화생을 받지 않는다. 보살은 유정을 이롭게 하기 위해서도 화생을 받지 않는다. 태생을 받아야 열반에 든 후에도 미래의 유정들이 그가 남긴 사리에 대하여 공경·공양한 복으로 천상에 나서 반열반하게 될 것이기 때문이다. 만약 화생을 받는다면, 죽은 후에 등불의 빛처럼 아무 것도 남는 것이 없어서 유정들을 이롭게 하는 이런 일이 있을 수 없기 때문이다"라고 한다.

### 3) 기타 부파의 '보살'

설출세부의 율장을 발췌하여 만든 『마하바스투(Mahāvastu-avadāna)』는 거의 본생보살을 설명하고, 카필라바스투의 왕자로 태어나 출가하여 깨달음을 구하기 위하여 수행하는 석가보살도 말하지만, 정각을 얻어 붓다가 된 석존도 '보살'로 부른다. 보살의 십지를 설명하는 부분에서는 항상 복수형의 '보살들'(bodhisattvas, bodhi sattvāḥ)[67]이라는 표현을 쓰고 있다. '보살'에 대하여 『마하바스투』는 "보살로서 수행하는 동안, 그는 유정의 이익과 안락을 추구하며 여러 생을 살았다. 세상의 이익과 그 자신을 위하여 보살은 모든 행을 하였으니, 세상의 번영을 추구하는 자비·덕행·정의·극기와 남을 위한 행을 계속하였다"[68]고 하고 "보살들은 부모가 낳는 것이 아니고,

65 小山憲榮, 『異部宗輪論述記發軔』中, 26좌-27우.
66 『大智度論』50(『大正藏』25권, 419상)
67 J. J. Jones, *The Mahāvastu.* vol. Ⅰ, London: The Pali Text Society, 1973. 61-124면.

부모와는 상관없이 자기 자신의 공덕에 의하여 태어나게 된다"[69]고 하여 보살의 원생(願生)과 원행(願行)을 강조한다.

설산주부는 "이른바 모든 보살은 오히려 이생(異生)이며 보살이 태에 들 때에는 탐애를 일으키지 않는다"[70]고 한다. 보살이 이생이라고 하는 것은 유부와 동일한 견해로서 보살이라 할지라도 이생범부에 불과하다고 한다. 그러나 유부는 보살이 태어나려고 할 때는 자신과 부모에 대하여 애착을 가지기 때문에 염오심이 있다고 하지만,[71] 설산주부는 음애심을 일으키지 않을 뿐 아니라 부모 등에 대하여 친애하는 마음마저도 없다고 하는데 차이가 있다.

제다산부는 "보살은 악취를 벗어나지 못한다"고 하고 "인위(忍位)를 얻지 못하면 오히려 이생이다. 이 모든 보살들은 악취에 태어나는 것에서 도저히 벗어날 수 없기 때문에 오히려 그 곳에 태어난다"[72]라고 한다. 이생이란 이생범부(異生凡夫)라는 의미로서, 유부에서는 견도위에 이르기 이전을 이생으로 보는데 비해, 제다산부에서는 인위를 얻기 이전을 이생이라 본다. 그러므로 유부보다는 두 단계[忍位, 世第一法位]나 낮추어서 보는 것이 된다. 이러한 이생은 악취를 면하지 못하는 것은 물론이고 보살도 악취에 나는 것을 벗어날 수 없다고 한다. 보살은 삼아승지백겁 중 어느 겁에 있는 몸인지 분명하지 않기 때문이다.

이러한 아비달마불교의 보살개념을 정리하면, 설일체유부는 붓다를 역사상의 인간 석존으로 보기 때문에 생신(生身)의 석가보살이 보살행을 닦아 삼십이상 팔십종호를 갖추어 붓다가 된다고 한다. 따라서 유부는 미륵보살 외에는 오직 석가보살에 관해서만 서술하고 다른 보살은 그 존재를 부정하지 않는 정도이다. 대중부는 석존을 숭배한 나머지 초인간적으로 보기 때문에 보살의 출생에 대한 입장이 다르다. 유부는 보살 자신이 모태에 들어가서 모태 속에 머물다가 모태에서 나오는 것에 대하여 바로 알고 있다고만 하는 데 비하여, 대중부는 보살이 흰 코끼리를 타고 혹은 흰 코끼리의 모습으로 태에 들어가고 태내에서는 오위의 성장을 거치지 않고 오른쪽

---

68 앞의 책 vol. Ⅰ, 4면.
69 앞의 책 vol. Ⅰ, 114-5면.
70 小山憲榮, 『異部宗輪論述記發軔』下, 23면.
71 『大毘婆沙論』171(『大正藏』27권, 864상)
72 小山憲榮, 『異部宗輪論述記發軔』下, 10면.

옆구리로 탄생한다고 한다.

유부는 보살이 금강유정에 들기 전까지는 범부의 성질을 가지기 때문에 성불 전에는 탐욕·성냄·어리석음이라는 삼독(三毒)의 번뇌를 가진다고 하는 데 비하여, 대중부는 보살에게 탐욕·성냄·어리석음의 삼독이 없으며, 보살은 무루신이지만 중생에 대한 대비심 때문에 원하여 삼계에 태어나며, 중생을 구제하기 위하여 악취에 태어나지만 능히 벗어날 수 있다고 한다. 이와 같이 아비달마불교는 보살이 성불하기 위해서는 무수한 생애 동안 무량한 덕을 쌓고, 중생들을 위하여 아무 대가없이 한없는 자비를 베풀어야 한다고 한다. 그리고 이 선택받은 사람은 한 세계에 동시에 두 사람이 있을 수 없으며 구체적으로는 오직 석가보살 한 사람뿐이라고 한다.

### 3. 초기 대승불교의 보살

부파불교의 아비달마교학이 붓다의 교설을 너무 현학적으로 만들어버려 대중으로부터 멀어지자 붓다의 진정한 불교정신을 되찾자는 대승불교 운동이 일어났다. 재가자들의 적극적인 참여와 혁신적인 출가승들이 그 지도적인 세력을 형성하여, 열반을 추구하는 아라한의 길을 '소승'이라고 비판하고 자리이타적인 보살을 이상적인 인간상으로 부각시켰다. 그리고 불교의 궁극적인 목적은 열반이 아닌 성불이라고 역설하고, 붓다의 그러한 뜻을 담은 교설을 편찬하기 시작하였으니 이것이 소위 대승경전이다. 수많은 대승경론들 중 용수(150-250년)의 『대지도론』 이전에 편찬된 초기대승경론들의 보살을 살펴본다.

#### 1) 『반야경』의 '보살'

(1) 보살: 『소품반야경』「초품」에 수보리가 붓다로부터 보살이 성취해야 할 반야바라밀을 설명하라는 요청을 받고, "세존이시여, 이른바 보살이라고 하는 그것은 무엇을 뜻하는 것입니까? 저는 보살을 본 적도 없는데, 어떤 것을 보살이라고 합니까?"[73]하고 묻자, 붓다는 수보리에게 "일체의 법을 걸림 없이 배우고 또한 일체의 법을 여실하게 아는 이를 보살이라고 한다"[74]고 한다. 『대품반야경』도 「삼가품」[75]에서 이와 똑같은 내용을 말하고

73 『小品般若經』(『大正藏』8권, 537중)

있다.

그리고 "보살과 보살이란 이름도 또한 이름만 가지고 있을 뿐이다. 이 이름은 안에도 없고, 밖에도 없고 중간에도 없다. (중략) 단지 세간의 이름으로 말하는 것일 뿐이다"[76]라고 하여 거기에는 어떤 실체도 없다[空]고 한다. "모든 사물은 인연이 모여서 이루어진 거짓이름의 시설이어서, 이른바 보살이라고 하는 이름은 오음·십이입·십팔계 내지 십팔불공법으로는 말할 수 없으며, 모여서 이루어진 것으로도 말할 수 없다. (중략) 일체 모든 것의 모이고 흩어지는 모습을 얻을 수 없는데, 어떻게 보살이라는 이름을 지어 이것을 보살이라고 말하겠는가"[77]라고 한다.

여기서 한걸음 더 나아가 보살이란 말의 의미는 언어의 대상이 아니라고 한다. "세존이시여, 보살이라는 말의 의미는 무엇입니까? (중략) 말의 의미가 없는 이것이 보살이라는 말의 의미이다. 왜냐하면 아뇩다라삼먁삼보리에는 의미가 있을 곳이 없고 또한 '나'라는 것도 없기 때문이다. 그렇기 때문에 말의 의미가 없는 이것이 보살이라는 말의 의미이다. 수보리야, 비유컨대 꿈속에서 본 것이 있는 것이 아닌 것처럼, 보살이란 말의 의미가 없는 것도 이와 같다. 수보리여, 비유컨대 새가 허공을 날아가도 흔적이 없는 것처럼, 보살이란 말의 의미가 없는 것도 이와 같다."[78] "아뇩다라삼먁삼보리를 위해서 이 사람은 큰마음을 내기 때문에 보살이라고 하지만, 일체 모든 것을 알더라도 거기에 집착하지 않는 사람이 보살이다."[79]

(2) 마하살: 『대품반야경』에서 "이 보살은 반드시 열반에 드는 무리 가운데 우두머리가 되기 때문에 마하살이라 한다."[80]고 하는 붓다의 설명에 대하여, 사리불은 '나'라는 견해[我見]·중생이라는 견해[衆生見]·목숨이라는 견해[壽見] 등의 모든 소견을 끊도록 설법하기 때문에 마하살[81]이라 한다고 말한다. 수보리는 "아뇩다라삼먁삼보리의 마음은 성문이나 벽지불의 마음과는 달리 번뇌가 없어서 얽매이지 않는다는 것에도 또한 집착하지 않기

---

74 『大品般若經』(『大正藏』8권, 538하)
75 『大品般若經』(『大正藏』8권, 230하)
76 『大品般若經』(『大正藏』8권, 230하)
77 『大品般若經』(『大正藏』8권, 234하)
78 『大品般若經』(『大正藏』8권, 241하)
79 『大品般若經』(『大正藏』8권, 270중)
80 『大品般若經』(『大正藏』8권, 243중)
81 『大品般若經』(『大正藏』8권, 244상)

때문에 마하살이라고 한다"[82]고 말하고, 부루나는 "보살이 큰 서원으로써 화려하게 장식[大誓莊嚴]하고, 대승을 향해 나아가고[發趣大乘], 큰 수레를 타기[乘於大乘] 때문에 마하살이라 부른다"[83]고 말한다.

이와 같이 '마하살'은 반드시 열반에 드는 무리들 중에서 우두머리가 되고, 모든 잘못된 소견을 끊어 아무데도 집착하지 않으며[空], 집착하지 않는다는 것에도 또한 집착하지 않으며[空亦復空], 무수한 중생을 제도했더라도 제도한 사람은 하나도 없다는 공(空)의 가르침을 들어도 놀라지 않고, 오로지 남을 이롭게 하겠다는 큰 서원으로 장엄하여 대승을 향하여 나아가는 위대한 사람을 뜻한다. 『대반야경』 제47 「마하살품」에서는 "보살이 대중의 우두머리로서 '마하살'로 불리는 이유는 특별한 네 가지 마음[金剛喩心, 秀勝廣大心, 不可傾動心, 利益安樂心]을 가지고, 법을 사랑하며, 십팔공 내지 허공삼매처럼 어떤 집착도 없고 일부러 무엇을 하는 일도 없고 번뇌도 없는 해탈[無著無爲無染解脫] 등에 특별히 머무르기 때문"[84]이라고 한다.

(3) 보살마하살: 『대품반야경』은 세간을 평안하게 하기 위하여, 세간을 즐겁게 하기 위하여, 세간을 구제하기 위하여, 세간의 돌아갈 곳이 되기 위하여, 세간의 의지처가 되기 위하여, 세간의 피난처가 되기 위하여, 세간의 훌륭한 인도자가 되기 위하여, 세간의 구경도가 되기 위하여, 세간의 나아갈 곳이 되기 위하여 아뇩다라삼먁삼보리의 마음을 일으키는 사람을 보살마하살이라[85] 하고 열반에 들 수 있음에도 불구하고 열반에 들지 않고, 중생의 이익을 위하여 중생을 따라 몸을 받아 그 몸으로써 그들을 이익 되게 하며, 대자비심을 구족하고 중생을 불쌍히 여겨 이익을 주기 위해 축생의 몸까지도 받는 사람[86]을 보살마하살이라고 한다. 즉 보살은 단순히 깨달음만을 구하는 수행자가 아니라 남을 위하여 무한한 희생과 봉사를 하려고 하는 위대한 수행자이기 때문에 보살마하살이라고 하는 것이다.

### 2) 『유마힐소설경』의 '보살'

구마라집이 번역한 『유마경』에는 '보리살타' 또는 '보살마하살'이라는

82 『大品般若經』(『大正藏』 8권, 244중)
83 『大品般若經』(『大正藏』 8권, 244하)
84 『大般若經』(『大正藏』 5권, 263상-4중)
85 『大品般若經』(『大正藏』 8권, 331하)
86 『大品般若經』(『大正藏』 8권, 409하)

말은 쓰이지 않고, 전부 '보살', '대사(大士)', '정사(正士)', '도사(導師)', '사(士)' 등의 말로 번역되어 있어 대사는 '보살마하살', 정사는 '정위(正位)의 보살'을 가리키는 것임을 알 수 있다.

『유마경』「불도품」 제8의 '찬보살게'는 "지혜바라밀은 보살의 어머니, 방편바라밀은 아버지가 된다. 일체 모든 도사는 이들이 아니고는 태어나지 않는다. 법이 주는 기쁨은 아내이고, 자비심은 딸이며, 선심과 성실은 아들이고, 필경공적(畢竟空寂)은 집이다"[87]라고 하여, 전체 42게송 중 11게송까지는 보살의 권속과 도구에 대하여 말하고 있다. 보살은 지혜와 방편을 부모로 삼고, 자비심과 선심과 성실을 자식으로 삼고, 육바라밀·다라니·팔해탈·오신통·삼십이상·팔십종호·사선 등의 모든 보살도를 가족으로 여긴다고 한다. 이것은 이들 덕목 내지 수행도를 가족에 비유함으로써 보살과 그만큼 뗄 수 없는 중요한 관계라는 것을 강조한 것이다.

「불국품」 제1에서는 보살을 "큰 지혜와 근본이 되는 행[大智本行]을 모두 다 성취하고, 제불의 위대한 신통력으로 건립되며 법의 성을 보호하기 위하여 정법을 수지하며, 사자후를 하여 그 이름이 시방에 들리며, (중략) 그를 보고 만나는 자 중 이익을 보지 않는 사람이 없다"[88]라고 하여 보살을 일체 공덕을 모두 만족한 자로 표현하고 있다.

「문수사리문질품」에서는 "모든 중생들이 병을 앓기에 제가 병이 난 것입니다. 모든 중생들이 병고에서 벗어난다면 제 병도 나을 것입니다. 왜냐하면 보살은 중생을 위해서 생사에 들었기에, 생사가 있으면 병도 있지만, 만약 중생이 병고에서 벗어난다면 보살도 다시는 아프지 않을 것입니다. (중략) 보살의 병은 바로 대비심 때문에 납니다"[89]라고 하여 보살을 대비심을 두루 갖춘 사람으로 나타내고 있다. 「향적불품」에서도 "이 나라[사바세계]의 보살들의 대비는 실로 말한 바와 같이 견고합니다. 그들이 일생 동안 중생에게 베푼 이익은 저 나라[일체묘향국]에서 백천겁을 행한 것보다 많습니다"[90]라고 하여, 대비를 보살의 특징으로 말하고 있다.

「견아촉불품」 제12에서는 "해가 밝은 빛으로 어둠을 걷어내기 위해서 떠오르는 것처럼, 보살도 그와 같이 중생을 교화하기 위하여 청정하지 못

87 『維摩經』(『大正藏』14권, 549하)
88 『維摩經』(『大正藏』14권, 537상)
89 『維摩經』(『大正藏』14권, 544중)
90 『維摩經』(『大正藏』14권, 553상)

한 불국토에 태어나더라도, 어리석고 어두운 것과는 합하지 않으며, 오로지 모든 사람의 번뇌의 그림자를 없앨 뿐입니다"[91]라고 하여, 보살은 무한한 자비심으로써 오로지 중생을 위하여 이 세상에 태어나 존재하고 중생을 위하여 행동하는 존재임을 강조하고 있다.

「부사의품」 제6은 "모든 성문들은 이 대승에서는 이미 싹이 날 수 없는 썩은 씨앗[敗種]과 같아서, 이 불가사의해탈의 법문을 듣고 울부짖는 소리가 저 삼천대천세계를 진동시킬 것입니다. 그러나 모든 보살은 이 법[불가사의해탈의 도리]을 크게 기뻐하는 마음으로 받들어 받아들입니다"[92]라고 한다. 「보살행품」 제11에서는 세존께서 아난에게 "그 어떤 지혜로운 이도 보살들을 헤아리려고 해서는 안 된다. 모든 바다와 깊은 못도 보살의 선정과 지혜와 총지와 변재는 헤아릴 수 없거늘 그 모든 공덕은 도저히 헤아릴 수 없는 것이다"[93]라고 한다. 「부사의품」 제6에서도 "모든 불보살에게는 불가사의라는 해탈이 있다. 만약 보살이 이 해탈에 머물면 높고 넓은 수미산을 겨자씨 안에 통째로 넣어도 겨자씨가 커지는 일도 없고 수미산이 작아지는 일도 없다. (중략) 보살의 불가사의한 해탈의 힘을 자세하게 말하자면 겁이 다하여도 마치지 못할 것이다"[94]라고 하여, 보살의 무한한 능력은 인간의 지성으로는 도저히 짐작할 수 없으며 말로는 설명할 수 없다고 한다.

이상과 같은 『유마경』의 보살개념을 정리하면, 지혜와 방편을 갖춘 사람, 큰 지혜와 근본이 되는 행을 성취하여 모든 공덕을 갖춘 사람, 대비심으로 중생을 위하여 존재하고 행동하는 사람, 불가사의 해탈의 힘을 가진 사람이라고 할 수 있다.

### 3) 『묘법연화경』의 '보살'

『법화경』 「수기품」 제6에서 「수학무학인기품」 제9까지의 4품은 마하가섭을 비롯한 여러 제자들의 성불 가능성을 예언하고 있다. 성불의 가능성을 예언한다는 것은 성문이 아라한에 그치지 않고 '붓다가 된다'는 것을 의미하는 것이며, 붓다가 된다는 것은 이미 '성문'이 아니고, '보살'과 자격이 동등하다는 것을 의미한다. 그러므로 성불의 예언을 받은 사람은 모두가

91 『維摩經』(『大正藏』14권, 555중)
92 『維摩經』(『大正藏』14권, 547상)
93 『維摩經』(『大正藏』14권, 554상)
94 『維摩經』(『大正藏』14권, 546중하)

'보살'이라고 할 수 있다. 왜냐하면 '성불하게 되어 있는 자'는 초기불교 이래로 '보살'이라고 하기 때문이다. 그러므로 『법화경』의 삼승은 모두 '깨달음을 얻는 것이 확정되어 있는 보살'이다.[95]

그리고 『법화경』 「방편품」제2에서 「수학무학인기품」제9까지는 석존의 설법을 듣는 사람들이 성문으로 되어 있는 데 비하여, 「법사품」제10에서 「촉루품」제22까지의 13품은 보살로 되어 있다. 「법사품」에 "어떤 선남자·선여인이 이 『법화경』의 한 구절을 받아 지니고, 읽고, 외우고, 설명하고, 글로 베껴 쓰거나[受持·讀·頌·解說·書寫] 여러 가지로 경전을 공양하면, 일체 세간이 이 사람들을 우러러 받들게 된다. 그러므로 여래를 공양하듯 공양해야 한다. 이런 사람은 큰 보살로서 아뇩다라삼먁삼보리를 성취하였지만, 중생을 불쌍히 여겨 이 세상에 원하여 태어나 『묘법연화경』을 널리 분별하여 설하는 것임을 반드시 알아야 한다"[96]라고 한다. 즉, 『법화경』을 지니고 읽고 외우고 해설하고 베껴 쓰는 등의 행을 하여 이미 아뇩다라삼먁삼보리를 성취하였지만, 중생을 불쌍히 여겨 스스로 원하여 이 세상에 태어난 사람을 큰 '보살'이라고 한다.

「종지용출품」에는 "사바세계 삼천대천 국토의 땅이 모두 진동하면서 열리더니 그 가운데서 한량없는 천만억 보살마하살이 동시에 솟아나왔다. (중략) 이 보살들은 사바세계의 아래인 허공 가운데 머물러 있다가 석가모니불께서 설법하시는 음성을 듣고 아래로부터 솟아오른 것이다. (중략) 이 네 보살은 그 대중 가운데서 최고 우두머리로서 그들을 창도하는 스승이었다"[97]고 하여 '깨달음을 얻은 보살'을 말하고 있다.

「법사품」제10은 "이 사람은 청정한 업(業)과 보(報)를 스스로 버리고, 내가 멸도한 후에도 중생을 불쌍히 여겨 악한 세상에 태어나 이 경을 널리 설할 것이다. 만일 선남자·선여인이 내가 멸도한 후 은밀히 한 사람을 위해서라도 『법화경』의 한 구절을 말해 준다면, 이 사람은 곧 여래의 사도이며, 여래가 보낸 사람이며, 여래의 일을 하는 줄 알아야 하나니, 하물며 큰 대중 가운데서 많은 사람을 위하여 널리 설법하는 것이야 말할 필요가 있겠느냐!"[98]라고 하여, 중생교화를 위하여 이 세상에 태어나 『법화경』을 널리 유

---

95 李永子, 「法華經의 菩薩思想」, 『月珠스님華甲紀念論叢: 菩薩思想』(서울: 曹溪宗出版社, 1996), 343-346면.

96 『法華經』(『大正藏』9권, 30하)

97 『法華經』(『大正藏』9권, 39하-40상)

포하는 사람이야말로 여래가 보낸 여래의 사도로서 보살이라는 것이다.

이러한 『법화경』의 보살개념을 정리하면, 성불의 예언을 받은 사람, 이미 깨달음을 얻은 사람, 여래의 사도로서 『법화경』의 가르침을 설명하는 사람이라고 할 수 있다.

#### 4) 『대방광불화엄경』의 '보살'

『대승아비달마집론』에서 "무엇이 방광(方廣)인가. 보살장(菩薩藏)과 상응하는 것을 말하는 것이다. 무엇 때문에 방광이라고 부르는가. 일체 유정의 이익과 안락의 의지처이기 때문이며, 광대하고 매우 깊은 법을 널리 설명하기 때문이다"[99]라고 하는 데서 알 수 있듯이, 『화엄경』은 진리를 깨달은 붓다가 모든 범부 중생들의 이익과 안락을 위하여 자신이 깨달은 깊은 법을 설명하여 보살에게 성불할 수 있는 길을 열어주는 경이라고 할 수 있다.

『화엄경』「이세간품」 제38의 5는 "깨달음의 지혜를 낳기 때문에 '보리살타(菩提薩埵)'라고 하고, 대승에 안주하기 때문에 '마하살타(摩訶薩埵)'라고 하고, 제일가는 법을 증득하기 때문에 '제일살타(第一薩埵)'라고 하고, 수승한 법을 깨닫기 때문에 '승살타(勝薩埵)'라고 하고, 지혜가 가장 수승하기 때문에 '최승살타(最勝薩埵)'라고 하고, 최상의 정진을 하기 때문에 '상살타(上薩埵)'라고 하고, 위없는 법을 열어 보여주기 때문에 '무상살타(無上薩埵)'라고 하고, 여래만의 열 가지 지혜의 힘을 널리 알기 때문에 '역살타(力薩埵)'라고 하고, 세간에서 비교 대상이 없기 때문에 '등살타(等薩埵)'라고 하고, 일념으로 성불만 생각하기 때문에 '부사의살타(不思議薩埵)'라고 한다"[100]면서 보살마하살의 열 가지의 대장부 명칭을 소개하고 있다.

또 "선남자여, 보리심은 보살이 태어나는 곳이니 보살의 집[菩薩家]을 낳기 때문이다. 깊은 마음[深心]은 보살이 태어나는 곳이니 선지식의 집을 낳기 때문이다. 모든 지(地)는 보살이 태어나는 곳이니 바라밀의 집을 낳기 때문이다"[101]라고 하고, 마찬가지로 대원·대비·여리관찰(如理觀察)·대승·교화중생·지혜방편·일체법의 수행은 보살이 태어나는 곳이니, 그것은 이들이 묘행의 집·사섭의 집·반야바라밀의 집·방편선교의 집·붓다의 집·무생

98 『法華經』(『大正藏』9권, 30하)
99 『大乘阿毘達磨集論』6(『大正藏』31권, 686중)
100 『華嚴經』57(『大正藏』10권, 300상)
101 『80華嚴經』(『大正藏』10권, 438중)

법인의 집·삼세 모든 여래의 집을 낳기 때문이라고 한다. 여기서 보리심을 비롯하여 일체의 법을 수행하는 것 등은 보살이 갖추어야 할 덕목들이고, '보살의 집'을 비롯한 '여래의 집[如來家]' 등은 그 모든 수행덕목을 실천한 결과 얻어지는 과보를 말하는 것이다.

또 "선남자여, 보살마하살은 반야바라밀을 어머니로 하고, 방편선교를 아버지로 하며, (중략) 법수(法水)로 관정을 받은 일생보처보살을 왕태자로 삼으며, 보리를 성취하여 능히 가족을 청정하게 한다. 선남자여, 보살은 이와 같이 범부의 지위를 초월하여 보살위에 들어가 여래의 집에 태어나서 붓다의 종성에 머무른다"[102]라고 한다. 즉, 한 아이가 부모를 인연으로 태어나서 여러 가지 인연들 속에서 자라나 가문을 이어가는 것처럼, 보살마하살이 보리심을 내어서 큰 원을 세우고 대승보살도를 수행하면 보리를 성취하여 드디어 성불한다는 것을 비유로써 설명하고 있다. 그러므로 『화엄경』은 보리의 지혜가 생겨나고, 대승에 안주하며, 반야바라밀을 어머니로 하고, 방편선교를 아버지로 하는 사람을 보살로 그리고 있음을 알 수 있다.

#### 5) 『무량수경』의 '보살'

『무량수경』은 「왕관게(往觀偈)」에서 "온갖 법은 꿈같고 요술 같고, 메아리 같은 줄 밝게 깨달아, 미묘한 모든 서원 이루게 되면, 이러한 극락세계 반드시 이루리. 모든 것은 번개나 그림자 같은 줄 알고, 끝까지 보살도를 닦고 행하여 여러 가지 공덕을 모두 갖추면, 반드시 기별받아 성불하리라"[103]라고 하여, 아미타불의 위대한 신통력을 믿고, 공의 이치를 바르게 알고 깨달아 보살도를 행하여 성불하는 사람을 '보살'이라고 한다. 그리고 보살도를 다 이루어 정토에 왕생한 '보살'은 광명이 무량하고, 신통이 자재하고 삼악취에 떨어지지 않으며, 정법을 설하여 중생을 구제하고 깊은 선정과 삼명과 육신통과 오안(五眼)을 얻으며, 중도에 머물러 자유자재하고 너와 나의 구별이 없어 모두 성불한다[104]고 한다.

---

102 『80華嚴經』(『大正藏』10권, 438중)
103 『無量壽經』(『大正藏』12권, 273상)
104 『無量壽經』(『大正藏』12권, 273중하)

### 4. 중기 대승불교의 '보살'

서기 150년-250년간의 생존자로 추정되는 용수의 『대지도론』에는 나타나지 않았던 것으로서 무착과 세친의 저서에 나타나는 경전을 중기 대승경전이라고 한다. 이 경론들에 나타난 '보살'의 정의를 살펴본다.

#### 1) 『승만경』의 '보살'

『승만경』은 『여래장경』·『부증불감경』과 더불어 '여래장 삼부경'이라고 불린다. (1) 이 경의 제7 「여래장장」에서는 "여래장이란 여래의 경계로서 성문·연각이 알 수 있는 것이 아니다"[105]라고 하여, 여래의 경계 즉 여래장을 아는 사람을 보살이라고 한다. (2) 제13 「자성청정장」에서는 "자성청정심이 번뇌로 더러워지는 것은 알기 어렵다. 두 가지 사실을 알기 어렵기 때문이다. 하나는 자성이 청정한 마음을 알기 어려운 것이며, 또 하나는 그 마음이 번뇌로 더러워진다는 것을 알기 어려운 것이다. 이 두 가지 법은 너와 대승법을 성취한 보살마하살만이 듣고 이해할 수 있으며 다른 성문들은 다만 부처님 말씀을 믿을 뿐이다"[106]라고 한다. 여기서 자성이 청정한 마음과 자성이 청정한 그 마음이 번뇌로 더러워진다는 사실을 분명하게 아는 사람을 『승만경』은 보살마하살로 정의하고 있음을 알 수 있다.

(3) 깊은 법의 지혜를 성취하였거나 법에 수순하는 지혜를 성취하였거나 깊은 법은 잘 모르더라도 부처님을 마음속으로 믿고 따르는 세 종류의 선남자·선여인으로서 대승의 도에 들어간 자[107]는 모두 보살마하살이라고 한다. (4) 자리이타의 원을 세우고 정법을 섭수하여 잊지 않고 바라밀을 행함으로써 대승을 행하는 사람[108]을 보살마하살로 보고 있다.

(5) 제14 「진자장」의 "오직 여래만이 반열반을 얻는다. 일체중생이 우러러보는 대상이 되어 아라한·벽지불·보살의 경계를 훨씬 뛰어넘는다"[109]는 경문과 『불성론』의 "세존은 열반을 얻기 때문에 여래·아라한·삼먁삼불타(정등정각)를 성취하여 일체의 무량하고 불가사의하며 구경청정한 제불의

---

105 『勝鬘經』(『大正藏』12권, 221중)
106 『勝鬘經』(『大正藏』12권, 232하)
107 『勝鬘經』(『大正藏』12권, 223하)
108 『勝鬘經』(『大正藏』12권, 217하)
109 『勝鬘經』(『大正藏』12권, 219하)

공덕을 얻는다"[110]고 하고, 이 일체공덕·무량공덕·불가사의공덕·구경청정 공덕의 넷을 제8부동지·제9선혜지·제10법운지·제11불지에 배당하여 해석하고 있다. 이것으로 보아 『승만경』은 보살이 이승보다는 높고 붓다보다는 낮은 지위에 있는 존재임을 분명하게 하고 있다.

### 2) 『대승열반경』의 '보살'

(1) 「여래성품」제4의 6에서는 "일천제를 제외한 나머지는 모두 보살마하살이다"[111]라고 하고, 「여래성품」제4의 4에서는 "모든 중생에게 불성이 있지만 번뇌에 가려져 알지도 못하고 보지도 못한다. (중략) 그러나 '나에게도 불성이 있고 여래의 신비한 가르침[如來秘藏]인 경이 있으니, 그 경 가운데서 내가 반드시 불도를 성취하여 무량한 번뇌와 결박을 다 끊어버리겠다'고 결심하고, 무량한 우바새들에게 '너희들에게도 빠짐없이 불성이 있으니 내가 너희와 함께 여래의 도와 경지에 머물러 아뇩다라삼먁삼보리를 성취하고 무량한 번뇌와 결박을 끊어버리겠다'고 설하는 사람을 '보살'이라고 부른다"[112]고 하여, '일체중생 실유불성'을 믿고 아뇩다라삼먁삼보리를 스스로도 성취하고 남도 성취시키려는 사람을 보살마하살로 정의하고 있다.

(2) 또 "이 경전을 들으면 모든 악이 다 소멸한다. (중략) 이러한 사람이 진정한 보살마하살이다. 왜냐하면 이 대열반에 대하여 잠시라도 들었기 때문이며, 여래가 항상하다는 생각을 하기 때문이다. 잠시 들은 자도 그것을 얻는데, 하물며 글로 쓰거나 베껴 쓰거나 받아 지니거나 읽거나 외우는 사람은 어떻겠는가?"[113]라고 한다. 그래서 이 경전을 쓰고·베끼고·받아·지니고·읽고·외우는 사람을 보살이라고 한다.

(3) 또 "사성제를 아는 두 가지 지혜 중 중품(中品)은 성문과 연각의 지혜이며, 상품(上品)은 붓다와 보살의 지혜"[114]라고 하여 보살을 상품의 지혜를 소유한 자라고 한다. (4) 또 "보살은 한량없는 세상에서 성스런 도를 수행하여 불성을 명료하게 알며"[115], "불성을 알고 보고 깨닫는 자는 세간이라

110 『佛性論』(『大正藏』31권, 812하)
111 『大乘涅槃經』(『大正藏』12권, 420중)
112 『大乘涅槃經』7(『大正藏』12권, 405중하)
113 『大乘涅槃經』9(『大正藏』12권, 420중)
114 『大乘涅槃經』13(『大正藏』12권, 442중)

부르지 않고 보살이라고 부른다"[116]고 하여, 불성을 알고 보고 깨닫는 자를 보살이라고 한다.

(5) 「사자후보살품」제11의 6은 "흉년 든 세상에서는 굶주린 중생의 먹이가 되고, 질병이 유행하는 세상에서는 자신의 몸이 약이 되어 병이 치유되기를 바라는 등 육바라밀을 수행하고도 과보를 구하지 않고"[117] 목숨을 다하여 이타행을 하는 자를 보살마하살이라 하고, 「범행품」제8의 3에서는 성문·연각은 얻을 수 없는 사무애·사무외·십력·사무애해를 얻고도 얻었다는 마음이 없는 사람[118]을 보살마하살이라고 하여 대승보살도를 성취한 사람을 보살마하살로 보고 있다.

(6) 「여래성품」제4의 7에서는 "무슨 인연으로 사리불 등은 소열반으로 반열반하고 연각은 중열반으로 반열반하고 보살들은 대열반으로 반열반합니까?"[119]라고 하는 질문에서, 보살마하살은 대열반으로 반열반하는 자라는 것을 알 수 있다.

### 3) 『해심밀경』의 '보살'

『해심밀경』은 (1) 미세하고 아주 깊고 통달하기 어려워 범부나 이승은 이해할 수 없는 승의제를 이해할 수 있는 사람, (2) 법공(法空)의 수승한 뜻을 여실히 알고 법에 대한 증상만을 일으키지 않는 사람, (3) 심의식에 공교한 사람, (4) 삼성(三性)을 증득한 사람 즉 변계소집성의 허망함을 바르게 아는 사람, 의타기성을 여실하게 아는 사람, 원성실성에 통달한 사람, (5) 삼무자성성(三無自性性)을 증득한 사람 즉 상무자성·생무자성·승의무자성을 통달한 사람, (6) 종성이 보살종성인 사람을 보살이라고 한다.

『해심밀경』에는 아직 5성(性)의 이름이 다 나타나지 않지만 원측의 『해심밀경소』에는 5성을 자세하게 설명하고, 모든 중생이 다 성불할 수 있다[120]고 한다. 원측은 『해심밀경』과 『유가사지론』에서 성불하지 못한다고 말한 것은 근기가 아직 성숙하지 않았다는 것이지 정말로 성불하지 못하는

115 『大乘涅槃經』32(『大正藏』12권, 557상)
116 『大乘涅槃經』17(『大正藏』12권, 466중)
117 『大乘涅槃經』32(『大正藏』12권, 557중-558상)
118 『大乘涅槃經』17(『大正藏』12권, 462하-464상)
119 『大乘涅槃經』10(『大正藏』12권, 413상)
120 『解深密經疏』(『韓佛全』1권 258하-259상)

중생이 있다는 것은 아니라고 한다. 그러면서도 해탈의 자성을 일향취적성문(一向趣寂聲聞)과 회향보리성문(廻向菩提聲聞)의 두 가지로 구별하고 동일한 해탈도에서 얻어지는 과보에도 차별을 두고 있어서 해탈에 대한 유가행파의 독특한 해석을 볼 수 있으며 일체 중생이 모두 성불한다는 설과는 현저한 차이가 있음을 알 수 있다.

### 4) 『유가사지론』의 '보살'

『유가사지론』은 본지분 보살지 제15 「종성품」 제1에서 "보살은 근기와 행, 선교, 과보의 네 가지 면에서 이승보다 훌륭하다. 첫째 보살은 근기가 본래 영리하고, 둘째 성문·독각은 자신의 이익만을 얻으려하는데 비하여, 보살은 자신뿐만 아니라 남을 이롭게 하고, 한량없는 중생을 이익되게 하고 안락하게 하며, 세간을 가엾게 여겨 모든 하늘과 인간들로 하여금 훌륭한 이익과 안락을 얻도록 하기 때문이다. 셋째 성문·독각은 오온·십팔계·십이처·십이연기·처비처(處非處)만 닦는데 비하여, 보살은 이들은 물론이고 그 외의 모든 명처(明處)를 잘 닦기 때문에 선교가 뛰어나며, 넷째 성문은 성문보리를 증득하고, 독각은 독각보리를 증득하는 데 비하여, 보살은 아뇩다라삼막삼보리를 증득하기 때문에 과보가 더욱 훌륭하다"[121]고 한다. 보살종성은 성문이나 독각이나 다른 유정의 어떤 종성보다도 훨씬 뛰어나기 때문에 '무상최상(無上最上)'이라고 말하며, 그것은 보살종성이 6바라밀행을 실천하여 번뇌장과 소지장 등 모든 번뇌를 다 끊어 없앨 수 있다는 것을 뜻하며, 또한 선천적이든 후천적이든 모든 보살은 성불할 가능성을 가지고 있다는 것을 강조하는 것이다.

## 5. 후기 대승불교의 '보살'

후기 대승불교는 7-8세기경 큰 세력을 획득한 『대일경』과 『금강정경』 중심의 밀교를 말한다.

### 1) 『대일경』의 '보살'

『대일경』은 "보리심을 인(因)으로 하고, 대비를 근본으로 하며, 방편을

121 『瑜伽師地論』(『大正藏』30권, 478하-479상)

구경(究竟)으로 한다"[122]고 하여, 대승의 출발점으로서 '보리심'을 중시한 『반야경』의 흐름을 이으면서도, 역사적 인물인 석존을 새롭게 이해하여 법신불로서 '대일여래'라는 새로운 개념을 도입하고 있다.

밀교는 삼밀수행을 통하여 종교적 인격을 형성하고 궁극적으로는 대일여래의 내증의 세계에 이르는 것을 목적으로 삼으며, 우리의 삶 위에 구체적으로 구현된 이상세계를 형상화하여 만다라라고 부른다. 수많은 만다라 중에서 대승의 후기이면서 중기밀교의 정수를 표현하는 것이 『대일경』에 의한 태장계만다라와 『금강정경』에 의한 금강계만다라이다. 특히 금강계만다라는 대승사상의 극치를 이루는데 여기에 등장하는 삼십칠존에서 밀교의 '보살'을 찾아볼 수 있다. 여기에는 대비로써 펼쳐지는 중생교화를 향한 향하문과 성불을 지향하는 향상문의 두 방향이 동시에 공존한다. 향상문의 경우 금강계만다라의 삼십칠존은 수행자가 증득해야 할 삼십칠종의 지혜를 상징하고, 향하문은 중생제도를 위하여 시현되는 삼십칠종의 교화활동을 의미한다. 이 삼십칠존의 체계는 『금강정경』에서 말하는 밀교사상의 체계이기도 하다. 그러므로 『금강정경』의 보살은 아래로는 대비로써 중생을 교화하고 위로는 성불을 추구하는 사람임을 알 수 있다.

## Ⅲ. 인접개념과의 관계

'보살'의 인접개념에는 보살의 서원, 수행도, 보살계위 등이 있다. 보살계위는 별도 항목에서 자세히 다루고 있으므로 여기서는 보살의 서원과 수행도에 관해서만 간략하게 소개한다.

### 1. 보살의 서원

보살의 서원은 현실에서 보살행으로 구체화되어 나타나는 것이기 때문에 보살사상에 있어서는 대단히 중요하다. 초기불교와 부파불교에서는 구체적으로는 미륵보살 외에 석가보살 한 사람만을 설명하기 때문에, 중생구제를 기치로 내걸고 있는 대승보살의 서원과 같은 자세한 설명은 없다. 대

122 『大日經』(『大正藏』18권, 1중하)

승불교에 들어와서 비로소 보살의 서원이 광범위하고 구체적으로 설해진다. 중생이 끝이 없고 중생의 원이 끝이 없는 한 무상보리를 얻어 중생을 구제하려는 보살의 원도 끝이 있을 수 없기 때문이다.

1) 초기불교의 보살 서원: 『본생경』의 서분이라고 할 수 있는 「인연담」 가운데 '먼 인연 이야기'에서 인간뿐만 아니라 온갖 동물로서 활약하는 『본생경』의 보살은 사아승지 십만겁을 지나면서 연등불을 비롯한 24불 앞에서 서원을 세운다. 붓다의 전생으로서의 보살들은 ① 인간으로 태어나고 ② 남성으로 태어나고 ③ 인연이 있고 ④ 붓다를 만나고 ⑤ 집을 떠나고 ⑥ 덕을 갖추고 ⑦ 봉사하고 ⑧ 원하는 마음을 가지고 싶다는 팔종의 서원을 세우고 십바라밀을 완성하여 성불하였다[123]고 한다.

2) 부파불교의 보살 서원: 『구사론』 제12권 「분별세품」3의 5에 "왜 보살은 원을 세우고 오랫동안 정진하고 수행하여야 비로소 그 결과로서 부처의 지위(果位)를 얻을 수 있는가? 어찌 원을 세우고 오랫동안 수행한 것을 인정하지 않으랴! 위없는 보리는 얻기가 매우 어려워 많은 원력과 수행이 아니면 이룰 수 있는 것이 아니다. 보살은 반드시 삼무수겁을 지내면서 큰 복덕과 지혜와 자량과 육바라밀다와 수없이 많은 고행을 닦아야 비로소 무상정등보리를 증득할 수 있다. 그러므로 반드시 오랫동안 원을 세워야 한다"[124]고 한다. 곧 보살이 성불하기 위해서는 반드시 먼저 원을 세운 다음, 삼겁에 걸쳐 육바라밀 등 많은 수행을 해야 붓다가 되는 과보(佛果)를 얻을 수 있다고 한다. 그리고 여러 붓다들도 보살로 있었을 적에, "제가 구원받지 못하고, 의지할 데 없이 눈멀고 어두운 세계에 있으면서, 반드시 등정각을 성취하여, 일체 중생들을 이롭게 하고 안락하게 하고, 구원해 주는 이가 되고, 의지가 되어주고, 안목이 되어 주고, 인도자가 되어 줄 수 있기를 바라나이다"[125]라고 먼저 서원을 세웠음을 보여주고 있다.

3) 대승불교의 보살 서원: (1) 『반야경』의 보살 서원 - 보살이 원을 세우는 것을 『도행반야경』에서는 "서원의 갑옷을 입는다"[126]고 표현한다. 전쟁에 나가는 전사가 갑옷으로 무장하듯이 보살은 반드시 서원으로 무장을 해

123 『本生經』 『한글대장경』 신판 91-95권, 구판 202-205권(서울: 동국역경원, 1995), 『大正藏』3-4권
124 『俱舍論』(『大正藏』29권, 63하)
125 『俱舍論』(『大正藏』29권, 65상)
126 『道行般若經』(『大正藏』8권, 427하)

야 한다는 것이다. 『대품반야경』에서는 보살의 서원을 큰 서원의 장엄[大誓莊嚴][127]으로 표현하고 있다. 이것은 '나는 반드시 아뇩다라삼먁삼보리를 얻으리라.'고 하는 상구보리(上求菩提)의 원과 '나는 반드시 모든 중생을 제도하리라'고 하는 하화중생(下化衆生)의 원과 앞의 두 원으로써 정불국토를 이루겠다는 원으로 정리되는데, 여기에 『반야경』 보살도의 특징이 있다.[128] 또 『대품반야경』은 「몽행품」에서 삼십원을 말하고 있는데, 이 삼십원을 살펴보면 보살의 이타행 실천은 궁극적으로는 정토실현이 목적이고, 보살이 아뇩다라삼먁삼보리를 얻었을 때 그 국토의 중생들도 아뇩다라삼먁삼보리에 다가서게 된다는 것은 보살의 대지행(大智行)이 대비행(大悲行)으로 전환되는 것을 말한다. 보살의 모든 원은 보살마하살 자신을 위한 것이 아니고 오직 중생들의 행복과 평안을 위한 것이기 때문이다.

(2) 『법화경』의 보살 서원 - 「권지품」제13에 보살은 반드시 대자비심, 유화인욕심, 법공(法空)의 마음을 갖추고[129] 여래 멸후에도 항상 『법화경』을 얻기 위해서 부처님에 대한 절대적인 믿음을 가지고, 그 가르침에 부합되는 삶을 살며, 반드시 성불이 결정되어 있는 사람들의 모임에 들어가서, 세상의 모든 중생을 다 구원하겠다는 서원을 세워야 한다고 나타나 있다. 약왕보살마하살과 대요설마하살이 이만명의 보살의 권속들과 더불어 부처님 앞에서 "훗날 악한 세상에 중생들의 선근이 줄어들어 교화하기 어려울지라도 이 경을 읽고 외우며 갖가지로 공양하여 신명도 아끼지 않겠다"고 맹세한다. 그러자 수기를 받은 오백명의 대아라한도 "저희들도 다른 국토에까지 이 경을 널리 설법할 것을 스스로 서원합니다"[130]라고 먼저 그 서원을 결의한다. 여기서 『법화경』은 보살들이 목숨을 바쳐서라도 이 경의 가르침을 널리 구현하여 중생들의 구제에 이바지할 것을 서원하고 있음을 알 수 있다.

(3) 『화엄경』의 보살 서원 - ①『40화엄』「대방광불화엄경입부사의해탈경계보현행원품」에 보현보살의 십대원이 나와 있다. 모든 부처님을 예배하고 공경하는 원[禮敬諸佛願], 부처님을 찬탄하는 원[稱讚如來願], 널리 공양

---

127 『大品般若經』(『大正藏』8권, 309중)

128 栗田善如, 『般若經における菩薩行』 西義雄博士 頌壽記念論集 (東京: 大東出版社, 1981), 82면.

129 『法華經』(『大正藏』9권, 31하)

130 『法華經』(『大正藏』9권, 36상)

하는 원[廣修供養願], 업장을 참회하는 원[懺罪業障願], 남이 짓는 공덕을 기뻐하는 원[隨喜功德願], 설법하여 주시기를 청하는 원[請轉法輪願], 부처님께 이 세상에 오래 계시기를 청하는 원[諸佛住世願], 항상 부처님을 따라 배우는 원[常隨佛學願], 항상 중생을 수순하는 원[恒順衆生願], 지은 바 모든 공덕을 널리 회향하는 원[普皆迴向願]이다.[131] 허공계가 다하고 중생계가 다하고 중생의 업이 다하여도 중생의 번뇌가 다하지 않는 한 결코 다하지 않는 이 보현보살의 십대행원은 보살불교로서의 대승불교의 본원서원 사상을 가장 명확하게 나타낸 것이라고 본다.

십지의 초지인 환희지보살의 십대원설[132] 또한 유명하다. 환희지 보살은 십대원을 필두로 백만 아승지 대원을 만족하고, 이 큰 원은 중생계가 다할 수 없고 내지 세간전·법전·지혜전의 세계가 다할 수 없으므로 결코 끝이 없다[133]고 한다. 또 제18「명법품」의 열 가지 청정원[134]과 제11「정행품」의 141원도 있다. 제1원에서 제11원까지는 재가자의 원을, 제12원에서 39원까지의 28원은 출가자의 원을 말하고 있고, 40원에서 140원까지의 101원은 재가·출가 공통의 원을 말하고 있고, 제141원은 "잠을 처음 깰 때에는 마땅히 원하기를 모든 중생이 일체지를 깨달아서 시방을 두루두루 살펴보게 하소서"[135]라고 하여 보살이 되려고 하는 자는 일상생활 가운데서 141종의 원을 두루 갖추어야 함을 말하고 있다. 대승보살이 육바라밀 내지 십바라밀을 행하게 되는 원동력은 바로 이런 지극한 서원이며, 보살의 본원서원사상은 『화엄경』에 이르러 비로소 이와 같이 화엄일승보살도로 체계화되고 있음을 알 수 있다.

(4) 『무량수경』의 보살 서원 - 『무량수경』은 "불교의 본질을 어떻게 이해하고 전법하여 중생을 구제할 것인가?"하는 문제에 대하여, 종래의 방법과는 전혀 다른 '법장보살의 서원'이라는 새로운 방법을 도입하여, 법장보살의 서원과 수행은 그대로 모든 중생의 서원과 수행으로 전환되어 둘이 아닌 하나[不二一如]로 되어 있다. 법장보살의 48원[136]이 오나라 번역[吳譯]과

131 『40華嚴』(『大正藏』10권, 844중)
132 『80華嚴』(『大正藏』10권, 181하-182중)
133 『80華嚴』(『大正藏1』0권, 182중)
134 『80華嚴』(『大正藏』10권, 96하)
135 『80華嚴』(『大正藏』10권, 72상)
136 『無量壽經』(『大正藏』12권, 267하-269중)

한나라 번역[漢譯]에는 '24원'으로, 후기의 송나라 번역[宋譯]에는 '36원'으로 나와 있고, 당나라 번역[唐譯]과 위나라 번역[魏譯]에는 '48원'으로, 범본에는 47원, 서장본에는 '49원'으로 나와 있다. 서원의 수가 24든 48이든 그 숫자가 문제가 아니고 숫자를 초월하여 무한한 인간의 원을 모두 다 나타내려한 데에 그 뜻이 있다. 『무량수경』의 서원이 다른 대승경전과 다른 점은 원문의 내용이라기보다, 서원의 결정을 법장보살[성불하여 아미타불이 됨]에게 맡기고, 중생들은 아미타불의 원력에 의지하여 왕생할 수 있게 함으로써 모든 중생이 성불할 수 있는 길을 열어 놓은 데 있다.

(5) 『승만경』의 보살 서원 - 『승만경』의 보살 서원은 먼저 십대원을 말하고 이를 다시 삼대원[137]으로 정리한 후 또다시 일대원으로 정리하고 있다. 삼대원은 자리원·이타원·자리이타원이며, 이 중에서도 제3의 자리이타원은 앞의 십대원을 요약한 가장 중요한 서원이다. 일대원은 "보살이 세운 항하의 모래처럼 많은 모든 서원은 하나의 대원 속에 들어갑니다. 그것은 이른바 정법을 섭수하는 것입니다. 정법을 섭수하는 것이야말로 진정한 대원입니다"[138]라는 것이다. 정법을 섭수하게 되면 대승을 수행하여 증득[修證]할 수 있는 모태[胎藏]가 되며, 보살의 모든 신통변화와 여러 법문과 일체 세간의 성취와 자재력과 인간과 천신이 아직 받아보지 못한 출세간 안락의 모든 것이 생긴다. 그 때문에 정법을 섭수하는 선남자·선여인은 모든 중생의 의지가 되고 자비로써 이롭게 해주고 불쌍히 여겨 법에 의하여 세간의 어머니가 될 수 있다. 그 때문에 정법을 섭수하는 것은 진정한 대원이 되는 것이다.[139]

## 2. 보살도

불교의 궁극적인 목표는 괴로움에서 벗어나 즐거움을 얻는 것[離苦得樂]이며 이것은 깨달음을 통해서만 가능하고, 그 깨달음은 수행에 의해서만 얻을 수 있다. 수행이란 보살이 성불하기 위하여 자신이 직접 실천해야하는 보살도를 말한다.

1) 초기불교의 보살도: 초기불교 보살도의 중심은 계(śila)·정(samādhi)·

137 『勝鬘經』(『大正藏』12권, 217중-218상)
138 『勝鬘經』(『大正藏』12권, 218상)
139 『勝鬘經』(『大正藏』12권, 218상중)

혜(pañña) 삼학[140]과 팔성도(팔정도)이고, 이를 확대한 사정단·사선·사무색정·사무량심·삼삼매·사념주·사신족·안나반나염법·팔해탈·팔승처·십상설 등의 실천도가 있다. 이 가운데서 계·정·혜 삼학은 다 같이 닦아야 하지만 나머지는 각자 근기에 따라서 알맞게 선택하여 수행하면 되는 것으로 수행덕목이나 법수에 얽매이는 것은 경계하고 있다. 이 외에도 『아함경』은 육바라밀행[141]까지도 여기저기서 설하고 있고, 빠알리 문헌에는 칠바라밀 내지 십바라밀[142]까지 나타나 있다.

2) 부파불교의 보살도: 유부의 수행론은 『발지론』이나 『비바사론』 등에 상세하게 언급되어 있고, 『구사론』의 「현성품」에 통합·정리되어 있다. 보살도로는 주로 삼십칠보리분법,[143] 사바라밀,[144] 삼해탈문,[145] 사섭법[146] 등이 설해져 있다. 유부는 주로 사바라밀 사상을 주장하지만 『비바사론』에서는 보시[施]·지계[戒]·정진[進]·지혜[慧] 외에 인욕[忍]·들음[聞]의 두 가지 바라밀을 넣은 육바라밀설도 소개하고 있으며, 『구사론』 제18권 「분별업품」[147]에서는 보시·지계·인욕·정진·선정·지혜의 육바라밀설도 수용하고 있다. 사바라밀다는 삼십칠보리분법과 아울러 보살행의 거의 전체를 통하여 닦아야 하는 덕목으로 나와 있다.

3) 대승불교의 보살도: (1) 『대품반야경』의 보살도 - 『대품반야경』은 "육바라밀·삼십칠조도법·십팔공·팔해탈·구차제정·불십력·십팔불공법이 보살마하살의 도이고, 일체법이 보살마하살의 도이다"[148]라고 하고, 육바라밀 각각의 정의에 대해서는 제18「문승품」[149]과 제49「문상품」[150]에서 자세하게 설명하고 있는데, 특히 반야바라밀의 공양[151]과 『반야경』의 공양을 주장한다. 『반야경』이 편집될 무렵 인도에는 불탑신앙이 절정에 달해 있었는

---

140 『雜阿含經』(『大正藏』2권, 210상)
141 『雜阿含經』26(『大正藏』2권, 183중) "근바라밀·인연지과바라밀·과바라밀·인연지인바라밀"
142 『小部經』(『南傳藏』41권, 235-242면)
143 『俱舍論』(『大正藏』29권, 132상-134중)
144 『毘婆沙論』(『大正藏』27권, 892상중)
145 『毘婆沙論』104(『大正藏』27권, 539하-540상)
146 『佛本行集經』(『大正藏』3권, 663중)
147 『俱舍論』(『大正藏』29권, 95중)
148 『大品般若經』(『大正藏』8권, 407중)
149 『大品般若經』(『大正藏』8권, 250상중)
150 『大品般若經』(『大正藏』8권, 325하)
151 『大品般若經』(『大正藏』8권, 284하)

데, 이 불탑신앙은 "법에 의지하라"는 초기불교 이래의 전통적 불법에 어긋나는 것이어서 반야경은 "보살이 반야바라밀행을 여의지 않는다면, 이 사람을 부처로 보아야 한다"[152], "세존이 바로 반야바라밀이고, 반야바라밀이 바로 세존이다"[153]라고 하여, 불탑 대신 반야바라밀이라는 붓다의 가르침[佛法, 本質]의 숭배와 나아가 『반야경』이라는 경전의 공양을 주장한다. 이것은 육바라밀 특히 반야바라밀의 수행이 일반 대중에게는 너무 어려웠기 때문에 사리를 공양하는 것처럼 단지 경전을 공양하기만 하여도 그 공덕이 크다고 함으로써, 재가 신도들을 어려운 '법의 불교'[難行道] 대신 쉬운 '믿음[信]의 불교'[易行道]로 안내한 것이다. 또한 『반야경』은 전체에 걸쳐서 오온·십이처·십팔계·사념처·사정근·사신족·오근·오력·칠각지·팔정도·성문승·연각승·불승·유위·무위·무여열반 등의 법수를 열거하고, 아비달마에서 실재라고 주장하는 이 모든 것을 공(空)이라고 철저하게 부정하고, "일체제법·반야바라밀·아뇩다라삼먁삼보리·보살은 하는 것도 없고[無所爲], 짓는 것도 없는[無所作]"[154] 공이며, 공도 또한 공이라고 알아야 공을 바로 실천하는 것이라고 강조한다. 이와 같이 『대품반야경』에서는 '공'사상이 보살이라는 관념과 결합하여 하나의 절대적 경지에 도달하게 된다.

(2) 『유마경』의 보살도 - 『정명현론』[155]에서 『유마경』을 보살을 설하는 경전이라고 칭했듯이 『유마경』은 관과 행·삼삼매·사념처·사여의족·사정근·오근·오력·칠각지·팔정도·사무량심·육신통·육바라밀·십이연기·지관법을 닦고 중도를 행하는 것이 보살도라고 한다.[156] 「보살행품」 제11에서는 다함이 있고 다함이 없는 해탈행[盡無盡解脫行][157]을 설명하고, 『유마경의소』 「불도품」 제8에서는 불이행(不二行)[158]을 설명하고 있다. 다함이 있고 다함이 없는 해탈행이나 불이행은 『대품반야경』의 무소득 불가득 행과 마찬가지이므로 『유마경』은 『반야경』보다도 한 걸음 더 나아가 보살행을 설명하는 경전이라 할 수 있다.

(3) 『법화경』의 보살도 - 『법화경』의 보살도는 제10「법사품」에서 제22

152 『小品般若經』(『大正藏』8권, 541하)
153 『大品般若經』(『大正藏』8권, 302중)
154 『大品般若經』(『大正藏』8권, 374중)
155 『淨名玄論』(『大正藏』38권, 876상)
156 『維摩經』(『大正藏』14권, 545중)
157 『維摩經』(『大正藏』14권, 554하)
158 『維摩經義疏』(『大正藏』38권, 970하)

「촉루품」까지의 13품에 잘 나타나 있다. 그것은 이들 품의 설법대상이 모두 보살이기 때문이다. 『법화경』 보살도의 특징은 보살들이 법공과 인욕심, 자비심을 한결같이 실천할 때 비로소 보살행이 이루어진다[159]는 것이다. 실천도로서는 믿고 이해하고[信解], 『법화경』을 받아 지니고 읽고 외우고 설명하고 베껴 쓰고[受持·讀·頌·解說·書寫], 육바라밀행,[160] 삼매, 다라니 등을 중시한다.

(4) 『화엄경』의 보살도 - 『화엄경』은 십바라밀로서 모든 보살도를 포섭하고 있다. 화엄교학에서 보살은 십주·십행·십회향·십지·등각·묘각의 총 사십이위[161]를 지나야 비로소 성불한다고 한다. 십주의 갖가지 보살행은 십바라밀을 바탕[體]으로 하며, 십행은 십바라밀 그 자체이며, 십회향 역시 초회향이 바라밀행이며, 나머지 회향도 바라밀행이 기저가 되어 있다. 십지는 회삼귀일(會三歸一)의 토대 위에 일불승적 보살도가 가장 잘 시설되면서 십바라밀행이 펼쳐지며 각지에서 십바라밀을 차례로 치우쳐 닦도록 역설하고 있다. 「십지품」[162]도 십지 내용의 요점을 십바라밀행으로 설명하고 있고, 「명법품」과 「이세간품」 등에서도 십바라밀을 자세하게 설명하고 있다. 그리고 화엄대본 전편의 내용을 선재라는 구법자를 등장시켜 다시 한 번 재현한 「입법계품」의 보살도 역시 예외가 아니다.

(5) 『무량수경』의 보살도 - 『무량수경』에서 법장보살은 탐·진·치 삼독심을 물리치고, 십선·사섭법·삼삼매·육바라밀 등의 보살도를 완성한 후 성불하여 광명이 무량하고 수명이 무량한 아미타불이 되어 정토를 건립하였는데 그 세계를 안락이라고 한다.[163] 무량한 광명은 무량수불의 공간적 무한성을 말하고, 무량한 수명은 시간적인 무한성을 말하는 것으로 아미타불은 시간과 공간을 초월하여 무한하게 중생을 구제할 수 있다는 것이다. 이로써 『무량수경』은 일체중생성불이라는 대승불교 정신을 극대화하고 있다. 『무량수경』을 비롯한 정토경은 극락왕생의 길로 가기 위한 보살의 실천덕목으로서 믿음과 염불을 강조하고 있다.[164] 이는 "제가 설령 깨달음을

159 『法華經』(『大正藏』9권, 31하)
160 『法華經』(『大正藏』9권, 44하-45상)
161 『新譯華嚴經七處九會頌釋章』(『大正藏』36권, 710상)
162 『80華嚴』(『大正藏』10권, 196중하)
163 『無量壽經』(『大正藏』12권, 269하-270상)
164 『無量壽經』(『大正藏』12권, 273중)

얻어 성불할 수 있다 하여도 시방세계 중생들이 지극한 마음으로 믿고 좋아하여 제 나라에 태어나기를 바라고 '나무아미타불'을 열 번만 외치는 사람도 제 나라에 태어나게 할 수 없다면, 저는 차라리 깨달음을 취하지 않겠습니다"[165]라는 법장보살의 48원 가운데 제18원과 제19원에 잘 나타나 있다.

(6)『승만경』의 보살도 - 『승만경』의 보살도는 승만부인이 붓다로부터 보광여래가 되리라는 기별을 받고 보리를 이룰 때까지 반드시 실천하겠다는 십종의 대원을 발하는 곳[166]에 잘 드러나 있다. 십대원 가운데 제십원이 섭수정법이고 삼대원 중의 제삼원도 섭수정법이며 일대원도 섭수정법이다. 이것은 정법 즉 진리를 섭수하는 것이 보살의 최고 최후의 임무라는 것을 강조하는 것이다. 정법은 본래 불교의 근본 입각지이다. 법을 깨닫고 법을 실제로 수습하라는 것이 석존의 가르침이며, 석존이 석존다운 이유도 바로 정법을 깨달아 실현한 데에 있었다. 석존의 45년에 걸친 교화작업도 결국 이 정법을 체험하고 실행하고 전파하는 것이었고, 열반에 들면서 "아난아, 그러므로 스스로를 빛으로 삼고 스스로를 의지처로 삼아 머물되 다른 것을 의지처로 삼지 말라. 법을 빛으로 삼고 법을 의지처로 삼아 머물되 다른 것을 의지처로 삼지 말라"[167]고 한 것처럼 성도로부터 열반에 이르기까지 한결같이 정법을 중심으로 한 것이『승만경』에 계승되고 있음을 알 수 있다.

(7)『대승열반경』의 보살도 - 『대승열반경』은 보살의 수행도로서 성스러운 행[聖行]과 청정한 수행[梵行]을 들고, 성행으로서는 삼학[계·정·혜]의 실천·사념처행·사성제행·전법륜행 및『대승열반경』을 널리 유포할 것을 주장하고, 범행으로서는 칠선과 사무량심을 실천하고 오계를 수지할 것을 말하고 있다. 즉 보살은 일체중생 실유불성을 믿고, 자비와 서원으로써 일천제까지도 구제의 대상으로 삼고, 설산동자처럼 목숨을 바쳐 열심히 수행해야 한다는 것이다. 그렇게 지극한 수행을 했을 때 비로소 보살은 육바라밀을 구족하고 해탈하여 불성을 명료하게 볼 수 있고 불성이 곧 열반인 줄 알게 되어, 일체중생에게 불성이 있다는 사실을 모든 중생에게 알리는 사자후를 할 수 있게 된다고 한다. 이러한 보살에 의한 일천제 구제사상이

---

165 『無量壽經』(『大正藏』12권, 268상)
166 『勝鬘經』(『大正藏』12권, 217중하)
167 『長阿含經』(『大正藏』1권, 15중)

『능가경』에서는 대비천제사상으로까지 발전된다.

(8) 『해심밀경』의 보살도 - 『해심밀경』의 보살도는 유가행의 수행체계인 지관(止觀)과 수행계위[資糧位 · 加行位 · 見道位 · 修道位 · 究竟位]의 특성과 십지(十地) 보살의 승행(勝行) 및 원력(願力)을 중심으로 살펴볼 수 있다. 제6 「분별유가품」에서 사마타[止]와 위빠사나[觀]를 보살의 수행도로 강조하고, 보살은 지관을 통하여 십지의 각지에서 차례로 번뇌장을 물리쳐 마침내 아뇩다라삼먁삼보리를 증득하게 된다고 한다.

(9) 밀교의 보살도 - 밀교수행의 특색은 삼밀(三密)의 수행법에 있다. 삼밀이란 몸과 말과 뜻[身·口·意]의 삼업이 붓다의 삼업과 상응하여 몸과 말과 뜻에 통하는 것을 말한다.[168] 구밀(口密)은 말로 나타나는 소리를 통하여 부처가 나에게로 들어오고 내가 부처에게로 들어가는 방법으로 만트라 다라니(mantra-dhārani)라고 한다. 신밀(身密)은 몸가짐으로써 부처의 세계와 계합하는 것으로서 이른바 인계(印契, Mudra)를 말하며, 『대일경』의 「설본존삼매품」에서는 자인형상관(字印形象觀)이 되고 『금강정경』에서는 수행자가 손에 인계를 맺고, 입으로 법인(法印)을 지송하고, 마음속에는 종삼존(種三尊)을 관하는 것이 된다. 의밀(意密)은 하나의 대상에 생각을 집중시키는 밀교의 수행이다. 『금강정경』은 수도법으로서 '오상성신관'을 들고 있다. 「십팔회지귀」에서는 "비로자나불의 수용신은 다섯 가지 상으로서 등정각을 현성하시니, 다섯 가지란 이른바 통달본심, 수보리심, 성금강심, 증금강신, 불신원만이니 이것이 바로 다섯 가지 지혜[五智]의 통달이다"[169]라고 한다.

## Ⅳ. 보살에 관한 현대적 논의

### 1. 보살의 현대적 해석

하르 다얄(Har Dayal)은 아라한들이 오로지 자신의 해탈에만 주의를 기울이고 중생들의 구제에는 무관심하고, 영적으로 진실한 열정과 이타주의

168 「즉신성불의」, 『弘法大師全集』제1집(서울:동국역경원, 1995), 513면.
169 『金剛頂經瑜伽十八會指歸』(『大正藏』18권, 284하)

가 결여되어 있었는데, 이에 대한 항의로서 그 시대 출가자들 가운데서 몇몇 불교지도자가 '보살' 교의를 선포하게 되었다고 한다. 그래서 '보살'은 아라한과 독각의 그러한 정신적인 이기주의를 단호하게 비판하고 비난하면서 자신은 아라한이나 독각과는 분명하게 구별되어야 함을 선언한 사람이라고 한다. 아라한의 열반 개념에는 지적인 완성이나 깨달음이 포함되어 있지 않았고, 죽은 후에는 인간세계나 하늘세계에서 친구로서 혹은 도움을 주는 사람으로는 더 이상 존재하지 못한다는 것에 대한 하나의 저항으로서 '보살'개념이 공표된 것이라고 하고, '보살'은 깨달음을 얻기 위하여 노력하고 슬픔과 죄악과 무상의 세계에 있는 도반들을 돕고 구제하려고 하기 때문에 아라한의 열반을 경멸하는 사람[170]이라고 정의하고 있다.

이어서 그는 빠알리어 bodhisatta의 Satta는 '용감한 존재(heroic being), 정신적인 전사(spiritual warrior)'로 해석되어야 한다[171]고 하고, 보살은 깨달음(bodhi)을 얻어 붓다가 되며, 이 깨달음(bodhi)과 깨달음을 얻어 붓다가 된 경지(Buddhahood)라는 두 가지 요소가 통합되어 보살개념(bodhisattva doctrine)을 이룬다[172]고 한다. 그리고 보디(bodhi)는 불확실성이나 무명(無明)이 없는, 모든 존재에 대한 순수하고 완전한 지혜로서, 존재하고 있는 모든 것을 포용하는 진여(眞如, Reality and Suchness)와 동일하며, 우주처럼 모든 것에 충만해 있으며, 그렇기 때문에 보살이 추구하는 가장 고귀한 지혜(supreme precious Wisdom, 無上正等正覺)[173]를 말하는 것이라고 한다. 아라한과 보살은 둘 다 세속을 떠난 이상주의자들이지만, 아라한은 명상과 자기 수양에 자신을 몰입하여 자신의 이상을 펼치는 반면 보살은 실질적으로 다른 유정들을 위하여 봉사한다. 그러므로 현대 심리학의 용어로 말하자면 아라한은 내향적인 사람(introvert)인 반면 보살은 외향적인 사람(extrovert)[174]이라고 한다.

실비아 스웨인(Sylvia Swain)은 보살을 심리학적인 시각에서 고찰하여, 대승불교의 신화는 보살의 서원 속에 찬란하게 표현되어 있는데, 보살

---

170 Har Dayal, *The Boddhisattva in Buddhist Sanskrit Literature,* Delhi: Motilal Banarsidass, Delhi, 1932, 3-4면.

171 위의 책, 9면.

172 위의 책, 18면.

173 위의 책, 19면.

174 위의 책, 29면.

은 신을 인정하지 않는 종교의 상징으로서 심리학적인 문제와 관련하여 우리가 보살과 만나게 되는 것은 '비원(悲願)'으로부터 시작된다고 한다. 소원을 간절하게 기원하는 것은 모든 종교에서 보편적이고 친숙한 테마이고, '신을 향하여 큰 소리로 울부짖었다'는 것은 신과 영적으로 교감하는 첫걸음이지만, 마음으로부터의 비원은 설사 말로 표현하지 않더라도 보살의 귀에는 닿는다는 것이다. 완성된 심층심리학으로서 경청 심리학이라고 할 수 있는 융의 심리학과 종교적인 분야에서 동등한 것은 항상 경청하고 항상 응답해주는 '보살'임에 틀림없다고 그녀는 확신한다. 중생들 사이에서 인도주의자로서 사람들을 돌봐주는 훌륭한 이웃으로서 비원에 응답해주는 이가 보살이라는 것이다. 보살은 무의식적인 감화력의 소유자도 아니고 의식과 무의식이 만나는 지점에 있는 '창조물' 즉 무의식을 접수하는 자도 아니고 의도적인 자아의식을 주장하는 자도 아니고 통합적인 의식을 표현하는 사람이라고 한다. 그러므로 보살 이야기는 가장 높은 하늘이나 가장 깊은 지옥에서 시작할 수도 있고, 성자나 죄인, 비구·비구니 또는 가정주부, 관리 등 어떠한 형태로도 시작할 수 있다고 한다. 보살은 두려움이 없는 존재로서, 가르침을 통해서 중생을 구제하고 그들이 가진 모든 것을 나누어주는 본보기를 보임으로써 가르치는 위대한 스승이며, 보살은 활기 없는 천사의 모습이 아니고 통합과 전환을 계속하기 위하여 미지의 세계의 지식을 향하여 마음을 활짝 열고 있는 존재라고 한다.[175]

콘즈(Conze)는 "보살은 그들이 가진 모든 것을 포기하는 건전한 수행 속에서 기쁨을 얻기 때문에 보살은 그의 몸까지도 던지지 않으면 안 되며, 삶에 필요한 모든 것을 포기하지 않으면 안 된다"[176]고 한다. 에릭 치탐(Eric Cheetham)은 "보살은 '나는 모든 중생을 구제하기 위하여, 붓다의 모든 특성을 얻기 위하여, 육바라밀을 실천하기 위하여, 악마의 군대를 쳐부수기 위하여, 그리고 일체지를 성취하기 위하여, 성불하고 싶고 깨달음을 성취하고 싶다"는 서원을 하는 사람이라고 한다. 그리고 보살은 붓다의 가르침을 듣고 붓다의 특성과 장점과 지혜가 자기 자신이 열반을 성취하는 데는 충분하지만 모든 중생들을 구제하려는 자신의 원을 실현하는

175 Sylvia Swain, 'The Bodhisattva in the Twentieth Century - A talk at Buddhist Society Summer School 1995', *The Middle Way,* London: The Journal of Buddhist Society, Vol.70, No.3, 1995, 187-196면.

176 Conze, 'The Perfection of Wisdom', Selected Sayings, 39면.

데는 부족하다는 것을 깨닫고, 적어도 중생구제에 필요한 원인과 조건이 먼저 완성되어야 한다는 것을 알고, 보시를 비롯한 다섯 가지 바라밀을 먼저 수행하고 마지막으로 반야바라밀을 수행하는 것[177]이라고 한다.

피터 슬레이터(Peter Slater)는 '보살은 궁극적인 진리의 힘을 가지고 있지만, 다른 사람들이 무한한 열반의 즐거움을 실현할 수 있도록 도우기 위하여 고통으로부터 자신이 해탈하는 것을 유보하고 있는 사람'이라고 한다.[178] 바샴(A.L. Basham)은 「보살 개념의 변천」에서 상좌부의 보살개념과 대승보살을 비교하여 설명하면서, 상좌부의 보살은 『자타카』에 나오는 고타마 싯달타의 전생을 가리키는 것이고, 대승 보살은 모든 중생을 위하여 항상 봉사하는 사람으로 미래불에 대한 믿음에서 도출되는 것이라고 한다. 그리고 '보살은 아주 높은 수준의 정신적이거나 초월적인 지식과 능력을 성취하여 성불의 경지인 최고의 지혜를 거의 성취한 사람'이라고 한다.[179]

나가오 가진(Gadjin M.Nagao)은 보살을 두 가지로 나누어 하나는 중생에서 깨달음으로 나아가 붓다가 되려고 하는 자, 다른 하나는 관세음보살이나 문수보살과 같이 이미 깨달은 존재 혹은 천상의 존재를 '보살'이라고 설명하고, 상구보리(ascending) 하화중생(decending)이라는 보살의 두 가지 활동을 보살의 이상으로 특히 강조하고 있다.[180] 와일리(Turrel V. Wylie)는 티벳불교에서 보살개념은 중세 티벳의 전통적인 종교문화를 불교로 전환하는데 도움을 주었고, 라마의 환생이라는 독특한 개념을 발전시키는데 기여했으며, 보살의 환생이라는 개념을 수용함으로써 달라이라마에 의한 정교일치의 사회를 형성하게 되었다[181]고 한다.

쟌(Yun-hua Jan)은 중국불교 문헌에 나타난 보살 개념을 크게 세 가지 유형으로 나누어 설명한다. 첫째 붓다의 전생을 다룬 쟈타카에 나타난 보

---

177 Eric Cheetham, 'Bodhisattva Practice in Great Way', *The Middle Way,* London: The Journal of Buddhist Society, Vol.70, No.2, 1995, 116면.

178 Peter Slater, 'The Relevance of the Bodhisattva Concept for Today', *The Bodhisattva Doctrine in Buddhism,* Delhi: Sri Satguru Publications, 1997, 1면.

179 A.L. Basham, 'The Evolution of Bodhisattva', *The Bodhisattva Doctrine in Buddhism,* Delhi: Sri Satguru Publications, 1997, 12-19면.

180 Gadjin M.Nagao, 'Returns to This World', *The Bodhisattva Doctrine in Buddhism,* Delhi: Sri Satguru Publications, 1997, 73면.

181 Turrel V. Wylie, 'Influence of Bodhisattva Doctrine on Tibetan Political History', *The Bodhisattva Doctrine in Buddhism,* Delhi: Sri Satguru Publications, 1997, 91면.

살개념, 둘째 보살의 수행도에 관한 문헌에 나타난 수행의 목표로서의 보살개념, 셋째 모든 중생의 부름에 응답하고 도와주는 자비롭고 능력 있는 천상의 존재이며 숭배의 대상으로서의 보살개념이 그것[182]이라고 한다. 랭카스터(Lancaster)는 보살을 네 가지로 나누어 설명하고 있다. 첫째, 기적이나 초능력을 발휘하는 쟈타카 보살, 둘째, 통상적인 생사(生死)의 과정을 거치지 않는 화현 보살, 셋째, 삼매를 하는 중에 이름이 처음으로 나타났다가 나중에 개인들의 이름으로 귀착된 보살과 삼매 수행자의 눈에만 보이는 보살, 넷째, 보살의 삶을 살아 후대 사람들로부터 추앙받는 보살과 서원을 성취하여 보살의 지위를 부여받은 살아있는 보살(living bodhisattva)의 네 종류[183]가 있다고 한다.

## 2. 보살의 현대적 의의

실비아 스웨인[184]은 이 시대 보살의 전형으로서 티벳의 팔덴 갸초(Palden Gyatso)를 예로 들고 있다. 그는 티벳 독립운동을 하다가 중국의 감옥에서 33년간이나 복역하며 인간으로서 도저히 견딜 수 없는 온갖 고문을 겪었지만 그를 고문한 중국인들에게 '중국인들도 우리와 같은 중생'이라며 복수심은커녕 나쁜 감정조차 가지지 않고 불교에 대한 신념을 더욱 강화하였다. 팔덴 갸초는 신념이 진실하고 양심이 깨끗할 때 보살의 서원이 우리 안에서 어떻게 작용하는지를 보여주었을 뿐 아니라 끔찍한 희생을 당하면서도 진실하게 보살로서 봉사하였고 희생자가 가지게 마련인 너무나 당연한 희생심리마저도 가지지 않은 진정한 보살이라고 한다. 실비아는 또 달라이 라마(Dalai Lama)를 우리 시대의 육신을 가진 진실한 보살로 소개하고 있다. 달라이 라마나 팔덴 갸초는 20세기에서조차 보살은 서원을 충분히 실현하여 입증한다면 지옥에서 빠져나올 수 있다는 것을 보여준 살아있는 증거라는 것이다.

---

182 Guenther, 'Ethical Phase(Tibet)', *The Bodhisattva Doctrine in Buddhism,* Delhi: Sri Satguru Publications, 1997, 116-117면.

183 Lancaster, 'Chinese Cannons(China)', *The Bodhisattva Doctrine in Buddhism,* Delhi: Sri Satguru Publications, 1997, 157-158면.

184 Sylvia Swain, 'The Bodhisattva in the Twentieth Century - A talk at Buddhist Society Summer School 1995', *The Middle Way,* London: The Journal of Buddhist Society, Vol.70, No.3, 1995, 187-196면.

이와 같이 '보살'에 대해서는 경전마다 약간씩 다르게 표현하고 학자마다 다양한 견해를 표명하고 있지만, 한 마디로 말해서 '보살'은 구원의 인격이라고 할 수 있다. 문수보살과 같은 지혜와 관세음보살과 같은 자비심을 가지고, 지장보살과 같은 무량한 중생구제의 대원을 세우고, 보현보살과 같은 행을 하는 사람이 진실한 보살이라고 할 수 있을 것이다. 그렇다면 기계문명이 고도로 발달한 현대에 살고 있는 우리에게는 오직 진실한 보살만 필요할 뿐 대승이니 소승이니 하는 분별이나 시비는 아무 소용이 없고 오직 인간성 회복을 위한 보살의 반야지혜가 필요할 뿐이다.

보살은 멀리 다른 세상에 사는 존재가 아니라 '지금 여기서' 각자 타고난 재주를 이기적이고 배타적인 자신의 탐욕을 위해서 사용하지 않고 자리이타적인 원력으로 바꾸어 사회의 정의와 평등·자유 등의 실현을 위하여 노력하는 사람이라고 할 수 있다. 그렇다면 우리 모두 보살이 될 수 있다. 가정주부는 가정주부보살로서, 기술자는 기술자보살로서, 회사원은 회사원보살로서, 교사는 교사보살로서, 정치인은 정치인보살로서 각자 자기가 서 있는 자리에서 최선을 다하여 붓다의 가르침을 따르고, 나와 남을 구별하지 않고 동체대비사상에 입각하여 모두를 동일생명으로 보고 보살도를 행할 때 우리가 살고 있는 이곳이 극락정토로 바뀔 것이다.

**이봉순** (서울불교대학원대)

# 중생

| |
|---|
| 범 sattva; jantu; jagat; bahu-jana 한 衆生 영 sentient beings |

## Ⅰ. 어원적 근거 및 개념 풀이

### 1. 어원적 근거

중생은 인간을 지칭하는 불교용어로서 가장 초기의 불교문헌에서부터 매우 빈번하게 등장하는 말이다. 흔히 중생은 산스크리트 sattva에서 번역된 말이라고 알려져 있지만, sattva가 중생으로 번역된 유일한 산스크리트는 아니다. 중국불교인들이 중생이란 말로 번역한 산스크리트는 sattva, jantu, jagat, bahu-jana 등으로 다양하다. sattva는 이 가운데서 가장 일반적으로 사용된 원어이다.

Jantu는 한자로 선도(繕都), 선두(禪頭), 선두(禪豆), 선도(禪都), 선도(禪兜)로 표기되었는데, 아이, 자손, 생물, 실재하는 것, 사람 등의 의미를 가지고 있다. Jantu는 한역에서는 중생으로 뿐만 아니라 사람[人], 살아있는 것[生者], 살아있는 것들[生類] 등으로 번역되기도 하였다. 또 『구사론』은 신구

(新舊)역 모두 jagat를 중생으로 번역하고 있는데, jagat는 '움직이다, 생기 있다, 태어나다' 등의 의미를 가지고 있다. 한역에서는 중생으로 뿐 아니라, 세상(世)·세간(世間)·세간들[諸世間]·세계(世界)·정령이 있는 것[有情]·여러 생명들[群生]·무리들[群黎]·여러 생명 있는 무리들[群生類] 등으로 번역되었다. bahu-jana는 대규모의 군집을 의미하며, 한역에서는 중생으로 뿐 아니라, 군중[衆人]·뭇 생명[群生]·사람들[多人] 등으로도 번역되었다.

sattva의 음가는 한자로 두가(杜伽), 살타(薩埵)로 표기되었는데, 단어 자체의 의미는 존재·실재·본질·정신·생명·사물 등의 다양한 의미를 갖고 있다. 한역에서는 유정(有情)으로 번역되는 경우도 많은데, 대체로 구역에서는 중생으로 번역되었고, 신역에서는 유정으로 번역되었다. 『구사론보소(俱舍論寶疏)』제1에 중생은 유정의 이명이라고 하고 있다. 『대지도론(大智度論)』권4에 "살타(薩埵, sattva)를 중생(衆生)이라 이름 한다"[1]고 하고, 『증계대승경(證契大乘經)』 권상(上)의 주(註)에 "산스크리트 살타는 구역에서 중생이라고도 하고 유정이라고도 한다"[2]고 하고 있다. 그 문자적 의미를 따지면 sattva는 생물, 감정과 이성을 가진 존재자, 인격 등의 의미를 가지고 있어서 신역의 역어인 유정이 원의에 가까우면서도 구역과도 통한다고 할 수 있겠다.

그런데 불교 문헌 일반에서 쓰이는 중생이란 말은 빠알리어인 satta의 역어인데, 이 satta가 위에서 말한 산스크리트 sattva에서 온 말이 아니라 sakta에서 온 말이라는 설도 있는데,[3] sakta는 염착(染着), 취착(取着), 집착(執着)의 의미이다. 이는 중생의 일반적인 성격 규정으로 볼 수 있는데, 이 경우 신역의 역어인 유정과는 거리가 있다 하겠다.

중생의 산스크리트 원어는 이처럼 다양하지만 이들은 공통된 의미를 가지고 있다. 생명의 의미보다는 "다수 혹은 복수"의 의미가 강한 bahu-jani를 예외로 하면, jantu, sattva, jagat는 모두 생명의 의미를 지니고 있다. 그것은 한자어 '중생'이 지니고 있는 단어적 의미, 즉 생명이 있는 무리와도 통한다. 이러한 사실은 인간은 다양한 성격을 지니고 있는 존재이지만, 불교인들은 인간을 무엇보다도 생명을 지닌 존재로 파악했다는 것을 말하고 있는 것으로 볼 수 있을 것이다. 그리고 인간이란 말과 생명을 직결시키는

1 『大正藏』25권, 86상.
2 『大正藏』16권, 654하-654상.
3 西義雄, 『大乘菩薩道の研究』(京都: 平樂社書店, 1968), 83면.

이러한 태도는 생명을 지니고 태어난다는 사실 자체에서부터 인간의 근본 문제인 고(苦)를 찾는 불교철학의 출발점과도 통한다고 할 수 있다.

## 2. 개념 풀이

sattva를 구역(舊譯)에서는 중생(衆生)으로 신역(新譯)에서는 유정(有情)으로 번역하고 있는데, 이러한 번역상의 변화 과정을 좀 더 구체적으로 서술하면 다음과 같다. 가장 초기의 한역 경전에 속하는 안세고(安世高)[4]의 번역에는 중생이란 말이 보이지 않는다. 약간 후대의 지루가참(支婁迦讖)[5]의 『도행반야경(道行般若經)』이나 지겸(支謙)[6]의 『대명도경(大明度經)』등에서는 중생(衆生)이란 말이 간혹 보이긴 하지만 인도(人道),[7] 인(人), 인민(人民), 연비연동(蜎飛蠕動),[8] 여러 생명들[群生] 등의 말을 혼용하고 있다. 그러다가 구마라집(鳩摩羅什, 344-413)이 번역한『아미타경』에서 sattva를 중생으로 번역하고, 현장(玄奘, 602~664)이 번역한『칭찬정토불섭수경(稱讚淨土佛攝受經)』에서는 유정으로 번역하고 있다. 그런데『대승입능가경(大乘入楞伽經)』은 신·구 양역 모두 중생이라고 번역하고 있다. 이렇게 보면 sattva는 구마라집의 번역에서 중생이란 말로 정착되었다가 현장의 번역 이후에 유정이라는 말과 병용되었지만 결국 중생이란 말이 보편화되었다고 할 수 있다.

그러면 왜 중국의 불교학자들은 sattva에 대한 번역어로 '유정'이란 말보다 '중생'이란 말을 더 선호하게 되었을까? 또 sattva가 중생이란 말로 번역되고 있었음에도 불구하고 현장의 신역에서 새로이 유정이란 말을 만들어서 번역어로 삼은 이유는 무엇일까? 이러한 의문은 중생이란 말과 유정이란 말에 대한 상호 비교를 불가피하게 한다. 먼저 단어의 관습적 의미를 보면 중생은 앞서 말한 대로 "모든 살아 있는 것" 혹은 "모든 생명이 있는 것"

4 생몰연대는 미상이나 148년에 동진(東晋)에 도착하여 20여 년간 불경 번역에 종사하였다.

5 147년에 태어났으며, 사망 연대는 불명확하다. 178-189년 사이에 주로 번역활동을 하였다는 기록이 있다.

6 생몰연대 미상이나, 222-253 기간에 번역 사업에 종사하였다는 기록이 있다.

7 육도(六道)의 하나로서의 사람을 지칭하는 말.

8 연비연동(蜎飛蠕動)은 벌레가 움직이는 모양을 형용하는 말인데, 생명체의 움직임으로 생명체를 지시하고 있다.

을 가리키고 유정은 "뜻이 있는 것", "마음이 있는 것"을 가리켜서 두 단어가 그 자체로서 주는 의미에는 상당한 차이가 존재한다. 또 두 단어의 한자어 기원을 보면 중생이라는 말은 원래부터 한자어에 있던 말이지만, 유정은 sattva에 대한 번역어로 만들어진 단어로 추측된다. 중생이란 말은 불경이 한문으로 번역되기 훨씬 이전에 기술된 『예기(禮記)』와 『장자(莊子)』에 이미 나타난다.

『예기』「제의(祭義)」에 "중생은 반드시 죽는다" 라는 말이 있고, 『장자』 덕충부(德充符)에 "바른 삶으로 중생을 구제한다"라는 말이 있다. 유정이란 말 역시 『장자』에 나온다. 그러나 여기서 유정이란 말은 하나의 명사형 단어로 나오는 것은 아니고 "정(情)이 있다"라는 두 개의 단어로 된 구(詞)로 나온다. 『장자』「대종사(大宗師)」편에 "부도유정유신(夫道有情有信), 무위무형(無爲無形)"이라는 말이 있다.

이러한 사실에 비추어 보면 구마라집이 sattva에 대한 역어로 중생이란 말을 택한 것은 기존의 한자 어휘에서 가장 적합한 것을 고른 것이라고 할 수 있다. 더욱이 sattva는 단수가 아닌 복수의 의미를 지니고 있어서 복수형을 나타내는 문법사가 없는 한자어에서 번역상의 어려움을 야기할 수 있는데, 중생의 중(衆)자가 이 문제를 잘 해결해 주고 있다는 점에서 탁월한 선택이라고 할 수 있다.

중생이란 말이 sattva에 대한 이처럼 훌륭한 번역어임에도 불구하고 현장이나 여타 번역가들은 굳이 sattva를 유정이라는 새로운 말을 만들어서 번역하였는데, sattva의 번역어로서의 유정이란 말에는 생명체의 정의에 대한 불교의 시각이 잘 반영되어 있다. 불교에서 보는 생명체는 생물학적 신진대사의 주체가 아니라 지각이 있는 존재인데, 정(情)자에 바로 이러한 의미가 있다. 모로하시 데쓰지(諸橋轍次)의 『대한화사전(大漢和辭典)』은 정(情)을 "외물에 이끌려서 일어나는 고락(苦樂)과 호오(好惡)의 감성"이라고 하고 있다. 『순자(荀子)』는 「정명(正名)」편에서 "성(性)의 호오(好惡), 희노애락(喜怒哀樂)을 정(情)이라고 한다"고 정의하고 있는데 『순자』의 이러한 정의는 위의 사전에서의 정의와 정확히 일치한다. 이처럼 정(情)에는 원래부터 "지각"에 해당하는 의미가 있었던 것 것이다. 이렇게 보면 유정은 생명이 있는 존재라기보다는 의식 혹은 지각을 지닌 존재로 된다. 또 정식(情識, 精靈心識의 준말)이란 말도 있는데, 이럴 경우 정(情)은 곧 불교에서 윤회의 주최로 보고 있는 식(識)을 대신하는 말이 된다. 유정이란 곧 윤회의 주체이고 이는 바로 중생인 것이다. 이러한 사고는 현장(玄奘)이 정통하였던 유식학(唯識學)의 교리 체계와 매우 잘 조화를 이룬다고 할 수 있다. 유식학에 따르면 존재하는 것은 식(識)뿐이며, 이 식을 지닌 것으로 비쳐지는 것이 바로 윤회의 주최이며 sattva인 것이다.

## Ⅱ. 역사적 전개와 텍스트별 용례

### 1. 역사적 전개

sattva에 대한 번역어로서의 유정은 이처럼 생명체에 대한 불교적 시각을 잘 드러낸다. 또 매우 흥미로운 것은 유정이란 말이 가지고 있는 이러한 의미는 sattva의 영어 번역어인 sentient beings와도 의미상으로 상통하고 있다는 사실이다. 그러나 sattva에 대한 번역어로서의 유정에는 한 가지 결점이 있다. sattva에는 "-들"의 의미가 있는데 "sentient beings"와 달리 "유정"이라는 말을 가지고는 이러한 의미를 드러낼 수가 없다. 한글에서는 "유정들"이라고 하면 되지만 한자어에서는 이것이 불가능하다. 더욱이 불교 문헌에는 아래에서 보게 되는 것처럼 중생, 즉 단수의 의미를 가진 유정이 아니라 복수의 의미를 포함하고 있는 중생에 대한 설명을 하고 있는 경우도 있다.

중생이란 말은 그 자체로서 모든 생명의 뜻을 가지고 있으므로 일체의 고통 받는 존재를 구원한다는 대승불교의 보살의 구제의 이념과 잘 호응한다.

『장아함경』 제4권 『분세기경』 「삼중겁품」에 "남녀존비의 구별 없이 함께 세상에 나는 까닭에 다른 이름이 없다. 무리가 함께 세상에 나는 까닭에 중생이라고 한다"고 하여 중(衆)을 다수의 무리로 생(生)을 태어남의 의미로 해석하고 있다.[9]

『왕생론주(往生論註)』라고 일컬어지는 『무량수경우바제사원생게』 상권에는 "어떤 논사는 무릇 중생의 뜻을 해석하기를 생사를 유전하면서 다수의 삶과 죽음을 받는 까닭에 중생이라 부른다"고 하고 있다.[10] 중생과 윤회

9 『長阿含經』4, 『分世記經』, 「三中劫品」(『大正藏』 1권, 145상)
10 世親, 『無量壽經優婆提舍願生偈』상(『大正藏』 40권, 831중)

의 관념을 연결시켜서 중생은 곧 윤회를 하는 자로 해석하고 있는 것이다. 동일한 해석은 『구사론광기(俱舍論光記)』 제1에도 나타난다. 여기서는 "많은 수의 생사를 받는 까닭에 중생이라 부른다"[11]고 하고 있다. 또 『부증불감경』에서는 다음과 같이 말하고 있다.

> "이 법신은 갠지즈강의 모래보다 많은 한없는 번뇌에 묶여, 무시로부터 세간의 파랑을 따라 표류하며 생사에 왕래하는 것을 이름 붙여 중생이라 한다."[12]

기본적인 개념 파악은 역시 윤회사상과 중생 개념을 연결시키는 것인데, 법신(法身) 사상과도 연결되어 있다. 뿐만 아니라 번뇌가 중생이 되는 근본 원인이란 것도 말하고 있다. 『장아함경』이 중생을 다수의 무리로 해석한데 비해, 『무량수경우바제사원생게』와 『구사론광기』, 『부증불감경』은 윤회를 통한 개체의 생사의 반복으로 해석하고 있어 전혀 다른 해석을 하고 있다.

『대지도론석』 제31은 중생에 대해 전혀 다른 해석을 하고 있다. "다만 오중(五衆)[13]이 화합하는 까닭에 억지로 이름 하여 중생이라 한다"[14]고 하여 오온(五蘊)의 결합체로서의 중생의 비실체성을 부각시키고 있다. 『대승동성경(大乘同性經)』 상권에는 "중생이란 여러 인연이 화합하는 것을 이름하여 중생이라고 한다. 소위, 지(地)·수(水)·화(火)·풍(風)·공(空)·식(識)·명색(名色)·육입(六入)의 인연에 의해 생겨난다"고 하고 있다. 중생이란 개념을 복수의 원인에 의한 탄생으로 봄으로써, 『대지도론석』에 나타난 중생에 대한 인식과 기본적으로는 동일한 것인데, 좀 더 세밀한 분석을 하고 있다.

『왕생론주기(往生論註記)』 제3에서는 『자행초(慈行鈔)』 제1의 설을 인용하여 중생의 뜻에는 다음과 같이 다섯 가지 가르침 간에 차이가 있음을 인용하고 있다. "여러 교에 따르면 총 다섯 가지 해석이 있다. 첫째 장시(藏始)의 이교(二教)[15]에서는 오온이 서로 모이는 것을 중이라고 하고, 연에 의거

11 世界聖典刊行協會, 『望月佛教大辭典』(昭和 32년 增訂), 2468면.
12 『不增不減經』(『大正藏』 16권, 467중)
13 오온(五蘊)의 다른 명칭.
14 『大智度論釋』31(『大正藏』 25권, 286하)
15 장교(藏教)와 시교(始教)를 일컫는 말. 장교는 삼장교(三藏教)의 준말로서 아함교설을 통해서 공(空)의 도리를 깨닫는 교설을 가리키고, 시교는 대승시교(大乘始教)의 준말로서 제대로 발전하지 않은 초보적인 대승불교의 교설을 말한다.

하여 일어나는 것을 생이라고 한다. 둘째, 참된 것과 거짓된 것이 함께 모이는 것을 중(衆)이라고 하고, 실제로 존재하지 않으면서 존재하는 것처럼 보이는 것을 생(生)이라고 한다. 여래장에 의하여 생성과 소멸을 겪는 현상 세계를 경험하는 마음이 있다. 셋째, 중(衆)은 말하자면 사연(四衍)[16]의 중(衆)이고, 생(生)은 말하자면 네 가지 종류의 생(生)이다. 위의 두 번째는 종교(終教)[17]에 의한다. 넷째, 여러 법(法)이 잠시 모이는 것을 중(衆)이라고 하고, 삶과 삶이 없는 것이 교차하는 모습을 생(生)이라고 한다. 돈교(頓教)[18]의 중생은 곧 파괴되지 않는 형상이기 때문이다. 다섯째, 원교(圓教)[19]에서는 하나이면서 다수인 것을 중(衆)이라고 하고, 본체계와 현상계가 장애되지 않는 것을 생(生)이라고 한다. 지(地)·수(水)·화(火)·풍(風)·공(空)·식(識)·명색(名色)·육입(六入)의 인연에 의하여 생겨남을 말한다. 중생은 무명을 근본으로 하고 애착에 의해 머무르고, 업을 원인으로 한다."[20] 이는 『대지도론석』 등의 설을 장시(藏始)의 이교(二教), 『부증불감경』의 설을 종교(終教), 『대승동성경』의 설을 원교(圓教)의 의미로 파악하고 있는 것이다.

이처럼 중생의 원어와 마찬가지로 중생의 단어적 의미에 대한 해석 역시 여러 가지가 존재하고 있다. 이들 다양한 해석은 각기 나름대로 불교의 기본 교리와 연결되어 있기는 하지만, 원래부터 중생이 이러한 의미로 사용된 것으로 보기는 어려울 것 같다. 중생을 언급하는 불교 문헌 가운데 가장 오래된 것이라고 할 수 있는 『장아함경』에서 말하듯이 중생은 생명체 일반을 지칭하는 것이었는데, 후대에 가면서 여기에 교학적 해석이 가해진 것으로 볼 수 있다. 실제로 불경에 수없이 나오는 "중생"의 문자적 의미는 대개가 "갖가지의 생명체"이다. 그리고 여기서 생명체의 정의는 지각을 가진 존재이다.

이처럼 불교 문헌에서는 중생에 대한 다양한 정의들이 존재하는데, 크게 세 가지로 정리될 수 있다. 첫째는 무리지어 이 세상에 출현한 자들이다. 둘째는 반복해서 태어나는 존재, 즉 윤회를 거듭하는 자이다. 셋째는 여러 요

16 사승(四乘)의 다른 말로서, 성문·연각·보살·불의 사승을 말한다.
17 대승종교(大乘終教)의 준말로서, 대승시교(大乘始教)의 교리보다 더 발전되어 일체 중생이 모두 성불한다는 논리를 내세우는 교설을 말한다.
18 쉬운 것에서부터 점진적으로 가르치는 것이 아니라, 처음부터 깊이 있는 내용을 한꺼번에 가르치는 교설을 말한다.
19 원만하고 완전한 가르침으로서 최고의 가르침을 나타내는 말이다.
20 世界聖典刊行協會, 『望月佛教大辭典』(昭和 32년 增訂), 2468면.

인들의 결합에 의해서 생겨난 실체가 없는 자이다.

각각의 정의는 개별적으로는 서로 전혀 다른 의미를 나타내고 있지만 나름대로 불교의 기본 교리들과 연결되어 있다고 볼 수 있다. 첫째의 경우는 일체중생 구원의 교리와 관계가 있다. 불교는 모든 생명체가 가지는 고통에 대한 연민을 강조하는데 이러한 의식은 일체 중생을 구제한다는 대승불교의 이념으로 발전하였다. 둘째의 경우는 중생은 해탈이 되기 전까지는 생사를 반복하는 끝없는 윤회에서 벗어날 수 없다는 교리와 관계가 있다. 셋째의 경우는 무아의 교리와 관계가 있다. 중생은 그 자체로서 존재하는 자가 아니라 임시적 구성물인 것이다.

## 2. 텍스트별 용례

중생의 문자적 의미는 모든 지각을 가진 존재자라고 할 수 있지만, 대부분의 문맥에서의 실제적 의미는 인간을 가리킨다. 뿐만 아니라 여타의 중생들과 구분되는 인간을 가리키고자 할 때도 대부분 중생이란 말로 표현한다. 그런데 불교 경전에서 인간을 중생이라는 말로 표현하는 것은 영어의 "man"이나 한국어의 "인간"에 해당하는 말이 산스크리트에 없기 때문이 아니다. 불경 경전에서도 sattva 외에 manuṣya(빠 manussa), pudgala(빠 puggala), puruṣa(빠 purisa) 등의 용어로도 인간을 가리키기도 한다. 한문으로 보특가라(補特伽羅)로 표기되는 pudgala는 생리학적 인간을 가리키며, 일반적인 인간을 가리킬 때도 이 말을 사용한다. purusa는 '원인(原人)'으로 번역되는데, 힌두교에서는 상주불변의 자아로서의 인간으로, 불경에서는 여자에 대응하는 남자, 혹은 영혼, 타인 등의 의미로 사용된다. manusa는 man(생각하다)이라는 어원에서 나왔다. man에서 manu(생각하는 것, 생각하는 존재)라는 의미가 생겨나고 다음으로 사람을 의미하는 manusa가 나왔다.

이처럼 인간을 가리키는 다른 용어가 있음에도 불구하고 불교 경전에서는 중생이라는 말로서 인간을 지칭하는 데는 불교의 인간에 대한 근본적인 이해를 반영시키기 위해서라고 볼 수 있다. 왜 중생이라 부르는가에 대한 다양한 해석이 있다는 것을 앞서서 보았지만, 무엇보다도 중생은 감각이 있고 감각을 지각하는 작용을 하는 생명을 지닌 존재를 지칭한다. 『아함경』에서 말하고 있는 서른여덟 종류의 중생에는 축생, 즉 짐승도 포함되어 있는데 불교 특유의 인간에 대한 이해를 잘 반영하고 있다. 대부분의 사상들은 인간과 다른 생명체 일반과의 유사성보다는 차이성에 초점을 두면서 인간을 정의하고 있는 것과 달리 불교에서는 동물 일반과 인간 사이의 근본적 구분을 설정하지 않고 있는 것이다.

이처럼 인간을 지각과 생명을 가진 존재로 파악하는 불교의 인간관은 여타의 사상과 뚜렷이 구분되는데, 그 가운데서도 특히 인간을 다른 생명체와 분리시켜 보고 있는 기독교나 유교 같은 여타의 사상체계와 뚜렷한 차이를 보여 주고 있다. 기독교의 경우, 인간은 생성 과정부터 동물들을 포함한 다른 피조물들과 다르다. 다른 모든 피조물들은 "존재하라"라는 신의 말 한마디, 즉 단순한 의지 혹은 욕구만으로 생성되었지만, 인간은 신이 직접 손으로 신 자신의 형상을 닮게 만들고 자신의 숨결을 불어넣어 완성시킨다. 바로 이러한 차이 때문에 불교에서는 불살생의 계율을 정하여 자비의 정신을 일체의 생명체로까지 확대하고 있지만, 기독교에서는 철저히 인간중심주의를 고수하고 있는 것이다. 기독교에서 동물을 포함한 자연은 인간이 자신의 삶을 향유하는 데 필요한 자원의 위치에 머물고 있다. 유교 역시 도덕적 존재로서의 인간과 다른 동물을 엄격하게 구분한다. 인심(人心)이라는 말과 수심(獸心)이라는 말이 함축하고 있는 의미상의 차이는 인간과 동물 일반을 구분하는 유교적 사고방식 잘 보여 주고 있다. 인간과 동물 사이에는 어떠한 공통성도 유대감도 존재하지 않는다.

중생이라는 말 속에는 무리로서의 인간이라는 의미가 전혀 없는 것은 아니지만, 그 무리는 유기적 구조체로서의 무리, 즉 사회적 집단이 아니라 단순한 집합으로서의 집단을 지칭한다. 이 때문에 불교는 중생이라는 말을 통해서 마치 집단으로서의 인간을 이해하고 있는 것 같으면서도 실제적으론 사회적 문제에 대해 대체로 관심을 크게 기울이지 않았다고 볼 수 있다. 중생에 대한 이러한 인식은 생과 함께 고통을 받는 주체로 인간을 보는 불교의 인생관과 무관하지 않다고 볼 수 있지만, 불교에서 이해하고 있는 인간의 고통 혹은 문제 역시 사회구조적인 문제에서 비롯된 것이 아니라 인간의 생명 자체와 관련된 원초적인 것이다. 때문에 불교인들은 기독교의 예언자들이 관심을 기울였던 부의 독점, 빈부의 격차, 지배계급의 횡포, 약자나 이방인에 대한 사회적 차별 등이 가져 올 수 있는 고통에 대해 무관심하였으며, 사회적 강자와 약자에 상관없이 인간이면 누구나 겪을 수밖에 없는 생로병사의 문제에 대한 해결에 몰두하였다. 또 유학자들처럼 어떻게 하는 것이 좋은 인간관계와 좋은 사회를 건설하는 길인가에 대해서는 고심하지 않았다.

그런데 불교에서 지각을 가진 존재로서의 중생을 이야기할 때의 지각은 이성적인 지각만은 아니며 감수로서의 지각까지 포함된다. 때문에 중생에는 지각을 가진 일체의 존재가 포함된다. 또 중생은 일반적으로 일체의 동물성 생명체를 포함하지만 때로는 식물을 포함한 모든 생명체로까지 그 범위가 확대되기도 한다. 물론 이러한 것은 흔한 경우는 아니지만, 『유식론술기(唯識論述記)』 제1권에는 초목까지도 중생에 포함하여 모든 정식(情識)을 가진 존재를 유정, 즉 중생이라고 하고 있다.[21] 뿐만 아니라 중생의 범위는 생리학적 의미에서의 생명체의 범위를 넘어서고 있다.

『아함경』에서는 욕계, 색계, 무색계를 통틀어 서른여덟 종류의 중생을 이야기하고 있는데, 여기에는 아귀나 아수라는 물론이고 다양한 천상의 존재자와 같은 수많은 가상적 존재가 포함될 뿐 아니라, 무색계의 존재도 포함되어 있다.[22] 그런데 육체가 없는 순수한 의식만을 지닌 존재들이 사는 세계인 무색계의 여러 천상의 존재들은 육체적 생명을 지닌 존재라고 볼 수는 없다. 따라서 중생은 육체와 무관한 순수한 정신적인 존재까지도 포함하게 되는 것이다.

중생이 이처럼 순수한 정신적 존재까지 포함한다고 한다면, 불교에서 문제로 삼고 있는 인간의 존재방식은 적어도 논리적으로는 단지 육체적 생명의 유한성과 연관되어 있다고 볼 수 없게 된다. 많은 종교에서 이해하고 있는 것과 달리, 또 많은 사람들이 오해하고 있는 것과 달리 불교에서 이해하고 있는 인간의 문제는 육신으로부터의 해방과 함께 궁극적 결말이 지어지는 것이 아니다. 불교의 논리에 따르면 인간은 육체의 질곡을 벗어버린 후에도 여전히 자아에 대한 의식을 지니게 되면, 또 그런 한에서는 여전히 완전한 자유에 도달하지 못한 중생으로 남게 된다.

불교에서 인간의 윤회설을 이야기하는 것 또한 인간과 여타의 생명체, 더 나아가 순수한 정신적 존재 사이에 구분을 두지 않는 이러한 중생 개념에 바탕하고 있다. 인간이 지옥(地獄)·아귀(餓鬼)·축생(畜生)·인간(人間)·아수라(阿修羅)·천(天)의 육도(六道)를 윤회할 수 있는 것은 그 육도의 중생 모

---

21 窺基, 『唯識論述記』 1(『大正藏』 32권 600하)

22 『잡아함경』 19(『大正藏』, 135하-136상)

두가 지각을 가진 존재로서 서로 간에 근본적 차이가 없는 다 같은 중생이기 때문이라고 볼 수 있는 것이다.

이 육도중생은 불교에서 가장 일반적으로 알려진 중생의 종류인데, 길장(吉藏)의 『법화의소(法華義疏)』에는 육도 중생에 성문, 연각, 보살의 삼승을 더하여 구도중생(九道衆生)을 일컫기도 한다.[23] 중생에 대한 분류 가운데서 육도중생 다음으로 널리 알려진 것은 사중(四衆)과 사생(四生)의 여덟 가지 중생이다. 사중은 일체의 여래일체 보살중·일체 성문중·일체 연각중이며, 사생은 난생(卵生)·태생(胎生)·습생(濕生)·화생(化生)이다. 사중은 대승불교에서 수행자를 깨달음의 정도에 따라 분류한 것으로서 여래와 보살은 대승의 수행자이고, 성문과 연각은 소승의 수행자이다. 이것은 결국 대승불교의 관점에서 소승불교의 수행자를 폄하한 것이다. 사생 가운데서 난생은 가금류처럼 알을 통해 태어나는 생명체를 말하며, 태생은 인간처럼 탯줄을 통해 태어나는 생명체를 말한다. 습생은 뱀이나 개구리, 물고기처럼 물과 가까이하며 사는 생명체를 이야기하고, 화생은 무엇인가에 의탁함이 없이, 즉 어미가 없이 홀연히 태어나는 존재를 말한다. 지옥(地獄)이나 천(天), 용, 금시조 등 상상의 존재들이 주로 여기에 속한다. 사생은 생명체가 태어나는 방식에 따른 생물학적 분류인데, 다양한 생명을 중생의 범주 속에 넣고 있다는 것 외에 특별한 교리적 의미를 찾기는 어렵다.

이처럼 불교에서는 인간을 생명을 지닌 존재로 파악하고 있고, 또 마치 생물학을 연상시키는 관찰을 하고 있지만 불교의 인간관이 생물학적인 관찰에 기초한 것은 아닌 것이다. 불교에는 대상에 대한 객관적이고 세밀한 관찰을 보여 주는 마치 자연과학적 사유를 연상시키는 경우가 많다. 때문에 일부에서는 불교와 과학적 사유 사이에 유사성이 있다는 주장을 하고 있다. 그러나 양자 간의 유사성은 외적인 것으로서 전통 불교학자들의 사유의 치밀함을 보여주는 것 이상은 아니다.

또 무착(無著)의 『대승장엄경론(大乘莊嚴經論)』은 보살이 대비심을 일으키는 열 가지 종류의 중생을 이야기 하고 있다.

첫째는 치연중생(熾然衆生)으로서 욕망에 집착하고 더러운 것을 즐기는 자이다.[24] 둘째는 원승중생(怨勝衆生)으로서 선(善)을 닦을 때 마귀의 장애

23 吉藏, 『法華義疏』(『大正藏』 34권 491상)

24 치연(熾然)은 등불이 타는 것을 말하는데, 욕망에 불타는 중생을 것을 불꽃이 타는 것에 비유하였다.

를 받는 자이다.[25] 셋째는 고핍중생(苦逼衆生)으로서 삼도(三途)에 있는 자이다.[26] 넷째는 암복중생(暗覆衆生)으로서 항상 선하지 못한 행동을 하는 자로서 업보를 깨닫지 못하기 때문이다.[27] 다섯째는 주험중생(住險衆生)으로서 열반을 즐기지 않는 자인데 생사의 험한 길이 단절이 없기 때문이다. 여섯째는 대박중생(大縛中生)으로서 외도의 편벽된 견해를 가진 자이다. 해탈을 원하지만 여러 가지 편벽된 견해에 단단히 묶여 있기 때문이다. 일곱째는 식독중생(食毒衆生)으로서 선정의 맛에 탐닉하는 자이다. 비유하면 여러 가지 독이 되는 음식을 즐기면 사람을 헤치는 것처럼 선정을 많이 하는 것 역시 그러해서 지나치게 즐기면 도리어 잃게 된다. 여덟째는 실도중생(失道衆生)으로서 증상만(增上慢)을 가리킨다. 진실한 해탈도 가운데서 오류에 빠지기 때문이다. 아홉째는 도가 아닌 것에 머무는 중생으로서 하급의 가르침에 머물러서 깨달음을 확정짓지 못한 자이다. 물러남이 있기 때문이다. 열 번째는 수삽중생(瘦澀衆生)[28]으로서 이취(二聚)[29]를 다 넘어서지 못한 자이다.[30]

앞서 나온『아함경』의 중생에 대한 서른여덟 가지 분류가 불교 특유의 우주론에 바탕 한 중생의 외적인 존재기반에 대한 분류였던 반면에, 여기서의 중생에 대한 분류는 중생의 내적 성격에 따른 분류이다. 그리고 앞에서의 중생은 모든 지각을 가진 존재를 지칭하지만, 여기서는 중생의 실제 범주인 인간을 가리킨다. 그리고 분류의 구체적 내용은 불교의 깨달음이라는 기준에서 본 인간의 불완전한 여러 가지 본성에 대한 고찰이라 할 수 있다. 말하자면 중생으로서의 인간이 해탈의 길로 나아가기 위해서 극복해야 할 여러 가지 과제들을 제시하고 있는 것이다. 중생의 가장 근본적인 문제는 욕망임이 제시되고 있으며, 중생이 부처로 나아가는 데서 가장 심각한 장애인 탐진치(貪瞋癡) 삼독(三毒)에 해당하는 욕망의 대상에 대한 집착과 정

25 마귀가 선을 닦는 내 의지를 꺾는 원수라는 뜻에서 이런 이름을 붙인 것으로 보인다.
26 중생은 삼도에서 괴로움을 당하므로 고핍(苦逼)이라고 한 것으로 보인다.
27 깨닫지 못하여 어둠에 쌓인 중생을 일컫는다.
28 파리하게 여윈 채 말을 더듬는 자.
29 불교에서 사람의 성질을 셋으로 나누어 삼취(三聚)라고 하는데, 이중 정정취(正定聚)는 결단코 성불할 수 있는 종류이고, 부정취(不定聚)는 인연이 있으면 성불할 수 있고, 인연이 없으면 성불할 수 없어서 향상과 타락이 결정되지 않은 종류이고, 사정취(邪定聚)는 성불할 소질이 없어 더욱 타락해 가는 종류이다. 여기서 이취는 부정취와 사정취를 일컫는 것으로 볼 수 있다.
30 無著,『大乘莊嚴經論』(『大正藏』31권 636하-637상)

서적 충동과 어리석음 등이 거론되고 있다. 또 대승의 우수성을 강조하기 위해서 소승의 가르침을 닦는 이는 여전히 중생의 한계를 벗어날 수 없음을 특별히 강조하고 있다. 열 가지 중생 가운데서 여섯 번째에서 열 번째까지 무려 다섯 종류의 중생이 소승의 가르침을 닦는 것과 연관되어 있다. 중생이 중생일 수밖에 없는 원인의 태반이 소승의 가르침을 따르는 데 있는 셈이다.

또 『보살지지경(菩薩地持經)』에서는 고를 받는 중생, 나쁜 행동을 하는 중생, 게으른 중생, 간사한 중생이라는 네 종류의 중생을 말하고 있다.[31]

이처럼 경전에서는 불교 특유의 관념적 우주론과 심리론에 바탕하여 다양한 중생의 종류를 이야기하고 있지만, 불교의 사고방식에 기초하면서도 가장 실제적인 인간에 대한 분류방식은 번뇌의 유무에 따라 네 등급으로 분류하는 방식이다. 바로 범부, 유학(有學), 아라한, 보살의 구분이다. 이들 네 부류는 모두 실제 세계의 인간들이다. 범부는 일반 대중을 지칭하며, 유학(有學)은 불교에 입문한 후 일정한 정진이 있으나 아직 바른 방향으로 나아가지 못하는 사람을 지칭하고, 아라한은 소승적 깨달음을 얻은 사람을 말한다. 보살은 불교 교리의 발달 과정에서 그 개념 규정이 변화되지만, 여기서는 부처가 되기 직전의 사람을 지칭한다고 할 수 있다. 천친(天親)은 『불성론(佛性論)』에서 보살을 포함한 이들 모두가 번뇌가 있다[32]고 보고 있는 데서 그러한 사실을 알 수 있다.

이러한 네 등급으로의 분류가 불교에서 수행 정도에 따라 인간을 분류하는 가장 전형적인 형태이지만, 여기에 일천제(iccantika) 개념을 넣을 수도 있다. 일천제는 불성을 가지지 않는 중생을 지칭하는 데 주로 불교를 비난하는 자가 여기에 속한다. 대승불교에서는 일반적으로 모든 중생이 불성을 가지고 있다는 논리를 전개하고 있지만, 유일한 예외적인 존재로 일천제를 이야기한다. 그런데 이 일천제 개념은 중생에 대한 총괄적인 분류체계 속에서의 개념은 아니며, 불교에 대한 비방이 얼마나 나쁜 것인가를 이야기하기 위해서 별도로 만들어진 개념이다.

또 늑나마제(勒那摩提)가 번역한 『구경일승보성론(究竟一乘寶性論)』에서는 위의 네 등급을 조금 상이한 용어로 설명하고 있다. 여기서는 범부, 성

31 『菩薩地持經』(『大正藏』 30권 937하)
32 勒那摩提 譯, 『究竟一乘寶性論』(『大正藏』 31권. 807중)

문, 벽지불, 초발보리심보살(初發菩提心菩薩)의 넷으로 분류하고 있다.[33] 성문, 벽지불은 나한과 유학(有學)과 같은 개념에 대한 번역으로 볼 수 있으나, 보살 대신에 초발심보살을 사용하여 보살과 중생을 대비시키는 것은 보살 개념의 변환을 겪은 대승불교 특유의 사유에서 비롯된 것으로 볼 수 있다. 초기불교에서는 보살은 부처가 되기 이전의 존재로서 여전히 중생이지만, 대승불교에서 중생 구제의 상징으로 보살 개념이 재정립되면서 보살은 한편으로는 중생계에 속하면서 다른 한편으로는 중생계를 초월한 법계에 속하게 된다. 때문에 아무런 단서 없이 모든 보살을 일괄적으로 중생으로 분류할 수 없기 때문에 보살을 다시 초발보리심보살 같은 개념을 설정하여 층위를 두고 있는 것이다.

불교는 개인적인 깨달음을 궁극적 목표로 하는 종교이지만 사회에 대한 지향성이 약한 것은 아니다. 다만 위에서 언급한 것처럼 무리로서의 중생도 사회 구성체로서가 아니라 개체의 단순한 집합으로 파악함에도 불구하고, 인도의 전통적인 사성계급 체제에 대해서는 분명하게 부정하고 있다. 초기 경전은 붓다와 그 교단이 당시 사회의 귀족 출신들이 자질이 우수한 것으로 보고 있었다는 것을 보여 주지만, 사람들을 교단으로 받아들일 때에는 아무런 계급적 제한도 두지는 않았다. 초기불교 때부터의 이러한 전통은 오늘날에까지 이어져 불교 교단은 언제나 다양한 계급의 사람들을 차별 없이 받아들였다. 그런 점에서 불교는 매우 진보적이라고 할 수 있다. 또 불교는 깨달음 자체와 관련해서도 대승불교에서는 불성의 보편성을 나타내는 여러 가지 교리를 만들어서 인간들이 근원적으로는 평등함을 말하고 있다. 그러나 이러한 평등주의적이고 진보적인 측면과 동시에 개개인의 수행상의 차이를 인정하는 여러 가지 체계를 만들고 있다. 불교가 내세우는 궁극적 목적인 깨달음을 향한 수행의 과정에서 드러나는 개별 인간들 사이의 다양한 차이를 또한 인정하고 있는 것이다.

중생에 대한 분류를 소승불교와 대승불교에 대한 구분과 관련시키기도 한다. 『금강반야바라밀경주해(金剛般若波羅蜜經註解)』에서는 중생을 범부중생과 성체중생(聖體衆生)으로 나눈 다음 전자는 반야바라밀에 대한 믿음 즉 대승에 대한 믿음이 없는 이로 규정하고, 후자는 반야바라밀에 대한 믿음이 있는 대승의 근기를 가진 사람으로 규정하고 있다.[34]

33 勒那摩提 譯, 『究竟一乘寶性論』(『大正藏』 31권. 839중)

초기 불전은 중생에 대해 그렇게 많이 기술하지는 않지만 몇 가지 중요한 언급을 하고 있다. 『잡아함경』2권에 다음과 같은 기술이 있다.

> "마하리여, 인연이 있어 중생들에게는 여러 가지 더러움이 있다. 인연이 있어 중생들은 여러 가지로 더러워진다. 마하리여, 인연이 있어 중생들에게 청정함이 있고, 인연이 있어 중생들이 청정하게 된다."[35]

또 『잡아함경』에는 다음과 같은 구절이 있다.

> "그러므로 이때 비구들이여, 종종 자신의 마음을, 이 마음은 긴 밤, 탐욕과 진애와 우치에 의해 더럽혀져 있다고 관해야 하느니라. 비구들이여, 마음이 더럽혀져 뭇 중생들이 더럽혀지고, 마음이 청정하여 뭇 중생들이 청정하게 된다."[36]

이러한 기술들은 결국 중생은 어리석음으로 인하여 고통의 세계에 윤회전생하는 자이지만, 또한 거기로부터 벗어날 수 있는 자라는 것을 동시에 말하고 있다. 인간은 탐욕과 통제되지 않은 감정과 어리석음으로 더럽혀진 중생이지만, 그러한 더러움은 인간의 본질이 아니라 인연이라는 외적인 조건에 의해 형성된 것이며, 또 다른 인연을 통해서 그로부터 벗어날 수 있다는 것을 말하고 있다. 이점에서 불교의 인간관은 낙관적이지도 비관적이지도 않은 것이다. 인간의 현실태를 욕망과, 통제되지 않은 감정과, 어리석음의 혼합체로 보는 점에서는 비관적인 시각을 가지고 있지만, 거기에서 벗어날 수 있는 가능성을 인정한다는 점에서는 낙관적인 시각을 가지고 있다. 그리고 중생이 고통을 받는 것은 악한 행위에 대한 사회적 구조와 연관된 외적인 권위에 의한 처벌에서 비롯되는 것이 아니라 개인으로서의 자기 자신과 결부되어 있는 더러움에서 비롯된다는 인식 또한 불교적 사유의 특색을 잘 드러내고 있다. 불교적 시각에서 볼 때 인간의 근본적인 문제는 사회적인 것과 무관한 개인적인 것이다.

『보살선계경(菩薩善戒經)』은 중생은 다섯 가지의 더러움[五濁]을 가지고

---

34 『金剛般若波羅蜜經註解』(『大正藏』 33권. 236상)
35 『雜阿含經』 2(『大正藏』 2권, 21상)
36 『雜阿含經』 10(『大正藏』 2권. 69하)

있다고 한다. 첫째, 명탁(命濁)이 있어서 중생은 수명이 백 년이 넘기 어렵다. 둘째, 중생탁(衆生濁)이 있어서 부모나 연장자, 그리고 승려를 공경하지 않고, 행동을 의롭게 하지 않으며, 베푸는 일에 인색하고, 복덕을 짓는 일에도 인색하며, 계를 지키며 정진하지 않는다. 셋째, 번뇌탁(煩惱濁)이 있어서 부모를 살해하고, 자매와 친척들에게 법도에 어긋나는 일을 하는 등 온갖 악행을 저지른다. 넷째, 견탁(見濁)이 있어서 법이 아닌 것을 법으로 보고 법을 법이 아닌 것으로 보며, 법이 아닌 것을 법이라고 말하고 법을 법이 아니라고 말하여서, 잘못된 견해와 말로서 정법을 파괴하고 사법(邪法)을 키워서 수많은 중생들이 잘못된 견해를 가지고 그에 따라 닦게 한다. 다섯째, 겁탁(劫濁)이 있어서 기근과 질병과 전란에 휩쓸린다.[37]

이 "다섯 가지 더러움"의 개념은 인간의 한계를 생물학적 측면, 소극적 윤리적 측면, 적극적 윤리적 측면, 인식적 측면, 그리고 사회 재난적 측면에서 고찰한 것이라 할 수 있다. 그런데 이 다섯 가지의 인간의 한계를 배열한 순서를 보면 나름대로 불교 특유의 시각이 담겨 있다. 무엇보다도 "명탁" 즉, 생명의 유한성이 가장 근본적인 인간의 한계로 인식되고 있다. 또 "중생탁"과 "번뇌탁"을 통하여 윤리의 문제를 거론하는 동시에 "견탁"을 통하여 올바른 인식의 문제를 거론하고 있어서 윤리의 실천에서 올바른 인식의 중요성을 말하고 있다. 반면에 종교 일반에서 중시되는 신앙은 거론되지 않고 있다. 신앙과 죄 또는 더러움이 결합되고 있지 않은 것이다. 인간의 주체적 자각을 중시하는 무신론적 종교로서의 불교의 특색이 잘 반영되고 있는 것이다. 또 사회재난적 측면은 제일 마지막으로 언급되고 있는 것 역시 개인을 문제의 중심에 두고 있는 불교적 사유의 특징이 반영된 것으로 볼 수 있을 것이다.

또 무착(無著)의 『대승장엄경론(大乘莊嚴經論)』에서는 중생은 간탐(慳貪), 파계(破戒), 진애(瞋恚), 해태(懈怠), 난심(亂心), 우치(愚癡)의 여섯 가지 장애가 있는데, 이것들이 육바라밀의 실천을 어렵데 한다고 말하고 있다.[38] 육바라밀은 보시(布施)·지계(持戒)·인욕(忍辱)·정진(精進)·선정(禪定)·반야(般若)바라밀을 일컫는데 중생이 가지고 있다는 이 여섯 가지 장애는 육바라밀의 각각과 정확히 대칭을 이루고 있는 개념들임을 알 수 있다. 중생에 대

37 『菩薩善戒經』(『大正藏』 30권. 994상)
38 無著, 『大乘莊嚴經論』(『大正藏』 31권. 651상)

한 실제적인 관찰을 통해서 도출해 낸 결론이라기보다는 육바라밀에 대비시켜서 만들어 낸 개념들로 볼 수 있다.

중생(衆生)이라는 말에서 중(衆)은 복수의 대상을 가리키기 때문에 중생이란 말자체가 이미 집합적 무리의 개념을 대표하는 것처럼 보이지만, 앞서 본 것처럼 중생은 또한 유정(有情)이란 말로도 쓰였으며 지각을 가진 존재를 지칭할 따름이었다. 다만 다양한 지각적 존재를 가정한 데서 중생이라는 한자어가 가능했을 것이라고 추측될 뿐, 원래 초기불교에서는 중생이란 말이 집단적인 의미를 강조하고 있는 것은 아니다. 중생은 개별자였을 따름이었다.

그러나 대승불교로 넘어가면서 중생 개념에 큰 변화가 일어난다. 대승불교에서 중생은 개체로서가 아니라 집합적 무리 즉, 일체중생으로 파악된다. 때문에 대승불교에서는 중생을 가리킬 때 상투적으로 일체중생이라고 부른다. 또한 중생은 부처와 보살에 대비되는 개념으로 자리 잡는다. 때문에 중생은 부처와 보살에 의한 구제의 대상임을 일컫는 "도탈중생(度脫衆生)" 혹은 "도탈일체중생(度脫一切衆生)"이란 말이 아함부 전체를 통틀어 네 번밖에 안 나오는 데 비해서, 반야부에서는 쉰 번에 걸쳐 등장한다. 중생은 아함부에서는 주로 고통 감수의 주체로 묘사되었으나, 대승불교에서는 교육과 인도의 대상으로 묘사되고 있는 것이다. 아함부에서와 대승불교에서의 중생상의 변화는 소승불교라고 불리는 초기불교와 대승불교라는 후기불교 사이의 근본적 차이를 반영하고 있다. 사실주의적 인간관에서 낙관주의적 인간관으로의 전환임과 동시에 주체적 인간관에서 피동적 인간관으로의 전환으로 볼 수도 있다.

그러나 중생에게 부여된 이러한 피동성이 대승불교 전체에 걸쳐서 결정적으로 작용하고 있는 것은 아니다. 불성(佛性)사상 및 여래장사상의 전개와 더불어 중생의 개념은 다시 한 번 큰 변화를 겪는다. 불성과 여래장이 보편적 실체가 되면서 중생의 평등, 즉 모든 중생이 근본적으로 차이가 없다는 사상이 나타난다. 예를 들면 천친(天親)은 『불성론(佛性論)』에서 모든 중생은 불성을 가지고 있다는 일체중생실유불성(一切衆生悉有佛性)[39] 이론을 세우고 있다.

이러한 중생평등 사상은 더 나아가 공(空)의 철학의 발전과 더불어서 '부

39 天親, 『佛性論』(『大正藏』 31권. 787상)

처와 중생이 둘이 아니다'라는 사상으로 발전한다. 보살마하살은 제일의(第一義) 가운데서 항상 이제(二諦)를 밝혀서 중생을 교화하여 부처와 중생은 하나이지 둘이 아니다. 왜냐하면 중생이 공하기 때문에 보리가 공하고, 보살이 공하기 때문에 중생이 공하기 때문이다.[40] 부처와 중생의 불이(不二)사상은 여러가지 형태로 표시된다. 예컨대 『불설불모출생삼법장반야바라밀경(佛說佛母出生三法藏般若波羅蜜多經)』에서는 중생의 심성(心性)이 본래 오고 감도 없으며, 과거, 미래와 현재도 없다는 공의 논리에 입각하여 중생의 본성이 곧 해탈의 본성임을 말한다.[41] 『불설인왕반야바라밀경(佛說仁王般若波羅蜜經)』에서는 "부처와 중생이 하나이며 둘이 아니다"[42]라는 말을 한다. 또 『대승이취육바라밀경(大乘理趣六波羅蜜多經)』에서는 중생이 모두 여래장을 가지고 있기 때문에 모든 중생이 부처의 지혜와 같은 경지에 들어가서 그 본성이 청정하여 차별이 없어서 부처와 중생의 본성이 다름이 없으며, 중생과 부처가 차별이 없다고 한다.[43] 길장(吉藏)은 『금강반야경의소(金剛般若經義疏)』에서 공사상에 입각하여 다음과 같이 중생과 부처가 본래 불이(不二)라는 논리를 전개한다.

> "만행을 닦으면 육진의 세계가 모두 공하다. 이것이 사람과 법과 세간이 공함이다. 이제 여래라고 볼 모습이 없어짐이 밝혀졌으니 이것은 여러 부처가 공한 것이다. 그러므로 중생이 있는 바가 없으므로 중생이 아니다. 여러 부처가 있는 바가 없으므로 부처가 아니다. 그러므로 중생이 아니고 부처가 아니고 생사가 아니고 열반이 아니다. 그러므로 중생과 부처는 본래 둘이 아니다."[44]

중생과 부처가 다름이 없는 이유는 또 윤회설을 통해서도 설명되며, 문학적 비유로도 설명된다. 『보살선계경(菩薩善戒經)』에서는 보살이 과거에 생사를 유전하는 과정에서 중생들 중에 내 부모가 아닌 이가 없다고 한다.[45] 『묘법연화경』에서는 여래는 일체 중생의 아버지이며, 중생은 여래의

40 『大正藏』 8권. 829중.
41 『佛說佛母出生三法藏般若波羅蜜多經』(『大正藏』 8권 630상)
42 『佛說仁王般若波羅蜜經』(『大正藏』 8권 829중)
43 『大乘理趣六波羅蜜多經』(『大正藏』 8권 868상)
44 吉藏, 『金剛般若經義疏』(『大正藏』 33권 104중)

아들이라고 한다.[46]

이러한 부처와 중생의 불이는 근원적인 의미에서의 일치성을 말하는 것이지 양자가 현상적인 측면에서까지 동일하다는 것을 말하는 것은 아니다. 현상세계에서는 부처와 중생은 엄연히 구분될 수밖에 없다는 것을 부정할 수는 없는 것이다. 부처와 중생간의 이러한 동일성과 비동일성을 모두 표현하기 위해서 『대승기신론(大乘起信論)』은 “중생심(衆生心)은 일체의 세간법과 출세간법을 포괄한다고 한다”고 하고 또 이 중생심에 진여상(眞如相)과 생멸인연상(生滅因緣相)이 있음을 말하고 있다.[47] “출세간법”과 “진여상”은 부처의 측면이고, “세간법”과 “생멸인연상”은 중생의 측면인 것이다.

중생(衆生)의 어의에 대해서도 다양한 설명이 있다. 먼저 중생이란 함께 태어난다는 의미이다. 『장아함경』제22 「세본연품(世本緣品)」에는 “남과 여, 존귀함과 비천함, 상하가 없는데도 이름이 다르다. 무리와 함께 태어나는 까닭에 중생이라 한다”고 하고 있다. 또 거듭되는 생사의 의미가 있다. 『왕생론주(往生論註)』 권상에는 “어떤 논사는 무릇 중생의 이름을 해석하여, 과거, 현재, 미래를 윤회하면서 갖가지 생사를 받기 때문에 중생이라 이름한다”고 설하고 있다. 생사를 여러 번 반복한다는 의미로 중생을 해석한 것이다. 또 유사한 의미로서는 법신(法身)이 생사에 왕래한다는 의미로 중생을 해석하는 경우도 있다. 『부증불감경(不增不減經)』에서 다음과 같이 말한다.

> “이 법신은 갠지즈강보다 많은 한 없는 번뇌로 얽혀 무시 이래로 세간의 파랑을 따라 표류하여 생사에 왕래하는 것을 이름하여 중생이라고 한다.”

복합적인 인연에 의해서 생명이 태어나기 때문에 중생이라 한다는 설명도 있다. 『대승동성경(大乘同性經)』에는 “중생이란 온갖 인연이 화합하는 것을 이름 붙여 중생이라고 한다. 소위 지수화풍(地水火風)과 공(空)과 식(識)과 명색(名色)과 육입(六入)의 인연에 의해 생겨난다”고 한다.

---

45 「菩薩善戒經」(『大正藏』 30권 985하)
46 『妙法蓮華經』(『大正藏』 9권 3하)
47 『大乘起信論』(『大正藏』 32권. 575하)

보통 무명의 번뇌를 가지고 생사에 유전하는 것을 중생이라고 하더라도, 넓게 말하면 보살 등도 역시 중생에 포섭된다. 60권『화엄경』제10「야마천궁보살설게품(夜摩天宮菩薩說偈品)」에 심(心), 불(佛), 중생(衆生)의 삼법을 거론하여, 중생법 가운데 보살 등을 포섭하는 것을 볼 수 있고, 또『대지도론』에 "제법 가운데 열반이 무상인 것처럼, 중생 가운데 부처 역시 무상이다"고 하고,『왕생론주(往生論註)』에 "지금 불보살을 이름하여 중생이라 한다. 이것이 무슨 뜻인가? 답하여 말한다. 경에 이르기를 하나의 법에 무한한 수의 이름이 있고, 하나의 이름에 무한한 수의 의미가 있다. 많은 수의 생사를 받는 까닭에 중생이라고 이름하는 것은 소승에서 해석하는 삼계 가운데 중생이란 말의 뜻이고, 대승에서 말하는 중생의 의미는 아니다. 대승에서 말하는 중생이란『부증불감경』에서 말하는 것과 같다. … 그런 까닭에 생겨남도 없고 소멸됨도 없는 것이 중생의 뜻이다." 또『마하지관(摩訶止觀)』에서는 "오온을 붙잡는 것을 통틀어 중생이라 한다." 또 함령(含靈), 함식(含識), 함정(含情), 군명(群萌), 군생(群生), 군류(郡類) 등이 중생의 이명으로 사용되기도 한다.[48]

중생에 대한 분류를 보면 불교의 중생 개념은 매우 넓은 외연을 가지고 있어서 다양한 존재가 중생에 포함된다. 일체의 동물들도 중생에 포함된다.[49] 이러한 사실을 단적으로 보여주는 예가 생명체가 태어나는 방식에 따라 중생을 난생(卵生)·태생(胎生)·습생(濕生)·화생(化生)으로 분류하는 사생(四生) 개념이다. 마치 생물학적 분류처럼 보이는 사생 개념은 불교가 중생 개념을 통하여 인간과 여타의 동물을 구분하지 않고, 인간을 동물 일반 속에서 파악하고 있다는 것을 보여주고 있다. 다양한 방식으로 태어난 이 모든 생명들이 중생인 것이다. 불교의 문제의식은 철저히 인간 자신에 대한 것이지만, 불교는 인간을 매우 넓은 지평 속에서 보고 있는 것이다. 불교의 중생 개념을 통해서 우리는 불교는 인간을 다른 여타의 존재와 구분되는 특수한 존재로서가 아니라 여타의 존재와의 동일성 속에서 바라보고 있다는 사실을 알 수 있다.

---

48 世界聖典刊行協會,『望月佛教大辭典』(昭和 32년 增訂). 2468면.

49 흔한 경우는 아니지만 어떤 불교 문헌은 동물뿐 아니라 식물까지도 중생의 범위에 포함시켜서 말 그대로 모든 생명체를 중생으로 간주한다.『유식론술기』(唯識論述記) 1(『大正藏』32권 600하) 에는 초목까지도 중생에 포함하여 모든 정식(情識)을 가진 존재를 유정, 즉 중생이라고 하고 있다.

또 불교의 윤회설에 따르면 현생의 인간은 내생에서는 인간으로뿐 아니라 여타의 생명체로도 탄생할 수 있는데, 이러한 사고방식 또한 인간과 여타의 생명체를 중생이라는 동일한 범주 속에서 파악하는 사고방식과 직접적인 관련이 있다고 볼 수 있을 것이다.

좀 더 과감하게 표현하면 불교에는 인간은 존재하지 않는다고 할 수 있다. 존재하는 것은 중생이며 인간은 다양한 모습으로 세계를 윤회하는 중생의 일시적인 존재형태라고 할 수 있다. 물론 불교가 아니더라도 신화적 세계관들 가운데는 인간이 징벌의 결과로 인간이 아닌 다른 어떤 존재로 변신하는 경우가 더러 있다. 그러나 이러한 경우는 매우 특수한 상황에서 일어나는 것이지 일반적인 것은 아니다. 그러나 그러한 변신이 불교에서는 보편적인 법칙으로 간주된다. 인간이 다른 동물로 될 수도 있는 것을 정식화한다는 것은 인간과 동물 사이에 근본적인 구분이 있다는 가정 아래서는 있을 수 없는 일이다. 인간이 쥐, 소, 뱀 등의 동물들과 전혀 다른 존재로 간주된다면, 인간이 윤회를 통하여 이들 존재로 태어난다는 것이 일반적인 법칙이 될 수는 없기 때문이다. 그러나 인간과 동물을 모두 중생이라는 동일한 범주 속에서 파악하는 불교의 우화들은 인간이 쥐, 소, 뱀 등과 같은 동물로 태어나는 것은 일반적인 윤회의 유형으로 받아들이고 있다. 인간은 인간이라는 본성, 혹은 다른 존재와 본질적으로 구분되는 어떤 성질을 가진 것이 아니라, 중생이라는 동일한 본성을 가진 존재이기에 가능한 것이다.

불교가 인간을 여타의 다른 중생과 전혀 구분하지 않는 것은 아니다. 인간은 중생이지만 중생 범주 내에서는 다른 생류(生類)들과 구분되고 있다. 예컨대 육도중생을 이야기할 때 인간은 다른 중생과는 구분된다. 그러나 불교 문헌에서 인간을 다른 중생과 구분하여 보는 경우는 매우 드물다. 인간을 언급할 때는 늘 중생이란 말로서 한다. 또 특별히 인간을 분리하지 않은 상태에서 여러 종류의 중생을 언급한다. 인간은 다른 생명체들과 구분되지 않는 것은 아니나 그러한 구분은 그다지 의미가 없다고 보고 있는 것이다.

인간의 고유성을 인정하지 않는 불교의 이러한 태도는 매우 독특한 것이다. 많은 철학이나 사상들이 인간에게 여타의 생명체와 구분되는 어떤 고유성을 발견해 내고 인간의 존재의의를 부여하고 있다. 그러한 고유성은 흔히 도덕, 문화, 이성 등의 관념 등의 개념으로 표현된다. 불교 역시 도덕과 이성을 종교적 이상의 성취에 필요한 매우 중요한 요소로 간주하고 있다. 도덕은 불교의 다양한 수행체계에서 언제나 기초적 과정을 이루고 있다. 불교 수행의 표준적 체계인 팔정도(八正道)의 주요 항목들은 도덕규범들로 되어 있다. 또 불교는 현대학자들로부터 이성적 종교라고 불리고 있듯이 맹목적인 신앙을 반대하고 이성을 토대로 한 수행을 강조한다. 그럼에도 불구하고 불교는 도덕, 문화, 이성이 인간을 다른 동물로부터 구분해 주는 요소로 보지 않을 뿐 아니라, 여타의 어떤 요소를 가지고도 인간을 여타의 생명체와 구분해 보려 하지 않는다. 이러한 태도는 불교가 늘 생의 원초성의 관점에서 인간을 바라보기 때문이라고 할 수 있을 것이다. 그것은 모든 생명체에 공통된 생의 원초성이 너무나도 근본적으로 인간을 규정하고 있는 것이다.

불교에서 인간을 중생이라는 말로 지칭하는 것은 인간을 사회적 존재로 파악하기 때문이 아니라 생명체 일반 속에서 파악하기 때문이며, 인간의 본질적 속성을 동물적 욕망의 추구라고 보기 때문이다. 뿐만 아니라 불교는 이 욕망 또한 사회적 관점에서 보지는 않고 개인의 관점에서 본다. 이 점에서도 불교는 욕망을 사회적 관계 속에서 파악하고 있는 대부분의 사상이나 철학과는 다른 태도를 취하고 있다. 일반적으로 전근대의 철학들과 근대의 철학들 사이에는 인간의 욕망에 대한 시각차가 존재하지만 불교의 시각은 이들 모두와 대비된다. 전근대의 철학들은 일반적으로 인간의 본질적 속성을 도덕, 문화, 이성 등의 관념을 통하여 규정하면서 인간을 다른 동물들과 구분하며, 욕망은 이들 관념들보다 인간에게서 비본질적인 것으로 간주한다.

## Ⅲ. 인접 개념과의 관계 및 현대적 논의

### 1. 인접 개념과의 관계

중생계(衆生界): 불교의 우주론 가운데 하나인 십계 가운데서 부처가 사는 불계(佛界)를 제외한 나머지 세계로서 중생이 살고 있는 세계를 말한다. 중생세간(衆生世間)이라고도 한다.

중생근(衆生根): 중생의 근성을 말하는데, 『대방광불화엄경(大方廣佛華嚴經)』은 중생은 다양한 근성을 가지고 있다고 말한다.[50] 『구사론』에서는

50 『大方廣佛華嚴經』(『大正藏』10권, 90중)

욕망에 염욕중생근(染欲衆生根), 이욕중생근(離欲衆生根), 진애중생근(瞋恚衆生根), 지리진애중생근(知離瞋恚衆生根), 우치중생근(愚癡衆生根) 등 35가지의 중생근을 말하고 있다. 중생의 근성은 모두 부정적인 것만은 아니다. 중생은 현재로서는 무지로 인한 욕망으로 인하여 고의 세계에 있지만, 자각을 통해서 부처가 될 수 있다고 보기 때문에 중생근 가운데 상당수는 구불도중생근(求佛道衆生根) 등의 긍정적인 것들로 되어 있다.[51]

중생상(衆生相): 중생이 부처가 설한 진리를 들은 후에 가지게 되는 지경사상(智境四相)인 아상(我相)·인상(人相)·중생상(衆生相)·수자상(壽者相)의 네 상 가운데 하나. 『간행금강반야경찬술서(刊行金剛般若經贊述序)』는 세친(世親)의 설을 인용하여 삼세 오온의 차별에 집착하여 과거의 내가 현재에 상속하여 끊임이 없는 것을 중생상(衆生相)이라 하고 있다.[52]

중생견(衆生見): 중생이 자아에 대해 망령되이 가지는 네 가지 견해[我見·人見·衆生見·壽者見] 중 하나.[53]

중생세간(衆生世間): sattva-loka의 번역. 유정세간(有情世間) 혹은 중생세(衆生世)라고도 한다. 오온이 화합하여 이룬 중생이 정보에 의거하여 드러내는 경계이다. 불계와 지옥의 십계와 함께 삼세간(三世間)을 이룬다.

중생심(衆生心): 중생이 지니고 있는 마음. 중생심은 일반적으로 불, 보살의 마음과 대비되는 것이다. 그러나 중생과 부처의 불이론을 강조하는 『대승기신론』에서는 중생심이 여래장심(如來藏心)을 포괄하고 있다고 보는데, 원효(元曉)는 『대승기신론소(大乘起信論疏)』에서 이를 다음과 같이 설명한다.

> "대승은 총괄적으로 말하면 두 가지가 있다. 무엇이 둘인가? 하나는 법이고, 둘은 의(義)이다. 법이란 중생심을 말하는데, 이 심은 일체의 세간법과 출세간법을 모두 포괄한다. 이 마음에 의거하여 대승의 뜻을 나타내고 있다. 왜냐 하면, 이 마음의 진여상이 대승의 체(體)를 보여주기 때문이고, 이 마음의 생멸인연상이 대승 자체의 상(相)과 용(用)을 잘 보이기 때문이다. 의라고 하는 것에 세 가지가 있다. 무엇이 세 가지인가? 첫째는 체대(體大)인데, 일체의 법은 진여로서 평등하여 증감하지 않음을 뜻하기 때문이다. 둘째는

51 『阿毘達磨俱舍論』(『大正藏』25권, 204하)
52 『刊行金剛般若經贊述序』(『大正藏』 33권, 131중)
53 『大正藏』 8권, 752중.

> 상대(相大)니, 여래장에 한량없는 성공덕이 갖추어 있음을 뜻하기 때문이다. 셋째는 용대(用大)인데, 세간과 출세간의 착한 인과를 잘 내기 때문이다. 일체의 여러 부처가 본래 의거하는 것이기 때문이며, 일체의 보살이 모두 이 법에 의거하여 여래의 경지에 이르기 때문이다."[54]

중생탁(衆生濁): 유정탁(有情濁)이라고도 하며, 중생들이 행하는 여러 가지 악행으로서 부모에게 불효하며, 연장자를 공경하지 않고, 악업으로 인한 과보를 두려워하지 않고, 공덕을 짓지 않고, 지혜, 보시, 법을 닦지 않으며, 금계(禁戒)를 지키지 않는 등을 말한다.

중생은(衆生恩): 세상에 태어난 모든 중생이 평등하게 받는 네 가지 은혜[父母恩, 衆生恩, 國王恩, 三寶恩] 가운데 하나이다.

> "일체 중생은 무시이래로 수많은 생을 유전하면서 서로 부모가 되기 때문에, 모든 남녀는 모두 부모로서의 은혜가 있다. 현재 부모의 은혜가 차별이 없는 것처럼 과거의 은혜도 다 갚지 못하고, 혹은 망령됨 없이 생겨나서 순리를 거슬러서 집착하기 때문에 도리어 원한이 된다. 무명이 지혜의 밝음을 덮어서 전생에 부모임을 깨닫지 못하기 때문이다. 은혜에 보답하여 요익하게 해야 하는데 요익하게 하지 못함을 불효라고 한다. 이러한 인연으로 여러 중생들은 언제나 큰 은혜가 있어서 실로 보답하기 어렵다. 이러한 일을 중생은이라고 한다."[55]

중생인(衆生忍): 생인(生忍)이라고도 한다. 여래 등은 중생들이 종종 나쁜 마음을 가져도 화내지 않고, 종종 공경하여도 기뻐하지 않으며, 안온(安隱)의 도(道)로 중생을 관찰하여 나쁜 견해를 낳지 않는 것을 말한다.[56]

## 2. 현대적 논의

'중연화합소생(衆緣和合所生)'에서 비롯된 '중생'에 상응하는 현대적 개념은 '생명체'라고 할 수 있다. 호흡과 의식과 체온을 지닌 생명체는 인식·

54 元曉, 『大乘起信論疏』(『大正藏』 32권, 575하-576상)
55 『大正藏』 2권, 297하.
56 『大正藏』 25권, 106하-107상.

사유·판단 능력을 지닌 존재인 유정(有情)에 대응하는 개념이기도 하다. 현대 의료과학에서는 생명체를 단백질 합성체로 분석하기도 하지만 이것 역시 생명을 지닌 존재인 중생에 대한 온전한 설명이 되기에는 부족하다.

이러한 맥락에서 대승불교 초기에 초목(草木)을 단지 생장·번식 능력만을 지닌 존재로 보아 성불이 불가능한 존재로 상정하고 인식·사유·판단 능력을 지닌 유정(有情)만을 성불할 수 있다는 논의 역시 현대적 관점에서 보면 매우 부족한 담론이었던 것으로 보인다. 과학 기술의 급속한 발달로 인해 생명과 생명체에 대한 담론은 무성해졌지만 여전히 해결되지 않은 과제가 많이 남아있다. 이 때문에 철학과 의학 및 종교와 윤리학계의 깊이있는 논의가 요청되고 있다.

**김종인** (경희대)

우리말 불교개념 사전

# 무아

| |
|---|
| 범 anātman 빠 anattan 장 bdag med pa 한 無我 |
| 영 no-self, non-self, selflessness, no-soul, without a soul |

## Ⅰ. 어원적 근거 및 개념 풀이

무아란 일체 존재[諸法]가 지닌 세 가지의 기본적 특징[三法印] 중의 하나이다. 이것은 인도 정통 철학의 아트만론과 대비되는 불교의 독특한 입장으로서 불교사상의 핵심이다. 이런 무아는 빠알리어로는 anattan이고, 범어로는 anātman이며, 서장어로는 bdag med pa이고, 한자로는 無我이다. 또한 이를 영어로는 no-self, non-self, selflessness, no-soul, without a soul 등으로 옮긴다.

인간은 누구나 생노병사를 겪는 괴롭고 불완전한 존재이다. 따라서 여기서 벗어나고자 인간은 생노병사를 겪지 않는 영원불변의 절대자를 추구하는 경향을 지닌다. 이런 절대자를 자기 외부에서 찾을 경우, 그것은 현상 세계 배후에서 모든 변화를 가능하게 하는 영원불변의 절대자가 되며, 인도 철학에서는 이것을 브라흐만(brahman)이라고 부른다. 또한 그런 절대자를 자기 내부에서 찾을 경우, 그것은 현상적이고 개별적인 자기 배후의 보편적이고 절대적인 자아가 되며, 인도 철학에서는 이것을 아트만(ātman)이라고 한다. 베다 시대의 인도에선 브라흐만(brahman)이라는 절대자에 의해 주어진 명령이나 규범을 제사 의식이나 계급 제도를 통해 실행함으로써 완전함과 만족을 성취하려 하였다. 그러나 브라흐만에 복종한다고 해서 인간 자체의 불완전함이 극복되는 것은 아니었으므로, 절대자를 통해 인간의 불완전성을 극복하려는 시도는 인간 내면에 대한 성찰로 그 방향이 바뀌었다. 그리하여 도달된 인간 내부의 영원 불변한 보편적 절대 자아가 바로 아트만이다. 우파니샤드에서는 인간 내면의 절대 자아인 이 아트만과 전 우주의 초월적 절대자인 브라흐만이 사실은 동일한 존재라는 점[梵我一如]을 깨닫는 것을 최상의 지혜로서 추구한다.

brahman은 bṛihat에서 유래하는데, 이 말은 '높은'·'고귀한'이라는 의미에선 초월성을 가리키고, '큰'·'넓은'이라는 의미에선 성장과 팽창 및 그로 인한 보편성 등을 가리킨다.[1] 그래서 브라흐만은 초기에 영혼의 성장이나 팽창을 의미하였고, 이어 그로 인한 성스러운 말씀이나 시·기도·주문 등을 의미했으며, 마침내 그런 것들을 집행하는 사제를 지칭하게 되었다. 그리하여 사제가 신들을 브라흐만으로 대체하자, 브라흐만은 주신(主神) 쁘라자빠띠(prajāpati)와 동일시되었고[2], 더 나아가 절대적 창조 원리로서 쁘라자빠띠보다 우위를 차지하게 되었으며, 내면의 아트만과 하나로 되는 범아일여 사상을 통해 우파니샤드의 정점이 되었다. 이런 브라흐만은 배후의 실재와 환희를 그 본질로 한다. 브라흐만의 본질이 실재(sat)라는 것은[3], 그것이 자신 이외에는 무엇에도 의존하지 않는 자생(自生, svaymbhu) 존재로서 다른 것에 의한 제한을 넘어선 초월자이고, 따라서 변화에 의해 부정될 수 없는 (abādhita) 끝까지 남아있는 절대자이며, 회의에 의해 부정될 수 없는(abādhita) 의심 너머의 진실(satya)이라는 의미이다.

또한 브라흐만이 배후의 것이라는 점은[4] 그것의 본질이 마음(cit)임을 가리킨다. 왜냐하면 브라흐만은 스스로 빛을 발하여(svayamprakāśa) 모든 것

1 S. Radhakrishnan, *The Brahma Sūtra - The Philosophy of Spiritual Life* (London : George Allen & Unwin, 1960), 233-234면

2 S. A. Dasgupta, *A History of Indian Philosophy,* (London : Cambridge University Press, 1969), 1권, 20면,

3 *Chāndogya Upaniṣad* VI. 2. 1

4 *Bṛhadāraṇyaka Upaniṣad* III. 6

을 활동하게 하는 배후의 지적인 힘으로서 일종의 앎(jñāna)의 성질을 지닌 우주의 내적 지배자이기 때문이다.[5] 그리고 브라흐만의 본질이 환희(ānanda)라는 것은[6], 그것이 이 세상에서 겪는 괴로움과 불만족이 사라진 그 자체로 만족스러운 충족성 또는 자족성의 상태이며, 따라서 시공간상의 차별과 제한에서 벗어난 무한성의 상태라는 점을 의미한다. 결국 실재와 마음과 환희를 본질로 하는 브라흐만이란 우주 배후의 진실되고 무한한 절대 불변자인 것이다.[7]

브라흐만에 비해 아트만은 여러 갈래의 어원을 갖는다.[8] '바람불다'는 뜻의 av나 va에서 유래한 것으로 볼 경우, 아트만(ātman)은 '바람'(vāyu)을 의미하고, '숨쉬다'는 뜻의 an에서 유래한 것으로 볼 경우, 아트만은 '호흡'(prāṇa)을 의미한다.[9] 그리고 '움직이다'는 뜻의 at와 '편재하다'는 뜻의 ap에서 유래한 것으로 볼 경우, 아트만은 계속 움직이며 어디에나 있는 것, 어디서나 어떤 상태에서나 계속 움직이는 것, 이를테면 꿈이나 깊은 잠이나 죽음 등 어떤 상태에서도 지속되고 유지되는 것으로서 영혼이나 정신(purṣa)을 의미하고[10], 과거·현재·미래의 주인으로서 자기 동일적인 것이라는 점에서는 자아를 가리키며, 항상 남아있는 배후의 보편자라는 점에서는 본질(sāra)이나 본성을 함축한다. 또한 '나'라는 뜻의 a와 '이것'이라는 뜻의 ta가 합쳐진 ata에서 유래한 것으로 볼 경우, 아트만은 이 나, 즉 다른 것과 구별되는 자신으로서 자기(svayam)를 의미한다.

바람은 공기의 흐름이고, 그 공기를 마시는 것이 호흡이다. 그리고 호흡을 할 때에만 생명은 유지되므로, 호흡이 생명을 유지시켜 주는 본질이 되며, 이런 호흡과 관련된 신체 속의 기체인 생기가 영혼이나 정신이 되어, 그런 영혼이 모든 신체적 기능들의 중심이나 총괄자가 된다. 그러므로 영혼은 개인 생명의 본질로서 자기 자신의 주인이 되고, 이런 영혼을 지닌 아트

5 *Aitareya Upaniṣad* V. 3
6 *Chāndogya Upaniṣad* VI. 2. 1
7 *Bṛhadāraṇyaka Upaniṣad* I. 4. 10, *Chāndogya Upaniṣad* III. 14. 1
8 ātman에 대한 어원 분석으로는 다음을 참고할 수 있다. A. B. Keith, *The Religion and Philosophy of the Vedas and Upanisads,* (Massachusetts, 1925), 450-452면, R. Belder, *The Concept of Ātman in the Principle Upanisads,* 1972, 12-13면, J. Hastings, *Encyclopedia of Religion and Ethics,* New York, 1955, 2권, 195면
9 *Chāndogya Upaniṣad* V. 1. 5-15, *Kaushītaki Upaniṣad* III. 3-4
10 *Bṛhadāraṇyaka Upaniṣad* III. 2. 13, III. 7. 11

만이 개별적 자아(jiva-ātman)이다. 또한 그런 중심은 모든 개인 속에 내재하므로, 모든 개인에 두루 존재하는 보편적 자아라는 점에서 아트만은 절대적 자아(parama-ātman)이기도 하다.[11] 이런 보편적 자아가 우주 생명의 본질로서 일종의 우주적 영혼이나 세계 정신이 된다. 그리하여 만물의 근원(brahman, 梵)을 인간 내면(ātman, 我)에서 찾고자 한 우파니샤드의 논리는 범아일여(梵我一如)로 귀결된다.[12] 이처럼 아트만은 바람·호흡·영혼·자아 등의 의미 함축을 거치면서 범아일여로 상승해간다. 이러한 일여성은 아트만의 본질 역시 배후의 실재와 환희라는 점에서도 확인된다.

아트만의 본질이 실재(sat)라는 것은,[13] 그것이 가시적이고 가변적인 현상 세계에 대해서 불가시적이고 불변적인 본질로서, 보편적으로 유지되면서도 진실로 있는 것이라는 점을 의미한다. 또한 아트만이 배후의 것이라는 점은 그것의 본질이 의식(vijñāna)임을 가리킨다. 왜냐하면 아트만은 요가와 같은 정신 수행을 통해 알 수 있는 초월적 의식의 대상으로서 인간 내면의 본질이기 때문이다. 그리고 아트만의 본질이 환희(ānanda)라는 것은,[14] 그것과의 합일시 모든 괴로움이 사라지고 기쁨만이 온다는 의미이다. 이렇듯 배후의 실재[우주 이면의 실재로서의 브라흐만, 인간 내면의 실재로서의 아트만]와 거기서 오는 환희를 본질로 한다는 점에서 브라흐만과 아트만이 완벽하게 일치하므로, "그것은 너이다"(tat tvam asi)[15]는 범아일여 사상이 표현될 수 있는 것이다. 이것은 영원불변의 절대자를 인간 내면에서 찾음으로써 불사(不死)를 확보하고자 한 시도의 최종적 표현이라고 할 수 있다. 이상과 같은 아트만, 특히 인간 이면의 본질로서 상주하는 불변의 실체 또는 영원한 영혼과도 같은 절대 자아에 대한 부정이 anātman, 즉 무아(無我)이다.

---

11 *Bṛhadāraṇyaka Upaniṣad* II. 1. 20, *Chāndogya Upaniṣad* VI. 12. 3
12 *Bṛhadāraṇyaka Upaniṣad* IV. 4. 5, II. 5. 12
13 *Bṛhadāraṇyaka Upaniṣad* II. 1. 20, *Chāndogya Upaniṣad* VI. 12. 1-3
14 *Taittiriya Upaniṣad* II. 5
15 *Bṛhadāraṇyaka Upaniṣad* I. 4. 10, II. 5. 19, *Chāndogya Upaniṣad* VI. 8. 7, *Aitareya Upaniṣad* III. 5. 3

# Ⅱ. 역사적 전개 및 텍스트별 용례

## 1. 초기불교에서 무아

불교란 '불법(佛法)을 신앙하는 종교'라고 정의할 경우, 불교의 목표는 이런 신앙과 수행을 통해 고(苦)의 현실에서 벗어나 열반(涅槃)이라는 이상을 달성하는데 있다고 볼 수 있다. 여기서 불법은 붓다(buddha)가 발견하고 깨우쳐 가르친 다르마(dharma)를 의미하며, 그 내용에선 연기(緣起)와 무상(無常)과 무아(無我)를 가리킨다. 불교 교학에 담긴 이런 기본적 정황을 가장 함축적으로 표현해주고 있는 것이 바로 무상·무아·고·열반의 사법인(四法印)이다. 이 사법인은 초기 불교의 중심 체계일 뿐만 아니라 불교 사상 전체의 근저가 되는 중요 가르침으로서, 이것은 남방 상좌부나 북방 대승의 어떤 종파이건 그것이 불교라고 불리워지는 한, 이러한 기본 체계를 해석하는 방식은 다를지라도, 결코 부인될 수 없는 각파의 핵심사상으로 남아있다.

그런데 사법인이 지닌 의미는 무상과 무아의 이치를 알지 못해 집착과 망상을 일으키면 괴로움을 낳지만, 그 이치를 확연히 깨우쳐 집착과 망상을 여의면 곧 청정한 열반에 이른다는 점을 제시하는데 있다. 이점은『법구경』의 다음과 같은 가르침에서도 확인된다.

> 제행(諸行)은 무상(anicca)이라고 지혜에 의해 볼 수 있을 때, 거기에서 곧바로 고(dukkha)를 멀리하게 되니, 이것이 바로 청정(visuddhi)에 이르는 길이다.[16]

> 일체법(一切法)은 무아(anattan)라고 지혜에 의해 볼 수 있을 때, 거기에서 곧바로 고를 멀리하게 되니, 이것이 바로 청정에 이르는 길이다.[17]

이처럼 무상과 무아를 아는 지혜가 고와 열반을 가르는 분기점이 되는 이상, 무상과 무아의 이치야말로 이고성불(離苦成佛)이라는 불교의 목표를

16 *Dhammapada,* 277.
17 *Dhammapada,* 279.

구현하는데 관건이 되는 사상이라고 할 수 있다.

먼저 무상(無常, 빠 anicca, 범 anitya)은 '배후에(ni) 놓인 어떤 영원 불변할 것(nicca)에 대한 부정(a)'을 뜻한다. 다시 말해 이 세상에는 영원 불변한 것이 있을 수 없다는 의미로서, 끊임없는 변화와 덧없이 사라짐을 나타내는 표현이다. 이것은 마치 헤라클레이토스(Herakleitos)가 "만물은 흐른다(panta rhei)"고 표현한 우주론적 역동성을 떠올리게도 하지만, 초기불교에서 무상은 우주론적이라기 보다는 실존론적인 발상에서 주로 논의되고 있다. 즉 사람들이 집착할 우려가 있는 이 세상의 화려한 모습의 모든 것이 결국에는 사라져 버릴 덧없는 것이고, 그러므로 거기에 매어 괴로움을 양산할 필요가 없다는 통찰을 제시하기 위한 표현이 바로 무상이다.

> 무지의 범부 중생들은 이익과 손실, 명성과 무명, 비난과 칭찬, 즐거움과 고통 등의 모든 것들이 무상한 것이고 괴로움을 낳는 것이며 변화할 수밖에 없는 것임을 깨닫지 못한다.[18]

『증지부(增支部)경전』에 나오는 이 표현에서도 알 수 있듯이, 대부분의 경우 무상은 괴로움이라는 삶의 현상과 연관지어 거론되기 때문에, 무상인 그 이유에 대해서는 경전상에서 명시적으로 설명되어 있지 않은 것이 사실이다. 그러나 만물의 흐름에도 그 이유와 원리가 있고, 그것이 헤라클레이토스에게서 로고스(logos)라는 개념으로 표현되듯이, 끝없는 변화를 함축하는 무상에도 그 이유와 근거는 분명히 있다. 그것이 바로 다르마(dharma, 法), 즉 연기법(緣起法)이다. 모든 것은 연기하기 때문에, 다시 말해 모든 것은 무수한 조건[緣]들 간의 상호의존적인 화합을 통해 일어나는[起] 것이고 이런 조건들의 개입이 잠시도 멈추지 않고 계속되기 때문에, 영원 불변하게 있는 것은 없고, 그래서 무상이라고 하는 것이다. 이러한 이유로 제행(諸行),[19] 즉 인연화합하여 형성된 모든 것은 무상하다고 한다. 이처럼 인연화

18 *Anguttara-Nikaya* IV, 157면, E. M. Hare 영역, *The Book of the Gradual Sayings* (The Pali Text Society, 1978) vol. IV, 108면.

19 여기서 行은 빠알리어로는 saṅkhāra이고 범어로는 saṃskāra이다. 이것은 '한 곳을 향해' 또는 '함께'라는 뜻의 saṅ(saṃ)과 '하다'는 뜻의 kṛ 동사가 결합된 말이다. '한 곳을 향해' '하다'로 결합될 경우, 어떤 식으로 하고자 하는 '의도' '의지' '형성력' '행위' 등을 의미하며, 십이연기나 오온상의 行이 여기에 해당한다. '함께' '하다'로 결합될 경우, 여러 가지 요인들이 함께 결합하여 '조건지어진 것' '因緣所生한 것' 등을 의

합의 연기법을 근거로 무상을 이끌어내는 방식은 무아에도 적용될 수 있다.

무아(無我, 빠 anattan, 범 anātman) 사상은 상주(常住)의 아(我, ātman)가 있다고 주장해 내려온 전통적 인도철학사상에 정면으로 대립하는 것으로서, 우파니샤드와 불교의 차이는 이 아트만의 인정과 부정에 있다고까지 말할 수 있다.[20] 이런 관점에서 본다면 인도철학은 아트만론(ātmavada)의 정통사상과 반아트만론(anātmavada)의 비정통사상으로 크게 대별된다. 그런데 이 아트만은 그 연원이 베다시대에까지 소급되는 무척이나 오래된 개념이다. 베다시대에는 인간이 죽을 때 몸을 버리지만, 그 몸을 버린 뒤에는 어떠한 형태로든지 그 자신을 계속한다는 뜻을 나타내던 마나스(manas)와 아수(asu)라는 개념이 있었다. 그러던 것이 브라흐마나(Brahmana) 시대에 들어서면서 아수는 프라나(prāṇa)로 대치되어, 죽지 않는 영원불변의 참다운 주체의 뜻을 나타나게 되고, 마나스는 그 중심이 마음의 모든 기능을 통일 제어하는 '나', 즉 아트만에 있는 것으로 관찰되었다. 그런데 아트만에는 본래 '숨'이라는 뜻이 있어 프라나의 의미를 이미 갖고 있었으므로, 프라나는 아트만에 흡수되고 만다.[21] 그리하여 원래 생명의 근원이 되는 '호흡'을 뜻하던 아트만은 이제 인간의 본질로서 상주하는 영원한 존재로 격상된다. 인간의 본체인 이 아트만이 전 우주의 근본 실재인 브라흐만(brahman)과 동일하다는 이른바 범아일여(梵我一如) 사상이 우파니샤드의 핵심이다.

그런데 붓다는 이런 아트만의 존재에 대한 믿음 속에 내포된 문제점들을 깨닫고, 그런 개념을 어리석은 견해라 하였다.

> 수행자여, 자아 가운데 어떤 영원한 것이 발견되지 않으면 사람들은 괴로워하는 경우가 있느니라. …… 수행자여, 자아나 자아를 유지하는 어떤 것을 진실로 확실히 찾을 수 없을 때, "세계는 아트만 바로 그것이다. 나는 죽은 후에 영원하고 상주 불변하는 그것이 될 것이며, 거기서 영원한 것으로 지속할 것이다"라고 생각하는 것은 완전히 어리석은 견해가 아닌가?[22]

---

미하며, 제행무상의 行이 여기에 해당한다.

20 T. R. V. Murti, *The Central Philosophy of Buddhism* (London : George Allen and Unwin Ltd, 1960) 10, 20면 참고.

21 고익진, 「아함의 무아윤회설」, 『불교의 체계적 이해』 (서울 : 새터) 153면 참고.

22 *Majjhima Nikāya* I. 136-137.

그리하여 붓다는 다음과 같은 세 가지 방식으로 아트만을 비판하였다. 첫째, 붓다는 열반을 추구함에 있어 무집착의 필요성을 강조함으로써, 아트만에 대한 집착 가능성을 제거하고자 했다. '나'를 실체적이고 불변적인 아트만(자아)으로 간주하는 이상, 우리는 그 '나'에 집착하여 그것에 반하는 다른 모든 것을 배척하게 되고, 이로 인해 아트만은 과도한 욕망과 증오와 고통을 낳는 근원이 될 것이기 때문이다.[23] 둘째, 붓다는 아트만 개념이 지닌 그 비논리성을 지적하였다. 즉 순수하고도 고상하며 영원한 것[→아트만]이 어떻게 육체와 같이 순수하지도 못하고 천하며 덧없는 것과 결합될 수 있는가 하는 것이었다.[24] 셋째, 붓다는 아트만을 인정할 경우 수행의 증진을 보장하기 어렵다고 보았다. 수행을 통해 점점 나아져 간다는 것은 점차 변화해 간다는 것인데, 어떤 변화가 와도 요지부동한 아트만이 있다고 한다면, 그런 불변적 자아로 인해 수행상의 변화가 불가능하게 되고, 정신적 수행 생활 자체가 모든 의미를 상실하게 될 것이기 때문이다.[25]

이리하여 오온무아설(五蘊無我說)이 주장되기에 이른다. 오온이란 색(色, rūpa, 물질적 존재), 수(受, vedanā, 감각작용), 상(想, saññā, 표상작용), 행(行, saṅkhāra, 의지작용), 식(識, viññāṇa, 사유식별작용)의 다섯 가지 기능을 말한다. 이 오온은 마치 비파의 소리가 모든 부분이 한데 모여져서 적당한 위치 관계에 있음으로 해서 울리는 것처럼, 인연에 의해 얽혀지는 관계에 있을 때에 비로소 아(我)를 이루는 것이다.[26] 또한 오온은 그 각각도 인연화합한 것이다.

> 사대(四大)를 인(因)으로 하고 사대를 연(緣)으로 한 것을 색온(色蘊)이라고 한다. …… 촉(觸)을 인으로 하고 촉을 연으로 하여 생겨난 수상행(受想行)을 수상행온(受想行蘊)이라고 한다. …… 명색(名色)을 인으로 하고 명색을 연으로 한 것을 식온(識蘊)이라고 한다.[27]

23 Murti, 앞의 책, 17면 참고.
24 Charles Prebish ed., *Buddhism : A Modern Perspective* (The Pennsylvania State University Press, 1978) 31면 참고.
25 Murti, 앞의 책, 17면 참고.
26 비파 대신 수레의 예를 들어, 수레란 여러 부분들이 결합한 현상에 대한 잠정적 명칭일 뿐이라고 보기도 한다. 『那先比丘經』 권상 (『대정장』32권, 706)
27 『잡아함경』 권2 (『대정장』2권, 14하)

이처럼 각각의 온들은 서로를 인과 연으로 하여 존재하므로, 오온에 있어서는 부분적으로도 또 전체적으로도 고정 불변의 실체로 존재할 수 있는 것은 아무 것도 없다. 따라서 나라는 것은 오온가합(五蘊假合)이라는 상관관계의 총화로서 잠정적 가합태에 불과할 뿐, 나라는 고정된 실체가 따로이 존재하는 것은 결코 아니다. 마치 수레가 그것을 이루는 부분들의 집합에 불과한 것과 같이, 인간은 단지 물질적이고 정신적인 기능적 존재들의 집합체로서, 그것들이 '자아처럼 보이는 것(pseudo-individuality)'를 구성하고 있을 뿐, 그 요소들을 떠나서는 수레도 인간도 그리고 자아도 관념상의 존재에 불과할 뿐이다.[28]

> 네 가지 색 아닌 온[수상행식온]과 눈과 색 등의 법[색온]을 이름하여 사람이라고 한다. 이러한 법에 대해 사람이라는 생각을 지어 중생 …… 푸드갈라, 지바, 선두라고 한다. 그리고 이렇게 말한다. "내가 눈으로 색을 본다. 내가 귀로 소리를 듣는다. 내가 코로 냄새를 맡는다. 내가 혀로 맛을 본다. 내가 몸으로 촉감을 느낀다. 내가 의(意)로 법(法)을 인식한다" 이것은 시설(施設)이다. [29]

색수상행식의 오온을 사람·중생·푸드갈라 등으로 부르면서, 보고 듣고 분별하는 나 또는 자기동일적인 나가 존재한다는 관념을 일으킨다. 그러나 보고 듣고 분별하는 일상의 자아는 언어 활동상 임시로 시설된 것이고, 상일주재하는 자아란 단지 오온으로부터 얻어진 헛된 관념일 뿐이다. 이렇게 상일주재적 자아가 실재하지 않는다는 것[無我]을 말하기 위해, 오온은 그러한 자아가 아니라는 것[非我]을 말하는 것이다.[30] 그러므로 anātman을 비아(非我)로 읽으면서, 무아가 이면의 진정한 궁극적 자아를 용인하는 것인 양 해석하는 것은[31] 지나친 비약이라고 할 수 있다.

또한 여기서 주의해야 할 점은 이러한 오온무아설의 불교가 결코 경험적

---

28 L. de la Vallee Poussin, "Madhyamaka", J. Hanstings 편집, *Encyclopedia of Religion and Ethics,* vol. 9, 236면 참고.

29 『잡아함경』 권13 (『대정장』2권, 87하)

30 한자경, 『불교의 무아론』 (서울: 이화여대출판부, 2006), 33면.

31 Rhys Davids, *Dialogues of the Buddha* (London : PYS, 1951) 2권 108면, A. K. Coomaraswamy, *Introduction to Living Thoughts of Gotama the Buddha* (London, 1948) 147-163면.

의미에서의 '나'를 부정하는 것이 아니라, 단지 어떠한 궁극적 실체도 존재하지 않는다는 것을 주장할 뿐이라는 것이다.[32] 왜냐하면 붓다가 영원한 본질적 실체를 부정한 이유는 자신의 입장이 도덕 의식과 업의 영향력 강조에 있었기 때문인데, 전혀 변화가 불가능한 영원 불변의 자아가 있다면 우리의 정신 생활이 모든 의미를 상실케 되어, 아무리 노력하더라도 좀 더 나아지거나 혹은 못해지거나 하지 않게 되고, 결국 이것은 우리를 나태로 이끌 것이기 때문이다. 오히려 수행을 통해 종전과 달라지기 위해서도 수행의 주체가 실체화되어서는 안 된다.

> "세존이시여, 누가 취착합니까?" 세존께서는 말씀하셨다. "그와 같은 질문은 옳지 않다. 나는 '누가 취착한다'고 말하지 않았다. …… 그러므로 '세존이시여, 무엇을 조건으로 취착이 일어납니까'라고 묻는다면, 그것이 올바른 질문이다. 그것에 대해 '갈애를 조건으로 하여 취착이 생겨나며, 취착을 조건으로 존재가 생겨난다'라고 답변하는 것이 옳다."[33]

'취착하는 자' 또는 '갈애하는 자'와 같은 주체는 인연화합에 의해 잠정적으로 그 기능을 이행하는 자일 뿐, 고정된 실체와 같은 주체란 존재하지 않으며, 주체가 이렇게 실체가 아닐 때 집착에서도 벗어나는 것이 가능하다. 따라서 무아의 참뜻은 자아에 대한 집착을 제거하기 위하여, 우리가 통상적으로 자아라고 알고 있는 그것이 실체가 아닌 가립태일 뿐이라는 것을 알려주는데 있는 것이며, 일상적으로 경험되는 나 혹은 자아를 부정하는 것이라기 보다는, 그 일상적 자아의 올바른 실상이 오온가합임을 보여주는데 있는 것이라고 하겠다.

### 2. 부파불교에서 무아

부파불교 또는 아비달마불교의 여러 학파 가운데서 가장 많은 아비달마 논서를 낳고 학문적으로 가장 강력한 부파로 성장한 것이 서북 인도에 세력을 뻗치고 있던 사르바스티바딘(Sarvāstivādin)파이다. 이 학파의 이름은

32 T. Stcherbatsky, *The Central Conception of Buddhism and the Meaning of the Word "Dharma"* (Motilal Banarsidass, 1983) 26면 참고.

33 Saṁyutta Nikāya II. 14.

'모든 것이 있다고 주장하는 자'를 의미하고, 보통 한역명으로 설일체유부(說一切有部), 혹은 줄여서 유부(有部)라고 불리운다. 그러나 여기서 유의해야 할 점은 '일체유(一切有, sarva asti, 모든 것이 있다)'라 한다고 해서, 이 세상의 잡다한 그 모든 것이 다 존재한다는 뜻이 아니라, 그런 모든 것의 근원이 되는 궁극적 요소들[다르마들]이 모두 실재한다는 것을 가리킨다는 것이다.

법에 대한 연구라는 아비달마불교의 어의에서 보듯, 설일체유부는 종래의 것과 새로이 고안된 여러 범주들을 짝지우는 조작을 되풀이함으로써 존재의 최소 단위를 더욱 엄밀히 규정하고, 그들의 상호관계를 명백히 해 나가는 과정에서 75종의 다르마(dharma)들을 설정하게 되었다.[34] 이 75종의 다르마는 그 이상 더 분할할 수 없는 존재의 궁극적 요소임과 동시에 모든 존재자를 포괄하는 것이기도 하다. 설일체유부에 따르면 이 다르마들은 그 활동 면에서는 현상적 존재(bhava, 性, 즉 작용)로, 그 궁극적인 면에서는 본체(dravya, 體)라고 여겨질 수 있는 것이며, 그것들은 활동의 순간에만 나타나지만 본질적으로는 그 이전이나 이후에나 계속 존재하는 것들이다. 그러나 설일체유부의 이러한 발상은 자아를 구성하는 모든 요소들을 '초월적인 어떤 것에의 참여'라고 보았던 브라흐만적 전통에서 자유롭지 못한 것이라고 볼 수 있다.[35]

그런데 다르마들이 현상적으로는 찰나찰나 생멸하지만 본체적으로는 과거 현재 미래에 걸쳐 실유한다[三世實有 法體恒有]고 주장하는 실재론자들 역시도, 초기불교 이래의 무상과 무아 사상을 여전히 주장하고 있다는 것은 아주 기이하게 여겨진다. 바로 이런 무상과 무아의 실재론적 해석에서 설일체유부의 독자적인 면이 나타나고, 아울러 공 사상에 입각한 용수의 실재론 비판이 나오게 되는 것이다.

설일체유부는 존재를 여러 구성 요소들로 분석하여, 일련의 궁극적인 것(dharma)들의 체계를 수립한 일종의 환원주의적 시스템이라고 할 수 있다.

---

34 불교적으로 볼 때 우주의 이법은 '연기'이고, 그런 이법에 의해 형성된 것은 곧 '연기한 것'을 가리키는데, '연기'라는 원리에 의해 '연기한 것'이 형성될 때, 그것을 구성하는 가장 기본적인 조건들이 존재의 궁극적 요소들로서 다르마가 된다. 이런 연유로 설일체유부는 초기불교에서 자아의 기본 기능이었던 오온과 일체의 궁극 단위였던 십이처나 십팔계 등을 확대하여 75종의 다르마들을 상정할 수 있었다.

35 E.Conze, *Buddhist Thought in India* (The University of Michigan Press, 1973) 139면 참고.

이 요소들의 결합체는 모두 이름뿐인 것으로, 궁극적인 실체는 아니다. 다시 말해 실재한다고 인정될 수 있는 것은 부분 부분의 근원적 요소들뿐이며, 이런 것들로 결합된 전체는 결코 실재가 아니다. 이것은 부분과 전체가 서로에게 침투되어 들어가는[相入] 총체론적 조화[圓融]를 강조하는 후대 대승불교의 화엄적 세계관과는 정반대의 입장이라고 할 수 있다. 이처럼 설일체유부는 전체를 부분으로 해소하고자 하기 때문에, 이제 자아는 수(受)·상(想)·행(行)을 동반한 식(識)과 같은, 끊임없이 흐르는 개개의 요소들의 연속으로 변형되어진다. 색(色) 또한 마찬가지로서, 영원성은 없으나 불가입적(不可入的) 특성(impenetrability)을 지니고서 감각의 재료가 되는 일종의 순간적 섬광들의 흐름(a flow of momentary flashes)으로 여겨진다.[36]

그리하여 세계란 한편의 영화와도 같은 것이 된다.[37] 즉 설일체유부에 있어서 자아란 요소들의 집합체이며 명목상의 존재로서, 실체적 자아라고는 할 수 없는 것이지만, 이에 비해 순간적인 빛을 발하는 각 요소들(dhamas)만큼은 마치 영화 필름의 각 컷트들처럼 실재하는 것이다. 영사기에서 돌아가는 필름의 각 컷트 컷트는 다르마로서 실재하지만, 스크린에 비친 일체의 활동이나 나의 모습[자아]은 이 본체적 필름에 의해 드러난 현상에 불과하다. 필름의 각 컷트 자체는 움직이지도 변화하지도 않고 존재하지만, 스크린에 투영된 영상은 컷트 컷트들의 부단한 연속을 통해 변화 활동하며 한 편의 이야기를 구성해간다. 그리고 이렇게 스크린 위에서 펼쳐지는 영상의 장면들은 찰나 찰나 명멸해 가면서 우리의 덧없는 세상사를 연출해내지만, 그 이면의 필름의 각 컷트들은 연속되는 거대한 릴에 감겨 현재 미래의 그 어느 때에도 자신의 고유성을 간직한 채 각자 변치 않고 남아 있다. 즉 현상적으로는 찰나멸(刹那滅)이지만, 본체적으로는 삼세실유(三世實有)인 것이다.

따라서 이런 입장에서 보자면 무아는 오온과 십이처와 18계에서 확대된 모든 다르마들과 동의어가 된다.[38] 그러므로 삼세실유의 75법이 실재

36 T. Stcherbatsky, *The Conception of Buddhist Nirvana* (Leningrad, 1927) 39면.

37 설일체유부의 입장을 영화에 비유하는 것에 관해서는 Stcherbatsky의 앞의 책 39면과 上山春平 저, 정호역 역의『아비달마의 철학』(서울 : 민족사, 1990) 61면을 참고할 수 있다.

38 T. Stcherbatsky, *The Central conception of Buddhism,* 27면 참고.

한다는 것은, 현상은 무상이고 자아는 실재하지 않는다는 것을 논증하는 것이며, 무상과 무아는 곧 75법의 실재인 것이다. 이것은 세상을 현상면과 본체면으로 나눈 뒤 삼세실유(三世實有) 법체항유(法體恒有)하는 본체의 존재[→ 一切有]를 통해 현상의 무상과 무아를 논증하고자 하는 발상이라고 할 수 있다.

또한 연기(緣起, pratītyasamutpāda)를 해석함에 있어서도, 설일체유부는 그것을 모든 순간적 실체들이 다른 요소들과의 협조 속에서 갑자기 나타나거나 빛을 발하는 것으로 해석한다. 즉 연기란 요소들간에서만 존재하는 것으로 주장되는 것이다. 따라서 그들에게 있어서는, 모든 전체[요소들의 집합체]는 명목상의 존재로 간주되지만, 각 부분들 또는 궁극의 요소들만은 실재하는 것이 된다. 그러나 대승에 있어서는 모든 부분이나 요소들(dharmas)도 모두 비실재적[空, śūnya]이다. 결국 유부(有部)서는, 비록 연기는 하지만, 요소들은 실재하는 것인데 반해, 대승서는, 연기하기 때문에, 모든 요소들이 비실재적인[svabhāva-śūnya, 自性空] 것이다.[39]

이상에서 보듯이, 무상과 무아와 연기를 해석함에 있어, 설일체유부가 자아의 실체성을 부정한 것은 사실이지만, 각각의 순간적인 요소들을 받아들인 결과 야기되는 지속성의 문제를 설명해야 될 필요가 있었으므로, 그들은 항유한다고 여겨지는 이면의 기체(underlying substratum), 즉 자성(自性, svabhāva)을 믿게끔 되었다.[40] 그리하여 설일체유부에서는 현상[dharma-lakṣaṇa, 法相]적으로는 찰나적 생멸을 하지만, 본체[dharma-svabhāva, 法性]적으로는 과거 현재 미래의 삼세에 걸쳐 항유하는 자성적 75법을 상정하였던 것이다. 이처럼 찰나멸과 삼세실유 사이에서 조성되는 긴장 관계 및 무아와 연기의 실재론적 해석에서 야기된 자성의 문제가 용수의 무자성 공 사상을 전개시키는 출발점이 된다.

### 3. 중관사상에서 무아

영원 불변의 절대적 자아(ātman)를 부정하여 오온가합의 무아설을 내세

39 T. Stcherbatsky, *The Conception of Buddhist Nirvana,* 39-41면 참고.

40 D. Kalupahana, *Causality : The Central Philosophy of Buddhism* (The University Press of Hawaii, 1975) 75면 참고.

운 초기불교의 본체관은 소박 실재적 경향과 실재 부정적 경향을 아울러 가지고 있었다.[41] 비록 무아라 하지만, 육근(六根)이라는 정신적 요소와 육경(六境)이라는 물질적 요소로 구성된 육체와 정신은 생멸 변화해도, 그 요소들만은 그 본질이 항상 불변하고 실재한다고 보는 것이 원시경전 상에 나타난 실재관이라고 볼 수 있다. 그러나 이와 정반대되는 비실재관도 있으니, "세존이시여, 세간은 공(空)하다 하는데, 어찌하여 세간은 공하다 하십니까? 안(眼)이 공하고 영원 불변의 법(法)도 공하고 아소(我所)도 공하기 때문이다"[42]고 하는 것이 그것이다. 이것은 아(我)와 아소(我所), 인(人)과 법(法)의 일체가 공하다는 철저한 무아관이며, 이러한 실재 부정적 무아관이 열반을 위한 무집착을 강조한 붓다의 무아 사상의 참뜻이라 하겠다.

그러나 이러한 무아의 참뜻은 설일체유부에 이르러 실재적 사고방식으로 변형되었다. 그들은 초기 경전 상에 나타난 실재적 경향만을 받아들인 결과, 오온 화합에 의하여 형성된 자아는 실재하지 않지만, 자아를 형성하는 요소인 오온의 법은 있다고 하여, 무아를 오위 칠십오법의 실재와 동일시 하였다. 그들은 아집의 대상이라 할 수 있는 자아는 인정하지 않았지만, 그 구성요소의 실재는 인정하여, 현상적으로는 인무아(人無我)를, 본체적으로는 법유(法有)를 인정하는 이원적 자성 실재론을 주장하였던 것이다.

그러나 반야경 사상을 체계화한 용수에게 있어서는 자성이야말로 연기하지 않는 고립적 아트만으로서, 이것을 인정할 경우 고(苦)로부터의 전환이란 불가능한 것이었다. 따라서 연기하기 때문에 무자성이므로, 무아는 곧 공과 동의어가 된다. 용수가 보기에 설일체유부의 자성이란 '다른 것에 의존하지 않는 것(**nirapekṣaḥ paratra**, 不待異法成)', 즉 '연기하지 않는 것'을 의미했기 때문에[43], 모든 것이 연기하는 이상, 무자성(無自性)의 공(空, śūnya)일 수밖에 없게 된다. 설일체유부가 비록 연기는 하지만 다르마들은 자성적으로 실재한다고 본 데 반해, 용수는 바로 연기하기 때문에 다르마들은 무자성이라고 보았다고 할 수 있다. 즉 "연기한 것을 공이라하니, 왜냐하면 연기한 것에는 자성이 없기 때문이다"[44]는 주장을 펴고 있는 것이

41 김동화, 『불교윤리학 : 인간학으로서의 불교』 (서울: 보련각) 69-71면 참고.
42 『잡아함경』 권9 (『대정장』 2권, 56중)
43 龍樹, 『中論』, 제15품, 제2게 ; 『廻諍論』, 제55송, K. Bhattacharya 영역, *The Dialectical Method of Nāgārjuna,* (Delhi : Motilal Banarsidass, 1978) 37면 참고.
44 龍樹, 『廻諍論』, 제22송.

다. 연기이므로 무아이듯이, 연기이므로 무자성이고, 무상이므로 고정적 지속은 존재하지 않는다는 말이다. 초기불교에서 반야적 지혜의 내용이던 무상과 무아가 이제 대승불교의 개시와 더불어 무자성으로 이해되고 있는 것이다.

그리고 모든 다르마들의 자성이 부정됨으로 해서, 십팔공(十八空)[45] 중 내외공(內外空)과 제법공(諸法空)에서 보듯 근(根)과 경(境), 인과 법, 아와 아소의 일체가 공하지 않은 것이 없게 되어, 초기불교의 제법무아(諸法無我)는 일체개공(一切皆空)으로 해석되기에 이른다. 『아함경』에서 "색(色)은 물방울과 같고, 수(受)는 물거품과 같으며, 상(想)은 봄날 아지랑이 같고, 행(行)은 파초와 같고, 식(識)은 환상과 같음을 보라"[46]고 하여, 오온 각자도 무실체임을 주장한 것을, 법유(法有)를 비판한 용수의 법공(法空) 사상이 계승한다는 점에서, 공이야말로 초기불교의 철저한 무아관의 대승적 표현이라고 할 수 있다.

또한 이처럼 연기하므로 무자성이라는 것은 인명논리의 오지작법으로도 표현할 수 있다.[47] 그리고 이렇게 연기하므로 무자성이라는 것이 곧 공을 의미하며, 그래서 용수는 다음과 같이 말한다.

> "여러 인연에 따라 났다면, 이는 곧 자성이 없음이고, 자성이 없음은 곧 공인 것이다."[48]

> "연기한 것을 공이라 한다. 왜냐하면 연기한 것에는 자성이 없기 때문이다."[49]

45 十八空에 관한 상세한 설명은 김동화의 『불교교리발달사』, 448-450면과 D. T. Suzuki의 *On Indian Mahayana Buddhism,* 44-50면을 참고할 수 있다.

46 『잡아함경』 권10 (『대정장』 2권, 69상)

47 Bhattacharya, 앞의 책, 45면.
宗 : 모든 것은 무자성이다.
因 : 연기하기 때문에.
喻 : 연기하는 것은 무자성이다, 아지랭이에서 물을 보는 것처럼.
合 : 그런데 모든 것은 연기한다.
結 : 그러므로 연기하기 때문에, 모든 것은 무자성이다.

48 龍樹, 『十二門論』 (『대정장』 30권, 166하)

49 龍樹, 『廻諍論』, 제22송, Bhattacharya의 책, 17면.

> "아직까지 어떠한 존재도 인연에 따라 생겨나지 않은 것은 없으므로, 모든 존재가 공하지 않은 것이 없다."[50]

결국 연기가 무자성 공의 근거가 되는 것이며, 이러한 공의 참뜻은 『중론』 제24 「관사제품(觀四諦品)」 제7 게송에 나타난 공성과 공용과 공의를 통해 밝혀진다.[51] 또한 모든 것이 무자성 공이라고 하는 것은, 그 모든 것이 비존재라는 것을 뜻하는 것이 아니라, 단지 모든 것이 연기하고 있다는 말이다. 즉 공은 연기이다. 따라서 어떠한 절대적 자기충족적인 것도 부인하는 공은 연기를 통해서 존재를 확립시켜 주며, 공은 곧 연기이기 때문에, 공은 오히려 모든 생성의 근본이 된다.[52] 그러므로 "공의 이치가 있음으로써, 모든 것이 이루어진다. 공의 이치가 없다면, 모든 것이 이루어지지 않는다"[53]고 하는 것이다. 따라서 공은 이 경험적 세계를 부정하는 것이 아니라, 도리어 경험계 내에서의 우리의 모든 활동을 확고한 기초 위에 수립시켜 준다. 즉 공이기 때문에 공허(void)가 아닌 것이다.[54] 다시 말해 용수가 설하고 있는 공이란, 우리가 감각하고 경험하는 이 현상적 세계와 아무런 관련도 없는 형이상학적 실재나 허무가 아니라, 무한한 다양성을 지니고 연기하고 있는 이 세계를 정초시켜 주는 삶에의 역동성인 것이다.

---

50 龍樹, 『中論』, 24품, 19게.

51 공성(空性, śūnyatā)이란 희론적멸(虛論寂滅)의 경지를 말하며, "스스로 알아 다른 것에 끄달리지 않으며, 적정(寂靜)하기에 희론에 의해 희론되지 않고, 무분별로서 일체 평등인 것, 그것이 진실의 상(相)이다"(龍樹, 『中論』, 18품, 9게)라고 말한 것이 여기에 해당한다. 그래서 공성은 또한 진실상(眞實相, tattvasya lakṣaṇam)이고 진여(眞如)이고 승의제(勝義諦)라고 불리워진다. 또한 공용(空用, śūnyatā prayojana)이란 공성의 목적(임무, 필요, 용도)인 희론적멸을 가리키는데, 이것은 "업과 번뇌가 사라지기 때문에 해탈이 있다. 업과 번뇌는 분별에서 생기고, 분별은 희론에서 생기지만, 회론은 공성에 의해 소멸한다"(龍樹, 『中論』, 18품, 5게)라는 식으로 설하여 진다. 그리고 공의(空義, śūnyatārtha)란 공이라는 말의 의미로서, 연기를 가리킨다. 공이란 '있다'(bhava, 有)는 말의 반대인 '없다'(abhava, 無)라는 말을 뜻하는 것이 아니라, 공이야말로 인과 연에 의하여 존재가 생기하는 것인 연기를 함축하는 말이다. 그러므로 "유와 무의 양극단을 떠나, 지혜로운 자가 그런 것에 더 이상 의지하지 않으면, 심히 깊어 반연할 바 없는, 인연으로 나는 법(緣起法)이 이루어진다"(龍樹, 『六十頌如理論』, 『대정장』 30권, 254중)라고 하는 것이다.

52 F. Streng, *Emptiness* (Abingdon Press, 1967) 80, 92면 참고.

53 龍樹, 『中論』, 24품 14게.

54 L. de la Vallée Poussin, "Madhyamaka", J. Hastings 편집, *Encyclopedia of Religion and Ethics,* vol. 9, 237면.

또한 용수는 그 유명한 삼제게(三諦偈)에서 "여러 조건에 의해 생겨나는 것[緣起]을 우리는 공성(空性)이라고 말하며, 그것을 또한 가명(假名)이라고도 하고, 중도(中道)라고도 한다"[55]고 설하고 있다. 이는 일체법이 연기인 참뜻을 모르기 때문에 이에 대해서 공이라 부정하고, 그 비유(非有)의 성격을 밝히고 있지만, 공을 공으로서 집착하는 것이 아니라, 공도 부정해서 비공(非空)임을 보이기 위해서 가명이라 한다는 것이다. 다시 말해 만상이 공하고 공도 역시 공한 것이지만, 다만 중생을 인도하기 위해 잠정적으로 이름을 붙이고 분별하여 가명을 세운 것이므로, 그 실상은 비유(非有)와 비공(非空 또는 非無)으로서 중도(中道)인 것이다. 여기서 가명(假名, prajnapti)이란 방편시설(方便施設)의 의미이며, 언어적 관습에 따라 잠정적으로 분별됐다는 뜻이다.[56]

결국 공이란 또 하나의 이론이나 집착의 대상이 아니며, 붓다가 절대적 아트만을 부정하여 열반에의 가능성을 정초했듯, 용수가 설하고 있는 공의 참뜻은 무집착(無執著)을 통한 세간의 변화가능성에 있으며,[57] 공이야말로 초기불교 연기무아설의 철저한 계승이라고 할 수 있다. 즉 연기하는 사물이 공하다는 설명은 고(苦)의 극복과 그 길의 실현을 보장해준다. 왜냐하면 자체존재(Ansichsein, 自性)가 있을 때는 어떤 것도 이루어지지 않고 어떤 것도 효과가 없게 되는데, 모든 것이 이미 정해진 고정된 형태로 존재하기 때문이다.[58] 이러한 공을 실체화하는 사람은 상징 형식을 사실 체계로 혼동하는 것이다.[59] "공을 바르게 관찰하지 못하면, 둔한 근기는 스스로를 해친다. 마치 잘못 사용된 주술이나 잘못 붙든 독사와 같다."[60] 그러므로 공은 절대도 이면의 본질적 실체도 아닌, 방편적 지시체이며 치료적 수단임을 알아야 한다.

---

55 龍樹, 『中論』, 24품 18게 .

56 prajñapti를 '세속의 언어적 관습'(worldly convention)으로 해석하는 것에 관해서는 D. Kalupahana의 *Nagarjuna* (SUNY, 1986) 340면을 참고할 수 있다.

57 龍樹, 『中論』, 23품 25게, 24품 38게 참고.

58 K. Jaspers, "Nagarjuna", *Die Grossen Philosophen,* 1957, 939, 940면 참고.

59 R. Robinson, *Early Madhyamika in India and China* (Motial Banarsidass, 1978) 49면.

60 龍樹, 『中論』, 24품 11게.

### 4. 유식사상에서 무아

불교의 인성론(人性論)과 심성론(心性論)을 가장 잘 보여주는 기본 구조가 '심성본정(心性本淨) 객진소염(客塵所染)'인데, 반야사상과 중관사상은 '심성본정 객진소염'의 가능 근거가 공성에 있음을 주장할 뿐, 마음 자체의 작용에 대해서는 깊이 있게 다루지 않았다. 이를 보완하기 위해 유식사상에서는 '심성본정 객진소염'이라는 정과 염의 구조를 알라야식을 통해 종합적으로 파악한다. 알라야식(ālaya-vijñāna, 阿賴耶識)이란, 알라야라는 말에 저장(藏)이라는 뜻이 있듯이, 심리적 경험 활동에 의해 산출되는 잠재적 형성력[種子, bīja]들을 축적하여 간직하고 있는 의식[藏識]을 말한다. 즉 알라야는 과거 현재 미래의 삼세에 걸쳐 상속하는 것이다.

우리는 보통 경험 활동의 주체가 자아이고, 그 활동의 대상이 되는 것이 밖에 따로 실재한다고 여기지만, 활동의 주체는 마음이며, 모든 것은 마음의 작용(vijñāna)에 의해 알려진 내용(vijñapti)에 불과하다(vijñapti-mātra, 唯識). 더욱이 우리는 인간에게는 불멸의 본체로서의 자아가 있어서 인간이 죽으면 그 자아가 다른 생명체를 형성하여 윤회를 계속한다고 여기지만, 이렇게 윤회의 주체 역할을 하는 것은 불멸의 자아가 아니라, 의식의 연속적 흐름으로서 알라야식일 뿐이다. 그러므로 모든 것이 오직 식의 활동이나 전변일 뿐이라는 유식성(唯識性)은 제법의 무아성(無我性)을 밝히는 것이며, 알라야식의 존재는 자아의 비존재를 증명하는 것이기도 하다. 바로 이런 이유 때문에 스티라마티는 무아를 바르게 가르치기 위해 유식에 관한 논술에 착수한다고 했던 것이다.[61]

유식의 입장에서 보자면, 우리는 단지 찰나 찰나 생멸하는 마음이 일정 기간 지속되는 것을 자아라는 개념으로 묶어 집착하고 있을 따름이다. 다시 말해 찰나적으로 생겨나 상속하는 알라야식을 바라보고서 말나식(末那識)이라는 자아집착심이 그것을 나(我)라고 잘못 생각하여 집착하는 것이다. 그리하여 알라야식의 모든 종자는 폭류처럼 항상 내용이 변하고 있지만, 범부는 이것을 자아로 오해한다.[62] 이런 자아의식[제7식, 意]과 대상의 식[제6식, 識]을 총괄하여 마음의 흐름[心相續]에서 주체가 되는 일종의 잠

61 K. N. Chatterjee, *Vasuvandhu's Vijñapti-Matratā-Siddhi, With Sthiramati's Commentary,* (Vanarasi : Kishor Vidya Niketan, 1980) 27면.

62 『해심밀경』 권1 (『대정장』 16권, 692하)

재의식이 바로 알라야식[제8식, 心]이다. 이처럼 인간의 모든 활동을 총괄한다는 점에서, 알라야식은 정과 염, 선과 악의 의지처가 되며, 마음이 정(淨)이나 염(染)이 되고 행동이 선이나 악이 되는 것은 그 근저에 알라야식이 있기 때문이다.

이런 이중적 복합성의 중도적 성격은 존재의 상태를 3종으로 분석한 소위 3성(三性)이론에서도 나타난다. 유식에서 보면 모든 존재는 의식된 세계로서, 전(全)7식과 알라야식이 서로 매개되어 상호의존적으로 대상을 형성하는 것[依他起性, paratantra-svabhāva]인데, 이것은 의식 자신에 의해 언어를 통해 실체화되면서 두루 분별되고 집착되는 것[遍計所執性, parikalpita-svabhāva]이 되기도 하지만, 상호의존적으로 형성된 것 자체는 원래부터 공(空)의 상태로 완성되어 있는 것[圓成實性, pariniṣpanna-svabhāva]이다. 이것은 의타기성을 중심으로, 변계소집성이라는 현실과 원성실성이라는 본래적 가능성을 통일하는 것이며, 연기된 세계가 일시적으로는 분별되고 있지만 원래적으로는 이미 완성된 것이라고 하여, 객염(客染)과 본정(本淨)을 종합하는 것이다.

또한 원성실성이란 의타기성의 본질을 공성으로 이해한 것이기 때문에, 공성을 주장하는 중관과 유식이 마치 무(無)와 유(有)처럼 모순된다고 보는 것은 무리이며, 공성으로서 원성실성에서는 의식이 진여와 합일되고 주객이 무이(無二)로 되어 '대상도 마음도 아울러 없게 되기[境識俱泯]' 때문에, 유식을 주관적 관념론으로 간주하는 것도 오해라고 할 수 있다. 이처럼 모든 것을 식의 활동이나 인식의 변화로 설명하고 있음에도 불구하고 주관적 관념론으로 분류되지 않는 것은 그 주체의 위치에 서는 것이 자아가 아니라 알라야식이기 때문인 바, 알라야식의 성립은 자아 없는 의식론이라는 관점에서 전통적 무아론을 계승한 것이라고 할 수 있다. 특히 중관사상에서 실체가 없어 공이지만 잠정적 명칭인 가(假, prajñapti)로서는 인정할 수 있다고 했을 때, 유식사상은 그 잠정적 명칭을 비유적 표현으로 해석하여[63] prajñapti(假)를 vijñapti(識)로 대체한 것으로서, 일체의 비실체성이라는 무아·공 사상의 취지는 여전히 유지되는 것이라고 할 수 있다.

---

63 정승석, 『윤회의 자아와 무아』, (서울: 장경각, 1999), 214면.

### 5. 여래장사상에서 무아

유식사상에서는 인간의 상황에 담긴 미오나 염정의 이중적 복합성과 전미개오[유식의 표현으로는 轉識得智]의 가능성을 알라야식과 3성 이론을 통해 나름대로 종합하고 있지만, 심성본정보다는 범부의 마음 상태를 해명하는 객진소염 쪽에 비중을 더 두었던 것이 사실이다. 이에 비해 여래장 사상에서는 심성본정 쪽에 강조점을 두고 객진소염과의 통합을 모색하고 있다. 따라서 유식사상에서는 알라야식이 주로 윤회의 주체로서 문제가 되었다면, 여래장사상 특히 불성사상에서는 해탈의 주체가 문제시되며, 그 결과 무아론은 진아론으로 비상하기도 한다.

여래장(如來藏, tathāgata-garbha)이란 여래와 태[胎, 태아 또는 자궁]의 합성어이다. 여래(tathāgata)는 진여(tatha)에 도달(agata)한 자이고, 진여는 일체의 진상인 법성(法性)으로서 모든 것에 편만해 있으므로, 기본적으로 일체 중생은 여래가 될 수 있는 가능성을 지니고 있다고 할 수 있다. 그런데 여래장이 여래의 태아라고 하는 것은, 가능성의 차원에서는 태아가 그대로 성장하면 여래가 될 수 있는, 그래서 여래와 같은 종족(gotra)이 되는 것이지만, 현실성의 차원에서는 아직은 여래가 아니고, 오히려 가만히 있으면 태아의 상태를 벗어날 수 없다는 것을 의미한다.

여기서 가능성 차원에서 드러나는 여래와 중생의 동일성은 인간 본래의 심성본정을 가리키고, 현실성 차원에서 나타나는 여래와 중생의 차이성은 인간 실존의 객진번뇌를 함축한다. 이것을 『승만경』의 표현대로 하면,[64] 객진번뇌성은 진여의 충만함이 '비어있는' 일시적인 허망한 것이라는 점에서 공여래장(空如來藏)이고, 본성청정성은 진여의 충만함이 '비어있지 않은' 본래의 원만구족한 것이라는 점에서 불공여래장(不空如來藏)이다. 그러나 공여래장이든 불공여래장이든 동일한 진여의 은폐와 구현으로서, 양자는 기본적으로 무자성의 일체이고, 더욱이 여래의 본성인 법성이 곧 공성이기 때문에, 여래장은 공성의 유적(有的)인 표현일 뿐, 공성을 위반하는 것이 결코 아니라고 할 수 있다.

그러므로 생사와 열반 모두에 공성이 적용되듯이, 여래장은 윤회의 염오와 해탈의 청정 모두의 근거가 되기 때문에, "여래장은 무위와 아울러 유위

64 『승만경』 자성청정장 (『대정장』 12권, 221하)

의 근거이며, 여래장이 존재하지 않는다면 괴로움을 미워하는 일도 없고 열반에 대한 바램도 없다"[65]고 하는 것이다.

그런데 여래장의 공성이 이처럼 객진번뇌성의 공과 본성청정성의 불공이라는 이중성으로 표현될 경우, 객진번뇌의 염으로 표현되는 무상(無常)·고(苦)·무아(無我)와 본성청정의 정(淨)으로 대표되는 상(常)·락(樂)·아(我)가 대비되어, 초기불교 이래의 무상·고·무아·부정에 대하여 이른바 상·락·아·정이 대립하기에 이른다.[66] 그러나 여래장의 본성이 공성이며 그런 공성과 연기성이 진여의 법신으로서 세상에 두루 편만해 있다는 대승 보살의 입장에 설 경우, 일체가 아무리 덧없더라도 대자대비는 항상한 것이며[常], 윤회의 고통을 두려워해 세계로부터 벗어나기를 바라기보다는 세계 속에 들어가 중생을 구제하고자 할 때 세계는 그렇게 괴롭기만한 것이 아니며[樂], 상일주재의 자아를 주장하는 외도를 비판하지만 그런 무아를 자각할 수 있는 우리 내면의 본래 청정한 심성을 의심할 수는 없고[我], 아무리 일천제라 하더라도 본성상 그렇게 청정한 존재라는 것은 분명하다고 할 수 있다[淨]. 따라서 『대반열반경』 등에서

> 그러므로 모든 법에 아(我)가 없다고 하지만 진정으로 아(我)가 없는 것은 아니니, 어떤 것이 아인가? 만약 어떤 법이 충실하고[實] 참되고[眞] 늘 그렇고[常] 의지하더라도[依] 주체적이어서[主] 그 성품이 변화하지 아니하면, 그것을 아(我)라고 한다. …… 여래도 그와 같아서 중생을 위하는 까닭으로 모든 법 가운데 진실로 아(我)가 있다고 하는 것이다.[67]

> 아(我)라고 하는 것은 곧 여래장(如來藏)이니, 일체의 중생이 모두 부처의 성품(佛性)을 가진 것이 곧 아(我)라는 뜻이다.[68]

라고 하여, 여래장이나 불성을 아(我)나 진아(眞我)로까지 표현한다고 하더라도, 일종의 폭류로서의 알라야식이 실체가 아니듯, 여래장의 본성이 공성인 이상 아(我)로 표현된 여래장이 고정된 실체는 아니며, 여래장으로서

65 『승만경』 자성청정장 (『대정장』 12권, 222중)
66 『구경일승보성론』 권3 (『대정장』 31권, 829중)
67 『대반열반경』 (『대정장』 12권, 618하)
68 『대반열반경』 (『대정장』 12권, 648중)

의 아(我)가 절대 실체아를 부정하는 무아(無我)와 모순되는 것도 아니다.

### 6. 불성사상에서 무아

여래장이 공성과 모순되지 않는다는 것을 잘 보여줌과 동시에 해탈가능의 주체를 좀 더 적극적으로 표현하고 있는 것이 바로 불성이다. 불성(佛性)에 해당하는 인도 원어는 여러 가지가 있지만, 보통 buddha-dhātu를 그 해당어로 본다. 붓다란 법(法, dharma)을 보아 깨달은 자를 말한다. 그렇다면 법을 본 자는 누구나 부처가 될 수 있고, 따라서 부처가 될 수 있는 가능성은 모든 이에게 열려있다고 할 수 있다. 이런 가능성을 담보해주는 표현이 다투이다. 다투의 어근 dhā는 '야기하다, 일으키다' 또는 '놓다, 위치하다'는 뜻을 지니고 있다. 전자의 뜻으로 할 경우, 다투는 '야기하는 것[因]'이고, 붓다-다투는 '부처가 되게 하는 근원'이나 '부처가 될 요소' 등을 의미한다. 후자의 뜻으로 할 경우, 다투는 '야기되어 놓여진 것[界]'이고, 붓다-다투는 '그런 근원에 의해 야기되어 부처와 한 종족을 이루는 것'을 의미한다. 불성을 전자의 의미로 해석할 경우, 그 해당어는 buddha-garbha(佛藏)가 되고, 후자로 해석할 경우에는 buddha-gotra(佛姓)가 된다고 할 수 있다.

그런데 다투의 이런 용법은 dharma-dhātu(法性, 法界)에도 적용된다. 다투의 첫 번째 용법에 따를 경우, 다르마-다투는 '모든 존재자의 현상을 야기하는 근원'으로서의 '연생성(緣生性, pratītyasamutpannatva)', 즉 법성(法性)을 가리키고, 그 두 번째 용법에 따를 경우에는 '연기라는 원리 하에 마치 하나의 가족이나 종족처럼 공존하며 모여 있는 것' 다시 말해 '연기한 제법(pratītyasamutpannā dharmāḥ)', 즉 법계(法界)를 가리킨다. 법을 본 자를 부처라고 하는 이상, 부처를 되게 하는 근원은 법이고, 이 법에 해당하는 것이 일체의 근원으로서의 법성이며, 법성은 바로 연기성과 공성을 의미한다. 그렇다면 불성은 곧 법성이고 공성이라고 할 수 있다. 성불의 가능 근거와 일체의 존재 근거가 공성이라는 점에서 일치하고 있는 것이다. 그렇기 때문에, "불성은 곧 인간과 세계 모두가 공함에 의해 드러난 진여이며[佛性者即是人法二空所顯眞如]",[69] 인간과 세계가 모두 공으로서, 분리되지 않는 "무이의 성이 바로 불성이니[無二之性 即是佛性]",[70] "불성이 없다는 것은

69 『불성론』(『대정장』 31권, 787중)

바로 공성이 없다는 것이다[無佛性者 卽無空性]"[71]고 말할 수가 있다.

심성본정 객진소염이라는 미오의 이중적 복합성을 함축함으로써 해탈의 가능성과 열반의 주체를 표현하고 있는 것이 여래장이고, 그것의 이론적 토대가 공성에 있음을 보여주고 있는 것이 불성이지만, 여래장과 불성은 모두 중생의 성불 가능성을 가리킨다는 점에서는 차이가 없다. 그런데 인도에서 여래장 사상이 성립된 이래 후대로 갈수록, 여래장보다는 불성이라는 표현이 더 잦아지고, 특히 중국 불교에 이르러서는 여래장 사상을 체계화한 『보성론』이 거의 잊혀질 정도가 되었다. 이처럼 중국 불교에서 여래장이 불성으로 대체되는 것은 붓다-다투를 불성으로 옮김으로써, 중국인들이 훨씬 더 받아들이기 쉬운 것으로 되었다는 사실과 관련이 있다. 따라서 불성이란 단순한 번역 용어 이상이며, 거기에는 불교 사상과 중국 전통사상 간의 상호 침투 관계가 함축되어 있는 것이다.

불성의 중국적 수용의 첫번째 특징은 불성의 인성화이다. 붓다-다투를 불성으로 옮길 때의 그 성(性)자는 단순히 추상명사형의 어미가 아니라, 중국의 유가적 인성론상의 성, 즉 일반 사물의 특징[物性]이나 동물의 특징[獸性]과는 구별되는 인간의 특징[人性]과 연결된 말이다. 이제 성불의 가능 근거를 의미하던 붓다-다투가 인간의 본성으로 간주되며, 그렇게 인성화됨에 따라, 맹자 이래로 인성론을 심성론의 차원에서 다루어왔던 중국인들은 불성 사상에 담긴 심성본정론을 더욱 잘 이해할 수 있게 되었다.

그리하여 도생(道生)은 맹자식의 성선을 불성론적으로 해석하여, "성선(性善)에서 선이란 리[理 → 다르마]의 오묘함이고 성이란 근본으로 돌아감이다[性善者 妙理爲善 返本爲性也]"[72]고 했고, 혜능(慧能)은 심성본정을 곧바로 "인성본정(人性本淨)"으로 바꾸어 부르기도 하였다.[73] 또한 불성이 인성화되고 심성화됨으로써, "성이 바로 마음이고 마음이 바로 부처이니[性卽是心 心卽是佛]", "마음을 밝히는 것이 성을 보는 것이고[明心見性]" "성을 보는 것이 부처가 되는 것이다[見性成佛]"는 선불교의 기본 주장이 가능하게 되었다.[74] 그리고 이렇게 불성론이 인성화 심성화됨에 따라, 후대의 신유

70 『육조단경』 行由品 (『대정장』 48권, 349하)
71 『불성론』 (『대정장』 31권, 788상)
72 『대반열반경집해』 (『대정장』 37권, 531하)
73 賴永海, 저, 김진무 역, 『불교와 유학』 (서울: 운주사, 1999), 101면 참고.
74 徐小躍, 저, 김진무 역, 『선과 노장』 (서울: 운주사, 2000), 354면 참고.

학은 오히려 보다 더 쉽게 불교의 사상을 흡수할 수 있게 되었던 것이다.

불성의 중국적 수용의 두 번째 특징은 불성의 본체화이다. 본체론이란 만물은 자신의 전일적 근본[體, 본체]을 터전으로 삼아 조화롭게 작용하고 있는 것[用, 현상]이라고 보는 사고 방식을 말한다. 중국에서의 본체론은, "만물은 모두 도로부터 말미암아 생겨난다[萬物皆由道而生]"[75]고 주장한 도가사상 속에서 형성되었다. 그런데 그 도는 자연(自然, 스스로 그러함)을 성으로 삼고, 자연은 그 도를 체로 삼으니, 즉체즉성(卽體卽性)의 도즉자연(道卽自然)이 되어, 성은 곧 체와 연결된다. 이것은 본성을 심성의 차원에서 다루는 맹자와는 달리, 본성을 본체의 차원에서 다루고 있는 것이다.

불교에서는 법성과 공성으로서의 진여실상이 만물의 근본이고, 불성은 이런 법성과 다르지 않으므로, 불성 역시 기본적으로는 본체의 성격을 지닌다고 할 수 있다. 이제 중국에서 성(性)이 체화(體化)되어감에 따라, 불성도 본체화되며, 이렇게 내 속에 있는 만법의 근원으로서 본체화된 불성을 일러 본성(本性) 또는 자성(自性)이라 부른다.

그래서 혜능은 "스스로 본성을 보니[自見本性]" "자심에서 진여 본성이 문득 현현한다[自心頓現眞如本性]", "만법은 자성을 따라 생하니[萬法從自性生]" "만법은 자성에 있다[萬法在自性]"라고 말한다.[76] 이 때의 자성은, 공은 곧 무자성이라 하여 부정되는 중관불교의 자성과는 다른 것이다. 혜능의 자성은, "만경은 스스로 여여(如如)한 것이니, 만약 이렇게 본다면, 바로 무상보리인 자성인 것이다[萬境自如如 若如是見 卽是無上菩提之自性也]"는 말에서도 알 수 있듯이, 무이(無二)의 진여본성이 차별없이 여여하게 제 스스로 있음[自性]을 표현하는 말이다.

연기하여 여여한 상태에 대해서, 그런 상태에선 고립적 실체로 있을 수 없다는 점에 주목하면 무자성(無自性)이고, 그런 상태는 분별에 의해 좌우됨 없이 그 자체로 본래 자재하다는 점에 주목하면 자성(自性)이다. 따라서 진여를 드러낸다는 점에서는 무자성과 자성이 다르지 않기 때문에, 역설적이게도 진여 공성은 무자성이기도 하고, 자성이나 실성(實性)이기도 한 것이다. 이것은 진공(眞空)을 묘유(妙有)의 실상(實相)으로 긍정하는 태도인데, 이런 태도를 갖고 있기에 혜능은 "자성은 진공이다[自性眞空]"[77]고 말하는 것이다.

---

75 왕필, 『노자주』, 34장 참고.

76 賴永海 앞의 책, 101면, 徐小躍, 앞의 책, 294면 참고.

77 『육조단경』 般若品 (『대정장』 48권, 350상)

그런데 불성과 자성이 모두 공성이라고 하는 것은, 비록 불성을 본체로 간주한다 하더라도 그것이 곧 실체는 아니라는 것을 보여 준다. 서양철학에서 본체(noumenon)는 정신(nous)에 의해서만 파악되는 불변의 예지계를, 현상(phenomenon)은 이런 불변의 본체를 토대로 하여 드러나는(phainomai) 덧없는 감성계를 의미하는 데 반해서, 중국철학에서 체(體)는 한 몸과도 같이 융화된 전체를, 용(用)은 이런 전일적 체 내에서의 역동적이고도 다양한 작용들을 가리킨다. 서양철학에서는 본체와 현상이 실체적으로 분립하지만, 중국철학에서는 체와 용이 상즉(相卽)하고 있는 것이다.

따라서 중국 불교에서의 본체도 인간과 만물을 떠나 실체적으로 독립 실재하는 별유일물(別有一物)이거나, 만물을 실제로 생성시키는 우주론적 발생 기능을 지닌 초월적 주체이거나 한 것이 아니다. 만법 중 진여의 공성을 벗어나 성립할 수 있는 것이 하나도 없고, 이렇게 만물을 하나로 조화시키는 전일적 터전이 되기에 그저 본체라 할 뿐이며, 이런 공성으로서의 본체는 무상이면서도 실상[無相而實相]인 불이(不二)의 존재이므로, 특정의 실체로 한정될 수 없다고 하는 것이다. 그렇다면 이토록 실체화될 수 없는 공성이 바로 불성의 내용인 이상, 불성은 공성과 연기성의 자각 가능성을 확인시켜주기 위한 희망적 어법으로 간주해야지, 그런 불성을 실체적으로 미리 주어진 어떤 성품으로 고정화시켜서는 곤란하다고 하겠다.

그러므로 도생(道生)이 "법의 체현을 부처로 삼고[體法爲佛]" "이치에 맞음을 부처로 삼는다[當理爲佛]"고 하여,[78] 우주의 본체인 법성(法性)과 중생의 본체인 불성(佛性)을 통합시킨 다음,

> 무아(無我)를 설함은 진아(眞我)가 있음을 나타내는 것이다. 무아는 생사 속의 아[生死中我]가 본래 없음을 말하는 것으로, 불성아(佛性我)가 없음을 말하는 것이 아니다.[79]

라고 하여, 무아가 곧 진아이자 불성아라고 주장한다고 하더라도, 불성이 바로 공성인 이상, 불성아로서의 진아가 실체아를 부정한 무아와 상충된다고 보기는 어려운 것이다.

78 道生, 『注維摩詰經』(『대정장』 38권, 398중)
79 道生, 『注維摩詰經』(『대정장』 38권, 354중)

# Ⅲ. 인접 개념과의 관계 및 현대적 논의

## 1. 무아와 '현상–본체'

나 또는 자아는 인간을 탐구하고자 하는 철학의 영원한 테마이며, 우리의 일상적 삶의 준거점이다. 이런 자아를 부정하는 것이 불교라고 여겨졌을 때, 사람들은 적잖이 당황해한다. 이런 당황스러움이 철학적으로 표출된 것이 바로 무아와 윤회의 문제를 중심으로 벌어지는 논쟁인데, 윤회의 주체 문제를 해결하기 위해 현상적 자아의 배후에 참된 자아를 상정하고 거기에 자기동일적 주체성을 부여하려 할 경우, 그것은 비이원성을 골간으로 하는 불교의 중도적 무아설이나 무아윤회론에는 제대로 들어맞지 않는다고 할 수 있다.

우선 철학이 세상을 이해하는 일반적인 방식으로 '현상과 본체'라는 도식이 있다. 다양하게 드러나 전개되는 세상의 모습을 '현상'이라 하고, 이런 현상을 그렇게 드러나게 하는 세상의 근원을 '본체'라고 하는데, 현상의 다양한 모습이 변화를 지칭한다면, 그런 변화의 이면에서 만물을 유지시키며 남아있는 근원은 불변을 함축한다. 이런 일련의 사태를 현상 개념에 맞추어 살펴볼 경우, 현상론에는 두가지 종류가 있음을 알 수 있다. 그 첫번째 형태는, 모든 인식은 현상계에 제한되며 우리가 그 이면에 있는 실제 자체를 분명히 파악하기란 어렵다는 주장으로서, 현상 이면의 불변적 실재가 초월적으로 따로 존재함을 암암리에 전제하는 입장을 말한다. 그리고 두번째 형태는, 현상이 곧 우리가 인식할 수 있는 전부이며, 현상을 초월하여 의식과 무관한 대상이나 실재는 결코 존재하지 않는다는 주장으로서, 현상 이면의 인식불가능한 실재가 초월적으로 따로 존재함을 인정하지 않는 입장을 말한다.[80] 현상의 배후에 본체나 사물 자체가 있는 것을 부인하지는 않지만, 인간이 인식할 수 있는 것은 다만 그 현상만이라고 주장하는 기체용인적(基體容忍的)인 첫 번째의 현상론에는, 선험적 주관에 의한 인식을 현상과 경험에 한계지우고 그 이면에 있을 물자체에 대해서는 인식 불가능함을 주장하는 칸트의 철학이 해당한다.

---

80 D. Kalupahana, *Causality : The Central Philosophy of Buddhism,* (Honolulu : The University Press of Hawaii, 1975) 86면 참고.

이에 반해서 다만 현상만을 인정하고, 그 배후에 있다는 본체나 사물 자체를 허구에 지나지 않는 것으로 보는 기체불용적(基體不容的)인 두 번째의 현상론에는 불교의 사상이 해당한다. 왜냐하면 불교에서 볼 때 세상의 현상은 연기(緣起)하는 것이고, 이렇게 조건적으로 상호의존하여 현상한다는 것은 곧 각 조건들이 그 이면에 고립적인 자성적 실체성을 지니고 있지 않다는 것을 의미하는데, 이렇게 연기적으로 현상한다는 것은 '무엇의 현상'이 아닌 것, 즉 자성적 실체나 본체라는 그 '무엇'이 없이도 연기적으로 현상이 가능한 것을 뜻하기 때문이다.[81] 이처럼 이면의 '무엇' 없이도 전개되는 현상이란, 자성없는 연기이고, 실체 없는 과정이며, 중단 없는 공화의 프로세스이다. 또한 이렇게 현상의 근저에 있는 물자체나 현상 이면의 본체 따위에 의한 '무엇의 현상'이 아니기에, 현상 자신이 그대로 본체가 되는 현상즉본체(現象卽本體)의 비이원성이 성립한다. 그리고 이런 현상즉본체의 통찰력은 중국적 화엄불교에 이르러서는 체용상즉(體用相卽) 또는 이사무애(理事無碍)의 세계관으로 나타난다.

따라서 이처럼 불교에서 현상이 배후의 '무엇' 없이도 전개되는 현상이듯이, 현상적 자아 이면에 자기동일체적 자아가 반드시 요청되어야만 하는 것은 아니며, 무아와 윤회 역시 중도적 무아설의 입장에 설 경우, 아포리아처럼 양립 불가능한 것만은 아니라고 할 수 있다.

## 2. 무아와 자아동일성 그리고 오취온

그런데 현상은 반드시 그 '무엇의 현상'이라는 주류 서양철학의 생각은, 속성적 성질들에는 그것들을 통합적으로 소유하는 구심적 기체(基體)가 있고, 이 중심의 기체로부터 원심적으로 펼쳐지는 상황들이 현상이 된다는, 지극히 실체론적인 '소유격의 신화'의 산물이라고 할 수 있다. 이처럼 속성들의 담지자이자 술어들의 주어가 되는 실체가 현상 이면의 기체 혹은 본

81 이에 비해 칸트에게 있어서는, 현상은 "어떤 것이 없는 현상"(Kant, *Kritik der reinen Vernunft,* Hamburg : Felix Meiner Verlag, 1956, B XXVII)이 아닌 '무엇의 현상'이어야만 했다. 즉 대상의 구성이 대상의 산출은 아니기 때문에, 구성을 가능케 해주는 촉발시키는(affizieren) '무엇'[물자체]이 필수적이므로, "우리가 감관의 대상을 정당하게 단순한 현상이라고 간주할 때, 그로 인해 우리는 물자체 그것이 현상의 근저(Grund)에 있음을 인정하는 것이다"(Kant, *Prolegomena zu einer jeden künftigen Metaphysik,* Hamburg : Felix Meiner Verlag, 1969, §32, 73면)고 하는 것이다.

체가 된다. 그러나 불교적으로 볼 때, 이렇게 불변의 기체가 전제되어야만 가변의 현상들이 전개되는 것은 아니다. 오히려 변화하는 이 세계의 현상은 수많은 조건들간의 상호의존적 과정의 연쇄[緣起]이고, 이 과정을 떠나 상정되는 불변의 실체 내지 본체란, 사람들이 변화의 과정을 설명하기 위해 도입한 개념 장치에 불과하다고 볼 수 있다.

'소유격의 신화'란 주어와 술어 또는 실체와 속성간의 관계 속에 내재된 소유격의 원리를 이용하여 기체 내지 본체의 중심성과 절대성을 강화하는 논리를 말한다. 이와 같은 원리는 주어(subject)와 실체(substance)의 어원이 각각 '밑에(sub) 던지는 것(ject)'과 '밑에(sub) 서있는 것(stance)'이라는 데서도 잘 나타난다.[82] 다양한 양상들을 자기 밑에 던져 스스로 주요부가 되는 것이 주어라면, 그 주어 밑에 속해 그것을 수식하는 것들은 술어이고, 변화하는 현상들의 밑에 변치 않고 동일하게 서있는 것이 실체라면, 그 실체라는 근저에 소속된 다양한 양상들은 속성이다. 술어와 속성이 주어와 실체에 속하는 것이라는 점에서, 주어와 실체가 통합적 소유주가 된다면, 술어와 속성은 주어와 실체의 소유격으로 표현된다. 그리고 주어와 실체는 술어와 속성이라는 다양한 현상들의 기저에 놓인 본체가 된다는 점에서, 현상과 본체의 도식은 주어와 술어의 문법이나 실체와 속성의 형이상학과 밀접한 관련을 맺고 있는 것임을 알 수 있다.

그런데 현상과 본체의 이원성에 바탕을 둔 소유격의 신화와 거기서 우러나오는 통합적 소유자에 대한 지대한 관심은 일반적으로 자기동일체적 자아의 통일성에 대한 요청으로 나타난다. 자아와 관련하여, 현상적으로는 변화해도 그 이면에는 동일성의 비밀이 은폐되어 있다고 보는 사람들은 무아임에도 불구하고 자기동일성을 가진 하나의 연속적 주체 개념을 현상들의 배후나 근저에 있는 어떤 원천적인 본질로서 요구한다. 그러나 이것은 무아야말로 이런 소유격의 신화에 대한 경계임에도, 거꾸로 소유격의 신화에 토대를 둔 '자아의 통일성'의 원리를 가지고 무아 사상을 재단하려 드는 것일 뿐만 아니라, 오취온에 대한 무지이기도 하다. 오취온(五取蘊, pañca upādānakkhandha)이란 신체[色]·감각[受]·표상[想]·의지활동[行]·의식[識] 등의 다섯 가지 기능들의 통합적 소유주로서의 자아가 따로 존재한다고 여

82 주체, 실체, 주관 등에 관한 어원적 또는 철학사적 연구로는 김종욱, 「근대적 주체의 형성과 해체」, 『하이데거와 근대성』(서울: 철학과 현실사, 1999) 135-172면을 참고할 수 있다.

겨, 그것에 집착[取, 잡아 쥠]하는 것을 말하는데, 이런 오취온으로 인해 온갖 괴로움이 발생한다.[83] 또한 붓다가 "연기한 것은 무상하며, 무상한 것은 괴롭고, 괴로운 것 이것은 나의 것이 아니고, 내가 이것이 아니며, 이것은 나의 자아가 아니다"[84]라고 말했을 때, 여기서 우리는 '나의 소유(etaṁ mama)'에 대한 집착으로 인해 '나의 존재(eso'ham asmi)'와 '나의 자아(me so attā)'라는 자아 관념이 형성됨을 살펴볼 수 있는데,[85] 이것은 무아 사상이 '소유화로 인한 자아의 절대화'를 경고하고 있는 것임을 잘 보여준다. 게다가 무아에서 비판되는 것은 아(我, ātman)라는 자아 개념뿐만 아니라, 언제나 아소(我所, ātmīya)라는 소유화이기도 했다. 이처럼 무아가 오취온적 소유격 신화에 대한 거부인 이상, 무아의 틈새에 통합적 소유자의 통일성을 끼어 넣으려는 시도는 적절치 않은 발상이라고 할 수 있다.

### 3. 무아와 주체 그리고 윤회

과연 무아설과 윤회설이 정말로 양립불가능한 아포리아인지를 제대로 평가하려면, 그에 앞서 무아의 내용, 즉 무아에서 부정되는 그 아(我)가 진정 무엇인지를 검토해 볼 필요가 있다. 인도 철학의 관점에서 볼 때 무아의 아는 아트만(ātman)인데, 대우주와 소우주의 유비에 따라 대아(大我)와 소아(小我)를 나누는 베다·우파니샤드의 전통에 따를 경우, 아트만은 현상의 개별적인 자아(jivātman, 命我)와 배후의 보편적인 절대 자아(paramātman, 最高我)로 나뉜다. 그러나 양자는 본질상 같은 자아이고, 절대아를 배후의 본체로 하는 현상아 역시 영원 불변의 절대성에로 되돌아가야 하는 것이므로, 무아에서 부정되는 아트만은 일단 영원 불변의 절대적 실체로서의 자아라고 할 수 있다.

이와는 달리 철학 일반의 입장에 따라 볼 경우, 나 또는 자아는 주관과 주체와 실체라는 세 가지 방향에서 분류될 수 있다. 즉 자아는 인식의 진행자라는 점에서는 주관이고, 행위의 수행자라는 점에서는 주체이며, 변치 않

83 이러한 취지를 계승하여 世親은 犢子部식의 個我란 오온에 대한 집착에서 나온 五取蘊일 뿐이라고 하였다. 『俱舍論』 破執我品 (『大正藏』 29권, 155하)

84 Anguttara Nikāya, 5권. 186면, F. L. Woodward 번역, *The Book of the Gradual Sayings,* (London : Pali Text Society, 1972), 5권. 129면.

85 전재성, 『초기불교의 연기사상』 (서울: 한국빠알리성전협회, 1999), 210면 참고.

는 자기동일성과 자립성의 담지자라는 점에서는 실체이다. 이들 세 가지를 무아에 적용시켜 보자.

첫째, 실체로서의 자아는 무아에서 부정된다. 타자에 의존하지 않고 그래서 외적 변화와 무관하게 동일하게 남아 있을 수 있는 것이 바로 실체인 이상, 무수한 조건들의 상호의존적 발생과 그로 인한 역동적 변화를 지지하는 불교가 이런 불변적 실체를 인정할 수는 없는 것이다. 『잡아함경』에는 "물질에는 나[我]가 없다. 만일 물질에 나[我]가 있다면, 물질에는 마땅히 병이나 괴로움이 생기지 않을 것이다. …… 그런데 만약 항상되지 않고 괴로운 것이 있다면, 그것은 변하고 바뀌는 것이다"[86]라는 구절이 있는데, 이것은 아(我)가 있다면 어떤 변화도 일어나지 않는 상태가 된다고 하여, 아(我)를 고정 불변의 실체로 여기고 있음을 잘 보여주고 있다. 이런 실체의 부정으로서의 무아는 제법의 상호의존적 발생을 함축한다. 무아에 관한 일반적인 의미는 대부분 여기에 해당하며, 절대 불변의 실체아로서의 아트만이 부정되는 이유도 여기에 있다.

둘째, 주관으로서의 자아도 무아에서 부정된다. 주관과 객관은 불교식으로 표현하면 능취(能取, grāhaka)와 소취(所取, grāhya)인데, "눈[根]과 형상[境]을 조건으로 하여 시각의식[識]이 생겨나듯이"[87], 근·경·식 삼자의 화합으로 이루어지는 인식 과정 자체가 상호의존적으로 발생하는 연기적 현상이므로, 능취나 식이 따로 존재한다는 것을 인정할 수는 없는 것이다. 이처럼 주관의 부정으로서의 무아는 인식의 화합적 발생을 함축한다. 만약 마음을 강조하는 불교가 유심이나 유식을 주장함과 동시에 이렇게 무아를 주장하지 않았다면, 즉 주관의 주권적 권능화를 경계하지 않았다면, 불교의 유심론과 유식론은 강화된 주관주의 내지는 근대 서구식의 억압적 인간중심주의로 전락했을 것이다.

셋째, 주체로서의 자아도 무아에서 부정되는가 하는 문제인데, 이것이 무아와 관련된 논란의 핵심을 이룬다. 무아가 주체의 부정이라면, 주체를 인정할 수밖에 없는 윤회와 양립 불가능한 모순 관계에 놓이지만, 무아가 주체의 부정이 아니라면,무아설과 윤회설은 양립 가능하게 되고, 일명 무아윤회설이 성립할 수 있게 된다. 원래 주체, 즉 subject는 '밑에 던지는 것'

86 『雜阿含經』 권2 (『大正藏』 2권, 7하)

87 Majjhima Nikāya, 1권, 111면, I. B. Horner 번역, *The Collection of the Middle Length Sayings,* (London : Pali Text Society, 1976), I. 145면.

이라는 의미에서는 '어떤 것들을 자기 밑에 던지는 것'으로서 '주인'이라는 뜻이고, '밑에 놓인 것'이라는 의미에서는 '어떤 것들의 바탕에 놓인 것'으로서 '기체'라는 뜻이다. 주인으로서의 주체가 '행위들을 이끌어가는 주인'이라는 점에서, 행위의 능동적 수행자를 가리킨다면, 기체로서의 주체는 '바탕에 놓여 근거가 되는 것'이라는 점에서 불변적 본질의 담지자를 가리킨다. 자아가 주인으로서의 주체일 때 거기에는 자기수행성과 자기책임성이 따르며, 자아가 기체로서의 주체일 때에는 자기동일성이 따르지만, 자기동일성이란 불변의 본체를 함축한다는 점에서, 거기에는 실체성의 계기도 아울러 묻어들어가게 된다.

이런 이중성에 맞추어 주체를 규정해 보면, 자기동일성이 근저에 놓여 있을 때에만 자기수행성과 그로 인한 자기책임성을 지닌 주체가 된다고 보기보다는, 자기동일성이라는 본체 없이도 자기수행성과 그로 인한 자기책임성을 지닌 주체가 된다고 보는 것이 불교의 진의라고 볼 수 있다. 전자의 주체가 자기동일성을 지닌 '기체로서의 주체'이고, 그래서 무아는 이런 주체의 부정이기에, 그런 주체가 필요한 윤회와 양립할 수 없는 것인 반면, 후자의 주체는 자기동일성이 필요없는, 즉 '기체 없는 주체'이고, 그래서 무아는 이런 주체의 부정이 아니기에, 그런 주체가 작용하는 윤회와 양립할 수 있다. '기체 없는 주체'는 일종의 본체아 없는 현상아이며, 일상적인 행위 주체로서 순전히 기능적인 자아이다. 이런 '기체 없는 주체'는 불교에서 다음과 같은 세가지 방식으로 표현된다.

첫째, 기체 없는 주체는 '자기'라고 표현된다. '자기' '스스로'라는 이런 주체성은 빠알리어로는 attā이며, 한자로는 自·己·自己·身 등으로 표현된다. 『법구경』의 「애신품(愛身品)」에 나오는 문장들,[88] 즉 "사람이 만일 자기를 사랑하거든, 모름지기 삼가 자기를 보호하라", "자기를 잘 닦아 스승으로 삼으면, 능히 얻기 어려운 스승을 얻나니", "원래 자기가 지은 업이라, 뒤에 가서 자기가 스스로 받는다" 등은 모두 여기에 해당한다. 따라서 이들 문장의 원어에 아트만과 유사한 용어(attā)가 나온다고 해서, anātman을 무아가 아닌 비아(非我)라고 해석하는 것은 '자기'를 '실체아'로 비약시키는 오류라고 할 수 있다.

둘째, 기체 없는 주체는 '무작자(無作者)'로 표현된다. 무아와 관련하여

88 『法句經』, 「愛身品」(『大正藏』 4권, 565하 - 566상)

가장 논란이 되는 것 중의 하나가, "업의 과보는 있지만, 그것을 짓는 자는 없다[有業報而無作者]"는 문장이다. 대부분의 사람들에게 이 구절은, 무아가 주체를 부정함으로써 야기되는 혼란의 극치로 여겨진다. 그러나 여기서 '짓는 자가 없다'는 것은 기체가 없다는 것이지, 주체가 없다는 말이 아니다. 이를 이해하기 위해서는 그 문장의 다음까지 제대로 이해할 필요가 있다. "업의 과보는 있지만, 그것을 짓는 자는 없다. 앞서의 쌓임이 멸하면, 다음의 쌓임이 이어간다[有業報而無作者 此陰滅已 異陰相續]"[89] 즉 상속하므로, 짓는 자는 없다는 말이다. 무아와 윤회의 문제를 해결하기 위한 가장 효과적인 장치인[90] 이 상속(saṃtati) 이론에 대해 오해할 경우, 찰나적인 것은 그 순간 끝나는 것이므로 찰나적인 것들간의 이어짐은 불가능하고, 따라서 업이 이어지려면 자기동일성을 가진 하나의 연속적 주체 개념, 즉 이전의 존재와 현재의 존재 그리고 이후의 존재에 대한 자아동일성이 요청되어야만 한다고 주장할 수 있다. 그러나 찰나적인 어떤 것이 멸하면 동시에 그 작용력에 의해 그 다음의 것이 생하는 것이므로, 찰나적이면서도 업과 보의 관계는 연속될 수 있는 것이다.[91] 마치 흐르는 강물이 한 순간도 동일하지 않으면서도 처음부터 끝까지 계속되듯이, 자기동일체 없이도 상속은 계속된다.

찰나멸론을 중요시하는 경량부의 시각에서 보자면,[92] 찰나멸하지 않는 것, 즉 비찰나멸성은 과거 현재 미래의 삼세에 걸친 동일성, 곧 영원성을 의미하고, 동일하게 변치 않고 남아 있는 것이라는 점에서는 변화성과 상반되는 것이다. 만약 이렇게 영원히 동일성을 지니고 존속하는 것이 있다면, 그것은 각 순간마다 동일한 인과작용을 행해야 하고, 따라서 과거 현재 미래의 작용 모두를 현재의 한 순간에 이행해야 한다. 그런데 어떤 항아리가 내일 담아야 할 쌀을 지금도 담고 있다는 것은 불합리하다. 그렇다면 사물은 각 찰나마다 인과적인 효력 작용을 수행하면서, 끊임없이 생겨났다 소멸하는 변화를 반복하는 것이라고 보아야 한다. 이런 찰나 생멸의 연속적 흐름에는 어떠한 상주불변의 동일성도 끼어들 여지가 없다.

또한 『금강경』에서 무아를 4상(四相 : 我相, 人相, 衆生相, 壽者相)의 부정(無相)으로 해석하고 있는 것은,[93] 중생(sattva) 속에 내재된 순수 영혼(jīva)

89 『雜阿含經』 권12, 「第一義空經」 (『大正藏』 2권, 92하)
90 윤호진, 『무아 윤회문제의 연구』 (서울: 민족사, 1992), 112면 참고.
91 한자경, 「무아와 윤회 그리고 해탈」, 『오늘의 동양사상』 제7호, 2002, 22면.
92 카지야마 유이치, 권오민 역, 『인도불교철학』, (서울: 민족사, 1990), 98-102면, 176면.

이나 업력 전달의 자기동일체(pudgala)와 같은 것을 절대로 인정하지 않음, 즉 자기동일적 기체로서의 자아(ātman)를 결코 인정하지 않음을 잘 보여준다. 과거 현재 미래를 하나로 통일하는 불변의 자기동일적 마음이, 분별상으로 분화되지 않는 마음의 흐름 밖에 따로 존재하지 않으므로, "과거의 마음도 얻을 수 없고, 현재의 마음도 얻을 수 없으며, 미래의 마음도 얻을 수 없다"[94]고 한다. 그리고 이렇게 동일체적 상을 세우지 않거나 그런 상에 머무르지 않으면서도, 주체적인 마음의 작용은 여전히 진행되기에, "마땅히 머무는 바 없이도 그 마음을 낸다"[95]고 하는 것이다. 이처럼 자기동일체 없는 흐름이기에 무아의 상속이며, '기체없는 주체'의 연속이기에 무아의 윤회이다. 그리고 연속하면서도 '기체로서의 주체'는 없기 때문에, 상속하므로 '짓는 자는 없다[無作者]'고 했던 것이다.

불교적으로 볼 때, 과거 현재 미래에 걸쳐 변치 않고 동일하게 남아 있는 기체와 같은 자아가 전제되어야만, 도덕적 책임이나 구원이 가능한 것은 아니다. 오히려 그런 불변의 자아가 있다면, 염(染)에서 정(淨)으로의 변화, 즉 구원은 불가능하다. 왜냐하면 어떤 행위도 변화를 수반하는 이상, 그 행위의 주체가 불변적 동일자여서는 곤란하기 때문이다. 과거의 행위에 대해 현재 내가 책임을 져야 하는 것은, 내가 과거의 나와 현재의 나 사이의 불변적 동일 자아를 간직하고 있기 때문이 아니라, 나의 행위가 과거의 행위로부터 현재의 행위에 이르기까지 인과 조건적 연쇄 흐름의 일부이기 때문이다. 그렇다면 왜 그런 자아동일성이라는 기체적 주체성을 그토록 강조하는 것일까? 이런 발상은 책임 귀속이라는 진지한 문제 의식에서 나온 것 같지만, 실은 변화하여 소멸해버릴 것이라는 두려운 심리에서 나온 것이라고도 볼 수 있는데, 결국 이런 발상은 자아와 타자의 분리 및 지배 또는 소외로 이어져, 오히려 더 비도덕적인 결과를 가져올 수도 있다. 내가 실체아가 아니라 공(空)한 관계아, 즉 연기적 흐름과 네트워크 속의 나일 때, 나의 행위에 대한 책임은 도리어 과거 현재 미래와 전우주라는 다차원적 시공간 속으로 무한히 확산되어 간다. 따라서 무아일 경우에만 무한 책임과 동체 자비하는 바람직한 윤리가 성립하는 것이기 때문에, 윤리 성립의 전제는 자아가 아니라 무아에, 그리고 '기체로서의 주체'가 아니라 '기체 없는 주체'

93 『金剛經』, 第三 大乘正宗分 (『大正藏』 8권, 749상)
94 『金剛經』, 第十八 一體同觀分 (『大正藏』 8권, 751중)
95 『金剛經』, 第十 莊嚴淨土分 (『大正藏』 8권, 763중)

에 있는 것이다.

셋째, 기체 없는 주체는 '시설아(施設我, prajñapti-ātman)'라고 표현된다. 시설아란 우리의 일상 생활이나 언어 관행상에서 '지혜롭게 상정된 것(prajñapti)'으로서의 주체를 말한다. 만약 우리의 언어 관습에서 이런 나를 인정하지 않는다면, 소위 여시아문(如是我聞)으로 시작하는 불교의 경전들 자체가 성립하지 못할 것이다. 이와 관련하여 『대지도론』에는 다음과 같은 설명이 있다.

> 문: 불법에서는 모든 법이 공하여 일체의 것에 '나'라 할 것이 없다고 했는데, 어찌하여 불경의 첫머리에 '이와 같이 나는 들었다'라고 하였는가?
>
> 답: 부처님의 제자들이 '나 없음[無我]'의 도리를 알기는 하나, 세속의 이치를 따라 '나'라 할지언정, '실체적 나[實我]'는 아니다.[96]

이것은 비록 언어적 관행에 따라 자아를 인정하지만, 그것이 실체적 자아는 아니라는 말인데, 이처럼 일상의 관습에서 자아를 상정하더라도, 그것을 '기체로서의 주체'나 집착할만한 나로서는 여기지 말라는 지혜가 깔려있으므로, '지혜롭게 상정된 자아[시설아]'라고 하는 것이다. 그러므로 시설의 대상은 '기체 없는 주체'나 일상의 자아이되, 궁극의 차원에서는 무집착이어야 한다.

또한 일상의 관행 차원에서는 용인하지만, 지혜로운 궁극의 차원에서는 집착하지 말라는 지침이 이미 시설아라는 개념 속에 함축되어 있다는 것은, 진상에도 최소한 두 개의 차원이 있음을 보여준다. 일상의 생활이나 언어 관행의 차원에서 나타나는 진상을 언설제(言說諦) 또는 세속제(世俗諦, saṃvṛti-satya)라 하고, 최상의 무분별 지혜의 차원에서 드러나는 진상을 제일의제(第一義諦) 또는 승의제(勝義諦, paramārtha-satya)라고 한다. 그런데 "세속제에 의하지 않으면 제일의제는 얻을 수 없고, 제일의제를 얻지 못하면 열반을 얻지 못한다"[97]고 볼 수 있으므로, 언설제와 승의제의 이제(二諦)는 중도를 이룬다.

96 『大智度論』, 初品 (『大正藏』 25권, 64상)
97 龍樹, 『中論』, 24품 10게.

이러한 이제 중도에 맞추어, 지금까지 설명한 것을 정리하면 이렇다. 제일의제의 차원에서는 절대적 주관이나 영속적 실체나 기체적 주체로서의 자아는 인정되지 않으므로, 자아는 부정된다[無我]. 세속제의 차원에서는 자기나 무작자나 시설아로 표현되는 '기체 없는 주체'로서의 자아가 상정되므로, 자아는 부정되지 않는다[非無我]. 다시 말해 고정 불변의 실체나 자기동일적 기체라는 그 '무엇'(본체) 없이도 수 많은 조건들간의 인과 연쇄 과정을 통해 현상이 이루어지며, 이런 연기적 현상 속에서 기능적 자아가 능동성과 책임성을 지니고서 자신의 업보를 연출해 나간다. 즉 이제의 중도이기에 무아의 윤회이다. 이것을 함축하는 것이 바로 중도적 무아론인 것이다. ❁

**김종욱** (동국대)

우리말 불교개념 사전

# 오온

| |
|---|
| 범 pañca-skandhāḥ 빠 pañca-kkhandhā 장 phuṅ-po lṅa<br>한 五蘊 영 the five aggregates |

## Ⅰ. 어원적 근거 및 개념 풀이

오온(五蘊)은 범어 'pañca-skandhāḥ', 빠알리어 'pañca-kkhandhā'의 한역이다. 서장어로는 'phuṅ-po lṅa', 영어로는 'the five aggregates'로 번역된다. 오온은 근본불교의 핵심 개념이므로 근본경전인 『니까야』와 『아함경』을 중심으로 어원적 근거와 의미를 살펴보기로 한다.

'pañca'는 숫자 5를 의미하고, 'khandha'는 신체의 어깨, 나무의 줄기, 사람이나 짐승의 무리를 의미한다. 즉 'khandha'는 둘 이상이 모여서 덩어리나 군집을 이루고 있는 것을 의미한다. 따라서 'pañca-kkhandhā'는 축어적으로 다섯 가지 덩어리나 군집을 의미한다. 다섯 가지란 색(色, rūpa), 수(受, vedanā), 상(想, saññā), 행(行, saṅkhāra), 식(識, viññāṇa)이다.

### 1. 온(蘊, khandha)의 의미

오온을 바르게 이해하기 위해서는 먼저 온, 즉 'khandha'의 의미를 알아야 한다. 그리고 'khandha'는 집(集)으로 한역된 'samudaya'라는 개념과 함께 이해해야 한다. 'samudaya'는 '가다'는 의미의 동사 'i'에 접두어 'ud'가 결합하여 '올라가다, (해가) 뜨다, 증가하다'는 의미를 갖는 동사 'udeti'에서 파생된 '솟아오름, 상승, 증가, 성장'을 의미하는 남성명사 'udaya'에 '같이, 함께'를 의미하는 접두어 'saṁ'이 결합한 합성어로서 축어적으로는 무언가가 모여서 함께 위로 솟아오르는 것을 의미한다. 예를 들어 흙을 한 곳에 부으면 흙이 함께 모여 위로 솟아나 흙더미를 이루듯이 어떤 것이 함께 모여 덩어리나 형태를 이루도록 하는 것이 'samudaya'이다. 이러한 의미가 발전하여 '발생'이나 '생기'를 의미하게 되었지만 그 개념 속에는 무언가가 모여서 새로운 것으로 나타난다는 의미가 함축되어 있다. 이것을 한역에서는 집(集) 또는 집기(集起)로 번역했으며 사성제(四聖諦) 가운데 집성제(集聖諦)의 집(集)도 'samudaya'다.

'khandha'는 덩어리를 의미하고, 'samudaya'는 덩어리를 이루도록 무언가가 함께 모여 나타나는 것을 의미하기 때문에 두 개념은 뗄 수 없는 관계에 있다. 즉 온(蘊, khandha)은 집(集, samudaya)을 통해 형성된 덩어리를 의미한다. 오온을 설하는 경전에서 오온의 집(集)을 여실하게 알아야 한다고 강조하는 까닭이 여기에 있다. 『상윳따 니까야』 22. 5는 이러한 온과 집의 관계를 잘 보여준다.

> 그때 세존께서 여러 비구들에게 말씀하시었다. 비구들이여, 삼매를 수행해야 한다. 비구가 삼매를 수행하면 여실하게 알게 된다. 무엇을 여실하게 알게 되는가? 색(色, rūpa)의 집(集, samudaya)과 멸(滅, atthagama), 수(受, vedanā)의 집과 멸, 상(想, saññā)의 집과 멸, 행(行, saṅkhāra)의 집과 멸, 식(識, viññāna)의 집과 멸을 여실하게 관찰하게 된다.
>
> 비구들이여 무엇이 색(色)의 집(集)이며, 무엇이 수(受)의 집(集)이며, 무엇이 상(想)의 집(集)이며, 무엇이 행(行)의 집(集)이며, 무엇이 식(識)의 집(集)인가?
>
> 비구들이여, (어리석은 사람은) 즐기고, 찬탄하고, 탐닉하여 머문다. 무엇을 즐기고 환영하고 탐닉하여 머무는가?

> 색(色)을 즐기고, 찬탄하고, 탐닉하여 머문다. 그가 색을 즐기고, 찬탄하고, 탐닉하여 머물면 기쁨(nandi)이 생긴다. 색에 대한 즐거움, 그것이 취(取, upādāna)다. 그 취에 의존하여 유(有, bhava)가, 유에 의존하여 생(生, jāti), 생에 의존하여 노사(老死, jarāmaraṇa)우비고뇌(憂悲苦惱)가 함께 존재한다(sambhavanti). 이와 같이 이러한 순전한 고온(苦蘊, dukkhakkhandha)의 집(集)이 있다.
>
> 비구들이여, 이것이 색(色)의 집(集)이다.[1]

이 경은 오온의 형성 과정을 설명하고 있으며, 오온이 형성되는 과정을 집(集)이라고 부르고 있다. 그런데 그 과정은 연기의 과정이다. 즉 붓다가 깨달은 연기법은 오온의 형성과정, 즉 오온의 집을 설명한 것이라고 할 수 있다. 『상윳따 니까야』 12. 1은 십이연기가 곧 오온의 집(集)을 이야기한 것이라는 것을 보여준다.

> 비구들이여, 무명(無明)을 연하여 행(行)이, … 생(生)을 연하여 노사(老死), 우비고뇌(憂悲苦惱)가 함께 존재한다. 이와 같이 순전한(kevalassa) 고온(苦蘊)의 집(集)이 있다.[2]

여기에서 말하는 '순전한 고온(苦蘊)'은 오온을 의미한다. *Majjhima-Nikāya* 141. *Saccavibhaṅgasuttaṁ*[3]과 이에 상응하는 『중아함(中阿含)』 『분별성제경(分別聖諦經)』[4]에서 고성제(苦聖諦)를 설명하면서 모든 괴로움을 한마디로 말하면 오취온이 곧 괴로움이라고 이야기하고 있듯이 사성제 가운데 고성제는 바로 오취온이기 때문이다. 이와 같이 십이연기설을 비롯한 근본불교의 여러 가지 연기설은 집(samudaya)을 통해 다섯 가지 온(khandha), 즉 오온이 형성되는 과정을 설명한 것이다. 이와 같이 집(集)은 온(蘊)의 원인이 되며, 이러한 인과관계를 지닌 오온과 집(集)이 사성제 가운데 고성제와 집성제를 이룬다.

---

1 Saṃyutta-Nikāya. vol. 3, 13-14면.
2 Saṃyutta-Nikāya. vol. 2, 1면.
3 Majjhima-Nikāya. vol. 2, 249면.
4 『中阿含』(『大正藏』1권, 467중하)

## 2. 오온의 의미

오온은 불교의 여러 개념 가운데 가장 중요한 개념이다. 『반야심경』에서 오온의 공(空)을 통찰함으로써 열반을 얻는다고 이야기하듯이 불교사상은 오온을 중심으로 형성되어 있다고 해도 지나친 말이 아니다. 따라서 오온에 대한 정확하고 바른 이해는 불교 이해의 출발점이라고 할 수 있다.

지금까지 오온의 이해는 아비달마불교의 해석에 의지해왔다. 아비달마불교 이래로 오온은 십이입처(十二入處), 십팔계(十八界)와 함께 일체법(一切法), 즉 일체 존재를 범주적으로 분류하는 세 가지 방법, 즉 삼과(三科) 가운데 하나로 이해되어 왔다. 『잡아비담심론(雜阿毘曇心論)』 권1[5]에 의하면 일체법을 이렇게 세 가지 방법으로 분류한 까닭은 중생들의 욕구와 능력에 차이가 있기 때문이라고 한다. 수행을 처음 시작한 사람을 위하여 자세하게 분류하여 설명한 것이 십팔계이고, 수행이 아직 부족한 사람을 위하여 중간으로 설명한 것이 십이입처이며, 수행이 이루어진 사람을 위하여 간략하게 설명한 것이 오온이라는 것이다.

그러나 근본경전인 『아함경』과 『니까야』의 내용을 보면 십이입처, 십팔계, 오온은 개별적인 범주 체계가 아니라 오온이 연기하는 과정을 보여주는 교리들이다. 다음에 인용하는 『잡아함』 306경은 이들의 관계와 오온의 본래적 의미를 잘 보여준다.

> 두 가지 법(法)이 있다. 어떤 것이 둘인가? 안(眼)과 색(色)이 둘이다. 안과 색을 인연으로 안식(眼識)이 생기며, 이들 세 가지의 화합이 촉(觸)이다. 촉(觸)을 인연으로 수(受), 상(想), 사(思)가 함께 생긴다. 이 네 가지 무색음(無色陰)[蘊]과 안(眼)과 색(色) 이들 법을 사람이라고 부르며, 이들 법에서 사람이라는 생각[人想]을 만든다. … 그리고 이와 같이 말한다. 내가 눈으로 색을 보고 내가 귀로 소리를 듣고, 내가 코로 냄새를 맡고, 내가 혀로 맛을 보고, 내가 몸으로 촉감을 느끼고, 내가 마음으로 법을 인식한다. … 비구여, 이것은 관념[想]이며, 이것은 기억[誌]이며, 이것은 언설이다. 이 모든 법은 모두 무상(無常)하고 유위(有爲)이며 의지와 원(願)을 인연으로 생긴 것이다.[6]

5 『雜阿毘曇心論』(『大正藏』28권, 874상)
6 『잡아함』306 (『大正藏』2권, 87하-88상)

우리가 사람이나 자아라고 생각하고 있는 것은 오온이며, 그 오온은 십이입처를 인연으로 식(識)이 발생하여 십팔계가 형성되면, 그 십팔계에서 연기한 촉(觸)에서 수(受), 상(想), 사(思)가 연기함으로써 형성된 것이라는 것이다. 즉 십이입처에서 연기한 식(識)이 모여서 식온(識蘊)이 되고, 촉(觸)에서 연기한 수(受), 상(想), 사(思)가 모여서 각각 수온(受蘊), 상온(想蘊), 행온(行蘊)이 됨으로써 네 가지 무색온(無色蘊)이 이루어지고, 안(眼)과 색(色)이 색온(色蘊)을 이룸으로써 오온이 형성되면, 이렇게 형성된 오온을 사람이나 자아라고 생각한다는 것이다. 이와 같이 오온은 십이입처에서 십팔계를 거쳐 형성된 관념이며. 그 관념에 명명된 언설일 뿐 실체적인 존재가 아니라는 것이다.

온(蘊)은 집(集)을 통해 형성된 덩어리를 의미하기 때문에 오온은 집을 통해 형성된 다섯 가지 덩어리를 의미한다고 할 수 있다. 그렇다면 이들 다섯 가지 덩어리는 구체적으로 무엇을 가리키는 것일까? 『상윳따 니까야』 22. 79는 오온이 개념적으로 어떤 것을 의미하는지를 잘 보여준다.

> 비구들이여, 사문들이든 바라문이든 그들은 갖가지 전생(前生, pubbenivāsa)을 기억하고 있다고 하는데, 그들은 모두 오취온(五取蘊)이나 오취온(五取蘊) 중의 어떤 것을 기억하고 있는 것이다.
>
> 그들은 "과거에 나는 이러한 몸[色]을 가지고 있었다"고 말한다. 그렇지만, 비구들이여, 이와 같이 말하는 사람은 사실은 색(色)을 기억하고 있을 뿐이다. 그들은 "과거에 나는 이러한 수(受)를 가지고 있었다"고 말한다. 그렇지만, 비구들이여, 이와 같이 말하는 사람은 사실은 수(受)를 기억하고 있을 뿐이다. 그들은 "과거에 나는 이러한 상(想)을 가지고 있었다"고 말한다. 그렇지만, 비구들이여, 이와 같이 말하는 사람은 사실은 상(想)을 기억하고 있을 뿐이다. 그들은 "과거에 나는 이러한 행(行)을 가지고 있었다"고 말한다. 그렇지만, 비구들이여, 이와 같이 말하는 사람은 사실은 행(行)을 기억하고 있을 뿐이다. 그들은 "과거에 나는 이러한 식(識)을 가지고 있었다"고 말한다. 그렇지만, 비구들이여, 이와 같이 말하는 사람은 사실은 식(識)을 기억하고 있을 뿐이다.
>
> 비구들이여, 그대들은 무엇을 색(色)이라고 말하는가? 성가심을 당한다[ruppati]. 비구들이여, 그 때문에 색(色)이라고 불린다. 무엇에 의해 성가심을 당하는가? 추위에 의해 성가심을 당하고, 더위에 의해 성가심을 당하고,

배고픔에 의해 성가심을 당하고, 갈증에 의해 성가심을 당하고, 날파리, 모기, 열풍, 뱀의 접촉에 의해 성가심을 당한다. 비구들이여, 성가심을 당하기 때문에 색(色)이라고 불린다.

비구들이여, 그대들은 무엇을 수(受)라고 말하는가? 느껴진다[vediyati]. 비구들이여, 그 때문에 수(受)라고 불린다. 무엇이 느껴지는가? 즐거움이 느껴지고, 괴로움이 느껴지고, 즐겁지도 괴롭지도 않음이 느껴진다. 비구들이여, 느껴지기 때문에 수(受)라고 불린다.

비구들이여, 그대들은 무엇을 상(想)이라고 말하는가? 생각한다[sañjānāti]. 비구들이여, 그 때문에 상(想)이라고 불린다. 무엇을 생각하는가? 푸른색을 생각하고, 노란색을 생각하고, 붉은색을 생각하고, 흰색을 생각한다. 비구들이여, 생각하기 때문에 상(想)이라고 불린다.

비구들이여, 그대들은 무엇을 행(行)이라고 말하는가? 유위(有爲)를 조작(造作)한다[abhisaṅkharonti]. 비구들이여, 그 때문에 행(行)이라고 불린다. 어떤 유위(有爲)를 조작하는가? 색(色)의 성질[rūpattāya]의 유위(有爲)인 색(色)을 조작하고, 수(受)의 성질[vedanattāya]의 유위(有爲)인 수(受)를 조작하고, 상(想)의 성질[saññattāya]의 유위(有爲)인 상(想)을 조작하고, 행(行)의 성질[saṅkhārattāya]의 유위(有爲)인 행(行)을 조작하고, 식(識)의 성질[viññāṇattāya]의 유위(有爲)인 식(識)을 조작한다. 비구들이여, 유위(有爲)를 조작하기 때문에 행(行)이라고 불린다.

비구들이여, 그대들은 무엇을 식(識)이라고 말하는가? 식별(識別)한다[vijānāti]. 비구들이여, 그 때문에 식(識)이라고 불린다. 무엇을 식별하는가? 신맛을 식별하고, 쓴맛을 식별하고, 매운맛을 식별하고, 단맛을 식별하고, 떫은맛을 식별하고, 떫지 않은 맛을 식별하고, 짠맛을 식별하고, 싱거운 맛을 식별한다. 비구들이여, 식별하기 때문에 식(識)이라고 불린다.[7]

여기에서 주목할 것은 오온이 동사, 즉 행위와 연관되어 있다는 것이다. 이것은 우리가 실체적 자아로 생각하고 있는 오온이 실체적 존재가 아니라 삶, 즉 업(業)을 실체화 한 것임을 보여준다. 우리는 지각활동을 통해 사물을 지각하고, 느끼고, 생각하고, 의도하고, 인식하며 살아간다. 이러한 삶을 통해 사물을 지각하는 몸[色]과 고락을 느끼는 감정[受]과 사유하는 이성

7 S.N. vol. 3, 86-87면.

[想]과 의도하는 의지[行]와 인식하는 의식[識]이 실체로서 존재한다는 생각을 하게된다. 이 경에서는 이렇게 우리가 실체로 생각하고 있는 오온이 사실은 삶의 다양한 행위들이 행(行)에 의해 실체화 된 것[有爲]임을 이야기하고 있다.

이와 같이 오온은 일체 존재의 다섯 가지 범주가 아니라 중생들이 행(行)을 통해 자신의 존재로 구성한 다섯 종류의 허망한 관념의 집단을 의미한다.

**1) 색온(色蘊, rūpa-kkhanda)의 의미**

'색(色)'으로 한역된 'rūpa'는 '형태, 모양, 현상'을 의미하는 중성명사로서 서장어로는 'gzag-paḥi'이다. 영어로는 'form, figure, appearance, body' 등으로 번역된다.

오온은 중생들이 자아로 집착하고 있는 다섯 가지 허망한 관념의 집단, 즉 망상 덩어리를 의미한다. 그 가운데 색온은 몸을 통해 형성된 자아의식을 의미한다. 중생들은 보고, 듣고, 냄새 맡고, 맛보고, 촉감을 느끼는 몸이 눈[眼], 귀[耳], 코[鼻], 혀[舌], 몸[身]으로 구성되어 있다고 생각하고 이러한 몸을 자아로 집착한다. 이렇게 몸을 통해 형성된 허망한 자아의식이 색온이다.

'rūpa'는 일반적으로 물질을 의미하는 것으로 알려져 있지만, 본래의 의미는 정신과 상대적인 의미의 물질이 아니라 개념에 상응하는 특징이나 형태를 가리킨다. 『브리하다라냐까 우파니샤드(*Bṛhadāraṇyaka Upaniṣad*)』에 다음과 같은 구절이 있다.

> 그때 이 세상은 구별되지 않았다. 그것이 이름[名]과 형태[色]에 의해 구별되었다. (그리하여 우리는) 그것은 이름은 이러하고 형태는 이러하다고 말한다.[8]

이 세상은 본래 구별되어있지 않았는데 이름[名]과 형태[色]에 의해 구별됨으로써 사물을 이름과 형태로 분별하게 되었다는 것이다. 우리가 사물을

8 『Bṛhadāraṇyaka Upaniṣad』 1. 4. 7. (Radhakrishnan, *The Principal Upaniṣads,* London: George Allen & Unwin, 1968, 166면)

분별할 수 있는 것은 형태적으로 구분이 되고, 구분된 것이 이름을 가지고 있기 때문이다. 즉 개념과 형태의 구별에 의해 우리는 사물을 분별할 수 있다. 이때 'rūpa(色)'는 'nāma(名)', 즉 개념에 상응하여 그 개념이 가리키는 형태나 특징을 의미하는 것으로서 물질을 의미하지는 않는다.

그런데 일반적으로 오온의 색온은 물질을 의미한다고 알려져 있다. 색이 물질을 의미하는 것으로 이해하게 된 것은 오온을 설명하는 경전에서 다음과 같이 색을 사대(四大)와 사대로 만들어진 것이라고 이야기하기 때문이다.

> 비구들이여, 어떤 것이 색(色)인가? 사대(四大)와 사대를 취하고 있는 색, 이것을, 비구들이여, 색이라고 부른다. (katamañca bhikkhave rūpaṃ, cattāro ca mahābhūtā catunnaṃ ca mahābhūtānam upādāya rūpaṃ, idaṃ vuccati bhikkhave rūpaṃ.)[9]

『니까야』의 'catunnaṃ ca mahābhūtānaṃ upādāya rūpaṃ; 사대를 취하고 있는[upādāya] 색'이 『아함경』에는 '사대로 만들어진 색[四大所造色]'으로 번역되어있다. 만약 이들 경전에서 이야기하고 있는 사대가 당시 유물론자들이 불변하는 근본실체로 생각하고 있던 사대를 의미한다면 색은 물질을 의미한다고 할 수 있다. 그러나 붓다는 사대를 유물론자들처럼 불변의 물질적 실체로 보지 않았다. 『맛지마 니카야』 28. *Mahāhatthipapdopamasuttaṁ*에서는 사대를 다음과 같이 설명하고 있다.

> 여러분, 어떤 것이 색취온(色取蘊, rūpupādānakkhanda)인가? 사대(四大)와 사대를 취하고 있는[upādāya] 색(色)이 그것이다.
>
> 여러분 어떤 것이 사대인가? 지계(地界, paṭhavīdhātu), 수계(水界, āpodhātu), 화계(火界, tejodhātu), 풍계(風界, vāyodhātu)가 그것이다. 여러분 어떤 것이 지계(地界)인가? 지계(地界)는 내적으로도 있고 외적으로도 있다. 여러분 어떤 것이 내적인 지계인가? 내적으로 각각 견고한 것, 견고하게 이루어진 것을 취한 것[upādiṇṇa] 즉, 머리카락, 털, 손톱, 이빨, 피부,.이것을 내적 지계(地界)라고 부른다.[10]

9 S.N. vol. 3. 59면.

이 밖에 수계(水界)는 촉촉한 것을 취한 것이고, 화계(火界)는 따뜻한 것을 취한 것이며, 풍계(風界)는 움직이는 것을 취한 것이라고 하고 있다. 여기에서 주목해야 할 것은 『아함경』에서 '소조(所造)'로 번역하고 있는 '**upādāya**'와 위의 인용문에서 필자가 '취한 것'으로 번역한 '**upādiṇṇa**'이다. '**upādāya**'와 '**upādiṇṇa**'는 '잡다, 취하다'를 의미하는 동사 '**upādiyati**'에서 파생된 것으로서, 십이연기설의 9번째 지분, 즉 '취(取)'로 한역된 '**upādāna**'도 '**upādiyati**'에서 파생된 명사다. 따라서 한역의 '사대소조색(四大所造色)'은, 사대로 만들어진 색이 아니라, 사대를 취하고 있는 색이라고 해야한다. 붓다는 외도들이 불변의 실체라고 주장하는 사대에 대하여 우리의 지각활동을 통해 단단하게, 촉촉하게, 따뜻하게, 움직이는 것으로 지각된 것이 취해진 사계(四界)를 의미한다고 이야기하고 있는 것이다. 붓다는 당시의 외도들이 물질의 구성요소로 생각하고 있던 사대를 불변의 객관적 실체로 보지 않고 지각된 것을 취하여 그것을 실체시한 것으로 보고 있는 것이다.

『잡아함』 214경에서는 색(色)을 마음을 인연으로 생긴 것이라고 이야기한다.

> 안(眼)과 색(色)을 인연으로 안식(眼識)이 생긴다. 그것(眼)은 무상(無常)하며 유위(有爲)이며 마음을 인연으로 생긴다. 색(色)과 안식(眼識)은 무상(無常)하며 유위(有爲)이며 마음을 인연으로 생긴다.[11]

색을 마음이 인연이 되어 생긴 것이라고 설명하는 이 경의 내용은 사대를 지각된 것을 취한 것으로 설명하는 앞에 인용한 경의 내용과 일치한다. 근본불교에서 이야기하는 색은 결코 물질이 아닌 것이다.

색온(色蘊)의 집(集)을 설명하고 있는 이전에 인용한 『상윳따 니카야』(*Saṃyutta-Nikāya*) 22. 5는 이 점을 보다 분명하게 보여준다.

> 비구들이여 무엇이 색(色)의 집(集)이며, 무엇이 수(受)의 집(集)이며, 무엇이 상(想)의 집(集)이며, 무엇이 행(行)의 집(集)이며, 무엇이 식(識)의 집

10 M.N. vol. 1. 185면.

11 『잡아함』214 (『大正藏』2권, 54상)

(集)인가?

비구들이여, (어리석은 사람은) 즐기고, 찬탄하고, 탐닉하여 머문다. 무엇을 즐기고 환영하고 탐닉하여 머무는가?

색(色)을 즐기고, 찬탄하고, 탐닉하여 머문다. 그가 색을 즐기고, 찬탄하고, 탐닉하여 머물면 기쁨[nandi]이 생긴다. 색에 대한 즐거움, 그것이 취(取, upādāna)다. 그 취(取)에 의존하여 유(有, bhava)가, 유(有)에 의존하여 생(生,jāti)이, 생(生)에 의존하여 노사(老死, jarāmaraṇa) 우비고뇌(憂悲苦惱)가 함께 존재한다[sambhavanti]. 이와 같이 이러한 순전한 고온(苦蘊, dukkhakkhandha)의 집(集, samudayo)이 있다.[12]

전술한 바와 같이 색은 지각된 것을 의미한다. 우리에게 지각된 것을 즐기고 탐닉할 때, 지각된 의식들이 취해져서 온(蘊)으로 형성되는 것을 색온의 집(集)이라고 한다는 것이다.

이와 같이 색온은 우리의 지각활동을 통해 생긴 지각내용을 취하여 자아로 생각하고 있는 허망한 자아의식을 의미하며, 구체적으로는 자아로 집착하고 있는 신체적 자아를 의미한다.

### 2) 수온(受蘊, vedanā-kkhanda)의 의미

'수(受)'로 한역된 'vedanā'는 '느낌, 감각'을 의미하는 여성명사로서 서장어로는 'tshar-baḥi'이다. 영어로는 'feeling, sensation' 등으로 번역된다. 불교 용어로 사용될 때는 모든 감정 상태, 즉 괴로운 느낌, 즐거운 느낌, 괴롭지도 즐겁지도 않은 느낌을 의미한다. 수온(受蘊, vedanā-kkhanda)은 축어적으로는 이러한 느낌들의 집단을 의미한다.

우리는 괴로움이나 즐거움을 느낀다. 이때 우리는 괴로움을 느끼고 즐거움을 느끼는 자아가 있다고 생각한다. 즉 괴로움과 즐거움을 느끼는 자아가 실체적으로 우리의 내부에 존재하기 때문에 괴로움과 즐거움을 느낄 수 있다고 생각하는 것이다. 수온은 이와 같이 중생들이 고락을 느끼는 실체적 자아로 집착하고 있는 감정적 자아를 의미한다.

『상윳따 니카야』(*Saṃyutta-Nikāya)* 22. 56에서는 우리가 실체적 존재로 생각하고 있는 감정적 자아, 즉 수(受)가 촉(觸)에서 연기한 허망한 의식임

---

12 S.N. vol. 3, 13-14면.

을 다음과 같이 이야기한다.

> 비구들이여, 어떤 것이 수(受)인가? 비구들이여, 이들 여섯 가지 느낌의 모임[六受身, cha-vedanā-kāyā], 즉 안촉(眼觸)에서 생긴 느낌, 이촉(耳觸), 비촉(鼻觸), 설촉(舌觸), 신촉(身觸), 의촉(意觸)에서 생긴 느낌, 이들이, 비구들이여, 수(受)라고 불린다. 촉(觸)의 집(集)으로부터[samudayā] 수(受)의 집(集)[samudayo]이 있으며, 촉(觸)의 멸(滅)로부터[nirodhā] 수(受)의 멸(滅)[nirodho]이 있다.[13]

수온(受蘊)도 색온(色蘊)과 마찬가지로 연기한 의식들이 모여서[集] 덩어리를 이룬 것이다. 수온을 이루는 의식은 촉(觸)을 인연으로 연기한다. 여기에서 문제되는 것이 촉(觸, samphassa)이다. 'samphassa'가 접촉을 의미하기 때문에 일반적으로 촉을 의식이 감각기관을 통해 대상과 접촉하는 것, 즉 감관을 통한 주관과 객관의 접촉으로 이해하고 있다. 그러나 이러한 이해로는 촉(觸)의 집(集)과 멸(滅)이 수(受)의 집(集)과 멸(滅)이라는 경전의 설명을 이해하기 어렵다. 어떻게 대상과의 접촉이 모여서 함께 나타날(集) 수 있으며, 그 접촉을 소멸(滅)시킬 수 있다는 것인가?

촉을 주관과 객관의 접촉으로 이해하게 된 것은 근본경전에서 촉을 삼사화합(三事和合), 즉 육내입처(六內入處)와 육외입처(六外入處) 그리고 이들을 인연으로 발생한 육식(六識)의 화합이라고 설명하고 있기 때문이다. 육내입처는 우리의 감각기관인 육근(六根)을 의미하고, 육외입처는 그 대상이 되는 육경(六境)을 의미한다고 생각하여 육식(六識)이 육근(六根)을 통해 육경(六境)과 접촉하는 것을 촉이라고 이해한 것이다. 그러나 근본경전에서 육입처(六入處)는 육근(六根)을 의미하지 않는다. 『맛지마 니까야』(*Majjhima-Nikāya*) 43. *Mahāvedallasuttaṁ*에서는 육근에 대하여 다음과 같이 이야기한다.

> 서로 다른 활동영역을 갖는 오근(五根)의 의지처는 무엇이며, 그것들의 활동영역을 인지하는 것은 무엇인가요? …
>
> 존자여, 이들 오근(五根)의 의지처는 의(意, mano)이며, 의(意)가 그것들

13 S.N. vol. 3, 59-60면.

> 의 활동영역을 인지하는 것이오.
> 존자여, 이들 오근(五根), 즉 안근(眼根), 이근(耳根), 비근(鼻根), 설근(舌根), 신근(身根)은 무엇에 의지하여 머무는가요?
> 존자여, 이들 오근(五根)은 수명(壽命, āyu)에 의지하여 머무는 것이오.[14]

이와 같이 육근은 살아있는 사람들의 지각활동을 의미한다. 그러나 육입처(六入處)는 무명(無明)에서 연기한 것이다. 따라서 무명이 멸하면 육입처는 멸하지만 육근은 멸하지 않는다. 수행을 통해 멸해야 할 것은 육입처이지 육근은 아닌 것이다.

육입처는 무지한 중생들이 육근으로 지각활동을 하면서 지각활동의 주체로 집착하고 있는 자아의식이다. 따라서 육입처는 무아를 깨달으면 사라진다. 여러 경전에서 육입처는 고(苦)이며 무아(無我)임을 알아야 한다고 강조하는 까닭이 여기에 있다.

촉은 이러한 육입처에서 연기한 것이다. 『잡아함』 294경에서는 촉의 발생을 다음과 같이 이야기한다.

> 어리석고 배움이 없는 범부는 무명(無明)에 덮이고 애연(愛緣)에 묶여 이 식(識)을 얻으면 자신의 몸 안에는 이 식(識)이 있고, 몸 밖에는 명색(名色)이 있다고 생각한다. 이 두 인연으로 촉이 생긴다.[15]

이 경은 십이연기설 가운데 무명에서 촉에 이르는 과정, 즉 무명(無明)-행(行)-식(識)-명색(名色)-육입처(六入處)-촉(觸)을 이야기한 것이다. 무아의 진실을 알지 못하는 무명(無明)의 상태에서 애욕에 묶이어 자아와 타자, 즉 주관과 객관을 구별하는 작용(行)이 일어난다. 그 결과 분별하는 의식[識]이 형성되면, 이 식(識)을 자신의 내적 자아로 생각하고, 식에 의해 분별된 명색(名色)을 외적 대상으로 생각한다. 그리고 이러한 대상을 지각하는 자아가 육입처이며, 이러한 육입처에서 발생하는 것이 촉(觸)이다.

이와 같이 촉은 무명의 상태에서 자아의식을 가지고 지각활동을 할 때 발생하는 의식이며, 촉을 통해 우리는 외부의 대상이 주관과 접촉하고 있

---

14 M.N. vol. 1, 295면.
15 『잡아함』294 (『大正藏』2권, 83하)

다는 생각을 하게 된다. 즉 대상이 외부에 주관과 상대하여 실재하고 있다는 생각이 촉이다. 그리고 대상이 외부에 실재한다고 생각함으로써 그 대상으로 인해 생기는 고락(苦樂)의 감정이 수(受)이다. 내적 자아가 외부의 대상과 접촉하고 있다는 생각이 반복되고 지속되면서 고락의 감정이 생기면, 우리의 내부에는 고락의 감정을 느끼는 실체적 자아가 있다고 생각하게 된다. 촉의 집이 곧 수의 집이라는 것은 이것을 이야기한 것이다. 수온은 이와 같이 중생들이 촉을 통해 발생한 고락의 감정들을 취하여 자아로 집착하고 있는 감정적 자아를 의미한다.

### 3) 상온(想蘊, saññā-kkhanda)의 의미

'상(想)'은 산스크리트 '**saṃjñā**', 빠알리어 '**saññā**'의 한역이다. 서장어로는 '**ḥdu-śes-kyi**'이며 영어로는 '**recognition, perception**' 등으로 번역된다.

산스크리트 '**saṃjñā**'는 '같은, 함께'를 의미하는 접두어 '**saṃ**'과 '앎, 지식'을 의미하는 여성명사 '**jñā**'의 합성어로서 축어적으로는 '공유하는 지식', '함께 인정하는 지식'을 의미한다.

상(想)도 수(受)와 마찬가지로 촉(觸)에서 연기한 것이다. 『상윳따 니카야』(*Saṃyutta- Nikāya*) 22. 56에서는 상(想)이 촉(觸)에서 연기한 허망한 의식임을 다음과 같이 이야기한다.

> 비구들이여, 어떤 것이 상(想)인가? 비구들이여, 이들 여섯 가지 생각의 모임[六想身; cha-saññā-kāyā], 즉 색상(色想), 성상(聲想), 향상(香想), 미상(味想), 촉상(觸想), 법상(法想), 이것이 상(想)이라고 불린다. 촉(觸)의 집(集)으로부터[samudayā] 상(想)의 집(集)[samudayo]이 있으며, 촉(觸)의 멸(滅)로부터[nirodhā] 상(想)의 멸(滅)[nirodho]이 있다.[16]

우리는 대상을 접하면 그 대상을 개념적으로 지각한다. 사과를 보았다고 가정해보자. 눈으로 보고서는 붉고 둥글다고 생각한다. 냄새를 맡아보고서는 향기롭다고 생각한다. 맛을 보고서는 단맛이라고 생각하고, 만져보고서는 단단하다고 생각한다. 그리고 형태와 맛과 향기를 종합하여 사과라고 생각한다. 동일한 형태와 맛과 향기를 지닌 사과는 세상에 존재하지 않는

---

16 S.N. vol. 3, 60면.

다. 그러나 우리는 '사과의 형태와 맛과 향기는 이런 것이다'라는 지식을 공유하고 있다. 우리가 서로 다른 형태와 맛을 지닌 사물을 다 같이 사과라고 지각할 수 있는 것은 이러한 '공유하고 있는 지식', 즉 개념이 있기 때문이다.

우리는 이러한 개념을 가지고 지각하고 사유한다. 이때 우리는 지각하고 사유하는 자아가 실체적으로 존재한다고 생각한다. 그러나 사유하는 자아가 사유하는 것이 아니라 사유할 때 사유하는 자아가 존재한다고 생각하고 있을 뿐이다. 이렇게 중생들에 의해 지각하고 사유하는 실체적 자아로 취해진 것이 상온(想蘊)이다.

### 4) 행온(行蘊, saṅkhāra-kkhanda)의 의미

'행(行)'은 범어 'saṃskāra', 빠알리어 'saṅkhāra'의 한역이다. 서장어로는 'ḥdu-byed-kyi'이며 영어로는 'activities-compound, compositional factors, dispositions' 등으로 다양하게 번역된다.

'saṅkhāra'는 동사 'saṅkharoti'에서 파생된 남성명사이며, 'saṅkharoti'는 '같은, 함께'를 의미하는 접두어 'saṃ'과 '하다, 만들다'를 의미하는 동사 'karoti'의 합성어로서 '모으다, 모아서 하나로 만들다'는 의미를 지닌다. 따라서 'saṅkhāra'는 축어적으로 '모아서 하나로 만드는 작용'이라고 할 수 있다.

행은 불교용어 가운데 가장 난해하고 다의적인 개념이다. 신(身), 구(口), 의(意) 삼행(三行)으로 쓰일 때는 업(業)과 동의어로 이해되기도 하고, 제행무상(諸行無常)이라고 할 때는 법(法)과 동의어로 이해되기도 한다. 여기에서는 오온(五蘊)의 행을 다루기 때문에 오온과 관련된 경전의 내용을 중심으로 행의 의미를 살펴보기로 한다.

『상윳따 니카야』 22. 81에서는 행(行)에 대하여 다음과 같이 이야기한다.

> 비구들이여, 들은 바 없는 범부[無聞凡夫]는 성자(聖者)들을 알아보지 못하고, 거룩한 진리를 알지 못하며, 거룩한 진리로 교육받지 못하여 훌륭한 사람들을 알아보지 못한다. 그는 훌륭한 사람의 진리로 교육받지 못하여 색(色)을 자아(自我, attan)로 간주한다. 비구들이여, 자아로 간주하는 행위(samanupassanā)가 행(行, saṅkhāra)이다. 그러면, 그 행(行)은 무엇이 인연(因緣)이며, 무엇이 집기(集起)한 것이며, 무엇에서 생긴 것이며, 무엇이 낳

> 은 것인가? 비구들이여, 무명촉(無明觸, avijjāsamphassa)에서 생긴 느낌에 영향을 받은 들은 바 없는 범부[無聞凡夫]에게 일어난 애(愛, taṇhā), 행(行)은 그 애(愛)에서 생긴 것이다. 비구들이여, 이와 같이 행(行)은 무상(無常)하고, 유위(有爲)이며, 연기한 것이다.[17]

이 경에서 오온을 '자아로 간주하는 행위'를 행이라고 규정하고 있다. 『상윳따 니카야』 22. 79에서는 이것을 보다 구체적으로 이야기한다.

> 비구들이여, 그대들은 무엇을 행(行, saṅkhāra)이라고 말하는가? 유위(有爲, saṅkhata)를 조작한다(abhisaṅkharonti). 비구들이여, 그 때문에 행(行)이라고 불린다. 어떤 유위(有爲)를 조작하는가? 색(色)의 성질의[rūpattāya] 유위(有爲)인 색(色, rūpa)을 조작하고, 수(受)의 성질[vedanattāya]의 유위(有爲)인 수(受, vedanā)를 조작하고, 상(想)의 성질[saññattāya]의 유위(有爲)인 상(想, saññā)을 조작하고, 행(行)의 성질의[saṅkhārattāya] 유위(有爲)인 행(行, saṅkhāra)을 조작하고, 식(識)의 성질의[viññāṇattāya] 유위(有爲)인 식(識, viññāṇa)을 조작한다. 비구들이여, 유위(有爲)를 조작하기 때문에 행(行)이라고 불린다.[18]

행이 오온을 '자아로 간주하는 행위'를 의미하므로, 행에 의해 조작된 유위(有爲)는 '자아로 간주된 것'을 의미한다. 그런데 여기에서 자아로 번역한 'attan(범 ātman)'은 인간에게는 '실체적 자아'를 의미하고 여타의 사물에게는 그 사물의 '본질이 되는 동일성을 지닌 실체'를 의미한다. 따라서 유위란 '동일성을 지닌 실체로 조작된 것'을 의미하고 행은 '동일성을 지닌 실체로 조작하는 행위'를 의미한다고 할 수 있다. 이것은 행(saṅkhāra)의 축어적 의미, 즉 '모아서 하나로 만드는 작용'과 다르지 않다. 우리가 우리의 몸[色]을 자아로 간주하는 것은 여러 가지 신체적 경험을 모아서 동일성을 지닌 하나의 실체로 만들기 때문이다. 수(受), 상(想), 행(行), 식(識)도 마찬가지다. 느끼고, 생각하고, 유위를 조작하고, 인식한 경험들이 행에 의해 모아져서 동일성을 지닌 실체로 조작되어 자아로 간주된다.

---

17 S.N. vol. 3. 96면.
18 S.N. vol. 3. 87면.

행, 즉 '동일성을 지닌 실체로 조작하는 행위'란 구체적으로 어떤 행위일까? 예를 들어 어떤 책상을 어제 보고 오늘 볼 경우, 우리는 두 개의 지각을 갖게 된다. 이 때 우리는 동일한 책상을 두 번 보았다고 말한다. 내일 다시 이 책상을 보게 된다면, 우리는 동일한 책상을 다시 보았다고 이야기할 것이다. 그러나 우리가 어제 보고, 오늘 보고, 내일 보게 될 책상은 동일한 책상이 아니다. 왜냐하면 모든 것은 무상하게 변화하고 있기 때문이다. 이처럼 어제 본 책상을 통해 얻은 지각의 내용과 오늘 본 지각의 내용과 내일 보게 될 지각의 내용이 시간적으로 분리되어 있고, 그 내용도 동일한 것이 아님에도 불구하고, 우리는 객관적 대상을 분리가 없는 동일한 것이라고 생각한다. 여기에서 우리는 시간적으로 존속성을 지니고 존재하고 있다고 생각되는 외부의 사물이란 사실은 삶을 통해 체험된 내용이 의식에 의해 통일적으로 구성되어 동일성을 지닌 존재로 객관화된 것임을 알 수 있다.

이러한 의식의 통일적 구성은 외부의 대상에 대해서만 이루어지는 것이 아니다. 우리는 과거에 사물을 본 눈과 현재 사물을 보고 있는 눈과 미래에 사물을 보게 될 눈에 대해서도 동일한 눈으로 과거에 보았고, 현재 보고 있고, 미래에 보게 될 것이라고 생각한다. 즉 우리는 삶을 통해 체험을 하면서 시간의 경과 속에서 변함없이 자기동일성을 유지하고 있는 자아의 존재를 구성한다. 행은 이와 같이 체험된 내용을 통일적으로 구성하여 동일성을 지닌 존재로 객관화하는 의식 활동이며, 이러한 행의 활동에 의해 존재로 객관화 된 것이 유위(有爲)이다.

체험된 내용을 통일적으로 구성하여 동일성을 지닌 존재로 객관화하는 의식 활동, 즉 행(行)이란 구체적으로 의지(意志)작용을 의미한다. 『상윳따 니카야』 22. 56에서는 행을 다음과 같이 설명한다.

> 비구들이여, 어떤 것이 행(行)인가? 비구들이여, 이들 여섯 가지 의도(意圖)의 모임[六思身, cha-cetanā-kāyā], 즉 색(色)에 대한 의도(rūpasañcetanā), 성(聲)에 대한 의도[saddasañcetanā], 향(香)에 대한 의도[gandhasañcetanā], 미(味)에 대한 의도[rasasañcetanā], 촉(觸)에 대한 의도[phoṭṭhabbasañcetanā], 법(法)에 대한 의도[dhammasañcetanā], 비구들이여, 이들이 행(行)이라고 불린다. 촉(觸)의 집(集, samudayā)으로부터 행(行)의 집(集)이 있으며, 촉(觸)의 멸(滅)로부터[nirodhā] 행(行)의 멸(滅)이 있다.[19]

이 경에서는 행(行)을 'cetanā'와 'sañcetanā'에 대한 명칭이라고 이야기한다. 『아함경』에 사(思)로 한역된 'cetanā'는 '의욕(意慾), 의도(意圖), 의사(意思)'를 의미하는 여성명사로서 고의로 어떤 행위를 하는 의지작용을 의미한다. 불교에서는 우리가 고의로 의도를 가지고 행동하는 것을 업(業)이라고 한다. 불교에서 모든 업을 사업(思業)과 사이업(思已業), 즉 현재 작용하는 의지작용과 이미 실행된 의지작용으로 나누는 것은 불교의 업(業)이 의도적인 행위를 의미한다는 것을 보여준다. 'cetanā'는 이러한 고의적인 의지작용, 즉 불교에서 이야기하는 업(業)을 의미하며, 행은 이러한 의지작용에 대한 명칭이다. 따라서 행은 업과 같은 의미로 이해될 수도 있다.

우리가 시간적으로 분리되어 있고, 그 내용도 동일한 것이 아닌 체험의 내용을 통일적으로 구성하여 동일성을 부여하는 것은 우리의 욕구나 의도 때문이다. 책상의 경우, 무상하게 변화하는 어떤 사물에 책상이라는 동일성을 부여하는 것은 책을 놓고 보려는 욕구나 의도 때문이다. 그 사물이 예전과 달리 책을 놓고 보는데 여의치 않으면 책상이 고장났다고 이야기하고, 더 이상 책을 놓고 볼 수 없게 되면 그 책상이 없어졌다고 이야기한다. 책상을 구성하고 있는 재료는 그대로 있어도 우리의 의도에 어긋나기 때문에 책상이라는 동일성을 부여하지 않는 것이다. 이와 같이 어떤 사물에 동일성을 부여하는 것은 욕구나 의도에 의해서이며, 이렇게 체험의 내용을 통일적으로 구성하여 동일성을 부여하는 의지작용이 행이다.

우리는 욕구와 의도로 욕구의 대상을 통일적으로 구성하여 동일성을 부여하면서 살아간다. 이때 우리는 욕구하고 의도하는 의지적 자아가 실체적으로 존재한다고 생각한다. 그러나 의지적 자아는 실체적으로 존재하는 것이 아니라 체험의 내용이 모여 통일적으로 구성된 것이다. '촉(觸)의 집(集)이 곧 행(行)의 집(集)'이라고 하는 것을 이것을 의미한다. 행온(行蘊)은 이렇게 중생들에 의해 욕구하고 의도하는 실체적 자아로 취해진 것을 의미한다.

#### 5) 식온(識蘊, viññāṇa-kkhanda)의 의미

'식(識)'은 범어 'vijñāna', 빠알리어 'viññāṇa'의 한역이다. 서장어로는 'rnam-par śes-pahi'이며, 영어로는 'consciousness'로 번역된다.

'viññāṇa'는 '분리, 구별'을 의미하는 접두어 'vi'와 '앎, 지식'을 의미하

---

19 S.N. vol. 3, 60면.

는 중성명사 'ñāṇa'의 합성어로서 '둘 사이를 구별하여 앎, 차이를 식별하여 앎'을 의미한다. 우리가 어떤 사물을 인식한다는 것은 그것이 다른 것과 구별된다는 것을 아는 것이다. 『상윳따 니카야』 22. 79에서는 식(識)에 대하여 다음과 같이 이야기한다.

> 비구들이여, 그대들은 무엇을 식(識, viññāṇa)이라고 말하는가? 식별(識別)한다(vijānāti). 비구들이여, 그 때문에 식(識)이라고 불린다. 무엇을 식별하는가? 신맛을 식별하고, 쓴맛을 식별하고, 매운맛을 식별하고, 단맛을 식별하고, 떫은맛을 식별하고, 떫지 않은 맛을 식별하고, 짠맛을 식별하고, 싱거운 맛을 식별한다. 비구들이여, 식별하기 때문에 식(識)이라고 불린다.[20]

이 경에서 이야기하듯이 지각 내용을 구별하여 인식하는 작용을 식(識)이라고 한다. 『맛지마 니까야』*(Majjhima-Nikāya)* 38. *Mahātaṇhāsaṅkhayasuttaṁ*에서는 이러한 식(識)이 실체로서 존재하는 것이 아니라 연기한 것이라고 이야기한다.

> 비구들이여, 식(識, viññāṇa)은 연(緣, paccaya)을 조건으로(paṭicca) 발생하면, 그 연(緣)에 의해 불린다. 안(眼, cakkhu)과 색(色, rūpa)을 조건으로 발생한 식(識)은 안식(眼識, cakkhuviññāṇa)이라고 불린다. … 의(意, mano)와 법(法, dhamma)을 조건으로 발생한 식(識)은 의식(意識, manoviññāṇa)이라고 불린다.[21]

오온(五蘊)의 식온(識蘊)은 이와 같이 안(眼), 이(耳), 비(鼻), 설(舌), 신(身), 의(意) 내입처(內入處)와 색(色), 성(聲), 향(香), 미(味), 촉(觸), 법(法) 외입처(外入處)를 인연으로 발생한다. 식이 눈, 귀, 코 등을 통해 외부의 사물을 지각하는 것이 아니라, 보고, 듣고, 냄새맡음으로써 식이 발생한다는 것이다. 이렇게 지각활동을 통해 발생한 여러 종류의 식이 통일적으로 구성된 것이 오온의 식온이다. 『상윳따 니카야』 22. 56에서는 이것을 다음과 같이 이야기한다.

---

20 S.N. vol. 3, 87면.
21 M.N. vol. 1, 259면.

> 비구들이여, 어떤 것이 식(識)인가? 비구들이여, 여섯 가지 식(識)의 모임[六識身, cha-viññāṇa-kāyā], 즉 안식(眼識), 이식(耳識), 비식(鼻識), 설식(舌識), 신식(身識), 의식(意識)이 있다. 비구들이여, 이것이 식(識)이라고 불린다. 명색(名色, nāmarūpa)의 집(集)으로부터[samudayā] 식(識, viññāṇa)의 집(集, samudayo)이 있으며, 명색(名色)의 멸(滅)로부터[nirodhā] 식(識)의 멸(滅, nirodho)이 있다.[22]

이 경에서 식(識)을 육식신(六識身)이라고 이야기하는 것은 식(識)이 육입처를 인연으로 발생한 의식의 모임이라는 것을 시사한다. 그런데 식(識)의 집(集)과 멸(滅)에 대해서는 명색(名色)의 집(集)과 멸(滅)로 설명하고 있다. 명색(名色)으로 한역된 'nāmarūpa'는 사물을 구분 짓는 개념과 형태를 의미한다. 우리는 개념과 형태로 사물을 인식한다. 그리고 어떤 사물을 인식하기 위해서는 그 사물에 대한 개념과 그 개념에 상응하는 형태가 우리의 의식 속에 존재해야 한다. 책상을 전혀 알지 못하는 사람은, 즉 자신의 의식 속에 책상이라는 개념과 책상의 형태에 대한 지식이 없는 사람은 책상을 보더라도 그것을 책상이라고 인식할 수가 없다. 만약 책상에 대한 지식이 전혀 없는 사람이 나무로 된 책상을 본다면, 그는 그것을 처음 보는 형태의 나무로 인식할 뿐 결코 책상이라고 인식할 수는 없을 것이다. 우리가 나무로 만들어진 책상을 나무라고 인식하지 않고 책상이라고 인식할 수 있는 것은 우리의 의식 속에 책상이라는 개념과 형태가 이미 형성되어 있기 때문이다. 명색(名色)의 집(集)이란 이와 같이 식(識)이 대상을 분별할 수 있기 위해서는 명색(名色)이 의식 속에 모여있어야 하며, 이렇게 명색이 모임으로써 식온(識蘊)이 형성되기 때문에 명색의 집으로부터 식의 집이 있다고 하는 것이다. 이와 같이 식(識)은 육입처를 인연으로 발생하지만 그것이 온(蘊)을 형성하는 것은 명색(名色)의 집(集)을 통해서이다.

『상윳따 니카야』 12. 64에서는 식과 명색의 관계를 다음과 같이 이야기한다.

> 비구들이여, 네 가지 음식[āhāra]이 태어난 중생들에게 (중생의 상태에) 머물게 하거나, 태어나고싶어하는 중생에게 (중생의 상태에) 들어가게 한

22 S.N. vol. 3, 61면.

다. 무엇이 넷인가? (첫째는) 거칠거나 미세한 덩어리[kabaliṃkāra] 음식이고, 둘째는 촉(觸, phassa)이며, 셋째는 의사(意思, manosañcetanā)이고, 넷째는 식(識, viññāṇa)이다. 비구들이여, 실로 이들 네 가지 음식이 태어난 중생들에게 (중생의 상태에) 머물게 하고, 태어나고 싶어 하는 중생들에게 (중생의 상태에) 들어가게 한다.

비구들이여, 덩어리 음식에 탐착(貪着, rāga)이 있고, 기쁨(nandi)이 있고, 갈애(渴愛, taṇhā)가 있으면, 거기에 식(識)이 머물러 자란다. 식(識)이 머물러 자라는 거기에 명색(名色, nāmarūpa)이 나타난다. 명색(名色)이 나타나는 거기에 행(行, saṅkhāra)이 증가한다. 행(行)이 증가하는 거기에 미래에 새로운 존재의 생성이 있다. 미래에 새로운 존재의 생성이 있는 거기에 미래에 생(生), 노(老), 사(死)가 있다. 비구들이여, 미래에 생(生), 노(老), 사(死)가 있는 거기에 슬픔, 두려움, 고뇌가 있다고 나는 말한다.[23]

육입처를 인연으로 발생한 식(識)은 네 가지 음식에 의해 성장하며, 식이 성장하는 곳에 명색(名色)이 나타난다는 것이다. 먼저 이 경에서 이야기하는 네 가지 음식이 어떤 것을 의미하는지 살펴보자. 내입처와 외입처를 인연으로 식이 발생하면, 십이입처와 새로 발생한 육식을 인연으로 촉(觸)이 발생한다. 그리고 촉을 인연으로 수(受), 상(想), 사(思)가 발생하여 오온이 형성된다는 것은 이미 살펴본 바 있다. 이 과정에서 육입처를 인연으로 발생한 식은 지각활동을 하면서 대상과의 접촉을 통해 성장하며, 촉에서 발생한 수(受), 상(想), 사(思)를 대상으로 인식하면서 그것들에 의지하여 성장한다. 그리고 식(識) 스스로를 대상으로 인식하면서 성장한다. 이 과정에서 식의 성장을 돕는 네 가지 음식이란 지각활동에 의해 인식되는 대상과 그 대상과의 접촉, 그리고 그 접촉에 의해 발생한 수(受), 상(想), 사(思)와 이들을 분별하여 인식하는 식(識)을 의미한다고 할 수 있다. 즉 식은 식 자신과 여타의 오온을 대상으로 인식하면서 성장하고 있는 것이다.

『상윳따 니카야』 22. 54에서 식이 머무는 대상을 네 가지 음식이라고 하지 않고 오온의 색(色), 수(受), 상(想), 행(行)이라고 이야기하는 것은 식의 구체적인 인식대상이 오온임을 시사한다.

23 S.N. vol. 2, 101면.

비구들이여, 다섯 종류의 종자(種子)가 있다. 어떤 것이 다섯인가? 뿌리 종자, 줄기 종자, 가지 종자, 열매 종자, 씨앗 종자가 다섯 번째이다. 비구들이여, 이들 다섯 종류의 종자가 파손되지 않고, 부패하지 않고, 바람과 불에 상하지 않고, 싱싱하고, 잘 심어져도, 땅이 없고 물이 없다면, 비구들이여, 이들 다섯 종류의 종자가 증가하고, 성장하고, 성숙할 수 있겠는가? 세존이시어, 그렇지 않습니다. ……

비구들이여, 땅은 네 가지 식(識)이 머무는 것들[viññāṇaṭṭhitiyo]에 비유한 것이다. 비구들이여, 물은 희탐(喜貪, nandirāga)에 비유한 것이다. 비구들이여, 다섯 종류의 종자는 음식을 갖춘 식(識, viññāṇam sāhāraṃ)에 비유한 것이다.

비구들이여, 색방편(色方便, rūpupāya)에 머물고 있는 식(識)이 색(色)을 대상으로, 색(色)을 의지처로, 기쁨을 추구하여 머물면, (그 식은) 증가하고, 성장하고, 성숙한다.

수방편(受方便, vedanupāya)에 ……

상방편(想方便, saññupāya)에 ……

행방편(行方便, saṅkhārupāya)에 …… 머물면 (그 식은) 증가하고, 성장하고, 성숙한다.

비구들이여, 누군가가 "나는 색(色)을 떠나서, 수(受)를 떠나서, 상(想)을 떠나서, 행(行)을 떠나서 식(識)의 감, 옴, 사라짐, 생김, 증가, 성장, 성숙을 이야기하리라"고 말한다면, 그것은 있을 수 없는 일이다.[24]

씨앗이 땅과 물을 인연으로 성장하듯이 십이입처를 인연으로 발생한 식(識)은 색(色), 수(受), 상(想), 행(行)을 대상으로 인식함으로써 성장해간다는 것이다. 즉 지각활동을 통해 발생한 식은 지각의 대상을 분별할 뿐만 아니라 그 대상에 대하여 느끼고, 사유하고, 의도하면서 느낌의 대상, 사유의 대상, 의도의 대상을 분별하는 의식으로 발전하게 된다는 것이다.

이와 같이 식은 보고, 듣고, 느끼고, 생각하는 우리의 삶을 통해 체험하는 모든 존재 현상을 분별하여 인식하는 종합적 의식이다. 우리는 이러한 인식의 주체가 우리의 몸 속에 실재하고 있다고 생각하지만, 그것은 실체적 존재가 아니라 지각 활동에서 비롯된 다양한 의식이 모여 허구적으로 실체

24 S.N. vol. 3, 54-55면.

화 된 의식의 집단일 뿐이다. 식온은 중생들이 인식하는 자아로 집착하고 있는 이러한 허구적인 의식의 집단을 의미한다.

### 3. 오온(五蘊)과 오취온(五取蘊)

오온은 경전에서 오취온(五取蘊, pañca-upādāna-kkhandhā)과 함께 설해진다. 『잡아함 58경』에서는 오온과 오취온의 차이를 다음과 같이 이야기하고 있다.

> 부처님께서 비구에게 말했다. 오온(五蘊, 五陰)이 곧 수(受)[取]는 아니며, 오음(五陰)이 수(受)와 다른 것도 아니다. 오음(五陰)에 욕탐이 있으면, 이것이 오수음(五受陰, 五取蘊)이다. ……
>
> 세존이시어, 두 가지 음(陰)[온(蘊)과 취온(取蘊)]은 상관(相關)이 있습니까?
>
> 부처님께서 비구에게 말했다. 그렇다. 만약 어떤 사람이 '나는 미래에 이러한 색(色), 이러한 수(受), 이러한 상(想), 이러한 행(行), 이러한 식(識)을 얻을 것이다'라고 생각한다면, 비구여, 이것을 음(陰)과 음(陰)의 상관(相關)이라고 부른다. …
>
> 어떤 것을 음(陰, 蘊)이라고 부릅니까?
>
> 부처님께서 비구에게 말했다. 모든 색(色), 과거의 색이든 미래의 색이든 현재의 색이든, 안의 색이든 밖의 색이든, 거친 색이든 미세한 색이든, 예쁜 색이든 미운 색이든, 멀리 있는 색이든 가까이 있는 색이든, 저 모든 색을 총괄하여 음(陰, 蘊)이라고 부른다. 이것을 음(陰, 蘊)이라고 부른다. 수(受), 상(想), 행(行), 식(識)도 마찬가지다.[25]

이 경에 의하면 온(蘊)은 총괄하는 명칭을 의미하며, 취온(取蘊)은 개개인이 자아로 취하고 온을 의미한다.

오취온의 취(取)로 한역된 'upādāna'는 '위'를 의미하는 'upa'와 '취하다, 붙잡다, 받아들이다'를 의미하는 동사 'ādāti'에서 파생되어 '집어 올림, 붙잡음, 취함'의 의미를 지니는 중성명사 'ādāna'의 합성어이다. 따라서 'upādāna'는 축어적으로 등불이 기름을 끌어올려 유지되듯이 그것을 취함

25 『잡아함』58 (『大正藏』2권, 14중하).

으로써 어떤 활동작용이 지속 유지되는, 등불의 기름과 같은 질료적 토대를 의미한다. 그리하여 일차적으로는 '연료, 공급품'을 의미하며, 이차적으로 '집착'을 의미한다.

오온과 오취온의 차이를 설명하는 『상윳따 니카야』 22. 48[26]에서는 오취온이란 유루(有漏)의(sāsava) 취해진(upādānīya) 오온을 가리킨다고 한다. 오취온의 의미를 보다 분명하게 설명하는 『상윳따 니카야』 22. 82[27]에 의하면 오취온의 근원은 욕망(chanda)이다. 그리고 오취온이 곧 취인가 오취온 외에 따로 취가 있는가를 묻는 질문에 대하여 붓다는 오취온이 곧 취는 아니지만 오취온 이외에 따로 취가 있는 것은 아니며, 오취온에 욕망과 탐욕(chanda-rāga)이 있을 때, 그 때 그것이 취라고 대답한다. 이상과 같은 경전의 해석을 종합해 보면 오취온은 욕망과 탐욕에 의해 (유루의) 욕망의 대상으로 취해진 오온을 의미한다고 할 수 있으며 그렇게 취해질 때 어떤 것의 질료적 토대가 되는 것이라고 할 수 있다.

그렇다면 오취온은 무엇의 질료적 토대가 되는 것일까? 『상윳따 니카야』 22. 47[28]에 의하면 외도들이 가정하고 있는 다양한 자아(自我; attan)는 오취온이나 오취온 가운데 어떤 하나를 그들이 자아로 간주하고 있는 것이라고 한다. 중생들은 오취온을 자아로 취하고 있다는 것이다.

이와 같이 오온은 중생들의 삶을 통해 형성된 의식의 집단을 의미하며, 오취온은 중생들이 자아로 취하고 있는 오온을 의미한다.

## Ⅱ. 역사적 전개 및 텍스트별 용례

### 1. 오온(五蘊)의 한역

현재 통용되고 있는 오온(五蘊)과 오취온(五取蘊)은 현장(玄奘; 唐, 600-664)의 한역(漢譯)이다. 현장 이전의 중요한 한역을 소개하면 다음과 같다.

최초로 불경을 한역한 안세고(安世高: 後漢, 147-171 활동)는 오온을 오음(五陰)으로 한역하였으며, 오온과 오취온을 엄밀히 구별하지 않았다. 『불

26 S.N. vol. 3, 47면.
27 S.N. vol. 3, 100-101면.
28 S.N. vol. 3, 46면.

설전법륜경(佛說轉法輪經)』[29]에 '오음수성위고(五陰受盛爲苦)'라 하여 오취온을 '오음수성(五陰受盛)'으로 표현하고 있고, 『장아함십보법경(長阿含十報法經)』[30]에서는 개개의 오취온을 색수종(色受種), 통수종(痛受種), 상수종(想受種), 행수종(行受種), 식수종(識受種)으로 한역하고 있어 일관성이 없으며, 이것을 오온과 오취온을 구별하여 번역한 것이라고 보기도 어렵다. 각각의 온(蘊)에 대해서도 『불설아함정행경(佛說阿含正行經)』[31]에서는 색(色), 통양(痛痒), 사상(思想), 생사(生死), 식(識)으로, 『오음비유경(五陰譬喩經)』[32]에서는 색(色), 통(痛), 상(想), 행(行), 식(識)으로 번역하고 있다.

개개의 오온에 대하여 구마라집(鳩摩羅什: 後秦, 401-413 활동) 이전의 초기 역경가들은 대체로 안세고의 두 가지 번역 가운데 하나를 따르고 있다. 지루가참(支婁迦讖: 後漢, 178-189 활동)의 『도행반야경(道行般若經)』[33], 축법호(竺法護: 西晉, 256-308 활동)의 『광찬경(光讚經)』[34], 담마비(曇摩蜱: 前秦)와 축불념(竺佛念: 前秦)이 A.D. 222년에 공역(共譯)한 『마하반야초경(摩訶般若鈔經)』[35] 등에는 색(色), 통양(痛痒), 사상(思想), 생사(生死), 식(識)으로 번역되어 있고, 지겸(支謙: 南吳)이 A.D. 222년에 한역한 『대명도경(大明度經)』[36]과 무라차(無羅叉: 西晉)가 A.D. 291년에 한역한 『방광반야경(放光般若經)』[37]에는 색(色), 통(痛), 상(想), 행(行), 식(識)으로 번역되어 있다.

『아함경』을 본격적으로 번역하기 시작한 구담승가제바(瞿曇僧伽提婆: 東晉, 397)는 『증일아함경(增壹阿含經)』[38]에서 색(色), 통(痛), 상(想), 행(行), 식(識)으로 한역하였으나 『중아함경(中阿含經)』[39]에서는 색(色), 각(覺), 상(想), 행(行), 식(識)으로 번역했는데, 이것은 그가 『증일아함경』을 번역할 때는 이전의 한역을 따랐지만, 『중아함경』을 번역할 때는 자기 나름의 번역

---

29 『佛說轉法輪經』(『大正藏』2권, 503중)
30 『長阿含 十報法經』(『大正藏』1권, 234하)
31 『佛說阿含正行經』(『大正藏』2권, 883하)
32 『五陰譬喩經』(『大正藏』2권. 501상중)
33 『道行般若經』(『大正藏』8권)
34 『光讚經』(『大正藏』8권)
35 『摩訶般若鈔經』(『大正藏』8권)
36 『大明度經』(『大正藏』8권)
37 『放光般若經』(『大正藏』8권)
38 『增壹阿含經』(『大正藏』2권)
39 『中阿含經』(『大正藏』1권)

어를 취하고 있음을 보여준다.

오온과 오취온을 분명하게 구분하여 번역하기 시작한 사람은 구담승가제바라고 생각된다. 4『아함』 가운데 가장 먼저 한역된 것은 A.D. 397년 동진(東晉)에서 구담승가제바가 번역한 『증일아함경』과 『중아함경』인데, 이들 경전에서 그는 오온과 오취온을 오음(五陰)과 오성음(五盛陰)으로 분명하게 구분하여 한역하고 있다.

통양(痛痒), 통(痛), 각(覺) 등으로 다양하게 번역되던 'vedanā'를 수(受)로 한역하여 개개의 오온을 현재 통용되는 색(色), 수(受), 상(想), 행(行), 식(識)으로 확립한 사람은 구마라집(鳩摩羅什: 401-413 활동)이라고 생각된다. 그는 『대지도론(大智度論)』[40]에서는 오온을 오중(五衆)으로 번역하였으나 『마하반야바라밀경(摩訶般若波羅蜜經)』[41] 등에서는 오음(五陰, 또는 五蔭)으로 번역하였으며, 오취온을 오수음(五受陰 또는 五受蔭)으로 오온과 구분하여 한역하였다. 이후 현장 이전의 역경가들은 대부분 구마라집의 오음(五陰)과 오수음(五受陰)을 따르고 있다. 『아함경』 가운데 구마라집 이후 A.D. 413년에 후진(後秦)에서 불타야사(佛陀耶舍: 後秦)와 축법념(竺法念)에 의해 한역된 『장아함경(長阿含經)』[42]과 A.D. 443년에 유송(劉宋)에서 구나발타라(求那跋陀羅)에 의해 한역된 『잡아함경』[43]도 모두 구마라집의 오음(五陰)과 오수음(五受陰)을 따르고 있다.

## 2. 아비달마불교에서 오온

붓다의 입멸 후 백여 년이 지나면서 상좌부(上座部)와 대중부(大衆部)로 분열한 교단은 그 후 교법에 대한 해석을 달리하면서 분열을 계속하여 20여 부파로 분열하면서 아비달마(阿毘達摩, abhidharma)라 불리는 방대한 논서(論書)를 만들어냈다. 그런데 오늘날 현존하는 아비달마는 대부분 설일체유부(說一切有部)와 상좌부(上座部)의 논서이다. 따라서 설일체유부와 상좌부를 중심으로 아비달마불교의 맥락에서 오온을 살펴보기로 한다.

아비달마불교의 특징은 '제법분별(諸法分別)', 즉 부처님의 가르침에 근

---

40 『大智度論』(『大正藏』25권)
41 『摩訶般若波羅蜜經』(『大正藏』8권)
42 『長阿含經』(『大正藏』1권)
43 『잡아함경』(『大正藏』2권)

거한 현상적 존재의 분석에 있다. 아비달마의 제법분별이란 유위(有爲, **saṃskṛta**, 빠 **saṅkhata**)·고(苦, **duḥkha**, 빠 **dukkha**)로 전제되는 현상적 존재(有, **bhāva**)를 성립케 하는 각종 요소나 조건들[諸法]을 논리적으로 분석하여 인간의 다양한 존재양식을 밝힘으로써 존재 불성립의 가능성을 확립하려는, 다시 말해 무위(無爲)·고멸(苦滅)의 상태를 설정·제시하려는 교설이다. 이러한 입장에서 설일체유부는 존재를 구성하는 객관적 요소는 실재하지만 요소들에 의해 구성된 존재는 실재하지 않는다[我空法有]고 주장했다. 그리하여 존재를 승의유(勝義有, **paramārtha sat**)와 세속유(世俗有, **saṃvṛti sat**, 혹은 假有, 施設有)로 나누었는데, 승의유가 바로 다르마, 즉 법(法)이다. 이러한 승의유로서의 법은 만들어진 것이 아닌, 자기 원인적 존재[自性, **svabhāva**]로서 실유(實有)의 존재이다.[44]

설일체유부에서는 이러한 제법분별에 의해 제법분류(諸法分類)의 체계를 확립하게 된다. 널리 알려진 오온[蘊]·십이처[處]·십팔계[界]로 분류하는 삼과(三科)나 팔구의(八句義), 오위(五位) 등은 모두 이러한 제법분류의 체계이다. 설일체유부에서 오온은 무위법(無爲法)을 제외한 일체의 유위법(有爲法)을 포괄하는 분류체계이다. 『아비달마구사론(阿毘達磨俱舍論)』에 의하면 각각의 오온은 다음과 같이 설명된다.

> 색온(色蘊)은 인간의 몸을 포함하여 일반적으로 물질적 존재를 총칭하며 다음과 같은 내용으로 요약된다.
>
> (1) 오근(五根: 眼·耳·鼻·舌·身), 오경(五境: 色·聲·香·味·觸), 무표색(無表色) 등 11종의 법(法)이 색온(色蘊)에 속한다.
>
> (2) 색(色)은 변화하며 공간을 점유한다.[變礙故名爲色]
>
> (3) 색(色)은 사대(四大)와 사대로 이루어진 것이며, 사대(四大)는 극미(極微, paramāṇu)로 이루어졌다.
>
> (4) 십이처(十二處) 분류체계에서는 10처[五根·五境], 십팔계(十八界) 분류체계에서는 10계[眼界-觸界]가 색온(色蘊)에 해당한다.
>
> 수온(受蘊)은 촉(觸)에 수반되는 고(苦)·락(樂)·불고불락(不苦不樂)의 감정을 느끼는 것이며, 구체적으로는 육수신(六受身), 즉 안촉(眼觸)에서 생기는 수(受) 내지 의촉(意觸)에서 생긴 수(受)를 말한다.

---

44 권오민, 『有部阿毘達磨와 經量部哲學의 硏究』(서울: 경서원, 1994), 105-107면 참조.

상온(想蘊)은 대상의 상(像)을 취하는 것이다. 상(想)은 인식 대상에 대하여 그것이 푸르다거나 노랗다고 생각하고, 길거나 짧다고 생각하고, 남자거나 여자라고 생각하고, 원수거나 친구라고 생각하고, 괴롭거나 즐겁다고 생각하는 것이다. 구체적으로는 육상취(六想身), 즉 안촉(眼觸)에서 생기는 상(想) 내지 의촉(意觸)에서 생기는 상(想)을 말한다.

행온(行蘊)은 색(色)·수(受)·상(想)·식(識)을 제외한 일체의 유위행(有爲行)을 말한다.

식온(識蘊)은 이런 저런 대상을 개별적으로 요별(了別)하여 그 대상을 종합적으로 인식하는 것이다. 구체적으로는 육식신(六識身), 즉 안식식(眼識身) 내지 의식신(意識身)이 있다. 십이처 분류체계에서는 의처(意處)가, 십팔계(十八界) 분류체계에서는 칠계(七界), 즉 안식계(眼識界) 내지 의식계(意識界)와 의계(意界)가 식온(識蘊)에 해당한다.[45]

상좌부도 오온을 제법의 분류체계로 본다는 점은 다르지 않다. 오온은 일체(一切, sabba)의 분류체계인 오온, 십이처, 십팔계, 사제(四諦) 가운데 하나로 이해되고 있다. 그러나 각각의 오온에 대해서는 설일체유부와 차이가 있다. 『청정도론』에서는 각각의 오온을 다음과 같이 설명하고 있다.

색온(色蘊)은 물질을 의미하며 다음과 같이 설명된다.

(1) 변하는 특징을 가진 것은 모두 색온에 속한다.

(2) 색온은 원소색(元素色, bhūta-rūpa)과 소조색(所造色, upādāya-rūpa) 두 가지이다.

(3) 원소색은 4 가지로서 사계(四界), 즉 지계(地界, pathavī-dhātu)·수계(水界, āpo- dhātu)·화계(火界, tejo-dhātu)·풍계(風界, vāyo-dhātu)이다.

(4) 소조색은 24 가지로서 안(眼), 이(耳), 비(鼻), 설(舌), 신(身), 색(色), 성(聲), 향(香), 미(味), 여근(女根), 남근(男根), 명근(命根), 심장토대[hadaya-vatthu], 신표(身表), 어표(語表), 공계(空界), 색경쾌성(色輕快性), 색유연성(色柔軟性), 색적합성(色適合性), 색적집(色積集), 색상속(色相續), 색노성(色老性), 색무상성(色無常性), 먹는 음식(段食)이다.

---

45 『阿毘達摩俱舍論』(『大正藏』29권, 2상-4상)

수온(受蘊)은 느낌을 의미하며 다음과 같이 설명된다.

(1) 느껴진 특징을 가진 것, 즉 느낌은 모두 수온에 속한다.

(2) 수(受)에는 선(善, kusala), 불선(不善, akusala), 무기(無記, abyākata) 세 종류가 있다.

(3) 수(受)는 고유한 성질에 따라 분류하면 육체적 즐거움(樂, sukha), 육체적 고통(苦, dukkha), 정신적 즐거움(somanasa), 정신적 고통(domanasa), 평온(捨, upekkhā)이다.

상온(想蘊)은 '이것이 바로 그것이구나'라고 다시 인식할 수 있는 표상(表象)을 만들어 인식하는 특징을 가진다.

행온(行蘊)은 업을 형성하는 특징을 가진다.

식온(識蘊)은 잘 아는 특징을 가진다.[46]

이러한 제법분류의 문제점은 십이입처-십팔계-오온으로 이어지는 오온의 연기과정이 무시될 뿐만 아니라, 십이입처와 육근(六根)·육경(六境)이 동일시되고있다는 것이다. 전술한 바와 같이 근본경전에서는 십이입처와 육근·육경은 동일한 것으로 설해지지 않으며, 십이입처에서 육식(六識)이 발생하여 십팔계가 형성되고, 십팔계에서 촉(觸)이 발생하여 수(受), 상(想), 사(思)가 연기한다고 이야기한다. 그리고 이러한 과정을 통해 연기한 허망한 의식들이 모여서 형성된 것이 오온이기 때문에 오온을 무상(無常)하고 무아(無我)라고 관찰해야 한다고 강조한다. 그런데 아비달마불교에서는 온(蘊), 처(處), 계(界)를 제법에 대한 각각의 분류체계로 이해하여, 십이입처를 육근·육경과 동일시하고, 십팔계를 육근·육경·육식과 동일시함으로써 이들의 연기관계를 무시하고 일체 존재를 분류하는 개개의 범주로 파악한 것이다.

### 3. 대승불교에서 오온

제법이 실재로 존재[實有]한다는 전제 아래 오온을 제법의 분류체계로 본 아비달마불교의 오온 이해는 근본불교의 취지를 벗어난 것이다. 초기 대승경전인 『반야경』에서는 이러한 아비달마불교의 견해를 비판한다. 제

46 붓다고사, 『청정도론』 권2. 대림 옮김 (초기불전연구원, 2004), 416-484면.

법은 공[諸法皆空]이며 따라서 오온도 공(空)이라는 것이다. 제법개공(諸法皆空)의 입장에서 제법분류는 무의미하다. 따라서 『반야경』과 중관사상(中觀思想)에서는 오온에 대한 개념 규정보다는 오온의 실체성을 부정하는데 중점을 둔다.

『화엄경』에서도 오온은 미혹하고 무지한 중생들이 허망하게 취한 상(相)으로서 자성(自性)이 없으며, 이러한 사실을 아는 것이 진리에 대한 깨달음이라고 이야기한다[迷惑無知者 妄取五蘊相 不了彼眞性 是人不見佛 了知一切法 自性無所有 如是解法性 則見盧舍那 因前五蘊故 後蘊相續起 於此性了知 見佛難思議].[47] 『화엄경』에서 일체유심조(一切唯心造)를 이야기할 때, 일체는 오온을 의미한다. 즉 '일체유심조'란 오온이 실체가 아니라 화가가 그림을 그리듯이 마음이 만든 허망한 것임을 뜻한다. 「야마궁중게찬품(夜摩宮中偈讚品)」에서는 다음과 같이 이야기한다.

> 일체의 중생계는 모두 삼세(三世) 가운데 존재하고,
> 삼세의 모든 중생은 오온(五蘊) 가운데 머문다.
> 모든 온은 업이 근본이 되며, 모든 업은 마음이 근본이 되나니
> 마음이 허깨비와 같으므로 세간 또한 그와 같다.
>
> 마음은 화가와 같이 모든 세간을 그려낸다.
> 오온은 모두가 마음에서 생긴 것이니 마음이 만들지 않은 법은 하나도 없다.
> ……
> 마음의 활동[心行]이 두루 모든 세간을 만든다는 것을 아는 사람이 있다면
> 이 사람은 곧 부처를 보고, 부처의 참된 실성[佛眞實性]을 아는 사람이다.
> ……
> 삼세의 모든 부처님을 알고자 하는 사람은
> 법계의 성품을 관찰하되 일체는 오직 마음이 만든 것이라고 보아야 한다.[48]

일체의 법을 식(識)의 전변(轉變)으로 보고 제법을 체계적으로 분류한 유식사상(唯識思想)에서는 식과 식의 전변에 의해 나타나는 모든 현상을 5위

47 『화엄경』「須彌頂上偈讚品 第十四」(『大正藏』 10권, 82상)
48 『화엄경』「夜摩宮中偈讚品」(『大正藏』10권, 101중-102중)

(位) 100법으로 분류하는데, 『대승오온론(大乘五蘊論)』에 의하면 오온은 5위 100법 가운데 다음과 같이 6가지 무위법(無爲法)을 제외한 일체의 유위법(有爲法)으로 설명된다.

색온(色蘊)은 사대종(四大種)과 사대종으로 만들어진 모든 색(色)을 말한다.

(1) 사대종은 지계(地界), 수계(水界), 화계(火界), 풍계(風界)를 말한다.

(2) 사대종으로 만들어진 색(色)은 안근(眼根), 이근(耳根), 비근(鼻根), 설근(舌根), 신근(身根), 색(色), 성(聲), 향(香), 미(味), 소촉일분(所觸一分), 무표색(無表色)을 말한다. 소촉일분(所觸一分)은 사대종을 제외한 여타의 소조촉(所造觸)으로서 부드러움[滑性], 껄끄러움[澁性], 무거움[重性], 가벼움[輕性], 차가움[冷], 배고픔[飢], 목마름[渴] 등을 말하며, 무표색(無表色)은 유표업(有表業)과 삼마지(三摩地)에서 생기는 색(色) 등으로 지각되지 않는 것[無見無對]을 말한다.

수온(受蘊)은 고(苦), 락(樂), 불고불락(不苦不樂)의 세 가지 받아들임[三領納]을 말한다.

상온(想蘊)은 경계(境界)에서 갖가지 상(相)을 취하는 것을 말한다.

행온(行蘊)은 51가지 심소유법(心所有法), 즉 오변행(五遍行), 오별경(五別境), 십일선(十一善), 육번뇌(六煩惱), 이십수번뇌(二十隨煩惱), 사불결정(四不決定) 가운데 오변행(五遍行)에 속하는 수(受)와 상(想)을 제외한 49가지 심소유법(心所有法)과 24가지 심불상응행법(心不相應行法)을 말한다.

식온(識蘊)은 인식의 대상[所緣境]을 요별(了別)하는 성질을 말하며, 안식(眼識)·이식(耳識)·비식(鼻識)·설식(舌識)·신식(身識)·의식(意識)·말나식(末那識)·아뢰야식(阿賴耶識) 등 8가지 식(識)을 말한다.[49]

49 『대승오온론(大乘五蘊論)』(『大正藏』31권, 848중-850하)

# Ⅲ. 인접 개념과의 관계 및 현대적 논의

## 1. 인접 개념과의 관계

불교의 목적은 괴로움의 소멸에 있고, 괴로움의 본질은 오온이기 때문에 불교의 모든 개념은 오온과 관계되어 있다고 할 수 있다. 『잡아함』 57경에서는 불교의 모든 수행과 교리가 오온과의 관계에서 설해지고 있음을 다음과 같이 이야기한다.

> 그때 세존께서 그 비구의 생각을 알고 여러 비구들에게 말씀하시었다.
>
> 만약 이 좌중에서 "어떻게 알고 어떻게 보아야 속히 번뇌[漏]를 다할 수 있을까"라고 생각하는 비구가 있다면, 나는 이미 모든 음(陰,蘊)을 잘 관찰하는 법을 이야기했다. 소위 사념처(四念處), 사정근(四精勤), 사여의족(四如意足), 오근(五根), 오력(五力), 칠각분(七覺分), 팔성도분(八聖道分)이니, 이와 같은 법이 모든 음(陰)을 관찰하는 것이라고 나는 이미 이야기했다.[50]

이와 같이 번뇌를 멸진하기 위한 모든 수행은 오온을 관찰하는 법으로 이야기된다. 이미 살펴보았듯이 십이입처와 십팔계는 오온의 발생 과정을 설명하는 개념이고, 십이연기는 오온의 집(集)과 멸(滅)을 보여주는 교리이다. 그리고 사성제의 고성제는 오온의 의미하고, 집성제는 오온의 집을 보여주며, 멸성제는 오온의 멸을 의미하고, 도성제 즉 팔정도를 비롯한 모든 수행법은 오온의 실상을 관찰하는 방법이기 때문에, 근본불교의 모든 교리는 오온과의 관계 속에서 설해지고 있다고 할 수 있다.

부파불교 시대에 윤회를 논하면서 야기된 보특가라(補特伽羅, pudgala) 논쟁에 나타나는 설전부(說轉部)의 일미온(一味蘊, ekarasa skandha)과 근변온(根邊蘊, mūlantika skandha), 독자부(犢子部)의 비즉온이온(非卽蘊異蘊), 유부(有部)의 중유(中有, antarā-bhava) 그리고 『아비달마대비바사론』에 설해지는 근본온(根本蘊)과 작용온(作用蘊) 등은 근본불교의 오온을 근거로 윤회를 설명하기 위해 설정된 개념들이다. 근본불교에서는 무아설의 입장에서 상일주재(常一主宰)하는 윤회의 주체를 논하는 것은 사견(邪見)

50 『잡아함』57 (『大正藏』2권, 14상)

으로 인식되었다. 그러나 부파불교 시대에 이르면 윤회의 주체가 불교 교학의 주요한 문제로 등장한다. 근본불교의 무아설은 업보(業報)는 인정하지만 행위의 주체, 즉 작자(作者)는 부정한다. 『잡아함』 335경에서는 "업보는 있으나 작자는 없다. 이 음(陰)이 멸하면 다른 음(陰)이 상속한다"[51]고 이야기한다. 부파불교에서는 근본불교에서 작자를 부정하기 위해 이야기한 음(陰), 즉 온(蘊)의 상속을 중생의 윤회로 이해한다.

부파불교 시대에 논쟁의 주제가 된 보특가라(補特伽羅)는 '인간[我]' 일반을 의미하는 범어 '**pudgala**'의 음사이며, 보특가라 논쟁이란 윤회의 주체로서의 보특가라, 즉 인간[我]이 실재로 존재하는가 그렇지 않은가의 논쟁이다. 근본불교에서는 십이입처에서 육식(六識)이 발생하여 십팔계가 형성되면 촉(觸)이 발생하며, 촉에서 수(受), 상(想), 사(思)가 발생하여 오온이 성립하는데, 이렇게 형성된 오온을 중생이나 인간 등으로 부르기 때문에 우리가 윤회나 행위의 주체로 생각하는 인간이나 중생은 실재하는 존재가 아니라 관념 내지는 언설일 뿐이라고 이야기한다.[52] 그러나 온(蘊)의 상속을 중생의 윤회로 이해한 여러 부파에서는 윤회를 설명하기 위하여 윤회의 주체를 문제 삼게 된다, 오온이 윤회의 주체가 될 수 없다면 오온 이외의 다른 존재가 있다고 해야 할 것인가, 아니면 오온으로 윤회를 설명해야 할 것인가가 문제된 것이다.

일반적으로 보특가라설(補特伽羅說)은 독자부의 주장으로 간주되고 있다. 『이부종륜론(異部宗輪論)』에 의하면 독자부에서 주장하는 보특가라는 온(蘊)도 아니고 온(蘊)과 다르지도 않은, 온(蘊)·처(處)·계(界)에 의거하여 임시로 설정된 명칭이다. 이러한 보특가라를 배제한다면 모든 존재는 유전(流轉)하여 전세(前世)에서 후세(後世)에 도달할 수 없다는 것이 독자부의 주장이다.[53]

설전부에서 주장하는 근변온(根邊蘊)과 일미온(一味蘊)의 내용이 무엇인지는 분명하지 않지만, 규기(窺基)의 『이부종륜론술기(異部宗輪論述記)』에 의하면 일미온이란 무시이래(無始以來) 전전화합(展轉和合)하면서 동일한 성질[一味]로 전이(轉移)하는 온(蘊)으로 수(受)·상(想)·행(行)·식(識) 4온(蘊)을 본질[體]로 하는 미세한 의식이다. 그리고 근변온은 여러 종파에서

51 『잡아함』335 (『大正藏 2권, 92하)
52 『장아함』306 (『大正藏』2권, 87하-88상)
53 『異部宗輪論』(『大正藏』49권, 16하 참조)

주장하는 오온과 같은 것이다. 즉 일미온은 끊임없이 동일한 성질로 상속하는 생사의 근본이 되는 미세한 의식이고, 근변온은 일미온의 후변(後邊)에서 일시적으로 일어나는 오온으로서, 일미온이 근본온(根本蘊)이라면 근변온은 지말온(支末蘊)이다.[54] 설전부에서는 윤회의 주체를 일미온으로 상정하고, 윤회하면서 취하게 되는 중생의 상태를 오온으로 이해한 것이다.

이러한 견해와 비슷한 주장이 『아비달마대비바사론(阿毘達摩大毘婆沙論)』에 근본온(根本蘊)과 작용온(作用蘊)이라는 이름으로 다음과 같이 소개된다.

> "온(蘊)에는 두 가지가 있다. 하나는 근본온(根本蘊)이고 다른 하나는 작용온(作用蘊)이다, 전자는 상존(常存)하고 후자는 상존하지 않는다"는 주장이 있다. 그들은 "근본온과 작용온은 별개이지만 화합하여 하나의 중생을 이룬다. 이리하여 과거에 지은 업을 기억하는 일이 가능한 것이니, 작용온이 행한 일을 근본온이 기억하기 때문이다. 그렇지 않다면 어떻게 과거에 행한 일을 기억할 수 있겠는가?"라고 이야기한다.[55]

이와 같이 오온 이외의 다른 존재를 윤회의 주체로 상정하는 견해에 대하여 유부(有部)에서는 다음과 같이 비판한다.

> 아(我)에는 법아(法我)와 보특가라아(補特伽羅我) 두 가지가 있다. 진리를 올바로 이야기하는 사람은 법아(法我)만이 실재로 존재한다고 말한다. 법성(法性)이 실재로 존재하다는 견해는 여실견(如實見)이기 때문에 악견(惡見)이 아니다. 외도(外道)도 보특가라아(補特伽羅我)가 실재로 존재한다고 하지만 보특가라(補特伽羅)는 실유성(實有性)이 아니기 때문에 허망한 견해이다. 따라서 악견(惡見)이다.[56]

이와 같이 유부에서는 보특가라아(補特伽羅我), 즉 인아(人我)의 실유(實有)를 부정하고 법아(法我), 즉 제법(諸法)의 실유(實有)를 인정한다. 제법이

54 『異部宗輪論述記』(『卍續藏經』 83권, 465하); 권오민, 『유부아비달마와 경량부철학의 연구』, 400-401면 참조.
55 『阿毘達摩大毘婆沙論』(『大正藏』27권, 55중)
56 『阿毘達摩大毘婆沙論』9 (『大正藏』27권, 41상)

존재한다고 해서 소멸하지 않는다는 것이 아니다. 제법은 찰나멸(刹那滅)한다. 그러나 없어지는 것이 아니라 과거라는 시간 속으로 사라진다. 즉 아직 나타나지 않은 법은 미래의 시간 속에 존재하고, 나타난 법은 찰나 동안 현재의 시간 속에 존재하며, 소멸한 법은 과거의 시간 속에 존재하기 때문에 모든 존재는 찰나생멸(刹那生滅)하지만 삼세(三世)에 걸쳐 존재하는 것이다.

유부에서는 이와 같은 삼세실유설(三世實有說)에 근거를 두고 중유(中有)를 설정하여 윤회를 설명한다. "온(蘊)은 찰나에 소멸하기 때문에 윤전(輪轉)할 수 없지만 자주 익힌 번뇌업(煩惱業)의 활동에 의해 중유(中有)의 온(蘊)이 상속(相續)하여 입태(入胎)하게 된다"[57]는 것이다.

## 2. 현대적 논의

아비달마불교 이래로 현재에 이르기까지 오온은 십이처, 십팔계와 함께 제법을 분류하는 세 가지 범주[三科] 체계 가운데 하나로 이해되고 있다. 따라서 각각의 온(蘊)이 무엇을 의미하는지에 대하여 개념적으로 정의하는데 관심을 가진다. 그리고 대부분 아비달마의 해석에 의존하여 그것을 현대적인 의미로 재해석하고 있다.

개개의 온에 대한 해석은 약간씩 차이가 있지만, 오온을 인간이나 세계를 구성하는 다섯 가지 요소로 보고, 색(色)은 물질적 요소를 의미하고, 나머지 4온은 정신적, 심리적 요소를 의미한다고 보는 점에는 대부분 일치하고 있다.

이러한 일반적인 해석에서 벗어나 일본의 와쓰지 데쓰로(和辻哲郎)는 오온은 그 자체는 '존재하는 것'이 아니라 존재하는 것의 '법(法)'이라고 주장한다. 그는 존재의 영역과 법의 영역을 구분한다. 존재는 시간적으로 무상하게 변역하는 것이지만, 법은 변역하는 존재가 존재하는 불변의 존재방식이라는 것이다. 따라서 오온은 변역하는 존재가 아니라 일체의 존재하는 것을 그것이 존재하는 방식의 이름에 따라 부른 것이라고 주장한다. 이런 입장에서 그는 오온을 '요소'로 해석하는 것에 반대한다. 예를 들어 '색'을 '물질적 요소'나 '육체적 요소'로 해석해서는 안되고, 감각적, 직관적 방식

57 『阿毘達摩俱舍論』9 (『大正藏』29권, 47하)

으로 존재하는 것을 색이라고 해야한다는 것이다.[58] 이러한 그의 이해는 오온을 다섯 가지 요소로 보지 않는 점에서 소박한 실재론을 벗어나 있지만 다섯 가지 범주로 보는 점에서는 여타의 해석과 다름이 없다.

고익진은 근본불교의 설교형식을 수의성(隨宜性), 일미성(一味性), 함의성(含義性), 점교성(漸教性), 자증성(自證性), 선설성(善說性)으로 파악한다. 수의성이란 붓다가 깨달은 진리, 즉 연기가 심심미묘(深深微妙)하여 중생들이 이해할 수 없는 것이었기 때문에 중생들의 지적 수준에 따라 그에 알맞은 다양한 법문이 설해지고 있다는 것이다. 일미성은 근본불교의 법문은 어느 것이나 평등한 대우와 취급을 받고 있다는 것이다. 함의성은 붓다의 설법은 깨달음과 열반이라는 목적에 계합하는 것에 한정되어 있다는 것이다. 점교성은 근본불교의 모든 법문이 평등한 일미의 것이라고 언표되고 있지만 그 내면에는 점교적(漸教的)인 체계가 있다는 것이다. 자증성(自證性)은 근본불교의 교설은 자지자증(自知自證)을 요하는 것으로서 언설보다는 그 의미 내용에 중대한 것이 있다는 것이다. 선설성(善說性)은 근본불교의 언설은 자증(自證)을 위한 방편으로서 자증에 필요한 뜻이 주도면밀한 배려와 조직 속에 잘 부각되어 있다는 것이다. 그는 근본불교의 교설을 고찰할 때 이런 모든 특징을 염두에 두어야 한다고 강조한다.[59]

고익진이 이러한 설교형식을 열거하고 모든 특징을 고려해야 한다고 강조하는 까닭은 근본불교의 교설이 단순한 수의설이 아니라 논리적 체계성을 가지고 있다는 점을 주장하기 위해서이다. 즉 수의성, 일미성 등만으로 이해한다면, 즉 근본불교의 모든 교설이 중생의 근기에 따라 일미의 진리를 드러내고 있다고 본다면 그 교설들 사이에 체계성이 있다고 하기 어렵지만, 점교성과 자증성의 특징을 고려한다면 근본불교의 교설들은 연기라고 하는 진리를 자증하도록 하는 점진적인 교리체계를 이루고 있다는 것을 알 수 있다는 것이다.

고익진이 주장하는 근본불교의 교리체계는 십이처설(十二處說)에서 시작된다. 중생의 교화를 목적으로 하는 붓다는 중생들이 받아들일 수 있는 것에서부터 설하여 근기를 성숙시켜 갔을 것인데 십이처는 누구나 쉽게 이해할 수 있는 내용이기 때문에 붓다는 십이처부터 설해갔을 것이라는 것

58 和辻哲郎, 『原始佛教の實踐哲學』(東京: 岩波書店, 1945), 115-120면 참조.
59 고익진, 『아함법상의 체계성 연구』(동국대학교 대학원 석사학위청구논문, 1971), 2-5면 참조.

이다.[60]

그가 주장하는 근본불교의 점교적인 교리체계는 십이처설 - 육육법설 - 오온설 - 십이연기설이다. 그에 의하면 붓다는 십이처설을 통해 중생[내입처]과 세계[외입처]의 작용·반응의 인과관계를 설하여 업설에 논리적 근거를 제공하고 있으므로 업설은 십이처설을 토대로 성립한 것이다. 그리고 업설은 필연적으로 윤회설로 발전하므로 십이처설은 업보윤회설의 근거가 된다. 이러한 십이처와 업설의 관계는 세간법의 체계이다. 십이처는 현실세간의 원리를 밝혀주는 것이고, 업설은 그에 입각한 종교적 실천을 설한 것이다. 그러나 이 교리 체계는 아직 출세간법(出世間法)에는 이르지는 못하고 있다. 십이처도 일종의 연기설이기는 하지만 연기의 환멸계가 마련되어 있지 않아서 생천(生天)을 목적으로 하는 업보윤회의 테두리를 벗어나지 못하고 있다는 것이다.[61]

십이처설을 이해한 중생들에게 다음 단계로 설해지는 교설이 육육법(六六法)이다. 육육법은 육내입처(六內入處), 육외입처(六外入處), 육식신(六識身), 육촉신(六觸身), 육수신(六受身), 육애신(六愛身)에 대한 명칭으로서 고익진이 『잡아함경』에 근거하여 붙인 이름이다.[62] 그는 이 육육법이 십팔계와 결합하여 하나의 완전한 교리조직을 이루고 있다고 본다. 십팔계는 육육법에 대하여 그 실상을 밝힌 진여법계이며, 육육법은 진여법계인 십팔계를 근거로 연기한 유위세간(有爲世間)이라는 것이다.[63]

오온설은 육육법을 이해한 중생들에게 설해지는 교설이다. 그에 의하면 십이처와 육육법은 중생의 감각기관에 기초를 두고있기 때문에 인식주관[六根]과 인식대상[六境]의 구별이 있었지만 오온은 그러한 감각기관과 인식대상을 만들고 있는 사대(四大)에 기초를 두고 있다. 오온은 이렇게 사대에 기초를 둔 것이기 때문에 십이처의 구별이 사라진다. 즉 오온의 색에서 십이처의 구별, 즉 육육법의 '육법성(六法性)'이 사라진다는 것이다. 따라서 육육법이 육근을 근거로 하는 것이라면 오온은 육근 발생 이전의 사대를 근거로 한 것이라고 해야 한다는 것이다. 사대는 근본불교에서 육계(六界),. 즉 지, 수, 화, 풍, 공, 식계에 속한다. 따라서 오온은 육계의 유위세간

60 위의 논문, 19-20면 참조.
61 위의 논문, 28-32면 참조.
62 위의 논문, 37면 참조.
63 위의 논문, 63면 참조.

이 되고, 육계는 오온의 실상계(實相界)가 된다.[64]

고익진은 이와 같이 오온을 육계에 미혹한 중생들의 현실세간으로 이해하고, 개개의 오온을 다음과 같이 설명한다.

> 색(色) :색온(色蘊)을 흔히 '물질(物質)'로 번역하고 있는데, 이것은 커다란 잘못이다. '사대급사대조색(四大及四大造色)'을 물질로 볼 수 없는 것은 아니지만 오온연기(五蘊緣起)의 제일 지분(支分)으로서의 '색(色)'은 물질이라기 보다는 무명(無明)·망심(妄心)이라고 해야 할 것이다.
>
> 수(受), 상(想): 육육법(六六法)의 수(受)·상(想)에서 육법성(六法性)만 여의면 된다.
>
> 행(行): 육육법(六六法)의 사(思)에 해당하지만, 사(思)에 비해서 조작(造作)의 뜻이 훨씬 강하다. 사(思)가 sinteti(생각하다)라는 동사에서 나온 말인데 대해, 행(行, saṅkhāra)은 karoti(do)라는 동사에서 나온 것이다. saṅkhāra의 기본적인 뜻은 '붙게(sam) 함(kāra)'이다. 결합작용을 의미한다. 모든 유위법(saṅkhata-dhamma)의 가장 근원적인 작용이 바로 이 saṅkhāra임을 알아야 한다.
>
> 식(識): 기본적인 뜻은 육육법(六六法)의 식(識)과 같다. 그러나 인식대상(認識對象)은 반드시 그와 같다고는 못한다. 술어(術語)는 같지만, 의미내용(意味內容)은 교설의 진전에 따라 항상 새로워지기 때문이다.[65]

고익진은 기존의 해석에서 벗어나 근본불교 교리가 체계성을 가지고 있다고 주장함으로써 근본불교 연구에 새로운 방향을 제시한 점에서 주목된다. 그러나 자증성을 강조하면서 명확한 설명을 미룬 점과 십팔계와 육계를 진여법계와 실상계로 이해하여 오온을 해석한 점은 논란의 여지가 있다.

스웨덴의 심리학자로 불교의 심리학적 측면을 다년간 연구한 요한슨(Rune E. A. Johansson)은 서구적인 지식에서 출발한다면 불교심리학을 분명하게 이해할 수 없기 때문에 우리의 정신적 태도를 바꾸어야 한다고 주장한다.[66] 그에 의하면 서양 과학은 물리적 실재와 심리적 실재를 명백하

---

64 위의 논문, 74-86면 참조.

65 위의 논문, 91-92면.

66 루네 E. A. 요한슨, 『불교심리학』, 박태섭 옮김(시공사, 1996), 15면 참조.

게 구분하려고 애쓴다. 이러한 견해에 따르면 물질적 세계는 인간의 감각기관과 무관하다. 인간과는 별개로 '저 밖에' 무언가가 있는 것이다. 그는 초기불교의 견해는 이와는 달랐다고 주장한다. 그는 초기불교의 견해를 다음과 같이 정리한다.

> 독립적으로 존재하는 세계란 없다. 세계는 하나의 역동적인 과정 그 자체이며, 지속적으로 형성되며, 인간의 감각과 생각과 욕망으로 만들어진다. 우리는 세계를 만들어가고 있으며, 또한 그 세계를 사라지게 할 수도 있다. 단순히 그 세계를 원하지 않음으로써 말이다. 이것은 우리 존재와 세계가 비실재적인 것이거나 단순한 환상이라는 말이 아니다. 대상은 실로 바깥 세계에 존재한다. 그러나 우리가 의식으로 그 대상을 지각하는 것 또한 그 대상에 속하는 일부분이요 중요한 부품이다. 세계는 참으로 신중하게 생각되어야 할 것이다. 우리의 생각[지각과 심상]은 정밀한 과정이며, 그 과정들을 조절하거나 그 과정들로부터 벗어나려는 것은 지극히 어려운 일이다. 그리하여 세계로부터 독립한다는 것은 곧 세계를 사라지게 하는 것이며, 열반을 얻는 것이며, 명상과 지혜를 통해서만 이룰 수 있는 것이다.[67]

이와 같은 관점에서 그는 오온의 색과 식을 물질과 정신으로 해석하는 것을 경계한다. 그에 의하면 불교에 이원론은 없다. 왜냐하면 의식의 과정과 물질의 과정은 똑같은 실재의 다른 양상이기 때문이다. 식은 자극을 받음으로써 몸을 의식하게 되고, 식은 또한 내적 감각(mano)과 상념(saññā)을 통해 몸을 만든다. 그러므로 식은 서양 과학에서처럼 순전히 정신적인 것이 아니며, 색도 순전히 물질적인 것만은 아니다. 그는 색의 의미를 다음과 같이 정리한다.

> 이 낱말은 일반적인 뜻으로는 바깥 세계의 객관적 대상을 의미하며, 대상들의 형체를 뜻하기도 하며, 물질적인 몸을 뜻하기도 하며, 정신적인 이미지를 뜻하기도 한다. 이 낱말은 문맥에 따라서 여러 가지 다른 뜻으로 쓰인다. 그러나 이 모든 뜻은 사실 똑같은 것의 다른 양상을 의미할 뿐이다. 객관과 주관 사이에는 아무런 차이도 없기 때문이다. 모든 색은 부단히 우리의

67 위의 책, 36-37면.

> 식에 의해 창조되고 있다. 그리고 우리의 식은 그 색의 일부분이다. 물질적 대상의 일부를 구성하는 의식의 흐름을 제쳐놓고 객관적 대상이 존재한다고 할 수는 없다. 지수화풍의 사대로부터 색이 만들어진다고 할 때, 이것 역시 똑같이 이해되어야 할 것이다. 사대 역시 지각을 통해 존재가 알려질 뿐이며, 지금까지 말한 것과 똑같은 본성을 가지고 있다[68].

요한슨은 개개의 오온에 대하여 별도의 설명을 하지는 않고 있지만 행과 식에 대해서는 다각적인 고찰을 하고 있다. 그는 행의 근본 의미를 '사물을 구성하는 과정'이라고 규정하고 '모든 의도적이거나 창조적인 과정들'이라고 번역할 것을 제안한다. 그리고 식은 '인간의 마음을 특징짓는 의식의 과정들이 흘러가는 것'이라고 이해한다.[69]

오온뿐만 아니라 불교 교리 전반에 대한 현대의 해석은 현대의 불교학자 대부분이 서구교육을 받아 서구적 세계관을 반영하고 있다는 문제가 있다. 따라서 요한슨의 견해는 현대 불교학자들의 불교 연구에 많은 점을 시사하고 있다. ❁

**이중표** (전남대)

68 위의 책, 42-43쪽.
69 위의 책, 49-74면 참조.

우리말 불교개념 사전

# 번뇌

| |
|---|
| 범 kleśa 빠 kilesa 장 nyon mongs pa 한 煩惱 |

## I. 어원적 근거 및 개념 풀이

번뇌(煩惱)로 번역된 산스크리트 kleśa(빠알리어 kilesa)는 M. Monier-Williams의 『범영사전』에 따르면 어근 kliś ("to torment, trouble, molest, cause pain")에서 파생된 명사로서 "pain, affliction, distress" (고통, 괴롭힘, 고뇌) 등의 의미를 갖고 있다. Böhtlingk와 Roth가 편집한 Sanskrit-Wörterbuch (II 518)도 "Schmerz, Leiden, Beschwerde"(고통, 고뇌, 번민)의 의미로 풀이하고 있다. 번뇌(煩惱)라는 한문 번역어도 이런 의미를 나타내고 있으며, 티벳어 번역어 nyon mongs pa는 불행, 고통 등의 의미로 사용되고 있다.

그러나 불교 산스크리트에서는 이런 의미는 오히려 이차적이고 일차적으로는 '[마음의] 염오' 등의 의미를 주로 사용되고 있다. BHSD는 kleśa를 impurity, depravity(불순함, 그릇됨)으로 번역하고 있어 이 개념이 불교적으로 변용된 용법에 중점을 두고 있다. 따라서 불교 산스크리트에서의 kleśa의 용법은 kliś라는 어원에서 나온 의미를 취하면서도, 다른 한편으로는 상응부 경전[1]에서 분명히 드러나듯이 염오의 의미가 강조되어 병용되었다고 보인다. 이것은 초기경전에서 번뇌 일반을 나타낸 용어인 upakleśa(隨煩惱)가 금의 불순물과 비교되거나(AN III 16f), 또는 해와 달을 가리는 구름에 비유됨(AN II 53f)에 의해서도 잘 나타난다. 또한 잡염(saṃkleśa)의 반대말로서 청정(淸淨, vyavadāna)이 제시되고 있다는 것을 통해서도 번뇌가 염오라는 뉘앙스를 갖는 것으로 받아들여졌다는 것이 확인된다. 후대의 논서에서도 번뇌가 가진 "괴롭힘"과 "염오"의 두 뉘앙스는 보존되어 있다.

이 개념이 현대어로 번역된 경우에도 위의 두 의미 사이에서 택일하여 번역하고 있다. 그렇지만 현대 영어권에서는 불전의 kleśa는 "defilement"(염오)로, 그리고 독일어권에서는 일반적으로 비슷한 의미의 Befleckung(염오)으로 번역해서 후자의 의미를 선호한다.

불교에서 번뇌(煩惱, kleśa)는 업(業, karman)과 함께 중생을 생사윤회로 이끄는 원인으로서 간주된다. 번뇌와 업은 사성체의 맥락에서 고통의 원인에 대한 진리[集諦, samudaya-satya] 하에 포섭되고, 12연기의 맥락에서는 일반적으로 무명(無明, avidyā), 애(愛, tṛṣṇā), 취(取, upādāna)의 3지는 번뇌에, 행(行, saṃskāra)과 유(有, bhava)는 업에 속하는 것으로 간주된다. [나머지 7지는 결과로서 사(事) 또는 생(生)에 속한다.] 이 중에서 업이 직접적으로 재생의 조건이나 그 형태를 결정하는데 비해, 번뇌는 중생을 윤회 자체로 이끄는 보다 근원적 원인, 또는 일차적 동인으로서 간주된다.[2] 즉 앙굴리말라의 경우가 뚜렷이 보여주듯이 업이 남아 있다고 해도 번뇌가 끊어졌다면 더 이상의 생사윤회는 없는 것이다. 이와 같이 윤회의 제일원인으로서의 번뇌는 해탈하기 위해서 단절되어져야 할 가장 결정적인 요소인 것이다.

번뇌는 수행이나 해탈에 장애가 되는 불선(不善)한 심리적 요소로서 심과 상응하는 심리적 작용이다.『상응부경』(SN III 151)은 다음과 같이 말한다.

"비구들이여, 항시 자신의 심을 [다음과 같이] 관찰해야만 한다: '이 마음은 오랜 시간 탐욕에 의해, 진에(瞋恚)에 의해, 우치(愚癡)에 의해 염오되었

1 SN III 131: vatthaṃ saṅkiliṭṭhaṃ malaggahitaṃ.

2 이것은『구사론』5장「분별수면품」의 첫 부분에서 명확히 제시되고 있다. AKBh 277, 3-4: karmajaṃ lokavaicitryam ity uktam / tāni karmāṇy anuśayavaśād upacayaṃ gacchanti antareṇa cānuśayān bhavābhinirvarttane na samarthāni bhavanti / ("세상의 다양함은 업에서 생겨난다고 설해진다. 그 업들은 번뇌의 힘 때문에 모인다. [三]有의 발생에 관련해서 번뇌가 없이는 어떤 가능성도 없게 된다")

다.' 비구들이여! 심이 염오되었기 때문에 중생은 염오되고, 심이 청정해졌기 때문에 중생은 청정하다."

따라서 '번뇌' 개념의 분석에 많은 불교학파들이 핵심적 관심을 기울였다는 것은 충분히 이해할 수 있다. 실로 번뇌의 대립항으로서 수행도의 체계가 정립되었음을 고려할 때 수행도란 곧 번뇌론의 체계적 반영임을 인식하게 된다. 번뇌에 대한 상이한 이해는 주로 심의 본질과 작용에 대한 이해의 차이에서 연유하고 있다고 보인다. 그리고 초기불교로부터 대승불교, 밀교에 이르기까지 심의 본질에 대한 상이한 이해로부터 여러 다양한 번뇌설이 제기되었고, 이를 제거하기 위해 상응하는 수행도의 체계가 정립되었다는 것은 불교의 역사적 전개가 잘 보여준다.

## Ⅱ. 초기불교에서 심과 번뇌와의 관계

번뇌가 심과 상응해서 일어나는 심작용의 하나라고 한다면 번뇌의 작용이 일어날 때 심은 염오될 것이고 번뇌의 소멸이 이루어질 때 심은 청정해질 것이다. 따라서 번뇌의 소멸에 초점을 맞춘 많은 초기경전에서는 심을 염오시키거나 고통스럽게 하는 번뇌의 다양한 작용에 따라 번뇌를 각기 다른 이름으로 부르고 있다. 그렇지만 초기불전에서 kleśa라는 단어는 거의 사용되지 않는다. 초기불전에서 번뇌의 총칭으로서 빈번히 사용되고 있는 개념에는 루(漏, āsrava), 결(結, saṃyojana), 박(縛, bandhana), 수번뇌(隨煩惱, upakleśa), 취(取, upādāna), 개(蓋, nīvaraṇa), 불선근(不善根, akuśalamūla) 등이 있고 또 번뇌의 은유로서 화(火, agni), 쟁(諍, raṇa) 등도 사용되고 있다.

그 중에서 루의 어원적 의미는 자이나교에서도 동일하게 사용되고 있듯이 외부의 불순한 요소가 심으로 유입해 들어오는 것을 뜻하는 것으로서 행위의 결과와 그 소멸에 관한 설명을 가리킨다. 여기서 루는 대홍수라는 윤회의 바다에 떠 있는 배 속으로 물이 유입해 들어오는 것을 나타낸다. AN IV 195에서 세존과 자이나교도와의 대화에서 보듯이 루는 외부에서 신체에로 유입하는 것으로서 그 원인은 신구의를 제어하지 않기 때문에 일어나는 것으로 설명되고 있다. 그러나 점차 유입의 의미 대신에 윤회의 원인 내지 행위의 잠재적 세력으로서 번뇌와 업과 동일시되었고, 『구사론』에 이르러 "6종의 인식의 문을 통해 유출되기 때문에 루이다"라는 정의에 이르러 번뇌의 유출로서 규정되게 되었다.

초기경전에서는 結은 심을 결박하는 것으로서 3종의 결 및 9종의 결, 또한 五下分結과 五上分結 등으로 분류, 정리되고 있다. 삼결(三結)은 유신견(有身見), 계금취(戒禁取), 의(疑)로서 이것을 제거한 후에 예류과를 얻는 것이다. 구결(九結)은 애결(愛結), 에결(恚結), 만결(慢結), 무명결(無明結), 견결(見結), 취결(取結), 의결(疑結), 질결(嫉結), 간결(慳結)이다. 오하분결(五下分結)은 욕계에 속박시키는 5종의 결박으로 앞의 3결에 애(愛), 에(恚)를 더한 것이다. 오상분결(五上分結)은 색계와 무색계에 결박시키는 5종의 결박으로서 색애(色愛), 무색애(無色愛), 도(掉), 만(慢), 무명(無明)이다.

수번뇌는 후대 아비달마에 있어서처럼 번뇌와 대비되는 부수적인 번뇌라는 의미가 아니라, 심을 염오시키는 것 일반을 가리키며 때로는 탐진치로서 번뇌 전체를 가리키고 있다. 개는 5종으로서 열거되며 특히 선정에 들어가는 것을 방해하는 심리작용을 가리킨다. 그 다섯 가지 작용은 탐욕[貪欲蓋], 미움[瞋恚蓋], 가라앉음과 졸림[惛沈睡眠蓋], 들뜸과 후회[掉擧惡作蓋], 의심[疑蓋]이다. 불선근은 탐진치의 삼종으로서 모든 악한 행위의 뿌리를 가리킨다. 이 탐진치는 삼화로서 신심을 태우는 작용으로 은유되기도 했다.

이들 번뇌의 이명들이 어떠하건 경전에서의 설명의 중점은 심과 연결된 이들 번뇌의 작용의 양상을 제시함에 의해 번뇌의 작용을 소멸시키는데 있다고 보인다. 그러나 심과 번뇌의 관계에 대해 몇몇 경전에서는 전혀 다른 접근방법이 보인다. 그것은 심의 본성상 빛나며 청정하지만 단지 우연적 요소인 번뇌에 의해 더럽혀졌다는 설명이다. 이를 가장 잘 보여주는 구절이 증지부 경전의 구절들이다.

"비구들이여! 이 심은 빛나고 있다. 또한 그것은 객진번뇌로부터 벗어나 있다."(AN I. v 9-10) "비구들이여! 이 심은 극히 빛나고 있다. 그것은 또한 우연적 수번뇌에 의해 염오되어 있다. [법을] 듣지 못한 범부들은 이것을 여실히 알지 못하기 때문에 심을 수습하지 않는다고 나는 설한다. 비구들이여! 심은 극히 빛나고 있다. 그것은 다른 수번뇌로부터 벗어나 있다. [법을] 들은 성제자들은 이것을 여실히 알기 때문에 심을 수습한다고 나는 설한다."(AN I. vi 1)

염오된 심과 번뇌 및 이들 번뇌를 제거하는 수습간의 관계는 금과 이물질 및 이물질을 제거하는 제련법에 비유되어 설명되고 있다. "금에 철, 동,

주석, 아연, 은의 5종의 수번뇌가 있을 때, 금은 유연하지 않고, [금으로서] 작용되지 않고, 빛나지 않고, 약하고, 올바른 사용을 견디어낼 수 없듯이, 심에 다섯 수번뇌가 있어 그것이 의해 염오되었을 때 심은 유연하지 않고, … 루(漏)를 단멸하지 못한다."(SN V. 33)

다른 광석들에 의해 섞인 금이 다시 제련에 의해 원래의 금의 상태로 돌아간다는 이 비유는 염오된 심이 수습에 의해 청정해지는 것을 보여주는 동시에 심이 원래 순금과 같은 존재론적 위치에 있다는 것을 함축한다. 따라서 이 비유는 후대 여래장 사상에서 즐겨 사용된 진흙 속에 숨겨진 금의 비유를 연상시키지만, 위의 증지부 경전(AN I. vi.1)이 보여주듯이 심의 수습을 통한 사문과(沙門果)의 획득이라는 주체적 실천면에 초점이 놓여 있다고 보인다. 이것은 이 설명이 각지상응(覺支相應) 속에서 나오고 있다는 것을 통해서도 명백하다.

## III. 아비달마 불교에 있어 번뇌설

번뇌가 마음을 염오시키는 여러 심리적 요소를 총칭하는 상위개념으로서 사용된 것은 아비달마 불교시기에서였다. 이 시기에 이르러 심을 괴롭히거나 염오시키는 여러 심리적 요소들을 총괄하는 상위개념으로서 주로 사용된 용어가 수면(隨眠, anuśaya)으로서, 이것은 번뇌법을 총괄하는 장의 명칭을 살펴봄에 의해 명확히 드러난다. 최초기 아비달마 논서인 『법온족론』에서 번뇌는 잡사품 속에서 다루어졌다. 여기서 경장에 나타나는 여러 번뇌법을 한 군데로 모아 각각 설명하려고 시도되고 있다. 번뇌법들을 체계화시키려는 방식은 『품류족론』에 이르러 한층 발전된다. 이 논서에서 번뇌를 논하는 장의 명칭은 처음으로 「변수면품(辯隨眠品)」으로 명명되었다. 여기서 수면이 anuśaya를 가리킨다는 것은 의심할 여지가 없다. 그 이후의 논서인 『아비담심론』, 『아비담심론경』, 『잡아비담심론』에서도 「사품(使品)」으로 명명되고 있고, 『구사론』등에 있에서도 분별수면품으로 명명되고 있다. 『감로미론(甘露味論)』, 『바수밀보살론(婆須蜜菩薩論)』, 『팔건도론(八犍度論)』에서는 결사(結使)로, 『발지론(發智論)』, 『바사론(婆沙論)』에서는 결로 명명되지만 그 장명의 원어는 anuśaya로 추정된다. 따라서 유부에 있어 번뇌의 체계적 분류는 수면품에서 행해지고 있다고 말할 수 있다.

anuśaya는 M. Monier-Williams의 『범영사전』에 따르면 원래 "잠들어 있다"는 의미를 가진 anu-√śī에서 파생된 명사이다. 따라서 잠들어 있는 상태의 번뇌로서 anuśaya는 초기불전에서 "잠재적인 악에의 경향성"의 의미로 사용되고 있다. BHSD도 이 단어의 의미를 "propensity (usually to evil), (innate) proclivity (inherited from former births), disposition (to do something)"으로 풀이함에 의해 잠재적 경향성의 의미로 이해한다. 그러나 동시에 이 단어는 "잠재적인 악에의 경향성"의 의미와는 다른, 어떤 표층화된 현실적인 번뇌의 작용이라는 방식으로도 사용되고 있다. 이때의 이 말은 "~에 대한 집착"이라는 명백히 다른 의미로 사용되다. 실제로 이 용례는 범영사전에서도 제시되고 있다. CPD는 이 용례를 구분하여 사람에 대해 사용될 때에는 "집착하다"의 의미로, 그리고 대상에 대해 사용될 때에는 "잠재되어 놓여있다"의 의미로 사용하고 있다. 반면 티벳역에서는 수면은 두 가지 용어로 번역된다. 하나는 phra rgyas로서 아비달마 논서에서 수면을 번역할 때 사용되며 수면의 '미세'한 측면에 초점을 맞춘 번역이다. 반면 다른 번역어는 bag la nyal로서 유식논서의 번역에서 사용되는 용어이다. 이 번역어는 수면의 잠재적 측면에 초점이 맞추어져 있다.

이러한 두 가지 용례는 아비달마 불교에서도 병존하고 있다고 보인다. 이 때 유부는 수면을 번뇌의 동의어로서 간주하고 주로 집착의 의미로 파악하고 있다. 유부에 따르면 수면과 번뇌는 동일한 존재론적 위상을 가진 것으로, 수면은 단지 번뇌의 미세한 측면을 가리키는 말이다. 유부 논서는 수면을 미세(微細, aṇu), 수증(隨增, anuśerate), 수박(隨縛, anubadhnanti) 내지 수축(隨逐, anugata)의 의미로 풀이한다. 여기서 미세의 의미는 양자는 동일한 것이지만 단지 미세한 측면을 가리킨다는 것을 보여준다. 반면 수축의 의미는 기름이 호마 속에 있는 것과 같다는 비유로서, 또 수박의 의미는 신심(身心)의 상속을 따라 생겨나기 때문으로 새가 물고기를 따라가는 것으로서 비유되고 있다. 수증의 의미는 애기가 유모에게 달라붙어 있는 것 또는 모유가 아기를 크게 만드는 것으로 비유되고 있다. 수증의 해석에서 명확히 드러나듯이 유부의 수면에 대한 이해는 주로 이 개념의 집착적 성격에 초점이 맞추어져 있다.

유부가 수면을 번뇌와 동일시하면서 수면을 '잠재적인 경향성' 대신에 '~에 대한 집착'으로 해석하는 근거에는 그들의 핵심이론인 삼세실유론과 관련이 있다. 구사론에서의 삼세실유론의 논증은 두 가지 점에 초점이 맞추어져 있다. 첫 번째 논증은 업의 인과관계에 따른 것이다. 만일 과거가 존재하지 않는다면 선악업의 결과가 미래에 있을 수 없기 때문이다. 왜냐하면 결과가 생겨날 때 이숙인(異熟因)은 현재에 생겨나지 않기 때문이다. 두 번째 논증은 근(根)과 경(境)이 만나 식이 생겨난다는 설명과 관련되어 있다. 만일 경이 존재하지 않는다면 식은 생겨날 수 없기 때문에 과거와 미래가 존재하지 않는다면 비존재하는 것을 대상으로 하는 식은 생겨날 수 없기 때문이다. 첫 번째 논증에서 보듯이 만일 수면을 잠재적 경향성으로 해석한다면 과거와 미래에 존재하는 법체의 실유성은 의문시될 것이다. 이것은 삼세실유론의 부정이 수면을 잠재심으로 보는 주장과 직접 연결되어 있기 때문이다.[3]

첫 번째 논증에 대한 반론은 『이부종륜론(異部宗輪論)』에 의하면 대중부와 화지부에 의해 제시되었다. 그들은 현재만이 실유하며 과거와 미래는 실유하지 않는다[現在有体 過未無体]고 주장했다, 대중부에 따르면 수면은 심도 아니고 심소법도 아니며 어떤 대상도 갖지 않으며, 현실적으로 작용하는 전(纏, paryavasthāna)과 구별된다. 『대비바사론』의 분별론자(分別論者)[4]와 독자부(犢子部)도 수면을 잠재심으로 보는 견해에 동의했지만, 본격적 반론은 수면을 종자의 의미로 해석했던 세친에 의해 제기되었다. 그의 수면에 대한 해석은 『구사론』수면품에서 복합어인 욕탐수면(欲貪隨眠, kāmarāga-anuśaya)에 대한 해석을 중심으로 전개되고 있다.[5]

유부가 취하는 복합어 해석은 '욕탐(kāmarāga)이 곧 수면'이라는 karmadhāraya(持業釋)에 따른 것으로서, 이 해석에 따르면 수면은 욕탐의 동의어로서 심과 상응해서 표층에 나타나는 심리적 작용으로 된다. 반면 경량부에 따르면 '욕탐의 수면'이라는 소유격 tatpuruṣa(依主釋) 해석이 적용된다. 이에 따르면, 수면은 욕탐과는 다른 것으로서 잠재되어 있는 세력으로 간주된다. 세친은 여기서 경량부의 설에 동의한다. 그렇지만 수면은 『대비바사론』의 분별론자와는 달리 심과 상응하지 않는 것이 아니다. 세친에 따르면 수면은 욕탐과는 다른 실체적 존재는 아니라 하나의 힘(śakti)으로서, 잠들어있는 번뇌가 수면이고 깨어난 번뇌가 전(纏)이다. 이 잠들어 있다는 것은 현기(現起)하지 않는 번뇌가 종자의 상태로 존재하는 것을 말한

---

3 加藤純章, 隨眠 -anuśaya-. 佛教學 28, 1990: 11.
4 『대정장』 27: 313상1.
5 AKBh 277,19-279,4 참조.

다. 깨어있다는 것은 번뇌의 현실적인 생기를 말한다. 세친은 종자의 상태를 심신의 상속(ātmabhāva) 속에서 번뇌에서 생겨나서 후의 번뇌를 생기게 할 수 있는 능력으로 정의한다. 이렇게 본다면 수면은 과거의 번뇌에서 생겨난 것으로 잠재적인 종자의 상태로 심상속 속에 보존되어 있다가 후에 번뇌를 현기시키는 능력이다.

## Ⅳ. 유부에 있어 번뇌설의 체계화

유부의 번뇌설이 어떻게 조직되었는가를 이해하기 위해서는 번뇌가 유부의 논서 속에서 두 가지 방식으로 서술되었다는 사실을 주목해야 한다. 이 두 가지 방식은 각기 다른 관점에서 번뇌에 대한 체계적 해석을 시도하고 있다. 그 중에서 첫 번째 방식이 98종의 번뇌에 대한 체계화에 주안점을 두고 있다고 한다면, 두 번째 방식은 번뇌를 심소법과의 관계 속에서 분류하는데 치중한다. 이 두 가지 방식으로 분류한 동기는 이미 아비달마 논서 중 최고층(最古層)에 속하는『법온족론』에 나타난다. 따라서 우리는 그 흐름들의 연원을 아비달마의 시초로까지 소급할 수 있을 것이다.『법온족론』이후의 논서 속에서 첫 번째 흐름은 '사품(使品)'에서, 두 번째는 주로 도입부에서 논술되고 있다.『구사론』에서 첫 번째 흐름은「수면품(隨眠品)」에서, 두 번째 흐름은「근품(根品)」에서 다루어진다.

### 1. 유부의 98종의 수면설

수면 또는 번뇌는 업과 함께 중생을 생사윤회시키는 근본원인으로서 부파들의 교리체계의 구축에 있어 매우 핵심적 역할을 담당해 왔다. 그들에게 있어 번뇌의 분류는 법상의 명확한 이해를 위해서 뿐 아니라 번뇌의 제거를 위한 수행도의 건립과 밀접한 관련을 갖고 있기에 번뇌의 '수'와 그 분류의 문제는 단순한 현학적 관심의 소산은 아니다. 번뇌의 수와 그 분류에 관해 여러 종류의 방식이 있지만, 가장 잘 알려져 있는 것은 유부의 108 번뇌설로서,[6] 이것은 98종의 수면에 10종의 전(纏)[7]을 더해 이루어진 것이다.

6 유부와 유식의 논서에서 108愛行이 종종 언급되고 있다. 예를 들어『비바사론』T 29:

유부의 경우 번뇌의 분류는 이미 그들의 최초기의 논서인『법온족론』(T 26: 464c-465a)에서 함축적으로 제시되고 있다. 예류과(預流果)를 설해 88 수면을 영단(永斷)하고, 일래과(一來果)를 설해 88종의 수면을 영단하고, 불환과(不還果)를 설해 92종 수면을 영단한다고 하는 기술은 내용적으로 볼 때에 비록 명시하지는 않더라도, 4제를 봄에 의해 제거되는, 즉 견소단(見所斷)의 88종 수면을 전제하고 있고 또 욕계에 속한 수소단(修所斷)의 4 번뇌를 불환과에 포함시킴에 의해 3계에 속한 수소단의 10종 번뇌를 함축하고 있다는 점에서 이미 98종 수면의 분류체계가 완성되었음을 보여준다. 『법온족론』은 유부의 초기논서에 속하기 때문에, 번뇌의 분류적 설명은 이미 유부교학의 초기 형성기에 성립되었음을 보여준다. 이러한 유부의 번뇌설의 큰 골격은 후대에 이르기까지 변함없이 유지되었고 이를 통해 이 98종의 번뇌의 분류가 유부의 교학에서 갖는 의미를 추정할 수 있다.

98종 수면설의 구조를 간략히 설명하면 경장에 언급되어 있는 전통적인 나열법인 7종 수면, 즉 욕탐수면(欲貪隨眠), 진수면(瞋隨眠), 유탐수면(有貪隨眠), 만수면(慢隨眠), 무명수면(無明隨眠), 견수면(見隨眠), 의수면(疑隨眠)을 기초로 하여 여기에서 욕탐수면과 유탐수면을 탐수면의 하나로 묶는다면 6종 수면이 된다. 여기서 견(見)의 성질을 가진 수면을 유신견(有身見), 변집견(邊執見), 사견(邪見), 견취(見取), 계금취(戒禁取)의 5종으로 세분하면 10종 수면으로 된다. 그리고 이를 다시 욕계, 색계, 무색계의 삼계(三界)와 사체(四諦)에 따라 배정하는 것이다. 4제의 방식은 견고소단(見苦所斷), 견집소단(見集所斷), 견멸소단(見滅所斷), 견도소단(見道所斷)의 4종 번뇌와 수소단(修所斷)의 번뇌로 다시 나누어지기 때문에 5부(部, prakāra)가 된다.

이들 10종 수면은 모두 욕계에 있어 견고소단(見苦所斷)이다. 즉 고제의 진리를 인식함에 의해 제거될 수 있다. 집제와 멸제의 진리를 인식함에 의해 제거되는 수면은 유신견, 변집견, 계금취의 3종을 제외한 7종 수면이다. 도제의 진리를 인식함에 의해 제거되는 수면은 유신견과 변집견을 제외한 8종 수면이다. 반복된 4제의 수습을 통해 제거되어야 하는 수소단의 수면은 탐, 진, 만, 무명의 4종이다. 이들 번뇌는 일회적 관찰로서 제거될 수 없

---

199c23ff;『유가론』T 30: 842b27ff 및『현양성교론』504a25ff 참조. 이 수는 욕계의 36종의 愛(rāga)에 색계, 무색계의 36종의 애를 더한 것으로 유부의 108번뇌와 직접적 관계는 없다.

7 10종 전은 忿, 覆, 無慚, 無愧, 惛沈, 睡眠, 掉擧, 惡作, 嫉妒, 慳吝이다.

기 때문에 4제의 반복된 관찰을 통해 점차적으로 제거될 수 있는 것이다. 따라서 욕계에 있어 제거되어야 하는 번뇌의 총수는 36종이 된다. 색계와 무색계에 있어서는 증오심이 없기 때문에 진수면(瞋隨眠)이 제외되며, 따라서 총수는 각각 31종이 된다. 이들 욕계의 36종과 색계, 무색계의 각 31종을 합해 98종의 수면설이 성립되는 것이다.

번뇌와 그 제거에 대한 이론과 관련된 수행론적 배경에 대한 이해가 없이는 이러한 분류는 매우 형식적이고 건조하게 보일 것이다. 예를 들어 왜 유신견이 견고소단일 뿐이고 집제 등의 다른 진리의 인식에 의해서는 제거되지 않는지는 쉽게 이해되지도 않으며, 또 그 이유에 대해서 아비달마 논서에서도 상세히 논의되고 있지 않다. 하지만 이러한 유부의 이론이 단순한 분류, 나열에 지나지 않는다고 평가절하하는 것은 적절하지 않다.

## 2. 심소법의 체계 내에서의 번뇌설

심소법의 분류과정 속에서 다루어진 이 두 번째 방식은 다시금 두개의 그룹으로 분류될 수 있다. 첫 번째 그룹은 모든 염오된, 번뇌를 구성하는 제 요소를 하나의 정형구, 즉 결박수면수번뇌전(結縛隨眠隨煩惱纏, saṃyojana-bandhana-anuśaya-upakleśa-paryavasthāna)으로 묶어 표시하는 것으로 특징지어진다. 이 정형구는 처음으로 『집이문족론(集異門足論)』(saṅgīti-paryāya), 『법온족론』에 나타나며, 다른 유부의 아비달마 논서, 예를 들어 『품류족론(品類足論)』(T 26: 692c1ff), 『아비담감로미론』(T 28: 970a10ff), 『살바다종오사론(薩婆多宗五事論)』(T 28: 995c12ff), 『아비담오법행경(阿毘曇五法行經)』(T 28: 999b16ff), 『입아비달마론(入阿毘達磨論)』(T 28: 961c27ff) 등에 의해 심소법의 설명에 있어 수용되었다. 여기서 색법(色法), 심법(心法), 심소법(心所法), 심불상응행법(心不相應行法), 무위법(無爲法)의 오사(五事, pañca-vastui)에 따라 논의 구조가 짜여진 오사론(五事論, pañcavastuka) 계열의 두 논서, 즉 『살바다종 오사론(薩婆多宗 五事論)』과 『아비담오법행경(阿毘曇五法行經)』이 염오법의 설명에 있어 이 정형구를 취한다는 사실은 주목할 가치가 있다. 왜냐하면 이것은 오사론 계열의 논서와 이 정형구 사이의 밀접한 관련성을 보여주고 있기 때문이다. 이 정형구는 후에 오사에 따라 논술된 『품류족론』제1장에서도 발견된다.

둘째 그룹은 심소법의 분류를 위해 제법의 심리적 기능이나 분류에 치중하는 다른 방식을 사용했다. 『계신족론(界身足論)』은 심소법의 분류를 위해 처음으로 이런 경향을 도식화해서 제시했다. 이 도식은 아래와 같다.

① 10종 대지법(大地法, mahābhūmikā dharmāḥ), ② 10종의 대번뇌지법(大煩惱地法, mahākleśabhūmikā dharmāḥ), ③ 10종 소번뇌지법(小煩惱地法, parīttakleśabhūmikā dharmāḥ), ④ 5종 번뇌(kleśa), ⑤ 5종 견(見, dṛṣṭi), ⑥ 5종 촉(觸, sparśa), ⑦ 5종 근(根, indriya), ⑧ 5종 법(法, dharma).

『품류족론』(698b28ff), 『아비담감로미론』(969b3f +970b20ff), 『대비바사론』 및 『잡아비담심론』(881a3ff) 등의 논서에서 심소법에 관한 이런 분류적 도식화가 조금씩 확장, 발전되어 『구사론』의 색법, 심법, 심소법, 심불상응행법, 무위법의 5위(位)의 체계로 정착된다.

『구사론』 심소법의 체계는 다음과 같이 이루어져 있다.

① 십대지법(十大地法): 수(受), 상(想), 사(思), 촉(觸), 욕(欲), 작의(作意), 승해(勝解), 념(念), 삼마지(三摩地), 혜(慧)

② 십대선지법(十大善地法): 신(信), 불방일(不放逸), 경안(輕安), 사(捨), 참(慚), 괴(愧), 무탐(無貪), 무진(無瞋), 불해(不害), 근(勤)

③ 육대번뇌지법(六大煩惱地法): 치(癡), 방일(放逸), 해태(懈怠), 불신(不信), 혼침(昏沈), 도거(掉擧)

④ 이대불선지법(二大不善地法): 무참(無慚), 무괴(無愧)

⑤ 십소번뇌지법(十小煩惱地法): 분(忿), 복(覆), 간(慳), 질(嫉), 뇌(惱), 해(害), 한(恨), 첨(諂), 광(誑), 교(憍)

⑥ 사부정지법(四不定地法): 악작(惡作), 수면(睡眠), 심(尋), 사(伺)

이중에서 ③-⑥의 심소들이 번뇌에 속하는 마음작용이다. 『구사론』의 분류에서 가장 특기할 것은 ⑥의 부정지법에 독립된 항목을 배당한 점이다. 『구사론』 이전의 유부의 체계에서도 이 4종의 심소법이 함께 열거되기는 했지만 이것들을 부정지법으로 명명한 것은 『구사론』에서 처음으로 나타난다. 그렇지만 역사적으로 볼 때 이 항목을 심소법의 분류항목의 하나로 독립시킨 것은 『유가론』에 의해서 이다. 왜냐하면 『유가론』에서 이 항목이 처음으로 독립된 항목으로 취급되고 있기 때문이다. 그렇지만 주목할 점은 『구사론』이 네 가지 번뇌를 열거한 후 마지막에 등(等, ādi)이란 단어를 첨가하고 있다는 점이다. 이것은 다른 번뇌가 부정지법에 포함되어 있다는 암시를 주며, 전통적으로 탐(貪), 진(瞋), 만(慢), 의(疑)의 네 번뇌를 포함시켜 해석하는 것이 일반적이다. 그렇지만 『유가론』에 있어 탐 등의 번뇌는 다른 항목으로 독립해 있어 전통적인 구사학과는 다른 입장을 보여준다.

## Ⅴ. 대승불교 중관학파의 번뇌설

대승불교의 중관학파에 있어 번뇌론은 세부적 면에서 논의되지도 않고 발전하지도 못했지만 번뇌에 대한 관점의 전환을 통해 번뇌의 본질에 대한 새로운 인식이 열리게 되었다. 제법의 무자성과 공성을 주장하는 중관학파의 반실체주의적 관점에서 번뇌의 존재론적 성격은 철저히 부정되었다. 모든 것이 자체적 본질을 갖지 않고 따라서 공하다면, 모든 심리적 요소도 자체적 본성이 결여하고 있을 것이고 따라서 공할 것이다. 그러므로 중관파는 번뇌의 본성도 무자성이고 공하다고 하는 관점을 철저히 밀고 나갔다. 이러한 중관의 관점은 『중론』 16장 「관박해품(觀縛解品)」에서 아비달마의 실체론적 사고에 대한 비판을 통해 잘 나타난다. 여기서는 결박과 해탈이 성립할 수 없음을 서술한 것으로 그 이유는 「관거래품」의 논지와 같이 염념생멸(念念生滅)하는 사태에 어떤 고정된 관념을 적용시킬 수 없다는데 있다. 이미 지나간 결박은 결박이 아니며, 미래의 결박은 결박이 아니며, 현재의 결박도 [주하지 않으므로] 결박이라고 부를 수 없는 것이다. 결박이 없는데 그 반대항인 해탈도 성립할 수 없는 것이다. 따라서 윤회와 열반은 단지 분별에 의해 성립되어 있을 뿐이다. 이런 무자성의 입장에 기초하여 비로소 '번뇌 즉 보리'라는 대승불교의 이념이 설명될 수 있었다.

그렇지만 중관파에 있어서도 번뇌에 대한 구체적 논의가 전혀 없는 것은 아니다. 용수(龍樹)의 『라트나발리』(Ratnāvalī)에서 심소의 분류 중에 번뇌가 나열되고 있지만, 여기서 나열되고 있는 번뇌는 용어상으로 근본유부의 그것을 대체적으로 따르고 있다.[8] 또한 찬드라키르티(Candrakīrti)에게 귀속되고 있는 『오온론(五蘊論)』(Pañcaskandha-prakaraṇa)[9]은 아비달마와 유

8 Ratnāvalī에서 열거되고 있는 번뇌의 수와 그 유래에 대해서는 Yukihiro Okada & Michael Hahn (1985) 및 L. Schmithausen,(1986) 참조.

9 Pañcaskandhaprakaraṇa는 Peking 본 No. 5267에 수록되어 있으며, Chr. Lindtner에

식학에서 즐겨 사용된 범주인 오온을 사용하면서 번뇌를 심상응법 아래에서 분류, 정리하고 있다. 심상응법은 모두 39종의 법으로 이루어져 있는데, 그것들을 나열하면 다음과 같다.

1. 사(思), 2. 촉(觸), 3. 작의(作意), 4. 욕(欲), 5. 승해(勝解), 6. 신(信), 7. 정진(精進), 8. 념(念), 9. 삼매(三昧), 10. 혜(慧), 11. 심(尋), 12. 사(伺), 13. 방일(放逸), 14. 불방일(不放逸), 15. 염리(厭離), 16. 희(憙), 17. 경안(輕安), 18. 해(害), 19. 불해(不害), 20. 참(慚), 21. 괴(愧), 22. 사(捨), 23. 해탈(解脫), 24. 선근(善根), 25. 불선근(不善根), 26. 무기근(無記根), 27. 결(結, 9종), 28. 박(縛, 3종), 29. 수면 (隨眠, 6종), 30. 수번뇌(隨煩惱, 6종), 31. 전(纏, 10종), 32. 루(漏, 3종), 33. 폭류(瀑流, 4종), 34. 액(軛, 4종), 35. 취(取, 4종), 36. 계(繫, 4종), 37. 개(蓋, 5종), 38. 지(智), 39. 인(忍).

여기서 이들 요소들의 나열은 매우 자의적이며 분류의 기준도 명확치 않다. 또한 아비달마 이래 통용되고 있던 여러 심리적 요소의 성격에 따른 분류도 보이지 않거나 혼용되어 있다. 다만 번뇌와 관련해서 특징적인 것은 27-37에 이르기까지의 11법이 각각 번뇌를 대표하는 결(結)~전(纏)의 5법과 루(漏) 및 폭류(瀑流)~개(蓋)의 5법으로 구성되어 있다는 점이다. 이것은 『오온론(五蘊論)』의 저자가 이들 두 종류의 5법의 목록을 번뇌의 대표항으로서 간주하고 있음을 보여주는 것이다.

## Ⅵ. 대승불교 유가행파에 있어서 번뇌설의 특징

중관학파에 비해 유가행 유식학파에 있어서는 번뇌설은 매우 정교히 고안되고 있으며, 대승의 궁극적 실재인 진여 체험에 맞게 번뇌의 분석도 보다 심층적이고 잠재적인 측면에 초점을 맞추고 있다. 유가행파는 근본유부의 법의 체계를 원칙적으로 수용하면서도 중관학파의 공성체험을 그 체계

의한 비판적 편집본이 있다. ("Candrakīrti's Pañcaskandhaprakaraṇa", *Wiener Zeitschrift für die Kunde Süd- und Ostasiens* 1979: 87-145). Lindtner는 이 저작에서 사용되고 있는 용어 등에 의해 판단해 볼 때, Candrakīrti의 저작임을 의심할 어떤 근거도 없다고 간주하지만, 이러한 판단은 성급한 것으로 보인다.

의 해석학적 기초로 삼고 있었기 때문에 유부의 체계를 근본적인 면에서 수정해 나갈 수 있었다.

유가행파의 번뇌설을 이해하기 위해서는 무엇보다 두 가지 사실에 주목해야 한다고 보인다. 첫 번째는 그들이 번뇌를 현실화된 측면과 잠재적 측면으로 명확히 구분했다는 점이다. 두 번째는 번뇌설의 체계적, 정합적 해석을 위한 새로운 노력이다.

번뇌가 현실화한 측면을 가질 뿐 아니라 잠재적 측면도 가진다고 하는 발견은 실로 유가행파의 본질과도 관련이 있는 것이다. 인가에서 멀리 떨어진 외진 곳에서 홀로 실천적 정신적 깨달음을 향해 수행했던 요가의 수행자로서 그들은 그들의 정신적 체험 속에서 이전의 아비달마적 교학의 이론적 테두리 안에서는 해결할 수 없었던 문제점들을 현저하게 인식했다고 보인다. 그것은 성자의 단계에 이른 사람들에게도 아직도 '미세한' 종류의 자아의식이 남아있다는 발견이다. 유가행파는 초기경전인 『크세마카경』을 증거로 인용하면서 이러한 미세한 자아의식이 성자에게도 존재한다고 주장했다. 『크세마카경』에 따르면 크세마카 비구는 스스로 유학위(有學位)의 성자에 속함을 알고 있었지만 그에게는 아직도 "나는~이다"라는 미세한 종류의 욕망과 자만감, 잠재의식이 남아있다고 말한다. 그렇지만 그의 진술은 모든 종류의 자아의식이 예류과를 얻기 이전에, 즉 성자의 단계 이전에 소멸하는 것으로서 분류했던 전통적 교학의 범위 내에서는 해결할 수 없는 문제였다.

유가행파는 이 난제를 '잠재성'이라는 개념을 도입함에 의해 해결했다. 이 개념은 번뇌나 업이 어떤 현실적 작용력을 가질 뿐 아니라 현실화되지 않을 때에도 잠재적 능력으로서 심상속 속에 보존되어 있다는 것을 나타내는 것으로서, 그들은 경량부로부터 종자(種子, bīja), 훈습(薰習, vāsanā) 등의 용어로 차용하여 이를 표현되고 있다. 따라서 미세한 종류의 자아의식이 존재한다는 크세마카 비구의 진술은 자아의식의 잠재성이 남아있다고 해석함에 의해 해결될 수 있었다.

유가행파에 있어 잠재성 개념의 도입을 통해 번뇌와 수면(隨眠, anuśaya)의 구별은 체계적으로 수행되었다. 앞에서 『구사론』에서의 욕탐수면(欲貪隨眠, kāmarāga-anuśaya)의 상이한 복합어 해석을 통해 유부와 경량부와의 차이를 보았지만, 『유가론』은 양자의 차이를 수용하면서 보다 체계적 방식으로 분류를 시도한다.[10] 그것은 번뇌 개념에서 잠재성으로서의 수면(anuśaya)과 현실적 힘으로서의 전(纏, paryavashāna)의 두 양태를 구별하는 것이다. 「섭결택분」은 수면은 번뇌의 종자이고 전은 번뇌의 현기(現起)로서 명시되고 있다. 여기서 전을 설명하기 위해 사용된 samudācāra (kun tu 'byung ba), saṃmukhībhāva(mngon du gyur pa)와 수면을 설명하기 위해 사용된 bīja (sa bon), prabodha (ma sad pa) 등의 용어는 『구사론』의 용어를 연상시킨다.

유가행파가 이렇듯 번뇌를 상세히 구분한 이유는 수행자로 하여금 번뇌의 양태를 보다 세밀히 관찰함에 의해 미세한 번뇌의 흔적조차 제거시키려는데 있다. 왜냐하면 번뇌의 현기만을 제거하고 잠재적 형태로서의 번뇌의 종자를 제거하지 않는다면 그에게 후에 다시 번뇌의 현기가 일어나게 되기 때문이다. 그렇지만 번뇌의 종자를 제거한다면 번뇌는 불에 탄 씨앗이 다시 발아할 수 없듯이 영원히 생기할 수 없을 것이다.

### 1. 유가행파의 128종 수면설

이러한 번뇌의 양태의 구분은 유가행파로 하여금 유부의 98수면설과는 다른 고유한 128종의 번뇌의 수를 다시 정립하게끔 인도했다. 128종의 수면은 유가행파의 최초기 논서인 『유가론』「본지분(本地分)」의 「유심유사지(有尋有伺地)」에서 분류, 설명되고 있고[11] 뒤이은 논서[12]들에 의해 유가행파의 정통설로서 수용되고 있다. 유가행파의 128종 수면설은 유부의 경우와 마찬가지로 이 학파의 초기에 형성되었으며 또한 수면의 분류는 그들의 심리적 체계 및 수행체계와 밀접히 관련되어 형성되고 있다. 형식적 측면에서 볼 때 유가행파의 분류체계는 유부의 그것과 큰 차이를 보이지 않는다. 3계(界)와 5부(部, prakāra, nikāya)에 따른 형식적 분류의 틀은 유부를 따르고 있다. 하지만 내용적으로 볼 때 유가행파는 '구생(俱生)' 개념의 도입을 통해 번뇌설을 혁신적으로 변화시켰고 이는 제7식 '염오의(染汚意', kliṣṭa-manas)설의 형성과 직접 관련되어 있다.

「유심유사지」는 128종의 수면은 10종의 번뇌를 12부의 진리[諦]에 대한 미혹에 따라 분류함에 의해 성립된다고 명시하고 있다.[13] 여기서 10번

10 VinSg(P) 118a8ff.
11 YBh 161,17ff.
12 『집론』 678c9-14 (D 84b3ff); 『현양성교론』 T 31: 485b13-15.
13 YBh 161,17-19 (=T 313b14-16).

뇌란 유신견(有身見), 변집견(邊執見), 사견(邪見), 견취(見取), 계금취(戒禁取), 탐(貪), 에(恚), 만(慢), 무명(無明), 의(疑)이다. 이 중에서 앞의 5종 번뇌는 견(見)의 성질을 가진 것으로 그것이 취하는 대상(行相, ākāra)의 차이에 따라 5종으로 분류되는 것이다. 그리고 12부(部, prakāra, nikāya)란 4성제를 욕계, 색계, 무색계의 3계에 따라 각각 배열시키는 것이다.

먼저 유부와 『유가론』의 번뇌를 도표화해서 나타내 보자. 유부의 98번뇌('o'으로 표시)와 비교해 「유심유사지」의 128종 번뇌(o+x)의 도식이다. 욕계의 경우 36번뇌이고, 색계, 무색계의 경우 진(瞋) 만이 제외되어 31번뇌이다.

| | 견고소단 수면 | 견집소단 수면 | 견멸소단 수면 | 견도소단 수면 | 수소단 수면 |
|---|---|---|---|---|---|
| 유신견(有身見) | o | x | x | x | x |
| 변집견(邊執見) | o | x | x | x | x |
| 사견(邪見) | o | o | o | o | |
| 계금취(戒禁取) | o | x | x | o | |
| 견취(見取) | o | o | o | o | |
| 탐(貪) | o | o | o | o | o |
| 진(瞋) | o | o | o | o | o |
| 만(慢) | o | o | o | o | o |
| 무명(無明) | o | o | o | o | o |
| 의(疑) | o | o | o | o | |

위의 도표에서 보듯 유부와 유가행파의 상이한 이해는 ① 견소단의 범주에서 유신견과 변집견의 문제, ② 수소단의 범주에서 유신견과 변집견의 문제, ③ 계금취를 둘러싼 문제의 3가지 점으로 요약될 수 있다. 그 차이점을 고찰해 본다면 유가행파의 번뇌설의 특징을 구체적으로 파악할 수 있을 것이다. ③의 문제는 단순히 정의상의 문제에서 나온 것으로 보인다. 따라서 이하에서는 유신견을 중심으로 설명할 것이다.

**1) 견소단(見所斷)의 범주에서 유신견과 변집견의 문제**

유신견과 변집견은 유부에 있어 3계의 견고소단으로만 간주되는데 비해 「유심유사지」에서는 이것들이 모든 4부의 견소단의 번뇌에 해당된다고 간주한다. 유부가 유신견을 견고소단일 뿐이라고 파악하는 이유는 유신견에 대한 정의에서 찾을 수 있다. 유신견에 대한 경전의 정의로 MN I 299이 거론될 수 있는데, 여기서 satkāya는 5취온으로서 이해되고 있고 어떤 영원한 것이 아니라 변하고 고통스러운 것을 지칭하고 있다. 즉 satkāya는 잘못된 견해의 내용이 아니라 그것의 대상으로 파악되고 있다. 유신견이란 5취온으로서의 신체가 항상적으로 또는 단일체로 존재한다(sat-kāya)고 보는 것으로 이런 관념이 5취온에 대해 아(我)와 아소(我所)라는 집착을 일으키기 때문이다.[14] 상(常)이나 단일체의 관념은 고제를 관함에 의해 제거되기 때문에 유신견은 다만 견고소단으로 간주되게 된다. 「섭결택분」(T 623c16ff)에서 왜 유신견과 변집견이 집제 등에 관련되지 않는지에 대해서 명시되고 있지는 않지만, 고제에 대해 미혹되어 있다는 것이 5취온(取蘊, 즉 고제)을 자아나 자아에 속하는 것으로 파악하는 것이라는 문맥상의 설명을 통해 구사론과 유사하게 파악되고 있다는 것을 간접적으로 추론할 수 있다.

「유심유사지」에서 두 번뇌가 견소단으로 간주된 이유는 일체의 번뇌가 고(苦)와 집(集)의 원인이고 [고와 집은] 그 [10번뇌]를 근거와 터전으로서 가지기 때문이며, 또 [모든 번뇌가] 그것에 (즉 滅과 道에) 대한 공포를 일으키기 때문이다. 이 「유심유사지」에 상응하는 「섭결택분」이나 『집론』 내지 『아비달마잡집론』의 보충적 설명에 따르면 여기서 모든 10번뇌는 고제와 집제의 원인(nidāna)이며, 이것들은 이 번뇌들을 근거와 터전(padasthāna)으로 하기 때문에 미혹되게 된다. 또한 모든 10번뇌는 멸제와 도제에 미혹되어 있기 때문이며, 또한 멸제와 도제에 미혹되어 있기 때문에 우리는 이 두 진리에 대해 우리가 무화(無化)되어 버리지는 않을까 하는 두려움을 갖게 되는 것이다.[15]

모든 10번뇌는 고와 집의 원인이고 고와 집은 10번뇌를 터전으로 하며, 또한 멸과 도에 대한 공포를 일으킨다고 보는 이러한 설명을 통해 우리는 유가행파가 왜 10번뇌를 견고소단뿐 아니라 다른 3부의 진리를 봄에 의해 제거될 수 있다고 간주했는지를 형식적 면에서 이해할 수 있다. 이런 규정을 통해 모든 10번뇌가 견4제소단이라는 유가행파의 형식적 분류는 이론적으로 성립될 수 있었다. 적어도 유신견[과 변집견]이 견멸도소단(見滅道

14 AKBh 181,20-22 (T 29: 100a1-4).
15 『아비달마집론』678b9-11 (D 83b6-7); ASBh 60,15-17.

所斷)이라고 하는 위의 설명은 내용적으로 충분히 이해가능하다. 열반에 대해 미혹해 있는 사람은 자아나 자아에 속하는 것으로서 집착된 5취온의 소멸을 궁극적 소멸로 보기 때문에 멸제와 도제에 대해 공포를 갖는 것이다.

내용적 측면에서 이들 세 번뇌가 유가행파에 의해 견4제소단으로 파악되었는지를 이해하기 위해서는 먼저 가장 중심적이라고 생각되는 유신견의 경우를 보는 것이 유용하다. 『유가론』에서 유신견이 모든 견(見)의 성질을 가진 번뇌의 근거라고 하는 사실이 누누이 강조되고 있다.[16] 이런 표현은 왜 유신견이 모든 4부의 견소단에 배속되었는지를 보여주는 매우 유력한 내용적 근거이다. '모든 견의 근거로서의 유신견'이라는 파악은 전통적 유부의 이해와의 현격한 차이를 함축하고 있다. 만일 유신견이 다른 견이나 견의 성질을 가진 다른 번뇌의 근거라고 한다면, 유신견은 유부에서와 같이 다만 견고소단으로서 간주될 수는 없기 때문이다. 왜냐하면 유신견이란 근거가 이미 없어졌는데도, 이에 의거하고 있는 다른 견이 견집소단 등으로서 계속 존속하고 있다는 것은 타당하지 않기 때문이다. 따라서 모든 견4제소단으로서 유신견을 파악하는 유가행파의 이해의 배후에는 그것의 근원적 염오성에 대한 새로운 인식이 깔려 있다고 생각된다.

이런 인식의 배후에 소위 '현관론(現觀論, abhisamayavāda)'에 대한 점증하는 관심이 놓여 있다고 보인다.[17] 그렇지만 유부의 98종의 번뇌분류에서 유신견에 대한 강화된 인식이 어떻게 발전되어 왔는가는 명확하지 않고 또한 '현관론'적 인식과 관련해 유신견의 기능이나 성격도 명백치 않다. 유부에 있어서처럼 유신견이 견고소단으로만 간주되는 한, 견의 성질을 가진 번뇌는 현관론에 있어 핵심적 요소로 기능할 수 없을 것이다. 현관론적 사유의 특성은 오히려 유가행파의 번뇌설에서 더욱 전형적인 모습으로 나타나는 것처럼 보인다. 번뇌에 있어 인지적 요소의 강조, 그리고 이와 더불어 유신견을 모든 4제에 배당시키는 것은 『유가론』에서 처음으로 명백한 형태로 체계화되었고, 이는 모든 번뇌의 근본으로서의 유신견의 발견을 통해 체계적으로 확립될 수 있었다고 생각한다.

16 『유가론』 621c2-3; 626b7-9; 799b14; 841a24-26; AS 7,9-10; 「섭사분」 794b25ff; AKBh 461,4.

17 유부의 現觀論(abhisamayavāda)적 사유에 관해서 E. Frauwallner, Abhidharma-Studien III. Der Abhisamayavādaḥ, Wiener Zeitschrift für die Kunde Süd- und Ostasiens 1971 참조.

여기서 주목할 다른 점은 유신견이 분별에서 일어난 것[分別起]과 본래부터 가지고 있는 것[俱生]으로 구분되어 있다는 점이다. 분별에서 생겨난 유신견과 관련된 논의는 5온에 관해 각 4종의 방식으로 분석되어 총 20가지 점으로 설명하는 부분이다. 『아비달마잡집론』(ASBh 7.3ff)에 따르면 각각의 색수상행식을 자아라고 보는 5종의 관점이 아견이고, 나머지 15종의 관점은 아소견으로서 각각의 5온에 대해 "5온은 자아를 갖고 있다", "5온은 자아에 속한다", "5온 속에 자아가 있다"고 보는 것이다. 반면 구생의 유신견은 중생이나 모든 동물들에게 공통적인 요소로 주어진 것으로 설명되고 있다.

변집견이 『유가론』에서 견4제소단으로 간주된 이유는 그것이 유신견과 관련되어 있기 때문일 것이다. 「유심유사지」에 따르면 변집견도 유신견과 마찬가지로 5취온을 향하고 있고, 유신견에 의지해서 자아로서 취착된 5취온을 영원[常]하다거나 죽음과 더불어 궁극적으로 단멸되는 것[斷]으로 보는 것이다.[18] 변집견은 유신견에 의지해 생겨나기 때문에[19] 유신견이 견4제소단일 때 변집견도 견4제소단으로 간주되는 것이다. 왜냐하면 양자는 동일한 5취온을 대상으로 하기 때문이다.

### 2) 수소단(修所斷)의 범주에서 유신견과 변집견의 문제.

유부에 따르면 모든 견(見)의 성질을 가진 번뇌는 4성제를 봄에 의해 제거될 수 있다. 어두운 밤에 새끼줄을 뱀으로 착각해서 생겨난 그릇된 인식은 밝은 낮에 이를 올바로 관찰함에 의해 완전히 제거되듯이, 잘못된 인식은 올바른 인식이 생겨날 때 완전히 소멸하는 것이다. 유신견과 변집견도 견(見)인 한 견소단으로 간주된다. 따라서 잘못된 이론적 파악으로서의 유신견은 4성제를 올바로 이해했을 때 바로 소멸하게 된다. 이런 파악은 유신견을 5하분결(下分結, avarabhāgīya-saṃyojana), 또는 3결(結)의 하나로서 예류(豫流, srotaāpanna)에서 단해진다고 하는 이론으로 정형화되고 있다.

이에 비해 유가행파의 128종 수면설에 따르면 유신견과 변집견은 견소단일 뿐 아니라 수소단으로서 간주되고 있다. 이런 파악을 최초로 정형화한 「유심유사지」는 10종의 번뇌에 대한 정의 속에서 모든 수소단의 6종 번

---

18 YBh 162,15-16 (T 313c3-5).
19 『유가론』347b14-15; 621b11-12; AKBh 290,2-3.

뇌에 '불분별(不分別, anirdhārita)'이란 표현을 사용하고 있다. 또한 그 근거로서 임운 실념(任運 失念, naisargikaḥ smṛtisaṃpramoṣaḥ)이란 표현을 사용하고 있는데, 이것이 자발적이고 정서적인 (즉 非知的인) 수소단의 번뇌의 특성을 보여주기 때문일 것이다. 중생의 정념 깊숙이 뿌리내린 수소단의 번뇌는 4성제의 일회적 인식에 의해서는 제거되지 않기 때문에, 이의 제거를 위해서는 4성제에 대한 반복된 관찰이 필요한 것이다.

이들 두 번뇌가 수소단(修所斷)으로 파악된 이유에 대해 『잡집론』은 "견도에 들어간 고귀한 성문들에게조차 그 [유신견]에 의지해서 아만(我慢)은 현행한다"[20]고 하면서 이를 '구생(俱生, sahaja)'개념과 연결시키고 있다. 『잡집론』은 '구생의 유신견(sahajā satkāyadṛṣṭiḥ)' 개념의 사용이 앞에서 설명한 『크세마카경』(SN 22. 89; 『잡아함』103)과 관련된 문제맥락에서 왔다고 보고 있다.[21] 여기서 크세마카 비구는 자기는 5온이 자아나 자아에 속하는 것이 아니라는 것은 깨닫고 있지만 그럼에도 아직 아라한은 아니라고 말한다. 왜냐하면 그에게는 아직 "[이것은] 나이다"라는 미확정적 형태의 애착이나 자만심, 잠재의식이 남아있기 때문이다.[22] 즉 아직 아라한은 되지 못했지만 4성제를 관찰해서 성인의 위치에 오른 유학(有學)에게 미세한 심층적 자아의식이나 그것의 훈습에서 생겨난 영향이 아직 남아 있다고 하는 것이다. 그러나 이러한 설명방식은 유신견이 예류(豫流, srotaāpanna)에서 단해지며 아만(我慢)은 오상분결(五上分結)로 아라한에게 있어 비로소 단해진다고 간주하는 일반적인 설명방식과 모순된다. 일반적 설명에 따르면 유학(有學)의 성자에게 유신견은 단해졌지만 아만은 아직 남아있다. 문제는 『크세마카경』의 의미에서 어떻게 아만(我慢)이 그 근거인 유신견이 없이도 현행할 수 있는가 하는 것이다.

유학에게 유신견이 현행하는 문제와 관련해 구생의 유신견 개념의 역할에 대해 주목해야 한다. 「섭사분」에 나오는 유신견의 습기(vāsanā)라는 개념과 구생의 아견이라는 개념이 『유가론』의 새로운 층에 속하는 「유심유사

20 ASBh 62,3-4.

21 ASBh 62,5-7.

22 SN III 128: api ca me ... pañcasu upādānakkandhesu asmīti avigataṃ, ayam aham asmīti ca na samanupassāmi. 130: kiñcāpi ... ariyasāvakassa pañc' orambhāgiyāni saṃyojanāni pahīnāni bhavanti, atha kho assa hoti yeva pañcasu upādānakkandhesu anusahagato asmī ti māno asmī ti chando asmī ti anusayo asamūhato (Schmithausen 1987: n. 918의 텍스트교정에 따라 인용).

지」에서 불확정된 것(anirdhārita)으로서의 유신견을 수소단으로 간주하게끔 하는데 토대역할을 했다고 보는 슈미트하우젠[23]은 이런 구생의 유신견의 도움으로 『크세마카경』의 의미에서 유학(有學)에 있어 아만의 존재가 설명될 수 있다고 본다.

변집견이 수소단인 이유에 대해서 「유심유사지」에 의하면 그것이 구생의 변집견으로 간주되고 있기 때문이다. 여기서 변집견은 유신견에 있어서처럼 불분별(不分別, anirdhārita)이란 표현으로 수소단임을 가리키고 있다. 이것은 변집견이 유신견에 의존해 생겨난다는 사실에 의거해 유신견이 수소단일 때 변집견도 이에 상응해 수소단으로 파악된 듯 보인다. 변집견이 '구생'개념과 확실히 결부되어 있는 것은『집론』에 의해서이며, 여기서는 특히 변집견 중에서 단견에 있어서만 구생의 개념이 인정되고 있다. 이것은 『잡집론』에 의해 4성제에 대한 현관(現觀)을 얻기 위한 과정 속에서 자발적으로 생겨난, 자아의 소멸로서 받아들여진 열반에 대한 심층적인 본능적 공포로서 해석되고 있다.[24]

이러한 유가행파의 128종의 번뇌의 분류를 내용적인 면에서 살펴보면, 유신견을 모든 4종의 견소단에 배속시킨 이유는 모든 잡염의 근거로서의 유신견의 발견에 있다고 여겨진다. 또한 유신견을 수소단으로 배분한 이유는『크세마카經』에서 제기된 '[이것은] 나이다'라는 미세한 자아의식이 유학의 성자에게 잔존해 있다는 기술이 단초가 되어 「섭사분」에서 유학의 성자에게 나타나는 유신견의 습기설과 동물들에게 나타나는 구생의 아견설이 수소단으로서의 '불분별(不分別)의 유신견'(anirdhāritā satkāyadṛṣṭiḥ)으로 표현되었다.

이렇게 볼 때 우리는 유가행파의 128종의 번뇌의 분류에서 가장 결정적 역할을 하는 것이 유신견이라는 것을 알 수 있다. 일체 번뇌의 근본으로서의 유신견의 성격은 현관론의 맥락에서 견성번뇌(見性煩惱)에 대한 강조와 맥을 같이 한다. 또한 그것이 수소단의 번뇌로 간주된 것은 유신견의 잠재적인 특성과 관련이 되어 있다고 보인다. 바로 이것이 번뇌설의 맥락에서

23 「섭사분」 797c9-798a5 (P 'i 210a1ff)에 있어 살가야견(薩伽倻見)의 습기가 유학의 성자에게도 잔존해 있다고 서술되고, 779c10-25 (P 'i 162a5ff)에 있어 구생의 아견은 금수들에 이르기까지 일어난다고 서술되고 있다. Schmithausen(1979; 1987: 146ff)에 따르면 후에 살가야견의 습기설은 방기되고 구생의 아견이 유학의 성자에 결부됨에 의해 수소단으로 간주되게 되었다.

24 ASBh 30,9-10; 62,11-13.

유가행파의 이론을 유부의 그것과 뚜렷이 구분시켜 주는 일종의 표지석이다. 「유심유사지」에서 유신견이 수소단으로 확립되었을 때, 비록 이 단계에서 '염오의(染汚意, kliṣṭa-manas)'는 아직 언급되고 있지 않지만, '염오의'설의 도입을 위한 가장 중요한 조건, 즉 염오의를 항시 수반하는 4종의 구생(俱生)번뇌 중에서 가장 중심적인 구생의 아견의 존재라는 조건을 충족시키게 되었다.

## Ⅶ. 유가행파에 있어 번뇌설의 체계화

유가행파의 번뇌설의 두 번째 특징은 매우 정합적이고 체계적인 분류에 있다. 그것은 잡다한 아비달마 논서가 제시했던 여러 분류법을 합리적 기준 하에서 재정비한 것이다. 이러한 유가행파의 시도는 그들의 최초기 논서인 『유가론』에서 번뇌를 독립된 항에서 체계화시키고 있는 세 개소에서 처음으로 나타난다. 그것들은 「본지분」의 한 곳과 「섭결택분」의 두 곳이다. 이들 개소의 서술방식과 내용을 검토함에 의해 유가행파에 있어 번뇌설의 발전과 그 성격을 추정할 수 있다. 이들 개소는 아비달마 불교의 번뇌설에 대한 유가행파의 재해석의 과정을 보여주고 있다. 이를 통해 유가행파의 번뇌설은 내용적으로 보다 일관적이고 체계화되게 되었다.

### 1. 번뇌의 조직적 설명과 '번뇌잡염' 개념의 성립

『유가론』에서 최초로 번뇌를 체계화시켜 다루고 있는 「본지분」의 <번뇌잡염> 항의 서술상의 특징은 그 구성에 의해 잘 드러난다. 여기서는 번뇌를 9종의 테마로 나누어 설명하고 있는데, 그 중에 가장 특징적인 사항은 후에 유식파의 정통적 교설로서 인정된, 5부와 3계에 따른 128종의 번뇌의 분류가 '번뇌분별(煩惱分別)'이란 두 번째 항목에서 제시되어 있고, 또 26종의 번뇌의 동의어가 여덟 번째 항목에서 나열되어 있다는 점이다. 번뇌의 동의어들은 다음과 같다.

(1-5) 결(結 saṃyojana), 박(縛, bandhana), 수면(隨眠, anuśaya), 수번뇌(隨煩惱, upakleśa), 전(纏, paryavasthāna), (6-10) 폭류(暴流, ogha), 액(軛, yoga),

취(取, upādāna), 계(繫, grantha), 개(蓋, nivaraṇa), (11-15) 주올(株杌, khila), 구(垢, mala), 상해(常害, nigha), 전(箭, śalya), 소유(所有, kiṃcana), (16) 근(根, mūla), (17) 악행(惡行, duścarita), (18-21) 루(漏, āsrava), 궤(匱, vigha), 소(燒, paridāha), 뇌(惱, upāyāsa), (22) 유쟁(有諍, raṇa), (23-24) 화(火, agni), 치연(熾然, jvara), (25) 조림(稠林, vanasa), (26) 구애(拘礙, vinibandha).[25]

이러한 체계구성의 의미는 아비달마 논서의 그것과 비교해 볼 때 명확해진다. 앞에서 보았듯이 유부의 논서에는 수면을 다루는 2종의 방식이 있다. 첫 번째 방식은 수면의 종류의 분류에 주로 관계하고, 두 번째 방식은 오사론(五事論)의 맥락에서 결박수면수번뇌전(結縛隨眠隨煩惱纏, saṃyojana-bandhana-anuśaya-upakleśa-paryavasthāna)의 정형구를 통해 일체의 잡염법을 포섭하는 것이다. 그런데 「본지분」의 <번뇌잡염> 항에서 이 두 설명은 통합되어 있다. 여기에서 삼계(三界)와 오부(五部)에 따른 번뇌의 분류는 내용상 유부의 '수면'장의 기술에 상응하고, 번뇌의 동의어에 대한 나열은 오사의 범주 내에서 나열된 일체의 심리적 불선법을 포괄하려는 시도와 깊은 관련이 있다고 보인다. 따라서 「본지분」 번뇌설의 중요한 특색은 이 양 경향을 하나의 체계로 통합시키는데 있다고 간주될 수 있다.

이러한 체계화에의 시도는 3종의 잡염설(雜染說)의 형성을 통해 이루어지고 있다.[26] '잡염(雜染, saṃkleśa)' 개념은 유가행파의 문헌에 있어 일체의 유루법(有漏法, sāsravadharma)을 분류하기 위해 사용된 상위개념으로 그 아래 번뇌잡염(煩惱雜染, kleśa-saṃkleśa), 업잡염(業雜染, karma-saṃkleśa), 생잡염(生雜染, janma-saṃkleśa)의 3종을 포함하고 있다. 또한 이 개념은 유가행파의 전통 속에서 4성제의 앞의 두 진리, 즉 고제(苦諦)와 집제(集諦)와 동일시되었다. 이에 따르면 번뇌잡염과 업잡염은 집제와 연결되며,[27] 생

25 YBh 167,5-169,21 (=『유가론』314b20ff). 번뇌의 동의어는 약간 다르긴 하지만 이미 「섭사분」(T 770b1-7)과 「섭이문분」(T 770b1-7)에서도 제시되어 있다. 「섭사분」은 비록 나열순서가 다르긴 하지만 위의 목록에서 根을 제외한 앞부분의 17종의 동의어를 나열하고 있고, 「섭이문분」의 목록도 보다 차이가 있지만 거의 겹치고 있다.

26 有部의 아비달마 논서와 중관학파의 논서에서 '잡염' 개념이 특별하게 다루어진 개소는 없다. 그러나 『유가론』의 2개소에서 3종의 잡염 개념의 분류가 나타난다. 「본지분」 「유심유사지」 (Y 160,10-232,15) + 「섭결택분」 「유심유사지」 (T 30: 621a26-644b10). 반면 「섭사분」 (D 192b5-207b4 = T 30: 802a13-809a26)에서는 앞의 두 잡염 만이 설명된다. 그 이외에 3종 잡염을 독립된 항에서 상세히 분류, 정의하는 곳은 역시 초기문헌인『현양성교론』(485a26-c1 + 572c21-574b8)이 유일하다.

잡염은 그것들의 결과로서 고제 하에 분류될 수 있다. 몇몇 유가행파의 경전 속에서 이들 3잡염은 12지연기와 연결되어 분류, 설명되고 있다.[28]

『유가론』에 있어 새로운 '번뇌잡염' 개념의 도입은 아비달마 논서에 있어 분리되어 전승된 번뇌 또는 수면(隨眠, anuśaya)에 관한 두개의 이론을 하나의 통합적 체계 속으로 형성하려는 의도에서 시도된 것이다.[29] 이러한 사실은 「본지분」에 대한 일종의 주석인 「섭결택분」에서 명확히 드러난다. 「섭결택분」의 구성상의 특징은 (본)번뇌와 수번뇌의 구별에서 찾을 수 있는데, 「섭결택분」은 이러한 구별이 바로 '번뇌잡염' 개념의 핵심적 의미라는 것을 번뇌의 체계적 기술을 통해 보여준다.[30] 이러한 사실은 『현양성교론』에서 번뇌잡염을 번뇌와 수번뇌로 규정하는 것을 통해서도 확인될 수 있다.[31]

### 2. 심소법의 범주로서의 번뇌

『유가론』에서는 심소법에 대한 여러 다양한 분류가 나타난다. 이것은 아직 유가행 유식파가 독자적인 법의 체계를 갖추기 이전에 『유가론』에서 여러 다양한 설이 백과사전적으로 제시된 때문이기도 하지만 또한 편찬상의 문제에 의해서 증폭되기도 했다고 보인다. 『유가론』에서 심소에 대한 분류가 제시된 곳은 네 곳이다. 즉 「본지분」의 두 곳과 「섭결택분」의 두 곳이다. (차례대로 280b17ff (YBh 11,17ff), 291a8ff (YBh 57,8f), 604a13-15, 622b27f). 여기서 「본지분」의 두 개소의 설명을 종합하여 심소법의 분류를

27 AS 43,10 (ASBh 55,5f)에서 번뇌와 이것들에 의해 유도되는 업이 집제를 구성한다고 설명되고 있는데, 이 견해는 『대비바사론』 (397b2-3)에 따르면 원래 譬喩者(Dārṣṭāntika)에 귀속된다.

28 『유가론』「本地分」은 생잡염을 다룬 장에서 12지 연기를 "[재]생의 생겨남"(janmanaḥ pravṛttiḥ)이란 항목 속에서 포괄하려고 시도하고 있고, 『아비달마집론』(AS 27,14-16)과 『변중변론』(MAV 21, 22ff)에 의해 발전적으로 계승되지만, 3잡염과 12지 연기 사이에 원래 직접적 관계가 없었다는 것은 『성문지』, 『보살지』와 더불어 『유가론』의 最古層部에 속한다고 간주되는 「攝事分」이나『현양성교론』에 있어서 확인된다.

29 이에 대한 설명과 논의에 대해서는 Ahn Sung-Doo, *Die Lehre von den Kleśas in der Yogācārabhūmi,* (Alt- und Neu-Indische Studien Nr. 55) 2003: 41-50; 안성두, 「瑜伽師地論에 있어 '煩惱雜染'」, 『종교연구』 26, 한국종교학회, 2002: 197-215면 참조.

30 『유가론』621a26ff; 이 분류는 『유가론』 603a9ff에서도 사용된다.

31 『현양성교론』485a29-b1.

제시하면 다음과 같다.

① 변행심소 (5종): 작의(作意), 촉(觸), 수(受), 상(想), 사(思).
② 별경심소 (5종): 욕(欲), 승해(勝解), 염(念), 삼마지(三摩地), 혜(慧).
③ 선심소 (11종): 신(信), 참(慚), 괴(愧), 무탐(無貪), 무진(無瞋), 무치(無癡), 정진(精進), 경안(輕安), 불방일(不放逸), 사(捨), 불해(不害).
④ 염오심소 (26종): 탐(貪), 에(恚), 무명(無明), 만(慢), 견(見) (본번뇌 6종), 의(疑), 분(忿), 한(恨), 복/부(覆), 뇌(惱), 질(嫉), 간(慳), 광(誑), 첨(諂), 교(憍), 해(害), 무참(無慚), 무괴(無愧), 혼침(惛沈), 도거(掉擧), 불신(不信), 해태(懈怠), 방일(放逸), 사욕(邪欲), 사승해(邪勝解), 망념(忘念), 산란(散亂), 부정지(不正知) (20종).
⑤ 不定심소 (4종): 악작(惡作), 수면(睡眠), 심(尋), 사(伺).

이 중에서 「본지분」의 두 곳에서 번뇌는 심소법의 분류체계 아래서 제시되어 있다. 여기에서 심소법은 53종으로 열거되어 있고 번뇌심소에 해당되는 심소법은 26종이다.[32] 특히 주목할 점은 「본지분」 291a3ff(YBh 57,8ff)에서 염오의 심소로서 나열되는 항목에서 번뇌와 수번뇌가 포괄되어 있고, 또 후에 부정법(不定法)으로 명명된 심소법이 이 곳에서 처음으로 독립된 항목으로 세워지고 있다는 사실이다.[33] 그 분립된 이유는 심이 생겨나는 양태가 다르기 때문인데, 이 심소법은 일체처에서 생겨나지만 일체지에 속한 것은 아니고 일체시에서 생겨나는 것도 아니고 일체가 생겨나는 것이 아니기 때문이다. 그리고 번뇌는 탐(貪), 에(恚), 무명(無明), 만(慢), 견(見), 의(疑)의 6종으로 아직 견이 행상의 차별에 의해 유신견 등의 5종으로 분립되어 있지는 않다.

그렇지만 「섭결택분」(604a13-15)은 수번뇌의 수에 대해 사욕(邪欲), 사승해(邪勝解)를 제외하고 24종으로 나열한다. 반면 「섭결택분」의 다른 개소(622b27f)에서는 이것들을 포함시켜 「본지분」과 같이 26종으로 나열한

32 「본지분」 280b13ff(YBh 11,17ff)의 나열은 한역과 범본 및 티벳본이 다르다. 한역에는 邪欲, 邪勝解가 더해져 53종이지만, Skt 본과 Tib 본에는 51종으로 열거되어 있다. 이것은 범본과 티벳본이 후대의 발전된 유가행파의 설에 따라 두 심소를 제외하여 교정한 결과로 보인다.
33 유가행파의 논서에서 부정법의 확립에 대해서는 水野弘元 (1978), 323-326면 참조.

다, 또한 (본)번뇌의 수에 있어서도 차이를 보이는데, 전자는 번뇌를 6종으로 분류하지만, 후자는 견을 5종으로 세분화시켜 10종의 번뇌로서 분류한다.

『집론』, 『유식삼십송』, 『성유식론』 등의 후대의 유가행파의 논서들은 이러한 『유가론』의 분류에 의존하면서 이를 취합하여 번뇌는 10종으로, 수번뇌는 24종으로 하는 분류를 택하고 있다.

## Ⅷ. 인접개념과의 관계[對治, 止觀]

번뇌 개념은 사성제 중의 집제에 해당된다. 따라서 윤회의 제일원인으로서의 이 개념의 분석은 전통 교학에서 핵심적 위치를 차지하고 있고, 모든 불교 교학의 중요한 영역들과 상호 밀접히 관련되어 있다. 특히 번뇌를 제거하는 과정으로서의 수행도와 번뇌 개념과의 연관성은 언급할 필요조차 없을 것이다. 여기서는 번뇌의 제거방법[對治]과 지관의 기능에 대해 유가행파의 문헌을 중심으로 간략히 논의하겠다.

번뇌의 수가 무량하듯이 그것을 대치(pratipakṣa)하는 방법도 수행자의 원(願)과 종성, 능력과 행에 따라 다양할 것이다. 성문지는 이를 구체적으로 세분해서 부정관(不淨觀), 자민관(慈愍觀), 연성연기관(緣性緣起觀), 계차별관(界差別觀), 수식관(數息觀) 등의 구체적 관법으로 제시한다. 이들 방식은 초기불교 이래 전통적인 번뇌의 대치법으로 사용된 것으로서 아비달마 불교에서도 즐겨 사용되어 왔다. 아비달마 문헌에서는 약간 다르게 나열되고 있지만 이에 대한 설명이 보인다. 예를 들어 『잡아비담심론』(T 28: 908b)에서는 부정관, 안반념각관(安般念覺觀), 계방편관(界方便觀)의 삼도문(三度門)이 설해지고 있고 『구사론』에서는 부정, 안반의 두 방식만이 설해진다. 그리고 아비달마의 수행지침서인 『수행도지경(修行道地經)』(T 15: 191c17-192b14)에서는 계차별관 대신에 골쇄관이 포함되어 5종 법문으로 설해지며, 『좌선삼매경(坐禪三昧經)』(T 15: 271c2ff)과 『오문선경요용법(五門禪經要用法)』(T 15: 325c)에서는 계방편관 대신에 염불이 열거되고 있다, 반면 유가행파의 문헌 속에서는 위의 5종의 대치는 특히 5정심관(停心觀)으로 중요시되었는데,[34] 이 중에서 부정관은 탐(貪), 자민관은 진(瞋), 연성연기

34 BoBh 204,23ff (=『유가론』, T 30: 526c28-527a4); Śrāvaka-bhūmi 202,3ff (「성문지」

관은 치(痴), 계차별관은 만(慢), 수식관은 심사(尋伺)에 대한 대치로서 설명되고 있다. 그것들은 주로 정(定)의 자량(資糧)의 적집과 관련되어 있다.

반면 혜의 방식에 의한 대치는 「성문지」에서 출세간도의 방식에 의한 것으로서, 4선근위 이상의 단계에 해당된다.[35] 견도에 있어서처럼 이 단계에서의 수행의 대상은 4성제로서, 심상속을 4제 16행상에 따라 분석적으로 관찰하는 것이다. 즉 심상속을 무상, 고, 무아의 방식으로 관찰한 결과 열반의 획득에 장애가 되는 거친 형태의 자아의식(我慢)이 제거되게 되고 이렇게 혜(慧)를 통해 4성제를 반복해서 관찰함에 의해 <능연소연평등평등(能緣所緣平等平等)>이란 인식이 나타나는 것으로 설명되고 있다.[36] 그 직후 견도에 들어가서 처음으로 번뇌를 단하는 것이다.

『유가론』은 견소단의 번뇌는 단박에 단해지지만 수소단의 번뇌는 점진적으로 단해진다고 설명한다.[37] 유가행파의 일반적 입장은『분별연기초승법문경』에 따라 비안립제를 대상으로 하는 인식을 돈현관(頓現觀)으로, 안립제를 대상으로 하는 인식을 점현관(漸現觀)으로 간주하는 절충적 해석을 지향했다고 보인다.

다음으로 번뇌의 제거방식은 크게 지(止, śamatha)와 관(觀, vipaśyanā) 또는 정(定, dhyāna)과 혜(慧, prajñā)로 나누어진다. 유부를 포함한 불교의 주류전통은 번뇌의 제거는 관 또는 혜에 의해 이루어진다는 입장을 견지하였던 것으로 보인다. 이것은 「성문지」에서 수행도를 크게 세간도와 출세간도로 구분함에 있어 세간도는 하추상정(下麤上靜)의 방식에 따라 상승하는 방식으로 주로 선정(禪定)의 힘에 의해 획득되는 것으로 보는데 비해, 출세간도는 견도 16행상에 대한 분석적인 혜의 방식으로 설명되고 있는 점에서도 드러난다. 이 방식은 이미 선경류(禪經類)의 수행문헌에서 발견되는 것으로[38] 출세간도의 획득에 있어 혜의 중심적 역할이 강조되고 있다. 따라서 이러한 분류에 따르면 선정은 번뇌의 현실적 작용을 단지 억압할 수 있을 뿐이고 번뇌의 완전한 제거는 오직 혜에 의해 이루어진다.

지관에 대한 이러한 형식적 설명을 넘어 보다 구체적으로 수행의 맥락에

---

「대정장」 30: 428c18-433c1); 『三無性論』 (T 31: 876c).

35 Śrāvaka-bhūmi 495,15-500,10 (「성문지」 제4 유가처: 475a6-c26, 특히 c3-26).

36 Śrāvaka-bhūmi 499,6ff.

37 『유가론』 (「대정장」 30: 628c15f).

38 안성두, 「禪經에 나타난 유가행 유식파의 단초」, 『불교학연구』 6, 불교학연구회, 2003.

서 양자의 작용을 설명해 주는 구절이 「성문지」와 『해심밀경』에 보인다. 「성문지」는 지관과 관련해서 유분별영상(有分別影像, savikalpaṃ pratibimbaṃ)을 지(止)의 대상으로서, 무분별영상(nirvikalpaṃ pratibimbaṃ)을 관(觀)의 대상으로 설명한다. 양자의 대상은 직접지각의 대상으로서의 현실적 사물이 아니라 선정이나 관상 속의 대상이다.

수행자는 부정한 대상 등을 지관의 대상으로 선택한 후에 지(止)를 행한다. 이때 그는 사체 등의 표상을 심 속에 산출하듯이 선정에 들어가서 정려지에 속한 작의를 갖고 작의(作意, 집중)한다. 선정에 들어가서 사체 등의 이미지를 산출하는 것이다. 이 때 행자가 보는 대상은 소지사와 유사한 모습으로 현현하는 영상(影像, 所知事同分影像)이다. 수행자는 이 영상을 관찰함에 의해 소지사 자체를 보다 잘 이해하는 것이다. 이런 관찰작용의 대상이 유분별영상이라 불린다. 반면 무분별영상은 지의 대상이다. 이때 수행자는 더 이상 관찰작용[39]을 행하지 않고 샤마타에 의해 심을 적정하게 하는데, 그 방식은 9심주(心住)[40]의 방식으로 단계적으로 적정의 깊이를 더하는 것이다. 양자는 모두 심의 집중된 상태로 정의되는 삼매로 이끄는 것으로서, 유가론은 양자를 지품에 속하는 삼매와 관품에 속하는 삼매로 분류한다. 즉 지와 관의 수습에 의해 몸과 마음이 쾌적한 상태[신심경안]에 도달하면 곧 쉽게 삼매에 들게 된다는 것이다.

영상과 관련해 지관의 기능을 잘 보여주는 단어가 승해(勝解, adhimucyate)와 제견(除遣, vibhāvanā)이다. 승해는 대상에 대해 작의할 때 이미지를 떠 올리는 마음의 작용으로 관을 말한다. 반면 제견은 떠 올린 이미지를 다시 소거하는 작용으로 지를 가리킨다. 이런 지와 관의 기능을 설명하기 위해 「성문지」는 화가가 그림을 그리는 것을 비유를 들고 있다. 관이란 마음이란 바탕에 여러 가지 색으로 여러 형태를 그리는 것이고, 반면 지는 이 그림을 다시 지우는 작업에 비유되고 있다. 부정관의 경우를 예로 들자면 수행자는 무덤가에서 직접 경험한 사체가 변화되는 과정을 멀리 떨어진 곳에서 다시 이미지로 생생하게 떠올린다. 그것을 머리 속에 분명하게 구성해 가는 것이 관의 작용이다. 만일 이 재구성과정에서 피곤함 등으로 인해 이미지에

39 관찰은 4종으로 제시된다: 簡擇(vicinoti), 極簡擇(pravicinoti), 遍尋思(parivitarkayati), 遍伺察(parimīmāṃsāṃ āpadyate),

40 9심주(citta-sthiti)는 內住, 等住, 安住, 近住, 調伏, 寂靜, 最極寂靜, 一趣, 等持이다. 뒤의 단계는 보다 심화된 샤마타의 단계로서 간주된다,

집중하지 못할 때에는 다시 그 이미지를 해체해서 지우는 작업을 한다. 이것이 지(止)의 과정으로 그럼으로써 마음은 어떤 이미지로부터도 벗어나 적정해지는 것이다. 이러한 심의 두 기능을 반복함에 의해 대상의 이미지가 보다 분명해지는 것이다.

## Ⅸ. 현대적 논의

부정적인 심리적 요소로서 번뇌는 집제에 속한다. 사성제는 원래 인도의학에서 유래한 것이라고 설명되고 있듯이 사성제 중의 집제인 번뇌는 병의 원인에 대한 가르침이다. 질병의 원인을 안다면 그 병은 치유될 수 있듯이, 고통의 원인에 대한 정확한 인식은 고통을 제거하는데 필수적일 것이다. 불교 교학에서 심의 분석이 그토록 치열하게 전개된 이유도 여기에 있을 것이다.

불교에서 이루어진 심과 번뇌에 대한 세밀한 분석은 현대 정신분석학의 이론적 측면과 치료에 적용되거나 원용될 수 있다고 보인다. 서양에서는 무의식의 영역이 비로소 20세기 초 프로이드(S. Freud)와 융(C. G. Jung)에 의해 발견된 이후 심층심리학의 새로운 영역이 열렸지만, 그것과 유사한 탐구가 불교심리학의 영역 내에서 이루어져 왔다는 것은 잘 알려져 있지 않다. 프로이드 학파에 의해 무의식적 억압의 가장 핵심적 역할을 하는 리비도와 그 핵심으로서의 성적 충동이나 융의 집단무의식과 같은 개념과 불교의 번뇌개념과의 연계성은 매우 높다고 보인다. 성적 충동을 가장 근본적인 것으로 해석하는 프로이드 또는 인간의 창조적 잠재성과 종교적 의식의 중요성을 인정하는 융에 있어서나 불교적 사유와의 친밀성은 간과될 수 없다.

현금에 이르러서 불교와 심층심리학 간의 대화는 보다 강화되는 듯하다. 많은 미국의 정신병리학자들은 실험적 방법으로 명상의 치료적 효과를 확인하고 있으며, 달라이 라마와의 대담 등을 통해 명상 치료법에 관심을 기울이고 있다. 우리가 세계의 중심이라고 확고히 믿는 에고가 실은 어떤 본질적인 속성도 갖고 있지 않다는 불교의 설명은 자아중심성을 파괴하는데 유용할 것이다. 한편으로 그것들은 단지 언어와 개념의 소산일 뿐 그것에 대응하는 어떤 존재성도 갖지 않는다는 대승불교의 인식은 근원적인 통찰

로서 모든 종류의 부정적이며 잠재적인 심리적 경향을 치료하는데 적용될 수 있으리라 보인다. ❁

**안성두** (서울대)

# 무명

| |
|---|
| 범 avidyā 빠 avijjā 한 無明 영 ignorance |

## Ⅰ. 어원적 근거 및 개념 풀이

'무명(無明)'으로 번역되는 가장 대표적인 용어는 범어 아비드야(avidyā)와 빠알리어 아빗자(avijjā)이다. 범어 avidyā는 어원적으로는 √vid(이해하다, 알다)라는 어근에 부정의 뜻을 나타내는 접두사 'a-'가 붙은 말에서 파생된 여성명사로서, 무지(無知)·우치(愚癡)·암흑(暗黑)을 뜻한다. 빠알리어 avijjā 역시 지식을 뜻하는 vijjā의 반대말이다. 직접적으로 무명을 의미하거나 혹은 무명과 밀접한 관련이 있는 용어는 이 밖에도 중성명사인 ajñāna(무지, 무명, 우치), 형용사 an-ābhāsa(무명, 無見, 無識), 남성 혹은 중성명사로 쓰이는 andha-kāra(암흑, 무명, 우치), 형용사 a-vilokana(무명, 無慧目), 중성명사 tamas(암흑, 오류, 무지, 무명, 迷妄), √bhram(배회하다, 동요하다)의 과거수동분사인 bhrānta(미혹, 착란, 우치, 무명, 오류), √muh(의식을 잃다, 혼란에 빠지다, 당혹하다)의 과거수동분사인 mūḍha(미혹, 우치, 무명. 남성명사로 쓰이면 愚者, 중성명사로 쓰이면 '마음의 혼란'), 여성명사인 mūḍhi(癡, 무명), √muh에서 파생한 남성명사 moha(의식의 상실, 미망, 우치, 무명), 남성명사 saṃmoha (혼수상태, 망상, 우치, 미혹, 무명) 등 매우 다양하다. 무명을 서장어로는 ma-rig-pa라고 한다.

일반적으로 '지식의 결여' 혹은 '잘못된 믿음'을 뜻하는 범어 avidyā는 불교를 포함한 인도의 철학체계들 속에서 다양한 의미로 사용되지만, 특히 샹카라(Śaṅkara, 700-750년경)의 불이일원론파(不二一元論派, Advaita Vedānta)에서 이 용어는 독특한 의미를 갖는 핵심적인 전문용어로 부상한다.[1] 결국 이 용어에 대한 이해는 참된 지식 및 그 원천을 어떻게 정의하며, 경험적 사실과 그것을 넘어선 실재를 구별하는 문제 그리고 존재의 본질 즉 아트만(ātman)의 성격을 결정하는 문제 등으로 이어지게 된다.

문제는 지식 자체가 윤회의 교의 즉 재생을 통한 개체의 전개라는 관념과 연관되거나, 혹은 지식이 개체로 하여금 자신의 무명(avidyā)을 벗어버리고 존재의 궁극적 본질과의 합일을 실현하는 데 불가결하다는 의식이 확산되면서 점차 복잡해졌다. 그러한 지식은 분별적 이성에 의해서가 아니라 깊은 명상을 통해서만 획득 가능한 것으로 생각되었다. 이러한 맥락에서 라다크리슈난은 무명을 단순한 지적 무지(intellectual ignorance)가 아니라 영적 맹목(spiritual blindness)으로 이해한다.[2]

무명과 동의어로 사용되는 가장 대표적인 용어는 무지(無知, ajñāna)[3]로서, 무명과 함께 간혹 기독교에서 말하는 원죄(原罪)와 비교되기도 한다. 신 중심의 기독교는 인간존재의 악(惡), 혹은 이상(理想)에 반하는 현실의 근원을 원죄에서 찾으며, 지식이나 지혜를 강조하는 힌두교 등은 그것을 무지·무명에서 찾는다. 또한 낙천적인 내세관과 인생관을 갖고 있었던 『리그베다』의 시인들은 신들이나 자기를 둘러싼 환경에 관심이 집중되어 있었

1 Avidyā는 영어로 'ignorance, spiritual ignorance' 등으로 번역되며, 이러한 용법은 이미 *Atharva-veda* XI. 8. 23; *Vājasaneyi-Saṃhitā* XL. 12-14; *Śatapatha Brāhmaṇa*. XIV 등에 나타난다. Avidyā는 베단타철학에서 흔히 'illusion (personified as māyā)'의 뜻으로 사용되며, 불교에서는 'ignorance together with non-existence'의 뜻으로 사용된다. Monier-Williams, *Sanskrit-English Dictionary,* London: Oxford University Press, 1960, 108면.

2 S. Radhakrishnan, trans., *The Brahma Sūtra: The Philosophy of Spiritual Life,* London: George Allen & Unwin, 1960, 21면.

3 Ajñāna는 흔히 sattva, rajas, tamas의 삼덕(三德, three guṇas)을 구성하며 아트만이 브라흐만과 동일함을 깨닫는 것을 방해하는 힘의 뜻으로 사용된다. Monier-Williams, *Sanskrit-English Dictionary,* 10면.

기 때문에, 무지·무명이라는 인간존재의 유한성에 대한 자각은 아직 사상적으로 충분히 탐구되지 않았던 것으로 생각된다. 아비드야(avidyā) 혹은 아갸나(ajñāna)라는 말은 『리그베다』에 한 번도 사용되고 있지 않다. 현존하는 문헌 중 가장 오래된 용례는 『리그베다』의 보유(補遺) 찬가,[4] 『아타르바베다』[5] 등에서 발견된다. 이들 몇 개의 예를 제외하면, 후대에 철학적 술어인 무명의 원천이 되었을 가능성이 있는 avidyā의 용례는 고(古)우파니샤드 속에서 발견된다. 그 후 이 말에 대해서 정통 바라문 계통의 여러 학파와 불교에서 점차 이론적 고찰이 이루어지게 된다. 우선 정통 바라문 체계들 중에서 무명이 중요한 역할을 했던 것은 특히 요가학파와 베단타학파이다.

요가학파에서 무명은 윤회의 근본 원인인 5종의 번뇌 중 가장 근본적인 번뇌로서, 무상한 것을 영원한 것으로, 부정한 것을 청정한 것으로, 불쾌한 것을 즐거운 것으로, 그리고 자아가 아닌 것을 자아로 착각하는 것이다.[6] 무명은 다른 번뇌의 기반이며, 업의 축적과 과보의 근원으로 생각된다. 사물의 참된 본질에 대한 무지는 욕망 등을 야기하며, 이것은 다양한 심신의 고통의 근거가 되는 것이다. 『요가 수트라』[7]에 의하면 이러한 무명은 식별지(vivekakhyāti)를 통해 제거될 수 있다. 식별지란 진아(眞我)와 사유 기능을 분명히 식별하는 지견(知見)이다. 개아가 이러한 지견을 얻게 되면, 모든 그릇된 개념이 사라지고 자아는 자기의 본성에 안주한다.

무명은 베단타학파, 특히 불이일원론파에서 중심적인 개념으로 부상하게 된다. 샹카라에 있어서 심리·인식상의 오류, 혹은 본래적인 결함을 뜻하는 개념이었던 무명은, 후대의 불이일원론파에서는 무시이래(無始以來)의 형이상학적 실체 및 우주의 질료인(質料因)으로까지 간주되기에 이른다.

한편 불교에서 무지·무명은 가장 근본적인 번뇌로 간주된다. 원시불교 경전인 빠알리 『상응부(相應部)』나 한역 『잡아함(雜阿含)』 등에 의하면, 그

---

4 *Khila* X. 127. 7.

5 XI. 8. 23.

6 Vyāsa, *Yoga-bhāṣya,* II, 5: "무명은 푸루샤(puruṣa)와 붓디(buddhi) 간의 차별을 인식하지 못하는 것(akhyāti)일 뿐만 아니라, 우리로 하여금 붓디를 자아로 착각하게 하고 그것을 청정·영원·즐거움의 원천으로 간주하도록 하는 그릇된 지각(anyathākhyāti))이기도 하다. 무명은 부단한 연속(saṃtāna), 번뇌(kleśa) 그리고 업의 잠재 인상(karmāśaya)의 뿌리이다"

7 「Yoga-sūtra」 II, 26.

것은 고·집·멸·도(苦集滅道)라는 사제(四諦)의 도리를 깨닫지 못하는 것이며, 오온(五蘊)이나 십이처(十二處) 등이 무상(無常)임을 바르게 알지 못하는 것이다. 또한 『잡아함』에는 무명을 일체의 악과 불선(不善)의 근원으로 설하는 경우도 있다.

원시불교 경전에 있어서 대표적인 용법은 이른바 십이인연의 제1지로서의 무명이다. 설일체유부에서는 대번뇌지(大煩惱地)의 하나로 간주되며, 유식파에 있어서는 근본번뇌의 하나로 취급된다. 『대승기신론』에서는 마음이 마음의 본성을 알지 못하기 때문에 불상응한 마음의 활동이 생기며, 홀연히 망념이 생기는 것이 무명이라고 설한다.

## Ⅱ. 역사적 전개 및 텍스트별 용례

### 1. 우파니샤드에서 무명

초기 우파니샤드에서 무명은 (1) 꿈속에서 보는 대상에 관하여, 각성상태에서 보는 대상에 대해서 느끼는 것과 같은 공포를 일으키는 원인, (2) 사후(死後)에 아트만이 다른 신체를 취하기까지의 '무의식 상태', (3) '비지식(非知識)' 즉 브라흐만의 지식이 아닌 것이라는 뜻으로, 구체적으로는 '제식(祭式)'을 가리키고, (4) '지식의 결여' 즉 단지 '모름(na veda)'을 의미한다.

중기 우파니샤드에서는 (4)의 일례가 발견되는 것 외에는 모두 (5) '경험적 지식'의 뜻으로 사용된다. 주목해야 할 것은, 무명의 기원 혹은 기체(基體, āśraya)에 관한 고찰이 시작되고 있으며, 우파니샤드의 철인은 이것을 '최고의 브라흐만'에서 찾고 있다.

후기 우파니샤드에서는 (4)의 의미 외에, (6) '진리를 비진리로 보게 하는 기능'을 의미하며, 무명에 환영주의(幻影主義)적 성격이 부여되어, 후대의 샹카라의 용법을 지향하고 있다. 또한 전기(前期)에 이어서 무명의 기원을 추구하여, 브리하스파티(Bṛhaspati, 기도(祈禱)의 주(主))가 인드라(Indra)의 안전을 수호하며, 아수라(Asura)를 멸하기 위해 무명을 창조했다고 설한다.

## 2. 요가학파에서 무명

요가학파는 신(神)과 무명이라는 두 작인(作因)에 의해 창조를 설명한다. 무명의 힘을 통하여 프라크리티의 에너지는 정신적·물질적 세계로 전변하며, 신은 무명에 의해 야기되는 장애들을 제거한다. 무명은 식별력이 없으며, 따라서 무수한 푸루샤들의 욕망을 알지 못한다. 이에 비해 신은 프라크리티의 변형물들을 푸루샤의 목적에 부합하도록 하는 지성이다.[8]

사물의 참된 본질에 대한 무지는 마음속에 번뇌로 나타난다. 요가학파에서는 마음 작용의 배후에 있으면서 인간존재를 규정하는 근본적인 악으로서, (1) 무명(avidyā), (2) 아견(我見) 혹은 아집(asmitā), (3) 탐욕(rāga), (4) 혐오(dveṣa), (5) 생존욕(abhiniveśa)을 들고 있다.[9] 이 중에서 무명은 다른 번뇌가 종자의 상태로 잠자든지, 수행으로 미약하게 되든지, 억압되어 중단되거나 혹은 왕성하게 활동하든지 간에 모든 번뇌들이 자라나는 밭이다.[10]

무명은 차이를 모르고 둘을 하나로 보아 혼동하는 것이다. 이러한 무지가 잠재 인상으로서 남아 있는 것이 번뇌이다. 잠재 인상에 남겨진 사유 기능은 진아(眞我)와 사유 기능을 식별하는 참된 지식에 이르지 못한 채 진아와 결합하고 있다. 이 결합의 원인은 무명이며, 그것이 없어지면 결합이 제거되고 진아가 독존(獨存)하게 된다.[11]

무명은 무상(無常)·부정(不淨)·고(苦)·비아(非我)인 것을 항상(恒常)·청정(淸淨)·낙(樂)·자아(自我)로 오인하는 것이다.[12] 말하자면 무명은 푸루샤와 붓디 간의 차별을 인식하지 못하는 것(akhyāti)일 뿐만 아니라, 그릇된 지각(anyathākhyāti) 즉 우리로 하여금 붓디를 자아로 착각하게 하고 그것을 청정하고 영원하며 즐거움의 원천이라고 간주하게끔 하는 것이다. 이러

---

8 S. Radhakrishnan, *Indian Philosophy,* vol.2, London: George Allen & Unwin, 1940, 343면.

9 「Yoga-sūtra」 II, 3.
Vyāsa, *Yoga-bhāṣya* II, 5-9; J. H. Woods, *The Yoga System of Patañjali, or The Ancient Hindu Doctrine of Concentration of Mind.* New York: Gordon Press, 1973, 110-119면.

10 「Yoga-sūtra」 II, 4.

11 「Yoga-sūtra」 II, 24-25.

12 「Yoga-sūtra」 II, 5.

한 점에서 무명은 단순한 지혜의 결여가 아니라, 적극적인 별종의 지식으로서 실재하는 것이다. 무명은 가장 근본적인 번뇌로서, 다른 번뇌의 기초가 되며, 또한 인간을 포함한 온 우주가 성립하는 근거라고 할 수 있다.

다만 『요가 수트라』와 『요가 바샤(*Yoga-bhāṣya*)』는 무명 등의 번뇌와 심작용의 관계를 설명하는 데 있어서 다소 차이를 보인다. 『요가 수트라』는 심작용을 번뇌에 물든 것[染, **kliṣṭa**]과 물들지 않은 것[不染, **akliṣṭa**]으로 나누고, 다시 그것을 정지(正知, **pramāṇa**)·전도(顚倒, **viparyaya**)·분별(分別, **vikalpa**)·수면(睡眠, **nidrā**)·기억(記憶, **smṛti**) 등 다섯 가지로 구분한다.[13] 요컨대 『요가 수트라』에서는 무명 등의 번뇌가 심작용과 확연히 구별되며, 무명은 심작용의 원인으로 간주된다. 이에 비하여 『요가 바샤』에서는 『요가 수트라』에서처럼 무명 등의 번뇌와 심작용을 설명하는 용어가 명확히 구분되어 쓰이지 않고 있다.[14]

### 3. 베단타학파에서 무명

베단타학파에 있어서 불이일원론(不二一元論)의 전통은 샹카라 이전부터 시작되지만, 무명의 관념에 입각한 환영주의적 불이일원론을 확립하고 그것을 베단타의 주요한 조류로 정착시킨 철학자는 샹카라였다. 그의 중심 사상은 개인의 본체인 아트만은 절대자 브라흐만과 동일하다는 지식에 있는데, 현실 속에서 윤회하고 있는 사람들이 받아들이기 어려운 이 진리를 효과적으로 전달하기 위해, 무명의 개념을 도입했다. 브라흐만=아트만 이외의 일체는, 신체·감관·통각기능(統覺機能)에 이르기까지 모두 무명에 의해 잘못 상정된 것에 지나지 않으며, 본래 실재하지 않는다. 무명이 멸한 승의(勝義)의 입장에서 보면, 브라흐만과 아트만의 표면적인 차이는 소멸하고, 양자는 완전히 동일하다고 주장했다. 그에 의하면 무명이란, 'A의 성질을 B에 가탁(假託)하는 것(adhyāsa, adhyāropaṇā)'이며, 가탁이란 '이전에 지각된 A가 상기(想起)의 형태로 B에 나타나는 것'이다. 즉 무명이란 아트만과 비(非)아트만의 상호가탁(相互假託, itaretarādhyāropaṇā)이다. 예컨대

---

13 *Yoga-sūtra* I, 5-6.

14 예컨대 "이 전도(顚倒)는 무명·아견·탐욕·혐오·생존욕 등 다섯 가지 번뇌이다" (*Yoga-bhāṣya* I, 8)라거나, 혹은 "번뇌는 다섯 가지로서 전도이다"(*Yoga-bhāṣya* II, 3)라는 식으로 설해진다.

어두컴컴한 곳에서 밧줄을 뱀으로 잘못 보았을 경우, 이것은 전에 본 적이 있는 뱀의 성질을 밧줄에 가탁한 것이다.[15] 마찬가지로 세상 사람들은 무명 때문에 '나'라는 관념의 담지자(擔持者)를 아트만이라고 생각하지만, 실은 '나'라는 관념의 담지자는 아트만의 순수정신성이 통각기능에 가탁될 때, 통각기능에 잘못 생기는 '나는 아트만이다'라는 관념을 갖고 있는 것, 즉 통각기능 이외의 어떤 것도 아니다.

이러한 무명은 요가학파에 있어서와 마찬가지로 번뇌의 일종으로서, 여러 번뇌 중 가장 근원적인 것으로 간주된다. 샹카라의 무명은 일종의 심리·지각상의 오류, 혹은 심리·인식상의 본래적인 결함이며, 잘못된 인식(mithyājñāna)과 동의어로서, 나중에는 잘못된 인식을 야기하는 원인으로 간주된다. 무명은 점차 물질적인 것으로 간주되고, 형이상학적인 영원한 실체 혹은 우주적인 힘(śakti)으로 간주되기에 이른다.

무명은 또한 마야(māyā)와 동의어로 간주되기도 한다. 인식론적 관점에서 마야란 현상과 실재 사이의 차별에 대한 무지(avidyā)이다. 실재가 어떤 다른 경험에 의해 파기(破棄)될 수 없는 것이라면, 현상이란 다른 경험에 의해 파기될 수 있는 것이다. 결국 하나의 현상은 다른 경험에 의해 파기되며, 모든 현상은 실재에 의해 파기된다. 이러한 양자의 차별을 각성하지 못함으로써 인간은 현상을 실재로 오인하게 되는 것이다. 요컨대 마야의 근본은 실재의 본성에 대한 무지로서, 이러한 토대 위에서 우주를 무명 혹은 마야의 가현(假現, vivarta)이라고 하는 가현설이나 혹은 마야론(māyāvāda)이 출현하기에 이른다.

한편 무명의 기체(基體, āśraya)와 대상(對象, viṣaya)의 문제가 논쟁을 불러일으켜, 브라흐만 = 아트만이 기체이며 대상이라고 하는 비바라나(Vivaraṇa)파와, 개아(個我)가 기체이며 브라흐만이 대상이라고 하는 브하마티(Bhāmatī)파로 분열된다.

---

15 베단타학파에 있어서 무명은 '은폐력(āvaraṇa śakti)'과 '투사력(vikṣepa śakti)'을 지니는 것으로 해석된다. 예컨대 컴컴한 곳에서 밧줄을 뱀으로 착각한 경우, 무명은 우리로 하여금 밧줄을 밧줄로 인식하지 못하게끔 한 '은폐력'으로 설명되기도 하며, 또한 밧줄을 뱀으로 투사시킴으로써 우리에게 착각을 초래한 '투사력'으로 설명되기도 한다.

### 4. 초기불교에서 무명

가장 초기에 속하는 경전인 『법구경』에서 무명은 모든 더러움 가운데 으뜸인 것으로 설해진다.[16] 붓다는 많은 지역의 다양한 사람들을 만나 대화하면서, 상대방의 근기(根機)에 따라 알맞은 무명의 치료법을 설했던 것으로 보인다. 그 중에서 널리 권장된 것은 팔정도의 수행,[17] 청정한 생활,[18] 공관(空觀)의 수행,[19] 내관법(內觀法)의 수행[20] 등이다.

무명은 원시불교 이래의 중요한 설인 십이지연기(十二支緣起: 無明·行·識·名色·六入·觸·受·愛·取·有·生·老死)의 제1지이다. 원래 이 설은 현실의 고(苦)의 상태인 윤회의 생존을 직시하고, 그 원인을 규명해 가는 과정에서 성립한 것이며, 고(苦)·생(生)·유(有)·취(取)·애(愛)라는 오지연기(五支緣起) 등의 고찰을 거쳐, 결국 식(識)·명색(名色)을 포함한 9지(혹은 10지) 연기설이 고찰되고, 마지막으로 행(行)·무명(無明)이 포함된 십이지연기설이 설해지게 된 것으로 보인다. 십이연기설에서 무명은 모든 번뇌의 근본이 되는 것이다. 무명을 시초로 하여 최후에 노사(老死)라는 고통스러운 현실이 생겨난다. 『잡아함경』 권12은 "무명으로 인하여 행이 있고, 이에 큰 고통의 굴레에 들어간다. 무명이 소멸하면 행도 사라져 큰 고통의 세계는 사라진다"[21]라고 설한다. 이 무명은 사제(四諦: 苦集滅道)에 대한 이해의 결여, 곧 무지를 의미하며, 갈애(渴愛, 범 **tṛṣṇā**, 빠 **taṇhā**)와 밀접한 관계가 있다.[22]

이처럼 무명은 연기의 고리에 있어서 최초에 위치하는 것이 보통이지만, 예외인 경우도 있다. 경전에 의하면 쾌도 불쾌도 아닌 불고불락(不苦不樂)의 감각에서 무지의 경향이 생긴다고 한다. "무지의 경향은 중성적 감각에 잠재한다."[23] 무지의 경향이란 중요하지 않은 사물들에 주의하지 않는 경

16 *Dhammapada,* Mala Vagga 243.
17 「Majjhima-Nikāya」 I, 54.
18 「Saṃyutta-Nikāya」 II, 24.
19 「Saṃyutta-Nikāya」 III, 155.
20 「Aṅguttara-Nikāya」 I, 61.
21 『雜阿含經』12(『大正藏』2권, 85하).
22 일반적으로 사제설에서는 윤회와 고(苦)가 갈애로부터 발생하는 것으로 간주되지만, 십이연기설에 의하면 윤회와 고의 근본원인은 무명이며 갈애는 이차적 원인일 뿐이다.
23 「Majjhima-Nikāya」 I, 303.

향을 뜻한다. 또한 "무명은 번뇌(āsava)가 일어남에 따라 생긴다."[24] 그러나 이어서 "무명이 일어남으로써 번뇌가 생긴다"는 말이 계속된다.

## 5. 아비달마불교에서 무명

십이지연기설이 제시된 후, 그것에 의거한 무명에 대한 해석이 다양하게 이루어진다. 예컨대 십이지연기는 본래 과거·미래·현재의 삼세와 관련하여 설해진 것은 아니었지만, 설일체유부 등에서는 제1지의 무명과 제2지를 과거의 인(因), 제3지에서 제7지를 현재의 과(果), 제8지에서 제10지를 미래를 향한 현재세의 인(因), 제11지와 제12지를 미래의 과(果)라고 하는, 윤회하는 생존의 인과관계를 실체적으로 파악하는 설[三世兩重因果說]이 설해진다. 이 중에서 무명은 과거의 번뇌로서, 현재의 고통스런 상태를 산출한 근본적인 원인으로 간주된다. 이러한 십이연기설은 현재의 고(苦)의 원인을 규명하고, 인과관계를 고찰하는 곳에서 출발한 것이기 때문에, 그 근원인 무명이 명(明, vidyā)으로 전환됨으로써, 즉 사제(四諦)의 인과관계가 바르게 이해됨으로써 고통스런 생존이 종식되고 열반이 실현된다고 보는 것이다.

설일체유부의 삼세양중인과(三世兩重因果)의 입장에서 무명은 과거의 번뇌위(煩惱位)에서의 오온(五蘊)을 가리킨다. 과거의 번뇌위에서의 여러 번뇌 중에 무명의 작용이 가장 강력하기 때문에, 과거세의 번뇌를 통틀어서 무명이라고 하는 것이다. 『대비바사론』 권23에서는 무명이 과거의 번뇌위로 설해지고 있다.[25] 『구사론』 권9에서는 보다 자세하게 "과거숙세의 모든 번뇌위로부터 현재 오숙과(五熟果: 識·名色·六入·觸·受)에 이르기까지의 오온을 모두 무명지(無明支)라 한다. 그것[오온]은 무명과 함께 하고, 또 무명의 힘으로 말미암아 그것이 현행하기 때문이다. 마치 '왕이 행차한다'고 할 때, 그와 함께 따라가는 무리들이 없지 않지만, 왕이 함께 가는 사람들 가운데 가장 수승하기 때문에 '왕이 행차한다'고 말하는 것과 같다"[26]고 비유적으로 설해진다.

---

24 *Majjhima-Nikāya* I, 54.
25 『阿毘達磨大毘婆沙論』23(『大正藏』 27권, 119상)
26 『阿毘達磨俱舍論』9(『大正藏』 29권, 48중)

### 6. 대승불교에서 무명

대승의 유식학파(唯識學派)에서는 이세일중(二世一重)으로 십이연기를 해석한다. 십이연기 가운데 무명(無明)·행(行)·식(識)·명색(名色)·육처(六處)·촉(觸)·수(受)·애(愛)·취(取)·유(有)가 현재세의 10인(因)이 되어, 생(生)·노사(老死)라는 미래세의 2과(果)를 초래하여 괴로운 생존을 되풀이 한다고 보는 것이다. 여기서 무명과 행(行)은 식(識) 등의 오숙과(五熟果)의 종자를 견인(牽引)하기 때문에 능인지(能引支)라 한다. 유식에서 무명은 다양하게 분류되는데, '이세일중'에서의 무명은, 상응무명(相應無明) 곧 선악의 업을 일으키는 제6의식(意識)과 상응하는 어리석음을 가리킨다. 『성유식론』 권8은 "능인지라는 것은 무명과 행을 말한다. 식 등의 오과의 종자를 능히 끌어내기 때문이다. 그 가운데 무명은 곧바로 후세를 감수하는 선악의 업을 발생시키는 것만을 취한 것이며, 그것으로부터 발생하는 것은 행이다"[27]라고 설한다.

무명은 크게 상응무명(相應無明)과 불공무명(不共無明)으로 분류되는데, 이는 상응무명(相應無明)과 독행무명(獨行無明)이라고도 한다. 탐·진·치 등의 제혹(諸惑)과 상응하는 무명을 상응무명, 탐 등과는 상응하지 않으나 고·집·멸·도의 사제(四諦)의 경계를 여실히 간택하지 못하는 무지한 성(性)을 갖는 것을 독행무명이라 한다. 『유가사지론』 권58은 "무명에는 크게 두 종류가 있다. 첫째 번뇌상응의 무명이고, 둘째 독행의 무명이다. 우치가 없으면 모든 번뇌를 일으키지 않는다. 그렇기 때문에 탐(貪) 등의 혹(惑)과 상응하는 무명을 번뇌상응무명이라 한다. 탐 등의 번뇌는 없으나, 고제(苦諦) 등의 경계에 있어서 여리작의(如理作意)하지 못하고, 지혜없는 보특가라(補特伽羅)의 여실하지 못한 간택(簡擇)에 의해 얽힌 치암 등 심소의 성[闇昧等心所性]을 독행무명이라 한다"[28]고 설한다. 『성유식론』 권5[29]에서는 불공무명(독행무명)을 다시 항행불공무명(恒行不共無明)과 독행불공무명(獨行不共無明)으로 분류한다. 항행불공무명은 제7식과 상응하는 무명으로, 탐(貪) 등의 나머지 혹과 함께 일어난다. 이것은 일체범부의 마음에 항상 부단히 행해지고[恒行], 제6식과 상응하는 무명과는 다르기 때문에[不共] 불공

27 『成唯識論』 8(『大正藏』 31권, 43중)
28 『瑜伽師地論』 58(『大正藏』 30권, 622상)
29 『成唯識論』 5(『大正藏』 31권, 25상)

무명이라 한다. 독행불공무명은 제6식과 상응하는 것으로, 탐 등의 근본번뇌와 함께 일어나지 않고 독행(獨行)하는 것이다. 여기에 다시 두 가지가 있다. 분(忿) 등의 소수혹(小隨惑)과 함께 일어나지 않고 홀로 주(主)가 되어 일어나는 무명을 주독행무명(主獨行無明), 분 등의 주(主)에 수반(隨伴)하여 일어나는 무명을 비주독행무명(非主獨行無明)이라 한다. 『승만경』「일승장(一乘章)」에서는 견혹(見惑)과 탐(貪) 등과 같은 삼계(三界)의 수혹(修惑)에 상응하는 상응무명을 사주지번뇌(四住地煩惱)라 하고, 독행불공무명을 무시무명주지번뇌(無始無明住地煩惱)라고 하면서, "번뇌에 두 가지가 있으니, 주지번뇌(住地煩惱)와 기번뇌(起煩惱)이다. 주지에는 다시 네 가지가 있으니 견일처주지(見一處住地), 욕애주지(欲愛住地), 색애주지(色愛住地), 유애주지(有愛住地)이다. 이 네 가지 주지가 모든 기번뇌를 일으킨다. 기번뇌는 찰나의 마음에 상응하여 일어나는 것이다. 세존이시여, 심불상응(心不相應)의 무시무명주지가 있으니, 이 네 가지 주지의 힘은 모든 상번뇌(上煩惱: 부수적인 번뇌)가 의지하는 바의 근본이 되지만, 무명주지에 비하면 산수(算數)나 비유로도 능히 미치지 못한다. 이와 같이 세존이시여, 무명무지의 힘은 유애주지 등의 사주지 중에서 그 힘이 가장 크다. 비유컨대 악마파순이 타화자재천보다 모습, 힘, 수명, 권속, 도구 등에 있어서 자재하고 뛰어난 것과 같다. 무명주지는 갠지스강의 모래알과 같이 많은 상번뇌의 의지처이며, 또한 사종번뇌로 하여금 오래 머물도록 한다. 아라한·벽지불의 지혜로는 능히 끊을 수 없으니, 오직 여래의 보리지(菩提智)로써만 능히 끊을 수 있을 뿐이다"[30]라고 설한다. 이처럼 견소단(見所斷) 및 삼계수소단(三界修所斷)의 탐 등에 상응하는 무명을 사주지번뇌라 하며, 심불상응의 독행불공무명인 무시무명주지(無始無明住地)는 오직 여래의 보리지(菩提智)로써만 끊을 수 있는 것으로 설해진다.

『기신론』에서는 무명을 불각(不覺)이라 하고, 불각을 다시 근본무명(根本無明)과 지말무명(支末無明)으로 나눈다. 근본무명은 근본불각(根本不覺)·무시무명(無始無明)·원품무명(元品無明) 등이라고도 한다. 이것은 중생의 청정한 마음에 홀연히 일념(一念)을 일으키고 이로써 일체대상에 대한 차별심이 생겨나, 모든 번뇌가 일어나도록 하는 단초가 된다. 모든 번뇌, 업, 고통이 이 일념에서 생겨나기에 근본무명이라 한다. 이것은 곧 무시무

30 『勝鬘經』(『大正藏』 12권, 220상)

명주지의 미혹이다. 지말무명은 지말불각이라고도 한다. 근본무명에 의지하여 일어나는 지말적 염오심으로 삼세육추(三世六麤)의 혹업이 있다.

무명의 의지처에 대해, 기신론 주석가와 화엄가(華嚴家)는 심(心)과 진망(眞妄)이 화합한 아리야식(阿梨耶識)을 그 의지처라고 보았으나, 유식가(唯識家)는 아리야식을 무부무기(無覆無記)의 이숙식(異熟識)이라 하고, 제7 아타나식(阿陀那識)을 집식(執識)이라 하여, 제7식을 무명의 의지처로 보았다.

『섭대승론석』 권1은 "무명을 여의면 이 일은 없어지고, 이 무명은 의지함을 떠나면 존재할 수 없다. 이 무명이 의지하는 것은 저 아타나식을 떠나서 별도의 체가 있지 않다"[31]고 설하며, 『대승의장』 권3 「팔식의(八識義)」는 "아타나는 바르게 한역하면 무해(無解)이다. 체(體)는 무명의 어리석고 어두운 마음이기 때문이다"[32]라고 설한다.

천태종에서는 무명을 끊는 실천법을 구체적으로 제시한다. 천태의 교판론인 화법사교(化法四教) 중 별교(別教)에서는 우선 십회향(十廻向)에서 무명을 조복시키고, 초지(初地)부터 묘각(妙覺)에 이르는 열두 계위에서 십이품(十二品)의 무명을 끊으며, 원교(圓教)에서는 초주(初住)에서부터 묘각(妙覺)에 이르는 42계위에서 사십이품(四十二品)의 무명을 끊는다. 이 때 51번째 계위인 등각위(等覺位)의 최후심(最後心)은 곧 묘각지(妙覺智)를 드러내는데, 이것으로 말미암아 능히 최후의 무명, 곧 무시무명을 끊는다.[33]

## Ⅲ. 인접 개념과의 관계 및 현대적 논의

### 1. 인접 개념과의 관계

인도의 모든 철학은 해탈 지향적이라 할 수 있으며, 이를 실현하기 위해 진리의 인식을 가장 중요한 과제로 삼고 있다. 그런데 진리를 올바로 인식하기 위해서는 무엇보다도 거짓과 오류 그리고 고통을 초래하는 근본적인 원인에 대한 탐구가 선행되지 않으면 안 된다.

31 『攝大乘論釋』1(『大正藏』 31권, 158하)
32 『大乘義章』3(『大正藏』 44권, 524하)
33 李智冠 편, 『伽山佛教大辭林』 권6 (서울: 가산불교문화연구원, 2004), 875면.

불교에 있어서 최대의 관심사는 고(苦)의 해결이라 할 수 있다. 그런데 '고'는 욕망과 집착에서 오고, 욕망과 집착은 연기(緣起)·무아(無我)·무상(無常)의 도리를 모르는 무명에서 온다. 따라서 이러한 개념들은 서로 밀접한 관계에 있다고 볼 수 있다.

그러나 무엇보다도 무명과 가장 밀접한 관련이 있거나 대체개념으로 사용되는 것은 번뇌이다. 경전에 의하면 "무명이 사라지면 번뇌가 사라진다"[34]고 한다. 이것은 무명이 모든 번뇌 중에서 가장 근본적이고 중대한 것으로 간주되었음을 뜻한다. 번뇌는 무명을 조건으로 하여 생기지만,[35] 또한 무명을 일으키기도 한다.[36]

이 외에 3불선근(不善根) 중의 치(癡, moha), 『기신론』에서 설하는 불각(不覺), 기독교에서 말하는 원죄(原罪), 그리고 샹카라 계통의 베단타학파의 중요 개념인 마야(māyā) 및 가탁(假託, adhyāsa)도 무명과 밀접한 관련이 있는 개념이라 할 수 있다.

### 1) 번뇌

번뇌는 범어로 kleśa 혹은 āsrava(āśrava), 빠알리어로는 kilesa 혹은 āsava, 서장어로는 ñon-moṅs-pa라고 하며, 누(漏)·혹(惑)·염(染)·염오(染汚)·폭류(暴流)·액(軛)·취(取)·결(結)·박(縛)·개(蓋)·전(纏)·계(繫) 등으로 한역되기도 한다. 번뇌의 별칭으로 수면(隨眠, anuśaya)[37]이라는 용어가 자주 사용되는데, 이는 번뇌가 심신의 상속(相續)을 어지럽히고 핍박하는 잠재된 의식 작용이기 때문이다.[38]

불교에서 번뇌라는 말은 원래 해탈에 이르는 것을 방해하는 불선(不善)·부정(不淨)의 정신상태를 나타내는 여러 술어 중의 하나였다. 그러나 점차 그러한 심리작용·정신상태를 전체적으로 파악하여 표현하는 경우나, 혹은

34 「Aṅguttara-Nikāya」 III, 414.

35 「Majjhima-Nikāya」 I, 55.

36 「Majjhima-Nikāya」 I, 54.

37 수면(隨眠)으로 번역되는 'anuśaya'는 원시경전에서도 종종 등장한다. 넓은 의미로는 기질·경향·성향 등을 뜻하지만, 불교에서는 특히 나쁜 경향 혹은 자질을 의미하며 번뇌와 동의어로 사용된다. 특히 번뇌를 나타내는 다른 용어들에 비해, 수면은 원래 아직 행위로서 표출되지 않고 잠재되어 있는 나쁜 기질을 의미하는 용어로 사용된다. 佐々木現順 編著, 『煩惱の研究』(東京: 清水弘文堂, 昭和50), 92-98면 참조.

38 『入阿毘達磨論』 상(『大正藏』 28권, 984상)

각각의 특색에 상응하는 명칭을 가진 개개의 불선(不善)의 심리상태를 총칭하는 경우에 사용되었고, 결국 사람의 심신을 괴롭히고 악을 산출하는 정신상태 일반을 표현하는 말로 사용되게 되었다. 경전에서 붓다는 "나는 모든 집착을 끊어 버림으로써 늘 충만한 마음으로 살며, 더 이상 번뇌는 없다"[39]고 말한다. 따라서 엄밀히 말하면, 이 말을 사용할 때에는 kleśa 혹은 kilesa의 번역어로서의 경우와, 그 이외의 넓은 의미를 나타내는 경우로 구분하여 사용해야 한다. 번뇌란 감각적 느낌·그릇된 고정 관념·외부의 조건에 대한 그릇된 태도·자아의 본성에 대한 실재하지 않는 잘못된 견해·이론적 사변 등에 대한 집착으로서, 말하자면 그릇된 이해에 기초한 감정적이고 개인적이며 이론적인 상부 구조를 가리키는 말이다.

불교는 원래 현실의 자기의 상태를 정확히 인식하여 완성된 상태가 되는 것을 목표로 하는 종교이기 때문에, 그러한 입장에서 인간의 심리나 심리에 영향을 미치는 주위의 환경에 대한 관찰이 이루어져 왔다. 원시불교 성전 중에 보이는 번뇌에 관한 설들도, 그러한 목적을 위해 인간을 관찰하는 과정에서 설해진 것이라고 할 수 있다. 그러나 한마디로 말하면, 그것들은 불선(不善)의 행위(業)를 낳는 원인이 되어, 우리를 윤회의 생존에 속박시키고, 그로부터 해탈하기 위한 수행을 방해하는 정신작용이라고 할 수 있다.

원시불교에서 설해지는 번뇌 중에서 최초로 언급해야 하는 것은 탐(貪, rāga)·진(瞋, dveṣa)·치(癡, moha)이다. 이것은 '삼불선근(三不善根)', '삼독(三毒)', '삼구(三垢)', '삼화(三火)' 등으로 불리며, 불교에서 가장 기본적인 3종의 번뇌이다. 이 중에서 탐은 좋아하는 대상에 대한 집착이며, 진은 좋아하지 않는 대상에 대한 반감이나 혐오를 말한다. 이 양자가 이른바 정적(情的)인 번뇌임에 비해, 치는 지적(知的)인 번뇌라 할 수 있으며, 사제(四諦)나 연기(緣起) 등의 도리에 대한 무지를 뜻한다. 치는 십이연기의 최초에 위치하는 무명과 통하는데, 자기에 대한 강한 집착에 의해 올바른 도리가 은폐되고 잘못된 판단이나 분별을 일으키는 것으로서, 모든 번뇌의 근원이라 할 수 있다. 이 3종의 번뇌법은 번뇌가 몇 개의 그룹으로 정리될 경우, 항상 어떠한 형태에서 기초가 되고 있다고 해도 좋을 정도로 중요하다. 예컨대 욕탐(欲貪)·진(瞋)·견(見)·의(疑)·만(慢)·유탐(有貪)·무명(無明)의 7수면

---

39 「Saṃyutta-Nikāya」 II, 54.

(隨眠, anuśaya)은 후대의 불교에서 6종으로 재구성되어 근본적인 번뇌로 일컬어지게 되는데, 이 중에도 탐진치가 포함되어 있다. 여기서 욕탐은 욕계·색계·무색계의 삼계 중 욕계에서의 탐이라는 번뇌를 말하며, 유탐은 색계·무색계에서의 탐이라는 번뇌를 말한다. 또한 견(見, dṛṣṭi)[40]은 내용적으로 유신견(有身見)·변견(邊見)·사견(邪見)·견취(見取)·계금취(戒禁取)의 5견으로 분류할 수 있다. 유신견은 '내'가 실재한다는 견해, 변견은 사물을 두 개의 극단에서 파악하는 견해, 사견은 올바른 인과의 도리를 승인하지 않는 견해, 견취는 자신의 주장만을 옳다고 여기는 견해, 계금취는 불교 이외에서 인정하는 그릇된 규범 등을 바른 것으로 간주하여 거기에 집착하는 견해이다. 의(疑, vicikitsā)는 불교의 바른 가르침에 대하여 의심을 품는 것이며, 만(慢, māna)은 자신을 높히 평가하고 남을 얕보는 심리이다. 이 외에 마음을 결박하는 것으로서의 '결(結, saṃyojana)'이라는 번뇌가 있으며, 여기에는 삼결(三結), 오하분결(五下分結), 오상분결(五上分結), 칠결(七結), 구결(九結) 등의 그룹이 있고, 각각에 개개의 번뇌법이 포함되어 있다. 마찬가지로 마음으로부터 새어 나오는 것으로서의 '누(漏, āsrava)', 탁류(濁流)처럼 중생을 윤회의 생존에 흘러가게 하는 것으로서의 '폭류(暴流, ogha)', 중생의 마음을 결박하는 것으로서의 '액(軛, yoga)' 혹은 '계(繫, grantha)', 청정한 마음을 덮는 것으로서의 '개(蓋, nīvaraṇa, āvaraṇa)' 등의 번뇌가 설해지며, 누(漏)는 3종(혹은 4종), 폭류와 액과 계는 4종, 개는 5종의 번뇌 그룹을 각각 형성한다. 이처럼 원시불교시대에 번뇌를 뜻하는 것으로 사용되던 용어는 다양하지만, 그들 상호간의 연관성은 희박하며, 그들 사이에서 통일적인 체계를 찾기는 어렵다.

한편 부파불교 중 상좌부(上座部)에서는 마음의 법을 89종 혹은 121종으로 분류하고, 심소(心所, 심리작용)의 법을 52종으로 분류하는데, 이 심소법 중 불선(不善)의 심소로서 분류되는 14종이 번뇌에 관한 법이다. 14종의 법이란, 치(癡)·무참(無慚: 자신에 대하여 부끄러움이 없는 마음 작용)·무괴(無愧: 남에 대하여 부끄러움이 없는 마음 작용)·도거(掉擧: 들뜨고 혼란

40 견(見)은 무명과 밀접한 관계가 있는 말로서, 실제로 경전에는 견을 무명의 결과라고 설하는 경우가 많다. "오온과 오온의 원인과 오온의 멈춤과 오온을 멈추는 방법을 알지 못하므로, 세상에 여러 가지 견해들이 나타나게 된다"(「Saṃyutta-Nikāya」 III, 258) 특히 "무지하고 어리석은 사람에게 사견이 생긴다"(「Saṃyutta-Nikāya」 V, 1) 라고 하는 경우에서 보듯이, 사견(邪見, micchāditthi)은 무명의 직접적인 결과이다.

함)·탐(貪)·견(見)·만(慢)·진(瞋)·질(嫉: 질투, 시기)·간(慳: 인색함)·악작(惡作: 후회)·혼침(惛沈: 혼미하고 침울함)·수면(睡眠: 어둡고 자유롭지 못한 마음)·의(疑: 의심)이다. 이들은 모두 번뇌법으로서 중요하지만, 14종의 법 사이에 반드시 필연적인 관련성이 있는 것은 아니며, 또한 일군의 번뇌법으로서 통합된 의미가 있는 것도 아니다. 상좌부의 교리에는 이들 불선(不善)의 심소법 외에도 원시불교 이래의 번뇌를 나타내는 술어가 그대로 등장하고 있지만, 어떤 관점에서 그들을 통일시켜 가려고 하는 경향은 빠알리 불교에는 보이지 않는다.

이에 비해 설일체유부(說一切有部)의 번뇌론은 번잡한 번뇌법을 어떤 이념에 의해 통합해 가려고 하는 경향을 갖고 있었다. 그 방향성에는 크게 두 가지가 있다. 첫째는 수행의 진전에 따라 제거되어야 할 번뇌법을 제시하는, 말하자면 수도론(修道論)과 병행하여 고안된 설로서 98수면설(隨眠說)이라고 불린다. 이것은 앞에서 언급한 7수면 중 욕탐과 유탐의 두 수면을 하나의 탐수면으로 통합하여 6수면으로 하고, 다시 그 중의 견수면을 5견으로 하여 전부 기본적인 10수면으로 한다. 거기에 고·집·멸·도의 4제의 현관(現觀)에 기초한 4개의 견도소단(見道所斷) 및 수도소단(修道所斷)이라는 도합 5종의 계위(階位)와, 욕계·색계·무색계의 3계에 의한 선정(禪定)의 단계를 합하여 98이 된다. 또한 수면(隨眠, anuśaya)은 원래 anu-√śī(가로놓이다, 가로막다)라는 말에서 파생된 용어로서 잠재적인 번뇌라는 의미가 있는데, 다시 거기에 표면에 드러나 작용하는 10종의 번뇌[纏, paryavasthāna = 隨煩惱]를 더하여 번뇌 전체를 포괄하려는, 이른바 '백팔번뇌'라는 개념도 설일체유부에 있었다.[41] 이러한 번뇌의 이해방식의 원형은, 예컨대 대중부(大衆部) 등의 부파에도 존재했는데, 그것은 후에 유가행파(瑜伽行派)의 번뇌론의 골격을 형성하게 된다. 둘째로는, 세계를 구성하는 요소의 정리·분류를 목적으로 한 체계 중에서 번뇌를 취급하는 것이 있다. 『구사론』의 설에 의하면, 이것은 색(色)·심(心)·심소(心所)·심불상응행(心不相應行)·무위(無爲)의 오위(五位)라는 법체계 중에서 심소법[46가지]을 다시 대지법(大地法: 10가지)·대선지법(大善地法: 10가지)·대번뇌지법(大煩惱地法: 6가지)·대불선지법(大不善地法: 2가지)·소번뇌지법(小煩惱地法: 10가지)·부정법(不定法: 8가지)의 6종으로 분류하는 가운데서 대번뇌지법 이하의 4종에서 설

41 『阿毘達磨俱舍論』 隨眠品(『大正藏』 29권, 98중 이하) 참조.

해진다. 여기서 사용되고 있는 '대'·'소'의 의미는, 예컨대 수행에 방해가 되는 심리상태가 일어날 때마다 항상 작용하는 마음의 작용이 '대~'이며, 구체적인 개개의 심리작용이 '소~'이다. 대번뇌지법은 치(癡, 즉 무명)·방일(放逸)·해태(懈怠)·불신(不信)·혼침(惛沈)·도거(掉擧)의 6가지이며, 대불선지법은 무참(無慚: 자신의 죄나 허물에 대해 부끄러움이 없는 마음 작용)·무괴(無愧: 남에 대하여 부끄러움이 없는 마음 작용)의 2가지, 소번뇌지법은 분(忿, 분노)·한(恨, 원한)·광(誑, 사기)·질(嫉, 질투)·뇌(惱, 싫어함)·부(覆, 위선)·간(慳, 인색)·첨(諂, 아첨)·교(憍, 교만)·해(害, 핍박이나 해침)의 10가지, 그리고 부정법은 심(尋, 전5식과 상응하는 개괄적인 의식작용)·사(伺, 제6의식과 상응하는 미세한 의식작용)·수면(睡眠, 마음을 흐리멍덩하게 하는 의식작용)·악작(惡作, 후회하는 마음작용)·탐(貪, 욕탐)·진(瞋, 증오, 혐오)·만(慢, 오만)·의(疑, 四諦의 진리성에 대한 의심)의 8가지이다.

대승불교에서 가장 정비된 번뇌설은 유식(唯識)의 논서들에서 발견된다. 유식불교의 번뇌론에도 논서에 따라 차이가 있지만, 기본적인 골격은 앞에서 언급한 유부(有部)의 두 가지 번뇌론의 융합 형태라고 할 수 있다. 즉 유식불교에서는 심(心)·심소(心所)·색(色)·심불상응행(心不相應行)·무위(無爲)라는 5위의 법체계를 채택하며, 심소법 중에서 6종의 번뇌와 20종의 수번뇌(隨煩惱, upa-kleśa)[42]로써 번뇌법 전체를 망라하고자 한다. 6종의 근본적인 번뇌법은 탐(貪)·진(瞋)·만(慢)·무명(無明)·의(疑)·견(見)이며, 내용적으로 6수면과 같다. 수번뇌는 앞에서 본 대번뇌지·소번뇌지·대불선지의 제법을 포함하여 구성되어 있다. 요컨대 유식불교의 번뇌설을 개괄해 본다면, 근본적인 번뇌와 이차적인 번뇌[수번뇌]로써 번뇌법 전체를 망라하려는 번뇌설을 유부에서 성립한 5위의 체계 속에서 재구성한 것으로 볼 수 있다. 또한 유식불교에는 아치(我癡)·아견(我見)·아만(我慢)·아애(我愛)의 4종을 중요한 번뇌로 보는 설도 있다. 더구나 유식불교와 가까운 관계에 있는 여래장(如來藏)불교에서는 인간의 마음을 본래 청정한 것으로 보고, 거기에 번뇌가 먼지처럼 붙어 있다[客塵煩惱]는 설을 세우고 있는데, 개개의 번뇌법 자체에 대한 분석은 별로 없다. 유식불교와 논쟁했던 중관불교에서도 번뇌론 자체가 상세히 논해지지는 않았다. 또한 대승불교에 보이는 번뇌의 이해방식에는 번뇌에 물든 현실의 상태 자체가 깨달음[煩惱卽菩提]이라는

42 20종의 수번뇌는 근본번뇌에 의해 파생된 것이므로 지말번뇌(枝末煩惱)라고 한다.

설도 있다. 불교의 번뇌론은 원래 단지 윤리적 관점에서 설해진 것이 아니라, 해탈을 목표로 한 실천적 필요성에서 설해진 것이었지만, 점차 구체성을 결여하고 형식적으로 취급되는 경향을 띠게 되었다.

이러한 번뇌는 악한 사람뿐만 아니라 선한 사람에게도 존재하며, 윤회와 해탈을 아는 현자(賢者)에게도 일어나며, 또한 극도로 무감각한 것에서도 발견된다. 번뇌는 잠재업(潛在業)의 원인이며, 잠재업은 출생(出生)과 수명(壽命)과 향수(享受)의 원인이 된다.

### 2) 치(癡, moha)

흔히 무명으로 번역되는 범어 avidyā는 경우에 따라서 치(癡)·우치(愚癡)·흑암(黑闇)으로 번역되기도 한다.[43] 예컨대 같은 『법화경』이지만, 구마라집(鳩摩羅什, 344-413)이 번역한 『묘법연화경(妙法蓮華經)』과는 달리 축법호(竺法護, 239-316)가 번역한 『정법화경(正法華經)』에서는 avidyā가 '치(癡)'[44]로 번역되어 있다. 또한 심소법 중의 번뇌지법(煩惱地法)에서 각각의 경론(經論)을 비교해 보면, '무명'과 '치'가 대비되고 있음을 알 수 있다. 이것은 비록 부파 전승의 차이 때문이기는 하지만, avidyā와 moha 사이에는 동일한 성격이 있다는 점에 기인한다고 볼 수 있다.[45]

치(癡)는 75법 혹은 100법에 속하는 심소로서, 사리(事理)에 어두운 정신작용을 말한다. 『구사론』 권4에는 "치란 이른바 우치(愚癡)이며, 이는 곧 무명(無明)·무지(無智)·무현(無顯)이다"[46]라고 설해져 있으며, 『순정리론』 권11에는 "치는 곧 우치이며, 소지(所知)의 경(境)에서 있는 그대로 이해하는 것을 가로막고, 변료(辨了)의 상(相)이 없음을 설하여 우치라고 한다. 이는 곧 무명·무지·무현이다"[47]라고 설해져 있다. 또한 『성유식론』 권6에는 "어째서 치라고 하는가? 여러 이(理)와 사(事)에 있어서 미혹함을 성(性)으로 하고, 능히 무치(無癡)를 방해하고, 모든 잡염(雜染)의 근거가 됨을 업으로 하기 때문이다. 말하자면 무명으로 말미암아 의(疑)와 사견(邪見)과 탐(貪)

43 荻原雲來 編, 『漢譯對照 梵和大辭典』(東京: 講談社, 1979), 150면.
44 『正法華經』(『大正藏』 9권, 85중, 91하)
45 石上善應, 「avijjāと moha」, 『印度學佛教學研究』VI-2(東京: 日本印度學佛教學會, 1958.3), 162면.
46 『阿毘達磨俱舍論』4(『大正藏』 29권, 19하)
47 『阿毘達磨順正理論』11(『大正藏』 29권, 391하)

등의 번뇌와 수번뇌업(隨煩惱業)을 일으키고, 능히 다음 생의 잡염법(雜染法)을 초래하기 때문이다"[48]라고 설해져 있다.

『유가사지론』 권86에는 치(癡)의 다른 이름으로 무지(無智)·무견(無見)·비현관(非現觀)·혼매(惛昧)·우치(愚癡)·무명(無明)·흑암(黑闇) 등이 설해져 있다.[49] 또한 『유가사지론』 권55에는 수번뇌(隨煩惱) 중, 부(覆)·광(誑)·첨(諂)·혼침(惛沈)·망념(妄念)·산란(散亂)·부정지(不正知) 등은 모두 치(癡)의 일부를 체(體)로 한다[50]고 설해지며, 『성유식론』 권6에는 갖가지 번뇌는 항상 치 때문에 생기므로, 치는 나머지 9근본번뇌와 정확히 상응한다[51]고 설해져 있다.

### 3) 불각(不覺)

무명이란 달리 말하면, 마음이 자기 자신을 바로 그런 것으로서 알지 못하는 자기 자신에 대한 무지이다. 중생은 본각(本覺)을 갖고 있으면서도 그것을 그런 것으로서 자각하지 못하는 무명의 불각(不覺) 상태에 있다. 요컨대 무명이 있기에 불각이고, 불각이 있으므로 시각(始覺)이 요구되는 것이다. 『기신론』은 각(覺)과 불각의 관계에 대한 고찰을 통해 무명과 각성(覺性)의 모순과 대립을 해소하고자 한다.

불각은 각성(覺性)의 주체가 무명에 엄폐되어 깨닫지 못한 상태에 처한 것으로서, 마음의 본성에 대한 미망(迷妄)을 말한다. 중생의 동요하고 전변(轉變)하는 마음은 불각이라는 낱말 아래 복잡한 양상을 띤다. 그러한 불각의 양상을 『기신론』은 크게 둘로 나눈다. 즉 근본이 되는 불각[根本不覺]과, 그로부터 파생되어 더욱 헝클어진 가지가 되는 불각[枝末不覺]으로 구분한다. 지말불각에는 또 단순한 모습과 복잡한 모습의 둘이 있고, 단순한 모습에 세 가지, 복잡한 모습에 여섯 가지 양상이 있다고 설해진다. 단순하고 기본적인 세 가지 양상을 '삼세(三細)'라 부르고, 복잡다단해진 거친 양상을 '육추(六麤)'라고 부른다. 따라서 삼세·육추는 근본불각인 무명 때문에 파생하는 마음의 혼미한 모습을 설명하는 말이라 할 수 있다.

삼세는 (1) 무명업상(無明業相), (2) 능견상(能見相), (3) 경계상(境界相)의

48 『成唯識論』6(『大正藏』 31권, 31중)
49 『瑜伽師地論』86(『大正藏』 30권, 779중)
50 『瑜伽師地論』55(『大正藏』 30권, 604중)
51 『成唯識論』6(『大正藏』 31권, 32중)

셋이며, 육추는 (1) 지상(智相), (2) 상속상(相續相), (3) 집취상(執取相), (4) 계명자상(計名字相), (5) 기업상(起業相), (6) 업계고상(業繫苦相)의 여섯이다.[52]

무명은 망념을 일으키는 잠재적인 충동력으로서 작용한다[無明業相]. 진여한 마음에 이러한 충동력이 나타나면 맨 먼저 주관이 형성된다[能見相]. 주관은 외계의 사물을 비로소 존재하는 것으로서 인식하게 하는 의식의 가장 심층에 있는 '나'라는 생각이다. 이러한 주관은 객관을 산출하며, 이로써 보여진 대상이 나타난다[境界相].[53]

업(業)·전(轉)·현(現)의 삼상(三相)이 불각의 마음을 구성하는 가장 기본적인 요소라면, 이로부터 파생하는 보다 복잡해진 여섯 가지 상이 바로 육추이다. 첫째, 지상(智相)이라고 할 때의 '지(智)'는 가장 낮은 단계의 지, 즉 분별이나 식별 작용을 뜻한다. 무명업 때문에 생긴 동요는 객체를 보고 주·객의 대립을 야기하는 단계에 이른다. 스스로 만들어 놓은 경계에 대하여 시비·애증의 분별을 일으키고 염정(染淨)·선악(善惡)의 구별을 일으키는 것은 분별지의 장난이다. 둘째, 상속상(相續相)은 지상에서 생긴 애증 등의 망분별(妄分別)이 일단 생긴 뒤 끊기지 않고 계속되어 고(苦)·락(樂) 등의 생각이 부단히 뒤따르는 모습을 말한다. 셋째, 집취상(執取相)은 앞의 상속상 때문에 인연 따라 경계를 생각하고 고락의 경계에 대한 집착을 일으켜 가는 모습이다. 넷째, 계명자상(計名字相)은 앞의 허망 집착이 더욱 커지면, 그 위에 다시 헛된 명자(名字)·어구(語句)를 내세우고 더욱 조잡한 아집을 일으키는 것이다. 다섯째, 기업상(起業相)이란, 지금까지는 생각으로 하는 추상(麤相)들이었지만, 조잡한 집착은 결국 말과 행동으로 나타나 선악의 이업(二業)을 짓는 것을 말한다. 여섯째, 업계고상(業繫苦相)이란, 업을 지으면 그 업보를 받기 마련인데, 업이 우리를 고통 속에 속박하여 자유자재롭지 못한 경계에 처하게 하는 것을 말한다.[54]

이러한 삼세·육추는 범용한 인간, 지혜롭지 못한 인간의 마음의 양상을 설명하는 것, 즉 염법(染法)의 상(相)이며, 그것은 모든 염법의 원인인 근본무명에 기인하는 것이다. 인간 만사가 삼세·육추에서 벗어나는 것이 없고, 따라서 근본무명에서 벗어나지 못하고 있다. 요컨대 삼세·육추가 다 불각

52 『大乘起信論』 解釋分(『大正藏』 32권, 577상)
53 『起信論疏』 상(『大正藏』 44권, 212상-중)
54 이기영, 『원효사상, 세계관』(서울: 한국불교연구원, 2002), 206-208면.

의 상일 따름이다.

### 4) 원죄(原罪, original sin)

인도인들이 모든 악과 고통 혹은 번뇌의 근원을 무명(avidyā)으로 보는 데 비해, 신(神)중심의 기독교적 전통에서는 인간의 추악함이나 유한한 현실의 근원을 원죄로 설명한다. 기독교의 경우는 신의 의지와 인간의 의지 사이에 긴장관계가 존재하며, 인간의 의지가 신의 의지에 복종하느냐의 여부가 문제의 중심이 되고 있다.

원죄는 창조된 인간이 하나님과 생명의 관계를 맺고서 행복을 누리며 살던 상태에서 유리되어, 인류 전체를 비참하고 불행한 실존 상태에 돌입하게 한 아담의 첫 죄로서, 근본악(根本惡)이라고도 한다. 『구약성서』[55]에서 하와가 뱀의 꾐에 빠져서 아담을 유혹하여 에덴동산 중앙에 있는 나무의 실과를 먹게 하여 '하나님처럼 선악을 아는 자'[56]가 된 결과, 하나님의 저주를 받아 에덴동산에서 추방당하게 되는 구절들이 원죄설의 원천이다. 바울은 이 원죄의 구절을 신학적으로 심화시켰다. 『신약성서』에서는 "… 한 사람으로 말미암아 죄가 세상에 들어오고, 죄로 말미암아 죽음이 왔나니, 이와 같이 모든 사람이 죄를 지었으므로 죽음이 모든 사람에게 이르렀느니라"[57]라고 하여 인류의 보편적인 죄성(罪性)과 아담의 죽음을 연관지음으로써 후세에 아우구스티누스(A. Augustinus, 354-430)에 의해 확립된 원죄설의 근거를 제시하고 있다. 결국 나의 죄에 대한 자각 없이는 아담이 지은 죄의 참된 의미를 안다는 것은 불가능하며, 선악이 대립·교차하는 인간 존재의 근저에는 어쩔 수 없으며 용서할 수 없는 근본악이 내재되어 있는 것이다.[58]

기독교에서는 죄 있는 행위가 의지에 기초하는 것으로 본다. 즉 의지에

---

55 창세기 3장 1~24절.

56 창세기 3장 5절.
여기서 하나님처럼 선악을 안다는 것은 피조물의 한계를 일탈하여 하나님이 갖는 절대적 지위를 찬탈함을 의미한다. K. Barth의 표현을 빌리자면, 인간은 즉자적(卽自的)으로 하나님 속에 있을 뿐이지 결코 대자적(對自的)으로 존재할 수는 없다. 즉 피조물이 제2의 존재(ein Zweites)로서 창조자와 병존할 수는 없는 것이다. 岩本泰波, 『キリスト教と佛教の對比』(東京: 創文社, 1974), 48면 참조.

57 로마서 5장 12절.

58 阿部正雄(변선환 엮음), 『禪과 현대신학』(서울: 대원정사, 1996), 318-323면 참조.

서 욕망이 생기고, 의욕이 생기며, 죄 있는 행위가 생긴다. 그리고 죄의식의 규준은 외적인 신, 즉 외적인 하나님의 율법이다. 기독교는 신과 그에 의해 정해진 율법을 엄연하고 성스러운 실재로 간주하며, 이와 상대하는 것은 개인이라기보다는 인류이다. 따라서 죄는 개인의 죄의식이라는 주체성보다는 인류가 함께 공유하는 죄라는 의식이 강하다.

이에 비해 불교는 신의 존재를 부정하고, 신에 의한 율법을 두려워하지 않는다. 출발점은 개개인이 마주치는 생로병사의 구체적 사실이다. 따라서 불교는 출발점에 있어서 실존적이며 주체적이라고 할 수 있다. 연기론(緣起論)적 세계관에 입각해 있는 불교에서는 하나님의 주권과 인간의 자유라는 이율배반적인 난제가 대두될 여지가 없다. 존재론적으로 말하면, 무상(無常)·무아(無我)의 존재 구조에 대한 인식의 결여가 무명이라 할 수 있으며, 이것이 바로 번뇌를 산출하는 근본원인이다.

### 5) 마야(māyā)

마야(māyā)라는 말은 이미 『리그베다』에 종종 나타나며, '교활·기만·측정·지혜' 등을 의미하는 경우도 있지만, 주로 '신(神)의 신비한 창조력'을 의미한다. 『우파니샤드』에서도 이러한 용법은 계승되며, 또한 '우주적 환영(幻影)'의 의미로도 사용된다. 근본물질(prakṛti)의 동의어로 간주되는 경우도 있다. 불교에서는 심작용(心作用)의 하나로 간주되며, '기만·배반' 혹은 '사람을 현혹하는 힘·환(幻)'을 의미하며, 사물에 실체가 없음에 비유된다.[59]

불교인식론의 베단타철학에로의 유입은 가우다파다(Gauḍapāda, 640-690년경)에 의해 비로소 본격화되는데, 그는 불교의 영향을 강하게 받아 최초로 환영주의적 베단타철학을 설했다.[60] 그의 경우 마야는 아트만, 마음(citta) 혹은 사고(manas)가 갖는 '신비적인 힘'과 '마술적 환영'을 의미한다. 불이일원론파의 개조 샹카라(Śaṅkara, 700-750년경)는 마야의 개념을

59 高崎直道 외, 『佛教·インド思想辭典』(東京: 春秋社, 1987), 435면.

60 가우다파다는 브라흐만론과 마야론이 순전히 『우파니샤드』에서 유래하였으며, 결코 붓다에 의해 설해지지 않았음을 천명한다.(*Māṇḍūkya-kārikā* IV, 99)
하지만 그는 불교 이론을 원용하여 브라흐만을 논증하려고 했을 뿐이며, 마야론은 불교의 중관파(中觀派)에서 제기된 saṃvṛti설의 변형이라는 것이 정설이다. cf. L. Thomas O'neil, *Māyā in Śaṅkara: Measuring the Immeasurable,* Delhi: Motilal Banarsidass, 1980, 59-60면.

'사기(詐欺)·신의 신비한 힘·환력(幻力)' 외에 '마술'의 의미로 사용한다. 예를 들면 마술로 만들어 낸 상(象, māyāhastin)이나 그것을 사용하는 마술사(māyāvin) 등으로 사용되며, 후자는 아트만에, 그리고 전자는 현상세계에 비유된다. 또한 마술에 의해 만들어진 '환영'을 나타내는 경우도 있으며, 브라흐만과 본성을 달리하는 현상세계의 허망성이나 비실재성을 예시하기 위해 현상세계와 비교하는 경우도 있다. 이러한 비유는 마술사가 마술에 의해 만들어진 환영에 전혀 영향을 받지 않듯이, 마술사에 상당하는 아트만 역시 그 피조물에 의해 전혀 영향받지 않음을 나타낸다.

샹카라의 경우에는 '미전개된 명칭·형태'(avyakta nāmarūpa)가 질료인으로 간주되기 때문에 마야는 술어로서의 중요성을 거의 갖지 않지만, 그의 후계자들에 있어서는 마야가 종종 무명(無明)의 동의어로 간주되며, 우주의 질료인의 의미를 갖게 된다. 베단타에 있어서 마야 개념은 '은폐력'(āvṛti śakti)과 '창조력'(vikṣepa śakti)이라는 두 가지 기능을 갖는데, 마야는 불이(不二)의 실재가 분화하는 창조의 원리이며 미전개된 명칭·형태의 본질이다.

마야는 심리학적 관점에서 볼 때 현상을 실재로 혹은 실재를 현상으로 보려는 인간의 뿌리 깊은 습기(習氣, vāsanā)라 할 수 있으며, 인식론적 관점에서 볼 때 현상과 실재의 차이에 대한 무지(avidyā)라 할 수 있다. 또한 존재론적 관점에서 볼 때 마야는 실재인 브라흐만의 창조력으로서, 이를 통해 다양한 현상세계가 전개되는 것이다.[61]

### 6) 가탁(假託, adhyāsa, adhyāropa)

베단타학파의 불이일원론파에 의하면, 브라흐만만이 실재이며 다양성을 특징으로 하는 현상세계는 결코 진실이 아니고 환영(māyā)일 뿐이다. 비실재를 실재로 생각하는 것은 바로 무명(avidyā) 때문이다. 그것은 마치 컴컴한 곳에서 밧줄을 뱀으로 오인하는 것과 같다. 다시 말해 밧줄에 뱀의 성질을 가탁하듯이, 우리는 브라흐만(= 아트만)에 갖가지 형태를 가탁하는 것이다.

샹카라에 있어서 무명은 'A의 성질을 B에 가탁하는 것'(avidyā nāmānyasminn anyadharmādhyāropanā)[62]으로, 그리고 가탁은 '이전에 지각된 A가 상기

61 Puligandla, R.(이지수 옮김), 『인도철학』(서울: 민족사, 1991), 238-239면 참조.

(想起)의 형태로 B에 나타나는 것'(smṛtirūpaḥ parata pūrvadṛṣṭāvabhāsaḥ)[63] 으로 해석된다. 요컨대 가탁이란 어떤 것에 다른 것의 속성이 나타나는 것으로서, 예컨대 진주조개가 은(銀)처럼 보이는 경우 등이 이에 해당한다.

다양한 현상세계는 이처럼 잘못 상정된 갖가지 한정적 첨성(限定的 添性, upādhi)으로 인하여 나타나며, 실재인 브라흐만과는 다른 것으로서 인식되는 것이다. 따라서 무명에 기인한 가탁을 제거하기 위해서는 명지(明知, vidyā)의 획득이 요구되며, 궁극적인 해탈은 범아일여(梵我一如)의 체득을 통해 비로소 실현된다.

## 2. 현대적 논의

무명의 본질에 관한 문제에 대해서는 옛부터 다양한 논의가 전개되어 왔으며, 불교 내부에서도 통일된 견해는 없다. 예컨대 『아비달마시설족론(阿毘達磨施設足論, Abhidharmaprajñaptipāda-śāstra)』이나 슈리라타(Śrīlāta)[64]는 과거의 모든 번뇌를 다 무명으로 간주하지만, 『구사론』은 무명이 다른 번뇌와 병렬적으로 나타나는 경우도 있다는 이유로, 무명을 번뇌의 총칭으로 간주하는 것은 불합리하다는 반론을 편다. 또한 무명을 의지적인 것으로 보느냐, 아니면 완전히 지적인 것으로 보느냐 하는 문제도 오늘날까지 논란거리로 남아 있다. 즉 『대비바사론(大毘婆沙論)』에 의하면, 무명이란 단지 명(明, vidyā)이 없는 것이 아니라 사제(四諦)를 알려고 하지 않는 심리작용이며, 혜(慧, prajñā)는 이것에 덮혀 있기 때문에 사제를 이해할 수가 없게 된다고 한다. 『구사론』도 대체로 이 견해와 입장을 같이 한다. 이에 비해 경량부(經量部), 『성실론(成實論)』 등은 무명의 본질을 혜(慧)로 보며, 순수하게 지적인 것으로 이해한다.[65]

무명의 해석과 관련하여 무명이 단지 지식의 결여를 의미하는지, 아니면 어떤 긍정적인 의미를 갖고 있는지도 역시 논란거리로 남아 있다.[66] 무명에

---

62 *Upadeśasāhasrī* II, 2, 51.

63 Śaṅkara ad *Brahma-sūtra,* Upodghāta.

64 설일체유부의 학승 중현(衆賢, Saṃghabhadra; 4-5세기)의 『아비달마순정리론』(『大正藏』 29권, 329면 이하) 속에서 '상좌(上座, Sthavira)'로 불리는 경량부(經量部)의 학승으로서, 이 논서를 통하여 그의 주장의 일단을 읽을 수 있다.

65 高崎直道 외, 『佛教·インド思想辭典』, 460면 참조.

66 Rune E.A. Johansson, 박태섭 역, 『불교 심리학』(서울: 시공사, 1996), 150면 이하 참

대한 가장 보편적인 정의들은 예컨대 "괴로움의 발생과 소멸, 그리고 그 소멸로 가는 길을 알지 못하는 것, 그것이 무명이다",[67] "수행을 쌓지 않은 세상 사람들은 오온(五蘊)을 알지 못하며, 그 원인도, 멈춤도, 멈추게 하는 방법도 알지 못한다. 이것을 일러 무명이라 한다"[68]라고 하는 것처럼 대개 부정적인 뜻을 갖고 있다. 이런 경우, 무명 때문에 행(行)이 야기된다기보다는 무명 때문에 행이 계속될 수 있다는 뜻이 된다. 그러나 무명을 '능동적인 힘이나 작용' 등 보다 긍정적인 개념으로 설명하는 경우도 있다. 말하자면 무명은 홍수로,[69] 번뇌로, 성향(anusaya)으로,[70] 그리고 요소(dhātu)로[71] 간주되기도 한다. 무명을 어리석음, 미혹(moha) 등으로 보는 것[72]도 일종의 긍정적인 해석의 사례라 할 수 있다. 왜냐하면 어리석음이나 미혹이 어떠한 동기를 부여하는 능동적인 힘으로 간주되고 있기 때문이다.

한편 샹카라 이전의 불이론에서 무명은 상캬학파의 프라크리티(prakṛti)처럼 물질적인 것 혹은 우주의 근본질료로 취급되지만, 샹카라의 철학체계에서는 브라흐만에 대한 앎(vidyā)에 의해 소멸하는 것일 뿐, 실체도 아니고 궁극적 존재도 아닌 것으로 해석된다. 왜냐하면 무명을 실체시하거나 궁극적 실재로 간주할 경우, 곧바로 이원론으로 귀착하기 때문이다. 그럼에도 불구하고 결국 샹카라 이후의 불이론에서 무명은 실체시되었고, 이것은 결국 유일하고 청정한 브라흐만과 무명의 관계 그리고 무명의 소의와 대상 등에 관한 지루한 논란의 빌미가 된다.

샹카라의 불이론적 철학과 상캬학파의 이원론적 철학을 절충한 라마누자(Rāmānuja, 11-12세기)는 『브라흐마 수트라(Brahma-sūtra)』의 주석서인 『성소(聖疏, Śrī-bhāṣya)』, I.1.1의 'Mahāsiddhānta'에서 불이일원론파의 무명론에 대하여 신랄한 비판을 제기한다.[73] 이는 물론 샹카라의 가현설

조.

67 「Saṃyutta-Nikāya」 II, 4.

68 「Saṃyutta-Nikāya」 III, 162.

69 「Dīgha-Nikāya」 III, 230.

70 「Dīgha-Nikāya」 III, 254.

71 「Saṃyutta-Nikāya」 II, 153.

72 「Aṅguttara-Nikāya」 I, 194.

73 라마누자가 제기하는 불이일원론파의 무명론의 문제점은 크게 7가지로서, ① 무명의 소재(所在), ② 무명의 브라흐만 은폐설의 부당성, ③ 무명의 본질 및 존재론적 위상, ④ 무명의 규정 불가능성(anirvacanīyatva) 주장의 부당성, ⑤ 무명의 적극성(bhāvarūpa) 입증의 불가능성, ⑥ 브라흐만에 대한 지식을 통한 무명의 제거의 부당

(假現說)에 의하여 격하된 인격신(人格神, Īśvara)의 절대성을 회복하고 세계의 실재성을 확립하기 위한 자구책으로서 행해진 것이지만, 그 비판의 체계성과 통렬함은 오늘날까지 한정불이론(限定不二論, viśiṣṭādvaita)의 연구자들뿐만 아니라 불이론 철학의 연구자들에게도 소중한 논의의 자료가 되고 있다.

**이호근** (강릉대)

성, ⑦ 무명의 완전한 지멸(止滅)의 부당성 등이다. 이거룡, 「샹까라의 Avidyā이론에 대한 라마누자의 비판」, 『인도철학』제17집 (서울: 인도철학회, 2004), 95-114면; Bharatan Kumarappa, *Realism and Illusionism in Hinduism,* Delhi: Mayur Publications, 1986, 318-329면 참조.

# 고

| 범 duḥkha | 빠 dukkha | 장 sdug bsngal | 한 苦 | 영 suffering |
|---|---|---|---|---|

## Ⅰ. 어원적 근거 및 개념 풀이

고(苦)는 일상어의 고통에 해당한다. 그러나 고통의 성격과 강도는 사람마다 다를 수밖에 없는 만큼 고가 내포하는 고통의 종류는 매우 다양하고 그 범위도 매우 넓다. 이 점에서 고는 우리가 불편하다거나 고통스럽다고 느끼는 모든 종류의 상태를 함축한다. 이처럼 포괄적인 의미를 지닌 고를 우선 일반적으로 정의하면, 고는 핍박이나 괴로움을 당해 심신(心身)이 불안한 상태, 또는 심신에 적합하지 않는 상황이나 대상과 부닥칠 때 발생하게 되는 괴로운 느낌이다. 그러므로 고는 뜻하는 대로 이루어지지 않는 데서 느끼는 사소한 번민으로부터 가장 심각하게 괴롭히는 고통에 이르기까지 육체적이거나 정신적인 고통, 어려움, 불행, 절망 등 불쾌한 모든 것을 가리킨다.

고는 빠알리어 dukkha(간혹 dukha)와 범어 duḥkha를 번역한 말이고, 서장어로는 sdug bsngal이다. 범어에서 duḥkha는 형용사와 중성 명사로 사용된다. 이는 빠알리어도 마찬가지이다. duḥkha는 형용사로는 불편한, 불쾌한, 곤란한 등을 의미하며, 중성 명사로는 불편, 아픔, 고통, 비통, 곤란 등을 의미한다. 중국에서는 duḥkha를 형용사로는 고(苦), 난(難)으로 번역하고, 명사로는 고(苦), 뇌(惱), 고뇌(苦惱), 위고(危苦), 우고(憂苦), 환(患) 등으로 번역하여,[1] 이 말의 기본 의미를 충실히 전달했다. 이것들 중에서 가장 보편적인 번역어로 채택된 고(苦)라는 한자는 원래 씀바귀의 이름이었다. 이로부터 고는 '쓰다, 쓴 맛'을 의미하고, 더 나아가 '괴롭다, 괴로워하다, 괴롭히다, 괴로움'을 의미하게 되었다.[2] dukkha 또는 duḥkha의 명사적 의미를 영어로 uneasiness, pain, suffering, sorrow, trouble, difficulty 등으로 번역한[3] 것은 한역(漢譯)의 경우와 대체로 일치한다.

인도의 문법가들은 duḥkha를 dus와 kha의 합성어로 간주하지만, 이보다는 dus와 stha의 합성어인 duḥ-stha의 속어 형태일 가능성이 더 많은 것으로 지적되어 있다.[4] 어느 쪽의 분석을 채택하든 duḥkha의 의미가 앞에 제시한 것과 크게 달라지지는 않으며, 양쪽을 모두 채택함으로써 오히려 duḥkha의 함의가 더욱 잘 드러난다고 말할 수 있다. 접두사 dus는 '나쁜, 곤란한, 어려운' 등의 부정적인 의미를 표시하는 데 사용되며, kha는 행복하거나 유쾌한 상태를 의미한다. kha는 원래 신체에 있는 구멍들을 의미하는 데서 유래하여 감관을 가리키기도 하고, 공허 또는 허공을 의미하기도 한다.[5] 한편 stha는 우리말로 '있는'에 해당하며, 어떠한 상태로 머물러 있음 또는 지속 상태를 의미하는 용도로 사용된다. 따라서 duḥkha가 dus와 kha의 합성어일 경우, duḥkha는 행복하거나 유쾌할 수 없는 상태, 특히 감관이 불쾌한 상태를 의미한다. 또한 duḥkha가 dus와 stha의 합성어에서 유래한 것일 경우, duḥkha는 나쁜 상태 또는 어려운 상태로 있음을 의미한다.

이상과 같은 어원적 근거를 종합하면, duḥkha는 원래 '불편하거나 불쾌한 상태에 있는 것'을 의미하는 개념이었으며, 이로부터 고통 또는 괴로움

---

1 荻原雲來(編),『漢譯對照 梵和大辭典』(新裝版; 東京: 講談社, 1986), 587면.

2 諸橋轍次,『大漢和辭典』, 卷9(修訂版; 東京: 大修館書店, 1985), 578면.

3 Robert CÆsar Childers, A Dictionary ot the *Pali Language* (1st ed. 1875; Kyoto: Rinsen Book Company, 1987), 128면 1단.; Sir Monier Monier-Williams, *Sanskrit-English Dictionary* (London: Oxford University Press, 1899), 483면 2단.

4 Monier-Williams, 483면 2단.

5 빠알리어 불전의 주석가로 유명한 Buddhaghosa는『청정도론(Visuddhimagga)』에서 dukkha의 kha가 공허를 의미한다고 해석한다.

을 가리키는 일반적 용도로 사용었다고 말할 수 있다. 특히 duḥkha의 일반 의미를 '아픈 것을 파헤치다'(duṣṭaṃ khanati)라는 용례로 제시하는[6] 것은, duḥkha가 '고통'이라는 뜻으로 통용되어 왔음을 반영한다. 이에 따라 duḥkha는 명사형 동사의 어근으로도 사용되어 '괴롭히다'를 의미한다. 고의 원어(dukkha)에 대한 불교학적 어의 해석은 『청정도론(淸淨道論)』에 다음과 같이 제시되어 있다.

> "여기서 du라는 말은 혐오하는 것에 붙인다. 실로 혐오스러운 아들을 사람들은 '나쁜 아들'이라고 부른다. 다음으로 kha라는 말은 공허한 것에 붙인다. 실로 공허한 허공은 kha라고 한다. 이 첫째 진리(고성제)는 많은 재난을 가리키는 것이므로 혐오되며, 어리석은 사람이 생각하는 상(常), 정(淨), 낙(樂), 아(我)의 성질이 없으므로 공허하다. 따라서 혐오되는 것이기 때문에, 또한 공허이기 때문에 dukkha로 불린다."[7]

이는 사성제의 첫째인 고성제(苦聖諦)를 설명하는 불교 특유의 관점에서 이루어진 어의 해석이다. 그러나 불교학 일반에서 고는 마음의 감수 작용을 가리키는 수(受, vedanā)에 속한다. 수는 일찍이 셋으로 열거되어 삼수(三受)로 불렸다. 즉 고, 낙(樂), 고도 아니고 낙도 아닌 불고불락(不苦不樂)이 삼수의 내용이다. 이 경우에 고는 좋아하지 않는 대상을 대할 때 몸과 마음으로 느끼는 괴로움과 핍박이다.[8] 예를 들어 삼수의 하나인 고에 대해서는 "어긋난 경우에 처해 몸과 마음이 핍박당하는 것을 일컬어 고수(苦受: 고통스러운 느낌)라고 한다"[9]라고 설명된다. 이는 심신을 핍박하는 것이 곧 고라고 간명하게 정의한 것이다. 그런데 삼수 중의 고와 낙을 각기 몸과 마음으로 분류하면 삼수는 오수(五受)가 된다.[10] 이 경우에는 마음의 불쾌

---

6 Varman Shivaram Apte, *The Practical Sanskrit-English Dictionary* (Revised & Enlarged Edition; Poona: Prasad Prakashan, 1957), 819면 1단.

7 *Visuddhimagga,* 494면. 雲井昭善, 『パーリ語佛教辭典』(東京: 山喜房佛書林, 1997), 413면 1단 재인용.

8 望月信亨(編), 『望月佛教大辭典』 第一卷 (增補增訂版; 東京: 世界聖典刊行協會, 1974), 633면.

9 『成唯識論』 5 (『大正藏』 31권, 27상)

10 "셋 중에서 고와 낙을 각각 둘로 나눈 것이다. 괴로워하고 즐거워하는 몸과 마음의 양태가 각기 다르기 때문이다" 『成唯識論』 5, 같은 책.

를 우(憂)라고 부르고, 몸의 불쾌를 '고'라고 부른다. 이처럼 삼수 또는 오수에 속하는 고는 몸과 마음이 불쾌한 상태를 가리키며, 이것이 불교에서는 고의 일반 의미로 통용되어 왔다. 그러나 불교에서 고에 대한 인식은 인간과 세계의 전분야에서 온갖 종류의 고를 분석하고 분류한 데서 그 특성과 의의가 드러난다. 고의 분류는 문헌에 따라 이고로부터 삼고, 사고, 오고, 육고, 칠고, 팔고, 구고, 십고, 십일고, 십육고, 십팔고, 심구고, 백십고에 이를 만큼 다양하다.[11]

불교에서 고에 대한 인식의 중요성은 삼법인과 사성제로써 고의 현실을 직시하라고 가르친 데서 단적으로 드러난다. 이 점을 고의 다양한 분류와 함께 고려하면, 고를 "붓다와 그 제자들이 존재에 대해 지닌 극단적인 염세적 관념"으로 간주하고, 붓다와 그 수제자들이 "태어나서 죽을 때까지 존재하는 모든 것은 고이다"라고 가르쳤다고 주장하는[12] 것도 무리는 아니다. 또한 이런 견해가 특히 서양인들 사이에서는 불교에 대한 고정 관념을 형성하고 있다는 것도 어느 정도는 사실이다. 그러나 여기서 극단적인 염세적 관념이라는 인식은 불교 사상의 근본 취의와 전개 과정을 충분히 고려하지 못하고서, 불교의 고 개념을 피상적으로 이해한 것이라고 말할 수 있다.

불전에서 다양하게 설명하고 있는 고 개념을 고찰해 보면, 고가 일반적으로 '고통'을 의미할 경우에 이 고통은 '자기가 바라는 대로 되지 않음'을 가리키기도 한다. 따라서 고가 반드시 생리적인 고통이나 심리적인 고뇌를 의미하는 데 그치는 것은 아니다. 예를 들어 사성제를 설명하는 데서 "태어남이 고(苦)요, 늙음이 고요, 병이 고요, 죽음이 고요, 근심(愁)과 슬픔(悲)과 고통(苦)과 낙담(憂)과 번민(惱)이 고이다"[13]라고 말할 때, 서술어로 사용되고 있는 '고'는 '뜻대로 되지 않는'이라는 일반적인 의미를 지닌다.[14] 또 다른 예를 들면 압도된 상태, 즉 종속도 고로 간주된다. 즉 "다른 것에 의해 압

---

11 望月信亨, 634면 참조.

12 Andre Bareau의 "The Experience of Suffering and the Human Condition in Buddhism"라는 논문에서 인용. James W. Boyd, "Suffering in Theravāda Buddhism", Kapil N. Tiwari(ed.), *Suffering: Indian Perspectives* (Delhi: Motilal Banarsidass, 1986), 145-6면.

13 「Saṃyutta Nikāya」 Part V, 421면.

14 中村元, 「苦の問題」, 佛教思想研究會(編), 『佛教思想』 5, 『苦』 (京都: 平樂寺書店, 1980), 73면, 주 2 참조.

도된 것은 모두 고이며, 자유로운 것은 모두 낙이다"[15]라고 고와 낙을 정의하는 경우도 있다. 이처럼 고 개념은 정신적인 모든 고뇌까지 함축한다. 이에 따라 생리적이거나 심리적인 일체의 감각은 고일 뿐이라는 관념도 나타난다. 이에 의하면 앞서 말한 삼수 중의 낙과 불고불락도 고에 속한 것으로 간주된다.[16]

우리의 상식에 의하면 고와 낙은 상반하는 감각이다. 이 점에서 낙뿐만 아니라 고도 낙도 아닌 불고불락까지 '고'로 인식하는 것은 우리의 상식을 초월한다. 그러나 삼법인의 둘째 법인이 일체개고(一切皆苦), 즉 '모든 것은 고'라고 하는 인식인 점을 고려하면, 그것은 불교의 근본 교설로부터 벗어나지 않는다. 일체개고의 일체[모든 것]는 존재하는 그 자체를 의미한다. 여기서 불교의 고 개념은 처음부터 크게 두 가지 용도를 지닌 것으로 파악된다. 그 하나는 일상의 감수 작용에 속하는 고통이고, 다른 하나는 일체개고의 경우처럼 '존재하는 그 자체'를 가리키는 고통이다. 이 중 전자는 삼수 또는 오수의 일부인 고통이다. 즉 마음이 불쾌한 상태인 '우'와 몸이 불쾌한 상태인 '고'가 전자에 해당한다. 후자는 삼수 또는 오수 전체, 더 나아가 존재 자체에 해당하는 고통이다. 존재하는 모든 것은 우리에게 감수 작용의 대상이 된다. 그런데 그 모든 것은 생멸과 변화를 피할 수 없는 무상한 것이므로, 이에 대한 우리의 모든 감수 작용은 결국 고통으로 귀결되는 것이다.

## Ⅱ. 역사적 전개 및 텍스트별 용례

고에 대한 이상과 같은 인식은 해탈이라는 궁극적 자유와 안온을 지향한다. 흔한 예를 들어 빠알리어 『상응부』에서 "태어나고 늙고 죽음에 의한 근심, 슬픔, 고통, 낙담, 번민들로부터 해탈하고 고(苦)로부터 해탈한다고 나는 말한다"[17]라고 설하는 것이 그것이다. 이 때문에 고 개념을 단순히 염세적 관념으로 이해할 수 없는 것이다. 고는 극복의 대상으로서 강조되는 것

15 sabbaṃ paravasaṃ dukkhaṃ, sabbaṃ issariyaṃ sukhaṃ. *Udāna,* 18면.

16 예를 들어 "낙일지라도 고일지라도 불고불락일지라도 내적으로든 외적으로든 감수된 것은 모두 '고'라고 안다"라고 한다. *Sutta-Nipāta,* 738-9면.

17 「Saṃyutta Nikāya」 Part Ⅱ, 25면.

이지 결코 자포자기를 강요하거나 유도하는 것이 아니다. 이하 역사적 전개를 통해 이 점을 확인할 수 있다.

## 1. 초기불교에서 고

초기불교나 교리 연구에 치중한 아비달마불교에서는 고를 직시하여 이것을 극복하는 것이 최대의 과제였다. 특히 초기불교에서 고는 근본 교설의 중심으로 파악되어 있다. 모든 것이 무상, 고, 무아라고 설하는 삼법인의 가르침은, 인간 존재를 구성하는 다섯 가지 요소인 오온(五蘊)이 무상이고 고이며 무아임을 여실히 파악함으로써 탐욕을 멸하여 이 세계로부터 해탈하라는 것이다. 빠알리어 『증지부』에서 삼법인의 둘째 법인은 다음과 같이 제시되어 있다.

> "비구들이여, 여래가 출현하든 출현하지 않든 '모든 현상[18]은 고'라는 것은 …… 법으로서 확립되어 있다. 여래는 그것을 똑바로 깨닫고 파악한다. 그는 그것을 똑바로 깨닫고 파악하여 선언하고, 가르치고, 묘사하고, 앞세우고, 드러내고, 설명하고, 천명하기를 '모든 현상은 고'라고 한다."[19]

소위 '일체개고'란 이 법문에 의거한 번역어이다. 그리고 이 법문에서 '고'로 간주하는 모든 현상은 생물뿐만 아니라 무생물도 포함하는 것이라고 이해된다.[20] 그러나 초기 불교에서 말하는 고가 항상 이처럼 포괄적인 의미만을 함축하는 것은 아니다.

먼저 고를 정의한 대표적인 예를 빠알리어 『중부』에서 "친구들이여, 무엇이 고인가? 친구들이여, 저 신체의 고통, 신체의 불쾌, 신체의 접촉으로

18 현상의 원어 saṅkhāra(범어 saṃskāra)는 보통 '행(行)'이라는 번역어로 통용되지만, 그 의미는 매우 다양하다. 이 중 가장 일반적인 용도에서 이 말은 두 가지 의미로 사용된다. 첫째는 한정된 의미로 오온 중의 하나인 행온을 가리킨다. 둘째는 넓은 의미로 어떤 조건에 의해서 이루어지는 모든 것을 가리킨다. 모든 현상은 조건에 의해 이루어진 것이므로, '고'와 관련된 이 경우에는 saṅkhāra를 '현상'으로 번역한 것이다. Boyd, 157면 참조.

19 「Aṅguttara Nikāya」 Part Ⅰ. 286면. 삼법인의 첫째와 셋째인 무상과 무아는 이와 똑같은 내용 중 '고'를 각각 무상과 무아로 대체하여 제시된다.

20 Boyd, 159면 참조.

발생하는 고통, 불쾌를 감수하는 것, 이것을 '고'라고 말한다"[21]라고 설한 데서 볼 수 있다. 여기에는 주로 육체적인 고통을 고로 간주하는 보편적인 인식이 그대로 반영되어 있다. 그러나 '불쾌를 감수하는 것'을 추가함으로써 심리적 또는 정신적 고통을 간과하지는 않는다. 그리고 '불쾌를 감수하는 것'이라는 고의 정의를 더욱 철저히 고찰하는 데서 고에 대한 인식도 더욱 심오하게 확장된다. 그 일차적 단계로서 고의 원인을 고찰해 보면, 『숫타니파타』에서 "사람들은 '내 것'이라고 집착하기 때문에 근심한다. 소유한 것은 영원하지 않기 때문이다. 이 세상의 것은 오직 변멸해 가고 있을 뿐이다"[22]라고 지적하듯이, 고는 무상한 것을 자기와 결부시켜 집착하는 데서 발생한다. 여기서 고에 대한 고찰은 집착이나 욕망,[23] 무상, 자기[我]에 대한 고찰로 나아가게 된다. 이 중에서 고의 결정적 원인이 되는 것은 무상이다. 그러므로 삼법인은 "무상인 것은 고이다", "고인 것은 무아이다"라고 파악하는 논리로써 무상이 곧 고라는 사실을 주지시킨다. 『상응부』에 나오는 아래의 대화를 그 대표적인 예로 들 수 있다.

> "비구들이여, 그대들은 어떻게 생각하는가? 색(色)은 영원한가 혹은 무상한가?
> 존자여, 무상합니다.
> 그렇다면 무상한 것은 '고'인가 혹인 '낙'인가?
> 존자여, '고'입니다.
> 그렇다면 무상이고 '고'이고 그 본성이 괴멸할 수밖에 없는 그것을 '이것은 나의 것이다', '이것이 곧 나다', '이것은 나의 자아이다'라고 간주하는 것이 타당한가?
> 존자여, 그렇지 않습니다."[24]

이 대화에서 마지막 질문은 소위 무아설로 귀결되는 전형적인 표현이며,

---

21 「Majjhima-Nikāya」 Vol. Ⅲ, 250면.
22 *Sutta-Nipāta,* 805.
23 고와 욕망의 관계를 『테라가타』에서는 "욕망들은 고일 뿐, 안락이 아니다. 욕망들을 추구하는 자는 고를 추구하는 자이다"라고 설한다. *Thera-Gāthā,* 93.
24 「Saṃyutta Nikāya」 Part Ⅲ, 67면. 이와 동일한 내용을 율장에서도 볼 수 있다. *Vinaya,* Mahāvagga, Ⅰ.6.42.

이 같은 대화는 오온의 나머지 사온[수, 상, 행, 식]에 대해서도 반복된다. 이처럼 삼법인에서 고는 무상이라는 현실로부터 무아라는 진실의 세계로 나아가는 매개체가 된다. 한편 사성제의 교설에서 그 첫째인 고성제는 다음과 같이 설명된다.

> "비구들이여, 고성제는 이러하다. 말하자면 태어남[生]이 고요, 늙음[老]이 고요, 병이 고요, 죽음[死]이 고요, 근심과 슬픔과 고통과 낙담과 번민이 고요, 증오하는 자와 만나는 것이 고요, 사랑하는 자와 이별하는 것이 고요, 구하여 얻지 못하는 것이 고이니, 간단히 말하여 오취온(五取蘊, 즉 오온 또는 오음)이 고이다."[25]

위의 설명에는 고의 분류 중 가장 대표적인 팔고(八苦)가 열거되어 있다. 팔고란 위의 설명에서 '근심과 슬픔과 고통과 낙담과 번민'의 고를 제외한 나머지를 일컫는다. 그 중 앞의 넷이 흔히 말하는 사고, 즉 생로병사의 고통이다. 뒤의 넷은 차례로 원증회고(怨憎會苦), 애별리고(愛別離苦), 구불득고(求不得苦), 오음성고(五陰盛苦)로 불린다. 그러므로 원증회고는 싫어하는 상태를 직면하게 되는 고통, 애별리고는 좋아하는 상태를 끝까지 유지할 수 없는 고통, 구불득고는 구하려 애써도 얻지 못하게 되는 고통이며, 오음성고는 물질과 정신의 모든 환경이 고통임을 가리킨다. 이 팔고 중에서 생로병사라는 사고를 하나로 헤아리고 여기에 뒤의 넷을 합하여 오고로 분류하기도 한다.

석가모니의 생애를 기술하는 불전(佛傳) 성전에 의하면, 인간이 피할 수 없는 원초적인 고는 늙음과 병과 죽음이라는 세 가지이며, 이에 따른 삼고는 초기 불교에서 가장 원초적인 고의 분류이다. 예를 들어 석가모니의 출가 배경을 설명하는 사문유관(四門遊觀)의 전설에서, 실달다(悉達多, Siddhattha, Siddhārtha) 태자는 성의 동문으로 외출하여 노인을 만나고, 남문으로 외출하여 병자를 만나고, 서문으로 외출하여 장례 행렬을 목격함으로써 인생의 고를 인식하게 되었으며,[26] 결국 이 고의 문제를 해결하기 위해 나중에 출가를 단행하게 된다.

---

25 「Saṃyutta Nikāya」 Part V, 421면; *Vinaya,* Vol. 4, 10면.
26 『佛本行集經』(『大正藏』 3권, 720상-721하)

삼법인, 사성제와 더불어 불교의 근본 교설에 속하는 연기설은 세계가 생성되어 변화하고 소멸하는 인과의 법칙을 연기로써 설명한다. 이 중 십이지 연기는 앞서 말한 사고 또는 삼고를 생(生)과 노사(老死)라는 이지(二支)로 배열하고, 그 원인을 탐구하여 최종적으로 발견하게 되는 무명을 제거함으로써 모든 고도 사라진다고 가르친다. 이처럼 고의 소멸이라는 최종 목적을 달성하기 위해 오히려 고의 인식을 중시하는 것이 불교의 고관(苦觀)이다. 그리고 이러한 관점을 단적으로 천명하는 것이 사성제이다.

사성제는 우리의 현실 세계가 온통 '고'에 싸여 있고[고성제], 그 원인은 욕망 등의 번뇌이며[고집성제], 이 번뇌가 소멸하면 '고'도 소멸하므로[고멸성제], 이를 위해 팔정도[고멸도성제]를 실천하라고 가르치는 교설이다. 여기서 고성제의 주요 기능은 우리 자신이 일상 세계의 덫에 걸려 중심을 가누지 못하고 있다는 사실을 똑바로 깨닫게 함으로써, 결국 자신의 삶을 진실하게 가꾸어 나가도록 돕는 데 있다. 따라서 이 기능은 자신의 삶을 개조하는 수단이 된다.[27]

## 2. 아비달마불교에서 고

초기불교의 성전에서는 고를 다양하게 열거하고 있으나, 아직 개념적 체계성을 충분히 갖추고 있지는 않다. 여기서는 고를 주로 인간이 체험하는 일상적 고통으로 파악하고 그 실례를 개별적으로 설파함으로써, 인생과 세상의 모든 것이 고통으로 끝날 수 있다는 사실을 자각하도록 유도한다.

이에 대해 아비달마불교에서는 고를 '괴로움'과 같은 일상적이고 체험적인 것으로는 파악하지 않고, 추상적 개념으로 논의하게 되었다. 예를 들어 설일체유부가 유루법(有漏法)은 "성자의 마음과 어긋나기 때문에 또한 '고'로 불린다"[28]라고 주장하듯이, 고는 유루법의 다른 명칭으로 간주되기에 이르렀다. 유루법이란 번뇌를 낳는 온갖 요소를 가리키므로, 이 경우에 고는 현상적 존재, 현상적 생활, 인간의 현실 상태를 의미하게 된다. 이에 연유하여 전통적이고 보수적인 불교에서는 '고'라는 말을 번뇌의 미혹에 싸인 채 '존재하는 그 자체'를 의미하는 것으로 간주한다.[29] 이처럼 유루법

27 Boyd, 159-160면 참조.
28 『구사론』(『大正藏』 29권, 2중)
29 中村 元, 81면 참조.

이라는 번뇌의 상태를 '고'와 동일시한다면, 이러한 고는 '불안'을 가리키는 것으로 이해할 수도 있을 것이다.[30]

아비달마불교의 논사들은 이와 같은 고를 체계화하고자 노력한 끝에 '삼고'라는 관념을 정립했다. 우리가 생존 상태에서 겪는 모든 고통을 세 가지로 분류한 것이 삼고이다. 한역『구사론』에서는 삼고를 고고(苦苦), 행고(行苦), 괴고(壞苦)로 번역하는데,[31] 범본『구사론』에서는 이것들을 다음과 같이 설명한다.

> "모든 유루의 현상들은 왜 '고'라고 불리는가?
>
> [게송으로 이에 답한다.] 유쾌하거나 불쾌하거나 이 둘과는 다른 현상들이 상황에 따라 삼고와 결합하기 때문에 모두 '고'이다.
>
> [이에 대해 논하자면] 실로 '고'는 세 가지이다. 즉 고고[고통인 고]와 행고[현상인 고]와 괴고[변멸하는 고]이다. 유루인 모든 현상은 그것들[의 어느 하나]와 부합하므로 모두 '고'이다.[32] 그 중에서 유쾌한 [유루의 현상]들은 괴고와, 불쾌한 [유루의 현상]들은 고고와, 이것들과는 다른 [유루의 현상]들은 행고와 [부합하므로 '고'이다.]
>
> [그렇다면 묻건대] 유쾌한 [유루의 현상]들이란 어떠한 것인가? 불쾌한 [유루의 현상]들이란 어떠한 것인가? 그 둘도 아닌 [유루의 현상]들이란 어떠한 것인가?
>
> [답하여 말하건대] 삼수[낙, 고, 불고불락]는 차례대로 그 힘에 의해 바로 그 낙을 감수하는 등의 현상들로서 유쾌함 등의 이름을 얻는다. 실로 낙의 감수는 변멸함에 의해 '고'의 성질이 된다. 경에서 말하기를, 낙수는 발생할 때 즐겁고 존속할 때 즐겁지만 변멸할 때는 고통이라고 한다. 고의 감수는 오직 고통의 본질에 의해 '고'의 성질이 된다. [이 점을] 경에서 말하기를, 고수는 발생할 때도 고통이고 존속할 때도 고통이라고 한다. 고도 아니고 낙도 아닌 감수는 바로 그 [변천하는] 현상에 의해 '고'의 성질이 된다. [이 점을 경에서 말하기를] 인연[緣]에 의해 조합된 것이기 때문에 무상한 것은 곧

30 Stcherbatsky는 이러한 고를 unrest(불안)로 번역했다. Th. Stcherbatsky, *The Central Conception of Buddhism and the Meaning of the Word "Dharma"* (London: Royal Asiatic Society, 1923), 98면.

31 『大正藏』 29권, 114중.

32 玄奘은 이 대목을 번역하면서 "이것을 모두 '고성제'라고 하더라도 과실이 없다"라는 말을 추가했다. 『大正藏』 29권, 114면 b단.

고통이라고 한다."[33]

이상에서 설명하는 요지를 두 가지로 추출할 수 있다. 하나는 번뇌의 세계에서는 모든 것이 삼고의 어느 하나에 속한다는 것이고, 다른 하나는 삼수, 즉 모든 감수 작용이 '고'로 귀결된다는 것이다. 따라서 이는 곧 '일체개고'라는 초기불교의 관념과 일치하며, 사성제의 고성제가 함축하는 의미를 담고 있다.[34] 그러나 이는 기존의 고 관념을 더욱 거시적인 고차원에서 삼고로 체계화함으로써 불교의 고관을 정립하는 데 기여했다. 이에 따라 삼고는 온갖 종류의 고를 간명하게 포괄하는 보편적 분류 개념이 된다.

'고고'는 오온이 작용하는 상태에서 발생하며, 좋아하지 않는 대상으로부터 느끼는 고통이다. 이것은 추위나 더위 등 악조건으로부터 받는 고통이며, 소위 팔고로 분류되는 일상적인 고통이다. '행고'는 세상이 변해 감을 보고 느끼는 고통이다. 이것은 유위법(有爲法), 즉 세상을 조작하는 모든 요소가 무상하고 변동하는 데서 느끼는 고통이며, 불교도가 벗어나고자 노력하는 맹목과 무지의 존재 양상을 가리킨다. '괴고'는 좋아하는 것이 파괴됨으로써 느끼는 고통이다. 이것은 즐겁고 만족스러운 것들이 그 무상성으로 인해 상실될 수밖에 없는 데서 발생하는 불만족이며, 오온이 민감하게 작용하는 양태이기도 하다.[35]

이 삼고의 관념이 성립된 의미론적인 과정을 생각해 보면, 인간이 일상의 경험에서 느끼는 제일의적인 고통을 특히 강조하여 '고고'라고 같은 말을 중복한 것으로 보인다. 인도에서는 의미를 강조할 때 같은 말을 반복하여 표현하는 경우가 있다. 그리고 행고와 괴고는 그러한 일상적 경험에 대한 철학적 반성에 의거하여 설정된 것이다.[36] 이 같은 삼고의 관념은 후대의 대승불교에서도 계승되었다.[37]

33 *Abhidharmakośabhāṣya*, 328-9면. 이에 해당하는 한역은 『대정장』 29권, 114면 b단.

34 Boyd, 158면. 앞의 주 32 참조.

35 中村 元, 82면; Boyd, 158면 참조.

36 中村 元, 84면.

37 예를 들어 『無量壽經』(『大正藏』 12권, 266상)에서 "여러 법의 약으로 삼고를 치료하여 구제한다"라고 한다. 또 『顯揚聖敎論』(『大正藏』 31권, 551상)에서는 "삼수의 양상을 차별함으로써 삼고의 양상이 설정된다. 말하자면 고고의 양상, 괴고의 양상, 행고의 양상이다. 양상이 이러하므로 부처님은 갖가지 감수는 모두 '고'로 불린다고 설한다"라고 한다.

한편 설일체유부의 교학에서는 고, 집, 멸, 도의 사성제를 십육행상(十六行相)으로 관찰한다. 이 중 고성제는 무상, 고, 공, 무아의 행상을 지닌다고 지적하면서 그 이유를 제시하기를, "인연에 근거하기 때문에 무상이며, 핍박의 성질이기 때문에 '고'이며, 내 것이라는 생각과는 어긋나기 때문에 공이며, '나'라는 생각과는 어긋나기 때문에 무아이다"[38]라고 한다. 『구사론』은 이 대목에서 무거운 짐을 진 것과 같기 때문에 '고'이며, 성자의 마음과 어긋나기 때문에 '고'라고 하는 두 가지 정의[39]를 추가하고 있으나, 핍박의 성질이기 때문에 '고'라고 하는 정의가 설일체유부의 정설로 간주된다.[40] 이처럼 고를 핍박으로 규정하는 관념은 남방불교의 아비달마에서도 볼 수 있고 대승불교의 『성유식론』에도[41] 계승되어 있다.

남방불교의 아비달마에서 『무애해도(無礙解道)』는 "고에는 핍박의 의미, 유위(有爲)의 의미, 고뇌의 의미, 변멸의 의미, 변지(遍知)의 의미가 있다"[42]라고 정의한다. 여기서 말하는 각각의 의미는 초기불교의 성전에서 어떤 근거를 찾을 수는 있겠지만, 초기경전에서는 이 같은 정의가 인정되지 않았다. 그러나 그 정의에서 '변지'를 제외한 나머지는 후대의 『청정도론』에 답습되어 있을 만큼 중시되었다. 그리고 그 중에서도 '핍박'이 고의 대표적인 정의로 간주되었다는 사실은, 『청정도론』에서 "끊임없이 핍박하는 행상이 고의 특성이다"라고 고를 설명하는 것으로도 엿볼 수 있다.[43]

고에 대한 아비달마불교의 고찰로서 특기할 만한 것은 삼수 중의 고수(苦受)를 둘로 구분하여 정의한 점을 들 수 있다. 『구사론』에 의하면 '고'는 불쾌한 상태를 가리키며, 더 세분하여 몸이 불쾌한 것을 '고', 마음이 불편한 것을 우(憂)라고 부른다. 이에 따라 불쾌함을 몸으로 느끼는 것은 고수 또는 신수(身受)로 불리고, 마음으로 느끼는 것은 우수(憂受) 또는 심수(心受)로 불린다.[44] 아비달마의 논서들에서는[45] 이처럼 몸과 마음으로 감수하

---

38 『阿毘達磨俱舍論』26 (『大正藏』 29권, 137상)

39 『구사론』(『大正藏』29권, 137상)

40 藤田宏達, 「苦の傳統的解釋--アビダルマ佛教を中心として」, 佛教思想研究會(編), 『苦』, 『佛教思想』 5(京都: 平樂寺書店, 1980), 215면.

41 앞의 주 9 참조.

42 *Paṭisambhidāmagga,* Ⅰ, 118면. 藤田宏達, 213면 재인용.

43 藤田宏達, 213면.

44 『구사론』(『大正藏』 29권, 14하)

45 『阿毘達磨法蘊足論』 10(『大正藏』 26권, 501상); 『阿毘達磨集異門足論』 8(『大正藏』 26권, 398하) 등.

는 고통을 각각 신고(身苦)와 심고(心苦)로 구분하는 인식이 널리 통용되었다. 고에 대한 이와 유사한 인식을 일상의 경험에 적용하여 확장한 것으로서 주목되는 것이 『대지도론』의 이고(二苦)이다. 여기서는 이고를 다음과 같이 설명한다.

> "내고(內苦)와 외고(外苦)라는 이고가 있다. 내고에는 다시 신체의 고통과 마음의 고통이라는 두 가지가 있다. 신체의 고통이란 육신의 통증이나 두통 등인데, 사백사종의 병이 곧 신체의 고통이다. 마음의 고통이란 우수에 잠기거나 노여워하거나 두려워하거나 질투하는 것과 같은 것들이다. 이 두 가지 고통이 합하여 내고가 된다. 외고에도 두 가지가 있다. 하나는 통치자나 자기보다 뛰어난 자나 악한이나 도적이나 사자나 호랑이나 뱀 등으로부터 핍박을 받고 피해를 입는 것이다. 다른 하나는 풍우나 추위나 더위나 천둥이나 벼락 등으로부터 피해를 입는 것이다."[46]

위의 설명에서 내고는 『구사론』에서 말하는 신수[苦受]와 심수[憂受]를 총괄하는 육체적 정신적 고통이고, 외고는 타인과 자연 등의 외적 요인이 야기하는 고통을 총칭한다. 인도의 정통 철학 중에서 상키야 철학은 불교와 유사한 고관을 천명하는데, 그 유사성의 근거로 지목되는 것이 『대지도론』의 이고이다. 상키야 철학의 주석서들은 고를 의내고(依內苦), 의외고(依外苦), 의천고(依天苦)라는 세 가지로 구분하여 설명한다. 여기서도 '의내고'는 육체적인 것과 정신적인 것으로 구분된다. 즉 의내고에서 육체적인 것은 풍기(風氣)와 담즙과 점액의 부조화로 일어나는 열병이나 이질 등이며, 정신적인 것은 사랑하는 사람과의 이별이나 싫어하는 사람과의 만남 등이다. '의외고'는 사람, 가축, 야수, 새, 뱀, 각다귀, 모기, 이, 벼룩, 물고기, 악어, 식물 등과 같은 태생(胎生), 난생(卵生), 습생(濕生), 아생(芽生)으로 인해 발생하는 고통이다. '의천고'는 추위, 더위, 바람, 비, 벼락 등이다.[47] 이와 같은 상키야 철학의 삼고(三苦)는 『대지도론』의 이고(二苦)와 동일한 내용을 재분류한 것일 뿐이다. 즉 상키야의 의내고는 『대지도론』의 내고와 동일하고, 의외고와 의천고는 『대지도론』의 외고를 양분한 것이다.

46 『大智度論』19 (『大正藏』 25권, 202중)
47 鄭承碩, 「상키야 철학의 修習法」, 『한국불교학』 제33집, 한국불교학회, 2003, 70-71면 참조.

아비달마불교에서는 초기불교의 성전에 의거하여 이루 다 말할 수 없을 만큼 다양한 방식으로 고에 대한 분류를 시도하고 있다. 특수한 예만 몇 가지 들면, 고성제를 설명하면서 주요한 고 개념을 적용하여 여덟 가지로 분류하는 경우,[48] 다른 데서는 볼 수 없는 방식으로 순고음(純苦陰)이라는 이름 하에 칠고, 십이고, 십팔고를 열거하는 경우,[49] 인간이 받는 고통의 순서에 따라 십육고를 열거하는 경우[50] 등이 있다. 그러나 전반적으로 고고, 행고, 괴고라는 삼고가 아비달마 불교의 고 관념을 대변한다고 말할 수 있다.

아비달마불교에 의하면 결국 이 삼고가 사라질 때 열반의 상태가 성립할 수 있게 된다. 그러나 이 목적으로 고를 고찰하는 과정에서 모든 중생의 행복도 동시에 추구하는 염원은 전혀 표명되지 않는다. 바로 이 점이 오직 자기 마음의 평안만을 추구하고 있었던 전통적이고 보수적 불교의 하나의 한계로 지적된다.[51]

### 3. 대승불교에서 고

대승불교에서는 고에 대한 기존의 인식은 그대로 계승하면서 이전과는 다른 방식으로 더욱 세밀하게 고를 분류한다. 여기서 고는 최대 백십고까지 분류되는데, 그 세부 내용을 『유가사지론』, 『보살지지경』, 『보살선계경』에서 볼 수 있다.

110고는 전후로 55고씩 크게 두 부류로 나뉜다. 이 분류를 가장 상세히 설명하는 『유가사지론』에서는 "보살은 중생에 대한 애민(哀愍)을 성취하기 위해 중생의 세계에서 백십고를 관찰한다"라고 전제하고서 110고를 낱낱이 열거한다. 여기서는 먼저 일고부터 차례로 십고까지의 55고를 열거한 다음, 아홉 가지의 범주 하에 다시 나머지 55고를 열거한다. 이 같은 고의 열거는 무작위가 아니라 나름대로의 관념적 체계를 갖추고 있다. 특히 9종 오십오고를 예로 들면, 일체고(一切苦)를 2종, 광대고(廣大苦)를 4종, 일체문고(一切門苦)를 4종, 사행고(邪行苦)를 5종, 유전고(流轉苦)를 6종, 불수욕

48 『阿毘曇甘露味論』 하 (『大正藏』 28권, 977중)
49 『舍利弗阿毘曇論』 12 (『大正藏』 28권, 612중)
50 『正法念處經』 58 (『大正藏』 17권, 340상)
51 中村 元, 84면.

고(不隨欲苦)를 7종, 위해고(違害苦)를 8종, 수축고(隨逐苦)를 9종, 일체종고(一切種苦)를 10종의 고로 낱낱이 열거하고 있다.[52] 『보살지지경』에서 열거하는 백십고의 내용도 이와 동일하며,[53] 『보살선계경』에서는 9종 오십오고에 대해 오십오고를 낱낱이 열거하지는 않고 총괄적으로 언급하는 데 그친다.[54]

고에 대한 다양한 분류 가운데, 대승불교의 독자적인 관념을 대표하는 것으로 생각되는 것은 『중변분별론』에서 설명하는 삼고이다. 이 경우의 삼고는 취고(取苦), 상고(相苦), 상응고(相應苦)이다.[55] 취고는 자아와 대상을 실체로서 실재하는 것이라고 오해한 데서 기인하는 고통을 가리킨다. 상고는 아비달마 불교에서 말하는 삼고에 해당하는 고통을 가리킨다. 상응고는 고통끼리 서로 연관되어 우발적으로 발생하는 고통을 가리킨다.[56]

그러나 고에 대한 대승불교의 위와 같은 고찰은 어디까지나 세속적 진실을 이해하는 차원에서 고통을 파악한 것이다. 대승불교는 부처의 경지나 부처의 국토를 적극적으로 실현하려는 입장을 견지한다. 특히 번뇌든 고통이든 깨달음[해탈]이든 그 자체의 성질이 따로 있는 것이 아니라 공(空)이므로, 그것들은 고정성을 지니지 않는다는 견해가 대승불교의 기반이 되었다. 이로부터 '번뇌가 곧 깨달음[煩惱卽菩提]'이라든가 '세속의 사바 세계가 곧 열반의 부처 세계[娑婆卽寂光土]'라는 관념도 등장했다. 여기서는 '고'가 최대의 관심사가 되지는 않는다. 이리하여 대승의 『열반경』에서는 '세계의 무상, 고, 무아, 공'보다는 '부처의 상(常), 낙(樂), 아(我), 정(淨)'이 강조되고, '고'보다는 오히려 '낙'이 부각된다. 이 같은 사고의 추이에 따라 고를 중심 과제로 삼았던 사성제도 점차 소승의 교설로 간주되어 갔다.

대승불교 초기에는 공 사상을 강조했기 때문에, 궁극적 진실의 차원에서는 '고'라는 것이 존재하지 않는 것으로 간주되었다. 이에 의하면 '고'는 인연에 의해 조성된 것일 뿐이다. 이 점에 대한 정밀한 고찰은 『중론』에서 볼

52 『瑜伽師地論』44 (『大正藏』 30권, 536상-하); *Bodhisattvabhūmi,* 243-247면.
53 『菩薩地持經』7 (『大正藏』 30권, 927중~928상)
54 『菩薩善戒經』6 (『大正藏』 30권, 992하~993상)
55 『中邊分別論』상 (『大正藏』 31권, 455하). "고는 셋이니, 첫째는 취고, 둘째는 상고, 셋째는 상응고이다"
56 Harsh Narain, "Suffering in Mahāyāna Buddhism", Kapil N. Tiwari(ed.), *Suffering: Indian Perspectives*(Delhi: Motilal Banarsidass, 1986), 169면. 이는 『중변분별론』의 설명(『大正藏』 31권, 455면 c단) 의거한 해석이다.

수 있다. 『중론』에서는 '고에 대한 고찰'을 한 장[제12장 觀苦品]으로 할애하여, 고는 그 자체에 의해 발생하는 것도 아니고, 다른 것에 의해 발생하는 것도 아니며, 또는 원인이 없이 발생하는 것도 아님을 논증하여, 결국 고는 연기(緣起)하는 것, 즉 인연으로 발생하는 것이라는 이치를 밝힌다. 『중론』의 이 고찰은 다음과 같은 선언으로 시작된다.

> "고는 저 스스로 조성된다, 다른 것에 의해 조성된다, 그 둘(自他)에 의해 조성된다, 원인이 없는 것이다라고 어떤 사람들은 주장한다. 그러나 그것[고]이 [그와 같이] 초래된다는 것은 옳지 않다."[57]

주석자 청목(青目)은 여기서 네 가지 주장이 옳지 않은 이유를 "중생이 뭇 인연에 의해 고에 이르게 되고 고를 싫어해서 멸하고자 하지만, 고의 진정한 인연을 알지 못해서 네 가지 오류를 범하기 때문"[58]이라고 지적한다. 결국 "고가 뭇 인연에서 발생하지 않는다면 고는 없다"[59]라는 결론에 도달한다. 이처럼 고가 인연에 의해 발생하는 것이라면, 고는 수행을 통해 단절될 수 있다는 것이 『중론』의 관점이다.[60]

이상과 같이 고의 정체는 연기 또는 인연의 소산으로 파악된다. 그렇다면 온갖 인연으로 살아가는 중생의 현실 세계에 고가 존재한다는 것은 엄연한 사실이다. 다시 말해서 연기를 공(空)으로 간파하는 궁극적 진실의 차원, 즉 승의제로서는 '고'가 존재하지 않을지라도, 인연이 작용하는 세속제로서 고가 존재한다는 사실은 부정되지 않는다. 따라서 엄연한 사실로 존재하는 고를 제거하는 것은 대승불교에서도 일차적인 목적이 된다.

병든 환자의 고통을 제거하기 위해 환자 자신을 죽이는 것이 진정한 '고의 제거'가 아니라는 점을 동의한다면, 고의 제거로서 진정한 것은 부정적인 것과 긍정적인 것이라는 둘 중의 어느 하나일 수 있다. 부정적인 것은 말 그대로 단지 고를 제거하는 것이고, 긍정적인 것은 고를 낙으로 바꾸는 것

---

57 범본에 의거한 이 번역은 中村 元, 86면 참조. 한역본에서는 "어떤 사람은 '스스로 짓거나, 남이 짓거나, 함께 짓거나, 원인 없이 짓는다.'라고 이와 같이 온갖 고를 설한다. 그러나 결과에서는 전혀 그렇지 않다"라고 한다. 『中論』2 (『大正藏』 30권, 16중)

58 『대정장』 30권, 16면 b단.

59 이것은 "고가 인연에 따라 발생한 것이 아니라면 어떻게 고가 있겠는가?"라는 게송에 대한 해석이다. 『中論』4 (『大正藏』 30권, 33중).

60 中村 元, 86면 참조.

이다.[61] 대승불교는 이 중에서 후자를 지지한다. 대승불교의 이 입장은 고를 철저히 배척하기보다는 포용하는 것으로 열반을 이해하는 데서 엿볼 수 있다.

대승불교는 열반에 대해 근본적으로 이전과는 다른 개념을 발전시켰다. 『법화경』에 의하면 열반은 제법평등(諸法平等), 즉 모든 것이 있는 그대로 진실하고 평등하다 사실을 깨닫는 것과 같다.[62] 『대승장엄경론』에서는 평등한 법계를 통달한 보살이 타인의 몸을 자신의 몸으로 관찰하여 도달하는 마음의 평등을 무아, 유고(有苦), 소작(所作), 불구(不求), 동득(同得)이라는 5종으로 열거한다. 이 중에서 유고 평등은 자신의 고와 타인의 고를 차별하지 않는 것이고, 소작 평등은 자신과 타인에게 고가 사라지기를 동등하게 바라는 것이다.[63] 『능가경』에서는 "위대한 중생인 보살들은 윤회와 열반의 평등을 성취하게 될 것이다"[64]라고 하여, 생사의 고통을 겪어야 하는 윤회는 열반과 평등하다고 설한다. 이런 관점은 유식학파와 중관학파에서도 통용된다. 유식학파는 한쪽은 다른 한쪽과 결코 별개가 아니라는 간단한 이유를 들어, 일반적으로 윤회를 궁극의 목적과 동일시한다. 중관학파는 윤회와 열반이 모두 공이라는 점을 이유로 들어, 그 둘을 동일시하는 경향이 있다.[65] 불교에서 생사는 종종 윤회의 동의어로 사용되듯이, 여기서 윤회는 고의 세계를 상징한다.

그런데 『중론』이 대변하는 대승불교의 일반적 관점에 의하면, 이 같은 열반은 "제거되지도 획득되지도 않고, 파괴되지도 영원하지도 않으며, 소멸하지도 발생하지도 않는 것"[66]이다. 열반이 이러하다면, 윤회 역시 이와 같은 것으로 이해해야 하며, 윤회의 세계에 가득 찬 고 역시 그러하다고 이해해야 한다. 이 같은 '열반 즉 윤회'의 인식에서 모든 고는 종식된다. 다시

61 Narain, 164면 참조.

62 "세존께서 말씀하셨다. 가섭아! 실로 제법이 평등함을 깨닫기 때문에 열반이다" *Saddhamapuṇḍarīkasūtra.*, 91면 10행.

63 *Mahāyānasūtrālaṃkāra,* 271면. 한역에 의하면, 유고 평등은 자신과 타인의 상속에 온갖 고가 차별 없이 존재한다는 것이며, 소작 평등은 자신과 타인의 상속에서 차별 없이 고를 단절하고자 한다는 것이다. 『大乘莊嚴經論』7 (『大正藏』 31권, 625중하).

64 *Saddhamalaṅkāvatārasūtra,* 19면 25행. 한역의 내용도 이와 동일하다. "此菩薩摩訶薩不久當得 生死涅槃二種平等" 『大乘入楞伽經』1 (『大正藏』 16권, 594상).

65 Narain, 166면 참조.

66 *Madhyamaka-Śāstra,* 25.3. 한역 『중론』의 제25 「觀涅槃品」에서 "無得亦無至 不斷亦不常 不生亦不滅 是說名涅槃" (『大正藏』 30권, 34하).

말하면 고는 인식의 전환을 통해 열반으로 대체됨으로써 저절로 해소된다. 만약 고를 고정된 실상으로 간주하여 제거하고자 의식할 때, 이 의식은 망상으로서 또 다른 고가 될 뿐이다.[67]

그러나 대승불교는 미혹에 싸인 중생이 이상과 같은 진실을 쉽게 깨달을 수 없다는 사실을 간과하지 않는다. 즉 중생이 삶의 현장에서 고통을 겪으면서 생사와 열반을 차별하는 망상으로부터 벗어나지 못하고 있다는 엄연한 현실을 외면하지 않는 것이다. 바로 이 점에서 대승불교는 보살의 자비정신을 특별히 강조하여 중생 구제를 천명한다.

현실에서 고통받고 있는 사람들을 돕는 것은 자비의 정신이다. 자비의 실천은 대승불교의 구도자인 보살의 이상에서 점차 강조되어 갔다. 자비의 실천자는 '다른 사람의 고통을 괴로워하는 사람'[68]이다. 『보살지(菩薩地)』에 의하면 보살은 중생에 대해 자비심을 일으켜 "중생을 대신하여 고통을 감내하는 마음을 지닌 자들"[69]이며, "중생을 위해, 모든 고통을 대신 감내하기 위해 윤회의 세계에 존재한다"[70]라고 한다. 대승불교에서 이 같은 보살의 자비 정신은 다양한 서원으로 표명되어 있다. 『보행왕정론』에 나오는 다음과 같은 서원도 그 중 하나일 뿐이다.

> "원하건대 나는 타인이 좋아하는 것을 내 수명처럼 생각할 것이며, 원하건대 나는 내가 좋아하는 것보다 만배나 더 중생을 생각할 것이며, 그가 지은 악행의 과보는 나에게 이루어지고, 내가 지은 선행의 과보는 그에게 이루어지기를 기원한다."[71]

보살의 서원이 공통으로 표방하는 것은 모든 중생의 고통을 자신의 고통으로 삼겠다는 자비행의 의지이다. 그리고 이로부터 수행자는 열반에 들어가고자 하는 희망을 스스로 포기하기에 이른다. 그러나 이 포기는 앞에서 말한 '인식의 전환'과 상통한다.

---

67 Narain, 166-7면 참조.

68 "kāruṇiko hi paraduḥkhaduḥkhī" Sthiramati(安慧)의 *Triṃśikāvijñaptibhāṣya,* 29면 8행. 中村 元, 90면 재인용.

69 sattveṣu ··· duḥkhodvahana-cittāḥ. *Bodhisattvabhūmi,* 248면 8행.

70 sattvānām cārthe saṃsāre sarvaduḥkhodvahanāya bhavati. *Bodhisattvabhūmi,* 249면 6행.

71 『寶行王正論』(『大正藏』 32권, 504하)

후세의 대승불교에 의하면, 구극의 경지에 도달한 수행자는 무주처열반의 상태에 있다. 그는 생사와 열반을 서로 다른 것으로 보지 않기 때문에 그 어느 곳에도 머물지 않는다는 것이다. 그는 진실한 지혜를 지니기 때문에 생사에 머무는 일이 없다. 또 자비심을 지니기 때문에 중생 제도에 노력하고, 열반에 머무는 일도 없다. 만약 그가 생사를 분별한다면 생사, 즉 고에 머무는 것이 된다. 열반을 분별한다면 열반에 머무는 것이 된다. 그러나 그는 무분별지를 얻어 아무것도 분별하는 일이 없으므로, 그에게는 머물러 있을 곳이 없는 것이다. 따라서 그는 몸은 생사윤회의 경계에 있으면서도 그것을 초월하여 자유의 경지를 얻고 있다. 보살이 항상 전념하여 노력하는 것은 온갖 형태의 신체로 자신을 드러내어 중생을 제도하는 일이다. 관음보살이나 지장보살은 이러한 이상을 구현하는 전형적인 보살이다.[72]

이상과 같은 대승불교의 관점에서 고는 무조건적인 혐오나 기피의 대상이 아니라, 현실 세계의 실상으로 포용하여 정화하거나 승화해야 할 대상이다. 그러므로 예토인 현실 세계로부터 정토인 이상 세계로 인도하여 중생을 구제하고자 하는 정토교에서는 고를 단지 버려야만 하는 것으로 보지 않고, 오히려 구제의 동기가 된다는 적극적인 의의를 가진 것으로 인정했다.[73]

한편 중생 제도의 이타행을 강조하는 대승불교는 그 당연한 귀결로서 국가적 혹은 민족적 고난의 문제에 대해서도 교시한다. 예를 들어 『금광명경』에서는 국왕이 법을 실행하는 데 태만하여 자신의 영토에서 일어나는 온갖 악행을 간과한다면, 악행이 만연하여 국토에는 거짓과 투쟁이 횡행하게 될 것임을 경고한다. 악행이 만연하면 법을 지키지 않는 사람이 존중되고, 성실한 사람이 경멸된다고 한다. 또 전란이 일어나 적군이 침략해 오고, 큰 연못이 코끼리에 의해 황폐해지듯이 국토는 유린되며, 가족은 흩어지고 즐거움은 사라진다고 한다. 따라서 국왕이 되는 자는 자신과 타인을 위해, 또 영토에 법을 실현하기 위해, 생명과 왕위를 버려도 좋다는 각오로 정치를 맡아야 한다고 교시한다.[74]

이상으로, 대승불교는 고에 대해 아비달마 불교를 비롯한 기존의 인식을

72 中村 元, 87-88면.
73 中村 元, 89면 참조.
74 『金光明經』3의 正論品에서 이 같은 취지를 게송으로 설파한다. (『大正藏』 16권, 347상~348상)

계승하면서 더욱 면밀한 고찰을 시도하였다고 말할 수 있다. 그러나 대승불교는 개념적 이해의 이론적 차원보다는 중생 구제의 실천적 차원에서 고의 문제를 취급해 갔다. 이리하여 고의 해소에 노력하는 보살의 자비 정신을 강조함으로써 고를 자비 구현의 이유로 간주하였다.

## Ⅲ. 인접 개념과의 관계 및 현대적 논의

원래 종교는 현실의 고통으로부터 벗어나 즐겁고 안온한 경지를 얻게 하는 것이다. 이런 의미에서 종교는 불완전한 현실 세계를 바르게 관찰하는 것으로부터 출발한다. 그래서 불교는 현실의 고, 무상, 오염, 무지 등을 관찰하는 것으로 종교적 심성을 일깨우고, 기독교는 원죄 관념을 주입하는 것으로 신에 대한 복종을 부추긴다. 만약 현실에 만족하여 현실의 고통이나 불만을 느끼지 않는다면, 종교를 찾거나 이상을 추구하는 일은 있을 수 없다. 그러나 현실은 항상 만족할 수 있는 상태로 있지 않으며, 높은 이상을 추구하는 사람에게 현실이란 오염되고 고통으로 충만한 불완전한 세계이다. 여기서 완전한 이상적 세계로 나아가고자 하는 종교 의식이 싹트고, 수행과 노력이 필요하게 된다. 이 점에서 고의 인식, 즉 '일체개고'로 대변되는 고관은 불교의 출발점인 동시에 불교의 종교적 성격을 대변한다.[75]

그렇다면 불교의 고관은 수행과 노력을 자발적으로 지향하고, 이로써 열반이라는 이상을 추구하는 지향성(志向性)을 지닌다. 더욱이 이 지향성은 자신을 비롯한 타인의 구제를 지향한다는 점에서 '구제론적 지향성'으로 명명할 수 있다. 출발점이 되는 고의 인식은 모두 고의 소멸이라는 귀착점, 즉 구제라는 목표를 향해 인도되고 있기 때문이다.[76] 그러므로 고에 대한 고찰의 결론으로는 고관의 의의를 그러한 지향성에 결부하여 재조명하는 것이 적절할 것이다.

고의 인식은 인도의 거의 모든 학파에서 철학적 사색의 출발점이었다. 철학적 관점에서 고는 존재의 변화에 따른 정신적 불안이지만, 윤리적 관점에서 고는 악과 동일시된다. 이 같은 고관은 악의 근원을 파악하는 동시

75 水野弘元, 『佛教要語の基礎知識』(東京: 春秋社, 1972), 153면 참조.
76 峰島旭雄, 「西洋諸思想の苦觀と佛教の'苦'」, 『苦』, 『佛教思想』 5(京都: 平樂寺書店, 1980), 481면 참조.

에 악을 완전히 극복할 방도를 찾기 위해, 세계의 특성과 인생의 의미를 사색하는 데로 나아간다. 현실 세계를 고통으로 규정하는 고관은 언뜻 보아 염세적이지만, 철학적 사색과 종교적 실천에 의해 고통의 윤회 세계를 초월하여 해탈의 경지를 실현하고자 한다. 설혹 이러한 고관이 염세주의로 간주된다고 할지라도, "이 같은 염세주의가 인생에 미치는 영향은 무비판적인 낙천주의보다 건전하다"[77]라는 사실을 부정할 수는 없다. 이와 아울러 "염세주의는 인도 철학의 시작이지만 종국은 아니다"[78]라는 단언은 불교의 사성제, 특히 '생사가 곧 열반'이라는 대승적 인식의 전환을 통해서 입증된다.

불교의 고 개념과 대비할 만한 것을 기독교에서 찾는다면, 예수 그리스도가 십자가에 못 박혀 죽는 고통을 들 수 있다. 기독교에서 말하는 고통으로는 가장 근본적인 것으로 간주할 수 있는 이 죽음은 속죄를 위한 죽음이다. 즉 베드로가 "그리스도께서는 여러분의 죄 때문에 죽으셨습니다. 죄 없으신 분이 죄 때문에 죽으셨습니다. 그리스도께서는 단 한 번 죽으심으로써 여러분의 죄를 용서해 주시고 하느님께로 인도해 주셨습니다"[79]라고 전하듯이, 그리스도는 우리 인간을 대신하여 고통을 감수함으로써 인류의 원죄를 속죄했다. 따라서 그리스도의 고통은 '대신 받는 고통', 즉 대수고(代受苦)로 불릴 수 있다.[80] 더욱이 이 고통은 "그 때부터 예수께서는 제자들에게 자신이 반드시 예루살렘에 올라가 원로들과 대사제들과 율법학자들에게 많은 고난을 받고 그들의 손에 죽었다가 사흘 만에 다시 다시 살아날 것임을 알려주셨다"[81]라고 전해져 있듯이, 그리스도 자신의 각오를 표명한 예언에 따라 감수되었다. 그리고 아래와 같은 성경의 전언에 의하면 그리

77 Satichandra Chatterjee & Dhirendramohan Datta, *An Introduction to Indian Philosophy*(7th ed.; Calcutta: Unversity of Calcutta, 1968), 14면. 이 책의 저자가 인용하고 있는 서양 철학자의 견해도 경청할 만하다. "낙천주의는 염세주의보다 더 비도덕적인 듯하다. 염세주의는 우리에게 위험을 경고하는 반면, 낙천주의는 우리를 달래어 거짓된 안정으로 이끌기 때문이다" George Herbert Palmer, *Contemporary American Philosophy,* Vol. 1, 51면.

78 S. Radhakrishnan. *Indian Philosophy,* Vol. Ⅰ(London: G. Allen and Unwin, 1923), 49-50면.

79 「베드로의 첫째 편지」, 3.18. 『공동번역 신약성서』(개정판, 대한성서공회, 1999), 376-7면.

80 峰島旭雄, 473-4면 참조.

81 「마태오의 복음서」, 16.21. 『공동번역 신약성서』, 27면.

스도의 대수고는 신에 의해 설정된 것이며, 여기서 '고'는 결국 사랑을 상징한다.[82]

> "모든 사람이 죄를 지었기 때문에 하느님이 주셨던 본래의 영광스러운 모습을 잃어버렸습니다. … 그리스도를 믿는 사람에게는 죄를 용서해 주시려고 하느님께서 그리스도를 제물로 내어주셔서 피를 흘리게 하셨습니다."[83]

> "그런데 그리스도께서는 우리 죄 많은 인간을 위해서 죽으셨습니다. 이리하여 하느님께서는 우리들에게 당신의 사랑을 확실히 보여주셨습니다."[84]

> "하느님께서는 당신의 아들을 죄 많은 인간의 모습으로 보내어 그 육체를 죽이심으로써 이 세상의 죄를 없이 하셨습니다."[85]

그리스도의 대수고와 유사한 관념이 특히 대승불교에서는 보살의 자비로 천명된다. 이미 언급했듯이 불교에서 보살은 '중생을 대신하여 고통을 감내하는 마음을 지닌 자'로 정의된다. 이 같은 보살의 전형적인 자비행이 보살의 사신(捨身)이다. 이것은 『금광명경』에서 일곱 마리의 새끼들을 낳고 굶주려 죽을 지경에 있는 호랑이를 구하기 위해 자신의 몸을 먹이로 내던진 왕자의 이야기로 묘사되어 있다.[86] 그러나 보살의 자비를 일괄하여 대수고로 간주하더라도 기독교의 대수고와는 다른 점이 있다. 즉 그리스도의 대수고는 신에 의해 설정된 것이며, 그 발생의 근본적 원인도 인간의 원죄이다. 따라서 이 같은 고의 인식에서는 각자의 자발적 의지로써 고를 극복하고자 하는 지향성이 불교의 경우만큼 부각되지는 않는다.

아리스토텔레스로 대표되는 서양 철학에서 사색의 출발점이 되는 것은 경이(驚異)이다. 이것은 감각적 인식으로부터 경험적 인식과 이성적 인식을 거쳐 본질적 인식으로 나아가는 지향성을 갖는다. 그러나 이 같은 지향

---

82 峰島旭雄, 474면.
83 「로마인들에게 보낸 편지」, 3.23-25. 『공동번역 신약성서』, 238면.
84 「로마인들에게 보낸 편지」, 5.8. 『공동번역 신약성서』, 240면.
85 「로마인들에게 보낸 편지」, 8.3. 『공동번역 신약성서』, 244면.
86 이 이야기에서 왕자는 기력이 쇠진한 호랑이가 쉽게 먹을 수 있도록 스스로 자신의 몸을 분쇄하는 고통을 감내한다. 『대정장』 16권, 354면 c단.

성에는 구제론의 국면이 희박하다는 것을 고의 인식과는 다른 점으로 지적할 수 있다.[87] 다만 고의 인식을 강하게 주장하는 실존 철학에서는 구제론적 지향성이 어느 정도 작용하고 있다고 볼 수 있다. 야스퍼스에 의하면, 실존이 초월자와 접촉하여 초월자가 자기 자신을 암호로서 드러낼 때, '눈이 열리게 되는' 것과 같은 평온을 얻게 된다.[88] 그러나 이 경우의 구제론적 지향성은 철학적 신앙의 형태를 취한다는 점을 불교적 고의 인식과는 다른 점으로 지적할 수 있다.

고의 인식이 내재하는 구제론적 지향성은 일차적으로 자력에 의해, 이차적으로 타력에 의해 고통을 해소하는 실천적 노력의 당위성을 요구한다. 이 점에서 사성제는 먼저 고를 천명하고, 끝으로 팔정도를 제시하는 것이다. 사성제에 의하면 고가 진리의 전체인 것은 아니다. 고가 사실이기는 하지만, 고의 원인은 결정되어 있을 뿐만 아니라 제거될 수도 있으며, 이에 따라 고 자체도 제거될 수 있고 그 제거 방법 역시 현실적으로 실용 가능하다는 것이 진리의 전체이다.[89] 따라서 사성제는 고통으로 가득 찬 현실의 중생 세계는 각자의 각성과 노력을 통해 낙으로 가득 찬 이상의 부처 세계로 전환될 수 있음을 시사하는 것이다.

대승불교에 이르면, 고의 현실을 여실히 파악해 들어갈 때, 그것은 곧 공임을 깨닫게 되어 결국 열반의 세계가 열린다는 근본 교설[삼법인과 사성제]을 이해한다. 이와 동시에 근본 교설이 중시하는 고의 인식은 현실의 중생 세계에서 자비를 실천해야 하는 이유가 된다. 궁극적 진실의 차원에서 고의 세계가 곧 열반의 세계임을 체득한 보살은, 아직 세속의 고통에 빠져 있는 중생과 공존하면서 중생을 고통으로부터 구제하기 위해 노력한다. 이처럼 불교의 고관은 고의 현실에 대한 인식 자체로 그치는 것이 아니라, 열반이라는 이상 실현의 전제와 동기로서 중시된다. ❁

**정승석** (동국대)

87 峰島旭雄, 465-7면, 482면 참조.
88 K. Jaspers, *Philosophie*(Ⅲ metaphysik), 878면. 峰島旭雄, 483면 재인용.
89 Narain, 164면.

우리말 불교개념 사전

# 업

범 karma 빠 kamma 한 業 영 doing, action

## Ⅰ. 어원적 근거 및 개념 풀이

범어 karma는 한역으로는 '업(業), 행위(行爲), 작업(作業)' 등으로 번역되며 영어로는 'doing, action, Profession' 등으로 번역된다. 이 개념은 범어 동사어근 **kṛ**에서 파생된 명사로, **kṛ**는 '하다, 행하다, 만들다'의 의미를 가지고 있다. 『대비바사론』[1]은 업의 의미를 세 가지로 구별 짓고 있다. 첫 번째는 '작용'의 의미로 가장 포괄적인 의미이다. 두 번째는 '의식(儀式)'의 의미이며, 세 번째는 '과보'의 의미이다. 선악의 행위는 그에 상응하는 과보를 가져오는데 그 과보를 업이라 한다. 행위는 소멸하는 것이지만 뒤에 보이지 않는 힘을 남긴다. 이렇게 선악의 행위가 뒤에 남기는 힘을 '업'이라 한다.

업사상[2]이 불교사상의 전반에 걸쳐 이처럼 수없이 설하여져 있는 이유가

1 『대비바사론』, (大正藏, 卷 27, 587중)

무엇일까. 나타난 교설의 양이 그 질과 직결된다고 단정하기는 어렵지만, 붓다의 가르침이 모두 진리에 이르게 하는 방편교설에 불과하다는 점에서 볼 때, 방대하게 설하여진 내용 속에는 쉽게 간과 할 수 없는 중요한 의미가 담겨져 있으리라고 생각된다. 업사상은 바른생활을 할 수 있는 불교의 실천교설이라고 볼 수 있다. 붓다는 업의 중요성을 이렇게 역설하고 있다.

> 비구중이여, 모든 과거세의 응공·정자각자인 세존은 모두 업론자·업과론자·정진자이었다. 모든 미래의 응공·정등각자가 될 세존도 모두 업론자·업과론자·정진자이다. 현재의 응공·정자각자도 업론자·업과론자·정진자이다.[3]

『잡아함경』에서 붓다는 한 바라문에게 '차제설법(次諸說法)'을 설하면서 먼저 시설 즉 보시를 설하고, 다음에 계율을 설하고, 그리고는 생천법(生天法)을 설한 연후에, 사제법문(四諦法門)을 설한다고 하였다. 이 '차제설법'을 4가지 성스러운 가르침인 사제설을 처음부터 모든 이들에게 설하지 않는다는 것이다. 보시하는 마음을 길들이고, 계를 청정히 하며, 다시 생천법 곧 업설을 충분히 익힌 후에 비로소 사제설을 설해야 한다는 것이다. 여기서 업사상은 수승(殊勝)한 사제법문을 깨달아 실천하기 위한 준비단계의 교설임을 나타내 주고 있다.

그러나 이처럼 업사상이 사제법문에 들어가기 위한 예비설법이라는 위치 때문에 지금까지 그 중요성이 잘 드러나지 못하였으며, 그 목적이 생천법(生天法)에 불과하다는 이유를 들어서 이를 외면하였던 것이다. 그러한 결과 오늘날까지도 업사상의 진가가 충분히 발휘되지 못하였고, 붓다 본연의 진정한 업의 의미가 잘 살려지지 않고 있었다. 때문에 업사상을 오직 악을 멀리하고 선행을 권장하는 '통속적 교화방편설'이거나, 다분히 숙명적으로 해석하여 현세의 잡다한 인간고를 모두 숙장(宿藏)의 업인(業因)으로 연관시켜 이를 체념적으로 받아들이기도 하였다. 따라서 그 내용에 대해서도 지극히 소극적이고 개인적인 것으로 이해[4]하게 되었던 것이다.

---

2 업설은 특히 四阿含(5-Nikaya) 전반에 걸쳐 설해져 있고, 특히 붓다의 전기·불교의 윤리적 설화·불교의 우주관 등 넓은 영역을 차지하고 있다.

3 『增支部經傳』(「南傳大藏經」 17卷, .473면)

4 김동화, 『구사학개론』(보련각, 1968), 302~336면 참고.

하지만 본래 업사상은 그 자체가 대 사회적 성격을 떠나서는 존재할 수 없으며, 인간 스스로가 자연과 사회에 주체적 입장에 서서 자신의 자유의지에 바탕한 능동적 실천성을 요구하고 있다. 앞의 예문에서 밝힌 것처럼 "세존은 모두 업론자이며 업과론자이며 정진자이다"고 하여 업론자이면서 정진자임을 설하고 있는 점에서도 보아 능동적 자기행위에 대해서는 철저한 책임의 윤리를 강조하고 있는 것이 업사상의 특징인 것이다. 오늘날 물질 문명에 의해 소외되어 가는 현대인들은 붓다 업설의 참 뜻에 입각하여 스스로 자유의지를 회복하고, 나아가 자기행위에 대한 책임을 충실히 이행하여 가는 건전한 윤리의식을 확립해야 한다. 이러한 실천만이 오늘날 우리들이 겪고 있는 수많은 인간고의 해결에 적극적이며 실천적인 대응책이 될 것이다.

## Ⅱ. 역사적 전개 및 텍스트별 용례

### 1. 업의 시원

업의 어원은 범어로 'karman'인데 이는 '행위하다'·'만들다'·'하다'라는 동사의 어근 kr에서 유래한다. 일반적으로 업의 어원을 'karma'라고 하는 것은 중성명사 karman의 단수주격형으로 'kar는 작', 'ma는 사'의 결합어이다. 따라서 업, 작, 작업, 소작, 소행 또는 음역하여서 갈마(葛磨) 등으로 한역되고 있다.

업의 용례를 대별하면 3종이 있는데 「대비바사론」[5]에서 그 의미를 체계적으로 설명하고 있다. 그 내용을 요약해 보면 1) 作用故 謂作用說名爲業, 2) 持法式故 謂能任持七衆法式, 3) 分別果故 謂能分別愛非愛果의 세가지로 분류된다.

먼저 1)의 작용이란 karma의 원어로서 최상의 넓은 의미이다. 이것은 의식적·정신적·물질적인 모든 작용과 '활동'을 가리키는 것이어서 반드시 도덕적·종교적인 것으로 한정되지 않는다. 다음에 2)의 의미는 불교의 율에서 행하는 의식작법으로서 일반적인 업과 구별하여 한역에서는 보통 갈마라는 표현을 쓴다. 이 갈마는 승단의 일상 생활 중에서 행하여지는 의식작

5 『大毘婆沙論』(『大正藏』 권27, 587중)

법으로서 예를 들면 출가수계의 작법이나 보살의 양식 및 우안거의 규정, 기타 의식주 등의 승단 제반 생활규정의 의식을 가리킨다. 이러한 내용은 불교이전 브라만교나 미망사학파의 제식에서도 사용되었으며 이들은 모두 단순한 동작이 아니라 틀에 박힌 동작이나, 규정화되고 의식화된 동작을 의미하고 있다. 마지막으로 3)의 의미가 비로소 업설에 말하는 업의 의미이다. 이는 '애(愛)와 비애(悲哀)의 과(果)를 분별하는 것'[謂能分別愛非哀果]이라고 한 것 같이 단순한 동작이나 의식이 아니고 호악의 결과를 수반하는 선악의 동작이다. 이는 곧 인간의 행위에 어떤 가치가 부여되어 그 과보를 반드시 받는 인과응보적 업을 뜻하는 것이다.

Pali-English 사전에 보면 앞의 1), 2)의 의미를 원초 의미라고 정의하며, 이는 모든 인간의 '행위'와 '행동'을 다 포함하는 것으로 설명하였다. 그런데 3)의 의미는 응용 의미라고 정의하여, '선이나 악에 의지되어진 행위' '습관 또는 성격에 부여된 습성적 행위', '행위자에 대하여 행 또는 불행을 가져오는 선 또는 악의 행위'라고 하는 내용을 나타내는 말로서 설명하고 있다. 지금은 그 중 3)의 의의인 '과를 분별하는 것' 다시 말하면 '인연과 과보를 내포하는 업'으로서의 의미에 한정하여 논한다.

## 2. 불교 이전의 업의 형태

업설은 인도사상의 최초부터 있던 것이 아니고 아리아족(Aryan)[6]의 정신문화가 열리고부터 약 천년이 경과한 우파니샤드시대에 와서 비로소 업설로서의 성립이 이루어졌다고 전해진다. 그러나 이의 발아는 이미 베다[7]

6 인도인과 이란인들은 튜턴(Teuton)어족·켈트(Celt)어족·슬라브(Slav)어족·이탈리아(Italia)어족·헬라스어족·아르메니아(Armenia)어족의 세 구분을 지니는 인도-유럽어족에 속하는 것으로 말해진다. 이 사람들의 믿음과 실천에 대한 비교분석을 통하여 학자들은 일종의 인도-유럽어족 종교의 주요 요소이다. 리플레이(Ripley) 와 같은 최근의 민족학자들은 세계의 종족들에 대한 다소 다른 분류법을 채택하고 있는 것 같다. 어떤 학자들은 아리아(Arya)어족을 튜턴어족이나 북구 게르만계 제어족과 동일시한다. 우리는 여기서 이러한 견해들과는 아무런 관계가 없다. 인도사상의 역사는 다만 중앙아시아의 아리아인들이 두 무리로 나누어져서 그 중 하나는 아프가니스탄(Afghanistan)을 통하여 인도로 들어오고 다른 하나는 이란이라 불리는 영토로 퍼져나갔던 때로부터 시작된다.

7 베다(Veda)라는 말은 '알다'라는 의미의 동사 어근 vid에서 파생된 명사로 '지식', 특히 '성스러운 지식' 혹은 '종교적인 지식'을 의미하며, 나아가서는 그 지식을 담고 있는 성전을 의미한다.

말기에서 브라흐만시대에 걸쳐 존재한 것으로 추정한다. 업설의 기원을 찾으려면 먼저 이와 함께 윤회설을 생각하지 않을 수 없다. 윤회는 범어로 'saṃsāra'로서 '두루 거닐다'라는 뜻이 있는 동사 saṃsr의 파생어이다. 이는 인간의 현신이 현세에서 끝이 날 때에 육신은 소멸되어 없어진다 할지라도 실유적인 자아는 그 현신을 이탈하여 다른 몸을 빌어서 그 몸에 다시 들어간다는 것이 윤회설의 본 뜻이다.

이 윤회설은 리그베다에서도 그 유사한 모습들이 보이기는 하나 자신의 실체를 인정하는 브라흐마나(Brahmana)시대 이후에야 그 기원을 찾아 볼 수 있다. 그 예를 찾아 보면, "사후에 영혼은 천평에 달리며 그에 따라서 선·악의 업을 헤아려 상벌을 받는다" "제사의 법을 알고 이를 잘 행하는 자는 죽어서 새로운 몸을 받아서 불사의 생을 얻는다. 그러나 이를 모르고 행하지 않으면 죽어서 새로운 몸을 받아 사신(死神)의 밥이 될 것이다"[8] 등이 있는데 그 내용을 통해 보면 자아가 곧 윤회전생의 주체임을 알 수 있다. 이 자아가 윤회전생하는데에 반드시 이를 있게 하는 역할이 있어야 하는데 그것이 업이라는 것도 나타나고 있다. 때문에 업이야 말로 윤회전생을 가능하게 하는 원동력이 된다. 사후에 재생처가 선처(善處)냐, 악처(惡處)냐는 오직 전생에서의 업이 그것을 좌우하는 것이다.

### 1) 바라문교에서 업

바라문교란 아리아족들이 BC 15세기 서북인도를 침입한 이래로 찬란한 인더스 문명의 주인공들인 드라비다족[9]들을 포함한 다수의 원주민[10]들을

---

8 Veda의 종교의식을 설명, 제사계급은 신을 움직이는 신비력이 있다고 믿으므로 권위가 절대적이었다. 그러므로 선악의 기준이나 공덕 생천 등의 문제도 모두 제사 지낼 때의 자세에 달려 있다고 보았다.

9 처음으로 자신들을 아리아인이라고 불렀던 사람들의 상세한 이동 경로는 현재 이용 가능한 자료에 의거하여 분명하게 말할 수 있는 문제가 아니다. 베다의 찬가들은 범어가 구어(口語)였고 아리아인들이 여러 부족으로 갈라지던, 후기 단계의 사회상을 반영하고 있다. 초기 베다 시대의 구어는 후대에 그리고 아마 다른 지역에서 [고전] 산스크리트가 되었던 것의 이전 단계였다. 드라비다(Dravida)인들이 인도의 원주민이었다는 주장은 받아들이기 어렵다. 드라비다인들은 아리아인들보다 훨씬 이전에 인도에 들어 왔으며, 아리아인들의 이동 이전에 이미 상당할 정도로 발달된 문명을 지니고 있었던 것으로 보인다. 드라비다인들이 아리아인들의 생활 양식을 받아들인 것이 사실이지만, 반대로 그들이 아리아인들의 문명에 영향을 주었던 것도 사실이다. 아마도 접근하기 어려운 산악지역에 살았던 수많은 부족들이 드라비다인들 이전의 인도의 토착 원주민이었을 것으로 추정됨.

정복하여 그들을 노예로 삼으면서, 아리안 족의 정치·종교통치를 합리화하기 위하여 사회제도를 재편성하는 가운데 형성된 계급옹호의 종교이다. 이미 철기문화를 지닌 아리안족들의 광폭한 침탈계책은 아직도 청동기에 머물고 있었던 인도를 점점 동진하면서 소수민족의 다수민족들을 지배[11]하기 위한 사회계급제도를 종교·철학적으로 정비하여 나갔다. 이것이 저 유명한『원인찬가(原人讚歌)』[12]의 설화이다.

아리안족들은 종족적 자부심을 품고 그들을 정신적으로 통합단결하게 하는 동족의 조령제와 장식이라는 종교감정을 극대화하여 실행하였다. 그것의 종교적 의례가 곧 제사지상주의였다. '사람이 태어나더라도 그 몸은 죽음에 대한 부채이다. 제식에 의해 죽음의 속박으로부터 벗어날 수 있다.' '제식 전체가 보상하는 행위이며, 저 제식을 아는 이에게는 제식이란 사후 완전한 몸을 이루게 한다.' 여기서 행위 곧 업이란 제사인데 이를 특히 선업이라 한다. 따라서 종교적 제사의식의 실행, 불이행은 그대로 인간 존재와 가치에 반영된다.

인간의 무서운 적인 '죽음'[13]에 대한 해결행위가 제사의식인데 그것이 바로 신성한 업이며 인간의 궁극적 의미이기도 하다는 뜻이다. 따라서 바라문교의 업이란 인생의 길흉·화복, 자손의 번영 같은 것을 신들에게 빌어 알리고 양재초복을 기원하는 종교의식을 뜻한다고 할 수 있다. 이것은 신의

10 인도 선주민들은 원래 몽고계 인종이다. 고고학적 연구와 언어인류학적 분석에 의하면 코가 낮고 피부가 검었다. 아리안들은 지배착취제도를 정당화하기 위해 선주민을 추악한 인간으로 보았으며, 이후 기원전 10세기경 카스트제도가 형성되었다. [흑·백 차별과 우·열의 종교 탄생]

11 고대엔 정치와 종교의 행위는 동일 선상에서 민중을 통치하기 위한 메카니즘이었으므로 아리안족의 통치행위도 신성한 종교적 상징수단을 매개로 하였다. 그들은 일단 원활한 원주민지배를 위해서 토착민들의 고유신앙을 선별 채용하면서 그것을 아리안족의 신앙체계에 맞도록 재편성, 보급·강요하였으며, 그것의 빠른 침투와 효과를 위해서는 계급간에 높은 장막을 드리우고 계급내 혼인, 직업독점을 기반으로 철저한 피라미드식 수직하향의 분할통치를 강행해 나갔다

12 Ṛg-Veda.X.90.12. purusa의 입에서 바라문, 양쪽 팔에서 왕족 무사, 두 눈에서는 서민, 두 발에서는 천민이 난다고 함, 위 3계급은 정복자 계급으로 모태에 들고 베다 학습을 하여 종교적으로 새로 태어나는 2회種生이고, 원주민은 4계급으로 종교적 특권이 없음으로 하여 자연인이므로 1회생의 천민이라고 단정하게 되었다.

13 Satapatha-Brahmana.X.4.3.10 '이와같이 알고, 또 이러한 작업을 행하는 사람은 죽어서 새로운 존재에 이르러서, 그 존재는 불사의 생을 얻는다. 그러나 이를 알지 못하고 또 이러한 작업을 행하지 않는 사람은 죽어서 새로운 존재에 다달아서, 다시 死神의 밥이 되고 만다.'

찬미·찬양을 통하여 보장받는 제사의식의 업이다. 하늘 나라에 생천한다는 보장이다.

### 2) 우파니샤드철학에서 업

브라흐마나시대 이후, 윤회와 업의 사상이 하나의 학설로 완전히 기본적 체계를 얻게 된 것은 우파니샤드시대에 들어온 다음 부터이다. 여기에 그 대표적 내용으로 오화이도설(五火二道說, pañca āgnividya)이 있다. 이 설은 『찬도기야 우파니싸드』(Chandogya Up).5.3.-10와 『브리하드 아란냐카 우파니싸드』(Brihad-Arar-yaka Up).6.2에 나오는 윤회설로서 사후의 전생을 업에 의해서 체계적으로 설명하고 있다. 이를 간략히 간추려 본다.

오화(五火)교설은 사람이 사후 화장할 때, 제1차의 제화에서 달로 가고 제2차로 비가 되고 제3차로 땅의 식물이 되고 제4차로 남자의 정자가 되고 제5차로 제공화에서 태자(胎子)가 되고 모체로 들어가 다시 이 세상에 돌아오는 윤회의 경로를 제공화에 가탁(假託)하여 상징적으로 설명한 것이다. 이러한 경로 속에서 사람들이 이 세상에 거듭거듭 태어난다는 내용이다.

이도는 사람이 사후에 가는 길에 천도(天道)와 조도(祖道)가 있는데 천도는 오화(五火)교를 깨닫고, 고행으로써 진리를 명상한 이는 사후에 화장할 때 그 불길이 빛(arcis)으로 들어가서 낮 하루로 들어가고 그 다음 반달로 들어갔다가 다시 태양이 북행하는 여섯 달 동안에로 다시 천계(deva-loka), 다시 태양으로, 그리고 번갯불로 들어가며 다시 푸루샤(purusa)에 의해 범계(brahma-loka)에 들어가서는 다시는 이 세상에 태어남이 없게 된다.

조도(祖道)는 마을 집에 있으면서 제사·선행·보시들을 행하는 사람이 죽으면 화장하여 그 혼령이 불길의 연기로 들어가고, 연기에서 밤에로, 다시 삭는 반달로, 거기서 태양이 남행하는 여섯달 동안에로, 다음 부조계(父祖界, pitr-loka)에로, 거기서 월(月)세계에 가서 천신들에 의해 선행의 과보를 받은 다음, 허공계·풍·우·지로 차례로 거쳐 식물이 되어 남자와 여자를 거치고, 다시 이 세상에 태어나는 경로이다.

조도를 갈 때에는 선행인은 선보인 브라흐만 크샤트리아 바이샤족의 과보를 받고 반대로 천도와 조도를 모르고 악행을 한 사람은 악보인 개, 돼지, 새, 곤충등의 과보를 받는다고 하였다.

또 하나의 윤회설 속에서 업의 역할을 잘 설명한 것이 있다. 『브리하드 아란냐카 우파니싸드』(Brhadaranyaka Upanisad)에는 다음의 내용이 들어 있다.

"사람이 죽으면 그 말은 화(火)에 들어가고, 숨은 바람(風)에, 눈은 태양에, 의(manas)는 달, 귀는 방위, 신체는 지(地)에 atman은 허공, 모발은 초목, 혈액과 정액은 물로 가버리는데, 그렇게 되면 결국 '그 사람은 어디에 있는가' 라는 문제에 대해 두 바라문은 사람이 없는 은밀한 곳에 가서 이야기를 나누었다. 그 내용은 오직 'Karman' 뿐이고 또 그들이 찬탄한 것도 'Karman'뿐이었다. 사람은 선업(Punya Karman)에 의하여 선해지고 악업(Pāpa Karman)에 의하여 악해진다고 하였다."

이와 같은 설명이 같은 책에서 다음과 같이 나타나기도 한다.

"그 작업과 같이 그 행동과 같이 사람이 되는데, 선행자는 선하게 되고, 악행자는 악하게 된다. 복업(Kāmamaya)에 의해서 복되게 되고 죄업(ākamamaya)에 의하여 죄인이 된다. 세상 사람들이 말하기를 사람은 욕(欲, 樂, Kama)으로 이루어졌다고 한다. 욕락에 따라서 결심(Kratu)이 되고 결심에 따라서 행동(Karman)하게 되고 이 행동에 따라서 그 행동대로 된다."

여기서 업설의 근원을 결심 즉 내적인 심(心)에 두고 또 인과응보를 인정하고 있으며, 이로 인해서 윤회설을 더욱 밑받침해 주고 있다. 이는 바라문교의 업보다는 한결 발달된 형태이다.

그러나 『우파니샤드』에서는 업설에 대한 구체적인 성질이나 내용의 설명이 없다. 이러한 이론적 체계의 결여에도 불구하고 업사상이 우주질서의 원리로서 널리 유포되고 적용될 수 있었던 것은 그 자체 내에 이미 어떤 이론이 어느정도 형성[14]되어 있었기 때문이다. 원래 이러한 업설이 성립하기 위해서 충족되어야 할 이론적인 필요조건은 반드시 있어야 한다.

여기서 그 조건을 들어 보면 (1) 선인선과 악인악과 (善因善果 惡因惡果) 라는 인과설, (2) 인과의 관계를 연결하게 하는 어떤 노력, (3) 인과 과와의 사이에 인격적 동일성 등으로, 업설에서는 언제나 이 세 가지가 인정되어야 한다. 그런데 이들을 다시 고찰해 보면, 첫 번째 인과설은 인도 이외의 어떤 나라에서도 선을 장려하고 악을 지양하는 사상이 일어날 수 있는 것이다. 더욱이 서양의 유신론적인 신을 믿으면 "선인은 사후에 천국에 나고 악

14 정승석, 「업설의 양면성 문제」, 청년여래 창간호, .112면 .

인은 지옥에 떨어진다"는 것이 되는데, 이것이 곧 업보설일 수는 없다. 때문에 여기에는 두 번째의 것으로 기타의 인과와 관련 연속시키는 어떤 힘을 인정하지 않으면 안된다. 그러나 이것도 외부의 어떤 힘에 의해서 인간의 행·불행을 지배한다고 할 경우, 이는 결국 외적인 것일 뿐이어서 업설로서 성립이 불가능하다.

그런데 세 번째의 조건인 자기가 지은 행·불행은 반드시 자신이 받는다는 자업자득적 의미는 인과를 접속시키는 힘의 연쇄를 동일인격에 한정시키는 것이다.

이러한 동일인격에 의한 힘의 연쇄로서 자업자득의 의미는 업설의 이론으로 성립되는 가장 기본적인 것이다. 이러한 사상의 단초는 브라흐마나에서 신에의 공양제식의 행위에서 보여지고 있는데, 이는 karma가 제2의 의미 즉 제식에 한정되는 것이므로 업설로는 성립이 되지 않는다. 그러나 그 후 우파니샤드에 이르러서는 비록 업의 세력을 물질적으로 보기는 하나, 자업자득의 사고가 행해지고 있었다. 이처럼 당시 업설의 이론으로는 복잡한 현실세계의 제현상을 다 설명하기가 어려웠다. 때문에 이러한 모순과 부족함을 해결하기 위해 더욱 발전된 이론으로 정립되어갈 수 밖에 없었다.

그러나 바라문교의 제사행위는 민중과 공익을 위한 사회 유기체 구실은 하지 못했다. 그들은 신비한 권위로 무장된 주문과 의식으로써 오로지 대중의 삶을 억누르고 착취하는 역할을 충실히 이행하였던 것이다. 말하자면 사성제도의 심층적 체질화작업과 함께 최상층의 부패도 가속화되어 나아갔다. 그들은 순혈통을 자랑하고 거룩한 '인간의 신'인 체 하였으나, 실제는 잡혼하거나 사통하였을 뿐 아니라 무식하고 품격이 떨어진 저질 바라문들이 많이 양성 되기도 하였다. 그것은 뚜렷한 착취피라미드식 계급사회에서 무제한적으로 특권을 누리고 세습되는 그들에게 자연히 발생할 수 있는 독재부패가 아닐 수 없다.

이러한 때, 엄격한 계급제도의 횡포와 인간 이하의 가속화로 사회의 뜻있는 이들의 반성과 함께 반베다의 정신이 감돌기 시작했다. 그런데 『우파니샤드』의 철학자들은, 인간이 만약 불사를 얻기 위해서 궁극적으로 제사한다면 그 불사를 성취하는 행위의 동기나 과정 그리고 결과도 모두 외부에 있지 않고 인간인식의 심층에 있다고 보기에 이르렀다. 즉 불사를 바라는 마음의 희구나 또는 인간에게 화복을 주는 신들마저도 결국 '인간의식의 인간적 표현'이라는 것이다. 그것은 결코 외부 지향적이 아니라 내부 지향적인 요가탐색에 의해서 성취될 뿐이라는 것이다. 그래서 밖으로 시끄럽게 떠들것이 아니라 고요히 명상하여 인간의 그 원하는 '불사의 성취'가 무엇인지 몸으로 체득되어야 한다고 주장했다.

그리하여 그들은 마침내 범아일여(梵我一如)를 발견, 주창했다. 이는 '인간의 심층 궁극은 곧 대우주의 그것'이라는 대전제에서 비롯된 것이다. 따라서 이들은 인간의 모든 행위가 다 업이되, 그들 업 가운데 가장 훌륭하고 인간의 바른 길이 범과 아를 일치시키는 작업이라고 보았다. 즉 선행을 한 사람은 선인이 되고 악행을 한 사람은 악인이 된다. 복덕이 있는 사람은 복덕의 업에 의해 생기고 악인은 악업에 의해 생긴다. 그러므로 집착하는 사람은 업과 함께, 저 성향과 뜻이 거세게 붙들고 늘어지는 곳에 다다르고 만다. 이 세상에서 그가 어떠한 것을 하더라도 그 업이 극한에 도달할 때면, 그는 다시 새로이 업을 쌓게 되므로 저 세계에서 이 세계로 돌아오고 만다.

그리하여 그들은 계급옹호의 기반으로서 베다 종교의 업설을 다시 고상한 철학적 이론으로 체계화하여 카스트제도를 완전히 정착화시켰다. 베다 종교에서 제사의식에 참여하는 태도에 따라 그에 상응한 선인선과, 악인악과가 초래되듯이, 『우파니샤드』 철학자들이나 왕족·무사들도 그들의 입장에서 업의 선인락과(善因樂果)와 악인고과(惡人苦果)를 주장하였다. 이와 같은 논리는 고대인도의 사회를 점점 계급간의 갈등과 변화가 심화되어 가도록 하였다. 거기에 억눌린 민중을 기존의 카스트제도에 순응·복종하도록 길들이는 사상적 토대가 바로 『우파니샤드』에서의 업의 오화이도(五火二道)적 실상이었다. 이처럼 업설이 강자의 지배논리로 체질화되어 가면서 사회에는 억압·폭력·착취 등의 갈등 고뇌가 횡행하게 되었다.

### 3) 자이나교에서 업

자이나교의 흥기가 언제부터인지는 분명하지 않지만, 대략 오래 전부터 침략자 아리안 문화의 제국주의적 침식으로부터 민족의 순수전통과 문화를 유지하고 전수하려는 이른바 비아리안족 계열인 토착신앙의 한 전통이었다고 볼 수 있다. 아리안족의 세력이 점차 동진하면서 민족자존의 의식이 위기를 맞이할 때 자이나교가 민족 종교로서 출발하였을 것이라는 점은 고대 인도역사의 흐름을 보아 짐작할 수 있다. 오늘날 우리가 자이나교에 대해서 알 수 있는 정보는 불교의 초기경전에 산재되어 있는 부분과 현존하는 자이나교의 경전 및 그에 따른 관계자료뿐이다. 불교에선 자이나교를 육사외도 가운데 한 파로 보지만, 대중 속에 많은 신자를 확보하고 있었으며, 오늘날도 상당한 수의 자이나교도들이 수행하고 있음을 볼 때 자이나교의 교리 또한 매우 체계적이었다고 짐작할 수 있다.

이 교의 체계는 이원론적인 입장에서 설파되고 있거니와, 그것의 궁극적인 목적은 인도의 일반적인 종교철학처럼 '윤회로부터의 해탈'이다. 이 때 윤회와 해탈은 하나의 짝을 이루는 개념들이지만, 먼저 보통인간의 실천과 관계되는 부분은 윤회 쪽이므로, 오래 전부터 윤회에 대한 세밀한 연구가 있어 왔다. 가장 기본적인 문제제기로써 도대체 윤회한다는 그 주체는 무엇인가 하는 중요하고 심각한 물음이 설명되어져야 한다. 자이나교에서는 이를 업이라 한다.

자이나 교리에 따르면, 지바(Jiva, 활명, 생명, 영혼 정신원리)라는 업물질과 결합됨에 의해서 미(迷)한 생존을 시작하게 된다. 외계에는 업이 될 수 있는 물질이 충만해 있어서, 지바가 몸·입·뜻의 동작을 일으키면 그것에 의해 업물질이 지바에 흘러 들어가 마치 우유에 물을 넣고 흔든 상태처럼 하나로 부착되어 버린다. 여기서 지바의 본성은 덮여지고, 묶이게 된다. 지바란 본래 완전한 견(見)·지(智)·력(力)·락(樂)을 지니고 있는데 업[15]에 의해서 이런 작용이 속박되어 윤회를 한다는 것이다. 따라서 '고통=윤회'의 굴레에서 벗어나려면, 즉 지바가 본성대로 자유로이 발현되려면 우선 종교생활에 들어가 새롭게 부착될 업의 유입을 막고, 이미 붙어 있는 업은 고행에 의해 멸해야 한다. 이 업의 멸한 상태가 바로 해탈이다.

이상이 일반적인 자이나교 업설의 대요인데, 전통적으로는 다시 업을 세밀히 분석하고 그 내용적 기능을 밝히고 있다. 지바의 본성을 저해하는 업[智을 덮는 업, 見을 덮는 업, 우치업, 장애업]과 지바의 본성을 저해하지 않는 업[고락의 감수를 일으키는 업, 수명을 결정하는 업, 개성을 짓는 업, 종족을 결정짓는 업]으로 크게 나눈다. 다시 이를 더 세분하여 158가지로 설명하기도 한다. 그런데 8가지 업 중 지바의 본성을 저해하는 업 4가지만 윤회하는 악업이 되고, 다른 4가지 업 즉 지바의 본성을 저해하지 않는 업은

---

15 업이란 身·口·意가 동작한 결과 지바에 부착된 물질이다. 이 업물질과 지바가 결합된 것을 업신이라 부르는데, 매우 미세한 몸으로 '정신적인 것'에 가깝다. 일단 신체가 망가뜨려지면 업신에 새로운 신체를 이룰만한 곳에 이르러 업신이 윤회전생하게 된다. 업신은 본래 몸을 받기 위해 운동 진행하는 성질이 있으므로 업신이 이루어지고 진행하는 과정을 잘 조절해야 한다.

해탈한 사람에게도 남아 있는 존재 유지의 업이다. 그래서 먼저 지바의 본성을 저해하는 업을 멸한 다음 지바의 본성을 저해하지 않은 업마저 멸할 때 이른바 전업을 멸한 최고 해탈이 된다고 한다. 즉 존재의 근본이라 할 지바가 업물질의 부착으로 말미암아 업신이 되어 고통받는 현존재가 되었으므로, 마땅히 수행에 의해서 업물질을 떼어 없애는 작업이 아주 긴요하다고 하는 것이다.

우리는 여기서 인류가 흔히 범해 온 존재파악의 오류를 분명히 읽을 수 있다. 첫째, 정신원리인 지바는 순수하고 선한 그 무엇인데 비해 지바에 부착된 업은 한 물질로서 고통의 진원이며 배척해야 할 저주대상으로 설명하는 이원적 관념론이다. 마치 플라톤의 이데아론과 같은 맥락의 현실부정적 도피이론이다. 즉 보이는 모든 것은 악업의 산실이며, 인생의 고통거리일 뿐 아니라 취할 것이 전혀 못되는 '속된 것'이므로, 어서 빨리 그 업물질을 벗겨버리고 지고한 그 지바의 자유를 얻도록 해야 한다는 것이다.

둘째, 그러한 이유로 자이나교는 엄청난 육체학대 같은 고행(苦行)을 권장한다는 점이다. 그들은 '불살생과 무소유'를 지나치게 강조한 나머지 출가하여 업물질을 떼어버리려는 끈질긴 고행을 감수한다. 출가지상주의를 표방하며 정신적인 안락을 추구한다. 그리하여 업물질이 지바에 부착되지 않으면 존재가 성립되지 못한다는 전제에서 보면, 곧 업물질을 떼어버리려는 강한 물질혐오 경향은 '존재의 몰가치성'을 주장하는 염세·허무주의에 빠질 우려가 크다.

셋째, 세존께서도 맹렬히 공격하셨거니와 자이나교의 업설은 지나친 숙명론을 고집함으로써 인간의 의지를 과소평가하고 있는 점이 문제이다. "비구들이여, 어떤 사문이나 바라문이 이와 같이 설하고 이같이 보고 있다. '이 사람이 어떤 락(樂), 또는 고(苦), 혹은 불고불락(不苦不樂)을 감수하더라도 그 모든 것은 전의 과거에 지은 것을 인으로 한다. 따라서 고행에 의해 모든 고업을 파괴하고 신업을 짓지 않음으로써 미래에 영향을 끼치지 않고, 미래에 영향을 남기지 않음으로써, 업이 멸진되며, 업이 멸진됨으로써 고통이 멸진되고, 고가 멸진됨으로써 수가 멸진되며, 수가 멸진됨으로써 일체고통이 멸진될 것이다'고, 비구들이여, 니건타는 이렇게 설하였다."[16] 이에 대해 붓다는 날카롭게 비판했다. 물론 세존의 지적처럼 지나친 숙명

16 MN.III. 214면

론은 아니지만, 자이나교가 과거의 업에 대해 많은 비중을 두는 것은 확실하다. 여기서 우리는 자이나교의 업설의 취지가 지나친 숙명론[17]에 서서 버려야할 업 물질의 파괴에 있다고 하는 사실을 발견할 수 있다. 인도의 일반적 성향인 듯한 현세부인적[18] 부정심리가 존재를 전부 덮고 있는 인상을 불식할 수가 없다. 한마디로 존재의 실상은 정신과 물질이 결국 하나이면서 '다른 것'이라고 하는 물심불이론에 귀기울여야 할 것이다.

### 3. 근본불교와 아비달마불교에서 업

앞에서 인도의 문화 배경을 바탕으로 된 베다·우파니샤드·자이나교의 업에 대한 일반적 견해를 간략히 보았는데, 업을 지극히 개인주의적, 염세주의적 또는 혐오적인 것으로 간주하여, 인간의 무서운 고통의 굴레로 보았다. 그 고난의 업을 벗어나기 위해 극단적인 고행과 난행, 육체의 학대를 야기시키고 인간의 비인간화로 집합시키는 것을 보았다. 인간의 삶에서 중요한 개념 중의 하나인 업을 인식함에 있어서 불교의 업도 그 아류로 치부될 수 있는 위험성이 있으므로, 분명한 불교적 업사상을 이해해 볼 필요가 있다.

현세에서는 여러 종류의 차별된 사회상 또는 인간상을 볼 수 있다. 이 현상은 원시 시대부터 오늘날에 이르기까지 일관하여 변하지 않는 실태이다. 이것에 관해서 여기에서 주로 인용하는 것은 5세기의 논저인 중현[19]의 『순

17 AN. I.(3.16) 174면, 전세에 인을 지었으므로 마땅히 살생해야 하고, 전세에 인을 지었으므로 마땅히 도적질하며, 전세에 인을 지었으므로 비범행을 저질러야 하고, 전세에 인을 지었으므로 거짓말을 해야 하며, 전세에 인을 지었으므로 이간질하는 말을 해야 하고, 전세에 인을 지었으므로 험한 말을 해야 하며, 전세에 인을 지었으므로 잡소리를 해야 하고, 전세에 인을 지었으므로 사견자가 되어야 한다. 비구들이여, 또 전세에 지은 바가 견실하다고 고집하는 사람들에게는, 이건 행해야 하고 저것은 행하지 말아야 한다고 하는 의욕도 없고, 또 노력도 없다. 그런데 이와 같이 행해야 하고 행하지 말 것을 실로 확실히 알 수 없을 때 실념하여 지키려는 바 없이 사는 사람들에게는 스스로 사문이라고 불러질 이유가 없다.

18 '정신'을 상위개념으로 보고 '보이는 존재'는 환상으로 파악한 나머지 파생되는 이원론적인 인간·우주관의 오류이다. 오늘날의 발달된 문화정보에서 본다면 플라톤의 이데아론처럼 자이나교의 이원적 물질천시개념은 크게 비판받아 마땅하다.

19 북인도 가습미타국의 스님, 세친보살이 『阿毘達磨俱舍論』을 지은 것을 보고 12년간 연구한 뒤 『順正理論』을 지어 반박하고, 다시 세친을 만나 토론하려고 중인도를 향해 떠나다가 도중에 병으로 사망, 저서로는 『順正理論』 80권과 『阿比達磨顯宗論』 40권이 있다. 중현은 교학적으로는 설일체유부라고 하는 한 학파를 대표하고 있기 때문에 결론에 있어서 자파의 주장을 관철하지만, 그곳에서 펼쳐지는 여러 문제와 사고는 단순

정리론(順正理論)』[20] 80권이다. 이 논저는 인과율로부터 인간의 행동을 구체성에서 살펴보고 있는데, 불전이 많다고는 하나 본론 만큼의 정밀한 논리로 업론을 구성하고 더구나 현대적 의미도 갖춘 논서를 다른 곳에서는 찾아 볼 수 없다.

근본불교는 학문적으로는 설일체유부 아비달마불교라고 불려지나, 그 의미는 '뛰어난 철학'이라는 의미로서 불교철학은 모두 여기에서부터 시작되고 있다. 이러한 체계없이 대승의 연구는 추진할 수 없다. 대승불교 발전의 원리적 관점은 여기서부터 얻을 수 있을 것이다. 그런데 종래의 업론은 업형성의 배경을 거의 빼고 있으므로 그 업론은 공식적인 관계 설명으로 끝나든가, 혹은 주관적이고 감성적인 정감으로 밖에 취급되지 않았던 면이 많았다. 그 때문에 『구사론』[21]을 반박했던 『순정리론』이 일반에게 새롭고도 가장 체계적인 고전으로 드러날 수 있는 것이다. 따라서 『구사론』과 『순정리론』의 업에 관한 기본 입장을 비교해 볼 필요가 있다.

### 1) 『아비달마구사론』의 업

문: 만약 그렇다면, 무슨 까닭으로 함께 업으로부터 생겼으면서 울금과 전단 따위는 매우 사랑스럽고 좋은데 안의 몸과 얼굴 따위는 그것과

---

한 한 학파에 한정되어 있지 않다. 때문에 본론으로부터 소승의 제파 및 대승불교의 사고방식으로도 연결된다.

20 『阿毘達磨順正理論』(『大正藏』, 卷33), 衆賢의 저술을 唐 현장 번역(A.D.654), 경량부에 기울어져 있는 세친의 논지를 반박하고 유부(有部)교설을 현양(顯揚)하고자 본 논서를 지었다고 전한다. 이에 구사론을 논박하고 있다고 하여 『구사박론(俱舍雹論)』이라 부르기도 한다. 아비달마 논장에서 가장 중요시되는 두 논서가 바로 세친의 『구사론』과 본 논서이다. 유부의 교설을 주장하기 위해 저술된 본 논서는 부파 불교를 대표하는 논서임과 동시에 불교사 전체에서도 가장 중요한 논장을 꼽힐 만큼 그 논술이 치밀하고 매우 상세하기 때문에 아비달마 불교의 연구에는 필수적인 문헌이다.

21 『阿毘達磨俱舍論』, 大正藏, 卷29: 당(唐)시대(A.D.651~654)번역. [역] 현장(玄奘) [저] 세친(世親) [범] Abhidharmakośa-śāstra. [장] Chos-mṅon-paḥī mdsod-kyi bśad-pa. [약] 『구사론(俱舍論)』 [별] 『대법장론(對法藏論)』, 『신역구사(新譯俱舍)』. [이] 『아비달마구사론석론(阿毘達磨俱舍論釋論)』. 소승 부파 불교에서 가장 중시되는 논서이다. 전체 내용은 게송과 그에 대한 해설들로 구성되어 있다. 다만 마지막 품인 제9 「파집아품(破執我品)」은 게송 없이 논술로만 이루어져 있다. 저자인 세친이 「아비달마구사론본송(阿毘達磨俱舍論本頌)」을 먼저 짓고 나서 이해하기 어렵다는 평을 듣고 그에 대한 해석을 붙여 상세히 논술한 것이 본 논서였다고 전한다. 후대에 이르러 본 논서를 중심으로 구사종(俱舍宗)이 형성되었을만큼 불교사상 매우 중요한 논서이다.

서로 다른가.

답: 모든 중생들의 업 종류가 그와 같기 때문이니 만일 잡된 업을 지으면 안의 몸과 얼굴을 얻게 됨에 있어 아홉의 부스럼, 즉 구멍에서 항상 깨끗하지 못한 것이 흐르고 있나니 그것을 다스리기 위하여 바깥 물건들을 얻게 되어 빛깔·냄새·맛·닿임의 것이 매우 사랑스럽고 좋은 것이 생기게 된 것이다. 모든 하늘 사람들은 순수하고 깨끗한 업만을 지었기 때문에 그들의 얻어진 두 가지 일들[內身·外物]은 모두 미묘한 것이다.

문: 이것이 업으로 말미암아서 된 것이라면 그 자체는 바로 무엇인가.

답: 말하자면, 마음으로 생각함과 그리고 생각으로 지은바 그것이다. 그러므로 경에서 말씀하시기를, "두가지 업이 있으니 첫째는 사업(思業)이요, 둘째는 사이업(思已業)이니 사업이란, 생각으로 지은 바를 말한 것이라"고 하셨다. 그와 같은 두 업을 분별하면 셋이 되나니 말하자면, 중생들의 몸과 말과 뜻의 업이 그것이다.

문: 어찌하여 이 삼업(三業)을 내세웠는가. 의지하는 몸을 들어 말한 것인가. 그 자체의 성질[自性]에 대해서 말한 것인가. 함께 일어나는 등기(登起)에 대해서인가.

답: 비록 그렇다 한들, 무슨 잘못이 있는가. 만약 의지하는 몸을 들어 말한다면 응당 하나의 업뿐일 것이니 온갖 업이 모두 몸에 의지했기 때문이며, 만약 그 자체의 성질에 대해서 말한다면 응당 말만이 업일 것이니 세 가지[身·語·意] 중에 오직 말만이 업이기 때문이며, 만약 함께 일어나는 등기에 대해서라면 또한 응당 하나의 업뿐일 것이니 온갖 업이 모두 뜻과 함께 일어나기 때문이다. 비바사 스님들의 말에는 삼업을 내세우나니 그 순서와 같아서 위의 세 가지 원인으로 말미암아서이다. 그러나 마음으로 생각하는 바는 바로 의업(意業)이요, 이것은 바로 생각과 함께 일어난 바이기 때문이다. 몸과 말의 두 업의 자성은 어떠한가를 다음 게송으로 말하리라. "이 몸과 말의 두 업에는 표업(表業). 무표업의 성질을 갖추었네." 논하건대, 응당 알아야 할 것은 그와 같이 말한 바 모든 업 중에서 몸과 말의 두 업은 표업과 무표업을 갖추었다.[22]

22 『阿毘達磨俱舍論』(『한글대장경』 제1권, 동국역경원), 315면.

### 2) 아비달마순정리론의 업

이 중에 인류의 악을 짓고 법을 어지럽힘을 따라 논하는 자[隨順造惡法難論者]는 이와 같은 말을 한다. 위에서 말한 바와 같은 모든 내외사(內外事)의 여러 가지 차별은 업을 인(因)으로 한 것이 아니다. 현저히 보건대, 세상의 과석 따위 여러 가지 물건의 차별은 다른 인이 없기 때문이다. 말하자면 하나의 종자에서 많은 열매가 생기는 것도 있고 종자 없는 것을 우선으로 하여 돌 따위의 다름이 있기도 하다. 가시와 칼날은 날카롭고, 콩깍지는 검은 따위의 여러 가지 차별이 있으니, 이것은 누가 하는 바인가? 만약 반드시 원인이 있음을 좋아하는 자는 마땅히 정혈(精血)을 내법(內法)의 인으로 하고 종자 따위를 인으로 해서 밖의 싹 따위를 낸다고 말할 것이다. 그의 차별을 말미암아 이에 차별이 있음을 보기 때문이다. 과(果) 따위의 다른 것과 같은 것은 현재의 다른 인이 없다. 현대의 보이지 않는 인은 또한 마땅히 있지 않아야 한다. 그의 집착을 대치하기 위하여 종(宗)을 세워서 게송으로 말하리라.

> "세상의 차별은 업으로 생김이니 생각과 그리고 생각으로 지은 바이네. 생각은 바로 의업(意業)이요, 지은 바는 몸(身業)과 입(口業)의 업을 말하네."
>
> 논하건대 반드시 중생의 청정하지 못한 업을 말미암아 모든 내외의 일이 가지가지가 같지 않다. 어떻게 그러한 줄 아는가? 업의 작용을 보기 때문이다. 말하자면 세상을 현저히 보건대, 좋아하고 좋아하지 않는 과(果)의 차별을 내는 것은 반드시 업의 작용을 인한 것이다.[23]

불교에서 중시되는 것은 의지 그 자체와 함께 의지를 수반한 동작이다. 의지 그 자체도 행위라고 생각한다. 의지를 수반한 신체적 동작은 물론 신체적 행위이며, 말을 통해서 밖으로 표출될 때 그 말도 또한 언어적인 행위 즉 구업 또는 어업이라고 불린다. 어떤 동작이 일어난 경우, 불교에서 중요시되는 것은 동작에 어떠한 의지가 수반되고 있었는가 하는 것이다. 현대의 재판에 있어서도 이 의지를 중요시하고 있는 것은 이미 알고 있을 것이이

23 『阿毘達磨順正理論』(『한글대장경』 제2권, 동국역경원), 306면.

다. 동작에 의지가 있었다고 하면, 계획적 범죄로서 중죄이고, 그렇지 않은 경우는 과실 치사가 되기도 하고 혹은 집행유예가 된다. 또한, 범죄를 범하더라도 자수한 경우 죄는 감면된다. 왜냐하면, 과오에 대한 후회의 마음이라고 하는 의지가 중요시되었기 때문일 것이다. 의지를 중요시하는 것은 이미 고대에 불교가 그것을 가장 심도있게 지적하고 있었기 때문이다. 그래서 업은 의지적 동작이며, 이것이 인간적 행위의 의미이다. 업이라는 것은 이와 같은 인간적 행위[업]의 세계를 말하는 것이다.

### 4. 초기 대중부에서 업

부파적인 측면에서 소승적인 업과 대승적인 업의 경향으로 분류할 수 있다. 여기서는 대중부계통의 논설을 몇가지로 소개하여 살펴보고자 한다.

#### 1) 『대승성업론』(업성취론)[24]의 업

> 여러 경전 가운데 세존께서 설하신 바와 같이 세 가지 업이란, 이른바 몸의 업과 말의 업과 뜻의 업이 그것이다.
>
> 이 가운데 누구가 말하기를, "몸으로 업을 짓기 때문에 '몸의 업'이라 하고, 말이란 말 그것이 곧 업이기 때문에 '말의 업'이라 하나, 이 두 가지는 다 어떤 표시가 있거나 또는 표시가 없는 것으로써 그 자성이 되었으며, 뜻과 상응 하는 업이기 때문에 '뜻의 업'이라 하나니, 이 업은 다만 생각함으로써 그 자성이 되는 것"이라고 한다. … 바깥에 몸과 말을 냄으로 말미암아 속 맘의

24 『업성취론(業成就論)』 1권: 원위(元魏)시대(A.D. 541) 번역. [역] 비목지선(毘目智仙). [저] 천친(天親). [범] Karmasiddhi-prakaraṇa. [장] Las grul-pa irab-tu-byed-pa. [이] 『대승성업론(大乘成業論)』. 身, 語, 意 3업 가운데 의업을 중심으로 하여 업의 변전상(變轉相) 및 아다나식(阿陀那識) 연기를 논하면서, 유부의 학설을 논파하고 있다. 업을 해석하고 난 후에 이어서 유부의 주장을 논파하고 끝 부분에서 『심밀해탈대승경(深密解脫大乘經)』에 있는 게송을 인용하여 아다나식의 미세함을 설하고 있다. 즉 여래는 어리석은 자들이 아다나식의 미세한 종자를 자아라고 집착할까 두려워, 그들에게는 아다나식을 설하지 않았다는 것이다. 이 불전이 대승 유식학의 관점을 반영하는지, 혹은 소승 경량부의 입장을 반영하는지에 대해서는 이견이 있다. 이 논에 아라야식설이 등장한다는 점과 삼업의 의미에 대한 설명이 『성유식론』과 유사하다는 점에서 이를 유식 학파의 한 논서로 분류하려는 입장이 있다.

생각하는 것을 표시하나니 마치 저 못에 잠겨 있는 물고기가 물결을 치면서 스스로 표시하는 것과 같네. 업은 비록 백 겁을 지나더라도 끝내 잃어버리거나 무너짐이 없나니 뭇 인연의 합하는 때를 만나면 반드시 저 과를 갚아야 하네. 마음과 또는 그지 없는 종자가 함께 상속하여 항상 흐르다가 따로따로 훈발하는 연을 만나서 마음과 종자가 더욱 왕성하나니 종자의 힘이 점차로 성숙하여서 그 연을 합할 때 과를 주는 것이 마치 구연화를 물들이는데 과의 때에 속 빛이 붉은 것과 같음이네. 그러므로 세존께서 말씀하셨다. 아타나식이 매우 심세하고 일체의 종자가 폭류와 같으므로 내가 어리석은 범부들에게 개연 하지 않은 것은 그들이 분별하여 '나'라고 집착할까 염려함 때문이다. 부처님께서 세 업을 설하신 그 뜻이 깊고도 자세하여라 내가 이치와 가르침에 의지해 묘한 변재를 이룩하였네. 원컨대 이 복을 타고서 널리 중생들을 구제하되 함께 청정한 깨달음을 빨리 증득하게 하소서.[25]

### 2) 『아비달마장현종론』[26]의 업

신(身)·어업(語業)의 행동을 바로 표업(表業)이라고 해야 하는가, 그렇지 않은 것인가? 그렇지 않다. 어째서인가? 계송으로 말하겠다.
신표업은 개별적인 신체적 형태(形)를 본질로 한다고 인정하니
행동을 본질로 하는 것이 아니다. 즉 유위법은
유찰나(有刹那)로서 멸진하기 때문이며
마땅히 원인 없이 멸무(滅無)하기 때문이니
[원인이 있다면] 생인은 마땅히 멸인이 될 것이기 때문에
반드시 [소멸의 객관적] 원인은 존재하지 않는 것으로

---

25 축역『한글대장경』8 논집부①, 불교정신문화연구원, 916~917면.

26『阿毘達磨藏顯宗論』: 당(唐) 시대(A.D.652) 번역. [역] 현장. [저] 중현(衆賢). [범] Abhidharma-kośa-samaya-pradīpikā. [장] Chos mon-pa mdsod-kyi bstan-bcos-kyi tshig-le ur-byas-pa I rnam-par b ad-pa. [약] 현종론(顯宗論). 중현(衆賢)이 저술한『아비달마순정리론(阿毘達磨順正理論)』(K-956)의 자매편이라고 할 수 있는 본 논서는 흔히 약론(略論)이라 부르며,『아비달마순정리론』은 광론(廣論)이라 부른다.『아비달마순정리론』이『아비달마구사론』을 반박하기 위해서 저술되었다면 본 논서는 단지 유부(有部)의 교설을 전개하는 데 그 뜻이 있었다는 것이 두 논서의 차이점이다. 또한「아비달마순정리론」의 방대한 분량과 난해함을 덜고자 본 논서를 저술하였다고 한다.

지(地)[에 의해 땔감의 색이 변하는 것]과 다름이 없기 때문이다.
또한 요별되는 상(相)에 다름이 있기 때문에
상을 취함에 있어 다른 것을 필요로 하지 않기 때문에
[요별되는 상의] 상위는 그 원인이 다르기 때문에
[형색과 형색은 각기] 멸하고 멸하지 않는 경우가 있기 때문에
별도의 극미가 존재한다고 인정하기 때문에 형색은 실유이다.
즉 [색처는] 두가지 감관에 의해 취해지는 것이 아니기 때문이며
그것[형색]은 반드시 의식의 경계이기 때문에
견고함[堅, 촉경] 등을 분별하고 난 다음에
길이[長] 등의 색에 대한 지식이 비로소 생겨나며
일면(一面)에 다수의 촉의 생겨날 때
길이 등의 형색이 존재함을 추리하여 알 수 있으니
다수의 촉취(觸趣) 중에
길이 등의 형색이 결정적으로 존재하기 때문이며
[불의 색깔과 감촉의 경우도] 동일하기 때문이며,
동일한 허물이 적용되기 때문이다.
그리고 어표업은 말소리[言聲]를 본질로 한다고 인정한다.[27]

### 3) 『잡아비담심론』[28]의 업

문: 무엇이 업인가?

답: 몸과 입과 뜻이 모여서 업이 되나니 이는 모든 존재 속에 있으며 그 업은 모든 행을 짓고 온갖 몸을 장엄한다. '몸과 입과 뜻이 모여서 업이 되고 이는 존재 속에 있다'라고 한 것은 신업(身業)과 구업(口業)과 의업(意業) 등 이 세 가지 업에서 온갖 과보가 생긴다. 중생들은 본유(本有)·사유(死有)·중유(中有)·생유(生有)의 가운데에 머물면서 여러 가

27 『阿毘達磨藏顯宗論』(『한글대장경』 제18권), 480-481면.

28 『雜阿毘曇心論』,大正藏, 권11: 유송(劉宋)시대(A.D.435)번역. [역] 승가발마(僧伽跋摩) 외. [저] 법구(法救). [범] Saṃyuktābhidharma-hṛdaya-śāstra. [약] 잡심론(雜心論). [별] 『잡아비담경(雜阿毘曇經)』, 『잡아비담바사(雜阿毘曇婆沙)』, 『잡아비담비바사(雜阿毘曇毘婆沙)』. 흔히 비담종(毘曇宗)이라 불리는 설일체유부의 대표적인 논서이다. 전체 내용은 『아비담심론경(阿毘曇心論經)』(K-958) 및 『아비담심론(阿毘曇心論)』(K-959) 등에 대한 보충적인 주석서의 경향을 띠고 있다.

지 업을 닦고 모은다.[29]

### 4) 『아비담심론』[30]의 업

이 품에서는 76수의 게송과 그 내용에 대한 해석을 통하여, 인간이 괴로운 생사윤회를 거듭하는 원인은 바로 그들 자신의 행위인 업에 있다고 말하고 있다. 업을 신(身)·구(口)·의(意)의 세 가지로 나누고, 현행(現行)하는 업을 표업(表業)이라 하고 잠재력으로 있는 업을 무표업(無表業)으로 분류하고 있다. 또한 세 가지 신업과 네 가지 구업과 세 가지 의업으로서 총 10업을 선악에 의한 과보(果報)의 관계에서 논하고 있다.

> 이르기를, 이미 모든 행이 자기의 본성과 모든 인연을 말미암아 생한다는 것을 설명했다. 이제 여기에 인이 있으면 능히 과의 종류를 장엄하게 꾸미고, 여러 가지의 차별을 얻을 수 있다. 이제 이것을 설명하겠다.
>
> 업이 능히 세간을 장엄하나니 취(趣)에 나아가고 처처(處處)에 존재한다.
>
> 이로써 마땅히 업을 생각하고, 세간에서 벗어나 해탈하는 것을 구해야 한다.
>
> "업은 능히 세간을 꾸미니 취에 나아가고 처처에 존재한다"는 것은 삼세(三世)에는 오취(五趣) 가운데 여러 가지의 몸을 차별하는 꾸밈이 있으니 이 세상을 꾸미는 일은 오직 업이라는 것이다. "이로써 마땅히 업을 생각하고, 세간에서 벗어나 해탈하는 것을 구해야 한다."
>
> "신업(身業)과 구업(口業)·의업(意業)은 생겨나고 생겨나서 만들어지는 것이다"라는 것은 신·구·의업이 생겨나고 생겨나서[生生] 조작한다는 것이다. "이로부터 모든 행을 생하고, 여러 가지 몸을 꾸민다." 이러한 업의 모습(相)을 이제 간단히 설명하겠다.
>
> 신업에는 교(敎)와 무교(無敎)가 있으니, 둘이 함께 있음을 마땅히 알아야 한다.
>
> 구업도 역시 이와 같으나 의업은 오직 무교뿐이다.[31]

---

29 『阿毘曇心論外』(『한글대장경』, 잡아비담심론 제3권), 430-431면.

30 『阿毘曇心論外』 4권: 동진(東晋) 시대(A.D. 376 또는391) 번역. [역] 승가제바(僧伽提婆), 혜원(慧遠). [저] 법승(法勝). [범] Abhidharmahṛsaya-śāstra. [약] 『심론(心論)』 [별] 『법승비담(法勝毘曇)』, 『법승아비담(法勝阿毘曇)』, 『법승아비담심론(法勝阿毘曇心論)』. [이] 『아비담심론경(法勝阿毘曇心論經)』. 소승부파의 하나인 설일체유부의 주요 논서 가운데 하나이다. 이역본인 『아비담심론경』과는 제8품과 제10품의 제목만 다를 뿐 전체적으로 거의차이가 나지 않는다.

31 『『阿毘曇心論 外 』(한글대장경, 아비담심론 제1권), 226면

### 5)『아비담심론경』[32]의 업

경에 이르되 모든 행이 인연의 힘으로 생긴다는 것은 이미 설명하였다. 다음에 세간이 생멸하는 차별을 관찰해 보면 그것이 번뇌와 업의 인연으로 말미암아 생기나니, 마땅히 그가 지은 업을 생각하여야 한다. 스님은 이 업에 대하여 자세히 설명하고자 여기서 설명하게 된 것이다.

업이 세간을 장식하므로 이 세계와 저 세계가 각각 다르다.

그런 까닭에 마땅히 업을 생각하여 업보의 세계에서 벗어나 해탈의 길을 찾아야 한다.

'업이 세간을 장식하여 이 세계와 저 세계가 각각 다르다'고 한 것은 이와 같이 모든 세간에는다섯 가지의 세계[五趣: 地獄·餓鬼·畜生·人間·天]가 있어서 갖가지 몸으로 태어나도 업이 능히 그 몸을 장식하게 됨을 말한다. 그러므로 마땅히 그 업이 세간의 인연 때문에 갖가지의 몸으로 태어나게 된 것임을 생각하여야 한다. 부처님께서 말씀하신 중생들의 차별이 업으로 말미암아 만들어지는 것이며, 그리하여 높고 낮고 잘나고 못난 것을 말하게 된다. 그런 까닭에 마땅히 업을 생각해서 세간을 벗어나 해탈하는 길을 구하여야 하는 것이다. 저 업이란 것은 그 자성이 근본 바탕에서 선하고 악한 차별이 성취되는 것이며 그것을 알기 위해서 마땅히 열심히 생각해야 하는 것이다.

문: 어떤 것이 업이며, 세간의 인 때문에 갖가지의 몸으로 태어난다는 것을 어떻게 깊이 생각해야 합니까?

답: 몸·입·생각으로 쌓은 업이 모든 존재마다 그 가운데 있다.
거기서 모든 행이 생기고 또한 갖가지 몸을 받아 난다네.

'몸·입·생각으로 쌓은 업이 모든 존재마다 그 속에 있다'고 한 것은 업에는 세 가지가 있으니, 몸으로 짓는 업과 입으로 짓는 업과 생각으로 짓는 업이 그것이다. 몸으로 짓거나 혹업이 몸에 의탁하게 된 것을 신업(身業)이라

32 『阿毘曇心論經』『大正藏』卷6: 고제(高濟)시대(A.D.563) 번역. [역] 나련제야사(那連提耶舍). [저] 법승(法勝). [범] Abhidharmahṛsaya-śāstra. [별]『법승비담(法勝毘曇)』, 『법승아비담(法勝阿毘曇)』, 『법승아비담론(法勝阿毘曇論)』. 본 논서의 저자인 법승(法勝)의 산스크리트 어 이름은 다르마슈레슈티(Dharma-śresthin)로서 일설에 의하면 불멸 500년경 또는 불멸 700년경에 태어났던 사람이라 한다. 흔히 법승의 이름을 논서와 함께 부르고 있다. 설일체유부의 대경전이라 할 수 있는『아비달마대비바사론』의 교리를 요약하여 간명하게 정리해 놓은 본 논서의 내용은 마치 경전의 구절과도 같이 명료한 정의로 인해서 논이면서도 경과도 같다는 의미를 담은 제목으로 불리고 있다.

한다. 만약 입으로 지은 업일 경우에는 이를 구업(口業)이라 하면 생각과 서로 호응하여 지은 업은 의업(意業)이라 한다. 중생들은 세세(世世)에 이 몸과 이 입과 생각의 업을 짓는다.[33]

### 5. 대승불교에서 업

앞서 대중부의 업설을 살펴 보았지만, 이것은 결국 육도윤회 해탈의 업이라고 결론 지을 수 있는 것이고, 여기에서는 대승의 업설을 논하고 있는 논서들을 중심으로 소개하여 논구하고자 한다.

#### 1) 『성실론』[34]의 업

「과거업품(過去業品)」

문: 가섭비도인이 말하기를 '아직 과보를 받지 아니한 업은 과거에 있고, 그 밖에 과거는 없다'고 하였다.

답: 이 업을 잃으면 곧 과거요, 만일 과거를 잃지 아니하면 그는 곧 항상한 것이 된다. 잃는다 함은 과거의 별명이니 곧 잃어버렸다는 것이 된다. 다시 잃으면 이 업은 과보에 인이 되어 주고, 이미 사라진 과보는 뒤에 생긴다.[35]

「업상품(業相品)」

이미 괴로움의 진리를 다 설명하였다. 지금으로부터는 쌓임의 진리를 설

33 『阿毘曇心論 外』(『한글대장경』 아비담심론경 제 2권), 37면.

34 『成實論』, 16권: 요진(姚秦) 시대(A.D. 411-412) 번역. [역] 구마라집(鳩摩羅什). [저] 하리발마(河梨跋摩). 구마라집이 만년에 번역한 본 논서는 성실종(成實宗)의 기본 논서이다. 현재 산스크리트 원본은 전하지 않으며 티베트어 본도 남아 있지 않다. 구마라집은 산스크리트 본을 토대로 번역하였다고 하며, 최초의 한역본은 총 16권으로 이루어져 있었다고 전한다. 하지만 현재 16권 본은 『고려대장경』에서만 전할 뿐이며, 송(宋), 원(元), 명(明), 3본은 모두 20권으로 이루어져 있다. 따라서 최초의 번역본에 가장 근접한 판본은 바로 『고려대장경』 본이라고 알려져 있다. 특히 본 논서에 언급하는 논의들은 소승뿐 아니라 대승불교로 이어지는 사상을 담고 있는 점이 적지 않다. 또한 소위 외도라 하는 승론파(勝論派), 수론파(數論派), 정리파(正理派) 등의 견해도 상세히 전하고 있다.

35 축역 『한글대장경』 권8, 논집부①, 불교정신문화원, 528면.

명하겠다. 쌓임의 진리라 함은 모든 업과 번뇌이다. 이 업에는 세 가지가 있다. 몸의 업과 입의 업과 뜻의 업이다. 몸의 업이란 몸으로 짓는 업을 몸의 업이라 한다. 이 업에는 세 종류가 있어서, 생명을 빼앗는 일 등의 착하지 못함과 일어나 맞고 예배하는 일 등의 착함과 풀을 베는 등의 무기이다.

문: 만일 몸으로 짓는 일을 몸의 업이라 한다면 병 따위의 물품도 응당 몸의 업이어야 하리니, 몸으로 만드는 일이기 때문이다.

답: 병 따위는 바로 몸의 업의 결과이며, 몸의 업은 아니다. 원인과 결과는 다르기 때문이다.

문: 몸의 업은 있지 않아야겠구나. 왜냐하면 몸으로 동작하는 것을 몸의 업이라 한다면 함이 있는 법은 생각생각에 사라지기 때문에 동작이 있지 않아야 하기 때문이다.

답: 이 일은 염념멸품 중에서 이미 대답하였다. 이른바 법이 다른 곳에서 생겼을 때에 그 다른 것을 해롭게 하거나 이롭게 하는 것을 몸의 업이라 한다.

문: 만일 그렇다면, 몸이 곧 몸의 업이다. 타처에서 생기기 때문이니, 몸으로 짓는 일의 몸의 업이라 할 것이 아니다.

답: 몸은 바로 업을 짓는 기구로서, 몸이 다른 곳에서 태어날 때에 죄와 복을 쌓은 것을 업이라 한다. 그러므로 몸은 업은 아니다.

문: 죄와 복을 쌓은 것은 바로 무작인데, 몸으로 지음이란 어떠한 것인가.

답: 몸이 다른 곳에서 났을 때에 짓는 바가 있음을 몸으로 지음이라 한다.

문: 이 몸이 혹은 착한 업이거나 착하지 못한 업을 짓거나 하는데도 실은 몸이 그런 것은 아니다. 그러므로 몸으로 짓는 바는 아니다.

답: 마음의 힘에 따라 몸이 다른 곳에 태어나는 때에 업을 쌓는 것이다. 그러므로 쌓임을 착함과 착하지 않음이라 하는 것이요, 바로 이 몸은 아니다. 입의 업 또한 그렇다. 직접 음성과 언어는 아니며 마음의 힘이 음성과 언어에 따라 쌓여진 선과 악을 바로 입의 업이라 한다. 뜻의 업 또한 그렇다. 만일 마음으로 나는 이 중생을 죽이겠다고 결정하면, 그때에 죄와 복이 쌓이는 것 또한 그와 같다.

문: 몸과 입과는 떨어진 업이 따로 있듯이, 뜻과 뜻의 업도 하나인가, 다른가.

답: 두 가지이다. 혹은 뜻이 곧 뜻의 업이기도 하고 혹은 뜻으로부터 업을 일으키기도 한다. 만일 뜻에 중생을 죽이겠다고 결정하였으면 이것이 착하지 못한 뜻이면서 역시 이는 뜻의 업이니, 이 업은 죄를 쌓는

것이 몸과 입의 업보다 더 뛰어난 것이다. 만일 아직 마음에 결정하지 않았다면, 그 뜻은 업과는 다르다.

문: 이미 짓는 모양을 알았다. 짓는 것과는 다른 것을 내면서 업을 쌓는다 하면, 어떠한 모습이 되는가.

답: 그것을 곧 무작이라 한다.

문: 몸과 입에만 무작이 있고, 뜻에는 무작이 없는가.

답: 그렇지 않다. 왜냐하면 그 중 인연에는 몸과 입의 업에만 무작이 있으면서 뜻에는 무작이 없다는 것이 없기 때문이다.[36]

「계업품(戒業品)」

문: 경전에서 "세 종류의 법이 있다. 욕계 매임의 업과 색계 매임의 업과 무색계 매임의 업이다"고 말하였다. 그 내용은 어떠한 것인가.

답: 만일 업이 지옥에서부터 타화자재천에까지 이르는 그 중간에서 과보를 받게 되면, 욕계 매임의 업이라 하고, 범천의 세계에서부터 아가니타천까지에 과보를 받으면, 색계 매임의 업이라 하며, 공이 끝없는 하늘에서부터 생각도 생각 아님도 아닌 하늘까지에서 과보를 받으면, 무형세계 매임의 업이라 한다.

문: 무기의 업과 결정하지 아니한 과보의 행은 이 세 종류의 안에 들어 있지 아니한가.

답: 이 업과 과보는 다 욕계에 매여 있다. 왜냐하면 이 법은 욕계의 업보이기 때문이다.

문: 욕계법은 전부가 다 업이요, 과보가 아니다.

답: 만일 그렇다면 이것은 외도의 삿된 이론이다. 온갖 받는 괴로움과 즐거움은 모두가 전생에 지은 업의 인연이며, 또 전생에 지은 업의 과보이리니 착하고 착하지 못한 업에는 과보가 있기도 하고 과보가 없기도 한다. 또 정진하는 공력은 소용이 없게 되며, 만일 그것이 다 업의 과보라면 다시 무엇하려 애써 공력을 허비할 것이 있는가. 또 만일 모든 번뇌와 짓는 업이 다 업과 과보라면 해탈을 얻을 수 없으리니 업과 과보는 끝날 수가 없기 때문이다.[37]

36 축역『한글대장경』권8, 논집부①, 불교정신문화원, .575면.
37 축역『한글대장경』, 권8, 논집부①, 불교정신문화원, .586면

「삼수보업품(三受報業品)」

문: 경전 중에서 부처님은 세 가지의 업인, 즐거운 과보와 괴로운 과보와 괴롭지도 즐겁지도 아니한 과보의 업을 말씀하셨다. 어느 것이 그것인가.

답: 착한 업으로는 즐거운 보를 얻으며, 착하지 못한 업으로는 괴로운 보를 얻으며, 움직이지 않는 업으로는 괴롭지도 즐겁지도 아니한 보를 얻는다.

문: 이 모든 업도 역시 물질의 보를 받을 터인데, 무엇 때문에 받는다고만 하는가.

답: 모든 과보 중에는 느낌의 보가 가장 뛰어나기 때문이다.

문: 욕계에서부터 3선천에 이르는 동안에도 고락이 아닌 과보를 받게 되는가.

답: 받게 된다.

문: 이것은 어떤 업의 과보인가.

답: 그것은 하품의 선업보이다. 상품인 착한 업이면 즐거운 과보를 받는다.

문: 그렇다면 무엇 때문에 제 4선천과 무색계 선정에서만 받는다고 말하는가.

답: 그것은 바로 제 자리이다. 왜냐하면, 그 안에는 이 과보만 있을 뿐 다른 느낌이 없기 때문이다.

문: 어떤 사람은 말하기를 "근심은 업의 과보가 아니다"고 한다. 그 일은 어떠한가.

답: 무엇 때문에 아니겠는가.[38]

「사업품(四業品)」

문: 경전 중에서 부처님은 네 가지의 업을 말씀하셨으니, 흑흑보의 업과 백백보의 업과 흑백흑백보의 업과 불흑불백무보의 업이 그것이다. 모든 업을 끊어 없애기 위한 때문인데 어느 것이 그것인가.

답: 흑흑보의 업이라 함은 어느 업으로거나 간에 괴로운 곳에가 나는 것이니, 마치 아비 지옥과 기타 괴로워서 착한 과보가 없는 곳과 축생 또는 아귀 등과 같다. 이와 서로 반대되는 것을 둘째 번의 업이라 하는 것이니, 어느 업으로거나 간에 괴로움이 없는 곳에 가 난다.

38 축역「한글대장경」권8, 논집부①, 불교정신문화원, 590면

문: 이 업의 어느 것이 순전히 괴로운 곳에만 나게 하는가.

답: 서로 연달아서 나쁜 짓 만하고 마음에 뉘우치는 일이 없으며 선행이 악업을 소멸시킬 만한 것이 없으면, 이것을 순전히 괴로운 곳에만 가 난다고 한다.[39]

「육업품(六業品)」

업에 여섯 가지가 있다. 지옥의 보를 받을 업과, 축생의 보를 받을 업과 아귀의 보를 받을 업과, 사람의 보와 하늘의 보와, 정해지지 않은 과보의 업이다.

문: 그 내용이 어떠한가.

답: 지옥보를 받을 업은 육족아비담의 누탄분 중에서 널리 설명함과 같다. 또 살생 등의 죄는 다 지옥에 간다. 경전 중에서 살생을 좋아하는 사람은 지옥에 가며, 만일 사람이 되면 단명하다고 함과 같다. 내지, 삿된 소견 역시 그와 같다.

문: 이미 열 가지 불선한 길은 지옥보를 받는 줄 알았거니와, 또한 축생과 아귀와 인도 중에 나는데도 그대는 지옥과 인도 중에서 만난다고 말하였다. 지금부터 따로 따로 설명하여야겠다. 어떠한 업이 지옥의 보만을 받는 것인가.

답: 곧 그 죄업으로서 가장 무거운 자가 지옥의 보를 받고, 작고 가벼우면 축생 등의 보를 받는다. 또 만일 세 종류의 삿된 행을 구족하면 지옥으로 가고, 그 밖의 구족하지 못한 업은 축생 등이 된다. 또 일부러 지은 무거운 죄면 지옥으로 가고 또 계행을 깨뜨리고 바른 소견을 깨뜨린 사람이 지은 악업이면 지옥으로 가며, 또 깊은 마음으로 악한 짓을 하여 마음이 무너지고 행이 무너진 이 사람이 지은 악업이면 지옥으로 가고, 또 불선한 업을 짓는데 불선으로써 도와주면 지옥으로 가며, 또 성현에게 불선한 업을 지으면 지옥으로 가고, 또 불선한 업과 불선한 배움을 일으키면서 마치 사람이 불선한 업을 일으키면 뒤에서 잘하였다고 칭찬하면서, 버리려 하지 아니함과 같은 것은 지옥으로 가며 또 미워하고 성내는 마음으로 죄업을 일으키면 지옥으로 가고 만일 재물에 위해서면 다른 보를 받는다.[40]

39 축역「한글대장경」 권8, 논집부①, 불교정신문화원, 592면
40 축역「한글대장경」 권8, 논집부①, 불교정신문화원, 595면

## 2) 『중론』의 업

업과의 실상

문: 사람이 마음을 항복시켜 중생을 이롭게 한다면 그것을 자선이라 하며 두 세상 과보의 종자라고도 하고 대성께서 두 가지 업을 말씀하셨으니 생각과 생각에서 생긴 것이 그것이다. 이 업의 차별된 형상 안에서 갖가지로 분별해 말씀하셨다. 부처께서 생각이라 하심은 뜻의 업을 이르신 말이고 생각에서 생긴 것이라 함은 몸과 입의 업을 이르신 말이다. 몸의 업과 입의 업에 작용함과 작용치 않음이 있고 이러한 네 가지 일에 착함과 착하지 않음도 있다. 작용에 의하여 복덕이 생기고 죄가 생기는 것도 이와 같으며, 생각까지 합하면 일곱 법이니 여러 가지 업의 형상을 분별할 수 있지 않겠는가.

답: 업이 과보 받을 때까지 머문다면 이 업은 항상한 것이리라, 만일에 멸한다면 업이 없는 것이니 어떻게 과보를 낼 수 있겠는가.

업의 상속

문: 싹들이 상속하는 것, 모두가 종자에게 나와서 여기서 다시 결과가 생기니 종자를 떠나서는 상속이 없다. 종자에 의하여 상속함이 있고 상속함에 의하여 결과가 있나니 먼저 있는 종자의 뒤의 결과는 항상함도 없어짐도 모두 아니다. 이와 같이 처음의 마음에 의하여 마음의 법 계속하여 생겨나고 여기에서 결과가 있게 되는데 마음을 떠나서는 상속함도 없다. 마음에 의하여 상속함이 있고 상속함에 의하여 상속함에 의하여 결과가 있는데 먼저 있는 업인과 뒤의 과보는 항상함도 없어짐도 모두 아니다. 능히 복덕을 이루는 것은 열 가지 맑은 업의 도이고 두 세상에 오욕락을 받는 것도 맑은 업의 도에 의하여 생긴다 하는데 그대는 어찌 그렇지 않다 하는가.

답: 만일 그대가 같이 분별한다면 그 허물이 적지 않으니 그러므로 그대 말이 이치에 맞지 않는다.[41]

결국 대승불교의 업은, 근본불교와 아비달마 불교의 자유의지의 삼업청

41 축역 「한글대장경」 권8, 논집부①, 불교정신문화원, 396면

정의 업과 초기대중부의 육도윤회 해탈의 업을, 부처님 본래의 무장무애(無障無礙)의 무아·공·반야로 해탈·열반을 성취시키는 구애받지 않는 업으로 전환시키는 적극적·긍정적 형태라고 논파된다.

## Ⅲ. 인접 개념과의 관계 및 현대적 논의

### 1. 업의 본질

업을 만들어 내는 기능을 신, 구, 의 3종으로 나누었는데 그 본질을 보면 불교의 업론에서 신(身)이라고 할 때는 물리적인 육체만을 가리키는 것이 아니기 때문에, 불교의 업론에서 문제의식은 실재론적 추구에 한정하지 않고 현실의 모습도 포함한 추구이다. 업의 본질이 무엇이냐고 물을 때, 그 본질이란 업으로서 업을 형성시킨다는 의미가 아니라, 업이 나타내고 있는 상태를 의미한다. 본질은 불교 술어로 '체(體)'라고도 하는데, 그것은 '본연의 모습'을 의미하고 있다. 추상적인 무엇인가가 있는 것이 아니라, 실제로 작용하고 있는 현실태[身, 語, 意]로서 존재한다는 의미이다. 그리고 그 업의 현실태가 신, 어, 의인 것이다. 업이라고 하는 작용을 떠난 신, 어, 의라면 물질적인 육체, 언어, 심리학적인 의식에 불과한 것이다.

따라서 업의 본질이라는 것은 신, 어, 의라는 현실태를 떠난 것이 아니라, 이 신, 어, 의 위에서만 작용하고 있는 것이 된다. 누누이 말했지만, 업의 본질을 사(思)라고 생각하는 것은 옳지 못하다. 사(思)라는 심리적 작용은 의업의 본질이지만, 삼업 전체의 본질은 아니기 때문이다. 삼업 전체의 본질은 한가지로 수렴되지 않는다. 신, 어, 의의 삼업 그 자체가 업의 본질을 개현하고 있는 것이다. 의업만이 본질이라면 사이기도 할 것이다. 또한 신업과 어업의 본질은 사(思)에 의해서 움직여지는 것이기도 할 것이다. 그러나 세 가지 중 어느 하나만이 업 전체의 본질이라고는 할 수 없다.

이와 같이 업(karma)이라는 것은 작용, 행위하고 있는 것이다. 즉 작용 그 자체이다. 이미 여기에는 업을 만드는 자나, 작용을 갖는 실체적 종자라는 실재론적 견해가 부정되어 있다. 하물며 과거에 행했던 한 종자가 그대로 부풀어 올라 현재에 성장하여서 업과를 맞는 다든가, 혹은 과거의 종자와 같은 종자가 현세에까지 계속해서 보존되어 있다는 것 같은 관념론이

들어갈 여지는 없다. 과거에 설령 종자가 있었다고 하더라도 그것은 그 순간순간 멸하고, 그 순간순간 싹트는 것으로서의 종자에 불과할 것이다. 업의 본질은 그와 같은 찰나의 생멸이라는 작용 그 자체에 있다고 할 수 있다. 바로 그 때문에 신, 어, 의 전체를 업이라고 이름 붙인 것이며, 삼업 그 자체를 떠나서는 업의 본질을 생각할 수 없었던 것이다.

어떠한 업이라도 그것이 단순한 운동이 아니라, 윤리적 의업(意業)판단의 대상인 업이 되기 위해서는 우선 사유를 해야 할 것이다. 사유가 사유로 끝날 경우 의업이지만, 외면적으로 남으로 하여금 알게 하기 위해서는 신체를 통하거나 혹은 언어를 통해야 한다. 이것이 신업과 어업이 되는 과정이다. 신(身)이라는 것은 사유가 그 작용을 실현하기 위한 처소로 되어 있는 것이다. 어(語)는 사유가 그대로 표현되는 것이며, 그것 자체가 작용인 것이다. 자성으로서 언어 그 자체로 할 수 있다. 어(語)는 사유가 그대로 표현되는 것이며, 그것 자체가 작용인 것이다. 자성으로서 언어 그 자체라고 할 수 있다. 어(語)로서 업의 작용이기 때문에 어업이다. 마지막으로 의(意)는 사유하는 것이며, 사유의 작용이기 때문에 사유로서의 업이고 의업이라 한다.

이러한 삼업에 의해서 작용된 업은 소위 인륜적 세계를 어떻게 구성해 갈 것인가? 여러 가지 세상의 차별은 업으로 인해서 생긴다라고 말하는 것이 불교의 사회관인데, 여기에서 사회라는 것은 현재에만 한정되지 않음을 주의해야 한다. 불교에 있어서의 세계관은 대체로 다른 시간 개념상에서 연속되어 일반적인 시간 구분은 과거·현재·미래라고 하는 과정을 거쳐 설정되어 있다. 그 시간 구분의 밑바탕은 시간 흐름의 연속성일 것이다. 시간은 객관적인 것으로 생각할 수 있다. 그런데 불교에 있어서의 시간은 과거·현재·미래라고 하는 시간 구분을 사용하면서, 그 근저에서는 시간을 초월한 무시간을 바탕으로 하고 있다. 무시간이라는 것은 시간이 없다가 아니라 고정된 시간이 아닌 찰나간의 시간 시간을 작용으로써 보고 있는 것이다.

작용으로서의 시간은 이미 관념도 아니고, 범주로서의 추상적 실재가 아니다. 현실태 혹은 사건 그 자체가 시간이다. 이리하여 불교에 있어서의 시간은 이미 시간의 차원을 초월한 것이 된다. 시간의 연장선에 있는 무한성이 아니라, 시간 그 자체의 공무화이다. 그런 의미에서 무시간이며 불교에 있어서의 참다운 영원이라는 것은 시간의 차원에서 생각된 무한성을 말하는 것은 아니라, 고정된 시간의 차원을 초월한 무시간성일 따름이다. 삼라만상, '세상의 차이는 업으로 인해서 생긴다'라고 말하며, 업이 삼시의 시간 구분에 준해서 설명된다고 할 때, 그 업이라는 것은 바로 이러한 무시간성을 바탕으로 하고 있다.

업은 작용이기 때문이다. 작용의 무시간성이 과거, 현재, 미래라고 하는 일반적 개념으로 말하여지고 있는데 불과하다. 업은 무시간성이기 때문에 과거의 속에 이미 현재가 숨어 있고, 현재의 속에 이미 미래가 숨어 있다. 과거에 있어서의 업인의 속에 이미 현재의 과가 숨어 있고, 현재의 과는 과거의 업인의 과임과 동시에 또한 그 과는 미래로의 인으로 바뀔 수 있는 것으로서 거기에 있다. 삼세의 인과가 차별화된 인간상이나 사회상으로 언제든 표현됨을 보면 알 수 있다.

### 2. 업의 전개

불교에 있어서의 업론은 인과율을 기초로 삼아 시작된 것은 물론이다. 누누이 언급하였던 것처럼, 예측된 인과율의 조정에 관해서, 불교는 두 방향으로 업론을 전개하고 있다고 생각한다. 그 제 1의 방향이 인과율로부터 인간의 행동을 그 구체성에서 전개했던 사조이다. 즉 중현[42]을 대표자로 하는 아비달마불교이다. 불교 내에서는 이것을 설일체유부라고 부르는데 아비달마 불교의 핵심이다. 제 2의 방향은 마찬가지로 인과율을 기반으로 하면서, 전자와 다른 방향으로 향해가는 사상의 흐름이다. 즉 인과율에 객관적 논증을 주는 것이 아니고, 경험적인 것으로 실증하려고 하는 사조로서 대승불교에서 전개한 업론이 그것이다.

업을 간략이 나누어 보자. 첫째, 신체적 발현으로서는 신업(身業)이라 한다. 의지나 욕구를 알리는 것을 신표(身表)라 하고, 행동을 일으킨 후에 눈으로 보는 것은 불가능하지만 심중에 보존되는 것이 있는데 이것을 무표색(無表色)[43]이라 한다. 둘째, 어업(語業)으로서 인간의 언어에서 상대에게 알

42 그의 철학에 대해서 지금까지 내려오는 동안 큰 견해의 차이가 있었다. 그 견해의 차이는 대승적인 이해를 바탕으로 한 것이다. 즉 인도의 여러 철학파가 서로의 호교적 입장에서 의도적으로 만든 것으로, 그 견해 차이에 의하면,『그는 업의 본질을 실체론적으로 파악하여, 그 때문에 형식주의에 빠졌다』고 하는 것이다.

43 3색의 하나. 색법(色法) 중에서 다른 이에게 표시할 수 없는 것. 우리들의 몸과 입의 2업을 일으킬 때에, 다음에 그 업의 과보를 받을 원인을 동시에 자기 몸 안에 훈발(熏發)

리는 것을 표업(表業)[44], 불과 시작이지만 후까지 보존되는 기능은 무표(無表)이다. 『순정리론』에 의하면 "한 단어로 의미를 주장할 수 없는 것처럼 또한 한 마디의 말로써 능히 이식을 낳을 수 없다"[45]고 하므로, 말과 소리를 떠나 사물로서 어표(語表)[46]로 할 수 없다. 일상경험에 있어서 항상 인간심중에 나타나 있는 것을 무표업(無表業)이라 하는데, 잠재기능을 가진 무표업은 업을 구제하는 것으로 인간의 행동에 후회와 평안을 가져오기도 하므로 선의 무표는 악을 멈추게 하는 기능이 있다. 마지막으로, 사유한다는 의미를 가진 의(意)의 업은 의업이다. 붓다는 의업을 중시하였던 바, 의업은 물리적 구체성이 존재하지는 않는다. 의업은 심중 안에서 작용하므로 언어적 표현을 억제하고 있으면 표현되지 않음으로 표업도 무표업도 없다고 볼 수 있다. 무표업은 비업(非業) 비작(非作)의 경향성이 있음에도 마음이 항상 변하고 심리적 극한 상황이 있는 것으로 보아 『순정리론』에서 업[47]이라 보고 있다.

#### 1) 신업과 어업의 이해

구체적으로 업은 인간이 움직인다고 하는 점에서 보면 신(身)·어(語)·의(意)의 어느 것 하나 또는 그 복합체에 의해서 출현하는 경우이다. 신(kāya)은 두 개의 요소로 이루어져 있다고 한다. 신은 취(聚)라는 신(kāya)이고 육체적인 것의 취(聚)로는 모발 등이다. 육체[身]는 (1) 심(心)·의(意)에 의해서 움직여지고 있다. (2) 지·수·화·풍의 물질적 요소를 형상으로 하고 있다. 이 육체가 업이라고 불려지기 위해서는 마음을 밖으로 표현하지 않으면 안 된다. 마음의 표시는 육체를 통해서 이루어지는데, 그 육체적 표시를 신표(身表)라고 부른다.

마음에 선·악의 고정된 마음이 있는 것은 아닌데, 따라서 마음과 함께 생기는 육체적 표시, 즉 신표에서도 선신표와 악신표 등으로 구분하고 있다.

---

한다. 이 훈발한 원인은 볼 수도, 들을 수도, 감촉할 수도 없는 무형무상(無形無象)한 사물로서, 다른 이에게 표시할 수 없는 색이란 뜻으로 이같이 말한다.

44 몸과 입으로 행동하고 말하는 것. 이 입으로 말하고 몸으로 행동하는 것은 남에게 나타내어 보일 수 있는 작용이므로 표업이라 한다.

45 『順正理論』(『大正藏』 卷29, 533상)

46 입을 놀려 표현한 업, 곧 말하는 것. 말은 다른 사람에게 의사를 표시하는 방법으로 어표업이라 한다.

47 『順正理論』(『大正藏』 卷29, .544상)

어업(語業)에 대해서도 신업과 마찬가지로 밖으로의 구체적인 표현을 한 것인데, 타인에게 자기의 의지를 말하게 하는 것이 표업이라고 불려지는 이상, 외적인 표현이 어업이 되는 까닭일 것이다. 그러므로 어업의 본질은 소리인데 그 구체적인 상이라는 것은 지·수·화·풍이라고 하는 물질적인 요소이다. 소리가 물질적인 요소[地·水·火·風]에서 생긴 것이라는 견해는 같은 시대의 다른 부파[경량부]에 의해서 비난받거나 대승불교의 정신론에 의해서 비판받기도 하였다. 그러나 소리의 구체성, 즉 언어에 의한 동작의 구체성을 음성이라고 하고, 또한 음성을 과학적으로 추구하여서 살펴본다면 그 본질이 지·수·화·풍으로 이루어졌음에는 틀림이 없다.

어업과 신업의 본질이 음성과 신체적 표현이며, 마침내 지·수·화·풍으로 환원된다고 말하였다고 해서 '물질적인 해석이다'라고 결정할 수는 없다. 원래부터 지·수·화·풍이라는 것은 문자 그대로 상식적으로 생각한 그것들의 요소를 말하는 것은 아니다. 땅은 단단함, 물은 습성, 불은 뜨거움, 바람은 움직임으로 음성에나 신체적 표현에서나 다소라도 여러 성질의 합성이라고 말하여지고 있기 때문이다. 결국 사대라는 것은 물질적 표현을 빌어서 나타내어진 작용이 되는 것이다. 업[48]이 단지 의중에 그치지 않고 외부로 나타난 표현으로서 성립한다는 견해는 중요한 불교의 윤리관을 형성[49]한다.

지금까지 서술한 신업과 어업의 작용을 총괄하면 다음과 같은 사실을 알 수 있다. 첫째, 업은 통상적으로 행위로 정의되는데, 신업은 행위이지만 어업은 과연 행위라고 해도 될까. 행위라는 술어는 적확성이 결여된다고 생

48 예를 들면, 꿈속에서 다른 사람에 대한 폭언, 또는 육체적 폭력인 때린다든지 즉 친다든지 죽이는 등의 표현을 했을 때 상대가 깨닫지 못했다고 했을 때 그것들은 불교적으로 말하면 역시 업이다. 타인이 알아차리지 못 하더라도, 언어 등의 동작 그 자체는 사람의 의지에 의해서 이루어진 것이어서 마음과 함께 일어난 표현이다. 상대에게 있어서는 단순한 소리임, 수족이 움직인 것에 불과한 것일지라도, 또는 일에 열중하고 있어서 그 사람의 의지를 알아차리지 못했어도 위해를 가하려고 하는 사람에게 있어서는 역시 업이다. 위해를 가하려고 했던 사람은 어업과 신업을 행한 것이 된다. 어린이의 유괴와 사기는 중죄이다. 상대가 알아차리지 못하더라도 그것은 업이다. 더욱이 재판에 의해서 중죄로써 벌을 받게 된다. 이것은 불교적인 윤리가 긍정하는 경우이다.

49 불교는 이 행위의 습성이 될 가능성을 경계한다. 예를 들어 세상의 법률에서도 실형 그 자체가 목적이 아니다. 실형에 의해서 죄인에게 죄를 반성시켜서 나쁜 습성으로 될 가능성을 차단하는 것이 실형의 목적일 것이다. 그러면 실형 판결은 불교에서 말하는 무표업의 존재를 조정한 후에 비로소 내릴 수 있는 판결로 된다.

각한다. 업은 작용[50]이란 의미가 더 가깝다고 보아야 할 것이다. 둘째, 신(身)과 어(語)는 의(意)를 밖으로 표현하는 기능으로 여기고 있다. 이 3종은 생활체이지만, 그 중 신과 어와 의의 관계는 질료와 이념과의 관계로 되어 있다는 것이다. 신과 어가 지·수·화·풍 4대로 이루어져 있다고 일컬어지는 것은 신과 어의 2업의 질료임에 틀림없다. 또한 신업과 어업은 의지의 표현이 아니면 안되기 때문에 단순한 운동이 아니다. 표현은 의를 수반한다. "마음이 있는 곳으로 움직인다"[51]로 말하여지는 것이 그것이다. 즉 그 업은 현실체[52]이다. 마치 흙은 질료에 지나지 않지만, 흙으로 항아리를 만들면 항아리라고 하는 이념이 주어지므로, 완성된 항아리는 현실체로 되어 그곳에 존재하기에 이르는 것과 같다. 인간으로서의 생활체는 신과 어라고 하는 질료와 의지라고 하는 이념을 가질 수 있는 현실체이다. 질료와 이념이라는 것은 개념상 분리할 수 있을 뿐이지 실제로는 분리할 수 없는 성질의 것이다.

### 2) 의업의 이해

통상적으로 의식이라고 하는 막연한 술어가 사용되고 있지만, 불교 심리학적으로 사(思)·심(心)·의(意)·식(識)은 엄밀하게 말하여 구별되어 사용된다. 그렇지만 불교에서도 구별하는 경우와 구별하지 않는 경우도 있고, 학파 및 교학에 있어서 약간의 구별을 하는 경우도 있다. 의업(意業)이라고 하는 경우는 의(意)와 사(思)[53]에 있어서 약간의 구별이 마련되어 있다.

---

50 요컨대 불교에서 업이라고 하면, 인도 고대의 철학인 우주력의 현상의 하나이다. 즉 우주력이 인간 세상에 나타난 힘이라는 하나의 존재 방식인 것이다. 언어는 인간 세상에 존재하기 때문에 '말'이며, 더구나 우주력의 표현이기 때문에 '작용'이기도 하다. 따라서 어업이라는 것은 언어를 통해서 나타난 우주적 '작용'이다. 그러므로 말도 또한 업이라고 말할 수 있을 것이다. 업의 원 뜻인 '작용'이 신업과 어업의 근저에 있다는 것으로, 인도 고대 사상의 우주력의 전통을 계승하고 있었다고 말할 수 있을 것이다.

51 이것은 중현에 의한 설일체유부의 사상이지만, 그것을 단순한 형식주의라든가 물질적 업론이라고 비판하고 있었던 종래의 견해는 오해라고 생각한다. 적어도 고대의 철학자가 이와 같은 초보적 오류를 주장할 리가 없기 때문이다. 중현의 구상이 정당하다고 판단되며, 훌륭한 윤리관을 갖고 있었던 것은 점차 분명해질 것이다.

52 질료인 신(身)과 어(語)는 어떠한 이념도 갖출 수 있는 가능성을 갖고 있는 것이다. 신과 어 그 자체는 질료에 지나지 않지만, 그것을 통해서 이념인 의지를 표현할 때, 신과 어가 비로소 업이 된다.

53 ① 중현은 의업의 본질을 사(思)라고 한다. 이것은 순수한 심리학적 정의로 그 의미는 인간의 사유작용을 말한다. 그러나 단순한 사유작용만으로는 의지라는 것이 나오지

불교를 일관하여 흐르는 사상에서 업의 본질은 의지에 있기는 하지만, 후세에 발달한 대승불교와 같이 의지를 중요시한 나머지, 신과 어의 구체적 행동을 경시하는 것이어서는 안 된다. 중현이 신업과 어업의 표현을 4대종에 의해서 만들었다고 하는 것도, 의지와 함께 신과 어인 육체적 행동도 존중하지 않으면 구체적인 생활체가 아니라는 것을 지적한 것임에 틀림없다. 결코 의지의 경시도 아니며, 업의 유물적 해석도 아니다. 오히려 중현의 의도는 근본불교 부처님의 사상으로 업론도 또한 그것과 마찬가지로 신·어·의 삼업의 통일체에 의해서만 비로소 인간의 행위라고 말할 수 있는 것을 잘 지적하고 있다.

부처님의 업의 가르침은 육체와 정신의 조화적 통일로써 업의 성취로 하는 것만이 아니다. 개체적인 생활체 상호가 구성하는 륜리적 사회에 의미를 준다. 즉 업에 선과 악의 윤리적 판단을 가하여 사람들에게 선업을 쌓는 것을 이론적으로 가르치고 있다. 더구나 선악의 판단은 현재에 한정하지 않고, 과거와 미래로 넓혀 간다고 하는 시간의 무한성과 개체를 넘어서 외부로 무한하게 확대되는 공간적 무한성을 가르치고 있다.

> 여래가 어떤 마을에 들어갔을 때, 제자는 부처님을 기꺼이 받아들이면 복이 증진한다고 들었다. 제자는 그것을 듣고 증상의 신심을 갖기에 이른다. 거기서 그는 자신을 향하여서 여래를 존경하며 예찬하였다. 다음으로 제자는 복의 표업과 무표를 일으켜서 스스로 장엄을 갖추어 친절하게 몸소 여래를 맞이하려고 하였다. 그렇게 해서 비로소 무표에 의해서 복이 항상 증가한다. 만약 단순히 제자가 환희심밖에 갖지 않았다고 하면, 의업(意業)만으로는 즉 의묘행밖에 없는 것이 된다. 마음만의 일이라면 잠시 중지되는 경우도 있고, 복이 증상하는 일도 없을 것이다. 때문에 복이 증가하는 행위의 성취를 위해서는 반드시 또 마땅히 신어의 묘행이 있을 것이라고 평한다. 또 스스로 짓지 않고, 단지 다른 이를 시켜서 행할 때, 만약 무표업이 없다면, 업도를 느끼지 못할 것이다. 다른 이를 시키는 표(表)는 그의 업도의 행이 아

---

않는다. 그에 따르면 의업의 본질이 사인 것은 원시 불교의 정신을 계승한 것이지만, 사는 심리적 작용에 불과하고, 그대로는 행동을 하는 의지가 아니다. 행동을 일으키기 위하여 다음의 과정을 필요로 한다. 우선, 사가 존재한다. 사는 의를 근거로 한다. 다음으로 사와 의가 하나가 되어 행동을 일으킨다. 즉 신체와 언어를 통해서 행동이 일어난다고 생각하였다. ② 대승유식파 등은 사를 심려사(審慮思) 또는 결정사(決定思)라 하면 사 그 자체와 의지와 동일시하는 구상도 있었다.

니므로, 이 업은 아직 올바르게 사용될 수 없기 때문이다. 짓는 바를 짓게 함으로써 이 성질이 다르게 될 것은 없기 때문이다.[54]

이와 같은 행위의 구체성은 의·신·어 3자의 완결을 예기하는 것이다. 그렇기 때문에 다른 이를 시켜서 행위를 이루어도 행위라고 할 수 없다. 이것을 다음과 같이 말하고 있다. 업, 즉 행위는 이리하여 의업이 우선 일어나고, 그것에 의해서 육체적 동작인 신업과 어업이 일어난다. 어느 것도 빠뜨릴 수 없다. 이미 명백한 것처럼 이 구상은 의업을 중시하는 근본불교 부처님의 본 뜻에 들어맞을 뿐만 아니라, 행위의 객관성과 구체성을 분명하게 표현하려고 했음으로 이미 기술한 것과 같이 신·어를 객체적인 것으로서 사대종으로 이루어질 수 있는 표업(表業)과 무표업(無表業)으로 분석했다.

### 3) 의업과 무표업

인간의 행위는 충동이나 운동과 달라서 반드시 자기자신의 의지로써 이루어진다. 불교에 있어서 업사상 즉 행위론에 의하면 행위는 신·어·의 3요소로 분석되었다. 그 중 신·어라고 하면 외면적 기능은 물질적 한정을 받고 있다. 그 신·어의 동작에서 생기는 습관력은 마음만으로 개조하기 어려운 객체적 존재이다. 이것이 무표업으로 표면에 나타나지 않지만, 신과 어 그 자체에 부수된 잠재력이다. 신(身)과 어(語)가 잠시 멈추었다가 다시 되풀이 할 수 있는 것처럼, 무표업도 또한 객체적 존재성을 보유한다. 이것을 실유[55]라고 부르는 것이다. 무표업인 습관력은 실유로서 객체성을 갖는다. 그것은 외부에서 행위를 조정하는 작용을 갖고 있다. 실유라는 것은 무기물과 같은 정지 형태가 아닌 생생히 살아있는 진실 작용성임에 틀림없다.

신업과 어업의 공적인 표현은 객관성을 갖고 있기 때문에 그 여세도 또한 그 사람의 위에 남아서 다음 행동을 격려하고 혹은 후회하여 중지시키게 하는 것과 같은 외적인 제어의 역할을 완수한다. 그 때문에 신업과 어업은 무표업이라고 하는 습관력이 남게 되었다. 의업의 경우에는 이것과 차이가

---

54 『順正理論』(『大正藏』 29卷: 542하)

55 실유(實有)의 본래 뜻은 진실(眞實)을 의미하는 까닭이다. 실유라는 것은 '진실하게 있다.' '진실이다'라는 의미이지, 물질적인 존재라고 하는 의미는 아니다. 이 원의는 때때로 오해되어 전하여 졌다. 그 때문에 중현의 철학을 실재론(實在論)이라고 비판한 시대도 있었다.

있다. 의(意)는 이미 석가세존 부처님에 의해서 찰나적이고 그것은 마치 나무에서 나무로 옮겨가는 원숭이와 같다고 비유된 것이었다. 이 원시 근본불교의 사상이 중현에게도 계승되었다. 마음은 찰나적이기 때문에 무표업을 남기는 시간과 공간도 있을 수 없다. 만약 마음에 무표업이 남는다고 가정하면 다음과 같은 불합리[56]가 생길 것이다.

이와 같은 윤리적 입장에 서서 살펴보았을 때, 마음에 어떤 고정된 듯한 무표업을 인정하지 않고, 마음에 찰나성과 역동성을 둔다고 하는 구상은 현실적 깨달음이라고 말해야 한다. 업은 마음만으로 성립되는 것이 아니고, 그것은 몸을 통해서 표현될 때에 비로소 성립한다. 바꿔 말하면 업이라는 것은 마음과 몸으로 하는 철저한 인간학이라고 할 수 있을 것이다.

### 4) 업과 윤리

마음속의 생각이 진실하다면 반드시 신체를 통해서 밖으로 표현되는 것이어야 한다. 불교에 있어서의 행동주의라고 해도 좋을 것이다. 이 행동주의적인 업의 진의가 후세에 가면서, 의업(意業)만을 중시하는 경향[57]이 되었다. 이것은 결국 소극적 업장 소멸주의에 빠진 부정적, 숙명적 업에 빠진 경우이다. 참다운 업론은 윤리 도덕적 행동주의에 있다. 무엇보다도 고대사회에 있어서는 사회 의식은 낮고 불교의 업사상도 또한 사회와의 연결보다도 개인이나 개체의 이해에 머물렀다고 본다. 그러나 업사상이 진정한 여실지견의 행동주의적이라면 대사회윤리의 틀이 될 수 있다고 확신한다. 예를 들면 승단을 구축하는 규제로서 율의와 불율의가 제정되었다.

승단을 넘어서 일반 서민과 신자 사이에도 업의 윤리가 보급되기 시작하

56 예를 들면 이른 아침의 어떤 순간에 좋은 의업이 생겼다고 하자. 다음 순간에 악심이 생길지도 모른다. 이전에 생긴 무표업이 그대로 남으면 나중에 악심이 생겼다고 해도 선심은 여전히 계속되고 있기 때문에 좋은 결과가 나오게 될 것이다. 그렇게 하면 선심은 일단 일으켜 두는 것만으로도 좋은 것이다. 악심의 경우는 이 반대로 일단 일어난 악심에는 악의 무표업이 이미 부수되어 있는 것이기 때문에 뒤에 설령 후회의 생각이라든가 선심이 일어나더라도 이전의 무표업을 소멸시킬 수 없다. 이렇게 되면 숙명론적이 되어 개심도 없고 전진하는 진보의 마음도 일어날 수 없을 것이다.

57 선과 악의 행위에도 불구하고, 자기만의 마음에 거두어 두면 된다든지, 또는 이것도 과거세의 업이기 때문에 방법이 없다고 생각하여 외향적 행동을 삼가고, 내향적으로 된다든지, 환경에 순응만 할 뿐 환경을 바꾸려고 하는 적극적 행위를 게을리 하고 홀로 세상을 초월한 것처럼 하는 등 소극적 수동적 태도로 되어 간다. 이러한 소극적 태도로 빠지는 근본적 이유는 신업과 어업의 객관성의 경시에 있고 의업만의 중시에 있다고 판단된다.

였다. 그 윤리적 규범으로서 10종이 열거되었다. 이것을 십선업도(十善業道)라고 부른다. 즉 살생, 투도, 사음, 양설, 망어, 악구, 기어, 탐욕, 진에, 사견을 십불선업도(十不善業道)라고 칭하고, 또 이것을 벗어난 것을 십선업도라고 한다. 이러한 10항목은 불교 승단에 한정되지 않고, 일반 대중들도 지키지 안으면 안되는 적극적인 사회윤리이다. 더구나 이러한 10종은 단순한 덕목과 부덕목의 나열이 아니고 업사상의 개체적이고 주체적인 분석으로부터 자연히 전개되어 온 사회윤리라는 점에 업사상의 사회성을 간파할 수 있는 것이다.

### 5) 업과 종자설

업의 본질이 의(意)라고 하는 불타의 정신은 불교 각 학파에 공통되지만, 의(意) 이외의 신체적 행동을 어떻게 업으로서 인정할 수 있을까 하는 것을 더욱 추구한 것이 철학의 시대라고 일컬어지는 아비달마불교였다. 앞에서 서술된 중현의 철학은 바로 부처님 본래의 그것이었다. 이에 반해서 업의 본질인 의(意) 그 자체에 중심을 두고 전개한 사상이 종자설(種子說)[58]이다.

종자설이라는 것은 업인과 업과의 관련을 설명하기 위해서 마련된 가설이다. 더구나 그 전개를 외적인 것에서 보는 것이 아니고, 종자라고 하는 내부 지각의 기능 속에서 보려고 하는 것이다. 그러나 주의하여야 할 것은 앞에서도 언급된 바이지만, 이러한 내부 의식 구조를 추구할 때에 신업과 어업의 외부적 기능의 이론 부여가 약해진다고 하는 것이다. 이것은 경부가 설한 것 속에서도 내포되어 있다. 경부에서 말하기를, "사업(思業)이 일어나는 것은 신(身)과 어(語)를 기다리지 않는다. 즉 바로 사(思)가 생기하는 자리에 먼저 신업을 이루지 않는다. 왜 움직이는 몸을 빌리는가?"[59]

종자라는 것은 어떠한 것인가? 종자라는 것은 마음속에 부착되어 있는 일종의 공능을 말한다. 공능[60]이란 결과를 일으킬만한 법의 능력으로 흔히

58 생각만으로 신체적 행동인 신업을 이룬다고 하는 것이다. 내부 의식의 중요성의 강조는 경부에 있어서 유식학파의 전개를 기다릴 필요도 없이 이미 유심론적 경향을 갖고 있었다고 하는 것은 부정할 수 없다. 종자설도 이 선상에 놓여졌다.

59 『順正理論』(『大正藏』 卷29, 538상)

60 업인과 업과를 이어주는 것은 과를 발생하는 공능이다. 그 공능이 끊임없이 이어가고, 최후의 순간에 이르러 훌륭한 공능의 상태에 이르고 그 순간에 과를 생기게 한다고 한다. 종자가 상속된다고 하지만 그 상속에도 두 종류의 방법이 있다. 먼 훗날의순간에 성숙하여 가는 것을 전변의 공능이라 부르고, 과를 생기게 하는 최후 순간의 공

는 좋은 결과를 가져오는 데에 쓴다. 종자[61]라고 하면, 인간이 업을 일으킬 때, 업인과 업과가 어떻게 연속되는가 하면, 이미 서술한 바와 같이 공능에 의한 것이라고 하는 의미이다. 그리고 이전에 일으킨 마음에 이어서 뒤에 일으킨 마음은 뛰어난 공능에서 일어났다. 그 뛰어난 공능을 종자라고 한다. "종자라는 것은 이른바 이름과 색이 자신의 과를 생기게 하는데 있어서, 존재하는 곳의 전전과 인근의 결과를 일으킬만한 법의 공능이다. 이것은 상속전변의 차별에 기인한다"[62]라고 한다면, 구체적으로 선심과 불선심의 경우 어떻게 해서 상속되어 가는가.

> 이 중에서 의(意)를 설명한다. 불선심(不善心) 속에 선을 이끌어 내는 전전과 인근의 공능 차별이 있어 이것을 일컬어 종자라고 한다. 이것을 따름으로써 끊임없이 선법이 생기는 것을 얻는다. 또는 선심 속에 불선을 이끄는 전전과 인근의 공능을 차별을 일컬어 종자라고 하고, 이에 따라 끊임없이 불선법이 생긴다.[63]

이것에 의하면, 불선심 안에 선심의 공능이 있어서 이것이 선의 결과를 초래한다. 반대로 선심 안에 불선심의 공능이 있으면 그것이 상속됨으로써 불선의 결과가 초래된다. 즉 불선심 안에 머무는 선심으로부터 선의 과가 나오고 반대로 선심 안에 있는 불선심으로부터 불선의 과가 나온다고 하는 것이다. 그 연속하고 있는 공능이 종자라고 하는 것이다. 이 설명에 의하면, 종자는 마치 과일 안의 한알의 씨앗과 같이 보일지도 모른다. 만약 그렇다면 불선심 안에 동시에 선심의 종자가 함께 존재하게 된다. 한 마음속에 두 마음이 함께 존재하는 것은 허용되지 않는 고로 경부의 종자설에 대해서 이상과 같은 반론이 나오고 있다. 중현이 그렇다.

이 심층부의 해결은 결국 대승으로 되면, 아뢰야식이라든가, 아뢰야 등

---

능이라 부르고, 과를 생기게 하는 최후 순간의 공능을 인간의 공능이라고 한다. 대체로 이와 같은 공능을 종자라고 한다.

61 업인이 업과를 생기게 하는 것은 결코 업인 안에 하나의 종자가 자리잡고 있어서, 그것이 과를 생기게 하는 것이 아니다. 종자는 업인 안에 있는 작은 종자가 아니고, 업인 전체 혹은 업인 그 자체이다. 업인의 공능 그 자체이다. 업인이 곧 종자이며, 종자는 업인 안의 일부가 아니다.

62 『順正理論』(『大正藏』 卷29, 397중)

63 『順正理論』(『大正藏』 卷29, 397중-하)

으로 불리우는 잠재의식의 구상으로까지 파고 들어가게 되었다. 심리학으로 심층심리학과도 통한다고 할 수 있겠지만, 종교적으로는 선한 마음과 선하지 못한 마음이라는 양극의 이분법적인 상호전회는 종교적인 수행에 의미를 부여하게 되었던 것이다.

## 3. 업의 제문제

우리가 일상적으로 업(karma)이라고 하는 개념에서 우선 느끼는 것은 우리의 일상 생활이 어째서 업의 결과라고 말할 수 있는 것일까 하는 것이다. 그것은 인간에게 선천적으로 갖추어져 있는 선천적 이성의 요청에서 오는 의문이다. 이 요청은 인과율의 설정을 예측하고 있었는데 인과율의 그것을 상세하게 통찰해 보면 반드시 이성에 의해서만 사념되는 논리는 아니었다. 그것은 인간의 경험을 제외하고서 추상된 것은 아니다. 이성의 요청을 만족시킴과 동시에 경험적 인식도 충족시키는 것은 불교의 업(業)인 인과론이었다. 업인(業因) 업과(業果)의 이치는 두 가지[64] 요청의 충족으로서 등장되었다. 그것이 불교의 업사상이라고 말하는 핵심적 논리이다. 이와 같은 기본적 논리를 골격으로서, 구체적으로 분석된 형태가 신(身)·어(語)·의(意)인 삼업이다. 불교는 인간의 행동관으로서 이 세 가지 형태적인 측면을 통찰하면서 업사상에서 제기되는 문제를 고찰해 보기로 한다.

### 1) 업과 무아·윤회

첫 번째 문제의 제기이다. 일반적으로 자주 질문 받는 것이지만, 업을 만들어 그 결과를 받는 자는 누구인가. 불교에서는 받는 자는 타인이 아니라 자기 자신이다 라고 한다. 그러면 업과를 받는 자신이란 도대체 무엇인가. 현재의 신심(身心)이 그것을 받는 것일까. 이 의문은 당연하다. 기원전 2세기 후반의 『밀린다 팡하』[65] 속에서도 똑같이 나타난 경우를 보면 어느 시대

64 인과율에 대한 이해의 차이를 나타낸다. 즉 인과율을 파악하는 방법으로 두 종류가 있는데, 그것이 불교 사상을 일관하여 흐르는 방향 표시가 되었다.

65 『Milindapañha』, 40: 그리스(Greece)의 미린다왕이 불교 승 나가세나 비구에 대해서 윤회의 주체는 무엇인가? 하고 묻고 있다. 사후에 도대체 무엇이 윤회하는가? 이대로의 신체일까? 또는 영혼(vedagū)일까? 라고 묻는 것이다. 이에 대해서 나가세나 비구는 인간 존재가 연속하고 있는 상속에 임시로 이름 붙여진 것이기 때문에 변함없이 상주하는 자는 존재하지 않는다고 대답한다.

를 막론하고 변하지 않는 의문이다. 지적 앎의 욕구에서 생겨난 의문이라기 보다 영생만을 기원하는 인간의 영구적인 비원일 것이다.

인간은 몸과 마음[色·受·想·行·識]으로 이루어져 있는 하나의 상속(samtāna)에 불과하다. 상속이라는 것은 또한 연속하는 것이기도 하며, 정지한 실체적인 존재가 아니다. 그럼에도 불구하고 인간은 무시이래로 연속하고 있는 여러 현상인 자기 자신을 마치 실체와 같이 생각하여 이것에 집착한다. 집착으로 인해 번뇌의 인생관이 생기게 된다. 번뇌를 근절하기 위해서는 사사로운 인간 존재가 상속에 불과한 것임을 우선 지적으로 파악해야 한다. 이것이 우선적으로 파악하여야 할 무아의 무상관이다.

또한, 윤회의 고정된 주체가 있는 것이 아니라, 단지 업만을 일으켜 무시이래로 상속하고 있는 제행무상에 불과하다. 그것을 우리가 마치 고정된 주체가 과거·현재·미래로 옮겨져 가는 것과 같이 망상할 뿐이다. 망상이라는 것은 지적 대상적 차원에서 말한 것이며, 진의는 불변화되는 실질적인 존재에 집착하는 것을 배척하는 것이다. 윤회의 주체는 인식론적으로 망상이고, 종교적으로는 집착이란 것이 된다. 더구나 망상은 집착에서 유래한다. 그러면 업도 없고 업과도 없는 것인가? 그와 같은 의미에 있어서 업 또는 업과는 존재하지 않는다. 무집착이라고 하는 무아의 종교적 진실된 입장에 서면 업도 업과도 없다.

그러나 논리적 입장에 서면 업과가 있으면 반드시 그 원인이 되는 업인이 있는 것이다. 업과 이숙인(異熟因)의 양자는 종교적 무집착의 입장에서 말하면 서로 공(空)이며, 더구나 논리적 입장에 서면 업 없이 과는 있을 수 없다. 이렇게 되면 업과 그것을 받는 자라고 하는 예측은 실질적 존재에 집착한 마음에 의해서 망상된 것이다. 집착이라는 것은 불교에 있어서 부정된다. 이리하여 집착은 심리적으로는 번뇌의 세계를 만들고, 과학적으로는 만물 유전의 원리에 대한 상식적 식견을 덮어 버리는 악덕이 된다. 이러한 두 가지 이유 때문에 집착은 불교에 의해서 부정되었다. 그리고 동시에 업·윤회의 주체를 구하는 태도야 말로 바로 그 부정되어야만 하는 집착임이 틀림없다.

두 번째 문제의 제기는 무아의 사상이다. 무아(anātman)[66]의 원초적인

66 我(ānatman)란 실체성을 말한다. 실체성이 부정된 것이 無我이다. 자기의 부정이 아니라 변화도 하지 않고, 전진도 하지 않는 실질적 존재로서의 고정적 부동의 자기 부정이다. 진보하고, 전진하고, 기능적으로 존재하고 있는 자기 부정이 아니다. 그러나

의미는 실질적 존재의 부정이었다. 신들의 절대적 존재가 부정되고, 참다운 인간성의 회복에 눈을 떴다. 살아있는 인간을 대상으로 한 불교는 처음부터 실질적 세계의 부정에서 시작되었다. 그것 때문에 세상을 환상으로 고찰하는 방법을 가르쳤다. 철학적으로는 일체의 존재에는 실체성이 없다고 하여, 존재의 항상성을 부정하였다. 세계를 환상으로 보는 것도, 모든 존재의 항상성을 부정하는 것도, 그 근거는 살아있는[67] 존재로서 세계를 바라보고 존재를 올바르게 바라봤기 때문이다.

중현을 중심으로 한 아비달마불교 철학을 소박한 실체론이라고 비판한 것은 오해라고 해야 한다. 그뿐만 아니라, 실유론은 실체론이 아니고, "진실로 존재하는 것은 기능적으로 존재한다"는 것을 설명하는 작용론이라고 조차 말할 수 있다. 어쨌든 원시 근본불교에 있어서의 무아는 고정된 실체의 부정이며, 상대적 부정에 머무는 것이지만 그 부정은 논리적 차원에 한하지 않고 업론의 근저에도 나타나 있다. 인간 존재는 몸과 마음으로 분석되고, 더구나 몸과 마음은 색·수·상·행·식으로 재분해되어 간다. 그 모든 것 속에서도 나(我)인 실체는 존재하지 않는다. 그것을 대신하여 존재하는 것은 무엇인가 하면, 법[存在]의 흐름뿐이다. 존재의 흐름이라는 것은 움직임의 흐름이다. 이것을 부처님은 제행무상이라고 깨우쳐 주신 것이다. 업의 본질은 움직임이었다. 그 때문에, 움직임의 흐름[samtāna 相續]은 업의 흐름이다.

더구나 이 흐름은 무시 이래의 흐름이라고 해석된다. 흐름이고 작용인 까닭에 공간적으로는 실질적 존재를 갖지 않고, 시간적으로는 시작도 끝도 없다. 불교에 있어서의 업, 즉 무아의 이론적 구성은 이론을 위한 이론이 아니고 산 체험을 통해서 구축되었다는 판단을 확신하게 한다. 결국 업사상과 무아론의 즉일적 관계는 체험에 의해서만 유지된다. 업이라는 것은 체험을 기능으로 전환하는 행동철학이라고 할 수 있을 것이다. 업생업멸(業生

---

이 부정은 어떤 것의 부정이기 때문에 상대적 부정 또는 논리적 부정의 차원을 넘고 있지 않다. 거기에는 주체적 체험이 없다. 인식론적이고 대상적 부정이 있을 뿐이다. 마치 버스 안에 자리가 없다고 할 경우의 無에 불과하다. 그것은 空(sŭnya)이라고도 말하지만, 절대공의 긍정적 체험까지는 의미하고 있지 않다.

67 살아 있다는 증거는 어디에 있는가? 그것은 늘 동적인 '움직임'에 있다. 이것을 작용이라는 개념으로 표현하였다. 살아 있다는 것은 움직이고 있는 것이고, 움직이는 것은 실질적인 존재도 아니고, 항상성을 갖은 존재도 아니다. 그러나 무(無)는 아니다. 바람은 눈에 보이지 않지만 움직이고 있다. 즉 작용하고 있다. 아무것도 없는 무가 아니다. 바람은 진실로(dravyato) 존재한다(asti). 이것을 실유(實有)라고 말한다. 실유라는 것은 '실제로 있다'는 것이며, 실체(實體, res, entity)라는 뜻은 아니다.

業滅)의 상대성 세계는 무시 이래의 작용에 의해 거기에 이미 존재하는 것이었다.

**2) 업과 자유**

업사상에 관한 그 두 가지 요소 중에서 인과율은 운명론적 사고로 기울기 쉬운 요소를 갖고 있다. 그러나 인(因)과 과(果)를 분석함으로써 운명론과 다른 것이 있다는 것을 더욱 실증하는 논리가 상호관계성의 이론이다. 즉 연(緣)의 논리가 그것이다. 종자와 싹이라고 하는 직접 원인과 결과가 인과율이라고 하면, 흙, 물 등이 간접 인(因)인 연(緣)이다. 인간 존재에 관해서 말하면, 인간의 자유 의사가 간접인으로서 인간의 행위를 제어한다. 자유라고 하는 것은 이러한 모든 연의 개념의 하나이다.

불교의 업사상에 있어서 우리가 찾고자 하는 사상적 전개는 인과율보다도 상호관계성을 중요시 하는 방향으로 향하고 있는 것이다. 세속적인 신앙에 의해서 추앙된 신 등과 같은 제삼자를 부정하면서 그리고 또 인과률을 긍정하면서 불교는 서서히 그들 인(因)을 외적인 것으로부터 내면적인 것으로, 물질적인 것으로부터 정신적인 것으로부터 깊게 파내려 갔다. 그리하여 마침내 도달한 것이 연기라고 하는 인연의 철학이다.

그런데 장애자의 경우, 신체적 장애는 오관으로 파악할 수 있는 생리적 인과 관계에 의해서만 분명해질 수 있는 것이다. 그러나 내면화된 연은 오관의 대상은 되지 않는다. 연(緣)은 정신적인 것으로 인보다 우위를 차지하고 있다. 정신의 자유는 육체의 여하에 구애되지 않고 본인에게 보증되어 있다. 더구나 정신의 자유는 침묵하고 있는 것이 아니다. 그것은 작용을 의미하는 '연'의 하나이기 때문에 외계와의 의사소통(communication)을 가능하게 하고 외계로의 창이 되어 표현되어 나온다. 정신의 자유라고 하는 연을 충분하게 작용시키기 위해서는 오히려 신체를 부자유스럽게 하는 편이 좋은 경우마저 있다. 옛 성현들은 모두 그러한 경험을 가지고 있다.

참으로, 육체는 때때로 영혼의 비상을 방해한다. 석가세존 부처님의 보리수 아래에서의 고행은 건전한 신체로 스스로 부자유스럽게 했다고 할 수 있을 것이다. 그러나 석존의 영혼의 정화에는 아무런 영향도 없었다. 그러기는커녕 오히려 그의 되살아난 영혼의 자유는 외계로의 교류를 그만큼 확대하였고, 완전히 갈고 닦여진 석존의 정신과 넓은 세상 사람들의 등불이 된 것이다. 즉 인과율에 의해 막연히 인간들이 지배되고 있다고 믿고 있었던 인간이 여기서 그것을 초월하여 살아가는 길을 발견했던 것이다. 그것은 바로 고정적인 인과율을 교정시킨 영혼의 자유로운 세계이며, 또한 '연'의 철학이 아니고 무엇이겠는가? 이것은 가장 심오한 인생을 말하는 사상이 아니고 무엇인가? 인생의 업적 세계는 단순한 인과율에 의한 직선적인 전개뿐만 아니라, 서로 몸으로써 행하고, 서로 의논하여 엮어서 만들어내는 현세라는 옷감이라고 할 수 있는 상호의존적 연생연멸(緣生緣滅)의 세계이기 때문이다.

앞서 말한 중현에 의한 업사상의 논증적 인식의 조작에 있어서조차 이미 '연'의 철학으로의 지향을 엿볼 수 있었다. 이것이 마침내 대승불교의 연기론이 되어 대승불교를 구성하는 중추가 되어 가는 것이다. 이 연기론이 대승불교에 있어서의 실천론의 근거가 된다. 왜냐하면 연이라는 것은 중현이 지적했던 바와 같이 인과율의 불교적 해석의 근저에 있는 원리이기 때문이다. 또 나아가 연이라는 것은 상호성의 원리이며, 한편 실천이라는 것은 인간 상호관계 위에서만 이루어질 수 있을 것이기 때문이다. 이것은 곧바로 초기 근본불교의 부처님 사상으로 돌아가는 운동인 것이다. ❁

**조용길** (동국대)

우리말 불교개념 사전

# 여래장

범 tathāgatagarbha 장 de bshin gśegs paḥi sñin po 한 如來藏
영 the germinal Essence of Tathāgata; Buddha-nature

## Ⅰ. 어원적 근거 및 개념 풀이

### 1. 어원적 근거

여래장(如來藏)은 '여래가 될 태아'라는 뜻의 범어 tathāgatagarbha의 번역어다. 모든 중생이 여래가 될 가능성을 본성적으로 갖고 있음을 말한다. 서장어로는 대개 de bshin gśegs paḥi sñin po로 번역되며, 영어의 경우 the germinal Essence of Tathāgata 또는 단순히 Buddha-nature라고도 한다. 여래장이란 말은 3세기 중엽에 성립된 것으로 판단되는 『여래장경』에서 처음 사용되었지만, 그 사상의 뿌리는 멀리 원시불교의 자성청정심(自性淸淨心)으로 소급되며, 직접적으로는 『화엄경』 「여래성기품」에 보이는 여래법신(法身)의 활동, 모든 사람이 불자(佛子)라는 인식 아래 일체 중생이 평등하다는 『법화경』의 일승(一乘) 사상에 연원하는 것으로 지적된다.

여래장사상은 인도 대승불교의 역사에서 독특한 입장을 갖는다. 인도 대승불교는 일반적으로 반야·중관과 유가행·유식의 2대 학파로 구별된다. 여래장사상은 하나의 독립된 학파로 인정되지 않고 있는 것이다. 여래장사상이 중관·유식의 개념들을 차용하여 조직되고 있는 것 또한 사실이다. 그러나 학파로 인정되지 않음이 곧 사상의 독자성을 부정하는 것은 아니다. 여래장사상은 중관·유식과 그 논의의 기반, 출발점이 상반된다는 점에서 중관·유식과 근본적으로 구별된다. 중관·유식은 미혹된 현실의 분석에서 출발한다는 공통점을 갖는다. 그들 모두에게 현실은 가상이며 허망분별의 결과이다. 이를 올바로 인식하는 것이 공성(空性, śūnyatā)에 대한 인식이며, 알라야식의 전의(轉依, āśraya-parāvṛtti, 所依 즉 존재기반의 질적 변화)이다. 이와 같이 중관·유식은 현실의 미혹을 직시함으로써 깨달음을 연다고 하는 점에서 공통적이며, 바로 그러한 점에서 '중생으로부터 여래로'라는 방향의 지혜[般若, 無分別智]를 강조하는 것이다.

이에 대해 여래장사상은 '일체 중생이 여래장'(sarvasattvās tathāgatagarbhāḥ)이라고 한다. 중생은 현실적으로 번뇌에 오염되어 있지만 이는 비본래적인 것으로 어디까지나 그 본질은 청정하다는 것이다[自性淸淨心 客塵煩惱染]. 여기에는 중생의 본질이 여래와 같다는 사실이 전제되어 있다. 그런데 여래장사상은 이 동질성을 여래 법신의 등류(等流, niṣyanda, 동질의 결과)라는 개념으로 설명한다. 여래장은 현실 속에서 여래가 될 원인이지만, 궁극적으로는 여래 법신이 모든 중생에 침투한 결과라는 것이다. 결국 중생의 본질을 여래장으로 파악하는 근거는 여래 또는 여래 법신의 활동에 대한 믿음에 있다. 이와 같이 '여래로부터 중생으로'라는 방향에서 불타의 자비를 강조하고 이를 논의의 논리적 기반으로 한다는 점에서 여래장사상은 중관·유식과 근본적으로 성격을 달리한다. 여래장사상이 앎보다는 믿음을 강조하는 것도 이러한 성격에 기인한다.

여래장사상의 사상사적 위치와 관련하여 티베트의 다르마린첸(Dharma rin chen, 1364~1432)은 서장어역『보성론』의 주석에서 '연기－공성－공성의 방편분(方便分)'이라는 3단계를 설정하며 여래장사상을 제3시의 법륜으로 간주하고 있다.[1] 여기에서 공성의 방편분이라 함은 제2시 및 제3시가 모두 공성을 설한 것을 전제로 하면서 특히 제3시가 일체의 중생들로 하여

1 小千一乘,『如來藏·佛性の研究』(京都: 文榮堂, 1974), 18~32면; 정호영,『여래장사상』(서울: 대원정사, 1993), 44면 이하 참조.

금 공성을 완전히 이해시키기 위해 설해진 것임을 말한다. 이는 여래장사상이 중관철학의 맥락에서 이해되고 있는 티베트불교의 전통을 보여주고 있는 것이다.

중국 화엄종 제3조 법장(法藏, 643-712)은 인도의 불교를 수상법집종(隨相法執宗), 진공무상종(眞空無相宗), 유식법상종(唯識法相宗), 여래장연기종(如來藏緣起宗)으로[2] 또 유상(有相), 무상(無相), 법상(法相), 실상(實相)으로[3] 구분하고 있다. 이는 그가 여래장사상을 소승, 중관, 유식과 대비되는 독자적인 체계로 파악하고 있음을 보여준다.

법장 이전에 활동하면서 법장에 여러 가지 영향을 끼쳤던 신라의 원효(元曉, 617-686)는 삼승별교(三乘別教), 삼승통교(三乘通教), 일승분교(一乘分教), 일승만교(一乘滿教)의 교판에서 중관·유식을 삼승통교에 그리고 여래장계 경론들을 일승분교에 위치시키고 있다.[4] 여기에서 중관·유식을 하나의 범주로 분류하고 일승분교에서 대승의 실천을 설하는 『범망경』 등을 함께 거론하는 것은 화쟁(和諍: 논쟁의 화합)이라는 그의 사상적 특징과 여래장사상에 대한 실천적 이해를 보여주고 있는 것이다.

한편 여래장계 논서의 자기인식의 예는 『보성론』의 제목에서 발견된다. 범어 제목 Ratnagotravibhāga Mahāyānottaratantraśāstra는 '[불·법·승] 삼보의 본성(ratnagotra)에 대한 분석(vibhāga), 대승(mahāyāna)의 궁극적 체계(uttaratantra)의 논서(śāstra)'라는 의미로서, 삼보의 본성 즉 여래장이 단적으로 대승불교의 궁극적 가르침, 귀결점이라는 것이다.[5]

2 『大乘起信論義記』(『大正藏』44권, 243중)

3 『大乘法界無差別論疏』(『大正藏』44권, 61하) 이상의 4교판은 여래장계 논서에 대한 주석에 등장하는 것으로 화엄교학을 중심으로 하는 『화엄오교장』 등에서는 소승교, 대승시교(始教), 대승종교(終教), 대승돈교(頓教), 대승원교(圓教)의 5교판을 제시하고, 여래장계 경론들을 대승종교 또는 대승돈교에 위치시키고 있다. 그는 화엄학자로서 궁극적으로는 『화엄경』 만을 대승의 원교로 인정하고 이를 바탕으로 법계연기설을 주창한다.

4 이기영, 「教判史上에서 본 원효의 위치」, 『한국불교연구』(서울: 한국불교연구원, 1982, 1974년 발표논문의 재수록) 참조.

5 한역본의 명칭은 『究竟一乘寶性論』이라 하여 '대승' 대신에 '일승'으로 되어 있다. 이는 일승이야말로 대승이라는 한역자의 이해에 따른 것으로 보인다. 범어 tantra는 옷감의 경우 날줄로서의 경(sūtra)에 대해 씨줄을 의미한다. 나아가 텍스트로서는 경을 보완하는 체계적 설명서의 의미를 갖는다. 이러한 점을 고려할 때 uttaratantra는 최상의 또는 궁극적 설명서라는 자부심을 반영한다. 한편 인도 쉬바교 및 후기 대승인 밀교의 문헌들이 '비밀스런 가르침'이란 의미로서 tantra로 불리는 것도 이러한 조류가 어느 정도 반영된 것으로 보인다.

## 2. 개념 풀이

tathāgatagarbha(여래장)의 garbha는 '잡다'(gṛbh = gṛh, to grasp)라는 의미의 어근에서 유래하여, 태아를 안에 담고 있는 용기, 자궁(womb)을 의미한다. garbha는 동시에 자궁 안의 태아(embryo, foetus)를 의미하기도 한다. 이와 같이 하나의 단어가 '잡는 것'과 '그 안에 잡혀 있는 것'으로서의 모태와 태아라는 대립된 두 의미를 가질 수 있는 것은 인도 전래의 일원론적 사유에 뿌리를 둔다. Garbha가 포함된 복합어로서 고대의 인도신화에 가정 먼저 등장하는 것이 히라냐가르바(Hiraṇyagarbha, 황금의 태)이다. 신화에 따르면 바다 위에 떠있는 그로부터 만물이 전개되었다고 한다. 이러한 이야기에서 히라냐가르바는 만물을 낳은 모태이기도 하지만, 물에 떠있는 일종의 우주란(cosmic egg)으로 비유될 때 그는 태아로 간주되는 것이다.[6]

garbha의 이러한 이중적 성격은 복합어 tathāgata-garbha에 대한 상이한 해석을 가능케 한다. 여래가 모태라면 중생은 그 모태에 감싸져 있는 태아이며(여래=모태, 중생=태아), 여래가 태아라면 중생이 그 여래라는 태아를 감싸고 있는 모태가 된다(중생=모태, 여래=태아). 이러한 점은 『보성론』의 여래장에 대한 의미 분석의 밑바탕이 되고 있다. 구체적으로 『보성론』은 여래장의 의미를 세 측면에서 분석하여 다음과 같이 말하고 있다.

> 유구진여(有垢眞如)에 대해 [경에] "일체 중생은 여래장"이라고 설명되어 있다. 그것은 어떠한 의미인가?
>
> 중생의 무리에 부처님 지혜가 침투하기 때문에,
>
> 그 [중생의 무리가] 무구(無垢)인 점이 본래 [부처님과] 불이(不二)이기 때문에,
>
> 부처님의 종성(種性)에 그 결과(=부처님)를 설정하기 때문에,
>
> 모든 유신자(有身者)는 부처님의 태라고 설해졌노라. (I.27)
>
> 정각자(正覺者)의 몸이 편만하기 때문에,
>
> 진여에 차별이 없기 때문에,

6 이와는 다른 관점에서 우파니샤드에 등장하는 히라냐가르바의 철학적 성격과 여래장을 비교하는 논문으로는 이기영의 「法에 관한 연구 I — Hiraṇyagarbha와 Tathāgatagarbha를 중심으로」, 『불교연구』 1집 (서울: 한국불교연구원, 1985)이 있다.

종성[이 존재하기] 때문에,
모든 유신자는 항상 부처님의 태라고 설해졌네. (I.28)

요약하면 세 가지 의미에 의해 세존은 "일체 중생은 항상 여래장"이라고 설하신다. 즉 일체 중생에 (1)여래의 법신(法身)이 편만(遍滿)한다는 의미에 의해, (2)여래의 진여가 무차별이라는 의미에 의해, (3)여래의 종성이 존재한다는 의미에 의해서이다.[7]

본송 I.27과 이에 대한 주석게 I.28 및 주석산문으로 구성되어 있는 이 인용문에서 중생이 여래장으로 이해되는 근거는 다시 다음과 같이 설명될 수 있다. (1)여래의 법신이 두루 미치지 않는 곳이 없다는 점, 그래서 모든 중생에 여래 법신이 스며들어 있다는 점, (2)여래는 어떠한 번뇌에도 물들지 않은 무구진여(無垢眞如)임에 반해 중생은 번뇌에 오염되어 있음이 틀림없지만 그의 본질이 여래와 다르지 않아 유구진여(有垢眞如)로 불린다는 점, 결국진여의 측면에서는 중생과 여래가 동일하다는 점, (3)모든 중생은 불자(佛子) 즉 여래의 가족이라는 점에서 일체 중생에 아직 발현되지 않는 것일지라도 여래의 본성이 있으며, 이는 마치 원인 속에 그 결과가 잠재되어 있는 것과 같다는 점이 그것이다.

『보성론』은 다시 이 세 측면을 각각 ①'일체중생은 여래의 태아이다,' ②'여래 즉 진여가 일체중생의 태아이다,' ③'여래성(如來性, tathāgatadhātu)이 이들 일체중생의 태아이다'라고 설명하고 있는데, ①은 앞서 언급한 '여래=모태, 중생=태아'로 이해한 것이며 ②와 ③은 '중생=모태, 여래=태아'의 관계를 보다 세밀하게 분석한 것이다. 여기에서 ①은 (1)에서 여래의 지혜, 법신이 중생에 침투하여 미치지 않는 곳이 없다고 한데서 드러나듯 절대적이고 보편적인 여래가 일체 중생을 감싸고 있는 모습을 보여준다. 유한자, 상대적 존재로서의 중생이 무한한 여래의 자비의 품에 안겨 있는 것이다. 이에 대해 ②와 ③은 중생 속에 내재하는 여래의 성격에 관한 분석이라는 공통점을 갖는다. 이 가운데 ②는 여래를 진여로 정의한다. 본래 여래(tathā-āgata)는 진여(tathatā: 그러함. 있는 그대로의 진리)를 깨친 사람, 그

7 범어본은 中村瑞隆, 『梵漢對照 究竟一乘寶性論研究』(東京: 山喜房佛書林, 1961), 49면(이후 RGV로 약칭). 한역은 『大正藏』31권, 828상-하. 이는 '여래장의 세 의미'를 분석하는 부분으로, 뒤에 '여래장의 삼종자성(三種自性)'의 이름으로 게송 I.144-152에서 보다 상세히 언급하고 있다.

리하여 자비로써 우리에게 온(āgata) 분을 의미한다. 그런데 여기에서 여래를 인격적 존재가 아니라 깨달음의 진리 그 자체와 일치시키는 것은 여래의 진리와 중생의 진리가 다르지 않음을 밝히기 위한 것이다. 진여는 변하는 것이 아니다. 진여는 어제와 오늘이 다르지 않다. 이러한 점에서 법신편만이 공간적 보편성의 의미를 갖는다면, 진여는 시간적 불변성의 의미를 갖는다. 구체적으로 변화하는 시간을 살아가는 중생에게 불변의 진리가 내재해 있음을 밝힌다. 한편 ③에서는 진여 대신에 여래의 '성'(dhātu)이 태아로서 언급되고 있다. 그런데 게송 I.27과 I.28 및 이에 대한 산문의 주석에서 사용되는 개념은 여래의 '종성'(gotra)이다.

Gotra는 일반적으로 혈연적 집단 또는 그 계통을 지칭하는 말로, 성(姓), 씨(氏), 가(家)의 개념에 해당한다. 어원적으로는 소(go)를 지키는(√trai) 것으로서 우리(stable, shelter)를 의미하며 『리그베다』에 이러한 용례가 보이기도 한다. 그러나 후의 고전 산스크리트에서는 상호 혼인이 금지된 동일 계통의 가족을 의미하게 되었는데, 이러한 의미 변화는 소가 중요한 재산이기 때문에 고트라가 이 재산을 공유하는 집단, 실질적으로는 동일 혈통의 씨족을 지칭하게 된 것으로 보인다. 불교에서 사용되는 고트라도 이러한 인도사회 일반의 개념을 차용한 것이다. 그러나 바라문이 사성(四姓: 브라만·크샤트리아·바이샤·수드라)의 차별을 이야기하는 데에 반해, 불교는 출가 이전의 신분을 묻지 않고 모두 동일한 불자(佛子)가 되었음을 강조한다.

고트라의 개념이 수행자가 본래 가지고 있는 차별적 능력의 의미로 사용된 것은 아비달마불교에 이르러서 이다. 성문(聲聞)·독각(獨覺)·보살(菩薩)의 종성을 구별하는 것도 설일체유부(說一切有部)에서이다. 마치 인도의 사성이 출생에 의해 신분이 결정되듯이, 세 부류 사람들의 깨달음의 귀결점이 다른 것은 태어날 때부터의 소질이 다르기 때문이라는 것이다. 다만 유부에서 말하는 보살은 '깨달음이 확정된 중생'으로서 불타를 지칭하는 말이다. 이러한 관념은 대승의 유가행학파에도 계승되어, 오성각별(五姓各別) 사상을 낳았다. 즉 종성에 성문·연각·보살 외에 그 어느 것이라고 정해지지 않은 부정(不定)종성과 깨달음의 능력이 전혀 없는 무종성이 있다는 것이다.

그러나 여래장사상은 이러한 선천적 차별을 부정한다. 이는 불타에게만 한정된 보살개념이 대승에 이르러 보편화되어 가는 과정의 극한에 이른 결과이다. 여래장사상의 성립에 앞서 『법화경』은 고트라라는 말을 사용하지는 않지만, 일승(一乘)의 입장에서 일체 중생을 불자로 간주한다. 『법화경』에는 또한 보살뿐 아니라 성문을 포함한 수많은 사람들과 천룡·야차 등에게도 수기(授記: 미래 어느 때에 성불할 것임을 확인해 주는 말)가 부여된다.[8] 여기에서 수기가 특정한 사람에 한정되지 않고 보편적으로 이루어지고 있는 것은, 그것이 비록 여래의 지혜 또는 여래라는 인격에 의존하고 있지만 보편적 원리로서의 여래장으로 나아가는 이념적 토대가 되고 있다.

여래와 관련하여 고트라라는 말을 사용하고 또 이것이 씨족의 의미가 아니라 본질의 의미로[9] 사용한 최초의 예는 『화엄경』이다. '여래 출현'은 일차적으로 석가모니불의 깨달음을 의미하지만, 『화엄경』「성기품(性起品)」은 여래의 법신이 갖가지 화신(化身)으로 현현하고 이에 따라 여러 가지 활동을 수행함을 주된 내용으로 한다. 여기에서 여래의 법신[깨달음의 몸, 진리의 몸]은 여래의 본질[性, gotra] 이외의 다른 것이 아니다. 그러므로 화신 및 그 활동은 여래의 본질 즉 여래성(tathāgatagotra)이 현현된 것이다. 성기(gotra-saṃbhava)는 바로 이러한 여래의 본질, 법신이 세간에 현현된 것을 의미한다. 여기에서 법신은 인(因), 화신 및 여래의 활동은 과(果)의 관계를 갖는다.[10]

『보성론』은 기본적으로 『화엄경』「성기품」의 성의 개념을 계승한다. 그러나 『보성론』은 개별적인 중생 한 명 한 명이 여래와 동일한 본질을 지니고 있음에 주목하면서 이를 여래장이라 한다. 이러한 관점의 전환은 『여래장경』에서 유래한 것이지만, 『보성론』은 나아가 중생에 내재한 여래장을 깨달음으로 발현될 원인[因, hetu]으로 규정한다. 게송 I.27과 I.28 및 그 주석산문(3)은 이러한 맥락에서 이야기되는 것이며, 여기에서의 '여래종성'은 『화엄경』「성기품」에서처럼 여래의 법신을 의미하는 것이 아니라 중생에 내재해 있는 본질, 원인으로서의 여래장을 의미한다. 이러한 점은 특히 게송 I.27에서 "부처님의 종성에 그 결과[=부처님]를 설정한다"고 한데에 명확히 드러난다. 원인을 통해 결과를 예측하고, 원인 속에서 결과의 단초

8 정호영, 『여래장사상』(서울: 대원정사, 1993), 127-137면 참조.

9 한역에서 고트라가 씨족의 의미로 사용될 때는 '種姓'으로, 본질의 의미로 사용될 때는 '種性' 또는 단순히 '性'으로 표기하여 이를 구분하는 것이 일반적이다.

10 高崎直道, 「華嚴教學と如來藏思想」『如來藏思想 II』(東京: 法藏館, 1989), 109면. 이는 中村元編, 『華嚴思想』(東京: 法藏館, 1960)에 게재되어 있던 논문을 다시 수록한 것이다.

를 발견한다는 것이다. 『보성론』은 또한 종성이 발현된 결과로서의 법신 또는 삼신(三身: 自性身·受容身·變化身)을 말한다. 다만 『보성론』은 어디까지나 이들이 여래장에 잠재되어 있음을 강조한다. 이와 같이 『화엄경』과 달리 『보성론』은 종성을 인(因), 법신을 과(果)로 이해한다.

그러나 한편으로 (1)'법신편만'의 법신은 『화엄경』의 법신과 동일한 의미구조를 갖는다. '편만'이 세간에 두루 펴져 있음을 의미할 때 이는 『화엄경』의 '현현'과 다른 것이 아니기 때문이다. 이 경우 법신은 『화엄경』에서와 같이 세간으로의 현현의 원인이다. 그러나 법신은 동시에 종성이 발현된 결과이기도 하다. 말하자면 법신은 원인이자 결과인 것이다. 이러한 점은 종성의 경우에도 그대로 적용된다. 종성은 여래의 법신이 중생에 편만한 결과(1)이며, 법신이 출현할 원인(3)이다. 이와 같은 법신과 종성의 상호 인과관계는 여래와 중생의 질적 동일성을 바탕으로 하며, 『보성론』은 이를 진여로 표현한다. 청정함[無垢, nirmalā]과 오염됨[有垢, samalā]의 차이는 있지만, 여래와 중생이 모두 진여라고 하는 것이 그것이다. 여래장의 세 의미에서 (2)'진여에 차별이 없다'는 것은 이러한 의미를 포함한다.

이렇게 여래와 중생에 차이가 없음은 『부증불감경(不增不減經)』에서 일법계(一法界, eka-dharmadhātu) 또는 간단히 일계(一界, ekadhātu)로 불린다. 『부증불감경』의 말을 빌리면 "깊고 깊은 의미는 궁극의 진리이며, 궁극의 진리는 곧 중생계(sattva-dhātu)이다. 중생계는 곧 여래장이며, 여래장은 곧 법신이다"[11] 여기에서 계로 번역된 dhātu는 √dhā(두다)에서 파생된 말로 본래 무엇을 두는 장소, 영역, 토대를 의미한다. 그 가장 일반적인 예는 일체법을 18계[六根·六境·六識]로 분류할 때의 '계'일 것이다. 『구사론(俱舍論)』은 이러한 점을 종류(jāti)의 의미로 설명한다. 그런데 같은 종류에 속하는 것은 공통된 성질을 갖기 때문에 계는 본질(svabhāva)의 의미를 갖는다. 『구사론』은 나아가 계를 그로부터 동질의 것이 발생하는 근원[生本, ākara]으로 해석한다. 이 때 계는 원인(hetu)에 다름 아니다.[12] 이러한 점에서 『부증불감경』의 '일계'는 일체가 하나의 종류, 동일한 본성을 갖는다는 의미이며, '중생계가 곧 여래장'이라고 할 때 중생계의 계는 일차적으로 중

---

11 甚深義者卽是第一義諦 第一義諦者卽是衆生界 衆生界者卽是如來藏 如來藏者卽是法身(『大正藏』16권, 668상)

12 高崎直道 등 편, 『講座大乘佛教 6, 如來藏思想』(東京: 春秋社, 1982), 20면 및 동일인이 편집대표를 맡은 『佛教·インド思想辭典』(東京: 春秋社, 1987), 50면 참조.

생의 본성을 의미하지만, 궁극적으로는 법신 출현의 원인을 가리킨다. dhātu가 성(性)으로도 번역되며, 단독으로 tathāgatagarbha(여래장)와 동의어로 사용되는 것은 바로 이러한 점에 기인한다. ③에서 tathāgata-dhātu가 여래성으로 번역된 것도 이러한 맥락에서이다.

법신편만, 진여 무차별, 종성의 존재로 요약되는 여래장의 세 의미는 기본적으로 (1)여래→중생, (2)여래=중생, (3)중생→여래의 구조로 파악된다.[13] 그리고 이를 다시 실천적으로 이해할 때 (1)은 '모든 중생은 부처님[여래장]'이라는 여래의 자비의 설법으로, (2)는 그러한 설법을 믿음으로 받아들임으로써 '나는 부처님[여래장]'이라는 주체적 자각을 갖는 것으로, (3)은 그러한 자각 속에서 객진번뇌를 제거하기 위한 불도의 실천을 말하는 것으로 해석될 수 있다.

## Ⅱ. 역사적 전개와 텍스트별 용례

### 1. 역사적 전개

#### 1) 초기 여래장계 경전

여래장이란 어휘를 최초로 사용한 경전은 『여래장경』이다. 『여래장경』은 한편으로 『화엄경』「성기품」에 보이는 성기(性起, gotra-saṃbhava) 사상을 계승하지만, 이를 여래 법신의 활동으로 기술하는 것이 아니라 중생에 드러나는 방식으로 설명함으로써 관점의 전환을 이루고 있다. 『화엄경』에서 말하는 '성'이 여래의 본질이며 '기'[출현, 현현]가 세간에서의 여래의 활동임에 대해, 『여래장경』에서의 '성'은 중생의 본질로서의 여래장이며 '기'는 가능태로서의 여래장이 충분히 발현된 것으로서의 여래라 하겠다.

그러나 『여래장경』은 이러한 점을 세밀하게 논의하고 있지는 않다. 단지 번뇌에 가리워 있음에도 불구하고 중생의 본질이 여래장임을 ①시든 꽃잎 속의 화불(化佛), ②갖가지 벌들의 꿀, ③껍질 속의 쌀알, ④오물 속의 진금

---

13 小川一乘은 이를 비불성(悲佛性), 이불성(理佛性), 행불성(行佛性)으로 명명하면서 각각을 (1)종교적 사실, (2)근원적 사실, (3)자각적 사실로 해석하고 있다(『如來藏·佛性の研究』 87-88면). 한편 眞諦역 『불성론』은 이를 소섭장(所攝藏), 은복장(隱覆藏), 능섭장(能攝藏)으로 설명한다(『大正藏』31권, 795하-796상)

(眞金), ⑤땅 속의 보물, ⑥열매 속의 씨앗, ⑦누더기 속의 보상(寶像), ⑧빈천한 여인이 잉태한 전륜성왕(轉輪聖王), ⑨검은 흙 속의 금상(金像)이라는 아홉 가지 비유로 설명할 따름이다. 이 가운데 첫 번째 비유는 다음과 같다. 불타께서 신통력으로 무수한 연꽃잎에 각각 여래가 앉아 있는 상황을 연출한 후 다음과 같이 말한다.

### 2) 텍스트별 용례

> (1) 선남자여, 그대는 시든 연꽃잎에 여래가 좌선한 채로 광명을 발하고 있는 것을 볼 것이다. 여래도 이와 같이 여래의 지혜와 여래의 눈으로써 탐욕과 성냄과 어리석음 등의 무량한 번뇌에 감싸여 있는 모든 중생들의 내부에 동일한 지혜와 동일한 눈을 가진 여래가 가부좌하고 부동으로 앉아 있음을 본다. (2) 선남자여, 그리하여 윤회를 반복하는 중생 안에 있으면서도 여래의 본성(dharmatā)이 조금도 오염되지 않음을 보고 그 여래들은 나와 다르지 않다고 말한다. 이와 같이 여래는 여래의 눈으로써 일체중생은 여래장이라고 관찰한다. (3) 그리고 천안(天眼)을 가진 사람은 시든 꽃잎들을 제거하고 그 안의 여래를 현출시킨다. 이와 같이 여래도 불안(佛眼)으로써 일체중생이 여래장임을 관찰하여 그 중생들의 번뇌를 제거하고자 법을 설한다. 이것이 다 이루어지면 여래가 있는 그대로 현출한다. (4) 선남자여, 이것은 보편적 진리[諸法의 法性, dharmāṇāṃ dharmatā]로서 여래가 이 세상에 출현하여도 출현하지 않아도 이들 중생은 항상 여래장이다.[14]

요약하면 (1)여래의 지혜가 한 명 한 명의 중생에 편만한다는 사실에서 (2)일체중생이 번뇌에 덮여있지만 여래장으로서 중생은 여래와 다르지 않음이 확인된다. (3)여래는 이러한 사실을 알고 그 여래장이 발현되도록 법을 설한다. (4)이와 같이 일체중생이 여래장이라는 사실은 영원불변의 보편적 진리이다. 여기에서 (1)에서 (3)은 대체적으로 『보성론』이 말하는 여래장의 세 의미와 일치한다. 이는 『여래장경』이 여래장사상의 체계화에도 중요한 전거가 되고 있음을 보여준다. 다만 (3)의 경우 『보성론』이 원인으

---

14 한역은 『大正藏』16권, 457상-중. 서장어로부터의 일역은 高崎直道, 『如來藏思想の形成』(東京: 春秋社, 1974), 42-44면.

로서의 종성[여래장]을 이야기함으로써 중생을 출발점으로 하고 있는 데에 반해『여래장경』은 여래를 주체로 하여 그의 자비의 설법을 강조하는 차이를 보이고 있다. 중생이 여래장이라는 앎의 근거는 어디까지나 여래의 설법인 것이다. 이러한 점은『여래장경』이 중생에 초점을 맞춰 중생이 여래장임을 밝히면서도 여래 법신의 활동이 주된 논지인 성기사상의 영향 아래에 있음을 반증한다.

이에 대해『승만경』은 중생의 현실 그 자체에 대한 깊은 인식을 보여준다.『승만경』이 여래장을 정의하여 "여래의 법신이 번뇌의 외피를 벗어나 있지 않은 것을 여래장이라 한다"[15]고 한 것도 이러한 점을 반영한 것이다. 비록 번뇌를 '외피'라 하여 비본래적인 것으로 규정하고 있지만 '벗어나 있지 않다[不離, avinirmukta]'고 하는 것은 번뇌가 또 하나의 근원적인 사실이라는 점을 인식하고 있는 것이다.『승만경』이 근원적인 번뇌로서 무명주지(無明住地)를 거론하고 이로부터 파생되는 여러 가지 번뇌를 언급하는 것도 이 때문이다. 나아가『승만경』은 여래장이 윤회[생사]의 의지처[所依, āśraya]라고도 하며, 무위법뿐만 아니라 유위법에 대해서도 의지, 기반[建立, pratiṣṭha]이 된다고 한다. 이러한 점은 여래장 염정의지설(染淨依持說)로서 후대의 여래장연기설의 근거가 되는 것이다.

그러나 한편으로『승만경』은 깨달음의 앎과 관련하여 번뇌가 앎과 무관계한 것임에 대해 여래장은 앎과 분리되지 않는 것이라고 하며,『열반경』의 말을 빌려 여래장을 상(常)·락(樂)·아(我)·정(淨)의 네 바라밀의 성격을 지닌 것으로 설명한다. 무상하고 고통을 주는 번뇌와는 달리 여래장은 항상되고 불변이라는 것이다. 중생이 열반을 희구하고 고통을 염리(厭離)하는 것도 여래장이 있기 때문이라고 한다.

---

15 tathāgata-dharmakāya 'vinirmukta-kleśakośas tathāgatagarbhaḥ sūcyate (RGV 21면) ; 如來法身 不離煩惱藏所纏 名如來藏 (『大正藏』12권, 221하). 여기에서 한역자는 범어 kleśakośa(번뇌의 외피)를 번뇌장으로 번역함으로써 kośa를 여래장의 garbha와 동일하게 취급하고 있다. 본래 kośa는 ①상자, ②칼집, ③용기, ④(식물·곡물)의 껍질, ⑤달걀의 피막, ⑥수레의 내부, ⑦창고, ⑧사전·시집을 의미하며, ⑨베단타철학에서는 아트만을 감싸고 있는 육신을 이루는 일련의 외피적 요소를 지칭한다(Monier Williams, *A Sanskrit-English Dictionary,* London: Oxford University Press, 1960, 314면; 荻原雲來,『梵和大辭典』(東京: 講談社, 1979) 381면. 이와 같이 kośa는 번뇌의 외재성을 시사한다. 그럼에도 한역자가 garbha와 동일하게 번역한 것은, 여래장이 중생의 본질인 만큼 번뇌 또한 부정될 수 없는 우리의 구성요소라는 인식이 반영된 것으로 보인다. 이에 대한 논의는 정호영,『여래장사상』, 42-43면 각주1 참조.

여래장에 대한 이러한 설명은 '중생의 마음은 본래 청정하나 외래적인 번뇌에 의해 오염되어 있다'[自性淸淨心 客塵煩惱染]는 여래장사상의 근본 입장을 달리 천명한 것이지만, 이는 엄밀하게는 여래장의 청정성을 보장하기 위하여 번뇌를 외래적, 비본래적인 것으로 규정하는 것이다. 『승만경』이 공성(空性, sūnyatā)을 언급하는 일차적 의미는 『반야경』의 계승이라는 입장에서 이러한 점을 재확인하고자 하는 것으로 보인다. 그리고 이는 『반야경』의 공성사상이 이미 대승의 진리로 확정되어 있다는 점에서 여래장사상의 정당성 또는 사상사적 위치를 확인하는 일이기도 하다. 구체적으로 『승만경』은 "여래장의 앎은 여래의 공성의 앎"[16]이라고 하면서 여래장은 번뇌의 외피에 대해서는 공(śūnya)이지만, 불타의 덕에 대해서는 불공(aśūnya)이라고 설명한다.[17]

이러한 설명과 함께 『승만경』은 청정한 여래장과 무량한 번뇌가 공존하는 역설적 상황이 성문·독각에게는 불가사의한 일임을 강조한다. '상반되는 것의 공존'(coincidentia oppositorium)은 합리적으로 이해할 수 없는 일이기 때문이다. 『승만경』 나아가서는 여래장사상이 믿음을 강조하는 이유도 여기에 있다.

앞에서 언급한 『여래장경』의 비유들은 다양한 방식으로 나타나지만, 그 공통점은 모두 가치 있는 것이 무가치한 것에 감싸져 있다는 점이다. 간단히 말하면 본질이 여래장이면서도 '미혹된 현실'을 공통된 모티브로 한다. 『승만경』 또한 여래장을 번뇌장소전(煩惱藏所纏)으로 설명하는 점에서 같은 맥락에 있다. 『부증불감경』은 이러한 점을 수용하면서 한 걸음 나아가

---

16 tathāgatagarbha-jñānam eva tathāgatānāṃ sūnyatā-jñānam (RGV p.149) ; 如來藏智是如來空智 (『大正藏』 12권, 221하)

17 『보성론』도 동일한 문제의식에서 『승만경』의 이 부분을 인용한 다음 『유가사지론』「보살지」, 『중변분별론』의 세친 주석 등에 언급되어 있는 유가행유식학파의 공성 이해의 틀을 도입한다. 요약하면 'A 가운데 B가 없다면, A는 B에 대해 공이다. 그러나 A에 C가 남아 있다면, 그 C는 존재한다'는 것이다. A=여래장, B=번뇌, C=불타의 덕으로 생각하는 것이 그 요지일 것이다. 그러나 설명방식 또는 논의구조의 동일성에도 불구하고 유식과 여래장사상이 의미하는 바는 같지 않다. 유식의 삼성설(三性說)을 간단히 A=허망분별의 의타기성, B=주객대립의 변계소집성, C=궁극적 깨달음의 원성실성이라 할 때 의타기성은 허망분별의 현실이며, 무한한 거리에 있는 B와 C가 성립되는 공통의 기반이다. 그래서 B에서 C로의 전환도 A에서의 사건이라는 점에서 전의(轉依, 所依의 전환)는 A 자체의 질적인 변화, 혁명(revolution)이다. 이에 대해 여래장의 경우 A와 C가 동질적인 반면 B는 전혀 이질적인 것이며, A에서 C로의 변화를 전의로 부르지만 이는 현현(manifestation)의 의미로 이해되어야 한다.

'미래의 깨달음'의 이상을 언급한다.

『부증불감경』은 일체의 중생이 삼계·육도를 왕래하며 생사·윤회를 거듭하고 있으므로 중생의 바다에 증감이 있는 것은 아닌가라는 샤리푸트라의 질문에 대해 증가와 감소의 견해는 그릇된 것임을 지적하는 내용으로 되어 있다. 그 이유에 대해서는 일체가 일계(一界)이기 때문이라는 것이다. 구체적으로 "중생계를 떠나 법신이 있는 것이 아니며, 법신을 떠나 중생계가 있는 것이 아니다. 중생계가 곧 법신이며, 법신이 곧 중생계"라고 한다. 『부증불감경』은 이 중생계(sattva-dhātu)를 세 가지 측면으로 설명한다. (1)여래장은 청정법과 시작도 없는 옛날부터 공존하면서 본질적으로 결합한다, (2)여래장은 번뇌의 외피라고 하는 불청정법과 시작도 없는 옛날부터 공존하지만 본질적으로 결합하지 않는다, (3)여래장은 미래의 끝에 이르기까지 평등하고 상항(常恒)의 법성(dharmatā)을 지닌다는 것이 그것이다.

『부증불감경』은 이와 같이 법신이 곧 중생계라고 하며, 그 중생계를 여래장으로 설명한다. 그리고 여래장을 (3)에서와 같이 불변의 본질로 규정하고 이를 미래의 관점에서 설명하는 것은 『보성론』의 '여래장의 세 의미'의 형성에 중요한 역할을 한 것으로 평가된다. 어원적으로 소유 또는 포섭관계와 태생학적 어감을 갖는 여래장(tathāgata-garbha)이 제법(諸法)의 본질이라는 의미의 법성으로 표현됨으로써 중생의 '본질' '본성'이라는 의미를 명료하게 갖게 되었다는 점이다.

여래장사상의 대표적인 논서인 『보성론』에는 『여래장경』이 2회, 『승만경』이 29회, 『부증불감경』이 12회 인용되어 있다. 이러한 점은 『여래장경』이 여래장이라는 말을 처음 사용한 이래, 『승만경』과 『부증불감경』이 그 체계화 과정에 결정적 역할을 하고 있음을 보여준다. 『보성론』에는 그밖에도 『금강반야경』, 『화엄경』「성기품」이 각 1회 인용되고 있으며, 『지광명장엄경(智光明莊嚴經)』 및 『대집경(大集經)』을 구성하는 여러 품들이 때로는 경의 이름으로 여러 차례 인용되어 있어 이들 또한 여래장사상의 형성에 일정한 역할을 한 것으로 보인다. 나아가 『보성론』에 『대승아비달마경』, 『대승장엄경론』 및 『유가사지론』이 인용되어 있는 점은 여래장사상의 이론적 체계화에 초기유식학파의 개념들이 차용되어 독자적인 방식으로 사용되고 있음을 반영한다.

### 3) 『보성론』의 체계

여래장사상은 『보성론』에서 그 이론적 체계가 확립된다. 5세기 초 세친(世親, Vasubandhu, 400~480)과 동시대의 인물인 견혜(堅慧, Sāramati) 또는 그를 주축으로 하는 일단의 그룹에 의해 편집된 문헌으로 간주되는 『보성론』은 순수한 여래장사상을 담은 대표적인 논서로 평가된다. 현재 산스크리트본[18], 티베트어역본[19], 한역본[20]이 남아있다. 『보성론』은 첫머리에서 논의 주제로 불(佛, buddha)·법(法, dharma)·승(僧, saṅga)·성(性, dhātu)·보리(菩提, bodhi)·공덕(功德, guṇa)·업(業, karma)을 제시한다. 여기에서 불·법·승은 삼보(三寶, triratna)이지만 『보성론』은 법보·승보가 불보로 귀일되는 것으로 간주한다. 그리고 나머지 넷은 불보의 성립 근거로서 보성(寶性, ratnagotra)으로 불린다. 이 보성의 네 측면에 대해 『보성론』은 다음과 같이 말한다.

> 유구(有垢)의 진여, 무구(無垢)의 [진여],
> 이구(離垢)의 불공덕(佛功德), 승리자의 활동.
> [이것이] 가장 뛰어난 의미를 보는 불타들의 영역이며,
> 그로부터 청정한 삼보가 출현하는 원천이노라. (I.23)
> 이 [게송]에 의해 무엇이 설명되고 있는가?
> 저 삼보의 종성(gotra)은 일체를 보는 여러 불타의 영역으로 네 가지이며,
> 그것은 또 차례로 네 가지 이유로 불가사의하네. (I.24)
>
> 여기에서 (1)유구진여(samalā tathatā)는 [불타의] 본성(dhātu)으로서 아직 번뇌의 외피를 벗어나 있지 않은 상태의 여래장이다. (2)무구진여(nirmalā tathatā)는 그와 동일한 것으로 불타의 경지, 전의를 특질로 하는 여래의 법신이다. (3)이구의 불공덕(vimalā buddhaguṇa)은 그 전의를 특질로 하는 여래 법신의 출세간의 십력(十力)을 비롯한 불타의 여러 덕성이다. (4)승리자의 활동(jīna-kriyā, 佛業)은 그러한 십력 등의 불법 하나 하나가 지니고 있는 무상의 활동으로, 끝도 없이, 중지함도 없이, 휴식함도 없이 보살

---

18 *The Ratnagotravibhāga Mahāyānottaratantraśāstra,* ed. by E. H. Johnston, Patna : The Bihar Research Society, 1950.

19 Theg pa chen po rgyud bla maḥi bstan bcos rnam par bśad pa (『東北目錄』 No. 4025). 티베트 전승에서는 『보성론』의 게송은 미륵, 주석산문은 무착의 저술이라고 한다. 『보성론』의 저자 문제에 대해서는 정호영, 『여래장사상』, 69-75면 참조.

20 勒那摩提譯, 『究竟一乘寶性論』 (『大正藏』 31권, 813상-848상)

에 대한 수기(授記)의 이야기를 그치지 않는 것이다.[21]

그리고 『보성론』은 각각이 불가사의한 이유에 대해 (1)동시에 청정하며 오염되어 있다는 점, (2)처음부터 무구하여 오염되어 있지 않음에도 후에 청정하게 된다는 점, (3)전에도 후에도 늘 오염되어 있는 범부에까지 불타의 이구의 제덕성이 법신과의 불가분리성으로 말미암아 무차별하게 존재한다는 점, (4)일시에 어디에도 언제라도 노력함이 없이 분별함도 없이 그러면서도 바라는 대로, 제도코자 하는 중생에 따라 어긋남이 없이 정확하게 활동한다는 점을 지적하고 있다.

또한 『보성론』은 유구진여를 '깨달아야 할 주체'(bodhya), 무구진여를 '깨달음'(bodhi), 불타의 덕성을 '깨달음의 구성 부분들'(bodhyaṅgāni), 승리자의 활동을 '깨닫게 하는 활동'(bodhana)으로 설명하면서, 처음의 유구진여를 인(因, 원인, hetu)으로 나머지 셋을 연(緣, 조건, pratyaya)으로 규정한다. 여기에서 인이란 '삼보 출현의 인' 간단히 말하면 불보가 성립되는 바탕, 여래장을 의미한다. 그런데 주목되는 점은 깨달음, 그 덕성, 그 활동이 인이 발현된 결과가 아니라 인과 동반관계에 있는 연으로 규정되고 있다는 점이다. 이는 깨달음과 깨달은 사람의 덕성 그리고 그의 자비 활동이 인위(因位)의 중생에 내재해 있음을 명백하게 보여 주는 것이다.

『보성론』 산스크리트본은 이러한 보성의 네 측면에 따라 장이 나뉘어 있다. Ⅰ)여래장을 주제로 하는 제1장, Ⅱ)보리를 주제로 하는 제2장, Ⅲ)그 덕성을 주제로 하는 제3장, Ⅳ)여래의 활동을 주제로 하는 제4장으로 되어 있으며, 마지막으로 Ⅴ)믿음의 공덕을 주제로 하는 제5장을 덧붙이고 있다.[22] 여기에서 믿음의 공덕이 부가되어 있는 것은 보성의 불가사의에 상응하는 것으로 맹목적 믿음이 아니라 주체적 확신과 이에 따른 실천을 강조하기 위한 것이다.

제1장에서는 여래장의 본질로서의 열 가지 의미[十義]와 여래장의 양태로서 『여래장경』에서 비롯된 아홉 가지 비유[九喩]를 거론한다. 여기에서 후자는 현실에서의 미혹된 중생의 모습을 기술하는 것이라면, 전자는 불변에 역점을 두면서 미래의 깨달음의 이상을 선언하는 것이다. 『보성론』은

21 RGV 39면 ; 『大正藏』 31권, 826하-827상.

22 한역은 11품으로 나뉘어 있으나 범본 제1장이 7품으로 세분되었을 뿐 나머지는 범본과 일치한다.

이러한 점을 열 가지 의미가 "미래의 끝에 이르기까지 평등·상항인 법성이 존재하는" 사실을 나타내는 것으로, 아홉 가지 비유가 "시작도 없는 옛날부터 현재에 이르도록 여래장이 번뇌에 은복되어 있는" 상황을 비유로 설명한 것이라고 말한다.[23]

여래장의 열 가지 의미는 자성(自性, svabhāva)·인(因, hetu)·과(果, phala)·업(業, karman)·상응(相應, yoga)·기행(起行, pravṛtti)·분위차별(分位差別, avasthāprabheda)·편일체처(遍一切處, sarvatraga)·불변이(不變異, avikāra)·무차별(無差別, abheda)을 말한다. (1)자성은 본질의 의미로서 앞서 언급한 법신 편만, 진여 무차별, 종성의 존재를 가리키며, 이를 삼종자성으로 부른다. (2)인은 여래장이 드러나는 근거로서 ①대승법에 대한 신해(信解), ②반야의 수습(修習), ③삼매의 수습, ④대비의 실천을 말한다. 이들은 각각 ①일천제(一闡提)의 대승법에 대한 비방, ②외도(外道)의 자아론, ③성문의 윤회에 대한 공포, ④연각의 중생에 대한 무관심을 대치(對治)하는 기능을 갖는다. (3)과는 앞서의 인을 실천함으로써 각각 정·아·락·상(淨·我·樂·常)의 네 바라밀이 성취됨을 말하며, (4)업은 윤회를 염리하고 열반을 희구하는 여래장의 기능이다. (5)상응은 불가분리의 관계, 결합의 뜻으로 법신의 덕성이 인위(因位)인 여래장에도 갖추어져 있음을 말하며, (6)기행은 여래장이 범부·성인·정각불의 세 양태로 현현함을 말한다. (7)분위차별은 전적인 부정(不淨), 청정과 부정의 공존, 지극한 청정에 따라 중생계와 보살과 여래로 나뉨을 말하며, (8)편일체처는 그럼에도 불구하고 이들에 여래의 성(dhātu)이 존재함으로써 모두 동질적이라는 것이다. (9)불변이는 분위차별에도 불구하고 모두 불변의 법성을 갖고 있음을 말한다. 이 불변의 법성이 중생의 경우에는 자성청정심으로, 보살의 경우에는 무주처열반(無住處涅槃)으로, 여래의 경우에는 법신으로 존재한다는 것이다. 그리고 (10)무차별은 법신, 진여, 성제(聖諦), 열반이 여래장과 다르지 않음을 말한다.

제2장에서 보리는 '전의를 특질로 하는 법신'으로 정의된다. 법신이 현현된 것으로서 자성신(自性身)·수용신(受用身)·변화신(變化身)의 삼신(三身)이 언급되는 것도 여기에서이다. 그런데 이 삼신은 유식학파의 삼신과 성격을 달리한다. 초기유식학파의 문헌인 『대승장엄경론』의 경우 수용신은 깨달음을 향유한다는 의미에서 자리(自利)적 존재 즉 자수용신(自受用

23 RGV 117면 ; 『大正藏』 31권, 837상.

身)으로 규정되며, 삼신설 또한 수용신을 중심으로 논의된다. 이에 따라 자성신은 오직 수용신이 드러나는 근거[因, hetu], 바탕[所依, āśraya]으로 이해됨으로써 진리 그 자체 곧 이법신(理法身)의 성격을 갖는다. 그리고 변화신은 수용신의 이타(利他)적 전개로 이해된다. 이에 대해 『보성론』의 자성신은 법계(dharma-dhātu)를 자성으로 함과 동시에 제 덕성을 구족하는 이지불이법신(理智不二法身)이다. 진리와 인격의 합일체인 것이다. 그리고 수용신이 '대비(大悲)의 청정한 등류(等流)로서 중생에게 이익이 되게 하는 활동에 그침이 없다'고 설명되는 점은 『보성론』의 수용신이 타수용신(他受用身)임을 말하는 것이다. 변화신이 수용신과 마찬가지로 육신을 지니고 세간에 몸을 드러내지만 법계의 영상(影像)에 지나지 않는다고 하는 것은 수용신의 타수용적 성격에 기인한다.

제3장은 여래의 법신에 내속되어 있는 속성을 십력(十力), 사무소외(四無所畏), 십팔불공법(十八不共法), 삼십이대인상(三十二大人相) 등으로 설명한다. 제4장은 그러한 속성의 발현으로서의 여래의 활동을 크게 무공용(無功用, 자연)과 휴식함이 없음으로 나누고 이를 제석(帝釋)·천고(天鼓)·구름 등의 아홉 가지 비유를 들어 설명한다. 그러면서 말미에는 불생불멸의 여래가 어떻게 세간에 모습을 드러내어 태어났다 사멸하면서 자유롭게 그리고 쉼 없이 활동하는가라는 질문을 제기하면서 다음과 같이 답하고 있다.

> "유리(琉璃)와 같은 청정함이 마음속에 불타가 나타나는 원인이다. 그 청정함은 파괴되지 않는 믿음의 뿌리에 의해 증대된다./ 청정함의 생멸에 의해 불타의 영상의 생멸이 있다. 모니는 제석과 같이 법신으로부터 출현함도 소멸됨도 없다./ 이와 같이 시현(示現) 등의 활동이 노력도 없이 불생불멸의 법신으로부터 윤회의 생존이 존재하는 한, 생기한다"[24]

여기에서 '유리와 같이 청정함'은 여래장을 지칭한다. 그런데 여래장은 믿음의 뿌리에 의해 증대된다고 한다. 제5장은 이러한 여래장의 실유(實有, astitva) 등에 대한 믿음의 의미를 분석한다. 그리고 "삼보와 청정한 성과 무구한 보리와 여러 덕성과 활동, 이들 일곱의 의미를 여법하게 해설함으로써 내가 얻은 공덕, 원컨대 이에 의해 이 [땅의] 사람들이 한없는 광명을

24 게송 Ⅳ.89-91. RGV 209면.

지닌 무량수(無量壽, amitāyus) 부처님을 친견하고, 친견하고 나서는 무구한 법안을 얻고 궁극의 깨달음을 이루기를!”[25]이라는 본송으로 마무리한다.

#### 4) 『보성론』 이후

여래장사상은 유가행파의 유식사상과는 무관하게 그리고 그 보다 앞서 형성되었지만, 이론적 체계를 확립하는 과정에서는 유가행파의 도움을 받지 않을 수 없었다. 이러한 점은 『보성론』이 『대승장엄경론』 등의 유가행파의 문헌을 인용하고 있는 점 그리고 『보성론』의 중요 개념과 서술형식이 유가행파의 그것과 상당히 공통된다는 점에서 확인된다. 그러나 『보성론』이 유가행파의 술어를 사용하는 경우에도 그 의미가 다른 경우도 있으며, 특히 유가행파의 핵심 개념인 알라야식과 삼성설(三性說)에 대해서는 전혀 언급하지 않는 점은 『보성론』의 독자성, 여래장사상의 독립성을 보여 주는 것이다.

그러나 다른 한편으로 여래장사상은 유식의 흐름 속에서 알라야식과 동일한 것으로 간주되기도 한다. 그 대표적인 예가 『능가경(楞伽經)』이다. 『능가경』은 삼성·알라야식·2무아 등을 주제로 하면서 후반에 여래장 개념을 도입한다. 구체적으로 「찰나품」에서 무아라면 무엇이 유전하고 환멸하는가라는 질문에 대해 여래장이 선(善)·불선(不善)의 인(因)으로서 일체의 생존양태[四生·六趣]의 작자(作者)라고 답한다. 그리고 이를 설명하면서 여래장이 희론(戱論)에 의해 훈습되면 알라야식으로 불린다고 한다. 알라야식은 7식과 함께 부단히 생기하지만 궁극적으로는 본래 청정하다. 그리고 7식은 알라야식이 무명습기지(無明習氣地)에 의해 전변한 것으로 찰나에 멸하기 때문에 고·락의 감수(感受)도 없고 해탈의 원인도 되지 못하며, 결국은 ‘여래장으로 불리는 알라야식’의 전의에 의해 지멸(止滅)한다. 이러한 점에서 ‘알라야식으로 불리는 여래장’이 없으면 유전도 환멸도 없다는 것이다. 그리고 『능가경』은 이것이 승만부인의 가르침이라 한다.[26] 이러한 설명은 확실히 『승만경』을 토대로 한 것이다. 그러면서 『승만경』에서 한 걸음 더 나아가 여래장을 알라야식과 일치시키고 있는 것은 본래 청정한 마음이

---

25 RGV 217면 ; 『大正藏』 31권, 848상.

26 『大正藏』 16권, 510중-하(求那跋陀羅譯) ; 556중-557상(菩提流支譯) ; 619중-620상(實叉難陀譯)

어떻게 오염되는가 하는 문제를 고려한 결과로 보인다. 『승만경』은 이 문제에 대해 불타도 알기 어려운 것[難可了知]이라고 하여 믿음의 문제로 돌리고 있지만, 『능가경』은 알라야식을 도입함으로써 이를 해명하고자 하는 것이다. 그러나 『능가경』은 여래장과 알라야식을 일치시키지만 그것을 일종의 표리관례로 볼 따름으로 더 이상의 구체적인 설명은 보이지 않는다.

『대승기신론(大乘起信論)』[27]은 『능가경』이 여래장과 알라야식을 동일시하는 것을 계승하여 마음의 생멸이 발생하는 과정을 설명한다. 일반적으로 『기신론』은 일심(一心)·이문(二門)·삼대(三大)의 체계로 되어 있는 것으로 요약된다. 대승의 주체적 파악으로서의 중생심 즉 일심을 심진여(心眞如)와 심생멸(心生滅)의 두 문으로 나누고 이를 다시 진여 그 자체[體, svabhāva]와 진여가 현실에 드러나는 모습[相, lakṣaṇa] 및 그 작용[用, kriyā]으로 구분하는 것이다. 여기에서 심진여는 불생불멸의 여래장을 말한다. 그리고 생멸문은 이 불생불멸의 여래장이 생멸과 화합하여 일어나는 현상으로 『기신론』은 이를 알라야식에 의한 것이라 설명한다. 이 여래장과 알라야식은 불일불이(不一不異)의 관계에 있으며, 그것은 마치 물과 물결의 관계와 같다고 한다. 그런데 『기신론』은 심생멸문 첫머리에서 각의 문제에 대해 언급한다. 불각(不覺)에서 각의 상태에 이를 때, 이를 시각(始覺)이라 하지만, 이것은 각의 회복에 지나지 않는다. 각은 본래 있는 것, 본각(本覺)이라 하지 않을 수 없다. 다만 이 본래의 상태가 진여·법계가 하나임을 또는 일심을 여실히 알지 못할 때 불각이 되는 것이다.

또한 『기신론』은 수행의 과정에 따라 불각→상사각(相似覺)→수분각(隨分覺)→구경각(究竟覺)으로 구분하기도 한다. 이러한 분석은 실천, 수행을 위한 것으로 『기신론』이 「해석분」 이후에 「수행신심분」(修行信心分)을 두고 있는 것도 이 때문이다. 『기신론』의 실천에 대한 관심은 『보성론』과 대조를 이룬다. 『보성론』이 중생 속의 법신·여래장을 발견하고 이를 분석하는 데에 관심을 기울임으로써 번뇌소전(煩惱所塵)의 현실을 인정할 따름으로 번뇌론을 전개하지 않음에 대해 『기신론』은 심생멸문의 심식론(心識論)을 통해 번뇌의 문제를 치밀하게 분석하며, 그 분량에 있어서도 심진여문을 압도한다. 이러한 점에서 『보성론』이 여래장의 분석을 위한 것이라

27 『기신론』은 진제(眞諦 Paramārtha, 499~569)와 실차난타(實叉難陀 Śikṣānanda, 652~710)에 의한 2종의 한역만이 존재한다. 모두 『大正藏』 32권에 수록되어 있다.

면『기신론』은 그 실천을 목적으로 한다고 말할 수 있을 것이다.

『대승기신론』은 진제에 의해 550년 초역된 후 수많은 주석서들을 남기고 있는데 그중 정영사(淨影寺) 혜원(慧遠, 523-592)의『대승기신론의소(義疏)』,[28] 원효(元曉, 617-686)의『대승기신론소』,[29] 법장(法藏, 643-712)의『대승기신론의기(義記)』[30]가 대표적이며, 이를 이른바 '『기신론』의 3소'라 한다. 혜원의『의소』는『섭대승론』에 의거하여『기신론』을 해석하는『기신론』전파 직후의 일반적 경향과는 달리『승만경』『능가경』등의 여래장사상의 흐름 속에서 파악하는 탁월함을 지니고 있으나 내용이 정비되지 않은 것은 본인의 직접적인 저술이 아니라 그의 강의내용을 다른 사람이 기록한 데 따른 것으로도 보인다. 이에 대해 원효의『소』는『기신론』전체의 내용을 조직적으로 분석하고 문구 하나의 해석에도 그 전체의 구성과 관련짓는 면밀함에서 종래의 주석을 일신하였으며, 이러한 점은 법장의『의기』의 모태가 되었다. 특히 단락의 나눔과 어구해석은 원효의『소』를 그대로 따르는 것이 대부분이다. 그러나 당시 새롭게 대두되던 현장(玄奘, 602-664) 문하의 유상(有相) 유식에 대해 원효가『기신론』과 모순되지 않는다 하여 이를 포섭하는 화쟁(和諍)의 정신을 보여주고 있는 데 대해, 법장은 유식설이 이승(二乘)을 유인하기 위한 대승 시교(始敎)에 지나지 않는다고 하면서 여래장을 설하는 종교(終敎)와 엄격히 구별하는 강렬한 교판의식을 보이고 있는데 이는 두 사람의 커다란 차이라 하겠다.

『능가경』과『대승기신론』이 번역·소개된 이후 중국에서는 여래장을 설하는 위경(僞經)이 편찬되기도 하였다. 선종 계열의『금강삼매경(金剛三昧經)』『대불정수능엄경(大佛頂首楞嚴經)』도 그들 중의 하나이다. 이러한 경전에서 여래장은 여래와 동일한 것으로 절대화되거나,[31] 실체화되는[32] 경

---

28 『大正藏』44권, 175상-201하.

29 『大正藏』44권, 202상-226상 ;『한국불교전서』1권, 698상-732하. 현존하는『기신론 별기(別記)』는 그가 36세(654년) 무렵일 때의 작품으로『대승기신론소』(50세 전후의 저술)의 뿌리가 되고 있다.『기신론』에 대한 또 다른 주석서인 종요(宗要), 요간(料簡), 대기(大記), 사기(私記) 등이 있다고 하나 전하지 않는다. 여래장계 주요 경론인『승만경』『부증불감경』『열반경』『능가경』『보성론』등에 대한 주석서도 오늘날에는 이름만 전하고 있다.

30 『大正藏』44권, 240하-287중.

31 "그 때에 대중은 이러한 의미의 설법을 듣고는 모두 올바른 삶의 방식을 얻고 여래, 여래장의 바다에 들어갔다(爾時 大衆聞說是義 皆得正命 入如來如來藏海)"『금강삼매경』『大正藏』9권, 372하.

향을 보인다. 그러나 한편으로 여래장의 '본성적으로 고요하여 움직임이 없는'[性寂不動] 성질은 심상공적(心相空寂)의 맥락 속에서 선종 특유의 무심(無心)으로 지양됨으로써 여래장사상 자체는 해체되는 모습을 보이기도 한다.

## Ⅲ. 인접 개념과의 관계 및 현대적 논의

### 1. 인접 개념과의 관계

여래장의 동의어로 사용되는 불성(佛性, buddha-dhātu)은 『열반경』[33]에서 유래한다. 『열반경』의 기본적인 주제는 여래의 입멸(入滅) 즉 반열반(般涅槃)의 의미를 묻는 데에 있다. 그 결과 여래의 육신은 멸하지만 이는 방편에 지나지 않는 것으로 여래의 법신은 결코 멸하지 않는다고 한다. 여래의 수명은 무량하여 상주(常住)한다는 것이다. 불성은 이러한 여래상주를 근거로 한다. 여래의 활동으로 일체 중생에 성불의 가능성이 있음이 확인되는 것이다. 『열반경』은 이를 '일체 중생에 불성이 있다'[一切衆生悉有佛性. sarvasattveṣu buddhadhātuḥ asti]고 한다.

그런데 이러한 명제는 다음과 같은 과정을 거쳐 정립된 것으로 추정된다. (1)'일체 중생은 여래장이다'(sarvasattvaḥ tathāgatagarbhaḥ)라는 『여래장경』의 선언이 (2)소유관계로 해석되자 중생은 여래장[여래의 태아]을 지닌 자로 이해되고, (3)이러한 이해가 점차 '일체 중생에 여래장이 있다'(sarvasattveṣu tathāgatagarbhaḥ asti)는 명제로 나타났으며, (4)『부증불감경』을 통해 본성·본질이라는 뜻과 원인·기반이라는 의미를 동시에 갖는 계(界, dhātu)의 개념이 도입되어 '불타와 동일한 본성으로서 불타가 될 원인'이라는 두 의미를 동시에 함축하는 불성(buddha-dhātu) 개념이 성립되고 이것이 『열반경』에서 '일체 중생에 불성이 있다'는 명제로 나타났다는

---

32 "보리와 열반과 진여와 불성과 엄마라식(奄摩羅識, amalā-vijñāna)과 공(空)여래장과 대원경지, 이들 일곱은 명칭은 다르나 청정·원만하고 체성(體性)이 견응(堅凝)하다" 『대불정수능엄경』 『大正藏』19권, 123하.

33 『大般涅槃經』. 曇無讖譯으로 40권본(北本, 『大正藏』 12권, 365하-603하)과 36권본(南本, 『大正藏』 12권, 605상-852중)이 있다. 法顯역의 『大般泥洹經』(『大正藏』 12권, 853상-899하)은 40권본의 첫 10권에 해당된다.

것이다.[34] 다만 여기에서 '있다'(asti)라는 표현은 불성을 다른 것과 구별되어 존재하는 그 무엇으로 오인될 가능성이 있는 것으로 보인다. 『열반경』이 불성을 적극적으로 아트만(ātman)으로 규정하고 나아가 법신·불성에는 상·락·아·정의 4덕(四德)이 갖추어져 있다고 설명하는 것은 기본적으로 성문·연각의 무상·고·무아·부정으로서의 세계인식에 대한 비판이자 법신의 상주, 열반의 즐거움, 불타의 자아, 법의 청정함을 강조하고자 하는 것이지만, 어느 정도 실체론적 사유가 개재되어 있는 것으로 보인다.

한편으로 『열반경』은 일체 중생에 불성이 있다고 하면서 '다만 일천제(一闡提, icchantika)[35]는 제외한다'는 말을 덧붙이는 경우가 있다. 『열반경』에서 일천제는 파계자, 사중금(四重禁)을 범한 자, 오역죄(五逆罪)를 범한 자 등으로 설명되기도 하지만, 궁극적으로는 대승법을 비방하는 자로 설명된다. 결국 실유불성을 설하는 대승의 가르침에 대한 믿음이 없을 뿐만 아니라 이를 거부하는 자를 말한다. 이들에게 끝내 불성을 인정하지 않는가 하는 문제에 대해서는 『열반경』 자체가 일정하지 않지만, 경의 후반에서는 성불은 인정한다. 이른바 천제성불론(闡提成佛論)이 그것이다. 이러한 점은 모든 중생이 불성을 갖고 있음을 전제로 하면서 현실적으로 성불하지 못하는 존재가 있음을 말하는 것으로 이해된다. 그러나 그들에게도 종국적으로는 성불을 인정하고 있는 것이다. 말하자면 인위(因位)에서의 '불성의 유무'와 과위(果位)에서의 '성불의 가부'는 구별되어야 한다는 것이다. 그리고 이러한 사상은 후에 중생을 위해 스스로 성불을 유예하고 생사의 세계에서 활동한다는 대비천제(大悲闡提)의 사상을 낳기도 하였다.

동아시아 불교에서 중생이 성불할 수 있는 근거를 지시하는 말로 여래장보다 불성의 용어가 일반화된 것은 『열반경』과 더불어 천친(天親) 저작의 진제 번역으로 전승되는 『불성론』[36]의 유행에 기인한다. 그러나 『불성론』은 천친 또는 세친의 저작이 아니라, 『보성론』의 편역이라는 것이 일반적인 지적이다. 분량과 내용 면에서 일견 『보성론』과 무관한 듯이 보이지만, 그 내용을 자세히 검토하면 진제가 자신의 교학 특히 유식학을 도입하여 『보성론』의 내용을 부연, 해설하고 있는 것으로 판명된다는 것이다.[37] 유사

---

34 高崎直道, 『如來藏思想の形成』, 178면.

35 icchantika는 동사원형 √iṣ (=to desire)의 현재분사 icchant에 소유(자)를 뜻하는 ka가 결합된 말로 '(오직 세속에 대해) 욕망하는 자'의 의미이다.

36 『大正藏』 31권, 787상-813하.

한 번역의 태도는 유식문헌들에서도 확인된다. 그가 번역한 『섭대승론세친석』, 『삼무성론』 등의 유식 논서의 경우 그 자신의 학설로 생각되는 부분이 상당량 주석적으로 삽입되어 있으며, 이는 대개 여래장사상에 관련된 것이다. 그중 대표적인 것이 알라야식을 망식(妄識)으로 간주함으로써 제9식으로 자성청정한 아마라식(阿摩羅識, 無垢識, amalā-vijñāna)을 설정하고 이를 여래장으로 이해하고 있는 점이다.

『불성론』의 불성 개념은 불타의 종성(gotra)에 한정하는 것으로 보인다. 이러한 점은 『보성론』의 여래장의 세 의미 또는 삼종자성으로서의 법신·진여·종성이 『불성론』에서는 법신·여여·불성으로 되어 있는 점에서[38] 그리고 전통적 종성 분류인 자성주종성(自性住種姓, 생득의 종성)과 습소성종성(習所成種姓, 수행의 결과로 획득된 종성)이 『불성론』에서는 두 가지 불성으로서 주자성불성(住自性佛性)과 인출불성(引出佛性)으로 불리고 있는 데에서 확인된다.[39] 이는 다분히 유식사상에 기초한 진제의 실천적 불성 이해라고 하겠다. 그리고 이러한 영향으로 중국불교의 불성 이해는 대개 종성론을 중심으로 전개되고 있다.

앞서 『열반경』이 불성을 상·락·아·정으로 설명하는 경우가 있음을 지적하였지만, 『능가경』은 여래장이 외도의 아트만과 다르다는 것을 적극적으로 주장한다.[40] 그러나 한편으로 『능가경』은 마치 도예가가 동일한 흙으로 갖가지 그릇을 빚듯이 때로는 무아를 설하고 때로는 여래장을 설하여 깨달음을 얻도록 한다고 설명한다. 이러한 점은 여래장설을 일종의 방편설로 간주하는 것으로 여래장의 존재 의미를 명확히 드러낸 것으로 평가하기는 어렵다.

이러한 문제와 관련하여 '존재'를 표시하는 말로 우파니샤드 전통에서는 sat가 사용되며,[41] 여래장사상 특히 『보성론』에서는 astitva가 사용되는

---

37 小川一乘, 「『寶性論』と『佛性論』-「悉有佛性」の三種義を中心に」, 平川彰編, 『如來藏と大乘起信論』 (東京: 春秋社, 1990), 243면.

38 三種自性者 一者法身 二如如 三佛性 (『大正藏』 31권, 808상)

39 佛性有二種 一者住自性性 二者引出性 (『大正藏』 31권, 808중)

40 "내가 설하는 여래장은 외도가 설하는 아트만과 같지 않다". 『능가아발다라보경』 『大正藏』 16권, 489중.

41 "이 세계의 일체의 피조물은 존재(sat)를 뿌리로 하며, 존재를 기반으로 하며, 존재를 지주로 한다"(*Chāndogya Up*. VI.8.4). 또한 베단타철학에서는 브라만의 속성을 존재·의식·환희(sat-cit-ānanda)로 규정한다.

점이 주목된다.[42] sat는 '있다' 또는 '이다'를 의미하는 동사 as의 현재분사로서 영어의 being에 해당되며, astitva는 as의 삼인칭 단수 현재(asti)에 추상어미(tva)를 결합시킨 것으로 영어로 표현하면 is-ness라고 할 수 있다. 그런데 being은 용례에 따라 두 가지 의미를 갖는다. 명사로서의 being은 하나의 '있는 것'이지만 이는 있는 모든 것의 공통적인 속성 그 자체를 지칭한다. 이에 대해 현재분사로서의 being은 어떤 것이 실제로 존재하고 있다는 현실을 의미한다. 존재(being)는 이와 같이 본질로서의 '존재 자체'(being itself)와 '실존의 현실'(act of existence)이라는 두 의미를 동시에 갖는다.

예를 들어 '이것은 항아리다'(This is a jar)라는 판단에는 '이것[항아리]'이라는 개체와 '항아리' 일반이라는 보편적 속성이 동시에 존재한다. 그러나 보편적인 것은 종종 개별적인 것을 떠나 그 자체로 존재할 수 있는 것으로 여겨진다. 여기에 있던 항아리가 깨어져 그 항아리가 더 이상 존재하지 않더라도 항아리의 본질은 사라지는 것이 아니기 때문이다. 이와 같이 존재를 본질 또는 존재 자체로 이해할 때, 존재는 현존하는 항아리를 떠나 즉 실존의 현실과는 무관하게 그 자체로 존재하는 것이 된다. 우파니샤드의 아트만에 대한 규정, 일원론적 사유는 이러한 본질주의적 존재 이해를 바탕으로 한다.

이에 대해 『보성론』에서는 sat의 용례가 보이지 않는다. 이는 여래장의 존재를 sat로 표현함으로써 초래될 본질주의로의 그릇된 해석을 차단하기 위한 것으로 보인다. 대신에 『보성론』은 여래장의 존재에 대한 언급에서 언제나 astitva를 사용한다. '있음'으로 번역될 수 있는 이 말은 여래장이 현재 여기에 있는 구체적 현실을, 그것도 번뇌와 불가분리의 관계로 있는 상황을 보여준다. 구체적으로 『보성론』은 여래장과 번뇌가 동시에 현존하는(asti) '하나의 현실'을 본질과 실존으로 쪼개고 이를 분리시키는 것이 아니라, 여래장과 번뇌가 일종의 본질과 실존으로 구분됨에도 불구하고 이것이 '하나의 존재'에 불가분리의 관계로 복합되어 있음을 밝힌다. 이러한 관점에서 "여래의 법신이 번뇌의 외피를 벗어나 있지 않은 것을 여래장이라 한다"는 여래장의 정의는 다음과 같이 분석될 수 있다. '여래의 법신'은 본질

42 sarvasattveṣu···tathāgatagarbha-astitva(일체중생에···여래장이 있음, RGV 27면). 『보성론』은 또한 믿음의 문제와 관련하여 여래장의 존재(astitva)에 대한 신해(信解)를 언급하고 있다(RGV 213면)

을, '번뇌'는 실존을, 그리고 '외피'는 본질과 실존이 구별됨을, '벗어나 있지 않음'은 본질과 실존의 복합을 의미한다는 것이다. 엄밀하게 이야기하여 여래장사상은 본질[여래장]에 형이상학적 우위를 인정하지만 실존[번뇌]은 결코 본질로 환원되거나 허무로 부정되지 않는다. 본질과 실존은 서로 구별되면서도 동시에 하나의 존재[중생]에 복합되어 있다. 그러므로 여래장은 불변의 본질이 아니라 구체적 현실 속에 '있는 것'이다.[43]

## 2. 현대적 논의

여래장사상의 체계적인 논서인 『보성론』을 근대의 학계에 최초로 소개한 사람은 오버밀러이다. 그는 『보성론』의 티베트어역본을 다르마린첸의 주석을 참고로 하여 영역하고 여기에 티베트에서의 『보성론』의 전승에 관한 간단한 해설을 붙이고 있다.[44] 그러나 여래장사상의 연구에 기폭제가 된 것은 존스톤에 의한 『보성론』의 산스크리트본 출판이다.[45] 이것은 10세기 경의 샤라다(śāradā) 문자로 기록된 사본과 11세기 경의 네팔리(Nepali) 문자로 기록된 사본을 바탕으로 하고 티베트어역본과 한역본을 대조하여 교정·출판한 것이다. 그 후 우이 하쿠쥬는 티베트의 전승을 무비판적으로 받아들이고 있는 오버밀러의 연구에 결여되어 있는 중국의 전승을 중심으로 하는 『보성론』의 연구결과에 산스크리트본의 일본어역을 첨부하여 『보성론연구』를 출판하였다.[46] 한역(511-515년경)이 현존 산스크리트본보다 시기적으로 훨씬 앞선다는 점에서 이러한 연구는 가치 있는 것으로 보인다. 한편 나카무라 쥬류는 산스크리트와 한역의 대조본,[47] 그리고 티베트어역에 대한 일본어 대역본[48]을 출판하여 『보성론』의 원전을 보다 친숙하게 하

43 이러한 문제에 대해서는 정호영, 「베단타와 여래장사상에서의 존재의 문제」, 『불교연구』 13집(서울: 한국불교연구원, 1997) 참조.

44 E. Obermiller, *The Sublime Science of the Great Vehicle to Salvation, being a Manual of Buddhist Monism. The Work of Ārya Maitreya with a Commentary by Āryāsaṅga,* reprinted from *Acta Orientalia* (vol. IX, Copenhagen, 1931), Shanghai, 1940.

45 E. H. Johnston, *The Ratnagotravibhāga Mahāyānottaratantraśāstra,* Patna: The Bihar Research Society, 1950.

46 宇井伯壽, 『寶性論硏究』 (東京: 岩波書店, 1969)

47 中村瑞隆, 『梵漢對照 究竟一乘寶性論硏究』 (東京: 山喜房佛書林, 1961)

48 中村瑞隆, 『藏和對照 究竟一乘寶性論硏究』 (東京: 鈴木學術財團, 1967)

였다. 그리고 타카사키 지키도는 풍부한 경전에 대한 지식을 갖고 존스톤본을 영역하였으며[49], 그후 상세한 주와 함께 일본어역을 출판하였다.[50] 그는 또 이 일본어역에 앞서『보성론』에 인용된 경론들을 문헌학적으로 세밀히 검토하여 여래장사상이 형성되어 가는 과정을 정리하기도 하였다.[51] 한편 후기인도불교 및 티베트불교에서의 여래장사상의 전개에 관해서는 루에그의 상세한 연구가 있으며,[52] 오가와 이치죠오는 다르마린첸의『보성론』주석을 바탕으로 하는 여래장사상의 연구를 발표하였다.[53]

우리나라의 경우『보성론』의 연구서로 일찍이 원효의『보성론종요』『보성론요간』이 있었던 것으로 전하나 현존하지 않는다.『보성론』은 한글대장경의 일환으로 우리말로 번역되었으나,[54] 한역만을 저본으로 하고 역주가 없다는 아쉬움이 있다. 근래의『보성론』에 관한 연구로는 조수동의 한역 중심의 연구와[55] 정호영의 산스크리트본 중심의 연구가 있다.[56] 한편 이기영의『원효사상[세계관]』은 원효의 주석을 통해 본『대승기신론』연구의 선구적 업적이며,[57] 강의내용이 후에『대승기신론강의』로 출판되었다.[58] 원효의『소』와『별기』를 포함한『대승기신론』의 우리말 번역으로는 은정희

49 Jikido Takasaki, *A Study on the Ratnagotravibhāga(Uttaratantra), Being a Treatise on the Tathāgatagarbha Theory of Mahāyāna Buddhism,* Roma: Serie Orientale Roma, XXXIII, IsMEO, 1966.

50 高崎直道,『寶性論』(東京: 講談社, 1989)

51 高崎直道,『如來藏思想の形成』(東京: 春秋社, 1974). 이 밖에 그의 개별적인 논문들은『如來藏思想』I, II (東京: 法藏館, 1988, 1989)로 묶여 출판되었다.

52 David Seyfort Ruegg, *La Théorie du Tathāgatagarbha et du Gotra, Études sur la Sotériologie et la Gnoséologie du Bouddhisme,* Paris: École française D'Extrême-Orient, 1966. 8세기 티베트에서의 인도승 카말라쉬라(Kamalaśīla)와 중국승 마하연(摩訶衍) 사이의 논쟁을 중심으로 한 연구서로는 *Buddha-nature, Mind and the Problem of Gradualism in a Comparative Perspective, On the Transmission and Reception of Buddhism in India and Tibet* (School of Oriental and African Studies, University of London, 1989)가 있다.

53 小川一乘,『如來藏·佛性の研究-ダルマリンチェン造寶性論釋疏の解讀』(京都: 文榮堂, 1974)

54『구경일승보성론』,『한글대장경』제135권 (서울: 동국역경원, 1975)

55 조수동,「여래장사상에 관한 연구」(경산: 영남대 박사학위논문, 1987). 후에 그는『여래장』(대구: 이문출판사, 1997)이라는 책을 출판하였다.

56 정호영,『여래장사상』(서울: 대원정사, 1993)

57 초판은 서울: 홍법원, 1967; 이기영전집의 일환으로 2002년 한국불교연구원에서 재출간.

58 이기영,『대승기신론강의』상·하 (서울: 한국불교연구원, 2004)

에 의한 것[59] 등이 있다.

이러한 연구들을 통해 동아시아에서 오랫동안 불성의 개념에 가려있던 여래장사상의 원형 및 그 역사적 면모가 상당히 밝혀지게 되었다. 이는 과거 불교 전통의 재발견일 뿐 아니라 현대에도 깊은 종교적 체험을 촉발시키고 인간의 궁극적 자유와 해방을 일깨우는 가르침으로 작용한다. ❁

**정호영** (충북대)

59 은정희, 『대승기신론소·별기』 (서울: 일지사, 1991)

우리말 불교개념 사전

# 삼신

범 trayaḥ kāyāḥ 빠 tayo kāya 장 sku-gsum 한 三身
영 the body, the trunk of tree, the body of a lute(the whole except the wires), assemblage, collection, multitude

## Ⅰ. 어원적 근거

불교의 역사를 통하여 '불(佛, Buddha)'과 '법(法, Dharma)'이라는 두 개념은 불교 교의와 신앙의 핵심이 되어 왔다. 석존 당시에는 두 개념이 대체로 독립적으로 존재하다가 석존 입멸 후 철학적·신앙적 요청에 의하여 점차 철학적 사유의 궁극인 법(法)과 종교적 최고 이상인 불(佛)이 결합하여 점차 법신불(法身佛, Dharma kāya- Buddha)이라는 개념이 형성된 것으로 보인다.

불신(佛身)은 문자 그대로 '부처님의 몸'이라는 뜻으로 최초의 불신은 석가모니불을 지칭하는 것이겠으나, 불멸후 불신의 본질에 대한 규명작업이 이루어지면서 법신불이라는 개념이 산출되고, 이후 불신에 대한 개념과 의미의 산출과정을 따라 불신의 성격은 다양하게 분류되고 풍부해졌다.

법신불을 핵심으로 하는 불신론은 대승불교의 시대에 이르러 특히 왕성하게 탐구되었다. 그리하여 초기에는 소박하게 법·생 2신설 등으로부터 출발하여 유가행 유식학파에 의하여 보신(報身) 및 응신(應身) 따위 개념들의 보완을 받으면서 삼신설(三身說)로 완성됨에 따라 그 내용에 있어서도 철학적 사유의 극치에 도달하게 된다.

이처럼 불신론은 부처 생신(生身) 이후에 신앙과 철학적 사유의 중심이 되면서 불교의 역사를 관류해 왔다. 어떤 의미에서 불신에 대한 개념의 변화는 불교교리 변천사의 핵심이라고 하여도 과언이 아닐 것이다. 삼신설은 이후 4신설, 5신설 등으로 그 내용과 의미가 풍부해지기도 하였으나 통상 불신설의 핵심은 삼신설로 알려져 있다.

'삼신(三身)'이란 불신(佛身)에 대한 대표적인 분류방식으로, 빠알리어 tayo kāya와 싼스끄리뜨어 trayaḥ kāyāḥ의 역이며, 서장어로는 sku-gsum이라 한다. 이는 '삼종(三種)의 몸'이라는 뜻이다. tri 혹은 trayaḥ는 '셋'이라는 의미의 형용사이며, kāyāḥ, 혹은 kāya는 '몸', '몸통', '(식물의) 줄기', '중앙부분' 등의 뜻이 있다.

그 밖에 kāya는 '모임', '집단', '다수' 등을 의미하기도 한다. 이는 영어로 'the body', 'the trunk of tree', 'the body of a lute(the whole except the wires)', 'assemblage', 'collection', 'multitude' 등으로 번역된다.[1] 한역으로는 신(身), 체(體), 신체(身體), 구(軀), 취(聚), 중(衆) 등으로 번역되는데[2] 대체로 영역의 경우와 같다.

통상 불교에서 삼신이라 할 경우는 삼신불(三身佛) 또는 삼불(三佛)을 가리키는 것이 일반이다. 삼신은 통상 법신(法身: dharma-kāya, [장] chos-kyi sku), 보신(報身: saṃbhaga-kāya, [장] loṅs-spyod-rdsogs- paḥi sku), 응신(應身: nirmāṇa-kāya, [장] sprul-paḥi sku)을 말한다.

이러한 분류가 보편적인 것이나 법신·보신·화신(化身)으로 부르기도 하고 자성신(自性身, savabhavika-kāya)·수용신(受用身, saṃ- bhoga-kāya)·변화신(變化身, nirmāṇa-kāya)으로 나누기도 한다. 또한 보신과 응신에 대한 규정이 일정하지 않아서 경론에 따라서는 그 개념이 바뀌어 있기도 한다.

또한 삼신에 대한 다른 이름으로는 법신불·보신불·응신불, 법불·보불·

---

1 Sir Monier Monier-Williams, *Sanskrit-English Dictionary*(London: Oxford University Press, 1960) 274면 1단.

2 鈴木學術財團編, 『梵和大辭典』(東京: 講談社, 1986), 338면.

응불, 법신·보신·화신, 법신불·보불·화불, 법불·보불·응화불, 진신(眞身)·보신·응신, 자성신(自性身)·만자용신(滿資用身)·화신(化身), 자성신·응신·화신, 법신·응신·화신, 법성신(法性身)·수용신(受用身)·응화신(應化身), 자성신·수용신·변화신, 자성신·식신(食身)·화신, 법신불·수용신불·화신불, 정법불(正法佛)·수성불(修成佛)·응화불(應化佛), 불소견신(佛所見身)·보살소견신(菩薩所見身)·이승범부소견신(二乘凡夫所見身) 등 다양한 이름들이 있다.

## Ⅱ. 텍스트별 용례

### 1. 법신·보신·응신의 용례

#### 1) 『십지경론』 제3

"일체 불에는 삼종의 불이 있다. 첫째 응신불, 둘째 보신불, 셋째 법신불이다."[3]

#### 2) 『금강반야바라밀경론』 권상

"불에 3종이 있다. 첫째 법신불, 둘째 보불(報佛), 셋째 화불(化佛)이다. 또한 석가모니를 불이라고 이름 하는 것은 이 화불임을 말한다."[4]

#### 3) 『대승의장』 제19

"법신불이란 체(體)에 나아가 이름을 밝힘이다. 법이란 소위 비롯함이 없는 법성(法性)을 말한다. 이 법은 중생의 체실(體實)이지만 망상복전(妄想覆纏)하여 자기에게 쓰임새(用)가 되지 못한다. 후에 망상을 쉬어 그 법신(法)이 현료(顯了)함을 곧 법의 체라 한다. 법이 드러나서(顯) 몸(身)을 이룬 것을 이름 하여 법신이라 한다.

『승만경』에서 '숨겨지면 여래장이요 드러나면 법신이라' 한 것과 같다. 법신의 체에 각조(覺照)의 뜻이 있음을 법신불이라 이름 한다.… 법신이 상을 떠난 것은 공이며 체는 실유이니 이른바 항하사의 법을 넘는 유이다. 이

3 『십지경론』 권3(『大正藏』 26, 138 중)
4 『금강반야바라밀경론』권상(『大正藏』 25, 784 중)

법은 모두 진심에 의지하여 설하므로 진심의 체는 바로 신묘하게 아는 성이다. 능히 각조 하는 힘이 있으므로 이를 각이라 한다. …법신불을 만약 상(相)을 나누어 그것을 말하면 능각의 진심을 설하여 법불이라 하고, 소각의 법성은 이 진제법보문(眞諦法寶門)의 거둠인 까닭에 불이라 하지 않는다. 만약 상을 거두어 그것을 말하면 소각의 법성은 이 불의 체가 되는 까닭에 통하여 또한 불이라 이름 한다.…

다음에 보신불이란 '수인(酬因)에 '보(報)됨'을 말한다. 유작(有作)의 행덕은 본래 없으나 지금 있어[本無今有] 방편의 수생(修生)이 되니 수생의 덕이다. 수인(酬因)을 보(報)라고 이름 하며, 보덕(報德)의 체를 몸(身)이라 이름 한다. 또한 덕이 모여 쌓인 것을 이름 하여 몸이라고도 한다.

문 : 보신불에도 또한 각조의 능력이 있나? 앞서의 법신의 각조와는 어떤 차이가 있나?

답 : 체는 하나이나 뜻을 따라 나뉘니, 진심의 체는 본래 숨어 있으나 이제 나타남을 말하여 법신불이라 한다. 이 진심의 체가 연(緣)에 훈발(熏發)되어 모든 공덕을 생하는 것을 이름 하여 보신불이라 한다. 법신불은 금과 같고, 보신불은 장엄구와 같다.…

응신불이란 감화하여 응하는 것으로 감화하는 가운데 비유를 따라 이름 붙여진다. 세간에서 사람을 부르면 곧 향응하는 것과 같다. 이 또한 이와 같아서 중생의 기감(機感)은 부르는 것과 같고 여래가 교화를 보이는 것은 향응하는 것과 같다. 그러므로 이름 하여 응이라 한다. 응덕(應德)의 체를 몸(身)이라 이름하고 이 응덕이 모이고 쌓인 것을 이름 하여 몸이라 한다. 응신(應身)하고 응각(應覺)하고 조목(照目)한 것을 응신불이라 한다."[5]

### 4) 『법화현론』 권9

"다만 삼신이 같지 않으니, 『법화론』에 삼신을 밝히는 것을 보면 불성으로써 법신을 삼고, 수행하여 불성을 나투는 것을 보신이라 하고, 중생을 교화하는 뜻을 화신이라 한다. 『섭대승론』에 밝힌 바는, 숨겨진 것은 여래장이라 이름하고 드러난 것을 이름 하여 법신이라 한다. 즉 이 두 가지를 모두 법신이라 이름 한다. 응신도 두 가지가 있다. 보살을 교화하는 것을 보신이라 이름하고 이승을 교화하는 것을 화신이라 이름 한다. 또는 지상(地上)을

5 『대승의장』 권19(『大正藏』 44, 837 하-838 중)

교화하는 것을 보신이라 이름하고 지전(地前)을 교화하는 것을 화신이라 이름 한다. 지론과 법화론은 보리류지가 역출하였고, 섭대승론은 진제삼장이 번역하였으므로 같은 천친(天親)의 저술이라도 뜻을 밝히는 데에 차이가 있다. 혹자는 번역의 체가 달라 그렇게 되었다고 말하나 여기에서는 융회하고자 한다.… 이와 같이 하여 본적(本迹) 2문으로 개합(開合)을 시도한다. 즉 합본합적·개본개적·개본합적·개적합본의 네 가지 측면에서 융회한다."[6]

## 2. 법신·응신·화신의 용례

### 1) 『합부금광명경(合部金光明經)』「삼신분별품」 제3

"일체의 여래에 3종의 몸이 있으니 보살마하살이 마땅히 알아야 한다. 무엇을 셋이라 하는가. 첫째는 화신이요, 둘째는 응신이요, 셋째는 법신이다. 이와 같이 삼신에 아뇩다라삼먁삼보리를 섭수한다. 어떻게 보살은 화신을 요별하는가. 선남자야, 여래가 옛날 수행지 중에서 일체 중생을 위해 종종의 법을 닦았다. 이 모든 수법은 수행의 원만함에 이르러 수행력으로써 자재함을 얻었다. 자재력으로 말미암아 중생의 마음[心]을 따라 중생의 행(行)을 따라 중생의 계(界)를 따라 여러 가지 종류로 요별하고, 때를 기다리지 않고 때를 지나지 않고, 처소에 상응하고 때에 상응하고 행에 상응하고, 설법에 상응하여 종종의 몸을 나툰다. 이를 화신이라 이름 한다.

선남자야, 이 제불 여래는 모든 보살로 하여금 통달을 얻게 하기 위하여 진제를 설하고, 생사열반이 일미임을 통달케 하기 위하여, 몸을 보는 중생이 포외 환희케 하기 위하여, 무변의 불법이 근본이 되게 하기 위하여, 여래 상응여여여여지(相應如如如如智)의 원력 때문에, 이 몸이 나투어지는 것을 얻어 32상 80종호 항배원광(項背圓光)을 구족한다. 이를 응신이라 이름 한다.

선남자야, 어떻게 보살마하살은 법신을 요별하는가. 일체의 모든 번뇌 등의 장애를 멸제하기 위하여, 일체 모든 선법을 구족케 하고자 하여, 오직 여여여지(如如如如智) 만이 있으니 이를 법신이라 이름 한다. 앞의 두 몸은 거짓 이름이 있을 뿐이며, 이 세 번째 몸을 이름 하여 진유(眞有)라 한다. 그것은 앞의 두 가지의 근본(本)이 되는 까닭이다."[7]

---

6 『법화현론』 권9(『大正藏』 34, 437 중-하)
7 『합부 금광명경』 권3(『大正藏』16, 362하-363상)

### 2) 『금광명최승왕경(金光明最勝王經)』「분별삼신품」 제3

"불신에 화신(化身)·응신(應身)·법신(法身)의 3신이 있다"[8] 이 경의 내용에 대하여 『금광명최승왕경소(金光明最勝王經疏)』 제 3에서는 "화신불에 화신(化身)·부모생신(父母生身)·수세간신(隨世間身)·생신(生身)·가명신(假名身) 등의 다섯 가지 이름이 있고, 응신에는 응신(應身)·수용신(受用身)·보신(報身)·지혜불(智慧佛)·공덕불(功德佛)·법성생신(法性生身) 등의 여섯 가지 이름이 있으며, 또한 법신에는 법신(法身)·자성신(自性身)·진실신(眞實身)·여여불(如如佛)·법불(法佛) 등의 다섯 가지 이름이 있다"[9]고 한다.

### 3) 『섭대승론석』권10

"만약 4종 자재의지공덕(自在依止功德)에 통달하면 삼신의 과를 얻으니 만약 무분별의지에 통달하면 법신의 과를 얻게 되고, 사(土)와 지(智)에 자재의지를 통달하면 응신의 과를 얻게 된다. 이 응신은 『대집경』 중에 있는 것과 같이 중생의 법락과를 수용하는 것을 얻는 것이다. 만약 업의 의지를 통달하게 되면 화신의 과를 얻게 되어 무량한 중생의 무변한 이익을 능히 짓게 된다."[10]

### 4) 『섭대승론석』권1

"여래에 2종신이 있다. 하나는 자성득인데 법신이며, 둘째는 인공득으로 응·화 양신이라 한다. 다른 사람의 공의 소득이 나타나게[顯] 하는 까닭에 자성신을 세웠으며, 자성신에 의지하여 복덕과 지혜의 2행을 일으키므로 2행은 소득의 과(果)가 된다. 정토가 청정하고 대 법락으로 능히 2과를 수용하게 하므로 수용신이라 한다. 수행지(修行地) 중에 불의 본원 자재력으로 말미암은 까닭에 흡사 중생이 변이하여 나타나는 것으로 알게 되므로 변화신이라 이름 한다."[11]

---

8 『금광명최승왕경』(『大正藏』 16, 408중)
9 『금광명최승왕경소』(『大正藏』 39, 210 중-하)
10 『섭대승론석』권10(『大正藏』 31, 223 상)
11 『섭대승론석』권1(『大正藏』 31, 249 하)

### 3. 법신·해탈신·화신의 용례

#### 1) 『해심밀경』 제5

『해심밀경』 제5에 여래 법신의 등상(等相)에 대한 질문 중 다음과 같이 설한다.

"제지(諸地)의 바라밀다에 대하여는 잘 닦아 전의(轉依)를 떠나 원만하게 성취하게 하기 위하여 여래법신의 상이라 이름 한다고 하는데, 불가사의하고 희론이 없기 때문이다. 성문독각은 전의로서 얻으므로 법신이라 하지 않고 해탈신이다. 일체의 성문독각과 모든 여래는 법신에 바탕하여 있는 점에서는 평등한 것이나, 또한 이 법신으로 말미암아 또한 차별이 있어 무량공덕의 차별 수승공덕의 차별이 있다고 설한다.… 일체 여래가 화신의 업을 지으매 마치 세계가 일체의 종류로 일어나는 것처럼 여래 공덕의 장엄한 여러 모습이 일어나니, 화신의 상에는 생기함이 있고, 법신의 상에는 생기함이 없다. 이와 같이 일체 삼천대천 불국토 가운데 혹은 왕가 혹은 대복전가 등에 추거(推擧)하고, 동시에 입태·탄생·장대애욕·출가·고행·고행을 버리고 등정각을 이루는 것 등을 차제 시현하는 것을 여래의 화신을 시현하여 방편선교하는 것이라 한다."[12]

#### 2) 양역 『섭대승론석』 제10

"여래에 2종의 몸이 있으니 하나는 해탈신이요, 둘은 법신이다. 혹됨이 멸함으로 말미암은 까닭에 해탈신이 원만하고, 해탈신이 원만한 까닭에 법신을 성취한다."[13]

#### 3) 양역 『섭대승론석』 제13

"이승(二乘)의 도의 구경과(究竟果)와 같은 것을 해탈지견이라 이름 한다. 이승의 해탈지견 가운데에는 삼신이 없으나 보살의 해탈지견 중에는 삼신의 차별이 있다. 왜냐하면, 이승은 지장(知障)을 능히 멸하지 못하고 일체지가 없는 까닭에 원만청정의 법신을 얻지 못하고 대자비가 없어 다른 이를

---

12 『해심밀경』 권5(『大正藏』 16, 708 중-하)

13 『섭대승론석』 권10(『大正藏』 31, 225 중)

이익 주는 일을 행하지 못하는 까닭에 응·화양신이 없다. 보살은 이 두 가지를 다 갖추고 있으므로 삼신이 있다. 그러므로 삼신에 지혜의 차별이 있는 것이다."[14]

## 4. 자성신·수용신·변화신의 용례

### 1) 양역『섭대승론』권하

"3종의 불신으로 말미암아 응하여 과지(果智)의 차별을 알지니, 첫째 자성신(自性身), 둘째 수용신(受用身), 셋째 변화신(變化身)이다. 이 중에서 자성신이란 이 모든 여래의 법신이다. 일체 법이 자재(自在)로이 굴러 감에 의지(依止)가 되는 까닭이다."[15]

"수용신이란 법신에 의지하여 여러 가지 제불의 모임에 청정한 불토를 드러내는 것이며 대승의 법락을 받게 되는 까닭이다."[16]

이어서 법신에 대하여 매우 상세히 논술하고 있다. 이를 요약하면 열 가지의 법신에 대한 뜻[法身十義]이 된다. 내용은 다음과 같다. ① 법신의 5상 ② 법신의 초 증득 ③ 법신의 5종 자재 ④ 법신 3처의 의지 ⑤ 법신을 섭지(攝持)하는 불법 ⑥ 제불의 법신 동이점(同異點) ⑦ 법신상응의 11덕 ⑧ 법신의 12종의 심심(甚深) ⑨ 7종으로 법신을 염함 ⑩ 법신의 5종 업.[17]

수용신이 자성신과 다른 점에 대하여『섭대승론』에서는 여섯 가지로 들고 있다. ① 색신을 보여야 하므로, ② 무량한 불중회(佛衆會)에 차별을 보여야 하므로, ③ 승해(勝解)에 따라서 자성을 보는 것이 정해지지 않음을 보여야 하므로, ④ 따로따로 자성을 보는 것이 변동하는 것을 보여야 하므로, ⑤ 보살·성문 그리고 제천 등의 종종의 중회 사이가 섞여 있음을 보여야 하므로, ⑥ 아뢰야식과 다른 전식과의 전의가 이치가 아님을 보여야 하므로.[18]

변화신이란 "법신을 의지하여 천궁에 현몰하여, 생을 얻고 욕진(欲塵)을

---

14『섭대승론석』권13(『大正藏』31, 249중)
15『섭대승론』권하(『大正藏』31, 149상)
16『섭대승론』권하(『大正藏』31, 149상)
17『섭대승론』권하(『大正藏』31, 149 중- 151상)
18『섭대승론』권하(『大正藏』31, 151중-하)

얻다가, 출가하여 외도의 처소에 가서 여러 고행을 닦고, 대 보리를 얻고, 큰 법륜을 굴리다가 대반열반(大般涅槃)에 드는 등의 일을 소현현한 까닭이다."[19]

변화신이 자성신과 다른 점을 여덟 가지로 들고 있다. ① 모든 보살이 아주 오랜 옛날부터 불퇴정(不退定)을 얻어 도솔천 및 인도 중에 생함이 도리에 맞지 않는다. ② 모든 보살이 아주 오랜 옛날부터 언제나 숙주(宿住)를 기억함이 서산수인공교론(書算數印工巧論) 중과 및 욕진을 수용하는 중에 정지(正知)함은 도리에 맞지 않는다. ③ 모든 보살이 아주 오랜 옛날부터 이미 악설 선설의 법교(法教)를 알고 외도의 처소에 가는 것은 도리에 맞지 않는다. ④ 모든 보살은 아주 오랜 옛날부터 이미 삼승의 정도(正道)를 잘 알고 삿된 고행을 닦는 것은 도리에 맞지 않는다. ⑤ 모든 보살은 백구지(百拘胝)의 모든 섬부주를 버리고 다만 한 곳에서 등정각을 이루어 정법의 전법륜을 굴리는 것은 도리에 맞지 않는다. ⑥ 만약 등정각을 이룸을 시현하는 것을 떠나서 오직 화신으로써 나머지 처소에서 불사를 짓는 것은 곧 도솔천에서만 등정각을 이루는 것이다. ⑦ 어찌하여 널리 일체의 섬부주 가운데에서 동시에 두 부처가 나와 시설하지 않는가. 이미 가르침도 없고 이치도 없다. ⑧ 비록 많은 화신이 있어도 저 두 여래가 세상에 출현한다는 말이 없고, 하나의 사주가 세계를 섭하는 까닭으로 이륜왕이 같이 출세하지 않음과 같다.[20]

### 2) 『성유식론』의 삼신설(사신설)

"자성신은 여래의 참되고 조촐한 법계를 이름이니 수용신과 변화신이 평등하게 소의하는 것이다. 상을 떠나 있고, 적연하며, 모든 희론이 끊어져 있으며, 무변제의 참으로 변치 않는 공덕을 갖추어 있다. 이는 모는 법의 평등한 실다운 성품이니 즉 이 자성을 또한 법신이라 이름한다. 대공덕의 법이 의지하는 까닭이다.

수용신은 2종이 있으니 첫째 자수용신은 모든 여래의 3무수겁토록 무량 지혜의 자량을 수집(修集)하여 일어난 무변의 진실한 공덕과 극히 원만하고 조촐하며 항상 편만한 색신이 담연히 상속하고 미래제가 다 하도록 항상 광

19 『섭대승론』 권하(『大正藏』 31, 149상)
20 『섭대승론』 권하(『大正藏』 31, 151 하)

대한 대 법락을 스스로 수용하는 것이다. 둘째 타수용신은 모든 여래의 평등지로 말미암아 시현된 미묘하고 깨끗한 공덕신이며 순정토에 주하는 모든 보살중을 위하여 대 신통을 나투며, 정법륜을 굴리어 무리의 의망(疑網)을 깨뜨리고 그들로 하여금 대승의 법락을 수용하게 한다. 이 두 가지를 합하여 수용신이라 한다.

변화신은 모든 여래의 성사지(成事智)에 의하여 변현된 미묘하고 깨끗한 공덕신이다. 정토와 예토에 거하면서 등지(登地)하지 못한 모든 보살·이승·이생(異生)을 위하여 그들의 근기에 맞게 칭하여 나타나 설법을 하여 각각 모든 이락(利樂)을 획득하게 한다."[21]

## 5. 기타의 용례

### 1) 『대승장엄경론』 권3

삼신에 대하여 자성신·식신(食身)·화신 등으로 분류하고 있다.

"자성신은 식신과 화신의 의지가 되며 일체제불에 평등·무차별한 것이며 전의상(轉依相)이 된다. 여기에서 식신은 수용신을 말한다. 그런데 식신은 자성신과 합하여 의기(依起)하며, 많이 모인 무리 가운데 법식(法食)을 지으므로 식신이라 한다. 그리고 일체세계 가운데, 모든 무리, 모든 찰토(刹土), 모든 명호, 모든 신(身), 모든 업(業)에 모든 일을 다 수용하므로 같지 않다. 화신은 제불이 일체 시에 무량차별을 지어 화도할 때에 불이 이처럼 화하게 되므로 화신이라 이름 한다."[22]

### 2) 『능가아발다라보경(入楞伽阿跋多羅寶經)』

법불(法佛)·의불(依佛)·화불(化佛)의 삼신을 말하고 있다.

"의불은 연기자성에 의지하여 망상자성을 일으킨다. 종종의 망상은 심의 종종상과 행사망상(行事妄想)과 계착습기망상(計著習氣妄想)이 있다. 대혜여! 이것이 망상이 자성에서 상생(相生)함이다. 대혜여! 이것이 의불이다.

21 『성유식론』 권10(『大正藏』 31, 57 하-58 상)
22 『대승장엄경론』 권3(『大正藏』 31, 606 중)

대혜여! 법불은 마음의 자성상(自性相)을 떠나 성소(聖所)를 자각하고, 연경계(緣境界)를 건립하여 베푸는 것을 말한다. 화불이란 계·인욕·정진·선정과 심지혜가 음계(陰界)를 떠나 해탈에 들어 식상분별하고 관찰 건립하여, 외도의 견과 무색견을 넘어서는 것을 말한다."[23]

**3) 『대승입능가경(大乘入楞伽經)』**

법불·보불·응화불의 삼신을 말한다.[24]

"법불은 모든 여래가 행한 불가사의한 경계를 보면 필경에 오법자성(五法自性)을 떠나 일체불의 법신지혜로써 장엄하여 여환경계와 일체 찰에 주하여 도솔타궁과 색구경천에서 여래의 몸을 이룬다. … (보불은) 점차로 깨끗하게 하며 한꺼번에 하지 않으니, 도공이 그릇을 점차 완성하지 한꺼번에 하지 않는 것과 같고, 대지가 초목을 생할 때에 점차로 하지 일시에 하지 않는 것과 같이 제불여래와 모든 중생의 자심이 현류(現流)함이 또한 이와 같다. … 보불 또한 이와 같아서 색구경천에서 능히 한꺼번에 일체중생을 성숙케 하여 모든 행을 닦게 할 때에 법불은 한꺼번에 나타나게 한다면 보불과 화불은 광명이 비쳐 스스로 성스러운 경계를 증득하게 함이 이와 같다."[25]

**4) 『대승법원의림장(大乘法苑義林章)』 제7**

『능가경』의 응화불(應化佛)·공덕불(功德佛)·지혜불(智慧佛)·여여불(如如佛) 등의 4불을 거론하고, 처음 것은 화신이며 두 번째 것은 수용신이라고 평하고 있다.[26]

---

23 『능가아발다라보경』(『大正藏』 16, 486 상-중)
24 『대승입능가경』(『大正藏』 16, 596중)
25 『대승입능가경』(『大正藏』 16, 595 하-596 중)
26 『대승법원의림장』 제7(『大正藏』 45, 362 상)

## Ⅲ. 역사적 용례와 삼신사상의 전개

### 1. 원시불교의 불신관

불타의 영원한 본질에 관한 탐구로서 불신론이 제기된 것은 일찍이 석존 당시로까지 소급해 올라간다.

초기불전에서 나오는 불타의 모습은 인간의 몸이면서 그 위에 증오의 입장에 서서 미망을 초탈하였으며, 수많은 초월적 활동과 능력이 기술되고 있다. 그런데 이 석존의 몸은 인간의 몸이면서도 이를 초탈한 여래이면서 동시에 법이 현현한 존재로 간주되었다.[27]

이 부처[佛, buddha]와 법(法,dharma)의 관계는 불신관의 출발을 규정하는데 중요한 관건이 된다. 그러나 '법'의 용법은 인도사상이나 불교에 있어서 매우 다의적(多義的)이며, 이에 대한 통일적인 이해는 거의 불가능하다.[28] 그러나 석존은 법을 깨달아 부처가 되었고, 의존해야 할 것도 법이라고 보았으며, 유언으로써 '자신과 법'에 의지할 것을 말하였다. 이처럼 법은 불교의 중심이며, 불교의 교리 중에는 법의 보편성과 영원성이 강조되었다.[29]

사실 불제자들은 법 그 자체보다는 석존이라는 인격을 통하여 법을 수용하였으므로 그들에게 있어서 석존이 깨달았다는 '법(dharma)' 혹은 '이(理, ṭhāna)'는 이법(理法) 혹은 독립적인 법이라기보다는 석존의 가르침으로서의 불법(佛法)이었으며, 부처 중심적인 사고를 벗어나기 어려웠을 것으로 판단된다.

따라서 이때 법신이라 함은 불타에 의하여 오득된 보편적 진리로서의 법을 불타의 실신 또는 본질로 본 것으로서, 불타가 불타인 이유는 다름 아닌 이 영원불멸한 보편적 진리로서의 법을 증득한 데에 있는 것이다.

이러한 원시불교의 법신과 색신, 또는 실신(實身)과 부모생신(父母生身)의 2신설은 부파불교와 대승불교를 통하여 다양하게 전개된 여러 유형의

---

27 Ariyapariyesana-sutta, MN.,vol. Ⅰ, p171, 172; 『중아함』 권56, 204 「羅摩經」(大正藏 1, 777하); Mahavaga, Viyana, vol. Ⅰ, p.9; 『五分律』 권15(大正藏 22, 104중)

28 玉城康四郎, 「佛教における法の根源態」, 『佛教における法の研究』(東京: 春秋社, 1975), 41면.

29 『상윳따 니까야』, vol.Ⅱ, 105면; 『잡아함』 권12(『大正藏』 2, 80중-하)

불신설의 시원이 된다.

그러나 이와 같은 원시불교의 2신설은 불신관의 발전단계에서 볼 때 어디까지나 불멸의 진리와 일체가 된 대성자 석존의 인격에 대한 위대성과 찬탄에 역점을 둔 설명으로서, 아직 대승불교에서와 같은 법신 중심의 불신관에는 이르지 못한 소박한 불신관이라 볼 수 있다.[30]

## 2. 부파불교의 불신관

이처럼 석존의 인격적 위대성에 역점을 둔 원시불교의 2신설은 부파불교시대에도 그대로 이어져 불타의 색신에 중점을 둔 불신론으로 전개된다.

부파불교의 사상적 경향을 살펴보면 제 부파가 원래 상좌·대중 2부 간의 율과 교법에 관한 견해 차이에서 비롯되었다고 볼 수 있으므로 그들 제 부파의 사상적 경향을 상좌부계와 대중부계로 2대별하여 볼 수 있다. 이 둘은 근본적 관점과 태도의 차이에 따라 불신관에 있어서도 역사적 현실존재에 중점을 둔 상좌부계의 불신론과, 초역사적 이상존재에 중점을 둔 대중부계의 그것으로 대별할 수 있다.

우선 상좌·유부계에서는 역사적 존재인 현실 불타에 초점을 둔 불신설을 전개한다. 그리하여 불타의 최후신인 불생신(佛生身)에는 유루성이 없을 수 없으며 그 수명 또한 유한하다고 본다. 물론 그들은 불타의 정신력에 대해서는 그 무루 무변의 절대성을 인정하지 않는 것은 아니다. 그러나 아무리 불타라 하여도 일찰나에 일체 법을 다 요지할 수는 없으며 또 일찰나의 마음 가운데 두 마음이 동시에 일어날 수는 없다고 한다.

그러나 한편으로는 이러한 유루 생신과는 달리 영원무한의 무루 법신을 제기하고 있기도 하다.

> "불세존은 결코 다른 사람으로부터 법공양을 받지 않는다. 법신의 공덕이 지극히 원만하기 때문이다. 그러나 생신은 필히 의복과 음식 등의 공급이 필요하므로 타인으로부터 재물 등의 공양을 받게 된다."[31]

30 中村元, 『インドとギリシアとの思想交流』(東京: 春秋社, 1979), 422면.
31 『대비바사론』 권30(『大正藏』 27, 154 중)

이처럼 생신과 법신을 대비시켜 설명하고 있다. 여기에서 더 나아가 "지금 나타난 이 몸은 부모님이 낳아 길러 준 몸으로서, 이는 유루법이어서 귀의할 바가 못 된다. 참으로 귀의할 바는 무학(無學)의 불이 성취한 보리법으로서, 그것은 곧 법신이다"[32]라고 말하고 있는 점도 주목된다. 그러나 이때의 법신이란 원시불교에서 제기된 교법 중심의 성격을 크게 넘지 못하고 있으니 여기에서는 특히 『증일아함』 권 29에 나타난 '5분법신설'[33]을 계승하여 일종의 '법중유불설(法中有佛說)'을 전개한다.

한편 이상과 같은 상좌부계와는 달리 초역사적 존재로서의 이상적 불타에 역점을 둔 대중부계에서는 불타를 정신면에서 뿐만 아니라 그 신체상에 있어서도 무루 무변한 것으로 보았다.

『이부종륜론』의 대중부 「본종동의」에 의하면 "제불 세존은 모두 출세간이시며 일체 여래에게는 유루법이 있을 수 없다. … 제불여래의 색신은 실로 무한 무변한 것이며, 그들의 위력이나 수명 또한 무량무변한 것이다"[34]라고 설명하고 있다. 즉 여래에는 일체의 유루법이 있을 수 없으며 그 색신과 위력과 수명 또한 일체 시공의 제약을 넘어선 무량무변제(無量無邊際)한 것이라 한다.

물론 부파불교의 초기에는 세련된 불신론이 제기되었다고 보기 어렵다. 그러나 대중부계에서는 불타의 신체를 무루·무변제·무량수라 보았던 것이 분명하며, 거기에는 후세 대승불교에서 거론된 보신불적 해석의 빌미가 여기에 보이고 있음은 부인할 수 없다.

이처럼 부처의 몸의 무루, 무변제를 주장하는 대중부파인 만큼 불타의 정신력을 절대화하여 보았던 것은 재언의 여지가 없다. 그들은 상좌부계와 달리 불타는 일 찰나심에도 일체 법을 인지할 뿐 아니라 그 일 찰나심이 모두 반야에 계합된다고 한다. 그러므로 제불세존은 진지(盡智)와 무생지(無生智)의 두 가지 해탈지가 항상 끊임없어 열반을 이루지 않음이 없다고 한다.[35]

이와 같은 대중부계의 불신설은 불타관의 발달사 상에서 볼 때 상좌부계의 그것보다는 훨씬 진전된 것이라 볼 수 있겠으나, 대중부계에서 강조하는

---

32 『대비바사론』 권30(『大正藏』 27, 177 상)
33 『증일아함』 제29(『大正藏』 2, 711 중-하)
34 『이부종륜론』(『大正藏』 49, 15 중-하)
35 『이부종륜론』(『大正藏』 49, 15 하)

무량무변제의 불타도 결국은 석존의 색신불을 이상화 한 것에 불과하다.

그러므로 이 시기에 법 중심의 사고방식이 뿌리를 내리기 시작하였으나 아직 진정한 의미의 법신중심의 불신관에는 이르지 못하였다고 할 수 있다.

## 3. 대승초기경전의 불신관

### 1) 『반야경』의 불신관

이러한 색신 중심의 2신설은 대승초기에 이르러서는 법신을 중심으로 하는 본격적 2신설로 발전한다.

먼저 대승 초기에 속하는 『반야경』계의 불신설을 보면 다음과 같은 설명이 도처에 나타난다.

> "모든 여래는 마땅히 색신으로써 볼 수 없다. 그것은 제불여래 모두가 법신이기 때문이다. 선남자야, 제법의 실상에는 거래가 없으며 제불여래 또한 그와 같은 것이다."[36]

> "여래는 곧 법신이다. 색신으로써 가히 볼 수 없다. 선남자야, 법성에는 거래가 없는 것이며 일체 여래 또한 그와 같아서 일체의 거래가 없다."[37]

모든 부처와 여래를 색신으로써는 볼 수 없다는 것은 모든 부처와 여래가 다 법신이기 때문이라는 것이다. 여기에서 법신의 성격이 뚜렷하게 드러나고 있음을 볼 수 있다. 나아가 『대반야경』 권569에서는 "제불보살의 심오한 반야바라밀다는 모두 이 법성(法性)으로부터 나온 것이다. 그 법성은 일체의 명상을 초월한 것이며, 진실하여 일체 전도몽상을 떠나 있다. 그것은 변하여 달라지지 아니하므로 진여라 한다. 그런데 이 법성진여는 유무·단상·생사·열반·염정·일이·명상 등 일체의 상대를 떠난 경계로서, 거기에는 법성진여(法性眞如)와 유정진여(有情眞如)가 둘이 아니며, 염정진여(染淨眞如)가 곧 생사열반진여이며 생사열반진여가 곧 일체 법진여(法眞如)이니, 제법이 비록 생하되 진여는 부동하며, 진여가 제법을 생하되 진여 자

---

36 『소품반야경』 권10, 「담무갈품」 제28(『大正藏』 8, 584 중)

37 『불모출생삼법장반야경』 권25, 「법상보살품」 제31(『大正藏』 8, 674 상)

체는 불생이니, 그것은 마치 허공과 같이 청정 불변한 것으로서 이를 이름하여 법신이라 한다"[38]고 한다.

이렇게 볼 때 반야경전에 나타난 여래의 참모습은 유형의 색신이 아닌 반야의 지혜를 통해서만 볼 수 있는 진여법신임을 알 수 있다. 그러므로 반야경전에서는 육신불타의 숭배는 물론, 그에서 비롯된 불탑신앙을 비판하는 한편, 불타의 지혜, 즉 반야바라밀(Prajñāpāramitā)이야말로 불타의 본질이라 하여 법신과 반야바라밀을 동일시하는 것이다.

이러한 반야경계의 불신관은 원시불교 내지 부파불교에서와 같이 색신의 장엄에 역점을 둔 단계를 벗어나, 영원불멸한 진리로서의 법신을 중심으로 한 2신설로 평가할 수 있다. 그러나 『반야경』은 그 취지가 공·무상(無相)의 진리를 확립하는데 주안점을 두고 있는 이상, 불신설에 있어서도 아직 법신의 묘유적 측면 또는 그의 적극적 현현으로서의 색신에 대한 설명은 강조되고 있지 않은 점이 후일의 불신관에서 바라본 평가라 하겠다.

**2) 정토경전의 불신관**

대승불교의 사상 가운데 불신과 연결하여 특기할 만한 사항 중의 하나는 아비다르마의 '법의 불교'로부터 '불의 불교'로 전환하면서 '영원한 불타' 즉 법신불의 관념이 형성된 점이라 할 것이다. 한편 종래의 석존 1불 중심에서 다불(多佛)의 타력이행(他力易行)사상으로 변화된 점도 특징으로 꼽을 수 있겠다.[39]

석존의 입멸 후 인간 석존은 점차 절대화되기 시작하여, 불타의 오도와 초인적 인격이 무수한 생애를 통한 수행과 선업에 바탕하고 있다는 본생담(Jātaka)이 성행하게 되었으며, 부파불교시대에 이르러서는 이와 연관된 수많은 불전문학이 발달하게 되었다.

그런데 이 구도를 상정한다면 석존 이외에도 그와 같은 과정을 통해 성불한 다수의 불타가 고려되지 않을 수 없게 된다. 원시 『아함경』에서 이미 과거 7불설 또는 24불설 등이 대두되고 있으며, 같은 원리로 미래에 있어서도 같은 수행노력에 의하여 부처가 되어 중생을 제도한다는 미륵불과 같은 미래불사상을 낳게 되었다.

38 『대반야경』, (『大正藏』 7, 937 중-하)
39 정순일 著, 『인도불교사상사』(서울: 운주사, 2005), 327-336면 참조.

그런데 미륵의 용화세계에 대한 장엄상은 아촉불의 묘희국이나 아미타불의 극락정토에 비하면 아직 현란한 정토에 대한 설명이 없는 것으로서, 이는 타방정토사상이 일어나기 이전의 사상이라 하지 않을 수 없다. 그러나 묘희(妙喜)·극락(極樂)·정유리(淨瑠璃) 등의 제 정토설은 미륵정토가 그 시원이 되었을 것으로 본다.

아무튼 과거불·미래불의 사유는 삼세를 통해 무수한 불타가 존재한다는 시간적 다불사상이라 볼 수 있다. 그러나 불타관은 여기에 머무르지 않고 공간적 다불사상으로 발전하게 되니 소위 '현재 타방불' 또는 '내세불' 사상이 그것이다.

원시불교 내지 부파불교시대의 타방불설은 아직 추상적이고 일반론적인 다불설일 뿐 구체적이고 본격적인 현재 타방불사상으로써 불교신앙의 새로운 국면을 전개한 것은, 초기 대승불교시대에 나타난 이 동방묘희국의 아촉(阿閦, Akṣobhya)불설 또는 서방극락정토의 아미타(阿彌陀, Amita)불설이라 볼 수 있다.

아미타불은 Amitābha(無量光) 또는 Amitãyus(無量壽)의 번역어로 추정되며, 법장보살의 48원에 의하여 극락정토가 성취되는데 『무량수경』에서는 법장보살이 이미 10겁 전에 성불하여 서방 십만억불토를 지나 안락(極樂)세계를 이루고 있다고 한다.[40]

그런데 여기서 주목되는 광명은 곧 지혜의 광명으로서 '불의 공간적 무한성'을 말한 것이며, 수명은 곧 자비의 생명으로서 '불의 시간적 무한성'을 말하는 것이라 해석할 수 있다.

이러한 아미타불을 불신 상에서 볼 때 보신불(報身佛)로 볼 것인가? 아니면 법신불로 볼 것인가? 하는 문제가 후세 교학상의 중요문제로 제기되나 대체로 보신불로 보는 경향이 많다.[41] 그러나 학자에 따라서는 이 아미타불이야말로 '우주전체를 그대로 대비(大悲)의 인격체로 본 것'이라 파악하는 이도 있다.[42]

40 『무량수경』(『大正藏』 12, 270 상)
41 김동화, 『불교교리발달사』(大邱: 三榮出版社, 1977), 503면; 田村芳郎, 「法華經の佛陀觀」(『講座·大乘佛教4』, 91-92면) 등 참조.
42 宇井伯壽, 『佛教汎論』(東京: 岩波書店, 1976), 79-80면.

### 3)『법화경』의 불신관

이처럼 삼세제불설과 시방제불설 등의 다불설이 제기되자 이들을 종합할 수 있는 통일불 사상이 필연적으로 요청된다. 이러한 요청에 부응하여 등장한 것이『법화경』의 '구원(久遠) 석가불 사상'으로, 이러한 의미에서『법화경』에서의 불은 이를 단순한 추상적 이념불로서 만이 아니라 구체성과 영원성을 동시에 지닌 '구원석가불'로 표현된다.[43]

『법화경』은 원래 제법실상의 근본이념 아래 '회삼귀일' 사상에 의하여 제법을 통일할 뿐 아니라, 석가불의 입멸을 계기로 모색되어진 과거·미래·현재·타방의 시방삼세제불을 석가불을 중심으로 종합 통일하기 위하여 개적현본(開迹顯本)의 이념에 바탕한 구원실성의 본불사상을 주장한다.

이에 바탕하여『법화경』에서는 유명한 회삼귀일의 논리를 전개하여 삼승 모두 일불승의 진실처에 돌아가게 한다고 말하며, 이 논리를 뒷받침하기 위하여『법화경』특유의 수기설(授記說)을 제시한다.

이 일불승사상은 불타관의 입장에서 보면 주로 80세의 생애를 통해 교화하신 석가모니불, 다시 말하면 수적(垂迹)의 응화신을 중심으로 한 내용이라 볼 수 있다. 이에 비해 본 경의「용출품」제15이하의 본문(本門)에서는 시간과 공간의 제약을 넘어선 구원실성의 본불사상이 설해진다.

그리하여 산발적으로 전개되어온 과거불과 미래불 및 현재타방불 등 시방 삼세 제불설은 본 경의 개적현본(開迹顯本)의 이념에 바탕한 이 구원본불사상에 의해 종합 통일되게 된다.

뿐만 아니라 본 경에서는 그 종합 통일작업으로서 단순한 추상적 이념불(理念佛)의 제시에 그치지 않고 그 본불에 구체성과 영원성의 의미를 동시에 부여한 구원석가불 사상을 제창한다. "이와 같이 내가 성불한지는 심히 오래 되었으며 또 나의 수명은 무량아승기겁이어서 상주 불멸한다."[44]라고 하는 내용이 그것이다.

이상에서 볼 때 석가불은 과거의 수명도 무량하고 미래의 수명도 무량하며 그러기에 현재에도 엄연히 상주하는 것이다. 다시 말하면 석가불의 수명은 삼세를 통해 영원불멸한 것으로서 이를 구원실성의 석가모니불이라 한다.[45]

---

43 노권용,「불타관의 연구」, 원광대학교 대학원 박사학위논문, 1987, 57쪽. 본 항목은 이 논문의 정리에 힘입은 바가 크다.

44『묘법연화경』권5(『大正藏』9, 42하)

이러한 『법화경』의 입장에서 볼 때 시방삼세의 제불은 모두 이 구원본불의 상황적 응현이며 수적이라 보지 않을 수 없고, 거꾸로 그들 제불은 모두 이 유일 본체인 구원본불에 귀착되는 것이다. 이를 권화사상(權化思想)이라고도 하는데 이러한 권화사상이 후세에는 일반화되었으나 초기대승시대에 있어서는 『법화경』에 의해 처음으로 제창된 것이라 볼 수 있는 것이다. 이는 바로 앞에서 살펴본 '회삼귀일'의 일불승사상을 불타관에 적용한 설명이라 볼 수 있겠다.[46] 또 이를 불타관을 중심으로 말한다면 오히려 그 역으로 구원본불사상에 입각하여 회삼귀일의 일불승사상이 설해졌다고도 볼 수 있겠다.

그런데 여기에서 문제되는 것은 후기 교학 상에서 제기되는 바와 같이 불신론 상에서 볼 때 이 구원 석가불을 보신불로 볼 것인가? 아니면 법신불의 의미로 볼 것인가 하는 것인데, 바수반두(Vasubandhu, 400-480)는 그의 『법화경론』 권하에서 석가일신에 응불·보불·법불의 삼불보리가 구족되어 있다하여 삼신즉일(三身卽一)을 강조하고 있다.[47]

물론 『법화경』이 지닌 구원석가불사상의 근본취지에서 본다면 이러한 바수반두의 해석은 그 정곡을 찌른 것이라 볼 수 있겠으나, 후세에는 본 경의 구원 석가불을 정토계의 아미타불과 같이 보신불로 보려는 것이 일반적 경향이었다.

왜냐하면 구원석가불이 아무리 무량 아승기겁을 통해 상주 불멸한다 해도 이는 어디까지나 시간내적 존재에 불과할 뿐 아니라 공간적으로도 상대적 대상성의 한계를 넘어서지 못한 것으로서, 아직 진정한 의미의 영원 무한한 보편적 존재로서의 법신불에 그 초점이 주어진 것은 아니라 볼 수 있기 때문이다.[48]

#### 4) 『화엄경』의 불신관

『화엄경』에서는 비로자나불이라고 하는 시방 편만의 보편적 불타관에

45 橫超慧日, 『法華思想の硏究』(京都: 平樂寺書店, 1971), 414면 참조.
46 勝呂信靜, 「初期の大乘經典」(『アジア佛敎史, インド編III』) 205면.
47 『법화경론』 권하, (『大正藏』 26, 9 중)
48 田村芳朗, 「法華經におげる菩薩情神」, 『大勝菩薩道の硏究』, 250면; 「法華經の佛陀觀」, 『講座·大乘佛敎4, 法華思想』, 89-90면; 「日本佛敎の佛陀論」, 『佛の硏究』, 429-430면 등 참조.

중점을 두고 있는 만큼, 법신사상이 그 중심을 이루고 있어 불신론의 전개사 위에 중요한 위치를 지닌다고 본다.

『화엄경』에서는 2종의 10불설(十佛說)이 전개되고 있는데, 특히 『60화엄』[49]에서는 중생신·국토신·업보신·성문신·벽지불신·보살신·여래신·지신·법신·허공신 등의 10신을 제시하고 있다. 그 중에서 중생신을 집업신(集業身)·보신·번뇌신·색신·무색신 등으로 분립하고, 여래신을 다시 보리신·원신·화신·주지신·상호 장엄신·세력신·여의신·복덕신·지신·법신 등의 10신으로 나누어 설명한다.

이상과 같이 다양하게 전개되는 『화엄경』의 불신설도 정리해 보면 결국 법신과 색신의 2신설을 넘지 못한다고 본다.[50] 물론 번역에 쓰인 개념으로 말한다면 '법신', '보신', '화신' 등의 명칭이 제기되고 있어서 이 명칭으로만 본다면 후세에 성립하는 3신설을 연상케 한다. 그러나 엄밀히 살펴보면 이때의 '보신'은 불과 보신(佛果報身, Saṃbhoga-kāya)이 아닌 중생의 업보신(業報身, Vipaka-kāya)인 것이다.

물론 여기에서 유의할 것은 『화엄경』의 본래 취지가 2신·3신·10신 등의 문제에 주안점이 있기 보다는 일대법신인 비로자나불의 광대 무량함과 무애 자재함을 드러내려는데 있음을 간과해서는 안 된다고 본다.

그러나 『반야경』의 경우와 불신의 입장에서 비교하여 보면, 『반야경』에서는 공이나 무상의 진리를 확립하는 데에 주안점을 두고 있으므로 부처를 '일체 거래가 없는 법성 혹은 법신'이라 하여 색신을 무시하는 경향이 드러난다. 그러나 『화엄경』에서는 공이나 무상에 머무르지 않고 법신의 묘유의 측면 내지 그의 적극적 현현으로서의 색신을 강조하고 있다는 점이 주목된다.[51]

이와 같이 구체적 불타관에 역점을 둔 『정토경』이나 『법화경』과는 달리 영원무한의 보편불적 불타관에 초점을 둔 『화엄경』에서는 특히 법신불사상이 그 중심을 이루고 있어 불신관의 발달사상 중요한 의의를 지니고 있는 것이다.

---

49 『60화엄』 권26, 「십지품」제22(大正藏 9, 565 중-하) 및 『80화엄』 권38, 「십지품」 제26의 5(『大正藏』 10, 200 상-중) 참조.

50 田村芳朗, 앞의 논문, 382-383면.

51 中村元, 「華嚴經の思想史的意義」, 『華嚴思想』(京都: 法藏館, 1960), 85면 참조.

### 5) 나가르주나의 2신설

대승초기 무렵까지 이어지는 2신설의 주류는 나가르주나(Nāgārjuna, 150-250년경)에 의해 훨씬 더 심화 발전된다. 그의 중심과제는 제법의 실상을 밝히기 위한 것이며, 특히 대승초기사상의 흥륭자로서 소승과 외도의 파사에 주력하였던 만큼, 그의 사상적 경향은 자연 무상(無相)·공(空) 등 주로 공관적(空觀的) 실상론으로 파악할 수 있다. 그러나 공관의 결론으로서 중도실상을 천명하고 있음을 보아 그의 근본 의도는 중도적 입장에 서서 진공·묘유의 양면을 빠짐없이 드러내려는 데에 있다고 본다.

이와 같은 나가르주나의 기본입장은 그의 불신설에도 그대로 반영되어 진공의 소극적 측면과 묘유의 적극적 측면의 양면으로 설명되고 있다. 즉 한편으로는 일체개공의 입장에서 공불가득의 법신을 강조하고 있으면서도, 또 한편으로는 공역부공(空亦復空)의 중도적 입장에서 유무의 2변을 떠난 중도실상이 바로 법신여래의 실상임을 강조한다.[52]

나가르주나의 불신관은 기본적으로는 원시불교에서부터 부파불교를 거쳐 대승초기경전으로 이어지는 법·생 2신설을 계승한 것으로 평가된다. 그의 불신에 대한 견해는 주로 『대지도론』을 통해 설명되고 있는데, 동론에 제시된 2종의 불신을 대비시켜 살펴보면 대체로 다음과 같다.

법신·부모생신,[53] 신통변화신·부모생신,[54] 진신·화신,[55]
법성생신불(法性生身佛)·수중생현화불(隨衆生現化佛),[56] 법신·생신,[57]
법신·색신,[58] 법성신(法性身)·수세간신(隨世間身)[59]

나가르주나는 이처럼 다양한 명칭으로 2종의 불신을 구별하고 있으나 그 내용에 있어서는 큰 차이가 없어 법·생 2신설로 요약할 수 있다고 본다. 이러한 법·생 2신설의 구도 가운데 무게중심을 이루고 있는 것은 법신(法身 : 法性身)이라 볼 수 있다.

이는 제일의공(第一義空)의 불신을 묘유의 측면에서 본 것으로서 『대지

52 『대지도론』 권50(『大正藏』, 25, 418 중); 권99(『大正藏』 25, 746 하-747 상) 참조.
53 『대지도론』 권9(『大正藏』 25, 121 하)
54 『대지도론』 권10(『大正藏』 25, 131 하)
55 『대지도론』 권30(『大正藏』 25, 278 상)
56 『대지도론』 권34(『大正藏』 25, 313 상-중)
57 『대지도론』 권85(『大正藏』 25, 683 상)
58 『대지도론』 권99(『大正藏』 25, 747 상)
59 『대지도론』 권33(『大正藏』 25,313 중)

도론』의 도처에 그에 대한 설명이 전개되고 있다. 예를 들어 "불타의 2종 불신 가운데 법성신은 시방허공에 무량무변하며, 색상의 단정과 상호의 장엄은 물론, 무량광명, 무량설법, 종종신, 종종명호, 종종생처, 종종방편을 발하여 시방세계의 일체중생을 제도한다"[60]고 설한다.

또한 다른 곳에서는 진신(眞身: 法身)에 대한 설명 가운데 "불신에 2종이 있다. 하나는 진신이고 둘은 화신이다. 중생이 불타의 진신을 보면 원이 이루어지지 않음이 없다. 불타의 진신은 허공에 주변하며 그 광명은 시방에 두루 비친다. 법을 설하는 음성 또한 시방의 무량세계에 두루 미치지 않음이 없어 그 가운데 있는 대중이 모두가 그 법을 들으며, 설법은 그치지 않는다. 그리하여 일시에 각자가 들은 바에 따라 해오를 얻는다"[61]고 말하고 있다.

이에 비해 색신 또는 생신은 이와 같은 진신·법신이 중생을 구제하기 위해 사람의 몸으로 응현한 응화신(Nirmāna-kāya)으로서, 이는 노병사의 고뇌를 받고 또 생멸을 보이기도 하나 그의 본질은 진신과 다름이 없다고 한다.

그런데 이러한 법신 또는 법성신에 대한 설명을 볼 때 여기에서 제기된 법신은, 『법화경론』이나 『대승의장』 등에서 말하는 것과 같이 진여의 이체(理體)를 가리키는 것이라기보다는 오히려 보신적 성격을 띠고 있다는 점이 주목된다.[62] 특히 『대지도론』 권34의 "법성생신불은 구제치 못하는 일이 없으며, 원을 이루지 못함이 없다. 왜냐하면 무량아승기겁을 통해 일체선 공덕을 쌓고 일체 지혜가 걸림이 없이 갖추어 있기 때문이다"[63] 라는 설명에서 보면 이 법성생신불이야말로 보신불적 성격을 지닌다고 보지 않을 수 없다.

이미 대승초기경전의 법화사상과 미타사상을 잘 알고 있었던 나가르주나로서는 『법화경』의 「수량품」에 나타나는 '혜광무량 수명무량'은 물론, 『아미타경』 등 정토경전에 나타나는 '무량수불 무량광불' 등의 불타관을 자신의 불신론에 그대로 적용하여 불신의 수명과 광명이 무량함을 역설하는 것은 자연스러운 결과라고 본다.

---

60 『대지도론』 권9(『大正藏』 25, 121 하-122 상)
61 『대지도론』 권30(『大正藏』 25, 278 상)
62 神子上惠龍, 『彌陀身土思想の展開』(京都: 永田文昌堂, 1982), 38면.
63 『대지도론』 권34(『大正藏』 25, 313 중)

이처럼 명칭은 법신 또는 법성신 따위의 이름을 사용하고 있으나 그 성격에 있어서는 보신불적 성격을 현저히 드러내고 있는 나가르주나의 불신관은, 어쩌면 부파불교의 불신관 특히 『이부종륜론』에 제시되는 대중부계의 이상적 불신관을 한층 구상적(具象的) 방향으로 진전시킨 것이 아닌가 생각된다.

이와 같은 나가르주나의 법·생 2신설을 후대의 법·보·응 3신설에 대비시켜 볼 때 그가 설한 법신[法性身]에는 이법신(理法身)으로서의 성격은 물론, 보신적 성격이 강하게 내포되어 있어, 이미 나가르주나의 불신관에는 보신사상의 맹아가 상당히 성숙되어 있음을 부인할 수 없다.[64]

한편 나가르주나의 불신론이 지닌 특징 중의 하나는 이와 같은 법신 또는 법성신의 본질을 '반야바라밀'이라고 본 데에 있다. 『대지도론』 권70에서 "반야바라밀은 곧 제불의 모태이다. 이 인연에 의하여 제불이 반야바라밀에 의지하여 주한다"[65]라고 말하여 불타의 본질은 바로 반야바라밀로서 시방삼세의 모든 부처는 이 반야로 부터 나온 것이며 이에 의지한다고 한다.

나가르주나의 불신론에 있어 마지막으로 고려되어야할 것은 『대지도론』의 법·생 2신설과 달리 법신 하나만을 제시하고 있는 『중론』의 설명이라 본다. 특히 『중론』의 법신관은 앞에서 살펴본 『대지도론』의 법신 내지 법성신과 달리 일체의 언어와 사려가 두절된 언망려절(言忘慮絕)의 불가지적인 불신으로 묘사되고 있다.

그것은 『중론』의 법신설명은 주로 일체개공이라는 공관론적(空觀論的) 실상론, 즉 파사의 입장에서 불신관을 전개한 것에 비하여 『대지도론』의 그것은 공역부공(空亦復空)의 중도론적 실상론, 즉 현정의 입장에서 불신을 설명한 것으로 대비시켜 생각해 볼 수 있다. 다시 말하면 전자가 주로 진공의 측면에 역점을 둔 소극적 불신설이라면 후자는 주로 묘유의 측면에 초점을 둔 적극적 불신설이라 하겠다.

## 4. 삼신사상의 형성

불타의 본질에 관한 논구에서 불타의 보편적 영원상인 법신과 구체적 현

---

64 노권용, 「불타관의 연구」, 원광대학교 대학원 박사학위논문, 1987, 157면.
65 『대지도론』 권70(『大正藏』 25, 550 상)

실상인 색신의 법·생 2신설이 확립됨에 따라 불신론 상에는 자연 이들 양자 간 관계의 조화·회통문제가 제기되지 않을 수 없었다.

그리하여 법신의 영원성과 색신의 구체성 양면을 동시에 만족시킬 수 있는 제3신, 즉 보신(報身, Saṃbhoga-kāya)이 고려되지 않을 수 없었으며 이에 의하여 법신·보신·응신의 삼신설이 성립하게 되는 것이다.

### 1) 보살사상과 보신불의 형성

삼신설의 성립기반에 대해서는 다양한 논의가 제기될 수 있는데, 대체로 보살사상과 전의사상 등을 그 핵심요소로 볼 수 있겠다. 우선 삼신설 형성의 기반으로 보살사상을 살펴본다.

보살(Bodhisattva)이란 원래 '깨달음을 구하는 구도자'를 뜻하는데 초기불교에서의 보살은 성불 이전의 석존, 즉 '구도자로서의 석가'를 지칭한 것이었다. 물론 원시경전상에도 미륵보살 등 석가 이외의 보살의 이름이 거론되고 있기는 하지만 보살이라 하면 주로 수백 생을 통해 적공 누덕하여온 석가보살을 뜻하였던 것이다.

그러나 대승불교의 흥기와 함께 보살사상이 보편화됨에 따라 보살은 재가·출가·남녀·귀천을 가릴 것 없이 누구나 성불을 목표하는 구도자를 의미하게 되었다. 소위 성불을 목표하는 구도자는 누구나 보살이라고 하는 대승보살사상이 성행하게 된 것이다.

이러한 대승보살의 본질적 특성으로 '원(願)'과 '행(行)'이 문제가 되었다. 원이란 서원 또는 본원을 말하며 행이란 그 원을 실현하기 위한 실천행을 말한다.

이와 같은 원과 행을 구체적으로 갖춘 전형적 대승보살로서 『무량수경』에 설해진 법장보살은 불신론 상에 있어서 중요한 위치를 차지한다고 본다. 법장보살은 48원을 세운 후 무량겁을 통한 수행노력에 의하여 그 서원을 완성하여 무량수(Amitāyus)·무량광(Amitābha)의 아미타불이 되었다고 한다. 이 아미타불이야말로 '인원수보(因圓酬報)의 불', 즉 보신불의 전형이라 보지 않을 수 없다.

즉 아미타불은 인위(因位)의 보살이 원과 행을 완성하여 그 원과 행의 결과인 과보(果報)의 불을 이룬 것으로 이러한 불의 성격을 보신불이라 하는 것이다. 이 보신사상의 등장에 의하여 소위 삼신설이 성립하게 되는 것이다.

그런데 이와 같은 보신사상과 보살사상에 있어서 간과할 수 없는 중요한 문제가 남아 있다. 그것은 대승불교에는 성불을 목표하는 구도자로서의 보살 이외에, 중생을 제도키 위한 구제자로서 대보살이 등장하고 있다는 점이다.

이를 대비시킨다면 전자가 향상문(向上門)적 입장이라면 후자는 향하문(向下門)적 입장에서 전개된 보살사상이라 볼 수 있다. 물론 보살의 본질 자체가 '상구보리 하화중생'에 있는 만큼 향상적 구도와 향하적 교화는 모든 보살의 불가결한 요소라 볼 수 있겠으나, 대승경전상에 나타나는 미륵·관음·보현·문수 등의 보살들은 구도자로서의 성격보다는 오히려 중생교화의 성격을 강하게 띠고 있는 대보살들인 것이다. 그들은 성불을 구하는 구도자로서의 보살이 아니라, 중생의 바람에 부응하는 불타의 활동으로써의 보살이라는 성격을 지니고 있는 것이다.[66]

대승불교에서는 이러한 중생구제자로서 대보살이 무수히 대두되고 있는데, 보살의 본원 가운데 특히 자비가 강조되어 인격화된 것이 관음보살이라 하면, 행을 대표하는 것은 보현보살이며 지혜는 문수보살로써 구상화되고 있는 것이다. 달리 말하면 이들 대보살들은 불타 그 자체가 중생교화를 위하여 상황에 따라 현현된 불의 화현이라고도 볼 수 있는 것이다.

이처럼 보살에 있어 향상문적 입장에서 본 구도자로서의 보살과 향하문적 입장에서 본 중생 교화자로서의 대보살의 양면이 고려될 수 있다면, 이 문제는 그대로 불신관에 반영되어 보신의 성격을 향상문적 불신과 향하문적 불신의 양면으로 검토하지 않을 수 없는 것이다.

이 양면성은 후일 삼신사상이 형성되면서 보신이 지닌 모순적 조화의 성격을 규정하는데 핵심적 역할을 한 것으로 평가된다. 즉 범부보살이 수도 노력한 결과로서 얻어진 향상문적 의미의 보신과, 또 한편으로는 지전의 보살과 중생을 교화하기 위하여 그들의 근기에 맞춰 현현하는 향상문적 의미의 보신의 양면이 고려되지 않을 수 없는 것이다.

### 2) 유가행 유식학파의 삼신설

대승불교의 삼신론에는 그 사상적 조류에 따라 향상문적 성격과 향하문적 성격의 양면적 경향을 가지고 있는데, 대체로 아상가·바수반두 등에 의

---

66 武內紹晃, 「불타관의 변천」, 『대승불교개설』, 정승석 역(서울: 김영사, 1984), 196면.

한 유가행 유식학파의 삼신설에서는 향하문적 성격과 향상문적 성격이 함께 반영되고 있는가 하면, 『보성론』, 『기신론』 등에 의한 여래장계의 삼신설에서는 향하문적 성격이 현저하게 드러난다고 볼 수 있다.

삼신설의 성립은 이들 유식학파의 여러 학자들에 의하여 이루어진 것으로서 현실의 분석과 그 본질의 규명에 주력한 그들은 불신관에 있어서도 불타의 구체적 현실신으로서의 색신에 대한 면밀한 분석은 물론, 그 불타 본질로서의 영원한 법신에 대한 규명에도 열정을 기울였다.

그리하여 종래의 이신 외에 색신의 구체성과 법신의 영원성을 동시에 만족시킬 수 있는 제 3신을 모색한 결과, 구체적이면서도 영원한 불과 보신(報身, Saṃbhoga-kāya)을 안출해 내고 이에 의하여 삼신설을 확립하게 되는 것이다.

그런데 삼신설에는 먼저 메이뜨레야(Maitreya, 彌勒, 350-430)송 바수반두석의 『대승장엄경론』에 나타나는 자성신(Svābhāvika-kāya), 수용신(Saṃbhoga-kāya), 변화신(Nairmāṇika-kāya)의 삼신설과 『구경일승보성론』에 나타난 실불(Svābhāvika- kāya), 수법락불(Saṃbhoga-kāya), 화신불(Nairmāṇika-kāya), 그리고 『보성론』과 『대승기신론』에 공히 나타나는 법신(Dharma-kāya), 보신(Saṃbhoga-kāya), 응신(Nairmāṇa-kāya) 등의 삼신설을 들지 않을 수 없다.

이들 제 논서에 나타난 삼신설은 산스크리트 상에서 보면 그 용어가 같으나 그 내용에 있어서는 반드시 일치한다고 볼 수 없다. 즉 『대승장엄경론』은 전형적인 유가행 유식학파의 논서임에 비해 『보성론』이나 『기신론』은 여래장사상을 대표하는 만큼 불신론에 있어서도 상당한 차이가 있는 것이다.

(1) 자성신

『대승장엄경론』 권3 「고제품」 제10에는 불신에 관한 설명으로서 8가지의 게송과 그에 대한 석이 설해지고 있다.

우선 총설로서 "성신과 식신과 화신을 합하여 삼신이라 한다. 제1신이 여타 2신의 의지가 됨을 알라"[67]라고 송하고, 이어서 바수반두의 해석으로서 "일체 제불에는 삼종신이 있으니 제1은 자성신이라 한다. 그것은 전의(轉依)를 특질로 하기 때문이다. 제2는 식신[수용신]이라 한다. 이에 의하여

67 『대승장엄경론』 권3(『大正藏』 31, 606 중)

대 집회 중에 법을 형수케 하기 때문이다. 제3은 화신이라 한다. 그 변화에 의하여 중생을 이익주기 때문이다. 이 가운데 근본은 자성신으로서 식신[수용신]과 화신의 의지가 된다"[68]라고 하여 자성신·수용신[식신]·화신[변화신]의 삼신을 들고 그 각각의 특징 및 상호관계를 설명하고 있다.

이 가운데 먼저 자성신의 내용과 그 특징을 살펴본다. 『섭대승론』 권하에서는 이에 대해 "자성신이란 곧 제 여래의 제법으로서 일체 법에 자존하며 또 그들의 의지가 된다"[69]라고 설명한다. 즉 자성신은 제불여래의 근본법신일 뿐 아니라 일체제법에 있어 자재함을 얻고 또 그 일체법의 소의가 되는 것으로서 나머지 2신 또한 이에 의지하는 것이라 한다.

이는 종래 이신설의 법신(Dharma-kāya)에 해당하는 것으로서 이를 자성신(Svābhāvika- kāya)이라 부르는 것은 법성·법계·진여 등으로 불리는 불변의 법 그 자체가 불타의 본성이라는 의미에서 자성신이라 하는 것이다.

그런데 자성(Svābhāva)이란 용어는 제법을 인연소생으로 파악하여 무자성공을 주장하는 나가르주나의 입장에서는 부정적으로 사용되어온 개념이지만, 여기서는 이와 달리 긍정적 의미로 사용하여 만유제법의 체성 또는 제상을 자성이라 한다.

그리하여 『성유식론』 권9에서는 이 진여자성에 대해 일체의 허망분별의 법을 떠난 인·법 2무아의 성, 즉 진여실상이라 하고 이는 바로 변계소집성·의타기성·원성실성의 3성 가운데 원성실성을 가리킨 것이라 한다.[70]

따라서 여기서 자성신이라 하는 것은 진여법성 그 자체가 불타의 법성 또는 소질이라는 의미로서 이는 불타의 깨달음에 의하여 드러나는 절대의 세계를 말한다. 더 나아가 그것은 불의 출세, 불출세와도 관계없이 여여 불변한 진여 자성으로서 전 세계에 두루하지 않음이 없으며 부동한 지이며 절대 영원한 불신이다. 그럼에도 불구하고 그것은 법계를 자성으로 하고 있으므로 수용신과 변화신 등의 근거가 되고 바탕이 되는 것이다.[71]

그런데 이러한 자성신에 있어서 문제가 제기되는 것은 이를 이법신(理法身)으로만 볼 것인가? 아니면 지법신(智法身)까지 포함하여 볼 것인가 하는 점이다. 일반적으로 유식사상계에서는 이 자성신을 이·지불이(理智不二)의

68 『대승장엄경론』 권3, (『大正藏』 31, 606 중)
69 『섭대승론』 권하, (『大正藏』 31, 129 하)
70 『성유식론』 권9, (『大正藏』 31, 48 상-중)
71 長尾雅人, 「佛身論をめぐって」, 『哲學硏究』 521號, 1971, 184면 참조.

법신으로 보고 있다.

진제(眞諦, Paramātha, 496-569)역의 『섭론석』 권13에서는 "삼신 가운데 자성을 법신이라 하는 것은 그 자성신에 일체의 장애가 없기 때문이며 또한 일체의 청정법이 원만구족하기 때문이다. 거기에는 오직 진여(眞如)와 진지(眞智)만이 독존한다. 그러므로 이를 이름 하여 법신이라 한다"[72] 고 설명한다. 여기에서 자성신[법신]은 단지 이체로서의 이법신 만이 아닌 이·지불이의 법신임을 알 수 있다.

한편 이와 같은 『섭론석』에 나타난 이·지불이의 법신관과는 달리 동일저자인 바수반두가 지은 『법화경론』과 『십지경론』 등에서는 법신을 이체(理體)로 보고 있음이 주목된다. 즉 『법화경론』 권 하에 의하면 응불·보불·법불의 삼종 불보리를 설명하는 가운데 "법불보리란 여래장 성정열반(性淨涅槃)을 말하는 것으로서 그것은 상항청량불변(常恒淸凉不變)한 것이다"[73]라고 한다. 이에 비해 "보불보리(報佛菩提)는 십지의 행이 만족하여 그 상열반(常涅槃)을 증득함을 말한다"고 한다.

또한 이와 비슷한 입장으로, 『불성론』 권2에서 본성법신에 대한 설명을 하면서 가운데 "법신이란 진여이다"[74]라고 하고 있으며, 『십지경론』 권9에서도 법·보·응의 삼신을 들면서 "법신은 비유컨대 본유의 진금과 같아서 숙련된 금사가 이를 장엄도구로 만드는 것과 같다"[75]고 말한다.

이렇게 볼 때 바수반두의 자성신관에는 두 가지 견해가 있다고 할 수 있다. 이러한 자성신관에 대한 두 가지 견해를 혜원(慧遠, 523-592) 또는 길장(吉藏, 543-623) 등의 용어를 빌어 표현하면 이·지불이로 보는 『섭론석』의 자성신관은 합진(合眞)의 삼신설 또는 합본(合本)의 삼신설이라 볼 수 있으며, 이에 비해 법신을 이신(理身)으로 보고 보신을 지신(智身)으로 보는 『법화경론』·『십지경론』·『불성론』 등의 불신관은 개진(開眞)의 삼신설 또는 개본(開本)의 삼신설 이라 분류할 수 있겠다.[76]

바수반두의 자성신에 대한 두 가지 견해는 그의 사상을 계승한 다르마빨라(Dharmapala, 護法, 800년경) 등이 저술한 『성유식론』에서도 그대로 반

72 『섭대승론석』 권13(『大正藏』 31, 249 하)
73 『법화경론』 권하(『大正藏』 26, 9 중)
74 『불성론』 권2(『大正藏』 31, 800 하)
75 『십지경론』 권9(『大正藏』 26, 178 중)
76 『대승의장』 권19(『大正藏』 44, 839상-840하) 및 『법화현론』 권9(34, 437상-중) 참조.

영되고 있다. 『성유식론』 권10에 의하면 삼신 내지 사신을 진여와 사지 등의 오법에 배대시키는데 있어서 한편으로는 자성신에 진여[정법계]와 대원경지를 배당시키는가 하면, 다른 한편으로는 자성신에는 진여[정법계]만을 배당시키면서 대원경지를 자수용신에 배대시키고 있는 것이다. 그러나 유식사상 일반에서는 『섭론』에서와 같이 자성신을 이법신과 지법신의 총섭으로 보고 있음이 통례라 할 수 있다.

이러한 법신의 증득에 대해 『섭론석』에서는 전의(轉依)에 의한 법신의 증득을 강조한다. 『대승장엄경론』 권3에서도 "자성신은 전의를 특질로 한다"[77]고 하였으며, 『섭론』 권하에서도 자성신[법신]의 다섯 가지 특질 가운데 하나로서 제1 「전의위상」을 들고 있는 것이다.

전의란 의타기성의 잡염분인 허망분별의 변계소집성을 전사(轉捨)하여 의타기성의 청정분인 원성실성, 즉 자성법신을 전득함을 말한다. 이처럼 허망분별한 미의 세계가 멸절됨에 의하여 본래의 자성청정세계가 드러난 것이 바로 자성신이라는 것이다. 이렇게 볼 때 자성신은 완연한 깨달음의 세계 바로 그 자체이다.

그런데 대승불교의 구경은 이와 같은 이상적정의 열반이 아닌 무주처열반이다. 다시 말하면 전의된 지에 의하여 생사에 주하지도 않으나 그렇다고 그것은 적정열반에 머무르지만도 않는 것이다. 다시 말하면 물이 높은 곳에서 낮은 곳으로 흘러가듯이 동(動)의 세계, 분별의 세계로 유출되어 활동하지 않을 수 없는 것이다. 이와 같이 자성신이 유출되어 활동을 전개한 불신이 바로 수용신 및 변화신인 것이다.

(2) 수용신

수용신(受用身, Saṃbhogika-kāya)은 유식학파의 불신관에 있어 그 내용상 가장 중요한 위치를 차지하고 있으며, 이는 종래 색신의 구체성과 법신의 영원성이라는 양면성을 동시에 만족시킬 수 있는 종합적 의미의 불신이라 볼 수 있다.

수용(Saṃbhoga)란 '형수(亨受)'의 뜻으로서 '보살이 본원을 세워 무량겁에 걸친 인행을 쌓은 결과 청정국토와 대 법락을 형수함'을 말한다. 이 가운데 '청정국토의 형수'라는 의미에서 이 불신은 정토교의 교학과도 밀접

---

77 『대승장엄경론』 권3(『大正藏』 31, 606 중)

한 관계를 생각할 수 있으나 특히 '대 법락의 수용'이라는 의미는 수용신의 특질을 나타내는 것이라 볼 수 있다.

이러한 수용신에 대하여 진제역 『섭론』 권하에서는 "수용신이란 제불이 종종의 국토와 보살대중의 법회에 현현하는 불신으로서 그것은 법신을 의지로 삼는다. 그리하여 제불의 청정불토와 대승의 법락을 수용하는 인이 된다"[78]고 하여 세 가지 측면으로 설명하고 있다.

첫째, 수용신은 자연득의 자성법신과 달리 변화신과 함께 자성신에 의지하여 복덕과 지혜의 두 가지 행을 닦고 쌓은 결과 얻어지는 인공득(人功得)의 불신이다. 그러므로 법신과 수용신과의 관계는 『섭론석』 권1에서 밝힌 바와 같이 마치 안근을 떠나 일체의 안식이 이루어질 수 없음과 같다고 비유할 수 있겠다.[79]

둘째, 그러면서도 수용신은 범부중생에게는 보이지 않는 미묘상으로서 오직 보살들에게만 보이는 불신이다.

셋째, 수용신은 제불의 정토 중에서 스스로 대승법을 청수(聽受)하여 법락을 형수 함은 물론, 남을 위하여 대승법을 설하여 법락을 형수케 하는 두 가지 수용법락이 있다 한다.[80]

그렇다면 자성신[법신]은 무상이며 색신불가득이나, 수용신은 색신이 있으며 대기의 차별을 따라 종종의 잡다한 신상을 나타낸다고 할 수 있다.

다음 수용신과 변화신과의 차이에 대해 살펴본다. 이들 2신은 모두 자성신[법신]에 의지할 뿐 아니라 둘 다 인공소득의 불신으로서 구상적이고 가시적이며 이상세계에 속하는 신이라는 공통점을 가지고 있으면서도 그들 사이에는 상당한 차이가 있는 것이다.

이러한 의미에서는 불타의 이상적 상호로서 제기되는 32상 등은 실로 역사적 현실신으로서의 변화신에 대한 설명이라기보다는 오히려 초역사적인 이상불로서의 수용신에 대한 묘사 설명이라 볼 수 있겠다.[81]

이상의 몇 가지 차이점을 종합하여 볼 때 수용신은 변화신에 비하여 보다 보편적이면서도 동시에 훨씬 더 신비적인 성격을 띤 불신이라 볼 수 있다. 다시 말하면 수용신은 역사적 존재로서의 인간불타를 넘어선 보편적이

---

78 『섭대승론』 권하(『大正藏』 31, 129 하).
79 『섭대승론석』권1(『大正藏』 31, 155 하).
80 『섭대승론석』권13(『大正藏』 31, 250 상).
81 長尾雅人, 「佛身論をめぐって」, 『哲學研究』 521號, 1971, 185면 참조.

고도 이상적인 불신이라 할 수 있다.

그러나 자성신에 비한다면 보다 구상적이며 동적인 것으로서, 수용신은 변화신과 자성신의 사이에 존재하며 그 양자를 조화 회통시킨, 다시 말하면 변화신과 자성신의 구체성과 영원성, 현실성과 보편성을 동시에 융회시킨 불신이다. 변화신의 보편화, 신격화인 동시에 자성신의 구상화라고도 볼 수 있겠다.

그러므로 스티라마띠(安慧, 510-570)는 그의 범본 『중변분별론석소』에서 "자성신이 깨달음을 열려는 상태, 그것이 수용신이다"라 설명하고 있다. 이를 『대승기신론』의 용어를 빌어 표현하면 자성신은 본각(本覺), 수용신은 시각(始覺)이라 할 수 있는 것으로서 인간구제의 성립은 본각을 바탕으로 한 시각, 다시 말하면 '자성신을 의지로 한 수용신'이라는 구도에 의해서 비로소 이루어지는 것이라 할 수 있겠다.

이와 같은 자성신의 구상화라는 의미에서 수용신을 또한 등류신(等流身)이라고도 표현하는데, 현장(玄奘, 602-664)역 『섭론석』 권10에서는 "수용신과 변화신은 이미 생멸 무상한 것인데 어찌 여래신이 상주한다 하는가?"라는 물음에 대해 "그것은 이 2신이 상주불멸의 법신에 의지하여 전개되기 때문이다. 즉 등류신이 법신에 바탕하여 끊임없이 법락을 형수하여 폐휴 함이 없기 때문이다. 변화신 또한 법신에 의지하여 상속적으로 화현하여 나타나기 때문이다"[82] 라고 설명하면서 수용신을 등류신으로 간주하고 있다.

등류란 위에서 아래로 유출한다는 뜻으로, 여기서는 법계 그 자체가 대비(大悲)를 계기로 스스로를 현현함을 말한다. 그것이 바로 수용신이며 제불여래의 성스러운 가르침인 것이다.

그런데 이러한 수용신의 이해에 있어서 주목하지 않으면 안 될 것이 이 불신을 자리와 이타 또는 향상문과 향하문의 어디에 역점을 두고 보느냐에 따라 그 성격에 현격한 차이가 나타난다는 점이다.

이와 같은 수용신에 대한 양면적 견해는 동일저자인 바수반두의 제논서상에서도 서로 다르게 나타나고 있으니 진제역 『섭론석』에서는 자성신(法身)·수용신(應身)·변화신이라 하여 개응합진 내지 개적합본의 불신론을 전개하는가 하면, 이에 비해 보리류지역 『법화경론』 또는 『십지경론』 등에서

82 『섭대승론석』 권10(『大正藏』 31, 379 중-448 하)

는 이신(理身)으로서의 법신과 지신(智身)으로서의 보신, 그리고 응신(應身: 화신)이라는 개진합응 내지 개본합적의 불신론을 펴고 있는 것이다.[83]

전자가 주로 이타의 향하문적 입장에서 수용신을 파악한 것이라면 후자는 그것을 자리의 향상문적 입장에서 이해한 것으로서, 응신과 보신이라는 명칭에서도 그 성격이 그대로 반영된다고 볼 수 있다.

이처럼 지와 비, 자리와 이타, 향상문과 향하문의 어디에 역점을 두느냐에 따라 양자 간에는 동일한 수용신을 설명하는데 그 명칭과 의미내용에 있어 상당한 차이를 나타내고 있는 것은 역자의 시각적 차이에서 기인된 것이라고도 볼 수 있으나, 사실은 수용신 자체에 이중적 성격이 내포되어 있음을 시사한 것이라고도 이해해야 할 것이다.

수용신이 지닌 이러한 이중적인 성격은 그 이름의 분류를 초래하였다. 『성유식론』에서는 수용신의 이러한 양면적 성격을 종합 회통하여 자리·지혜의 향상문적 입장에서 본 자수용신과, 이타·자비의 향하문적 입장에서 본 타수용신의 양면으로 설명하고 있다. 『성유식론』 권210에 설명된 자수용신과 타수용신에 관한 내용을 정리하면 다음과 같다.

㉠ 자수용신이란 모든 여래가 무량겁에 걸친 무량의 복과 혜의 자량을 닦고 쌓아 일으킨 바의 무변진실의 공덕과 지극히 원만하고 청정하며 상항편만한 색신을 말한다. 그것은 부단히 상속하고 담연하여 미래에도 영원토록 항상 스스로 대 법락을 형수하여 마지않는 불신이다.

㉡ 타수용신이란 모든 여래가 평등지로 말미암아 시현하는 미묘정공덕신(微妙淨功德身)을 말한다. 그것은 순수한 정토에 거주하여 십지에 주하도록 제 보살중을 위하여 대신통을 나타내고 정법륜을 굴려 그들로 하여금 모든 의망을 해결하여 대승의 법락을 형수케 하는 불신이다.[84]

이 가운데 자수용신은 불의 오랜 바램과 닦음[願行]에 의한 주어진 결과로서의[酬報] 불신이다. 그런 의미에서 이를 보불(報佛)이라고 부른다. 이에 비해 타수용신은 초지(初地)이상의 보살을 화익하기 위하여 평등성지에서 수의상현(隨宜應現)한 미묘의 정신(淨身)이다. 이처럼 응하여 나타나므로 이를 응신(應身)이라고 표현한다.

한편 『성유식론』에서는 이들 2종 수용신을 각각 대원경지와 평등성지에

83 『대승의장』 권19(『大正藏』 44, 839 상-하) 및 『법화현론』 권9(『大正藏』 34, 437 상-중) 참조.

84 『성유식론』 권10(『大正藏』 31, 57 하-58 상)

관련시켜 설명하기도 하고,[85] 한편 다른 곳에서는 "자수용신은 자리에 속하며 타수용신은 이타에 속한다. 그것은 오직 이타를 위해 현현하는 것이다"[86]라고 하여 자수용신은 자리에, 타수용신은 이타에 배대하여 구분 설명하고 있다.

이상의 설명을 종합하여 볼 때 자수용신과 타수용신은 결국 동일한 불에 대하여 지혜와 자비, 자리와 이타, 향상문과 향하문의 양면으로 나누어 설명한 것으로서 이들은 결국 서로 떠날 수 없는 상보적 관계 또는 불이의 관계라 하지 않을 수 없다.

이처럼 자성신의 영원성과 변화신의 구체성을 조화적으로 회통시킬 수 있는 제3신의 모색으로서 제기된 수용신에는 지와 비, 자리와 이타, 향상과 향하의 이중적 성격을 복합적으로 지니고 있다. 이 수용신의 발상은 불신론의 절정을 장식하는 혁신적인 사상인 동시에, 그 성격의 이중성으로 말미암아 보신의 성격이 분명치 않을 수 있는 위험을 가지고 있는 것이라 하겠다.

### (3) 변화신

『섭론』 권하에서는 "변화신은 법신으로써 의지를 삼는다. 도솔천에 주하여 있다가 이 세상에 태어나 수도 고행 끝에 무상고제를 이루어 법륜을 굴리며 대열반 등을 나투기 때문이다"[87]라고 설명한다. 다시 말하면 석가불과 같이 중생교화를 위하여 출현하는 색신여래를 말한다.

또 『성유식론』 권10에서는 이를 설명하여 "변화신이란 제불여래가 성사지(成事智)에 의하여 중생의 근기에 따라 몸을 나투어 무량으로 변화함을 말한다. 이 불신은 정토와 예토에 의거하면서 십지에 오르지 못한 보살대중과 이승 및 이생을 위하여 그들의 정도에 맞춰서 법을 설한다. 그리하여 그들로 하여금 모든 유익되고 즐거운 일을 얻게 하는 것이다"[88]라고 설명하고 있다.

즉 지전(地前)의 하등 보살과 이생 등은 자수용신은 물론, 타수용신도 보지 못하므로 성소작지에 의거하여 그들의 근기와 장소에 따라 정토는 물론, 예토에도 종종의 형상을 나타내어 삼업의 화신을 베푸는 것이다. 물론

85 『성유식론』 권10(『大正藏』 31, 58 상-중)
86 『성유식론』 권10(『大正藏』 31, 58 중)
87 『섭대승론』 권하(『大正藏』 31, 129 하)
88 『성유식론』 권10(『大正藏』 31, 58 상)

이는 여래의 실신(實身)이 아니라 방편시현(方便示現)의 불신이다.

한편 『대승장엄경론』 권3의 바수반두석을 보면 "변화신은 그 변화에 의하여 유정을 화익주는 것이다. … 화신은 이타를 그 특질로 한다"[89]라고 하여 이 변화신이야말로 자비에 의한 이타적 향하문의 불신임을 강조한다.

이렇게 볼 때 변화신은 위에서 살펴본 수용신 가운데 타수용신의 성격에 가까운 이타적 향하문의 불신임을 알 수 있다. 변화신의 이러한 성격으로 말미암아 『성유식론』 권10에서는 이들 타수용신과 변화신을 모두 '타를 교화하기 위한 방편시현의 불신'[90]이라 하여 자수용신과는 달리 이타문으로 분류하고 있는 것이다.

그런데 이 변화신에 있어 주목되는 것은 종래의 2신설에서는 '색신(Rūpa-kāya)' 또는 '생신'이라 하던 것이 삼신설에서는 '변화신(Nirmāṇa-kāya)'이라는 말로 바꾸어 표현되고 있는 것이다. nirmāṇa란 원래 바라문교에서 '신의 환화(māyā)'라는 의미로 쓰인 말이나 여기에서는 불타의 중생구제를 위한 적극적 활동으로서의 화현 또는 응현의 의미로 쓰인 것이다.

이처럼 색신이 변화신으로 바뀐 데에는 석존이 다생을 통해 선근을 쌓아서 불타가 되었다고 하는 종래의 입장과 달리, 영원무한의 보편불로서의 법신불이 중생교화를 위하여 그들의 근기에 상응하여 종종의 모습으로 변화하여 나타난 몸이라는 의미가 내포되어 있는 것이다.

이러한 관점에서 볼 때 생사의 연기 속에서 자타의 성취를 본질로 하는 변화신에는 시방삼세를 통해 중생의 수와 근기가 한량이 없는 만큼 거기에는 무수의 제불타가 다양하게 화현되어 나타난다는 것으로서, 역사적 존재로서의 석존은 인간세계에 나타난 변화신의 일례라 볼 수 있는 것이다. 따라서 인간 불타로서 뿐만 아니라 토끼와 원숭이 등 다양한 차별상으로 화작(nirmita)되어 나타날 수도 있는 것이다.

이상의 3신은 유가행파의 4지와 연결하여 설명함으로써 불의 궁극적 지혜와 불신이 하나임을 제시하고 있다. 물론 이에는 삼신을 보는 시각에 따라 3신과 4지를 배대시키는 방법이 다르게 나타나기도 한다.

---

89 『대승장엄경론』 권3(『大正藏』 31, 606 중)
90 『성유식론』 권10(『大正藏』 31, 58 중)

### 3) 여래장사상계의 삼신설

(1) 『보성론』의 삼신설

유가행 유식학파의 불신론이 수용신에 역점을 둔 것이라면 『보성론』과 『대승기신론』을 중심으로 한 여래장사상계에서는 주로 진여 자체상으로서의 법신에 초점을 두면서, 그 법신이 중생교제를 위하여 그들의 근기에 맞춰 보신·응신으로 나타난다고 하고 이른바 이타적 향하문적 입장에 서서 삼신설을 전개하고 있는 것으로 대비된다.

『보성론』의 중심과제는 '일체중생이 모두 여래장[불성]이 있음'이라는 의미를 해명하는데 있는 만큼 동론의 불신설 또한 그러한 해명작업의 일환으로 전개되고 있다고 보인다. 그에 의하면 여래장 또는 불성이란 불(Buddha)을 얻기 위한 인(因, dhātu)이라는 의미이며 또는 불이 거기에서 출생하는 태장(胎藏, garbha), 불이 될 종성(種性, gotra)이라는 의미도 있는 것이다.

동론에서는 여래장에 본질적으로 갖추어 있는 '여래장의 삼종의'를 제시한다. 이들 '여래장의 삼종의'는 그대로 동론의 불신관을 반영한 것으로 판단된다. "불성에는 2종이 있으니 하나는 땅속의 광[地藏]과 같은 것이며, 또 하나는 나무의 열매[樹果]와 같은 것이어서, 무시이래의 자성청정심과 수득종성의 무상도를 말한다. 이 2종에 의하여 3종신을 나툰다."[91]

그리하여 이 불성의 2종태에 의하여 불의 삼신을 나투게 되는데, 제1 「본성주(本性住)의 종성」에 의하여 법신을 나투며, 제 2 「수득완성(修得完成)된 종성」에 의하여 후 2신[보신과 화신]을 나툰다고 한다. 이렇게 볼 때 '본성주의 종성'은 법신·지혜·여실지[무분별지] 등과 관련지울 수 있다면, '수득완성의 종성'은 색신·복덕·여래장([청정세간지] 등과 관련지어 설명할 수 있는 것이다.

> 그리고 진여법신에 대해 다음과 같이 설명한다. "진여법신은 청정하여 마치 진금상과 같으니, 그것은 본성을 개변치 않되 일체공덕을 총섭하는 실체이다. 이 대법왕위[眞如自性]를 증득함은 마치 전륜성왕과 같으니, 이 경상의 체[法身]에 의지하여 일체화불상을 나타낸다."[92]

---

91 『보성론』 권4(『大正藏』 31, 839 상)

92 『보성론』 권4(『大正藏』 31, 839 상)

『보성론』의 삼신설에 있어서 주목되는 것은 향하문 위주의 불신설을 전개하고 있다는 점이다. 즉 위에서 설명한 「제 3 유여래종성의」에서 제기되는 2종 불성의 상호관계에서 볼 때 '본성주의 종성에서 수득완성 된 종성으로'라는 동향(動向)이 되지 않을 수 없으니 이러한 논리가 불신설에 적용되면 '법신에서 후 2신으로'라고 하는 향하문적 동향을 취하게 되는 것이다.

청정자성의 진여법신을 중심으로 하면서 그 법신에서 중생 교화 작업으로서 후 2신이 현현한다고 하는 향하문적 성격을 지닌 『보성론』의 불신관은 『대승기신론』에 이르러 이 성향이 더욱 강조되면서 여래장사상계 불신설의 특징을 이루게 된다.

(2) 『대승기신론』의 삼신설

『대승기신론』에서 삼신과 연결지어 볼 수 있는 교의는 삼대(三大)설이다. 이는 대승의 법인 중생심을 설명하기 위한 세 범주인데, 곧 일심에 본래 갖추어 있는 광대 무량한 체성과 성덕과 덕용을 자세히 설명하고 있다.

첫째, 일심의 근본 체성은 불생불멸하고 부증불감하며 평등무차별하며 광대 무량한 것으로서 이를 '체대'라 하고, 둘째, 그 무변한 심체 상에는 본래 불가사의한 성공덕이 원만 구족하여 있어 한량없는 지혜와 덕상이 끊임없으므로 이를 '상대'라 하고, 셋째, 이와 같은 심체상의 무량성덕은 인과에 따라 세간·출세간, 유위·무위 등 일체 선법의 무한한 업용을 나타내고 있으며, 일체의 제불은 물론 일체의 보살이 모두 이 법에 승하여 여래의 경지에 도달하게 되므로 이를 '용대'라 한다는 것이다.[93]

『기신론』에서는 이 삼대사상을 통하여 대승의 종교적 이상, 곧 대승의 의의를 드러내려 하고 있다는 점이 특징으로 간취된다. 그러므로 이 삼대사상은 불신론에 그대로 반영되어 진여 자체상으로서의 법신과, 용으로서의 보신·응신이라는 『기신론』 특유의 삼신설을 형성하고 있는 것이다.

『기신론』에서는 「해석분」에서 진여 자체 상을 법신에, 그리고 진여 용대를 보신과 응신에 연관시켜 법·보·응의 삼신을 설명하고 있다. 즉 체대와 상대를 합하여 이지불이의 법신에, 그리고 제3의 용대를 둘로 나누어 보신과 응신에 배대시키고 있는 것이다. 먼저 진여 자체상인 법신에 대하여 다음과 같이 말하고 있다.

---

93 『대승기신론』(『大正藏』 32, 575하-576상)

"진여 자체는 일체의 언어명상과 사려분별을 넘어선 평등일상으로서 범부와 성문·연각·보살의 삼승, 그리고 제불에 있어서 하등의 증감이 없으며, 과거·현재·미래의 삼세를 통해서 하등의 생멸이 없는, 곧 영원불멸하고 보편 평등한 무한절대의 체성[체대]이다. 그러나 이러한 진여 자체에는 일체의 무한성공덕이 본구되어 있어서 대 지혜 광명 등 불사의한 성덕이 늘 있어 그치지 않으므로 이를 상대라 한다. 이와 같이 하나의 진여자체상[체대와 상대]을 인위에서는 여래장이라 부르고 과위에서는 여래법신이라 하는 것이다."[94]

이처럼 진여자체상이 바로 법신이라 보는 『기신론』의 입장에서 볼 때 체대는 바로 법신의 본질로서의 이법신을 말하고 상대는 바로 법신의 본구성덕으로서의 지법신을 말하므로 『기신론』의 법신은 이와 지를 둘로 나누어 보지 않는 이지불이(理智不二)의 법신이라 볼 수 있다.[95]

이와 같이 『기신론』에서의 여래 법신이란 바로 진여 자체상을 가리킨 것으로서 그 법신을 언어도단의 체인 이언진여와, 무량공덕장으로서의 상의 측면 곧 의언진여의 두 가지 측면으로 밝히고 있다. 동론에서 말하는 여실공과 여실불공도 바로 진여법신의 이러한 양면을 설명한 것이라 볼 수 있다.

이와 같은 진여 자체상으로서의 법신이 본래 중생을 떠나 따로 존재하는 것이 아니건만 아직 본래의 청정자성에 투철하지 못한 범부중생으로서는 그 진여법신을 보지 못하고 불각미망에 떨어져 있으므로, 여기에 진여의 무한 업용에 의하여 보신과 응신 등 중생교화를 위한 제불의 작용이 나타난다는 것이다.

체·상 2대는 불의 법신이기 때문에 자타불이에 달하지 못한 범부는 이를 볼 수가 없다. 또한 그것은 자심청정심으로서 자기의 본성이라 하지만 아직 상태를 벗어나지 못한 범부로서는 이를 알 수가 없다.

범부가 진여를 아는 것은 용대, 즉 제불의 중생교화를 위한 작용을 통하여서만 가능한 것이다. 용대는 불의 활동으로서 이때 범부는 자기의 망심에 비춰진 불의 그림자를 알 따름이다. 그러므로 불은 중생의 능력에 응하여 혹은 보신을, 혹은 응신을 나타내어 중생에게로 작용하는 것이다.

---

94 『대승기신론』(『大正藏』 32, 579 상-중)

95 武邑尙邦, 『大乘起信論講讀』(京都: 百華苑, 1979), 298면.

동론에서는 진여에 의한 정법훈습을 설하는데 있어서 진여에 체·상·용 삼대가 있으므로 그 훈습에도 자연 자체상 훈습과 용 훈습의 2종이 있다고 한다. 이 가운데 용 훈습이란 바로 진여용대의 설명으로서 일체중생을 도탈하려는 대비원을 가진 제불보살에 의한 외연의 훈습력을 말하는 것으로 이에는 다시 2종이 있다 한다. 즉 그것은 중생의 근기에 상응하여 출현하는 '차별연'과, 일체차별상을 떠난 삼매를 나투어 그들로 하여금 일미평등의 법신을 보게 하는 '평등연'의 2종을 말한다. 그리하여 그 차별연과 평등연에 의하여 응신과 보신이 나타나는 것이다.

그런데 『기신론』의 근본 취지에 의하면 이와 같은 보신과 응신은 모두 중생의 심식 상에 소감된 법신의 그림자에 불과한 것으로 본다. 그러므로 만약에 그들이 발심 수행하여 삼세육추를 퇴치하고 마음의 근원을 얻게 되면 일체의 보·응 2신은 결국 진여법신에 환원되지 않을 수 없는 것이다.

이처럼 동론의 불신설은 『보성설』에서와 같이 법신중심의 불신설을 이루고 있으며, 더우기 그 법신은 이지불이(理智不二)의 법신으로서 이 법신에서 일체의 보신과 응신이 중생의 근기에 상응하여 나타난다고 하는 향하문적(向下門的) 성격을 띠고 있는 것이다.

### 5. 삼신설의 전개

#### 1) 밀교의 5종 불신설

밀교의 근본경전은 『대일경』과 『금강정경』이라 볼 수 있는 바, 이들 양경은 본격적인 밀교의 출발로 삼는 중기밀교의 기본 경전으로 즉신성불(卽身成佛)을 목표하는 밀교 독자의 새로운 사상체계를 확립하게 된 중기밀교의 양대 지주라 할 수 있다.

대일여래의 원명은 마하비로자나여래(摩訶毘盧遮那如來, Mahā-vairocana tathāgata)로서 이는 역사적 존재로서의 불타가 아닌 진리 그 자체로서의 불, 즉 법(Dharma) 그 자체를 불격화 한 법신불(Dharma-kāya Buddha)인 것이다. 이러한 법신 대일여래는 원시불교 이래 불타관의 꾸준한 발전에 따라 역사적 존재로서의 인간 불타를 넘어서서 시공의 제약을 벗어버린 보편적 불타의 추구에서 얻어진 결과라 볼 수 있다.

이 대일여래는 우주 그 자체를 불격화 한 우주불적 성격을 지님과 동시에, 그 우주불은 다름 아닌 우리 자신의 전신적 종교체험을 통해서만이 체인된다고 하는 내재불적 성격을 지닌 것으로 이해해도 좋을 것이다.

대일여래가 지니고 있는 특징 중의 하나는 법신설법설(法身說法說)인데, 이는 대승불교의 불타관이 전개 발전된 귀결로서 얻어진 사상이라 보겠으나 밀교의 입장에서는 현교를 응화불인 석가불의 설법에 의한 것이라 보고 있음에 반해 밀교 스스로는 법신불인 대일여래의 설법에 의한 것이라 구별하고 있는 데에 기인한 것이다.

즉 현교에서는 법신을 단지 우주의 원리로서의 이법으로 보고 있으므로 그 법신을 무색·무형·무활동·무설법의 것으로 취급하고 있으나, 밀교에서는 법신을 '이·지불이', '인·법일치'의 인격적 실재로 보아 그 법신에 육대·사만·삼밀 등을 인정하고 있으므로 거기에는 당연히 유형·유색·유 활동일 뿐 아니라 유 설법이라 한다. 그러나 '해가 떠도 눈먼 이는 볼 수 없으며, 천둥이 쳐도 귀머거리는 들을 수 없는 것'[96]과 같이 법신대일여래는 다만 우리들 중생이 보지 못하고 듣지 못할 뿐 우주전체를 통하여 부단히 설법하고 있다 한다.

이 대일여래의 다른 전개로써 육대(六大, Śad-mahābhūtani)가 제시된다. 육대는 지·수·화·풍·공·식을 말하는데 전 오대는 색을, 후 일대는 심을 가리킨 것으로서, 결국 물질과 정신 전체를 지칭한 것이다. 밀교에서는 현교와 달리 육대를 현상적 원소로 보는 외에 그 자체를 우주의 본체 내지 실재로 보고 있는 것으로 이는 바로 법신 대일여래의 본체이기도 한 것이다.

이 육대설은 불신관의 입장에서 본다면 '육대' 그 자체가 바로 법신 대일여래의 당체라는 이른바 육대법신설이라 볼 수 있다는 점이 특기할 만하다. 『즉신성불의(卽身成佛義)』에서는 이에 대해 "불타께서는 육대를 법계의 체성이라 말씀하셨다. 모든 현교에서는 사대 등을 비정(非情)한 것으로 취급하고 있으나 밀교에서는 이것을 여래의 삼마야신(三摩耶身)으로 본다"[97]라고 설명하고 있다.

이에 의하면 오대 또는 육대란 단순한 존재로서의 법이라기보다는 여래의 삼마야신인 것이다. 다시 말하면 육대 모두가 법신대일여래의 표식이요 상징으로서 우주의 일체만유는 정신적인 것이나 물질적인 것이나 간에 모두가 만다라(曼荼羅)라는 것이다.

---

96 『대지도론』 권 9(『大正藏』 25, 126 중)
97 『즉신성불의』(『大正藏』 77, 382 하)

그 밖에 밀교에는 5지설이 있다. 5지설은 유식의 4지설을 토대로 하여 구성된 것으로서, 밀교에서는 유식의 4지 이외에 법계체성지를 더하여 5지라 하는데 법계체성지(法界體性智, Dharmadhātu svabhāva vijñāna)란 법계를 체성으로 하는 지혜, 즉 법계에 편만한 지혜를 말한다. 이 지혜는 대일여래가 지닌 보편성과 절대성을 표현한 것으로서 이는 모든 지혜의 원천임과 동시에 다른 사지의 총체를 말한다. 이렇게 볼 때 나머지 4지는 이 법계체성지를 그 특성에 따라 다시 나누어 설명한 것이라 할 수 있다.

밀교의 5지설에 있어 특히 주목되는 것은 이들 5지를 대일여래 등의 5불과 연관시켜 설명하고 있다는 점이다. 다시 말하면 대일여래의 무량지혜를 구체적으로 다섯 가지로 분류함과 동시에 그 5지를 그대로 5불 여래로 보는 이른바 5지 여래설이 성립하는 것으로, 이는 밀교 불타관의 이론적 확립에 있어 중대한 의의를 지닌 것이라 보지 않을 수 없다.[98]

오지여래설은 종래의 불교에서는 찾아볼 수 없는 밀교 특유의 사상으로서 밀교에서는 이러한 오지를 한갓 추상적인 개념으로 보지 않고 오지 그대로가 종교적 실체로서, 불 여래의 구체적이고 인격적인 현현이라 보고 있는 것이다.

이러한 오지와 오불과의 관계에 대해 불공(不空, Amogavajra, 705-774) 역의 『금강정유가삼십칠존출생의』에서는 대원경지를 동방의 아촉여래에, 평등성지를 남방의 보생여래에, 묘관찰지를 서방의 아미타여래에, 성소작지를 북방의 불공성취여래에, 그리고 법계체성지를 중앙의 대일여래에 각각 배당시켜 이들 오불이야말로 오지의 인격적 현현이라 설명하고 있다.[99]

이에 비하여 법계체성지의 현현으로서의 대일여래는 이들 모든 부처의 근원불임과 동시에 전체불로서 우주법계에 편만한 절대 유일불을 말한다. 다시 말하면 법계체성지가 오지전체를 가리킨 것이라면 사지는 그 법계체성지상에 있어서 자리·이타, 자증(自證)·외용(外用)의 전개작용을 말한 것이라는 점에 비춰볼 때, 이 대일여래야말로 모든 부처의 원천임과 동시에 그들 모든 부처를 총체적으로 본 절대 유일상을 지칭한 것이라 보인다.

그런데 여기서 고려되어야 할 것은 자비와 지혜의 관계로서 양자는 상즉

---

98 加藤精一, 『大乘佛教の起源及び發達』(東京: 大藏出版社, 1957), 945-946면.
99 『금강정유가삽십칠존출생의』(『大正藏』 18, 298 상)

불리의 관계라 볼 수 있다. 즉 지혜의 체를 떠나서는 자비의 작용이 있을 수 없으며 지혜의 체 또한 자비의 작용이 없이는 그 가치를 발휘할 수 없는 것이 불교의 전통이다. 결국 양자는 동일한 불타의 세계를 내면적 자증의 세계와 대외적 외용의 세계로 나누어 설명한 것에 불과하다.

이와 같은 의미에서 볼 때 앞에서 살펴본 오지여래 그대로가 대일여래의 자비작용이라고도 볼 수 있으나, 밀교에서는 대일여래의 중생구제를 위한 무한 자비활동을 좀 더 구체적으로 설명하기 위하여 일신설·이신설·삼신설·오신설 등 다양한 불신설을 전개한다. 즉 밀교에서는 불신의 존재양식 그 자체가 바로 불의 자비활동의 구체적 전개양식으로 보기 때문에 그토록 다양한 불신설을 제기하고 있는 것이다.

대일여래의 다섯 가지의 불신설 가운데 가장 보편적이고 전형적인 것은 4종 법신설이라 볼 수 있다. 그런데 그들 4종의 불신 하나하나가 절대유일불인 대일법신을 떠나 있지 않으므로 어느 것이나 법신이라 부른다고 한다.[100] 이 4종법신은 우주에 존재하는 무량무변의 불신을 섭진(攝盡)하여 4종으로 정리한 것이라 한다.[101]

(1) 자성법신(自性法身, Svabhāva-dharma-kāya)

이는 자성신 또는 단순히 법신이라고도 하는데, 현상계에 존재하는 일체 사물의 본래모습 즉 제법의 본성 그 자체를 불격(佛格)으로 본 것이다. 그것은 시간과 공간 등 일체의 제약을 넘어서 있는 십방편만 삼세상주의 법신이라 한다. 특히 밀교에서는 현교에서의 법신불과 달리 이 자성신에 인격성마저 인정하고 있어,[102] 이는 불교의 신앙문제에 있어서 재음미 되어야 할 중요한 문제라 본다.

이렇게 볼 때 자성법신이란 일체제법의 본성임과 동시에 일체제불 제존의 본원인 대일법신 그 자체를 가리킨 것이다. 물론 대일법신 즉 자성법신을 이법신과 지법신의 2종으로 나누어 볼 수 있으나, 이들 2법신은 결국 상즉불리의 관계에서 작용되고 있는 것이다.

100 『卽身成佛義』(『大正藏』 77, 391 상)
101 (『大正藏』 18, 288 상), (『大正藏』 18, 287 하), (『大正藏』 32, 574 하)
102 松長有慶, 『密教の歷史』(京都: 平樂寺書店, 1972), 75면.

(2) 수용법신(受用法身, Saṃbhoga-dharma-kāya)

이는 자성법신의 절대경지로부터 중생들을 구제하기 위하여 상대적 세계에 현현한 불신을 말한다. 만다라 상에서는 중앙의 대일여래를 위요하는 4방의 4불을 말하는데 금강계 만다라와 태장계만다라가 명칭은 달리 나타나고 있으나 어느 것이나 모두 불의 깨달음의 내용이라는 점에서는 다를 바가 없다고 본다.

수용신은 그 명칭에 있어서는 유식학파의 영향이 무시될 수 없으나 그 내용은 차이가 있다. 유식학파의 3신설 중의 수용신은 과거의 수행, 다시 말하면 인위에서의 무량한 원행(願行)에 의하여 수보(酬報)된 수득원만(修得圓滿)의 불이 강조된다. 이에 비해 밀교의 수용법신은 절대의 자성법신 그 자체가 자리이타의 목적 실현을 위해 상대적 세계에 현현한 불신이 강조된다.[103]

물론 밀교에도 자수용신과 타수용신이 거론되고 있는 것은 사실이다. 자수용법신(自受用法身, Svasaṃbhoga-dharma-kāya)이란 자성법신이 자증의 절대 경지를 스스로 즐기는 이른바 자리(自利)적 자증삼매의 불신을 말한다. 이에 비해 타수용법신(他受用法身, Parasaṃbhoga-dharma-kāya)이란 자성법신이 자증의 절대 경지를 남에게 수용시키고 체험시키는, 이른바 이타적 현현의 불신을 말한다. 그러나 타수용법신의 경지는 아직 범부 중생에게는 미칠 수 없는 경지로서 오직 심안이 열린 십지보살들을 위하여 설해진 경지라 한다.

(3) 변화법신(變化法身, Nirmāṇa-dharma-kāya)

이는 응신 또는 화신에 대응하는 개념으로서, 앞의 수용법신보다는 우리들의 경험세계에 좀 더 가까운 형태로 나타난 불신이다. 다시 말하면 종교적 소질에 있어 보통의 수준에 있는 사람들, 즉 지전(地前)의 보살 및 이승 범부들을 위하여 그들의 근기에 따라서 설해진 불신을 말한다. 예를 들어 팔상성도의 역사적 석존을 말하는 것이다.

(4) 등류법신(等流法身, Niṣyanda-dharma-kāya)

이는 구계수류신(九界隨類身)이라고도 하는데 중생구제를 위하여 교화해야 하는 대상과 같은 모습으로 나타나 법을 설하는 이른바 등동유류(等

103 金岡秀友,『密敎哲學』(京都: 平樂寺書店, 1974), 175면.

同流類)의 불신을 말한다. 이는 중생들을 깨달음의 세계로 인도하기 위하여 그들 중생과 같은 모습으로 나타나 고통을 함께 하면서 연대의식을 갖게 하거나 그들을 승복시켜 경외의 생각을 품게 하여 점차 불법의 세계로 인도하는 것을 말한다.

이는 특히 종교적 관심이 희박한 중생들에 대하여 취하는 방법으로서 주로 설법자로서의 불신으로 나타나기 보다는 관음삼십삼화신불설(觀音三十三化身佛說)이나 대비천제설(大悲闡提說)에서와 같이 구계(九界)의 중생에 수순하여 여러 가지의 모습으로 나타나 중생을 화도하는 불신이다.

이상에서 볼 때 4종 법신설은 절대유일의 대일법신이 중생구제를 위하여 나타나는 무한 자비활동에 대한 구체적 설명이다. 또한 바꾸어 보면 행자인 우리들의 종교적 체험의 진전에 따라 나타나는 진리인식의 단계를 표현한 것이라고도 볼 수 있다.[104]

### 2) 선종의 삼신사상

중국불교의 전통상에서 불신관의 변화추이를 살펴보는 것은 매우 중요하고 의미있는 일이다. 그러나 여건상 전체를 살펴보는 것은 불가능하므로 그 중에서 독특하다고 인정되는 선종의 삼신사상을 살펴보기로 한다.

달마와 혜가를 중심을 한 초기의 선종어록 가운데 최고의 것으로 평가되는 『이입사행론(二入四行論)』에는 삼보와 관련하여 다음과 같은 문답이 나와 있다.

> "문 : 무엇을 부처라고 하는가?
> 답 : 여법하게 깨닫고 깨달음을 깨달은 바가 없으므로 이름 하여 부처라고 한다."[105]

여기에서는 이법(理法) 그대로를 깨닫고 깨달음 그 자체에도 묶이지 않음을 불이라고 하고 있다.

이러한 해석은 불교의 전통에서 보면 무척 독특한 것으로 본래심을 중시하는 초기 선종의 근본 과제를 잘 나타내고 있는 것이라 하겠다.

---

104 金岡秀友, 『密教哲學』(京都: 平樂寺書店, 1974), 177면.
105 柳田聖山, 『達摩の語錄』(東京: 筑摩書房, 1979), 73-74면.

이와 관련하여 같은 책에서는 "무엇을 불심이라 이름하는가" 하는 물음에 대하여 진여·법성·해탈·보리·열반의 다섯 가지 이름을 부여하고 있다.[106]

다음에 『능가사자기(楞伽師資記)』의 도신장에 인용된 『입도안심요방편법문(入道安心要方便法門』을 보면 『무량수경』의 법신에 대하여 다음과 같이 언급하고 있다. "불은 곧 마음이니 마음 외에 따로 부처가 없다. 이를 줄여 말하면 5종이 있으니 첫째, 마음의 체를 아는 것이다. 체는 성으로써 청정하여 그 체가 불과 같다. 둘째, 마음의 용을 아는 것이다. 용은 법보를 생하고 일으켜 지으나 늘 고요하여 모든 혹(惑)도 이와 같다. 셋째, 언제나 깨쳐 멈추지 않음이다. 각심(覺心)은 앞에 있으되 각법(覺法)은 무상하다. 넷째, 언제나 몸의 공적함을 관하지 않음이다. 안과 밖이 함께 통하고 몸을 법계 중에 들여도 일찍이 걸림이 없다. 다섯째, 수일(守一)하여 옮기지 않음이다. 동정 간에 늘 주하여 능히 배우는 자로 하여금 밝게 불성을 보고 빠르게 정문에 들게 함이다. 이처럼 사람들의 마음 그 자체가 부처이고, 그 마음이 부처가 된다. 즉 부처는 우리 마음 이외에 아무것도 아니라는 것이다.[107]

이후 남종선의 정통성을 주장하고 있는 하택 신회(荷澤神會, 684-758)의 『남양화상돈교해탈선문직료성단어(南陽和上頓教解脫禪門直了性壇語)』에서는 '제불의 진여신'을 다음과 같이 정의하고 있다.

> "단지 스스로 본체의 적정·공·무소유로서 또한 주착하는 바가 없고 허공과 같아서 두루하지 않음이 없음을 알면 즉 이는 제불의 진여신이다."[108]

이는 불의 본질을 적정·공·무소유·주착 없음·허공과 같음·두루 하지 않음이 없음 등의 반야의 의미로 해석하고 있음은 초기선종의 불에 대한 인식을 알 수 있다. 이는 『육조단경』의 "너희가 삼신을 스스로의 자성으로 깨달아 나의 색신불을 떠나지 않음을 보아야 할 것이니, 청정법신불에 귀의하는 것도 나의 색신에 귀의하며, 백억화신불도 나의 색신에 귀의하고 원만보신불에 귀의하는 것도 내 색신에 귀의해야 한다. … 삼신불이 자성 가운데 있으니…"[109]에서 보이는 태도와 상통하고 있다.

---

106 柳田聖山, 『達摩の語錄』(東京: 筑摩書房, 1979), 71면.
107 柳田聖山, 『初期の禪史』(東京: 筑摩書房, 1979), 225면.
108 胡適, 『神會和尙遺集』(台北: 胡適記念館, 民國 54년, 240면.

초기 선종에 거의 일관하고 있는 불타관은 부처를 특정한 모습이나 형태를 지닌 것으로 보는 것을 배격하고 자신의 마음에 들어가 한 물건도 집착이 없는 공·무상의 진실상을 깨쳐 청정한 마음 그 자체가 불이라는 사실을 강조하고 있다.[110]

사실 전통적인 불신관에서 본다면 선종의 불신관은 거의 파격적이라 볼 수 있는데, 그 전형을 임제(臨濟, ?-867)의 말에서 살필 수 있다.

> "그대가 일념의 마음위에 청정광이 있다면 그것은 그대가 방 속의 법신불이고, 그대가 일념의 마음위에 무분별광이 있다면 그것은 그대가 방 속의 보신불이며, 그대가 일념의 마음위에 무차별광이 있다면 그것은 그대가 방 속의 화신불이다. 이 삼종의 몸은 너 곧 지금 눈앞에서 법을 듣고 있는 사람이다. 다만 밖을 향하여 치달아 구하지 않음이 공용 있음이다. 경론가에 의하면 삼종의 몸을 가지고 구구한 말을 하지만 산승이 보기에는 그렇지 않다. 이 삼종의 몸은 이 말씀이며, 또한 삼종의 옷일 따름이니…"[111]

삼신이 일념을 떠나있지 않다는 이러한 시각에서 본다면 사실상 전통적인 삼신에 관한 견해는 선종에 이르러서는 그 의미가 매우 간결해지고 만다. 이러한 견해는 임제뿐만이 아니고 많은 선사들의 공통적인 견해이다. 선종의 성립과정 자체가 특이한 것이기는 하지만 선종에는 체계적인 불타관도, 불타에 관한 깊은 통찰도 거의 보이지 않는다.

불타를 조사나 수행자와 동격의 존재로 보는 한편 신격화 또는 귀의의 대상으로서의 불타를 인정하지 않는 것도 그 특징이다. 조사선에 접어들어 조사선을 여래선에 우선하는 것으로 보면 그러한 경향은 더욱 심화된다고 하겠다.

## Ⅳ. 삼신설의 의의

삼신은 불신론(佛身論)의 대표적 분류이며, 이는 불타관(佛陀觀)을 교리

109 『六祖壇經』, 「懺悔第六」.
110 田中良昭, 『初期禪宗の佛陀觀』, 『佛陀觀』 167면.
111 秋月龍珉, 『臨濟錄』 筑摩書房, 1979, 38면.

적으로 조직한 것이라 하겠다.

불교는 불타의 가르침인 동시에 불타가 되는 것을 목적으로 하는 가르침이므로 불타의 관념에 대한 논의는 불타 재세 시부터 되어 왔다. 석존 자신은 법을 믿는 입장에 있었던 것으로 보이기 때문에 불멸후에 법에 의할 것을 유언한다. 그러나 불제자들은 불타인 석존의 인격을 통하여 법을 믿었으므로 석존은 재세 시에 이미 초인격적인 존재로 간주되었으며 불멸후에도 이러한 경향은 더욱 강해졌다.

이처럼 불타의 존재는 언제나 법의 영원성이나 보편성 등과 밀접한 관계가 있는 것이므로 그에 바탕하여 여러 가지의 불타관이 발달하였다. 석존의 수명은 유한하지만 그가 설한 교법은 영원하여, 그것을 법신이라 칭하고, 그것에 불멸의 인격성을 반영하는 사상이 형성된 것이다.

또한 법의 영원성을 시간적으로 파악하여 과거 6불을 상정하고 석가모니불에 이른다고 하는 소위 과거7불설이 성립되는 것이다. 이 신앙의 성립은 극히 오래된 것이라고 추정된다. 이 과거7불설은 시대를 따라 여러 형태로 변화하였고, 이에 바탕하여 다시 미래에도 제불이 계속적으로 출현할 예정이라는 설로 발전하였다.

또한 공간적으로는 이 사바세계만이 아니라 타방세계에도 제불이 존재한다고 믿게 되었고, 이 사상이 특히 대승불교시대에 이르러서는 점차 명료하게 되었다. 그리하여 대승불교에서는 과거 현재 미래에 걸쳐서 또한 시방세계의 무수한 국토에서 무수한 불이 출현하게 된다는 설이 설해지게 되었다.

이러한 설이 바수반두와 같은 천재를 만나면서 삼신설 혹은 사신설로 정리되면서 그 극치를 맞이하는데, 이후 밀교에 이르러서는 더욱 현란한 불신설로 전개된다.

그러나 불신설은 단순한 한두 가지의 요인만으로 변천된 것이 아니고, 거대한 불교사상사의 흐름에서 파악해야 할 뿐 아니라 인도사상의 주류를 형성하여온 힌두적 사유와의 외연적 요인을 고려해야만 한다.

불교의 발전사 특히 대승불교의 형성과 발전은 힌두이즘과 상당한 관계가 있다고 전제한다면[112] 불신론 특히 보신의 개념은 힌두교의 유신론적 민중신앙 운동, 특히 기원전 2세기에 유행된 바가바드기따 등의 비슈누신에

112 정순일 著, 『인도불교사상사』, 327-336면 참조.

대한 박티(bhakti)신앙 등의 자극으로 인하여 대두되었다는 견해도 무시할 수 없다고 본다.[113]

그러한 의미에서 삼신불을 힌두교의 브라만·비슈누·쉬바의 관계에서 모티브를 찾으려는 시도에 대해서도 어느 정도의 타당성을 허용할 수 있다고 본다. 불교의 출현과 연기사상의 전개가 브라만·힌두의 실체적 사유를 타파하는 데에서 출발한 것이기는 하나, 인도 민중들의 종교적 정서를 만족시키기 위해서는 신앙의 대상에 대한 실체성의 면은 무시될 수 없었을 것이며 그러한 면을 삼신사상이 어느 정도 만족시켜 준 것도 사실이라고 생각된다. 그러므로 삼신사상은 그 출발부터 내면에 형이상학적 실체론에 대한 논란의 여지를 어느 정도는 배태하고 있는 것이라 하겠다. 따라서 삼신불사상을 교학적으로 그 의미를 어떻게 정리하든 간에, 생신 석존으로부터 확장된 개념인 삼신불사상은 불교도들에게 신앙적으로는 매우 중요한 영향을 미친 것은 사실이다.

한편 삼신불사상은 기독교에 영향을 미쳐 삼위일체설을 형성케 하였다는 설도 있으나 그에 대한 탐구는 본 항목의 대상이 아니다.

삼신불사상은 인류가 창안해낸 존재의 본질에 대한 사유 가운데 극치를 이룬 것이며 철학성과 종교성을 동시에 만족시켜주는 매우 이상적인 사유라 하겠다. 오늘날 불교신앙의 아이덴티티에 대한 논의를 할 때에 매우 복합적이고 중층적인 구도에서 접근해야할 것이지만 하층의 기복신앙으로부터 최상층의 형이상학적 욕구를 만족시켜주는 기재로써 삼신불사상은 매우 적절한 대답이 될 것이다.

특히 보신[수용신]사상은 '모순적 양면성의 조화'라는 불교교의의 철학화를 시도하면서, 동시에 수많은 민중들의 다양한 신앙적 욕구에 정감 넘치는 응답의 불격(佛格)으로 성공하였다.

이러한 삼신관은 불교가 존재하는 계속 살아남아 새로운 해석이 거듭 요청될 것으로 생각된다. ❁

**정순일** (원광대)

113 정순일 著, 위의 책, 353면.

우리말 불교개념 사전

# 진여

| |
|---|
| 범 tathatā 빠 tathattā 한 眞如 영 true suchness |

## Ⅰ. 어원적 근거 및 개념 풀이

진여(眞如)의 원어는 tathatā(빠알리어 tathattā)이며, tathā[1]라는 부사로부터 온 추상명사이고, '본디 있던 그대로의 것'이라는 뜻이다. 인위적인 요소가 조금도 가미되지 않은 본디 그냥 그대로의 것을 가리키며, 사물을 떠받치는 법(dharma)이다. 다르마는, 석가모니 붓다(Śākyamuni Buddha)가 세계를 있는 그대로 관찰하여 발견한 것이므로 그렇게 부르는 것이다. 그러므로 이것은 세계의 진실한 모습을 가리키는 것이라고도 볼 수 있다.

tathatā가 불교에 수용되어 학술용어로 성립되기까지는 여러 경로를 거친 것으로 보인다.[2] 첫째는 법성(dharmatā), 둘째는 '있는 그대로가 진실'

---

1 Williams, Monier, *Sanskrit-English Dictionary* (London: Oxford University Press, 1956)(이하 SED로 약함), 433하. tathatā tathā indeclinable so, thus, in that manner, also, true tathatā f. true state of things, true nature, 진여, 그와 같은 상태.

2 赤沼智善, 「起信論の眞如に就て」(『大谷學報』 第十卷第一號, 大谷大學, 1929)

(yathā[3]-bhūthaṃ[4] 혹은 yathā-tathā[5]), 셋째는 '빅쿠여, 네 가지 성제는 진여이니라, 허망한 것이 아니니라, 변이하는 것이 아니니라(cattārīmāni bhikkhave tathāni avitathāni anaññathāni)'[6]의 tathā에서 그 연원을 찾을 수 있다. 이와 같은 것들을 포괄적이고 종합적으로 정리하여 보면, tathā의 본디 뜻은 '그냥 그대로'·'있는 그대로'·'참으로 그러한'이며, 'satya[諦, 진리]'와 동의어로 쓰인 것이다. '사물의 본성'이나 '존재하는 사물 그대로의 모습'과 같은 뜻으로 풀이할 수 있다. 고대 사람들도 세계가 형성되는 원리를 물질적인 것이 먼저인가, 정신적인 것이 먼저인가를 구명(究明)하려고 심혈을 기울인 것이 사실이다. 그렇지만 아직까지 결론을 도출하지 못하고 끝없는 평행선을 달리고 있는 실정이다. 붓다는, 그런 것을 찾으려는 것을 헛된 노력으로 보고, 세계를 있는 그대로 본 것이다. 있는 그대로의 세계가 진실이며, 그냥 그대로가 진실이라고 말씀하신 것이다.

붓다는 『독화살』의 비유를 들어 가르치고 있는 것처럼, 세계의 근원자를 찾으려는 형이상학적인 태도를 헛된 노력이라고 규정하고, 그냥 그대로 세계를 보라고 가르쳤다. 그러한 가르침의 정신을 이어받아 수용된 tathatā라는 용어는 초기경전에서부터 종교·철학적인 자리를 굳건하게 지켜왔다. 그래서 '그러한 상태에 도달하느니라(tathattāya upapajjati)'[7], '그러한 상태로 이끄느니라(tathattāya upaneti)'[8]에 드러나는 것처럼 tathattā(범 tathatā)는 '본디 그대로의 것, 있는 그대로의 것'이라는 것을 의미한다. '본디 그대

3 SED, 841중 yathā yathā ind. in which manner or way, according as, as, like; so that, 이와 같은 방식으로, ~에 따라서, ~처럼, ~대로, 그래서, 그렇게, 이렇게, 예를 들면, 왜냐 하면, 그래서, 만일, 이러하다, 말하자면, 어찌.

4 SED, 842하 yathā-bhūtam yathā-bhūtam ind. in accordance with fact, acc. to what has happened, acc. to the truth, 있는 그대로. 여실하게.

5 SED, 842상 yathā-tathā yathā-tatha mfn. conformable to truth or the exact state of the case, right, true, accurate, 있는 그대로, 여실하게 yathā-tatham ind. in conformity with truth or reality, precisely, exactly; as is becoming or proper fitly, duly, 그와 같이, 그대로의 n. a detailed account of events.

6 木村泰賢, 『原始佛教思想論』(大法輪閣, 1982) 103면.

7 전재성, 『빠아리어사전』(한국불교대학출판부, 1994), 174상. upapajjati 다시 태어나다, 발생하다, 도달하다.
SED, 201하 upa-√pad, to go towards or against, attack; to approach; to be produced, appear Caus.P. upapādayati to bring to any state (with two acc.); to cause anything (acc.), to arrive at (loc. or dat.), cause to come into the possession of

8 전재성, 『빠아리어사전』(한국불교대학출판부, 1994), 173중. upaneti 기르다, 도움이 되다; 생애를 마치다; 갖고 운반하다, 이끌다; 결론에 도달하다.

로의 것, 있는 그대로의 것'이란, 붓다가 니르와나(nirvāṇa)를 성취하여 얻은 결론이다.

니르와나의 내용은 무엇인가? 연기의 법칙이다. 연기의 법칙이란 무엇인가? 이 세계에는 어느 것도 저 홀로 존재할 수 있는 것이 없다는 것이다. 그러므로 서로 기대지 않으면 존재할 수 없다. 우주 자체가 그렇게 있는 것이다. 서로 기대야만 존재할 수 있다는 가르침이 연기의 법칙이다. 붓다는, 연기의 법칙은 내가 지은 것도 아니고, 또 다른 사람이 지은 것도 아니며, 이 세상에 그냥 그대로 늘 있는 원리일 뿐이라고 말씀하신다. 니르와나를 얻음으로 말미암아 이 세계가 존재하는 참된 모습을 바로 볼 수 있기 때문에 그렇게 말씀하는 것이다.

## Ⅱ. 역사적 전개 및 텍스트별 용례

### 1. 초기불교에서 진여

빠알리 니까야와 한역 아함경에서 다 같이 불교의 진리는 연기의 법칙이며, 그것은 변함이 없는 진리로서 존재하는 것이라고 하여, 「연(緣)」에서는 그것을 다음과 같이 말씀하고 있다.

> "빅쿠(bhikkhu)들이여, 연기란 무엇일까. 이를테면 태어남이 있으므로 늙고 병들어 죽는다고 하는 이 사실은, 내가 이 세상에 나오든 나오지 않든지 정해져 있는 사실이니라. 법으로서 정해지고 확립되어 있는 일이니라. 그 내용은 상의성(idappacayatā)이니라. 그것을 나는 깨달았느니라. 깨닫고 이제 너희에게 가르치고 설명하여, '너희도 보라'고 말하노라."[9]

붓다는 이교도에게도 불교의 진리는 연기의 법칙이라고 분명하게 제시하고 있다. 이를 통하여 불교는 그 당시 브라흐마나교(Brāhmaṇa) 또는 자이나교(Jaina)와는 다른 길을 걷고 있음을 보여준다. 어느 때 붓다께서 꾸루(Kuru)나라 깔마샤다미야(Kalmāṣadamya)에 계실 때, 이교도에게도 자

9 『雜阿含經』 卷第12 (『大正藏』 2권, 84중)

신의 가르침은 명확하게 연기의 법칙이라는 것을 다음과 같이 말씀하고 있음을 알 수 있다.

> "연기의 법칙은 내가 지은 것이 아니며, 또 다른 사람이 지은 것도 아니다. 그러나 저 여래가 세상에 오시어도 또는 아직 세상에 오시지 않아도 법계는 늘 그대로 있는 것이다. 저 여래는 스스로 이 법을 깨달으시어 등정각을 이루시고, 모든 중생을 위하여 분별하여 연설하며, 개발하여 드러낸다. 말하자면 이것이 있으므로 저것이 있으며, 이것이 생겨나므로 저것이 생긴다. 그래서 무명으로 말미암아 행이 있으며, 내지 큰 괴로움의 무더기가[純大苦聚]가 생긴다. 무명이 소멸하기 때문에 행이 소멸하며, 내지 큰 괴로움의 무더기가[純大苦聚]가 소멸한다."[10]

우리는 이것을 통하여 연기의 법칙이란, 여래가 이 세상에 오시든 오시지 않든지 그것과는 관계가 없이 그냥 그대로 늘 진리로서 존재하고 있음을 알 수 있다. 인간이 어떻게 존재하는가를 구명하는 존재의 법칙을 연기의 법칙으로 해답할 뿐 아니라, 이 세계의 존재법칙도 이것으로 대답하고 있는 것이다. 불교를 과학이라고 말하는 사람이 있다. 연기의 원리를 설명하기 위하여 보기로 들고 있는 『갈대 단』을 음미하여 보면 더욱 그와 같은 생각이 든다.

> "벗이여, 이를테면 여기에 두 개의 갈대 단이 있다고 하자. 이 두 개의 갈대 단은 서로 의지하고 있을 때 서 있을 수 있느니라. 그것과 마찬가지로 이것이 있으므로 저것이 있는 것이며, 저것이 있으므로 이것이 있는 것이니라.
>
> 그러나 만일 그 두 개의 갈대 단에서 어느 하나를 떼어 낸다면, 다른 한쪽도 넘어질 수밖에 없으리라. 그것과 마찬가지로 이것이 없으면 저것도 없고, 저것이 없으면 이것도 없을 수밖에 없는 것이니라."[11]

연기의 원리를 간단하면서도 명료하게 잘 드러내고 있다. 이것을 보면

---

10 『雜阿含經』 卷第12 (『大正藏』 2권, 85중)
11 『雜阿含經』 卷第12 (『大正藏』 2권, 81중)

세상에 저 홀로 온전하게 존재하는 것은 아무 것도 없다. 그래서 불교는 반형이상학적이며, 실체를 부정하는 철학이고, 절대자를 부정하는 무신론의 종교라고 한다. 저 홀로는 존재할 수 없으므로 서로 의지해야 하며, 서로 의지해야 존재할 수 있으므로 더불어 사는 삶이 그렇게 존중되는 것이다. 그리고 더 나아가서 이 연기의 법칙을 진여라고 말씀한다.

> "여래·응등정각의 소지소견은, 세 가지의 활활 타오르는 불길에서 벗어나고, 청정하게 초월하여 도를 말씀하며, 일승(一乘)의 도리로써 중생을 정화시키시고, 근심과 슬픔을 벗어나 고뇌를 초월하여 진여의 법을 얻느니라."[12]

이 세상은 누가 만든 것이 아니라 본디부터 톱니바퀴처럼 서로 맞물려 있는 것이다. 그와 같은 입장에서 보면 세상에 존재하는 모든 것들이 서로 의지하는 관계인 상의성(相依性)에 의한 것임을 알 수 있다. 진여라는 용어가 초기불교에서는 연기의 법칙을 깨닫는 것을 의미하는 것으로 볼 수 있다. 그러므로 연기의 법칙=니르와나=진여라는 관계의 도식을 끌어낼 수 있다.

## 2. 부파불교에서 진여

불교의 교학은 부파(abhidharma)불교시대로 접어들면서 더욱 분석적이고 논리화되는 것을 볼 수 있다. 세계를 구성하는 요소로서의 존재(dharma)를 색법(rūpa-dharma), 심법(citta-dharma), 심소유법(caitta-dharma), 불상응행법(citta-viprayukta-saṃskāra-dharma)의 유위법(saṃskṛta-dharmāḥ)과 무위법(asaṃskṛta-dharmāḥ)의 두 가지로 나눈다.

무위법(asaṃskṛta-dharmāḥ)은 부파에 따라 서로 다르다. 예를 들면 설이체유부(sarvāstivādin)에서는 『법온족론』[13]을 근거로 하여 택멸(pratisaṃkhyā-nirodha), 비택멸(apratisaṃkhyā-nirodha), 허공(ākāśa)의 세 가지 무위를 주장한다. 남전상좌부(theravāda)와 독자부(vātsīputrīya)에서는 탐·진·치

12 『雜阿含經』 卷第21 (『大正藏』 2권, 147하)
13 『법온족론』 (『大正藏』 26권, 505상)

의 삼독을 소멸하는 당체로서의 니르와나(nirvāṇa)만을 무위라고 주장한다.[14]

『이부종륜론』을 근거로 하여 살펴보면, 대중부(Mahāsaṃghika), 일설부(Ekavyāvahārika), 설출세부(Lokaottaravādin), 계륜부(Kukkuṭika)의 네 부파[15]에서는 택멸(pratisaṃkhyānirodha), 비택멸(apratisaṃkhyānirodha), 허공(ākāśa), 공무처, 식무변처, 무소유처, 비상비비상처, 연기지성, 성도지성의 아홉 가지 무위를 내세우고 있다.[16] 또 화지부(Mahīśāsaka)에서도 택멸, 비택멸, 허공, 부동, 선법진여, 불선법진여, 무기법진여, 도지진여, 연기진여의 아홉 가지 무위를 내세우고 있다.[17] 전자에서는 공무처, 식무변처, 무소유처, 비상비비상처의 네 무색정(catasra ārūpya-samāpattayaḥ)를 포함하여 아홉 가지 무위를 주장하는데, 이것은 선정에 들거나 선정에서 나오는 것이 변화를 반복하는 유위법이긴 하지만 선정 그 자체는 변화하지 않는 것을 본성으로 하기 때문에 무위로 보는 것이다. 후자인 화지부에서는 앞의 네 무색정과 멸정무위론(nirodha samāpatti asaṃskṛta)을 하나로 묶어 부동무위로 한 다음, 선법진여, 불선법진여, 무기법진여를 세워 아홉 가지 무위를 주장하고 있는 것이다.

여기서는 선법, 불선법, 무기법, 도지, 연기의 다섯 가지에 진여라는 용어를 사용하고 있는 것에 주목해야 하며, 연기를 무위나 진여로 삼는 것은 연기의 법칙이 현상계를 관통하는 변함이 없는 진리이기 때문이다. 그러나 유부에서는 연기하는 유위법만을 실제의 사실로 보며, 이법(理法)으로서의 연기의 법칙은 주장하지 않으므로, 연기는 무위가 아니라 유위라는 것이다.

또한 성도지성, 도지진여는 팔정도를 가리키며, 이것을 무위나 진여로 삼는 것은 어떤 절대자의 구원을 받지 않고, 스스로의 수행에 의하여 자기를 완성한 붓다의 실천성을 영원한 진리로 보기 때문이다. 이와는 달리 유부에서는, 니르와나는 무위라고 하지만, 니르와나를 성취한 붓다의 지혜는 유위로 보는 것이다. 붓다의 지혜는 붓다로부터 비롯된 것이므로 붓다가 여든 살에 꾸쉬나가라(Kuśinagara)에서 빠리니르와나(parinirvāṇa)에 드

14 木村泰賢, 『小乘佛教思想論』 (大法輪閣, 1983), 171면.
15 平川彰, 『インド佛教史』 上卷 (東京: 春秋社, 1979), 202면.
16 『異部宗輪論』 (『大正藏』 49권, 15하)
17 『異部宗輪論』 (『大正藏』 49권, 17상)

신 것을 끝으로 보려는 것이다. 붓다의 몸을 무상으로 보기 때문에 붓다의 지혜도 무상이라고 보는 것이며, 생신으로서의 붓다만을 인정한다는 것이다. 생신으로서의 붓다만을 섬기려는 유부의 입장에 대하여, 대중부, 일설부, 설출세부, 계륜부에서는 붓다를 그 이상으로 보려고 하는 것이다. 『이부종륜론』에서는 그것을 다음과 같이 서술하고 있다.

> "모든 붓다는 모두 출세이시다. 모든 여래는 유루법이 아니며, 모든 여래의 말씀은 법륜을 말씀하는 것이고, 붓다는 한 소리로 모든 법을 말씀하시며, 세존께서 말씀하신 것은 뜻에 맞지 않은 것이 없으며, 여래의 색신은 끝이 없고, 여래의 위력 또한 끝이 없으며, 모든 붓다의 수명은 끝이 없이 길다.
>
> 붓다는 유정을 교화하여 맑은 믿음을 생겨나게 하고 싫어하는 마음이 일어나지 않게 하며, 붓다는 꿈을 꾸지 않으시고, 여래는 문답에 사유를 기다리지 않으시며, 붓다는 늘 이름과 같은 것을 말씀하지 않으시고 선정에 드시기 때문이다. 그러나 유정들은 이름과 같은 것을 말하고 환희·용약하지만, 붓다는 한 순간에 모든 것을 다 깨달으시고, 한 순간에 지혜와 어울려 모든 것을 아시며, 모든 붓다는 진지와 무생지가 늘 함께 따라다니고, 드디어는 빠리니르와나에 이른다."[18]

대중부 등에서는 붓다의 색신은 끝이 없으며 수명은 헤아릴 수 없이 길다고 하므로, 붓다를 여든 살의 생신 이상의 존재로 보고 있음을 알 수 있다. 붓다가 없는 니르와나를 생각할 수 없기 때문에 그분의 영원성을 인정하여 성도를 무위라고 보는 것이다. 이것을 사제설의 입장에서 보면 상좌부와 유부는 멸성제인 니르와나만을 무위라고 보는 것에 대하여, 대중부와 화지부 등은 멸성제 밖에 도성제도 무위로 본다는 것이다. 더욱 연기의 법칙을 진여로 보는 입장은, 고성제와 집성제 등의 미망의 세계에도 불변의 진리가 들어 있다고 보는 것이다. 연기의 법칙에 따라서 그와 같은 현상이 벌어지고 있으므로, 그 속에 내재되어 있는 법칙성을 순수하게 받아들이려는 것이라고 볼 수 있다.

이것은 마음이 번뇌에 물들어 있다는 현실을 인정하면서도, 그 본성은

---

18 『異部宗輪論』(『大正藏』 49권 15하)

자성청정심이라고 보려는 것과 서로 통한다. 대중부에서는 심성본정을 주장하고 있으며,[19] 법장부의 논서로 알려져 있는 『사리불아비담론』에서도 심성은 청정이어도 객진번뇌 때문에 더럽게 물들어 있다고 서술하고 있다.[20] 심성을 본디 청정한 것으로 보는 입장은 마음의 본성을 무위라고 보는 입장이다. 남방불교의 『논사』(Kathāvatthu)에서의 '모든 존재의 진여는 무위이다(sabbadhammānain tathatā asaṃkhatā)'라고 하는 경우의 진여도 화지부의 진여와 같은 의미를 지니고 있다.[21] 무위에 이와 같은 차이점을 보인 것은 마음의 본성을 청정한 것으로 보느냐, 그렇지 않느냐에 따르는 것이다. 대중부와 화지부 그리고 『논사』 등은 전자인데, 유부는 후자이기 때문이라는 것이다.[22]

어째든 진여는, '사물 그 자체' 또는 '사물 스스로의 본성'이라는 것을 의미하고 있다. 부파불교시대에는 법과 그 법의 차별을 내세워, 이것을 유위와 무위로 나누고 있지만, 진여(tathatā)의 의미는 '사물 그 자체' 또는 '사물의 본성'을 가리키고 있다.

### 3. 대승불교에서 진여

반야바라밀(Prajñāpāramitā)경 계통에서는 이 진여(tathatā)의 사고방식을 받아들여, 모든 법은 법으로서 서로 다르다고 하더라도, 모든 법의 진여(tathatā)는 동일하다고 본다. 이는 중생의 진여(tathatā)와 붓다의 진여(tathatā)가 동일하다는 것으로 풀이된다. 모든 존재에서는 두 가지 모습을 볼 수 있는데, 첫째는 그 존재 하나 하나가 지니고 있는 따로따로의 모습이고, 둘째는 그 모든 존재의 실상이다. 그 존재 하나 하나가 지니고 있는 따로따로의 모습은 지·수·화·풍의 견·습·난·동(堅濕煖動)이지만, 그 하나하나의 모습 또한 하나의 사실을 추구하면 불가득이라고 볼 수 있다. 이것은 불가득의 공(śūnyatā)이 실상이라는 것을 가리키는 것이며, 이것이 바로 진여라고 말하는 것은 '법 그대로의 본질' 또는 '사물의 사물다운 본성'이라고 하는 것과 같은 의미로 쓰고 있는 것이므로 부파불교에서 말하는 바의

---

19 『異部宗輪論』(『大正藏』 49권 15하)
20 『舍利弗阿毘曇論』(『大正藏』 28권 697중)
21 木村泰賢, 『阿毘達磨論の研究』(東京: 大法輪閣, 1982), 288면.
22 木村泰賢, 『阿毘達磨論の研究』(東京: 大法輪閣, 1982), 286-288면.

의미와 별로 다를 바가 없는 것으로 보인다.

반야바라밀경 시대 이후의 대승불교에서는 모든 법의 본성·본질에 관하여 말로는 어떻게 표현할 수 없다는 점을 어떻게 해서든지 나타내려고 노력한 것으로 보인다. 그러한 노력이 진여(tathatā), 법성(dharmatā), 실제(koṭi), 적멸(vyupaśama), 공(śūnyatā), 제일의(第一義, paramārtha)라는 용어를 만들어 낸 것이다.

부파불교에서는 자성이라는 용어를 svabhāva로 언표하며, 그것은 사물의 결정적인 성질을 의미한다. 그러나 대승불교에서는 자성(自性)이라는 용어를 prakṛti[23]로 언표하는 경향이 짙고, 그것은 '자연 그대로의 것' 또는 '조금도 갈고 닦지 않아 다듬어지지 않은 본디 그대로의 것'을 의미한다. 이것을 잘 들여다보면 모든 존재의 무자성(asvabhāva)이 법성이라는 것을 드러내려고 하는 것이며, 진여는 법성·실제·자성(prakṛti)과 같은 뜻으로 쓰여져, '사물의 본질' 또는 '본래의 것'이라고 하는 의미로 쓰고 있음을 알게 한다.

『랑까와뜨라경(Laṅkāvatra-sūtra)』으로 옮겨오면 진여는 반야(prajñā, 지혜)의 진여이며, 『해심밀경』에서는 원성실성을 진여로 삼고 있다. 모든 존재는 그 본질과 표상(表相)이 있으며, 표상으로서는 다르게 보이지만 그 본질로서는 불변진실이며 평등무차별이다. 본질을 진여·법성·실제·제일의(第一義)·자성(prakṛti)이라고 서술하며, 표상을 nimitta[24]·lakṣaṇa[25]라고 말한다.

그렇기 때문에 '사물의 모습을 아는 것[知色相]'이 '사물의 본질을 아는 것[知色如]'이며, '진여가 바로 표상이며, 표상이 바로 진여[如卽相·相卽如]'라고 말할 수 있을 뿐 아니라, 표상과 진여는 다른 것이 아니라고 보는 것이다. 진여는 이와 같이 본성·본질·자성이라고 서술하여, 모든 존재의 존재

23 SED, 653하. prakṛti, pra-√kṛi to make, produce, effect; prakṛti f. 'making or placing before or at first,' the original or natural form or condition of anything, original or primary substance,; cause, original source,; fundamental form, pattern, standard, model, rule, 自性.

24 SED, 551상 nimitta, n. a butt, mark, target; sign, omen; cause, motive, ground, reason; (in phil.) instrumental or efficient cause (opp. to upādāna, the operative or material cause) 相.

25 SED, 891하. lakṣaṇa, √lakṣ to perceive, observe; to mark, sign; to characterize, define ; lakṣaṇa n. a mark, sign, token, symbol, characteristic; a lucky mark, favourable sign, 相.

양상을 있는 그대로 보는 것으로 되어 있다.

이것을 우리의 삶으로 끌어들여 종교사회학적인 관점에서 탐구하는 것이 불교의 종교성을 더욱 잘 드러낼 것으로 보인다. 불교가 추구하는 삶의 이상은 모든 사람이 고난에서 벗어나 안락을 얻어[duḥkha-vighāta sukha-lābha, 離苦得樂] 평등한(samatā) 삶을 누리는 것이다. 그것을 실현하려고 스스로를 이롭게 하고 남도 이롭게 하는 것[自利利他, sva-parārtha]을 실천하는 것이다. 남에게 베풀고 사는 삶이 바로 받는 것이라는 투철한 정신이 작용하고 있음을 본다. 이것은 결과적으로 너와 나를 가리지 말고 온 세상에 존재하는 모든 생명들이 다 함께 니르와나(nirvāṇa)을 성취하여 안락하고 평등한 삶을 누리자는 것이다. 니르와나를 성취하려면 수행을 하여야 하며, 수행을 하려면 그 주체가 논의되고, 그 주체를 논의하려면 사람의 마음을 여러 가지로 조명하지 않을 수 없다. 그러한 결과 여기서 진여를 깊이 생각하지 않으면 안될 두 가지 중요한 요소가 있다.

첫째, 진여는 모든 존재가 '본디 그냥 그대로 있다'라는 의미로서의 진여이다. 이것은 모든 것에 통하는 것이라고 말할 수 있지만, 불교의 관심사는 외계에 관한 것이 아니라 언제나 '자기 그 자체' 또는 '마음 그 자체'에 있다. 그러한 까닭으로 진여를 모든 존재의 진여로서 평등하여 불어나거나 줄어드는 일이 없다고 보고 있음과 동시에, 그것이 마지막 목표로 하는 바는 마음으로 돌아와 '마음의 진여'를 중심으로 해서 해석하려고 한다. 진여는 불변을 본성으로 하며, 상(相)은 생성과 소멸을 특성으로 한다. 그러므로 진여는 실제로는 변화성을 내포한 불변성이며, 변화성은 바로 생성과 소멸을 반복하는 존재의 실제모습이 되는 것이다. 이것을 유정에 관련지어서 반야바라밀(prajñāpāramitā)경 계통에서는 중생의 진여라고 표현하며, 중생이라고 하는 자리에 생성과 소멸의 소용돌이를 나타내고, 진여라고 하는 곳에 불변·진실이면서 생성과 소멸을 초월한 자태를 보여주고 있는 것이다. 이 불변·진실은 여래의 진여도 같은 것이므로 중생의 진여는 여래의 진여와 동일하다고 말할 수 있는 논리가 성립한다. 이 중생의 진여와 여래의 진여가 동일하다고 말할 수 있는 것은, 그것이 형식에 있어서 동일하다는 것이 아니라, 본질적으로 동일하며 또 작용으로 보더라도 동일하다. 그렇기 때문에 초기불교 이래의 용어를 빌려서 서술하면, 자성청정심(prakṛti-prabhāvasvara), 불성(佛性, buddhadhātu·buddhatā), 불종(佛種, buddhamkura), 아말라식(無垢識, amala-vijñāna), 여래장(如來藏, tathāgatagarbha)이라고도 부른다.

둘째, 그 결과로서 그 마음이 견문각지(見聞覺知)하는 외계에 관하여 어떤 관계를 갖는가, 이것이 중요한 의미를 지니게 된다. 과연 어떤 관계를 가질까? 이것은 벌써 붓다의 연기의 법칙에 명확하게 밝혀져 있으며, 또한 불교의 모든 경전은 이것을 근거로 하여 사상을 전개하고 있다. 연기의 법칙이 마음을 근본으로 하는 유심관이라는 점을 『대방광불화엄경』에 이르면 더욱 확실하게 드러내어 다음과 같이 설파하고 있다.

> "우주에 있는 모든 존재는 다 허망하며, 다만 이것은 마음이 만든 것이니라.
> 열두 가지 인연, 이것도 모두 마음으로 말미암은 것이니라."[26]

한마음이 무명을 따라서 움직여 여러 가지 것을 만들어내고 있음을 의미한다. 자기가 인식하며 판단하고 있는 것은 모두 마음 가운데에 있다. 그러므로 중생이 윤회하는 욕계·색계·무색계의 세 세계는 거짓으로 꾸며진 것이며 마음이 만들어낸 것이다. 그러므로 이 마음을 떠어 놓아버리면 견문각지하는 외계는 존재하지 않는다. 깨닫지 못한 어리석은 사람은 자기의 마음에 인식되는 외계를 그대로 참된 외계라고 망상하고 있지만, 그것은 애초부터 잘못이다. 왜냐하면 어리석은 사람은 번뇌와 아집을 바탕으로 하고 있기 때문에 그의 마음에 비치는 외계는 망상으로 왜곡되어 있는 것이다. 그러나 유심이라고 하여 외계에 아무 것도 없다는 것은 아니다. 자기가 경험하고 있는 것은 자기의 마음을 드러내고 있는 것에 지나지 않는다는 의미이다. 색맹인 사람이 보고 있는 붉은 색은 어떤 색으로 보일까, 그 사람 밖의 다른 사람에게는 짐작이 가지 않는 것으로 보아도 분명하다는 것이다. 다른 사람의 마음이나 개와 고양이의 마음이 무엇을 생각하고 있을까, 알리가 없지만, 그럼에도 불구하고 사람은 자신의 마음을 닮은 것으로 이해하고 있다. 그것은 개의 마음을 아는 것이 아니라, 자신의 마음속에 개의 마음을 만들어 놓은 것이다. 이것을 『대방광불화엄경』에서는 다음과 같이 노래하고 있다.

---

26 『大方廣佛華嚴經』(『大正藏』9권, 558하)

"만일 사람이 과거·미래·현재의 모든 붓다를 알고 싶으면,
마땅히 법계의 본성을 관조해야 하느니라.
모든 존재는 오로지 마음에 의하여 이루어지느니라."[27]

이것은 유심관을 노래한 『대방광불화엄경』의 유명한 노래이다. 이 경에서 말씀하는 '일체(一切)'라는 용어는 일체법을 가리키며, 일체법은 모든 존재를 가리킨다. 존재하는 모든 것을 마음이 만들어낸 것이라고 하면, 마음은 창조주가 되어버리므로, 이것은 불교의 근본사상에서 크게 벗어나고 마는 것이다. 불교는 창조주를 부정하고, 연기의 법칙을 내세워 존재의 법칙을 정립하기 때문이다. 그러므로 여기서 말씀하는 마음[心]이 무엇인가를 깊이 사색하지 않으면 안 된다. 여기서 말씀하는 마음은 법을 가리킨다. 불교에서의 법[=진리]은 무엇인가? 연기의 법칙이다. 연기라는 법칙에 의하여 모든 것이 이루어진다는 것이다.

사람의 마음은 실로 여러 가지 일을 한다. 마음은 실체로 존재한 것이 아니지만, 마음을 띄어 놓아버리면 인식·판단하는 외계는 존재하지 않는다. 그러므로 『대방광불화엄경』에서 그러한 사실을 다음과 같은 비유를 들어 노래하고 있다.

"마음속에 그림이 없고, 그림 속에 마음 없느니라.
그러나 마음을 떠나서 그림을 얻을 수 없느니라."[28]

마음으로 그리는 그림이 얼마나 많을까. 이렇게 마음으로 그린 그림에 이름을 붙인 것을 가명(假名)이라고 한다. 가명이란 상대적으로 명명된 것을 가리키는 것으로, 오른쪽에 의하여 왼쪽이, 남편에 의하여 아내가, 긴 것에 의하여 짧은 것이 성립하는 것과 같은 이치이다. 악이 소실되면 선도 그 이름을 잃게 된다. 그러므로 불변의 실체를 가지지 않는 것이 모든 존재의 진실한 모습이다.

모든 말은 가명이며 실체가 없는 것이다. 예를 들면, 서쪽이 있으므로 동쪽이 있으며, 북쪽을 세워 남쪽이 결정된다. 이와 같은 상대를 버리고 동·

27 『대방광불화엄경』(『大正藏』9권, 466상)
28 『대방광불화엄경』(『大正藏』 10권, 102상)

남·서·북이라고 하는 실체가 있는 것이 아니다. 또 책상이라고 하는 말에 의하여 모든 종류의 책상이 표시되지만, 하나 하나의 책상은 모두 어딘가가 조금씩 다르다. 완전히 동일한 책상은 하나도 없다. 그와 같은 잡다한 것들을 책상이라고 하는 하나의 말로 묶을 뿐이지, 책상이라고 하는 말에 대응하는 실체는 존재하지 않는다. 공상(共相)과 자상(自相)이라고 하는 말 속에 이러한 의미가 잘 살아있다.

언설은 망념에서 생겨난 것이며, 말에 의해서는 진실한 것을 어느 것도 얻을 수 없는 것이다. 예를 들면, 니르와나(nirvāṇa)라고 하는 말을 알고 있어도, 그것에 의하여 범부의 마음이 붓다의 깨달은 니르와나의 진리로 바뀌어버리는 것이 아니다. 진여라고 말하더라도 똑같은 것이다. 진여라고 하는 말이 진여의 사실을 나타내는 것은 아니다. 오히려 진여라고 하는 말로 한정되는 것에 의하여, 진여라고 하는 전체적인 진리에서 벗어나 버리는 모순을 포함하고 있다. 그러나 말을 쓰지 않고는 진리를 상대방에게 전할 수 있는 길이 없으므로, 진여라고 하는 이름을 쓰는 것은 언어로 나타낼 수 있는 마지막 수단이며, 말에 의하여 말을 버리려는 의도를 가지고 있는 것이다.

연기의 법칙은 진여를 가리키며, 진여는 마음과 결연하여 연기의 유심관을 형성하게 된다. 이와 같은 사상체계에서 진여는 마음의 진여를 의미하는 것으로 발전한다.

마음의 현실적 기능의 분석에서 출발하는 유식사상에 이르면 『이부종륜론』에 나타난 부파불교의 선법진여·불선법진여·무기법진여·도지진여·연기진여[29]와 연기지성·성도지성[30]의 이론까지를 아우르면서, 더욱 치밀하고 조직적인 진여의 이론을 전개한다. 요가행파(Yogācāra)의 핵심경전인 『해심밀경』에서는, 진여를 일곱 가지로 나누어 조직적으로 치밀하게 말씀하고 있는데, 그 내용을 다음과 같이 말씀하고 있다.

> "여소유성이란, 온갖 더럽게 물든 존재와 맑고 깨끗한 존재 가운데의 모든 진여를 가리킨다. 이것을 이 가운데의 여소유성이라고 말한다. 이것에는 또 일곱 가지가 있다. 첫째는 유전진여(流轉眞如, pravṛtti-tathatā), 모든 존

---

29 『異部宗輪論』(『大正藏』 49권, 17상)

30 『異部宗輪論』(『大正藏』 49권, 15하)

재는 시작도 끝도 없다는 성품이라는 것을 가리킨다. 둘째는 실상진여(實相眞如, lakṣaṇa-tathatā), 모든 존재는 인무아(pudgala-nairātmya) 및 법무아(dharma-nairātmya)의 성품이라는 것을 가리킨다. 셋째는 요별진여(了別眞如, vijñapti-tathatā), 모든 행은 오로지 이 식의 성품이라는 것을 가리킨다. 넷째는 안립진여(安立眞如, saṃniveśa-tathatā), 내가 말하는 바의 모든 고성제를 가리킨다. 다섯째는 사행진여(邪行眞如, nithyā-praptipatti-tathatā), 내가 말하는 바의 모든 집성제를 가리킨다. 여섯째는 청정진여(淸淨眞如, viśuddhi-tathatā), 내가 말하는 바의 멸성제를 가리킨다. 일곱째는 정행진여(正行眞如, samyak-praptipatti-tathatā), 내가 말하는 바의 도성제를 가리킨다."[31]

이와 같이 진여를 일곱 가지[saptavidhāḥ tathatāḥ]로 분류하여 말씀하고 있는 내용을 차례로 정리하여 보기로 한다.

첫째, 유전진여(pravṛtti-tathatā)란, 생진여(生眞如)·생여여(生如如)·윤전진여(輪轉如如)·생기진실(生起眞實)이라고도 한다. 만일 상(相)을 따라서 서술하면 생사유전은 실체를 원인으로 하는 것이 아니라, 변계소집성과 의타기성의 인연으로 하여 생겨나는 것을 진실로 보는 것이며, 성(性)을 따라서 서술하면 진여는 시작도 끝도 없이 늘 그대로인 것을 실성으로 삼기 때문에 유전진여라고 한다. 모든 존재는 유전하여 시작도 없고 끝도 없이 돌고 도는 것을 본성으로 하기 때문에 이렇게 부르는 것이다.

둘째, 실상진여(lakṣaṇa-tathatā)란, 상진여(相眞如)·상여여(相如如)·공상여(空相如)라고도 한다. 모든 존재를 인무아(pudgala-nairātmya)와 법무아(dharma-nairātmya)의 두 무아로 드러내려고 하는 것이다. 사람이란 존재는 사람을 이루는 다섯 가지 요소(五蘊, pañca skandha)가 임시로 화합하여 있는 것일 뿐, 상·일·주·재(常一主宰)의 실체인 아트만(ātman)이 아니라는 가르침이 인무아이며, 모든 존재는 연기의 법칙에 의하여 생겨나는 것일 뿐, 실체가 없다고 하는 가르침이 법무아이다.

셋째, 요별진여(vijñapti-tathatā)란, 식진여(識眞如)·식여여(識如如)·유식진여(唯識眞如)·유식여(唯識如)라고도 한다. 모든 존재를 유식의 관점으로 보려고 하는 것으로, 상(相)을 따라서 서술하면 무분별지를 가리키며, 성(性)을 따라서 서술하면 유식성(唯識性)을 가리키는 것이다.

31 『解深密經』 卷第3 (『大正藏』 16권, 699하)

넷째, 안립진여(saṃniveśa-tathatā)란, 의지진여(依止眞如)·의지여(依止如)·안립진실(安立眞實)이라고도 한다. 이것은 사성제 가운데의 고성제를 가리키며, 만일 상(相)을 따라서 서술하면 아·아소의 소집처인 기세간 및 중생세간을 말한다. 고성제는 집성제를 원인으로 하여 성립한 것이므로 안립진여라고 한다.

다섯째, 사행진여(nithyā-praptipatti-tathatā)란, 사행여(邪行如)·사행여여(邪行如如)·사행진실(邪行眞實)이라고도 한다. 이것은 사성제 가운데의 집성제를 가리키며, 만일 상(相)을 따라서 서술하면 고뇌의 원인인 갈애를 말한다.

여섯째, 청정진여(viśuddhi-tathatā)란, 청정여(淸淨如)·청정진여(淸淨如如)·청정진실(淸淨眞實)이라고도 한다. 이것은 사성제 가운데의 멸성제를 가리키며, 만일 상(相)을 따라서 서술하면 번뇌·소지의 두 장애가 영원히 소멸하여 드디어는 맑고 깨끗하게 되는 것을 말한다.

일곱째, 정행진여(samyak-praptipatti-tathatā)란, 정행여(正行如)·정행여여(正行如如)·정행진실(正行眞實)이라고도 한다. 이것은 사성제 가운데의 도성제를 가리키며, 만일 상(相)을 따라서 서술하면 고뇌가 소멸하는 도리인 팔정도를 말한다.

이 일곱 가지 진여를 증득하면 탐욕(rāga)·성냄(dveṣa)·어리석음(moha)의 삼독을 소멸하여 니르와나(nirvāṇa)를 이룰 뿐 아니라 대승불교에서의 수행의 근본목표인 무상정등정각(an-uttarā-samyak-saṃbodhi)까지도 성취한다고 한다. 그리고 바로 이어서 그 안에는 네 가지 평등정신이 들어 있다고 다음과 같이 말씀하고 있다.

> "꼭 알아두어야 하느니라. 이들 가운데에서, 유전진여·안립진여·사행진여로 말미암아서 모든 유정은 평등이고 또 평등이니라. 실상진여·요별진여로 말미암아서 존재하는 모든 것은 평등이고 또 평등이니라. 청정진여로 말미암아서 모든 성문의 깨달음·독각의 깨달음·가장 온전한 깨달음(an-uttarā-samyak-saṃbodhi)은 평등이고 또 평등이니라. 정행진여로 말미암아서 정법을 청문하고, 온갖 경계를 소연하여 아주 뛰어난 사마타(奢摩他, śamatha)·위빠사나(毘鉢舍那, vipaśyanā)를 섭수하는 바의 지혜는 평등이고 또 평등이니라."[32]

32 『解深密經』卷第3 (『大正藏』 16권, 700상)

붓다의 가르침 가운데에서 평등정신은 빼놓을 수 없는 것이다. 그와 같은 정신이 이 일곱 가지 진여 속에서 숨쉬고 있다는 것은 불교의 신행생활에 새로운 지평을 열어주는 것이다. 모든 유정이 평등이며, 존재하는 모든 것이 평등이고, 모든 깨달음이 평등이며, 지혜가 평등하다는 정신은 인류에게 커다란 희망을 안겨주는 것이라고 본다. 시대의 흐름에 따라서 이와 같은 진여를 일곱 가지로 분석하여 관조하려는 『해심밀경』의 사상을 이어받은 요가행파(yogacāra)에서는 이에 관하여 여러 가지의 학설을 제시하고 있다.

예를 들면, 『현양성교론』[33]을 탐구하여 보면, 허공·비택멸·택멸·부동·상수멸·선법진여·불선법진여·무기법진여의 여덟 가지 무위를 제시하고 있으며, 이것은 선(善)·불선(不善)·무기(無記)의 세 가지 성품, 그리고 팔성도지(八聖道支)와 아울러 생사연기 등의 이치가 진실이면서 항구불변인 진여라는 논조를 전개하고 있는 것이다.

더 나아가 일곱 가지 진여에 관하여, 『불지경론』[34]과 『대승장엄경론』[35]의 내용을 보면 서로 다른 입장으로 학설을 제시하고 있는 것을 볼 수 있다.

앞의 『불지경론』에서는 유전·요별·안립·사행·청정·정행의 여섯 가지를 진여라고 할 수 없다는 주장이다. 왜냐하면 진여는 일미평등의 실성을 의미하기 때문에, 그 유전의 실성 내지 정행의 실성을 일컬어서 유전진여 내지 정행진여라고 하는 것이다. 실상진여는 지업석(持業釋, karma-dhāraya)이며, 청정진여는 두 가지의 해석이 가능한데 가립과 실제로 나누어서 논술하면 의주석(依主釋, tat-puruṣa)이며 가립를 포섭하여 실제를 따르면 지업석이고, 나머지의 다섯 가지 진여는 모두 의주석에 따라서 얻은 이름이라고 해석하고 있다.

뒤의 『대승장엄경론』에서는 실상진여는 모든 법이 한 맛을 지닌 실성을 진여라고 하며, 유전·요별·안립·사행·청정·정행의 여섯 가지 진여는 그 자체가 그러한 것처럼 자성을 잃지 않음을 이름하여 진여라고 한다는 것이다. 말하자면 연기유전은 대자재(Īśvara) 등을 원인으로 하는 것이 아니라 변계소집성과 의타기성을 인연으로 하여 생겨나는 이법을 진실하여 거짓이 아닌 것으로 보아 유전연기라고 하며, 내지 팔정도 등은 고뇌의 소멸에

33 『顯揚聖教論』 卷第1 (『大正藏』 31권, 484중하)
34 『佛地經論』 卷第7 (『大正藏』 26권, 323상)
35 『大乘莊嚴經論』 卷第12 (『大正藏』 31권, 653상중)

관한 도리이면서 그 이법의 진실불허인 점을 정행진여라고 하는 것이다. 이것은 유전이 바로 진여이며, 내지 정행이 바로 진여라고 해석하는 학설이다.

한편으로 『불지경론』에서는 부파불교에서 대승불교에 이르기까지의 여러 학파의 진여에 관한 학설을 소개하고 있으며, 그 내용은 다음과 같다.

> "진여는 바로 이것이 모든 법의 실제 성품이며 전도가 없는 성품이다. 모든 법과 같지도 않으며 다르지도 않고, 몸(體)은 오로지 한 맛일지라도, 모습(相)에 따라서 여러 가지로 나뉘어진다.
>
> 혹은 두 가지라고 논설하나니, 생공무아(生空無我)와 법공무아(法空無我)를 가리킨다. 진여는 실제로 공무아의 성품이 아니지만, 분별을 여의었기 때문이며, 희론을 단절하였기 때문이다. 다만 공무아관을 수습함으로 말미암아 진여를 장애하는 아집과 아소집을 소멸하여 증득하기 때문에 공무아라고 한다.
>
> 혹은 세 가지라고 논설하나니, 선·불선 그리고 무기를 가리킨다. 진여는 이 세 가지 법의 진실성이기 때문이다.
>
> 혹은 네 가지라고 논설하나니, 욕계·색계·무색계의 삼계의 계박(繫縛)과 불계박을 가리킨다. 진여는 이 네 가지 법의 진실성이기 때문이다.
>
> 혹은 다섯 가지라고 논설하나니, 심진여·심소진여·색진여·심불상응진여 그리고 무위진여를 가리킨다.
>
> 혹은 여섯 가지라고 논설하나니, 색진여·수진여·상진여·행진여·식진여 그리고 무위진여를 가리킨다. 사람을 이루는 다섯 가지 요소[五蘊]과 무위는 진실성이기 때문이다.
>
> 혹은 일곱 가지라고 논설하나니, 첫째는 유전진여, 모든 존재의 시작을 모르는 과거로부터의 유전하는 실성을 가리킨다. …… 일곱째는 정행진여, 모든 유위와 무루의 선법도제의 실성을 가리킨다.
>
> 혹은 여덟 가지라고 논설하나니, 불생·불멸·부단·불상·불일·불이·불래·불거의 상(相)을 버리는 여덟 가지 문을 나타내는 바의 진여를 가리킨다.
>
> 혹은 아홉 가지라고 논설하나니, 구품(九品)의 도로 구품의 장애를 제거하여 나타나는 바의 진여를 가리킨다.
>
> 혹은 열 가지라고 논설하나니, 십지에서 열 가지의 무명을 제거하고 나타나는 바의 진여를 가리키며, 바로 열 가지 법계이다.

『섭대승론』에서 널리 명상(名相)을 논변하는 것과 같다. 이와 같이 수를 더하여 드디어 끝까지 가면, 온갖 법문은 이것이 모두 진여를 차별하는 모습이며, 그리고 진여의 체는 하나도 아니며 여럿도 아니므로, 분별이나 언설로도 모두 논변할 수 없다. 모든 허망한 전도를 벗어난 것이므로 임시로 진여라고 부르며, 모든 선한 법의 소의가 되는 것이므로 임시로 법계라고 부르고, 손감의 비방을 벗어난 것이므로 임시로 실유라고 부르며, 증익의 비방을 벗어난 것이므로 임시로 공무라고 부르고, 분석하고 추구하여 보니 모든 법은 헛되고 거짓이어도 완전히 여기에 이르러 다시 건너야 할 것이 없으며, 오로지 이것은 이 진여만을 임시로 실제라고 부르고, 이 분별이 없는 가장 훌륭한 성스러운 지혜가 깨달은 바의 경계임을 임시로 승의라고 한다."[36]

이 내용을 종합하여 보면 널리 부파불교에서 대승불교에 이르기까지의 여러 학파의 진여에 관한 학설을 종합적으로 소개하고 있는 것이다. 다만 부파불교에서는 주로 연기 또는 도지(道支) 등의 이법(理法)이 진실이며 불변함을 이름하여 진여라고 보는데 대하여, 『해심밀경』에 이르러서는 모든 존재를 잘 관조하면 한 맛이며 평등한 모습이 진실이라고 하여 실상진여(lakṣaṇa-tathatā)[37]를 말하고 있다. 이것이 온갖 존재의 진실한 성품이며 변함이 없는 영원성이라고 사유하는 것은 진여에 관한 이론의 획기적인 발전이라고 말할 수 있다. 이와 같은 사상은 『랑까와뜨라경(Laṅkāvatra-sūtra)』에서도 허망분별을 벗어난 진실한 모습이 진여라고 다음과 같이 말하고 있다.

"성인은 그의 미혹한 법을 전변한 것을 이름하여 진여라고 한다.
대혜여, 이것은 어떤 법들을 말하는가?
대혜여, 이것은 진여의 법을 말하며, 분별하는 것을 벗어났기 때문이니라.
대혜여, 이러한 뜻으로 말미암아, 나는 거듭하여 진여의 법체는 분별하는 것을 벗어난 것이라고 선설하노라. 진여 속에는 허망분별하는 법이 없기 때문이니라."[38]

---

36 『佛地經論』 卷第7 (『大正藏』 26권, 322하-323상)
37 『解深密經』 卷第3 (『大正藏』 16권, 699하)
38 『入楞伽經』 卷第4 (『大正藏』 16권, 535중)

허망한 분별을 벗어나면 미혹하지 않으며, 미혹하지 않으면 이 세상의 모든 현상을 있는 그대로 볼 수 있다. 있는 것을 있는 그대로 보는 것이 진여라고 보는 것이다. 이와 같은 흐름은 변함 없이 유식사상에 이어지고 있는 것으로 보인다. 예를 들면 와수반두(Vasubandhu, 世親)가 짓고 현장(玄奘)이 번역한 『섭대승론석』을 보면 다음과 논변하고 있다.

> "어떠한 것들을 이름하여 말할 수 없는 성품이라고 하는가? 말하자면 무아성을 드러내는 바의 진여이다. 변계소집의 뿌드갈라(pudgala) 및 온갖 법이 모두 자성이 없는 것을 무아성이라고 한다. 바로 이 무아성을 드러내는 바의 유성(有性)을 일컬어 진여라고 부른다. 단멸을 취하는 일이 없기 때문에 이런 말을 한다."[39]

또한 같은 계통의 유식사상의 논서인 『성유식론』에서도 같은 취지로 다음과 같이 논변하고 있다.

> "이것이 모든 법의 수승한 뜻이며, 또한 바로 이것이 진여이다. 진(眞)이란 말하자면 진실하여 허망하지 않음을 나타내며, 여(如)란 말하자면 늘 그대로이면서 변역하지 않음을 나타낸다.[40] 말하자면 이것은 진실이며, 모든 계위에서 늘 그대로이고, 그 본성이 되기 때문에 진여라고 부른다. 바로 이것은 담연하여 허망하지 않다는 뜻이다. 또한(亦)이라고 하는 언어는, 여기에 다시 많은 이름이 있음을 나타낸다. 말하자면 법계 및 실제 등이라고 한다. 다른 논서 가운데에서는 뜻에 따라서 널리 해석하는 것과 같다. 이 본성은 바로 이 유식의 실성이다. 유식의 본성을 줄여서 말하면 두 가지가 있다. 첫째는 허망, 말하자면 변계소집성이며, 둘째는 진실, 말하자면 원성실성이다. 허망을 가려내려고 실성이란 언어를 쓴다. 또 두 가지 본성이 있다. 첫째, 세속, 말하자면 의타기성이며, 둘째, 승의, 말하자면 원성실성이다. 세속을 가려내려고 실성이란 언어를 쓴다."[41]

---

39 『攝大乘論釋』 卷第8 (『大正藏』 31권, 364중)

40 진여의 원어인 tathatā라는 용어 속에서는 眞과 如로 나누어서 생각할 수 있는 요소가 아무 것도 없다. 그럼에도 불구하고 이렇게 한 것은 아마 『대승기신론』의 다음과 같은 문장의 영향을 받은 것으로 보인다. (『大正藏』32권, 576상)

41 『成唯識論』 卷第9 (『大正藏』 31권, 48상중)

위에 인용한 것들을 근거로 하여 보면 실상진여는 허망하게 분별하는 것을 벗어나 버린 인무아와 법무아의 본성에 그렇게 이름을 붙인 것이다. 변계소집성·의타기성·원성실성의 세 성품 가운데에서는 원성실성을 의미하는 것임을 알 수 있다. 또한 아쌍가(Asaṅga, 無着)가 짓고 양(梁)나라 때 빠라마르타(Paramārtha, 眞諦)가 번역한 『섭대승론』을 보면 열 가지 모습으로 드러나는 법계진여를 다음과 같이 논변하고 있다.

"무엇이 법계의 열 가지 모습을 잘 나타내는가?

초지에서는 모든 변만(遍滿)한 의의를 근거로 하여 꼭 법계를 알아야 하며, 이지에서는 가장 수승한 의의를 근거로 하여, 삼지에서는 수승하게 전하여지는 의의를 근거로 하여, 사지에서는 포섭할 것이 없는 의의를 근거로 하여, 오지에서는 상속하여 다르지 않다는 의의를 근거로 하여, 육지에서는 더러움과 깨끗함이 없다는 의의를 근거로 하여, 칠지에서는 여러 가지 법에 차별이 없다는 의의를 근거로 하여, 팔지에서는 늘어나거나 줄어드는 것이 아니라는 의의를 근거로 하여, 구지에서는 정(samādhi)자재로 의지하는 의의를 근거로 하여, 정토자재로 의지하는 의의를 근거로 하여, 그리고 지자재(智自在)로 의지하는 의의를 근거로 하여, 십지에서는 업자재로 의지하는 의의를 근거로 하여, 그리고 다라니(dhāraṇī)와 싸마디문(samādhi)의 자재로 의지(依止)하는 의의를 근거로 하여 꼭 법계를 알아야 한다."[42]

여기에서는 제일지인 환희지(pramuditā bhūmi)를 비롯하여 이구지(vimalā bhūmi), 발광지(prabhākarī bhūmi), 염혜지(arcismatī bhūmi), 난승지(sudurjayā bhūmi), 현전지abhimukhī bhūmi), 원행지(dūraṅgamā bhūmi), 부동지(acalā bhūmi), 선혜지(sādhumatī bhūmi) 그리고 제십지인 법운지(dharmameghā bhūmi)에 이르기까지의 십지를 모두 깨닫는 바의 진리로 삼아야 한다고 서술하고 있다. 『성유식론』에서도 이 열 가지 진여를 다음과 같이 더욱 자세하게 논술하고 있다.

"열 가지 진여란 아래와 같다.

첫째는 변행진여, 이 진여는 [生空·法空] 두 가지 공이 나타나는 바로서

42 『攝大乘論』 卷下 (『大正藏』 31권, 126상)

한 법으로도 존재하지 못하는 일이 없다는 것을 가리킨다.

둘째는 최승진여, 이 진여는 끝이 없는 덕을 갖추고 있으며, 모든 법에서 가장 수승하다는 것을 가리킨다.

셋째는 승류진여, 이 진여에서 흘러나오는 바의 교법은 나머지의 다른 교법에서 흘러나오는 것보다 가장 수승하다는 것을 가리킨다.

넷째는 무섭수진여, 이 진여는 계박하는 바가 없으며, 아집 등의 소의·취착이 아니라는 것을 가리킨다.

다섯째는 유무별진여, 이 진여는 [생사·니르와나] 종류에 차별이 없으며, 눈 등의 종류에 차이가 없다는 것을 가리킨다.

여섯째는 무염정진여, 이 진여는 본디부터 성품에 더러움이 없으며 또 뒤에 꼭 깨끗하다라고 말할 수 없다는 것을 가리킨다.

일곱째는 법무별진여, 이 진여는 많은 교법에 여러 가지로 안립한다고 하더라도 차이가 없다는 것을 가리킨다.

여덟째는 부증감진여, 이 진여는 늘거나 줄어드는 집착을 벗어나고, 깨끗함과 더러움에 따라서 늘거나 줄지 않는다는 것을 가리킨다. 바로 이것을 또 상자재(相自在, 무분별)·정토자재소의진여라고도 한다. 이 진여를 증득하고 나면 [금·은]상을 드러내고 [대·소]토지를 드러내는 것이 모두 자재이기 때문이다.

아홉째는 지자재소의진여, 이 진여를 증득하고 나면 걸림이 없이 요해하여 자재를 얻는다는 것을 가리킨다.

열째는 업자재등소의진여, 이 진여를 증득하고 나면 두루 모든 신통스런 작업과 총지(dhāraṇī) 그리고 정문(samādhi)에서 모두 자재인 것을 가리킨다.

진여의 본성은 실제로 차별이 없다고 하더라도, 수승한 복덕에 따라서 거짓으로 열 가지를 세운다. 초지 가운데에서 벌써 모든 것을 달성한다고 하더라도, 능증의 행은 아직도 원만하지 않으므로, 원만하게 하기 위하여 맨 뒤에 건립한다. 이와 같이 보살는 십지 가운데에서 용맹스럽게 열 가지 수승한 행을 수행하여, 열 가지 무거운 장애를 끊고, 열 가지 진여를 증득하며, [bodhi·nirvāṇa] 두 가지 전의에서 곧 바로 증득할 수 있다."[43]

---

43 『成唯識論』 卷第10 (『大正藏』 31권, 54중)

여기서도 앞의 『섭대승론』에서처럼 하나 하나의 진여에 십지를 짝을 지어 서술하고 있음을 본다. 변행진여에는 제일 환희지(pramuditā bhūmi)를, 최승진여에는 제이 이구지(vimalā bhūmi)를, 승류진여에는 제삼 발광지(prabhākarī bhūmi)를, 무섭수진여에는 제사 염혜지(arcismatī bhūmi)를, 유무별진여에는 제오 난승지(sudurjayā bhūmi)를, 무염정진여에는 제육 현전지(abhimukhī bhūmi)를, 법무별진여에는 제칠 원행지(dūraṅgamā bhūmi)를, 부증감진여에는 제팔 부동지(acalā bhūmi)를, 지자재소의진여에는 제구 선혜지(sādhumatī bhūmi)를, 업자재등소의진여에는 제십 법운지(dharmameghā bhūmi)를 짝을 지어서 좀더 자세하게 서술하고 있다. 지전(地前)의 보살들은 아직 진여를 보지 못하고, 또 성문·연각의 이승은 견도에서 다만 생공진여만을 볼 뿐이다. 그러나 십지의 보살는 점차로 생공무아와 법공무아의 두 가지 공이 나타내는 바의 진여를 증득한다는 것을 논변하고 있다. 유식사상에서 제기하는 이와 같은 여러 가지 진여는 수평적인 관점이 아니라 수직적인 관점이 아닌가라는 생각이 든다.

## Ⅲ. 인접 개념과의 관계 및 현대적 논의

여래장·불성을 말씀하는 경전을 탐구하여 보면, 『대방등여래장경(Āārya-tathāgatagarbha-nāma-mahāyāna-sūtra)』[44]에서는 아홉 가지의 비유를 들어 여래장(tathāgatagarbha)의 존재와 의미를 밝히고 있다. 『부증불감경』에서는 미망에 허덕이는 중생과 깨달음을 이룬 법신은 모두 여래장을 본질로 하고 있다고 말씀하고 있다.[45] 『승만사자후일승대방편방광경(Śrīmālādevī-siṃhanānda-sūtra)』에서는 중생은 모두 번뇌 속에 쌓여 있지만 본성은 맑고 깨끗하여 더러움에 물들지 않으므로 붓다와 똑같은 여래장을 갖추고 있다고 말씀한다.[46] 그리고 여래장을 더욱 섬세하게 설명하려고 공여래장과 불공여래장으로 나누어 말씀하고 있다. 또한 『마하빠리니르와나경(Mahāparinirvāṇa-sūtra)』[47]에서는 다섯 가지의 비유를 들어 모든 중생이

44 이평래, 『신라불교여래장사상연구』 (민족사, 1996), 136-142면.
45 小野玄妙, 『佛書解說大辭典』 第9卷 (大東出版社, 1968), 192면.
46 水野弘元·中村元·平川彰·玉城康四郞, 『佛典解題事典』 (春秋社, 1997), 92면.
47 이평래, 『신라불교여래장사상연구』 (민족사, 1996), 132-136면.

불성(buddhadhātu·buddhatā·buddhatva)을 가지고 있음을 논증하고 있다.

그리고 『대승기신론』 사상의 선구라고 할 수 있는 『랑까와뜨라경(Laṅkāvatra-sūtra)』[48]에서는 여래장과 알라야식(ālaya-vijñāna)사상을 서로 결합시켜 말씀하고 있다. 이와 같은 경전이 존재함으로 말미암아 여래장·불성을 서술하는 논장이 출현하는 것은 극히 자연스러운 일이라고 본다. 『구경일승보성론』·『불성론』·『대승기신론』은 바로 이러한 경전들을 근거로 하여 성립한 여래장사상 계통의 논장이다.

이 가운데에서 특히 『대승기신론』은 한마음(ekacitta)의 본질적인 입장과 현상적인 입장을 조직적이고 치밀하게 논술하고 있다. 무명과 관계할 때는 여래장이라고 하며, 마음 그 자체를 논의할 때는 진여라고 한다. 그러므로 『대승기신론』에서 연기사상을 논의할 때에는 여래장을 근거로 하여 연기를 논술하고, 진여는 본체로서의 마음을 논술하는 것이라고 본다.

불교 본디의 심성설에 입각한 심성본정설을 깔고 있으므로, 진여는 마음[心]의 진여이다. 그런 점에서 『섭대승론』에서의 진여는 법의 진여를 강조한 것이라면, 『대승기신론』에서는 마음의 진여를 요체로 하기 때문에,[49] 진여는 중요한 위치를 차지하고 있다고 볼 수 있다.[50] 실제로 일심·이문·삼대·사신·오행의 구조가 그것을 잘 말해주고 있다.

사람의 사람다움을 드러내는 본질은 마음이며, 『대승기신론』에서는 이 마음을 심진여와 심생멸이라고 하는 두 가지 관점에서의 설정을 명확히 하고 있다.[51] 진여는 진리의 존재방식으로 표현되어 있으며, 이법을 의미하는 것이다. 최종적으로는 온 세계에 가득 차 있는 진리를 유심론의 차원에서 표현하여 심진여라고 부르는 것이다. 그리고 심진여는 대승불교에서의 최고의 이상인 온전한 깨달음(an-uttarā-samyak-saṃbodhi)을 성취한 법신의 자리이며, 극락세계이고, 그지없이 맑고 깨끗하며, 지혜와 자비이고, 성(聖)·진·선·미 그 자체이므로 언어로는 표현할 길이 없다.[52] 『대승기신론』의 저자는 이점을 충분히 요해한 나머지, 진여를 '언어를 뛰어넘은 진여'와

---

48 이평래, 『신라불교여래장사상연구』(민족사, 1996), 250-254면.

49 柏木弘雄, 「大乘起信論における法と義」『平川彰博士還曆記念論集 佛教における法の研究』

50 柏木弘雄, 「心眞如と心生滅」『佛教學』第九·十特集號 (日本: 佛教學研究會, 1980)

51 柏木弘雄, 「心眞如と心生滅」『佛教學』第九·十特集號, (日本: 佛教學研究會, 1980)

52 『大方廣佛華嚴經』(『大正藏』10권, 102상), "身亦非是佛. 佛亦非是身. 但以法爲身. 通達一切法"

'언어로 드러내는 진여'로 나누어서 논술하고 있다. 그렇다면 왜 진여는 언어를 뛰어넘은 것이라고 할까? 그 이유를 『대승기신론』에서는 다음과 같이 서술하고 있다.

> 세간에서 쓰는 모든 말은, 어디까지나 거짓 이름일 뿐, 실체를 지니고 있는 것이 아니다. 다만 헛된 망념을 따라서 붙여진 이름에 지나지 않으므로, 그것을 빌려서 마음의 진실한 모습을 파악할 수 없다.
>
> 따라서 진여라고 하여도, 그 모습 그대로를 나타내는 것은 아니다. 그럼에도 불구하고, 진여라고 하는 말을 빌려서 절대 진리를 표현하려고 하는 것은, 말로써는 도저히 표현할 수 없는 것을 억지로 진여라고 하는 말을 빌려 말을 버리려고 하는 것이다.
>
> 진여라고 하는 말도 마침내 버려야 할 것이지만, 진여 그 자체는 하나도 부정할 것이 없다. 왜냐 하면, 진여라고 하는 실체가 따로 있는 것이 아니라 온갖 존재의 본성이 그대로 진실(眞實)이기 때문이다. 또, 진여라고 하는 말도 마침내 버려야 할 것이므로, 진여 그 자체는 아무 것도 긍정할 것이 없다. 왜냐 하면, 온갖 존재의 본질이 실재이며, 온갖 존재 밖에 실재가 따로 없이 똑같이 여여(如如)하기 때문이다.[53]

언어가 바로 진리는 아니기 때문에 언어에 매어버리면 오히려 언어의 노예가 되어버리고 만다. 그렇지만 달을 가리키기 위하여 손가락을 빌려야 하듯이 어쩔 수 없이 언어를 빌려 진리를 드러내려고 한다. 그러므로 진여라는 말은 언어로 나타낼 수 있는 마지막 수단이라는 점을 깊이 인식해야 한다.[54] 본질로서의 진여는 이언진여(離言眞如)·이언절려(離言絕慮)·언어도단(言語道斷)이지만 많은 사람을 무명으로부터 건져내기 위해서는 말을 빌려서 가르쳐야 한다. 그것이 진여를 언어로 드러내려고 하는 이유이기도 하다. 『대승기신론』에서는 이것을 공(空, śūnyatā)과 불공(不空, aśūnyatā)이라는 말을 빌려 다음과 같이 서술하고 있다.

> 또한 진여는, 사유와 언표의 한계를 넘어선 것이긴 하지만, 말에 기대지

53 『大乘起信論』(『大正藏』 32권, 576상)
54 이평래, 『신라불교사상여래장연구』(민족사, 1996), 195면.

않으면 달리 도리가 없으므로, 말을 빌려서 드러내면 두 가지 뜻이 있다.

첫째, 진여에는 번뇌가 전혀 없다[空, śūnyatā]는 의미이며, 이는 진여 그 자체가 마침내 진실한 모습임을 밝힐 수 있기 때문이다.

둘째, 진여는 번뇌를 여의어서 맑고 깨끗한 덕성이 언제나 갖추어져 있다[不空, aśūnyatā]는 의미이다. 다시 말하면 어떤 것으로부터도 부정(否定)을 당하는 일이 없는 자체(自體)가 있고, 본디 번뇌가 없는 거룩한 덕성을 갖추고 있는 것임을 밝힐 수 있기 때문이다.[55]

진여가 공(śūnyatā)이라고 말할 수 있는 것은 탐욕(rāga)·성냄(dveṣa)·어리석음(moha)의 삼독(三毒)이 완전히 소멸하여 번뇌가 0%라는 의미이다.[56] 자성이 그지없이 맑고 깨끗한 진여에는 한 점의 티끌도 더러움도 번뇌도 없다. 주관적인 존재방식과 객관적인 존재방식을 모두 흡수하여버린 전체자로서의 진여이다. 이것은 바로 붓다의 지혜이므로 번뇌가 존재할 여지가 없으며, 평등 그 자체이므로 차별하는 일이 있을 수 없다. 그러므로 진여의 본성은, 유라는 존재방식·무라는 존재방식·유도 아니면서 무도 아니라는 존재방식·유이면서 무라는 존재방식이 아니다. 있다든지 없다든지라고 말하면 벌써 주관과 객관으로 분열된 인식의 세계로 떨어져버리기 때문이다.

그렇다면 왜 진여를 불공(aśūnyatā)이라고도 말할 수 있는가? 지혜와 자비가 100%이기 때문이다.[57] 벌써 진여 그 자체에는 번뇌가 없으므로 어떤 망념도 존재하지 않는 진실한 마음뿐이다. 이것은 언제나 끊임이 없으며, 변화하지 않고, 맑고 깨끗한 덕성이 넘쳐흐른다는 의미에서 불공(aśūnyatā)이라고 한다. 다만 진여는 절대이며, 영원하기 때문에 그 자체로서는 한 모습이므로 형상으로는 나타낼 수 없다. 망념을 소멸시킨 마음의 경계에는 집착되는 나도 없으려니와 인식하는 대상도 없으며, 오직 깨달음하고만 서로 어울리는 아름답고 향기로운 세계가 있을 뿐이다.

**이평래** (충남대)

55 『대승기신론』(『大正藏』 32권, 576상), "復次, 眞如者, 依言說分別, 有二種義. 云何爲二. 一者如實空, 以能究竟顯實故. 二者如實不空, 以有自體具足無漏性功德故"

56 이평래, 『신라불교사상여래장연구』(민족사, 1996), 203면.

57 이평래, 『신라불교사상여래장연구』(민족사, 1996), 214면.

# 심

범 citta, hṛdaya 빠 citta 장 sems-pa 한 心 영 mind

## Ⅰ. 어원적 근거 및 개념 풀이

불교 전통에서는 우리 인식의 기반을 흔히 심(心)·의(意)·식(識)으로 설명하고 있다. 이 심의식은 각기 제8식인 아뢰야식[저장의식]과 제7식인 말나식[사량의식] 그리고 제6식인 요별경식[분별의식]으로 해명하고 있다. 그리고 구역 유식의 '인식(認識)'과 달리 신역 유식의 '전변(轉變)'을 기반으로 하는 『성유식론』에서는 이들이 각기 초능변과 제2능변과 제3능변으로 해명되고 있다.

이들 의식은 '전식득지(轉識得智)'의 수행에 의거하여[轉識] 전5식, 제6식, 제7식, 제8식의 유루(有漏) 의식을 넘어서서 성소작지, 평등성지, 묘관찰지, 대원경지의 네 무루(無漏) 지혜로 탈바꿈한다[得智]. 특히 무루의 지혜는 자성청정심이자 법계체성지인 불심(佛心)과 불지(佛智)가 된다. 이러한 구도는 일심(一心)과 출전(出纏) 및 재전(在纏) 여래장(如來藏)과 아뢰야식(阿賴耶識)과 긴밀하게 상응하고 있으며 아뢰야식이 진망화합식(眞妄和

合識)으로서 이해될 때는 다시 제9 아마라식(阿摩羅識)이 상정되기도 하였다.

때문에 미혹의 윤회를 벗어나 깨침의 증득으로 나아가는 과정을 살펴보기 위해서는 심 즉 마음 개념에 대한 보다 깊은 이해가 요청된다.

### 1. 심의 어원적 근거

우리말로 '마음'[1]이라고 하는 '심(心)'은 범어로 '찌따(citta)'와 '흐리드(hṛd)' 및 '흐리다야(hṛdaya)' 두 갈래의 어원이 있다. 앞의 찌따는 '포개어 쌓다'를 나타내는 √ci 혹은 '생각하다'를 나타내는 √cit를 어근으로 한다. 즉 떨어져 있는 대상을 사고(緣慮)하는 주체와 작용을 가리킨다. 찌따는 한자문화권에서 '심법(心法)' 혹은 '심사(心事)'로 번역되었고, '지다(指多)', '질다(質多)', '질다야(質多耶)', '질제(質帝)' 등으로 음역되었다.

여기서 찌따는 마음의 주체인 심왕(心王)과 마음의 작용인 심소법(心所法)의 총칭으로 물질(色法) 또는 신체(身)에 대응하는 개념이다. 그런데 우리의 정신작용은 심왕과 심소에 의해 이루어진다. 하여 심에 소속되는 것을 의미하는 심소(心所, caitasika, caitta)는 바로 이 심(cetas)에 소속을 나타내는 접미사 '이까(ika)'를 덧붙인 것이다. 부파불교의 설일체유부에서는 심법 1개로부터 이루어지는 심소의 갯수를 대지법(大地法, 10종)·대선지법(大善地法, 10종)·대번뇌지법(大煩惱地法, 6종)·대불선지법(大不善地法, 2종)·소번뇌지법(小煩惱地法, 10종)·부정지법(不定地法, 8종)의 46종으로 상정하고 있다. 호법(護法)계의 유식학통에서는 심법 8개로부터 이루어지는 심소의 갯수를 변행(遍行, 5종)·별경(別境, 5종)·선(善, 11종)·번뇌(煩惱, 6종)·수번뇌(隨煩惱地法, 20종)·부정(不定, 4종)의 51종으로 상정하고 있다.

앞의 찌따와 달리 뒤의 흐리다야는 신체의 심장(心臟)을 가리킨다. 이것은 한율타(汗栗馱), 간율대(肝栗大), 간율다(干栗多), 흘리다야(訖利多耶), 흘리타야(紇哩陀耶), 흘리나야(紇哩娜耶), 흘벌야(紇伐耶)로 음역되었고, 육단심(肉團心), 연려심(緣慮心), 진실심(眞實心), 견실심(堅實心) 등으로 번역되

1 '마음'(心)은 여러 지역에서 'citta'(梵), 'hṛdaya'(梵), 'citta'(巴), 'sems-pa'(藏), '心'(漢),'xin'(中), 'mind'(英) 등으로 번역되었다.

었다. 중성명사인 흐리다야의 원어는 구유심(具有心), 정신(精神), 심장(心臟) 등의 뜻을 지니고 있다. 마치 나무의 중심과 같이 모든 사물이 갖추고 있는 본질이자 중심에 처하는 마음을 일컫는다. 동시에 모든 존재가 지니고 있는 진여법성(眞如法性)의 진실심(眞實心)이자 여래장심(如來藏心)이며 사고 작용[緣慮]을 갖추지 않은 마음을 가리킨다.

이렇게 보면 정신작용을 뜻하는 '찌따'와 신체의 심장을 뜻하는 '흐리다야'는 전혀 다른 의미 영역을 지닌 개념임을 알 수 있다. 전자는 마음의 주체이자 심리작용의 주체로서 이 세계를 왕과 같이 지배 통솔하는 존재라고 해서 심왕법(心王法)이라고 일컫는다. 후자는 심장 혹은 염통과 같이 사고 작용을 갖추지 않은 마음을 가리킨다. 여기에서 우리는 심의 의미 영역을 전혀 다른 두 언어로 표현하는 인도문화의 '정신적 경향'과 이들 모두를 '심'이라는 말로 표현하는 중국문화의 '즉물적 성격'을 확인할 수 있다.

## 2. 심 개념의 풀이

인식의 주체이자 모든 것의 근거인 심왕법(心王)은 심(心, citta)과 의(意, manas)와 식(識, vijñāña, vijñapti)이라는 세 이름으로 불려진다.[2] 이들은 모두 육식(六識)을 일컫고 있지만 '심'과 '의'와 '식' 세 개념은 맥락에 따라 달리 사용되어 왔다. 근본불교시대에는 육식에 상응하는 심, 의, 식 세 개념을 특별히 구별하지 않고 사용했다.

『아함경』에서는 단지 심과 의와 식은 이름은 다르지만 그 몸체(體)는 하나라는 정도로 표현했을 뿐이다. 즉 심을 표현할 때 어떤 때는 '심(心)'이라 했고, 어떤 때는 '의(意)' 또는 '식(識)'이라고 했다.[3] 어떤 곳에서는 심과 의와 식을 하나의 정신으로 표현하는 경우도 있다. 또 어떤 곳에서는 심과 의와 식의 셋을 구별하여 서로 달리 사용하는 경우도 있다.

크게 보아 근본불교시대에는 이들 세 개념을 자세히 구별하지 않고 사용했다. 하지만 아비달마불교시대에 이르러서는 이들 셋에 대하여 '이름은 다르지만 몸체는 같다'는 주장과 '이름도 다르고 몸체도 다르다'는 주장이

2 『雜阿含經』 2(『大正藏』 제2책, 8상), "此心此意此識., 當思惟此, 莫思惟此"

3 『雜阿含經』 2(『大正藏』 제2책, 8상), "此心此意此識"; 『雜阿含經』 권12(『大正藏』 제2책, 82상). "若心若意若識 ‧‧‧ ‧‧‧. 彼心意識, 亦復如是"

생겨났다. 나아가 대승 유식의 호법(護法) 계통에서는 심-의-식을 구별하여 팔식별체설(八識別體說)을 주장하기에까지 이르렀다.

찌따(citta)는 어원적으로 갖가지의 대상을 인식(認識)하는 것이자, 집기(集起)하는 것이란 뜻을 지니고 있다. 전자의 경우는 육식(六識)을 가리킨 것이고, 후자의 경우 특히 유식학통에서는 아뢰야식(阿賴耶識)을 의미한다. 즉 과거의 경험을 모아 저장하고 있기 때문에 그리고 이것이 미래의 제법(諸法)을 일으키는 것이기 때문에 집기심(集起心)이라고 일컫기도 한다. 마나스(manas)는 사려하는 작용으로 '사량심(思量心)'이라고도 불리어 진다. 유식학통에서는 말나식(末那識)을 가리킨다. 비즈냐나(vijñāña)와 비즈냡띠(vijñapti)는 '요별(了別)'이라고 번역되며 인식하는 주체와 인식되어진 작용을 가리킨다. 이것은 요별심(了別心), 연려심(緣慮心), 여지심(慮知心)이라고 일컬어진다. 이들 심은 모두 육식(六識)에 상응한다.

또 찌따는 색(色, 물질)과 신(身, 육체)에 상대하여 언급할 때 사용된다. 심왕인 찌따는 유위와 무위의 일체 제법을 색법, 심왕법, 심소유법, 심불상응행법(心不相應行法), 무위법(無爲法) 다섯으로 나누어 보는 아비달마 존재론인 오위(五位) 중의 하나이다. 오위의 중심인 찌따는 존재를 구성하는 다섯 가지 요소 중의 수온(受蘊, 감수, 감각작용), 상온(想蘊, 지각, 표상작용), 행온(行蘊, 형성, 의지작용), 식온(識蘊, 분별, 인식작용)에 상당한다. 즉 통일된 심의 주체인 육식 혹은 팔식을 가리켜서 말한다. 심과 의와 식 셋에 대하여 소승의 설일체유부 등에서는 동일한 것의 다른 이름이라고 주장한다. 하지만 대승의 유식학통에서는 제팔 아뢰야식(阿賴耶識)을 심이라고 일컫는다.

찌따는 쌓고 모음(積集)의 뜻을 머금고 있으며 제법을 내오는 근본 몸체이므로 또한 집기심(集起心)이라고 일컫는다. 즉 아뢰야식이 종자를 축적하여 능히 현행(現行)의 뜻을 일으키기 때문이다. 이에 대하여 전육식은 '식'(識)이라고 부르며 요별하고 인식하는 작용을 말한다. 제칠 말나식은 '의'(意)라고 부르며 사유하는 작용을 가리킨다. 심의 주체와 종속 작용이 나누어질 때 전자를 심왕(心王)이라 하고 후자를 심소(心所)라고 한다. 육식 혹은 팔식은 심왕이 되고 이들을 따라서 생겨나는 미세한 정신작용이 곧 심소이다.

불교에서는 이 심(心)과 물(物)의 존재에 대하여 둘 사이의 상보(相補)와 상성(相成) 관계를 주장한다. 이러한 관점에서 우리는 어떠한 것에 대해서도 한 측면에서만 논하지 않는 불교의 특징을 엿볼 수 있다. 때문에 모든 존재는 홀로 존재할 수 없다고 파악하는 불교는 유심론이 아니며 또한 유물론도 아니다. 일종의 공무자성론(空無自性論)에 관련되기에 색과 심은 둘이 아니다[色心不二]고 말할 수 있다. 그러나 실천방법 상으로 볼 때 불교에서 특별히 강조하는 것은 심의 주체성이다. 때문에 불교는 늘 유심론이라고 간주되어져 왔다.

흐리다야(hṛdaya)는 본디부터 심장을 의미했다. 특히 『대일경소』 권4에서는 육단심을 가리켜 말하고 있다. 『반야심경』에서 설하는 '심'은 곧 '의'(意)이니 반야 개공(皆空)의 핵심 골수[心髓]이자 핵심 요체[精要]를 일컫는다. 밀교에서는 범부의 한율타를 관상하여 여덟 잎으로 된 연꽃[八葉蓮花, 心蓮]이라 했으며, 사람들을 가르쳐 자기의 불신(佛身)을 현현케 하므로 중생의 자성진실심(自性眞實心)을 일컬어 한율타라 했다. 여덟 꽃잎[瓣]의 육엽(肉葉)으로 되었다하여 육단심이라고도 번역하였다. 이것은 또 중심의 마음[中心], 심의 정수[心髓]의 뜻을 가리키기도 한다.『반야심경』에서 '심'은 '흐리다야(hṛdaya)'이며 여기에는 핵심, 심수(心髓)의 뜻이 있다. 또 인간 존재를 오온으로 볼 때 심을 구성하는 중요한 요소인 감정과 의지는 그 속의 수와 행에 상당하며 나아가 심소 속에서 분석되어 지고 있다.

심은 일반적으로 지성(知性), 감성(感性), 의지(意志) 등의 총칭으로서 사용되며 색법(色法)과 신체(身體)와 구별되어 왔다. 또 의식 아래에 있는 심층 심리라고 설해지고 있다. 특히 설일체유부에서는 심법과 색법을 전혀 다른 것이라고 하였고, 또는 근(根, 감각기관)과 경(境, 인식대상)과 식(識, 인식주관)을 엄밀히 구별했다. 한편 대승의 유식학통은 색법도 식이 나타난 것으로서 심에 소속시키고 있다. 유식학통에서는 의식 아래에 있는 마음의 아뢰야식도 설하고 있다. 오늘의 과학적인 견해로서는 색법을 뇌의 소산으로 여기는 견해가 유력하지만, 불교에서는 색법이 심법을 낳는다는 견해는 없다. 다만 상키야 학파에서는 현실의 정신작용을 물질적인 것이라고 생각하고 있다.

# Ⅱ. 역사적 전개와 텍스트별 용례

## 1. 심의 역사적 전개

### 1) 근본불교에서 심의 전개

『아함경』에서는 일체 제법을 오온(五蘊), 십이처(十二處), 십팔계(十八界)의 삼과(三科)로 설명하고 있다. 여기에서 특히 존재를 색온, 수온, 상온, 행온, 식온 다섯 가지로 분류한 오온은 불교의 인간관을 보여주고 있다. 즉 지수화풍(地水火風)의 개별적 속성인 사대(四大)와 이들의 총화인 사대소조색(四大所造色)으로 이루어진 색온에 대응하는 수상행식온은 심에 상응하는 정신작용이라고 할 수 있다.

좀 더 구체적으로 말하면 감수 및 감각작용을 하는 수온, 지각 및 표상작용을 하는 상온, 형성 및 의지작용을 하는 행온, 분별 및 인식작용을 하는 식온은 근본불교의 심법(心法) 내용이라 할 수 있다. 하여『잡아함경』에서 연기된 제법(諸法)인 오온은 변화하고[無常]하고, 괴롭고[苦], 실체가 없으며[空], 나라고 할 만한 것이 없다[非我]고 설하는 것에서 우리는 이후 전개되는 불교 인간관의 근간을 엿볼 수 있다.

그리고 일체를 구성하는 열 두 가지 장소[十二處]인 육근(六根)과 육경(六境) 및 육식(六識)을 통섭한 십팔계(十八界)론은 불교의 인식론이라고 할 수 있다. 십이처에서 '처'는 마음[心]과 마음작용[心所]의 생장처(生長處)이다. 즉 생장처란 마음과 마음작용을 발생시키고 성장시키는 곳이다. 그러니까 '아야따나(āyatana)'는 인식주체인 마음과 그것의 구체적인 활동인 마음작용이 일어나고 자라는 곳이라는 뜻을 지니고 있다.

육근인 형체와 색깔로 이루어진 색경(色境)을 지각하는 안근(眼根), 소리와 음악으로 이루어진 성경(聲境)을 지각하는 이근(耳根), 냄새와 향기로 이루어진 향경(香境)을 지각하는 비근(鼻根), 맛과 미감으로 이루어진 미경(味境)을 지각하는 설근(舌根), 대상과의 감촉으로 이루어진 촉경(觸境)을 지각하는 신근(身根), 감각대상과 비감각적 대상으로 이루어진 법경(法境)을 지각하는 의근(意根)은 심에 상응하는 정신작용이라고 할 수 있다.

뿐만 아니라 여섯 감각기관과 여섯 감각대상 사이에서 행위하고 활동하는 육식(六識)인 안식, 이식, 비식, 설식, 신식, 의식은 심에 상응하는 정신작용이라고 할 수 있다. 이처럼 오온 십이처 십팔계의 삼과설 속에서 특히 오온 속의 수상행식온 사온과 십이처의 육근과 십팔계의 육식이 심에 상응하는 정신작용이라고 할 수 있다. 심은 번뇌와 업의 그릇이면서 동시에 대척점에서 논의되어 오기도 했다. 『상응부경』에서는 심에 대해 루(漏, āsrava), 결(結, saṁyojana), 박(縛, bandhabana), 수번뇌(隨煩惱, upakleśa), 취(取, upādāna), 개(蓋, nīrvaraṇa), 불선근(不善根, akuśalamula) 등의 여러 번뇌들과 관련하여 설하고 있다.

> "비구들이여! 항상 자신의 심을 [다음과 같이] 관찰해야만 한다. '이 마음은 오랜 시간 탐냄[貪慾]에 의해, 성냄[瞋恚]에 의해, 우치[愚癡]에 의해 오염되었다.' 비구들이여! 심이 오염되었기 때문에 중생은 오염되었고, 심이 청정해졌기 때문에 중생은 청정하다."[4]

> "비구들이여! 이 심은 빛나고 있다. 또한 그것은 객진번뇌로부터 벗어나 있다."[5]

> "비구들이여! 이 심은 극히 빛나고 있다. 그것은 우연적 수번뇌(隨煩惱)에 의해 염오되어 있다. [법을] 듣지 못한 범부들은 이것을 여실히 알지 못하기 때문에 심을 수습하지 않는다고 나는 설한다. 비구들이여! 심은 극히 빛나고 있다. 그것은 다른 수번뇌로부터 벗어나 있다. [법을] 들은 성제자들은 이것을 여실히 알기 때문에 심을 수습한다고 나는 설한다."[6]

경문에서처럼 심은 모두 번뇌와 연관되어 나타난다. 심은 '더럽혀졌다'[漏, āsrava]는 것 즉 대홍수와 같은 윤회의 바다에 떠있는 배 속으로 물이 유입해 들어오듯이 외부의 불순한 요소가 심으로 유입해 들어오는 '루'인 번뇌와 함께 거론되고 있다. 외부에서 신체에로 유입하는 것은 신구의를 제어하지 못하기 때문에 생겨난 것이다. 때문에 심으로의 '유입'은 '윤회의 원인' 혹은 '행위의 잠재력'인 번뇌와 업과 동일시되어 왔다.

이처럼 경문에서는 수행과 해탈에 장애가 되는 불선한 요소인 번뇌가 심에 유입되어 온다고 설한다. 이때 번뇌는 심과 상응하는 심리적 작용이기

4 SN. III. 151.
5 AN. I. v9-10.
6 AN. I. vi 1.

도 하다. 업 역시 사성제의 고통의 원인에 대한 진리[samudaya-satya, 集諦]인 집성제에 포섭된다. 십이연기에서 번뇌의 범주는 '무명(無明)'과 '애(愛와)' '취(取)'가 해당되면 업의 범주는 '행(行)'과 '유(有)'가 속한다. 나머지 7지는 고통의 결과에 대한 진리[duḥkha-satya]에 해당된다. 업이 재생의 직접적 조건과 그 형태로서 간주된다면, 번뇌는 중생을 윤회 자체로 이끄는 더 근원적인 원인 또는 일차적 동인으로 간주할 수 있다.

'번뇌'와 '업'에 대한 분석과 해석의 지속은 심의 본질에 대한 이해의 노력으로 이어졌다. 그 결과 심의 본질에 대한 상이한 이해로부터 다양한 번뇌설이 제기되었고 이것을 제거하기 위해 다양한 수행체계가 정립되었다. 그리하여 번뇌의 대립항인 심의 본질에 대한 노력에 의해 불교 수행체계가 완비될 수 있었다.

### 2) 부파불교에서 심의 전개

부파불교 수행자들은 존재의 분석을 통해 윤회의 주체를 상정하려 했다. 하지만 이들은 석존의 근본 가르침인 무아설에 위배된다는 혐의를 벗어나기 위해 윤회의 주체로서 상정한 존재를 끊임없이 쪼개고 나누어 갔다. 무아와 윤회의 양립을 해명하기 위한 이들의 노력은 결국 유위와 무위 범주의 분리로 나타났다. 즉 인과법을 넘어서는 무위의 범주와 인과법으로 이루어진 유위의 일체 제법을 정치하게 분류하여 5위 75법이라는 체계를 확보하기에 이르렀다.

아울러 그들은 윤회의 주체를 각기 설정함으로써 무아설로 오해된 존재이해에 대한 활로를 열고자 했다. 즉 나의 실체성은 부정하면서도[我空] 법의 존재성은 인정하려고[法有] 시도하였다. 다시 말해서 법의 존재성을 나타내는 대표적인 것으로는 생사 윤회하는 욕계와 색계와 무색계의 삼계를 나타내는 원인이 되는 식인 근본 상좌부의 유분식(有分識), 존재를 구성하는 다섯 가지 요소가 끊임없이 상속된다는 오온상속설(五蘊相續說) 혹은 지금 생을 끝내고 다음 생을 받을 때까지 중유의 몸이 정처 없이 떠돌아다니면서 다시 태어날 인연을 구한다는 유부의 중유설(中有說), 번뇌와 업의 인연으로 자주 여섯 갈래 길에 왕래하는 개인 존재인 독자부의 푸드갈라(補特伽羅, 非卽非離蘊), 동일한 본질로 연속해 작용하고 있는 미세한 의식인 경량부의 일미온(一味蘊, 根本蘊), 끝없는 생사를 다하여 금강이 견고하여 다른 것을 깨뜨리는 것과 같이 모든 번뇌를 끊어 없애는 금강유정에 이르기까지 연속적으로 존재하는 여섯 의식 이상의 미세한 의식인 화지부의 궁생사온(窮生死蘊), 모든 의식이 의지할 곳이 되는 아뢰야식인 대중부의 근본식(根本識) 등이다. 이처럼 부파의 이론가들은 무아론을 견지하면서도 어떠한 주체의 지속을 위해 노력했다. 이러한 담론들은 윤회론과 무아론이 충돌되지 않으면서 '영혼'을 대신할 수 있는 '원리' 개념을 발견하는 데 있었다. 이것은 무아론을 견지하면서도 어떠한 주체의 지속이 가능함을 설명하고자 한 노력이었다.[7]

부파불교의 이러한 노력은 다양한 작용을 지닌 심을 어떻게 파악할 것인가라는 물음으로 이어졌다. 당시에는 크게 두 가지의 입장으로 나누어져 있었다. 경량부에서는 하나의 마음[心王]이 갖가지로 작용한다[심소는 심왕과 따로 존재하지 않음]고 해명하였다. 이와 달리 설일체유부와 유식학통에서는 여러 가지로 존재하는 마음과 마음작용의 다양한 조합으로 생겨난 다양한 심리가 있다고 설명하였다. 후자는 그 속의 중심이 되는 것을 '심왕'이라고 부르며 그것과 함께 생겨나는 개개의 마음 작용을 '심소유법(心所)'이라고 하였다.

심왕은 식이고 심소는 반드시 심왕과 함께 생겨나며, 그것은 반드시 선한 것이며, 번뇌 등으로 분석되어져 있다고 했다. 부파불교와 대승불교에 따르면 그 셈하는 방법은 다르지만 설일체유부에서 심왕은 1종[六識 一體], 심소는 46종, 호법 계통의 유식학통에서 심왕은 8종, 심소는 51종으로 분류되어 있다. 이러한 법수들은 현상으로는 마음이지만 그 본성은 현상적인 존재방식을 뛰어넘고 있다고 할 수 있다.

부파불교의 심에 대한 담론 역시 번뇌설과 함께 이루어졌다. 번뇌가 심을 오염시키는 심리적 요소로서 확고하게 자리잡은 것은 이 때부터였다. 번뇌는 '수면(隨眠, anuśaya)'의 개념으로서 심을 괴롭히거나 오염시키는 여러 심리적 요소 가운데에서 상위개념으로 확고하게 자리잡기 시작했다. 번뇌의 미세한 측면을 가리키는 수면과 번뇌는 유부에서 동일한 의미로 사용하였다.

때문에 유부의 논서에서는 수면을 미세하게 잠재된 측면인 '미세(微細, aṇu)', 애기가 유모에게 달라붙어 있는 것 또는 모유가 아기를 크게 만드는 것과 같은 '수증(隨增, anuśerate)', 몸과 마음의 상속을 따라 생겨나는 것처

7 고영섭, 「윤회」, 이동철 외, 『21세기의 동양철학』(서울: 을유문화사, 2005), 177-178면.

럼 혹은 새가 물고기를 따라가는 것과 같은 '수박(隨縛, anubadhanti)', 기름이 호마 속에 있는 것과 같은 '수축(隨逐, anugata)'의 의미로 풀이했다. 이들 수면의 여러 개념 가운데에서 유부가 취한 것은 집착적 성격에 있다고 할 수 있다. 이 집착을 넘어서는 지점에서 비로소 심의 본질에 대한 이해에 도달하게 되는 것이다.

### 3) 대승불교에서 심의 전개

근본불교 이래 '심성청정설(心性淸淨說)'이 설해져 왔다.[8] 이것은 심성의 청정이 곧 새로운 삶의 전형인 '붓다'에 도달하는 길로 보았기 때문이다. 중관학통과 유가학통에서 번뇌 즉 수면 개념에 대해 집중해 왔던 것 역시 심의 본질에 도달하기 위함이었다. 중관학통은 아비달마의 실체론적 사고에 대한 비판을 통해 고정된 관념을 해체시키고자 했다. 그들은 이미 지나간 결박은 결박이 아니고, 미래의 결박도 결박이 아니며, 현재의 결박도 머물지 않으므로 결박이라고 볼 수 없다고 보았다. 결박이 없으면 해탈도 성립할 수 없다. 윤회와 열반은 우리의 분별 속에서만 존재하는 것이다. 그러므로 연기성과 무자성성과 공성의 입장에 서면 '번뇌 즉 보리' 혹은 '생사 즉 열반'은 자연스럽게 이해될 수 있었다.

유가학통은 중관학통과 달리 아비달마의 전통을 이어 대승아비달마로 심화시켜 갔다. 요가수행자들은 근본 유부의 다르마 체계를 수용하면서도 중관학통의 공성 체험을 자신들의 철학적 기반으로 삼았다. 그 위에서 그들은 유부의 다르마 체계를 수정해 나갔다. 그들은 우선 번뇌를 현실적 측면과 잠재적 측면으로 구분한 뒤에 번뇌설을 체계적이고 정합적으로 구축하였다. 이러한 노력은 심의 본질에 대한 이해를 심화시키고자 함이었다. 그리하여 심의 본질에 대한 이해의 노력은 여래장 사상으로 확장되었고 화엄사상과 접목될 수 있었다.

특히 중국의 지론종 남도파와 북도파는 심의 염정(染淨)에 대한 구분을 통해 자성의 청정함에 도달하려 했다. 남도파는 아려야식을 정식으로 간주하고 8식설을 취한 반면, 북도파는 아려야식을 진망화합식으로 간주하고 9식설을 취하였다. 남도파의 학설은 송역(宋譯) 4권 『능가경』의 학설과 같으

8 '心性淸淨'이란 말은 중국고전 『淮南子』의 '맑고 깨끗하여 편안하고 즐거운 사람의 성품을 지닌' 인간에 근거한다.

며, 북도파는 위역(魏譯) 10권『능가경』의 학설과 같은 것이다. 결국 제9 아마라식을 정식으로 간주하였던 진제의 섭론종이 일어나자 북도파는 섭론종과 통합되어 사라지고 남도파만이 번영하다가 이것도 법장의 화엄학으로 흡수되었다.

그리고『대승기신론』해석분에서는 심을 '중생의 자성청정심'이라고 불렀다. 이것은『대승기신론』서분의 '법성 진여의 바다'에서 기술하는 진속이제 방식으로 말하면 제일의제(第一義諦)라는 것이고, 그 외에 법성(法性) 혹은 진여(眞如)라고 불리는 것과 상응한다. 자성청정심은 끝까지 공성, 무자성성이며, 실체적인 영혼으로서의 마음과는 전혀 다른 것이다.

대승불교에서는 이 자성청정심이 외적인 무명 번뇌에 의해 덮여져 있는 상태를 설명하기 위해 여래장설을 창안했던 것이다. 자성청정심 즉 법성 혹은 진여의 불생불멸 때문에 심은 견고하고 진실한 마음[堅實心]이라 불리는 것이다. 그런데 대승불교 경전이 성립될 초창기부터 이미 "미혹한 현실세계는 오직 마음의 소산일 뿐, 마음 바깥에는 어떠한 존재도 없다"[9]는 사상이 설해졌다. 그러한 인식은『화엄경』에서 '심'은 "솜씨 좋은 화가처럼 온갖 세계를 그려낸다"는 교설로 이어져 왔다.

만일 사람이 삼세의 모든 부처님들을 알고자 한다면 마땅히 마음이 모든 여래를 조성한다는 것을 관찰해야만 할 것이다.[10]

비유하건대 그림을 그리는 화가가 자기의 마음을 알지 못하면서도 마음으로 그리는 것처럼 모든 법성은 이와 같다. 마음도 그림을 그리는 것처럼 능히 세간을 그리는 것과 같다. ⋯ ⋯ 만일 사람이 삼세의 모든 부처를 알고자 한다면 법계성의 일체는 오직 마음이 조성한다는 것을 관찰해야만 할 것이다.[11]

『화엄경』(60권)에서 "마음이 여래를 조성한다는 것"은 아직 성불하기 이전의 수행과정임을 의미한다. 즉 더 이상의 번뇌는 없지만[無漏] 아직 인과를 벗어나지 못한[有爲] 경지에서 가능한 일이다. 여기서 무루 유위는 청

9 『華嚴經』「十地品」29(『대정장』제10책, 194상), "三界唯一心, 心外無別法"

10 華嚴經』「佛昇夜摩天宮自在品」15(『대정장』제9책, 466상), "譬如工畵師, 不能知自心, 而由心故畵, 諸法性如是, 心如工畵師, 能畵諸世間 ..... 若人欲求知, 三世一切佛, 應當如是觀, 心造諸如來"

11 『華嚴經』「昇夜摩天宮品」19(『대정장』제10책, 102상), "譬如工畵師, 不能知自心, 而由心故畵, 諸法性如是, 心如工畵師, 能畵諸世間 ⋯ ⋯ 若人欲了知, 三世一切佛, 應觀法界性, 一切唯心造"

정한 마음이 청정한 업인[無漏因]과 청정한 과보[無漏果]를 조성하여 보살이 되고 부처가 되는 것까지 해당된다. 하지만 성불한 뒤에는 조성의 의미가 없어져 버리기 때문에 인과가 남아있는 유위가 아니라 인과를 뛰어넘은 무위의 경지라고 할 수 있다.

또 『화엄경』(60권)은 "심(心)과 불(佛)과 중생(衆生) 이 셋은 차별이 없다"고 말하고 있다. '모든 현상은 오직 인식일 뿐이다[萬法唯識]'는 것과 '연기된 제법은 모두 식[마음]을 떠나지 않는다[諸法皆不離識]'고 주장하는 유식사상 역시 이러한 연장에서 전개된 것이다. 또 '욕계 색계 무색계의 현실세계는 허망한 것이며 오직 마음에 의해 지어진 것이다[三界虛僞 唯心所作]', '모든 것은 본래 마음일 뿐이다[一切本來唯心]', '오직 마음일 뿐이기 때문에 진여라고 한다[唯是一心故名眞如]' 등의 표현에서처럼 불교의 '식' 사상은 곧 '심' 사상으로 전개되고 있다.

『대승기신론』은 대승의 당체를 중생심이자 일심이라 하고 그 '일심'에 심진여문과 심생멸문의 두 문을 시설하고 있다. 심생멸문에서는 심[심, 의, 식]이 그려낸 세계의 모습 등을 설명하고 있다. 이 '일심'의 사상은 중국에서는 황벽 등의 선승에게 받아들여졌으며 실천적으로는 무심의 사상으로 깊어졌다.

#### 4) 중국불교에서 심의 전개

인도불교의 중국 전래 이래 불교사상가들은 심 개념의 탐구에 몰입했다. 때문에 심 개념은 초기의 경전 번역에서부터 다양하게 변주되어 왔다. 고역(古譯)의 대표자인 후한말의 안세고(安世高)는 『안반수의경』 등 초기불교의 선관(禪觀) 경전을 통해 심의 탐구에 철저하였다. 지루가참 역시 『반주삼매경』 등의 대승불교 계통의 경전을 번역하면서 심 개념 탐구에 집중하였다.

격의불교의 터널을 벗어나기 시작한 중국인들은 주체적으로 해석하기 시작하면서 『안반수의경』 등의 선관 경전에 관심을 가지고 몇 종류의 주석을 남겼다. 진(晋)나라 사부(謝敷)가 쓴 경의 서문에는 "의(意)는 모든 고통을 낳은 근원이며 올바른 것과 대립하는 원천이다. 끝없이 미망에 빠지고 방탕하며 제멋대로 구는 것이 마치 비끄러매어 붙잡아 둘 도리가 없는 미친 자와 같다. 애욕과 증오가 심에 가득 차서 어지럽게 탐닉하여 절도가 없는 것이 오랑캐에게 군주가 없는 것과 같다"[12]는 것에서처럼 심에 대한 중국적 이해와 표현을 잘 드러나 있다.

『출삼장기집』과 『홍명집』 등 육조시대의 대표적 불교 전적에 보이는 심에 대한 논의는 그 사상과 표현에 있어서는 『장자』의 영향을 완전히 벗어난 것이라고 보기는 어렵다. 점차 불교가 토착화되기 시작하면서 근본불교와 부파불교의 선관 경전과 논서에서는 깨달음에 이르는 명상의 계제 및 각각의 단계에 있어 심의 양상이 자세히 설해지고 있다. 이는 윤회 및 인과응보의 문제와 더불어 한역불전은 이처럼 중국 사상계에 그 전래 초기부터 인간의 정신적 내면탐구의 필요성을 설했던 것이다.[13]

구역(舊譯)의 출발을 알린 구마라집(鳩摩羅什)에 의해 신뢰할만한 경전이 번역되면서 심에 대한 논의는 탄력을 더해 갔다. 심에 대한 논의를 담고 있는 『십지경론』과 『섭대승론』 등의 논서들이 한역되면서 이에 기초한 불교사상가들의 교학에 기초한 학통이 출현하기 시작하였고 점차 종조와 교리와 교도를 갖춘 종파의 형성으로까지 이어져갔다. 이에 상응하여 삼론과 열반 및 천태와 화엄 그리고 정토와 선법에서 심은 다양한 개념으로 변주되었다.

『반야경』류에 기초한 삼론종은 심(心)을 중도(中道) 이제(二諦)에서의 '중도'에 대응시켰다. 『법화경』과 『마하지관』 등에 의거한 천태종은 선관(禪觀) 경전에 입각하여 선정에 들어가고자 했던 선수행자들의 실천과 이론을 집대성하여 심을 공가중(空假中) 삼제(三諦)의 원융(圓融)함에 상응하였다. 그들은 지금 여기에 있는 모든 존재가 자기의 심이라는 장소에 현현한다고 보아 '자기의 심을 보는 것[觀]'을 불도 수행의 핵심이라고 하였다. 하여 '자기의 심을 체관하는 것'을 '관심(觀心)'이라는 말로 표현하고 이와 같은 심의 한 순간 안에 지옥에서 부처에 이르기까지의 일체 세계가 구족되어 있다는 '일념삼천(一念三千)'을 관하는 것을 주요한 실천법으로 세웠다.

『열반경』에 기초한 열반종은 '일체중생 실유불성(一切衆生, 悉有佛性)'에서 '불성(佛性)'을 심에 수반시켰고, 『화엄경』에 의거한 화엄종은 "삼계는 허망하며 다만 일심이 만들어낸다"는 구절에 집중하여 일체유심조(一切唯心造)에서 심을 '유심(唯心)' 혹은 '일심(一心)'에 상응시켰다. 하지만 천태종에 견주어 실천성이 엷었던 화엄종은 관념적인 이론을 구축하였고, 일심

---

12 미조구치 유조 외, 김석근 외 옮김, 『중국문화사상사전』(서울: 민족문화문고, 2003), 168면.

13 미조구치 유조 외, 위의 책, 169면.

을 현실을 절대적으로 긍정하는 '사사무애법계(事事無礙法界)'라는 세계관에 포섭됨으로써 점차 그 위상이 사라져갔다. 정토삼부경을 소의로 하는 정토종은 심을 염불삼매(念佛三昧)에서 삼매(三昧)에 상응시켰다. 이와 달리 심을 실천의 문제로 삼은 선종에서는 '진각본심(眞覺本心)' 혹은 '평상심(平常心)' 혹은 '즉심즉불(卽心卽佛)' 등에 상응시킴으로써 폭넓은 관심을 불러 일으켰다.

인도의 명상법은 심을 일정한 대상과 결부시킴으로써 마음의 혼란을 가라앉히고 몰아적인 명지(明知)를 얻는 수련법이라고 할 수 있다. 중국불교의 초기와 중기 수행자들은 이러한 인도의 명상법을 있는 그대로 받아들였다. 하지만 양나라 시대에 중국으로 건너온 보리달마(菩提達磨)를 시조로 하는 이른바 선종은 장자를 그 연원을 함께하는 지극히 중국적인 혹은 중국 특유의 종파를 이루었다. 그 사상적 특징은 한 순간에 갑자기 깨닫는 돈오(頓悟)를 중시하는 달관(達觀)주의에 있다. 중국의 선불교는 직접적이고 구체적인 경험을 중시하며 추상적인 사상을 가지고 있지 않기 때문에 교리를 집대성한 인물이 없고 특정한 '심이론'을 갖고 있었다고 보기 어렵다. 이들은 전적으로 심의 집착에서 떠나는 것을 목표로 추구했기 때문에 심에 대한 집착 그 자체를 철저히 비판했다. 하지만 이들은 공통적으로 의식의 근저에 있는 심은 본래 맑고 깨끗한 것이라는 생각을 가지고 있었다.[14]

선종의 어록에서 보이는 무심(無心)은 심에 대한 망상과 집착을 부정하지만 심 그 자체를 부정하는 것은 아니다. 이는 단도직입(單刀直入)적으로 심을 가리켜 보이고 자기의 심성이 불성에 다름이 아님을 자각하는 '직지인심(直指人心)'·'견성성불(見性成佛)'과 이 심이 그대로 부처라는 마조의 '즉심시불(卽心是佛)'에서도 잘 드러나고 있다. 이러한 점은 선종이 내세우는 '삼처전심(三處傳心)'에서도 이미 확인되고 있다.

즉 "영산회상에서 설법을 하던 석존이 가섭에게 꽃 한 송이를 들어 보임으로써 마음을 전함[靈山會上 拈花微笑]"과 "다자탑 앞에서 설법을 하던 석존이 지각한 가섭에게 말없이 자리를 반 나누어 앉힘[多子塔前 分半座]", 그리고 "사라쌍수 아래에서 열반에 든 석존이 이웃 나라 전도를 하다가 돌아와 오른 쪽으로 세 바퀴를 돌고 한 켠에 물러나 앉아 관 밖으로 두 다리를 내

---

14 미조구치 유조 외, 앞의 책, 170-171면.

어 보임[娑羅雙樹下 槨示雙趺]"에서처럼 '심'은 부정의 대상이 아니라 소통의 기제로 자리하고 있다. 스승에게서 제자로 이어지는 의발(衣鉢)은 '심'의 징표였고 줄탁동시(啐啄同時)는 전심(傳心)의 상징이었다.

달마가 혜가(慧可)에게 일깨워준 '안심(安心)법문'이나 육조가 기동(旗動)과 풍동(風動)을 주장하는 두 수행자에게 일깨워준 '심동(心動)'의 활로는 모두 석존의 중도의 다른 표현이었다. 그리고 이것은 심의 변주라고 할 수 있다. 따라서 중도는 있는 것[有]과 없는 것[無], 인 것[其]과 아닌 것[末], 하나[一]와 여럿[多], 같은 것[同]과 다른 것[異]이라는 이항 대립을 넘어서는 지혜의 활로였다. 중국불교 13종파 역시 이러한 중도의 활로 개척에 매진하였다.

달마의 여래선과 능가종의 청정선이 지향한 자성청정심(自性淸淨心) 역시 본래청정심(本來淸淨心)을 언표한 것이다. 신수와 혜능의 분기 역시 이 깨달음[心, 覺]을 얻기 위한 수행[修] 방법의 이해 차이에서 비롯된 것이라 할 수 있다. 돈수(頓修)와 점수(漸修)의 축이 돈오(頓悟)와 점오(漸悟)의 축으로 옮겨간 뒤 다시 돈오돈수(頓悟頓修)의 축과 돈오점수(頓悟漸修)의 축으로 확립된 것이라 할 수 있다. 그리고 이러한 축을 관통하는 것은 심에 대한 인식의 차이라고 할 수 있다.

법장(法藏, 643-713)은 중관사상과 유식사상을 구별 혹은 능가하는 사상으로서 화엄교학의 우월성을 확보하려고 했다. 하여 일심(一心)과 여래장(如來藏)을 통합한 '일여래장심(一如來藏心)'이라는 조어를 통해 '리와 사가 융통하여 걸림 없는 교설[理事融通無碍說]'을 최고위에 두는 여래장연기종(如來藏緣起宗)을 건립하였다.

마조(馬祖, 709-788)는 짓고 만듦, 옳고 그름, 취함과 버림, 단견과 상견, 범부와 성인의 구분이 없는 평상심을 통해 도의 본령을 보여주려고 하였다.

> 대중들에게 보이며 일렀다: '도는 닦아 익힐 필요가 없다. 다만 더러움에 물들지만 않으면 된다. 더러움에 물든다는 것은 무슨 말인가? 나고 죽는다는 생각을 염두에 두고 일부러 별난 짓을 벌이는 것은 바로 더러움에 물든다는 것이다. 단번에 도를 이루고 싶은 생각이 있는가. 평소의 마음[平常心]이 바로 도이다. 평상심이란 짓고 만듦이 없고, 옳고 그름이 없으며, 취함과 버림이 없고, 단견과 상견이 없으며, 범부와 성인이 없는 것이다.[15]

황벽(黃蘗, ?-850)은 선가의 심법(心法)에 관한 대의를 자세하게 서술한 『전심법요(傳心法要)』를 통해 자신의 가풍을 전하고 있다. 그의 가풍을 이은 임제(臨濟, ?-867) 역시 누구나가 갖추고 있는 각자의 근본 모습으로 그가 설하는 인간의 본래경이자 그의 철학적 종교적 기준이며 총체적 인간 존재에 대한 상징적 표현인 무위진인(無位眞人)과 인간을 얽매고 속박하는 전통적 가치 체계 및 고정관념에 사로잡히지 말하는 무구(無求), 그리고 일상의 참모습을 알고 그것을 그대로 수용하며 자적하면서 그 어디에도 걸림 없이 자유롭게 활동하는 대자유인의 삶인 활조(活祖)[16]를 통해 임제선풍의 마음자리를 보여주었다.

이후 전개된 당대의 5가 칠종의 살림살이, 또한 심에 대한 깊은 논의를 제시하였다. 간화선을 제창한 대혜 종고(大慧 宗杲, 1089-1163)와 묵조선을 제창한 굉지 정각(宏智 正覺, 1091-1157) 역시 선심(禪心)에 관한 논의를 통해 심에 대한 사유의 지평을 더 넓혔다. 이러한 논의들은 한국의 고려 이래 조선을 거쳐 대한불교에까지 이어지고 있다.

**5) 한국불교에서 심의 전개**

저술이 현존하지 않은 승랑(僧朗, 5세기 중엽-6세기 초엽)의 마음 인식을 찾아보기는 쉽지 않다. 그는 이제(二諦)의 기호를 통해 중도를 재천명하는 새로운 논법을 제창하였다. 그에게서 이제를 통합하는 중도는 심에 상응하는 개념이며 그것은 실상반야의 다른 이름이었다. 몸체[體]와 몸짓[用]으로 나누어보는 그의 중도관은 실상(實相)반야와 관조(觀照)반야와 문자(文字)반야의 삼종 반야를 통합하는 것이었다. 그리고 그것은 반야[慧] 중도로 수렴되었고 심(心)으로 귀결되었다.

무상(無相)유식과 유상(有相)유식을 비판적으로 종합한 문아(圓測, 613-696)는 팔식설을 취하였다. 그는 여러 논서와 장소류의 설을 대비하면서 무구식(無垢識)은 제8식의 청정분(淸淨分)에 해당하므로 제9식을 따로 세울 필요가 없다고 말하였다. 문아는 경험을 축적[集]하고 행위를 일으키기[起] 때문에 심(心)이라 하고, 언제나 나를 중심으로 헤아리기[思量] 때문에 의(意)라고 하며, 대상을 분별(了別)하기 때문에 식(識)이라 한다고 했다. 여

15 馬祖, 『馬祖語錄』.
16 宗浩, 『臨濟禪硏究』(서울: 경서원, 1996), 606-608면.

기서 심은 의와 식을 아우르는 것이면서도 심의 두 측면인 청정분과 염오분을 갈무리하는 것이다. 하여 문아는 제9 아마라식을 따로 세우는 것을 인정하지 않고 제 8식 안의 심청정분을 그것에 상응시켰다.

원효(元曉, 617-686)는『대승기신론』의 일심(一心) 개념을 원용하여 자신의 심론을 새롭게 입론했다. 특히 그는『대승기신론』의 이문(二門) 일심(一心)의 구도를 원용하여 심진여문(心眞如門)과 심생멸문(心生滅門)을 통섭하는 일심의 지형도를 더없이 넓게 그려내었다. 그는『열반종요』에서 불성(佛性)과 열반(涅槃)의 이문을 일미(一味)의 기호로 통섭하기도 하였다. 여기에서 일미는 일심에 대응하는 개념이며 원효에게 있어서 일미와 일심은 그의 모든 생각의 갈래들을 묶는 벼리이며 모든 것의 근거라고 할 수 있다.

원효의 사상적 벼리인 일심은 부처의 뜻에 부합되는 것이자 넓은 마음이다. 동시에 넉넉한 마음이며 따뜻한 마음이다. 원효는 갈라져있는 뭇 주장들을 한데 모아 일심으로 회통시켰다. 그 회통의 계기는 보살의 대비심(大悲心)이며 대비심의 구체적 표현이 곧 이 일심인 것이다.

> 일심(一心)이란 무엇인가? 더러움과 깨끗함의 모든 법은 그 성품이 둘이 아니고; 참됨과 거짓됨의 두 문은 다름이 없으므로 하나라 하는 것이다. 이 둘이 아닌 곳에서 모든 법은 가장 진실되어[中實] 허공과 같지 않으며, 그 성품은 스스로 신령스레 알아차리므로[神解] 마음이라 한다. 이미 둘이 없는데 어떻게 하나가 있으며; 하나도 있지 않거늘 무엇을 두고 마음이라 하겠는가. 이 도리는 언설을 떠나고 사려를 끊었으므로 무엇이라 지목할지 몰라 억지로 일심(一心)이라 부르는 것이다.[17]

무릇 진리는 방향성과 고정성이 없기에 역동적이다. 마치 숨 쉬는 유기체와 같이 꿈틀대는 성질을 지니고 있기 때문에 진리는 더러움과 깨끗함, 참됨과 거짓됨의 이항을 넘나든다. 하여 이 이항들이 둘이 아닌 것처럼 진리 역시 어떠한 경계에 의해 그 외연이 결정되지 않는다.

그러므로 중생은 본래부터 깨달은[本覺] 존재이어서 더 이상 깨달을 것

17 元曉,『大乘起信論疏』(『韓佛全』 제1책, 741상-중), "何爲一心? 謂染・淨諸法其性無二; 眞・妄二門不得有二, 故名爲一. 此無二處, 諸法中實, 不同虛空, 性自神解, 故名爲心. 然旣無有二, 何得有一; 一無所有, 就誰曰心. 如是道理, 離言絕慮, 不知何以目之, 强號爲一心也"

이 없는 존재이다. 그러나 무명의 바람에 의해 잠시 번뇌의 파도가 일어나 진리를 제대로 보지 못하는 것[不覺]이 또한 중생이다. 때문에 수행이 필요한 것이다. 중생이 수행을 통해 무명의 바람만 가라앉히면 비로소 깨달음[始覺]이 확연히 드러난다. 따라서 진리는 어느 한 순간, 한 시점에서만 바라보면 왜곡된다.

> 하나인 마음 이외에 다시 별도의 존재가 있는 것이 아니다. 다만 유와 무라는 이름으로 한 마음에 어두워 파도를 일으키고 여섯 갈래의 길에 흘러 다닌다. 비록 여섯 갈래의 길의 파도가 일어나더라도 한 마음의 바다를 벗어나는 것은 아니다. 진실로 한 마음으로 말미암아 여섯 갈래의 길을 일으키므로 널리 제도의 원(願)을 일으킬 수가 있으며, 여섯 갈래의 길의 중생들은 한 마음을 벗어나지 않으므로 능히 한 몸체의 큰 자비를 일으킬 수 있는 것이다.[18]

중생들은 모든 것의 근거인 일심에서 분기되어진 개념과 분별에 의해 끊임없이 업을 짓고 보를 받으며 여섯 갈래의 길을 흘러 다닌다. 중생들이 윤회하는 까닭은 무명의 바람에 의해 일심을 가렸기 때문이다. 이 일심의 발견 혹은 회복 여부에 따라 중생들은 윤회를 벗어날 수 있게 된다. 이 일심은 중생으로 태어나는 원인이 되며 동시에 중생에서 벗어나는 활로가 된다. 나아가 일심은 불보살이 중생을 구제할 수 있는 근거가 된다. 따라서 대승보살은 한 마음으로 여섯 갈래의 길을 일으키는 원인과 벗어나는 방법을 터득하여 널리 제도의 원과 한 몸체의 큰 자비의 힘을 일으키는 것을 존재 이유로 삼는 것이다.

> 합해서 말하면 생함[生]은 곧 적멸이나 멸함[滅]을 지키지는 않고; 멸함[滅]이 곧 생함[生]이 되나 생함[生]에 머무르지는 않는다. 생함[生]과 멸함[滅]은 둘이 아니고; 움직임[動]과 고요함[寂]에는 다름이 없다. 이와 같은 것을 일심(一心)의 법(法)이라 한다. 비록 실제로는 둘이 아니나 하나를 지키지는 않고, 전체로 연(緣)을 따라 생겨나[生] 움직이며[動], 전체로 연(緣)

18 元曉, 『大乘起信論疏』 상(『韓佛全』 제1책, 701중-하), "一心之外, 更無別法, 但有無名迷自一心, 起, 諸波浪流轉六道, 雖起六道之浪, 不出一心之海, 良由一心動作六道, 故得發弘濟之願, 六道不出一心, 故能起同體大悲"

> 을 따라 고요히[寂] 지멸하게[滅]하게 된다. 이와 같은 도리로 말미암아 생함[生]이 적멸이고 적멸이 생함[生]이며; 막힘도 없고 거리낌도 없으며; 하나도 아니고 다른 것도 아니다.[19]

생동과 적멸의 근거인 일심은 연(緣)을 따라 생겨나 움직이며 연을 따라 고요히 지멸한다. 하여 생함이 적멸이지만 멸함에 머무르지 않고 멸함이 생함이지만 생함에 머무르지 않는다. 그리고 생함과 멸함이 둘이 아니고 움직임[動]과 고요함이 다르지 않다. 이것이 가능한 것은 일심이 실체가 아니기 때문이다. 여기서 원효는 '생'과 '멸', '동'과 '적'으로 표현되는 다양한 주장들을 화쟁 회통하여 일심으로 회통하고 있다. 그는 그 주장이 긍정이든 부정이든 가리지 않고 상대적 편견을 아우르고 새로운 통합의 길을 제시한다. 화쟁은 바로 이 화회(和會)와 회통(會通)을 통한 모색의 결과이다.

> 이와 같이 일심은 통틀어 일체의 물들고 깨끗한 모든 존재가 의지하는 것이 되기 때문에 제법의 근본인 것이다.[20]

일심(一心)은 갈라진 모든 물결들의 시원지이며 존재하는 모든 것들의 의지처이다. 원효는 갈라진 모든 물결들을 제법의 근본이자 염오분과 청정분 이문의 의지처인 일심으로 귀결시켜 나간다. 그에게 있어 심진여문은 심생멸문에 포용되며 심생멸문은 동시에 심진여문에 포용된다. 그는 인민의 삶이나 귀족의 삶을 중생심(衆生心)으로 묶어 세운다. 그리고 이 중생심은 곧 일심이며, 일심은 대승(大乘)의 마음이다. 이것이 바로 진리의 생명성이다. 원효는 이 생명성을 일심(一心)에서 찾고 있다.

> 여래가 설한 바 일체의 교법은 일각(一覺)의 맛에 들지 않음이 없다. 일체중생이 본래 일각(一覺)이었지만 다만 무명으로 말미암아 꿈 따라 유전하다가 모두 여래의 일미(一味)의 말씀에 따라 일심의 원천으로 마침내 돌아오

---

19 元曉, 『金剛三昧經論』 하(『韓佛全』 제1책, 659상), "合而言之, 生卽寂滅, 而不守滅; 滅卽爲生, 而不住生. 生・滅不二, 動・寂無別, 如是名爲一心之法. 雖實不二, 而不守一, 擧體隨緣生動, 擧體隨緣寂滅. 由是道理, 生是寂滅, 寂滅是生; 無障・無碍; 不一・不異"

20 元曉, 『金剛三昧經論』 상(『韓佛全』 제1책, 615하), "如是一心, 通爲一切染淨諸法之所依止故, 卽是諸法根本"

지 않는 자가 없음을 밝히고자 한다.[21]

원효는 『대승기신론』의 논리를 빌어 중생들의 본각(本覺)을 드러내려고[始覺] 한다. 본래 드러낼 것이 없지만 중생들은 제 어리석음을 스스로 비춰보지 못한다[不覺]. 따라서 중생들은 어떠한 인식 전환의 계기가 필요하다. 원효는 일심을 통해 중생 스스로가 자신을 되돌아보게 만들고자 한다. 그 과정이 바로 보살의 대비심의 실천과정이며 중생의 수행과정이다. '마치 가난한 아들이 자기 본래의 집으로 다시 돌아오듯이' 일심의 본래 면목으로 돌아오게 만드는 것은 보살의 실천과정이자 대비심의 표현인 바라밀행이다.

여래성기와 법계연기 및 횡진법계와 수진법계의 긴장과 탄력을 통해 이기 일승학을 입론한 의상(義湘, 625-702) 역시 심에 대한 깊은 논구를 보여주었다. 성기와 연기의 이기를 화엄 일승학의 구도 속에서 통섭하는 의상의 이사(理事) 무애법계 내지 이이(理理) 무애법계는 심에 대한 깊은 이해 속에서 이루어질 수 있었다. 태현 역시 우리의 인식대상의 성질을 주관과 다른 종자에서 생겨 주관의 성질의 선악에 좌우되지 않고 존재영역을 달리하여 다섯 감각기관에 비치어 오는 것을 다섯 의식이 대상으로 하여 인식하는 성경(性境), 별도의 객관적 존재가 없이 주관이 단독으로 드러난 환영처럼 눈병 난 사람의 앞에 보이는 토끼뿔 혹은 거북털과 같은 독영경(獨影境), 삼줄을 뱀으로 잘못 아는 것과 같이 본질은 있으나 그대로 영사되지 않은 경계인 대질경(帶質境) 셋으로 나눠 본 삼류경설(三類境說)을 통해 심의 구조를 해명하고 있다.

지눌(知訥, 1158-1210)은 지금 당장 우리가 깨달음을 얻지는 못한다 하더라도 좋은 씨앗을 심어두어야만 언젠가는 훌륭한 인연을 만나 깨달을 수 있다고 말한다. 그 때문에 지혜로운 사람들은 이러한 통찰을 전제로 부지런히 수행을 하고 있다는 것이다. 그러므로 지금의 온갖 고통을 여의고 언젠가는 깨달음의 세계에 들어 자유롭게 살기 위해서는 오늘 여기에서의 자기 마음의 전환이 무엇보다도 중요하다.

지눌은 반조(返照)의 논리를 전개하면서 규봉 종밀의 '영지(靈知)'와 하

---

21 元曉, 『金剛三昧經論』 상(『韓佛全』 제1책, 610상), "如來所說一切敎法, 無不令入一味覺故. 欲明一切衆生本來一覺, 但由無明隨夢流轉, 皆終如來一味之說, 無不終歸一心之源"

택 신회의 '지(知)'의 개념을 원용하고 있다. 신회의 '뭇 묘함의 문[衆妙之門]'인 지(知)에 대해 "어두울 때에도 또한 알되 앎[知]은 본디 어둡지 않고, 생각이 일어날 때에도 또한 알되 앎[知]은 본래 생각이 없어서 슬픔[哀]·즐거움[樂]·기쁨[喜]·노함[怒]·좋아함[愛]·싫어함[惡]에 이르기까지 하나하나 모두 알되 앎[知]은 본래 비고 고요하여서 공적하면서 아는 것이다"[22]고 말한다.

종밀의 '공적영지심(空寂靈知心)'에 대해서는 "비고 고요하며 신령스레 아는 마음[空寂靈知心]은 자신의 본래 면목이며, 삼세 모든 부처님과 역대 조사들과 천하 선지식이 비밀스럽게 전한 진리의 인장"[23]이라고 한다. 아울러 "모든 존재가 모두 공한 곳에선 신령스런 앎이 어둡지 않아 무정(無情)과 달리 자성이 스스로 신령스럽게 안다. 이것이 그대의 공적한 영지이고 맑고 깨끗한 마음의 본체다. 이 맑고 깨끗한 공적의 마음이 삼세 모든 부처님의 수승하고 깨끗한 밝은 마음이요 또 이 중생의 근원적인 깨달음의 성품[本源覺性]이다"[24]고 했다.

한 걸음 더 나아가 지눌은 "마음을 닦는 수행자는 먼저 조사의 도로써 자기 마음[自心]의 본래 묘함[本妙]을 알아서 문자(文字)에 구애되지 말 것이요, 다음으로 논문(論文)으로써 마음의 몸체[體]와 몸짓[用]을 변별할 것이다"[25]면서 "세존이 입으로 설한 것이 교법[教]이 되고, 조사가 마음으로 전한 것이 곧 선법[禪]이 되니 부처님과 조사의 마음과 입이 서로 어긋날 리가 없다. 어찌 근원을 다하지 않고 각기 익힌 바를 편안히 하고 망녕되이 쟁론을 일으켜 세월을 헛되이 쓸 것인가"[26]하며 '논쟁의 쓸모없음'을 통해 선교(禪教)의 일원성(一元性)을 주장하고 있다.

이는 지눌 당시 선종과 교종의 갈등과 대립을 반조의 논리를 통해서 화회시켜가려는 수순으로 읽혀진다. 당시 교단의 '치선'과 '광혜'의 대립을 해결하려는 맥락 속에서 종밀의 '영지(靈知)'나 신회의 '지(知)'도 이끌어 온 것으로 보인다. 지눌은 반조의 논리를 통해 '치선'과 '광혜'의 전환을 꾀함으로써 '진심(眞心)' 혹은 '영지(靈知)'를 구축하고 그것을 통해 '자기 마음이 곧 부

22 知訥, 『法集別行錄節要并入私記』(『韓佛全』 제1책, 745상)
23 知訥, 『修心訣』(『韓佛全』 제4책, 710상)
24 知訥, 『修心訣』(『韓佛全』 제4책, 710하)
25 知訥, 『華嚴論節要』 1(『韓佛全』 제4책, 768상)
26 知訥, 『華嚴論節要』 1(『韓佛全』 제4책, 768상)

처의 마음'이고, '자기 성품이 곧 진리의 성품'임을 일깨워주려고 했다.

그런데 이 일깨움에 원용된 반조 논리의 입각지는 마음자리[心地], 즉 자기 마음의 바탕이었다. "분별이 겨우 생겨나자 일어남과 사라짐[起滅]을 이루는 것 같지만 일어남과 사라짐의 전변(轉變)은 자기 마음[自心]에 의하여 나타나는 것이니 돌이켜 자기 마음을 써서 한 쪽만을 돌이켜 살핌[返觀一遍]에 거듭하지 않아도 둥그런 빛[圓光]을 이마에 이고 신령스런 불꽃이 번득여 마음과 마음에 걸림이 없는 것이다"[27]고 했다.

지눌은 자기 마음의 근본적 지혜에 기저를 두고 부처와 중생을 일체화시키고 있다. 이러한 그의 노력은 "오늘 마음을 관하는 수행자는 무명으로부터 이루어진 과지(果智)가 곧 리불(理佛)이며 곧 사불(事佛)이며 곧 자불(自佛)이며 곧 타불(他佛)이며 곧 인불(因佛)이며 곧 과불(果佛)임을 깨닫게 된다"[28]고 역설하기에 이르른다. 여기서 주목되는 것은 '마음을 관(觀)하는 것', 다시 말해서 반조(返照)의 계기가 전제된다는 것이다.

따라서 지눌은 현실적 인간의 "자기 마음으로부터 비롯된 근본적 지혜의 큰 쓰임에서 볼 때 부처의 보광명지와 중생의 무명심이 바로 둘이 아닌 것"이라 했다. 이처럼 부처와 중생을 같은 몸체[同體]로 파악하려는 노력은 그의 전 저작에서 드러나고 있다. 이러한 융회가 가능했던 것은 선정[定, 頓漸]과 지혜[慧, 理事]의 긴장과 탄력 위에서 지눌의 이문 진심(二門 眞心)사상을 드러내려는 반조(返照)의 논리에 의해서였다.

태고(太古, 1301-1384) 역시 원효의 일심(一心), 지눌의 진심(眞心), 혜심의 무심(無心) 등에 상응하는 자심(自心)이라는 기호를 통해 자신의 사유 체계를 확보하려고 했다. 태고는 어록에서 '자심'의 기호를 여러 차례 사용하고 있다.

> 여기에서 '마음'이라 하는 것은 범부들이 망령되게 분별하는 마음이 아니라 바로 그 사람[當人]의 고요하여[寂然] 움직이지 않는 그 마음입니다. 곧 이런 자기 마음[自心]을 스스로 지키지 못하면 모르는 결에 허망하게 움직여서 순간순간[忽忽]마다 경계의 바람[境風]에 어지러이 흔들리고[動亂] 여섯 티끌[六塵] 속에 파묻혀서 자주 일어나고 자주 멸하면서 허망하게도 끝

27 知訥, 『法集別行錄節要并入私記』(『韓佛全』 제4책, 756중)
28 知訥, 『圓頓成佛論』(『韓佛全』 제4책, 726중)

없이 나고 죽는 업과 고통[業苦]을 지을 것입니다. 그러므로 부처님과 조사님 같은 성인들이 일찍이 세운 원력[願力]으로 세상에 출현하시어 큰 자비심으로 '사람의 마음[人心]이 본래 부처[本來是佛]'임을 바로 가리켜[直指] 주어서 그들로 하여금 다만 (자기) 마음의 부처를 깨닫게 하여 주었을 뿐입니다.[29]

여기서 태고가 말하는 마음은 자심이며 그것은 바로 그 사람의 고요하여 움직이지 않는 그 마음이다. 붓다와 조사들은 일찍이 그들이 세운 원력으로 세상에 출현하여 자비심으로 그들로 하여금 다만 마음의 부처를 깨닫게 해주었던 것이다. 태고의 이 '자심'은 지눌의 '진심'에 상응하는 것이다. 하지만 태고의 자심은 지눌의 진심과 상당히 유사하나 전적으로 동일하지는 않다. 태고의 자심은 지눌의 진심이 지닌 몸체와 몸짓의 균형적 시선과 달리 몸체 쪽으로 더욱 더 경사되어 있다. 이 점은 이들 두 사상가가 지향하는 불교 사상적 맥락의 차이에서 비롯되는 것이라 할 수 있다.

나옹(1320-1376) 초목 영과의 대화에서 '무심(無心)'이라는 기호를 통해 자신의 살림살이를 보여주었다. 이미 지공의 가풍이기도 했던 '무심'의 기호를 전수 받았던 나옹이었기에 고목(枯木) 영(榮)과의 대화에서 그는 '무심가용(無心可用)'을 통해 자신의 가풍을 드러내었다.

고목 영 선사를 찾아가서는 한참 동안 말없이 앉아 있었더니 고목이 물었다.

"수좌는 좌선할 때 어떻게 마음을 쓰는가?"

"쓸 마음이 없소[無心可用]."

"쓸 마음이 없다면[無心可用] 평소에 무엇이 그대를 데리고 왔다 갔다 하는가?"

나옹이 눈을 치켜뜨고 바라보니 고목선사가 말하였다.

"그것은 부모가 낳아준 그 눈이다. 부모가 낳아주기 전에는 무엇으로 보는가?"

나옹은 '악!'하고 할(喝)을 한 번 하고는 "어떤 것을 낳아준 뒤 다 낳아주기 전이다 하는가?" 하니 고목선사는 곧 나옹의 손을 잡고, "고려가 바다 건

29 太古, 「玄陵請心要」, 『太古和尙語錄』 상(『韓佛全』 제6책, 677중)

> 너 있다고 누가 말했던가" 하였다. 나옹은 소매를 떨치고 나와 버렸다.[30]

나옹이 말한 '무심가용'의 표현처럼 '무심'은 조사선 내지 간화선의 가장 중요한 개념 중 하나이다. 흔히 '돈오무심'으로 표현되는 것처럼 즉각적으로 깨달으면 일체의 분별이 사라지는 것이다. 진심(眞心)[31]으로도 표현되는 '무심'은 안다와 모른다, 있다와 없다, 쓴다와 쓰지 않는다 등등의 이항대립으로부터 자유로운 지평이다. 모든 분별을 넘어선 마음이며 있는 그대로의 마음이다. 이러한 무심은 인도에서 온 지공의 가풍에서 이미 드러나고 있다.

휴정(休靜, 1520-1604)의 선심(禪心)은 선(禪)하는 마음이자 무심의 다른 표현이다. 무심은 분별이 남아있는 유심과 달리 분별이 없는 무분별심을 말한다. 이 자리는 주관과 객관, 나와 대상의 이분이 완전히 사라진 본래 자리라 할 수 있다. 때문에 선심은 일물(一物)이라고도 표현된다. 일물은 바로 선심의 다른 표현인 것이다.

> 육조대사가 대중에게 물었다. "나에게 한 물건[一物]이 있으니, 이름도 없고 모양도 그릴 수 없다. 그대들은 알겠는가?" 신회(神會)선사가 곧 답하기를 "모든 부처들의 본래 근원이요 신회의 부처 성품입니다"라고 하였으니, 이것이 육조의 서자가 된 까닭이다. 회양선사가 숭산으로부터 와서 뵙자 육조가 묻기를 "무슨 물건[物]이 이렇게 왔는고?" 할 때에 회양은 어쩔 줄 모르고 쩔쩔매다가 8년 만에야 깨치고 나서 말하기를 "가령 한 물건[一物]이라고 해도 맞지 않습니다"라고 하였으니, 이것이 육조의 적자가 된 까닭이다.[32]

선심은 바로 이름도 없고 모양도 그릴 수 없는 일물의 다른 표현이라 할 수 있다. "한 물건이라고 해도 맞지 않는" 일물의 인식 여하에 따라 천양지차로 벌어진다. 이처럼 육조의 적자가 된 연유와 서자가 된 연유는 종이 한 장의 차이처럼 미미하다. 휴정은 바로 혜능의 일물을 주체적으로 소화하여 자기화 하였던 것이다.

---

30 覺宏 錄, 覺璉 錄, 『懶翁禪師語錄』(『韓佛全』 제6책, 705상)
31 覺璉 錄, 「入寂之辰」四篇, 『懶翁和尙語錄』(『韓佛全』 제6책, 717상)
32 休靜, 『禪家龜鑑』(『韓佛全』 제7책, 634하-635상)

> 여기에 한 물건[一物]이 있으니, 본래부터 밝디 밝고 신령스럽디 신령스러워 일찍이 생하지도 않았고 일찍이 멸하지도 않았으며, 이름 붙일 수도 없고 모양 그릴 수도 없다.[33]

휴정은 일물에 대해 '본래부터 밝디 밝고 신령스럽디 신령스우며', '일찍이 생하지도 않았고 일찍이 멸하지도 않았다'고 말하고 있다. 일물에 이어 나오는 '종본이래(從本以來)'는 그 끝없고[無限], 가없는[無際] 시간성을 가리킨 것이고, '소소령령(昭昭靈靈)'은 그 성품의 묘용(妙用)을 보인 것이며, '부증생 부증멸'과 '명부득 상부득'은 그 공간적(空間的) 자재(自在)를 표현한 것이라 볼 수 있을 것이다.[34] 그러니까 『선가귀감』의 서두 첫 문장은 휴정의 선교관뿐만 아니라 그의 시공관을 고스란히 보여주고 있다. 그리고 부증생과 부증멸은 불교의 무시무종의 시간관을 보여주는 표현이다.

시작도 없고 끝도 없는 무시무종의 시간관은 불교의 시간 인식이 마음의 시간임을 보여주고 있는 것이다. 불교는 일찍부터 우리가 인식하는 시간을 언어적 존재이자 의식 내적 존재이며 마음의 시간이라고 갈파해 왔다. 시작도 없고 끝도 없는 시간관은 내가 마음먹는 순간이 시작이 된다. 그 이전은 과거가 되고 그 이후는 미래가 된다. 따라서 시간을 가르는 과현미는 내 마음 이전에 어떠한 실체로서 존재하는 것이 아니다. 내가 마음을 내는 순간이 곧 현재가 되고 그것을 기준으로 하여 과거와 미래가 설정되는 것이다. 우리가 사물의 탈색(脫色)과 성장(成長)과 공간적 이동(移動)을 통해 변화하는 시간을 인식하는 것처럼, 공간은 사물의 점유(占有) 내지 차지(遮止)의 확인을 통해 인식되어진다.

'명부득'과 '상부득'은 불교의 공간관 내지 자연관을 보여주고 있다. 이름과 모양은 개념과 형체이지만 이는 공간을 점유함으로써 타자에게 거리낌을 주는 존재의 본래적 속성을 언표하는 것이다. 만일 이름 붙일 수 있고 모양 그릴 수 있다면 이는 시공 속에 얽매이게 되는 것이다. 무엇이 있다는 것은 불변하는 무엇이 있다는 것이다. 그리고 그것은 영원성을 지니고 있다는 것이다. 하지만 모든 만물은 인연으로 이루어져 있기에 실체가 없다. 다만 실체가 없는 공(空)들이 모여[空聚] 있을 뿐이다. 이 때문에 '이름'을 가지

---

33 休靜, 『禪家龜鑑』(『韓佛全』 제7책, 619상), "有一物於此, 從本以來, 昭昭靈靈, 不增生, 不增滅, 名不得, 相不得"

34 申法印, 『西山大師의 禪家龜鑑 硏究』(서울: 김영사, 1989), 177면.

고 '모양'을 가진 것은 가명(假名)이자 가유(假有)로서 존재할 뿐인 것이다.

이렇게 본다면 『선가귀감』의 서두에 나오는 이 구절은 휴정의 시공관을 보여줄 뿐만 아니라 불교의 시공관을 보여주는 것이라 할 수 있다. 휴정은 '종본이래'와 '부증생 부증멸'을 통해 무시무종의 시간관을 보여주고 있으며, '명부득 상부득'을 통해 걸림없는 공간관을 보여주고 있다. 그런데 이들은 모두 주어 내지 주체인 일물을 형용하고 하고 있는 술부 내지는 술어이다. 즉 주부인 일물은 시간적으로는 본래부터 밝디 밝고 신령스럽디 신령스러워 일찍이 생하지도 않았고 일찍이 멸하지도 않은 것이다. 그 일물은 공간적으로는 신령스럽디 신령스러워 이름을 얻을 수도 없고 모양을 그릴 수도 없는 것이다. 바로 이 대목에서 선심 일물의 지혜가 발현되는 것이다.

경허(鏡虛, 1846-1912) 역시 이들 사상가들과 마찬가지로 자기 사상의 개념을 입론했다. 그가 특히 강조하는 '마음의 근원을 비추어 안다[照了心源]' 내지 '마음의 근원을 돌이키어 비춘다[返照心源]'에서 도출할 수 있는 그의 사상적 키워드는 '조심(照心)'이라 할 수 있다. 조심(照心)은 '비추는 마음'이기도 하고, '마음을 비추는' 것이기도 하다.

'마음을 비춘다' 함은 마음의 실상을 비춘다는 것이고, '비추는 마음'이란 실상을 비추어 보는 마음이다. 마음은 모양도 없고 소리도 없으며 이름도 없는 것이기에 무엇이라 말하기 어려운 것이다. 때문에 조심은 이러한 마음을 비춘다 해도 되고, 비추는 마음이라 해도 된다. 조심은 안과 나와 낮은 곳을 향해 비추어 보는 것을 말한다.

남이 아닌 나, 밖이 아닌 안, 높은 곳이 아닌 낮은 곳을 비추어 있는 그대로의 나를 되돌아보는 것이다. 그리하여 있는 그대로의 자신을 성찰하는 것이다. 경허 스스로가 이 마음을 조심이라 명명하지는 않았으나 그가 시종일관 역설하는 '조료심원' 혹은 '반조심원'에서 우리는 '조심'이라는 개념을 적출해 낼 수 있다. 그리고 조심의 개념에 기초하여 그의 조료의 논리와 전정의 방식으로 이(류중)행 해 가는 구도를 읽어낼 수 있다.

용성(龍城, 1864-1940)은 대각(大覺)의 기호를 통해 본각(本覺)과 시각(始覺)과 구경각(究竟覺)을 통섭하였다. 그는 시각과 본각의 합일(合一)과 자각(自覺)과 각타(覺他)의 불이(不二)로서 구경각을 대각으로 해석해 내었다. 이는 대각의 근본정신은 자신의 깨달음이 중생의 구제를 떠나 존재하지 않으며 중생의 구제 또한 자신의 깨달음을 떠나 존재하는 것이 아니라 깨달음을 통해 비로소 완결되는 것이라고 해석했다.[35] 여기서 깨달음은 심에 상응하는 기호이며 이 심은 깨달음에 상응하는 기호이기도 하다.

만해(萬海, 1879-1944)는 유심(惟心)의 기호를 통해 불교의 유신(維新)과 나라의 독립을 쟁취하려 했다. 그의 유심은 건설과 파괴, 유신과 해체 등의 기호를 아우르는 포괄적인 개념이다. 그는 이 기호를 통해 대한 불교의 유신과 나라의 독립 및 대한 민족의 자각을 촉구했다. 그가 창안한 독특한 개념인 그리운 것으로서의 '님'과 심우도에서의 '소' 역시 심에 상응하는 것이라 할 수 있다.

성철(性徹, 1912-1993)은 "삼세육추(三細六麤)의 일체망념(一切妄念)이 돈연(頓然) 소멸(消滅)되고 상주불변(常住不變)하는 진여본성(眞如本性)을 활연증득(豁然證得)하니, 이것이 곧 망멸증진(妄滅證眞)한 구경무심(究境無心)인 견성(見性)이다"고 했다. 여기서 그는 '견성(見性)'을 "미세망념이 '몰록[頓然] 사라지고[消滅]', 망념을 없애 진여를 증득한 '구경 무심'(究境 無心)"이라고 정의하였다.[36] 여기서 우리는 이 '돈연(頓然)'과 '무심(無心)'을 더욱 밀핵화(密核化)하여 원효의 일심(一心), 지눌의 진심(眞心), 휴정의 선심(禪心), 경허의 조심(照心)에 상응하는 '돈심(頓心)'이란 용어를 적출해 낼 수 있다. 하여 유수한 불교사상가의 사상적 키워드에 대응하는 '돈심(頓心)'은 성철사상의 두 축인 '돈오(頓悟)'와 '견성(見性)'을 통섭하는 키워드라 할 수 있다. 한국의 유수한 불교사상가들은 '심'을 자기화하여 촘촘한 사상적 지형도를 그려내었다. 이들 기호는 불교 전적 속에서 확인되기도 하지만 자신의 생평을 담은 지형도로 숙성 발효시켜 이들만의 기호로 거듭나게 하였다.

## 2. 심의 텍스트별 용례

불교 텍스트 안에서 심에 대한 용례는 거의 전 분야에 걸쳐 사용되고 있다. 그리고 근본불교에서부터 부파를 거쳐 대승 및 중국과 한국 등에 이르기까지 심은 언제나 주요 개념으로 변주되어 왔다. 『법구경』[37]과 『증일아함경』에서 석존은 "마음은 진리의 근본이다"[38]고 하였다. 또 석존은 『잡아함경』에서 "오랫동안 마음은 탐욕에 물들게 되고 성냄과 어리석음에 물들었

35 龍城, 『覺海日輪』(서울: 불광출판부, 1997), 19면.
36 性徹, 『禪門正路評釋』(서울: 장경각, 1990, 3쇄), 13면.
37 『法句經』 1
38 『增壹阿含經』 51(『大正藏』 제2책, 827중), "心爲法本"

기 때문에 이 마음을 관찰하여 바르게 사유하여야 한다"고 설하고 있다.

또 "마음이 괴로우므로 중생이 괴롭고, 마음이 깨끗하므로 중생이 깨끗하다"[39]고 했다. 나아가 "연기를 보는 이는 법을 보고 법을 보는 이는 연기를 본다"[40]고 했다. 여기서 법은 바로 마음을 가리키고 있다. 즉 모든 존재는 뭇 인연의 화합에 의해 생겨난다[衆緣和合所生]는 연기의 진리는 바로 마음의 다른 이름인 것이다. 다시 말해서 여기에서 연기와 법과 마음은 같은 것을 가리키는 다른 표현들인 것이다. 인도 철학자인 야즈냐발캬 역시 부처라는 존재가 마음 밖에 어떤 특별한 곳에 있는 것이 아니라 마음 그 자체가 곧 부처임을 제시함으로써 우파니샤드의 아뜨만을 우리 마음속에 내재하는 붇다로 환원시켜 주었다.[41]

기본적으로 『아함경』에서는 심(心)과 의(意)와 식(識)이 엄밀하게 구분되지 않고 사용되었다. 하지만 부파불교의 텍스트에는 이들 각기를 구분하여 언급하고 있다. 심은 '자성 제일의(自性第一義)의 마음'[42] 또는 육단심[心臟]을 가리킨다.[43] 또 심은 의(意)를 가리키며 반야 개공의 마음의 정수[心髓]와 정밀한 요체[精要]를 일컫는다. 밀교에서는 범부의 간율타[肉團心]를 관상하여 여덟 잎사귀[八葉] 연꽃으로 삼고[卽心蓮] 사람을 교화하여 자기의 불신으로 개현하기 때문에 중생의 자성청정심을 한율타(汗栗馱)라고 일컫는다.

각종 마음의 형태로부터 이루어진 관련된 마음의 분류로는 진심(眞心, 本來淸淨心, 즉 自性淸淨心)과 망심(妄心, 번뇌에 오염된 마음), 상응심(相應心, 번뇌와 상응하는 마음)과 불상응심(不相應行心, 번뇌와 상응하지 않는 마음), 정심(定心, 망녕된 생각과 잡스런 생각을 고요히 그쳐 하나로 통섭한 마음과 선정을 닦아 선한 마음)과 산심(散心, 어지러이 흩어지는 마음, 흩어짐을 닦은 선한 마음) 등의 두 가지 마음이 있다.

혹은 탐(貪), 진(瞋), 치(癡) 등의 세 가지 마음과 탐심, 진심, 치심, 등심(等心, 삼독심과 함께 일어남) 등의 네 가지 마음 및 육단심[心臟], 대상을 취하

39 『雜阿含經』 10(『大正藏』 제2책, 69하), "心惱故衆生惱, 心淨故衆生淨"

40 「象跡喩經」 10, 『中阿含經』 7(『大正藏』 제1책, 467상), "若見緣起便見法, 若見法便見緣起"

41 "진리가 곧 마음이요, 마음이 곧 부처요, 부처가 곧 신이요, 신이 곧 마음이요 마음이 곧 우주요, 우주가 곧 마음이요, 마음이 곧 진리로 돌고 돌아가는 것이다. 나를 찾자! 나를 알자! 내가 살자!"라고 했다.

42 『四卷楞伽經』 권1.

43 『大日經疏』 권4.

여 사고를 더하는 마음인 연려심(緣慮心, 모두 8식에 통한다), 집기심(阿賴耶識), 견실심(堅實心) 등의 네 가지 마음, 혹은 처음으로 외경에 대하여 일어나는 마음인 솔이심(率爾心), 알고자 하는 마음인 심구심(尋求心, 알고자 하는 마음), 결단의 마음인 결정심(決定心), 염오와 청정을 일으키는 마음인 염정심(染淨), 생각 생각이 서로 이어져서 앞뒤 차이가 없도록 지속시키는 마음인 등류심(等流心) 등의 다섯 가지 마음이니 이들은 곧 의식이 바깥의 대상을 접촉할 때 순차적으로 일어나는 다섯 가지 마음들이다.

이외에도 이른바 선심을 차례대로 성숙시켜가는 과정의 여덟 가지 마음[44]이 있다. 즉 종자심(種子心), 아종심(芽種心), 포종심(疱種心), 엽종심(葉種心), 부화심(敷和心), 성과심(成果心), 수용종자심(受用種子心)과 영동심(嬰童心) 등이다.

『화엄경』에서는 "삼계는 허망하며 다만 일시에 만들어낸 것일 뿐이니 십이 연기분은 모두 마음에 의지한다"[45]고 하였다. 그러니까 마음은 모든 것의 근거이자 진실한 본래성이라 할 수 있다. 때문에 우리가 사는 욕계 색계 무색계의 삼계는 모두 진실한 모습이 아님을 자각할 필요가 있다. 하여 십이연기에 의해 이루어진 우리의 삶은 모두 이 마음에 의해 이루어진다는 사실을 알 수 있다.

또 『화엄경』에서는 "마음은 그림을 잘 그리는 화가와 같아서 갖가지 오음을 그려내지만 일체의 세계 속에서 존재도 없고 지음도 없는 것과 같이, 마음과 부처 또한 그와 같고 부처와 중생도 그러하여 마음과 부처와 중생이 셋에는 차별이 없다"[46]고 역설하고 있다. 즉 마음과 부처와 중생을 셋으로 분별하는 오염을 제거시켜 주고 있다. 이들 모두가 실체가 없음을 성품으로 하고 있기에 마음과 부처와 중생이 같을 수 있는 것이다.

『대일경』「주심품(住心品)」에는 유가행자의 마음의 차별상[相可分成]을 육십 가지로 나누어 말하고 있다.[47] 즉 탐(貪), 무탐(無貪), 진(瞋), 자(慈), 치(癡), 지(智), 결정(決定), 의(疑), 암(暗), 명(明), 적취(積聚), 투(鬪), 쟁(諍), 무쟁(無諍), 천(天), 아수라(阿修羅), 용(龍), 인(人), 여(女), 자재(自在), 상인(商人), 농부(農夫), 하(河), 파지(波池), 정(井), 수호(守護), 간(慳), 구(狗), 이(貍),

---

44 『瑜伽師地論』 권1.
45 『60권華嚴經』 25(『大正藏』 제9책, 558하), "三界虛妄, 但是心作, 十二緣分, 是皆依心"
46 『60권華嚴經』(『大正藏』 제9책, 465하), "心佛及衆生, 是三無差別"
47 『大日經』 권1.

가루라(迦樓羅), 서(鼠), 가영(歌詠), 무(舞), 격고(擊鼓), 실택(室宅), 사자(師子), 휴류(鵂鶹), 조(鳥), 나찰(羅刹), 자(刺), 굴(窟), 풍(風), 수(水), 화(火), 이(泥), 현색(顯色), 판(板), 미(迷), 독약(毒藥), 견색(羂索), 계(械), 운(雲), 용(用), 염(鹽), 체도(剃刀), 수미등(須彌等), 해등(海等), 혈등(穴等), 수행(修行), 원후(猿猴) 등의 마음이다.

『대일경』에서 언급하고 있는 것처럼 마음의 차별상을 이렇게 다양하게 분류할 수 있다는 것은 심의 역동성과 운동성을 보여주는 것이다. 즉, 이러한 분류는 심이 얼마나 확장될 수 있는 지를 엿볼 수 있게 하는 것이다. 이처럼 근본불교 이래 부파 및 대승불교와 중국과 한국불교 텍스트에서는 심에 대한 다양한 용례를 보여주고 있다.

## Ⅲ. 인접 개념과의 관계 및 현대적 논의

### 1. 심과 인접 개념과의 관계

심은 중국철학사에서 오랫동안 가장 주요한 개념으로 변주되어 왔다. 불도유 삼교가 길항하거나 교섭하면서 그리고 다른 개념들과 상응하거나 수반하면서 심 개념은 끊임없이 그 의미를 확장해 왔다. 그리하여 심은 심장, 이성, 정신, 영혼, 감성, 의지, 욕망까지를 일컫게 되었고 나아가서는 신체까지 총괄하는 개념으로도 사용되어 왔다. 이처럼 심과 관련된 논의들은 불교 내부에서 뿐만 아니라 유교의 성리학과 양명학을 비롯하여 노장학을 아우른 도교에서도 있어 왔다.

맹자 이래 인간의 심은 생득적으로 선을 지향[性善]하는 성격을 지니는 것으로 여겨져 왔다. 맹자는 인간의 심을 네 방면으로 살펴 인의예지(仁義禮智) 사단으로 규정하였다. "인간이 태어날 때부터 지니고 온 덕성을 완성할 수 있는 네 가지 실마리 혹은 마음씨라 할 수 있다"하여 측은하게 여기는 마음[惻隱之心], 부끄러워할 줄 아는 마음[羞惡之心], 물러나고 양보하는 마음[辭讓之, 心], 옳고 그름을 가리는 마음[是非之心]을 토대로 성선설(性善說)을 세워냈다. 그런데 "양심으로 불리는 이 심은 태어날 때부터 하늘로부터 품부 받은 것이기 때문에, 마음을 다한다면 하늘이 어떤 것인지를 알 수 있다"고 하였다. 심의 본질은 인의이고 이것은 인성에 고유한 것이며 사람과 금수를 구별하는 주요 기준이라 할 수 있다. 동시에 심은 사유의 기능을 갖기 때문에 인의를 인식할 수 있다. 이처럼 맹자는 심을 윤리적, 이성적 측면에서 파악하고 있다.[48]

하지만 순자는 생득적으로 인간의 심에는 선을 지향하는 성격이 내재하지 않는다고 했다. 그는 본성의 선함은 본래 악한 심을 작위적으로 교정하여[僞] 얻어낸 것으로 파악했다. 때문에 심은 명징한 인식 능력, 즉 이목 등 감각기관이 제공한 인상을 헤아려 아는 특수능력인 징지(徵知)를 지니고 있기에 천도(天道), 인도(人道), 사물(事物)을 인식할 수 있다고 했다. 가르침을 통해 이런 능력을 길러주게 되면 누구나 선(善)을 추구해 갈 수 있다고 보았다.[49] 이것이 선진시대에 살았던 맹자와 순자의 심 이해였다. 이러한 이해는 불교의 수용과 도교의 정비 이후 새로운 시각에서 해석되기 시작했다.

주로 수당 이전 시대의 불교와 도교에서 본격화되어온 심을 둘러싼 여러 문제는 송대 사대부들에게는 특히 주체성의 확립이라는 측면에서 깊게 논의되기 시작했다. 심과 관련된 언설과 실천으로서 송대 이래 가장 영향을 끼친 것은 선종이었다. 즉 마조 이래 선종의 주요 가풍이었던 '마음 그것이 바로 부처[卽心卽佛]'와 '평상심이 곧 도이다[平常心是道]' 그리고 '작용이 곧 불성[作用卽性]'의 명제는 송대 사대부들에게 깊은 울림을 줌으로써 선법에 빠져들게 하였다.

그런데 마조의 "자네의 마음 자체가 바로 그것이다[卽汝心是]"는 명제는 상대방의 마음 그 자체를 직지(直指)하여 이를 거침없는 말투로 선연히 드러내 보이고 있는 것과 달리 『경덕전등록』의 "마음이 그것이 바로 부처[卽心卽佛]"는 지상 명제적으로 테제화되어 있는 느낌이어서 안타깝게도 그 개성적인 생생한 여운을 결하고 있다. 일단 테제화되면 그것은 단지 하나의 패턴으로 정착되어 경직될 수밖에 없는 것이다. 따라서 마조도 후에 '비심비불(非心非佛)'로 역전시키지 않으면 안 되었을 정도로 문제가 있었다. 그러나 마조의 표현은 어디까지나 풍부한 표현에 있었다. 이 점은 그가 '무심'을 말한 적은 한 번도 없었던 것에서 잘 드러나고 있다.[50]

마조의 '평상심시도'는 심의 활동에 있어 부처로서의 본심이 엄연히 존재하며 또한 생생하게 살아 기능하고 있다고 간주되었다. 또한 그것은 특별히

48 최재목, 「심」, 이동철 외, 『21세기의 동양철학』(서울: 을유문화사, 2005), 160-161면.
49 최재목, 위의 글, 161면.
50 이리야 요시타카, 박용길 옮김, 『마조어록』(서울: 고려원,1988), 7면.

현묘한 것이 아니라 일상적인 모든 행위 그 자체라고 여겨졌다. 그리고 인간은 자신이 이런 본심을 붙잡기만 하면 그 어떤 것에도 의존하지 않은 채 모든 곳에서 주인이 되어 궁극적인 주체성과 자율성을 발휘할 수 있다고 관념되었다. 이런 가르침은 자신감을 가지고 있으면서도 동시에 갈등을 안고 살았던 사대부들에게 크게 어필하여 많은 사대부들이 선문을 두드렸다.[51]

선종의 심론을 유불도 삼교의 논제로 확장시킨 인물은 당나라 규봉 종밀(圭峰 宗密, 780-841)이라고 할 수 있다. 하택종을 이은 선사이면서 화엄의 5조였던 그는 세계 전체를 심식으로 환원시키고 불교의 존재론을 확장시켜 선종과 교종을 일치시키려 했다. 이러한 종밀의 노력은 결과적으로 심론에 대한 사대부들의 논리적 근거를 확보시켜 주기에 이르렀다. 그리하여 유교의 가치관에 의거하여 유교의 재구축을 꾀한 사대부 사상가들은 종밀의 선관과 교관에 대항하기 위해 인간 심의 측면에 대한 새로운 심성론과 수양론을 세우기 시작했다.

특히 이 시대를 살았던 송나라의 대혜 종고는 종래의 선법을 재구성 하여 사대부들도 접근할 수 있도록 했다. 그는 우리들의 지적, 언어적 영위야말로 인간으로 하여금 본심에서 떠나 미혹에 빠지게 만드는 원흉이라고 보았다. 해서 그런 활동을 일체 정지시키기 위해 옛사람의 공안(公案)의 일 구절에 철저히 몰두하게 함으로써 어느 순간 마음이 곧 부처임[卽心卽佛]임을 깨닫고 마음 본체의 종횡무진하고 활연관통하는 활동을 획득하게 한다는 것이다. 그의 이러한 노력은 스승과 제자 사이의 법거량을 통해 깨달음의 활로를 열어주었던『경덕전등록』속 1,701개의 공안을 대중화시켰다.

그래서 기의 이합집산에 입각한 세계관을 전제로 하여 인간의 마음이 뛰어나고 영묘한 기로 이루어져 있다고 하는 관점, 또한 마음은 천지 우주에 충만한 생명력의 현현이며, 생명을 채우고 확장시켜 나가고자 하는 천지만물의 생의(生意)와 본래적으로 상통한다고 보는 관점, 혹은 마음이란 허령한 존재이며 지각을 본질로 하고 주재의 기능을 가진다고 보는 관점 등이 공통의 전제가 되어 있었다. 하여 북송의 정이는 "성인은 하늘에 입각하고 석씨는 마음에 입각한다(『釋氏遺書』 권21)"고 하였다. 이것은 암암리에 불교의 즉심즉불을 단순한 자기만족이라고 절하하면서 그것이 유학의 천=리의 입장과 비교하여 뒤떨어진다는 주장을 머금고 있었다. 이때부터 성리학

51 미조구치 유조 외, 앞의 책, 172면.

자들은 리로서의 천(天)을 심의 본질[性]로 하면서 불교를 넘어서는 심성론을 구축하는 것을 과제로 삼았다.[52]

남송의 주희(朱熹)는 북송의 장재(張載)가 "심은 성정을 통괄한다"(心統性情,『張載集·性理拾遺』)는 명제를 고요할 때[靜時]의 존양(存養)과 움직일 때[動時]의 성찰이라는 수양론의 확립과정에서 중요하게 다루면서 심에 관해 집중적인 논의를 전개하였다. 그는 심은 성과 정의 체용이라는 양 측면을 포괄하고 총괄하는 것이라는 의미로 해석했다. 하지만 명나라 말까지의 사상사의 전개에서 계속 쟁점이 되었던 것은 오히려 그의 심[=지각]과 성의 관계를 둘러싼 규정이었다. 주희는 심의 주요한 기능으로서 따뜻한 것과 찬 것 등을 아는 감각적 지각과 리의 인식기능을 포함하는 지각은 성=[특히 지의 리와] 기의 공동작용에 의해 성립한다고 했다.[53]

일반인들의 기에는 맑고 탁함 혹은 깊고 얕음의 차이가 있으므로 지각이 그대로 리가 될 수는 없고 거기에는 무언가 비틀림을 내포한 심의 지각을 그대로 지극한 선이라고 인정하게 되고 또한 사물의 리도 무시하고 폭주하게 된다. 때문에 심과 성은 엄밀하게 분리시키지 않으면 안 되며, 인간은 거경궁리(居敬窮理)를 의식적으로 수행해서 성=리에 의해 심에 대한 통제를 확보해야만 한다고 했다. 또한 도통(道統)의 주장과 관련하여『서경·대우모(書經·大禹謨)』에 입각하여 도심(道心)과 인심(人心)을 각각 지각의 리에서 발하는 것과 기에서 발하는 것이라고 구별하여 규정지으면서 중요하게 다루고 있다. 이것이 청초에 이르기까지 지속적으로 문제가 되면서 심을 둘러싼 수양의 체계를 심학(心學)이라고 부르기 시작했다.[54]

주희와 같은 시대를 살았던 육구연(陸九淵)은 리로 가득 차 있는 우주전체가 자기의 심과 일체이며, 나아가 그것은 시간과 공간을 막론하고 만인의 심과 동일하다는 직접적 혜험에 입각하여 이 우주의 리와 일체를 이루는 활연관통의 본심[心卽理]을 직관적으로 파악하고 함양하기를 주장했다. 하여 육구연은 북송의 장횡거의 "심은 성정을 통괄한다"는 명제와 정이의 "성이 리이다"는 등에서 힌트를 얻어 성=리=체와 정=기=용을 통괄하는 모형에 기초한 주희식의 심 구별 및 공부론의 복잡 번쇄함을 비판하였다.[55]

---

52 미조구치 유조 외, 앞의 책, 173면.
53 미조구치 유조 외, 앞의 책, 174면.
54 미조구치 유조 외, 앞의 책, 174면.
55 최재목,「심」, 이동철 외,『21세기의 동양철학』(서울: 을유문화사, 2005), 163-164면.

그래서 그는 자기 심을 심, 성, 정으로 대상화시켜 분별하는 주희와 달리 성과 심을 나누지 않는 방향성을 제시했다. 그의 제자인 양간(楊簡)은 심의 맑고 청명한 마음에로의 침잠에 기울어져 거기서 천지만물을 포섭하는 허명무체(虛明無體)한 것으로서의 심의 지선성(至善性)을 강조했다.[56]

명대 중기의 왕수인(王守仁)은 인간의 심에는 올바른 리의 판단력[良知]이 항상 존재하고 기능하며, 때문에 만사에 리를 실현할 수 있고, 인간은 성인이 될 수 있다고 확신했다. 그는 양지가 곧바로 성=리이며 심의 본체이므로 심은 곧 성이고 양자 사이에 구별이 필요 없다고 했다. 나아가 양지는 곧 완전한 것이므로 주희의 주장에서처럼 먼저 경서를 읽는 데서 시작하여 사물의 리를 궁구할 필요가 없고[心卽理] 오히려 구체적인 사상(事象)과 마주하면서 양지를 연마해 나가야만 한다고 생각했다. 그는 심은 우주에 가득찬 천지의 심[生生] 안에 있어 천지만물을 성립시키고 생명력 있게 만드는 중심점이라고 보는 강한 체험적 자각을 통해, 천지만물과의 일체적 공감을 본질로 한다는 점을 특히 강조했다.[만물일체의 仁][57]

이처럼 양명 계열의 후계자들은 양지에 대한 다양한 논의를 지속시키고 있다. 특히 '갓난아기의 마음(童心)'을 통해 인간의 진심을 표현하여 서민에게까지 양지설을 널리 펴려 했던 양명의 후계자들은 지속적으로 출현하였다. 그 중에서도 나여방(羅汝芳), 이지(李贄), 왕기(王畿), 당학징(唐鶴徵), 유종주(劉宗周), 황종희(黃宗羲) 등은 양명의 대표적인 후계자들로서 양명 이래 심즉리에 기초한 심론을 크게 넓혔다. 그 이후 아편전쟁으로 심각한 국가적 사회적 위기를 맞이했던 청나라 말기의 유자들 및 불교 거사들은 쇠퇴한 중국을 하나의 유기체에 비유하면서 심력의 격려와 증진을 통해 나라를 소생시키려 하였다(康有爲). 아울러 사회 전체의 본래적 모습을 회복하기 위한 근본적 동인으로서 에테르[以太] 혹은 번개[電]의 연원으로서의 심력을 제시하기도 했다[譚嗣同].

이러한 노력은 송대 이래 불교적 세계관으로부터 주체성의 확립을 위해 헌신했던 사대부들의 아이덴티티 회복을 위한 갈구일 뿐만 아니라 심의 본래성 회복을 위한 노력이기도 했다. 따라서 이들의 노력을 통해 심 개념의 내포는 보다 더 단단해질 수 있었고 심 개념의 외연은 더욱 더 넓어질 수 있었다.

---

56 미조구치 유조 외, 앞의 책, 173면.
57 미조구치 유조 외, 앞의 책, 173-174면.

### 2. 심의 현대적 논의

현대의 여러 학문 분야에서도 '심[마음]'에 대한 정의를 내리는 것은 쉬운 일이 아니다. 추상적인 마음을 구체적인 무엇으로 정의내리는 것이 간단하지 않기 때문이다. 이것은 우리들의 부분적인 인식의 손으로는 잡을 수 없을 만큼 '마음이 크기' 때문인지도 모른다. 그러면 마음은 가슴에 있는가 아니면 뇌에 있는가? 그리고 마음은 뇌를 일컫는 것인가 혹은 뇌의 작용을 일컫는 것인가? 현대의 일부 학자들은 마음을 "정보를 수집 처리 보관하는 뇌의 고등기능"[58] 개념으로 규정하고 있다. 하지만 이러한 정의는 수용하기 쉽지 않지만 부정하기도 만만치 않다.

최근의 여러 연구 결과에 의하면 마음은 뇌의 어떤 활동에 의해 나타나는 것이며 뇌가 없으면 마음도 존재하지 않는다는 쪽으로 의견이 모아지고 있다. 컴퓨터는 반도체라는 돌에 전기를 통하게 한 것이다. 즉 실리콘이라는 돌에 전기가 통하면 컴퓨터에서 작용이 일어나는 것이다. 그런데 단백질에 전기가 통하는 것이 뇌이며, 실리콘이라는 반도체 대신에 단백질을 쓰고 전기적 에너지를 쓰게 만들어주는 것이 뇌의 활동이다. 따라서 뇌에 있는 단백질에 전기를 가하여, 그 작용으로 나온 것이 마음인 것이다. 알파파, 베타파, 세타파 등의 뇌파는 뇌의 전기 활동, 곧 뇌에 흐르는 전기의 이동인 전이를 그래프로 기록해 놓은 것이다.[59]

그런데 뇌는 뉴런(neuron)[60]이라는 신경세포와 이 신경세포 말단에 있는 시냅스(synapse)[61]로 구성되어 있다. 때문에 우리가 마음을 뇌의 활동이라고 할 때, 마음은 이 뉴런과 시냅스 작용의 결과라고 정의된다. 그러므로 마음을 구성하는 것은 결국 신경세포들의 조화로운 상호간의 신호 전달에 의한 것이고, 이 신호전달은 굉장히 중요한 역할을 하고 있는 시냅스라는 구

58 이영돈, 『KBS 다큐멘터리 마음』(서울: 예담, 2006), 9면.

59 이영돈, 위의 책, 22면.

60 한 개의 뉴런은 세포체, 한 개의 축색돌기, 그리고 1,000~10,000개의 수상돌기로 되어있다. 이것이 마음이 만들어지는 최소 단위다. 전기신호는 세포체에서 축색돌기 끝의 시냅스로, 이는 다른 신경세표의 수상돌기로 이어진다.

61 신경세포 말단을 일컫는다. 신경세포끼리는 서로 떨어져 있다. 때문에 이들 간의 의사소통은 신경세포 말단에 있는 시냅스 간의 신경 전달물질을 통해서 한다. 도파민, 세로토닌 같은 것이 신경전달물질이다. 시냅스 전까지는 전기신호로 오고 시냅스 사이에서는 신경전달물질을 주고받는 화학신호로 바뀌었다가 다시 전기신호로 바뀐다. 이런 사이클이 끝없이 이어진다.

조를 통해서 이루어진다고 보면 된다. 결국 마음이란 것은 신경세포들이 회로를 구성할 때 회로를 구성하는 신경세포들이 신호를 주고받는 시냅스 간의 상호작용이다.[62]

이렇게 본다면 현대 과학의 힘으로 마음의 정의와 특징이 어느 정도 드러나고 있음을 알 수 있다. 하지만 그럼에도 불구하고 세상은 우리들의 마음속에 존재한다는 명제는 여전히 유효하다고 할 수 밖에 없다. 마음이란 여전히 물리적인 실험을 통해 도출된 결과로서만 설명될 수 없는 그 무엇이 있다고 볼 수밖에 없기 때문이다. 현대인들에게는 눈에 보이고 손에 잡히는 과학과 의료 기술로 설명될 때라야만 비로소 믿어지겠지만 말이다.

그러나 물리적인 존재성으로서만 드러내는 마음이란 현상은 여전히 심리적인 존재성을 지닌 마음을 다 드러내지 못하고 있다는 사실은 부인되기 어려운 것이다. 마음은 과학적 기호나 수학적 수식만으로는 온전히 다 설명할 수 없는 것이기 때문이다. 따라서 이러한 과학적 노력은 심장으로 규정되는 '흐리다야(hṛdaya)'에 대한 분석은 어느 정도 가능할지 모르나 '찌따(citta)'에 대한 정의로는 충분하지 못하다고 할 수 밖에 없을 것이다.

심은 일반적으로 지성(知性), 감성(感性), 의지(意志) 등을 일컫는다. 때문에 색법(色法)과 신체(身體)와 구별되어 왔다. 또 심은 의식 아래에 있는 심층 심리라고 설해지고 있다. 설일체유부에서는 심법과 색법을 전혀 다른 것이라고 하였고, 근(根, 감각기관)과 경(境, 인식대상)과 식(識, 인식주관)을 엄밀히 구별했다.

우리 인식의 기반이자 입각지인 '심(心)'은 범어로 '찌따(citta)'와 '흐리드(hṛd)' 및 '흐리다야(hṛdaya)' 두 갈래의 어원이 있다. 앞의 찌따는 떨어져 있는 대상을 사고(緣慮)하는 주체와 작용을 가리킨다. 즉 찌따는 마음의 주체인 심왕(心王)과 마음의 작용인 심소법(心所法)의 총칭으로 물질[色法] 또는 신체[身]에 대응하는 개념이다.

이에 대응하는 흐리다야는 중성 명사로서 신체의 심장(心臟)을 가리킨다. 즉 나무의 중심과 같이 모든 사물이 갖추고 있는 본질이자 중심에 처하는 마음을 일컫는다. 동시에 모든 존재가 지니고 있는 진여법성(眞如法性)의 진실심(眞實心)이자 여래장심(如來藏心)이며 사고 작용[緣慮]을 갖추지 않은 마음을 가리킨다.

62 이영돈, 앞의 책, 27-28면.

한편 대승의 유식학통은 색법도 식이 나타난 것으로서 심에 소속시키고 있다. 유식학통에서는 의식 아래에 있는 마음의 아뢰야식도 설하고 있다. 오늘의 과학적인 견해로서는 색법을 뇌의 소산으로 여기는 견해가 유력하지만, 불교에서는 색법이 심법을 낳는다는 견해는 없다. 다만 상키야 학파에서는 현실의 정신작용을 물질적인 것이라고 생각하고 있다.

그런데 최근의 여러 연구 결과에 의하면 심은 뇌의 어떤 활동에 의해 나타나는 것이며 뇌가 없으면 심도 존재하지 않는다는 쪽으로 의견이 모아지고 있다. 컴퓨터는 반도체라는 돌에 전기를 통하게 한 것이다. 즉 실리콘이라는 돌에 전기가 통하면 컴퓨터에서 작용이 일어나는 것이다. 그런데 단백질에 전기가 통하는 것이 뇌이며, 실리콘이라는 반도체 대신에 단백질을 쓰고 전기적 에너지를 쓰게 만들어주는 것이 뇌의 활동이다.

그러므로 뇌에 있는 단백질에 전기를 가하여, 그 작용으로 나온 것이 마음이라고 할 수 있다. 흔히 말하는 알파파, 베타파, 세타파 등의 뇌파는 뇌의 전기 활동, 곧 뇌에 흐르는 전기의 이동인 전이를 그래프로 기록해 놓은 것이다. 이렇게 본다면 결국 마음이란 것은 신경세포들이 회로를 구성할 때 회로를 구성하는 신경세포들이 신호를 주고받는 시냅스 간의 상호작용이라고 할 수 있다. 하지만 이러한 과학적 설명만으로 심 즉 마음에 대한 고찰이 마무리되기는 지극히 어렵다. 마음은 과학적 기호나 수학적 수식만으로는 온전히 다 설명할 수 없는 것이기 때문이다.

따라서 심 즉 마음에 대해 고찰하려는 과학적 노력에 의해 심장으로 규정되는 '흐리다야'(hṛdaya)에 대한 분석은 어느 정도 가능할지 모르나 아직은 '찌따'(citta)에 대한 정의로는 충분하지 못하다고 할 수 밖에 없을 것이다. 이 때문에 심 즉 마음에 대한 고찰은 여전히 부분적일 수밖에 없으며 우리는 그 부분을 통해 나머지 부분을 유추할 수밖에 없는 것이다.

**고영섭** (동국대)

우리말 불교개념 사전

# 심소

| |
|---|
| 범 caitta 빠 cetasika 장 sems las byung ba 한 心所 |

## Ⅰ. 심소법의 의미와 연원

불교에서는 우리 마음을 심왕(心王)과 심소(心所)로 설명하고 있는데, 심왕은 곧 우리 마음의 주체이고 심소는 우리 마음의 작용을 의미한다. 즉, 심법(心法)이라 함은 일체의 정신적 현상을 총괄하며 색법(色法)의 상대어로 사용한다. 심법은 다시 심왕과 심소로 나뉘는데, 심왕은 심법의 주체이고 심소는 심왕에 수반되는 것으로 심소유의 법이다.[1]

아비달마불교시대의 설일체유부(說一切有部)의 이론에 의하면 모든 존재요소는 미래의 영역으로부터 현재에 나타나며, 다음 순간에는 과거의 영역으로 사라져간다. 그리고 마음도 이와 같은 존재이지 영원불변한 최고 존재는 아니다. 또한 현재에 나타나는 마음은 시각적인 인식[眼識]·청각적인 인식[耳識] 등 6가지의 인식 가운데서 어느 한 가지의 양상을 취하고, 반

1 『阿毘達磨大毘婆沙論』 16(『大正藏』 27권, 80중), "問何故名心所 答是心所有故"

드시 여러 종류의 심리작용과 동반한다. 그 마음은 선(善)·악(惡)·무기(無記)의 3가지로 구별되는데, 무기의 마음에는 올바른 지혜의 발생을 방해하는 것으로 더럽혀져 있는 것과, 순수한 무기로서 더럽혀지지 않은 것이 있다. 전자를 유부무기(有覆無記)라고 하고 후자를 무부무기(無覆無記)라고 한다. 악심과 유부무기심은 오염된 마음이고, 선심과 무부무기심은 청정한 마음이다. 이러한 갖가지 마음이 '등무간연(等無間緣)[2]⇒증상과(增上果)[3]'의 관계로 계속해서 일어나 '마음의 흐름'을 형성한다. 설일체유부는 마음을 이와 같이 순간적으로 심리작용을 수반한 현상적인 상태에서 파악하였다.[4]

심법의 주체인 심왕 즉 심에는 대개 세 가지 다른 이름이 있다. 아함경전에서 심을 심(心)·의(意)·식(識)이라는 세 가지 이름을 사용하고[5] 육식(六識)을 설하고 있지만, 심·의·식에 대한 차별성이 명확하게 나타나고 있지는 않다. 다만 심·의·식의 세 가지가 이름은 다르지만 그 체는 하나라는 것이 아함의 교설이다.[6]

즉, 『잡아함경(雜阿含經)』에 보이는 것처럼 일심(一心)을 표현함에 있어서 어떤 때는 '심'이라 했고, 어떤 경우에는 '의' 혹은 '식'이라고 하는 등 그 표현이 일정하지 않았다. 즉, '심의식'이라고 합하여 하나의 술어로 정신을 표현하는 경우도 있었으며 반면에 심·의·식의 세 가지를 구별하여 서로 다름을 보여주는 표현도 있었다.[7] 그러나 대체적으로 아함경전에서 심의식이 구별되지 않고 동일한 의미로 사용되던 것을, 아비달마불교에 이르

---

2 사연(四緣)의 하나로, 등무간연이란 마음[心]과 마음의 작용[心所]이 앞생각 뒷생각으로 옮아 변할 때에 앞생각이 길을 열어 뒤에 생기는 뒷생각을 끌어 들이는 원인이 되는 것을 의미한다. 즉, 두 마음이 동시에 일어난다고 보지 않았기에 외나무다리를 두 사람이 건널 때와 같이 앞생각이 떠나 그 자리를 비우지 않으면 뒷생각이 생기지 못한다고 보았다. 이때에 앞생각이나 뒷생각의 마음과 그 작용의 수는 설사 많거나 적거나 같지 않더라도 그 주체는 앞뒤가 평등하여 하나이므로 '등(等)'이라 하였고, 뒷생각은 앞생각과의 사이에 설령 얼마의 시간이 지난다고 하여도 다른 마음이 끼어들지 않고 바로 생기기 때문에 '무간(無間)'이라고 하였다.

3 어떤 유위법이 생길 때에 자기 이외의 다른 일체법이 직접 영향을 주거나 혹은 방해하지 못하게 하여, 도와주는 관계로 생기게 되는 것을 말한다. 즉, 다른 일체의 것이 능작인(能作因)이 되어 그 증상력(增上力)에 의해 생긴 결과를 의미한다.

4 服部正明 外, 이만 옮김, 『인식과 초월 - 유식의 철학』(서울: 민족사, 1993), 36-37면.

5 『雜阿含經』 2(『大正藏』 1권, 8상), "此心此意此識 常思惟…"

6 金東華, 『唯識哲學』(서울: 寶蓮閣, 1980), 57면.

7 『雜阿含經』 2(『大正藏』 2권, 8상), "此心 此意 此識"; 『雜阿含經』 12(『大正藏』 2권, 82상), "若心 若意 若識" 등의 경우에는 相異함을 나타내고 있다.

러 '이름은 다르지만 체는 같다'고 하는 설과 '이름도 다르고 체도 다르다'고 하는 설 등의 논란이 분분하였다. 이것이 대승불교의 유식학파 특히 호법계(護法系)에 오면 심의식을 구별하여 팔식별체설(八識別體說)로 정립하게 되었던 것이다.[8]

심의식의 의미를 살펴보면, '심'의 본래의 의미는 '지식(知識)한다'는 뜻이고, '의'는 대상을 두루 생각하는 '사량(思量)'의 뜻이 있으며, '식'에는 대상의 낱낱을 '식별(識別)한다'라는 뜻이 있어서 각각 구분되어 있기 때문에 이들을 구별해서 사용해야 옳을 것이다. 다시 말하면 심·의·식의 작용이 모두 서로 다르다는 말이다. 이러한 관점에서 보면 육식의 체는 반드시 달라야 한다. 반면에 심·의·식이 동일한 의미를 가진 것이라면 육식의 체는 하나이어야 할 것이다. 따라서 아비달마불교시대에 '육식의 체가 하나'라고 한 것은 심·의·식이 같은 뜻을 소유하고 있다는 측면에서 본 것이고, '육식의 체가 다르다'고 한 것은 심·의·식의 작용의 측면에서 본 것이기 때문에, 결국 두 가지 모두 근거가 있다고 하겠다.

아비달마의 논사들이 종래의 육식 가운데 제육식 이외에 다른 심성(心性)이 있어서 중생의 생명을 유지시켜 주고 또 업력도 보존하여 주며 인연에 따라 모든 결과까지도 나타내는 것이라고 생각한 마음의 주체를 각 부파에서는 다각도에서 탐구하여 각자의 심체를 주장하였다. 즉, 대중부(大衆部)는 '근본식(根本識)'[9]을, 상좌부(上座部)는 '유분식(有分識)'[10]을, 독자부(犢子部)는 '보특가라(補特伽羅)'[11]를, 화지부(化地部)는 '궁생사온(窮生死

8 鄭駿基(唯眞),『心王心所說의 變遷上에서 본 二障 연구』, 박사학위논문(서울: 동국대학교 대학원, 1997), 11면.

9 근본식은 알라야식(阿賴耶識)의 연원이 되는 사상으로서『攝大乘論本』상(『大正藏』31권, 134상)에서는 "於大衆部笈摩中 亦以異門密意說此名根本識 如樹依根"이라고 하여 근본식을 나무뿌리와 비교하여 설명하고 뿌리가 모든 지엽(枝葉)의 의지처가 되듯이 근본식도 모든 심과 심소의 의지처가 된다고 하였다.

10 상좌부에서는 유분식을 심의 근본식으로 하였고, 또 유분설을 결생심(結生心)[출생(出生)]과 사심(死心) 그리고 생사의 중간심(中間心)으로 나누어 삼심으로 하였으며, 여기에 육식을 더하여 구심론(九心論)을 전개하였다. 이와 같이 유분식은 모든 지말식(支末識)으로 전변(轉變)하는 일체종자식(一切種子識) 또는 이숙식(異熟識) 및 생명체로서 잠재의식과 같다고 하겠다.

11 보특가라는 인간·영혼··아(我)·유정(有情)이라는 뜻으로 무아사상에 대한 대중들의 곡해를 시정하기 위하여 유아적(有我的)인 방편으로 가설된 것이다. 보특가라는 업을 짓고 그 결과로서 고락을 감수하고, 견문각지(見聞覺知)하고 윤회전생(輪廻轉生)하는 주체이다. 그리고 기억하는 주체와 선악의 책임자이기도 하다. 보특가라는 오온의 비즉비리온(非卽非離蘊)으로 설명되기도 한다. '비즉'은 '즉온아(卽蘊我)'를 부정

蘊)'[12]을, 경량부(經量部)는 '세의식(細意識)' 또는 '일미온(一味蘊)'[13]이라고 하여 여러 가지 심식사상을 주장하였던 것이다.[14] 그러한 의미에서 우리의 의식작용의 본체로서 객관대상에 대하여 그 일반상[總相]을 인식하는 정신작용을 설명하는 것을 심체설이라고 할 수 있을 것이다.

불교에서의 사물에 대한 인식문제는 초기불교시대부터 그 유래가 시작된 것으로, 이는 초기 경전인 『아함경[Āgama]』과 『Nikāya』에 잘 나타나 있다. 이들 경전에서는 '근(根, Indriya)'과 '경(境, Viṣaya)'과 '식(識, Vijñana)'이라는 인식의 기본조건을 설정하고, 이 세 가지의 화합으로써 인식이 일어난다고 설명하고 있다. 그러나 여기에서는 아직 구체적인 심리작용인 '심(心, Citta)'과 '심작용(心作用, Citta-vṛtti)' 즉, '심소(心所, Cetasika, caitta)'의 문제는 구체적으로 논의되고 있지 않다.[15]

---

하고 '비리'는 '이온아(離蘊我)'를 부정하며, 즉온과 이온도 아닌 불즉불리의 중도적인 승의아(勝義我)를 말한다. 보특가라는 곧 비즉비리온이며 동시에 윤회의 주체인데, 이 이론은 유식학파에 의해 배척당하기도 했지만 동시에 알라야식의 연원사상이기도 하다.

12 궁생사온은 유정의 생사는 물론 궁극의 금강유정(金剛喩定)에까지 부단히 상속하는 주체로 후의 알라야식과 같은 것으로 볼 수도 있다. 『攝大乘論本』 上(『大正藏』 31, 134상)에서는 "化地部中亦以異門密義說 此名窮生死蘊 有處有時見色心斷 非阿賴耶識中彼種有斷"이라고 하여, 궁생사온은 처소와 시간에 따라 색심의 간단(間斷)이 있지만 알라야식 가운데의 종자는 간단이 없는 것과 같다고 하였다. 그리고 이것을 『攝大乘論釋』 2(『大正藏』 31, 327상)에서는 궁생사온은 무상정에 들어가거나 무색계에 출생하여도 단절되지 않고 상속하며, 멸진정과 무여열반에 들어가도 단절되지 않는다고 하였으며, 이는 마치 알라야식 가운데 색심의 종자가 어디에서나 단절되지 않는 것과 같다고 하였다.

13 慈恩窺基記, 『異部宗輪論述記』(『卍續藏經』 83권, 465하)에 의하면, 일미온[Ekarasa skandha]이란 무시이래 전전화합하여 동일한 성질 즉 일미로서 전이(轉移)하는 온을 말한다. 그것은 이를테면 세의식(細意識)과 같은 것으로, 그 본질[體]은 수·상·행·식의 사온이라고 한다. 한편 근변온(根邊蘊, Mūlantika skandha)이란 것이 있다고 하는데, 여기에서 '근'이란 앞의 세의식으로 생사를 야기하게 하는 근본이라는 뜻이다. 곧, 이 근[본]에 의해 오온 즉 근변온이 일어나는 것이다. 그런데 여기에서 '변'이라고 하는 술어는 근본이 되는 일미온의 변이 아니라 일미온 이외 때때로 일어나는[有間斷] 오온은 끝[末]에 일어난다는 의미로서, 따라서 근변온은 바로 근본후변(根本後邊)의 오온을 말한다. 곧, 일미온이 끊임없이 상속하는 세의식이라면, 근변온은 그 후변에서 때때로 일어나는 오온으로 이를테면 이차적이고 지말적인 지말온(枝末蘊)이다. 이에 반해 일미온은 바로 윤회의 주체로서 상정된 원리로, 모든 온이 전지상속(前至相續)한다고 할 때 무시이래 동일한 본질로 연속하여 작용하는 미세한 의식, 즉 지말온에 대한 근본온인 것이다.

14 吳亨根, 「第八阿賴耶識의 淵源에 대한 考察」, 『佛教學報』 제11집(서울: 동국대학교 불교문화연구원, 1974), 74-81면.

15 심[citta]은 '√ci'[포개어 쌓다] 또는 '√cit'[생각하다]를 어근으로 하는 용어이며 심

이러한 초기불교의 인식에 대한 문제가 아비달마불교를 거치면서 보다 세분화되는데, 이것이 바로 불교의 심소론(心所論)이다. 물론 초기불교에서도 심소에 대하여 언급한 부분들이 다소 있지만, 그것은 심소를 어떠한 분류로써 규정한 것으로는 보이지 않는다. 그러나 아비달마불교에서는 이들 심소를 각각으로 분류하고, 그 정의를 명확하게 하여 인식에 의하여 야기되는 심리상태를 각각의 심소를 통하여 밝혀내고 있다.

우리의 심리작용에 대하여 불교에서는 반드시 두 가지 요소의 결합으로 성립한다고 한다. 하나는 심(心)이요, 다른 하나는 심소(心所)이다. 이러한 심과 심소의 관계는 일반적으로 주종(主從)의 관계로 부르는데, 심은 '주'요 심소가 '종'에 해당한다. 그러므로 심리작용이 일어나기 위해서는 심과 심소가 서로 떼려야 뗄 수 없는 인과관계를 가져야만 하는 것이다.

『성유식론[成唯識論, Vijñaptimātratāsiddhi-śāstra]』에서 심소란 무엇인가라는 물음에 대하여,

> 항상 심에 의지하고 심과 함께 상응하며 심에 매이고 엮이기 때문에 심소라고 하나니, 마치 나에게 속하는 물건을 나의 것이라고 부르는 것과 같다.[16]

라고 설명하고 있는 것처럼, 심소법이란 말 그대로 마음[心]이 소유한 법을 말한다. 즉, 심왕이 마음의 주체임에 대하여 심소는 그 작용이라고 할 수 있다. 그러므로 만약 심이 없다면 심소는 생겨나지 않으니 모름지기 심의 의지가 됨으로써 비로소 생겨나기 때문이며[恒依心起], 또한 시·의·연·사(時·依·緣·事)의 네 가지 의미를 갖추기 때문에 상응이라고 하고[與心相應], 심을 주로 삼고 심소는 그것에 매이므로 심은 자재가 있고 심소는 없어서 심에 매이고 속한다[繫屬於心]. 이러한 세 가지 뜻이 있으므로 심소라고 하는 것이다.

그런데 심법과 심소법이 반드시 소연의 경(境)이 각각 구별하여 있으므로 심왕과 심소유법은 각각 그 별체(別體)가 있는 것이라고 주장한 부파[17]

---

소[cetasika]는 'cetas[心]'에 소속을 나타내는 접미사 'ika'를 덧붙인 말로서, '심에 속하는 것'이라는 의미가 된다.

16 『成唯識論』 5(『大正藏』 31권, 26하), "恒依心起與心相應 繫屬於心故名心所 如屬我物立我所名"

가 있었던 반면에, 체가 있는 것은 오직 심왕뿐으로 심소에는 별체가 없다고 주장한 부파[18]도 있었다. 이런 논란에 대한 해답을 추구하고자 하는 것이 본문의 목적은 아니므로, 여기서는 유식사상에서 모든 심소가 각기 개별적인 실체로서 심왕과는 별도로 존재한다거나 심소 모두는 심이 나누어진 구분이며 따라서 둘 사이에 상응은 성립하지 않는다는 주장에 대한 오류를 지적한 『성유식론』의 내용을 살펴보는 것으로 대신하고자 한다. 즉 논에서,

> 마땅히 심을 떠나서 별도의 자성(自性)이 있다고 말해야 한다. 심왕[의 功能]이 수승하기 때문에 오직 식(識) 등이라고 말한 것이다. 심소는 심의 세력에 의지해야 생기기 때문에 그것[심소]을 상사(相似)[19]하여 나타낸다고 말하지만, 그것[심소]이 곧 심이라는 것은 아니다. 그리고 식이나 심이라는 말은 또한 심소가 포함되는데, 항상 상응하기 때문이다. 오직 식[유식]이라고 말하거나 그것이 상사하여 나타낸다고 해도 모두 틀린 것이 아니다. 이것은 세속제(世俗諦)에 의해서 말한 것이고 만약 승의제(勝義諦)에 의해 말한다면 심과 심소는 별개의 것도 아니고 하나인 것도 아니다[非離非卽]. 모든 식과 심소의 관계에 대해서도 마땅히 그러함을 알아야 한다. 이것을 대승의 진제(眞諦)와 속제(俗諦)의 묘한 이치라고 한다.[20]

라고 하여, 세속제에 근거하여 심과 심소의 차별을 인정하면서도 승의제에 근거하여 별개도 아니고 하나도 아니라고 설명함으로서 양측의 대립을 묘한 이치로 회통(會通)시키고 있음을 볼 수 있다.

---

17 『異部宗輪論』(『大正藏』 49권, 16상-중)에 의하면, 설일체유부에서는 심법과 심소법이 반드시 소연의 경(境)이 각각 구별되어 있기 때문에 심왕과 심소유법은 각각 그 별체(別體)가 있는 것이라고 한다.

18 『阿毘達磨順正理論』 11(『大正藏』 29권, 395상)에 의하면, 경량부에서는 오직 심왕만이 체가 있을 뿐으로 심소에는 별체(別體)가 없다는 주장을 한다.

19 『成唯識論述記』 7본(『大正藏』 43권, 474하)에서 '似'에 두 가지의 의미가 있음을 밝히고 있다.

20 『成唯識論』 7(『大正藏』 31권, 37상), "應說離心有別自性 以心勝故說唯識等 心所依心勢力生故 說似彼現非彼卽心 又識心言亦攝心所 恒相應故 唯識等言及現似彼皆無有失 此依世俗 若依勝義 心所與心非離非卽 諸識相望應知亦然 是謂大乘眞俗妙理"

## Ⅱ. 제법 분류상의 심소법

아함경에서는 일체의 법을 존재를 구성하는 5가지 요소인 오온(五蘊)과 십이처(十二處) 그리고 십팔계(十八界)로 분류하여 교설하고 있으며, 이후 아비달마불교에서는 이를 더욱 논리적으로 분별하고 체계화하여 색·심·심소·심불상응행(心不相應行)·무위(無爲)로 나누어 설명하고 있다. 이러한 5가지 분류는 이후 유식학(唯識學)에까지 이어져 일체법을 분류하는 하나의 체계가 되었다.

이제 그 가운데 아함경의 제법분류체계에서 훗날 심소로 구분되는 사상을 살펴보고 나아가 아비달마의 논전에 등장하는 심소에 관해 살펴보고자 한다.

### 1. 오온에서의 심소법

산스크리트로는 'Skandha'이며 빠알리어로는 'Khandha'인 '온(蘊)'이라는 말은 아함경에서는 '음(陰)'으로도 번역하고 있으며[21], 여기에는 '쌓임[積聚]'·'무리'·'수목의 기간(基幹)'·'신체의 어깨' 등의 의미가 있는데,[22] '적취'란 차별 있는 제법을 그 성질에 의하여 종류를 취집한다는 뜻이다. 아함경에서 일체를 오온 또는 십이처로써 설할 때, 그것은 어느 것이든 일체가 무상하며 유위이고 전변하여 멈추지 않는 성질임을 밝히기 위한 것이

---

21 『雜阿含經』 2(『大正藏』2권, 13중), "云何爲陰 若所有諸色 若過去若未來若現在 若內若外 若麤若細 若好若醜 若遠若近 彼一切總說色陰 隨諸所有 受想行識 亦復如是 彼一切總說 受想行識陰 是名爲陰"

22 이에 대하여 고익진 교수는 『阿含法相의 體系性 硏究』(서울 : 동국대 출판부, 1990) 89-90면에서 다음과 같이 말하고 있다.
"온의 원어 'Khandha'는 본래 신체의 어깨나 수목의 기간(基幹)을 가리키는 말로서 니카야에 그런 뜻으로 자주 쓰이고 있다. 'Khandha'가 갖고 있는 이러한 기본적인 뜻은 'Aggi-kkhandha[불덩어리]'와 같은 예로써 볼 수 있는 바와 같이 'bulk, mass[巨物]'와 같은 뜻을 나타내게 될 것은 물론이다. 왜 그러냐면 어깨나 기간은 신체나 수목의 주요부로서 양적으로도 커다란 비중을 차지하고 있기 때문이다. 어깨나 기간은 거기서 팔이나 가지가 뻗어 갈라지는 곳이다. 따라서 Khandha에는 다시 division[分斷]··part[部分]·chapter(章節)와 같은 뜻이 있게 된다. Khandha가 나타내는 이러한 뜻은 어느 것이나 오온의 무연기성(無緣起性) 또는 분위성(分立性)에 잘 부합하고 있다. 따라서 온의 원어 Khandha는 오온의 '분단(分斷)'의 의(義)를 잘 나타내고 있다고 말할 수 있다"

다. 따라서 오온이란 일체의 존재를 구성하고 있는 다섯 가지 요소라고 볼 수가 있는데, 여기에서 중요한 사실은 그 오온이 일체법을 나타내는 것이 아니고 다만 유위법에만 관계하는 것으로, 무위법은 오온의 범주 밖에 있다는 것이다.

오온설에 대한 석존의 교설이 처음으로 나타나는 경전은 『잡아함경』으로서 권1에서 오온교설의 목적을 설명하고 있다.[23] 이러한 오온에 대하여 『아비달마구사론(阿毘達磨俱舍論)』에서는 "모든 유위법이 화합하여 모였다는 뜻이 온의 뜻이다"[24]라고 하였으며 『대승오온론(大乘五蘊論)』에서는 "쌓임[積聚]의 의미로 온이라고 한다"[25]고 설명하고 있다.

오온 가운데 다섯 번째인 '식(識)'이 마음을 의미하고 인간 존재의 내적 세계인 주관 쪽을 나타내는데 비해, 첫번째인 '색(色, Rūpa)'은 그 대상 즉 인간 존재의 외적 세계인 객관 쪽을 인간 자신의 육체도 포함하여 나타내는 것이다. 나머지 중간에 있는 수(受, Vedanā)·상(想, Saṃjñā)·행(行, Saṃskāra) 등은 식(識, Vijñāna), 즉 마음인 내계(內界)가 색, 즉 사물인 외계와 접촉하여 생기는 심리적 반응의 차례를 든 것이라고 이해할 수 있다.[26] '수'는 육식이 육근을 통하여 육경에 접촉하여 먼저 그것을 감수하는 것이다. '상'은 감수된 것을 표상하는 것이며, '행'은 표상에 의해 마음이 여러 가지로 동기가 유발되어 행위로 향하는 것을 의미한다. 한편 행온은 수·상·행·식을 제외한 나머지 법으로서 심과 상응하는 심소법과 심불상응행법을 포함하고 있기 때문이다.

이를 간단히 설명한다면, 어떤 사물[色]을 볼 때, 받아들여 느끼고[受], 이 느낀 감각작용을 바탕으로 지각작용을 일으키고[想], 이와 같은 분별에 의하여 충동을 일으키어 어떠한 의지적 행위를 하게 되는 것[行]이며, 이런 의지적 행위가 지금까지 축적된 경험에 의해 요별(了別)되어 인식되는 것[識]

23 『雜阿含經』 1(『大正藏』2권, 2상), "色無常 無常卽苦 苦卽非我 非我者卽非我所 如是觀者名眞實觀 如是受想行識無常 無常卽苦 苦卽非我 非我者卽非我所 如是觀者 於色解脫 於受想行識解脫 我說是等解脫於生老病死憂悲苦惱"

24 尊者世親 造·玄奘 譯, 『阿毘達磨俱舍論』 1(『大正藏』29권, 4하), "諸有爲法和合聚義是蘊義"

25 世親菩薩 造·玄奘 譯, 『大乘五蘊論』(『大正藏』31권, 850상), "問以何義故說名爲蘊 答以積聚義說名爲蘊"

26 이러한 다섯 가지 작용은 우리가 느낄 수 있을 정도의 간격으로 순차적으로 일어나는 것이 아니고, 한 찰나에 일어난 작용을 놓고 그 영역을 구분한 것이다.

이 우리 중생의 정신작용인 것이다.

이러한 오온에서 심소법에 속하는 것은 수온·상온·행온이라고 하겠는데, 수온·상온을 제외한 나머지 심소는 모두 행온에 포함되어 설해지고 있지만 수온·상온은 별도의 온으로 설명되고 있다. 그 이유에 대해서 『구사론』에서는 두 가지 이유를 들고 있다.[27]

첫째는, 번뇌[諍根]에는 온갖 욕망과 견해를 탐하여 집착하는 두 가지가 있는데 이 두 가지는 순서대로 수온과 상온을 최고의 원인으로 삼기 때문이다. 왜냐하면 미수(味受)의 힘에 의해 온갖 욕망을 탐하고 집착하게 되고 또한 뒤바뀐[顚倒] 관념의 힘에 의해 온갖 견해를 탐하고 집착하기 때문이다.

둘째는, 생사(生死)의 법이 수온과 상온을 최고의 원인으로 삼기 때문이다. 왜냐하면 수온에 탐착(貪着)하고 뒤바뀐 생각을 일으키게 됨으로 생사를 윤회하게 되기 때문이다.

한편 오온의 순서를 세운 이유에 대해서는 그것의 거침[麤]과 더러움[染著] 그리고 그릇[器] 및 삼계(三界)의 차별로 설명하고 있다.[28] 즉, 색온은 그 성질이 공간을 차지하는 유대(有對)에 있으므로 모든 온 가운데 가장 거칠고, 식온은 총체적으로 취하기 때문에 분별하기가 어려우므로 가장 미세하다고 한다. 그리고 오래전부터 남녀는 색(色)에 대해 서로 좋아하고 즐기니 그것은 즐거운 느낌[樂受]의 맛에 탐착하였기 때문인데 그런 뒤바뀐 생각[倒想]이 일어나는 것은 번뇌 때문이고 그런 번뇌는 식온에 근거하여 생겨나므로 그 더러움에 따라 온의 순서를 세운다. 또한 색(色)은 그릇과 같고, 수(受)는 음식과 같으며, 상(想)은 조미료와 같고, 행(行)은 요리사와 같으며, 식(識)은 먹는 사람과 같다고 비유하기도 하기 때문에 온의 순서를 설정한다.[29] 아울러 욕계(欲界)에서는 온갖 미묘한 탐냄[妙欲]이 있기에 색상(色相)이 가장 현저하게 요별되며, 색계(色界)의 정려(靜慮)에는 뛰어난 기쁨[喜受] 따위가 있으므로 수상(受相)이 가장 현저하게 요별되고, 세 가지 무

27 『阿毘達磨俱舍論』 1(『大正藏』29권, 5중), "論日 諍根有二 謂著諸欲及著諸見 此二受想 如其次第爲最勝因 味受力故貪著諸欲 倒想力故貪著諸見 又生死法以受及想爲最勝因 由耽著受起倒想故生死輪廻"

28 『阿毘達磨俱舍論』 1(『大正藏』29권, 5하), "隨麤染器等 界別次第立"

29 그릇은 음식의 소의(所依)이기 때문이며, 음식[고락(苦樂)]은 신체를 변화시키기 때문이고, 조미료는 음식의 맛을 분명하게 하기 때문이며, 요리사는 능력에 따라 좋고 나쁜 음식[이숙(異熟)]을 만들기 때문이고, 먹는 사람은 이 모든 것을 포함하기 때문에 각기 색·수·상·행·식에 비유되는 것이다.

색계(無色界)[30] 중에서는 공(空) 등의 상(相)만을 취하기 때문에 상상(想相)이 가장 현저하게 요별되며, 유정처(有頂處)인 비상비비상처(非想非非想處) 중에서는 사(思)가 가장 수승하여 행상(行相)이 가장 현저하게 요별된다. 이러한 색(色)·수(受)·상(想)·사(思) 가운데 식(識)이 머무는데, 이것은 마치 세간에서의 밭[색온·수온·상온·행온]과 씨앗[식온]의 순서와 매우 유사하기 때문이다. 그러므로 온의 순서를 색·수·상·행·식으로 설정한 것이다.

느낌이나 감수작용을 의미하는 '수온'이나 인식의 구체화로써 감각대상에서 이미지나 현저한 특징을 취하는 표상작용(表象作用)인 '상온'이 마음의 작용을 의미하는 심소법에 속하는 것은 당연해 보인다. 이 두 가지 수온과 상온을 제외한 나머지 심소는 모두 행온에 포함되어 설해지고 있는데 안혜(安慧)는 『대승아비달마잡집론(大乘阿毘達磨雜集論)』에서,

> 어떻게 행온을 세우게 되는가. 여섯 가지 사신(思身)을 말하는 것이다. 안촉(眼觸)으로 생겨난 사(思) 내지 의촉(意觸)으로 생겨난 사(思)이다. 이 사(思)로 말미암아 사(思)가 모든 선을 짓고, 잡염을 짓고, 분위차별을 짓는다. 또한 이 사(思)가 수(受)와 상(想)을 제외한 그 밖의 심소유법과 심불상응행과 함께 하는 것을 통틀어 행온이라고 이름한다. 비록 수와 상을 제외하지만 일체의 심소유법과 심불상응행은 모두 행온의 상(相)이다. 그러나 사(思)가 가장 뛰어나 일체의 행에서 으뜸이 되므로 넓은 의미에서 보아 그렇게 설하였다. 이러한 이치를 드러내기 위하여 사(思)로 말미암아 선법 등을 조작한다고 설한다.[31]

라고 행온을 설명하고 있다. 즉, 육사신(六思身)을 가리켜 행온이라고 하는데 안근 및 의근이 삼사화합촉(三事和合觸)하여 생겨난 사(思)를 말한다. 그 사(思)로 말미암아 선(善)·잡념(雜念)·분위차별(分位差別) 등을 짓는다. 그리고 행온의 범위는 가장 커서 수와 상을 제외한 심소유법과 심불상응행과 함께 하는 모든 것이 행온이라고 하였다.

---

30 공무변처(空無邊處)와 식무변처(識無邊處) 그리고 무소유처(無所有處)의 세 가지를 말한다.

31 無着菩薩造 玄奘譯, 『大乘阿毘達磨雜集論』 1(『大正藏』 31권, 697상), "云何建立行蘊 謂六思身 眼觸所生思 乃至意觸所生思 由此思故思作諸善 思作雜染 思作分位差別 又即此思除受及想與餘心所有法并 心不相應行 總名行蘊 雖除受想 一切心所有法及心不相應行 皆行蘊相 然思最勝與一切行爲導首 是故遍說 爲顯此義 故說由思造善法等"

이러한 오온에 있어서 그 배열된 순서를 시간적 순서로 보는가 아닌가가 예로부터 논란이었다. 앞에서 살펴본 것처럼 『구사론』에서는 거침과 더러움 등에 따라 순서를 결정하였다고 보았지만, 인식이 일어나는 시간의 순서에 따라 오온의 순서를 정하였다고는 설명하고 있지 않다. 아울러 『구사론』에서는 육촉(六觸)으로부터 육수(六受)가 일어난다고 할 때, 수가 일어나는 것이 촉과 더불어 동시인가 아니면 촉의 뒤에 일어나는 것인가에 대하여 경량부(經量部, Sautrāntika)와 논쟁을 전개하고 있다.

경량부에서는 심소를 심이 나누어진 차별[分位差別]로 보아 심·심소법이 동시에 함께 일어난다고 보지 않는다. 그러므로 경에서 말하고 있는 "촉구생수상사(觸俱生受想思)"의 내용을 '촉과 함께 수·상·사가 일어난다'고 보지 않고 '촉이 수·상·사와 함께 일어난다'고 하여 '구(俱, saha)'를 끊임없이 연속하는[無間] 것으로 보았다.

그러나 설일체유부(說一切有部, Sarvāstivādaināḥ)는 이에 대하여 촉과 수는 동시에 일어나 전전(轉傳)하는 것으로 만약 촉 다음에 비로소 수가 일어난다면 아함경에서 설하고 있는 '三事和合觸 觸俱生受想思'를 설명할 수가 없으며 따라서 반드시 일체의 식은 동시에 모두 다 촉이 있고 모든 촉은 수 등과 함께 일어나지 않을 수 없다고 주장하고 있다.[32]

## 2. 십이처에서의 심소법

일체란 무엇인가라는 질문에 대한 답으로 세존께서 설하고 있는 십이처(十二處)는 곧 일체법(一切法)을 나타내는 것으로, 이 세상에 존재하는 것은 오직 이 12가지뿐으로 그 이외의 것은 있을 수 없다는 말이다. 이것은 현실세계의 이면(裏面)에 접근해 들어가는 중층적 교리조직으로 출현되어진 설명이라고 하겠는데, 아울러 불교의 가장 기본적인 세계관이며 일체 만유에 대한 일종의 분류법으로 여기부터 연기설의 기초가 닦여지고 있다고 볼 수 있다.

'처(處, Āyatana)'라는 술어는 'āyat'라는 동사에서 파생된 중성추상명사로서, 'āyat'가 '들어간다(enter in/abide in)'라는 의미를 갖고 있으므로

32 이에 대하여 『成唯識論』 5(『大正藏』31권, 26상)에서 육식과 상응하는 심소를 설명하면서 심·심소법의 시간적 순서보다는 동시에 일어남을 주장하고 있다.

'āyatana'는 '들어감'이라는 뜻을 갖게 된다. 한역경전에서 'āyatana'를 '입(入)'으로 번역한 것은 그런 뜻을 취한 것이다. 또한 'āyatana'는 '들어간다'라는 뜻에서 '장소(place, abode)'라는 의미를 갖게 되는데, 'āyatana'를 '처'나 '입처'로 한역한 것은 그런 뜻을 취했음이 분명하다. 그러므로 '일체는 십이처'라고 할 때에는 '일체는 열둘에 들어간다·분류된다·포섭된다'라는 뜻이 저절로 성립되는 것이다.[33]

십이처는 인식주체를 나타내는 육근(六根)과 인식대상으로서의 객관인 육경(六境)의 12가지를 말하는데, 육근을 육내입처(六內入處)로 육경을 육외입처(六外入處)로 나타내기도 한다. 여기에서 근[내입처]과 경[외입처]의 관계, 특히 의근[의내입처]와 법경[법외입처]의 관계를 다만 인식하는 주관과 인식되는 외부의 대상으로만 볼 수는 없다. 법경에는 능히 인식하는 심소뿐만 아니라 불상응행과 무위의 법도 포함되어 있기 때문이다. 아울러 모든 인식이 일어날 때에는 심의 작용과 더불어 심소의 작용이 함께 일어나므로 다만 안과 색, 이와 성, 비와 향, 설과 미, 신과 촉간의 단순한 조합만으로 인식이 이루어진다고 단정할 수는 없는 것이다.

이러한 십이처는 서로 어우러져서 심과 심소가 생장(生長)하는 토대가 될 뿐만 아니라 한편으로 십이처는 심과 심소에 의해서 다음 심과 심소의 생장을 위한 토대로 재구성된다는 의미도 함께 한다고 볼 수 있는 것이다. 그러므로 십이처는 일체법을 분류하는 분류체계일 뿐만 아니라 아울러 심과 심소의 능동적 활동의 토대가 됨을 함께 포함하고 있는 것이다.

### 3. 십팔계에서의 심소법

석존은 십팔계(十八界)에 대하여 『잡아함경』에서 설명하고 있다.[34] 여기에서 '계(界)'라는 술어는 산스크리트 'dhātu'를 번역한 것이다. 이는 잘못하면 '경계'라는 의미로 이해하기 쉽지만, 특히 아함경 등에 쓰인 '계'의 근본적인 뜻은 유유상종하는 '유(類)'를 가리키고 있음을 간과해서 안 된다. 즉, 어떤 것을 중심으로 그와 비슷한 성향을 가진 것들이 더불어 있을 때 그 '어떤 것'을 가리키고 있는 것이다. 따라서 '계'라는 술어는 드러내어 나타

---

33 고익진, 『아함법상의 체계성 연구』(서울 : 동국대 출판부, 1990), 37면.

34 『雜阿含經』16(『大正藏』2권, 115하), "云何爲種種界 謂眼界色界眼識界 耳界聲界耳識界 鼻界香界鼻識界 舌界味界舌識界 身界觸界身識界 意界法界意識界 是名種種界"

나는[顯現] 법과 그것을 중심으로 그에 연하고 있는 한 무리[種族]의 법을 잘 나타내고 있다고 말할 수 있다. 뿐만 아니라 '계'에는 '층(層, layer)'이라는 뜻도 있어서 한 무리의 법을 나타내는 데에 아주 적절한 말이 되고 있다. 왜냐하면 그 한 무리의 법은 층과 비슷한 입체적인 복합구조성을 띠고 있을 것이기 때문이다.

그리하여 육식에 의해 식별되었던 전후의 두 법이 인연론을 거쳐 계를 이루게 되면 여기에 십팔계가 성립하게 된다. 먼저 육외입처에 각각 계가 성립하여 외육계(外六界)를 이루게 된다. 동시에 육내입처에도 각각 계가 성립하여 내육계(內六界)를 이루게 된다. 왜냐하면 십이처의 인식관계에 육경(六境)의 존재는 육근(六根)의 존재를 전제로 한 것이었으므로 육경에 계가 존재한다는 것은 육근에 이미 그런 계가 존재하고 있다는 말이 되기 때문이다. 내육계가 이루어지면 그에 따라 육식계가 성립한다. 육식은 원래 육근을 소의로 했던 것이므로 그 소의처(所依處)가 계로 되면 그것도 자연히 계의 형태를 띠게 될 것이기 때문이다. 이리하여 십팔계가 성립하게 되는데, 육식에서 발단한 논리적 전개의 과정이 인연론을 거쳐 십팔계에 귀결한 것이라고 하겠다.

십이처와 십팔계는 일체법을 다른 관점에서 분류한 분류체계이다. 십이처의 경우에는 심과 심소의 생장(生長)의 토대와 활동적인 측면을 강조하여 의처에 심법을 포함시키고자 하였으며, 십팔계에서는 각각이 심과 심소를 포함할 뿐만 아니라 다른 것과의 자성(自性)이 다른 것으로 구별하고 있다. 즉, 십팔계는 심의 활동적 측면에서 일체법을 분류하면서도 십이처보다는 더 많은 항목으로 분류하여 더욱 구체적으로 일체법을 구분하고 있는 것이다.

## Ⅲ. 논서에 등장하는 심소법

흔히 제법의 분류에 있어서 "구사(俱舍)에는 '오위 칠십오법'이요, 유식(唯識)에서는 '오위 백법'이다"라고 한다. 이 말은 아비달마불교를 대표하는 『구사론』에서 설명하고 있는 분류법에 따르면 크게 5가지[오위]요 자세히는 75가지[칠십오법]이라는 의미이며, 유식백법(唯識百法)을 정리한 대승론서인 『대승백법명문론(大乘百法明門論)』에서의 분류법에 의하면 크게

5가지요 자세히는 100가지[百法]라는 의미이다. 사실 유식의 법상(法相)을 백법으로 정리한 것은『성유식론』에 명확히 언급되어 있지 않으며, 세친의『대승오온론(大乘五蘊論)』등의 설과도 거리가 있다. 그럼에도 유식에서의 제법분류를 말할 때에 오위 백법이라고 한다.

오위 백법의 연원은 초기불교에서부터 찾을 수 있는데, 그것은 위에서 살펴 본 불교의 기본사상이며 분류법의 기초가 되는 오온·십이처·십팔계의 삼과설(三科說)에서 엿볼 수 있다. 그리고 그러한 분류는 후에 소승논부 및 대승논부에까지 영향을 주었다. 즉,『아비달마품류족론(阿毘達磨品類足論)』이나『아비달마계신족론(阿毘達磨界身足論)』을 비롯한『육족론(六足論)』[35]에서 오온 등 삼과를 바탕으로 하여 확대해석하고 정리하고 있음을 알 수 있으며,『대승아비달마집론』이나『대승광오온론』등에서도 삼과가 기초가 되어 백법으로 분류하고자 한 노력의 흔적을 볼 수 있다.[36]

오위 백법은 일체의 유위와 무위 그리고 유루와 무루법을 총망라하여 일목요연하게 설명하고자 한 분류이다. 오위는 정신계의 주체인 심왕법과, 정신의 작용이며 심왕의 소유인 심소유법과, 일체의 물질계를 의미하는 색법과, 심왕과 심소와 색법과 서로 상응하지 않으면서도 심왕과 심소 내지 색법의 분위(分位)가 되는 불상응행법과, 이들 네 가지의 유위를 소멸하여 나타난 무위법 등 다섯 가지를 말한다. 이 오위는 다시 분류되어 백가지로 확대되는데 곧, 8종류의 심법과 51종류의 심소법과 11종류의 색법과 24종류의 불상응행법과 6종류의 무위법 등을 합하여 백법이라고 한다. 이와 같이 오위 백법은 심법이 중심이 되어 서로 뗄 수 없는 관계를 맺으면서 무위법은 식의 실성(實性)이 되고 색법은 식[심]에 의하여 변현되며 만법이 오

---

35 ①아비달마집이문족론(阿毘達磨集異門足論) ②아비달마법온족론(阿毘達磨法蘊足論) ③아비달마식신족론(阿毘達磨識身足論) ④아비달마계신족론(阿毘達磨界身足論) ⑤시설론(施設論) ⑥아비달마품류족론(阿毘達磨品類足論) 등의 여섯 가지 논서를 말한다. 그런데 이들『육족론』의 성립순서에 대하여 한역본에는 ①아비달마법온족론 ②아비달마집이문족론 ③시설론 ④아비달마식신족론 ⑤아비달마품류족론 ⑥아비달마계신족론의 순서로 성립되었다고 하며, 범어본에서는 ①아비달마품류족론 ②아비달마식신족론 ③아비달마법온족론 ④시설론 ⑤아비달마계신족론 ⑥아비달마집이문족론의 순서로 성립되었다고 하고, 티벳본에서는 ①아비달마법온족론 ②시설론 ③아비달마계신족론 ④아비달마식신족론 ⑤아비달마품류족론 ⑥아비달마집이문족론의 순서로 성립되었다고 한다. 이에 대해 오늘날『아비달마집이문족론』와『아비달마법온족론』이 가장 먼저 성립된 것으로 보고 있다.

36『大乘阿毘達磨集論』1(『大正藏』31권, 663중), "云何建立色蘊 謂諸所有色若四大種及四大種所造 ……"

직 식에 의하여 이루어진다는 것이며, 일체는 식을 떠나서 존재하지 않는다는 뜻으로 유식이라고 이름한다. 이와 같은 논리가 완벽한 학문의 토대가 되어 유식학이라고 불리게 되었는데, 인도에는 무착(無着, Asaṅga, 395-470년경)[37]과 세친(世親, Vasubandhu, 400-480년경)이 있었고 중국에는 현장(玄奘, 600-664)와 규기(窺基, 632-682)가 있었으며 우리나라에는 원측(圓測, 613-696)과 도증(道證) 등이 있어 유식학파를 이루었다고 전한다.[38]

## 1. 심소법의 내용

처음으로 유식사상을 정립한 무착은 『현양성교론(顯揚聖敎論)』의 서두에서 오위의 분류를 설명하고 있다.[39] 여기에서는 마음의 작용이라고 할 수 있는 심소법에 대하여 후에 『대승백법명문론』에서 확정된 51가지의 항목이 그대로 나타나 있다. 이를 구분하여 보면 다음과 같다.[40]

37 말그대로 'Asaṅga'는 '~에 대한 집착(saṅga)이 없는(a)' 것을 의미한다. 한역(漢譯)으로는 '無著'이라고 하여 '아승가(阿僧伽)'·'아승거(阿僧呿)'라고도 한다. 그 의미는 '무장애(無障礙)'인데, 오늘날은 '著'을 '着'으로 써서 '無着'으로 쓰고 있으므로 본문에서도 이에 따랐다. 예를 들어 「望月佛教大辭典」(東京: 世界聖典刊行協會, 1973), 4839-4840면에서는 '無著'으로 설명하고 있지만, 耘虛 龍夏의 「佛教辭典」(서울: 東國譯經院, 1991), 228면을 비롯하여 많은 국내외 저술 및 논문들 속에서 '無着'으로 쓰이고 있다.

38 吳亨根, 「唯識學의 五位百法에 대한 考察」, 『研究論集』 제4집(서울: 동국대학교 대학원, 1974), 21-22면.

39 無着菩薩造 玄奘譯, 『顯揚聖敎論』 1(『大正藏』 31권, 480중), "論日 一切者有五法總攝菩薩藏 何等謂五 頌日 心心所有色 不相應無爲"

40 앞의 책, (『大正藏』 31, 481상), "心所有法者 謂若法從阿賴耶識種子所生 依心所起與心俱轉相應 彼復云何 謂遍行有五 一作意二觸三受四想五思 別境有五 一欲二勝解三念四定五慧 善有十一 一信二慚三愧四無貪五無瞋六無癡七精進八輕安九不放逸十捨十一不害 煩惱有六 一貪二瞋三慢四無明五見六疑 隨煩惱有二十 一忿二恨三覆四惱五嫉六慳七誑八諂九憍十害十一無慚十二無愧十三惛沈十四掉擧十五不信十六懈怠十七放逸十八失念十九心亂二十不正 知不定有四 一惡作二睡眠三尋四伺"

| | |
|---|---|
| 변행(遍行)[41] [5] | 작의(作意)·촉(觸)·수(受)·상(想)·사(思) |
| 별경(別境) [5] | 욕(欲)·승해(勝解)·념(念)·등지(等持)·혜(慧) |
| 선(善) [11] | 신(信)·참(慚)·괴(愧)·무탐(無貪)·무진(無瞋)·무치(無痴)·정진(精進)·경안(輕安)·불방일(不放逸)·사(捨) ·불해(不害) |
| 번뇌(煩惱) [6] | 탐(貪)·진(瞋)·만(慢)·무명(無明)·견(見)·의(疑) |
| 수번뇌(隨煩惱) [20] | 분(忿)·한(恨)·부(覆)·뇌(惱)·질(嫉)·간(慳)·광(誑)·광(誑)·교(憍)·해(害)·무참(無慚)·무괴(無愧)·혼침(惛沈)·도거(掉擧)·불신(不信)·해태(懈怠)·방일(放逸)·실념(失念)·심란(心亂)·부정지(不正知) |
| 부정(不定) [4] | 악작(惡作)·수면(睡眠)·심(尋)·사(伺) |

여기에 51심소의 항목이 정확하게 서술되어 있어서, 후에 세친의 정리 이전에 이미 무착에 의해 확정된 심소론임을 알 수 있다. 그러나 『대승아비달마집론』에서는 심소법의 항목으로 54가지가 서술되어 있다.[42] 여기에서는 아직 변행·별경·선·번뇌·수번뇌·부정 등의 구분이 보이지 않지만 거의 대부분의 항목과 그 순서는 일치하고 있다. 다만 후의 변행심소에 해당되는 심소에서 '수·상·사'의 항목이 빠져 있고,[43] 반면에 후의 선심소에 해당되는 심소에서는 '견'을 더욱 세분하여 '살가야견(薩迦耶見)·변집견(邊執見)·견취(見取)·계금취(戒禁取)·사견(邪見)' 등의 다섯 가지로 나누어 항목의 수가 늘어서, 결국 항목수의 차이를 보이고 있는 것이다.

이제 그 중에서의 심소법에 대한 설명을 무착의 『현양성교론』과 『대승아비달마집론』을 중심으로 세친의 『대승백법명문론』 및 호법 등의 『성유식론』을 참고하여 살펴보기로 한다.

### 1) 변행심소(遍行心所)

먼저 '변행심소'란 말 그대로 두루 행하는 심소라는 의미로, 일체법 가운

41 '변행(遍行)'이란 여기에 속하는 심소법은 어떤 식이나 어떤 장소를 막론하고 반드시 상응하여 함께 일어나기[相應俱起] 때문에 이름을 붙인 것이다.

42 『大乘阿毘達磨集論』 1(『大正藏』 31권, 664상), "何等名爲餘心所法 謂作意觸欲勝解三摩地慧信慚愧無貪無瞋無癡勤安不放逸捨不害貪瞋慢無明疑薩迦耶見邊執見見取戒禁取邪見忿恨覆惱嫉慳誑諂憍害無慚無愧惛沈掉擧不信懈怠放逸忘念不正知散亂睡眠惡作尋伺"

43 같은 책, "又卽此思除受及想與餘心所法心不相應行 總名行蘊"
수심소(受心所)·상심소(想心所)·사심소(思心所) 등은 行蘊을 설명하면서 함께 다루고 있으므로 그 밖의 다른 심소법으로 설명하고 있는 곳에서는 생략된 것이다.

데 얻을 수 있기 때문에 그렇게 이름하였으니, 이른바 선·불선·무기성에 관계없이[一切性], 어떠한 장소이든지[一切地],[44] 마음이 있을 때에는 언제나[一切時], 반드시 함께 일어나기[一切俱][45] 때문이다.[46] 여기에는 작의·촉·수·상·사 등의 다섯 가지가 있다고 하는데, 『대승백법명문론』과 비교해 보면 다만 '작의'와 '촉'의 순서가 바뀌었다. 그 내용은 다음과 같다.

① 작의(作意, Manaskāra)

'작의'란 이른바 마음을 경각시키는 것을 성용(性用)으로 삼고, 소연경(所緣境)에 마음을 이끄는 것을 업용(業用)으로 한다.[47] 즉, 마땅히 일어날 마음의 종자를 경각(警覺)[48]하고 이끌어 경계[境]에 나아가게 하기 때문에 '작의'라고 부르는 것이니,[49] 이것은 알라야식(阿賴耶識)의 종자(種子, Bīja)로부터 생겨난 것으로서 마음에 의하여 일어나 마음과 함께 상응하며[俱轉相應], 마음을 움직이는 것으로써 체를 삼고, 마음을 이끄는 것으로써 업을 삼아서, 마음과 더불어 동일한 경계를 반연하는 심리작용이다.[50] 다시 말하면, 마음을 일깨워 바깥 경계대상을 향하여 일어나게 하는 정신작용을 의미한다.

② 촉(觸, Sparśa)

'촉'이란 삼사(三事)가 화합하여 변이(變異)를 분별하는 것을 말하는데,

---

44 여기에서 '지[地, Bhūmi]'라는 것은 유정류(有情類)가 머무는 장소를 말하는 것으로, 이것을 삼계구지(三界九地) 혹은 삼지(三地)라고 한다. 구지란 욕계산지(欲界散地)와 색계의 초·이·삼·사선 및 무색계의 공무변처·식무변처·무소유처·비상비비상처 등의 아홉 가지를 가리킨다. 삼지는 심(尋)·사(伺)의 심소가 일어나고 일어나지 않음에 의하여 욕계의 유심유사지(有尋有伺地), 색계의 유심무사지(有尋無伺地), 무색계의 무심무사지(無尋無伺地) 등의 세 가지를 말한다. 이들 구지나 삼지는 모두 삼계를 구분한 것으로, 이들 삼지 가운데 어떤 지에도 두루 일어나는 것을 '일체지'라고 하는 것이다.

45 어떠한 때라도 이 변행의 다섯 심소가 결정적으로 함께 일어나는 것을 말한다.

46 『成唯識論』 5(『大正藏』 31권, 27상)에서는 "遍行具四一切"라고 하여 변행이 '四一切'의 의미를 갖추고 있다는 것을 설명하고 한다.

47 앞의 책 3, (『大正藏』 31. 11하), "作意謂能警心爲性 於所緣境引心爲業"

48 이것은 종자경각(種子警覺)과 현행경각(現行警覺)으로 나누어진다. 종자경각은 작의의 종자가 다른 심심소의 종자를 경각하여 현행하게 하는 것을 의미하고, 현행경각은 심심소로 하여금 소연경에 나아가게 하는 것을 뜻한다.

49 따라서 '작의'는 마땅히 일어날 심의 종자를 경각시키고, 심이 일어났으면 경에 나아가게 하는 두 가지 공능(功能)이 있다.

50 '작의'는 종자위에서 마음을 각성하게 하거나 관심을 일으키게 하는 것을 말한다.

마음과 마음의 작용으로 하여금 경계에 촉하게 하는 것을 성용으로 하고 수·상·사 등이 의지하는 바로써 업용으로 한다.[51] 근은 소의가 되고, 경은 소취(所取)가 되며, 식은 근과 경이 생겨난 바이니 근에 의거하여 경을 취한다. 이러한 근·경·식이 삼사로서, 이 셋은 서로 서로가 수순(隨順)하므로 삼사화합이라고 부른다. 촉은 삼사에 의거하여 일어나고, 촉은 삼사를 화합시킨다. 그러므로 일찍이 아함경에서 '삼사화합촉(三事和合觸)'이라고 하였던 것이다.[52]

삼사화합위에서 삼사 모두는 심소를 따라 일어나는 공능(功能)[53]이 있음을 설하여 '변이(變異)'라고 한다. 또한 전과 다르기 때문에 '변이'라고 하는 것이다. 그리고 '촉'은 변이를 상사(相似)하여 일어나기 때문에 '분별'이라고도 부른다. 즉, 분별의 작용은 촉의 공능이니, 촉에 있어서 앞의 셋[근·경·식]이 심소를 순생하는 변이의 작용을 상사하는 공능을 분별이라고 하는 것이다.

그런데 '촉'과 '작의'의 순서가 바뀐 것은 커다란 사상의 변화는 아니다. 그것은 오온의 다섯 가지 작용이 우리가 느낄 수 있을 정도의 간격으로 색·수·상·행·식이라는 순서로 일어나는 것이 아니고 한 찰나에 일어난 작용을 놓고 그 영역을 구분한 것과 마찬가지이기 때문이다.

③ 수(受, Vedanā)

'수'는 받아들이는 것[領納]으로써 체를 삼고 애연(愛緣)으로써 업을 삼는다. 이 수에는 삼수[54]와 오수[55] 및 이수[56]의 구별이 있다.

④ 상(想, Saṁjñā)

'상'은 명구문신(名句文身)[57]의 훈습을 연으로 하여 알라야식의 종자로

---

51 『成唯識論』 3(『大正藏』 31권. 11중), "觸謂三事分別變異 令心心所觸境爲性 受想思等所依爲業"

52 『雜阿含經』 11(『大正藏』 2권, 72하), "如是緣眼色生眼識 三事和合觸 觸俱生受想思 此等諸法"

53 결과를 일으킬만한 법의 능력. 흔히 좋은 결과를 가져오는 데에 사용 한다.

54 ①고수(苦受) ②낙수(樂受) ③사수(捨受)

55 ①고수(苦受) ②우수(憂受) ③낙수(樂受) ④희수(喜受) ⑤사수(捨受)

56 ①신수(身受) ②심수(心受)

57 말의 의미를 드러나게 하는 힘으로서의 불상응행에 세 가지가 있으니 명신(名身)·구신(句身)·문신(文身)이다. '명[nāma]'이란 물질·소리·향기 등과 같은 명사적 개념적

부터 생겨난 것으로서, 마음에 의하여 일어나 마음과 함께 옮겨 다니면서[俱轉] 상응하여 상(相, Lakṣaṇa)을 취하는 것으로써 체를 삼고, 말의 뜻[言義]을 드러냄으로써 업을 삼는다. 즉, 경계의 차별상을 취함으로써 성용을 삼고 갖가지 명언(名言)[58]을 시설(施設)함으로써 업용을 삼는다.[59] 즉, 경계의 차별상을 취하기 때문에 '이것은 무엇이다' '저것은 무엇이다'라고 하는 갖가지 명언(名言, Grāhaka)이 시설되는 것이다.

⑤ 사(思, Cetanā)

'사'는 마음으로 하여금 조작하게 하며, 득실(得失)과 득도 아니고 실도 아닌 것에 대하여 의업을 일으키는 것으로써 체를 삼는다. 또한 화합·이별·탐냄·성냄 등의 일들을 일으키고, 신구의 이업을 일으키며, 선·악과 선도 아니고 악도 아닌 것으로써 업을 삼는다. 즉, 심왕과 심소로 하여금 조작케 하는 것으로써 성용(性用)을 삼고, 선악의 경계에서 마음과 마음의 작용을 부려서 선악 등의 일을 일으키는 것으로써 업용을 삼는 것을 말한다.[60]

### 2) 별경심소(別境心所)

'별경심소'[61]는 변행과 같이 모든 경계에 두루 일어나는 것이 아니라 각각의 경계 위에서 하나 혹은 둘 내지는 다섯이 함께 일어나는 등류(等流, Niṣyanda)[62]의 마음작용을 의미한다.

---

단어[想, saṁjñā]를, '구[pada]'란 제행은 '무상하다'와 같은 문장[章, vākya]을, '문[vyañjana]'이란 a·i·ka·kha와 같은 문자[字, akṣara] 즉 음소를 말하며, 이러한 세 가지 존재의 집합[總說, samukta]을 명신 등이라고 한다. 설일체유부에서는 이러한 존재가 개별적으로 실재함으로 행서 세계에 대한 인식이 가능하다고 하였는데, 경량부에서는 예외 없이 이를 가설로만 인정하고 있다.

58 명목(名目)과 어구(語句). 이것은 본래 거짓으로 있는 것[가립(假立)]을 실제로 존재한다고[실유(實有)] 생각하여 붙인 이름이 맞는다고 그릇되게 설명하는 것을 말한다.

59 '상'은 사물의 형상을 마음에 부각시켜 언어를 일으키는 기반이 되며, 경계상에서 상(像)을 취하는 것이 상의 성이 되고 갖가지 명언을 세우는 것이 상의 업이 된다.

60 '사'는 마음과 마음의 작용으로 하여금 조작케 하는 것이 성이고, 선 등에 대하여 마음을 부리는 것이 업이 된다. 이것은 신·구·의 삼업의 원동력이 된다.

61 다섯 가지 심소가 각기 소연경의 사(事)가 소락경(所樂境)·결정경(決定境)·관습경(串習境)·관찰경(觀察境)의 네 가지 경으로써 대부분 같지 않기 때문에 '별경'이라고 부른다. 따라서 '별경심소'에는 일체성·일체지·일체시·일체구 등의 네 가지 일체 가운데 일체성과 일체지만 구족한다.

62 같은 무리가 상속(相續)하는 것을 말한다.

① 욕(欲, Chanda)

'욕'은 즐거운 경계를 희망함으로써 체를 삼고 근(勤)의 의지할 바가 됨으로써 업을 삼는다. 즉, 관찰하고자 희망하는 경계에 대하여 희망하는 것을 성용으로 하고, 이 희망은 선이나 악이나 무기성은 말할 것도 없고 삼성을 모두 희망하게 되는데, 그 가운데서 선욕(善欲)은 정근(正勤) 즉 정진(精進)의 작용을 일으킬 의지할 바가 되기 때문에 업용으로 삼는다.[63]

② 승해(勝解, Adhimokṣa)

'승해'는 결정된 경계에 대하여 그 응하는 바와 같이 인가(印可)함으로써 체를 삼고, 향하지[引轉] 않는 것으로써 업을 삼는다. 즉, 결정된 경계에 대하여 인가하는 것으로써 성용을 삼고, 향하지 않는 것으로써 업용을 삼는 것을 말하는데, 한 마디로 '단정(斷定)하는 심리작용'이다.

③ 염(念, Smṛti)

'염'은 습관으로 익혀진 경계[串習境]에 대하여 마음으로 하여금 기억하여 잊지 않는 것으로써 체를 삼고, 등지(等持, Samādhi)[64]의 의지할 바가 되는 것으로써 업을 삼는다. 즉, 일찍이 받아들인 경계를 마음에 기억하여 잊지 않게 하는 것이 그 성용이고, 이것에 의하여 정(定)의 작용이 있게 되는데 그것으로써 업용을 삼는다.[65]

④ 등지(等持, Samādhi)

'등지'는 관찰의 대상[所觀境]에 대하여 한 생각으로 몰두하는 것으로써 체를 삼고, 마음으로 하여금 산란하지 않게 하여 지혜가 의지할 바가 되는 것으로써 업을 삼는다.[66] '등지'는 '삼마지(三摩地)'·'삼마제(三摩提)'·'삼

---

63 '욕'은 의욕이나 희망을 말하는 것으로 업력이나 경계세력에 따라서 별다른 희망없이 저절로 경계를 반연할 때에는 이 욕심소가 일어나지 않고 작의로서 관찰하고자 할 때 희망이 솟구쳐 욕심소가 발동하게 되는 것이다.

64 정(定)의 다른 이름. 정을 닦아 마음이 한 경계에 머물러 어지럽지 않은 것을 가리킨다. 이것은 평등하게 유지하기 때문에 '등지'라고 한다.

65 '염'은 기억을 뜻하는 것으로서, 친히 반연하는 경계나 일찍이 반연한 경계일지라도 확실하게 기억하지 않은 경계에 대해서는 염이 일어나지 않는다.

66 '등지'는 관심을 집중하는 것 즉 마음을 한 대상에 몰두하여 평등하게 유지하는 것을 가리킨다.

매(三昧)'라고 음역하며 '정(定)'의 다른 이름이기도 하다. 따라서 뒤에 『대승백법명문론』에서 '등지'가 '정'으로 바뀐 것도 같은 의미의 다른 술어일 뿐이다.

⑤ 혜(慧, Prajñā)

'혜'는 관찰의 대상에 대하여 가려내는 것으로써 체를 삼고, 이치에 맞고[如理]와 이치를 알지 못하며[不知理] 이치에 맞지 않고[非如理] 이치를 알지 못하지 않음[非不如理]에 깨달아 들어가 아는 것으로써 그 업을 삼는다. 즉 관찰의 대상에 득실(得失)과 시비(是非)를 분별하여 선택하는 것을 그 성용으로 삼고, 이 혜의 추구력(推求力)에 의하여 결정의 승해(勝解)를 일으키면 의번뇌(疑煩惱)가 단절되는 작용이 그 업용이다.[67]

### 3) 선심소(善心所)

'선심소'란 선한 마음 중에서만 일어나는 마음의 작용을 의미하는 것으로 그 내용은 다음과 같다.

① 신(信, Śraddhā)

'신'은 경계에 대하여 맑은 마음으로 인가(忍可)하는 것으로써 체를 삼고, 불신(不信)의 장애를 끊는 것으로써 업을 삼으며, 나아가서는 보리자량(菩提資糧)을 원만하게 함과 자타를 이익되게 함과 선도(善道)에 나아감과 맑은 믿음을 증가하게 하는 것 등으로써 업을 삼는다. 즉, 오탁(五濁)의 마음과 마음의 작용을 대치하여 청정하게 하는 것을 말한다.[68]

② 참(慚, Hrī)

'참'은 자증(自增)과 법증(法增)에 의하여 과오를 부끄럽게 여기는 것으로써 체를 삼고, 무참의 장애를 끊음으로써 업을 삼는다. 즉, 자신을 존중하고 배우는 법을 존중함으로써 무참을 대치하여 악행을 그치게 하는 것을

---

67 '혜'는 판단하는 심리작용으로써, 사리를 분별하여 결정하며 의심하는 마음을 없애어 사리에 통달하는 작용을 말한다.

68 '신'은 실재에 대한 이해와 불법승 삼보에 대한 동경과 모든 선행을 향한 의욕으로서, 이 신은 마음을 정화하는 작용이 있다. 이러한 '신'은 마치 필터를 거른 물이 맑게 되는 것처럼 마음을 맑게 하는 의식작용을 가리킨다.

그 업용으로 한다.[69]

③ 괴(愧, Apatrapa)

'괴'는 과오를 수치스럽게 여기는 것으로써 체를 삼고, 무괴의 장애를 끊는 것으로써 업을 삼는다. 즉 세간의 도덕적 제재에 의하여 죄과를 수치스럽게 여기고 악인과 악법을 막음을 성용으로 하고, 무참을 대치하여 악행을 그치게 하는 것을 업용으로 한다.[70]

④ 무탐(無貪, Alobha)

'무탐'은 유(有)[71]와 구유(具有)[72]에 대하여 싫은 마음을 일으켜 애착을 없게 하고 마음속에 품지도 않으며 좋아하지도 않아 집착이 없게 하는 것으로써 체를 삼으며, 탐의 장애를 끊는 것으로서 업을 삼는다. 즉, 유(有)와 구유(具有)에 애착이 없음으로 성용으로 하고, 이와 반대의 탐착을 대치하며 선을 짓는 것을 업용으로 한다.[73]

⑤ 무진(無瞋, Adveśa)

'무진'은 모든 유정(有情)에게 손해를 끼치지 않고 사랑하여 불쌍히 여기는 것으로써 체를 삼고, 성냄의 장애를 끊는 것으로써 그 업을 삼는다. 즉, 모든 유정에게 심적으로 손해됨이 없고 사랑하여 불쌍히 여기는 것으로써 체를 삼고, 성냄을 대치하는 것으로써 업을 삼는다.[74]

⑥ 무치(無癡, Amoha)

'무치'는 진실을 올바르게 헤아림으로써 체를 삼고, 어리석음의 장애를 끊음으로써 업을 삼는다. 즉, 일체의 사리와 이치에 미혹하지 않는 것으로

69 '참'은 선을 받들어 악을 멈추게 하는 심리작용을 뜻한다.

70 '괴'의 성용은 세인들이 나무라고 헐뜯는 것을 두려워하고 법의 형벌을 싫어하는 등에 의하여 죄과를 수치스러워 하고 폭력을 쓰거나 나쁜 사람을 멀리하여 이와 친하지 않고 모든 악법을 거절하여 행하지 않는 작용이다. 그 업용은 무괴를 대치하여 악행을 막는 작용을 가리킨다. 즉, '괴'는 악을 거부하여 악행을 중지시키는 심리작용이다.

71 '유'란 삼유(三有)의 과 즉 삼계의 과보, 다시 말해서 '유정의 오온'을 의미한다.

72 '유구'란 삼유를 일으킬 원인 즉, 열반을 말한다.

73 '무탐'은 미혹의 세계에 살면서 생존에 집착하지 않는 심리작용을 가리킨다.

74 '무진'은 고와 고구에 대하여 노여워하는 생각을 지니지 않는 심리작용을 말한다.

써 성용을 삼고, 이와 반대로 어리석음을 대치하여 착함을 짓도록 하는 것을 업용으로 한다.[75] 그런데 이상의 무탐·무치·무진을 삼선근이라고 하는 이유는 이것들이 선을 일으키는 성질이 뛰어난 까닭이며, 또한 삼불선근을 대치하여 모든 정견(正見)을 일어나게 하기 때문이다.

⑦ 정진(精進, Vīrya)

'정진'은 '근(勤)'[76]이라고도 한다. 이는 마음이 용감하고 사나워[勇悍] 게으름이 없고 스스로 가볍고 천박[輕賤]하지 않는 것으로써 체를 삼고, 게으름의 장애를 끊는 것으로써 업을 삼는다. 즉, 선을 닦고 악을 끊음에 용감하고 사나움을 성용으로 하고, 이것에 반하여 게으른 마음의 작용을 대치(對治)하여 선을 만족함을 업용으로 삼는다.[77]

⑧ 경안(輕安, Praśrabdhi)

'경안'은 '안(安)'[78]이라고도 한다. 이는 번뇌에 속박됨을 멀리하고 심신을 고르게 하는 것을 체로 하며, 번뇌에 속박된 장애를 끊는 것으로써 업을 삼는다. 즉, 유루번뇌에 속박됨을 멀리하여 신심을 평안하게 하는 것으로써 성용을 삼고, 이것에 의하여 혼침(惛沈)을 대치하고 의지하는 몸으로 하여금 속박된 장애를 없애 편안하게 하는 것을 업용으로 한다.[79]

⑨ 불방일(不放逸, Apramāda)

'불방일'은 무탐·무진·무치·정진을 모두 포섭하는 것으로써 체를 삼고, 악과 불선법을 끊고 선법을 닦으며 게으름을 끊는 것으로써 업을 삼는다. 즉, 불방일은 별체(別體)가 있는 것이 아니라 정진과 무탐·무진·무치 등 삼선근의 심소력(心所力)으로 말미암아 혹(惑)을 끊고 선을 닦음에 있어서 악을 막고 선을 닦는 것으로써 성용을 삼고, 방일을 대치하여 일체의 유루·무루의 착함을 충만하게 하는 것으로써 업용을 삼는다.[80]

---

75 '무치'는 진실한 실재나 온갖 현상에 대하여 분명하게 잘 이해하고 있는 것을 말한다.
76 『成唯識論』 6(『大正藏』 31권, 30상), "勤謂精進 於善惡品修斷事中勇悍爲性 對治懈怠滿善爲業"
77 '정진[근]'은 악을 끊고 선을 닦는데 노력하는 것 곧, 정진심을 말한다.
78 『成唯識論』 6(『大正藏』 31권, 30중), "安謂輕安 遠離麤重調暢身心堪任爲性 對治惛沈轉依爲業"
79 '경안(輕安)'은 몸과 마음이 쾌적하고 편안한 것을 말한다.

⑩ 사(捨, Upekṣā)

'사'는 무탐·무진·무치 등의 삼선근과 정진을 모두 포섭하는 것으로써 체를 삼으며, 또 이 사에 의지하기 때문에 마음의 평등과 정직을 얻어서 마음에 움직임이 없고 발동의 장애를 끊게 되는 심리작용을 업으로 삼는다. 이런 마음의 작용도 따로 별체가 있는 것이 아니고 정진과 무탐 등의 삼선근 상에 마음을 평등하게 하고 또 정직하게 무공용(無功用)[81]에 머무르게 하는 것으로써 성용을 삼고, 도거(掉擧)를 대치하여 고요히 머무는 것으로써 업용을 삼는다. 곧, 사는 정진과 무탐 등의 삼선근이 마음의 평안을 가져오도록 하는 것을 말한다. 그런데, 『성유식론』에서는 이 사를 '행사(行捨)'라고 하였는데,[82] 의미에 있어서는 거의 차이가 없다.

⑪ 불해(不害, Ahiṁsā)

'불해'는 모든 유정에 대해 손해와 괴로움을 주지 않는 무진의 마음의 작용을 체로 삼으며, 해롭게 하는 것을 다스리고 연민히 여겨 고통을 없애주고자 하는 것을 업으로 삼는다. 즉, 무진을 성용으로 하여 해를 대치하고 유정을 불쌍히 여기는 것으로써 그 업용을 삼는다.[83]

#### 4) 번뇌심소(煩惱心所)

'번뇌심소'는 항상 내부의 마음을 더럽혀 다른 식(識)으로 하여금 오염되도록 하는 것으로, 그로 말미암아 유정을 생사고해에 윤회(輪廻, Saṃsāra) 하게 하는 것을 말한다. 그 내용은 다음과 같다.

① 탐(貪, Rāga)

'탐'은 윤회하는 삶[有]과 그 원인[有具]에 대해서 탐내어 집착하는 것을 체로 삼으며, 능히 무탐의 마음작용을 장애하여 고통을 일으키는 것을 업으로 삼는다. 애착의 세력[愛力]에 의해 오취온(五取蘊)이 생겨나기 때문

---

80 '불방일'은 앞에서 말한 정진·무탐·무진·무치 등의 선을 잘 닦도록 하는 것을 말한다.
81 무엇인가 하려고 미리 마음속에서 계획하고 분별하는 일이 없이 자연에 맡기는 것
82 『成唯識論』 6(『大正藏』 31권, 30중), "云何行捨 精進三根令心平等正直無功用住爲性 對治掉擧靜住爲業"
83 '불해'는 노여워하지 않는 무진의 마음작용이 다른 사람을 정신적으로나 육체적으로 해치지 않고 동정하여 불쌍히 여기는 것을 말한다.

이다.[84]

② 진(瞋, Pratigha)

'진'은 유정에게 해로움을 입히는 것을 체로 삼고, 분별기(分別起)[85]나 구생기(俱生起)[86]로서 무진을 장애하는 것으로써 업을 삼는다. 이는 증에(憎恚)를 그 성용으로 한다. 증에에 따라서 신심이 괴로워하는 것을 불안(不安)이라고 하고, 이 불안에서 모든 악업이 일어나는 것을 악행이라고 한다. 진은 이 불안과 악행의 의지되는 바가 되고, 또 무진을 장애함으로써 그 업용을 삼는다.[87]

③ 만(慢, Māna)

'만'은 다른 사람과 자신을 비교하여 자기가 뛰어나다고 생각하여 자기보다 같거나 혹은 열등한 사람에게 도거(掉擧)하는 것으로써 체를 삼고, 구생기나 분별기로써 무만(無慢)을 장애하는 것으로써 업을 삼는다. 즉, 자신의 실력을 지나치게 자만하여 배타적으로 거만한 마음으로써 그 성용으로 삼고, 무만을 장애하여 괴로움을 일으키는 것으로써 그 업용을 삼는다.[88]

④ 무명(無明, Avidyā)

'무명'은 진실을 바르게 알지 못하는 것으로써 체를 삼고, 분별기나 구생기로써 바르게 헤아리는[正了] 것을 장애하는 것으로써 업을 삼는다. 즉, 제법의 이사(理事)[89]에 미혹한 것을 그 성용으로 하고, 무치를 장애하며 모든 잡염법(雜染法)의 의지하는 바가 되는 것으로써 그 업용으로 삼는다.[90]

---

84 '탐'은 미혹의 세계에서 생존에 집착하기 때문에 괴로움를 초래하는 것을 말한다.

85 번뇌가 일어나는 것에 있어서, 삿된 스승이나 삿된 가르침에 의지하거나 삿된 사유에 의지하여 후천적으로 일어나는 경우의 번뇌를 '분별기'라고 한다.

86 삿된 스승이나 삿된 가르침 혹은 삿된 사유 등의 외부의 연에 의지하지 않고 나면서부터 갖추어져 있는 선천적인 번뇌를 '구생기'라고 한다.

87 '진'은 고통의 원인에 대하여 증오하고 노여워함으로써 마음의 불안과 악행을 가져오는 것을 의미한다.

88 '만'의 성용은 자기를 믿고 남에 대하여 교만하여 자신을 높히는 작용을 말하고, 그 업용은 남을 깔보고 멸시하는 작용을 가리킨다. 즉, '만'은 자기를 다른 사람과 비교하여 우월감을 갖는 것을 말한다.

89 '이(理)'는 절대적으로 평등한 본체, '사(事)'는 상대적으로 차별된 현상을 의미한다.

90 '무명'은 참된 실재와 모든 현상에 대하여 잘 이해하지 못하는 것을 말한다. 이 무명은 모든 번뇌의 선두에 서서 그 번뇌를 이끄는 작용을 한다.

⑤ 견(見, Dṛṣṭi)

'견'[91]은 모든 진리와 논리에 대하여 그릇되게 추측하고 헤아리는 잡염(雜染)의 혜로써 그 체를 삼으며, 능히 바른 견해를 장애하여 고통을 초래하는 것으로써 업을 삼는다.[92]

⑥ 의(疑, Vicikisā)

'의'는 모든 진리에 대하여 미루고 결단하지 못하는 것으로써 그 체를 삼고, 오직 분별기로 무치(無癡)를 장애하는 것으로써 업을 삼는다. 즉, 미루고 결정을 내리지 못하는 심리작용을 말하는데 곧 사제(四諦)의 진리를 미루고 결정을 내리지 못하는 것으로써 그 성용을 삼고, 불의(不疑)의 착함을 장애하는 것으로써 그 업용을 삼는다.[93]

이상에서 살펴 본 번뇌를 근본번뇌라고 한다. 이것은 탐·진·만·무명·의 등의 5가지와 견(見)의 5가지[五見]를 더하여 10가지가 된다. 이러한 근본번뇌로부터 등류(等流, Niṣyanda)하는 모든 번뇌를 수혹(隨惑) 즉, 수번뇌(隨煩惱)라고 한다.

### 5) 수번뇌심소(隨煩惱心所)

'수번뇌'란 '수혹'이라고도 하는데, 곧 근본번뇌에 수반하여 일어나는 번뇌의 마음작용을 가리킨다. 그 내용은 다음과 같다.

---

91 『成唯識論』 6(『大正藏』 31권, 31하)에서 다음의 5가지[五見]로 설명하고 있다.
① 살가야견[薩迦耶見, Satkāya-dṛṣṭi] … 오취온에 대하여 '나'와 '나의 것'이라고 집착하는 것이다.
② 변견[邊見, Antagrāha-dṛṣṭi] … 극단에 집착하는 것으로 즉, 단멸(斷滅)과 상주(常住)함에 집착하는 것을 말한다.
③ 사견[邪見, Mithyā-dṛṣṭi] … 인(因)·과(果)·작용(作用)·실사(實事) 등을 비방하는 다른 모든 삿된 집착을 말한다.
④ 견취견[見取見, Dṛṣṭiparāmarśa] … 여러 잘못된 견해와 의지처인 다섯 가지 존재의 근간인 오온에 집착해서 가장 수승한 것으로 삼아서 능히 열반을 얻을 수 있다고 하는 것이다.
⑤ 계금취견[戒禁取見, Śīlavrataparāmarśa] … 여러 견해에 수순하는 계율과 의지처인 오온에 대하여 집착하여 가장 수승한 것으로 삼아서 능히 열반을 얻을 수 있다고 하는 것이다.

92 '견'은 무아를 유아라고 하고, 인과가 있는 것을 인과가 없다고 하는 등 실상과 반대되는 헛된 견해를 말한다.

93 '의'는 불교의 진리를 이해할 수 없어서 유예(猶豫)하는 것을 말한다.

① 분(忿, Krodha)

'분'이란 현재의 이롭지 않은 인연[違緣]에 대해서 마음으로 하여금 성내도록 하는 것으로 체를 삼으며, 무진을 장애하는 것으로써 업을 삼는다. 즉, 자기에게 이익이 되지 않는 현상에 대하여 분노하는 것으로써 성용을 삼고, 이 분노로 인하여 포악한 신표업을 내는 것으로써 업용을 삼는다.[94] 이 마음작용은 진·에의 한 부분[一分]으로 따로 별체(別體)가 있는 것이 아니다.

② 한(恨, Upanāha)

'한'이란 과거의 이롭지 않은 인연[違緣]에 대하여 원한을 맺고 풀지 않는 것으로써 체를 삼고, 무진을 장애하는 것으로써 업을 삼는다. 즉, 분에 의하여 원한을 맺는 것으로써 성용을 삼고, 마음 가운데 원한심이 있으므로 인하여 마음을 괴롭게 하는 것으로써 업용을 삼는다.[95] 이 마음작용도 진·에의 한 부분으로 따로 별체가 있는 것이 아니다.

③ 부(覆, Mrakṣa)

'부'란 과거의 죄업에 대하여 남이 충고하여 인도하지 않는다면 그 지은 악행을 숨기는 것으로써 체를 삼고, 지난 일을 뉘우치는 마음이 생겨남을 장애하는 것으로써 업을 삼는다. 즉, 스스로 지은 죄가 들어 나서 명예와 이익을 잃을까 두려워하여 감추는 것을 말한다.[96]

④ 뇌(惱, Pradāśa)

'뇌'란 과거의 잘못에 대하여 만약 남이 충고하여 인도한다면 거친 언어를 내고 마음이 포악해져 참지 못하는 것으로써 체를 삼고, 착한 벗을 장애하는 것으로써 업을 삼는다. 즉, 분과 한의 마음작용에 의하여 과거의 악을 기억해내고 현재의 이롭지 않은 인연에 접촉할 때에 포악해져서 거칠고 사나워 지는 것으로써 그 성용을 삼으며, 남을 더러워 하고 화를 내는 것으로써 업용을 삼는다.[97]

---

94 '분'이란 화를 내어 대상을 타도하거나 매도하는 것을 말한다.

95 '한'은 원망하는 생각 때문에 괴로워하는 마음을 말한다.

96 '부'는 자신의 죄과를 감추려고 하는 것을 의미한다.

97 '뇌'란 싫어하는 일에 번민하여 주변의 일까지도 괴로워하는 것을 말한다.

⑤ 질(嫉, Īrṣyā)

'질'이란 남이 소유한 공덕과 명예와 공경과 이익에 대하여 마음으로 질투하여 기뻐하지 않는 것으로써 체를 삼고, 인자를 장애하는 것으로써 업을 삼으며 또한 질을 증장하는 것으로써 업을 삼는다. 즉, 자신의 명예와 이익을 구하기 위하여 남의 잘됨을 보고 질투하는 마음을 참지 못하게 될 때, 이때의 질투하는 마음이 그 성용이고 마음속에 깊이 근심하는 것이 그 업용이다.[98] 이 심소도 진·에의 한 부분으로 따로 별체가 있는 것이 아니다.

⑥ 간(慳, Mātsarya)

'간'이란 모으며 아끼는 것으로써 체를 삼고, 무탐을 장애하고 간을 증장하는 것으로써 업을 삼는다. 즉, 재산이나 학식 등을 인색하게 남에게 베풀어줄 마음을 일으키지 않고 깊이 감추고 아끼는 것으로써 성용을 삼으며, 인색하게 모으는 것으로써 그 업용을 삼는다.[99] 이 심소도 탐애의 한 부분으로 따로 별체가 있는 것이 아니다.

⑦ 광(誑, Śāṭhya)

'광'이란 남을 유혹하고 어지럽히기 위하여 남에게 사실이 아닌 것을 사실인 것처럼 속이는 것으로써 체를 삼고, 사랑하고 공경함을 장애하는 것으로써 업을 삼는다. 즉, 이익과 명예를 얻기 위하여 거짓으로 덕이 있음을 가장하여 남을 기만하고 속이는 것으로써 그 성용을 삼으며, 불정직한 생활을 하는 것으로써 그 업용을 삼는다.[100] 이 심소도 탐·치의 한 부분으로 따로 별체가 있는 것이 아니다.

⑧ 도(諂, Māyā)

'도'란 남을 속이려고 하기 때문에 거짓으로 공경심을 드러내는 삐뚤어진 마음으로써 체를 삼고, 사랑하고 공경함을 장애하는 것으로써 업을 삼는다. 즉, 남을 농락하여 자기가 원하는 바대로 되게 하기 위하여 거짓 수단을 꾸며 왜곡하는 것으로써 그 성용을 삼으며, 그렇게 그릇된 마음으로 남의 충고를 받아들이려고 하지 않는 것으로써 업用을 삼는다. 이 마음작용

98 '질'은 질투하여 마음이 편안하지 않는 것을 말한다.
99 '간'은 재산이나 아는 바의 진리를 아까워하여 깊이 숨기는 마음을 말한다.
100 '광'은 위대한 척 행동하여 남들에게 잘 보이려고 하는 심리작용을 의미한다.

도 탐·치의 한 부분으로 따로 별체가 있는 것이 아니다.

⑨ 교(憍, Mada)

'교'란 세간에 흥성하게 되는 것을 얻고 마음으로 뽐내어 꺼리어 삼가는 바가 없는 것으로써 체를 삼고, 싫어하거나 만족하여 떠남을 장애하는 것으로써 업을 삼는다. 즉, 자기에게 이로움이 있으며 그것에 깊이 염착(染着)하여 깊이 빠지고 거만한 것을 성용으로 삼으며, 불교(不憍)를 장애하여 염법(染法)의 의지하는 바가 됨을 그 업용으로 삼는다.[101] 이 심소도 탐애의 한 부분으로 따로 별체가 있는 것이 아니다.

⑩ 해(害, Vihiṁsā)

'해'란 유정을 핍박하고 괴롭히되 슬퍼하거나 불쌍히 여기거나 가엾이 보거나 측은하게 여기지 않는 것으로써 체를 삼고, 불해를 장애하는 것으로써 업을 삼는다. 즉, 유정에 대하여 불쌍히 여기는 마음이 없이 괴롭히는 것을 성용으로 삼으며, 남을 핍박하고 괴롭히는 것을 그 업용으로 삼는다.[102] 이 심소도 진·에의 한 부분으로 따로 별체가 있는 것이 아니다.

⑪ 무참(無慚, Āhrīkya)

'무참'이란 자신과 법의 두 가지에서 허물과 악을 전혀 부끄러워하지 않는 것을 체로 삼고, 참을 장애하는 것으로써 업을 삼는다. 즉, 선의 마음작용인 참의 반대로써 자기와 법을 돌아보지 않고 현명하고 착함을 거부하는 것을 그 성용으로 삼으며, 지나간 그릇된 행위를 부끄러워하지 않고 참을 방해하여 모든 악행을 증장하는 것을 그 업용으로 삼는다.[103]

⑫ 무괴(無愧, Anapatrapaya)

'무괴'란 세간에서 허물과 악을 전혀 부끄러워하지 않는 것을 체로 삼고, 괴를 장애하는 것으로써 업을 삼는다. 즉, 괴심소의 반대로서 세간의 제재를 돌아보지 않고 포악함과 악덕을 부추김을 성용으로 삼으며, 괴를 장애

---

101 '교'는 자만하는 심리작용을 가리킨다.

102 '해'는 다른 사람을 동정하거나 연민하는 마음이 없이 핍박하고 괴롭히는 마음을 말한다.

103 '무참'은 선을 거부하고 악행을 증진시키는 것을 가리킨다.

하여 악행을 일으킴을 그 업용으로 삼는다.[104]

⑬ 혼침(惛沈, Styāna)

'혼침'은 몸이 번뇌에 속박되어 있음[麤重]에 의해 집착하여 나아가지 않는 것을 즐겁게 여기므로 마음이 가라앉게 하는 것으로써 체를 삼고, 위빠사나(毘鉢舍那, Vipaśyanā)[105]를 장애하는 것으로써 업을 삼는다. 즉, 마음이 소연경을 연함에 혼미하여 견디어 내지 못하고 가라앉게 됨을 성용으로 삼으며, 그것에 의하여 경안과 위빠사나를 장애함을 업용으로 삼는다.[106]

⑭ 도거(掉擧, Auddhatya)

'도거'는 바르지 못하게 찾거나 구하고 또는 기쁘거나 즐거웠던 지나간 일을 추억하여 마음이 적정(寂靜)하지 않는 것으로써 체를 삼고, 사마타(奢摩他, Śamatha)[107]를 장애하는 것으로써 업을 삼는다. 즉, 마음으로 하여금 경계에 적정하도록 하지 않는 것을 그 성용으로 삼으며, 이것에 의하여 행사(行捨)의 마음작용과 사마타를 장애하는 것을 그 업용으로 삼는다.[108]

⑮ 불신(不信, Āśraddhya)

'불신'이란 실체가 있고 덕이 있으며 능력이 있는 것에 대하여 마음이 바르게 믿지 않는 것으로써 체를 삼고, 신을 장애하는 것으로서 업을 삼는다. 즉, 선심소 가운데 신의 반대로서 신을 장애하여 마음을 더럽히는 것을 그 성용으로 삼고, 게으름의 의지되는 바가 됨을 그 업용으로 삼는다.[109]

⑯ 해태(懈怠, Kauśīdya)

'해태'란 수면(睡眠)을 즐기어 집착하여 기대어 눕는 것을 즐기기 때문에

---

104 '무괴'는 악을 받들어 악행을 증진시키는 심리작용을 말한다.

105 능견(能見)·정견(正見)·관찰(觀察)·관(觀)이라고 번역하며, 자세히 관찰하여 잘못됨이 없게 하는 것을 말한다.

106 '혼침'은 마음이 개운하지 못한 상태를 가리킨다.

107 지(止)·지식(止息)·적정(寂靜)·능멸(能滅) 이라고 번역하며, 우리의 마음 가운데 일어나는 헛된 생각을 쉬고 마음을 한 곳에 머무는 것을 말한다.

108 '도거'는 소란스러운 마음의 상태를 가리킨다.

109 '불신'은 믿음의 반대로서 마음을 흐리게 하여 게으른 마음이 일어나게 하는 심리작용을 말한다.

나아가 전진하는 것을 두려워하고 자기 자신을 업신여김으로 말미암아 마음에 힘쓰거나 가다듬지 않는 것으로써 체를 삼고, 정근을 일으키는 것을 장애하는 것으로써 업을 삼는다. 즉, 정진의 반대로서 선을 닦고 악을 끊는 것에 게으름을 성용으로 삼고, 정진을 장애하여 더러움[染]을 일으킴을 그 업용으로 삼는다.[110]

⑰ 방일(放逸, Pramāda)

'방일'은 탐·진·치와 해태 등으로써 체를 삼고, 이것에 의지함으로 말미암아 마음이 악과 불선법을 바르게 제어하지 못하고 또한 그 대치법을 닦아 익히지도 못하며 불방일을 장애하는 것으로써 업을 삼는다. 즉, 불방일의 반대로서 능히 번뇌를 막으며 선을 닦지 못하고 나태함을 그 성용으로 삼고, 불방일을 장애하여 악을 늘리고 선을 줄임에 의지하는 바가 됨을 그 업용으로 삼는다.[111] 이 심소도 해태와 탐·진·치의 한 부분으로 따로 별체가 있는 것이 아니다.

⑱ 실념(失念, Muṣṭasmṛtati)

'실념'은 오랜동안 지은 바와 말했던 바와 생각했던 법(法)과 의(義)에 대하여 염오(染汚)하거나 기억하지 못하는 것으로써 체로 삼고, 불망념을 장애하는 것으로써 업을 삼는다. 즉, 모든 반연하는 것들을 능히 기억하지 못함을 그 성용으로 삼고, 그것으로 인하여 정념을 장애하여 산란의 의지되는 바가 됨을 그 업용으로 삼는다.[112] 이 심소도 념·치의 한 부분으로 따로 별체가 있는 것이 아니다.

⑲ 심란(心亂, Vikṣepa)

'심란'은 닦은 선행에 대하여 마음이 즐겁지도 않고, 의지(依止)하지도 않으므로 외연(外緣)에 대하여 설쳐대는 것으로써 체를 삼고, 등지(等持)를 장애하는 것으로써 업을 삼아 오욕(五欲)에 마음이 산란하여 흘러감이 쉬지 않는 것을 말한다. 즉, 마음으로 하여금 모든 반연하는 경계에 설쳐대어

110 '해태'는 악을 끊고 선을 닦는 일에 게으름을 내는 심리작용을 가리킨다.
111 '방일'은 제멋대로 행동하여 악을 증진시키고 선을 손상시키는 심리작용을 가리킨다.
112 '실념'은 기억력을 잃음으로 말미암아 집중력이 떨어지거나 집중력을 방해하는 심리작용을 말한다.

어쩔 줄 몰라 하는 것을 성용으로 삼고, 정정을 장애하여 나쁜 지혜의 의지하는 바가 됨을 업용으로 삼는다.[113] 그런데 『대승백법명문론』이나 『성유식론』에서는 이를 '산란(散亂)'으로 표기하고 있지만[114], 그 의미는 같다.

⑳ 부정지(不正知, Asamprajanya)

'부정지'는 몸과 입과 마음의 행동에 대하여 바르게 헤아리지 못하는 번뇌의 지혜로써 체를 삼고, 바르게 앎을 장애하는 것으로써 업을 삼는다. 즉, 경계대상을 제대로 알지 못하는 것으로써 성용을 삼고, 바르게 앎을 장애하여 선을 훼방하는 것으로써 업용을 삼는다.[115] 이 심소도 혜·치의 한 부분으로 따로 별체가 있는 것이 아니다.

### 6) 부정심소(不定心所)

'부정심소'에서, '부정'이라는 것은 여기에서 말하는 마음작용은 그 성품을 선이라고도 할 수 없고 오염된 번뇌라고도 할 수 없으며 또한 삼성의 어떤 심심소와 상응하여 함께 일어날 때에 그 성품이 역시 삼성으로 변하기 때문에 '부정'이라고 이름한 것이다. 그 내용은 다음과 같다.

① 악작(惡作, Duṣkṛta)

'악작'은 '회[悔, Kaukṛtya]'라고도 하는데, 이미 지었거나 아직 짓지 않은 선과 악의 일에 대하여 오염된 번뇌이건 아니건 섭섭하게 여기어 후회하고 변화를 좇는 것을 체로 삼고, 사마타를 장애하는 것으로써 업을 삼는다.[116] 즉, 이전에 지은 바 업을 기억하여 그것을 미워하고 싫어한다는 의미로서, 그러한 작용을 싫어하고 미워함으로 말미암아 후회하는 것으로써 그 성용을 삼고, 그것에 의하여 사마타를 장애하는 것으로써 업용을 삼는다.[117] 그런데 이 '악작'의 뜻에 대하여 대·소승 사이에 견해차이가 있다. 즉 구사종(俱舍宗)에서는 '지은 바의 나쁜 일을 나중에 추억하여 뒤늦게 뉘우

---

113 '심란'은 마음을 집중하는 것이 불가능하여 잘못된 판단을 일으키는 것을 말한다.

114 『成唯識論』 6(『大正藏』 31권, 34중), "云何散亂 於諸所緣令心流蕩爲性 能障正定惡慧所依爲業"

115 '부정지'는 잘못된 이해와 알음알이로써 正知를 장애하는 심리를 말한다.

116 다시 말하면, 지은 업을 미워하여 후회하는 것을 체로 삼고, 사마타[定]를 장애하는 것을 업으로 삼는다.

117 '회'는 후회하는 것으로써 마음의 집중을 방해하는 것이다.

친다'라는 의미로 보았고, 유식종(唯識宗)에서는 '지은 바의 나쁜 일을 싫어하고 미워한다'라는 의미로 해석하였다. 따라서 '惡'에 대한 발음을 구사종에서는 '악'이라고 하여 '악작'으로 발음하였고, 유식종에서는 '오'라고 하여 '오작'이라고 발음하였던 것이다.[118]

② 수면(睡眠, Anuśaya)

'수면'은 잠을 잘 때의 마음작용이다. 이는 마음을 섭수(攝受)하여 마음대로 일어나지 않는 것으로써 체로 삼고, 위빠사나를 장애하는 것으로써 업을 삼는다. 즉, 신체를 마음대로 하지 못하게 하고 또한 마음을 어둡게 하는 것을 그 성용으로 삼고, 그것에 의하여 위빠사나를 장애하는 것으로써 업용을 삼는다.[119]

③ 심(尋, Vitarka)

'심'이란 찾아 구하는 것을 말하는데, 어느 때에는 생각으로 말미암아 법을 조작하기도 하고, 어느 때에는 지혜로 말미암아 법을 추구하기도 하여 바깥대상에 흐트러져 마음이 거칠게 일어나도록 하는 것으로써 체로 삼으며, 마음 안이 깨끗한 것을 장애하는 것으로써 업을 삼는다. 즉, 자신의 마음이 급박하여 바깥의 경계에 어지러워 마음을 거칠게 일어나게 하는 것을 그 성용으로 삼고, 그것으로 말미암아 마음 안을 깨끗하게 하는 것을 장애하는 것을 업용으로 삼는다.[120]

④ 사(伺, Vicāra)

'사'는 알라야식의 종자로부터 생긴 것으로서, 마음에 의해 일어난 것으로 마음과 더불어 함께 일어나고 상응하여 고찰하는 법에 대하여 바깥 경계를 대략 행하여 마음이 미세하게 일어나도록 하는 것으로써 체를 삼고, 나머지는 위의 '심'의 마음작용과 같다. 그리고 사를 늘이는 것으로써 업을 삼는다.

118 鄭駿基(唯眞), 「心王心所說의 變遷上에서 본 二障 연구」, 박사학위논문(서울: 동국대학교 대학원, 1997), 160-161면 참조.

119 '수면'은 잠으로서 올바른 관찰을 방해하는 심리작용을 가리킨다.

120 '심'의 성용은 스스로의 마음이 급박하여 언어나 뜻의 경계에 대하여 거칠게 일어나는 작용을 말하고, 그 업용은 신심의 안과 불안을 일어나게 하는 작용을 말한다.

이상에서 심소유법에 대하여 살펴보았다. 그런데 '선심소'에서 '정진(精進, Vīrya)'은 '비리야(毘梨耶)'라고 음역하기도 하는데 '근(勤)'이라고도 한다. '안'이란 곧 '경안(輕安)'이니 번뇌에 속박되어 있는 것을 멀리 여의고, 심신을 조화롭고 화창하게 하여 견디는 것을 성용으로 하고, 혼침을 대치하여 전의(轉依)함을 업용으로 한다.[121] '사(捨, Upekṣā)'는 '사수(捨受)'와 구별하기 위하여 '행사(行捨)'라고 한다.

또한 '번뇌심소'에서는 '만'·'무명'·'견'·'의'의 항목이 각각 '만'·'치'·'악견'·'의' 등으로 바뀌었다. 그리고 '수번뇌심소'에서는 '교'와 '해'의 순서가 바뀌었고, '혼침'과 '도거'의 순서가 바뀌었으며, '심란'이 '산란'으로 바뀌었다. 마지막으로 '부정심소'에서는 '악작'·'수면'·'심'·'사'의 항목이 '회'·'면'·'심'·'사'로 바뀌었다.

그러나 위에서 살펴본 것처럼 항목에 있어서의 차이가 전혀 새로운 이론으로 바뀌어 다른 항목으로 대치된 것이 아니라, 다만 명목상의 이름만 바뀌었을 뿐으로 그 의미에는 차이가 없다. 또한 그 순서에 있어서 약간의 변동만 있을 뿐인데, 그것은 마음의 작용이 정해진 순서대로 발생되는 것이 아니고 한 찰나에 일어난 작용을 놓고 그 영역을 구분한 것과 마찬가지이기 때문이다.

### 2. 아비달마 논서의 심소설

부파불교의 논서 가운데 『계신족론』의 「본사품」에서는 심체에 의해 발생되는 정신작용을 총체적으로 설명하고 있다. 즉, 우리 마음에서 나타나는 작용을 '십대지법(十大地法)'[122] 등의 14가지로 구분하여 설명하고 있으며, 이들 내용이 모두 심소유법으로서 매우 중요한 심작용설이라고 할 수 있다. 『계신족론』의 처음의 게송에서는 그 분류의 항목을 소개하고 있는데[123], 그 내용을 도표로 살펴보면 다음의 [표1]과 같다.

---

121 『成唯識論』 6(『大正藏』 31권, 30중), "安謂輕安 遠離麤重 暢身心堪任爲性 對治惛沈轉依爲業"

122 십대지법이란 마음작용이 일어나기 위해서 반드시 수반되는 심소를 말한다.

123 『阿毘達磨界身足論』 상(『大正藏』 26권, 614중-616중)

[표1]『계신족론』의 심소법

| |
|---|
| ·十大地法—受·想·思·觸·作意·欲·勝解·念·三摩地·慧 |
| ·十大煩惱地法—不信·懈怠·失念·心亂·無明·不正知·非理作意·邪勝解·掉擧·放逸 |
| ·十小煩惱地法—忿·恨·覆·惱·嫉·慳·誑·諂·憍·害 |
| ·五煩惱—欲貪·色貪·無色貪·瞋·疑 |
| ·五見—有身見·邊執見·邪見·見取·戒禁取 |
| ·五觸—有對觸·增語觸·明觸·無明觸·非明非無明觸 |
| ·五根—樂根·苦根·喜根·憂根·捨根. |
| ·五法—尋·伺·識·無慚·無愧 |
| ·六識身—眼識·耳識·鼻識·舌識·身識·意識 |
| ·六觸身—眼觸·耳觸·鼻觸·舌觸·身觸·意觸 |
| ·六受身—眼觸所生受·耳觸所生受·鼻觸所生受·舌觸所生受·身觸所生受·意觸所生受 |
| ·六想身—眼觸所生想·耳觸所生想·鼻觸所生想·舌觸所生想·身觸所生想·意觸所生想 |
| ·六思身—眼觸所生思·耳觸所生思·鼻觸所生思·舌觸所生思·身觸所生思·意觸所生思 |
| ·六愛身—眼觸所生愛·耳觸所生愛·鼻觸所生愛·舌觸所生愛·身觸所生愛·意觸所生愛 |

한편, '대지법(大地法, Mahā-bhūmika)'이란 '보편적인 바탕' 또는 '마음의 바탕'을 의미한다. 한역(漢譯)에 있어서의 '대'는 '두루'의 의미이고, '지'는 행하는 장소인 '심왕'이며, '법'은 '심소'로서, 곧 심왕을 기본으로 하여 일체의 심리작용에 두루하여 일어나는 것을 말한다. 이것은 마음이 작용할 때마다 지각·관념·의지 등과 같은 보편적인 것들이 항상 부수적으로 나타난다. 따라서『비바사론』에서는 대지법은 일체심 가운데 얻을 수 있기 때문에 대지법이라고 부르니, 이른바 염오·불염오이든 무루·유루이든 선·불선·무기에 묶이든 묶이지 않든, 일체법 가운데 모두 얻을 수 있기 때문에 대지법이라고 한다고 하였다.[124] 이것은 대지법이 모든 심리상태 즉 인간의 심리가 처할 수 있는 모든 상태에 두루 머무는 것임을 말하고 있다. 그리고『아비담심론(阿毘曇心論)』에서는 10가지 심소는 일체의 마음이 일어날 때에 함께 일어나므로 대지법이라고 한다[125]고 하였으며,『잡아비담심론(雜阿毘曇心論)』에서는 일체의 선·불선·무기심과 함께 일어나기 때

124『阿毘達磨大毘婆沙論』42(『大正藏』27권, 220중), "若法一切心中可得名大地法 謂若染污不染污 若有漏無漏 若善不善無記 若三界繫不繫 若學無學非學非無學 若見所斷修所斷不斷 若在意地 若五識身 一切心中皆可得故名大地法"

125 尊者法勝造 僧伽提婆共慧遠譯,『阿毘曇心論』1(『大正藏』28권, 810하), "此十法一切心生時共生 是故說名大地"

문에 대지법이라고 부른다[126]고 정의하고 있다. 또한 『구사론』에서는 '지'라는 것은 '행처(行處)'로 만약 이것이 그것이 행하는 바의 장소면 이것을 설하여 그 법을 지라고 설하고, 대지의 지이므로 대지법이라고 한다고 하였다.

『계신족론』에서는 위의 도표 [표1]에서 보는 바와 같이 심소법을 크게는 14가지로 분류하고 자세히는 91가지로 마음의 작용인 심소법을 설명하고 있다. 그런데 이러한 심소에 대한 체계적 서술은 지금까지의 아비달마논서보다 진일보한 것이다. 그러나 십대지법·십대번뇌지법·십소번뇌지법 등으로 구분한 삼지(三地) 이외에서는 심과 심소가 함께 서술되고 있음을 볼 수가 있다. 즉, 다음에 살펴볼 『품류족론』에서 분류되어 설명되고 있는 심소법이 『계신족론』에서는 육식신(六識身) 등의 소위 육육신(六六身) 등에서 함께 서술되고 있다. 그런데 그러한 육육신 등의 술어는 아함경전에서 자주 보이는 교설로서, 아마도 석존께서 설하신 말씀을 토대로 서술하고 그 상응관계를 중점으로 서술하기 때문일 것이다.

『품류족론』에서는 심소법이란 어떤 법이 마음과 상응하는 것이라고 설명하고 있다.[127] 그런데 논에서는 『계신족론』보다 10가지의 항목 수가 늘어난 모두 101가지의 심소[128]로 설명하고 있는데, 그것을 도표로 정리하면 다음의 [표2]과 같다.

[표2] 『품류족론』의 심소법

- ·十大地法—受·想·思·觸·作意·欲·勝解·念·定·慧
- ·十大善地法—信·勤·慚·愧·無貪·無瞋·輕安·捨·不放逸·不害
- ·十大煩惱地法—不信·懈怠·失念·心亂·無明·不正知·非理作意·邪勝解·掉擧·放逸
- ·十小煩惱地法—忿·恨·覆·惱·嫉·慳·誑·諂·憍·害
- ·五煩惱—欲貪·色貪·無色貪·瞋·疑
- ·五觸—有對觸·增語觸·明觸·無明觸·非明非無明觸
- ·五見—有身見·邊執見·邪見·見取·戒禁取

126 尊者法救造 僧伽跋摩等譯, 『雜阿毘曇心論』 1(『大正藏』 28권, 881상), "此十法一切善不善無記心 俱生大地可得故說大地"

127 『阿毘達磨品類足論』 1(『大正藏』 26권, 692중-하), "心所法云何 謂若法心相應 此復云何 謂受想思觸作意 ……"
『阿毘達磨品類足論』 3(『大正藏』 26권, 700상-701상)

·五根—樂根·苦根·喜根·憂根·捨根.
·五法—尋·伺·識·無慚·無愧
·六識識—眼識·耳識·鼻識·舌識·身識·意識
·六觸身—眼觸·耳觸·鼻觸·舌觸·身觸·意觸
·六受身—眼觸所生受·耳觸所生受·鼻觸所生受·舌觸所生受·身觸所生受·意觸所生受
·六想身—眼觸所生想·耳觸所生想·鼻觸所生想·舌觸所生想·身觸所生想·意觸所生想
·六思身—眼觸所生思·耳觸所生思·鼻觸所生思·舌觸所生思·身觸所生思·意觸所生思
·六愛身—眼觸所生愛·耳觸所生愛·鼻觸所生愛·舌觸所生愛·身觸所生愛·意觸所生愛

『구사론』에서는 심소법을 크게 5가지로 나눈다.[129] 그리고 다시 이들의 어디에도 속할 수 없는 독자성을 지닌 심소로 '부정심소(不定心所)'를 설정하여[130] 심소유법을 모두 6가지로 구분하고 있다. 이를 자세히 구분하면 46가지의 심소가 되는데, 그것을 도표로 정리하면 다음의 [표3]과 같다.

[표3] 『구사론』의 심소법

·大地法—受·想·思·觸·欲·慧·念·作意·勝解·三摩地
·大善地法—信·不放逸·輕安·行捨·慙·愧·無貪·無瞋·不害·勤
·大煩惱地法—癡·放逸·懈怠·不信·惛沈·掉擧
·大不善地法—無慚·無愧
·小煩惱地法—忿·覆·慳·嫉·惱·害·恨·諂·誑·憍
·不定地法—尋·伺·惡作·眠·貪·慢·疑

한편, 『유가사지론』에서는 「본지분」에서 의지의 5가지 상(相)을 밝히는 가운데 상응하는 마음작용으로서 정확하게 53가지의 심소를 밝히고 있다.[131] 여기에서는 이후 여러 논서들에서 채택하여 사용되는 심소유법에 대한 6가지의 항목으로서의[132] 분류가 보이지는 않지만, 같은 내용으로 곳곳에서 흩어져 설명되고 있다. 이를 도표로 정리하면 다음의 [표4]와 같다.

129 『阿毘達磨俱舍論』 4(『大正藏』 29권, 19상), "心所且有五 大地法等異"
130 『阿毘達磨俱舍論』 4(『大正藏』 29권, 20상), "復有此餘不定心所 惡作隨眠尋伺等法"
131 『瑜伽師地論』 1(『大正藏』 30권, 280중), "彼助伴者 謂作意·觸·受·想·思·欲·勝解·念·三摩地·慧 信·慚·愧·無貪·無瞋·無癡·精進·輕安·不放逸·捨·不害 貪·恚·無明·慢·見·疑 忿·恨·覆·惱·嫉·慳·誑·諂·憍·害·無慚·無愧·惛沈·掉擧·不信·懈怠·放逸·邪欲·邪勝解·忘念·散亂·不正知 惡作·隨眠·尋·伺 如是等輩 俱有相應心所有法 是名助伴"
132 ①변행(遍行) ②별경(別境) ③선(善) ④번뇌(煩惱) ⑤수번뇌(隨煩惱) ⑥부정(不定)의 여섯 가지 항목을 말한다.

[표4]『유가사지론』의 심소법

| |
|---|
| ·遍行[5] … 作意·觸·受·想·思 |
| ·別境[5] … 欲·勝解·念·三摩地·慧 |
| ·善[11] … 信·慚·愧·無貪·無瞋·無癡·精進·輕安·不放逸·捨·不害 |
| ·煩惱[6] … 貪·恚·無明·慢·見·疑 |
| ·隨煩惱[22] … 忿·恨·覆·惱·嫉·慳·誑·諂·憍·害·無慚·無愧·惛沈·掉擧·不信·懈怠·放逸·邪欲·邪勝解·忘念·散亂·不正知 |
| ·不定[4] … 惡作·隨眠·尋·伺 |

『유가사지론』에서는 일체법을 5가지로 분류하고 있는데,[133] 그 가운데 심소법에 관한 내용은 논의 곳곳에 부분적으로 흩어져 설명되어 있음을 볼 수 있다. 즉, 논의 권8에서 나중의 '번뇌'라는[134] 항목의 초기형태의 분류를 볼 수가 있다.[135] 한편 권55에서는 '무명(無明)'과 '만(慢)'의 항목이 바뀌었지만 그 내용은『현양성교론』과 동일하게 설명하고 있다.[136] 이와 같이 논의 여러 곳에서 심소유법에 대하여 흩어져 설명되고 있다.

그런데 '수번뇌'의 항목에 있어서는 후의 '부정지법(不定地法)'의 4가지 항목인 악작(惡作)·수면(隨眠)·심(尋)·사(伺) 등이 함께 섞여서 설명되고 있다.[137] 나머지 항목은 몇 가지 이름이 바뀌긴 하였지만[138] 그 내용은 동일한 것이다. 그런데 이것은 위에서 살펴본 것처럼 논의 권1에서 53심소로 구분하여 설명한 것과 비교하면 항목의 수에 차이가 있다. 즉, 수번뇌에 있어서 권1에서는 '사욕(邪欲)'과 '사승해(邪勝解)'의 2가지 항목이 추가되어 모두 22가지로 설명하고 있지만, 여기에서는 나중의『현양성교론』이나『대승백법명문론』과 마찬가지로 20가지의 항목으로 설명하고 있는 것이다. 그러

133 『瑜伽師地論』 100(『大正藏』 30권, 878하), "又一切事以要言之 總有五事 一者心事 二者心所有事 三者色事 四者心不相應行事 五者無爲事"

134 五位의 분류법에서 心所有法 가운데 '煩惱'의 항목으로『현양성교론』에서는 ①貪 ②瞋 ③慢 ④無明 ⑤見 ⑥疑 등의 여섯 가지로 설명하고 있으며,『대승백법명문론』에서는 ①貪 ②瞋 ③慢 ④無明 ⑤疑 ⑥不正見 등의 여섯 가지로 설명하고 있다.

135 앞의 책 8, (『大正藏』 30권, 313중), "或分六種 謂貪恚慢無明見疑"

136 『瑜伽師地論』 55(『大正藏』 30권, 603상), "問煩惱自性有幾種 答有六種 一貪 二瞋 三無明 四慢 五見 六疑"

137 앞의 책, (『大正藏』 30권, 604상), "復次隨煩惱自性云何 謂忿恨覆惱嫉慳誑諂憍害無慚無愧惛沈掉擧不信懈怠放逸忘念散亂不正知惡作隨眠尋伺"

138 '망념'이라는 항목이『현양성교론』과『대승백법명문론』에서 '실념'으로 바뀌고, '산란'이라는 항목이『현양성교론』에서 '심란'으로 바뀌었다. 그러나 그 내용은 같은 의미이다.

나 다시 권3에서는 다음과 같이 언급하고 있다.

> 다시 심심소품 가운데 심으로 할 수 있는 것과 53가지의 심소로 할 수 있는 것이 있으니, 작의 등으로부터 심·사가 끝이다. ……[139]

따라서 수번뇌의 항목에는 '사욕'과 '사승해'를 포함하여 22가지로 하여 모두 53심소로 보는 것이 타당할 것이다. 한편, 논의 권55에서 '변행심소' 및 '별경심소'의 설명을 볼 수가 있다.[140] 그런데 이것도 뒤의 『현양성교론』이나 『대승백법명문론』 등과 비교해 볼 때 명칭에 있어서 약간의 차이를 보일 뿐으로 그 내용을 동일한 것을 알 수 있다. 결국 『유가사지론』에서 설명하고 있는 제법의 분류가 기본이 되어 후대 무착과 세친에 의하여 보다 정리되어 소위 오위 백법으로 정립된 것이다.

세친의 『대승백법명문론 본사분중략록명수(本事分中略錄名數)』와 규기의 『대승백법명문론해(大乘百法明門論解)』에서는 일체법을 크게 심법·심소유법·색법·불상응행법·무위법의 5가지로 구분하고 있다. 그 가운데 심소유법을 크게 6가지로 나누어 설명하고 있는데, 이를 도표로 정리하면 다음의 [표5]과 같다.

[표5] 『대승백법명문론』의 심소법

·遍行[5] … 觸·作意·受·想·思
·別境[5] … 欲·勝解·念·定·慧
·善[11] … 信·精進·慚·愧·無貪·無瞋·無癡·輕安·不放逸·行捨·不害
·煩惱[6] … 貪·瞋·慢·無明·疑·不正見
·隨煩惱[20] … 忿·恨·惱·覆·誑·諂·憍·害·嫉·慳·無慚·無愧·不信·
懈怠·放逸·惛沈·掉擧·失念·不正知·散亂
·不定[4] … 隨眠·惡作·尋·伺

'변행심소'란 모든 경우에 일어나는 마음작용이라는 것으로서 팔식의

139 『瑜伽師地論』 3(『大正藏』 30권, 291상), "復次於心心所品中 有心可得 及五十三心所可得 謂作意乃至尋伺爲後邊 ……"

140 앞의 책 55, (『大正藏』 30권, 601하), "問諸識生時 與幾遍行心法俱起 答五 一作意 二觸 三受 四想 五思 問復與幾不遍行心法俱起 答不遍行法乃有多種 勝者有五 一欲 二勝解 三念 四三摩地 五慧"

어떠한 마음이 작용한다고 하더라도 반드시 그것에 수반하고, 어떠한 경우에도 일어나는 심소이다. 여기에는 촉·작의·수·상·사 등의 5가지가 있다.[141]

『현양성교론』에서 언급하고 있는 분류법은 이미 살펴본 『유가사지론』의 내용을 계승하고 있는 것이지만, 심소법을 설명함에 있어서 보다 체계적으로 서술하고 있다. 즉 『유가사지론』의 경우 심법이나 심소유법에 대한 교설이 여러 곳에 흩어져 서술되고 있지만, 그 요의(要義)를 정리하여 널리 밝힌다는 의미에서 논의 처음부터 일체법을 다섯 가지로 분류하여 설명하고 있다.[142] 즉 『현양성교론』에서 심소유법에 대하여 설명하고 있는 것을[143] 도표로 정리하면 다음의 [표6]과 같다.

[표6] 『현양성교론』의 심소법

·遍行[5] … 作意·觸·受·想·思
·別境[5] … 欲·勝解·念·等持·慧
·善[11] … 信·慚·愧·無貪·無瞋·無癡·精進·輕安·不放逸·捨·不害
·煩惱[6] … 貪·瞋·慢·無明·見·疑
·隨煩惱[20] … 忿·恨·覆·惱·嫉·慳·誑·諂·憍·害·無慚·無愧·惛沈·
掉擧·不信·懈怠·放逸·失念·心亂·不正知
·不定[4] … 惡作·隨眠·尋·伺

『대승아비달마집론』에서 설명하고 있는 심소의 내용에 대해서는 이미 앞에서 살펴보았다. 그 항목을 도표로 정리하면 다음의 [표7]과 같다. 먼저 변행심소에 있어서 수와 사에 해당되는 항목은 보이지 않는다. 다만 수온을 육수신(六受身)으로 상온을 육상신(六想身)으로 설명하면서 대신하고 있다. 여기에서는 행온을 설명함에 있어서 사심소법이 수온과 상온을 제외

141 黃旭, 『無着[Asaṅga]의 唯識學說 研究』, 박사학위논문(서울: 동국대학교 대학원, 1999), 148-154면.
'변행심소'를 비롯한 각각 심소의 내용을 『성유식론』과 『성유식론술기』를 참고로 정리한 내용 참고.

142 같은 책, "論日 一切者有五法總攝菩薩藏 何等爲五 頌日 心心所有色不相應無爲"

143 앞의 책, (『大正藏』 31권, 480하-481상), "心所有法者 謂若法從阿賴耶識種子所生 依心所起與心俱轉相應 彼復云何 謂遍行有五 一作意二觸三受四想五思 別境有五 一欲二勝解三念四等持五慧 善有十一 … 煩惱有六 … 隨煩惱有二十 … 知不定有四 一惡作二隨眠三尋四伺"

하고 나머지 심소법과 심불상응행과 함께 하는 것을 총괄하여 행온이라고 부른다고 설명하고 있다.[144]

또한 몇몇의 항목의 이름이 바뀌었지만 그 내용은 같다. 그리고 번뇌심소에서 '견'의 항목을 더욱 세분하여 살가야견·변집견·견취·계금취·사견 등의 다섯 가지로 나누어 설명하고 있는 점이 눈여겨 볼만하다.[145] 결국『대승아비달마집론』에서의 심소는 모두 55가지로 설명하고 있다.

[표7]『대승아비달마집론』의 심소법

·遍行[5] … 六受身[受蘊]·六想身[想蘊]·思[六思身]·作意·觸
·別境[5] … 欲·勝解·念·三摩地·慧
·善[11] … 信·慚·愧·無貪·無瞋·無癡·勤·安·不放逸·捨·不害
·煩惱[10] … 貪·瞋·慢·無明·疑·薩迦耶見·邊執見·見取·戒禁取·邪見
·隨煩惱[20] … 忿·恨·覆·惱·嫉·慳·誑·諂·憍·害·無慚·無愧·惛沈·掉擧·不信·懈怠·放逸·忘念·不正知·散亂
·不定[4] … 隨眠·惡作·尋·伺

이상의『현양성교론』과『대승아비달마집론』에서는 아직 나중의 오위 백법으로서의 모습은 보이지 않지만 그 초기모습을 볼 수가 있었다. 무착의 심소에 대한 견해는 아비달마의 논서에서 출발하여『유가사지론』을 거친 후 자신의 여러 논서에서 입장을 정리하고, 그것이 세친에게 전수되어『대승백법명문론』에 이르러 확실하게 정립되었던 것이다.

아함경에서 석존께서 교설하신 상황에 맞게 경전의 여러 곳에서 심수법(心數法, 心所法)을 여러 체계로 분류하여 열거하고 있다. 그러한 아함경에 설해진 심소법을 토대로 이후 여러 논서에서 보다 체계적으로 분류하였다. 이를 아비달마논서부터 유식논서까지 살펴보면 각 논사의 견해에 따라 다소 차이가 있음을 알 수 있다. 즉, 각 심소법의 체성(體性)의 존재여부에 따

144 앞의 책, (『大正藏』 31권, 664상), "此思除受及想與餘心所法心不相應行 總名行蘊"

145 앞의 책, (『大正藏』 31권, 664하), "何等爲薩迦耶見 謂於五取蘊等隨觀執我及我所 諸忍欲覺觀見爲體 一切見趣所依爲業 何等邊執見 謂於五取蘊等隨觀執或斷或常 諸忍欲覺觀見爲體 障處中行出離爲業 何等見取 謂於諸見及見所依五取蘊等 隨觀執爲最爲勝爲上爲妙 諸忍欲覺觀見爲體 執不正見所依爲業 何等戒禁取 謂於諸戒禁及戒禁所依五取蘊等 隨觀執爲淸淨爲解脫爲出離 諸忍欲覺觀見爲體 勞而無果所依爲業 何等邪見 謂謗因謗果 或謗作用或壞實事 或邪分別 諸忍欲覺觀見爲體 斷善根爲業 及不善根堅固所依爲業 不善生起爲業 善不生起爲業"

라 각 논서마다 심소법의 수가 많고 적음이 있으며, 또한 그 심소법의 체성이 거짓으로 존재하여[假有] 어떤 심소에서 나누어진 분위(分位)라고 할지라도 그 공능(功能)이 뛰어날 때에는 하나의 법수(法數)로 분류하고 있다.

지금까지 살펴본 여러 논서의 설명을 통하여 불교에서 얼마나 마음에 대하여 심도 깊게 관찰하며 분류하고 있는지 알 수 있다. 심소법 분류에 있어서 법수의 차이점들은 마음의 미세한 바닥의 모습까지 첨예하게 관찰하고 있음을 보여준다. 그러한 심소법의 분류는 단순한 이론적인 사고(思考)에서 이루어진 것이 아니라 철저한 실천수행을 통한 부단한 노력으로 이루어진 것이다. 이것은 또한 심소법에 대한 분류가 교리적인 이론의 틀에만 국한되는 것이 아니라, 종교적 수행과정과 밀접한 관련이 있다는 것을 보여준다. ❁

**황수산** (동국대)

# 삼성

| |
|---|
| 범 trisvabhāva 장 ṅo bo ñid gsum 한 三性 |

## I. 개요

삼성(三性)은 심식(心識)과 함께 불교 유식학의 주요 개념이다. 달리 말하자면 불교 심식론 혹은 인식론의 핵심 개념이라 할 수 있다. 인도에서 발달한 다양한 유식학이 동북아시아의 한자문화권에 유입·소개되었지만 표준으로 자리 잡은 것은 현장의 유식학이다.

현장은 인도에 유학하였다가 돌아오면서 수많은 책을 가지고 왔다. 그는 국가적인 지원을 받아 그 책들을 번역하였으며 유식학에 각별한 관심을 가지고 수많은 제자를 양성함으로써 중국 법상종의 기틀을 다졌다. 그는 삼성(三性) 각각에 대하여 parikalpita-svabhāva를 변계소집성(遍計所執性), paratantra-svabhāva를 의타기성(依他起性), pariniṣpanna-svabhāva를 원성실성(圓成實性)이라 번역하였다.

불교사에서 유식학에 선행하는 학파는 용수의 중관학이었다. 시기적으로 유식철학이 싹을 틔운 것은 팔종(八宗)의 조사라고 하는 용수(龍樹,

Nāgārjuna)이후의 일이다. 용수의 중관학은 생(生)-멸(滅), 일(一)-이(異), 상(常)-단(斷) 등과 같은 존재 개념의 논파에 온 힘을 기울였다. 유식학은 여기에서부터 출발한다. 즉 존재에 대한 중관학의 논의를 기반으로 그것에 대한 인식과 그 근저인 심식(心識)에 논의의 초점을 맞추었다.

유식학의 삼성설은 중관의 공사상과 그 맥락을 같이 한다. 중관학과 유식학의 연관성은 『8천송 반야경』의 대강을 담고 있는 진나(Dignāga)의 『반야경의 요의』에서 그 단서를 찾아볼 수 있다.[1]

> "『반야경』에서는 사실 3종에 의해서 가르침이 설해져 있다. 즉 '가립(假立)된 것', '다른 것에 의존하는 것', '완성된 것'이다. '그것은 존재하지 않는다' 등을 말하는 문장에 의해서 모든 가립된 것이 부정되고 있다. '환(幻)과 같은 것이다' 등의 비유에 의해서 다른 것에 의존하는 것을 가르치고 있다. 4종의 청정에 의해서 완성된 것이 설명되고 있다. 『반야경』 가운데서는 실로 이 3종 외에 붓다의 교시는 없다."

'그것은 존재하지 않는다', '환(幻)과 같은 것이다'[2]라는 문장 및 4종 청정이 3종의 존재 형태를 나타낸다는 해석은 유식학파의 논서에 인용된 『대승아비달마경』의 싯귀절에 보이므로 '3종의 존재형태'론이 『반야경』을 전거로 하고 있는 것은 분명하다. 삼성설과 공사상과의 관계는 많은 학자들이 지적하고 있는 것으로[3] 삼성설에 대한 체계적인 언급은 유식계 경전인 『해심밀경』 등에서 상세하게 이루어지고 있다.

삼성설이 중관학의 공사상과 깊은 연관성을 갖는다고 하는 것은 대체적으로 인정되는 바이다. 그러나 구체적으로 삼성설의 모태가 되는 사상이 무엇인가 하는 문제는 유식학의 연구 과제 가운데 하나이다.

---

1 핫토리 마사아키 외, 이만 옮김, 『인식과 초월』(서울: 민족사, 1991), 130-131쪽 참조.

2 '환(幻)'의 비유는 유식철학에서도 자주 사용되고 있다. 세친의 『삼성론게, trisvabhāva-nirdeśaḥ』에서도 환의 비유는 매우 중요한 의미를 가지고 있다. 오직 식일 뿐이라고 하는 뜻인 유식이라고 하는 말도 환의 의미와 깊은 관계를 맺고 있는 용어이고, 유식철학의 삼종의 이론이라고 하는 삼성(三性)·삼무성(三無性)·영상문(影像門)의 유식설 가운데 영상문의 유식설은 환의 의미를 보여주는 것이라고 해도 과언이 아니다. 또한 『攝論』에서는 의타를 환으로 설명하는 경우도 있다.

3 宇井伯壽, 『瑜伽論研究』(東京:岩波書店, 1958), 108면 참조.
安井廣濟, 『中觀思想研究』, 金成煥譯[서울: 弘法院, 불기 2533년(1989)], 255-268면 참조.

중관의 공사상에서 유식의 삼성설로의 이행에 대하여 어떤 학자는『성실론』의 역할에 주목하기도 한다. 이 경우에는『성실론』의 '가(假)'와 '실(實)'과 '진(眞)'의 사상이 삼성설의 씨앗이 된다[4]고 보는 것이다. 이러한 논의의 뿌리를 더듬어 올라가면 초기 불교의 연기설(緣起說)과 만나게 된다.

유식의 삼성설이 중관의 공사상의 계보를 잇는다고 하더라도 유식의 독자성은 '식(識)'이라는 용어를 떠나서 생각할 수 없다. 따라서 중관의 공사상이 초기 불교의 연기설에 대한 새로운 해석이라고 한다면 유식의 심식(心識)-삼성설(三性說) 또한 그에 대한 독자적인 관점이다. 즉 초기의 연기설(緣起說)이 중관학에서는 공(空)으로 해석되었고 이것은 다시 유식학에서 식(識)으로 전개된 것이다. 식의 질적 양태에 대한 연기적 설명이 유식학의 삼성설이다.

중관학이 '존재'에 대한 탐구를 주된 주제로 삼은 반면 유식학은 존재에 대한 인간의 '인식(認識)'과 심층의 '심식(心識)'을 중심 과제로 삼았다. 중관학을 법성학(法性學)이라 하고 유식학을 법상학(法相學)이라 하는 것은 이와 같은 양자의 차이점을 성(性)과 상(相)으로 집약하여 반영한 것이다.

유식학은 중관과 그 문제의식이 다른 법상학이다. 유식학의 이러한 문제의식을 대변하는 주요 개념 가운데 하나가 삼성이다. 삼성이라는 표현 속에는 이것이 존재론의 계보에 속하는 용어임을 잘 나타내 주는 '~(자)성'이라는 말이 들어있다. 삼성 각각을 '~(자)성'이라 하는 경우도 있고 '~(자)상'이라 표현하는 경우도 있지만 유식학에서 이해하는 '성'은 '상'과 동일하다. 유식학은 존재론의 문제인 '성'을 심식론적(인식론적) 개념인 '상'으로 치환시켜 파악하기 때문이다. 즉 유식학에서는 인식작용 혹은 의식의 흐름 속에서 존재를 포착한다.

그렇다고 하여 유식학이 중관학이 추구하던 존재에 대한 탐구를 포기한 것은 아니다. 유식학은 중관학의 존재론을 심식론(인식론)의 영역으로 옮겨와 존재의 문제를 천착하고 있다. 이점에서 유식학의 존재론은 심식론적(혹은 인식론적) 존재론이라 할 수 있다. 왜냐하면 삼성설(三性說)은 삼무성설(三無性說)과 함께 고려되어야 하며 이 경우 삼성설과 삼무성설은 존재론의 전형적 개념인 유(有)·무(無)의 범주를 벗어나지 않기 때문이다. 이것이 삼성설의 과제 혹은 한계이며 동시에 그 특징이라고 할 수 있다.

---

4 舟橋尙哉,『初期唯識思想の硏究』(東京:國書刊行會, 소화 51), 184-185면 참조.

그러나 존재에 대한 설명방식이 유식학의 삼성설을 통하여 좀 더 확대되었고 다양성을 갖게 되었음은 물론 이론적으로도 정교해질 수 있었다는 것은 평가할 만하다.

## Ⅱ. 삼성의 개념과 용례

원측의 『해심밀경소』에서는 삼성을 일체법의 상상(相狀)이라 하고, 유·무성(有·無性)의 경(境) 가운데 유성(有性)의 경이라 한다. 또 무는 유에 의해서 성립되는 것이며 유성이 근본이 되므로 세친은 『유식삼십송』에서 '삼성에 의해서 삼무성을 세운다'고 하였다. 『현양성교론』에서도 '무성(無性)은 자성(自性)을 여의지 않는다. 그러므로 우선 삼자성을 말한다. 이와 같이 하면 삼무성의 비밀스런 뜻이 드러난다'고 한다. 이 점이 유식학의 특색을 나타내는 것이다.

무(無)를 근간으로 유(有)의 무(無)를 드러내고자 하는 것이 아니라 유를 근간으로 무의 유를 나타내고자하므로 일반적으로 유식학을 유론(有論)이라고 한다. 이것을 원측은 그의 『해심밀경소』 서품에서 '자씨보살(慈氏菩薩)은 진(眞)과 속(俗)을 말하되 모두 보존했으며, 용맹대사(龍猛大士)는 공·유(空·有)를 논하되 모두 버렸다. 그러므로 보존함(存)은 버리는 것(遣)에 어그러지지 않아 유식의 뜻이 밝게 드러나고, 버리는 것(遣)은 보존함(存)에 어그러지지 않아 무상(無相)의 취지가 항상 성립한다. 공이고 유라는 것은 이제(二諦)의 종지(宗旨)를 이루는 것이고, 유도 아니고 공도 아니라는 것은 중도의 이치에 맞는 것이다'라고 정리하고 있다. 이 말은 유식과 중관철학의 핵심을 꿰뚫고 있는 것이며, 나아가 불교학의 정수를 보여주고 있다. 공이고 유라고 하는 진공묘유(眞空妙有)는 인식의 근원적인 모순을 지적하고 있는 것으로 인연에 의한 존재의 허구성을 드러내고 있으며, 유도 아니고 공도 아니라고 하는 것은 인식의 근원적 모순 즉 인연에 의한 존재의 허구성을 설파한 '붓다의 침묵'을 전하는 것이다.

유(有)의 삼성은 의타기성(paratantra-svabhāva), 변계소집성(parikalpita-svabhāva), 원성실성(parinișpanna-svabḥāva)을 일컫는다. 이것을 『해심밀경』에서는 인연상, 허망분별상, 제일의상이라 하고, 『능가경』에서는 연기자성, 망상자성, 성자성이라 하여 번역자에 따라 각각 다르게 옮기고 있다.

삼(자)성설은 『해심밀경』에 처음 나온다. 이후 그 내용이 변화하면서 사상적인 차이를 나타내었다. 삼성 각각에 대하여 산스크리트를 표준으로 하고 티베트어, 한자 순으로 용어를 정리하고 그 개념과 용례를 정리해 보면 다음과 같다. 한자는 진제와 현장의 번역어를 참고하기로 한다.

### 1. parikalpita-svabhāva (혹은 lakṣana)

: kun brtags pa'i ngo bo nyid, 분별성(分別性, 진제), 변계소집성(遍計所執性, 현장)

변계소집자성은 분별된 존재성이다. 언어에 의해 파악되며, 마음을 떠나 따로 실재한다고 생각되는 사물이다. 또한 사유에 의해 마음 밖에 추상화된 존재물이다. 즉 인식의 모든 대상을 가리킨다.

parikalpita는 parikalpayati의 과거분사이다. 이 말은 '주위' 혹은 '주변'을 뜻하는 pari와 '상상' 혹은 '추상'을 의미하는 kalpita로 이루어진 복합어이며 '만들어진' 혹은 '분별된'이라는 뜻이다. svabhāva는 한자로는 자성(自性)이라고 번역되었는데 '고유한 어떤 것' 혹은 '특정한 어떤 대상'이라는 의미이다. 따라서 parikalpita-svabhāva는 '두루 분별된 어떤 존재'라는 뜻인데 일반적으로는 분별되고 집착된 대상 혹은 존재를 의미한다. 이제 이것이 의미하는 바가 무엇인지 구체적인 용례를 보면서 그 뜻을 간략하게 짚어본 다음 상세하게 서술하기로 한다. 다음에 제시하는 문헌은 대체적으로 시대적인 순서에 따랐다.

① 『해심밀경』의 「일체법상품」에서 "변계소집자성은 명칭으로 가정된 일체법의 자성과 차별성 그리고 언어일반을 일컫는다"고 정의하고 있다. 여기에서 일체법이란 일반적으로 모든 존재를 지칭한다. 구체적으로는 나[我]와 일체의 대상[法]을 말한다. 그러나 경우에 따라서 나와 변계소집자성을 구별하는 경우도 있다. 예를 들면 같은 책 「여래성소작사품」에서는 세속상을 보특가라(補特伽羅[我]), 변계소집자성(遍計所執自性[法]), 작용사업(作用事業[活動])으로 구분하여 설명하고 있음을 볼 수 있다. 이에 대한 주석들을 보면 보특가라는 나[我], 변계소집자성은 오온[法]으로 설명되고 있다. 따라서 이러한 경우의 변계소집자성은 나[我]를 제외한 것이라 할 수 있다.

② 『중변분별론』에서는 '대상이 변계소집성이다'라고 정의한다. 진제는 '대상'을 '육진'이라 하였고, 현장은 '허망분별의 대상'이라 번역하였다. 진제가 말하는 '육진'은 색·성·향·미·촉·법의 '육경'을 가리키는 것이다. 현장의 '허망분별의 대상'에 대해서 그의 제자인 규기는 육식(六識)과 칠식(七識)에 의해서 분별된 대상이라고 풀이하고 있다. 그리고 안혜는 대상(artha), 중생(sattva), 자아(ātman), 그리고 의식(vijñapti)이 대상 즉 변계소집성이라고 한다. 안혜의 이러한 해석은 『중변분별론』의 문맥에 충실한 것이다.

③ 『대승장엄경론』에서는 '능취(能取)'와 '소취(所取)'를 분별성이라고 한다. 『중변분별론』에 의하면 '능취'는 자아(ātman)와 의식(vijñapti)이고 '소취'는 대상(artha)과 중생(sattva)을 의미한다.

④ 『섭대승론』에서는 '식체(識體)가 현현한 진(塵) 혹은 의(義)'를 분별성이라 한다. 이에 대해서는 진제와 현장의 견해가 대체적으로 일치하고 있다. 다만 『섭대승론』에서는 허망분별에 속하는 11식이 부연 설명되고 있다는 특징이 있다. 변계소집상은 이 허망분별식에 의지해서 마치 실재하는 것처럼 나타난 대상[義 혹은 塵]이다.

⑤ 『유식30송』에서는 '식의 전변(轉變) 즉 허망분별에 의해 나타나는 일체법'을 변계소집성이라 한다. 이것은 『중변분별론』이나 『섭대승론』의 정의와 다르지 않다. 달리 표현하자면 변계소집성은 분별된 모든 것이라고 할 수 있겠다.

『해심밀경』의 「일체법상품」에서는 변계소집성을 다음과 같이 정의하고 있다.

> "일체법에 명칭을 부여함으로써 자성과 그 차별을 거짓으로 정립하고 그에 따라 언설을 하도록 하는 것이다."

일체법은 임의로 명칭이 부여됨으로써 자성을 갖고 있는 것처럼 되고 그리하여 다른 어떤 것과 구별된다. 그러나 그것은 진실로 다른 것과 명백하게 차별되는 자성을 가지고 있는 것이 아니다. 단지 임의로 결정한 명칭 때문에 일체법이 자성을 가지고 있는 것처럼 여겨질 뿐이다.

일체법에 명칭을 부여하는 것은 의식의 분별이다. 의식의 분별없이 명칭

(대상)은 성립할 수 없다. 명칭의 성립은 자성이 없는 일체법이 마치 자성을 가지고 있는 것처럼 조작하는 것이다. 즉 대상에 임의로 명칭을 부여하고, 그 명칭에 상응하는 의미를 조작함으로써 마치 대상이 자성을 가지고 있는 것처럼 허구의 세계를 구성하는 것이다. 현실세계는 이와같은 허구의 세계에 지나지 않는다. 따라서 일체는 오직 식(識)의 분별일 뿐이라고 하는 유식이 성립한다.

명칭과 대상[義]만 의언분별(意言分別) 즉 식의 분별에 의해서 성립되는 것이 아니라 자성, 차별 모두 식의 분별에 의해서 가설(假說)된 것이다. 현실세계에서 명칭과 의미대상의 관계는 반드시 명칭이 선행하는 것은 아니다. 명칭과 대상이 서로 '객(客)'이기 때문에 둘 사이에 선후가 정해져 있는 것이 아니라 경우에 따라 선후를 달리한다. 『섭론』에서는 명칭과 의미대상의 관계를 다음과 같이 설명하고 있다.

> "분별에는 다섯 종류가 있다. 첫째, 명칭에 의해서 의(義)의 자성을 분별하는 것으로 예를 들면 '이 명칭은 이것(義)이다'라고 하는 경우. 둘째, 의(義)에 의해서 명칭의 자성을 분별하는 것으로 '이것(義)은 이 명칭에 속한다'고 하는 것과 같은 경우. 셋째, 명칭에 의해서 명칭의 자성을 분별하는 것으로 '아직 알지 못하는 어떤 것의 명칭을 분별하게 되는 것'과 같은 경우. 넷째, 의(義)에 의해서 그 自性을 분별하는 것으로 '어떤 명칭으로 불리워지는 미지의 것을 분별하게 되는 것'과 같은 경우. 다섯째, 명(名)과 의(義)로 명(名)과 의(義)의 자성을 분별하는 것으로 '이 명칭과 의(義)는 어떤 명칭과 의(義)인가'를 말하는 경우."[5]

부연하자면 첫째는 어떤 대상의 명칭을 이미 알고 있는 경우, 둘째는 어떤 대상은 알고 있으나 그 명칭을 모르는 경우, 셋째는 서로 다른 언어를 사용하고 있는 경우 학습에 의해서 언어를 터득하는 경우, 넷째는 생소한 어떤 것을 유추하여 알게 되는 경우, 다섯째는 서로 다른 대상을 다른 명칭으로 분별하는 경우를 말하는 것이다.

여기에서 대상과 명칭의 성립에는 '안다거나 모른다'고 하는 식의 작용이 개입되어 있음을 볼 수 있는데 그것이 분별성으로 드러나는 본식(本識)

---

5 『攝大乘論』, 「應知勝相第」 2(『大正藏』 제31권, 120상)

이다. 본식 즉 알라야식에 의해서 제법이 생기하는데 이것을 '분별자성연생(分別自性緣生)'[6]이라 한다. 즉 제법의 자성을 개념으로 분별함으로써 성립되는 언어개념의 세계를 지칭하는 것이다. 이것이 해탈의 장애로 등장할 때 그것이 법집(法執)을 주로 하는 소지장(所知障) 혹은 지장(智障)이다. 그러나 분별에는 객관적인 개념의 세계를 구축하는 것 뿐만 아니라 객관적인 세계에 대한 주관적인 호오(好惡)분별이 수반되는데 이것을 '분별애비애연생(分別愛非愛緣生)'[7]이라 한다. 이것이 보리의 장애로 작용하는 경우 그것이 아집(我執)을 주로 하는 번뇌장(煩惱障) 혹은 혹장(惑障)이다.

위에서 볼 수 있듯이 유식철학에서 대상을 의미하는 '의(義, artha, viṣaya)'[8]라는 용어는 이러한 임의의 주객관적 조작을 잘 나타내고 있다. 대상은 단순한 대상이 아니라 임의로 의미가 부여되고 윤색되어진 의미체계 속의 의미대상이므로 단지 '경(境)'이라고 하기 보다는 '의(義)'라고 하는 것이 적절하다.

집착(妄情)이 있으므로 윤색이 가능한 것이다. 집착에 의해서 성립되는 모든 것이 '의(義)'이며, '의(義)'는 허망분별의 집착에 기인하는 현상세계를 대변한다. '의(義)'는 '경(境)'이지만 그것을 단지 '경(境)'이라고만 할 수 없는 이유는 허망분별의 집착 때문이다. 허망분별의 집착은 내적인 원인 즉 업으로 말미암는 것이므로 대상으로서의 경(境)은 성립하지 않고 오직 식만이 있게 된다.[9] 그리하여 현실은 의미관계의 틀로 짜인 허상의 세계에 지나지 않게 되고 모든 것은 식으로 수렴된다.

『섭론』에서도 변계소집성을 '의식의 분별'이라고 한다. 의식의 분별로 말미암아 모든 것이 성립함에도 불구하고 모든 것이 자성을 갖고 있기 때문에 분별되는 것처럼 혹은 의식의 분별과 무관하게 모든 것이 성립하는 것처럼 생각하므로 전도가 생겨나고 분별이 이루어진다. 즉 존재를 우선하여 그것을 중심으로 사유하는 것이 전도를 일으키는 원인이다. 그러나 모든 것은 독립된 근거를 가지고 있는 것이 아니라 단지 의식의 분별에 의해서 성립되는 것에 지나지 않는다. 분별은 언어행위에 의한 구별 이전에 의

---

6 현장은 '分別自性緣生'을 '分別自性緣起'라 옮기고 있다.

7 『攝大乘論』, 依止勝相中相品第 2(『大正藏』 제31권, 115중)

8 artha는 意味, 事物, 目的, 財産 등의 복합적인 뜻을 가지고 있으며, viṣaya는 感覺의 對象, 客體, 境界, 主題 등의 의미를 나타낸다. 특히 artha는 단순한 대상이 아니라 意味對象으로서의 境이므로 이 말을 漢譯하면서 '境'이라 하지 않고 '義'라고 함으로써 그 含義를 적절하게 표현하고자 한 것이라고 할 수 있다.

9 『唯識論』(『大正藏』, 제31권, 66상-중)

식행위로 말미암아 이루어지는 '의식의 자기분열'을 지적하고 있는 것이다. 『중변분별론』에서는 이러한 분별을 다음과 같이 설명하고 있다.

> [능집(能執)과 소집(所執)의] 허망분별만이 있을 뿐, 거기[허망분별]에 둘[능집과 소집]은 없다.
>
> [분별 가운데]에는 오직 [능집과 소집의] 공성(空性)만이 있을 뿐, 거기[능소의 공성]에는 그것[허망분별]이 있다.
>
> 그러므로 일체법은 공도 아니고 공이 아닌 것도 아니라고 한다.
>
> [허망분별은] 있고, [능소의 집착은] 없고, [허망 가운데 공이 있고, 공 가운데 허망분별이] 있으므로 이것을 중도라 한다.[10]

분별은 능(能)과 소(所) 즉 주객을 구별하는 것이다. 능과 소의 성립은 자성에 근거하는 것이 아니라 분별에 의해서 이루어진다. 그러므로 분별은 있지만 능과 소는 공일 뿐이다. 능과 소는 그것이 실재하기 때문에 성립하는 것이 아니므로 허망분별만 있고, 능과 소는 없다고 하는 것이다. 여기에서 존재에서 인식으로의 전환이 이루어진다.

능·소의 존재가 인식과 무관하게 자성을 가지고 있다면 존재는 인식과 무관할 뿐만 아니라 인식에 선행한다고 할 수 있다. 그러나 존재는 인식과 무관하지 않을 뿐만 아니라 오히려 존재는 인식에 의해서 그 존재성을 인정받는다.

바꾸어 말하자면 존재가 식에 선행하는 것이 아니라 식이 존재에 선행하거나 존재의 근거임을 보여주는 것이다. 이것이 전도(顚倒)에서 무전도(無顚倒)로의 일차적인 전환이다. 따라서 일상적인 대상(存在)은 허망한 난식(亂識, 認識)에 의해서 성립되는 것이므로 유식(唯識)에 지나지 않는다. 그리하여 모든 것은 식(識)으로 귀결된다.

『섭론』에서는 대상은 없고 식체(識體)만이 있다고 함으로써 유식의 의미를 천명하고 있으며 분별이라는 용어를 사용하지 않고 현현(顯現)으로 대

10 『中邊分別論』(『大正藏』 제31권, 451상)
Anacker, S., *Seven Works of Vasubandhu* (Delhi ; Motilal Banarsidass, 1984), 424면.
MAVT I. 1: abhūtaparikalpo 'sti, dvayaṃ tatra na vidyate /
śūnyatā vidyate tv atra, tasyām api sa vidyate //
MAVT I. 2: na śūnyaṁ nāpi cāśūnyaṁ, tasmāt sarvaṁ vidhīyate /
satvād asatvāt satvāc ca, madhyamā pratipac ca sā //

신하고 있음을 볼 수 있다. 현현은 대상으로 드러나는 것을 말한다. 대상이 드러남과 동시에 주관이 성립하는 것은 자명하다. 현장은 이것을 '사아(似我)가 드러난 식(識) 가운데 취할 대상인 사의(似義)가 나타난다'[11]고 한다. 대상의 현현을 말하고 있을 뿐이지만, 이 말은 능·소의 분별을 함의하고 있다. 즉 하나의 식(識)이 동시에 능(能)과 소(所)로 분열되는 양상을 현현이라 표현하고 있는 것이다. 진제도 '이 이상(二相: 能取相과 所取相)은 하나의 식(識)으로 부터 동시에 현현하는 것이다'[12]고 하여 하나의 식(識)이 대상인 진(塵, 相分)과 주관인 식(識, 見分)으로 나누어짐을 밝히고 있다.

하나의 상(相)이 성립하기 위해서는 그와 동시에 다른 상(相)의 배타(排他, apoha) 혹은 배제가 이루어져야 한다. 하나의 상(相)이 성립한다는 것은 긍정을 의미하고 다른 상(相)이 배제되어야 한다는 것은 부정을 의미한다. 이것을 다른 각도에서 보면 부정이 이루어지지 않으면 긍정이 성립할 수 없다는 것이다. 임의의 a가 성립하기 위해서는 그와 동시에 ā가 성립해야 한다.

일상적으로 우리가 임의의 a를 인식하기 위해서는 a가 아닌 것을 제외시켜야 한다. 여기에서 우리는 a와 ā가 긴밀한 내적 관계를 유지하고 있음을 알 수 있는데, 능과 소의 경우도 예외는 아니어서 겉으로는 대립하는 것처럼 보이지만 실은 서로 의지함으로써 성립할 수 있다. 따라서 분별의 궁극적인 의미는 능과 소의 상의성 - 긍정과 부정의 상의성- 에서 구하지 않으면 안된다.

능(能)이라고 하는 인식은 소(所)라고 하는 인식의 부정태이고, 소(所)라고 하는 인식은 능(能)이라고 하는 인식을 배제함으로써 성립하는 것이다. 이것이 인식의 분별 속에 감추어져 있는 상의성이다. 이 말은 연기의 의미와 직결되어 있다.

위에서 본 것처럼 모든 것은 '식(識)의 자기분열'에 의해서 성립하기 때문에 유식이다. 여기에서 '식의 자기분열'이란 분별을 의미하는데 이것은 인식의 배타적 모순에 근거한다. 그러나 식의 분열이 표면적으로는 배타적인 것처럼 보이지만 내면적으로는 서로 의지하는 유기적 관계를 유지하고 있다.[13]

---

11 『攝大乘論釋』, 卷第 4(『大正藏』 제31권, 338중)

12 『攝大乘論釋』, 卷第 5(『大正藏』 제31권, 182하)

13 Stcherbatsky, T., *BUDDHIST LOGIC,* Vol. 1 (New York : Dover Publications, 1962), 400-402면 참조.

일체의 모든 것을 배타적인 관점에서 보면 각각 성립하지만 유기적인 관점에서 보면 각각의 독립성은 성취될 수 없다. 모든 것이 성립하므로 '기(起)'라 하지만, '연(緣)'하기 때문에 그것의 독립성은 성취될 수 없다. 그런데 모든 것은 오직 식(識)에 지나지 않으므로 식(識)은 연기이다. 따라서 연기는 식이 가지고 있는 '근원적인 모순과 역설'을 뜻한다. 여기에 불교의 고충과 고민이 있다. 즉 모순과 역설은 양립할 수 없음을 뜻한다. 양립할 수 없으므로 표현 할 수 없는 '불가설(不可說)'이며 말로 할 수 없기 때문에 '침묵'하는 것이다.

이에 대해서 현장과 진제는 일체법은 분별성에 근거하므로 말로 표현할 수 없다고 한다.[14] 진제는 이에 대해서 명확하게 '제법 자체는 무소유이지만 심(心)의 분별 때문에 현현한다'고 밝히고, 표현의 곤란함을 밝히고 있다. 이러한 곤란이 생겨나게 되는 근원은 식의 분별작용이다. 동일한 의미에서 현장은 진여를 '무성(無性)에 의해 나타나는 유성(有性)'이라 풀이하고 있는데, 이 말은 연기가 갖고있는 모순과 역설의 의미관계를 그대로 보여주고 있는 것이다.

이상을 종합해 보면 우선 변계소집성의 의미가 협의와 광의로 나누어짐을 알 수 있다. 좁게 보면 변계소집성은 인식 주관을 배제한 인식 대상만을 의미하지만 넓게 보면 인식 주관과 대상을 모두 포함하는 것이다. 그리고 시대의 변천에 따라 그 의미가 좀 더 세분화되고 치밀해지고 있음을 알 수 있다.

특히 『중변분별론』과 『섭대승론』은 변계소집성의 이해에 획을 긋는 문헌임을 알 수 있다. 전자는 대상, 중생, 자아, 의식이라는 4종의 의미를 뚜렷하게 나타내고 있으며, 후자는 11식을 지적하고 있음을 볼 수 있는데 이는 변계소집성에 대한 이해가 구체적이고 엄밀해지고 있음을 보여주는 것이라 할 수 있다.

### 2. paratantra-svabhāva (혹은 lakṣana)

: gzhan gyi dbang gi ngo bo nyid, 의타성(依他性, 진제), 의타기성(依他

14 『攝大乘論釋』(진제譯), 卷第 12(『大正藏』 제31권, 240상)
『攝大乘論釋』(玄奘譯), 卷第 8, 위의 책, 364중.

起性, 현장)

의타성은 자기 이외의 다른 것에 의해 생성된 존재이다. 인연에 의해 생겨나는 모든 것이다. 즉 인식작용의 소산이다.

paratantra는 para와 tantra로 분석할 수 있다. para는 '다른 것'의 의미이고 tantra는 '의지하는'이라는 뜻이므로 paratantra-svabhāva는 '다른 것에 의지하는 어떤 존재'라는 뜻이 된다. 이 말은 유식학의 독자성을 잘 나타내는 용어이다. 전통적으로 '다른 것과 관련되어 생겨나는 것'을 표현하는 불교의 전문용어는 '연기'이다. 그런데 유식학에서는 연기라는 용어와 동일한 의미로 '의타(기)'라는 말을 사용한다. 삼성설 가운데 우리가 주목해야 할 것은 바로 이점이다. 의타(기)의 의미가 어떻게 정의되고 사용되는가에 따라 삼성설의 전체적인 내용이 변화하기 때문이다.

①『해심밀경』에서는 "의타기성을 연(緣)에 따라 생겨나는 일체법의 자성"[15]이라고 한다. 즉 '이것이 있으므로 저것이 있고, 이것이 생기므로 저것이 생겨난다. 무명을 연해서 행이 있고 나아가 큰 괴로움의 덩어리를 불러 모으게 됨'을 의타기성이라 한다.

②『중변분별론』에서는 '허망한 분별이 의타기성이다'라고 한다. 진제는 이에 대해 난식(亂識)이라는 용어를 사용하고 있다. 진제가 말하는 난식이란 제8알라야식의 별칭이다. 현장의 경우 의타기성을 '허망 분별의 자성' 즉 '허망한 분별 그 자체'라고 설명하고 있다. 의타기성을 오늘날의 관점에서 이해하자면 '현상적 상태' 혹은 '현상세계'라고 표현할 수 있다.

③『대승장엄경론』에서는 '이것이 여러 가지 분별을 일으킨다'고 본다. 즉 소취와 능취를 나타내는 허망한 분별이 의타기성이라고 한다.

④『섭대승론』에서는 '허망분별에 속하는 여러 가지 식'이 의타기상이라고 한다. 좀 더 구체적으로 말하자면 본식[알라야식]의 종자가 허망분별에 의해서 나타난 11종의 식이다. 여기에서 11종의 식이 변계소집성에 속하는 것인가 혹은 의타기성에 속하는 것인가 하는 문제가 생겨난다.

대부분의 경우 허망분별이 의타기성에 속한다고 하는 것에는 이의가 없지만 그것에 의해서 나타난 11종의 식에 대해서는 견해를 달리한다. 이러

15 『解深密經』「一切法相品」(『大正藏』제31권)

한 견해차를 보이게 된 것은 의타기성을 '허망분별'이라고 정의하였기 때문이다. 다시 말하자면 의타기성의 모호한 특성 때문에 이견이 있을 수밖에 없다. 의타성인 '허망분별(abhūtaparikalpa)'은 '허망'과 '분별'의 합성어이다. 여기에는 의타성과 구별되는 '분별'이라는 용어가 포함되어 있다. 허망분별은 이미 그 속에 분별성을 함의하고 있는 것이다. 따라서 허망분별의 소산인 11종의 식은 분별성과 의타기성의 경계에 서있을 수밖에 없고 이것이 서로 다른 견해를 유발한 것이다.

⑤『유식30송』에서는 '허망분별에 연하여 생겨나는 것'을 의타기상이라 한다. 여기에서는 '허망분별'과 '연하여'라는 말에 주의할 필요가 있다. 이 두 용어를 통하여 의타기상의 유식적 특성과 불교의 연기관이 융섭되고 있음을 볼 수 있다.

유식의 삼성설에서 불교의 핵심인 연기사상을 이어받고 있는 것이 의타기성이다. 의타기성이 연기사상의 폭과 깊이를 그대로 담고 있으므로 삼성설의 중심개념이 의타기성이라고 하여도 지나친 말은 아니다.

의타기성은 삼성설의 핵심이다. 의타기성은 문자 그대로 다른 것에 의지함을 말한다.『해심밀경』에서는 의타기성(상)을 일체법의 연생자성(緣生自性), 즉 '이것이 있으므로 저것이 있고, 이것이 생(生)하므로 저것이 생(生)한다'라는 연기형식으로 설명하면서 고(苦)를 불러오는 것으로 의타기성을 정리 설명하고 있다. 이것은 연기 가운데 유전연기를 의타기성으로 보고 있는 것이다. 그러나 연기는 유전연기뿐 아니라 환멸연기의 의미도 있으므로 의타를 연생·연기로 보는 한 유전연기만을 의타로 보는 것은 한쪽으로 치우친 것이다. 의타를 연생으로 보고 동시에 그것을 유전연기로 이해하는 것은 분별성과의 관계에서 의타를 해석하기 때문이라고 할 수 있다.

그리고 이러한 경향은『중변분별론』에서 의타성과 분별성을 명확하게 구별짓지 않고 분별성과 의타성을 합쳐서 '허망분별'이라는 용어를 사용하고 있는 것에서도 찾아볼 수 있다.『불성론』에서도 '의타성은 12인연이 드러내고 있는 도리로 분별성의 의지가 된다.'고 하여 의타성을 분별성과의 관계에서 설명하고 있다.『해심밀경』,『섭론』그리고『유식삼십송』의 구성이 유사하다는 점에서 보건데『섭론』과『유식삼십송』도 대체로 분별성과 의타성의 관계를 매우 밀접한 것으로 보고 있으리라는 것을 추정하기는 그리 어렵지 않다.

특히 『유식삼십송』은 『섭론』의 알라야심식설의 부족한 점을 보충하는데 역점을 두고 쓰여진 것이므로 의타성과 분별성의 밀접한 관계를 보다 적극적으로 주장하고 있다. 이것은 『유식삼십송』의 구성을 살펴보면 잘 알 수 있다. 즉 삼십송 가운데 1송부터 19송까지 전체의 약 2/3가 『섭론』의 「의지승상품」의 내용인 알라야심식설에 관한 것이며, 나머지가 『섭론』의 그외 부분과 상응한다.

『섭론』의 알라야심식설은 알라야식을 염오식으로 보는 경향이 지배적이므로 이것을 삼성설의 입장에서 본다면 알라야식을 삼성 가운데 분별성으로 해석하는 것은 자연스럽다. 또한 세친의 『유식삼십송』에 대한 주석서인 『성유식론』이 유식철학을 대변하는 것으로 여겼던 점도 알라야식을 염오식으로 이해하는 경향에 상당한 정도로 영향을 주었으리라고 여겨진다. 이러한 경향은 우리나라에서도 예외는 아니다.

연기 혹은 연생은 두가지 의미를 가지고 있다고 보아야 온당하다. 유전과 환멸이 바로 그것이다. 『불성론』에서는 의타성과 분별성의 밀접한 관계를 인정하고 있으면서도 의타성에는 염오의타와 청정의타가 있음을 명백히 밝히고 있다.[16] 원측도 『해심밀경소』에서 두 종류의 의타가 있음을 밝히고 있다.[17] 그러면서 그는 『해심밀경』의 의타는 염분의타라고 한다. 그러나 의타는 연생이고 연생은 유전과 환멸의 두가지 의미가 있으므로 의타도 그에 따라 잡염과 청정의 두 종류가 있음이 온당하다.

유식학은 『십지경』의 '삼계는 오직 심(心)일 뿐이다'[18]와 『해심밀경』의

---

16 『佛性論』, 卷第 2(『大正藏』 제31권, 794하)

17 圓測(위의 책, 234중) 삼성(三性)에도 두 종류가 있는데 하나는 소집(所執), 잡염(雜染), 부도문(不倒門)이고 다른 하나는 소집(所執), 연생(緣生), 불변문(不變門)이다. 그리고 圓測은 섭대승론(攝大乘論) 세친석(世親釋)을 인용하여 의타성(依他性)의 염(染)·정성(淨性)을 밝히고 있다. 圓測(위의 책, 237상-중)

18 cittamātram idaṁ yadidaṁ traidhātukaṁ[이 삼계(三界)는 오직 심(心)일 뿐이다.] 십지경(十地經)에서는 '심(心)'이라 하고 있으나 섭대승론(攝大乘論)에서는 '식(識)'이라 하고 있다. '심(心)'과 '식(識)'은 섭대승론에서 보이듯이 그 의미가 다르다[心意識, 此三但名異義同, 是義不然, 意及識已見義異, 當知心義亦應有異. 攝大乘論, 依止勝相中衆名品第1, 『大正藏』 제31권, 114하]. 식(識)과 의(意)의 차이점은 의(意)가 식(識)의 근거가 된다는 점과 앞서 사라진 식(識)이 意가 된다는 점에 있다[先滅識爲意, 又以識生依止爲意. 攝大乘論, 依止勝相中衆名品第1, 『大正藏』 제31권, 114상]. 宇井伯壽는 진실유식(眞實唯識, 정품유식(淨品唯識))이 아닌 방편유식(方便唯識), 부정품유식(不淨品唯識))의 관점에서 '심(心)'과 '식(識)'의 일치를 주장하고 있다(宇井伯壽, 攝大乘論硏究, 71면).

'오직 식(識)일 뿐이다'라는 말에 근거를 두고 있다. 일체의 모든 것이 식에 의해서 성립된다는 말은 식이 모든 것의 의지 즉 근거가 됨을 나타낸다. 모든 것의 의지가 되는 식은 말할 것도 없이 알라야식이다. 알라야식이 모든 것의 의지임은 심식설에 따르는 한 재론의 여지가 없다. 모든 것의 의지를 삼성설에서는 의타라고 한다. 알라야식이 심식설의 방면에서 의지가 되는 것처럼 의타성은 삼성설의 방면에서는 모든 것의 의지가 된다. 알라야식과 의타는 모든 것의 의지라는 점에서 공통점을 가지고 있다.

『섭론』에서는 의지로서의 의타성은 두 종류라고 한다. 하나는 훈습종자(熏習種子)에 속하는 것이고 다른 하나는 정품(淨品)과 부정품(不淨品)이 정해지지 않은 것이다. 훈습종자에 속한다고 하는 것은 일체종자식(一切種子識)에 해당되고 정품과 부정품이 정해져 있지 않다는 것은 그것이 훈습의 의지처임을 가리키는 것이다. 그 내용이 정해져 있지 않으므로 다른 것에 의해서 그 정(淨)과 부정(不淨)이 결정된다.

진제는 훈습종자에 속하는 것을 '업번뇌의 훈습으로 생기는 것과 문훈습(聞熏習)으로 생겨나는 것'의 두 종류가 있다고 하여 종자를 둘로 나누고 이것은 의타 그 자체를 말하는 것이라 한다. 그리고 의타의 부정성(不定性)에 대해서는 '의타의 의미를 말하는 것으로 만약에 식이 의타성을 분별하여 번뇌, 업, 과보 등을 성취하면 부정품에 속하고, 반야가 의타성을 연하되 분별함이 없으면 정품에 속한다'라고 풀이하고 있다. 이 말은 의타성이 '분별식'에 의하느냐 아니면 '무분별 반야'에 의하느냐에 따라 그 성품을 달리하게 된다는 것으로 의타성을 연기, 즉 '연(緣)의 기(起)'로 해석하는 것이다. 현장의 경우에는 훈습의 2종에 대한 언급은 없고, 부정성에 대해서만 설명을 하고 있다.

의타의 성품이 정해져 있지 않다는 것은 알라야식의 비염비정(非染非淨)에 비견될 수 있는 것으로 의타의 의미를 잘 나타내고 있다. '식(識)'의 분별성과 '반야(般若)'의 무분별·진실성은 부정(不淨)과 정(淨)에 상응하는 것이라고 할 수 있다. 이와 같은 의타의 이중성은 알라야식의 의미를 정당하게 자리매김하는 데 길잡이가 되는 매우 중요한 내용이다.

의타성이 염오와 청정의 두 가지 뜻을 함축하고 있다는 것은 『섭론』의 곳곳에서도 언급되고 있다. 의타성이 염(染)·정(淨)의 의미를 함축하고 있다는 말은 또한 전의(轉依, āśrayasya-parāvṛttiḥ)에 대한 올바른 이해를 위한 단서이다.

전의는 '의지가 바뀌는 것' 혹은 '의지를 바꾸는 것'이다. 전의는 일반적으로 청정의 방향만을 가리키는 것처럼 이해되고 있으나, 엄밀하게 말하자면 청정과 염오의 두 방향을 가지고 있다고 해야할 것이다. 의지로서의 알라야식은 의지하는 것에 따라 현현되는 것이므로 염오(染汚)종자로서의 알라야식은 염오전의를 이룬 것으로 이 경우의 전의는 보통 퇴전(退轉)이라 하고, 정식(淨識)종자로서의 알라야식은 청정전의를 이룬 것으로 퇴전과 구분하여 전의라고 하는 것이 아닌가 한다. 다시 말하자면 일반적으로 전의를 청정의 방향으로 생각하는 것은 현실을 염오 알라야식에서 근원하는 것으로 보아 '의지를 바꾼다'는 것을 청정으로 간주하기 때문이다.[19]

『섭론』에서는 전의를 '대치(對治)가 일어날 때의 의타기성의 변화상태'[20]로 정의하고 문훈습력(聞熏習力)에 따라 번뇌의 작용을 약화시키거나 근절하는 익력손능전(益力損能轉), 무분별지를 얻어 진여를 체험하는 통달전(通達轉), 혹장(惑障)은 끊었으나 아직 일체의 지장(智障)은 단절하지 못한 수습전(修習轉), 일체상이 소멸하고 청정진여가 나타나는 과원만전(果圓滿轉), 인무아(人無我)에 통달하는 하열전(下劣轉), 인무아뿐 아니라 법무아(法無我)에도 통달한 광대전(廣大轉) 등 6종의 전의가 있음을 밝히고 있다. 전의의 의미를 '대치가 일어날 때'로 한정하고 그것을 의타기와 관련하여 파악하고 있는 것은 퇴전의 의미를 감안한 것이라고 볼 수 있다.

문훈습과 알라야식의 관계에서 이와같은 청정전의의 의미가 극명하게 드러난다.

> "문훈습은 알라야식이 아니라 법신·해탈신에 속하는 것이다. 하·중·상품의 훈습은 차례로 증가하고, 그에 따라 과보식은 차례로 감소하여 의지가 바뀐다[轉]. 의지가 완전히 바뀌면 종자과보식의 종자는 모두 소진된다."[21]

여기에서는 전의를 청정의 방향으로만 파악하고 있지만, 엄밀한 의미에서 전의가 염오·청정의 양방향을 갖는다고 하는 까닭은 의타성이 염오와 청정의 의지임을 밝히고 있는 다음과 같은 귀절과 무관하다고 볼 수 없기

---

19 진제만 전의(轉依)를 세간전의(世間轉依)와 출세전의(出世轉依)의 이종(二種)으로 나누고 있는데[攝大乘論, 依止勝相中引證品第 3, 『大正藏』 제31권, 117중), 이것은 『成唯識論』의 이종전의(二種轉依)의 입장과(成唯識論, 卷第 9, 『大正藏』 제31권, 51상) 상통하는 것이다.

20 『攝大乘論』, 學果寂滅勝相第 9(『大正藏』 제31권, 129중)

21 『攝大乘論』, 依止勝相中引證品第 3(위의 책, 117상)

때문이다.

> "단(斷)은 보살의 무주열반을 말하는데 (보살은 무주열반으로써) 잡염은 버리되 생사는 버리지 않고 생사와 열반의 의지를 바꾸는 것을 상(相)으로 한다. 이 가운데 생사는 의타기성의 잡염분을 일컫는 것이고, 열반은 의타기성의 청정분을 이르는 것이며, 생사와 열반이 의지하는 것은 이분(二分)에 통하는 의타기성을 말하는 것이다."[22]

생사와 열반의 의지는 의타기성이고 의타기성 안에서 생사에서 열반으로 그 의지를 바꾸는 것을 전의라고 한다. 이것은 '단(斷)'이라고 하는 상황을 설명하면서 언급되고 있는 전의의 의미에 한정되고 있지만, 여기에서 객관적으로 '단'이라는 용어는 생사라고 하는 현실적인 상황을 전제로 하고 있다. 진제의 번역본에서는 '단'이라는 용어 대신 '혹멸'이라고 함으로써 멸의 대상이 미혹임을 명백히 하고 있으므로 '단'에 의해서 생략되어 있는 전체 문장은 '생사의 미혹을 단멸하는 것'이 된다.

그런데 생사와 열반의 공통적인 의지는 의타기성이다. 생사라고 하는 오염된 상황은 이미 전제되어 있는 현실적인 기반이므로 그 의지를 바꾼다고 하는 것은 생사의 미혹에 오염된 현상황을 떠난 청정한 열반으로의 방향이외에 다른 것이 있을 수 없다. 따라서 전의는 자연스럽게 열반으로의 방향성을 갖게 된다. 여기에서 전의와 깊은 관계를 가지고 있는 의타기성은 왜 청정과 잡염의 이분(二分)을 가지고 있는 것일까 하는 의문이 든다. 즉 이분의타기성(二分依他起性)의 의미는 무엇일까 하는 것이다.

> "법(法)에는 염오분, 청정분, 염오청정분의 세 종류가 있다. 어떤 의미로 이 세 가지를 말하는가? 의타성 가운데에서 분별성은 염오분이 되고, 진실성은 청정분이 되고, 의타성은 염오청정분이 된다. 이와 같은 의미로 세 가지를 말한다."[23] ........................................................................ (1)

> "여래는 생사를 보지 않고 열반도 보지 않는다고 한 말은 의타성 가운데

22 『攝大乘論本』, 果斷分第 10, 玄奘譯(『大正藏』 제31권, 148하)
23 『攝大乘論』, 應知勝相第 2(위의 책, 121상)

> 에서 분별성과 진실성에 의한 것이며, 생사가 열반이 되는 것은 무차별에 의한 것이다. 왜냐하면 의타성은 분별분에 의해서 생사를 이루고 진실분에 의해서 열반을 이루기 때문이다."[24] ………………………………………… (2)

의타성이 염오·청정분이라고 하는 것은 (2)에 의하면 염오는 생사가 되고 청정은 열반이 된다. 생사가 열반이 되는 근거는 무차별에 의한 것이고 이것은 의타성을 기반으로 성립하는 것이다. 의타성에 의해서 생사 즉 열반이 성립한다고 하는 것은 바꾸어 말하자면 의타성이 생사이면서 동시에 열반[生死而涅槃]의 의미를 가지고 있음을 보여주는 것이다. 이것은 현실 속에서 열반의 성취 가능성 즉 현실적인 생사와 열반의 상의성 혹은 상즉성을 나타내는 것이다. 또한 다른 시각에서 본다면 이 말은 의타의 부정성을 표현하는 것이기도 하다. 의타성이 생사·열반이라는 표현은 생사와 열반의 동시성을 나타내는 말이지만, 생사와 열반은 동시에 성립될 수 없다. 이러한 모순은 의타성의 전체적인 가변성을 부분적이고 고정적인 불변성으로 표현한 것에 기인한다.

의타성의 전체적인 가변성을 적절히 표현하기 위해서 부분적이고 고정적인 불변성을 부정하지 않을 수 없다. 부분적인 불변성에 대한 부정으로 제시되는 것이 '무이(無二)'의 개념이다. 즉 "의타성은 진실성분에 의해서 상주하고, 분별성분에 의해서 무상하며, 이성분(二性分)에 의해서는 상(常)도 아니고 무상(無常)도 아니다. 이와 같은 의미로 상, 무상 그리고 무이(無二)를 말한다"고 하는 것이나 "일부분에 의거해서 유(有)라거나 비유(非有)라고 하고, 전체적으로는 비유비비유(非有非非有)"라고 하는 것이 그것이다.

한쪽을 보게 되면 다른 쪽은 보지 못하게 되어 증익과 손감이 이루어지지만 의타성에 의하면 양쪽을 '평등'하게 볼 수 있는 것이다.[25] 양쪽을 평등하게 본다는 것은 삼성(三性)의 무성(無性)을 의미하는 것이다. 즉 어느 것도 자성을 갖지 않는 무자성(無自性)이다. 의타성에 의해서 삼성(三性)의 무

---

24 『攝大乘論』, 應知勝相第 2(위의 책, 120하 - 121상)

25 『攝大乘論』, 應知勝相第 2(위의 책, 121하)
삼성설(三性說)에서 의도하는 바는 증익(增益)과 손감(損減)을 올바로 알아 그러한 견해로 부터 벗어나는 것임은 섭대승론의 모두(冒頭)에 십의(十義)의 차례를 설명하는 대목에 잘 밝혀져 있다. 증익(增益)과 손감(損減)으로 부터 벗어난다고 하는 것은 덜거나 더함이 없는 '여여(如如)'를 다르게 표현한 것이다.

성(無性)이 성립함으로 유(有)가 무(無)의 근본임을 알 수 있다. 이로써 삼성의 관계는 『섭론』에 인용되고 있는 다음과 같은 유명한 게송에 용해되어 있음을 파악할 수 있다.

> "이 계(界)는 무시(無始)의 때로 부터 일체법(一切法)의 의지(依止)이다. 만약 [이 界가] 있다면 육도(六道)의 윤회와 열반이 있다."[26]

육도윤회가 있으면 열반은 드러나지 않고, 열반이 성취되면 육도윤회는 없다. 그러나 이 계(界)를 의지해서 양자가 성립할 수 있으므로 이 계(界) 즉 일체법의 의지는 의타성에 상응하는 것이며 유(有)이다. 이 계(界)의 성립은 육도윤회 즉 생사와 열반의 성립을 보장하는 기반이며, 생사와 열반이 상즉하는 장(場)은 이 계(界)이다.

생사와 열반의 상즉은 의타성을 의미하는 것이며 동시에 생사와 열반의 상호 부정을 함의하고 있다. 생사가 열반이 되는 변화는 자성의 부정을 통해서만 설명될 수 있다. 드러내 놓고 직접 자성을 부정하고 있지는 않지만, 진제번역의 경우 '만약'이라는 제한적인 용어 속에서 우회적인 부정을 찾아볼 수 있다.

'계(界)의 유(有)'를 가정했을 때 빚어지는 생사와 열반의 상호모순은 생사와 열반의 부정으로 이어져 '계(界)의 유(有)'라고 하는 가정이 잘못 설정되었음을 스스로 드러낸다. 그리하여 궁극적으로 삼성(三性)의 무성(無性)을 통하여 윤회[染污]와 열반[清淨]의 성립을 밝힌다. 무성(無性)이므로 변화가 가능하고, 변한다는 것은 자성의 부정을 의미한다.[27]

생멸과 열반이 그 자체의 근거를 가지고 있고 그로 말미암아 스스로 성립하는 것이라면, 변화는 있을 수 없고 그렇다면 이 세상은 고정불변이어야 한다. 그러나 현실은 그렇지 않다. 불교의 현실적이고 경험주의적인 경향을 여기에서 엿볼 수 있다.

유식의 삼성설에서는 변화가능성을 의타 즉 '연생'으로 포착하고 있다. 생사와 열반은 연생의 '생'의 측면이고, 그 생의 무성은 연생의 '연'에 의거한다. 『중론』의 '衆緣所生法皆空'에 의한다면 연생법은 공이므로 삼성이라

26 『攝大乘論』(『大正藏』 제31권, 114上): 此界無始時, 一切法依止, 若有諸道有, 及有得涅槃.
27 변한다는 말과 자성(自性)의 부정(否定)은 전의(轉依)의 의미를 보여준다.

는 변화상은 연생법에 다름 아니고 그것은 곧 공·무자성이다.

그러나 『중론』의 결론인 무자성·공은 연생에서 '연'에 촛점을 맞추고 있는 것으로 '생법의 연'을 표방하고 있고, 유식의 삼성설은 생사와 열반을 적극적으로 표방함으로써 수행의 현실적 근거를 확보하고자 한다. 이 점에서 보건대, 삼성설은 연생에서 '연'에 비중을 두고 있는 것이라기 보다는 '생'에 촛점을 맞추고 있으므로 '연의 생법(生法)'의 입장에 서있는 것이다. 따라서 '연기·연생'을 이해함에 있어 중관은 '기(起)의 연(緣)'을 강조하는 것이고 유식은 '연(緣)의 기(起)'를 강조하는 것이다. 이점이 중관과 유식의 연기이해 내지는 해석에서 각각 그 입장을 달리 하는 바이며, 바로 이점 때문에 중관과 유식을 대비시켜 각각 공론(空論)과 유론(有論)이라 하는 것이다.

### 3. parinişpanna-svabhāva (혹은 lakşana)

: yongs su grub pa'i ngo bo nyid, 진실성(眞實性, 진제), 원성실성(圓成實性, 현장)

진실성은 궁극적인 진실 곧 진여이다.

**parinişpanna**는 '원만'을 뜻하는 **pari**와 '완성' 혹은 '완전'을 의미하는 **nişpanna**로 분석할 수 있으므로 **parinişpanna-svabhāva** '궁극적인 완성을 이룬 것'이라는 뜻이다.

① 『해심밀경』에서는 "일체법의 평등진여"[28]를 원성실성이라 한다.
② 『중변분별론』에서는 원성실성은 '[능과 소] 둘이 없는 것'이라 한다.
③ 『대승장엄경론』에서는 '말할 수 없는 것'을 진실성이라 한다.
④ 『섭대승론』에서는 '의타기상에 진 혹은 의가 없는 것'을 원성실상이라 한다.
⑤ 『유식30송』에서는 '의타기상에서 변계소집상을 여읜 것'이 원성실상이라 한다.

원성실성(圓成實性)은 여여함 혹은 청정경계의 성취를 말한다. 『해심밀

28 『解深密經』「一切法相品」(『大正藏』 제31권)

경』에서는 '일체법의 평등진여' 라 하고 있으며, 원측은 『해심밀경소』에서 『섭론』에 의거하여 네 종류의 원성실성을 들고 있다. 네 종류의 원성실성이라하는 것은 첫째, 자성청정으로 진여·공·실제·무상·승의·법계를 지칭하고, 둘째, 이구청정(離垢淸淨)으로 모든 장애를 떠난 것을 말하며, 셋째, 방법의 청정으로 보리분법 등이고, 넷째, 경계의 청정함을 이루는 것으로 대승의 오묘한 法과 가르침이다.

원측은 『중변분별론』을 인용하여 원성실성을 무위(無爲)의 진여열반과 유위(有爲)의 성도(聖道)로 구별하고 있다. 『섭론』에서도 원성실성을 네 종류의 구분법과 아울러 자성성취(自性成就)와 청정성취(淸淨成就)의 두 종류 구분법으로 분류하여 언급하고 있다. 이것을 유가행의 관점에서 본다면 유가행으로 성취하고자 하는 목표와 그것을 성취하는 방법을 나타내는 것으로 볼 수 있다. 이것을 좀 더 세분하면 4종심사(四種尋思)와 4종의 여실지 그리고 진여지로 나누어 볼 수 있다. 4종의 심사(尋思)란 명칭(名稱), 대상(對象), 자성(自性), 차별(差別)은 분별에 의해서 가립(假立)된 것이라고 생각하는 것이고, 4종의 여실지는 위의 네 가지가 실재하지 않는다고 깨닫는 것이고, 진여지는 진여법계에 머무는 것이다. 4종심사와 4종여실지는 모든 것이 유식임을 이해하고 수행하는 단계의 무분별유식지이며 진여지는 일체지지이다.

이분(二分) 의타성과의 관계에서 보면 원성실성은 의타성에서 염오분이 제거된 청정분만을 의미한다. 이것은 의타성에서 언급한 전의와 내적인 연관성을 갖는다고 볼 수 있다. 분별성은 의타성에 의해서 독립적인 기반을 상실하여 '가유(假有)'로 파악되는데 여기에서 의타성의 의미는 '가(假)'에 함축되어 있다. 현실적으로 식의 분별작용에 의해 '유자성(有自性)'으로 받아들여진 인(人)과 법(法)이 의타성에 의해서 '가유(假有)' 즉 '무(無)'로 전환되고 '가(假)'에 바탕을 둔 전환은 그대로 원성실성의 성립을 가져온다. 분별에 기반을 둔 허망한 현실이 부정되고 의타에 의하여 전환된 현실이 성립하는 것 바로 이것이 전의이고 원성실성인 것이다. 다시 말하자면 의타이기 때문에 현실은 허망하다는 것이 원성실성이다. 여기에서 의타의 이중성 혹은 상즉성이 드러난다. 이것을 『섭론』에서는 다음과 같이 표현하고 있다.

"의미에 따라 의타성을 의타라 하고, 어떤 경우에는 이것이 분별이 되기도 하고, 어떤 경우에는 이것이 진실이 되기도 한다. … 어떤 경우에 이것이 진실이 되는가? 분별되는 것이 그와 같이 있지 않은 경우에 이 의타성은 진실이 되기도 한다."[29]

변계소집성과 원성실성은 표면적으로는 동일하게 '유(有)'이지만 내용에 있어서는 엄청난 차이가 있다. 변계소집의 유는 의타기라고 하는 여과기를 통과함으로써 원성실의 유로 질적인 전환을 한다. 그 전환이 의미하는 바는 대립에서 평등한 의지로의 선회라고 할 수 있다. 즉, 변계소집의 유는 임의의 a와 ā가 각각 독립적인 근거를 가지고 있음을 가리키는 것인 반면에 원성실의 유는 임의의 a와 ā가 독립적인 근거를 가지고 있는 것이 아니라 상호 의존적임을 나타낸다. 이러한 질적전환의 이면에 자리잡고 있는 것이 의타 즉 인연이다.[30]

거꾸로 말하자면 의타의 양면이 변계소집과 원성실이다. 그리고 유식은 이러한 인연-연기의 의미를 존재의 범주로부터 심식 혹은 인식의 범주로 옮겨 놓았다는데 그 의의와 새로움이 있다. 이 말은 일체의 모든 것은 오직 식일 뿐이다[唯識]라고 하는 용어 속에 그대로 용해되어 있는데 여기에서 우리는 식이 연기의 의미를 그대로 이어받고 있음을 다시 한번 확인할 수 있다. 유식의 삼성설은 의식의 흐름 그 자체를 연기로 이해하여 그 질적 상태를 셋으로 나누어 설명한 것이다.

## Ⅲ. 삼성설(三性說)과 인접개념

유식설은 존재의 문제를 심식(혹은 인식)의 문제로 환원하여 이해한다는 점에 그 특징이 있다. 그리하여 모든 존재는 주·객의 인식구조 속에서 파악되고 이것은 다시 심층의 심식설에 포섭된다. 유식에서는 주·객의 인식이 근본식에 의해서 성립한다고 본다. 근본식이 모든 존재의 근거가 되는 것이다.

초기불교이래로 모든 것은 인연에 따라 생겨나는 것이라는 설명이 모든

29 『攝大乘論』, 應知勝相第 2(『大正藏』 제31권, 119하)
30 圓測(위의 책, 233하)

교설의 핵심이었다. 유식설은 이러한 전통에 의거하여 연기법을 의타기성이라 하고 그 중심에 근본식을 놓고 있다. 따라서 삼성설은 (근본)식에 근거하여 초기불교의 연기설을 재천명한 것이다.

### 1. 삼성설과 연기설(緣起說)

북전의 아함(阿含)이나 남전의 니까야(Nikāya)에서 연기가 언급되고 있는 곳은 매우 많지만 그 중에서 주목할 만한 것은 붓다의 정각(正覺)과 관련된 부분이다. 남전『대품』을 보면 "그 때 처음으로 정각을 성취한 세존은 우루벨라의 네란자라 강변 보리수 아래에 머물렀다. … 세존은 초야에 이 연기를 순역(順逆)으로 사유한다"[31]라고 하여 정각과 연기의 밀접한 관계를 나타내고 있다. 연기에는 순관(順觀)의 유전연기(流轉緣起)와 역관(逆觀)의 환멸연기(還滅緣起)가 있다.

『유가사지론』에서는 "알라야식은 사종상(四種相)으로 유전하고 일종상(一種相)으로 환멸한다. 어찌하여 사상으로 유전한다고 하는가? 소연전(所緣轉), 상응전(相應轉), 호위연성전(互爲緣性轉), 식등구전전(識等俱轉轉)하기 때문이다. 어찌하여 일상으로 환멸한다고 하는가? 잡염전(雜染轉), 환멸하기 때문이다"[32]라고 하여 사상(四相)과 일상(一相)으로 유전과 환멸을 설명하고 있다. 이어서 각각에 대한 설명을 하고 있는데 그것을 간략하게 요약하면, '소연전(所緣轉)'은 내외의 분별에 의한 유전을, '상응전(相應轉)'은 알라야식의 무기성을 기반으로한 제심(諸心)과의 상응을, '호위연성전(互爲緣性轉)'은 알라야식이 전식(轉識)의 종자와 의지가 되는 것을, '식등구전전(識等俱轉轉)'은 알라야식이 전식과 함께 전(轉)하는 것을 말한다. 그리고 잡염전(雜染轉) 환멸이라 하는 것은 알라야식이 일체 잡염의 근본이므로 선법을 닦아 전의(轉依)를 얻는다는 것임을 설명하고 있다. 전의를 진제는『결정장론』에서 아말라식(無垢識, amala-vijñāna)이라 한다.

『현양성교론』에서는 "전후로 서로 끊임없이 이어져서 항상 앞에 또렷하게 나타남을 볼 수 있다. 그 원인이 머물지 않고 다시 변화하는 것을 유전이라 하고, 그 상속이 단절되는 것을 환멸이라 한다"[33]고 하여 유전과 환멸을

---

31 mahāvagga, J. Kashyap, ed. (Bihar Government : Pāli Publication Board, 1956), 3면.
32『瑜伽師地論』, 卷第 51(『大正藏』 제30권, 579하 - 580상)
33『顯揚聖教論』, 卷第 15(『大正藏』 제31권, 555상)

상속과 단절로 해석한다. 『대승장엄경론』에서는 12연기의 순역관을 직접 언급하고 있으며,[34] 『성유식론』에서는 '此界無始時, 一切法依止, 若有諸道有, 及有得涅槃.'을 풀이하면서 '게송의 처음 반은 제8식이 인연이 됨을 나타내고 있으며, 뒤의 반은 유전과 환멸의 의지가 됨을 나타낸다'[35]고 함으로써 알라야식이 유전과 환멸연기의 장(場)이 됨을 밝히고 있다. 또한 『섭론』에서는 '제법(諸法)의 여실(如實)한 인연을 보아서 12연생에 대한 지혜를 갖도록 해야 한다'고 말하고 있는데 여기에서 말하는 '제법의 여실한 인연'은 알라야식을 가리킨다. 그리고 알라야식 즉 제법의 여실한 인연을 보는 것은 12연생을 이해하는 지혜가 생기게 되는 원동력이 된다.

초기 경전에서는 "만약에 연기를 보게 되면 곧 법을 보게 되고, 법을 보게 되면 곧 연기를 보게 된다"[36]고 한다. 연기와 인연은 동일한 의미는 아니지만 통상 한역의 과정에서 혼용되었다는 점을 감안할 때, 제법의 여실한 인연의 의미를 갖는 알라야식은 연기와 동일한 함의를 갖는 것으로 볼 수 있고, 법은 연생법에 해당한다고 할 수 있다.[37] 즉 알라야식은 연기의 의미를 함축한 것으로 연생법과 깊은 관련을 맺고 있음이 명백하다. 연기의 유전과 환멸을 유식의 술어로 표현하면, 유전연기는 전변설(轉變說)이고 환멸연기는 전의설(轉依說)이다.[38]

'연기'라고 하는 말은 '연(緣)하여 생(生)한다'라는 의미를 갖고 있다. 여기에서 '연하여'라는 말에 주목하여 연기의 의미에 획기적인 전환을 가져온 것이 중관학파다. 청목(靑目, Piṅgala)이 주석한 『중론』 제1장 (pratyayaparīkṣā nāma prathamaṃ prakaraṇam)을 구마라습(鳩摩羅什, Kumārajīva)은 '관인연

34 『大乘莊嚴經論』, 卷第 13(『大正藏』 제31권, 658상)
35 『成唯識論』, 卷第 3(『大正藏』 제31권, 14상)
36 『中阿含經』, 卷第 7, 「象跡喩經」(『大正藏』 제1권, 467상)
37 『섭론』의 번역에서도 현장(玄奘)은 연기(緣起)로 번역하고 있는 귀절을 진체(眞諦)는 연생(緣生) 혹은 인연(因緣)으로 옮기고 있음을 볼 수 있다. 예를 들면 진체(眞諦)는 12연생(緣生) 혹은 인연(因緣)이라고 하고 있음에 반하여 동일한 어구를 현장(玄奘)은 12연기(緣起) 혹은 연기(緣起)라고 번역하고 있다. 이러한 사실은 연기(緣起), 연생(緣生), 인연(因緣)이 혼용되었음을 보여주는 것이다.
38 葉阿月, 『唯識思想の研究』(東京: 國書刊行會, 昭和 50년), 103면.
『유식삼십송(唯識三十頌)』의 第1偈와 第17偈에서 각각 '由假說我法, 有種種相轉, 彼依識所變, 此能變唯三.', '是諸識轉變, 分別所分別, 由此彼皆無, 故說一切唯識'이라 하여 일체(一切)의 현상세계(現象世界) 즉 아(我)와 법(法)을 식(識)의 전변(轉變)이라 하고, 第29偈 후반에서 '捨二麤重故, 便證得轉依.'라고 하여 여실견리(如實見理)를 전의(轉依)로 보고 있다.

품'이라 명명(命名)하였고, 바라바필다라(波羅頗蜜多羅, Prabhākaramitra)가 번역한 『반야등론석』이나 유정(惟淨)등이 번역한 『대승중관석론』 등에서는 '관연품'이라 하고 있다. 여기서 '인연'이나 '연'으로 번역된 말은 산스크리트로는 'pratyaya'이다. '연'은 생(生)과 관계를 맺을 수도 있고 불생(不生)과 관계될 수도 있어 각각 유전(緣生)과 환멸(緣滅)의 결과를 초래한다. 무착(asaṅga)은 그의 『순중론』에서 '관인연품(觀緣品)'의 제1게['팔불게'라고 일컬어짐]가 『중론』의 근본으로 『중론』의 내용을 모두 포괄한다고까지 말하고 있다. 나아가 제1게 즉 팔불게(八不偈) 가운데 '불생(不生)'이 중심이 된다는 취지를 밝히고 있다. 불생(不生)이 『중론』의 무자성·공의 취지를 충분히 담고 있다고 본 것이다. 무자성의 취지는 '삼제게(三諦偈)'라고 불리우는 『중론』 제24장 '관사제품'에서 "인연으로 생겨난 것은 공(空)이고 가(假)이며 중도(中道)이다"로 요약 대변된다. 유식의 삼무성 가운데 '생무성(生無性)'은 삼성의 '의타무성(依他無性)'을 의미하므로 의타가 연기의 중도와 대비되고, 나아가 의타성이 삼성설과 삼무성설의 근간을 이룬다.

초기 경전에서 보였던 연기가 유전과 환멸연기라는 형식을 통하여 각각 생과 멸의 의미를 제시한 것이라고 한다면, 중관의 연기는 불생·불멸 등의 형태를 통하여 중도·공·가로 이해되는 양상을 보이고 있다. 이것이 유식에서는 의타 즉 연기·연생을 중심으로 한 삼성설과 삼무성설로 정리된 것이다. 의타는 연기의 유식학적 표현에 지나지 않는데 다음과 같은 구절이 이를 잘 보여준다.

> "유위법(有爲法)은 인연에 의해서 생기하므로 의타기라 한다. … 여러 인연에 의지해서 생기하므로 의타기라 한다."[39]
>
> "이것[諸法]은 연력(緣力)에 의지하여 있는 것이지 [결코] 스스로 있는 것은 아니다."[40]
>
> "의타기는 여러 인연에 의지하여 생겨난 법의 자체이다."[41]

『삼무성론』에 의하면 '연력'은 분별성이라 하므로 '(인)연'과 '연력'은

39 圓測, 『解深密經疏』(위의 책, 233하)
40 圓測(위의 책, 246하)
41 『顯揚聖敎論』, 卷第 16(『大正藏』 제31권, 557중)

의미상의 차이가 있음을 알 수 있다. 연기는 'a를 연하여 b가 생기(生起)함'을 뜻한다. 이것을 유식의 삼성론에 따라 분석하면, 'a와 b가 생기함'은 분별성 즉 연력이고 '연하여'라고 하는 말은 '의지하여'라고 하는 말과 동일하므로 의타성에 상응한다. 따라서 유식의 삼성론은 근본불교[초기불교]의 연기형식인 유전연기와 환멸연기를 연을 중심으로 3분화한 것이라 할 수 있다.

의타는 인연의 의미를 가지고 있으므로 인연에 의해서 생겨난 법은 무자성이라는 중관의 연기관을 유식의 의타[스스로 있는 것은 아니다]가 대변하고 있음을 다음과 같은 『현양성교론』과 『중론』의 두 구절을 비교함으로써 확인할 수 있다.

> "의타기자성은 연에 따라 생겨난 법의 자성을 말한다."[42]
> "여러 인연에 따라 생겨난 법, 나는 그것을 무(無, 空)라 한다.
> 그것은 가명(假名)이고 중도(中道)이다.
> 인연에 따라 생겨나지 않는 법은 하나도 없다.
> 그러므로 모든 법은 공(空)아닌 것이 없다."[43]

위에서 보듯이 의타기자성은 인연성을 가리킨다. 인연성의 의미는 무자성이다. 의타성은 산스크리트로 para-tantra-svabhāva인데 para는 '타(他)' 혹은 '여(餘)'를 뜻하고, tantra는 '의(依)' 혹은 '뢰(賴)'의 의미이고, svabhāva는 '본성' 혹은 '자성'을 말한다. 따라서 엄격하게 말하자면 paratantra-svabhāva는 의타자성(依他自性)이 된다. 여기에서 의타는 의자(依自, sva-tantra) 즉 자기 독립적인 자존성에 대한 부정의 의미를 함축하고 있음을 간과해서는 안된다.

## 2. 삼성설과 심식설

심식설의 핵심이라고 할 수 있는 알라야식과 삼성설의 유기적인 관계설정은 『섭론』에서 비롯된 것이다. 유식철학이 대승적인 면모를 가지고 있는

---

42 『顯揚聖教論』, 卷第 6(『大正藏』 제31권, 507중)
43 『中論』, 卷第 4(『大正藏』 제30권, 33중)

연유는 상당 부분 심식설에 삼성설을 융섭하고 있기 때문이라고 할 수 있다. 심식설만으로 유식철학의 내용을 파악하려고 하는 것은 오해 내지 곡해를 불러일으킬 소지가 아주 많다. 심식설 위주로 유식철학을 이해하려고 했기 때문에 알라야식을 염식 혹은 정식이라 하고, 삼성설을 도식적으로 파악하여 그것을 심식설에 적용함으로써 알라야식을 염정화합식이라고 하였던 것이라고 할 수 있다.[44]

삼성설은 '연기즉공(緣起卽空)'사상을 기반으로 하고 있으며 그것은 '비유비무(非有非無)의 논리'로 정리할 수 있다. 이러한 삼성설을 심식설과 융합하면 심식설은 '비유비무의 논리'로 정리되지 않을 수 없으리라고 보는데, 이 점이 지금까지 간과되고 있었기 때문에 알라야식의 성격에 대한 논란이 있었던 것으로 보인다.

유식철학은 중관철학 이후에 흥기한 것이다. 유식철학은 중관철학의 자양분을 흡수하여 심식 혹은 인식의 문제에 접근하였다고 보아야 한다. 그리하여 유식철학 이전에 전개되었던 존재의 문제보다 심식[인식]의 문제가 더 밝혀져야 한다는 필요성을 절감함에 따라 자연스럽게 존재에서 인식으로 문제의 방향을 전환한 것이다. 삼성설에 따른 심식설의 이해는 불교철학의 이러한 사상적인 흐름을 반영하고 있는 것으로써 자연스런 결과라고 하지 않을 수 없다.

또한 불교철학의 딜레마라고 지적되는 무아·공과 윤회의 성립이라는 문제에 대한 합리적인 설명이 대승공의 입장에서 이루어질 필요성도 있었다. 심식설은 무아·공 보다는 윤회의 성립[알라야식]문제를 비중 있게 다루고 있으며, 삼성설은 윤회의 성립 보다는 중관철학에서 심화된 무아·공의 의미를 재천명하고자 하는 것이다. 그러므로 『섭론』에 심식설과 삼성설의 유기적인 관계가 나타나고 있음을 볼 때, 이것은 불교철학의 무아와 윤회의 문제에 접근하고 있는 것이라고 하지 않을 수 없다.

심식설·삼성설은 그 문제의식의 상이함 때문에 그 이론이 각각 양립할 수밖에 없었다. 그리하여 각각 독립적인 배경을 가지고 있는 심식설·삼성

44 화합이라고 하는 용어는 섭대승론에서 수유(水乳)의 비유를 들어 본식(本識)과 문훈습(聞熏習[非本識])을 설명하는 가운데 등장한다. 따라서, 화합이라고 하는 용어는 심식설(心識說)에 따른 알라야식 염식설(染識說)을 기반으로 하는 것이므로 삼성설(三性說)의 의타성(依他性)을 배경으로 성립하는 식(識)을 화합식(和合識)이라고 할 경우에는 주의를 할 필요가 있으며, 그것을 화합식이라고 하기 보다는 염이정식(染而淨識)이라고 하는 것이 의미상 타당하다.

설의 조화는 새로운 문제로 대두되었으며, 이것은 유식철학 성립의 싹이었다. 이 문제에 대한 최초의 종합적인 체계화의 결정체가 바로 『섭론』이다. 즉 『섭론』의 내용이 그 체계만큼 일관성을 가지고 있다고 보기는 어렵지만, 삼성설에 의해서 심식설이 고찰되고 있다는 점에서 볼 때 『섭론』의 성립은 진정한 의미에서 유식철학이 시작되었음을 보여주는 것이라고 하지 않을 수 없다. 이것은 달리 말하자면 유식에 선행하는 심식설의 연구와 중관학파의 공사상의 양립은 유식철학의 문제의식을 배태한 것이었으며, 이러한 문제의식을 가지고 심식설·삼성설을 정리하였던 것이 『섭론』이전에 성립된 유식계 문헌이며, 이 문제에 대한 해답을 모색한 것은 『섭론』이 그 효시를 이루는 것이다.[45] 해답을 모색하는 과정에서 알라야식이나 의타성에 대하여 일관된 의미로 그 용어를 사용하고 있지 않기 때문에 혼란이 야기될 수 있는 소지가 많았다고 할 수 있다. 『섭론』 제1장에서 알라야식은 염오 알라야식의 의미로 사용되는 것이 주된 흐름을 이루고 있으며, 제2장과 제3장의 서두에서도 의타는 염오 의타의 의미로 정의되고 있음을 볼 수 있다. 그러나 이어서 의타는 염오와 청정의 이분(二分)으로 성립되고 있음을 밝히고 있다. 여기에 알라야식과 의타의 관계를 설정하게 되면 혼란은 더욱 가중된다. 이와 같이 알라야식과 의타성의 의미와 그 관계가 명확하지 않기 때문에 『섭론』의 알라야식설의 의의가 확연하게 드러나지 않았으니, 이것과 섭론종·법상종의 성립은 무관하다고 보기 어렵다. 즉 섭론종은 알라야식을 이분(二分)의타로 보아 수유화합(水乳和合)의 용어를 빌어 화합식이라 하고 나아가 제9식으로 무구식(無垢識)을 언급했고, 법상종은 알라야식을 염오의타로 보아 유망식(唯妄識)이라 하되 의타의 청정분을 알라야식이 아닌 제8식이라 하였다. ❁

**최정규** (고려대)

45 『섭론』이전의 유식계 문헌은 무착이 정리했다고 하는 미륵의 저술(『大乘莊嚴經論』, 『中邊分別論』, 『法法性分別論』, 『究竟一乘宝性論』, 『現觀莊嚴論』)을 지칭하며, 중국과 티벳 양전(兩傳)의 상위점 때문에 논란의 여지가 있는 『瑜伽師地論』도 포함한다.

# 종자

빠 bīja 장 sa bon 한 種子

## I. 어원적 근거 및 개념 풀이

### 1. 종자의 어원

종자(種子)는 산스크리트와 빠알리어로 bīja이며, 티벳어로는 sa bon이다. 종자는 문자적으로 꽃이나 열매 속의 씨 또는 곡식 알갱이 같은 씨앗을 의미한다. 씨앗은 지나간 시간의 생명활동의 결과물로 남겨진 것이면서 또 동시에 다가오는 시간의 생명활동의 출발점이 되는 것이다. 나아가 미래의 생명현상을 가능하게 하기 위해 씨앗은 땅 밑에 심겨져 감추어져 있어야 하며, 거기에 물이나 양분 등이 주어져야 한다. 그러면 씨앗은 결국 새싹이 되어 땅 위로 솟아나고 줄기와 잎으로, 꽃이나 열매로 번창하였다가 다시 그 다음의 씨앗을 땅 밑에 남기게 된다. 이처럼 씨앗은 생명현상에서의 인과성, 순환성, 잠재성 등 여러 중요한 특징들을 보여준다.

불교는 인간 삶에 있어서의 인과성, 순환성, 잠재성 등을 설명하기 위해 종자의 개념을 비유적으로 사용한다. 인간의 행위인 업이 그 결과인 보를 낳기까지 어떻게 그 업력이 유지되는지를 종자로 설명하는 것이다. 업이 사라져도 그 업력은 잠재태인 종자의 형태로 보존되다가 적절한 연이 갖추어지면 그로부터 보가 발생하게 된다는 것이다. 따라서 종자는 업보의 인과성을 성립시키며 업보의 과정으로서의 윤회를 가능하게 하는 의식 심층의 잠재세력으로 간주된다.

종자설은 경량부에서 확립되고 유식학파에서 체계화되었다. 경량부는 소승 부파불교시기 여러 부파들 중의 하나로서 설일체유부의 '과미유체 삼세실유(過未有體 三世實有)'를 부정하고 '과미무체 현재실유(過未無體 現在實有)'를 주장한 부파이다. 경량부의 사상은 단일한 경이나 논전에 실려 전해지지 않고 분산되어 있는데, 세친의 『구사론』은 비록 유부적 관점과 경량부적 경향이 섞여 있지만, 많은 곳에서 경량부의 사상을 확인할 수 있다. 유식학파는 유가행파들에 의해 형성된 대승의 한 학파로서 무착의 『섭대승론』, 세친의 『유식이십론』, 『유식삼십송』 등에서 그 이론적 틀이 확립되었다. 호법 등의 『성유식론』은 『유식삼십송』의 주석서로서 유식의 체계를 상술하고 있으며, 종자에 관하여서도 상세히 논하고 있다.

## 2. 개념 풀이

### 1) 종자와 현행의 관계

종자는 중생의 구체적이고 현실적인 행위인 업으로부터 남겨져서[熏] 그 업력을 간직한 잠재태로서 존재하다가 어느 순간 중연(衆緣)이 갖추어지면 구체적이고 현실적인 과보를 낳게[生] 되는 것이다. 종자가 심겨질 식[所熏處]은 근본식(根本識)으로서의 아뢰야식이며, 종자는 그 안에 심겨져 있다가 차별적 모습으로 드러나게 된다. 따라서 『성유식론』은 종자를 다음과 같이 정의한다.

> 문: 어떤 법을 종자라고 하는가?
> 답: 근본식 안에 있다가 직접 자기의 결과를 내며 차별화할 수 있는 공능이다.[1]

1 호법 등 저, 현장 역, 『성유식론』(『대정장』 31, 8상, 국역 73면) "何法名爲種子? 謂本識中 親生自果 功能差別"

구체적 행위 내지 업이 종자를 낳는 과정을 훈습(熏習)이라고 하는데, 이는 업이 자신의 세력을 남겨놓는 것이 마치 방에 피어놓은 향이 그 방에 있는 옷에 자신의 냄새를 스며들게 하는 것과 마찬가지로 자연스럽게 발생하는 것임을 말해주는 것이다. 업에 의해 스며들어 남겨진 세력이 바로 종자이며, 그렇게 종자를 남기는 과정이기에 훈습이라고 하는 것이다. 향으로부터 냄새가 배인 옷은 다시 그 향내를 풍기게 되듯이, 훈습된 종자는 일정 방식으로 자신을 드러내려는 성향을 갖게 된다. 따라서 종자를 습관적 기운이란 의미에서 습기(習氣, vāsanā)라고도 한다. 이렇게 훈습된 기운이 곧 업력(業力)이다. 훈습해 있던 종자가 그 훈습된 기운에 따라 특정 방식으로 자신을 구체화하는 것을 현재화라는 의미에서 현행(現行, samudācāra)이라고 한다. 업력이 그 보(報)를 낳는 것을 말한다.

이와 같이 업으로부터 종자가 생기면, 종자는 그 업력을 간직한 채 존재하다가 적당한 인연이 갖추어지면 그 종자로부터 과보가 발생하게 된다. 이중 현실적 행위로부터 종자가 남겨지는 과정을 '현행훈종자(現行熏種子)'라고 하고, 잠재적 종자가 시간흐름을 따라 변천하는 것을 '종자생종자(種子生種子)'라고 하며, 그 종자가 구체적인 과보로 현실화되는 것을 '종자생현행(種子生現行)'이라고 한다. 행위는 그 즉시 종자를 남기고, 종자가 현행화하는 것도 일 찰나의 일이므로, 현행훈종자와 종자생현행은 각각 한 찰나에 발생하는 일이지만, 종자생종자는 전찰나에 생한 종자가 그 다음 찰나에 멸하면서 그 순간 그 다음의 종자를 생하는 것이므로 계기적인 시간 흐름 속에서 발생하는 것이다. 이는 다음과 같이 도표화해볼 수 있다.

현행 현행
↓ 훈 ↑ 생
종자 → 종자 … 종자 → 종자
생 생
찰나 찰나 … 찰나 찰나

**2) 상속(相續) 전변(轉變) 차별(差別)**

종자는 선행 원인으로부터 결과를 낳기까지 찰나마다 생멸과정을 거치면서 이어지다가 어느 순간 크게 변화하여 차별적인 결과를 낳게 된다. 이러한 종자의 활동을 한마디로 "상속 전변 차별"이라고 한다.

여기에서 상속(相續)은 전찰나의 것과 후찰나의 것이 인(因)과 과(果)의 관계로서 연결되어 서로 이어지고 있음을 의미한다. 이러한 상속의 관계에 있어 종자는 전찰나의 인이 멸하므로 항상된 것도 아니고, 인이 멸함과 동시에 후찰나의 과가 생하므로 단멸하는 것도 아니다. 이처럼 항상되지도 단멸하지도 않는 관계로서 이어지는 것을 상속이라고 한다. 항상되지 않으므로 앞의 것과 뒤의 것이 같은 것도 아니고, 상속하는 바가 있으므로 앞의 것과 뒤의 것이 완전히 다른 것도 아니다.

전찰나의 것과 후찰나의 것이 인과 과의 관계로 연결되어 있되 그 둘이 완전히 같은 것이 아니므로 상속과정을 거쳐 종자는 조금씩 다른 양상으로 바뀌어 간다. 이처럼 연속적으로 계기하면서 상속에 있어 전후가 다르게 일어나는 것을 전변(轉變, pariṇāma)이라고 한다. 그리고 그처럼 전변하다가 최후 순간 특별한 공능을 따라 지금까지의 상속과 성격을 달리하는 변화를 일으키는 것을 차별(差別, viśeṣa)이라고 한다. 어떤 것이 시간흐름에 따라 조금씩 양적 물리적 변화를 보이다가 어느 순간 갑자기 질적 화학적 변화를 일으킨다면, 전자가 전변에 해당하고, 후자가 차별에 해당한다고 볼 수 있다.

한마디로 말해 잠재적 종자로서 찰나마다 생멸하면서 연속적으로 변화해가는 것이 전변이고, 그 종자가 드디어 구체화되고 현실화되는 것이 차별이다. 전변은 종자생종자에, 차별은 종자생현행에 해당한다. 종자란 그처럼 상속하여 전변차별할 수 있는 힘인 공능(功能)이다.

### 3) 종자의 종류

종자는 중생의 행위인 업으로부터 남겨져서 상속 전변하다가 드디어 그 업의 과보를 낳는 힘을 뜻하며, 한마디로 업보의 매개자이며 업력의 전달자라고 할 수 있다.

종자는 그것을 훈습한 업과 같은 종류의 것인가 아닌가에 따라 크게 두 종류로 구분된다. 종자를 훈습하는 업의 선악 여부에 따라 그로부터 심겨진 종자의 선악 여부가 동일하게 남는 종자를 같은 종류의 종자라는 의미에서 등류습기(等類習氣, niṣyanda-vāsanā)라고 하고, 행위의 선악과 달리 선도 악도 아닌 무기로 남겨지는 종자를 다르게 성숙한 종자라는 의미에서 이숙습기(異熟習氣, vipāka-vāsanā)라고 한다.[2]

2 이하에서 논하는 대로 등류습기는 7전식 중의 선·악·무기에 의해 훈습되고 생장·증

등류습기는 7전식에 의해 훈습된 종자로서 명언종자(名言種子)라고도 한다. 종자는 식에 남겨지는 정보라고 볼 수 있는데, 정보가 언어적인 명언(名言)의 형식으로 존재하기에 명언종자라고 하는 것이다. 명언종자를 또한 이취(二取)습기라고도 하는데, 이는 각 식이 능취(能取, grāhaka)와 소취(所取, grāhya), 즉 주관(見分)과 객관(相分)이라는 두 방식으로 작용하여 그 각각의 종자를 남기기 때문이다. 우리가 감각하고 지각하고 인식하는 세계는 우리 안에 갖추어진 정보에 따라 그렇게 감각되고 지각되며 인식되는 것이다. 따라서 종자가 대상세계[상분]로 화하되 구체적인 감각적 대상세계[전오식의 대상인 오경(五境)]으로 화할 종자를 현경명언종자(顯境名言種子)라고 하고, 추상적인 의미체[제6의식의 대상인 법경(法境)]로 화할 종자를 표의명언종자(表意名言種子)라고 한다. 나아가 그러한 대상세계와 대립하여 있는 자아의식[견분]으로 화할 종자를 아집종자(我執種子)라고 한다. 이와 같이 7전식의 상분과 견분 각각의 작용을 따라 훈습되고 다시 또 그 방식으로 대상과 자아의식으로 현행화되는 종자를 같은 종류의 결과를 낳는 종자라는 의미에서 등류종자라고 하고, 명언의 형식으로 훈습되고 현행되는 것이기에 명언종자라고도 하는 것이다.

반면 업의 선악과 달리 무기(無記)로 훈습되는 이숙(異熟, vipāka) 종자는 그것이 바로 생명체의 오온을 형성해내는 종자이기에 업종자(業種子)라고도 한다. 이 업종자는 전생의 업력을 담지하고 그 다음 생을 이끌어 오는 식을 형성하는 종자이다. 업종자에 있어서 인과의 관계는 '선업락과, 악업고과(善業樂果, 惡業苦果)'의 관계로 성립한다. 즉 전생의 오온이 선업을 쌓았으면 그 업력의 종자에 따라 형성되는 현생의 오온은 즐거운 과를 받게 되고, 전생의 오온이 악업을 쌓았으면 그 업력의 종자에 따라 형성되는 현생의 오온은 괴로운 과를 받게 되지만, 고락은 고락일 뿐, 그 자체는 선도 악도 아닌 것이다. 이상 종자의 분류를 간략히 도표화해 보면 다음과 같다.

---

장하며, 이숙습기는 6식 중의 유루 선·악에 의해 훈습되어 생성·증장한다는 것, 그리고 등류습기에 의하여 8식의 체상이 차별적으로 생겨나게 되는 것을 등류과(等類果)라고 하고, 이숙습기(업종자)에 의하여 제8식이 초감되는 것을 이숙(異熟)이라고 한다는 것 등 두 종류 종자의 구분에 대해서는 『성유식론』, 제2권(『대정장』31, 7하) 이하 참조.

- 등류습기 = 명언종자
  - 명언종자(상분의 종자)
    - 현경명언종자
    - 표의명언종자
  - 아집종자(견분의 종자)
- 이숙습기 = 업종자

## II. 역사적 용례 및 텍스트적 맥락

원시근본불교사상을 담고 있는 『잡아함경』에서 종자를 언급하는데, 후대의 종자설과 구분되기는 하지만, 업력에 대한 근본적 통찰에 있어서는 마찬가지이다. 사라져버린 업이 어떻게 해서 보를 낳게 되는가를 설명하기 위한 여러 이론이 부파불교시대에 등장하게 되었는데, 유부의 무표업이나 화지부의 수면, 정량부의 부실법 등이 그것이다. 이런 여러 관점들을 거쳐 경량부에 이르면 종자설이 등장하게 되는데, 이로써 업설이 완성된다고 볼 수 있다. 세친이 종자를 담지하는 식인 아뢰야식에 기반하여 유식체계를 완성함으로써 종자설 또한 유식에서 체계화된다.

### 1. 『잡아함경』에서 언급된 종자의 개념

『잡아함경』에서는 색수상행식 오온을 다음과 같이 종자에 비유하고 있다.

> 다섯 종자는 취온과 식에 비유되고, 땅은 식이 머무는 네 곳에 비유되고, 물은 탐욕과 기쁨에 비유된다. 네 취온을 반연하여 식이 머무니, 어떤 넷인가? 색에 식이 머물러 색을 반연하고, 기쁨과 탐욕으로 불어나 자라나고 뻗어간다. 수상행 안에 식이 머물러, 수상행을 반연하고 기쁨과 탐욕으로 불어나서 자라고 뻗어간다. 이렇게 식은 그것들 안에서 혹은 오기도 하고 혹은 가기도 하며, 혹은 머무르기도 하고 혹은 잠기기도 하며, 혹은 나서 자라 뻗어가기도 한다.[3]

3 『잡아함경』, 제2권, 39「종자경」(『대정장』 2), "彼五種子者, 譬取陰俱識. 地界者, 譬四識住. 水界者, 譬貪愛. 四取攀緣識住. 何等爲四? 於色中識住, 攀緣色, 喜貪潤澤生長增廣. 於受想行中識住, 攀緣受想行 貪喜潤澤生長增廣. 比丘, 識於中 若來若去若住若沒若生長增廣"

여기에서는 색수상행식 오온이 종자에 비유된다. 그런데 종자가 성장하고 번창하려면 단지 종자만으로 가능한 것이 아니라, 그것이 심겨질 땅과 그것이 취해야할 물이 필요하다. 여기에서 다시 종자가 머무를 땅이 색수상행에, 종자가 취할 물이 애탐에 비유되고 있다.

우선 땅에 심겨지는 종자는 식(識)의 종자이다. 식의 종자가 색수상행의 땅에 심겨지고 거기에 애탐의 물이 부어진다는 것은 식과 색수상행이 애탐에 의해 결합하여 함께 작용하게 된다는 것을 뜻한다. 즉 식과 색수상행이 애탐에 의해 결합하여 집착된 오온, 즉 오취온(五取蘊)으로서 행위하며 업을 짓는다는 것이다. 그렇게 해서 땅 속에서 자라나는 것은 그러한 업이 남기는 종자, 오취온의 종자이다. 그 오취온의 종자가 자라나고 번창해서 업의 과를 낳으면, 그것이 곧 다시 색수상행식 오온이 된다. 종자는 식이 색수상행과 결합하여 지은 업으로부터 남겨진 종자이기에, 그리고 또 그 종자로부터 다시 색수상행식 오온이 형성되기에 오온의 종자라고 하는 것이다.

이상의 비유를 오온이 지은 업이 종자로 남겨지고[현행훈종자] 그 종자가 땅 밑에서 자라나다가[종자생종자] 결국은 다시 오온으로 번창하게 되는[종자생현행] 과정을 표현하는 것으로 해석한다면, 이를 종자설의 맹아로 읽을 수 있을 것이다.

## 2. 종자의 선행 사상: 무표색(無表色), 수면(隨眠), 부실법(不失法)

중생이 지은 업이 어떻게 그 힘을 유지하다가 과보를 낳게 되는 것인가의 물음이 좀 더 세밀하게 논의된 것은 부파불교에 이르러서이다. 유부의 무표업, 화지부의 수면, 정량부의 부실법 등은 모두 이 업력의 존재방식을 논하는 것이며, 이것이 경량부에 이르러 종자설로 완성된다.

### 1) 유부의 무표색(無表色)

유부는 업의 본질을 구업과 신업의 구체적 행위에 담겨있는 신체적 형태인 형색(形色)으로 간주한다. 형색은 누구나 알아볼 수 있게끔 표시가 나는 표업(表業)이다. 그런데 형색은 그 행위가 끝나는 순간 동시에 사라져버리고 없다. 그렇다면 그 업이 어떻게 과보를 낳기까지 자신의 힘을 유지할 수 있단 말인가? 업으로부터 과보를 낳을 업력이 어디에 어떤 방식으로 보존되는 것인가?

구업이나 신업의 결과로 남겨지는 업의 힘을 정보의 축적 또는 신경세포의 변화로 보면, 유부는 그 잠재적 힘을 구업이나 신업의 표업과는 구분되는 무표색(無表色)으로 간주한다. 무표색이 형색의 표업으로부터 발생하는 것이지만, 표시나지 않는 업이기에 색법이 아닌 법처(法處)에 속하는 것으로 간주된다.

### 2) 화지부의 수면(隨眠)

반면 대중부계의 일설부, 설출세부나 상좌부계의 화지부, 법장부 등은 업의 상속을 설명하기 위한 유부의 무표색을 인정하지 않는다. 그들은 업력이 업이 남긴 번뇌로서 현행적 의식방식인 전(纏)과는 달리 잠재적인 의식방식인 수면(隨眠)으로 존속한다고 본다. 현행적인 의식이 심에 상응하는 심소법에 해당한다면, 잠재적 수면은 심에 상응하지도 않고 그렇다고 색법도 아닌 불상응행법(不相應行法)에 속하는 것으로 간주된다.

> 수면은 심법도 아니고 심소법도 아니며, 소연도 없다. 수면은 전(纏)과 다르며, 전은 수면과 다르다. 따라서 수면은 심불상응법, 전은 심상응법이라고 해야 한다.[4]

이는 마치 정보를 물리적인 것도 심리적인 것도 아닌 논리적 실재로 간주하는 것과 같다. 잠재적 번뇌인 수면이 적절한 시기에 현재적 번뇌로 의식화되는 것은 마치 정보가 전의식 또는 무의식을 채우고 있다가 인연이 갖추어지면 의식화되고 구체화되어 마음에 작용을 일으키는 것과 같다.

### 3) 정량부의 부실법(不失法)

업력의 전달자를 불상응행법 소속의 것으로 분류한 또 다른 부파는 정량부이다. 정량부는 업력이 색의 차원에서나 심소의 차원에서 사라져도 그 자체는 멸하지 않고 유지된다는 의미에서 "부실법"을 주장한다. 정량부는 신업의 본질을 유부처럼 형색이 아니라, 행동이라고 본다. 행동은

---

4 세우 조, 현장 역, 『이부종륜론』(『대정장』 15하-16상), "隨眠非心, 非心所法. 亦無所緣. 隨眠異纏. 纏異隨眠. 應說隨眠與心不相應. 纏與心相應"

생멸로서 생한 다음 순간에 곧 멸하는 것이 아니라, 생주이멸로서 머무르다가 바뀌는 주(住)와 이(異)의 단계가 있어 그것을 통해 행위의 상속이 있을 수 있다고 하며, 이렇게 남겨지는 행동으로서의 부실법을 주장한다. 부실법을 통해 과보를 낳기까지 업의 상속이 있게 되는 것이라고 보는 것이다.

### 3. 종자설의 확립

그런데 경량부는 구업이나 신업도 모두 사(思)에 지나지 않는다고 주장한다. 이것은 사를 정보의 움직임, 신경세포의 활동으로 본다면, 구업이나 신업도 실제로는 그런 정보의 활동 내지 정보의 현실화 이외에 다른 것이 아니라고 보는 것을 의미한다. 말하자면 무표업뿐 아니라 표업도 유부가 무표색의 존재방식으로 생각하는 것과 다를 바가 없다는 것이다. 그것은 법처에 포함되며, 의식의 대상에 지나지 않는다. 그리고 수면이라는 것도 마음의 잠재상태 이외의 다른 것이 아니므로 심소법에 포함된다 이런 의미에서 경량부는 유부의 무표색이나 일설부, 화지부, 법장부의 수면이나 부실법 등을 업력을 담지하는 심 바깥의 객관적 실재로 인정하지 않는다. 경량부에 따르면 업이 과보를 낳기까지는 사(思)의 상속으로 이어진다. 그렇다면 사가 어떤 방식으로 상속하기에 업이 과보로 이어지게 되는 것인가? 업력은 사(思)로서 상속하는데, 이를 사종자(思種子)라고 한다.

경량부에 따르면 종자는 현행법과 별도의 존재가 아니라, 선행 현행법의 차별공능일 뿐이다. 그 자체 상속전변하다가 업력에 따라 과보를 산출하는 공능인 것이다. 그리고 일체의 업이 사를 본질로 하므로, 종자란 곧 사종자(思種子)이다. 일설부나 화지부가 잠재적 번뇌를 수면이라고 한데 대해, 경량부는 그러한 잠재적 번뇌를 아직 현재화되지 않은 종자로 설명한다. 현행 번뇌를 전(纏)이라고 하고, 잠재 번뇌를 수면이라고 할 때는 그 둘의 의식 방식 상의 차이만을 말해줄 뿐이지, 그 둘 간의 인과관계를 말하고 있지는 않다. 반면 잠재번뇌를 종자라고 하고, 현행번뇌를 종자의 발현으로 간주할 때는 그 둘 간의 의식 방식 상의 차이뿐 아니라 하나에서 다른 하나가 발생하게 되는 그 연관관계를 말해주는 것이다. 종자는 싹을 내고 나무가 되며 다시 그 나무로부터 열매를 거쳐 종자가 생기기 때문에, 업력을 종자로 설명하는 것은 현행업과 그 업의 세력의 관계를 잘 보여준다.

『구사론』에서 세친은 불상응행법에 속한다고 주장되는 수면을 부정하고 종자를 주장한다.

> 그들[경량부]은 욕탐의 수면을 말한다. 그런데 수면 자체는 심상응도 아니고 심불상응도 아니다. 별도의 사물이 아니기 때문이다. 번뇌가 잠자고 있는 상태를 수면이라고 말하고, 번뇌가 깨어있는 상태를 전이라고 말하는 것이다.
>
> 문: 무엇을 잠자는 상태라고 하는가?
> 답: 현행하지 않고 종자로서 있는 것을 말한다.
> 문: 무엇을 깨어있는 상태라고 하는가?
> 답: 번뇌가 현기하여 심을 속박하는 것을 말한다.[5]

그렇다면 잠재번뇌를 수면이라고 하지 않고 종자라고 할 때, 그 번뇌종자란 어떤 것인가? 『구사론』은 다음과 같이 답한다.

> 문: 번뇌종자는 무엇인가?
> 답: 그 자체 **번뇌로부터 생기고 또** 번뇌를 생기게 할 수 있는 차별공능이다. 마치 염(念)종자가 증지에서 생기고 또 다음 염(念)을 생기게 할 수 있는 공능차별인 것과 같으며, 또 싹이 앞의 열매로부터 생기고 다음의 열매를 생기게 할 수 있는 공능차별인 것과 같다.[6]

이처럼 경량부는 현행 상의 차별 양상을 종자 상속의 전변과 차별에 따른 것으로 설명한다. 유정이 지각하고 판별하는 현상세계를 유정 내의 종자의 상속 전변 차별로 설명하는 것이다. 경량부에 따르면 심소법이나 심불상응행법은 유정 독립적인 개별적 실체로 존재하면서 인과 과의 관계로서 맺어지는 것이 아니다. 오히려 일체는 상속하는 종자의 전변 차별에서 성립하는 것이다.

---

5 세친 조, 현장 역, 『구사론』, 권19, 「分別隨眠品」(『대정장』 29, 99상, 국역 455), "彼說欲貪之隨眠義. 然隨眠體, 非心相應, 非不相應. 無別物故. 煩惱睡位, 說名隨眠. 於覺位中, 卽名纏故. 何名爲睡? 謂不現行, 種子隨逐. 何名爲覺? 謂諸煩惱現起纏心"

6 『구사론』, 권19, 「분별수면품」(『대정장』 29, 99상), "何等名爲, 隨眠種子? 謂自體上 差別功能. 從煩惱生, 能生煩惱. 如念種子, 是證智生, 能生當念, 功能差別. 又如芽等, 有前果生, 能生後果, 功能差別"

## 4. 세친 『성업론』에서 아뢰야식의 발견

업력을 색법이나 불상응행법이 아닌 심 내지 심소법의 사종자로 설명할 경우, 문제는 무심(無心)으로 간주되는 멸진정이다. 멸진정상태가 무심으로서 심과 더불어 심종자도 다 멸하게 된다면, 그로부터 출정(出定)하여 입정(入定) 이전의 마음과 연속성을 가질 수 있는 것은 어떻게 가능한가? 나아가 수행자의 멸진정과 같은 상태는 아니라고 할지라도 일반 범부도 일상적으로 꿈도 없는 깊은 잠이나 기절 등의 경우 그러한 무심상태를 거치는 것이 아닌가? 그렇다면 그런 무심으로부터 잠깨거나 의식이 되돌아와 다시 유심으로 되었을 때 마음의 연속성이 유지되는 것은 어떻게 가능한가? 무심에서는 심이 멸하여 심종자도 함께 멸함으로써 종자의 흐름에 단절이 있게 되는데, 잠들기 전과 잠깬 후, 기절하기 전과 기절에서 깨어난 후, 어떻게 연속성이 있게 되는 것인가? 심에 단절이 있는데, 업력이 어떻게 유지되는 것인가? 업력을 우리 마음에 남겨진 정보라고 본다면, 그 마음이 멎어버리는 순간, 그 정보도 따라 없어지지 않고 남아 유지되는 것은 어떻게 가능한가? 정보가 신경세포에 쌓인 흔적이며 심리적인 것이 아니기에 가능한 것인가?

경량부 세친은 처음에는 이를 색심호훈설로 답하였다. 즉 멸진정에서도 남아있는 색과 색종자로부터 다시 심이 현행할 수 있다고 본 것이다. 그러나 『성업론』에서 세친은 이 물음을 다시 제기하면서 새로운 방식으로 해결한다. 멸진정의 무심상태 또는 꿈없는 깊은 잠의 무심상태로부터 심소작용이 있는 유심상태로 되돌아왔을 때, 업력을 담지하고 있는 그 마음에 단절이 아닌 연속성이 있는 것은 어떻게 가능한가? 이는 결국 현재적으로 심소작용이 없다고 하더라도 잠재적 심종자들을 유지하고 있는 마음 자체의 힘이 존재한다는 것을 말해주지 않는가? 잠재적 심종자는 현재적 심의 작용에 의해서가 아니라 그보다 더 미세한 마음에 의해 유지되고 있는 것이 아닐까?

이와 같이 해서 세친은 『성업론』에서 표층적이고 현행적인 의식보다 더 심층적이고 더 세심한 심의 존재를 주장하게 되었다. 바로 그 심이 무심의 상태에서도 존재하면서 잠재적 심종자를 유지 보존하는 것이라고 주장하는 것이다. 따라서 멸진정에서 깊은 잠에서의 무심이란 우리의 일상적인 표층적 의식, 갖가지 능연방식으로 소연을 파악하는 의식방식이 정지했다는 의미에서의 무심일뿐, 일체의 심이 없다는 말은 아니다.

> 무심정과 무상천에서 마음의 상속이 끊어진다고 말한다면, 어떻게 선행하는 업이 그에 상응하는 좋은 과나 좋지 않은 과를 얻을 수 있겠는가? 이것이 바로 **저 종[유부]**의 잘못이다. 그 종은 무엇이라고 하는가? 그 종은 무심정과 무상천의 位에서는 완전히 마음이 없게 된다고 고집한다. 만약 이 위(位)에서도 마음이 있다고 말한다면, 이런 잘못은 없을 것이다. … 나는 멸진정일지라도 미세한 마음이 있다고 말하기 때문에 이런 잘못이 없다.[7]

표층적 식으로 멎는 심을 종종심이라고 하고, 심층의 심으로서 잠재적 종자를 유지 보존하는 심을 집기심이라고 구분하며, 무심에서 없어지는 심은 종종심일뿐, 집기심은 존재한다고 말한다.

> 마음에는 두 종류가 있다. 하나는 모여 일어나는 마음[集起心]이니, 한량없는 종자가 모여 일어나는 곳이기 때문이다. 둘째는 갖가지 마음[種種心]이니, 인식대상[所緣]과 인식주관[行相]이 차별적으로 바뀌어가기 때문이다. 멸진정 등의 위(位)에서는 둘째의 마음이 없기 때문에 마음이 없다고 이르는 것이다. 이는 마치 (의자에서처럼) 발이 하나밖에 없는 경우 다른 발이 없기 때문에 역시 발이 없다고 말하는 것과 같다.[8]

종종심만이 없어지고 집기심은 남아 종자를 유지하여 종자의 무단한 상속전변차별이 가능해진다. 이처럼 멸진정에서도 유지되는 집기심은 여러 이름으로 불릴 수 있는데, 아뢰야식도 바로 그것을 칭하는 하나의 이름이다.

> 능히 미래의 존재를 지속하고 몸을 잡아가지게 하기 때문에 이를 아타나식이라고 부른다. 일체 법의 종자를 거두어 간직하기 때문에 다시 아뢰야식

---

7 세친 조, 현장 역, 『大乘成業論』(『대정장』 31, 783하-784상), "謂無心定 及無想天, 心相續斷, 如何先業, 能得當來, 愛非愛果? 是彼宗過. 何謂彼宗? 謂執此位, 全無心者. 若說此位, 是有心者, 卽無斯過. … 我說滅定, 猶有細心, 故無此失"

8 『대승성업론』(『대정장』 31, 784하), "心有二種. 一集起心, 無量種子 集起處故. 二種種心, 所緣行相 差別轉故. 滅定等位, 第二心闕, 故名無心. 如一足床, 闕餘足故, 亦名無足"

이라고 부르며, 전생에 의해 이끌려진 업의 이숙이기 때문에 이를 또한 이숙과식이라고 이라고도 부른다.[9]

표층적 의식만을 심과 심소로 생각하면 그 외의 것이 색법이나 불상응행법으로 분류되고 무상정이나 멸진정이 심이 단절되는 무심으로 간주되지만, 세친은 그 때의 무심은 표층식의 작용이 멎는다는 것이지 그 때에도 세심은 존재한다는 것이다. 이렇게 소위 무심위에서도 업력의 종자를 유지하며 남아있는 심이 아뢰야식이다. 이 심은 표층식의 차원에서 보면 없는 것 같지만, 미세한 세심으로 존재한다. 이것이 바로 무심에서 유심으로의 과정이 색법이나 불상응행법에 의해서가 아니라 심 자체로서 이어진다는 것을 말해주며, 따라서 오온이 멸하는 죽음을 거쳐 내생으로 업력이 유지되는 것을 가능하게 하는 것도 바로 그 업력을 간직한 세심, 아뢰야식 때문이 된다. 이 아뢰야식이 바로 내생을 이끌고 오는 이숙과식이다.

이와 같이 해서 무아 윤회를 업을 통해 설명하는 업설은 경량부 세친에 의해 종자설과 아뢰야식설로 종합된다. 업력의 종자를 유지하는 아뢰야식이 업의 상속을 가능하게 하는 것이다.

### 5. 유식에서 종자와 아뢰야식: 잠재 아뢰야식과 현행 아뢰야식

이들 종자를 갈무리하여 지니는 터전을 유식은 아뢰야식이라고 부른다. 아뢰야란 함장을 의미하며, 이는 곧 종자를 함장한 식을 뜻한다. 이처럼 상속 전변 차별화하는 종자의 흐름을 아뢰야식이라고 할 때, 이는 곧 잠재식으로서의 아뢰야식을 의미한다. 그것은 아직 현재적 의식으로 드러난 것이 아니라, 잠재적 종자의 흐름으로 존재하는 것일 뿐이다. 종자는 그것을 남기는 구체적 업과 다시 그 종자로부터 발현하는 색심의 현상을 근거로 해서 그 사이를 매개하는 잠재적 인자로서 시설된 명칭일 뿐이다. 업에 의해 심겨진 후 다시 의식 표층으로 발현하기까지 상속하면서 전변 차별을 거치

9 『대승성업론』(『대정장』 31, 784하), “能續後有 能執持身, 故說此名 阿陀那識. 攝藏一切, 諸法種子, 故復說名, 阿賴耶識. 前生所引, 業異熟故, 卽此亦名 異熟果識” 성업론에서는 다른 부파에서도 이와 같은 식을 인정하고 있었음을 논한다. “이 식에 의지하여 적동엽부는 경에서 유분식이란 이름을 세웠고, 대중부의 경에서는 근본식이란 이름을 세웠고, 화지부에서는 궁생사온이라고 설하였다.(卽依此識, 赤銅鍱部, 經中建立, 有分識名. 大衆部經, 名根本識. 化地部說, 窮生死蘊)”

는 것이라고 추정되는 것이다. 마치 나무 열매로부터 떨어진 씨앗이 땅 위에 드러나 있지 않고 땅 속으로 감추어진 후 다시 그 자리에 싹이 돋아나면 그 땅 밑에 씨앗이 살아있어 전변하다가 싹으로 화한 것임을 알 수 있는 것처럼, 사업(思業) 내지 사이업(思已業)이 있은 후 그 업이 보를 낳기까지 업력이 유지되는 것은 업력이 종자의 형태로 상속 전변하기 때문이라고 주장하는 것이다. 표면적 의식이 멈춘 무심의 멸진정이나 깊은 잠을 거치고 나서도 그 마음에 연속성이 있다는 것은 무심상태에서도 유지되는 세심(細心)이 존재한다는 것을 말해주며, 이 세심을 가설적으로 아뢰야식이라고 칭한 것이다. 이것이 경량부 세친이 『성업론』에서 논하는 아뢰야식의 의미이다.

반면 유식이 아뢰야식을 논할 때, 그 아뢰야식은 단지 가설로서 칭해진 것이 아니라, 요가수행자들이 수행을 통해 직접적으로 체험한 깊고 미세한 식이다. 그들은 비바사나 삼마디를 수행하던 중 영상들을 의식하면서 그 영상들이 심과 어떤 관계가 있는가를 묻는다.

> 자씨보살이 석가에게 물어 말하기를 '세존이여, 모든 비바사나 사마디에서 나타나는 영상이 그 마음과 다름이 있다고 말해야 합니까, 없다고 말해야 합니까?' 석가가 자씨보살에게 답하기를 '선남자여, 다름이 없다고 말해야 한다. 왜냐하면 저 **영상은 오직 식일 뿐**이기 때문이다. 선남자여, 나는 식의 소연[대상]은 오직 식이 나타난 것[식의 변현이]라고 설한다'. … '세존이여, 만약 모든 유정이 자성에 머무르며 색 등 마음에 의해 나타나는 영상을 연한다면, 그것은 또 이 마음과 다를 것이 없습니까?' '선남자여, 그 또한 다를 것이 없다. 다만 어리석은 범부들이 깨달음이 전도되어 있어, 모든 **영상에 있어 그것이 오직 식일 뿐**임을 여실하게 알지 못하고 잘못된 앎을 갖게 된다.'[10]

이처럼 삼매상태에서 요가수행자들이 의식한 심이 바로 아뢰야식이다. 이 식은 의식표층에서만 깨어있는 우리 일반 범부의 의식에는 가리어져 있

10 현장 역, 『해심밀경』, 「分別瑜伽品」(『대정장』 16, 698상-중), "慈氏菩薩, 復白佛言, 世尊, 諸毘鉢舍那, 三摩地所行影像, 彼與此心, 當言有異, 當言無異? 佛告慈氏菩薩, 日善男子. 當言無異. 何以故? 由彼影像, 唯是識故. 善男子. 我說識所緣, 唯識所現故. … 世尊, 若諸有情自性而住, 緣色等心所行影像, 彼如此心, 亦無異耶? 善男子. 亦無有異. 而諸愚夫, 由顚倒覺. 於諸影像, 不能如實知唯是識. 作顚倒解"

는 무의식과도 같다. 그러나 수행을 통해 의식화의 수위를 낮추어가면서 표층적인 심리활동인 산란을 멈추되 의식이 성성하게 깨어있기를 시도하는 유가수행자들에게 있어 아뢰야식은 적적성성(寂寂惺惺)의 마음 상태에서 직접적으로 체험되는 깊고 미세한 심층식인 것이다. 이를 가설적으로 설정된 '잠재식으로서의 아뢰야식'과 달리 그 종자가 구체적으로 현재화하여 식으로 자각된다는 의미에서 '현행식으로서의 아뢰야식'이라고 한다.

경량부가 표층적 의식차원에 머물러 그 의식방식으로 현실화되지 않는 것들을 언젠가는 현실화되어야할 잠재적 업력, 종자라고 칭하며, 그 종자를 유지하는 잠재식을 아뢰야식이라고 칭했다면, 유식은 표층 의식보다 더 깊은 심층에서 미세한 식인 아뢰야식을 현행하는 식으로서 발견한 것이다. 결국 업력은 경량부가 주장하듯 단순히 잠재적 종자로 머물러 있다가 언젠가 의식표층으로 현실화되는 것이라기 보다는 오히려 그보다 더 심층의 식으로 현행하여 표층적 제6의식보다 더 깊은 심층의 식을 형성한다는 사실을 알게 된 것이다. 따라서 유식이 말하는 아뢰야식은 종자의 흐름으로서의 잠재적 아뢰야식과 종자가 발현된 심층식으로서의 현행적 아뢰야식을 포괄하는 식이다.

## III. 유식에서 종자의 설명

### 1. 종자와 제식의 관계

종자는 아뢰야식에 심겨진다. 아뢰야식은 종자가 심겨지는 곳이라는 의미에서 소훈처가 되고, 아뢰야식에 종자를 남기는 식은 능훈식이 된다. 『성유식론』 제2권에서는 소훈과 능훈이 성립될 수 있는 각각의 조건을 네가지씩 들어 소훈사의(所熏四義)와 능훈사의(能熏四義)로 설명한다.[11]

소훈 4의는 견주성(堅住性), 무기성(無記性), 가훈성(可熏性), 화합성(化合性)이다. 견주성은 그 안에서 종자가 유지하기 위해서 종자를 담고 있는 식은 견고하게 머물러 상속되어야 한다는 것이다. 이로써 7전식과 그 외 감각기관이나 감각대상 등 색법은 이로부터 제외되게 된다. 무기성은 선이나

11 이하 능훈과 소훈의 내용은 『성유식론』(『대정장』 31, 9하) 참조.

악의 종자를 훈습받을 수 있기 위해 그 식 자체는 무기(無記)이어야 함을 뜻한다. 가훈성은 그 법이 타의존적이 아니고 자재(自在)하되 응연상주(凝然常住)해서는 안된다는 것을 뜻한다. 이로써 자재적이 아닌 심소법(心所法)와 응연상주하는 무위법(無爲法)은 이로부터 제외된다. 화합성은 능훈과 동시 동처에 있을 수 있어야 한다는 것이다. 따라서 이런 조건을 갖춘 아뢰야식을 종자가 훈습되는 소훈처라고 간주한다.

능훈 4의는 유생멸(有生滅), 유승용(有勝用), 유증감(有增減), 소훈화합이전(所熏化合而轉)이다. 능훈은 상주하지 않고 생멸이 있어야 하므로 불변의 무위법은 이로부터 제외된다. 능훈은 종자를 생성시킬만한 뛰어난 작용력이 있어야 하는데, 아뢰야식은 세력이 미약해 이로부터 제외된다. 뛰어난 작용력과 더불어 찰나마다의 증감이 있어야 한다. 불과(佛果)의 선법(善法)은 부증불감이어서 능훈이 못된다. 소훈과의 화합성은 소훈과 시간 공간을 함께 하여 하나도 아니고 분리된 것도 아니어야 함을 뜻한다. 이러한 능훈의 자격을 갖춘 것은 소훈의 아뢰야식과 함께 하되 작용력을 가지면서 생멸하고 증감하는 식, 즉 의식적이고 의지적인 7전식이 된다. 7전식만이 의업 또는 의업에 기반한 업을 지을 수 있으며, 따라서 업력의 종자를 산출할 수 있는 능훈식인 것이다.

결국 소훈의 아뢰야식에 종자를 남기는 능훈의 식은 제6의식이나 제7말나식이다. 그렇게 심겨진 종자가 전변하다가 현행할 때, 모든 현행식은 그 종자가 현행한 결과이다. 그러므로 현행식은 제8아뢰야식과 7전식 전체이다.

현행: 7전식(제6의식+제7말나식)　　　현행: 제8아뢰야식 + 7전식
↓ 훈　　　　　　　　　　　　　　　　↑ 생
종자 → 종자 … 종자 → 종자
　　생　　　　　　　　생

## 2. 종자의 조건: 종자6의

『성유식론』 제2권에서는 종자를 "자과를 산출해낼 공능 차별"로 규정한 후 그 종자가 갖추어야 할 성격을 여섯 가지로 들어 설명하는데, 이를 "종자6의"라고 규정한다.[12] 찰나멸(刹那滅), 과구유(果俱有), 항수전(恒隨轉), 성

결정(性決定), 대중연(待衆緣), 인자과(引自果)가 그것이다. 찰나멸은 발생하자마자 간격없이 멸하여 공력의 용을 가져야 한다는 것으로 이로써 상주하는 무위법은 종자가 될 수 없음을 보여준다. 과구유는 그로부터 발생하는 현행과와 동시적으로 화합이 가능해야 한다는 것이다. 항수전은 일류상속해야 한다는 것으로 이로써 간단이 있는 전식[아뢰야식 이외의 7식]은 종자가 될 수 없음을 말해준다. 성결정은 선악 등의 성이 결정되어 있어야 한다는 것이고, 대중연은 중연과 화합해야 한다는 것이다. 인자과는 색종자는 색법으로, 심종자는 심법으로 현행하여 각각 자과를 이끈다는 것을 말한다.

### 3. 색심호훈설과 각자훈습설

경량부는 종자가 유정에 머무를 때, 색과 심의 종자가 각기 분화되어 별도의 종자로서 머무르는 것이 아니라, 상호교류하면서 하나의 유정신을 상속시킨다고 보았다. 마음과 신체는 각각 다른 종자를 상속시키는 것이 아니라 상호훈습한다고 본 것이다. 심종자가 신체로 현행하기도 하고 색종자가 심리상태로 현행하기도 하며, 신체의 현행으로부터 심종자가 훈습되기도 하고 마음의 현행으로부터 색종자가 훈습되기도 한다고 본 것이다.

이는 형색을 가지지 않는 무색계의 중생이 색계로 하생하는 경우, 또는 무심의 상태인 무상정과 멸진정의 무루정에서 출정하여 유심의 상태가 되는 경우를 설명하기 위한 것이다. 그래야만 무색에서 유색으로, 또는 무심에서 유심으로 상속할 수 있기 때문이다.

> 문: 이 두 정에서는 마음이 오래도록 끊어지는데 어떻게 그 후에 다시 마음이 생겨날 수 있는 것인가?
>
> 답: 비바사(유부)논사들은 '앞서 있었던 이전 마음이 그 후 등무간연이 된다'고 말한다. 다른 (경량부)논사들은 다음과 같이 말한다. '무색계에 들면 색법이 오랫동안 단멸하는데, 그 후 어떻게 다시 색이 생겨날 수 있는가? 그것은 반드시 [무색계에서 단멸된] 색법에 의해서가 아니라, 바로 [무색계에서도 유지된] 심에 의해서 그렇게 되는 것이다.

12 종자 6義에 대해서는『성유식론』제2권(『대정장』31, 9중) 참조.

> 이와 마찬가지로 출정 후의 마음 역시 [정에 있어 단멸된] 마음에 의해서가 아니라, 유근신에 의해서 [유근신에 훈습된 색종자에 의해서] 생겨나는 것이다.' 그러므로 선대의 모든 궤범사들은 '심과 유근신[색]의 두 법은 서로 종자가 된다'고 말하였다.[13]

색이 단멸한 무색계의 중생이 다시 색계에 태어날 수 있는 것은 무색계에 남아있던 심종자로부터 유근신의 색이 형성될 수 있기 때문이며, 심이 단멸한 무심정으로 입정해 들어있던 중생이 다시 유심의 상태로 출정할 수 있는 것은 무심정 상태에 남아있던 유근신의 색종자로부터 심이 형성될 수 있기 때문이다. 즉 전자는 심종자로부터 색의 현현을 보여주고, 후자는 색종자로부터 심의 현현을 말해주는 것이다. 따라서 심과 색은 상호적으로 종자를 낳기도 하고 또 상호적으로 현행하기도 한다는 색심호훈설을 주장한 것이다.

반면 유식에 있어 아뢰야식의 심은 의식표층적 심이 아니라 심층의 심이며, 현상적으로 나타나는 색과 심의 분별은 그처럼 심층 아뢰야식에 함장되어 있던 종자가 현행화하여 표층에서 성립하는 분별일 뿐이다. 따라서 아뢰야식은 심층식으로서 멸진정에서도 존속하고 이숙식으로서 사후에도 존속하는 것이므로, 그 안에서 색종자와 심종자는 그 각각의 특징을 유지하면서 전변하다가 각각 색법과 심법으로 현행하게 된다. 색종자와 심종자는 상호적으로 훈습되거나 상호적으로 현행되는 것이 아니라, 각각의 방식대로 훈습되고 현행하는 것이다. 즉 물리적 현상세계에 해당하는 아뢰야식의 상분인 유근신이나 기세간으로부터 훈습된 종자는 색종자이고, 심리적 현상세계에 해당하는 아뢰야식의 견분인 분별작용으로부터 훈습된 종자는 심종자이며, 그 각각의 종자는 아뢰야식 내에서 자기 성질을 유지한 채 전변하다가 인연이 되어 현행할 때에는 다시 또 색종자는 아뢰야식의 상분으로, 심종자는 아뢰야식의 견분으로 현행하는 것이 된다. 이렇게 해서 유식에서는 색심호훈설이 아니라, 각각훈습설이 성립한다.

---

13 『구사론』, 권5(『대정장』 29, 25하, 국역 132), "今二定中 心久時斷. 如何於後 心復得生? 毘婆沙師, 許過去有 前心爲後 等無間緣. 有餘師言, 如生無色 色久時斷. 如何於後 色復得生? 彼生定應, 由心非色. 如是 出定心亦應然. 由有根身, 非由心起. 故彼先代 諸軌範師 咸言, 二法互爲種子"

### 4. 신훈설과 본유설: 무루종자의 문제

종자는 번뇌를 지닌 종자인가 아닌가에 따라 유루종자와 무루종자로 구분된다. 중생의 선업 또는 악업에 따라 훈습되는 종자는 번뇌를 지닌 채 고락의 과를 내게 되는 유루종자이며, 종자 자체가 번뇌에 물들어 있지 않고, 따라서 그 종자의 현행이 번뇌심이 아닌 청정심이 될 수 있는 종자는 무루종자이다. 무루종자는 그것이 본래적으로 중생에게 구비되어 있는 것인가 아니면 불교의 가르침을 듣거나 읽는 등 경험적으로 훈습된 것인가에 따라 본유무루종자(本有無漏種子)와 정문훈습종자(正聞熏習種子)로 구분된다.

유식에서는 유루나 무루종자를 포함하여 유정에 있는 종자가 모두 본유적인 것인가 아니면 모두 훈습된 것인가, 또는 훈습된 것도 있고 본유적인 것도 있는가 하는 것을 논의해왔다. 첫 번째가 호월이 주장한 본유설이고, 두 번째가 난타가 주장한 신훈설이며, 세 번째는 서로 상반되는 두가지 설을 절충하여 신훈과 본유가 함께 한다는 신훈본유설로서 호법이 주장하였다. 신훈본유설에 따르면 대부분의 종자는 중생이 새로 짓는 업에 의해 그 중생의 아뢰야식에 새롭게 심겨지는 신훈종자이다. 종자를 훈습할 수 있는 업은 선업이나 악업으로서 번뇌에 물든 종자이므로 유루종자이다. 그런데 신훈본유설은 모든 종자가 다 경험을 통해 새롭게 훈습되는 것이 아니라 본래 유정에게 구비되어 있는 종자도 있다고 보는데, 그처럼 본유적으로 존재하는 종자는 업을 통해 훈습된 유루종자와 달리 번뇌가 없는 무루종자이다. 이와 같이 무루종자가 본유적으로 존재한다는 주장은 인간에게 본래 여래가 될 수 있는 가능성, 성불할 수 있는 가능성이 불성(佛性)으로서 존재한다고 보는 불성사상이나 여래장사상 또는 본래청정심의 주장과 상통하는 것이다.

## Ⅳ. 종자설의 현대적 논의 및 그 의미

### 1. 종자와 정보 그리고 언어의 문제: 인식론적 문맥의 논의

종자는 그 여러 종류를 총칭하여 명언종자(名言種子)라고 말하는 것에서도 알 수 있듯이 이름과 언어로서 존재하는 개념적 존재이다. 현상적 세계와 자아에 대한 인식이 종자를 남기고 그 종자가 다시 현상적 세계와 자아로 현행한다는 유식의 설명은 일체의 인식과 존재를 우리의 마음 안에 형성되는 개념을 통해 설명하는 시도라고 볼 수 있다. 이는 곧 우리의 인식과 우리에 의해 인식된 존재는 우리가 가지고 있는 개념, 관념, 언어적 분별, 정보로부터 결코 자유롭지 못하다는 것을 말해준다. 우리가 객관적 실재라고 생각하는 사유적 실체[我]나 물리적 실체[法]가 모두 개념에 따라 시설된 것으로서 가(假)에 지나지 않는다고 보는 것이다. 이것이 유식삼십송 제 1게송 첫 구절이 의미하는 바이다.

> 가로서 아와 법을 설하니, 갖가지 상들이 생겨난다.[14]

존재가 우리의 사유 구조, 개념의 틀, 정보의 내용으로부터 자유롭지 못하다는 것, 존재는 바로 그러한 개념을 따라 구성되고 시설된 형성물이라는 것은 현대의 인식론이나 언어철학 또는 과학철학에서도 흔히 주장되는 것이다. 지각이 개념에 의해 규정되고, 관찰언어가 이론언어 의존적이며, 언어의 의미가 지시체에 의해서가 아니라 언어사용의 문맥 안에서 결정된다는 통찰이 바로 그런 것이다. 아나로그의 현상세계가 이원적인 디지털 정보체계인 매트릭스가 그린 가상이라는 통찰도 불교의 유식 및 종자론과 상통한다고 볼 수 있다.

### 2. 종자와 무의식 그리고 자아의 문제: 형이상학적 문맥의 논의

종자설은 유루 및 무루종자가 함장되어 있다고 여겨지는 심층 아뢰야식의 논의와 맞물려 있다. 종자를 훈습하는 전식이나 종자로부터 현행된 식이 표층적 식이라면, 종자 및 아뢰야식은 그런 표층과 달리 심층에서 작용하는 마음의 활동성을 의미한다. 이 점에서 불교의 종자설과 아뢰야식설은 표층 심리가 아닌 심층 심리에 대한 논의, 잠재식이나 무의식에 대한 현대적 논의와 접목될 여지가 많다.

라이프니츠의 무의식적 지각을 논하는 미세지각설이나 니체의 표층 의식보다 더 깊은 심층의 의지나 욕망에 대한 분석, 프로이트의 정신분석에 있어 무의식 분석, 융의 분석심리학에 있어 심층 자기를 구성하는 무의식의 분석 등이 불교의 종자설 및 유식설과 연관되어 논의되고 있다. ❀

**한자경** (이화여대)

14 세친 조, 현장 역, 『유식삼십송』, 제1게송, 대정장31, 60상, "由假說我法 有種種相轉"

# 의식

범 manovijñāna 빠 manoviññāṇa 장 yid kyi rnam par shes pa
한 意識

의식은 산스크리트로는 mano-vijñāna이고, 빠알리어로는 manoviññāṇa이며, 서장어로는 yid kyi rnam par śes pa이고, 한문으로는 의식(意識)이며, 영어로는 sense-center consciousness이다. 육식(六識, 唯識學에서는 八識)의 하나로서 제6식이라고도 한다. 불전(佛典)에 나오는 '의식(意識)'은 육식(六識) 중의 하나인 제6 의식을 가리키며, 서구(西歐)의 심리학·철학 등에서 말하는 '무의식(無意識)'에 상대적인 개념으로서의 '의식(consciousness)'의 의미, 즉 불교식으로 말하면 표층식인 6식을 통괄한 의미로는 사용되지 않는다.[1] 의식은 의근(意根)을 소의(所依)로 하여 법경(法境)을 인식한다. 오

1 한역불전을 번역할 때 일반인들의 이해를 돕기 위해서 전문용어를 일반 사회적인 용어로 번역한다. 그런데 때로는 불교교리에 맞지 않게 번역을 하는 경우가 있다. 이것은 마치 중국불교 초기에 나타났던 일종의 격의불교(格義佛教) 현상과 같다 하겠다. 취지는 이해하지만 그렇더라도 법상(法相) 용어, 불교에서 중요한 술어는 불교교리에 부합되게 번역해야 한다. 그리고서 주(註)나 해설을 통해서 일반인들이 알기 쉽게 설명하는 편이 옳다. 예를 들면 법회 때 독송하는『반야심경』을 위시해서 경전에 나오는 오온(五蘊) 중의 '식(識)'의 문제이다. 종래 법요집이나 해설서 등의 번역문에서

식에 의한 감각(感覺)의 내용을 명확하게 하며, 이외에도 기억·회상·추리·상상·망상 등을 비롯하여 지성·감정·의지작용을 한다. 의식은 일상생활에서 중요한 역할을 한다. 진리를 추구하고 이해한다거나, 종교·윤리적 행위를 한다거나, 의학·과학적 지식 등 학문을 쌓는다거나, 인류가 문화·문명을 창조·계승하는 것도 사실 의식의 영역에서 이루어진다. 과거·현재·미래의 삼세의 일체법(一切法)에 대해서 작용하기 때문에 '광연(廣緣)의 식'이라 한다. 인식방법[量, **pramāṇa**]은 현량(現量)·비량(比量)·비량(非量)의 삼량에 모두 통하고, 인식의 양상으로는 자성분별(自性分別)·수념분별(隨念分別)·계탁분별(計度分別)의 삼분별이 모두 이루어진다.

의식에 관한 구체적인 내용은 육식(六識) 중 '의식' 내용을 참조. [→ 육식 → 의식]

---

이것을 '의식'으로 번역하는 경우가 많은데, 이것은 불교교리에 맞지 않다. 물론 한때 '마음'이라 하면 의식을 연상했을 정도로 의식의 작용 영역이 넓은 것은 사실이지만, 이젠 일반인들도 '마음'에는 의식 이외에 무의식·잠재의식의 영역도 있음을 알고 있다. '오온'에서의 '식(識)'은 그냥 법상(法相) 용어 그대로 '식(識)'으로 하든지, 아니면 '식별(識別)' '식별작용' 등으로 번역함이 옳다.

# 육식

| |
|---|
| 범 ṣaḍvijñāna 빠 chaviññāṇa 장 rnam par shes pa drug po<br>한 六識 |

## I. 어원적 근거 및 개념 풀이

### 1. 어원적 근거

육식은 안식(眼識), 이식(耳識), 비식(鼻識), 설식(舌識), 신식(身識), 의식(意識)의 6가지 심식을 말한다. 산스크리트로 **ṣaḍ**-vijñāna(六識)는 각각 cakṣur- vijñāna(안식), śrotra-vijñāna(이식), ghrāṇa-vijñāna(비식), jihvā-vijñāna(설식), kāya-vijñāna(신식), mano-vijñāna(의식)이다. 빠알리어로 cha-viññāṇa(육식)는 각각 cakkhuviññāṇa, sotaviññāṇa, ghānaviññāṇa, jivhāviññāṇa, kāyaviññāṇa, manoviññāṇa이다. 서장어로는 각각 rnam par śes pa(안식), rna baḥi rnam par śes pa(이식), snaḥi rnam par śes pa(비식), lceḥi rnam par śes pa(설식), lus kyi rnam par śes pa(신식), yid kyi rnam par śes pa(의식)이다. 한문으로는 眼識, 耳識, 鼻識, 舌識, 身識, 意識이다. 영어로 육식(six consciousnesses)은 각각 visual consciousness, auditory consciousness, olfactory consciousness, gustatory consciousness, tactile consciousness, sense-center consciousness이다.

육식의 어원적 근거는 각각 cakṣuḥ(눈), śrotra(귀), ghrāṇa(코), jihvā(혀), kāya(몸) manas(의)에 vijñāna(식)이 연결되어 이루어진 중성 추상명사이

다. 의식을 포함한 육식 개념의 이해를 돕기 위해서 '식(識)'의 어원적 근거와 개념을 구체적으로 살펴보아야 한다. 육식, 안식 등의 용어에서 식(識)에 해당하는 원어는 산스크리트로 vijñāna이고 빠알리어로는 viññāṇa이다. 한역불전에서 vijñāna을 비야남(毘若南), 비사나(毘闍那)로 음역한다. 대상을 식별·요별·인식하는 작용이다. 외경(外境)에 대해 내식(內識)이라고도 한다. vi는 영어의 dis(다르게), apart(나누어, 구별하여), through(꿰뚫어)에 해당하는 접두사이다. jñāna는 √jñā (to know. 알다)라는 동사에 '~작용', '~작용을 지닌 주체'의 의미를 지닌 접미사 '-ana'가 부가되어 만들어진 중성추상명사로서 '알음'이라는 뜻을 나타낸다. 이 둘이 결합한 'vijñāna'는 '다르게 [구별하여, 나누어, 꿰뚫어] 앎'(識別, 了別 , 分別)이라고 할 수 있다.

『아함경』에서도 "식은 다르게 아는 것이다. 이런 까닭에 식이라고 말한다[識識 是故說識]"[2]라고 설명한다. 위갸나(vijñāna)는 '식별작용, 인식작용' '식별작용을 지닌 주체·당체(當體)'라는 의미로서, 식(識)·식별(識別)·분별 등으로 한역된다. 보고 듣는 등의 감각적인 인식이나, 판단하고 상상하며 기쁨이나 슬픔 등 감정을 느끼거나 골똘히 사유하는 등 현상적인 정신활동(의 주체)이다.

근본불교에서는 식(識)의 정의(定義)로서 "아는 것이 식이다(vijānātīti vijñānam)"가 일반적이다. 그런데 부파불교시대에 식의 작용을 대상과의 관계로 한정하여, 식(vijñāna)의 구체적인 대상 인식작용을 vijñapti라는 용어로 나타내었다. 그리하여 "식(vijñāna)은 대상(viṣaya)을 각각 다르게(prati) 인식하는 것이다(vijñapti)"라고 정의하였다. 안식 등 육식은 색 등 대상을 각각 다르게 인식한다는 의미이다. 식(識)은 '다르게 앎'이라는 기본적인 뜻을 가진 술어이다.

그러면 6식은 무엇을 어떻게 다르게 아는가? 『중아함경』에서 "무엇을 식별하는가? 색깔·형태를 식별하고 소리, 냄새, 맛, 촉감, 법을 식별한다" [識何等耶 識色 識聲香味觸法][3]라고 말하듯이 6경을 식별한다. 또한 그 6경을 어떻게 다르게 아는가 하면, 6경의 가애(可愛)·가념(可念)·가락(可樂)·가착(可着)과 이와 반대되는 것을 식별한다고 설명한다.[4] 식별이란 유위법의

2 『中阿含經』 제58권 (『大正藏』 1, 790하)
3 『중아함경』 제58권 (『대정장』 1, 790하)
4 『雜阿含經』 제9권 (『대정장』 2, 58하)

이상(異相)에 대해서, 어떤 법이 다른 법으로 되었을 때 그 전후 두 법을 식별함을 말한다.

그런데 점차 vijñāna는 육식 또는 십이연기에서의 식(識)으로 사용됨으로써 '식별작용'의 의미와 더불어 '식별작용의 기체(基體), 정신활동의 주체'라는 의미가 정착되었다.[5] 유가행파에서는 정신현상의 본질과 기능을 철저하게 분석 추구하였다. 그리하여 사태변화의 주체와 삼세에 유전하는 윤회의 주체가 vijñāna라는 것을 보여주기 위해서 saṁtāna(相續. 계속적인 흐름)와 pariṇāma(轉變. 변화)와 관련지어 vijñāna-saṁtāna(識相續), vijñāna-pariṇāma(識轉變) 등의 용어를 사용하였다.

또한 한역본에는 둘 다 식(識)으로 번역되어 있지만 '식(識)'의 원어에는 위갸나(vijñāna) 이외에 위갸쁘띠(vijñapti)가 있다. 두 용어는 의미와 용례가 다르다. vijñapti는 '인식작용에 의해 나타난 상태' 즉 '둘로 나누어(vi) 알게 만들어진 것(jñapti)'이다. 표상식(表象識), 활동태로서의 식, 즉 구체적인 인식상황 속에서 식의 자체분[體]이 상분(相分, 所緣)·견분(見分, 能緣)으로 변현된 상태를 가리킨다. '안식, 의식, 육식' 등이라 할 때는 vijñāna이고, '유식(唯識)' 등이라 할 때는 vijñapti이다.

그런데 술어는 같더라도 의미내용은 교설의 진전과 역사적 전개에 따라 항상 새로워지기 마련이다. vijñāna의 경우에서도 접두사인 vi의 의미 중에서 『아함경』에서는 주로 '다르게(dis), 꿰뚫어(through)'의 의미로 사용되었는데, 유식학파에 와서는 '나누어, 구별하여(apart)'의 의미가 부각되었다. 외계사물은 직접 지각되는 것이 아니라 식상(識上)의 형상을 인식하는 것이며, 하나의 인식이 성립될 때 식이 주관과 객관으로 이분화되어 이루어지는 것 즉 '마음이 마음을 보는 것'이라는 견해에서이다. 유식학에서는 유형상인식론의 입장을 취했기 때문이다. 어떤 사물을 인식할 때 사물 그 자체를 인식하는가, 식(識)에 투여된 [또는 顯現된] 사물의 형상을 자각하는가의 문제가 일찍부터 인도철학사에서 논란의 대상이 되었다. 그리하여 여러 학파들을 무형상인식론(無形象認識論, anākārajñānavāda)과 유형상인식론(有形象認識論, sākārajñānavāda)으로 이분하는 기준이 되었다. 전자에 의하면 우리가 외계대상을 인식할 때 직접지각[現量]에 의해 인식되는 형

5 勝呂信靜, "唯識說の體系の成立.", 『講座·大乘佛教 8 — 唯識思想』(東京: 春秋社, 昭和 57), 90면.

상은 외계대상 자체에 속한 것이며, 인식은 다만 그 형상을 반영할 뿐이라고 하였다. 이에 반하여 유형상인식론에서는 우리가 대상을 지각하는 것은, 식이 대상의 형상을 표상화(表象化)하기 때문이라고 하였다. 따라서 직접지각에 의해 파악된 대상은 외계대상 자체가 아니라 실제 인식상황 속에 있는 대상의 형상이다.

또한 어떤 인식에는 객관과 주관, 즉 어떤 대상과 그 대상을 인식하는 주관이 존재한다. 불교에서 객관과 주관에 상당하는 용어들은 다음과 같다. 주관을 나타내는 일반적인 명칭으로는 심(心, citta), 심의식(心意識, citta-mano-vijñāna), 심심소(心心所, citta-caitta), 식(識, vijñāna), 능연(能緣, ālambaka), 행상(行相, ākāra), 분별(分別, vikalpa), 능변계(能遍計, parikalpa), 능취(能取, grāhaka) 등이 있다. 객관을 나타내는 용어로는 경(境, viṣaya), 경(境, artha), 소행(所行, gocara), 소연(所緣, ālambana), 소분별(所分別, vikalpita), 소변계(所遍計, parikalpita), 소취(所取, grāhya) 등이 있다.[6]

## 2. 육식(六識)의 개념

육식은 각각 6가지 기관[所依根]에 의지해서 6경[所緣境]을 식별한다. 안식(眼識, 시각)은 눈[眼根, cakṣur-indriya]에 의지해서 대상의 색깔·형태[色境, rūpa-viṣaya]를 본다[見]. 이식(耳識, 청각)은 귀[耳根, śrotra-indriya]에 의지해서 소리[聲境, śrotra-viṣaya]를 듣는다[聞]. 비식(鼻識, 후각)은 코[鼻根, ghrāṇa-indriya]에 의지해서 냄새[香境, gandha-viṣaya]를 맡는다[嗅]. 설식(舌識, 미각)은 혀[舌根, jihvā-indriya]에 의지해서 맛[味境, rasa-viṣaya]을 맛본다[味]. 신식(身識, 촉각)은 살갗[身根, kāya-indriya]에 의지해서 촉감[觸境, spraṣṭavya-viṣaya]을 느낀다[觸]. 의식(意識)은 의근(意根, mana-indriya)에 의지해서 법[法境, dharma-viṣaya]을 안다[知].

육식 중에서 안식부터 신식까지를 전오식(前五識)이라고도 부르는데, 정신활동의 가장 전면(前面)에서 작용하기 때문이다. 오식은 감관에 의지해서 외부대상을 감각적으로 인식한다. 불전에는 오식의 배열순서가 언제나 안식·이식…신식으로 되어 있는데, 인식영역 정도의 차이에 의거해서이

6 각 용어들에 구체적인 내용은 横山紘一, 『唯識の哲學』(京都: 平樂寺書店, 1979), 81-84면 참조.

다.[7] 이것은 근래 생물학·심리학 등에서의 연구 결과와 일치한다. 즉 인간이 외부로부터 받아들이는 정보의 75~80% 정도가 시각을 통해서 이루어지고, 다음에 청각을 통한 정보가 10~15%정도라고 한다. 안식은 인식영역이 넓어서 멀리 있는 대상도 인식할 수 있다. 다음으로 이식은 안식보다는 못해도 비교적 먼 거리의 소리를 들을 수 있고, 비식은 가까운 거리의 냄새를 맡을 수 있다. 설식과 신식은 혀와 피부에 닿아야 비로소 맛이나 촉감을 느끼기 때문에 뒷부분에 배치한다. 학습 현장에서 시청각 자료가 활용되는 이유도 여기에 있다.

안식부터 신식까지를 통틀어 오식 또는 전오식(前五識)이라 부르는 것은 일반 범부의 경우 다음과 같은 공통점이 있기 때문이다. ①오식은 감각기관[根]에 의지하여 외부대상을 감각적 직관적으로 인식한다. 안식은 눈, 이식은 귀 등 감각기관이 있어야 작용한다. ②각자 자기 영역을 고수한다. 예를 들면 안식은 빛깔·형태만을 인식하지, 소리를 인식하는 일은 없다. 이것은 오식이 감관에 의지하기 때문이다. ③현전(現前)의 대상, 즉 현재 감관에 대면하고 있는 대상을 인식하기 때문에 시간적 공간적으로 한계성을 지닌다. 과거나 미래의 대상을 안식으로 본다거나, 가시거리를 넘은 멀리 떨어진 것은 볼 수 없다. ④대상을 있는 그대로 요별할 뿐 여기에 사량분별이 가해지지 않는다. 이러한 인식을 현량지(現量知)라고 한다.

6식 중에서 전오식(前五識)은 감각(感覺)에 해당되고, 제6 의식은 지각(知覺)에 해당된다. 오식은 감각적 인식이고, 의식은 오식의 감각 내용을 정확하고 깊게 판단한다. 예를 들면 눈앞에서 노란색 국화꽃을 바라볼 때, 안식은 노란 '색깔'과 국화꽃의 '형태'를 받아들이는 작용을 하고, 의식은 그것을 "노란 국화꽃"이라고 판단하는 작용을 한다. 또한 책을 읽을 때, 안식은 검정 '색깔'의 활자 인쇄의 '형태'인 '이' '것' 등의 글자 모양을 받아들이고, 의식은 동시에 한 글자 한 글자의 뜻을 이해한다.[8]

의식은 또한 기억, 상상(想像), 회상, 망상, 공상, 착각 등 지성·감정·의지 작용을 한다. 우리가 진리를 이해하고 감동하며 수행의 다짐을 하는 것도

---

7 『阿毘達磨俱舍論』 제1권 (『대정장』 29, 5하-6상)

8 자세히 말하면 제6 의식의 독자적인 작용은 아니다. 여기에는 6식에 상응하는 변행심소(觸·作意·想 등), 이전에 그 대상의 명칭으로서 제8 아뢰야식에 저장된 명언종자(名言種子) 등의 복합작용이 이루어진다. 단순한 인식현상에도 중연소생기(衆緣所生起)의 연기법이 작용한다.

의식의 작용에 의해서이다. 의식은 우리들의 생활에서 중대한 역할을 한다. 진리를 추구하고 이해하는 것도, 여러 장르의 예술을 낳게 하는 것도, 윤리적 행위를 지키게 하는 것도, 여러 학문에서의 진리 추구, 과학의 발달을 가져오는 것도, 문화를 창조하는 것도 모두 의식의 영역에서 이루어진다. 사회에서 일반적으로 '마음'이라 할 때는 의식을 가리킬 정도로 의식의 작용은 폭넓고 다양하다. 서양철학에서도 그리스시대부터 인간의 마음(psyche)은 지(知, 지성)·정(情, 감정)·의(意, 의지)로 구성된다고 했는데, 사실 이들 작용은 의식 영역에서 이루어진다.

오식은 대상이 각각 한 부류에 한정되어 있다. 안식의 대상은 빛깔·형태[色境]이고, 이식의 대상은 소리[聲境]이다. 그런데 의식의 경우는 포괄적이다. 우리고 알고 있는 모든 것, 생각할 수 있는 모든 것은 의식의 대상으로 떠오를 수 있기 때문이다. 그래서 제6 의식을 '광연(廣緣)의 식'이라고 부른다. 의식의 대상을 총괄적으로 법경(法境)이라 이름한다. 여기서 법은 현상계(有爲)의 모든 존재·현상뿐만 아니라 그 구성요소, 본질계[無爲]인 진여 그리고 진리[존재의 실상], 교법[존재의 실상에 대한 가르침]을 가리킨다.

또한 실제로 육식의 요별작용은 여러 심소(心所 : 심리작용)들이 상응함으로써 이루어진다. 예를 들면 안식이 색경을 요별한다고 말하지만, 이때 안식 혼자만의 작용에 의한 것이 아니라, 여러 심소들이 수반되어 함께 작용함으로써 비로소 가능하다. 또한 상응하는 심소들의 성격에 의해서 식의 성격이 선(善)인가 불선인가가 결정된다.

## Ⅱ. 역사적 전개 및 텍스트별 용례

'제6 의식'을 포함하여 육식의 명명(命名)의 근거, 의지처[所依], 인식대상[所緣], 인식작용[行相], 수반되는 심리작용[心所] 등의 주제로 나누어 그 역사적 전개와 텍스트별 용례를 서술하기로 한다. 이들 요건은 식이 요별작용을 하는 데 필수적이기 때문이다. 안식은 안근(眼根)을 소의(所依)로 하고 색경(色境)을 소연(所緣)으로 하는 인식작용이고, 나아가 의식은 의(意)를 소의로 하고 법경(法境)을 소연으로 하는 인식작용이다. 행상(行相, 작용)은 안식은 보는 것이고, 이식은 듣는 것이며, 의식은 분별 즉 판단하는 것이다. 또한 식은 반드시 심소(心所)를 수반함으로써 비로소 요별작용이

가능해지기 때문이다. 이들 요건 다음에 인식방법[量], 선·악 등의 삼성(三性), 기멸(起滅)의 분위 등의 순서로 서술하기로 한다. 또한 역사적 전개에 있어서, '육식(六識)'에 관해서는 아비달마불교와 유식학파에서 집중적으로 논의되었고 이후에는 대체로 계승되었으므로, 여기서도 아비달마불교와 유식학에서의 내용을 중심으로 서술하기로 한다.

### 1. 육식의 명명(命名) 근거

#### 1) 근본불교에서의 내용

안식(眼識), 이식(耳識), 비식(鼻識), 설식(舌識), 신식(身識), 의식(意識)이란 명칭은 어떤 근거로 붙여진 것인가? 우선 6식의 발생을 『아함경(阿含經)』에서는 인연론에 의해서 설명한다. "안근이 인이 되고 색경을 연으로 하여 안식이 일어난다"[眼因緣色 眼識生]고 하여 6근을 원인[因]으로 하고 6경을 조건[緣]으로 하여 6식이 일어난다고 말한다.[9] 또는 "안근과 색경을 연(緣)으로 하여 안식이 일어난다. … 이와 같이 이식·비식·설식·신식·의식도 역시 이와 같이 말한다"[緣眼色生眼識 … 如是耳鼻舌身意 亦如是說][10]고 설명한다. 6근과 6경을 연하여 6식이 일어난다는 것이다.

이처럼 6식이 생겨나려면 6근과 6경을 모두 필요로 한다. 그러면 6식의 명명의 근거는 어떠한가 하면, 비록 6식이 6근과 6경을 연하여 일어나지만 의존하는 곳이 어느 쪽인가에 따라서 이름 붙이게 된다고 말한다. 『아함경』에서 "6근과 6경을 연하여 6식이 일어나지만 6식이 의존하는 곳은 6근이며, 따라서 6근의 이름을 따라 안식·이식·비식·설식·신식·의식이라고 한다"[11]고 말한다. 6식이 생기하려면 6근과 6경이 필요하지만 식이 의존하는 곳은 6근이므로 6근의 명칭을 따라 안식 등으로 이름한다는 것이다.

#### 2) 아비달마불교에서의 내용

부파불교 시대에 들어와서 6식에 관하여 아비달마적인 논의들이 이루어

---

9 『잡아함경』 제9권 「인연경」(『대정장』 2, 57하), "眼因緣色 眼識生 .... 耳聲因緣 鼻香因緣 舌味因緣 身觸因緣 意法因緣意識生."

10 『잡아함경』 제8권 (『대정장』 2, 54하)

11 『중아함경』 제54권 (『대정장』 1, 767상), "識隨所緣生 卽彼緣說 緣眼色生識 生識已 說眼識..... 猶若如火 隨所緣生 卽彼緣說 緣木生火 說木火也."

졌다. 6식의 명칭을 5경에 의존해서 붙인 이유는 무엇인가, 6식의 체는 하나인가 여섯인가, 하나라면 실제 인식은 어떤 과정으로 이루어지는가, 소의근(所依根)에는 어떤 종류가 있는가, 제6 의식의 소의근(所依根)인 의근(意根)이란 구체적으로 어떤 것인가, 수반되는 심소(心所)들은 어떤 종류가 있는가, 6식이 대상을 식별하는 방법의 양상은 어떠한가 등이 논의되었다.

세친(世親, Vasubandhu)의 『구사론(俱舍論)』 제1권에서 "각각 그들 경계를 요별하여 대상의 양상을 총괄적으로 취하므로 식온(識蘊)이라 이름한다. 이것을 다시 구별하면 여섯 가지 식이 있나니, 안식 내지 의식을 말한다"[12]고 설명한다. 오온 중의 식온은 곧 안식 등의 6식이며, 대상의 총상(總相)을 인식한다는 것이다.

'육식득명(六識得名)의 소이(所以)'라 하여 6식의 명칭을 5경에 의하지 않고 5근에 의한 것은 어떤 이유인가에 관하여 『구사론』 등에서 소의승(所依勝)과 불공인(不共因)의 두 가지를 든다.[13] ① 소의승(所依勝): 식의 작용이 명료하거나 어두운의 차이가 있게 되는 것은 감관[根]의 증익(增益)과 손멸(損滅)에 의해서이다. 감관이 전변하면 식도 전변하게 되지만, 외부대상[境]은 전변하더라도 식은 달라지지 않는다. 따라서 소의(所依)의 뜻은 경(境)보다 근(根)이 수승하다. ② 불공인(不共因): 5근은 5식에게 불공(不共)의 소의가 되지만, 5경은 타신(他身)의 5식 및 자타의 의식에게 연취(緣取)되는 바가 되어 불공의가 되지 않는다. 이처럼 5식과 5근은 밀접한 관계가 있기 때문에 5근의 명칭을 5식에 붙이게 된다는 것이다.

그러면 제6식을 의식이라 이름하는 까닭은 무엇인가? 전오식은 불공의(不共依)의 감관이 별도로 있으므로 그에 의존해서 명칭을 얻었지만, 제6식의 경우는 불공의의 근은 없지만 소의승(所依勝)의 의근(意根)은 있기 때문에 그것에 의해서 명명한다고 말한다. 그런데 아비달마불교에서 '의근'은 오직 제6 의식의 소의뿐만 아니라 전오식의 소의도 되는 통의(通依)의 근이다. 6식이 모두 동일한 의근에 의해서 일어나지만, 전오식에는 특히 불공소의근이 각각 있으므로 안식 등이라 이름한다. 이에 반하여 제6식은 불공소의근은 별도로 없기 때문에 전오식의 통의근(通依根)인 의근으로써 그 소의로 하여 의식이라 이름한다는 것이다.

---

12 『아비달마구사론』 제1권(『대정장』 29, 4상), "各各了別彼彼境界 總取境相故名識蘊 此復差別有六識身 謂眼識身乃至意識身."

13 위의 책, 12중하.

**3) 유식학에서 명명(命名)의 근거**

아비달마불교에서의 육식에 관한 일반적인 규정들은 유식학파에 계승되어 보완되고 정치하게 규명되었다. 유식학에서는 '공성(空性)이 성립하는 장(場)으로서의 식(識)'을 중요시했기 때문이다.[14] 아비달마불교에서는 6식의 명칭을 5경에 의존한 이유를 소의승(所依勝)과 불공인(不共因)의 두 가지를 들었다. 유식학에서는 6식의 명명(命名)에 있어서 기본적으로 『아함경』의 취지를 따르며 아비달마적으로 자세히 분석 설명하였다. 유식학에서는 6식의 인식대상[所緣]과 작용[行相]이 모두 대상을 요별하는 것이므로 합해서 요별경식(了別境識)이라고 이름한다. 요별경식이라는 명칭은 통명(通名)이고, 그 식체(識體)에는 6종의 차별이 있다. 유식학에서는 팔식을 주장하며 그 명칭 건립에 있어서, 제7식과 제8식은 항상 상속하는 식이므로 그 당체(當體)의 주된 기능에 따라 각각 사량식(思量識), 이숙식(異熟識) 등의 명칭을 붙인다. 6식의 경우는 수면(睡眠)·기절·무심정(無心定) 등에는 작용이 잠시 중단되는 등 간단(間斷)이 있으므로 소의근(所依根)에 따라 명명한다.

호법(護法, Dharmapāla) 등의 『성유식론(成唯識論)』에 의하면[15] 6종의 명칭은 감관에 따라서 얻는 수근득명(隨根得名)과 대상에 따라서 얻는 수경득명(隨境得名)이 있게 된다. 수근득명은 감관·식의 관계에서 의(依), 발(發), 속(屬), 조(助), 여(如)의 오의(五義)가 있기 때문에 감관에 따라서 안식, 이식 등으로 이름하는 것이다. 『아함경』에서도 6식이 의존하는 것은 6근이므로 6근의 이름을 따라 이름 붙인다고 설명한다. 수경득명은 식(識)의 뜻에 수순하기 때문이다. 즉 6가지 대상을 요별하는 것을 식이라 이름하기 때문이다.

이처럼 6식의 명명은 2종이 있지만 대개는 수근득명에 의한다고 한다. 수경득명은 미자재위(未自在位)에 한정되고, 수근득명은 일체위에 통하기 때문이다. 자재위 즉 제근호용(諸根互用)의 경지에서는 오식이 자기 감관에 의지해서 두루 오경을 반연한다. 예를 들면 안식이 안근을 의지해서 색경뿐만 아니라 나머지 사경(四境)도 반연한다. 따라서 이 위에서 만약 수경득명이 된다면, 한 가지 식을 색식(色識) 내지 촉식(觸識) 등이라고 이름하여

14 橫山紘一, 『唯識の哲學』, 269면.
15 『성유식론』 제5권 (『대정장』 31, 26상중).

5종의 구별이 어렵기 때문에 수경득명은 자재위에 통할 수 없다. 수근득명은 미자재위나 자재위에 통해서 혼동될 염려가 없으므로 일체위에 통할 수 있는 이 득명에 의지해서 안식 내지 의식이라고 이름한다.

『성유식론』과 규기(窺基, 632-682)의 『성유식론술기(成唯識論述記)』에 의하면, 수근득명이라 함은 감관·식의 관계에서 의(依), 발(發), 속(屬), 조(助), 여(如)의 오의(五義)가 있기 때문에 감관에 따라서 안식, 이식 등으로 이름하는 것이다.[16] 오의(五義)의 구체적인 내용은 다음과 같다. ① 의(依): 식이 감각기관에 의지하는 것이다. 감관에는 처소가 있기 때문에 식이 그곳에 머물고, 또한 감관의 힘으로써 대상을 반연함을 말한다. 제6식의 소의근(所依根)과 같은 것은 제7식이 있으므로, 그 형질(形質)이 없어도 제6식도 또한 그곳에 머물러 대상을 반연할 수 있게 된다. ② 발(發): 식이 감관에서 일으켜짐을 말한다. 감관의 발식취경(發識取境) 작용에 의해 식이 일으켜진다. 감관에 변화가 있으면 식의 작용에도 명료함과 어두움이 있다. 예를 들면 원시안(遠視眼)은 그 감관이 손실되었으므로 식도 또한 명료함을 결하는 것과 같다. 또한 제육근(第六根)에 대해서 말하면 제7식이 유루이면 제6식도 상박(相縛)을 해탈할 수 없다. 제6식이 선(善) 또는 무부무기(無覆無記) 상태에 있어서도 제7식의 염오성 때문에 경상(境相)에 매어져서 삼륜청정(三輪清淨) 등의 경지에 도달할 수 없다. 만약 제7식이 무루가 되면 제6식도 반드시 무루가 되는 것과 같다. ③ 속(屬): 식이 감관에 속함을 말한다. 여기서 속(屬)은 종자수축(種子隨逐)을 의미한다. 식의 종자가 항상 근(根)의 종자에 수축함을 말한다. 그 근은 내법(內法)으로서 항상 상속하기 때문에 식이 능히 이것을 수축한다. 즉 근은 불공의(不共依)가 되어서 식이 능히 생기할 수 있게 된다. ④ 조(助): 식이 감관을 돕는 것을 말한다. 식이 감관에 합하여 영수(領受)하는 바가 있으면, 거기에서 감관에 손익이 있게 됨을 말한다. 예를 들면 안식이 해를 볼 때에는 감관으로 하여금 손실이 있게 되고, 달을 볼 때에는 이익이 있게 된다.[17] 또한 제6근에 대해서 말하면 제6식이 이공무루(二空無漏)를 체달할 때 제7식도 또한 유루를 손실해서 무루가 되는 것과 같다. ⑤ 여근(如根): 식과 감관이 비슷해서[相似] 서로 불리(不離)의 관계인 것을 말한다. 안근 등이 비정수(非情數)가 아니고 유정수(有情數)가

16 『성유식론술기』 제5권말 (『대정장』 43, 416상중).
17 『成唯識論演秘』 제4권말 (『대정장』 43, 905중).

되는 것처럼, 안식 등도 또한 비정수가 아니라 유정수가 되는 것과 비슷함을 말한다. 제6식, 제7식에 있어서도 그러해서 소의근인 제7식이 내법(內法)인 것처럼 제6식도 내법에 속한다. 그리하여 근식상사(根識相似)의 법이 된다는 것이다.

## 2. 육식의 체별설(體別說)과 체일설(體一說)

### 1) 아비달마불교에서의 내용

아비달마불교에서는 해탈에 대한 지적 접근의 관점에서 심리 인식론적인 문제들이 세밀하게 논의되었다. 『아함경』에서 6식 이외에 말해지는 심(心)·의(意)·식(識)의 체(體)는 차별이 있는가, 또한 6식의 체(體)는 하나인가 여섯인가라는 논의가 있었다. 세우(世友)의 『품류족론(品類足論)』 제1권에서 "심이란 무엇인가? 곧 심의식을 가리킨다. 이것은 또한 무엇인가? 육식신(六識身)을 말한다"[18]고 하여, 종래의 심의식은 곧 심의 주체를 말하며 구체적으로 6식이라고 설명한다. 법승(法勝)의 『아비담심론(阿毘曇心論)』 제1권에서는 "심(心)은 곧 의(意)이고 의는 곧 식(識)이다. 이 세 가지는 실제로 동일한 것이며 명칭만 다를 뿐이다"[19]라고 하여 심·의·식의 체가 동일한 것임을 강조한다. 『집이문족론(集異門足論)』 등 육족론(六足論)에서는 심의식이 명칭만 다를 뿐 체는 동일한 것으로 일관되게 기술되어 있다. 『대비바사론(大毘婆沙論)』의 단계에서 심의식의 무차별설과 차별설이 함께 거론되는데, 심·의·식은 명칭의 차이만 있을 뿐으로 모두 정신의 주체를 가리키며 체가 동일하다고 주장한다.[20] 당시 부파불교의 유가사(瑜伽師)들을 중심으로 심·의·식은 명칭·세·교설의 시설·의미·업 등의 면에서 분명히 차이가 있다는 근거로 구분하려는 견해가 있었으나, 전반적으로 여전히 심체일설(心體一說)이 주장되었다.

그리하여 6식의 체성 문제에 있어서도 설일체유부(說一切有部) 등에서는 식의 체는 하나라고 주장되었다. 『구사론』에 의하면, 육창일원(六窓一猿)의 비유에서 알 수 있듯이 하나의 마음이 육근문(六根門)을 통하여 외계의 육경을 대상으로 하고서 인식작용을 행할 때 비로소 6식의 명칭이 성립된다.

---

18 『阿毘達磨品類足論』 제1권 (『대정장』 26, 692중)
19 『阿毘曇心論』 제1권 (『대정장』 28, 810중)
20 『阿毘達磨大毘婆沙論』 제72권 (『대정장』 27, 371상)

'여섯 가지 식'이라고 말하더라도 식의 본체가 6종이 있는 것이 아니며, 식의 본체는 역시 하나라는 것이다.

### 2) 유식학에서의 내용

유가유식학파(瑜伽唯識學派)에 들어와서 표층의 6식 이외에 심층의 말나식과 아뢰야식을 규명하고 팔식을 심의식에 배대하여 설명했다. 『아함경』 등에서 말하는 '심(心, citta : 集起)'은 곧 아뢰야식이고, 의(意, manas : 思量)는 말나식이며, 식(識, vijñāna : 識別)이 곧 6식에 해당된다고 말한다. 팔식을 규명하면서 팔식의 체는 하나인가, 각각 다른가에 관한 논의가 행해져서 팔식체별설과 팔식체일설이 있었다. 이것은 곧 6식의 체가 하나인가 여섯인가의 문제와 직결된다. 팔식체별설(八識體別說)은 팔식의 작용이 서로 명백히 구분되기 때문에 그 체성이 각각 다르다는 입장으로서, 호법(護法, Dharmapāla, 530-561) 계통의 유상유식론(有相唯識, sākāra-vijñānavāda)과 법상종(法相宗)에서 주장되었다. 팔식체일설(八識體一說)은 팔식의 체성은 동일하다는 견해이다. 안혜(安慧, Sthiramati, 510-570경) 계통의 무상유식론(無相唯識, nirākāra-vijñānavāda)의 입장인 진제(眞諦, Paramārtha, 499-569)와 섭론종(攝論宗)에서 주장되었다.

## 3. 육식의 소의(所依)

『아함경』에서는 6식의 작용이 일어나려면 반드시 6근과 6경의 두 가지 요건이 필요하며, 이중에서 6근에 더 의존한다고 말한다. 여기서 근(根)은 산스크리트 indriya의 번역어로서 '승용(勝用)' '출생' '증상(增上)'의 뜻이다. 강한 힘을 갖는 것, 그 작용을 낳게 하는 것, 그 작용의 장소가 되는 것, 감각이 작용하는 기관을 의미한다. 원래 indriya는 '인드라 신에 상응하는 힘', '인드라 신에 속한 영역'의 뜻으로서, 유정의 신체 중에서 가장 밝게 빛나며 두드러지게 뛰어난 힘을 말한다.

아비달마시대에 들어와서 6근을 소의근(所依根), 6경을 소연경(所緣境)이라 이름하고 구체적인 논의들이 이루어졌다.

### 1) 아비달마불교에서의 소의 내용

식이 생기하려면 반드시 의지장탁(依止杖托)되는 소의(所依)를 필요로 하며, 크게 불공의근(不共依根)과 통의근(通依根)으로 나눈다. 오식은 각각 다른 식과 공유되지 않고 독점적인 불공별의(不共別依)인 오근과, 통의인 의근을 소의로 한다고 말한다. 아비달마불교에서는 소의인 근(根)에 대해서 구체적인 논의가 이루어졌다. 오근은 발식취경(發識取境)의 작용을 한다. 오근에는 부진근과 승의근의 2종이 있다. 부진근(扶塵根)은 '사진소성(四塵所成)의 육체적 감관으로서 승의근을 부호조성(扶護助成)하는 작용을 가진 것'이다. 육안으로 볼 수 있는 유형적(有形的)인 감관으로서 구체적으로 안구, 귀의 고막, 혀의 미뢰(味蕾), 피부 등을 가리킨다. 승의근(勝義根)은 '승혜(勝慧)의 소연경이 될 감관'으로서 부진근 내부에 존재하는 청정미묘한 사대종(四大種)에 의해 조성된 극미(極微)의 특수한 집합체이며 정근(正根)이라고도 한다. 부진근을 소의처(所依處)로 하여 존재하며 육안으로는 볼 수 없는 미묘한 기관으로서, 광명이 차단됨이 없는 맑고 투명한 물질(rūpa-prasāda, 色亮, 淨色)로 되어 있다. 발식취경의 작용을 갖는 것은 승의근이다. 승의근의 극미 집합의 형태는 오근이 모두 다르다고 한다. 불교에서 오근이라 할 때는 부진근이 아니라 바로 승의근을 가리킨다. 안근은 안식의 소의(所依)가 되어 색경을 견취(見取)하는 맑고 투명한 물질적 감관이고, 나아가 신근은 신식의 소의가 되어 촉경을 감취(感取)하는 맑고 투명한 물질적 감관이다.

6식은 6근을 소의근으로 한다. 그런데 전오식의 소의근인 오근은 구체적으로 알 수 있지만, 과연 의식의 소의근인 의근(意根)은 구체적으로 어떤 것인가에 관한 논의가 이루어졌다. 『구사론』 등에서 의식은 이미 소멸한 전찰나의 육식을 근거로 일어나며, 5근에 준하여 의근(意根)으로 이름한다고 말한다.

### 2) 유식학에서 소의(所依) 내용

유식학에서는 6식 이외에 제7 말나식과 제8 아뢰야식을 말하며, 오식이 작용할 때는 늘 의식·말나식·아뢰야식이 함께 작용한다는 구기설(俱起說)을 주장한다. 그리하여 오식의 소의(所依)로서 불공의(不共依)인 오근과 공의(共依)인 제8식을 든다. 제6 의식의 소의는 불공의로서 제7 말나식을 들고, 공의로서 제8식을 든다.

미륵(彌勒, Maitreya)의 『유가사지론(瑜伽師地論)』 제55권에서 심왕과 심소를 '유소의(有所依)'라고 이름하고, 반드시 소의를 갖춰야만 하는 취지를 밝히고 있다. 『성유식론』 제4권에서는 소의로서 인연의(因緣依), 증상연의(增上緣依), 등무간연의(等無間緣依)의 3종을 든다.[21] ① 인연의는 종자의라고도 하며, 곧 제식(諸識) 각자의 종자를 말한다. ② 증상연의는 능의(能依)의 제식심품(諸識心品)과 동시에 있어서 능히 그것의 소의가 되는 육근(六根)을 말한다. 반드시 함께 동시에 전기(轉起)하기 때문에 구유의(俱有依)라고도 하는데, 다만 구유의는 종자·현행에 모두 통하고 증상연의는 현행에 대해서만 말한다. 전오식의 구유의는 오근(五根 ; 同境依), 제6식[分別依], 제7식[染淨依], 제8식[根本依]이다.[22] 이중 오근은 불공의(不共依)이고 뒤의 3의는 공의(共依)이다. 오근은 오식과 함께 현재의 오경을 취하고, 제6식은 오식과 대상을 반연하여 명료하게 분별하며, 제7식은 오식으로 하여금 유루(有漏) 잡염 또는 무루(無漏) 청정하게 하고, 제8식은 7전식(轉識)이 이를 말미암아 일어나는 근본이다. 제6식의 구유의는 제7식[不共依]과 제8식[共依]이다. 참고로 말하면 제7식의 구유의는 제8식이고, 제8식은 제7식을 구유의로 삼아서, 제7식과 제8식은 서로 불공의가 된다고 한다.[23] ③ 등무간연의는 후념의 심왕·심소를 인도해서 장애함이 없이 생기할 수 있도록 하는 전멸(前滅)의 의근을 말하며, 개도의(開導依)라고도 한다. 이 소의는 심왕에만 한정되고 심소에는 통하지 않기 때문에, 사연(四緣) 중에서 심왕·심소에 통하는 등무간연(等無間緣)과는 관협(寬狹)의 차이가 있다. 팔식의 개도의(開導依)가 되는 것은 팔식이 각각 전념(前念)의 자식(自識)이라고 한다

## 4. 의근(意根)의 문제

### 1) 아비달마불교에서의 의근 내용

6식은 6근에 의지해서 6경을 인식한다. 그런데 오근은 그 형태를 구체적으로 볼 수 있지만, 제6 의식의 소의근인 의근은 우리의 육안으로 볼 수 없다. 의근(意根)의 존재는 구체적으로 어떤 것인가? 아비달마불교 시대에 의식의 소의근을 규명하고자 했다. 상좌부(上座部)에서는 오식이 오근이라는

21 『유가사지론』에서는 도리[理]로써 명칭을 삼아서 종자의(種子依), 구유의(俱有依), 개도의(開導依)라고 말한다. 『성유식론』에서는 연(緣) 즉 사연(四緣) 중에 소연연(所緣緣)을 제외한 삼연에 의거해서 이름붙인 것이다.

22 『해심밀경』 제1권, 『유가론』 제1권·제51권·제76권, 『현양성교론』 제1권, 『아비달마잡집론』 제1권, 세친·무성의 『섭대승론석』 제1권 등.

23 『유가론』 제63권, 무성(無性)의 『섭대승론석』 제3권.

색법을 소의근으로 하므로, 의식도 색법을 소의근으로 할 것으로 간주하여 심장[心基(hadaya-vatthu), '胸中의 色物']을 의근으로 삼기도 했다.[24] 경량부(經量部)는 색심호훈(色心互熏)의 종자이론에 근거하여 색법을 의식의 선천적인 별소의근(別所依根)으로 설명하였다.[25] 『구사론』 제1권에 의하면 설일체유부(說一切有部)는 '무간멸의(無間滅意)'라 하여 찰나 생멸하는 식의 흐름 속에서 직전 찰나[無間]의 육식 즉 전념(前念)의 심식을 의근으로 보았다. 현재에 있는 것을 식이라 하고 직전 찰나에 멸한 것을 의근이라 하는 것으로서, 의근과 식과는 그 체가 하나요 별개가 아니다. 예를 들면 한 사람이 그 아버지에 대해서는 자식이 되지만, 그 자식에 대해서는 아버지가 되는 것과 같다고 하였다.[26]

그렇다면 전오식과 의근의 관계는 어떠한가? 예를 들면 만약 전념(前念)에서 안식이 색경을 반연했다고 하면, 그 반연한 사실이 과거로 낙사(落謝)하며, 그 과거에 낙사한 안식을 의근으로 하여 그 후념(後念)의 의식이 일어나서 다시 청(青)·황(黃)·적(赤)·백(白) 등의 색깔과 장(長)·단(短)·방(方)·원(圓) 등의 형태를 식별하는 의식적 작용을 일으키게 된다고 한다. 이처럼 하나의 식이 무간멸(無間滅)하여 과거에 낙사하면 그 중간에 간격을 두지 않고 그 후식(後識)이 간격 없이 이어져서 일어난다. 의근은 전오식의 소의도 되고 제6식의 소의도 된다. 그런데 전오식은 각각 불공소의근(不共所依根)이 있으나, 제6식은 불공소의근은 없고 오직 이 의근에만 의지할 뿐이라고 한다.

### 2) 유식학에서의 의근 내용

유식학에서는 발생적인 측면에서 의식이 의지하는 기관이 반드시 있으며, 그 의근은 색법이나 전찰나에 소멸된 육식이 아니라, 제7 말나식인 염오의(染汚意)라고 보았다. 『성유식론』 제5권에서 제7 말나식 존재의 교증(教證)으로서 『해탈경(解脫經)』의 게송에 나오는 '염오의(染污意, **kliṣṭaṃ manaḥ**)'를 든다.[27] 무착(無着, Asaṅga, 395-470경)의 『섭대승론』상권에서

---

24 『성유식론술기』 제5권말 (『대정장』 43, 412상), "胸中色物爲其意根"

25 무성(無性), 『섭대승론석』 제1권 (『대정장』 31, 384중), "經部所立 色爲意識俱生別依."

26 『구사론』 제1권 (『대정장』 29, 4중), "現六識無間滅已 能生後識故名意界 爲如此子 卽名餘父."

처음으로 심·의·식 중의 의(意)에는 무간멸의(無間滅意)와 염오의(染汚意)의 두 가지가 있다고 말한다.[28] 이후의 유식논서에서 염오의는 제7 말나식을 표현하는 중심용어로 사용된다. 안혜(安慧)는 『대승장엄경론(大乘莊嚴經論)』의 주석에서 "성문은 육식의 무간멸(無間滅)을 의근으로 보지만, 대승에서 의근은 바로 염오의이다"라고 분명히 서술하고 있다.[29]

『성유식론』 제4권에서는 식이 생겨날 수 있는 소의로서 인연의(因緣依)·증상연의(增上緣依)·등무간연의(等無間緣依)의 3종을 든다. 그러므로 유식학에서 제6식의 소의인 의근에는 인연의로는 제6식의 종자이고, 증상연의 즉 구유의(俱有依)는 제7식[不共依, 染汚意]과 제8식[共依, 根本識]이며, 등무간연의 즉 개도의(開導依)는 전멸(前滅)의 제6식[無間滅意]이 된다.

### 5. 육식의 소연(所緣)

인식대상을 의미하는 용어로는 경(境, viṣaya), 소연(所緣, ālambana), 소취(所取, grāhya) 등이 있다. viṣaya는 artha(境)[30]의 일부로서 특히 '인식대상이 된 것'을 말한다. ālambana는 '인식작용이 성립하는 의지처가 되는 것'이라는 의미이다. grāhya는 존재를 인식론적인 관점으로 받아들이려는 취지의 용어이다.

육식의 대상은 색(色), 성(聲), 향(香), 미(味), 촉(觸), 법(法)의 6경이다. 우선 오식의 대상부터 살펴보면, 오경(五境)을 오진(五塵)·오묘욕경(五妙欲境) 등이라고도 부른다. 오진(五塵)이라 함은, 심식의 소연경이 되어서 번뇌를 환기하여 도리어 심식을 오염시키는 것이 티끌 먼지와 같다는 의미에서이다. 우리의 탐욕심이 오경을 애착하여 정묘(淨妙)한 경계라고 오인(誤認)한다는 점에서 오묘욕경이라고도 부른다.

『구사론』제1권 등 아비달마논서와 보광(普光)의 『백법명문론소(百法明門論疏)』 상권 등 여러 유식논서에서는 오경을 다음과 같이 말한다.

① 색경(色境, rūpa-viṣaya)은 색깔[顯色]과 형태[形色]의 경계이다. 『구사

27 『성유식론』 제5권 (『대정장』 31, 24하)
28 『攝大乘論』 상권 (『대정장』 31, 133하)
29 北京版, 108, p.257, 1f. 横山紘一, 『唯識の哲學』, 207면에서 재인용.
30 식(識)에 상대되는 객관으로서 보통 경(境, viṣaya, artha)이라는 용어가 사용된다. 이 중에서 artha는 '인식대상'만을 의미하는 것이 아니라, 널리 '사물(thing)' 일반 나아가 사물의 '의미(meaning)'도 나타낸다.

론』에서는 색깔로서 4현색과 8현색의 12종류를 들고, 형태로서 8종류를 든다. 나머지 모든 색깔은 이것으로부터 변화 조합된 것이다. 4현색은 색깔의 4원색(原色)으로서 4본색(本色)이라고도 한다. 청(靑), 황(黃), 적(赤), 백(白)이다. 8현색은 4본색으로부터 변화된 것으로서 구름[雲], 연기[煙], 먼지[塵], 안개[霧], 그림자[影], 빛[光], 광명[明], 어두움[暗]의 8가지를 든다. 구름은 엉킨 기운[凝氣]이고, 연기는 불의 기운이 등승(騰昇)한 것이며, 먼지는 미세한 가루가 비산(飛散)한 것이고, 안개는 땅의 물 기운이 등승(騰昇)한 것이며, 그림자는 광명을 장애하여 중간에 다른 색깔이 있는 것이고, 빛은 일염(日焰)이며, 밝음은 달·별·보주(寶珠)·번갯불 등의 불꽃이고, 어두움은 물체를 보이지 않게 하는 것이다. 8형색은 길고[長] 짧고[短] 네모지고[方] 둥글고[圓] 높고[高] 낮고[下] 평평하고[正] 평평하지 않은 것[不正]을 말한다.

『백법명문론소(百法明門論疏)』 등 유식논서에서는 현색, 형색, 표색의 3종을 든다. 『구사론』에서 말하는 현색에다가 공일현색(空一顯色)이라 하여 허공의 빛을 추가한다. 또한 표색(表色)이라 하여 행(行), 주(住), 좌(坐), 와(臥), 취(取), 사(捨), 굴(屈), 신(伸) 등을 든다. 이상의 여러 색경 중에서 안식의 소연경은 현색이고, 형색과 표색은 제6 의식의 소연경이라 한다.

② 성경(聲境, śrotra-viṣaya)은 소리의 경계이며 8종류를 든다. 『구사론』에서는 다음과 같이 열거한다. 크게 유집수와 무집수로 나누고, 다시 각각 유정명과 비유정명으로 나누며, 다시 각각 가의성과 불가의성을 든다.

유집수 — 유정명 — 가의성 (칭찬 등)
불가의성 (꾸짖는 소리)
비유정명 — 가의성 (칭찬 박수소리)
불가의성 (질책의 두들기는 소리)
무집수 — 유정명(라디오, 비디오, 영화) — 가의성(變化人의 부드러운 소리)
불가의성(변화인의 꾸짖는 소리)
비유정명(물소리, 바람소리, 파도소리 등) — 가의성(악기소리)
불가의성(천둥소리)

유집수(有執受)는 유정(有情, 생물·동물)의 성대에 의해 내는 음성을 말하고, 무집수(無執受)는 비유정(非有情, 무생물)의 물질에 의한 소리이다.

유정명(有情名)은 유정의 언어로 나타내지는, 의미가 있는 말로서 인간의 말이나 유인원이나 돌고래 등의 음성이다. 비유정명(非有情名)은 비언어적인 소리를 가리킨다. 가의성(可意聲)은 우리의 감정에 쾌감을 주는 소리이고, 불가의성(不可意聲)은 불쾌감을 일으키는 소리를 말한다. 소리는 다른 감각보다도 훨씬 강하게 감정에 호소하는 성질이 있기 때문에 가의성과 불가의성으로 구분한다.

유식학에서는 소리의 생인(生因)에 의해 내성(內聲)·외성(外聲)·내외성(內外聲)으로 구분하고, 능연자(能緣者)의 의요(意樂)에 의해 가의성(可意聲), 불가의성(不可意聲), 구상위성(俱相違聲)으로 나눈다. 내성은 유정(有情)의 성대 등 신체에서 생겨나는 소리이고, 외성은 비정물(非情物)의 물체로부터 생기는 소리이다. 내외성은 유정의 신체와 비정물의 물체에 의해 생겨나는 소리로서, 손으로 악기를 두드린다거나 입으로 피리 등을 부는 것 등이다. 가의성은 쾌감을 일으키는 소리이고, 불가의성은 반대로 불쾌감을 일으키는 소리이다. 구상위성은 들어서 쾌감이나 불쾌감을 일으키지 않는 소리를 말한다.

③ 향경(香境, gandha-viṣaya)은 냄새의 경계로서 『구사론』에서는 크게 4종으로 나눈다.

호향 ― 등향 예) 전단(栴檀)
　　　 부등향 예) 마약
오향 ― 등향 예) 마늘, 파 등
　　　 부등향 예) 악취

호향(好香)은 좋은 냄새이고, 오향(惡香)은 싫은 냄새이다. 등향(等香)은 냄새의 범위가 코와 균등하여 이로운 것이고, 부등향(不等香)은 향기가 너무 강렬하거나 악취가 심해서 코에 적합하지 못하고 해를 끼치는 경우이다. 유식학에서는 변이향(變異香)이라 하여 물체가 변이하여 그 후에 생기는 냄새를 추가한다.

④ 미경(味境, rasa-viṣaya)은 맛의 경계로서 『구사론』에서는 다음의 6종류로 나눈다. 감(甘 : 단맛), 초(酢 : 신맛), 함(鹹 : 짠맛), 신(辛 : 매운맛), 고(苦 : 쓴맛), 담(淡 : 싱거운 맛)의 6종류이며, 이것들이 서로 복합 변화되어 갖가지 맛이 생겨난다.

유식학에서는 이들 6가지를 능연자의 의요(意樂)에 따라 가의(可意)·불가의(不可意)·구상위(俱相違)로 나눈다.

⑤ 촉경(觸境, spraṣṭavya-viṣaya)은 촉감의 경계로서 『구사론』에서는 능조(能造) 4종과 소조(所造) 7종의 11종류로 나눈다. 능조의 촉은 사대(四大)인 지(地 : 견고성), 수(水 : 습윤성), 화(火 : 온난성), 풍(風 : 유동성)을 말한다. 소조의 촉은 7종류로서 능조 4대의 은현(隱顯)에 의해 차이가 생겨난다. 7종류에서 매끄러움[滑]은 수대(水大), 화대(火大)의 세력이 성하여 유연한 것이고, 거침[澁]은 지대, 풍대의 세력이 성하여 추강(麤强)한 것이다. 무거움[重]은 지대·수대의 세력이 성한 것이고, 가벼움[輕]은 화대·풍대의 세력이 성한 것이다. 차거움[冷]은 몸 안에서 수대와 풍대의 세력이 성하여 신근을 자극해서 냉각(冷覺)을 일어나게 하는 촉감이다. 배고픔[饑]은 풍대의 세력이 성하여 기각(饑覺)을 일어나게 하는 촉감이고, 목마름[渴]은 화대의 세력이 성하여 갈각(渴覺)을 일어나게 하는 촉감이다.

유식학에서는 7종에다가 연(軟), 완(緩), 급(急), 포(飽), 역(力), 열(劣), 민(悶), 노(老), 사(死), 피(疲), 식(息), 용(勇) 등을 추가한다. 이들 추가된 소조의 촉경은 신식의 소연이 아니라 제6 의식의 분별에 의해 감각되는 것이라고 한다.

⑥ 법경(法境, dharma-viṣaya)은 제6 의식의 소연경으로서 유위(有爲)·무위(無爲)의 일체제법(一切諸法)의 통칭이지만, 아비달마불교에서는 전오식의 대경(對境)은 제외된다. 『구사론』에 의하면 법경에 들어가는 것은 오위칠십오법(五位七十五法) 중에서 오근·오경·심왕을 제외한 무표색(無表色)·심소법(46가지)·불상응행법(14가지)·무위법(3가지) 등의 64법이라고 한다. 유식학에서는 법경으로서 널리 일체만법 즉 심왕법(8가지), 심소법(51가지), 색법(11가지), 불상응행법(24가지), 무위법(6가지)의 오위백법을 든다. 또한 소연경인 색법으로서 오경과, 오경 이외에 법처소섭색(法處所攝色)이라 하여 극략색(極略色)·극형색(極逈色)·수소인색(受所引色)·변계소기색(遍計所起色)·자재소생색(自在所生色)의 5종을 열거한다.

### 6. 상응하는 심소(心所)들

우리의 정신세계를 살펴보면 보고 듣는 등의 식별작용 이외에 갖가지 심리작용들이 교차됨을 알 수 있다. 식별작용의 주체를 심왕(心王, citta)이라

하고, 이에 수반되는 심리작용을 심소(心所, caitta, 또는 心數)라고 한다. 심소는 심소유(心所有)의 줄임말로서 심왕에 종속되어 항상 함께 일어나기 때문에 그렇게 부른다. 『아함경』에서 촉(觸)·수(受)·상(想)·사(思) 등의 심리현상들이 설해지는데, 아비달마불교에 들어와서 여러 심소들이 열거되고 심소에 대한 본격적인 논의가 이루어졌다. 상응의 의미, 심왕과 심소의 작용의 차이, 심소의 수(數)와 그 분류가 행해졌다. 또한 심왕을 떠나서 심소의 체가 별도로 있느냐 없느냐에 관해서 설일체유부는 별체설(別體說)을 주장했다.

### 1) 『구사론』에서 육식의 상응심소

『구사론』 제4권에서 심왕과 심소 사이에는 오의평등(五義平等) 즉 소의평등(所依平等), 소연평등(所緣平等), 행상평등(行相平等), 시평등(時平等), 사평등(事平等)의 의미가 있어서 상응(相應, samprayukta)의 관계가 있다고 말한다. 또한 하나의 상응 중에는 심왕과 심소가 각각 하나씩 일어난다고 한다. 예를 들면 안식과 이식의 2심왕이 동시에 일어난다거나, 고수(苦受)와 낙수(樂受)의 2심소가 동시에 일어나는 일은 없다고 말한다. 심왕과 심소의 작용의 차이에 관해서는, 심왕은 오직 대상의 총상(總相)을 취하고, 심소는 총상·별상(別相)을 취한다고 한다. 예를 들면 안식이 색경(色境)의 색깔·형태의 전체적인 총상을 취하면, 상응하는 심소들이 총상을 취하는 동시에 대상의 농담(濃淡) 등의 별상을 취한다. 또한 심소는 대상에 대하여 고(苦)·낙(樂) 등의 감정을 일으키고, 대상을 선택하며, 선·악 등의 업을 짓게 한다.

심소의 수(數)를 건립함에 있어서 『대비바사론』 제42권 등에서는 49심소를 말하고, 『구사론』 제4권에는 6위(位) 46심소가 열거된다. 다만 이 심소들이 6식의 하나하나에 동시에 상응구기(相應俱起)하는 것이 아니다. 제6의식에는 46가지 심소가 상응하고, 오식에는 32심소가 상응한다. 의식에는 46심소 즉 대지법(大地法, citta-mahābhūmika-dharma)인 10가지[受, 想, 思, 觸, 欲, 慧, 念, 作意, 勝解, 三摩地], 대선지법(大善地法, kuśala-mahābhūmika-dharma)인 10가지[信, 不放逸, 輕安, 捨, 慚, 愧, 無貪, 無瞋, 不害, 勤], 대번뇌지법(大煩惱地法, kleśa-mahābhūmika-dharma)인 6가지[癡, 放逸, 懈怠, 不信, 惛沈, 掉擧], 대불선지법(大不善地法, akuśala-mahābhūmika-dharma)인 2가지[無慚, 無愧], 소번뇌지법(小煩惱地法, upakleśa-bhūmika-dharma)인

10가지[忿, 覆, 慳, 嫉, 惱, 害, 恨, 諂, 誑, 憍], 부정지법(不定地法, aniyata-bhūmi-dharma)인 8가지[尋, 伺, 睡眠, 惡作, 貪, 瞋, 慢, 疑]가 모두 상응할 수 있다. 오식은 각각 대지법 10가지, 대선지법 10가지, 대번뇌지법 6가지, 대불선지법 2가지, 부정지법 중에서 4가지[尋, 伺, 悔, 眠]가 상응할 수 있다. 다만 6식이 현기(現起)할 때 이 심소들이 반드시 구기상응(俱起相應)하는 것은 아니고 때와 경우에 따라 다소 일정하지 않다.[31]

### 2) 유식학에서 육식의 상응심소

유식학파에 와서 심소에 대한 연구가 더욱 정치하게 이루어졌다. 세친(世親)의 『유식삼십송(唯識三十頌)』과 『성유식론』을 중심으로 살펴보면 다음과 같다. 우선 심소(心所)라고 이름하는 이유에 대해서 ①항상 심왕을 의지해서 일어나고 ②심왕과 상응하며 ③심왕에 계속(繫屬)되기 때문이라고 설명한다.[32] 심소는 반드시 심왕과 함께 일어나며 단독으로 일어나는 것이 아니므로 심왕과 심소를 상응법(相應法)이라 한다. 상응(相應)의 이유로서 '사의평등(四義平等)'이라 하여 시동(時同 : 심왕과 심소는 동일찰나에 일어남), 의동(依同 : 심왕과 심소는 所依根을 같이 함), 소연등(所緣等 : 심왕과 심소는 상분(相分)이 상사(相似)함), 사등(事等 : 심왕과 심소는 그 체(體)가 각각 일체(一體)라야만 됨)으로 설명한다.[33]

심소의 수를 건립함에 있어서 『아비달마잡집론(阿毘達磨雜集論)』 제1권에서는 55심소를 말하고, 『유가사지론』 제1권에서는 53심소를 말하며, 『현양성교론(顯揚聖教論)』 제1권, 『백법명문론(百法明門論)』 『유식삼십송』, 『성유식론』 제5권 등에서는 51심소를 말한다. 대승에서는 51심소가 일반적이다.

6식에 상응하는 심소들은 다음과 같다. 의식에는 51가지 심소가 모두 상응할 수 있다. 즉 변행심소(遍行心所) 5가지, 별경심소(別境心所) 5가지, 선심소(善心所) 11가지, 번뇌심소(煩惱心所) 6가지, 수번뇌심소(隨煩惱心所) 20가지, 부정심소(不定心所) 4가지이다.

**변행심소**(㊀ sarvatraga-caitta, ㊁ universal caittas)는 촉(觸, spraṣṭavya, mental contact), 작의(作意, manaskāra, attention), 수(受, vit, sensation ), 상

31 『구사론』 제4권 (『대정장』 29, 19상-20하)
32 『성유식론』 제5권 (『대정장』 31, 26하)
33 위의 책, 제3권, 11면.

(想, saṃjñā, conception), 사(思, cetanā, volition)이다.

**별경심소**(viniyata-caitta, special caittas)는 욕(欲, chanda, desire), 승해(勝解, adhimokṣa, resolve), 염(念, smṛti, memory), 정(定, samādhi, meditation), 혜(慧, dhī, mati, discernment)이다.

**선심소**(kuśala-caitta, good caittas)는 신(信, śraddhā, belief), 참(慚, hrī, sense of shame), 괴(愧, apatrapā, sense of integrity), 무탐(無貪, alobha, non- covetousness), 무진(無瞋, advesa, non-anger), 무치(無痴, amoha, non- delusion), 근(勤, vīrya, zeal or diligence), 안(安, praśrabdhi, composure of mind), 불방일(不放逸, apramādika, vigilance), 행사(行捨, upekṣā, equanimity), 불해(不害, ahiṃsā, harmlessness or non-injury)이다.

**번뇌심소**(kleaśa-caitta, vexing passions)는 탐(貪, rāga, covetousness), 진(瞋, pratigha, anger), 치(痴, mūḍha, delusion), 만(慢, māna, conceit), 의(疑, vicikitsā, doubt), 악견(惡見, kudṛṣṭi, false views)이다. 악견을 살가야견(薩迦耶見, 有身見, satkāyadṛṣṭi), 변견(邊見, antagrāhadṛṣṭi), 사견(邪見, mithādṛṣṭi), 견취견(見取見, dṛṣṭiparāmarśa), 계금취견(戒禁取見, śīlavrataparāmarśa)의 5종으로 나누어 10번뇌라고도 한다.

**수번뇌심소**(upakleśa-caitta, secondary vexing passions)는 분(忿, krodha, fury), 한(恨, upanahana, enmity), 부(覆, mrakṣa, concealment or hypocrisy), 뇌(惱, pradāśa, vexation), 질(嫉, īrṣyā, envy), 간(慳, mātsarya, parismony), 광(誑, māyā, duplicity or fraudulence), 첨(諂, śāṭhya, deception), 해(害, vihiṃsā, harmfulness), 교(憍, mada, pride), 무참(無慚, ahrī, shamelessness), 무괴(無愧, atrapā, non-integrity), 도거(掉擧, uddhava, agitation or restlessness), 혼침(昏沈, styāna, torpid- mindedness), 불신(不信, āśraddhya, unbelief), 해태(懈怠, kausīdya, indolence), 방일(放逸, pramāda, idleness), 실념(失念, muṣitāsmṛti, forgetfulness), 산란(散亂, vikṣepa, distraction), 부정지(不正知, asaṃprajanya, non-discernment or thoughtlessness)이다.

**부정심소**(aniyata-caitta, indeterminate mental qualities)는 회(悔, kaukṛtya, remorse), 면(眠, 睡眠, middha, drowsiness), 심(尋, 尋求, vitarka, reflection), 사(伺, 伺察, vicāra, investigation)이다.[34]

오식에 상응이 가능한 심소는 5변행심소, 5별경심소, 11선심소, 번뇌심

---

34 박인성, 『유식삼십송석』(서울 : 민족사, 2000), 74-121면.

소 중에서 탐·진·치, 수번뇌심소 중에서 무참·무괴·도거·혼침·불신·해태·방일·실념·산란·부정지 심소 등 34심소가 열거된다. 의식에는 51심소, 전오식에는 34심소가 상응이 가능하지만 동시에 상응하는 것은 아니다.

## 7. 생기하는 조건[生緣]

심식은 한 대상을 인식하는 과정에서 분명하게 한 마음에서 다음 마음으로 규칙적이고 통일된 순서에 의해서 일어난다. 이런 순서를 아비담마에서는 '마음의 정해진 순서(citta-niyama)'라고 부른다.[35] 유식학에서는 심식이 대상을 반연하여 여러 찰나에 상속할 때는 오위의 순서를 지나며, 이것을 오심(五心)이라 이름한다. 『유가사지론(瑜伽師地論)』 제1권에서는 대상을 향해서 마음이 일어나는 작용을 순서대로 5종으로 나누어 말한다.[36] 곧 솔이심(率爾心 : 대상을 향한 일순간의 마음), 심구심(尋求心 : 대상을 자세히 알려고 하는 마음), 결정심(決定心 : 대상을 자세히 안 때의 마음), 염정심(染淨心 : 대상에 대해서 좋아하거나 미워하는 등의 감정을 갖는 마음), 등류심(等流心 : 감정이 지속된 상태에 있는 마음)이다. 솔이심은 전오식에 있고, 심구심부터는 의식에 있으며, 결정심 뒤에 비로소 염정심이 있고, 그 뒤에는 더 나아가 등류심에 이른다고 한다.[37] 오심 중에서 솔이심과 등류심은 육식에 통하고, 심구심·결정심·염정심은 오직 의식에 통한다. 또한 앞의 세 가지는 반드시 무기성(無記性)이고, 뒤의 두 가지는 선·악에 통한다. 또한 솔이오식 뒤에는 반드시 심구심이 있고, 심구심 뒤에는 산란하거나 산란하지 않는데, 산란하면 곧 다시 솔이 오식이 일어나고 산란하지 않으면 결정심 내지 등류심이 일어난다고 한다.

유식학에서는 아비달마불교와는 달리 제식구전(諸識俱轉)의 입장이다. 세친의 『유식삼십송』에서는 『해심밀경』의 「심의식상품(心意識相品)」의 비유에 기초하여 "오식은 연(緣)에 따라 일어난다. 혹은 함께 하고 혹은 함께 하지 않나니, 파도가 바닷물에 의지하는 것과 같도다"[五識隨緣現 或俱或不俱 如濤波依水]라고 말한다. 근본식인 제8식을 해수에 비유하고 오식은 파

35 대림, 각묵 스님 공동번역 및 주해, 『아비담마 길라잡이』 상권 (초기불전연구원, 2002), 349면.

36 규기(窺基)의 『대승법원의림장(大乘法苑義林章)』 제1권본에서 상세히 설명된다.

37 『유가사지론』 제1권 (『대정장』 30권, 280상)

도에 비유하며, 생연은 풍력(風力)에 비유한 것이다. 오식은 1식의 생연이 갖추어지면 1식이 일어나고 나아가 5식의 생연이 갖추어지면 5식이 일어난다. 전오식은 1식이라도 생기하면 반드시 명료의(明了依)인 제6식과 염정의(染淨依)인 제7식과 근본의(根本依)인 제8식의 세 가지 공의(共依)도 함께 한다.

오식은 중연(衆緣)이 있어야 생기한다. 그 이유를 『성유식론술기』 제7권본에서 다음과 같이 설명한다. ① 오식은 심(尋)·사(伺) 심소와 상응하지 않기 때문에 사려하는 일이 없고, ② 반드시 의식에 이끌려서 생기하는 식이어서 스스로 생기할 수 없으며, ③ 다만 '외문전(外門轉)의 식'으로서 외계의 오경에 대해서만 일어나기 때문에 오식이 생기하려면 반드시 중연을 빌려야 한다. 그 조건들이 항상 구족되지는 않으므로 오식의 작용은 간단(間斷)하는 경우가 많고 현행하는 때가 적다.

이에 반하여 제6 의식은 ① 심·사 심소와 상응하기 때문에 스스로 능히 사려할 수 있고, ② 스스로 생기하며, ③ '내외문전(內外門轉)의 식' 즉 외계의 구체적인 대상에 대해서도 일어나지만 내계의 미세한 사물에 대해서도 일어난다. 따라서 제6식은 연을 빌리는 일이 적기 때문에 연이 구족되기가 용이하므로 간단하는 경우가 매우 적어서 거의 항상 현기(現起)한다.[38] 의식은 '오위무심(五位無心)'의 경우를 제외하고는 거의 항상 일어난다. 의식이 작용하지 않는 오위무심은 무상천(無想天)에 태어남, 무상정(無想定)과 멸진정(滅盡定), 수면(睡眠), 기절함[悶絕]의 다섯 가지를 든다.[39]

『성유식론술기』 제7권본에서 6식의 생연(生緣)을 다음과 같이 열거한다. ① 안식이 생기하려면 9연(緣) 즉 공간[空], 밝음[明], 감관[根], 대상[境], 작의(作意) 심소, 제6 의식, 제7 말나식, 제8 아뢰야식, 종자의 9조건이 갖추어질 때이다. ② 이식의 경우는 밝음을 제외하고 공간, 감관, 대상, 작의, 제6 의식, 말나식, 아뢰야식, 종자의 8연(緣)이 갖추어질 때이다. ③ 비식, 설식, 신식의 경우는 공간, 밝음을 제외한 감관, 대상, 작의, 제6 의식, 말나식, 아뢰야식, 종자의 7연이 갖추어질 때이다. ④ 제6 의식은 근(根, 즉 의근(意根)인 제7식), 대상, 작의, 제8식, 종자의 5연이 갖추어질 때이다. 의식은 전오식 중에서 어느 하나의 식이라도 일어나면 반드시 구기(俱起)한다.

---

38 『성유식론술기』 제7권본 (『대정장』 43, 476하)

39 『유식삼십송』 (『대정장』 31, 60하), "意識常現起 除生無想天 及無心二定 睡眠與悶絕."

## 8. 인식방법과 분별

육식의 인식은 어떤 방법으로 이루어지며, 그 요별은 어떤 분별의 양상인가? 예부터 인도종교철학에서는 대상을 인식하는 방법[量]에 여러 가지를 열거하는데, 불교에서는 대체로 현량(現量)·비량(比量)·성언량(聖言量)을 올바른 인식방법으로 인정한다. 양(量, pramāṇa)은 인식방법, 인식근거, 인식수단이란 의미이다. 현량(現量, pratyaṣa)은 감관을 통한 직감적 인식방법으로서, 대상의 현존상태 그대로 인지하는 감각지(感覺知)이다. 비량(比量, anumāna)은 감관에 직접 접촉되지 않은 대상을 논리적 일치성에 의해 아는 인식방법이다. 이미 아는 사실에 근거하여 비교해서, 알지 못하는 사실을 추측하여 지적 판단을 내리는 것으로서 개념지·추리지이다. 예를 들면 연기를 보고 불이 있는 것을 안다거나, 울타리위에 두 뿔을 보고 그곳에 소가 지나가는 것을 아는 것 등이다. 성언량(聖言量, śabda)은 성인이나 믿을만한 사람의 말을 통해 아는 것이다. 또한 오류(誤謬) 판단, 착란 상태의 분별작용, 착각이나 환각 등을 비량(非量)이라 한다.

또한 심식으로 인식하는 작용을 자성분별, 수념분별, 계탁분별의 삼분별로 나눈다.

자성분별(自性分別)은 현재 앞에 있는 대경(對境)의 자상 그대로를 직각적(直覺的)으로 인식하며, 추측이나 사량하지 않는 단순한 정신작용이다. 임운분별(任運分別), 자성사유(自性思惟)라고도 한다. 수념분별(隨念分別)은 지나간 일을 추억하여 여러 가지 생각을 하는 정신작용이다. 계탁분별(計度分別)은 널리 삼세에 걸쳐서 헤아리고 상상하는 정신작용이다.

육식의 삼량과 삼분별에 관하여 아비달마불교와 유식학은 입장을 같이 한다. 전오식은 오직 현량만을 하는데 비해서, 제6 의식은 현량뿐만 아니라 비량(比量), 비량(非量) 등 광범하게 작용한다. 또한 전오식은 자성분별만을 하는 데 비해, 의식은 자성분별뿐만 아니라 수념분별과 계탁분별을 특성으로 한다. 전오식은 무분별적임에 비해, 의식은 분별 활동이 활발하여 오식 하나하나의 인식 내용을 정리하고 판단한다.

## 9. 삼성(三性)

육식은 선(善)·불선(不善)·무기(無記)의 삼성에 모두 통한다. 심왕은 어떤 심소와 상응하느냐에 따라 삼성을 띤다. 즉 신(信)·참(慚)·괴(愧)·무탐(無貪)·무진(無瞋)·무치(無痴)·근(勤)·안(安)·불방일(不放逸)·사(捨)·불해(不害)의 11가지 선심소(善心所)와 상응하는 때는 선이다. 무참(無慚)·무괴(無愧)·진(瞋)·분(忿)·한(恨)·부(覆)·뇌(惱)·질(嫉)·간(慳)·해(害) 심소들과 상응할 때는 불선이다. 또한 신(信) 등과도 상응하지 않고 또한 무참 등과도 상응하지 않는 때는 무기이다.

제6식은 작의분별의 식이므로 스스로 삼성이 되지만, 전오식은 임운무분별(任運無分別)의 식이므로 본래는 무부무기(無覆無記)이지만, 그것이 선 또는 염오로 되려면 반드시 제6식에 인도되어야 한다. 의식이 선일 때는 오식도 그것에 인도되어서 선이 되고, 의식이 염오일 때는 오식이 염오가 된다.

그런데 6식의 삼성은 동시에 함께 생기하는가에 대하여 유식논사들의 논의가 있었다. 『성유식론』 제5권에 의하면 호법(護法)의 삼성구기설(三性俱起說)을 정의(正義)로 한다. 오식은 상속해서 오심(五心)을 갖추어 구생(俱生)하기 때문에 삼성이 병존할 수 있다. 또한 오식과 의식 사이도 반드시 동성(同性)이라고 한정할 수는 없다. 의식이 오식의 삼성과 함께 일어날 때, 오식 중의 하나와 같은 대상을 반연해서 편주(偏注)하면 그 식과 동성이 되고, 만약 편주하지 않을 때는 무기성에 머문다고 한다.

### 10. 기멸(起滅)과 계계(界繫)의 분위

육식의 기멸에 관하여 아비달마불교와 유식학은 같은 입장이다. 오식 중에서 안식, 이식, 신식은 욕계와 색계의 초선천(初禪天, 離生喜樂地)까지 작용한다. 비식, 설식은 욕계에서만 작용하고 색계와 무색계에서는 작용하지 않는다. 색계의 초선천의 경지만 향기나 맛 때문에 정심(正心)을 잃어버리는 일은 없다. 색계의 제이선천(第二禪天)에 올라가면 전오식은 더 이상 작용하지 않는다. 의식은 삼계에서 모두 작용한다[通繫].

### 11. 제6 의식의 종류

제6 의식의 작용은 폭넓고 다양하다. 유식학에서는 의식이 전오식과 함께 일어나는 경우도 있고, 홀로 일어나는 경우도 있다고 하여 그 작용에 따라 여러 명칭으로 구분한다. 우선 사종의식(四種意識)이라 하여 명료의식, 정중의식, 독산의식, 몽중의식의 네 가지로 구별하기도 한다. ① 명료의식(明瞭意識)은 전오식과 함께 일어나 분명하게 외부 대상을 밝게 판단하는 의식이다. ② 정중의식(定中意識)은 선정 중에서 작용하는 의식이다. ③ 독산의식(獨散意識)은 전오식과 함께 하지 않으면서 산란심과 함께 작용하는 의식이다. ④ 몽중의식(夢中意識)은 꿈속에서 작용하는 의식이다. 이것도 독산의식이긴 하지만 깨어 있을 때와 구별해서 따로 세운다. 여기서 ①은 전오식을 동반해서 일어난다는 의미로 오구의식(五俱意識)이라고 한다. ②③④는 전오식을 동반하지 않고 일어난다는 의미로 독두의식(獨頭意識)이라고 한다.

또한 크게 오구의식과 독두의식으로 나누고, 전자에 동연의식과 부동연의식이 있으며, 후자는 크게 독산의식과 정중의식으로 나누고, 다시 독산의식을 오후의식과 독기의식으로 나누기도 한다.

의식의 종류에 관한 유식논서에서의 설명들을 종합하면 다음과 같다.

**오구의식(五俱意識)**은 항상 오식과 함께 생기하여[俱起] 그들의 인식내용을 종합적으로 요별하는 경우이다. 안식으로 보고 이식으로 들을 때 언제나 동시에 작용한다. 오식이 작용할 때는 늘 의식이 함께 한다. 이에는 동연의식과 부동연의식이 있다. **동연의식(同緣意識)**은 오식과 동시에 같은 대상을 인식할 때의 의식이며 오구동연의식(五俱同緣意識)이라고도 한다. 완전히 오식과 함께 작용하며, 감각으로 받아들여진 것에 대해서 판단하는 작용을 한다. **부동연의식(不同緣意識)**은 오식과 함께 일어나면서도 그들과는 단독으로 대상 인식작용을 할 때이며 오구부동연의식이라고도 한다. 그런데 오식과 전혀 관계없는 것을 생각하고 있는 것은 아니고, 겹쳐서 일어나는 연상작용이다. 관(觀)을 할 때도 일종의 부동연의식이라 할 수 있다. 눈으로 보는 존재의 겉모습만 판단하는 것이 아니라, 그 안에 담겨진 무상(無常), 무아(無我)의 이치를 관찰할 때도 이에 해당된다.

**독두의식(獨頭意識)**은 오식과 관계없이 즉 외부세계와 관계없이 마음 안에서 단독으로 의식 활동을 하는 경우이다. 이에 몽중의식·독산의식·정중의식이 있다. **불구의식(不俱意識)**은 오식과 함께 일어나지 않는 의식 활동이며, 이에 오후의식과 독두의식이 있다. **오후의식(五後意識)**은 오식의 인식활동 후에 생기(生起)하여 그 대상을 요별하는 작용이다. 보고 들은 후에 그것에 관해서 여러 가지로 생각하고 연상하는 작용이다. **몽중의식(夢中意**

**識)**은 꿈속에서의 의식 활동이다. **독산의식(獨散意識)**은 마음의 안정을 잃고 산만하여 망상·공상·환상·착각 등 대상(法境)을 바르게 인식하지 못하는 경우이다. 머리속에서 여러 가지 일들이 두서없이 들락날락거릴 때, 몽상이나 과대망상 등에서의 의식이다. **정중의식(定中意識)**은 선정 속에서 유지될 때의 의식이다. 몸과 마음의 산란이 그쳐서 고요하고 평온한 상태에서 진리를 관찰할 때이다. 심일경성(心一境性)에서 주관과 대상이 분리되지 않은 평등심으로 대상을 바르게 인식하게 한다. 의식이 집중 통일된 맑고 깨끗한 상태이다.

### 육식의 이명(異名)

『능가경(楞伽經)』에서는 진식(眞識), 현식(現識 : 만법을 현현하는 아뢰야식), 분별사식의 삼식(三識)을 말하면서 육식 특히 제6 의식을 분별사식(分別事識)으로 부르기도 한다. 6근에 의지하여 6진(塵)을 대하여, 과거·현재·미래에 걸쳐서 자타의 여러 가지 사상(事相)을 분별하고 사려하는 뜻으로 이렇게 부른다. 현상계의 갖가지 사물을 인식하면서 대상을 보고 허망분별을 일으키기 때문이다.

북송(北宋) 연수(延壽)의 『종경록(宗鏡錄)』에서는 육식십명(六識十名)이라 하여 육식, 의식, 분별사식(分別事識), 사주식(四住識), 반연식(攀緣識), 순구식(巡舊識), 파랑식(波浪識), 인아식(人我識), 번뇌장식(煩惱障識), 분단사식(分段死識) 등 10가지 이름을 붙였다.

## 12. 육식의 정화(淨化)

유식학의 대의는 전식득지(轉識得智)이며, 이것은 전미개오(轉迷開悟), 성불(成佛)의 유식학적 표현이다. 이것은 오위(五位)의 수행에 의해 전의(轉依, āśraya-parāvṛtti)를 이룸으로써 번뇌장(煩惱障)·소지장(所知障)의 종자를 전사(轉捨)하고 보리와 열반을 전득(轉得)함으로써 성취된다. 전식득지(轉識得智)를 이룸으로써 제6식을 전환해서 묘관찰지상응(妙觀察智相應)의 심품(心品)이 되고, 전오식을 전환해서 성소작지상응(成所作智相應)의 심품이 된다고 한다. 그런데 전오식의 전환은 제6 의식보다 늦게 이루어진다. 제6 의식의 정화는 초지(初地)의 입심(入心)에서 일부분이 묘관찰지로 전환되기 시작해서 십지 수행 중에 점차 원만해져서 성불의 순간에 묘관찰지로 완성된다. 전오식이 성소작지로 전환되는 것은 성불하기 직전에 단박에 이루어진다고 한다. 제8식이 해탈도의 시기 즉 성불하기 직전에 비로소 대원경지(大圓鏡智)로 전환하게 되는데, 이때 무루의 감관에 의지해서 비로소 성소작지가 일어나게 된다.

**유루위(有漏位)와 무루위(無漏位)에서 육식의 차이**

이상은 유루위(有漏位)에서의 육식의 양상을 살펴보았다. 전의(轉依)를 이루어 무루(無漏)가 된 묘관찰지상응위(妙觀察智相應位)와 성소작지상응위(成所作智相應位)에서는 유루위와 비교할 때 그 양상은 다음과 같다.[40]

| | 유루(有漏) | 무루(無漏) |
|---|---|---|
| 1. 체별문(體別門) | 육식(六識) | (전오식) 성소작지상응심품<br>(제6식) 묘관찰지상응심품 |
| 2. 자성문(自性門) | 요경(了境) | 요경(了境) (遍緣) |
| 3. 행상문(行相門) | 요경(了境) | 요경(了境) (遍緣) |
| 4. 삼성문(三性門) | 삼성(三性) | 선(善) |
| 5. 상응문(相應門) | (전오식) 36심소<br>(제6식) 51심소 | 21심소(遍行 5, 別境 5, 善 11) |
| 6. 수구문(受俱門) | (전오식) 3수(苦·樂·捨受)<br>(제6식) 5수(苦·憂·樂·喜·捨) | (전오식) 2수(樂捨)<br>(제6식) 3수(樂·喜·捨) |
| 7. 소의문(所依門) | 근본식 種子賴耶 (親依)<br>現行賴耶 (共依) | 아타나식(阿陀那識) |
| 8. 구전문(俱轉門) | 구불구(俱不俱) | 구불구(俱不俱) |
| 9. 기멸문(起滅門) | 기멸(起滅) | ○ |

## 13. 『유식삼십송』에서 육식의 과분(科分)

육식에 관한 체계적이고 종합적인 과분(科分)은 세친(世親)의 『유식삼십송(唯識三十頌)』에서이다. 유식학에서 팔식을 세 종류의 능변식(能變識)으로 분류할 때 6식은 제3 능변식에 속한다. 『유식삼십송』의 제8 게송에서 제

40 深浦正文 著·全觀應 譯, 『唯識論解說』(김천: 명심회, 1993), 359면.

16 게송에 걸쳐서 제삼능변식(第三能變識) 즉 6식을 설명하는데, 이것을 규기(窺基)의 『성유식론술기(成唯識論述記)』에서 구의문(九義門)으로 해설한다. 구의문은 ① 출능변차별문(出能變差別門) : 여섯 종류 ② 자성문 : 요경(了境) ③ 행상문 : 요경 ④ 삼성문 : 선, 불선, 구비(俱非) ⑤ 심소상응문(心所相應門) : 육위심소(六位心所) ⑥ 삼수구기문(三受俱起門) : 삼수(三受) ⑦ 소의문(所依門) : 근본식 ⑧ 구전문(俱轉門) : 오식은 혹구혹불구(或俱或不俱)이고, 의식은 항상 현기(現起)함 ⑨기멸문(起滅門) : 오위무심(五位無心)이다.[41] 구의 중에서 ②와 ③, ⑤와 ⑥을 각각 합하여 칠단문(七段門)으로 하고 '칠단구의문'이라 이름한다. 참고로 칠단문의 명칭은 ① 능변차별문(能變差別門) ② 자성행상문(自性行相門) ③ 삼성분별문(三性分別門) ④ 상응수구문(相應受俱門) ⑤ 소의문(所依門) ⑥ 육식구전문(六識俱轉門) ⑦ 기멸분위문(起滅分位門)이다.

그런데 신라의 태현(太賢)은 『성유식론학기(成唯識論學記)』에서 규기(窺基, 632-682)의 구문(九門)이 아니라 원측(圓測, 613-696)의 견해를 따라 칠문(七門)으로 구성하였다. 이것은 규기에서의 소의문, 구전문, 기멸문을 기위문(起位門)으로 통합한 것이다. 즉 ① 명수문(名數門) ② 자성문(自性門) ③ 행상문(行相門) ④ 삼성문(三性門) ⑤ 심소상응문(心所相應門) ⑥ 삼수문(三受門) ⑦ 기위문(起位門)으로 나누고, ①②③④를 1단, ⑤⑥을 1단, ⑦을 1단으로 하여 삼단칠의문(三段七義門)으로 구분하였다.[42]

## Ⅲ. 인접개념 사이의 관계 및 현대적 논의

### 1. 인접개념 사이의 관계

#### 1) 삼능변(三能變)의 팔식

유식학에서는 6식에 제7 말나식과 제8 아뢰야식을 더하여 팔식을 주장한다. 말나식(末那識, manas, manonāma-vijñāna)은 심층적 근원적 자아의 식으로서, 잠재하는 이기성의 성격이다. 제6 의식보다 사량 분별작용이 더

---

41 규기, 『성유식론술기』 제5권 (『대정장』 43, 415중하)
42 太賢, 『成唯識論學記』 중권말(中卷末) (『韓佛全』 3, 588중)

강하고 집요하며 잠재적으로 연속된다[恒審思量]. 아뢰야식을 소의(所依)·소연(所緣)으로 하여 상일주재성(常一主宰性)의 자아(ātman)로 착각하여 집착한다. 이러한 자아 집착작용 때문에 항상 아치, 아견, 아만, 아애의 근본번뇌가 따라다닌다. 아뢰야식(阿賴耶識, ālaya-vijñāna)은 개인의 정신세계와 신체를 포함한 현상계의 기체(基體)로서, 모든 경험을 종자(種子, bīja)로 저장하여 윤회의 주체가 된다. 제7식과 제8식을 삼분별과 삼량(三量)에서 살펴보변, 제7 말나식은 자성분별과 계탁분별 작용을 하며 오직 비량(非量) 작용을 한다. 제8 아뢰야식은 오직 자성분별과 현량의 작용을 한다.

유식학에서는 일체유심조(一切唯心造)의 입장에서 8식을 3종의 능변식(能變識)으로 설명한다. '변(變)'은 전변(轉變, parināma)·변화의 뜻으로서, '능변식(能變識)'은 정신이 능동적으로 객관세계를 변화시키는 것을 나타낸다. 자기 존재의 양상에 의해 객관세계가 달라져서 인식된다. 아뢰야식을 초능변식이라 하고, 말나식을 제2능변식이라 하며, 6식을 제3능변식이라 부른다. 우리는 흔히 외부세계를 있는 그대로, 마치 거울이 사물을 비추듯이 인식한다고 생각하지만, 사실은 세 번에 걸쳐서 인식의 범위·양상이 국한되고 왜곡된다. 우선 초능변식인 아뢰야식에 의해서 인식구조가 결정되어, 일수사견(一水四見)의 비유에 나타나듯이 객관세계가 달라진다. 존재가 인식을 규제하는 것이다. 아뢰야식 안의 업종자에 의해서 어떤 존재로 태어나느냐에 따라서 객관세계가 다르게 인식된다. 또한 같은 존재라도 축적된 경험들에 의해서 선입견, 편견 등의 영향을 받게 된다. 초능변으로 국한된 세계를 또다시 제2능변식인 말나식에 의해서 자기중심적으로 이기적으로 왜곡되게 인식한다. 또한 제3능변식인 육식 특히 의식에 의해 고정관념·성격 등으로 인식이 제한된다. 이들 세 번의 인식변화는 겹쳐서 일어난다. 삼능변식 중에서 육식은 표층식이므로 식의 능변성을 파악하기가 용이하다.

### 2) 전식(轉識)과 근본식

유식학에서는 팔식을 전식(轉識, pravṛtti-vijñāna)과 근본식(根本識, mūla-vijñāna)으로 나누어 설명한다. 전식은 '전변 생기된 식'이란 뜻이고, 근본식은 '칠식의 근본이 되는 식'이다. 전식은 근본식인 제8 아타나식(阿陀那識)으로부터 전변 생기된 식으로서 오식·제6 의식·제7 말나식이 이에 해당된다. 우선 윤회과정에서 중유(中有)의 상태에서는 7식이 제8식에 등류습기(等流習氣)의 상태로 저장되어 있으며, 새로운 생을 받았을 때 이 습기로부터 전변 생기된다. 또한 7전식은 공의(共依)인 제8식에 저장되어 있는 각각의 종자로부터 생기의 연(緣)이 갖추어지면 불공의(不共依)에 힘입어 생기하게 된다. 전식과 근본식의 관계는 물결과 물, 또는 나무와 그 뿌리로 비유된다. 마치 물결이 물을 떠나거나 나무가 그 뿌리를 떠나서 독립적으로 존재할 수 없듯이, 전식은 그 생기의 원인인 근본식에 의지한다. 아비달마불교에서는 두 가지 식이 동시에 일어난다는 것을 용납하지 않지만, 유식학에서는 '구전(俱轉)'이라 하여 함께 일어나고 동시에 전기(轉起)한다고 주장한다.

전식과 근본식은 유기적인 관계 속에서 작용한다. 첫째, 식의 구기성(俱起性)이다. 오식이 작용할 때는 항상 제6식·제7식·제8식이 함께 생기한다. 팔식은 역동적으로 작용한다. 개별적으로 작용하는 것이 아니라 함께 일어난다. 오식은 대면하는 외부대상에 따라서 하나 둘 또는 다섯 가지가 함께 일어나는 데 반하여, 제6식·제7식·제8식은 항상 함께 일어난다. 둘째, 팔식은 종자를 매개로 해서 상호인과(相互因果)의 역동적인 관계 속에서 작용한다. 7식의 인식 결과가 근본식에 종자로 저장되고, 7식의 작용은 근본식에 저장된 종자의 영향을 받기 때문이다.

## 2. 현대적 논의

불교의 '육식(六識)'을 포함한 심식(心識) 이론은 현대 심리학에 중요한 시사점(示唆點)을 줄 수 있다. 앞에서 서술한 내용을 가설(假說)로 삼아 과학적 연구를 진행한다면 정신세계의 신비와, 나아가 의식 작용에 중요한 관련성을 갖는 뇌의 구조와 기능을 밝히는 데도 성과가 있으리라고 생각된다.

또한 현대 학습심리학의 주요 경향 가운데 하나가 개념형성, 문제해결, 일반적인 사고 등과 같은 인지과정(認知過程, cognitive process)에 대한 연구이다. 이 분야는 내성법(內省法)과 밀접하게 관련되기 때문에 행동주의(behaviorism)가 학습이론을 우세하게 지배하던 동안은 거의 무시되었으나, 다시 이 논제가 활발하게 거론되고 있다. 심리학계에서는 인간 인지(認知, cognition)의 본질에 관한 완전한 이론적 이해가 결정적으로 중요하다는 사실이 점차 인정되고 있다. 그러면 인지발달에서 인식(認識, knowledge)의 기초는 무엇이고, 인식방법에는 무엇이 있으며, 인식은 어떤 과정으로 성립되고, 그 인식이 옳은지 그른지는 어떻게 알 수 있는가? 불교 특히 유식학(唯識學)의 인식론은 철학적 인식론으로서, 인지과학의 철학적 배경이 된다. 인지이론은 심리학적 인식론과 철학적 인식론이 상호보완의 입장에서 연구되어야 할 것이다.

서구철학의 인식론은 관념론과 경험론의 두 가지 인식체계설이 분립, 논쟁, 통합하는 과정으로 구성된다. 여기서 진리 인식에 대한 경험적 지식이 갖는 역할과 위치에 관한 논쟁은, 필연적으로 의식 속에 주어지는 경험사실들에 관한 관심을 불러일으켰다. 심리학은 의식 속의 사실을 과학적인 방법으로 연구할 것을 천명함으로써, 철학으로부터 독립된 독자적인 학문으로 형성되었다.

앞에서 불교의 육식 이론을 살펴보았는데, 서구 심리학 등에서의 '의식'은 어떤 성격인가? 불전에 나오는 mano-vijñāna와 영어 consciousness가 동일한 한역어(漢譯語)인 '의식(意識)'으로 표현되어 있지만 동일한 마음의 층에 대한 설명은 아니고, 다만 서로 구조적 유비성(類比性)을 지닌다. conscious는 mental, psychic과 동의어이며, consciousness는 (개인이 그것에 대하여 알고 있는) 감정, 관념, 감관적 지각(sensory perception) 등의 의미이다. 따라서 의식(consciousness)은 인식의 주체라기보다는 인식작용 내지는 인식된 내용, 상태를 나타내는 개념이다. 그런데 의식의 중심·주체인 자아(ego)는 의식과 불가분리성의 관계이다.

초기 심리학자들은 '의식'을 '정신(mind)'과 동일하게 보았으며, 실제로 심리학을 '정신과 의식에 관한 연구'로 정의하기도 했다. 심리학에서 의식에 관한 연구가 재등장하고 있음에도 불구하고, 이 용어의 정의에 대해서 아직 일치되지 않는다. 의식은 ①자기 자신과 자신의 환경을 **검색**해서 지각들, 기억들 및 사고들이 인식 속에 정확하게 표상되며 ②자기 자신과 자신의 환경을 **통제**해서, 우리가 행동적 및 인지적 활동들을 개시하고 종식시킬 수 있는 것을 일컫는다.[43]

사실 의식의 문제는 오랫동안 철학에서 형이상학적(形而上學的)으로 다루어왔다. 현대 심리학은 19세기 말엽에 철학으로부터 독립하여 형성되었으며, 그 동기는 인식론과 자연과학을 결합하여 인간에 관한 타당한 지식

43 홍대식, 『심리학개론』(서울: 박영사, 1981), 139-140면.

을 체계화하려는 데 있었다. 20세기를 전후해서 정신의학(精神醫學)이 발달하면서 보다 과학적인 시각을 갖고 의식문제를 다루려는 경향이 강해졌다. 그러나 심리학에서 행동주의가 대두하여 학계를 지배하기 시작하자 의식에 관한 관심은 점점 쇠퇴하게 되었다. 1960년대에 인지심리학(認知心理學)에 의해서 의식에 관한 관심이 심리학자들 사이에서도 다시 일어나고 있다.[44] 그리하여 의식만을 연구의 목표로 하는 심리학의 총칭으로서 의식심리학(意識心理學, consciousness psychology)이라고도 한다.

여러 세기동안 많은 철학자와 심리학자가 의식의 본질을 규명하고자 노력했으며, 의식의 연구를 위해 내성법(內省法, introspective method)을 사용했다. 이 방법은 자신의 의식의 흐름, 심리작용, 인식구조 등을 내면적으로 관찰하여 인간의 정신세계를 이해하고, 그 원리를 타인에게도 적용한다. 정신과정에 대한 직접적인 경험은 자기의 내면적 경험 즉 자각에 의한 길 밖에는 없으며, 다른 사람의 정신은 어떤 형태에 있어서든 간접적으로 경험되기 때문이다.

윌리엄 제임스(William James, 1842-1910)가 의식적인 체험을 관찰 분석한 『심리학 원칙(Principles of Psychology)』은 오늘날에도 의식에 관한 중요한 정보를 제공한다. 그는 여기서 의식의 중요한 특성으로서 ①의식은 늘 변화하므로 완전히 똑같은 의식 상태를 두 번 경험하는 것은 불가능하고, ②의식이 갖고 있는 연속성이 우리에게 자아를 느끼게 하며, ③의식의 흐름(stream of consciousness)이 자아를 결속시킨다고 하였다.[45]

윌슨(Wilson, E. O.)을 중심으로 하는 사회생물학자들은 인간의 사회적 행동의 생물학적 기초를 중시하면서, 정신의 기원과 진화 과정에서 형성된 인간의 본성을 탐구하였다. 개인의 생물학적 특성이 그의 정신에 영향을 미치고, 그의 학습활동과 사회적 행동을 좌우한다고 보았다. 윌슨은 인간 본성의 기본 범주로서 공격성, 성(性)뿐만 아니라 이타성(利他性)과 종교성을 들었다.[46]

한편 실험심리학의 창시자로 불리는 페흐너(G. T. Fechner)는 자극과 감각의 관계를 정밀하게 실험적으로 연구하여 물심(物心)의 관계를 규정했는

44 李萬甲, 「意識의 生物學的 硏究」, 『學術院 論文集(인문사회과학편)』 제29집(대한민국학술원, 1990), 274면.

45 데이비드 코언 지음·원재길 번역, 『마음의 비밀』(서울: 문학동네, 2004), 74-75면.

46 李萬甲, 앞의 논문, 296-304면.

데, 이로써 심리학이 실험적 수량적(數量的) 과학이 될 수 있음을 실증했다.[47] 자연과학의 발전은 현대 심리학의 방법론과 법칙성에 영향을 미쳤다. 자연과학의 귀납적 방법론을 도입하여, 의식 속에 있는 심리적 사실들과 그것들이 형성되고 더 복잡한 심리적 사실로 발전하는 심리과정을 귀납적으로 연구하는 방법론이 채택되었다.[48]

오늘날 심리학에서는 생물학, 의학의 발달에 힘입어서, 불교의 '전오식(前五識)'에 해당하는 감각(感覺, sensation)에 대해서 정신물리학적 및 생물학적 방법들에 의해서 대단히 분석적이고 정치하게 연구되고 있다.

불교의 심식론(心識論)은 철학적 심리학의 성격을 띠지만, 연구방법이 단순한 사변적 추론방식이 아니라, 유가사(瑜伽師)들이 선정 중에서의 체험을 바탕으로 기존의 경론(經論) 내용을 체계적이고 합리적으로 이론화시킨 것이다. 그 이론은 정신현상의 발생과정, 존재양상, 작용원리, 정신현상의 주체와 여러 심리작용의 관계, 인식성립의 역학적 관계 등을 명쾌하게 해설한다. 따라서 불교의 심식론은 심리학의 여러 분야에서 부분적으로 검증된 이론들의 종합적인 이해, 인성(人性)에 대한 전인적인 이해와 연구의 중요한 동기와 방향을 제시할 수 있다. 두 분야의 학문적 교류와 상호보완이라는 측면에서도 큰 의의가 있다.

**김묘주** (동국대)

---

47 李義喆, 『心理學史』(서울: 서울대 출판부, 1971), 168-172면.
48 정양은, 앞의 책, 26면.

우리말 불교개념 사전

# 말나식

| | | |
|---|---|---|
| 범 mano nāma vijñāna | 장 yid zhe bya rnam par shes pa | 한 末那識 |

## Ⅰ. 어원

말나식(末那識)은 산스크리트로 manovijñāna라고 한다.(⇒ manas 혹은 mano nāma vijñāna) 말나의 원어는 범어 manas이고, 이를 음사하여 '말나'라고 한다. manas는 동사인 man(생각하다)의 명사형이다. 티벳어로는 yid라 한다. 그런데 제6의식의 원어도 manovijñāna라고 하여 똑같이 manas를 사용하고 있다. 한역 장경에서는 manas를 번역하여 '의(意)'라 하고, 제6의식인 manovijñāna를 번역하여 '의식(意識)'이라 한다. 이와 같이 원어나 한역어가 경론상에서 나란히 자리를 함께하고 있을 때 제7말나식과 제6의식이 서로 혼란을 야기시킬 우려가 있기 때문에 이를 회피하기 위하여 manas는 범어의 원음을 그대로 살려서 말나라고 표기하고 있다. 세친(Vasubandhu, 世親, 天親)논사도 말나식과 제6의식을 구별하기 위하여『유식삼십송』에서 mano nāma vijñāna(말나라고 부르는 식)[1]이라고 표현했다. 또 진제삼장과 같은 구역가들은 manas의 뜻을 살려 의(意)라 번역했고, 신역가인 현장법사는 원음을 살려 말나(末那)라고 번역했다. 현장이 manas를 뜻으로 번역하지 않고 음사하여 말나라고 번역함으로서 중국과 한국의 유식학계에서는 제6의식과 제7식을 용이하게 구분할 수 있게 되었다.

유식학에서는 제7식을 말나·마나·말나식·마나식·사량식·사량능변식(思量能變識)·제7말나식이라 하기도 하고, 단지 의(意)라 하기도 한다. 또 말나식은 항상 네 가지 번뇌인 아치(我癡, ātmamoha)·아견(我見, ātmadṛṣṭi)·아만(我慢, ātmamāna)·아애(我愛, ātmasneha, ātmatṛṣnā) 등을 수반하기 때문에 염오식(染汚識)이라고도 한다. 그리고 말나식의 또 다른 명칭으로서 제2능변식(能變識)이 있다. 이것은 제8아뢰야식(阿賴耶識)인 제1능변식과 말나식을 구별하기 위하여 쓰는 이름이다. 물론 제6의식을 제3능변식이라 한다. 제1능변식·제2능변식·제3능변식이란 명칭은 식전변설(識轉變說)을 토대로 한 이명들이다.

식(識)은 범어인 vijñāna를 번역한 말이며, 빠알리어로는 viññāṇa라 하고, 서장어로는 rnam par śes pa라 한다. vijñāna는 vi + jñā + ana로 된 합성어이다. vi는 '둘로 나누다'·'둘로 쪼개다'·'분석하다'의 뜻이고, jñā는 '알다'의 의미다. 따라서 vijñāna는 '둘로 나누어서 아는 인식작용을 표현한 말이다.

그런데 유식의 원어는 vijñaptimātra이다. 이 원어에서 식에 해당되는 말은 vijñapti이다. 보통 전5식(前5識)이나 제6식이라고 말할 때의 식은 vijñāna이다. 그러면 양자간에 차이는 어디에 있는가? vijñapti(了別)는 vi(나누다) -√jñā(알다)의 사역형인 vijñapayati에서 만들어진 명사이다. 그 원래의 의미는 '둘로 나누어 알게 하는 것'이란 뜻이다. 이 말을 마음의 인식작용에 적용시켜서 말해 보면 '인식의 주체인 식(vijñāna)이 자기 자신에게 인식대상, 즉 경(境,viṣaya)을 알게 하는 것'이란 말이 된다. 즉 식이 구체적으로 대상을 아는 것이나 인식하는 것이란 뜻이다. 따라서 vijñapti는 반드시 어떤 대상을 지향해서 인식하는 식의 활동작용을 가리키는 말임을 알 수 있다. 특히 유식에서의 식(vijñapti)은 현재 자기 자신이 자기의 내부에서 소연(所緣, ālambana), 즉 대상을 보고 분별하는 것을 가리킨다. 이에 비해 전5식이나 제6식이라고 말할 때의 식인 vijñāna는 인식의 작용이나 인식의 주체를 가리킨다. 즉 인격적인 정신주체나 인식작용의 기체를 의미

---

1 『유식삼십송』, 22면.

하는 말이다. 그러므로 vijñāna는 식의 전체적인 명칭을 가리키는 말이고, vijñapti는 현실에서 대상을 인식하는 활동체로서의 식을 가리키는 말이다. [→식(識)]

## Ⅱ. 개념 풀이

말나의 원어인 산스크리트 manas나 티벳어인 yid는 다 같이 사량(思量)의 뜻이다. 즉 대상을 명료하게 인식하는 마음의 작용을 의미한다. 여기서 사량은 단순히 생각하고 헤아린다는 뜻이 아니라 항상 자기에게 유리하게, 자기중심으로, 자기의 입장에서 생각하며 그릇되게 판단하는 것을 의미한다. 왜냐하면 말나식은 삼량(三量: 現量·比量·非量) 중 비량(非量)에 속하고, 또 항상 '아(我)'자로부터 시작되는 네 가지 번뇌(我癡·我見·我愛·我慢)와 더불어 작용하기 때문에 어떤 대상을 인식할 때 항상 그릇되게 인식할 뿐만 아니라 자기중심적으로 인식하고 판단하는 것이다. 구체적으로 말해서 말나식은 선천적으로[俱生] 제8아뢰야식(阿賴耶識, ālayavijñāna)의 견분(見分)을 향해서 끊임없이 실아(實我)인 것처럼 사량하는 이기적이며 자기중심적인 자아의식이다. 이러한 자아의식(我執) 때문에 자기 자신을 더욱더 내외의 대상에 얽매이게 하고, 인식의 범위를 좁히기도 하며, 인식을 왜곡시키기도 하고, 행동의 범위를 국한시키기도 한다. 말나식이 아뢰야식을 대상으로 하여 자아처럼 집착하는 것을 구생기(俱生起)의 아집, 즉 근원적인 자아의식[我見]이라고 한다. 반면에 제6의식에도 구생기의 아집이 있지만 이것은 근원적인 자아의식이라고 하지 않는다. 자세하게 말하면 제7말나식에는 구생기의 아집과 구생기의 법집이 있고, 제6의식에는 구생기의 아집과 구생기의 법집이 있을 뿐만 아니라 또 분별기(分別起, 후천적 번뇌)의 아집과 분별기의 법집도 있다. 그런데 여기서 우리는 구생기(선천적)의 아집과 구생기의 법집은 모두 제7말나식과 상응하여 일어나고 있음을 알 수 있다. 물론 제6의식과도 구생기의 아집과 법집이 상응하여 일어나지만 근원적인 자아의식이라고 할 때는 제7말나식의 구생기 아집만을 가리킨다. 즉 제6의식의 활동성향은 구생기보다는 분별기에 가깝다는 뜻이다. 그러므로 구생기의 아집인 근원적인 자아의식은 제7말나식의 고유한 특성이라고 할 수 있다. 이 구생기의 아집, 즉 보다 깊은 근원적인 아견을 발견한 것은 유가행파의 큰 업적 중의 하나이다.

말나식의 행상(行相, ākāra, 모습)이 다른 일곱 가지의 식과 다른 점은 아주 미세하며, 눈에 보이지 않는 깊은 곳에서 언제나 항상 정체하지 않고 은밀하게 작용한다는 점이다. 그 특징은 항상 살피고 헤아리며[恒審思量], 아뢰야식을 인식의 대상으로 하며, 항상 아치 등 네 가지 번뇌와 함께 일어난다는 것이다. 자세하게 말하면 안식(眼識) 등 전5식은 사량하기는 하지만 심세(審細)하게 사량하는 작용은 없으며, 또 간간히 단절되는 경우가 있다[恒審俱無, 非審非恒]. 제6의식은 심세하게 사량하기는 하지만 그 작용이 5위무심(位無心, 無想天·無想定·滅盡定·極睡眠·悶絕)의 자리에서 단절되기 때문에 항상의 뜻이 없다[審而非恒]. 즉 무상천에 태어나도 의식의 작용이 단절되고, 무상정과 멸진정에 들어도 역시 의식의 작용이 단절되며, 또 깊은 잠에 들거나 졸도하여 의식불명의 상태가 될 때도 역시 의식의 작용은 단절되는 것이다. 이와 같이 제6의식은 오위무심(五位無心)에서 그 작용이 단절되기 때문에 말나식과 같이 사량하는 작용이 항상 지속하지 못하는 것이다. 그렇기 때문에 제6의식을 사량식(思量識)이라 하지 않는다. 반면 제8아뢰야식의 사량작용은 항상 지속되기는 하지만 심세한 사량의 작용은 없다[恒而非審]. 따라서 아뢰야식은 사량식이 될 수 있는 자질이 갖추어져 있지 않다. 그러나 말나식은 아뢰야식과 같은 심층심리로서 삼계를 윤회할 때나 어떠한 극한 상황에 처할 때라도 그 작용이 단절되지 않고 언제나[恒] 깊게[審] 사량하기 때문에 사량식이라 한다. 요컨대 인식활동을 하는데 있어서 말나식과 아뢰야식의 차이점은 아뢰야식은 미세하거나 분별이 없으며 저절로 행해지는 데 반하여 말나식은 아뢰야식을 인식의 대상으로 하여 깊고 강하게 인식하는 것이다. 우리 인간들이 강렬하고 집요한 자아의식, 즉 자기에 대한 강한 집착심을 갖는 것은 강하고 끈질긴 제7말나식이 제8식을 집착하기 때문이다.

말나식이 염오식인 이유는 이 식이 항상 인간의 마음 가운데 심층에 있으면서 여러 가지 번뇌와 상응하여 일어나기 때문이다. 특히 이 식은 네 가지의 번뇌와 상응하여 일어나기 때문에, 네 가지 번뇌의 내용을 밝혀내는 것은 곧 말나식의 정체를 바르게 알 수 있다고 생각한다. 이 식과 항상 상응하여 일어나는 번뇌심소를 정확하게 말하면 모두 열세 가지이다. 즉 대수혹(大隨惑)인 도거(掉擧)·혼침(昏沈)·불신(不信)·해태(懈怠)·방일(放逸)·실념(失念)·산란(散亂)·부정지(不正知)의 여덟 가지와 아치 등 네 가지 혹과

별경심소(別境心所) 중의 혜(慧)이다.

이 열세 가지의 심소(心所, caitta) 가운데 말나식을 가장 말나식답게 특징지울 뿐만 아니라 이 식 전체의 모습이라고 해도 좋을 만큼 중요한 의미를 가지고 있는 것은 아치·아견·아만·아애의 네 가지 번뇌와 혜의 다섯 가지 심소이다.

아치는 『성유식론』에 "아치는 무명(無明, avidyā)이다. 나의 모습에 어두워 무아의 이치를 모른다. 그러므로 아치라 한다"[2]고 정의한 바와 같이 자기의 실태를 알지 못하는 무지이다. 무명은 근본불교 이래 사성제나 연기의 도리에 무지한 것이라고 정의하였다. 유가행파도 근본적으로는 이런 입장을 취하고 있지만 그들은 무명에 대한 고찰을 보다 깊이 내면적으로 추구해 들어갔다. 여러 가지 무명 가운데 가장 근원적인 무명은 무엇이며, 또 그것은 우리 마음의 어느 부분에 있으며, 그 내용은 어떤 것인가에 관한 제반 문제를 궁구했다. 그 결과 무아의 도리에 미혹한 무명은 바로 근본무명이며, 그것은 항상 제7말나식과 함께 상응함을 알게 되었다. 특히 말나식과 상응하는 무명을 불공무명(不共無明)이라 하는데 이는 탐·진·치 등의 번뇌와 상응하는 무명, 즉 전6식(前6識)과 함께 일어나는 '상응무명'과는 다르다. 불공무명은 아치를 제외한 다른 번뇌와는 상응하지 않기 때문에 불공무명이라 한다. 이 불공무명은 또 말나식을 제외한 다른 식과는 상응하지 않으며, 그 작용이 미세하고 항상 활동하며 진실을 덮어서 감추는 작용을 한다. 그래서 『성유식론』에 "모든 중생은 항상 불공무명을 일으켜 진실한 뜻을 덮고 지혜의 눈을 가린다"고 한 것이다. 이 불공무명은 자기의 본질을 모르는 지적인 어리석음이다. 즉 무아의 이치를 모르는 무지이다. 다시 말해서 말나식에 의한 자아 집착의 본질은 본능적이고 충동적인 것이 아니라 진아(眞我)의 이치를 깨닫지 못하는 지적인 것이다. 그러므로 불공무명은 소지장(所知障)의 체가 되는 것이다. 이런 아치의 마음이 일어나자마자 제법의 실상[진여]을 망각한 법집(法執)이 생기게 되고, 동시에 내가 존재한다고 하는 아집(我執)이 생기게 되는 것이다. 이런 아집과 법집이 없어진 자리가 무아(無我)의 경지이다. 즉 번뇌의 주된 근원인 말나식이 정화되어 아치가 없어짐과 동시에 아집과 법집의 두 다지 집착심이 없어질 때 우리는 성불했다고 하고, 선(禪)에서는 '견성(見性)했다'하기도 하고, 또 '오도(悟

2 『대정장』권31, 22상: "我癡者謂無明. 愚於我相迷無我理故名我癡"

道)했다'하기도 한다.

아견은 『성유식론』에 "아견은 아집이다. 자아가 아닌 법을 망령되게 분별해서 자아로 삼는다. 그러므로 아견이라 한다"[3]고 했다. 아견은 유신견(有身見, 薩迦耶見, satkāyadṛṣṭi)이라고도 한다. 인용문에서 '자아가 아닌 법'이란 자기를 구성하는 다섯 가지 요소의 집합체, 즉 오취온(五取蘊)을 가리킨다. 이 아견은 아치의 번뇌가 일어난 후에 나타나는 망견(妄見)으로서 자아(ātman)가 존재한다고 생각하는 그릇된 견해이다. 즉 무아의 이치를 망각하게 되면 이로 말미암아 사견(邪見)이 일어나 나에 대한 집착심이 더욱 강화되는 상태를 말한다. 그런데 원래 아견이란 오취온을 집착해서 나와 나의 소유물로 삼는 것이지만 말나식과 함께 활동하는 유신견의 대상은 오취온이 아니라 아뢰야식임을 명심해야 한다. 이 아견은 또한 자아의식의 중심적인 기능을 한다. 즉 말나식이 아뢰야식을 대상으로 하여 실아(實我)인 것처럼 집착하는 것이 말나식의 가장 큰 기능이란 뜻이다.

아만은 『성유식론』에 "아만은 거만이다. 집착한 자아를 믿고서 교만을 부리는 것이다. 그러므로 아만이라 한다"[4]고 정의한 바와 같이, 아견에 의하여 설정된 자아를 의지처로 삼아서 자기가 존재한다고 교만하게 뽐내는 나쁜 마음이다. 즉 아치의 번뇌에서 아견이 야기된 후 이 아견이 더욱더 객관화되어 밖으로 드러난 심리가 곧 아만이다. 이러한 아만에는 자신이 남보다 낫다고 하는 아승만(我勝慢)이 있고, 자신이 다른 사람과 동등한 입장에 있으면서도 자신이 고귀하다고 하는 아등만(我等慢)이 있으며, 실제 마음속으로는 자신이 고귀하고 훌륭하다고 생각을 하고 있으면서도 겉으로는 겸손한 체하는 아열만(我劣慢)의 세 가지 아만이 있다. 그런데 『구사론』[5]과 『대승아비달마잡집론』[6]에서 아만은 '오취온을 나와 나의 것으로 집착해서 교만해 하는 것'이라고 정의하고 있다. 이 아만은 제6식과 상응하는 아만이지만 유가행파에서 주장하는 아만은 말나식과 상응하는 아만임을 알아야 한다. 다시 말해서 부파불교에서 제6의식은 오취온을 나와 나의 것으로 삼는데 비하여 대승의 유가행파에서 제7말나식은 아뢰야식을 나의 실아로 삼기 때문에 그 집착의 대상이 서로 다르다는 뜻이다. 유식사상에

3 『대정장』권31, 22상-중: "我見者謂我執. 於非我法妄計爲我. 故名我見"
4 『대정장』권31, 22중: "我慢者謂倨傲. 恃所執我令心高擧. 故名我慢"
5 『대정장』권29, 101상.
6 『대정장』권31, 723중.

서는 자아를 구체적으로 대상화하고, 또 대상화된 자기를 근거로 하여 교만하게 뽐내는 것을 근본적인 아만이라고 한다. 자아가 대상화 되었다는 것은 곧 아뢰야식이 자아로 인식된 것을 말한다. 다시 말해서 아뢰야식이 자아로 분명히 인식됨으로 말미암아 자아가 존재한다는 교만이 생기게 되는 것이다.

아애는『성유식론』에 "아애는 아탐(我貪)이다. 자아에 대하여 강하게 애착심을 갖는다. 그러므로 아애라 한다"[7]고 한 바와 같이 마음속 깊이 집착한 자아에 대하여 애착하는 마음이다. 자아가 분명하게 대상화되면 자아에 대하여 자만만 하는 것이 아니라 사랑하고 집착하는 마음도 생기는 것이다. 이와 같이 대상화한 자아를 애착하는 것이 아애이다. 우리의 일상생활 속에서 죽음을 비롯한 갖가지 공포심과 고통을 일으키는 모든 원인은 아애가 있기 때문이다. 이 아애가 사라지지 않는 한 죽음의 공포도 사라지지 않을 것이며, 생사윤회의 고해에서 벗어날 수 없을 것이다.

네 가지 번뇌[4번뇌]의 상호관계: 자아의식 또는 자아에 대한 집착심을 세밀하게 분석하면 아치·아견·아만·아애의 네 가지 심리작용으로 나누어진다. 그런데 이 네 가지 번뇌의 상호관계는 논사마다 견해가 다르다. 이들 상호관계에 대하여『섭대승론』의 세친석과 무성석[8], 그리고『유식삼십송』의 안혜석에 나온다. 그러면 세친과 안혜의 견해를 서로 비교해 보자.

세친은 "유신견[아견]은 아성(我性)을 집착하는 것이다. 이 세력 때문에 아만이 일어나서 나와 나의 것을 믿고 스스로 뽐낸다. 실제는 무아인데도 불구하고 자아가 존재한다고 애착하는 것이 아애이다. 이 세 가지 번뇌는 무명을 원인으로 한다"[9]고 한다.

반면에 안혜는 "아뢰야식 그 자체에 미혹[아치]할 때 아뢰야식에 대하여 아견을 일으킨다. 자아를 봄으로써 마음이 교만해 지는 것이 아만이다. 이 세 가지가 있을 때 자아로 생각한 것을 애착하는 것이 아애이다"[10]라고 한 주장한다. 양자의 공통점은 아치[무명]를 근본원인으로 하여 아치→아견→아만의 순서로 생겨나고, 최후에 아애가 일어난다는 점이다. 우리는 분명히 자기의 본질을 모르고 오취온이나 아뢰야식을 자아로 오인한다. 이 오

7『대정장』권31, 22중: "我愛者謂我貪. 於所執我深生耽著. 故名我愛"
8 無性造,『攝大乘論釋』권1(『대정장』권31, 383하)
9 世親造,『攝大乘論釋』권1(『대정장』권31, 325중)
10『유식삼십송, Triṃśikā』, 14-17면, 22-23면.

인된 자아를 근거로 하여 자기는 실재한다고 자만하는 것이다. 이와 같이 아치와 아견과 아만과 그리고 아애는 일련의 인과관계로 결합되어 있음을 알 수 있다.

그런데 아치·아견·아만의 관계는 네 가지의 번뇌설이 확립되기 이전부터 거론되고 있었다. 『구사론』에 "무명에서 아견과 아만이 생긴다"[11]고 했고, 또 동론에 "자아가 아닌 것을 자아로 삼아서[아견] 아애를 일으킨다"[12]고 했으며, 또 "아견이 있으면 반드시 아애가 생긴다"고 한 것이 그 증거이다. 이와 같이 네 가지 번뇌의 원천은 아비달마철학에 있었지만 아치와 아견과 그리고 아만에 아애를 더한 네 가지 번뇌를 말나식과 결부시켜 필연적인 인과관계로 설명한 것은 유식학의 독자적인 사상이다. 다시 말해서 유가행파는 무명→아견→아만이라는 기존의 심리생기설(心理生起說)에 아애를 보태어 자아집착설의 진수가 네 가지의 번뇌[4번뇌]에 집약되어 있다고 했고, 또 자아의식의 내용이 아치 등 네 가지 번뇌라고 한 점에 주목해야 한다.

지금까지 살펴본 바와 같이 말나식은 항상 위의 네 가지 번뇌와 상응하여 일어나 나라고 하는 자아의식과 자아에 대한 집착심을 야기한다. 역으로 말하면 자아의식의 내용을 자세하게 분석하면 아치·아견·아만·아애 등 네 가지 번뇌로 되어 있다는 뜻이다. 이 네 가지 번뇌는 모든 번뇌의 근본이 되기 때문에 근본번뇌라고 하고, 이 근본번뇌로부터 여러 가지 지말번뇌(枝末煩惱)가 파생되어 나오는 것이다.

그 다음 별경심소 가운데 '혜(慧)'도 말나식과 상응하는 번뇌인데 이 혜는 지혜라는 뜻이 아니라 '골라서 분별하다'는 의미로서 대상을 선택하며 나누는 마음의 작용을 말한다. 즉 자기 자신에게 유리하도록 다른 사람과 분명하게 구별하는 마음이다. 예를 들면 이것은 다른 사람의 일이고, 자기에게는 이롭지 않기 때문에 자신과는 상관없는 것이라고 생각하여 자신을 타인과 분리하는 마음이다.

'아(我)'자로부터 시작되는 네 가지 번뇌와 혜의 번뇌가 일어나는 근본원인은 말나식이 제8아뢰야식의 견분을 실아(實我)인 것처럼 집착하여 대상화하기 때문이다.

---

11 『대정장』권29, 51상.
12 『대정장』권29, 156하.

이와 같은 말라식의 번뇌는 아주 미세하게 작용하기 때문에 이를 치단(治斷)하는 데는 끊임없는 수행이 필요하다. 이를 완전히 제거하려면 삼현(三賢)보살의 수행으로는 불가능하며 적어도 10지 보살 중 제7지 보살의 지위에 올라야 비로소 말나식에서 작용하는 아집이 없어지며, 법집과 미망의 습기(習氣, vāsanā)까지 모두 정화하려면 구경각(究竟覺=妙覺=出世道)에 도달하여야만 가능하다. 선(禪)에서도 말나식의 사량심과 도거심(掉擧心)을 제거하는 것은 선정에 의해서만 가능하며, 이 말나식의 번뇌를 완전히 제거한 경지를 견성했다고 한다.

## Ⅲ. 역사상의 용례

부파불교까지는 식을 여섯 가지[前5識과 意識]로 나누었지만 식체(識體: 인식의 주체)는 '하나'라고 보았다. 그러나 유식설에서는 말나식과 아뢰야식의 두 가지 식을 더하여 인식의 주체를 여덟 가지로 설정하였다. 이 여덟 가지 식 중에서 말라식은 유식사상 이전에는 이 식의 존재가 거론되지 않았으며, 심지어 『해심밀경』 등 초기 유식의 경론에도 언급되지 않았다. 이 말나식은 아뢰야식을 발견한 후에 유가행파에 의해서 점차 다듬어진 것이다. 따라서 이 식이 제일 나중에 발견되었음을 알 수 있다. 유식학의 논사들이 이루어낸 성과 중에서 가장 높이 평가해야 할 것은 바로 아뢰야식과 말나식의 발견이다. 아뢰야식을 발견함으로서 유식학의 묘미를 충분히 살려낼 수 있었다. 즉 유식학의 특색은 실로 이 아뢰야식의 내용을 조직적으로 해명하는 데 있다. 또 말나식을 발견함으로서 번뇌의 뿌리를 분명히 알게 되었고, 이를 체계적으로 정화하는 데 많은 도움을 주었다.

그런데 제6의식과 제8아뢰야식 외에 제6의식 밑에서 작용하는 심층심리이며 자아의식인 말나식이 존재해야 할 이유를 『성유식론』 권5[13]에서는 두 가지 경증(經證)과 여섯 가지 이증(理證)로써 증명하고 있다. 이것을 '말나의 이교육리(二教六理)'라 한다.

먼저 두 가지 교증(教證) 중 첫 번째 『입능가경』 권9에서는 "장식(藏識)을 심이라 하고, 사량하는 것을 의라 하며, 모든 경계의 대상을 분별하는 것을

13 『대정장』 권31, 24하.

식이라 한다[14]"라고 한다. 이 경문에 의거하여 보면 심이라는 것은 장식인 제8아뢰야식과 여러 가지 경계를 분별하는 식인 제6의식 외에 사량성(思量性)을 가지고 있는 의(意)라는 식이 있음을 말하고 있다. 이 사량성을 가진 식이 제6의식이 아니라면 이것은 분명히 제7말나식임에 틀림없을 것이다. 또한 두 번째 교증인 『해탈경』에서는 "염오의는 항상 여러 가지 번뇌와 함께 생멸한다. 만약 모든 번뇌에서 해탈하면 염오의는 영원히 사라진다"[15]고 한 게송이 있다. 경에서 이 게송을 해석한 것을 보면 "염오의는 영원한 과거로부터 네 가지 번뇌와 항상 함께 생멸한다. 네 가지 번뇌는 아견·아애·아만·아치이다. 대치도(對治道)가 생하여 이 번뇌를 단절하고 나면 이 의는 대치도를 통하여 곧 해탈한다"[16]고 게송의 뜻을 스스로 해석하고 있다. 즉 네 가지 번뇌와 항상 함께 활동하는 것이 제6의식의 특성이 아니라고 한다면 이것은 명백히 제7말나식을 말한 것이라고 보지 않을 수 없다.

다음 또 제7식이 존재해야 할 이유를 여섯 가지로 증명하고 있다. 이것을 여섯 가지 이증[六理證][17]이라고 한다. 이 여섯 가지 이증은 우리의 마음속에 말나식이 어디엔가 있을 것이라는 생각을 하게 된 계기라고도 말할 수 있다.

① 불공무명증(不共無明證): "불공무명은 미세하게 항상 활동하면서 진실을 가린다. 만약 이 식이 없다면 불공무명은 마땅히 존재할 수 없을 것이다"[18]라고 한 것이 불공무명증이다. 불공무명이라는 것도 심소(caitta)의 일종이기 때문에 이와 상응할 심왕이 없으면 안된다. 만약에 제7식이 존재하지 않는다면 불공무명중의 항행불공성(恒行不共性)을 설명할 방법이 없을 것이다. 왜냐하면 제6의식도 불공무명과 상응하기는 하지만 그것은 간단(間斷)함이 있기 때문에 항행성(恒行性)은 없다. 그리고 제8아뢰야식은 번뇌와 상응하는 식이 아니다. 그러므로 불공무명과 상응하는 제7식이 없다면 불공무명설은 성립할 수 없을 것이다. 불공무명은 독행불공무명(獨行不共無明)과 항행불공무명(恒行不共無明)으로 나누어지는데 이 가운데 전자

---

14 『입능가경』 권9: "藏識說名心. 思量性名意. 能了諸境相. 是說名爲識"
15 『해탈경』: "染汚意恒時. 諸惑俱生滅. 若解脫諸惑. 非曾非當有"
16 위의 책: "有染汚意從無始來. 與四煩惱恒俱生滅. 謂我見我愛及我慢我癡. 對治道生斷煩惱已. 此意從彼便得解脫"
17 『대정장』 권31, 24하-25하.
18 위의 책: "不共無明. 微細恒行. 覆蔽眞實. 若無此識. 彼應非有"

는 제6의식과 상응하고, 후자는 제7말나식이 항상 아집을 일으키는 무명이다. 그러므로 항행불공무명은 다른 식과는 무관하고, 오직 제7말나식과만 상응한다. 요컨대 진실을 바로 볼 수 없는 이유는 무아의 진리를 모르는 근원적인 무지[불공무명]가 우리의 내부에 존재하기 때문이다. 이 근원적인 무지가 말나식과 상응하여 작용하는 심리라고 생각한 것이다.

② 이증차별증(二證差別證): "만약 염의(染意, 제7식)가 없다면 무상정과 멸진정은 구별되지 않을 것이다"[19]고 한 것이 이증차별증이다. 무상정과 멸진정의 두 가지 무심정(無心定)에는 다 같이 거칠게 활동하는 6식과 그 심소가 없다. 무상정은 원래 외도가 닦는 선정이기 때문에 불교의 성자들은 이 선정을 싫어했다. 그러나 이에 반하여 멸진정은 성자들이 즐겁게 닦는 불교의 선정이다. 다 같은 무심정이면서도 성자들에게 있어서 기뻐하고 싫어하는 차이가 있는 이유는 염오심(染汚心)의 유무에 말미암기 때문이다. 다시 말해서 전6식의 심과 심소를 없앤 점은 두 선정이 동일하지만 무상정에는 오히려 염오심이 있고, 멸진정에는 이 염오심이 없는 것이다. 즉 무상정에서는 아직 말나식이 활동하는데 반하여 멸진정에서는 말나식의 활동이 정지된다는 뜻이다. 염오심은 제7말나식의 별명이다. 따라서 만약 이 염오의 말나식이 존재하지 않는다면 두 가지 선정의 구별은 이루어지지 않는다는 것이다.

③ 무상유염증(無想有染證): "무상천에 태어난 유정은 한 평생 동안만은 심과 심소의 활동이 없다. 만약 이 식이 없다면 무상천의 중생들에게 염오심이 없을 것이다"[20]고 한 것이 무상유염증이다. 무상천은 무상정을 닦은 과보로서 태어난 천상의 세계이다. 이 천상에 태어난 중생은 6식의 활동은 없지만 그들은 오히려 염오심의 아집을 가지고 있는 이생범부(異生凡夫)이다. 따라서 만약 제7식이 없다면 무상천 중생들에게 염오심이 없을 것이다. 그러므로 제7식은 반드시 있어야 한다는 것이다. 간략히 말하면 무상천에 태어난 유정은 이곳에 머무는 동안은 심리활동[심·심소의 활동]이 소멸되지만 아직 아집이 남아 있는 것은 말나식에 의하여 아집이 작용하기 때문이라고 본 것이다.

④ 아불성증(我不成證): "이생(중생)은 선·염·무기의 삼성심(三性心) 중

19 위의 책: "無想滅定. 染意若無. 彼應無別"
20 위의 책: "無想有情. 一期生中. 心心所滅. 若無此識. 彼應無染"

에 있을 때 항상 아집을 가지고 있다. 만약 이 식이 없다면 아집은 없을 것이다"[21]라고 한 것이 아불성증이다. 범부는 선·악·무기의 3성심 중에 있을 때 어느 때를 막론하고 항상 아집을 가지고 있다는 것이다. 우리 인간의 심식 중 아집을 가지고 있는 식은 제7말나식을 제외하고는 없다는 것이다. 그러므로 제7식은 마땅히 존재해야 한다고 주장하는 것이다. 다시 말해서 우리가 착한 일을 할 때 그 이면에 항상 내가 착한 일을 한다는 자아의식이 작용한다. 이는 곧 말나식에 의한 자아 집착심이 활동하고 있다는 증거라고 생각한 것이다.

이상 말나식의 존재를 증명하는 네 가지의 근본적인 이유를 한마디로 말하면 우리들의 일상생활 속에서 심리활동을 자세히 관찰해 볼 때 제6의식의 밑에서 작용하는 자아의식을 상정하지 않을 수 없다는 것이다. 쉽게 말해서 무지에서 비롯된 자아의식[아견·아만·아애]이 제6의식의 밑에서 작용하기 때문에 우리의 일상행위는 자아의식을 띤 오염된 행위로 나타난다는 것이다. 이와 같이 유가행파는 오염된 자아의식의 근원이 심층심리인 말나식에 있음을 단정지었다. 즉 의식의 밑에는 분명히 자아를 집착하는 말나식이 있다고 생각한 것이다.

⑤ 6식의 이연증(二緣證): "눈은 색을 반연하여 안식이 생하며, 그밖에 의[제7식]는 법을 반연하여 의식[제6식]을 생한다. 만약 이 식이 없다면 의근은 존재하지 않을 것이다"[22]라고 한 것이 6식의 이연증이다. 6식은 반드시 두 가지 연이 결합하여야 생겨난다는 뜻이다. 즉 안식 등의 전5식은 각각 그 소의(所依, āśraya)의 인식기관과 소연(所緣, ālambana)의 대상과의 두 가지가 결합함으로 인하여 5식의 인식작용을 일으킨다는 것이다. 이처럼 제6의식도 그 인식의 작용을 일으키기 위해서는 반드시 그 소의의 근이 될 제7식이 없어서는 안 된다는 것이다. 쉽게 말하면 안식·이식·비식·설식·신식 등 전5식은 현대말로 표현하면 시각·청각·취각·미각·촉각에 해당한다. 이들 전5식은 안근 내지 신근의 감각기관, 즉 눈의 망막·귀의 달팽이관·혀의 미뢰 등을 의지하여 심식의 활동을 한다. 이와 마찬가지로 제6의식도 심식활동을 하기 위해서는 반드시 의지처인 의근이 있어야 한다고 본 것이다. 전5식의 인식기관은 물질적이고 육체적인 것이기 때문에 눈으로 확인할

---

21 위의 책: "異生善染無記心時. 恒帶我執. 若無此識. 彼不應有"
22 위의 책: "眼色爲緣. 生於眼識. 廣說乃至. 意法爲緣. 生於意識. 若無此識. 彼意非有"

수 있지만 제6의식의 인식기관인 의근은 무색근(無色根), 즉 비물질적인 것이기 때문에 육안으로 확인이 불가능하다. 그러면 제6의식의 감각기관은 구체적으로 무엇인가? 이에 대하여 불교의 여러 논사들은 많은 의문을 가지게 되었는데 그 중 설일체유부에서는 무간멸의(無間滅意)를 의근으로 생각했다. 무간멸의에 대한 언설은 길기 때문에 단락을 바꾸어서 설명하겠다.

⑥ 의명증(意名證): "사량하는 것을 의라 한다. 만약 이 식이 존재하지 않는다면 사량은 있을 수 없다"[23]고 한 것이 의명증이다. 제6식을 '의식'이라고 하는 것은 의식이 의지하는 소의(所依)의 의근(意根, 제7식)의 이름에 의거하여 붙인 것이다. 만약 제7식이 없다면 제6식은 그 소의인 의근이 없게 될 뿐만 아니라 의식이라는 이름조차도 세울 수 없게 될 것이다. 그리고 사량은 제7식의 특성이기 때문에 이 사실은 곧 제7식의 존재를 증명하는 것이다. 요컨대 제6의식이라는 이름이 붙게 된 것은 그것의 소의근인 의근에 의하여 붙어진 것이라는 것과 제7말나식은 사량성이 있기 때문에 잡염의 근거가 된다는 두 가지 의미를 함축하고 있다. 잡염의 근거를 염오의(染汚意)라 한다. 염오의에 대해서는 단락을 바꾸어 무간멸의와 같이 논의하겠다.

위의 ⑤와 ⑥의 논증은 말나식 이론이 성립하게 되는 또 하나의 사상적 계기를 설명하는 것이지만 ⑤와 ⑥은 앞에서 말한 ①~④의 논증과는 내용이 다르다. 구체적으로 말해서 ⑤는 의식이 생기는 의지처인 무간멸의에 대한 논증이고, ⑥은 의식이 잡염되는 의지처인 염오의에 대한 논증이다. ⑤와 ⑥의 공통점은 심리가 생기하는 발생적 측면에서 의식이 생겨날 수 있는 기관, 즉 의지처(āśraya)가 존재해야 한다고 하는 인식에서 비롯된 사상이다. 구체적으로 말해서 의식이 생겨나는 기관인 의근(意根)이 어떤 것인가에 대한 문제이다. 즉 유식학에서 말하는 심·의·식 가운데 '의(意, manas)란 무엇인가'에 대하여 규명한 것이다.

위의 ⑤와 ⑥에서 말나식이 존재해야 할 또 다른 이유로서 무간멸의(無間滅意)와 염오의(染汚意)를 거론하였다. 이는 다 같이 제6의식이 작용할 수 있는 기관이 존재해야 한다는 인식에서 출발한 사상들이다.

제6의식의 소의근인 의지처[의근]가 존재할 것이라는 발상은 이미 부파

---

23 위의 책: "思量名意. 若無此識. 彼應非有"

불교시대부터 시작되었는데 예를 들면 남방 상좌부에서 심기(心基=심장, hadaya-vatthu)를 의근으로 간주한 특수한 사례도 보인다.[24] 그러나 대체로 설일체유부 등에서 말한 의근은 무간멸의를 가리킨다. 무간멸의란 현상적으로 지금 이 순간에 작용한 전5식과 제6의식이 다음 순간 과거로 소멸해 버리는 것을 말한다. 이러한 입장에서 현재의 한 찰나에 기준을 둘 때 한 찰나 전에 활동하고 현 찰나에는 이미 소멸해 버린 심리작용의 총체를 의근으로 생각한 것이다. 이 소멸한 의근이 현재의 의식과 전5식을 이끌어낸다고 생각했던 것이다. 『구사론』권1에 무간멸의로써 의근이 존재해야 한다는 것을 설시하고 있다. 즉 "육식신은 멸하고 난 직후 다음 찰나의 식을 생기하기 때문에 의계라 한다. 예를 들면 같은 아들이 다른 사람에게는 아버지라는 이름을 얻고, 같은 과일이 다른 나무에게는 씨앗이라는 이름을 얻는 것과 같다"[25]고 한 것처럼 설일체유부에서 6식의 발생은 직전 찰나의 식을 근거로 하고 있다. 이 직전 찰나의 식인 의근은 전5식의 소의근임과 동시에 제6의식의 소의근이 되는 것이다.

한편 유가행파에서는 설일체유부에서 말한 무간멸의와는 다른 새로운 의인 염오의(染汚意, kliṣṭaṃ manaḥ)를 수립했는데 이것이 곧 말나식의 전신(前身)이다. 이 염오의의 사상은 수면설과 종자설을 바탕으로 하여 성립한 것이다. 『섭대승론』에서 처음으로 의(manas)에는 무간멸의와 염오의의 두 가지가 있음을 분명히 말하고 있다. 논에 "의에는 두 가지가 있다. 하나는 등무간연(等無間緣)이 의지하는 곳이다. 즉 무간멸의는 의식이 생겨나는 의지처를 말한다. 또 하나는 염오의이다. 이는 네 가지 번뇌와 항상 상응한다. 네 가지 번뇌는 유신견·아만·아애·무명이다. 이것은 식이 잡염으로 되는 근거이다. 제6식은 무간멸의에 의하여 생겨나고, 염오의로 인하여 오염된다. 대상을 요별하는 의미가 있기 때문에, 등무간의 의미가 있기 때문에, 사량의 의미가 있기 때문에, 의는 두 가지 종류를 이룬다(『대정장』권31, 133하)"고 한 것과 같이 의를 두 가지로 요약할 수 있다. 즉 제6의식이 생기하는 의지처[등무간의 뜻]로서 무간멸의가 있고, 의식이 잡염되는 의지처[사량의 뜻]로서 염오의가 있다. 쉽게 말하면 제6의식이 일상생활 속에서

---

24 『성유식론술기』제5권말(『대정장』권43, 412상): "上座部, 胸中色物, 以爲其意根" 心基(『남전대장경』권64, 22)

25 『대정장』권29, 4중: "卽六識身, 無間滅已, 能生後識, 故名意界. 謂如此子卽名餘父, 又如此果卽名餘種"

자기중심적인 생각이나 생활을 객관적으로 표출하는 원인은 모두 의식이 말나식을 의지하여 작용하기 때문이다. 참고로 등무간연이란 개도의(開導依)라고도 한다. 전념과 후념이 서로 비슷하기 때문에 '등'이라 하고, 상속하여 단절되지 않기 때문에 '무간'이라 한다. 즉 전념이 후념의 의지처가 됨을 말하는데 이런 현상은 모든 심·심소에서 일어난다. 만약에 전념과 후념이 서로 상속하지 않아서 단절됨이 있으면 심식의 재생은 불가능하기 때문에 반드시 전념이 멸함과 동시에 후념이 생겨나는 것을 등무간연이라 한다. 개도라는 것은 전념이 후념을 이끌어낸다는 뜻이다.

부파불교에서는 의(manas)를 주로 의지처(所依止, āśraya)와 사량(思量, manana)의 의미로 해석했음을 알 수 있는데 특히 의지처의 의미로서 받아들이는 경향이 강했다. 그것도 시간을 달리하여 생성되는 근거로서 의지처(等無間依)이다. 이에 비해 유가행파에서는 의(意)의 본래 의미인 사량의 뜻을 살리면서 염오의 뜻을 가미했다. 이렇게 한 이유는 아마 부파불교까지 동의어로 생각한 심·의·식을 심은 '아뢰야식', 의는 '염오의', 식은 '육식'으로 나누어 전부 여덟 가지 식이 존재함을 확립하려고 했기 때문일 것이다.

유가행파에서의 염오의[말나식]는 의식과 동시에 존재하면서 의식을 오염되게 하는 근거가 된다. 환언하면 염오의와 의식은 동시에 활동하며, 염오의의 잠재적인 아집 때문에 의식이 오염된다. 여기서 중요한 사실은 의와 의식이 동시적인 것으로 생각하고 있다는 점이다. 반면에 부파불교에서는 의식과 무간멸의는 이시적(異時的)인 것으로 생각하고 있다.

이 문제를 해결하기 위하여 유식사상에서는 의근을 다른 식과 동등한 존재성을 갖는 하나의 독립된 식으로서 설정하지 않으면 안되었다고 본다. 『섭대승론』에서는 의에 무간멸의와 염오의의 두 가지 뜻이 있다고 기술했지만 안혜논사(安慧, Sthiramati)는 『대승장엄경론』을 주석하는 가운데 의식과 동시에 존재하며, 의식이 생겨나는 동시적인 근거로서 의근은 곧 염오의라고 단정짓고 있다. 즉 "성문은 육식의 무간멸의을 의근으로 생각한다. 그러나 대승에서는 의근은 바로 염오의이다. … … 의식의 의지처는 염오의이다"[26]라고 한 것이 의근이 곧 염오의라고 주장한 증문이다.

눈이 색을 반연하여 안식이 생기는 것처럼 의(意)와 법을 반연하여 의식이 생긴다고 하는 주장은 당연한 것이다. 그러므로 의가 없으면 의식의 작

26 북경판 『대승장엄경론』 108, 275면, 1f, ll. 2~5.

용은 불가능한 것이다. 따라서 제6의식이 의지할 수 있는 의근이 반드시 존재해야 하는 것이다. 유식에서는 이 의근을 염오의, 즉 제7말나식으로 보았다. 그러나 염오의가 의근이기는 하지만 안근과 같은 물질적인 감각기관과는 성질이 다르다.

지금까지의 내용을 정리하면 염오의의 이론은 세우게 된 계기는 다음 세 가지이다.

첫째, 의식의 밑바닥에 잠재하는 아집을 발견함으로써,

둘째, 사량하는 심리작용을 고찰함으로써,

셋째, 의근을 새롭게 규명함으로써,

말나식의 이론을 체계적으로 조직할 수 있었다고 본다.

지금까지 살펴 본 2교증과 6리증으로써 제7식이 없어서는 안 된다는 것을 논증한 것은 불교교리사상 유식계가 최초이다. 이 논증은 무착의 『섭대승론』[27]에서 이미 설한 것을 『성유식론』[28]에서 체계적으로 정리한 것이다. 그러나 구역론상에 명확하게 말나라고 하는 이름은 보이지 않지만 이 식의 내용에 해당하는 식설이 결코 없지는 않다. 이 부분에 대해서는 다음 항에서 다루기로 한다.

## Ⅳ. 텍스트별 맥락의 용례

오늘날 법상종에서는 인식의 주체를 안식(cakṣur-vijñāna)·이식(śrotra-vijñāna)·비식(ghrāṇa-vijñāna)·설식(jihvā-vijñāna)·신식(kāya-vijñāna)·의식(mano-vijñāna)·말나식(manas-vijñāna, mano nāma vijñāna 혹은 kliṣṭamanas)·아뢰야식(ālaya-vijñāna)의 여덟 가지로 체계화하고 있는데 이 여덟 가지의 식설이 유식사상의 태동기부터 있었던 것은 아니다. 이들 식은 유가행파의 논사들이 아비달마의 철학체계를 깊이 연구하고, 또 명상을 통한 체험의 결과로써 정립한 것이다. 그런데 『성유식론』에서 말나식의 존재에 대하여 유식관계의 저술로서 『입능가경』만을 인용하고 있다. 이 사실은 『대승아비달마경』이나 『해심밀경』과 같은 초기 유식경전에는 말나식

27 『대정장』권31, 133하.
28 『대정장』권31, 24하.

에 대한 사상이 없었다는 것을 암시한다. 이 점은 여러 학자들의 견해가 일치한다. 그러나 말나식의 발생시기에 대해서는 의견이 분분하다. 종래의 여러 학자들이 말나식의 발생시기에 관하여 각각 다른 주장을 정리하면 다음과 같다.

우이 하쿠슈(宇井伯壽)는 『유가론연구(瑜伽論研究)』에서 "『유가사지론』과 『해심밀경』에서는 아직 말라식이라고 할만한 것이 존재하지 않는다"[29]고 했다.

유키 레이몬(結城令聞)은 『심의식으로 본 유식사상사』에서 "말나식의 성립시기는 『대승아비달마경』의 유포와 같은 시기이거나 또는 그보다 조금 후대인 미륵의 논서가 나타나기 이전이라"[30]고 보았다.

스즈키 무네타다(鈴木宗忠)는 『유식철학연구』에서 제7식은 네 단계를 거쳐서 전개되어 왔다고 주장한다. 즉 제1단계는 미륵의 논서상에 나타난 사상인데 "여기에 제7식의 싹이라고 할 수 있는 자아사상이 보인다"[31]고 주장했다. 제2단계는 무성의 논서상에 나타난 사상이다. "거기에 제7식의 근원이라고 할 수 있는 염오의(染汚意)의 사상이 있다"고 했다. 제3단계는 세친의 논서상에 나타난 사상이다. "거기에 제7식은 말나식이다"라고 했다는 것이다. 제4단계는 안혜와 호법의 논서상에 나타난 사상인데 "안혜는 제7식은 말나식이라고 했으며, 호법의 시대에 와서 제7식이 제7식으로서 분명하게 되었다"고 했다.

우에다 요시후미(上田義文)는 『대승불교사상의 근본구조』에서 "제7식사상은 호법 이후에 나타난 사상이라"[32]고 했다.

후나비시 나오야(舟橋尚哉)는 『말나식의 원류』에서 "『유식삼십송』에 말라라고 부르는식(mano nāma vijñānam)이라는 말이 있기 때문에 이것이 말라식의 원류라"[33]고 했다.

요코야마 코오이치(橫山紘一)는 『유식의 철학』[34]에서 말나식의 성립을 다섯 단계로 나누고 있다. 즉 제1단계는 선천적인 자아의식의 존재가 자각

29 宇井伯壽, 『瑜伽論研究』(東京: 岩波書店, 1958), 213면.
30 結城令聞, 『心意識より見たる唯識思想史』(東京: 東方研究院東京研究所, 1934), 315-316면.
31 鈴木宗忠, 『唯識哲學研究』(東京: 明治書院, 1957), 222면.
32 上田義文, 『大乘佛教思想の根本構造』(東京: 百華苑, 1976), 162면.
33 舟橋尙哉, 『末那識の源流』(『印度學佛教學研究』16-1, 184-188면), 187면.
34 横山紘一, 『唯識の哲學』(東京: 平樂寺書店, 1980), 213-214면.

되기 시작한 단계이다. 근본불교 이래 아견의 대상을 오취온이라고 했지만 『유가사지론』 '본지분'[35]에서는 아견의 대상을 '자체'라고 하여 오온과 구별하여 표현하고 있는 점에 주목해야 한다. 자체가 무엇일까? 일반적으로 "제6의식이 자체를 나와 나의 소유물로 집착한다"고 보기 때문에 자체는 아마도 말나식이 아닐까? 제2단계는 자아로 보는 주체를 말나로 보고, 말나식의 대상을 아뢰야식으로 생각한 단계이다.[36] 제3단계는 manas를 무간멸의와 염오의로 나누고, 그 중 심층적인 자아의식을 염오의라고 하여 다른 식과 독립시킨 단계이다. 제4단계는 염오의로서 manas를 mano-vijñāna(의식)과 구별하기 위하여 mano nāma vijñānam(말나라고 부르는 식)이란 표현을 사용하여 말나식의 개념이 명백하게 성립된 단계이다. 제5단계는 여덟 가지 식의 순서에 따라 말나식을 제7식이라고 부른 단계이다.

상기 학자 중 후나비시 나오야(舟橋尚哉)는 "『유가사지론』에서 8식설의 원형은 발견되지만 아직 불완전하며, 말나라는 용어는 보이지만 말나식이라는 명칭은 발견되지 않는다"고 한 말을 주목할 필요가 있다. 물론 부파불교시대까지 독립된 식으로서 말나식의 이름은 보이지 않는다. 그렇지만 말나식 성립의 단서는 부파불교시대의 '수면설(隨眠說)'과 '종자론' 그리고 '제6의식의 소의근'을 찾는 과정에서 발견된다.[37]

그러면 제7식이라는 하나의 독립된 식으로서 정착되기까지의 발전과정을 경론상에서 직접 확인해 보자.

먼저 부파불교시대의 『구사론(*Abhidharmakośa*)』에 "사량하기 때문에 의라 한다"[38]고 한 주장에서 의(意)라는 말이 보인다.

다음 유식학파의 전적 중 『유가사지론(*Yogācārabhūmi*)』에 "의식은 염오말나에 의지하고 있다. 염오말나가 아직 멸하고 있지 않을 때는 의식은 상박(相縛)으로부터 해탈할 수 없다. 말나가 멸한 후에는 의식이 상박으로부터 해탈하게 된다"[39]고 한 말 중에 염오말나·말나라는 용어가 보이며, 이 염오말나는 의식의 의지처이고, 또 상박의 근본원인으로서 제시된 것일 뿐

---

35 『대정장』권3, 284중.

36 위의 책.

37 참고: 오형근, 『유식과 심식사상연구』(서울: 불교사상사, 1989), 30면.
服部正明외, 이만, 『인식과 초월』-유식의 철학-(서울: 민족사, 1991), 106-110면.

38 『대정장』권29, 21하: 思量故名意.

39 『대정장』권30, 580하: "又復意識, 染汚末那,, 以爲依止. 彼未滅時, 相了別縛, 不得解脫. 末那滅已, 相縛解脫"

아뢰야식을 대상으로 하고, 네 가지 번뇌와 상응하는 말나의 이명이라고는 생각되지 않는다. 따라서 본론에서는 아직 염오의라는 용어를 중요시 하지 않았던 듯하다. 동일한 내용이 『현양성교론』[40]에 인용되고 있지만 염오말나가 염오의로 되어 있다. 또 『유가사지론』 '섭결택분'에 "아뢰야식은 언제나 오직 한 가지 전식(轉識)과 함께 활동한다. 그것은 이른바 말나이다. 왜냐하면 말나는 아견·아만 등과 항상 같이 상응하고 사량하는 것을 그 본성으로 하기 때문이다. 말나식은 유심위(有心位)와 무심위에서 항상 아뢰야식과 함께 작용한다. 아뢰야식을 대상으로 경계를 삼아서 자아로 집착하고 아만을 일으키고 사량하는 것을 그 작용으로 한다. 아뢰야식은 또 일시에 말나와 의식의 두 식과 함께 활동한다"[41]라고 한 주장에 주목해야 할 것은 자아로 집착하는 마음의 주체를 명확하게 의식과 구별하여 '말나'라고 한 점과 또 말나의 인식대상을 '아뢰야식'으로 단정한 점이다. 말나에 아집의 작용이 있다고 한 것은 종래의 의근과는 다른 심리작용을 부여하기 위함이다. 현장은 위 인용문에서 manas를 의근의 의(意)와 구별하기 위하여 '말나'라고 음역하고 있다. 그러나 『유가사지론』 이전에 번역한 『현양성교론』의 같은 인용문에서는 말나에 해당하는 용어가 의(意) 또는 의근(意根)으로 번역된 사실에 주목할 필요가 있다.[42]

『대승장엄경론(*Mahāyānasūtrālaṃkāra*)』에는 "의근이란 염오식을 말한다"[43]라고 한 주장에서 의근이 종래의 무간멸의(無間滅意)가 아니라 염오식으로서 등장하고 있다.

『현양성교론(*Prakaraṇāryavācāśāstra*)』에는 "아뢰야식은 혹 어느 때에나 오직 일전식과 함께 일어난다. 이를테면 의근과 함께. 어찌한 까닭인가? 이 의근으로 말미암아 항상 아견, 아만 등이 상응하여 높은 형상을 일으킨다. 마음이 작용하는 상태나 마음이 작용하지 않는 상태나 항상 이 식은 함께 일어난다. 또 이 의근은 아뢰야식에 인연하여 그 경계를 삼아 아견과 아만에 집착하여 높은 형상을 들어 일으킨다. 또 이 식은 한 순가에 나아가 두

---

40 『대정장』권31, 566하.

41 『대정장』권30, 580하: "阿賴耶識, 或於一時, 唯與一種轉識俱轉. 所謂末那. 何以故. 由此末那, 我見慢等, 恒共相應, 思量形相. 若有心位, 若無心位, 常與阿賴耶識, 一時俱轉. 緣阿賴耶識, 以爲境界, 執我起慢, 思量形相. 或於一時, 與二俱轉. 謂末那及意識"

42 『현양성교론』(『대정장』권3, 566중하, 567상).

43 『대정장』권31, 605상: "意根謂染污識"

가지 전식과 함께 일어난다. 이를 테면 의와 의식이다."[44]이라 했고, 또 "의식은 염오의에 의해 생겨난다. 의가 사라지지 않았을 때는 형상에 대한 요별로 얽매이게 되어 해탈할 수 없다. 만일 의가 멸하고 나면 형상의 얽매임에서 해탈한다."[45]이라 했으며, 그리고 또 "대답한다. 식에는 여덟 가지가 있다. 아뢰야식과 안식·이식·비식·설식·신식과 의와 의식이다"[46]라고 한 글에서 『유가사지론』의 '말나'와 '염오말나'가 '의'·'의근'과 '염오의'로 교체되어 등장하고 있음을 볼 수 있다. 참고로 『현양성교론』은 『유가사지론』을 요약하여 구성한 것으로 현장역만이 현존한다. 『현양성교론』은 『유가사지론』보다 좀 이른 시기에 한역되었다.

『섭대승론(*Mahāyānasaṃgraha*)』에는 "이것을 또한 심이라고 한다. 세존이 심·의·식을 설한 것과 같다. 이 가운데 의에는 두 가지가 있다. 하나는 등무간연이 근거가 됨을 본성으로 한다. 즉 직전에 멸한 식은 의식이 생기하는 근거가 된다. 또 하나는 염오의인데 이는 네 가지 번뇌와 상응한다. 네 가지 번뇌란 첫 번째는 살가야견(유신견)이고, 두 번째는 아만이며, 세 번째는 아애이고, 네 번째는 무명이다. 이것은 다른 식이 잡염으로 되는 원인이 된다. 6식은 그 첫 번째에 의하여 생기하고, 그 두 번째에 의하여 잡염으로 된다. 대상을 요별하는 의미가 있기 때문에, 등무간의 의미가 있기 때문에, 사량의 의미가 있기 때문에, 의는 두 가지를 이룬다. 어떻게 염오의가 존재함을 알 수 있는가? 그것은 만약 염오의가 없다면 불공무명의 존재가 인정되지 않기 때문에 과오를 범하게 되는 것이다"[47]라고 한 말에서 의에 무간멸의(無間滅意)와 염오의(染汚意)의 두 가지가 있음을 구별하고 있다. 『섭대승론』에서 확립된 염오의는 이후 유식학의 논서에서 제7말나식이라는 명칭을 표현하는데 중심적인 역할을 하게 된다. 특히 이 말은 네 가지 번

44 위의 책, 566중-하: "阿賴耶識, 或於一時, 唯與一轉識俱起. 謂與意根. 所以者何. 由此意根, 恒與我見我慢等相應, 高擧形相. 若有心位, 若無心位, 恒與此識, 俱時生起. 又此意根, 恒緣阿賴耶識, 爲其境界, 執我及慢, 高擧形相而起. 又卽此識, 於一時間, 或與二轉識俱起. 謂意及意識"

45 위의 책, 566하: "意識依染汚意生. 意未滅時, 於相了別縛, 不得解脫. 若意滅已, 相縛解脫"

46 위의 책, 480하: "答識有八種. 謂阿賴耶識眼耳鼻舌身識意及意識"

47 『대정장』권31, 133하: "此亦名心. 如世尊說心意識. 此中意有二種. 第一與作等無間緣所依止性. 無間滅識, 能與意識, 作生依止. 第二染汚意, 與四煩惱, 恒共相應. 一者薩迦耶見, 二者我慢, 三者我愛, 四者無明. 此卽是識雜染所依. 識復由彼第一依生第二雜染. 了別境義故, 等無間義故, 思量義故, 意成二種. 復次云何, 得知有染汚意. 謂此若無, 不共無明, 則不得有, 成過失故"

뇌와 함께 작용하고 오염된 manas라는 점을 강조하고자 염오된 의(意), 즉 염오의(kliṣṭaṃ manaḥ)라는 이름을 붙쳤을 것으로 생각된다. 그런데 염오의라는 이름이 『섭대승론』에 최초로 나오는 것은 아니다. 『해탈경』에 "염오의는 항상 모든 번뇌와 함께 생멸한다"[48]고 한 것이 처음일 것이다. 『해탈경』은 아함경 부류에 속하는 경이기 때문에 염오의라는 말이 이미 유식사상 이전에 사용되었음을 알 수 있다. 유가행파는 이 용어에 사량을 특성으로 하는 의(意)를 무간멸의(無間滅意)와 구별하기 위하여 종래의 염오의라는 용어를 채용한 것으로 보인다.

『유식삼십론송 (*Triṃśikā*)』에 "다음은 제2능변식으로 이 식을 말나라고 한다. 아뢰야식에 의지하여 활동하고 아뢰야식을 대상으로 인식한다. 사량하는 것을 본질과 행상으로 삼는다"[49]고 한 송문에서 manas를 의(意)라고 한역하지 않고 말나라고 음사한 이유는 제6의식과 혼동을 피하기 위함일 것이다. 또 '是識名末那'에 해당하는 산스크리트 원문은 'mano nāma vijñānam (말나라고 하는 식)'인데 이렇게 표현한 이유도 역시 mano-vijñāna(의식)와 구별하기 위해서이다. 따라서 이와 같이 manas를 말라라고 음사한 것은 다른 칠전식(七轉識)과 구별하기 위한 표현이라고 생각되고, 이는 곧 염오의가 하나의 독립된 식으로서 분명하게 자각되기 시작한 것으로 보여진다. 이 말나가 발전하여 한역경전에서는 말나식이라는 명칭으로 성립되었을 것이다. 그렇지만 한역경론을 검토해 보면 말라식이라는 명칭은 세친의 『대승백법명문론』에만 보인다.

『대승백법명문론(*Mahāyānaśatadharmaprakāśamukhaśāstra*)』에 "먼저 심법에 여덟 가지가 있다. 첫째 안식, 둘째 이식, 셋째 비식, 넷째 설식, 다섯째 신식, 여섯째 의식, 일곱째 말나식, 여덟째 아뢰야식이다"[50]라고 한 말에서 말나식이라는 식명(識名)이 완전한 모습을 갖추고 나타나고 있음에 주목해야 한다. 지금까지 의·의근·염오의·염오말나·말나 등으로 표현되어 왔던 것이 본론에서는 말나식이라는 하나의 완전히 독립된 식으로 정착되어 있음을 볼 수 있다. 말나식을 독립적으로 조직화한 사람은 세친논사임을 강조해 둔다.

48 『성유식론』(『대정장』권31), 24하.

49 위의 책, 60중: "次第二能變. 是識名末那. 依彼轉緣彼. 思量爲性相"

50 위의 책, 855중: "第一心法, 略有八種. 一眼識, 二耳識, 三鼻識, 四舌識, 五身識, 六意識, 七末那識, 八阿賴耶識"

『성유식론』에 "다음 사량능변식의 특징을 변별한다. 이 식은 성교에서 말나라고도 한다. 항상 심세하게 사량하는 것이 다른 식보다 강하기 때문이다. 이 식의 명칭은 어떻게 제6의식과 다를까? 하나는 지업석(持業釋)이다. 장식이라는 명칭과 같이 '장'이 곧 '의'이기 때문이다. 또 하나는 의주석(依主釋)이다. 안식 등과 같이 '식'은 '의'와 다르다. 그러나 여러 성교에서는 이것[제7식]이 그것[제6식]으로 오인될 우려가 있기 때문에 제7식에는 다만 의라는 명칭만을 세운다"[51]라고 했고, 또 "아뢰야식의 구유소의는 또한 단지 하나일 뿐이다. 말하자면 제7식이다. 그 식이 만약 존재하지 않는다면 아뢰야식은 결코 활동할 수 없기 때문이다. 논전에 장식은 항상 말나와 같은 때에 활동한다고 했기 때문이다. 또한 장식은 항상 염오에 의지하는데 염오는 곧 말나이다"[52]라고 한 주장에서 처음으로 제7식이라는 표현을 사용하고 있는 점에 주목할 필요가 있다. 제7식이란 말은 8식에 순서를 정하면서 붙쳐진 이름이라고 생각된다. 또 『성유식론』에서는 말나나 염오의보다 제7식이란 표현을 더 많이 호용하고 있는 점도 눈에 띈다. 또 한 가지 분명한 사실은 제7말나식을 의식으로도 한역할 수 있지만 제6의식과 혼동될 우려가 있기 때문에 의로 한역하였다는 것이 분명히 밝혀졌다. 그리고 아뢰야식이 활동하는데는 말나식이 없어서는 안 된다고 역설하고 있다. 따라서 이는 말나식과 아뢰야식은 완전히 별개의 식이라는 것을 강조하고 있는 말이다. 그런데 『유식삼론송』을 주석한 『성유식론』에서는 말나식을 사량능변식·말나·제7·제7식·의·염오 등 다양한 명칭을 사용하고 있는데 이는 종래의 모든 명칭을 망라하고 있는 듯 하지만 『성유식론』이 여타의 논전과 두드러진 특징은 명확하게 제7식이라는 명칭을 사용하고 있는 점을 한번 더 강조해 둔다. 그리고 주의해야 할 사항은 현장이 manas를 한역함에 있어서 논전의 성립사와 같은 일정한 시기를 기준으로 하여 체계적으로 번역한 것이라고 보기에는 곤란한 점이 없지 않다는 것이다.

지금까지 한역 논전상에서 살펴 본 말나식의 명칭에 대한 표현을 정리하면 다음과 같다.

---

51 위의 책, 19중: "後應辯思量能變識相. 是識聖教別名末那. 恒審思量勝餘識故. 此名何異第六意識. 此持業釋. 如藏識名, 識卽意故. 彼依主釋. 如眼識等, 識異意故. 然諸聖教恐此濫彼故, 於第七但立意名"

52 위의 책, 20하: "阿賴耶識, 俱有所依, 亦但一種. 謂第七識. 彼識若無, 定不轉故. 論說藏識, 恒與末那, 俱時轉故. 又說藏識, 恒依染汚. 此卽末那"

『구사론』: 의.
『유가사지론』: 말나·염오말나.
『대승장엄경론』: 염오식.
『현양성교론』: 의근·의·염오의.
『섭대승론』: 의·염오의.
『유식삼십론송』: 말나·제2능변.
『대승백법명문론』: 말나식.
『성유식론』: 사량능변식·말나·염오·제7·제7식.

위의 주장들을 참고하여 말나식의 원류를 정리해 보면 부파불교시대에 의(意)와 의근(意根)의 사상이 있었고, 유가행파에서는 의(意, manas)에 사량의 의미와 염오의 의미를 결합하여 염오의(染污意)라는 하나의 독립된 식을 세웠다. 이 염오의가 발전하여 말나식이 되고, 최종적으로 제7식이라는 명칭으로 정립되었다고 생각한다. 즉 意·意根→染污意→末那識→第7識의 순서로 변천했음을 알 수 있다.

## Ⅴ. 인접개념과의 관계

아뢰야식의 성질은 무부무기성(無覆無記性)이다. 무부(無覆)는 '잡염이 없다'는 뜻이며, 번뇌가 상응하거나 장애하여 덮어 버리지 않으므로 무부라 한다. 무기(無記)는 그 원인이 선인지 악인지 단정할 수 없으며, 그것의 결과가 즐거움이 될지 괴로움이 될지 예견할 수 없음을 말한다. 아뢰야식의 성질은 염오가 없으므로 번뇌를 일으키지 않고, 인과상(因果上)에 있어서는 선인지 악인지 그리고 고(苦)인지 낙(樂)인지 말할 수 없기 때문에 무부무기라 한다. 반면에 말나식은 유부무기성(有覆無記性)이다. 유부(有覆)란 잡염이 가려 덮어 장애하는 것이 있다는 의미이다. 무기는 선악업이 일어나지 않아서 무엇이라 말할 수 없는 것을 가리킨다. 그런데 말나식은 왜 유부인가? 말나식 그 자체는 비록 선악업을 지을 수 없어서 악성에 속하지 않으나 자기를 집착하기 때문에 네 가지 번뇌와 여덟 가지 대수혹이 말나식과 상응하여 일어난다. 말나식은 항상 불공무명(不共無明)과 함께하기 때문에 전5식과 제6식에 악영향을 끼친다. 그 결과 오직 자신의 이익만을 추구하기 때문에 악업을 많이 짓는다. 그래서 말나식을 염오식 또는 염오의라고 하는 것이다. 말나식은 왜 무기인가? 말나식 자체는 비록 염오가 있지만 무기라고 한 것은 그 성질상에서 한정하여 말한 것이며, 행동상에는 해당하지 않는다. 구체적으로 말해서 말나식이 아직 악념을 일으키지 않아 악행을 행하지 않았을 때, 그 내부에서 어떠한 생각도 일으키지 않는 한 밖으로 행동이 나타나지 않는다. 따라서 마땅히 선악이라고 말할 수 없기 때문에 무기라고 하는 것이다. 참고로 전5식의 성질도 제8아뢰야식과 같이 무부무기성이다. 그리고 제6의식의 성질은 유부유기(有覆有記)이다.

제7말나식과 관계하고 있는 상응심소는 모두 열 여덟 개이다. 즉 변행심소(遍行心所)인 촉(觸)·작의(作意)·수(受)·상(想)·사(思)의 다섯 가지 심소와, 별경심소(別境心所) 중 혜(慧)와 대수혹(大隨惑)인 도거(掉擧)·혼침(昏沈)·불신(不信)·해태(懈怠)·방일(放逸)·실념(失念)·산란(散亂)·부정지(不正知)의 여덟 가지 심소와 아치·아견·아만·아애 등 사혹(四惑)이다.

변행심소는 어떤 심식이 대상을 인식하려고 할 때 반드시 일어나는 정신작용이다.

촉(sparśa)은 8식 가운데 한 식이 대상을 인식하려 할 때 최초로 그 심식의 작용이 대상에 닿는 것을 말한다.

작의(manaskāra)는 촉이 성립되면 그 즉시 마음 안에는 경각심(警覺心)이 나타난다. 이를 작의라 한다.

수(vedanā)는 작의심소가 앞에 무엇이 나타났다고 일깨워주면 그 대상의 내용을 사실 그대로 받아들이는 심소이다. 이 수에는 고(苦)·락(樂)·사(捨)의 3수가 있다. 다시 고에서 고(苦)와 우(優)가 갈라져 나오고, 락에서 락(樂)과 희(喜)가 갈라져 나와 여기에 사를 더하면 오수(五受)가 된다.

상(saṁjñā)은 밖을 통하여 어떤 대상이 마음 안으로 받아들여지면 그 대상의 모습을 구별하는 심소이다.

사(cetanā)는 마음으로 하여금 그 대상의 모습에 대하여 선악 등의 결정을 내려주는 심소이다. 이들 오변행심소는 어떤 심식에든지 반드시 작용하여 그 대상을 분명하게 인식하도록 도와주는 심소이다. 그런데 주의할 점은 이들 오변행심소의 순서가 바뀌면 안 된다.

별경심소는 변행심소처럼 모든 대상에 두루 작용하는 것이 아니라 각각 다른 경계에서 하나 혹은 둘 내지 다섯 가지가 함께 일어나는 심소를 말한다. 즉 이 오별경심소는 반연하여 대상으로 삼는 경계가 각각 따로 존재한다는 뜻이다.

이 심소 중 혜(prajñā)는 관찰하는 대상에 대하여 옳고 그름을 분명하게 선별해 주는 마음이다. 이 혜는 간택함을 본성으로 삼으며, 의심을 끊고 확신을 갖게 하는 인식능력으로서 의심을 끊는 것을 그 본업으로 한다.

근본번뇌에 의하여 파생된 번뇌를 지말번뇌(枝末煩惱)·수번뇌(隨煩惱) 또는 수혹(隨惑)이라 하는데 여기서 혹(惑)은 번뇌의 의미이다. 수번뇌에는 소수혹(小隨惑)에 열 가지 종류와 중수혹(中隨惑)에 두 가지 종류와 대수혹(大隨惑)에 여덟 가지 종류가 있어서 모두 이십 종으로 이루어져 있다. 이 대수혹 중 도거(auddhatya)는 마음이 동요하여 안정을 잃게 하는 번뇌이다. 그 결과 평등한 마음과 선정을 방해하는 작용을 한다.

혼침(styāna)은 마음이 어떤 대상을 인식하려고 할 때 항상 혼미하게 하고 침체시키는 번뇌이다. 그 결과 경쾌하고 안정된 마음과 선정을 방해하게 된다. 이는 도거와 함께 선정을 방해하는 심소로 알려져 있다.

불신(āśraddhya)은 진리에 대한 확신이 없고 불타의 덕성과 인과에 대한 믿음을 갖지 못한 번뇌이다.

해태(kausīdya)는 악을 끊고 선을 닦는 일에 태만하여 노력하지 않는 번뇌이다.

방일(pramāda)은 진리관을 뚜렷이 갖지 못하고 선업을 닦는 일에 방종하며 방탕한 생활을 하는 심소이다.

실념(muṣitasmṛtitā)은 기억상실을 말한다. 이는 집중력이 결여됨을 뜻하기도 하며, 정신의 집중을 방해하는 것도 된다.

산란(vikṣepa)은 정신을 밖으로만 향하여 달리게 하고, 또 객관계의 대상에 대하여 나쁜 견해만을 유발하도록 한다.

부정지(asaṁprajanya)는 잘못된 이해와 앎을 가리킨다. 이는 선업을 닦지 못하게 하는 치심(癡心)의 일부분이다.

이상의 대수혹은 오염된 마음, 즉 불선과 유복무기에서는 두루 일어나는 번뇌로서 정신수행에서 항상 경계해야 할 심소들이다.

말나식과 아뢰야식과의 관계는 극히 친밀하여 말나식은 능의(能依)가 되고, 아뢰야식은 소의(所依)가 된다. 제6식과 말나식과의 관계는 제6식은 능의가 되고, 말나식은 소의가 된다.

뢰야삼장의(賴耶三藏義) 중 집장의(執藏義)란 제7 말나식이 무시이래로 제8아뢰야식의 견분을 향하여 그것이 나의 실재적인 주체라고 집착을 하는데 이 때 제7말나식에게 집장(執藏)되는 것을 집장의라 한다. 이 경우에 제7식은 능집자(能執者)가 되고, 제8식은 소집장(所執藏)이 되는 것이다. 환언하면 제8아뢰야식의 견분은 제7말나식의 소연경(所緣境, 인식대상)이라는 의미이다. 그런데 말나식은 아뢰야식의 견분을 인식의 대상으로 삼아서 인식을 할 때 평등하고 바르게 인식하는 것이 아니라 견분을 실아(實我)로 오인하여 인식하기 때문에 아집을 야기하고, 나아가 법집을 유발시키는데 여기서부터 일체의 괴로움이 시작된다. 참고로 견분은 유식학의 4분설 중 하나인데 여기서 견은 견조능연(見照能緣)의 뜻이다. 즉 심성이 소연경(所緣境, 인식대상)을 명료하게 인식하는 작용을 말한다. 예를 들면 안식이 색경을 요별하고, 이식이 성경을 요별하며, 내지 신식이 촉경을 요별하는 등과 같은 것을 견조라고 한다.

유식사상 이전 종래의 아견관(我見觀)은 "제6의식이 오온[정신과 육체]을 집착하여 나와 나의 것으로 삼는 것이다"고 한 바와 같이 제6식의 집착대상이 오온임을 분명히 밝혀 놓았다. 그러나 말나식에 의한 자아의식은 심층심리이므로 구체적으로 지각되지 않는다. 『유가사지론』권51에 "말나식은 아뢰야식을 대상으로 하여 이것을 자아로 삼는다"고 했지만 근원적인 자아의식인 제7말나식의 인식대상이 아뢰야식이라는 것이 유가행파의 통설은 아닌 듯하다. 세친 이후 말나식은 아뢰야식 중의 어느 부분을 소연경[인식의 대상]으로 하는가에 대한 논쟁이 일어났다. 그 내용이 『성유식론』에 네 가지 학설로 정리되어 있다. 첫째 난타(難陀, Nanda)는 "아뢰야식의 식체(識體)를 자아로 삼고, 상응법을 나의 것으로 삼는다"고 했고, 둘째 화변(火辨, Citrabhāna)은 "아뢰야식의 견분을 자아로 삼고, 상분(相分)을 나의 것으로 삼는다"고 했다. 여기서 상분은 능연심(能緣心) 앞에 나타난 소연의 경계, 즉 능연식과 소연경의 사이에 일어난 영상(影像)을 상분이라 한다. 쉽게 말하면 마음속에 일어난 영상을 말한다. 인식주(認識主)는 이 영상을 인식하는 것이다. 셋째 안혜(安慧)는 "아뢰야식을 자아로 삼고, 종자를 나의 것으로 삼는다"고 했고, 넷째 호법(護法)은 "아뢰야식의 견분을 자아로 삼는다"고 했다. 호법의 학설을 신봉하는 현장과 규기는 네 번째 것을 정의(正義)로 하고 있다. 호법이 아뢰야식의 견분을 말나식의 인식대상으로 삼는다는 것은 일리가 있는 말이다. 왜냐하면 아뢰야식이 근원적인 마음이기 때문에 그 주관인 견분을 자기의 궁극적인 주체라고 생각할 수 있기 때문이다. 그렇지만 『유식삼론송』에 "아뢰야식은 폭포수와 같이 항상 활동한다[恒轉如瀑流]"고 한 바와 같이 아뢰야식 자체도 항상 순간순간 끊임없이 생멸변화하고 있기 때문에 거기에 고정불변한 실체가 존재한다고 생각하는 것은 잘못이다. 유식사상의 본질은 무아를 주장하는데 있다. 종래에 자기의 존재는 여러 가지 요소가 결합하여 된 것이기 때문에 상일주재(常一主宰)한 것이 없다고 하는 무아의 논리를 폈다고 한다면 유가행파에서는 이런 무아의 논리를 초월하고 아뢰야식의 개념을 도입하여 새로운 무아설을 수립한 것이다.

말나식의 범위는 삼계에 두루 통한다. 즉 이 염오말나는 비단 인간계뿐만 아니라 천상·축생·아귀·아수라·지옥의 유정들도 모두 각기 말나식이 있어서 어디서나 사량하고 자아를 집착한다는 것이다.

말나식과 상응하는 네 가지 번뇌 중 무명(無明=我癡)은 크게 상응무명(相應無明)과 불공무명(不共無明)으로 대분된다. 이 가운데 불공무명은 다시 독행불공무명(獨行不共無明)과 항행불공무명(恒行不共無明)으로 세분된다. 상응무명과 불공무명 중 독행불공무명은 제6의식과 상응하고, 불공무명 중 항행불공무명은 오직 제7말나식과만 상응한다. 아견(=아집)은 크게 분별기의 아견과 구생기의 아견으로 대분되는데 이 중 분별기의 아견은 제6의식과 상응하고, 구생기의 아견은 제7말나식과 상응한다.

세 가지 분별작용과 제식(諸識)과의 관계를 보면 여덟 가지 식 가운데 전5식과 제8아뢰야식은 자성분별(自性分別)만을 하고, 제7식은 자성분별과 계탁분별(計度分別)의 두 가지 분별을 함께하며, 제6의식은 자성분별과 수념분별(隨念分別)과 계탁분별의 세 가지 분별을 모두다 한다. 여기서 자성분별은 자성사유(自性思惟)라고도 한다. 이는 눈앞에 있는 객관적인 대상에 대하여 조금이라도 비교하거나 추측하는 일이 없이 그 대상의 자상(自相)을 자상 그대로 즉각적으로 인식하는 것을 말한다. 수념분별은 수억사유(隨憶思惟)라고도 한다. 이는 과거에 일찍이 경험한 일이 있는 대상을 다시 추억(追憶)하는 정신작용이다. 주로 제6의식이 기억하고 상념하는 능력을 가리킨다. 계탁분별은 추탁분별(推度分別)이라고도 한다. 이는 과거·현재·미래의 삼세에 걸쳐서 아직까지 보지 못한 대상을 독단적으로 상기하여 그 대상을 계탁하고 추량하는 것을 말한다.

삼량(三量)과 제식과의 관계를 보면 전5식과 제8아뢰야식은 현량(現量)을 하고, 제7말나식은 비량(非量)을 하며, 제6식은 삼량[現量·非量·比量]에 두루 통한다. 이 삼량은 원래 인도의 인명학(因明學), 즉 논리학에서 사용하는 용어이지만 유식학에서도 많이 이용하고 있다. 현량은 무분별지가 현전의 대상을 인식할 때 이름과 언어 등에 의한 분별심을 떠나서 대상의 자상(自相)을 자상 그대로 지각하는 인식작용을 말한다. 즉 주관심이 직접 대상의 자상에 계합하는 것을 가리킨다. 비량(比量)은 비교량탁지(比較量度知)의 뜻이다. 이는 미란(迷亂)하지 않는 심식이 명확하게 나타나지 않은 대상을 비교분별하여 대상의 자상을 분명하게 얻지 못하는 심식의 인식작용을 말한다. 비량(非量)은 미란한 심식이 현전한 때나 또는 현전하지 않은 때나 어떠한 대상을 인식할 때 오직 착란(錯亂)된 분별작용으로 인식하기 때문에 그 대상의 자상을 그릇되게 분별하는 것을 가리킨다.

중국의 법상종에서는 수행의 단계에 따라 말나식에 3위(位)를 세웠다. 이를 '말나의 3위'라 한다. 첫째 아집상응위(我執相應位)는 일체의 범부와 2승의 유학(有學)과 칠지 이전 보살의 유루심위(有漏心位)로서 아집이 현행되고 있는 자리이다. 둘째 법집상응위(法執相應位)는 일체의 범부와 성문·연각과 보살의 법공지(法空智)가 일어나지 않는 위로서 법집이 현행되고 있는 자리이다. 셋째 평등성지상응위(平等性智相應位)는 일체의 불계(佛界)와 보살의 법공지(法空智)가 현전하는 자리를 말한다.

말나식을 조복받고 끊는 차례를 보면 말나식이 비록 구생기(俱生起, 선천적인)의 번뇌이기는 하지만 청정본연의 자체는 아니기 때문에 '객'일 뿐 '주'는 아니다. 그러므로 전식득지(轉識得智)하여 평등성지(平等性智, samatājñāna)를 이루려면 반드시 수행이 필요하다. 아라한과를 증득하면 아집은 일어나지 않는다. 멸진정에 들었을 때도 아집은 현행하지 않는다. 그러나 아직 종자(bīja)가 멸하지 않았기 때문에 선정으로부터 나오면 다시 아집이 현행한다. 그렇기 때문에 아라한과 멸진정의 위에서는 다만 말나식의 네 가지 번뇌가 현행하는 것을 조복한 것이지 종자까지 끊어진 것은 결코 아니다. 설령 끊었다 하더라도 잠시 끊은 것일 뿐 영원히 끊은 것은 아니다. 그리고 제8지에 이르면 구생기의 아집[제7식이 제8식을 대상으로 하여 집착하는 것]은 복단되지만, 번뇌장과 소지장의 종자와 현행이 완전히 단멸되고 평등성지를 얻으려면 여래의 구경위에 도달하여야 가능하다. 『유식삼십송』에서 출세도(出世道)라고 한 말은 삼현십성(三賢十聖)을 포괄하는 것이지만 엄밀하게 말하면 불도(佛道), 즉 구경각을 가린키는 말이다. 왜냐하면 말나식의 네 가지 번뇌와 종자는 구경위에 도달했을 때 영원히 단절(永斷)되기 때문이다.

말나식은 제6의식의 심층에 존재하는 집아성(執我性)의 마음이다. 범부는 이 마음이 심층에 존재하기 때문에 있는지 조차도 모르고 지낸다. 그러면 말나식의 번뇌를 어떻게 단멸할 것인가? 단 하나의 방법뿐이다. 제6의식을 통하여 정화하는 길밖에 없다. 말나식은 제6의식을 소의근으로 하기 때문에 서로 밀접한 관계에 있다. 그러므로 제6의식의 관찰은 곧 그 회훈력(回熏力)이 그대로 제7말나식에 영향을 주게 된다. 예를 들면 초지에서 제6의식은 이미 분별이집(分別二執)을 끊고 묘관찰지(妙觀察智, pratyavekṣājñāna)가 현전할 뿐만 아니라 평등성지가 또한 이를 따라 싹터 나온다. 따라서 제6의식을 의지하여 끊임없이 이공관[아공과 법공]을 닦아야 평등성지가 증득되는 것이다.

그런데 안혜논사는 수행이 완성되면 말나식은 없어진다고 주장한 반면에 호법과 현장·규기로 이어지는 학파에서는 수행이 완성되더라도 말나식 그 자체는 없어지지 않는다고 했다. 전자는 수행이 완성될 때 이기성의 근원인 말나식이 사라져 없어진다고 본 반면, 후자는 말나식이라고 하는 마음의 주체는 그대로 남아 있으면서 이기적인 마음이 전환되어 진실한 자기에게 눈을 뜨게 되며, 이타평등의 근원으로 소생한다는 것이다. 후자의 주장은 식체별설(識體別說)에 따른 것일 것이다.

## Ⅵ. 현대적 논의

말나식은 제6의식의 심층에서 활동하면서 자아를 집착하는 마음이다. 우리들이 시작 없는 옛날부터 집요하게 자아를 집착하여 온 것은 말나식이 있었기 때문이다. 말나식의 이러한 근원적이며 염오적 활동은 안식에서 의식에 이르는 표층의 심식을 오염시킨다. 그 결과 제6의식에 의한 인식은 무기가 아니라 항상 자아의식이 동반된 분별이기 때문에 항상 집착의 양상을 띤다. 그러므로 끊임없이 항상 활동하는 말나식의 작용이 단절되지 않는 한 자아에 대한 근원적인 집착심으로부터 해방은 불가능하다. 다시 말해서 자기에 대한 집착이나 자기가 아닌 것과의 끊임없는 대립은 밑바닥에 잠재적인 자아집착심, 즉 말나식이 존재하기 때문이며, 제6의식의 저변에 있는 자아의식을 소멸하지 않는 한 결코 집착이나 대립의 속박에서 벗어날 수 없다.

호법종(護法宗)에서는 식체별설(識體別說)에 의하여 인식의 주체를 여덟 가지로 나누고 있다. 이 여덟 가지의 식 중에서 가장 나중에 발견된 것이 말나식이다. 이 식을 발견하게 된 동기는 여러 가지가 있겠지만 그 중에서도 특히 인간고통의 근원이 어디에 있는가를 추구해 들어가다가 찾아낸 것이 말나식이다. 유가행파의 논사들은 우리 인간들이 괴로운 삶을 사는 근본원인은 아치[무명, avidyā]가 말나식에 있기 때문이라고 단정지었다. 아집의 근본을 말나식에서 발견한 것이다. 환언하면 근원적인 자아의식을 추구하다가 최후에 말나식이라는 새로운 식을 발견하게 된 것이다.

이 아치 때문에 인간은 이기적이고, 자기중심적인 자아의식이 싹터 나오는 것이다. 그런데 이 말나식의 자기중심적인 활동은 아주 미세하게, 또 눈에 보이지 않는 은밀한 곳에서 언제나 항상 이루어지기 때문에 범부들은 자기 자신도 모르게 사물을 그릇 판단하거나 삿된 생각을 하게 된다. 예를 들면 착한 일을 하고 있는데도 착한 일이 아니라고 생각하는 것과 같다. 왜냐하면 선의(善意)의 밑바닥에 자기 자신도 모르게 아의(我意)가 작용하고 있기 때문이다. 이와 같이 우리인간은 아의에 의해서 대상을 자기에게 유리하도록 끊임없이 고쳐 나간다. 우리들의 행위나 정신이 좀처럼 깨끗하고 아름답게 되지 않는 이유가 말나식이 숨어 있기 때문이다. 이 식은 악(惡)처럼 강하지는 않지만 자신도 모르는 사이에 자신을 더럽혀 가므로 유부무기(有覆無記)라 한다. 말나식은 밖에서 들어오는 정보도 그대로 받아들이지 않는다. 전5식으로부터 제6의식으로 받아들여진 정보는 일단 말나식의 아(我)라는 사고를 거쳐서 나오기 때문에 아의 색깔이 칠해지는 것이다. 이렇게 자기중심적으로 유리하게 만들어 고친 정보는 밑바닥의 아뢰야식에 훈습하여 저장되는 것이다.

말나식을 가장 말나식답게 특징지우는 심소는 다섯 가지이다. 즉 아치·아견·아만·아애의 4번뇌와 혜를 말한다. 이 네 가지 번뇌는 자기의 실상을 가리는 무지이기 때문에 자아를 그릇 인식한다든지 아니면 다른 사람에게 교만하게 구는 탐탁치않은 마음이다. 아치는 자기의 참된 실태를 알지 못하는 무지이다. 인간의 자아는 인연화합으로 이루어져 있기 때문에 무아이다. 그러나 사람들은 이 사실을 자각하지 못하고 끊임없이 자기의 실체가 있는 것처럼 생각하고 있다. 자기의 진상을 깨닫지 못함으로 인하여 자기의 견식을 고집하게 되고, 자기 위주의 주장만을 절대적인 것이라고 하며, 겸손하게 남의 말을 경청하지 않는 아견이 생기게 되며, 남에게 교만하거나 거만해지는 아만심이 생겨나게 되는 것이다. 그리고 진정한 자기를 알지 못함으로 인하여 자기가 마음대로 만들어 낸 허상의 자아상을 한결같이 사랑하는 아애가 생긴다. 우리 인간은 자기의 진상에 대한 깊은 자각도 없이 자기 혼자만의 뜬생각에 사로잡혀 교만하게 주위를 변화시킨다. 예를 들면 언제나 자기를 내세워 대항할 필요가 없는데도 불구하고 대항을 하며, 자신은 남과 비교할 수 없는 절대적인 자기임도 불구하고 상대와 자기를 비교하여 뽐내기도 한다. 이런 자기 중심적인 사고 때문에 인간은 스스로 자신을 구속하게 되는 것이다.

위의 네 가지 번뇌와 함께 또 하나의 중요한 것은 혜의 심소이다. 혜는 '골라서 분별한다'는 의미이다. 대상을 선택하며 나누는 마음이다. 이 혜가 말나식과 한 덩어리가 되어 무엇을 선택하며 분별하는가? 그것은 자기와 남을 분명하게 골라서 분별하는 것이다. 예컨대 '이것은 자기의 일', '이것은 남의 일', '이것은 이익이 되는 것', '이것은 이익이 안 되는 것', '이것은 지금은 손해이지만 앞으로 이익이 되는 것이기 때문에 해 두는 것이 좋은 일', '이것은 끝에 가서는 이익이 되지 않기 때문에 그만 두는 것이 좋은 일' 등과 같은 생각을 하면서 자기와 남을 분명히 갈라놓고 자기에게 이익이 되는 것을 골라서 계산하는 것이다. 이런 사고는 자기의 마음속에서 자신의 잣대로써 판단한 것이기 때문에 객관성이 없고 매우 편파적인 것이 되고 만다. 우리의 일상생활은 모두 자기 중심으로 이루어지고 있다. 자기가 자동차를 타고 있으면 보행자가 눈에 거슬리고, 반대로 자기가 보행을 하고 있으면 자동차가 눈에 거슬린다. 이와 같은 전도된 생각을 하지 않으려고 해도 말나식은 자신도 모르는 사이에 심층에서 바른 생각을 왜곡시켜 구부러진 세계를 만들어 내고 있는 것이다.

말나식이 인식대상으로 삼는 것은 오직 자기 자신만을 대상으로 한다. 말나식은 자기 이외의 것에는 눈도 돌리지 않는다. 다만 자기에게만 집중할 뿐이다. 말나식의 인식대상을 구체적으로 말하면 아뢰야식의 견분이다. 말나식이 자아에 대하여 집착하는 것은 개념이나 이론을 초월하여 선천적이고 본능적으로 집착한다. 그렇기 때문에 항상 '자기'라는 실체가 실존한다고 생각하는 것이다. 그러나 말나식의 인식대상인 아뢰야식은 폭포수와 같이 잠시도 멈추는 일이 없으며, 끊임없이 흐르는 폭포수가 바로 자기인 것이다. 그런데 말나식은 끊임없이 흐르는 자기를 있는 그대로 솔직히 보려고 하지 않는다. 왜냐하면 인간의 본성은 변화를 싫어하기 때문이다. 말나식은 폭포수 같은 자기의 진상을 바로 보지 못하고 오히려 상주불변하는 자아상을 만들어 내며, 그 허상에 애착을 품고 마음을 집중하는 것이다.

말나식은 이와 같이 나쁜 점만 가지고 있는 것은 아니다. 우리들은 자기의 본심에 맞지 않는 행동을 하거나 생각을 할 때 대항의식이 일어나는데 이 대항의식이 기틀이 되어 진보적인 일을 하는 경우가 적지 않다. 말나식이 수행에 의하여 무아의 진리와 존재의 평등성을 각성하게 될 때 자기에게만 치우쳤던 눈이 완전히 바뀌어 모든 것을 평등하게 대하는 눈이 열리게 된다. 이기성이 자애로 변하는 것이다. 이기심이 남을 사랑하는 마음으로 변한 것이다. 자신을 사랑해 본 일이 없는 사람이나 지나칠 정도로 이기적인 자기를 체험해 본 경험이 없는 사람이 다른 사람을 자비롭게 대할 수 있을까? 수행이 원만해지면 이기적인 자아애는 사라지고 맑고 깨끗한 인간이 되는 것이다. 불보살이 우리들과 다른 점은 말나식의 차이에 있다. 즉 우리 범부들은 자신에게 집착된 삶을 살고, 불보살은 자비애타(慈悲愛他)의 삶을 사는 것이다.

**정유진** (동국대)

# 사향사과

범 aṣṭa ariyā pudgala 빠 cattāri ariyā maggā phalāni 한 四向四果

## I. 어원적 정의 및 개념 풀이

사향사과(四向四果)란 사향과 사과를 합쳐 만들어진 합성어이다. 사과란 예류과(預類果)·일래과(一來果)·불환과(不還果)·아라한과(阿羅漢果)를 지칭하며, 사향이란 사과의 계위로 향하고 있는 이, 즉 예류향(預類向)·일래향(一來向)·불환향(不還向)·아라한향(阿羅漢向)을 지칭한다. 사향사과에 해당하는 빠알리어는 cattāri ariyā maggā phalāni(the four paths and the four fruitions)이고 범어는 aṣṭa ariyā pudgala(the eight holy persons)이다. 예류(預類)·일래(一來)·불환향(不還)은 범어의 원어를 한문으로 의역한 용어이며, 수다원(須陀洹)·사다함(斯陀含)·아나함(阿那含)·아라한(阿羅漢)은 한문으로 음사한 것이다. 사향사과 각각에 해당하는 빠알리어는 다음과 같다. 예류향은 sotāpatti-magga이고 예류과는sotapatti-phala이다. 일래향과 일래과는 각각 sakadāgāmi-magga와 sakadāgāmi-phala이다. 불환향은 anāgāmi-magga이고, 불환과는 anāgāmi-phala이다. 아라한향은 arahatta-magga이고 아라한과는 arahatta-phala이다. 예루향에서 아라한과까지의 순서를 범어로 표기하면 다음과 같다: srota-āpatti-phala-pratipannaka, srota-āpatti-phala, sakṛdagāgāmi-phala-pratipannaka, sakṛdagāgāmi-phala, anāgāmi-phala-pratipannaka, anāgāmi-phala, arhat-pratipannaka, arhat-phala. 서장어로는 예류향에서 아라한과까지 표기하면 다음과 같다: rgyun-du-shugs-pa-la-ḥjug-pa, rgyun-du-shugs-pa, lan-cig-phyir-ḥoṅ-ba-la-ḥjug-pa, lan-cig-phyir-ḥoṅ-ba, phyir-mi-ḥoṅ-ba-la-ḥjug-pa, phyir-mi-ḥoṅ-ba, dgra-bcom-pa-la-ḥjug-pa, dgra-bcom-pa.[1]

사향사과에 대한 영어 번역은 다음과 같다. 예류향과 예류과는 각각 the Path of Stream-Winning이고 the Fruition of Stream-Winning이다. 일래향과 일래과는 the Path of Once-Return과 the Fruition of Once-Return이며 불환향과 불환과는 각각 the Path of Non-Return, the Fruition of Non-Return이다. 마지막으로 아라한향은 the Path of Holiness이고 아라한과는 the Fruition of Holiness로 영역된다.[2] 아라한은 the Worthy One 으로 영역되기도 하지만 대체로 번역하지 아니하고 범어 arhat 또는 빠알리어 arahant을 그대로 사용하는 경우가 많다.

한역경전에선 사향사과를 사쌍팔사(四雙八士)라고도 부르고 있다.[3] 『증일아함경』에선 사향사과를 여래의 성중(聖衆)이란 말로 표현하고 있다.[4] 사향사과를 현성(賢聖)의 무리라고도 하며 복전(福田)이라고 설명한다.[5] 축생(畜生)들에게 음식을 보시해도 복을 받고, 계(戒)를 범한 이에게 음식을 보시해도 그 천 갑절의 복을 받으며, 계를 잘 지키는 이에게 음식을 준 이는 그 만 갑절의 복을 받으니 사향사과의 성자에게 보시하면 그 공덕은 헤아릴 수 없다 라고 밝히고 있다.[6] 사향사과에게 이루어진 보시의 과보는 현생에 얻어지는 것이 아니라 내세에 성취된다고 한다.[7] 삼귀의 중 승가에 대한

1 望月信享 編, 『佛教大辭典』(東京:世界聖典刊行協會), 1771면.

2 Nyāṇatiloka, *Buddhist Dictionary: Manual of Buddhist Terms and Doctrines.* 4th rev. ed. Kandy, Sri-Lanka, 1980. 23-4면 참조.

3 『雜阿含經』(『大正藏』2권, 238상)

4 『雜阿含經』(『大正藏』2권, 554하)

5 『增一阿含經』(『大正藏』2권, 755중)

6 『雜阿含經』(『大正藏』2권, 554하). 『增一阿含經』(『大正藏』2권, 609중)에도 유사한 내용이 있다.

7 『增一阿含經』(『大正藏』2권, 739중)

귀의는 사향사과에 대한 귀의를 의미한다.[8]

사향사과 중 사과를 사문과(沙門果)라고 정의하고 있다.[9] 오근(五根)을 구족하게 되면 사과를 얻을 수 있다고 한다.[10] 인력(忍力)과 사유력(思惟力)을 통하여 수다원도(須陀洹道)·사다함도(斯陀含道)·아나함도(阿那含道)·아라한도(阿羅漢道)를 성취할 수 있으며 나아가 반열반을 이룰 수 있다고 한다.[11] 사념처(四念處)를 많이 닦아 익히면 네 가지 과보[四果]를 획득할 수 있다.[12] 칠각지를 닦아 익히고, 많이 닦아 익히면, 사과를 얻을 수 있다고 한다.[13]

사향사과는 세간(世間)에서 출세간(出世間)에로의 영역으로 들어간 자들이다. 어떤 번뇌를 없애는 도중의 상태를 예류도 또는 예류향이라 하고, 그 번뇌를 다 소멸시킨 성자는 예류과라 한다. 이와 마찬가지로 일래도와 일래과, 불환도와 불환과, 아라한도와 아라한과, 이렇게 모두 네 쌍이 있고, 여기에 열반을 포함하여 출세간의 아홉 측면이 된다. 사향사과의 기준은 수행의 도상에서 떨쳐버려야 할 정신적 불순물이 얼마나 닦아졌는가를 통해서이다. 이 번뇌들을 족쇄(足鎖, saṃyojana)라고 부른다. 정신적 불순물 가운데 첫째 것은 유신견(有身見, sakkāya-diṭṭhi)이다. 자아에 대한 믿음, 즉 몸과 마음을 나 자신이라고 보는 견해이다. 두 번째 족쇄는 의심(疑心, vicikicchā)으로, 망설임과 반신반의를 일으키는 것으로 불법승 삼보에 대한 의심이다. 셋째 족쇄는 미신 또는 의례 의식에 대한 집착[戒禁取見, sīlabbataparāmāsa]으로, 각종 미신이나 주술적 관습에 대한 맹신이다. 이상 세 가지 족쇄를 완전히 벗어내 버린 사람은 출세간에서의 가장 낮은 단계에 도달한 셈이다. 처음으로 성인의 반열에 들어 출세간의 첫 경지에 이른다는 것이다. 이러한 성인을, 즉 열반으로 이어지는 흐름에 처음 들어선 사람을 예류과라고 부른다. 이런 지위를 얻은 사람은 미래의 일곱 생 이내에 언젠가는 반드시 열반을 성취하게 되어 있다.

출세간의 두 번째 경지를 증득한다는 것은 위에서 설명한 세 가지 족쇄

---

8 『雜阿含經』(『大正藏』2권, 238상)
9 『雜阿含經』(『大正藏』2권, 205중)
10 『增一阿含經』(『大正藏』2권, 673하)
11 『增一阿含經』(『大正藏』2권, 580하)
12 『雜阿含經』(『大正藏』2권, 173중)
13 『雜阿含經』(『大正藏』2권, 196하)

를 풀어버림은 말할 것도 없고, 한 걸음 더 나아가 감각적 욕망(kāma-chanda)과 악의(vyāpāda)와 같은 번뇌들을 완전히 제거하지는 못했지만 무력하게 만듦으로써 집착이 아주 미미해진 상태에 이르는 것을 의미한다. 이 경계에 들어간 사람은 한 번만 더 이 세상에 돌아오면 되는 것으로 여겨져서, 태어남이 한 번 남은 이, 즉 일래과라고 일컬어진다. 일래과 다음으로 세 번째 단계는 욕계의 태어남이 끝난 이, 즉 불환과의 단계이다. 이 등급의 성인은 일래과가 되기에 족할 만큼의 번뇌를 제거했음은 물론이고 넷째와 다섯째 족쇄 즉 감각적 욕망(kāma-chanda)과 악의(vyāpāda)마저 제거한다. 세 번째 단계의 성자인 불환과는 오하분결(五下分結)을 남김없이 멸진하였기 때문에 인간계를 위시한 욕계에 태어나지 않는다.

아라한과는 이상 5가지 족쇄 이외에 모든 번뇌를 제거한 성자를 지칭한다. 뒷날 부파불교 시대에서는 아라한은 이전의 성자가 제거한 다섯 가지 번뇌, 즉 오하분결 이외에 또 다른 다섯 가지 번뇌, 즉 오상분결(五上分結)을 제거하였다고 한다. 오상분결 중 첫번째의 족쇄는 색계(色界) 선정에서 생기는 즐거움에 탐착하는 것(rūpa-rāga)이다. 두번째 번뇌는 무색계 선정에서 생기는 즐거움에 탐착하는 것(arūpa-rāga)이다. 세번째 족쇄는 우열의식(優劣意識, māna=慢心)이다. 이것은 남들과 관련해 자신을 이런 저런 지위에 놓아보는 망상을 말한다. 자신이 남보다 우월하다거나 열등하다고 비교하는 것이다. 네번째 족쇄는 도거(掉擧, uddhacca)로 정신적 불안정, 주의산만, 완벽한 평화와 정적을 이루지 못하는 마음이다. 이것은 관심을 끄는 대상을 접할 때에 일어나는 동요와 들뜬 느낌 같은 것이다. 다섯 번째이자 마지막 번뇌는 무지(無知, avijjā=癡心)이다.[14]

아라한(阿羅漢)은 범어 arhat를 음사한 것으로 줄여서 '나한'(羅漢)이라고 한다. 범어 arhat의 의미는 공양 내지 존경 받을 만한 자격이 있는 성자라는 의미로, 한역불전(漢譯佛典)에서는 아라한을 응공(應供) 또는 응(應)이라고 번역한다. 이외 살적(殺賊), 불생(不生), 응진(應眞), 진인(眞人), 성자(聖子) 등으로도 의역한다. 『아비달마대비바사론』에서는 아라한을 응공, 능해(能害), 무생(無生), 원리(遠離) 등으로 정의하고 있다. 응당 세간의 최상의 공양을 받을 자격이 있기 때문에 응공이라고 하며, 일체 번뇌를 없애기 때

14 Katz, Nathan, *Buddhist Images of Human Perfection : The Arahant of the Sutta Pitaka Compared with the Bodhisattva and the Mahasiddha,* Delhi: Motilal Banarsidass. 1982. 85면.

문에 능해라고 하며, 다시 태어나지 않으므로 무생이라고 하며, 모든 악(惡)·불선법(不善法)을 멀리하기 때문에 원리라고 한다.[15] 아라한이라는 말의 일차적인 의미는 존경이나 공양 받을만한 자격이 있는 사람이라는 뜻이다. 그런 자격은 물론 번뇌라는 적을 모두 제거하여 더 이상 윤회 세계에 구속되지 않는 것을 의미한다.

아라한이라는 말은 본래 불교가 흥했던 무렵의 고대 인도에서 뛰어난 종교적 수행자를 가리키는 호칭이었는데, 불교에서 그것을 채용하여 붓다의 다른 이름으로 사용하였다. 불교 이전의 리그 베다(Rig Veda II 3,3)에서는 불의 신인 아그니(Agni)에게 아라한이라는 말이 사용되었으며 자이나교에서는 마하비라(Mahāvīra)에 대해 이 용어가 사용되고 있다.[16] 그러나 후세 부파불교(部派佛教)에서는 불제자(佛弟子)가 도달할 수 있는 최고의 지위를 가리킴으로써 붓다와는 구별하여 쓰이게 되었다.[17]

## Ⅱ. 역사적 용례 및 텍스트별 용례

### 1. 초기불교의 정의

『중아함경』의 『수유경(水喻經)』에 전형적인 사과에 대한 설명이 나와 있다.[18]

① 예류과: 신견결(身見結), 계금취결(戒禁取結), 의결(疑結)의 3결이 이미 다하면 수다원(須陀洹)을 얻어 악법에 떨어지지 않고 결국 정각(正覺)에 나아가 마지막에는 7유(有)를 받는데 천상과 인간에 일곱 번 오가기를 마치면 곧 괴로움의 끝[苦際]을 얻는다. ② 일래과: 신견결, 계취결, 의결의 삼결이 이미 다 끊어져 없어지고 탐욕과 성냄과 어리석음이 엷어지고 천상과 인간 세계를 한 번 오가게 된다. 한 번 오간 뒤에는 곧 괴로움의 끝을 얻는다. ③ 불환과: 탐욕(貪欲), 진에(瞋恚), 신견(身見), 계금취견(戒禁取見), 의

15 『阿毘達磨大毘婆沙論』(『大正藏』27권, 487중)

16 Williams, Monier, *Sanskrit-English Dictionary.* London: Oxford University Press, 1956. 93면.

17 아라한을 둘러싼 논쟁은 본고 13면 참조

18 『中阿含經』(『大正藏』1권, 424중)

(疑)의 오하분결(五下分結)이 이미 다하면 그는 천상에 나서 곧 반열반(般涅槃)에 들어 물러나지 않는 법[不退法]을 얻어 이 세상에 돌아오지 않는다. ④ 아라한과: 욕루(欲漏)에서 심해탈(心解脫)하고, 유루(有漏)와 무명루(無明漏)에서 심해탈하며, 이렇게 해탈한 뒤에는 곧 해탈한 줄을 안다. 그리하여 생명은 이미 다하고 범행은 이미 성립되었으며, 해야 할 일은 이미 마쳐 다시는 내세에 다시 태어나지 않음을 사실 그대로 안다.

사향사과는 다양한 번뇌의 단절과 관련하여 정의되고 있는 것을 알 수 있다. 번뇌를 얼마만큼 제거했느냐에 따라 사과의 지위가 결정되고 있는 것이다. 아라한과에 이르러 나머지 모든 번뇌에서 벗어난다고 하는데 통상 오상분결(五上分結)을 의미한다.[19] 오상분결은 색계와 무색계에 중생을 붙잡아 두는 번뇌를 의미한다. 불환과는 오하분결을 단절함으로써 욕계에서 벗어나는데 비해 아라한과는 나머지 오상분결(pancamāni orambhāgiyāni saṃyojanāni)을 제거하여 색계와 무색계에서 벗어나게 되어 윤회의 사슬에서 완전히 벗어나게 된다.

예류과는 오계(五戒)를 잘 수지하여 파계할 위험에서 벗어나 있다. 다음의 네 가지 항목을 잘 지니고 있다: 붓다에 대한 굳건한 믿음, 법에 대한 굳건한 믿음, 승에 대한 굳건한 믿음, 계율에 대한 굳건한 믿음.[20] 사성제를 이해하며 조금의 의심도 없다.[21] 팔정도를 충실히 수행한다.[22] 불퇴전의 길에 들어선 자이다.[23] 오근(五根)을 처음으로 수행하는 자이다.[24]

일래과라는 명칭이 욕계에 한번만 더 출생하는 것을 의미하는 것 같지만 사실은 그렇지 않다. 인간계와 천상 중 1생만 남겨 둘 때 그를 일래과를 성취하여 고통에서 벗어난다. 이런 자를 일생(一生, ekabījī)이라고 한다.[25] 삼결을 단절하고 탐(貪), 진(瞋), 치(痴)를 완화시키는 시점에서부터 시작하여 욕계에서의 한 생애만 남기게 될 때 일래과인 것이다.

불환과는 욕계에 머물게 하는 오하분결을 단절하여 욕계에 다시 오지 않

---

19 Nathan Katz, *Buddhist Images of Human Perfection,* Delhi: Motilal Banarsidass Publishers 1982, 87면.
20 *Aṅguttara Nikāya* vol.Ⅲ, 441면; *Saṃyutta Nikāya* vol.Ⅱ, 69면.
21 *Saṃyutta Nikāya* vol.Ⅲ, 203면.
22 *Aṅguttara Nikāya* vol.Ⅱ, 89면.
23 *Aṅguttara Nikāya* vol.Ⅱ, 76면.
24 *Saṃyutta Nikāya* vol.Ⅴ, 193-200면.
25 *Aṅguttara Nikāya* vol.I, 233면.

는 자이다. 천상에 태어나 그곳에서 열반을 성취한 자이다. 불환과는 8해탈에 익숙하다고 한다.[26] 붓다에 의하면 140명의 재가자가 나티카(Nātika)에서 불환과를 성취했다고[27] 기별하는 점에서 재가자들에게도 불환과가 열려 있는 것을 알 수 있다. 빠알리어 경전에서는 두 종류의 불환과가 제시되고 있다: 위로 가는 자[上流, uddhaṃ-soto]와 색구경천에 가는 자[色究竟天, akaniṭṭha-gāmī].[28] 한역경전에서는 다섯 종류의 불환과에 대해 말하고 있다.

> "만일 비구가 7각지를 닦아 익히고, 많이 닦아 익히면, 일곱 가지 과와 일곱 가지 복된 이익을 얻을 것이다. 어떤 것이 일곱 가지인가? 그 비구는 현세에서 열반의 즐거움을 얻을 것이고, 만약 현세에서 얻지 못하면 목숨을 마칠 때 열반의 즐거움을 얻을 것이며, 또는 목숨을 마칠 때 5하분결(下分結)이 다해 중반열반(中般涅槃)을 얻을 것이고, 만일 중반열반을 얻지 못한다면 생반열반(生般涅槃)을 얻을 것이며, 만약 생반열반을 얻지 못한다면 무행반열반(無行般涅槃)을 얻을 것이고, 만일 무행반열반을 얻지 못한다면 유행반열반(有行般涅槃)을 얻을 것이며, 만일 유행반열반을 얻지 못했다면 상류반열반(上流般涅槃)을 얻을 것이다."[29]

아라한이란 모든 번뇌가 소진되어 다시는 윤회의 세계에 태어나지 않게 된 최고의 성자를 말한다. 아라한에 대한 가장 전형적인 묘사는 해탈지견(解脫智見)에 있다. "재생은 파괴되었다. 범행은 성취되었다. 해야 할 일은 모두 이루어졌다. 이번 생애 후엔 더 이상 태어나지 않는다[*Khīṇā jāti vusitaṃ brahmacariyaṃ kataṃ karaṇīyaṃ nāparaṃ itthattāyāti*]"[30] 한역경전에선 생사윤회에서 벗어난 아라한이 다음의 오도송을 노래한다. "나의 삶은 이미 다했으며 청정한 행은 이미 세웠노라. 할 일을 다 했으니 다시 태어나지 않을 것을 스스로 아노라[我生已盡 梵行已立 所作已作 自知不受後有]."[31]

---

26 *Aṅguttara Nikāya* vol.Ⅱ, 87면.
27 *Saṃyutta Nikāya* vol.Ⅴ, 358-360면.
28 *Aṅguttara Nikāya* vol.I, 233면.
29 『雜阿含經』(『大正藏』2권, 196하)
30 *Dīgha Nikāya* vol.I, 84면.
31 『雜阿含經』(『大正藏』2권, 1상)

빠알리어 경전에서는 아라한에 이르는 길에는 4가지가 있다고 한다. 첫째, 지(止, samatha)를 먼저 행하고 관(觀, vipassanā)을 수습한다(bhāveti). 둘째, 관을 먼저 행하고 지를 수습한다. 셋째, 지와 관을 함께 짝으로 수습한다. 넷째, 법에 대한 들뜸(dhamma-uddhacca, 法掉擧)에서 완전히 벗어날 때, 그의 마음이 내면에만 올바르게 머무르고, 정착하고, 하나의 대상을 향해서 집중할 때, 그에게 도(道)가 생긴다.[32] 탐욕, 분노, 무지의 제거를 아라한으로 정의하고 그 구체적인 방법이 팔정도라고 밝히고 있다.[33] 여기서 아라한은 열반과 동의어로 사용되고 있는 것이다.

아라한과에 이른 성인(聖人)에게는 양분해탈자(兩分解脫者)와 혜해탈자(慧解脫者)가 있다. 양분해탈자는 8해탈을 닦고 그리고 지혜에 의해 아라한이 된 자를 말하고, 혜해탈자는 8해탈을 통하지 않고 지혜에 의해 아라한이 된 자를 말한다. 아라한과를 얻은 성자 가운데 양분해탈자는 혜해탈자와는 달리 색계정, 사무량심, 사무색계정(無色界定)과 멸진정(滅盡定)을 내용으로 하는 팔해탈(aṭṭha vimokkha)을 모두 거친 후에 지혜에 의해 모든 번뇌를 소멸시킨 아라한을 말한다. 혜해탈의 아라한은 색계의 사선정과 무색계정 또는 오신통과 무색계정을 몸으로 경험하지 않고 번뇌를 단절한 성자이다. 특히 한역에서는 혜해탈자는 사선(四禪)을 얻지 않고 아라한이 되었다고 설해져 있다.[34] 또한 5백명의 아라한 가운데 삼명자(三明者)·구해탈자(俱解脫者)·혜해탈자(慧解脫者)의 숫자가 설해져 있는 경전이 있는데, 한역 『잡아함경』에서는 삼명자는 90명, 구해탈자는 90명, 나머지 320명은 모두 혜해탈자라고 설해져 있다. 반면에 『상윳따 니카야』에서는 500명의 아라한 가운데, 삼명자, 육신통자, 구해탈자가 각각 60명씩이고 나머지 320명은 혜해탈자라고 한다.[35] 혜해탈은 남방 상좌부(上座部)에서 특히 강조되어 선정 수행을 폄하하거나 무시하는 경향도 생겼다.[36]

출가중심의 불교에서 재가자는 아라한이 될 수 없다고 한계를 지우기도 하지만, 초기경전에 재가자로서 아라한이 된 자들의 이름이 21명 나열되어

---

32 *Aṅguttara Nikāya* vol.Ⅱ, 156-157면.

33 *Saṃyutta Nikāya* vol.Ⅳ, 251-252면.

34 『雜阿含經』(『大正藏』2권, 96중); *Saṃyutta Nikāya* vol.Ⅱ, 119-128면.

35 『雜阿含經』(『大正藏』2권, 330상); *Saṃyutta Nikāya* vol.I, 190-192면.

36 Gombrich, *How Buddhism Began : The Conditioned Genesis of the Early Teachings,* London & Atlantic Highlands : The Athlone Press. 1996, 96-134면.

있다.[37] 아라한은 무학(無學)이라고 보통 여겨져 더 이상 수행이나 학습이 필요하지 않을 것으로 생각되지만 어떤 경전에선 학습이나 수행의 추가 필요성을 제시하고 있다.[38]

사과(四果)는 탐·진·치 삼독(三毒)에 대한 단멸은 계·정·혜의 삼학(三學)을 통해 얻어진다고 할 수 있다. 『잡아함경』에서는 계·정·혜 삼학을 통해 도과(道果)를 증득할 수 있음을 말하고 있다. 먼저 계학(戒學)의 성취 수준이라는 기준에서 성자의 단계가 구분되고 있다.

> "계율을 공부하고 수행한 자는 삼결(三結), 즉 신견(身見)·계취견(戒取見)·의(疑) 등의 세 가지 번뇌를 끊고 탐욕·성냄·어리석음이 엷어져 일종자도(一種子道)를 성취하며 그 지위에서 다 깨닫지 못한 이를 사다함(斯陀含)이라 하고, 그 지위에서 다 깨닫지 못한 이를 가가(家家)라고 하며, 그 지위에서 다 깨닫지 못한 이를 7유(有)라 하고, 그 지위에서 다 깨닫지 못한 이를 수법행(隨法行)이라고 하며, 그 자리에서 다 깨닫지 못한 이를 수신행(隨信行)이라 한다."[39]

일종자도→사다함→가가→7유→수법행→수신행의 순서로 그 수행 정도가 매겨지고 있다. 계학을 완성하면 최고 일종자도까지 성취할 수 있다는 것이다.

같은 경에서 정학(定學)의 성취 수준이라는 기준에서 성자의 단계가 구분되고 있다.

> "왕성한 마음 공부를 하는 자가 계를 소중하게 여겨 계는 왕성하고, 선정을 소중하게 여겨 선정은 왕성한데, 지혜는 소중하게 여기지 않아 지혜가 왕성하지 못하다. 신견·계취견·의·탐욕·진에 등의 오하분결을 끊게 된다. 5하분결을 끊고 나면 중반열반(中般涅槃)을 얻는데, 이 지위에서 완전히 깨닫지 못한 이는 생반열반을 얻고, 이 지위에서 완전히 깨닫지 못한 이는 무행

37 *Aṅguttara Nikāya* vol.Ⅲ, 451면. 『밀린다팡하』(*Milindapañha,* 264면.)에선 재가자가 아라한이 되면 두 가지 길 중 하나를 선택해야 한다고 본다. 아라한과를 성취한 그날 출가하여 승가에 들어가든지 그렇지 아니하면 입멸해야 한다고 말하고 있어 사실상 재가자가 아라한으로 세상에 지낼 수 없다는 것을 주장하고 있다.

38 『雜阿含經』(『大正藏』2권, 65하)

39 『雜阿含經』(『大正藏』2권, 210하)

반열반(無行般涅槃)을 얻으며, 또 이 지위에서 다 깨닫지 못한 이는 유행반열반(有行般涅槃)을 얻고, 또 이 지위에서 다 깨닫지 못한 이는 상류반열반(上流般涅槃)을 얻는다."[40]

중반열반 등 5종의 열반은 불환과와 관련하여 이해해야 한다. 정학을 완성하면 불환과까지 성취할 수 있지만 아라한과는 성취할 수 없다는 것이다.

같은 경에서 혜학 (慧學)의 성취라는 기준에서 최고의 성자를 기술하고 있다.

"비구가 계를 소중하게 여겨서 계가 왕성하고 선정을 소중하게 여겨서 선정이 왕성하며 지혜도 소중하게 여겨서 지혜가 왕성하다. 그러면 그는 그와 같이 알고 그와 같이 보아 욕유루(欲有漏)에서 마음이 해탈하고, 유유루(有有漏)에서 마음이 해탈하며, 무명유루(無明有漏)에서 마음이 해탈한다. 그리고 '나의 생은 이미 다하고 범행은 이미 섰으며, 할 일을 이미 마쳐 후세의 몸을 받지 않는다.'고 해탈한 줄을 스스로 안다."[41]

모든 유루 즉 번뇌에서 해탈한 자는 다름 아닌 아라한이다. 혜학을 이루어야 아라한이 될 수 있다는 것이다.

오근의 수행 및 성취 정도에 따라 사과의 차이가 발생한다고 말하고 있는 경전도 있다.[42] 구분해탈→신증→견도→신해탈→일종→사다함→가가→칠유(七有)→법행→신행의 순서로 수행계위가 점차 낮아지고 있다. 일종은 사다함보다 높은 계위에 있으므로 불환향 이상임을 알 수 있다. 가가(家家)는 칠유와 사다함의 사이에 위치하므로 사향사과 중 사다함과에 이르는 도정에 있는 일래향이라는 것을 유추할 수 있다. 칠유란 인간세계와 천상 세계를 일곱 차례 왕복하는 것이므로 예류과를 의미한다. 법행과 신행은 예류향 내지 그 이하의 수행자를 의미한다. 신행조차도 성취하지 못한 자는 범부의 무리에 속하게 되는 것이다.

사향사과는 성인(ariyā)으로 범부(puthujjana)와 구분된다. 사과 위에 벽지불을, 벽지불 위에 무상등정각(無上等正覺)을 배열하고 있다.[43] 보시에

40 『雜阿含經』(『大正藏』2권, 210하)
41 『雜阿含經』(『大正藏』2권, 211상)
42 『雜阿含經』(『大正藏』2권, 183중)

따른 공덕의 차이를 이야기하면서 역시 사과 위에 벽지불을 두고 벽지불 위에 붓다를 두고 있다.[44]

## 2. 부파불교의 관점

성자란 성제(聖諦)를 현관하여 무루(無漏)의 성법(聖法)을 획득한 이를 말한다. 성자는 다시 번뇌를 끊는 단계에 따라 예류과·일래과·불환과·아라한과로 나누어지며, 그러한 계위로 향하고 있는 이를 또한 예류향·일래향·불환향·아라한향이라고 한다. 사향사과는 모두 여덟이다. 향을 행하는 자[行向]와 과위에 머무는 자[住果]에 각기 네 가지가 있기 때문이다. 그러나 명칭상으로는 비록 여덟 가지가 있을지라도 실제적으로는 오로지 네 가지 과위에 머무는 자와 예류향의 다섯 가지만이 있을 뿐이니, 뒤의 세 가지 과위의 향(向)은 앞의 과위와 분리되지 않기 때문이다.[45]

설일체유부의 수행도는 계(戒)·정(定)·혜(慧)·해탈(解脫)·해탈지견(解脫智見)의 순서로 진행된다. 여기에 삼계(三界), 삼도(三道), 사향사과(四向四果)가 결합되어 조직화되어 있다. 유부의 성인관은 붓다의 무루 오온에 근거하고 있다. 수행자는 계를 수지하고 선정을 닦아 사제를 관찰하고 그것에 의해 지혜를 생한다. 이 지혜에 의해 번뇌를 단절하고 해탈의 경지에 도달하고 최후에 스스로 해탈하였다는 자각을 가지게 된다.

부정관(不淨觀) 등 오정심(五停心)과, 별상념주, 총상념주를 순해탈분(順解脫分, mokṣabhāgīyakuśalamūla)이라고 한다. 번뇌의 구속에서 해탈하여 열반으로 나아가는 선근(善根)이 되기 때문에 순해탈분이라고 한다. 순해탈분을 성취한 자를 3현위라고 한다. 3현위를 수습한 이후 난(煖), 정(頂), 인(忍), 세제일법(世第一法)을 수습한다. 이 네 가지를 사선근이라고 한다. 사선근은 사제를 반복하여 이해하고 학습하는 것이다. 사제에 대한 의심을 단절하고 사제의 진리성을 분별 간택하여 무루지(無漏智)를 낳게 되기 때문에 순결택분(順決擇分, nirvedhabhāgīyakuśalamūla)이라고 한다. 무루지에 접근한 것이 앞의 삼현위(三賢位)에 비해 좀더 근접하기 때문에 내범위(內凡位)라고도 한다.[46]

---

43 『雜阿含經』(『大正藏』2권, 106중)
44 『雜阿含經』(『大正藏』2권, 554하)
45 『阿毘達磨俱舍論』(『大正藏』29권, 127상)

### 1) 예류향과 예류과

사선근(四善根) 중 세제일법을 성취한 직후에 수행자는 견도(見道, darśana-mārga)에 들어간다. 견도의 진입은 곧 사향사과의 진입을 의미한다. 먼저 예류향의 성취와 관련하여 요약하기로 한다.[47] 견도에 들어가면 사제의 관찰에 의해 생긴 지혜는 번뇌에 더럽혀지지 않는 무루(anāsrava)의 지혜이다. 이 무루의 지혜는 매우 수승한 것이기 때문에 번뇌를 끊을 수 있는 강력한 힘을 가지고 있다. 견도에 들어간 순간 수행자는 무루의 지혜를 갖추게 되고 그것과 동시에 번뇌가 단절되기 때문에 그를 성자(聖者, ārya-pudgala)라고 부른다. 견도에 들어간 것을 정성이생(正性離生, niyāmāvakrānti), 즉 번뇌를 끊는 경지에 들어간다라고도 한다.

유부에서는 모든 번뇌를 98종류로 분류한다. 어떤 번뇌를 단절하느냐에 따라 성자의 단계도 결정된다. 견도, 수도, 무학도의 순서로 이루어진다. 먼저 98종류의 번뇌에 대해 간략히 살펴보는 것이 성자의 특성을 이해하게 해 줄 것이다. 번뇌를 먼저 견도에서 끊어야 할 것[見所斷]과 수도(修道)에서 끊어야 할 것[修所斷]으로 나눈다. 여기에 욕계, 색계, 무색계가 배당된다. 견소단의 번뇌를 다시 고(苦), 집(集), 멸(滅), 도(道) 각각의 관찰에 의해 끊어야 할 것으로 분류한다. 이렇게 하여 98번뇌 이론이 성립하게 된다.

견도에 들어가는 순간 수행자는 욕계(欲界)의 고제(苦諦)를 관찰하여 고법지인(苦法智忍, duḥkhe dharmajñānakṣānti)이라는 지혜를 획득한다. 그리고 다음 순간 수행자는 다시 욕계의 고제를 관찰하여 고법지(苦法智, duḥkhe dharmajñāna)라는 무루의 지혜를 획득한다. 이 두 개의 지혜에 의해 욕계 중에서 고제의 관찰로써 끊어야 할 번뇌 10종이 모두 남김없이 단멸된다. 다음 색계와 무색계 중의 고제를 관찰하는 것에 의해 고류지인(苦類智忍, duḥkhe `nvayajñānakṣānti)이라는 지혜를 획득한다. 그리고 다음 순간 수행자는 다시 색계와 무색계의 고제를 관찰하여 고류지(苦類智, duḥkhe `nvayajñāna)라는 무루의 지혜를 획득한다. 이 두개의 지혜에 의해 상계(上界) 중의 고제의 관찰에 의해 끊어야 할 번뇌 18종이 모두 남김없이 단멸된다.

---

46 『阿毘達磨俱舍論』(『大正藏』29권, 120상)
47 『阿毘達磨俱舍論』(『大正藏』29권, 121상)

이와 같이 일순간 순차적으로 무루의 지혜가 발생하고 각각의 번뇌를 단절한다. 즉 집법지인(集法智忍, samudaye dharmajñānakṣānti)과 집법지(集法智, samudaye dharmajñāna)에 의해 욕계 집제 하의 7번뇌를 끊고, 집류지인(集類智忍, samudaye `nvayajñānakṣānti)과 집류지(集類智, samudaye `nvayajñāna)에 의해 상계 집제 하의 12번뇌를 끊는다. 다음에 멸법지인(滅法智忍, nirodhe dharmajñānakṣānti)과 멸법지(滅法智, nirodhe dharmajñāna)에 의해 욕계 멸제 하의 7번뇌를 끊고, 멸류지인(滅類智忍, nirodhe `nvayajñānakṣānti)과 멸류지(滅類智, nirodhe `nvayajñāna)에 의해 상계 멸제 하의 12번뇌를 끊는다. 다음 도법지인(道法智忍, mārge dharmajñānakṣānti)과 도법지(道法智忍, mārge dharmajñāna)에 의해, 욕계 도제 하의 8번뇌를 끊고, 최후에 도류지인(道類智忍, mārge `nvayajñānakṣānti)과 도류지(道類智, mārge `nvayajñāna)가 생하여 상계 도제 하의 14번뇌를 끊는다.

이상 16의 지혜에 의해 견소단의 88번뇌는 남김없이 단절된다. 이 지혜는 16찰나에 걸쳐 일어나는 것이기에 십육심(十六心, ṣoḍaśacitta)이라고 불리며 성제의 현관(現觀, abhisamaya)이라고도 불린다. 고법지인에서 도류지인까지의 15찰나는 견도에 속한다. 여기까지의 경지를 예류향(srota-āpatti-phala-pratipannaka)이라고 부른다. 그 다음 수도(bhāvanā- mārga)에 들어간다. 이 최초의 찰나는 도류지를 얻은 경지이다. 이 경지를 얻은 사람을 예류과(srota-āpatti-phala)를 성취한 성인이라고 부른다.

사제(四諦)를 현관함에 있어 고지법인으로부터 제15 찰나인 도류지인까지의 성자를 예류향이라 하고, 제16 찰나인 도류지에 이르러 견소단의 번뇌는 모두 끊었지만 수소단의 번뇌는 아직 하나도 끊지 못한 성자를 예류과라고 한다. 여기서 예류(預類)란 말 그대로 '(무루도의) 흐름에 이른 자'라는 뜻으로, 더 이상 악취에 떨어지는 일이 없으며, 욕계의 천상과 인간 사이를 최대한 7번 왕래한 후 반열반을 성취하기 때문에 극칠반생(極七返生)이라고도 한다. 유부 아비달마에서는 아직 끊어지지 않은 욕계 9품의 수소단의 번뇌 중 상상품이 2생, 상중·상하·중상품이 각기 1생, 중중·중하품이 1생, 하 3품이 1생을 초래하기 때문이라고 한다. 혹은 비록 일체의 견소단의 번뇌를 끊었다 할 지라도 욕계를 벗어나지 못하게 하는 5순하분결 중의 두 번뇌[貪·瞋]와 5순상분결[色貪·無色貪·掉擧·慢·無明]이 아직 끊어지지 않았기 때문에 7생을 받게 되는 것이라고 말하고 있다.

예류향 즉 견도 위의 성자에는 다시 근기의 차별에 따라 수신행(隨信行)

과 수법행(隨法行)의 성자로 나누어진다. 즉 일찍이 이생(異生)의 위치에서 다른 이의 가르침을 믿고 공경함으로써 가행을 닦은 둔근의 성자를 수신행(sraddhānusarin)이라고 하며, 경전 등을 통해 스스로 증득한 법에 따라 가행을 닦은 이근의 성자를 수법행(dharmānusarin)이라고 한다.[48] 나아가 이러한 성자가 예류과에 이르게 되면, 전자의 경우 믿음의 뛰어난 힘(信根)으로 말미암아 승해(勝解)가 나타나고, 후자의 경우 지혜의 뛰어난 힘(慧根)으로 말미암아 정견(正見)이 나타나기 때문에 그들을 각기 신해(信解)와 견지(見至)라고 한다.

### 2) 일래향과 일래과

수도의 제2찰나 이후는 수소단의 10번뇌를 끊는 과정이다. 견소단의 번뇌는 사성제를 바르게 이해하지 못한 데에서 발생하였으므로 사제를 바르게 학습하는 것에 의해 간단히 끊을 수 있는 번뇌이다. 이에 비해 수소단의 번뇌는 과거의 습관 등에 의해 이루어진 것이기에 단절하기가 용이하지 않다. 수소단의 번뇌는 번뇌의 강약에 따라 상상, 상중, 상하, 중상, 중중, 중하, 하상, 하중, 하하의 9단계로 나눈다. 욕계, 색계 그리고 무색계의 9지에 9단계에 있기 때문에 수소단의 번뇌는 모두 81가 있게 된다. 수소단의 번뇌는 단절하기 쉬운 욕계의 상상에서 가장 끊기 어려운 무색계 비상비비상처(非想非非想處)의 하하까지 81 단계가 있다. 욕계의 제5[중중] 번뇌까지 끊는 경지가 일래향(一來向, sakṛdāgāmi-phala-pratipannaka)이다. 욕계의 제6[중하] 번뇌를 단절한 것을 일래과라고 한다.

예류과의 성자가 더욱 증진하여 욕계 수소단의 번뇌 중 제6 중하품의 번뇌를 끊는 순간 이제 반열반까지는 하상·하중·하하 3품의 1생만을 남기게 되는데, 이를 일래과라고 한다. 천상에 갔다가 한 번만 인간으로 태어나 반열반하기 때문에 일래과라고 이름한 것으로, 이렇게 한 번의 왕래를 거친 이후에는 더 이상 다시 태어나는 일이 없기 때문이다. 이러한 일래과를 '탐·진·치가 희박해진 자[薄貪瞋癡]'라고도 이름하는데, 오로지 하품의 탐·진·치만이 남아 있기 때문이다.

상상품의 번뇌를 끊고서 일래과에 이르는 도정에 있는 성자를 일래향이라고 하며, 최대한 다섯 번에 걸쳐 하늘과 인간의 집을 왕래한다는 뜻에서

---

48 『阿毘達磨俱舍論』(『大正藏』29권, 122중)

가가(家家)라고도 한다. 극칠반생의 예류과와 1생의 일래과의 중간단계로서 3생 또는 2생의 가가(kulamkula)를 설정하게 된 것이다. 여기서 '가가'란 인(人)·천(天)의 집에서 집으로 옮겨간다는 뜻이다. 욕계 9품의 수소단의 번뇌는 현재 일생 동안 끊어지는 것이 아니라 어느 때는 앞의 3품[상상품에서 상하품]만이 끊어지고, 어느 때는 4품[상상품에서 중상품]만이 끊어진다. 다시 말해 일래향에는 상상품에서 상하품의 수혹을 끊고 목숨을 마친 후 세 번의 생을 받고 반열반하는 3생가가와, 중상품까지의 4품의 수혹을 끊고 목숨을 마친 후 두 번의 생을 받고 반열반하는 2생가가가 있을 수 있다. 또한 이 때의 생이 하늘과 인간 중 어디에 근거한 것인가에 따라 천가가(天家家)와 인가가(人家家)로 나뉘어지기도 한다. 천가가란 인취(人趣)에서 견도에 들고 목숨을 마친 후 천취(天趣)에 태어나고, 다시 인취에 태어나고, 천취에 태어나고[여기서 열반에 들 경우 '2생 천가가'], 다시 인취에 태어나고, 천취에 태어나 반열반에 드는 성자['3생 천가가']를 말하며, 인가가란 반대로 천취의 이생위에서 견도에 들고 목숨을 마친 후 인취에 태어나고, 다시 천취에 태어나고, 인취에 태어나고[여기서 열반에 들 경우 '2생 인가가'], 다시 천취에 태어나고, 인취에 태어나 열반에 드는 성자['3생 인가가']를 말한다. 제5품 중중품과 제6 중하품의 번뇌는 다만 1생만을 초래하기 때문에 5품을 끊으면 이 생에서 바로 6품을 끊고 일래과를 획득하게 된다.[49]

### 3)불환향과 불환과

욕계의 제7[下上], 제8[下中]의 번뇌를 단절한 경지가 불환향(anāgāmi-phala-pratipannaka)이다. 욕계의 제 9번뇌[下下], 즉 욕계의 마지막 번뇌를 끊는 순간 불환과에 도달한다. 이상 불환과까지 욕계에 속하는 정의적(情意的)인 4개의 번뇌는 모두 사라지게 된다. 일래과의 성자가 더욱 증진하여 욕계 수소단의 번뇌 중 제9 하하품이 끊어져 더 이상 욕계로 되돌아오지 않는 이를 불환과의 성자라고 한다. 또한 이미 견도에서 유신견·계금취·의(疑)를 끊었고, 지금 이 단계에 이르러 욕탐과 진에(瞋恚)가 모두 끊어졌기 때문에 욕계를 벗어나지 못하게 하는 '오순하분결이 끊어진 이'라고도 한다. 그리고 제7 하상품과 제8 하중품의 번뇌를 끊은 이를 불환향이라고 하

49 『阿毘達磨俱舍論』(『大正藏』29권, 124상)

는데, 이제 여기서는 반열반과 일생의 간격만이 존재하기 때문에 '일간(一間)'이라고도 한다.

불환의 성자는 현생을 마친 후 바로 반열반에 들거나 색계나 무색계에 태어나 반열반에 드는 등 열반에 드는 처소와 시간이 다르기 때문에 여러 가지 다양한 형태로 분류되고 있다. 먼저 오순하분결을 끊은 후 목숨을 마치고서 색계로 가서 반열반에 드는 불환에는 다섯 종류가 있다. 첫째는 중반열반(中般涅槃)으로, 욕계에서 죽은 후 중유(中有)에서 반열반에 드는 불환을 말한다. 둘째는 생반열반(生般涅槃)으로, 색계에 태어나 오래지 않아 아라한을 성취하고서 반열반에 드는 불환을 말한다. 셋째는 유행반열반(有行般涅槃)으로, 색계에 태어나 오랜 시간 다시 노력하여 반열반에 드는 불한을 말한다. 넷째는 무행반열반(無行般涅槃)으로, 색계에 태어나 어떠한 노력도 없이 오랜 시간을 지나 반열반에 드는 불환을 말한다.[50] 다섯째는 상류반열반(上流般涅槃)으로, 색계에 태어나 보다 높은 경지로 재생하여 반열반에 드는 불환을 말하다. 여기에서 보다 높은 경지란 색계의 경우 제4정려의 최고천인 색구경천(色究竟天)을 말하고, 무색계의 경우 비상비비상처 즉 유정천(有頂天)을 말한다. 따라서 상류반열반에는 색구경천과 유정천으로 전생하여 반열반에 드는 두 종류의 불환이 있다고 할 수 있는데, 전자는 지혜를 즐기는 관행자(觀行者)가 무루와 유루의 정려를 섞어 닦음으로써 이르는 경지이며, 후자는 선정을 즐기는 지행자(止行者)가 오로지 무루의 정려만을 닦음으로써 이르는 경지이다. 색구경천이나 유정천으로 유전하는 방식에 따라 전초(全超)와 반초(半超)와 변몰(遍歿)의 차이가 있다. 불환의 성자는 이 밖에 두 가지가 더 있다. 첫째, 욕계에 있으면서 색계의 탐욕을 떠났을 경우 목숨을 마친 후 바로 무색계로 가서 반열반에 드는 것을 행무색반열반(行無色般涅槃)이라고 한다. 둘째, 욕계에 머물면서 바로 아라한과를 획득하여 반열반에 드는 것을 현반열반(現般涅槃)이라고 한다. 언제 그리고 어디서 열반에 드는가에 따라 7가지 종류로 분류하고 있는 것이다.

오로지 이러한 일곱 종류의 불환은 모두 선업을 행하고 악업을 행하지 않지만 그 밖의 다른 유학의 성자는 그렇지 않다. 다른 유학의 성자는 모두 선업을 행할지라도 범부와 차별이 없기 때문이다. 또한 오로지 이러한 일

50 유부에서는 이처럼 유행반열반을 먼저 열거하여 무행반열반보다 높은 단계로 두고 있지만, 경량부에서는 『雜阿含經』(『大正藏』2권, 210하)에서 설한 순서에 따라 무행반열반을 보다 높은 단계로 간주하고 있다. 『阿毘達磨俱舍論』(『大正藏』29권. 124중)

곱 종류의 불환만이 상계로 왕생하여 다시는 돌아오지 않지만, 그 밖의 다른 성자는 그렇지 않다. 7종의 불환을 칠선사취(七善士趣)라고 한다. 곧 불환의 성자는 욕계의 번뇌를 끊어 더 이상 악을 행하지 않을 뿐더러 상계로 나아가 다시는 욕계에 돌아오는 일이 없기 때문에 '선사취' 이다.

열반과 유사한 멸진정을 획득한 불환과의 성자를 신증(身證)이라고 한다. 즉 멸진정은 마음이 소멸한 상태이므로 다만 몸을 근거로 하여 이를 증득하였기 때문에 '신증'이라 이름하게 된 것이다. 그러나 멸진정은 유루로서, 택멸 즉 열반을 낳지 못하기 때문에 유학의 성자에는 포함되지 않는다.[51]

#### 4) 아라한향과 아라한과

불환의 성자가 승진하여 색계와 무색계의 수소단의 미혹을 끊을 때, 먼저 초정려의 1품[上上品]의 미혹을 끊고, 나아가 마지막으로 유정지(有頂地, 즉 비상비비상처)의 8품[下中品]의 미혹을 끊을 경우, 그 명칭이 '아라한향'으로 전환된다. 즉 색계 제1선의 상상의 번뇌에서 무색계 최후의 번뇌를 끊기 전까지 아라한향(arahattva-pratipannaka)이라고 하며 무색계 최후의 하하의 번뇌마저 단절한 사람을 아라한과라고 한다. 무색계의 비상비비상처(非想非非想處)의 제9[하하]의 번뇌를 단절하는 과정을 금강유정(金剛喻定, vajropama-samādhi) 이라고 한다. 금강유정에서 최후의 번뇌가 끊어지고, 색계와 무색계의 정의적인 6번뇌가 멸진하는 순간 아라한과에 도달한다. 모든 번뇌에서 해탈하여 장기간의 수행이 종료되어 더 이상 수행할 필요가 없다. 이런 경지를 무학도(無學道, aśaikṣa-mārga)라고 한다. 금강유정에 의해 유정지 제9품의 번뇌가 끊어짐과 동시에 진지(盡智)가 생겨난다. 아라한이 되는 순간 번뇌가 모두 소진했다고 아는 진지(kṣya-jñāna)가 일어난다. 아라한 중에서도 특히 뛰어난 자에게는 진지 이외에 무생지(無生智, anutpāda-jñāna)가 일어난다. 금강유정이 유정지 제9 하하품 번뇌를 끊는 최후의 무간도이며, 이로부터 생겨난 진지는 최후의 해탈도이다.[52]

유부에 의하는 한, 아라한과의 성자 중에는 거기서 물러나는 종성도 있고 더 이상 물러나지 않는 종성도 있다. 퇴법(退法)·사법(思法)·호법(護法)·

51 『阿毘達磨俱舍論』(『大正藏』29권, 124중)
52 『阿毘達磨俱舍論』(『大正藏』29권, 126중)

안주법(安住法)·감달법(堪達法)·부동법(不動法)의 6종성의 아라한도 이에 따라 다음과 같이 해석하고 있다. 퇴법이란 질병 등의 적은 인연을 만나더라도 수소단의 번뇌를 일으켜 이미 획득한 과위로부터 물러나는 아라한을 말한다. 사법이란 획득한 과위로부터 물러날까 두려워하여 항상 자해하려고 생각하는 아라한을 말한다. 호법이란 획득한 과위에 기뻐하여 스스로 그것을 지키려고 하는 아라한을 말한다. 안주법이란 물러남의 인연을 멀리하여 스스로 그것을 지키지 않더라도 물러나지 않으며, 뛰어난 가행도 멀리하여 더 이상 증진하지 않는 아라한을 말한다. 감달법이란 그 성품에 능히 감당할 만한 능력이 있어 즐거이 근기를 단련하여 신속하게 부동법에 도달하는 아라한을 말한다. 부동법이란 물러남의 인연을 만나더라도 획득한 과위에서 결코 물러나는 일이 없는 아라한을 말한다. 이러한 6종성 가운데 앞의 퇴법 등 5가지는 둔근의 신해에서 생겨난 것으로, 이미 획득한 과위에서 물러나지 않기 위해 항시 애호하며 마음으로써 번뇌의 속박에서 해탈하였기 때문에 시애심해탈(時愛心解脫)이라고 한다. 또한 둔근이기 때문에 뛰어난 인연을 만나는 때를 기다려 비로소 선정에 들어 해탈할 수 있기 때문에 시해탈(時解脫)이라고도 한다. 이에 반해 부동법의 경우 이근(利根)의 성자인 견지(見至)로부터 생겨난 것으로, 더 이상 번뇌에 의해 동요되거나 물러나지 않기 때문에 부동심해탈(不動心解脫)이라고 하며, 또한 좋은 인연에 도래하는 때를 기다리지 않고 원하는 대로 삼매에 들어 해탈을 획득하기 때문에 불시해탈(不時解脫)이라고도 한다.[53]

유부에서 부동법을 제외한 5종성 아라한의 유퇴론(有退論)을 주장한 데 반해, 경량부에서는 최초로 획득된 예류과뿐 만 아니라 아라한과의 무퇴론(無退論)을 주장한다. 세친(世親)도 경량부의 입장을 지지하고 있다. 경량부에 있어서 진실된 번뇌의 끊어짐이란 성자가 무루혜로써 번뇌 종자를 끊어 다시는 현행하지 않게 되는 것이다. 그러나 일래와 불환은 유루도에 의해 획득되는 경우가 있으므로 그 때 번뇌 종자는 끊어지는 것이 아니라 은복(隱伏)되기 때문에 물러남이 있지만, 예류와 아라한은 무루도로써 각각의 번뇌 종자를 끊은 성자이므로 더 이상 물러나는 일이 없다는 것이다. 경량부에서는 일체의 아라한을 부동(不動)의 심해탈로 해석하여 더 이상 번뇌로 인해 물러남이 없기 때문에 '부동'이라 해석하고 있는 것이다.[54]

53 『阿毘達磨俱舍論』(『大正藏』29권, 129상)

아라한은 이제 더 이상 세속의 생사윤회와 거기서 파생되는 일체의 괴로움에 속박되지 않는다는 사실이다. 아라한은 존재의 조건이 끊어졌기 때문에 사후 더 이상 윤회하지도 않는다. 즉 열반을 성취한 자이다. 열반을 성취한 아라한이 사후 어떠한 모습인가라고 묻는 것은 열반의 본질과 관련된 문제이다. 존재 여부와 직결된 물음이다. 열반이 모든 것이 절멸된 상태라면, 그것은 허무 단멸론과 다르지 않다.[55] 아라한의 최후 순간 그 마음의 상태는 어떠한가가 심도있게 논의되고 있다. 아라한은 이미 모든 불선법(不善法)을 제거하였기 때문에 선심에서 입멸할 것이라고 생각하기 쉽다. 이런 잘못된 사견을 없애 주기 위해 아라한의 최후 순간은 무기심(無記心)에서 이루어진다고 역설하고 있다.[56]

# Ⅲ. 인접개념 및 현대적 논의

## 1. 인접개념과의 논의

### 1) 사향사과와 다른 성인 분류법

초기경전에 의거해 보아도 범부의 지위에서 벗어나 성인의 도에 들어간 성자에 대해 다양한 분류가 이루어지고 있다.『중아함경』의「아습패경(阿濕貝經)」에는 7성인에 대한 내용이 실려 있는데 간략히 정리해 두기로 한다.[57]

① 구해탈(俱解脫)의 비구는 8해탈(解脫)을 몸으로 체험해 성취하여 노닐고, 지혜로써 관찰하여 모든 번뇌가 이미 다하고, 또 이미 그것을 안다. ② 혜해탈(慧解脫)의 비구는 8해탈을 몸으로 체험해 성취하여 노닐지는 못하지만, 지혜로써 관찰하여 모든 번뇌가 이미 다하고, 이미 그것을 안다. ③ 신증(身證)의 비구는 8해탈을 몸으로 체험해 성취하여 노닐지만, 지혜로써 관찰하여 모든 번뇌가 이미 다하고 또 이미 그것을 알지는 못한다. 이런 비

54 『阿毘達磨俱舍論』(『大正藏』29권, 130상)

55 본 사전 열반 항목 참조.

56 『阿毘達磨大毘婆沙論』(『大正藏』27권, 953중); 안양규,「붓다의 입멸과정과 그 해석-說一切有部를 중심으로-」,『인도철학』제11집 제1호(서울: 인도철학회, 2001.8), 200-203면.

57 『中阿含經』(『大正藏』1권, 751중)

구는 몸의 증득만 있다. ④ 견도(見到)의 비구는 한결같이 부처님과 법과 스님을 믿고, 들은 법을 따라 곧 지혜로써 관(觀)을 왕성하게 하고, 인(忍)을 왕성하게 한다. ⑤ 신해탈(信解脫)의 비구는 한결같이 부처님과 법과 스님들을 믿고, 들은 법을 따라 지혜로써 관(觀)하고 인(忍)하지만, 견도(見到)만은 못하다. ⑥ 법행(法行)의 비구는 한결같이 부처님과 법과 스님들을 믿고, 들은 법을 따라 곧 지혜로써 관을 왕성하게 하고, 인을 왕성하게 한다. ⑦ 신행(信行)의 비구는 한결같이 결정코 부처님과 법과 스님을 믿고, 들은 법을 따라 지혜로써 관(觀)하고 인(忍)하지만 법행(法行)만은 못하다.

이상 7종의 비구는 수행 단계를 보여주고 있다. 7종의 비구 중 구해탈이 가장 수승하고 신해가 가장 열등한 것으로 순서가 매겨져 있다. 『맛지마 니카야』(Majjhima Nikāya)의 「키타기리 경전」(Kīṭāgiri Sutta)은 이상의 한역 경전보다 더 자세히 설명하고 있다. 구해탈(ubhato-bhāga-vimutta), 혜해탈(paññā-vimutta), 신증(kāya-sakkhi), 견도(ditthipatta), 신해탈(saddhā-vimutta), 수법행(dhammānusārī), 수신행(saddhānusārī)의 순서로 역시 평가되고 있다. 구해탈과 혜해탈은 번뇌를 모두 제거한 아라한으로 더 이상 배울 것이 없는 성인이지만 나머지 비구들은 수행이 더 필요한 자들이다. 신증인 경우 해탈을 몸으로 체험하지만 일부 번뇌는 여전히 남아 있는 것이고 견도는 해탈을 체험하지 못했지만 일부 번뇌를 제거한 자이다. 그리고 붓다의 가르침을 지혜로 학습한다. 신해탈이 견도와 다른 점은 붓다의 가르침에 굳건한 믿음을 견지하고 있다는 점이다. 수법행은 해탈도 체험하지 못했고 번뇌도 제거하지 못했지만 지혜로 붓다의 가르침을 열심히 학습하는 사람이다. 수신행이 수법행과 다른 점은 붓다에 대한 믿음과 헌신이 강하다는 점이다. ③-⑦의 수행자는 제대로 수행한다면 이번 생애에 무상보리를 증득하든지 아니면 불환과를 성취할 것이다라고 결론짓고 있다.[58]

이상의 경전은 7수행자와 사향사과와 직접 연관하여 말하고 있지 않다. 단지 추정할 수 있는 것은 구해탈과 신해탈은 아라한으로 무학(無學)이지만 나머지는 수행이 더 필요한 유학도라는 점이다.

『증일아함경』에는 9명의 성인이 나열되고 있다. 사향사과의 8성인 이외에 종성(種性)이 첨가되어 있다.[59] 성인의 리스트가 최고의 과위인 아라한

58 Majjima Nikāya vol.I, 473-481면.
59 『增一阿含經』(『大正藏』2권, 767상)

에서부터 시작하고 있는 점으로 미루어 보아 종성은 수다원향보다 하위에 있다는 것을 짐작할 수 있다. 종성(gotrabhū)은 범부(puthujanā)와 예류향의 성인 사이에 있는 수행자를 의미한다. 범부의 단계에서 벗어나 성인의 흐름에 들어간 자로 보는 것이 무난할 듯하다.[60] 종성에는 두 종류가 있다: 수신행자와 수법행자. 수법행자가 수신행자보다 뛰어나다라고 보며 수법행자는 정각(sambodhiparāyanā)을 지향하지만 수신행자는 천상(saggaparāyanā)을 목표로 한다.[61]

『중아함경』의 「복전경(福田經)」에는 십팔학인(十八學人)과 구무학인(九無學人)이 소개되어 있다. 이들은 복전으로서 마땅히 존경받아야 하는 자질을 갖추고 있다고 밝히고 있다. 이들은 성인이므로 범부를 위한 복전이 된다는 것이다. 복전에는 두 종류가 있다고 한다.

> "첫째는 학인(學人)이요, 둘째는 무학인(無學人)이다. 다시 학인에 열여덟 종류가 있고 무학인에 아홉 종류가 있으니, 거사여, 어떤 것이 18학인인가? 신행(信行), 법행(法行), 신해탈(信解脫), 견도(見到), 신증(身證), 가가(家家), 일종(一種), 향수다원(向須陀洹), 득수다원(得須陀洹), 향사다함(向斯陀含), 득사다함(得斯陀含), 향아나함(向阿那含), 득아나함(得阿那含), 중반열반(中般涅槃), 생반열반(生般涅槃), 행반열반(行般涅槃), 무행반열반(無行般涅槃), 상류색구경(上流色究景)이니, 이것을 18학인이라 한다. 거사여, 어떤 것이 9무학인인가? 사법(思法), 승진법(昇進法), 부동법(不動法), 퇴법(退法), 불퇴법(不退法,) 호법(護法), 실주법(實住法), 혜해탈(慧解脫), 구해탈(俱解脫)이니, 이것을 9무학인이라고 한다."[62]

18종의 학인과 9종의 무학인 한 명 한 명에 대해 상기 경전에서 정의를 내리거나 설명하고 있지 않다. 뒷날 주석서나 논서에 이들 성인에 대한 정의가 내려지고 논의되고 있다.

---

60 Seyfort Ruegg D. 'Pāli Gotta/ Gotra and the Term Gotrabhū in Pāli and Buddhist Sanskrit', in *Buddhist Studies in Honour of I. B. Horner* edited by L.Cousins etc. Dordrecht-Holland/ Boston- U. S. A : D. Reidel Publishing Company. 1974. 200-204면.

61 Nathan Katz, *Buddhist Images of Human Perfection,* Delhi: Motilal Banarsidass Publishers, 1982, 93면.

62 『中阿含經』(『大正藏』1권, 616상)

### 2) 아라한과 붓다

붓다를 일컫는 열 가지 명칭[十號] 중의 하나가 아라한인 것을 볼 때도 아라한과 붓다의 엄격한 구분은 존재하지 않았던 것으로 보인다. 초전법륜에서 교진여 등 다섯 비구가 아라한과의 경지를 얻게 되었을 때 붓다는 이 세상에 당신을 포함하여 여섯 명의 아라한이 세상에 있다라고 선언하였다. 이런 측면에서 아라한과 붓다는 구분이 없었던 것으로 보인다. 비록 붓다는 자신과 제자 아라한과의 차이를 인정하지 않고 있지만 붓다의 제자들은 붓다와 자신들을 구분시키고 있다.[63] 열반에 이른 제자들은 아라한으로 불리지만 결코 붓다나 정등각자로 불리는 일은 없었다. 붓다에게는 abhisambuddha라는 용어가 사용되지만 교진여에겐 aññasi라는 말이 사용되었다.[64] 초기경전에 이미 아라한보다 벽지불이 더 우위에 있으며 벽지불보다 붓다가 더 우위에 있는 것으로 나오고 있다.[65] 시간이 경과하면서 붓다와 아라한이 점차 구별되기 시작하고 부파불교시대에 이르게 되면, 붓다의 제자가 도달할 수 있는 최고의 경지를 의미하게 됐다.

붓다 당시에도 붓다와 아라한 사이에는 차이가 현실적으로 존재하고 있었던 것으로 보이며, 아라한과 붓다의 차이를 인정하는 경향은 붓다의 입멸 후 더욱더 심화되었고 부파불교 시대에 이르러 그 간격은 더욱 커졌다. 대천(大天)의 오사는 이런 사정을 극명하게 보여준다. 상좌부(上座部)에선 성문의 수행자가 도달 가능한 최고의 성인이 바로 아라한으로 그 목표를 두고 있었다. 북방불교에 전해진 자료에 따르면 대천(Mahādeva)이라는 비구가 아라한의 경지에 관하여 다섯 가지 견해를 주장하였다. 다섯 가지 견해는 다음과 같다. 1. 여소유(餘所誘): 아라한일지라도 천마에게 유혹당하여 더러움이 새어나갈 때가 있다는 것이다. 누실에는 번뇌와 부정(不淨)의 2종이 있는데 아라한은 번뇌를 이미 단절하였으므로 번뇌에 의한 누실은 없지만 부정의 누실은 있을 수 있다. 이것은 소변이나 땀과 같아서 아라한일지라도 천마에 유혹되어 부정을 누실할 수 있다는 것이다. 2. 유유무지(猶有無知): 아라한에게도 어떤 종류의 무지는 있다는 것이다. 무지에는 염오(染污)와 불염오(不染污) 두 가지가 있는데 아라한에겐 아직도 불염오가 남아 있다는 것이다. 3. 유유예(有猶豫): 아라한에게도 어떤 종류의 의문이

63 Nathan Katz, 앞의 책, 145-146면.

64 *Vinaya-piṭaka* vol.I, 11면; 佛教思想研究會 編, 『解脫』(東京: 平樂社書店 1982), 167면.

65 『雜阿含經』(『大正藏』2권, 106중)

나 의혹은 남아있어 단언하지 못한다. 아라한은 수면성의 의심은 단절했으나 처비처(處非處)의 의심은 여전히 남아 있다. 4. 타령오입(他令悟入): 자신이 아라한이 되었다는 것을 타인이 알려줌으로써 아는 경우로 자신이 스스로 알지 못한다는 것이다. 지혜 제일의 사리불(舍利佛)이나 신통 제일의 대목건련(大目犍連)도 붓다의 기별에 의하여 그 오도를 안 것과 같다. 5. 도인성고기(道因聲故起): 도는 소리에 의해 일어난다. 성도인 고제(苦諦)를 억념하여 도를 일으킨다.[66] 이상 오사(五事)는 상좌부 교단에서 최고의 깨달음을 얻었다고 생각하는 성자인 아라한을 비방한 것이다. 대천의 주장을 따르는 무리가 많아 통일된 기존의 교단에서 분리하여 나아가 대중부라는 큰 세력을 형성하였다. 대중부의 아라한관은 대승불교로 이어진다.

대천의 아라한 비판에 격노했던 유부이지만 그렇다고 아라한을 신성시하거나 미화하지 않는다. 아라한에게도 유루법이 있다고 인정한다. 아라한의 육신은 유루법이라고 보고 있다. 이에 비해 법장부 등에서는 아라한의 육신은 무루법이라고 본다.[67] 그리고 유부는 아라한은 이전에 지은 고업(故業)의 과보는 피할 수 없지만, 아라한도 복업을 새로이 짓는다고 주장한다. 아라한이 되면 일체의 복업을 짓지 않는다는 화지부의 주장과 대립한다. 아라한의 지위에 이르면 유루업인 복업 같은 것을 증장시킬 번뇌가 없기 때문이라는 것이다. 유부에선 아라한에게도 조장업(造作業)과 증장업(增長業)의 2종이 있다고 한다.[68] 상좌부는 아라한은 무기업만 짓고 선업이나 악업은 짓지 않는다고 주장한다.[69]

아비달마 문헌에선 붓다와 아라한과의 차이를 십팔불공법(十八不共法)으로 붓다의 우월성을 정리하고 있다.[70] 붓다만이 갖는 능력을 경전은 여러 가지로 설해주고 있는데, 그 중에서 대표적인 것은 십팔불공법이다. 불공법이라는 말은 범부는 말할 것도 없고 아라한이나 벽지불과도 공통되지 않

66 『阿毘達磨大毘婆沙論』(『大正藏』27권, 511상)

67 유부는 불신(佛身)도 유루소성으로 보고 있다. 중생이 불신에 대하여 번뇌를 증장한다. 김동화, 『佛敎教理發達史』(서울:뇌허불교학술원, 2001), 193면.

68 『異部宗輪論』(『大正藏』49권, 16중); 김동화, 『佛敎教理發達史』(서울: 뇌허불교학술원, 2001), 194면; 229면.

69 Harvey, Peter, *The Selfless Mind: Personality,* Surrey: Curzon Press. 1995. 211면.

70 『阿毘達磨俱舍論』(『大正藏』29권, 140상); Toschiichi Endo, *Buddha in Theravada Buddhism: A Study of the Concept of the Buddha in the Pali commentaries.* Dehiwela: Buddhist Cultural Centre 1997, 113-133면. 엔도(Endo)는 빠알리어 문헌을 중심으로 십팔불공법의 형성과정을 추적하고 있다.

는 붓다 특유의 법이란 뜻으로서, 십력(十力), 사무소외(四無所畏), 삼념주(三念住), 대비(大悲)를 포함한다.[71] 붓다의 이러한 정신적인 십팔불공법 외에 다시 부처의 육체적인 모습에 대해서도 그 수승함을 표현하는 삼십이상 팔십종호 등의 설이 있다.[72]

### 3) 성문·독각·보살

『집이문족론』을 비롯한 『육족론』과 『발지신론』에 아라한과 불타의 문제에 있어서는 그다지 차이를 두며 문제삼지 않았던 것 같다. 그러나 『아비달마대비바사론』 에는 이 문제가 부각되고 있다.[73] 붓다와 달리 성문과 독각(獨覺)은 비록 제법(諸法)에 대해선 아직 자재하지 못하나 자신의 마음에 대해선 이미 자재함을 얻었다.[74] 아라한과 달리 보살은 중생을 구제하기 위해 일부러 성문의 사선근 중 인위를 성취하지 않는다고 밝히고 있다.[75]

『아비달마구사론』의 초두에선 붓다는 모든 무지(無知, ajñāna)를 제거했지만 성문이나 독각은 염오무지(染汚無知)에서 벗어났지만 불염오무지(不染汚無知, **akliṣṭa-ajñāna**)를 여전히 지니고 있다고 밝히고 있다.[76] 번뇌를 소진하고 열반을 성취했다는 점에선 붓다나 제자들은 아라한이라 불리지만 붓다는 제자들보다 훨씬 긴 기간에 걸쳐 수행을 하여 열반에 이르렀기 때문에 붓다는 제자 아라한과는 구분되는 독특한 능력과 덕성을 지니고 있다고 보았다. 『아비달마구사론』에서 성문·독각·보살 3승의 구별이 심화되고 있는 것을 볼 수 있다. 성문·독각·보살 가운데 보살은 궁극적으로 깨달음을 이루어 붓다가 되지만, 성문은 아라한이 된다고 하여 붓다가 아라한보다 높은 위치에 있는 것으로 인식하고 있다. 성문(聲聞)이란 스승의 음성 가르침을 듣는다라는 의미에서 제자라고 번역되기도 한다. 사성제의 이치를 관찰하고 삼십칠도품(三十七道品)으로 정리된 온갖 종류의 수행을 닦아,

---

71 Pruden, Leo M. (trans)., *Abhidharmakośabhāsyam IV by Louis de La Valleé Poussin,* Berkeley: Asian Humanities Press. 1988. 1136-1145면.

72 Toschiichi Endo, *Buddha in Theravada Buddhism: A Study of the Concept of the Buddha in the Pali commentaries.* Dehiwela: Buddhist Cultural Centre, 1997, 45-47면; 107-110면.

73 김동화, 『佛教教理發達史』(서울: 뇌허불교학술원, 2001), 378면.

74 『阿毘達磨大毘婆沙論』(『大正藏』27권, 507중)

75 『阿毘達磨大毘婆沙論』(『大正藏』27권, 352상)

76 『阿毘達磨俱舍論』(『大正藏』29권, 1상)

온갖 미혹을 끊고 차례로 사향사과의 경지를 증득함으로써 열반을 추구하는 사람이다.

독각(獨覺)이란 스승 없이 혼자서 깨달은 사람이다. 연각(緣覺)이라고도 하고 벽지불(壁支佛)이라고도 하는데, 벽지불이라는 말은 프라티예카붓다(pratyeka-buddha)라는 원어의 발음을 딴 것이다. 혼자의 힘으로 깨닫고 그 후에도 중생에게 가르치지 아니하고 홀로 있는 자이다. 독각에는 부행(部行)과 인각유(麟角喩)가 있다. 부행독각이란 일찍이 성문(聲聞)이었던 자가 뛰어난 과보를 획득하였을 때를 말하는 것으로, 달리 독승(獨勝)이라고도 이름한다. 다른 이의 가르침을 떠나 홀로 뛰어난 과보를 증득하였기 때문에 '독승'이라고도 한다. 부행(部行)이라 함은 성문으로서 제3과[불환과]까지를 얻고 그 후 스스로 뛰어난 제4과의 과보를 증득한 이를 말한다. 즉 여러 사람이 한 곳에서 공동적으로 수행[衆類相共]하였기에 '부행'이라고 이름하였다. 이에 대해 인각유(麟角喩)란 기린의 두 뿔이 결코 서로 만나지 못하는 것처럼 홀로 머물며 깨달음을 증득하였기 때문에 '인각유'라고 이름하였다. 스스로는 능히 조복(調伏)하였지만 다른 이를 조복시키지 못하는 주된 이유는 과거의 독거(獨居) 습관 때문이다.[77]

삼종의 보리로 삼승을 구별하고 있다. 진지와 무생지를 설하여 '각(覺)'이라 이름하였는데, 깨달은 자의 차별에 따라 세 가지 보리를 설정한다. 첫째는 성문의 보리이며, 둘째는 독각의 보리이며, 셋째는 무상(無上), 즉 대각(大覺)의 보리이다.[78] 성문의 종성에게 난(煖)·정(頂)의 선근이 이미 생겨났다면 전향하여 무상정각(無上正覺)을 성취할 수 있다. 그렇지만 인(忍)의 선근을 획득하였다면 불승(佛乘)의 그것을 성취할 리가 없으니, 말하자면 악취에서 이미 초월하였기 때문이다. 즉 보리살타(菩提薩陀, bodhisattva)는 유정의 이익을 본회(本懷)로 삼았기에 유정을 교화하기 위하여 반드시 악취로 가야 하지만, 그같이 인(忍)을 획득한 종성은 그곳[악취]으로 전향할 수 없다. 그렇기 때문에 결코 불승을 획득하는 일이 없는 것이다. 그러나 성문의 종성에게 난·정·인의 세 선근이 생겨났을 경우에는 모두 전향하여 독각을 성취할 수 있다.[79]

보살(bodhisattva)은 삼승 중 가장 근기가 예리한 자로서, 불타가 되기 전

77 『阿毘達磨俱舍論』(『大正藏』27권, 64상)
78 『阿毘達磨俱舍論』(『大正藏』27권, 132중)
79 『阿毘達磨俱舍論』(『大正藏』27권, 120하)

까지의 유정을 말한다. 그는 발심하면서부터 3아승지겁 100겁의 수행을 통해 일생보처(一生補處)의 보살로 태어나고, 마침내 이생에서 무상정등각을 이루게 되는 것이다. 보살이 오래 세월을 경과하여 불타가 되기 직전까지 번뇌를 끊지 않은 것은 유정의 이익을 목적으로 삼았기 때문이다. 그러기 위해서는 삼계(三界) 오취(五趣)로서의 생을 계속해야 하며, 생을 계속하기 위해서는 생의 동력인 번뇌를 보존해야만 하였던 것이다.[80] 붓다의 가르침에 따라 아라한으로 길을 걷는 성문의 제자들은, 자신들과 붓다에로의 길을 걷는 보살을 현격하게 구분하였다.

불(佛)과 이승(二乘)의 해탈은 차별이 없지만 성도(聖道)에는 차별이 있다. 불타와 성문·연각의 이승이 얻는 바의 해탈[所證之擇滅]은 다를 것이 없으나 그 해탈로서 얻은 성도[能證之慧]는 차별이 있다는 것을 토끼, 말, 코끼리가 강을 건너는 것에 비견하고 있다. 화지부(化地部)는 불타, 성문, 연각의 삼승이 동일한 해탈, 성도를 얻는다고 하여 유부의 견해와는 대립된다.[81]

부파불교의 논서적 성격과 대승불교의 교리적 성격을 지니는 『성실론』에서 보살, 연각, 성문 등의 차별을 논하고 있다. 육바라밀을 구족하여 무상정등각을 얻는 것이 최고의 과업이고 그 다음은 벽지불의 보리를 얻는 것이며 다음이 성문의 보리를 얻는 것이다.

> "미륵보살은 아직 성불하지 않았지만 아라한이 공경하는 바이다. 보리심을 내는 자는 아라한으로부터 존경을 받아야 한다. 만약 사미가 가사와 발우를 지니고 아라한을 따르다가 무상심(無上心)을 발원하면 아라한은 사미의 의발을 자신이 짊어지고 그 뒤를 따라야 한다."[82]

사미가 무상도에 관하여 발심하는 것만으로도 아라한의 존경을 받아야 할 정도로 아라한의 지위는 낮추어져 있다.

설일체유부의 논서에서와 마찬가지로 『대지도론』에서도 붓다와 아라한과의 차이를 구분지우고 있다. 붓다는 다음과 같은 두 가지를 갖추고 있는데 첫째는 대공덕의 신통력이고, 둘째는 제일의 청정심이다.

---

80 『阿毘達磨俱舍論』(『大正藏』29권, 63하)
81 『異部宗輪論』(『大正藏』49권, 16중)
82 『成實論』(『大正藏』32권, 291하)

"성문과 벽지불은 비록 번뇌를 소멸하여 그 마음이 청정하지만, 복덕이 약하기 때문에 그 세력 역시 미약하다. 부처는 두 가지를 완전히 갖추었기 때문에 누구보다도 뛰어나다."[83]

『대지도론』에서는 아라한은 모든 번뇌를 끊어 깨닫긴 했어도 여전히 습기(習氣)로 인해 번뇌의 기운이 남아 있어 붓다라고 할 수 없다고 밝히고 있다. 붓다와 아라한, 벽지불의 차이를 지혜의 수준 차이로 말한다. 아라한과 벽지불도 숙명통과 천안통과 누진통 등 삼명(三明)을 획득하지만 그 밝기가 완전하지 못한 반면 붓다의 삼명은 완전하다고 본다.[84]

『유마힐소설경』에서 아라한은 열반에 안주하여 무상도에 관심을 두지 않기 때문에 이런 점에서 범부보다 못하다고 보고 있다.

"범부는 불법(佛法)으로 다시 되돌아오지만 성문은 그렇지 않습니다. 왜냐 하면, 범부는 불법을 들으면 최고의 깨달음을 구하는 마음[無上道心]을 내어서 불(佛)·법(法)·승(僧) 삼보를 단절하지 않지만, 성문은 설사 목숨이 다하도록 불법·십력(十力)·사무소외(四無所畏) 등을 들어도 최고의 깨달음을 구하는 마음을 영원히 일으키지 못한다."[85]

『묘법연화경』에선 학습하는 내용과 수행 목표의 차이에 따라 삼승을 구분하고 있다.

"성문을 추구하는 자에게는 사성제를 가르쳐 생노병사에서 벗어나 구경열반을 추구하도록 하며, 벽지불을 추구하는 자에게는 십이인연법을 설하며, 보살을 추구하는 자에게는 육바라밀을 설하여 무상정등각을 얻어 일체종지(一切種智)를 얻도록 한다는 것이다."[86]

『묘법연화경』에서 성문 등 삼승의 차이를 다음과 같이 구분하고 있다. 세존을 따라 법을 듣고 믿으며, 부지런히 정진하여 삼계에서 빨리 뛰어나

83 『大智度論』(『大正藏』25권, 73중)
84 『大智度論』(『大正藏』25권, 71중)
85 『維摩詰所說經』(『大正藏』14권, 549중)
86 『妙法蓮華經』(『大正藏』9권, 3하)

오려고 열반을 구하면, 이런 이는 성문승이라 이름한다. 만일 또 어떤 중생이 부지런히 정진하여 자연의 지혜를 구하며 혼자 있기를 좋아하고 고요한 데를 즐기며, 모든 법의 인연을 깊이 알면 이런 이는 벽지불이라 이름한다. 만일 또 어떤 중생이 일체지(一切智)와 불지(佛智)와 자연지(自然智)와 무사지(無師智)와 여래의 지견과 두려움 없음을 구하며, 한량없는 중생들을 가엾게 생각하여 안락하게 하며, 천상·인간을 이익되게 하려고 모든 이를 제도하여 해탈시키려고 하면, 이런 이는 대승보살이라 이름한다.[87]

스리랑카 등 동남아시아 불교국가는 상좌부 전통을 계승하고 있으므로 자연히 사리불 등 아라한을 숭배하고 있다. 그런데 대승불교권에서도 아라한에 대한 신앙이 엿보인다.[88] 대승불교가 나타나면서 나한은 소승의 성자로 격하됐지만 나한은 중국에서 신앙의 대상이 되었다. 16나한 신앙은 당나라 현장이 번역한 『대아라한난제밀다라소설법주기』에 기초한다. 이 문헌에 따르면 석가모니 부처님은 16인의 나한에게 불멸(佛滅) 이후에도 영원히 이 세상에 머물며 각지에서 불법을 수호하며 중생을 제도하라는 부촉을 내린다. 중생들을 위해서는 참된 복전이 되게 하였다. 중생들의 신앙 행위에 응하여 십육나한과 권속들은 때에 따라 여러 가지 모습으로 나타나 공양을 받으며 시주자에게 커다란 과보를 얻도록 하였다.[89] 나한은 이처럼 보살과 다름없는 역할로 인해 중국, 한국, 일본에서 신앙의 대상이 되었다. 16나한과 더불어 500나한도 널리 신앙되었다. 나한신앙은 한국에서도 일찍부터 시작되었던 것으로 보인다. 『삼국유사』에 따르면 오대산 신앙과 관련하여 북대(北臺) 상왕산(象王山)에 석가여래와 오백나한의 진신이 상주한다는 것이다.[90] 나한신앙은 고려, 조선을 거치면서 성행하다가 관음보살 신앙 등에 흡수되어 지금은 흔적만 남아 있는 실정이다. 경주의 기림사 등 대부분의 주요 사찰에는 아라한을 모시고 있는 나한전을 두고 있는 점으로 보아 아라한 신앙이 대승불교 국가인 한국에도 왕성했다는 것을 유추할 수 있다.

---

87 『妙法蓮華經』(『大正藏』9권, 13중)
88 Ray, Reginald A., *Buddhist Saints in India.* Oxford University Press. 1994, 179-205면.
89 『大阿羅漢難提蜜多羅所說法住記』(『大正藏』49권, 12하)
90 일연, 『三國遺事』(『大正藏』49권, 999상)

## 2. 성인의 현대적 논의

이상적인 인간상은 한 사회나 시대를 대표하는 주도적인 가치관의 사회적 상징으로, 집단의 교육목표가 된다. 요즘과 같은 산업화시대에는 경제력이나 기술력이 우리 사회의 이상 인간형의 중요한 변수로 부각되는 경향이 있다. 그럼에도 불구하고 우리들은 그러한 물질 지향적인 인간형을 교육적으로 추구해야 할 성인으로 여기지 않는다. 현대와 같이 극도로 물질이 발달한 사회에선 도덕적으로 혹은 종교적으로 존경받는 인간형이 제시되어야 한다. 이런 측면에서 불교가 제시하는 사향사과와 같은 이상적인 성인은 현대에 더욱더 소개되어야 할 것이다.

수행의 계위를 번뇌의 종류 유무로 구분시키고 있다는 점에서 사향사과는 매우 정교한 체계로 보일지 모른다. 그러나 사향사과가 엄밀하게 명확히 수행자를 구분시켜 주는 것에 그 목적이 있는 것이 아니라 수행자의 내면적인 성장에 그 주안점이 주어진 것이다. 수행자에게 중요한 것은 목표를 설정하고 바라보는 것이 아니라 수행 그 자체가 중요하다는 것이다. 일래과 내지 아라한이라는 목표를 두기보다는 목표에 이르는 길에 충실하는 것이 바람직하다는 것이다.[91] 어떤 목표를 두고 바라든 바라지 않든 아라한에 이르는 길을 가면 아라한이라는 목표에 도달한다. 사향사과의 체계는 수행자 개개인이 자신을 성찰하게 하는 거울이 되는 셈이다.

사향사과와 관련하여 중요하게 논의되는 주제는 두 가지로 압축할 수 있다. 첫째 혜해탈 아라한에 관한 논의이다. 오로지 지혜의 힘에 의해 일체의 번뇌의 장애(煩惱障)를 끊은 아라한을 혜해탈(慧解脫)이라고 하며, 아울러 멸진정을 획득하여 선정의 힘으로써 해탈의 장애(解脫障)마저 끊은 아라한을 구해탈(俱解脫)이라고 한다. 해탈의 장애란 무부무지성(無覆無記性)인 불염오무지를 말하는 것으로, 이것은 올바른 지혜가 생겨나는 것을 방해하지는 않지만 이것이 존재하는 한 완전한 해탈이라고 할 수 없는 것이다라고 논서에선 밝히고 있다.[92] 구해탈의 아라한이 혜해탈의 아라한보다 더 우위에 있는 것처럼 말하고 있지만 초기경전에서나 비파사나 수행법을 강조하는 남방 상좌부에선 오히려 혜해탈의 아라한을 더 높이 평가하며 멸진정

91 *Majjhima Nikāya* vol.Ⅲ, 138면.

92 『阿毘達磨俱舍論』(『大正藏』29권, 131하)

과 같은 선정의 수행을 폄하하는 경향이 존재한다. 곰브리치는 이런 과정을 경전과 주석서, 논서 등의 문헌을 통하여 역사적으로 논구하고 있다.[93]

또 다른 하나의 주제는 아라한과 보살을 둘러싼 논쟁이다. 부파불교의 아비달마 교학은 불교의 궁극적 목적을 무위열반(無爲涅槃)으로 파악하고 이상적인 인간상은 이러한 열반을 증득하는 아라한(阿羅漢)으로 상정하였다. 따라서 아라한은 교학을 전문적으로 연구하고 철저하게 수행하는 출가수행자가 아니고는 성취하기 어려운 것이었다. 출가자들은 전문적인 학습을 위해 사원에 거주하며 대중들에게 법을 설하는 것을 주된 임무로 삼았다. 이리하여 당시의 불교[소승불교]는 자리(自利) 위주의 불교, 출가주의의 불교, 학문적인 불교의 특징을 지니게 된 것이었다. 이에 반해 대승불교는 보살을 이상적인 인간상으로 제시하면서 이전의 아라한을 이타(利他)를 모르는 개인주의자로 폄하하였다. 보살은 아라한과 달리 적극적으로 중생들이 당면하고 있는 경제적인 문제를 해결하려고 하였다. 보살은 중생들의 경제적인 궁핍을 구제하기 위해 재물을 보시하였다.[94] 자신의 성불보다 중생 구제를 먼저 도모하겠다는 보살의 서원은 심금을 울리는 것이다. 보살의 이런 이타적인 활동은 출가중심의 불교를 타파하는데 지대한 영향을 준 것으로 평가된다.

대승경전에선 대체로 아라한을 자기의 완성만을 노력하는 출가승으로 폄하하고 있지만 공정하게 평가해야 한다. 아라한은 반드시 중생을 위하여 법을 설하는 존재이므로 이기적이라고 폄칭하기 곤란하다.[95] 대승보살 사상의 입장에서 일방적으로 초기 및 부파불교의 아라한관을 평가 절하할 것이 아니라 균형있는 시각이 필요하다. 보살의 이념은 자기중심적인 성향을 가진 다수의 중생들에게 너무 이상적이고 비현실적인데 비해 아라한의 성자는 보다 현실적임에 틀림없다. 편협되게 이해되고 있는 아라한에 대하여

---

93 Gombrich, *How Buddhism Began : The Conditioned Genesis of the Early Teachings.* London & Atlantic Highlands : The Athlone Press. 1996, 96-134면. 다음의 문헌도 이 문제를 다루고 있다. Bhikshu Sangharakshita, *A Survey of Buddhism, Bangalore: Indian Institute of World Culture.* 1966, 379면. Nalinaksha Dutt, *Early Monastic Buddhism,* Calcutta: Firma K.L. Mukhopadhyay. 1971, 267면.

94 안양규, 「인도 및 동남아 불교의 이상인간상」, 『종교와 문화』 제7호(서울: 서울대 종교문제연구소, 2001), 250-263면.

95 Horner, Isaline B., *The Early Buddhist Theory of Man Perfected: A Study of the Arahan.* London: Williams & Nortgate. 1936, 187면.

좀 더 긍정적인 접근이 요긴하다. 그런 의미에서 붓다는 아라한의 입장을 대변하고 있다고 생각되게 하는 경전이 있다.

> "스스로 빠지면서 남이 빠지는 것을 건져내려 한다면 마침내 그렇게 할 수 없으며, 스스로 반열반을 성취하지 않고 남을 반열반시키려고 한다면 마침내 그렇게 될 수 없다."[96]

자신의 완성을 먼저 도모한 연후에 다른 중생을 구제할 수 있다는 것이다. ❁

**안양규** (동국대)

96 『周那問見經』(『大正藏』1권, 574중)

우리말 불교개념 사전

# 삼세육추

| |
|---|
| 한 三細六麁 영 Delusion of Three Fine States and Six Rough States |

## Ⅰ. 어원적 근거 및 개념 풀이

### 1. 어원적 근거

‘삼세육추’란 『대승기신론(大乘起信論)』에서, 본래 진여(眞如)인 한 마음[一心]이 근본무명(根本無明)에 의해 움직여 일어난 무명업상(無明業相)·능견상(能見相)·경계상(境界相)의 3가지 미세한 마음의 모습과, 경계상을 반연하여 일어난 지상(智相)·상속상(相續相)·집취상(執取相)·계명자상(計名字相)·기업상(起業相)·업계고상(業繫苦相)의 6가지 추중(麁重)한 마음의 모습을 합하여 이르는 말이다. 여기서 ‘미세한 모습[細相]’이란 심(心)과 심소(心所: 마음의 작용)의 구분이 아직 이루어지지 않은 상태로서 인식의 발생 이전의 미세한 마음의 모습을 가리키고, ‘추중한 모습[麁相]’은 심과 심소가 상응하여 뚜렷하게 드러난 마음의 모습을 뜻한다. 삼세상(三細相)과 육추상(六麁相)을 함께 지칭하는 ‘삼세육추(三細六麁)’라는 용례는 법장(法藏, 643-

712)의 『대승기신론의기(大乘起信論義記)』 이후 일반화 된 것으로 보인다.

## 2. 개념 풀이

삼세육추의 개념을 요약하면 다음과 같다.

### 1) 삼세상

① 무명업상은 진여인 일심이 근본무명, 곧 근본불각(根本不覺)에 의해 움직여 일어난 최초의 모습이며, 따라서 지말불각(枝末不覺)의 첫번째로서 아직 주관과 객관의 구분이 일어나지 않은 미세한 마음의 상태이다. 무명업이란 무명이 마음을 움직여 일으킨 최초의 업이라는 뜻이다. '업상(業相)'으로도 약칭한다.

② 능견상은 업상에 의해 형성된 주관적 마음의 모습으로서, 보는 마음만 있고 보이는 대상은 아직 발생하지 않은 상태이다. '견상(見相)'으로도 약칭한다.

③ 경계상은 능견에 의해 경계가 나타난 마음의 모습이다. 이로써 주관과 객관, 능연(能緣)과 소연(所然)이 구분되기 시작한다. '경상(境相)'으로도 약칭한다.

### 2) 육추상

① 지상은 경계상에 의하여 애호하는 것[愛]과 애호하지 않는 것[不愛]에 대한 분별이 일어나게 된 마음의 모습이다.

② 상속상은 지상의 분별로 말미암아 애호하는 대상에게서 생겨난 즐거움[樂]과, 애호하지 않는 대상에게서 생겨난 괴로움[苦]이 끊임없이 이어지게 되는 마음의 모습이다.

③ 집취상은 상속상에 의하여 일어난 즐거움과 괴로움의 대상을 취하여 집착을 일으키는 마음의 모습이다.

④ 계명자상은 집취상에 의해 취착(取著)된 대상을 개념과 언어로 분별하고 이에 대해 다시 집착을 일으키는 마음의 모습이다.

⑤ 기업상은 계명자상에 의해 취착된 개념과 언어에 따라 행위함으로써 갖가지 업을 일으키게 되는 마음의 모습이다.

⑥ 업계고상은 기업상에 의해 짓게 된 모든 선업과 악업에 속박당함으로써 생사의 괴로움을 과보로서 받게 되고 이로 말미암아 자유롭지 못하게 된 마음의 모습이다.

진여인 일심으로부터 생멸·변화하는 세계가 전개되는 심생멸(心生滅)의 과정을 포괄적으로 설명하는 삼세육추설은 여래장사상과 유식사상이 결합하여 형성된 『대승기신론(大乘起信論)』의 고유한 심식설(心識說)이다. 『대승기신론』은 산스크리트 원본이 전해지지 않으며 진제(眞諦)의 번역본(553년경)과 실차난다(實叉難陀)의 번역본(700년경)이 있는데, 이중 진제의 번역본이 주로 유통되었다. 또한 주석서 형식으로서 용수(龍樹)가 저술했다는 『석마하연론(釋摩訶衍論)』이 요진(姚秦)시대 벌제마다(筏提摩多)의 번역으로 전해지지만, 이는 7-8세기경 중국이나 한국에서 용수에 가탁하여 성립된 문헌으로 여겨진다. 『대승기신론』을 중국에서 찬술된 것으로 보는 견해도 있으나 문체와 내용에 비추어 볼 때 진제의 번역임을 의심할만한 근거는 불확실하다. 한역(漢譯) 『대승기신론』의 원본이 전해지지 않고, 그 밖에 다른 범어 문헌에서도 삼세육추설에 대한 언급이 발견되지 않으므로 인도에서 삼세육추설이 어떻게 전개되었는지는 알 수 없다. 그러나 진제의 번역 이후 중국뿐 아니라 한국과 일본에서 많은 『대승기신론』 주석서들이 찬술되었고, 종파와 학파를 초월하는 독특한 교학적 위상을 갖게 됨으로써 동아시아의 불교학 발전에 지대한 영향을 주었다.

삼세육추설을 유식학의 팔식설(八識說)로써 해석하는 것은 『대승기신론』의 주석가들에게 중요한 문제였다. 담연(曇延, 516-588)은 삼세를 제칠식위에 해당하는 것으로 보고 있으며, 육추 모두를 육식위에 배대하고 있다. 혜원(慧遠, 523-592)은 삼세와 함께 육추의 지상·상속상을 제칠식위로, 집취상·명자상·기업상·업계고상을 육식위로 해석한다. 현수 법장(賢首法藏)의 경우에는 삼세를 제팔식위로, 육추를 육식위에 배대하여 해석함으로써 제칠식위를 배제하고 있다. 원효는 담연과 혜원에 비해 『유가사지론(瑜伽師地論)』·『아비달마잡집론(阿毘達磨雜集論)』·『불지경론(佛地經論)』 등 현장(玄奘)의 신역(新譯)을 포함한 보다 많은 문헌들을 접할 수 있었을 뿐만 아니라, 여래장사상과 유식사상의 이론 체계에 대한 정확한 이해를 바탕으로 『대승기신론』의 심식설을 해석하고 있다는 점에서 이전의 주석가들에 비해 교학적으로 발전된 입지를 확보하고 있다. 원효는 무명업상·능견상·

경계상의 삼세상을 각기 제팔식의 자체분(自體分)·견분(見分)·상분(相分)으로 보고, 육추상(六麁相)의 첫번째인 지상(智相)을 제칠말나식(第七末那識)으로, 나머지 다섯을 육식(六識)으로 보고 있다.

## Ⅱ. 역사적 전개 및 텍스트별 용례

### 1. 역사적 전개

삼세육추는 『대승기신론』의 핵심적 개념이지만, 이것은 일심·여래장(如來藏)·아리야식(阿梨耶識), 심진여(心眞如)·심생멸(心生滅), 각(覺)·불각(不覺), 염·정훈습(染淨薰習) 등의 개념으로 구성된 전체적인 이론 체계 속에서 보다 명확히 이해될 수 있다. 그러므로 아래에서는 『대승기신론』의 전체적인 심식론 체계 속에서 파악된 삼세육추설을 주로 원효(元曉)의 『대승기신론별기(大乘起信論別記)』와 『대승기신론소(大乘起信論疏)』에 근거하여 해설하기로 한다.

#### 1) 일심(一心)·여래장(如來藏)·아리야식(阿梨耶識)

『대승기신론』의 「입의분(立義分)」에서는 '대승(大乘)'을 '법(法)'과 '의(義)'로 구분하여 법은 중생의 마음[衆生心]이며 의는 체·상·용(體相用)의 삼대(三大)라고 정의한다.[1] 여기서 '법'은 대승의 법체(法體)이고 '의'는 대승의 명의(名義)이다. 대승에서는 일체의 모든 법에 별체(別體)가 없으며 오직 하나인 마음, 즉 일심(一心)으로써 그 자체(自體)를 삼는다. 이 마음이 일체의 세간법(世間法)과 출세간법(出世間法)을 통섭(通攝)하며, 모든 법의 자체는 오로지 일심이다. 이러한 관점이 바로 일체의 모든 법에 각각의 자체(自體)가 존재한다고 주장하는 소승과 대승을 구분하는 근본적 계기가 된다.

일심(一心)을 세계 내의 모든 존재자들의 근원으로 상정하고. 그 본원적 차원의 세계를 심진여문(心眞如門)으로, 현상적 차원의 세계를 심생멸문

1 馬鳴造, 眞諦譯, 『大乘起信論』(『大正藏』32권, 575하), "摩訶衍者. 總說有二種. 云何爲二. 一者法. 二者義. 所言法者. 謂衆生心. 是心則攝一切世間法出世間法. … 所言義者. 則有三種. 云何爲三. 一者體大. … 二者相大. … 三者用大."

(心生滅門)으로 파악하는 일심이문(一心二門)의 세계관은 『대승기신론』의 기본 논리를 구성하는 체계이다. 원효는 일심이문의 체계를 "적멸(寂滅)이란 이름하여 일심이며, 일심이란 이름하여 여래장(如來藏)이다"[2]라고 한 『입능가경(入楞伽經)』에 근거하여, 심진여문은 경전의 "적멸이란 이름하여 일심이다"라는 문구를, 심생멸문은 "일심이란 이름하여 여래장이다"라는 문구를 해석한 것으로 보고 있다. 일체법은 생멸이 없으며 본래적으로 적정(寂靜)하여 오직 일심일 뿐이다. 이것이 바로 심진여문의 세계상(世界相)이며, 그러므로 '적멸이란 이름하여 일심이다'라는 것이다.

이 일심의 본체는 본래적 깨달음[本覺]인데, 이것이 무명(無明)을 따라 운동하여 생성과 소멸을 조작하게 됨으로써 심생멸문에서는 여래(如來)의 본성이 은폐되어 현현(顯現)하지 못하게 된다. 이러한 은폐된 여래의 본성을 여래장(如來藏)이라 한다. 『능가경』에서는 여래장이 '선(善)과 불선(不善)의 근본인(根本因)으로서 육취(六趣)의 모든 생존을 지어낸다'[3]고 말하고 있다. 심생멸문에 이러한 이치가 있으므로 '일심이란 이름하여 여래장이다'라고 말한다. 이 심생멸문에는 생멸심(生滅心)과 생멸자체(生滅自體)와 생멸상(生滅相)이 통괄된다. 심진여문에 있어서 마음은 적멸심(寂滅心)으로서 전변과 운동이 일어나지 않는다. 이에 반해 심생멸문의 마음은 생멸과 전변을 거듭하는 운동의 과정을 포함하게 되므로, 생멸하는 마음과, 생멸 그 자체를 가능케 하는 인연, 그리고 생멸심의 운동 과정에서 현상화된 세계의 모습이라는 세 가지 차원이 심생멸문에 섭수(攝受)되는 것이다.

일심과 이문의 관계는 다음과 같이 설명된다. 현상 세계에서 염법(染法)과 정법(淨法)으로 구분되는 모든 존재는 그 본성에 있어서 둘로 구분되는 것이 아니며, 진여문과 생멸문 역시 본질적으로 다른 것이 아니므로 '하나[一]'이다. 이와 같은 이분화를 초월한 세계가 모든 존재자의 실상(實相)으로서, 이는 허공(虛空)과 같은 순수 무(無)의 상태가 아니며, 본성에 자체적으로 신해(神解)의 작용을 갖추고 있기 때문에 '마음[心]'이라고 말하는 것이다. 이러한 일심은 다름아닌 중생의 마음[衆生心]이다. 『대승기신론』의

2 菩提留支譯, 『入楞伽經』 1 「請佛品」 1(『大正藏』16권, 519상), "寂滅者名爲一心. 一心者名爲如來藏."

3 求那跋陀羅譯, 『楞伽阿跋多羅寶經』 4 「一切佛語心品」 4(『大正藏』16권, 510중), "佛告大慧. 如來之藏是善不善因. 能遍興造一切趣生. 譬如伎兒變現諸趣離我我所."
菩提留支譯, 『入楞伽經』 7 「佛性品」 11 (『大正藏』16권, 556중), "佛告大慧. 如來之藏是善不善因故. 能與六道作生死因緣. 譬如伎兒出種種伎."

「입의분」에서는 '이 마음이 일체의 세간법(世間法)과 출세간법(出世間法)을 섭수한다'[4]고 하며, 「해석분(解釋分)」에서는 '이 두 문이 각각 일체법을 모두 섭수한다'[5]라고 한다. 이와 같이 일심과 이문의 외연(外延)이 서로 일치하고 있다는 것을 알 수 있다.

『대승기신론』에서는 마음이 생멸하는 원리에 대해, "심생멸이란, 여래장에 의하므로 생멸심(生滅心)이 있게 되는 것이니, 이른바 불생불멸이 생멸과 더불어 화합하여 같은 것도 아니고 다른 것도 아닌 것[非一非異]을 이름하여 아리야식(阿梨耶識)[6]이라 한다"[7]고 하였다. 자성청정심(自性淸淨心)이 곧 여래장이다. 무명으로 인하여 생멸을 동작(動作)하기 때문에 '생멸이 여래장에 의한다'는 것이다. 불생멸심과 생멸심은 그 심체(心體)가 둘이 아니다. 다만 두 가지 이치로써 마음을 취하여 둘이 된 것이다. 정(靜)적인 자성청정심에 의해 동(動)적인 생멸심이 일어나게 되는 원리를 원효는 물과 바람의 관계로 비유하고 있다. 마치 움직이지 않는 물이 바람이 부는 바에 따라 움직이는 물이 되는 것처럼, 움직임과 고요함이 비록 다르지만 물이라는 자체는 같은 것이므로 '고요한 물에 의하므로 그 움직이는 물이 있다'라고 말할 수 있는 것이다. 소의(所依)가 되는 여래장과 능의(能依)가 되는 생멸심을 통합하여 생멸문으로 삼기 때문에 '심생멸이란, 여래장에 의하므로 생멸심(生滅心)이 있게 되는 것이다'라고 말할 수 있는 것이다. 이것은 여래장을 버리고 생멸심만을 취하여 생멸문으로 삼은 것이 아니므로 자성청정심으로 환귀(還歸)할 수 있는 동인(動因)이 되는 각의(覺義)와 무명으로 인해 생멸의 유전(流轉)을 거듭하는 불각의(不覺義)가 모두 이 아리야식 내에 있으며 이 두 이치는 모두 생멸문에 있게 된다. 이와 같이 불생멸과 생멸이라는 두 원리가 있음에도 불구하고 심체는 둘이 아니다. 이 두 원리가 깨달음의 차원에서 논의될 때 각의(覺義)와 불각의(不覺義)라는 두 원리로 전화된다. 이 두 원리와 둘이 아닌 마음[不二之心]을 합하여 아리야식(阿梨耶識)이라고 이름한다.

---

4 馬鳴造, 眞諦譯, 『大乘起信論』(『大正藏』32권, 575하), "是心則攝一切世間法出世間法."

5 馬鳴造, 眞諦譯, 『大乘起信論』(『大正藏』32권, 576상), "是二種門皆各總攝一切法."

6 阿黎耶·阿梨耶·阿羅耶 및 阿賴耶 등은 모두 범어 'ālaya'의 소리번역으로서 앞의 3종은 구역(舊譯)에서, '阿賴耶'는 현장(玄奘)의 신역(新譯) 이후 쓰였다.

7 馬鳴造, 眞諦譯, 『大乘起信論』(『大正藏』32권, 576중), "心生滅者. 依如來藏故有生滅心. 所謂不生不滅與生滅和合非一非異. 名爲阿梨耶識."

### 2) 심생멸(心生滅)과 팔식(八識)

심생멸문은 심생멸의 원리가 작용하는 각 단계와 차원에 따라 크게 생멸자체(生滅自體)·생멸인연(生滅因緣)·생멸상(生滅相)으로 구분되며 생멸심의 각각의 분위들은 앞의 두 부분에서 집중적으로 다루어진다. 생멸자체 곧 심생멸은 다시 각(覺)과 불각(不覺)으로 구분되어 각에서는 생·주·이·멸(生住異滅)의 사상(四相)과 사위(四位)를 세우고, 불각에서는 삼세상(三細相)과 육추상(六麁相)의 법문을 건립한다. 또한 생멸인연에서는 생멸이 의지하는 인연과 그 의지되는 바 인연의 체상(體相)으로 구분되며, 전자에서는 오의(五意)와 의식(意識)이, 후자에서는 육종의 염심[六染]이 설해지고 있다. 원효의 학설에 의거하여 심생멸문의 각 분위들과 이에 대한 팔식(八識)의 배대 관계를 정리해보면 다음과 같다.

『대승기신론』 심생멸문의 8식분위(八識分位)

| 心生滅 / 分位 / 識位 | 心生滅 | | 生滅因緣 | |
|---|---|---|---|---|
| | 覺 | 不覺 | 生滅依因緣 | 所依因緣體相 |
| | **始覺四位·四相** | **三細相·六麁相** | **五意·意識** | **六染** |
| **第八識位** | 究竟覺·生相三:<br>業相·轉相·現相 | 三細: 無明業相·<br>能見相·境界相 | 業識·轉識·現識 | 現色不相應染<br>能見心不相應染<br>根本業不相應染 |
| **第七識位** | 隨分覺·住相四:<br>我癡·我見<br>我愛·我慢 | 智相 | 智識 | 分別智相應染 |
| **第六識位** | 相似覺·異相六:<br>貪·瞋·癡·慢·疑·<br>見<br>(不覺·滅相七) | 相續相·執取相<br>名字相·起業相<br>業繫苦相 | 相續識·意識 | 執相應染<br>不斷相應染 |

## 2. 텍스트별 용례

### 1) 불각위(不覺位)의 삼세상(三細相)과 육추상(六麁相)

『대승기신론』에서 각(覺)의 원리는 시각(始覺)과 본각(本覺)으로 구분되며, 불각(不覺)의 원리는 다시 근본불각과 지말불각(枝末不覺)으로 설명된다. 근본불각은 곧 근본무명(根本無明)을 말하며, 지말불각은 이 근본무명으로부터 일어난 삼세상(三細相)과 육추상(六麁相)으로 구성된다. 원효는 삼세상을 제팔식위(第八識位)에, 육추상을 전칠식위(前七識位)에 배속시켜 해석하고 있다. 육추상 중 첫 번째인 지상(智相)은 제칠말나식위에, 나머지는 육식위에 해당한다.

**① 삼세상(三細相)과 제팔식(第八識)**

원효의 해석에 의하면, 삼세상 중의 무명업상(無明業相)은 무명에 의하여 움직이게 된 업상(業相)이고, 능견상(能見相)은 업상에 의해 전변하여 능연(能緣)을 이루는 전상(轉相)이며, 경계상(境界相)은 전상에 의해 경계를 현현하는 현상(現相)이다. 무명업상은 능소(能所)가 미분화된, 즉 아리야식 내에서 견분(見分)과 상분(相分)이 아직 분화되지 않은 상태이며, 능견상과 경계상은 능·소의 분화가 이루어진 이후의 아리야식으로서, 능견상은 아리야식의 견분에 해당하며 경계상은 아리야식의 상분에 해당한다.

『대승기신론』에서는 이러한 삼세상이 "불각(不覺)과 함께 상응(相應)하여 분리되지 않는다"라고 말하고 있다. 여기서 '상응한다'는 것은 근본불각과 지말불각의 상의(相依) 관계를 뜻하는 것이지, 심왕과 심소의 상응을 의미하는 것이 아니다. 이 삼세상은 불상응의 염심(染心)으로서, 심왕과 심소가 차별화되기 이전의 상태이다.

**무명업상(無明業相)**

무명업상에 대해 『대승기신론』에서는 다음과 같이 정의하고 있다.

> 무명업상이란 불각(不覺)에 의한 마음의 움직임이다. 이 마음의 움직임을 업이라 이름한다. 깨달으면 곧 움직이지 않으며, 움직이면 곧 고(苦)가 있게 되니, 과(果)가 인(因)을 여의지 않기 때문이다.[8]

무명업상은 근본무명에 의하여 최초로 일어나게 된 일심의 '움직임'[動]이다. 원효는 근본불각을 아리야식 내의 근본무명이라고 정의하고 있다. 마음의 움직임이 일어났다는 것은 곧 업(業)의 발생을 뜻하므로 '업상(業相)'이란 이름으로 지칭하는 것이다. 이와 같이 무명업상은 '무명에 의해

8 馬鳴造, 眞諦譯, 『大乘起信論』(『大正藏』32권, 577상), "一者無明業相 以依不覺故心動 說名爲業 覺則不動 動則有苦 果不離因故."

일어난 업의 상'을 의미한다. 무명은 원인이고 업상은 결과이다. 시각(始覺)을 증득할 때 이 움직이는 망념[動念]은 사라진다. 따라서 이 움직임은 다만 불각에서 연유한 것임을 알 수 있다. 또한 고요함[寂靜: 涅槃]을 증득하면 이것이 곧 극락(極樂)이므로 움직임은 곧 '괴로움[苦]'인 것이다.

이 '괴로움'과 '움직임'을 사성제(四聖諦)로 설명한다면 고제(苦諦)와 집제(集諦)가 된다. 고(苦)라는 결과는 집(集)이라는 원인으로부터 일어나지만, 각(覺)의 차원에서 본다면 '괴로움'과 '움직임'이란 본래 없는 것이며, 따라서 업상 자체는 본래적으로 무고(無苦)이며, 무명 역시 무집(無集)이다. 이와 같이 원인(苦)과 결과(集)는 동시에 존재하며 동시에 존재하지 않는다. 그러므로 "과(果)가 인(因)을 여의지 않는다"는 것이다. 이 업상은 비록 동념(動念)이라 할지라도 지극히 미세하여 주관과 객관[能所]이 아직 분화되어 있지 않은 것이며, 그 근본이 되는 무명 역시 그와 동일한 속성을 지닌다.

**능견상(能見相)**

능견상은 곧 생상(生相) 중의 전상(轉相)에 해당된다. 원효는 능견상을 아리야식의 견분(見分)이라고 해석하고 있다. 『대승기신론』에서는 능견상에 대해 "움직임에 의하기 때문에 능히 보며[能見], 움직이지 않으면 곧 봄이 없다[無見]"[9]고 설명한다. 앞서 무명으로 말미암아 일심이 움직여 생기한 업상에 의하여 능연(能緣)을 전성(轉成)하게 된다. 그러므로 '움직임에 의하므로 능히 본다'는 것이다. 그러나 진여문의 관점에서 보자면 능견은 본래 없는 것이다. 그러므로 '움직이지 않으면 곧 봄이 없다'고 한 것인데, 이 말은 능견은 반드시 움직임에 의지한다는 의미이다. 이 전상에서 비로소 능연이 존재하게 되지만, 아직 소연경(所緣境)의 상(相)이 나타나지는 않는다. 왜냐하면 전상의 상태에서, 능연은 외부세계를 향하지만 경계에 의탁하고 있지는 않기 때문이다.

**경계상(境界相)**

경계상은 곧 생상 중의 현상(現相)이며 아리야식의 상분(相分)에 해당된다. 『대승기신론』에서는 경계상에 대해 "능견(能見)에 의하기 때문에 경계

9 馬鳴造, 眞諦譯, 『大乘起信論』(『大正藏』32권, 577상), "二者能見相 以依動故能見 不動則無見."

가 거짓으로 나타나니, 봄[見]에서 벗어나면 곧 경계가 없는 것이다"[10]라고 설명한다. 앞서 능연(能緣)을 이루게 한 전상에 의하여 경계를 능히 현현(顯現)하므로, '능견에 의하기 때문에 경계가 거짓으로 나타난다'는 것이다. 견분인 능견상과 상분인 경계상은 비록 이분화 되어 있지만 자체분(自體分)인 무명업상(無明業相)을 여의지 않는다. 원효는 이를 유량문(唯量門)이라고 한다. 한편 미세불가지(微細不可知)의 무명업상은 비록 능소와 견상으로 분화되지 않았지만 이러한 이분(二分)을 함유하고 있다. 이것을 유이문(唯二門)이라고 한다.

원효는 이들 무명업상·능견상·경계상의 삼세상(三細相)이 모두 제팔 이숙식(異熟識)에 소섭(所攝)되는 것으로 파악하고 있다. 그러나 『대승기신론』의 삼세상과 유식학에서 설하는 이숙식이 완전히 동일한 의미영역 내에 존재하는 것은 아니다. 『유가사지론』 등의 설에 의거한 업번뇌소감의문(業煩惱所感義門)에서는 업상(業相)의 동전차별(動轉差別)[11]이 전상(轉相) 및 현상(現相)과 다르다는 것을 구별하지 않으므로 삼세상을 모두 이숙식이라 설한다. 한편 『대승기신론』 등의 설에 의거한 무명소동의문(無明所動義門)에서는 미세한 상[細相]으로부터 추현한 상[麁相]에 이르기까지 동전의 차별에 따라 업상·전상·현상 및 무명업상·능견상·경계상의 삼종상(三種相)으로 분립된다. 이들 삼종상은 무명에 의해 움직여지는 것이므로 제팔식위(第八識位)에 존재하며, 뒤의 육추상(六麁相)은 경계에 의하여 움직여지는 것이므로 전칠식위(前七識位)에 존재한다. 이와 같은 이치에 따라 칠식은 한결같이 생멸의 원리에만 따르고, 아리야식은 생멸과 불생멸의 두 원리를 모두 포함하고 있는 것으로 파악된다.

### ② 육추상(六麁相)과 칠전식(七轉識)

육추상은 생멸심의 불각의(不覺義)에 있어서 6종의 추현(麁顯)한 상(相)

---

10 馬鳴造, 眞諦譯, 『大乘起信論』(『大正藏』32권, 577상), "三者境界相 以依能見故境界妄現 離見則無境界."

11 '동전(動轉)'이란 마음이 움직임[動]에 따라 전변(轉變)한다는 뜻이다. '동전차별'이란 하나인 마음[一心]이 움직임으로써 업상·전상·현상 및 무명업상·능견상·경계상으로 각 분위에 따라 차별적으로 전변된다는 뜻이다. 제팔아뢰야식(阿賴耶識) 역시 자체분·견분·상분의 구분이 있지만 이숙식이란 명칭은 선·불선(善·不善)의 총업(總業)에 대한 총보(總報)로서의 과(果)인 이숙과(異熟果)로서의 제팔식을 의미한다. (cf.) 護法等造, 玄奘譯, 『成唯識論』 3 (『大正藏』31권, 13하).

으로서, 지상(智相)·상속상(相續相)·집취상(執取相)·계명자상(計名字相)·기업상(起業相)·업계고상(業繫苦相)을 말한다. 원효는 이중 첫 번째인 지상은 제칠식위에, 다음의 넷은 생기식위(生起識位) 즉 육식위의 사온(四蘊)[12]에 해당하며, 마지막 업계고상은 앞의 5상에서 생기한 과보(果報)라고 해석하고 있다.

『대승기신론』에서는 육추상에 대해, "경계의 연(緣)이 있기 때문에 다시 여섯 가지의 상(相)을 생한다"[13]라고 설한다. 원효는 이 말이 앞서 현식(現識)에 현현(顯現)한 경계에 의하여 칠식(七識) 중에 여섯 가지의 추상(麁相)을 일으키게 된다는 뜻이라고 설명하면서, 이것이 4권 『능가경(楞伽經)』의 "경계의 바람에 의해 칠식의 물결이 전전한다"[14]라는 게송의 뜻을 해석한 것이라고 보고 있다.

원효는 능견(能見)과 경계의 관계를 별문(別門)과 통문(通門)으로 구분하여 설명하고 있다. 별문에 의하면, 앞의 삼세상(三細相)에서는 능견상에 의하여 경계상이 현현한 것이며, 경계상이 능견상을 움직인 것은 아니었다. 이에 반해 육추상은 능견상이 현현한 경계상에 의해 움직여지는 것이며, 저 경계를 능히 현현하게 할 수 있는 것은 아니다. 그러나 통문의 관점에서 말하자면, 능견상도 역시 스스로 현현한 경계를 다시 의지하고, 육추상도 스스로 의지하는 바의 경계를 다시 지어낸다. 원효는 『대승기신론』의 입장이 별문에 의거한 것이라고 해석하고, "경계의 연이 있기 때문에 다시 여섯 가지의 상을 생한다"라는 말은 그러한 별문의 관점을 시사한 것이라고 보고 있다.

### 지상(智相)과 제칠말라식(第七末那識)

『대승기신론』에서는 지상(智相)을 "경계에 의하여 마음이 일어나 애(愛)와 불애(不愛)를 분별하는 것"이라고 정의한다.[15] 원효는 지상은 제칠식으

---

12 오온(五蘊) 중 색온(色蘊)을 제외한 나머지 4온. 원효는 상속상을 식온(識蘊)에, 집취상을 수온(受蘊)에, 명자상을 상온(想蘊)에, 기업상을 행온(行蘊)에 각기 배대시킨다.

13 馬鳴造, 眞諦譯, 『大乘起信論』(『大正藏』32권, 577상), "以有境界緣故 復生六種相."

14 求那跋陀羅譯, 『楞伽阿跋多羅寶經』 卷第一 一切佛語心品第一之一(『大正藏』16권, 484중),
"藏識海常住 **境界風所動** 種種諸識浪 騰躍而轉生
青赤種種色 珂乳及石蜜 淡味衆華果 日月與光明
非異非不異 海水起波浪 七識亦如是 心俱和合生
譬如海水變 種種**波浪轉 七識**亦如是 心俱和合生"

15 馬鳴造, 眞諦譯, 『大乘起信論』(『大正藏』32권, 577상), "一者智相 依於境界心起分別愛與不愛故."

로서 육추상의 전개에 있어 시초(始初)가 되는 것이며, 그 시초에 혜수(慧數;慧心所)가 있게 됨으로써 아(我)와 경계[塵]를 분별하게 된다고 설명하고 있다. 이러한 해석의 근거로서 원효는 『승만경』에서 "육식(六識)과 심법지(心法智), 이 일곱 가지 법[七法]이 찰나에도 머물지 못한다"[16] 라고 한 문증을 제시한다.

원효는 제칠말나식의 기본적인 공능을 혜로 파악하고, 이로써 대상이 순익(順益)되는 것으로 판단될 경우[善道]에는 가애법을 분별하고, 위역(違逆)하는 경우[惡道]에는 불애법(不愛法)을 분별하여 아(我)와 아소(我所)로서 계탁(計度)하게 된다고 한다. 이를 유식학적으로 설명한다면, 말나식은 본식(本識: 第八識)을 반연하여 '나[我]'라고 계탁하고 그 본식이 나타낸 바의 경계를 반연하여 '나의 것[我所]'이라고 계탁한다. 이와 같이 말나식이 제팔아리야식과 경계를 모두 반연하지만, 『대승기신론』에서는 추현(麁顯)한 것에 국한하여 "경계에 의하여 마음이 일어난다"고 말한 것이다. 본식, 즉 제팔아리야식은 미세한 것임에 대해 그 경계는 상대적으로 추현한 것이다. 거울에 나타난 영상이 거울의 표면을 떠나서 존재할 수 없는 것처럼, 이 경계는 현식(現識: 境界相)과 분리될 수 없다. 다시 말해서 제칠식이 아리야식의 능견상[見分]과 경계상[相分]을 함께 반연하지만, 이 경계상은 능견상과 분리된 것이 아니라는 것이다. 이와 같이 원효는 제칠식이 반연하는 대상, 즉 말나식의 소연이 제팔식과 일체의 경계라는 주장을 제시하면서, 이와 다른 해석을 함께 소개하고 있다. 즉, 제칠식은 다만 직접적으로 안으로 향하여, 다시 말해 제팔식만을 반연하여 아와 아소로 계탁할 뿐, 마음 밖에 존재하는 외부 대상을 따로 계탁하지 않는다는 것이다.

### 상속상(相續相)

원효는 육추상의 두 번째인 상속상(相續相)을 생기식(生起識;六識)의 식온(識蘊)으로 보고 있다. 상속상은 추현한 분별[麁分別]로서 모든 법을 두루 계탁하여 길이 상속하게 한다. 또한 애취(愛取)[17]를 일으켜 과거의 모든 행

---

16 求那跋陀羅譯, 『勝鬘師子吼一乘大方便方廣經』 自性淸淨章第十三 (『大正藏』12권, 222중), "世尊. 若無如來藏者. 不得厭苦樂求涅槃. 何以故. 於此六識及心法智. 此七法刹那不住. 不種衆苦. 不得厭苦樂求涅槃."

17 십이지연기(十二支緣起)에 있어서 애(愛, tṛṣṇā)는 취(取, upādāna)의 연(緣)이 되어 현존[有]을 가능케 하는 직접적 계기가 된다. 애는 애착(愛著)·갈애(渴愛)의 뜻이며, 취(取)는, 소승의 살바다부(薩婆多部)에서는 일체의 번뇌(煩惱, kleśa)를 통칭하고, 대승

위를 인지(引持)하여 단절되지 않게 하고, 윤생(潤生)[18]의 작용을 가하여 미래의 과보가 상속하게 한다. 상속상에 대해 『대승기신론』에서는 "지상에 의하므로 그 고·락(苦樂)을 생하고, 각심(覺心)이 념(念)을 일으켜 상응하여 끊이지 않는다"[19] 라고 정의한다. 원효에 의하면, '지상에 의한다'는 것은 지상을 소의근(所依根)으로 삼아 상속상이 생기한다는 뜻이라고 한다. 소의인 지상은 미세한 식상(識相)으로서 오직 사수(捨受)이며, 능의(能依)인 상속상은 추현하여 고(苦)와 락(樂)을 모두 일으킨다. 또한 지상은 내적으로 아리야식을 반연하고 외부 경계를 계탁하지 않으므로 잠든 상태와 유사하지만, 상속상은 안팎을 두루 계탁하여 각관(覺觀)으로써 분별하므로 깨어 있는 상태라고 할 수 있다. 그러므로 '각심이 념을 일으킨다'고 말하는 것이다. 여기서 념을 일으킨다는 것은 곧 법집(法執)의 분별을 말한다. 상속상인 식온이 이 추현한 법집과 상응하여 모든 경계를 전체적으로 인식하는 것이므로 '상응하여 끊이지 않는다'는 것이다.

### 집취상(執取相)

육추상의 세 번째인 집취상(執取相)에 대해 『대승기신론』은 "상속상에 의하여 념(念)과 경계를 반연하여 고락을 주지(住持)함으로써 마음이 집착을 일으킨다"[20]라고 정의한다. 원효는 이 집취상을 수온(受蘊)으로 해석한다. 집취상의 공능은 상속상인 식온에 의거하여 위순(違順)을 분별하고 고락을 받아들이는 것이다.

---

에서는 '욕탐(欲貪, kāmarāga)'을 말한다.
(cf.) 護法等造, 玄奘譯, 『成唯識論』 卷第八 (『大正藏』31권, 44상) ; 基撰, 『成唯識論述記』 1末 (『大正藏』43권, 249하).

18 윤생(潤生)이란 윤생혹(潤生惑)의 작용을 말한다. 빗물이나 이슬이 식물의 종자를 추켜 싹을 트게 하듯, 윤생의 번뇌의 악업이 중생의 신식(神識)을 도와 미혹한 세계[迷界]의 생을 받게 하는 것을 윤생이라 한다. 윤생은 발업(發業)의 대가 되는 개념으로서 윤생혹은 구생기(俱生起)의 번뇌이고 발업혹(發業惑)은 분별기(分別起)의 번뇌이다. 윤생과 발업의 혹은 미혹한 세계에 유전(流轉)하게 하는 근원이 된다. 이와 같이 혹에 의해 업(業)을 짓고 혹에 의해 중유의 생을 윤(潤)하는 생사유전(生死流轉)의 상황을 발업윤생(發業潤生)이라 한다.

19 馬鳴造, 眞諦譯, 『大乘起信論』 (『大正藏』32권, 577상), "二者相續相. 依於智故生其苦樂覺. 心起念相應不斷故."

20 馬鳴造, 眞諦譯, 『大乘起信論』 (『大正藏』32권, 577상), "三者執取相. 依於相續緣念境界. 住持苦樂心起著故."

**계명자상(計名字相)**

네 번째 계명자상(計名字相)은 "망집(妄執;執取相)에 의하여 가립(假立)된 명언상(名言相)을 분별한다"[21]라고 정의된다. 계명자상은 상온(想蘊)으로서 수온에 의거하여 위·순 등의 명언을 분별함으로써 개념의 세계를 구성한다.

**기업상(起業相)**

다섯 번째 기업상(起業相)은 "명자(名字)에 의하여 개념을 심구(尋求)하고 이에 취착함으로써 갖가지 업을 짓는다"[22]라고 정의된다. 기업상은 행온(行蘊)으로서 상온으로써 취해진 명언상에 의거하여 선악의 업을 짓는 것이다.

**업계고상(業繫苦相)**

여섯 번째 업계고상(業繫苦相)은 "업에 의해 과보를 받아 자재(自在)하지 못한다"[23]라고 설명된다. 업계고상은 행온으로써 지은 업에 의하여 삼계(三界)와 육도(六道)에서 고(苦)의 과보를 받는 것이다.

위의 육추상은 현상(現相: 境界相)이 현현한 경계에 의해 일어난 것이고, 삼세상은 직접적으로 무명에 의해 일어난다. 이 삼세육추는 모든 유루의 염법(染法)을 총섭하는 것이며, 따라서 모든 염법을 일으키는 근본은 무명주지(無明住地)가 된다.

**2) 오의(五意)·의식(意識)**

오의 중 업식(業識)·전식(轉識)·현식(現識)은 제팔식위(第八識位)에 배속되며, 지식(智識)은 제칠식위에, 상속식(相續識)은 제육식위에 배속된다.

**① 제팔식위(第八識位) : 업식(業識)·전식(轉識)·현식(現識)**

업식(業識)은 시각(始覺)의 사상(四相)에서는 생상(生相) 중의 업상(業相),

---

21 馬鳴造, 眞諦譯, 『大乘起信論』(『大正藏』32권, 577상), "四者計名字相. 依於妄執分別假名言相故."

22 馬鳴造, 眞諦譯, 『大乘起信論』(『大正藏』32권, 577상), "五者起業相. 依於名字尋名. 取著造種種業故."

23 馬鳴造, 眞諦譯, 『大乘起信論』(『大正藏』32권, 577상), "六者業繫苦相. 以依業受果不自在故."

그리고 육추상(六麁相)에서의 무명업상(無明業相)과 동일한 위상을 지닌다. 『대승기신론』에서는 업식을 "무명의 힘에 의하여 불각(不覺)의 마음이 움직이는 것"[24]이라고 정의하고 있다. '무명의 힘'은 업식의 소의연(所依緣)이 되며, '불각의 마음이 움직인다'는 것은 업의 의미를 해석한 것으로서 '생기하여 활동함[起動]'이 곧 업의 의미이다.[25]

전식(轉識)은 시각사상(始覺四相)에서는 전상(轉相)에, 육추상에서는 능견상(能見相)에 해당된다. 『대승기신론』에서는 전식을 "동심(動心)에 의하여 상을 능히 보는 것[能見相]"[26]이라고 정의한다. 이에 대해 원효는 업식의 움직임에 의하여 능견의 상(相)을 전성(轉成)하는 것이라고 설명하고 있다.[27] 전식은 전변(轉變)의 동인(動因)이 무엇인가에 따라 두 가지 의미로 구분되는데, 무명에 의해 움직여 능견을 전성한다는 의미에서 전식은 본식(本識: 阿梨耶識)에 존재하고, 경계에 의해 움직여 능견을 전성한다는 의미에서는 칠식을 지칭한다.[28] 전자는 『대승기신론』에서 말하는 전식의 의미이고, 후자는 유식학에서 일반적으로 지칭되는 전식을 뜻한다. 또한 식의 전변이라는 의미에서 이러한 능견을 모두 전식이라고 통칭하여 팔식 전체를 의미하기도 한다.[29]

현식(現識)은 시각사상에서는 현상(現相)에, 육추상에서는 경계상(境界相)에 해당된다. 『대승기신론』은 현식에 대해 다음과 같이 설명하고 있다. "셋째는 현식이라 이름하니, 일체의 경계를 능히 나타냄[能現]이 마치 밝은 거울이 사물의 형상[色像]을 현현하는 것과 같다. 현식도 이와 같아서 오진(五塵)[30]을 따라 대상이 정립되면 곧 현현하게 된다. 이러한 대상의 현현에

---

24 馬鳴造, 眞諦譯, 『大乘起信論』(『大正藏』32권, 577중), "一者名爲業識謂無明力不覺心動故."

25 元曉, 『大乘起信論疏』(『韓佛全』1권, 715상), "'無明力'者 擧所依緣. '不覺心動'者 釋其業義, 起動之義是業義故."

26 馬鳴造, 眞諦譯, 『大乘起信論』(『大正藏』32권, 577중), "二者名爲轉識. 依於動心能見相故."

27 元曉, 『大乘起信論疏』(『韓佛全』1권, 715상), "轉識中言 '依於動心能見相故'者, 依前業識之動 轉成能見之相."

28 元曉, 『大乘起信論疏』(『韓佛全』1권, 715상), "然轉識有二. 若就無明所動轉成能見者 是在本識. 如其境界所動轉成能見者 是謂七識. 此中轉相 約初義也."

29 元曉, 『大乘起信論別記』(『韓佛全』1권, 690하), "又有處說 諸是能見 通名轉識, 則通八識."

30 육진(六塵), 즉 육경(六境)에서 여섯 번째 법경(法境)을 제외한 나머지 색(色)·성(聲)·향(香)·미(味)·촉(觸)의 다섯 경계를 말함.

는 전후가 없는데, 왜냐하면 일체시(一切時)에 임운(任運)하게 일어나 항상 현전(現前)하기 때문이다."[31] 원효는 '일체의 경계를 능히 나타낸다'는 것은 앞의 전식(轉識)의 견(見)에 의하여 다시 능현(能現)의 작용을 일으킨다는 의미라고 해석하고 있다.[32] 앞서 경계상을 설명하면서 『대승기신론』에서 "능견에 의하기 때문에 경계가 거짓으로 나타난다."[33]라고 말한 것은 현식에도 마찬가지로 적용된다. 현식은 전식에 의지하고 있지만 능견의 작용이 곧 능현의 작용인 것은 아니다. 그러므로 능견과 능현을 구분하고 있는 것이다.

**② 제칠식위(第七識位) : 지식(智識)**

오의(五意)의 네 번째인 지식(智識)은 제칠말나식이며, 육추상(六麁相)에서는 첫 번째인 지상(智相)에 해당된다. 지상에 대한 설명이 여기에서도 마찬가지로 적용된다. 『대승기신론』에서 지상은 "애(愛)와 불애(不愛)를 분별하는 것"[34]으로, 지식은 "염법(染法)과 정법(淨法)을 분별하는 것"[35]으로 정의된다. 원효는 애(愛)와 비애(非愛)의 과(果)가 곧 염·정(染淨)의 법을 말하는 것이며, 지식은 이 염·정의 법을 분별하여 아(我)와 아소(我所)로 계탁하게 된다고 해석한다. 즉 외계의 대상을 실재하는 것이라고 판단하고, 그에 대하여 호·오(好惡)와 선·악(善惡) 등을 분별하여 나와 나의 것이라고 집착하는 것이다.

**③ 전육식위(前六識位) : 상속식(相續識)과 의식(意識)**

오의(五意)의 다섯 번째인 상속식(相續識)은 곧 제육의식을 말하며, 육추상에서는 상속상(相續相)에 해당된다. 『대승기신론』에서는 상속식에 대해 다음과 설명하고 있다.

---

31 馬鳴造, 眞諦譯, 『大乘起信論』(『大正藏』32권, 577중), "三者名爲現識. 所謂能現一切境界. 猶如明鏡現於色像. 現識亦爾. 隨其五塵對至卽現無有前後. 以一切時任運而起常在前故."

32 元曉, 『大乘起信論疏』(『韓佛全』1권, 715상), "現識中言 '能現一切境界'者, 依前轉識之見 復起能現之用."

33 馬鳴造, 眞諦譯, 『大乘起信論』(『大正藏』32권, 577상), "三者境界相 以依能見故境界妄現 離見則無境界."

34 馬鳴造, 眞諦譯, 『大乘起信論』(『大正藏』32권, 577상), "一者智相 依於境界心起分別愛與不愛故."

35 馬鳴造, 眞諦譯, 『大乘起信論』(『大正藏』32권, 577중), "四者名爲智識謂分別染淨法故."

> 다섯째, 상속(相續)이라 이름하는 것은 망념(妄念)이 상응(相應)하여 끊어지지 않기 때문이다. 과거의 무량한 시간에 걸쳐 선·악의 업을 주지(住持)하여 잃지 않게 하기 때문이며, 또한 현재와 미래의 고·락 등의 과보를 성숙시켜 어긋나지 않게 하기 때문이니, 현재에 이미 지나간 일을 홀연히 기억하게 하고 미래의 일을 알지 못한 채 망령되이 심려하게 하는 것이다.[36]

상속식은 애취(愛取)의 번뇌를 능히 일으킴으로써 과거에 무명에 의해 발생된 모든 행업(行業)을 인지(引持)하여 미래의 과보가 존재할 수 있게끔 감임(堪任)하는 공능을 지닌다. 또한 윤생(潤生)의 번뇌를 능히 일으킴으로써 업과(業果)가 연속적으로 발생하여 끊어지지 않도록 한다. 이와 같이 삼세(三世)의 인과(因果)가 유전하여 단절되지 않게 하는 공능은 의식에 존재한다. 이러한 이치 때문에 상속식이라고 이름하는 것이다. '지나간 일을 기억하고 미래의 일을 심려한다'는 것은 상속식의 작용이 추현한 분별로서 지식(智識)의 미세한 분별과 같지 않음을 말한 것이다. 그러므로 이 상속식은 오직 제육의식에 존재하는 것임을 알 수 있다.

의식(意識)은 곧 상속식이라고 할 수 있지만, 그 상속성의 전·후 시점에 따라 의(意)와 의식으로 구별된다. 『대승기신론』에서는 의식에 대해 다음과 같이 설명하고 있다.

> 의식이라고 말하는 것은 곧 상속식이다. 모든 범부가 취착(取著)함이 더욱 깊어짐에 따라 아(我)와 아소(我所)를 계탁하고, 갖가지 망집(妄執)으로써 현상적인 일[事]에 따라 반연하여 육진(六塵)을 분별하므로 의식이라 이름하고, 또 분리식(分離識)이라고도 이름하며, 또한 분별사식(分別事識)이라고 이름하니, 이 식은 견애번뇌(見愛煩惱)가 증장(增長)하는 이치에 따르기 때문이다.[37]

『대승기신론』에서는 '하나의 의식[一意識]'이라는 이치에 따르므로 안식

---

36 馬鳴造, 眞諦譯『大乘起信論』, (『大正藏』32권, 577중), "五者名爲相續識. 以念相應不斷故. 住持過去無量世等善惡之業令不失故. 復能成熟現在未來苦樂等報. 無差違故. 能令現在已經之事忽然而念. 未來之事不覺妄慮."

37 馬鳴造, 眞諦譯『大乘起信論』, (『大正藏』32권, 577중), "復次言意識者. 卽此相續識. 依諸凡夫取著轉深計我我所. 種種妄執隨事攀緣. 分別六塵名爲意識. 亦名分離識. 又復說名分別事識. 此識依見愛煩惱增長義故."

등의 오식(五識)을 따로 구별하지 않으므로, '의식이 육진을 분별한다'고 말하고 있다. 의식은 육근(六根)에 의지하여 각기 별도로 육진을 취한다. 이는 말나식이 별도의 근에 의지하지 않는 것과는 다르다. 이와 같이 의식은 분리된 각각의 근을 소의근(所依根)으로 삼아 그에 화합하는 경계를 인식하므로 '분리식'이라는 명칭을 갖는다. 또한 의식은 과거와 미래 및 내·외의 갖가지 사상(事相)들을 분별하므로 '분별사식'이라고도 한다. '견애번뇌가 증장하는 이치'란 이러한 분별사식의 이치를 해석한 말로서, 견애번뇌가 증장함에 의하여 갖가지 사상들을 분별하는 것이 가능하게 된다. 원효는 육추상에서 설한 수·상·행온(受想行蘊), 즉 집취상·계명자상·기업상이 모두 이 의식 중에 섭수되는 것이라고 해석하고 있다.

## Ⅲ. 인접 개념과의 관계 및 현대적 논의

### 1. 인접 개념과의 관계

#### 1) 육염심(六染心)

생멸심은 무명의 일어남을 연(緣)으로 하여 갖가지 염법(染法)으로 차별화 된다. 이러한 무시(無始)의 무명이 일어남으로써 염오된 마음을『대승기신론』에서는, 집상응염(執相應染)·부단상응염(不斷相應染)·분별지상응염(分別智相應染)·현색불상응염(現色不相應染)·능견심불상응염(能見心不相應染)·근본업불상응염(根本業不相應染)의 여섯 가지로 분류하고 있다. 이 육염심(六染心)은 앞에서 설명한 의식과 오의(五意)에 해당된다. 의식과 오의의 교설에서는 그 원인을 따라 생기하는 이치를 따라 미세함에서 추현함의 순서로 전개되었으나, 육염심은 대치(對治)와 단멸(斷滅)의 계위를 겸하여 설명하는 법문이므로 추현함에서 미세함의 순서로 전개된다. 이에 따라 육염을 팔식위에 배대한다면, 집상응염과 부단상응염은 육식위에 속하고, 분별지상응염은 제칠식위에, 나머지 셋의 불상응염은 제팔식위에 존재한다.

**① 전육식위(前六識位) : 취상응염(執相應染)·부단상응염(不斷相應染)**

집상응염(執相應染)은 육추상에서는 집취상과 계명자상에 해당되고, 오의(五意)·의식(意識)의 분류에서는 분별사식(分別事識)인 의식(意識)에 해당된다. 집상응염은 의식에 대한 설명에서와 마찬가지로 견애번뇌(見愛煩惱)의 증장하는 이치에 따르며, 추현한 분별과 집착에 상응한다. 『대승기신론』에서 집상응염은 "이승(二乘)의 해탈위(解脫位)와 신상응지(信相應地)[38]에서 여의는 염심"[39]이다. 이승의 수행인은 아라한위에 이르러 견애번뇌를 여의고, 보살의 경우에는 십해(十解) 이상에서 멀리 벗어난다. 신상응지는 십해의 계위에서 신근(信根)이 성취되어 퇴전(退轉)하지 않는 자리이다. 삼현위(三賢位)에 들어갔을 때 이미 인공(人空)을 증득하여 견애번뇌가 현행하지 않게 된다.

부단상응염(不斷相應染)은 오의(五意) 중 상속식에 해당한다. 법집과 상응하여 상속· 생기한다. '부단(不斷)'은 곧 상속(相續)이라는 의미이다. 『대승기신론』에서는 부단상응염에 대해 "신상응지의 의하여 방편을 수학하고 점차로 버리고[捨] 정심지(淨心地)[40]에 이르러 구경에 여읜다."[41]라고 설명한다. 십해위에서부터 유식관(唯識觀)[42]의 심사방편(尋思方便)을 닦고, 초지에 이르러 삼무성(三無性)[43]을 증득하여 법집분별이 현행하지 못하게 될 때 부단상응염을 여읠 수 있다.

**② 제칠식위(第七識位) : 분별지상응염(分別智相應染)**

분별지상응염(分別智相應染)은 지상(智相) 및 지식(智識)에 대응하는데, 『대승기신론』에서는 "구계지(具戒地)[44]에 의하여 점차로 벗어나며 나아가 무상방편지(無相方便地)[45]에 이르러 구경에 벗어난다"[46]고 설명하고 있다.

---

38 신상응지는 삼현위(三賢位)의 마지막 계위로서 십향(十向)·십회향(十廻向)을 말한다. 삼현위는 십주(十住)·십행(十行)·십회향을 통칭한 것이다.

39 馬鳴造, 眞諦譯, 『大乘起信論』(『大正藏』32권, 577하), "一者執相應染. 依二乘解脫及信相應地遠離故."

40 정심지는 십주(十住) 이후에서 초지(初地)인 환희지(歡喜地)까지의 지위를 말한다.

41 馬鳴造, 眞諦譯, 『大乘起信論』(『大正藏』32권, 577하), "二者不斷相應染. 依信相應地修學方便漸漸能捨. 得淨心地究竟離故."

42 유식관은 유식삼성관(唯識三性觀)을 말한다. 일체의 존재에 대하여 변계소집성(遍計所執性)·의타기성(依他起性)·원성실성(圓成實性)의 삼성(三性)의 진리로써 관찰하는 수행이다.

43 유(有)의 차원에서 본 삼성(三性)의 진리에 대해 공의 차원에서 상무성(相無性)·생무성(生無性)·승의무성(勝義無性)의 삼무성의 진리를 설한다.

44 구계지는 보살 십지의 제2지에서 제6지까지를 말한다. 곧 이구지(離垢地)·발광지(發光地)·염혜지(焰慧地)·난승지(難勝地)·현전지(現前地)에 해당된다.

45 무상방편지는 제7지인 원행지(遠行地)를 말한다.

칠지(七地) 이하에서는 법공지(法空智)와 아공지(我空智)의 이지(二智)가 일어날 때에는 현행하지 못하지만, 관행(觀行)에서 벗어나 사물을 반연하여 자기도 모르게 마음이 움직이게 되면 다시 현행하게 된다. 그러므로 '점차로 벗어난다'는 것이다. 칠지 이상에서는 오랜 동안 관행에 들게 되므로 말나식이 영원히 현행하지 않게 되므로 '무상방편지에서 구경에 벗어난다'고 말한다. 이 제칠지는 무상관(無相觀)[47]에 가행(加行)이 있고 공용이 있으므로 무상방편지라고 한다.

**③ 제팔식위(第八識位) : 삼불상응염(三不相應染)**

현색불상응염·능견심불상응염·근본업불상응염의 세 불상응염은 제팔 아리야식위에 속한다. 현색불상응염은 육추상에서는 경계상(境界相)에, 오의 중에서 세 번째인 현식(現識)에 해당하며, 색자재지(色自在地)에 이르러 벗어나게 된다.[48] 밝은 거울 속에 색상(色像)이 현현하는 것과 같으므로 현색불상응염이라고 이름한다. 색자재지는 보살 십지(十地) 중 제팔의 부동지(不動地)를 말하며, 이 지위에서 정토(淨土)의 자재함을 얻으므로 예토(穢土)의 추현한 색이 현현하지 못하게 된다.[49]

능견심불상응염은 육추상에서는 능견상(能見相)에, 오의 중에서 두 번째인 전식(轉識)에 해당하며, 앞에서의 설명과 마찬가지로 동심(動心)에 의하여 능견(能見)을 이루는 것이다. 이 능견심불상응염은 심자재지(心自在地)에 이르러 벗어나게 된다.[50] 심자재지는 보살 십지 중 제구지인 선혜지(善慧地)를 가리키며, 이 지위에서 사무애지(四無礙智)[51]를 얻음으로써 장애를 지닌 능연(能緣)이 현기(現起)하지 못하게 된다.

---

46 馬鳴造, 眞諦譯, 『大乘起信論』(『大正藏』32권, 577하), "三者分別智相應染. 依具戒地漸離. 乃至無相方便地究竟離故."

47 무생관(無生觀)과 무상관(無相觀)을 합하여 이공관(二空觀)이라 한다.

48 馬鳴造, 眞諦譯, 『大乘起信論』(『大正藏』32권, 577하), "四者現色不相應染依色自在地能離故."

49 元曉, 『大乘起信論疏』(『韓佛全』1, 717상), "第四現色不相應染者 五種意中第三現識. 如明鏡中現色像 故名'現色不相應染'. 色自在地 是第八地. 此地已得淨土自在 穢土麁色不能得現. 故說'能離'也."

50 馬鳴造, 眞諦譯, 『大乘起信論』(『大正藏』32권, 577하), "五者能見心不相應染. 依心自在地能離故."

51 사무애지는 법무애지(法無礙智)·의무애지(義無礙智)·사무애지(辭無礙智)·요설무애지(樂說無礙智)를 말한다.

근본업불상응염은 육추상에서는 무명업상(無明業相)에, 오의에서는 첫 번째인 업식에 해당한다. 이는 무명의 힘에 의하여 깨닫지 못함으로써 마음이 움직이는 것이다. 근본업불상응염은 보살진지(菩薩盡地)에 의하여 여래지(如來地)에 들어감으로써 벗어날 수 있다.[52] 보살진지는 제십지인 법운지(法雲地)로서, 무구지(無垢地)가 여기에 속하므로 실제로는 제십지에도 미세한 전상(轉相)과 현상(現相)이 존재하지만, 이 지위를 따라 점차로 여읠 수 있다. 만약 업식을 여읜다면 견상 또한 없어질 것이지만, 업식이 멸진(滅盡)하지 않는다면 능견(能見)과 능현(能現)도 멸진하지 않는다. ❁

**류승주** (연세대)

52 馬鳴造, 眞諦譯, 『大乘起信論』(『大正藏』32권, 577하), "六者根本業不相應染. 依菩薩盡地得入如來地能離故."

우리말 불교개념 사전

# 본래면목

한 本來面目 영 one's original appearance

## Ⅰ. 어원적 근거와 개념 풀이

### 1. 어원적 근거

인도선은 중국에 도달하여 조사선(祖師禪)으로 변용(變容)되었다. 그러나 인도선이든 조사선이든 그 궁극적 목적은 깨달음이다. 그리고 그 깨달음은 새로운 가치창출로서의 발명이 아니라 한결같이 '본래 있던 그 어떤 것'의 발견이다.

자신의 내면에 본래 갖추고 있는 그 어떤 것이란 결국 본심(本心), 본성(本性), 자성(自性), 불심(佛心), 불성(佛性), 본체(本體)라고 할 수 있다. 이는 후일 선종(禪宗)에서 또한 본지풍광(本地風光), 본분소식(本分消息), 주인공(主人公), 무위진인(無位眞人), 본분사(本分事), 부모미생전소식(父母未生前消息) 등으로도 표현되었다.

즉 조사선이 지향하는 깨달음의 내용은 달리 말하자면 모든 중생들이 선천적으로 타고난 본래의 고유한 자기, 순진무구한 자기, 있는 그대로의 여실(如實)한 자기, 또는 현상적 존재로서 태어나기 이전의 본래 자기를 말한다. 이와 관련하여 그 내용을 가장 적확하게 표현한 단어는 본래면목(本來面目)이다. 본래면목이란 글자 그대로 '본래의 타고난 얼굴 모양'이라는 뜻이지만 그 의미는 '자기 자신'을 가리킨다.[1]

### 2. 개념 풀이

본래면목은 중국의 조사선 전통에서[禪宗]에서 생산되어 내내 중시된 용어로서 '자기 본래의 모습, 즉 중생이 본래적으로 갖추고 있는 진실한 자태'를 가리키는 말이다. 이처럼 본래면목은 다양하게 표현되긴 하지만, 그 주된 어의와 개념은 '중생들이 타고난 본래의 진실한 모습'이며, 모든 인간의 '참 나'이며 '인간 본래의 순수한 본성'이다. 일본의 도오겐(道原) 선사는 이러한 인간 본래의 순수한 심성인 본래면목은 신심탈락(身心脫落)의 경지에 이르러야만 눈앞에 드러난다[現前][2]고 하였다.

달리 말하자면, 선 수행자들의 궁극적 목적인 깨달음이란 사람들이 처음부터 갖추고 있는 이 본래면목을 아무런 인위도 가하지 않은 채 있는 그대로 고스란히 온전하게 드러내는 것을 말한다. 그런 뜻에서 본래면목은 '인간 안에 선험적으로 완성되어 있는 본성'을 의미한다.

## Ⅱ. 역사적 전개와 텍스트별 용례

### 1. 역사적 전개

#### 1) 『육조단경(六祖壇經)』의 본래면목

본래면목이란 어구는 『육조단경』에서 육조(六朝) 대감 혜능(大鑑慧能, 638-713)이 스승으로부터 전수(傳授)받은 가사(袈裟)와 발우(鉢盂)를 진혜명(陳惠明)이란 자가 빼앗으려는 사건에서 처음으로 등장한다. 오조(五祖) 홍인(弘忍)의 문하에서 차기(次期) 정법안장(正法眼藏)을 인가(認可)받아 법통

1 中村元, 『廣說佛教語大辭典』 下卷, (東京 : 東京書籍株式會社, 2002) 1558d-1559a면.
2 龍谷大學, 『佛教大辭彙』 第 6卷, (東京 : 富山房, 1975) 4243a면.

(法統)을 이을 것으로 기대된 인물은 황실과 교계의 절대적 신뢰를 받던 신수(神秀, 606-706)였다. 그러나 법의(法衣)와 발우(鉢盂)를 건네받은 자는 뜻밖에도 혜능이었다.

이러한 사실을 믿을 수 없었던 신수의 추종자들은 한밤중에 의발(衣鉢)을 가지고 몰래 남쪽으로 도망친 남부 오랑캐 출신의 행자(行者)를 추격하였다. 대부분의 추적자들은 피로에 지쳐 중도에 포기하였으나 장군의 자손으로서 성품과 행동이 거칠고 포악한 무사 출신의 진혜명이란 자는 끝까지 포기하지 않고 대유령(大庾嶺) 꼭대기까지 쫓아와 드디어 혜능을 따라 잡았다. 강탈을 위한 추격자의 손아귀에서 벗어날 수 없음을 안 혜능은 의발을 바위 위에 올려 두고 혜명에게 묻는다.

> 선도 악도 생각하지 않는 바로 그 순간, 어느 것이 혜명 상좌(上座) 그대의 본래면목(本來面目)인가?[3]

혜능은 막 도덕적 파탄을 저지르려는 혜명에게 도덕적 훈계를 설파하지 않는다. 대신에 그는 선도 악도 일어나기 이전의 자신의 본래 모습, 깨침과 미혹 이전의 본래 자기 모습이 무엇이냐고 묻는 것이다. 구체적으로 말하자면 의발을 빼앗으려는 그 마음을 일으키기 이전의 혜명상좌 자기 자신의 본래의 마음, 즉 자신의 본래면목을 되돌아 직시해 볼 것을 환기(換氣)시킨 것이다. 특히 그는 본래면목 앞에 '선도 악도 일어나기 전'이라는 수식을 단다. 말하자면 본래면목이란 선악의 도덕관념을 초월해 있는 선험적 본래성을 가리키고 그것을 직시할 것을 깨우친 것이다.

자신의 본래면목을 직시하라는 선포가 떨어지는 순간, 혜명은 즉각 깨달음을 성취한다. 혜명은 그 자리에서 즉시[言下] 자신의 본래면목을 자각하였으며, 혜능은 그 즉시 전법(傳法)이 이루어졌음을 증명을 해 주었다. 이것이 이후 선종의 역사 내내 기치처럼 내걸린 선포 '곧장 사람의 마음을 가리켜서 [자신의] 성품을 보아 깨달음을 이룬다, 즉 직지인심견성성불(直指人心見性成佛)'의 표본적 사건이다. 이 본래면목을 깨닫기만 한다면 선수행자의 모든 목적은 단박에 완성된다는 것이다. 즉 본래면목의 깨달음은 차츰

3 『六祖法寶壇經』 第1 「行由品」(『大正藏』 48권, 349상), "不思善不思惡 正與麽時 那個是明上座本來面目"

차츰 차근차근 닦아 나아가 깨닫는 것이 아니다. 혜명상좌는 혜능이 본래면목을 그저 가리켰을 뿐인데도 즉시에 깨달아 버린 것이다. '무엇이 그대의 본래면목인가?'라는 단 한 마디의 환기에 의해 그는 꿈속에서도 깨달음을 지향하는 선 수행자의 궁극적 목표가 단박에 성취되어 버리고 말았던 것이다. 여기서 우리는 조사선의 돈오사상을 명백하게 인식할 수 있다.

그리고 혜명상좌가 깨닫기 위해서 행한 어떠한 조작도 없다. 즉 그는 어떠한 사량분별(思量分別)도 없는 무념(無念)과 무위(無爲)로 깨달음에 도달했던 것이다. 다만 자신이 본래 갖춘 자신의 본래면목을 깨달았을 뿐이다. 깨닫는다는 것은 그 대상에 어떤 행위를 가하여 변화시키는 것이 아니라 있는 그대로의 사실을 직시하는 것뿐이다. 돈오와 무위를 중심내용으로 하는 『육조단경』의 바로 이 대목 이후, '본래면목'은 선종의 키워드가 되었다. 여기서 혜능이 적시(摘示)한 본래면목이란 일체의 사량 분별에 의한 개념이나 필연적으로 그에 뒤따르는 집착적 행동이 일어나기 이전의 순수한 인간 본래의 성품을 가리킨다.

상대적일 수밖에 없는 일체의 개념적 분별 이전에 인간의 선험적 본성에 주목하기를 요청하는 본래면목의 선포는 선행하는 사상적 배경을 가지고 있다. 『육조단경』이 '중생들이 타고난 본래의 진실한 모습', '본래 그대로 고스란히 온전한 인간 본성으로서의 본래면목'과 그것을 자각하기만 하면 선수행자의 궁극적 목적이 성취됨을 선포하게 된 데에는 저간의 앞선 사정이 있다. 그것이 바로 신수(神秀)의 『관심론(觀心論)』이다.[4]

신수는 『관심론』의 서두에서 선수행을 관심(觀心)과 일법(一法)으로 요약한다. 그 이유는 마음은 일체만법(一切萬法)을 만드는 근원이므로 마음을 알면 일체의 만법을 다 알 수 있다고 한다. 이는 비유하자면 마치 큰 나무에 가지나 꽃과 열매가 있지만 이 모든 것은 뿌리에 근거하여 생겨나는 것이므로 만약 나무를 제거하고자 한다면 반드시 뿌리를 잘라야 한다. 이처럼 나무의 뿌리에 해당하는 마음을 알고서 수행한다면 결과를 얻을 수 있지만 마음을 알지 못하고서 수행한다면 어떠한 결과도 얻을 수 없다고 한다.[5]

이로부터 신수의 선법은 마음을 아는 것[了心]과 도를 닦는 것[修道]의 두

4 『觀心論』은 전통적으로 달마를 저자로 인지해 왔으나 본고는 神秀說을 지지한다.
5 神秀, 『觀心論)』(『大正藏』 48권, 366하), "心者萬法之根本 一切諸法唯心所生 若能了心則萬法具備 猶如大樹所有枝條及諸花果 皆悉依根而始生 及伐樹去根而必死 若了心修道則省力而易成不了心而修道則費功而無益"

부분으로 구성되어 있음을 알 수 있다. 전자는 마음의 본성을 깨달아 아는 것이고 후자는 본성에 근거하여 오염된 마음[染心]을 닦아 나아가는 것이다. 왜냐하면 신수는 자심(自心)을 오염된 마음[染心]과 깨끗한 마음[淨心]으로 나누어 보는 입장이기 때문이다.[6] 신수의 이러한 요심수도(了心修道)의 수행법은 뒤에 마음에 낀 때를 점차 닦아 나아간다는 뜻의 점수법(漸修法)으로 정의된다.

그러나 『육조단경』의 그 유명한 신수와 혜능의 오도송(悟道頌)이 분명하게 말하는 것처럼, 혜능은 닦아 없애야 할 오염된 마음도 얻어야 할 깨끗한 마음도 본래 없다고 선포한다. 단지 자신의 본래면목을 즉각 깨달으면 그뿐이라는 돈오법을 선포하는 것이다. 이처럼 혜능이 본래면목의 즉각적인 자각을 선포하는 데에는 그 배경으로서 이러한 신수의 점수법이 깔려 있는 것이다.

> 몸은 깨달음의 나무이고 마음은 마치 맑은 거울 틀 같네. 늘 부지런히 털고 닦아서 먼지에 더럽히지 않도록 하리.[7]

오염된 마음을 하나하나 차츰차츰 닦아 나아가야 한다는 신수의 주장이다. 이는 『육조단경』이 나타나 새로운 선포를 던지기 전까지 중국 선수행의 주류였던 능가종(楞伽宗)의 전범적(典範的)사상, 이른바 점수적(漸修的) 수행법이었다.

그러나 혜능을 상징적 인물로 내세운 『육조단경』의 저자 하택 신회(荷澤神會, 684-758)는 이전의 선(禪) 수행자들이 근거 삼았던 『능가경(楞伽經)』의 점수법 대신에 건립하는 모든 개념들을 가차 없이 깨부수는 『금강경(金剛經)』을 천명한다.

> 깨달음은 본래 나무가 없고 맑은 거울 역시 틀이 아니다 본래 한 물건도 없으니 어디에 티끌이 있겠는가.[8]

---

6 神秀, 『觀心論』(『大正藏』 48권, 367상), "了見自心起用二種差別 云何爲二 一者淨心二者染心 此二種心法界自然本來具有"

7 『六祖法寶壇經』 第1 「行由品」 (『大正藏』 48권, 349상), "身是菩提樹 心如明鏡臺 時時勤拂拭 莫使惹塵埃"

8 『六祖法寶壇經』 第1 「行由品」 (『大正藏』 48권, 349하), "菩提本無樹 明鏡亦非臺 本來無一物 何處惹塵埃"

신회는 신수의 관심수도적(觀心修道的) 점수법을 단호히 배격한다. 이를 풀어서 해명하자면 결국 인간의 본성엔 닦아내야 할 그 어떠한 오염도 없다는 선포이다. 이를 다시 한걸음 더 적극적으로 해명하자면 중생의 본성, 즉 인간의 본래면목은 처음부터 청정(淸淨)한 것, 즉 완전한 것이다.

이때의 청정함이란 오염의 반대 개념으로서의 청정이 결코 아니다. 신회가 말하는 청정불성(淸淨佛性)이란 그를 계승한 규봉종밀(圭峰宗密, 780-845)에 따르면 어떠한 개념적 묘사도 불가능한 텅 비어 고요[空寂]하면서도 신령스럽게 아는[靈知] 본체이다.[9] 전자는 인간의 본래성에는 선악, 미오(迷悟) 등 어떠한 인위적 개념도 발붙일 수 없다는 뜻이며, 후자는 그럼에도 불구하고 혹은 그렇기에 그것은 그 자체로서 완전성을 확보한다는 의미가 된다.

이처럼『육조단경』이 말하는 인간의 본래면목은 청정한 것, 즉 완전적인 것이기에 그것을 자각하는 것으로써 수행은 즉시에 완성된다. 이른바『육조단경』의 중심사상은 본성을 단박에 깨닫고 마는 돈오견성(頓悟見性), 단박에 깨닫고 단박에 닦는 돈오돈수(頓悟頓修), 닦음과 깨달음의 차별 없음인 정혜불이(定慧不二)이다.

『육조단경』이 말하는 본래면목의 새로운 선포에 의해 중국의 선사상은 인도의 그것으로부터 완전히 다른 중국선 만의 새로운 세계, 즉 조사선(祖師禪)을 건립하게 된다.

여기서 우리가『육조단경』의 저자를 하택 신회(荷澤神會, 684-758)로 확정짓는 한, 그의 사상을 대변하는 문헌『신회어록(神會語錄)』을 일별하지 않을 수 없다. 그는 여기서 '경에 말씀하시기를 중생이 자성(自性)을 보면 불도를 이룬다고 하셨다'는 대목을 인용하고 있다. 이때 그가 인용한 경전은『열반경』이다. 이와 함께 신회가『어록』에서『열반경』을 가장 많이 인용하고 있는 점을 고려한다면, 그가『열반경』의 '일체중생실유불성(一切衆生悉有佛性)'의 가르침에 근거하고 있음을 어렵지 않게 알 수 있다.

앞서 언급한 대로 본래면목이 모든 중생들이 선천적으로 타고난 본심(本心), 본성(本性), 자성(自性), 불심(佛心), 즉 불성(佛性)을 가리키는 것임을 기억한다면,『육조단경』의 본래면목과 이에 수반되는 돈오견성(頓悟見性), 돈오돈수(頓悟頓修), 정혜불이(定慧不二)의 사상은 불성론에 근거한 것임을

9 鎌田武雄,『宗密教學の思想史的研究』(東京 : 東京大學出版會, 1975), 423면.

알 수 있다.

결국『육조단경』은『열반경』의 불성(佛性)사상에 기초하여 본래면목의 사상과 수행법을 전개했다고 할 수 있다.

8세기 초엽에 성립한『육조단경』이후 본래면목은 본지풍광(本地風光), 본분소식(本分消息), 주인공(主人公), 무위진인(無位眞人), 본분사(本分事) 등의 파생어로 종횡무진 선종사(禪宗史)의 중요한 키워드로 작동해 왔다.

10세기의 영명연수(永明延壽, 904-975)는『종경록(宗鏡錄)』에서,

> 암두화상(巖頭和尚)이 이르기를 삼계(三界) 중에서 오로지 자기를 아는 것 밖에는 다시 다른 일이 없다. 그러니 다만 자기의 본래면목을 알라.[10]

고 함으로써 자기의 본성인 본래면목의 자각이 선수행의 궁극적 목적이며, 또한 그로써 모든 것이 완결되는 것이어서 그 외의 어떠한 수행도 필요치 않음을 역설하고 있다.

10세기 중엽(952) 남당(南唐)의 천주(泉州)에서 편찬된『조당집(祖堂集)』은 당나라 말기 오대(五代)까지의 선사(禪師) 253명의 행적(行蹟)과 법어(法語), 게송(偈頌), 선문답(禪問答)을 담고 있다. 이들 두고 선불교학의 거장 야나기다 세이잔(柳田聖山)은 '초기 선종사 연구에서는 돈황 문헌에 못지않은 귀중한 자료'라고 하였다. 이『조당집』역시,

> 무엇이 조사의 본래면목입니까? … 어떻게 하면 조사의 본래면목을 볼 수 있습니까?[11]

라고 묻고 있는 바, 조사의 본래면목을 아는 것이 선수행자의 깨달음의 관건임을 알 수 있다.『조당집』은 이 외에도 여러 곳에서 본래면목을 언급함으로써 이것이 선사상에 있어 주요한 키워드임을 분명히 하고 있다.

11세기에는 남명 법천(南明法泉, ?-1076-?)이 당나라 영가 현각이 지은

---

10 永明延壽,『宗鏡錄』(『大正藏,』 44권, 526상), "巖頭和尚云於三界中有無唯自己知更無餘事但識自己本來面目喚作無依神蕩蕩地若道別有法有祖賺汝到底但向方寸中看迥迥明朗但無欲無依便得決了"

11『祖堂集』(『大正藏,』 45권, 291중), "問如何是祖師西來意師云梁殿不施功魏邦沒心迹問如 何得見本來面目師云不勞懸古鏡天曉雞自鳴問宗乘一句請師商量"

『증도가(證道歌)』에 그 뜻을 320편의 송(頌)으로 밝힌 『남명천화상송증도가(南明泉和尙頌證道歌)』를 지었다. 그는 여기서

> 조사의 본래면목을 친견하면 백 가지 천 가지 삼매[百千三昧]와 한량없는 미묘한 뜻이[無量妙義] 다 이로부터 들어온다.[12]

고 하였다. 여기서 드러나는 본래면목은 모든 것이 나오고 드러나는 근원적이고 궁극적인 어떤 것임을 강력하게 의미하고 있다.

13세기에 성립되어 선수행자들의 대표적 공안 48개를 담고 있는 『선종무문관(禪宗無門關)』[13]은 제23칙 '선도 악도 생각 말라[不思善惡]'에서 앞서 언급한 『육조법보단경』 제1「행유품(行由品)」에 나오는 혜능의 의발(衣鉢) 사건을 자세히 다루고 있다.

> 육조 혜능 선사가 명 상좌에게 쫓겨 대유령에 이르러 명 상좌가 뒤쫓아오자 곧 의발을 바위 위에 던지고 말하였다. '이 의발은 믿음을 표하는 것인데 힘으로 빼앗을 것인가? 그대가 가져가려면 가져가라.' 명 상좌가 들려고 하였으나 산같이 움직이지 않자 깜짝 놀라 벌벌 떨면서 말하였다. '나는 법을 구하려고 온 것이지 의발 때문에 온 것이 아니니 원컨대 행자께서는 가르쳐 주소서.' 육조선사가 말하였다. '선도 생각지 않고 악도 생각지 않는 바로 이러할 때 어떤 것이 명 상좌의 본래면목인가?' 명 상좌가 크게 깨닫고 전신에 땀을 쏟고 눈물을 흘리며 말하였다. '위의 비밀한 말, 비밀한 뜻 외에 다른 뜻이 있습니까?' 혜능선사가 말하였다. '내가 지금 그대를 위하여 설한 것은 비밀한 것이 아니다. 그대가 만약 자기의 본래면목을 돌이켜 보았다면 비밀하다는 것이 곧 그대에게 있느니라.' 명 상좌가 말하였다. '내가 오조의 문하[會下]에서 대중으로 따랐으나 실은 나의 면목을 보지 못했는데 이제 가르침을 받아 깨우치니 사람이 물을 마시고 나서 차고 더운 것을 스스

12 『南明泉和尙頌證道歌』(『大正藏』 45권, 002중), "親見祖師 本來面目 百千三昧 無量妙意 皆從此入"

13 중국 남송의 선승 무문혜개(無門慧開)가 48개의 화두를 모아 엮은 책으로, 『벽암록(碧巖錄)』, 『종용록(從容錄)』과 함께 선종의 대표적인 책이다. 48개의 화두에는 저자의 체험을 바탕으로 설파한 본칙(本則), 평창(平唱), 송(頌)이 붙어 있다. 특히 맨 처음 나오는 '조주무자(趙州無字)' 화두는 한국 화두선 수행자들에게 가장 인기 있는 화두의 하나로 유명하다.

> 로 아는 것과 같습니다. 행자께서는 나의 스승이십니다.' 육조 혜능선사가 말하였다. '그대가 진정 이렇다면 나와 함께 오조 황매선사를 스승으로 섬길지니 스스로 잘 보호해 가지라.[14]

무문 혜개(無門慧開, 1183-1260) 선사는 여기에 평창(評昌)과 송(頌)이라는 이름으로 자신의 해설을 달고 있다.

> 본 뜰 수 없고 그림 그릴 수 없고 찬탄도 미칠 수 없으니 낳고 받음 관두시게. 본래면목은 감출 수도 없어서 우주가 무너져도 그것은 썩지 않으리.[15]

특히 혜명(惠明) 상좌(上座)의 의발(衣鉢) 강탈 사건에 붙인 무문(無門)의 게송은 본래면목에서 드러나는 인위적 조작의 불허, 개념에 의한 사변적 분별의 거부, 인간 본성의 본래적 완전성 등의 특성을 잘 나타내 보여 주고 있다.

13세기 한반도 고려의 혜심(慧諶, 1178-1234)은 1226년에 수선사(修禪社)에 있으면서 불조(佛祖)들의 염송(拈頌) 등을 모아 『선문염송집(禪門拈頌集)』을 엮었다. 이는 선불교 계[禪林]의 화두(話頭) 수행을 위한 옛 에피소드[古話] 1125 개[則]와 선사(禪師)들의 중요한 법어를 모은 법문(法門)의 전등(傳燈)이 되는 책이므로 선종의 중요한 자료로 평가된다. 또한 이 책은 한국의 선적(禪籍) 중 가장 오래되고 가장 규모가 큰 것이다. 이곳에서도 역시 본래면목은 중요한 개념으로 자주 등장하고 있다.

> 세존께 어떤 외도(外道)가 물었다. '말 있음으로도 묻지 않고 말 없음으로 묻지 않겠습니다.' 세존께서는 잠시 침묵[良久]하셨다. 그러자 외도가 찬탄하여 말하였다. '세존께서 대자대비 하시어 어리석음[迷惑]의 구름을 걷어

---

14 『禪宗無門關』第23則, 「不思善惡」, "六祖 因 明上座진至大庾嶺, 祖見明至, 卽擲衣鉢於石上云, 此衣 表信, 可力爭耶, 任君將去. 明 遂擧之, 如山不動, 只躊悚慄. 明日,我來求法, 非爲衣也. 願行者 開示. 祖云, 不思善 不思惡, 正與마時, 那箇是明上座本來面目. 明 當下大悟, 遍體汗流, 泣淚作禮 問日, 上來密語密意外, 還更有意旨否. 祖日, 我今爲汝說者 卽非密也. 汝若返照自己面目, 密却在汝邊. 明云, 某甲雖在 黃梅隨衆, 實未省自己面目. 今蒙指授入處, 如人飮水, 冷暖自知. 今行者 卽是某甲師也. 祖云, 汝若如是, 則吾與汝 同師黃梅. 善自護持"

15 같은 책, 같은 곳, "頌日. 描不成兮畵不就, 贊不及兮休生受, 本來面目沒處藏, 世界壞時 渠不朽"

> 주셔서 저로 하여금 깨달음에 들 수 있게 하셨습니다.' 그러고 나서 물러갔다. 외도가 떠난 뒤에 아난이 부처님께 물었다. '외도가 무엇을 증득했기에 깨달음에 들 수 있다 했습니까?' 부처님께서 말씀하셨다. '세상의 좋은 말은 채찍의 그림자만 보고도 달리는 것과 같으니라.'[16]

이 『선문염송집』 제16칙 양구(良久)에는 설두현(雪竇顯), 대홍은(大洪恩) 등 장장 38개의 송(頌)과 염(拈)이 붙어 있다. 그 가운데 천복일(薦福逸) 선사는 가장 긴 상당법어(上堂法語) 속에서 이를 본래면목으로 풀이하고 있다.

> 천복일이 법상(法床)에 올라 말하였다. 우리 조사의 뜻이 크고도 넓으시건만 그 뒤로부터 기강이 무너지기 시작한 것은 무엇 때문인가? 2천 년 전에 외도(外道)가 부처님께 묻기를 '말 있음으로도 묻지 않고 말 없음으로도 묻지 않을 적에 어떠합니까?'라고 한 뒤로, 참선하는 무리들 사이에 혹은 말하기를 '세존이 침묵 속에 잠시 있었다'고 하고, 혹은 말하기를 '세존이 잠자코 있었다'고 하기도 하며, 혹은 말하기를 '세존이 대꾸하지 않았다'고 하기도 하고, 혹은 세존이 자리에 기대앉았다'고 말하기도 한다. 그러니 그 까닭을 설명해 보건대, 서로가 좁은 소견[管見]을 펴되 '자리에 기대앉았다'는 것은 '마주 보면서 서로 드러낸 것이다. 별다른 일이 없다'고 하고, '대꾸하지 않았다'는 것은 '눈앞에서 입을 나불나불하는 것은 묻지 않는 편이 나으니 그 말이 저절로 궁해지기 때문이다. 그러므로 대꾸하지 않았다'고 하고, '잠자코 있었다'고 한 것은 '지극한 진리는 깊고 현묘(玄妙)하여 언어의 길이 끊어졌기 때문에 모든 반연(攀緣)이 다 끊어져야 바야흐로 도에 합치한다'하고, '잠시 침묵[良久]을 지켰다'고 한 것은 '상대방으로 하여금 광채를 돌이켜 스스로 반조(返照)하여 본래의 면목을 보게 하려는 것이다. 그러므로 양구했다'고 하나니, 이런 이야기들이 흉금에서 나왔기에 이것이 생사의 근본이다. 꿈엔들 세존께서 드리워 주신 자비와 외도(外道)의 깨달은 바를 보았으랴.[17]

---

16 慧諶, 『禪門拈頌集』(『高麗大藏經』 권46), "世尊因 因有外道問. 不問有言不問無言. 世尊良久 外道讚云. 世尊大慈大悲 開我迷雲 令我得入. 外道去後 阿難問佛言. 外道何所證而言得入. 佛言 如世良馬見鞭影而行"

17 같은 책, 같은 곳, "薦福逸上堂云 乃祖之猷廣矣大矣 殆茲而來 宏網將墜 何也. 只如二千年前 外道問佛 佛問有言 佛問無言時如何? 邇來禪徒或云 世尊良久 或云世尊默然 或云世尊不對 或云世尊據座. 試詢其由互呈管見. 謂據座者 卽覿面相呈 更無餘事. 謂不對者 卽現前口

이 『선문염송집』 제16칙이 던지는 질문은 외도(外道)의 물음에 부처님께서 묵묵부답으로 침묵[良久]을 지켰음에도 불구하고 어찌하여 외도는 곧장 깨달음을 증득하고 아무 말 없이 그대로 물러갔느냐는 것이다. 이에 대한 천복일(薦福逸) 선사의 대답은 묻는 자로 하여금 자기 자신의 본래의 면목을 되돌아보게 하면 충분한 것이지 굳이 구구한 설명이 필요 없다는 뜻으로 해석된다. 지극한 진리는 서로 마주 보고 있으면서 저절로 드러나는 것이지 일부러 인위를 가하여 어찌할 수 있는 것이 아니며, 말로써 진술(陳述)할 수 있는 어떤 것이 아니라는 것이다. 이 역시 인간본성의 본래적 완전성에 주목하고 있음을 알 수 있다.

제 943칙 개목(開目)은 본래면목의 다양성에 대한 언술이다.

> 복주 복선산 홍천선사에게 어떤 스님이 물었다. '어떤 것이 본래의 면목입니까?' 선사가 눈을 감고 혀를 내밀었다가 다시 눈을 뜨고 혀를 내밀거늘 스님이 말하였다. '본래의 면목에는 여러 꼴이 있군요.' 선사가 말하였다. '그대는 이제껏 무엇을 보았는가?'[18]

본래면목은 인간의 보편적 특성으로서의 성품이라고 할 수 있다. 이는 누구는 갖추고 누구는 갖추지 못한 그런 요소가 아니라 인간이면 누구나가 본래적으로 갖추고 있는 본성이다. 그러나 인간의 보편적 본래성이라고 해서 그것이 고정불변의 어떤 하나인 것은 아니다. 그 인간의 본성은 보편적이지만 그것이 나타나는 모습은 다양하다는 뜻이다. 즉, 본래면목은 보편적이면서도 다양하기에 일상의 언제든 어디서든 어떠한 모습으로든 드러날 수 있는 다양성을 지니는 것으로 해석된다.

### 2) 텍스트별 용례

13세기 송(宋) 대에 이르면 한 나라 이후 완전히 추락했던 유교는 새로운 재기의 모색에 나선다. 그러한 모색을 집대성하여 새로운 유교를 건립한

---

喃喃地 大好不問 其話自墜 是以不對. 謂黙然者 至理幽玄 名言路絕 諸緣頓泯 方合於道. 謂良久者 欲使他廻光自照 得見本來面目 是以良久 如斯語話 出在胸襟 正是生死根本 何曾夢見世尊垂慈 外道悟處"

18 같은 책. 권22, "福州覆船山洪荐禪師 因僧問 如何是本來面目. 師閉目吐舌 又開目吐舌. 僧云 本來有許多面目 師云你適見箇什麽?"

이가 주자(朱子, 1130-1200)이다. 주자는 인성론, 수양론, 우주론 등 여러 방면에서 불교의 영향을 깊이 받았으면서도 불교를 비판하고 배척하였다.[19] 여하튼 이때쯤이면 조사선은 유교 속으로 들어가 깊이 자리 잡는다. 조사선의 키워드 본래면목 역시 유교 안에서 유교의 언어로 재진술된다. 유교의 언어로 해설된 본래면목은 그 의미를 더욱 명쾌하게 드러내기도 한다.

『중용(中庸)』은 공자의 손자 자사(子思)의 저술로 알려 졌으나 송(宋) 대에 와서 단행본이 된 책이다. 『중용』에는

> 희로애락(喜怒哀樂)이 아직 드러나지[發露] 않은 그 상태를 중(中)이라 하며, 발하여 그 절도(節度)에 딱 들어맞는 것을 화(和)라 한다.[20]

라는 말이 있다. 중(中)과 화(和)의 개념은 『서경(書經)』「홍범(洪範)」에 처음 보이지만 그것이 철학적인 의미로 논의된 것은 『중용(中庸)』의 '희노애락(喜怒哀樂)의 미발(未發)을 중(中)이라 하고 이미 발하여 중절(中節)된 것을 화(和)라고 한다'에서 비롯한다.

중용 1장은 연이어 '희노애락이 미발한다는 것은 마치 방 안에서 동서남북의 방향이 정해지지 않아 한 방향에 치우치지 않고 그 한 가운데 있는 것과 같으므로 중(中)이라 한다. 미발은 곧 성(性)이니 치우치고 기대[偏倚]는 바가 없는 까닭으로 중(中)이라 하고, 정(情)이 드러나되[發] 모두 절도에 맞아 발라서[正] 어그러지는 바가 없는 까닭으로 화(和)라 한다. 중(中)이라는 것은 온 세상의 최대 근본[大本]이며, 화(和)라는 것은 때와 장소에 상관없이 누구나 따라야만 할 진리의 길[達道]이다. 중(中)과 화(和)를 이루면 하늘과 땅이 제 자리를 얻으며, 만물이 저마다의 삶을 얻으리라'[21]고 하고 있다.

다시 말하자면, 중화설(中和說)은 희노애락 등의 정(情)이 아직 드러나지 않은[未發]한 상태를 중(中), 드러나서[發]하여 잘 들어맞은[中節] 상태를 화(和)라고 규정하고 그것을 통해 수양의 방법을 도출해 내려는 학설을 통칭한다. 『중용』에 있어서의 중(中)이란 행위 중의 지나침이나 모자람[過不

---

19 朱子 혹은 중국불교와 유교와의 상호관계에 대해서는 다음 책들이 가장 권위적이다.
常盤大定, 『支那における佛教と儒教道教』 東京 : 東洋文庫. 1930.
友枝龍太郎, 『朱子の思想形成』 東京 : 春秋社. 1983.
荒木見悟, 『佛教と儒教』 東京 : 平樂寺書店. 1954.

20 『中庸』제 1장, "喜怒哀樂之未發謂之中 發而皆中節 謂之和"

21 같은 책, 같은 곳.

及]이 없는 상태를 의미하는 외적인 중과 희로애락 등의 감정이 아직 발하지 않는 상태를 의미하는 내적인 중으로 나뉘는데, 여기의 미발이란 바로 내적인 중의 상태로서 일체의 욕망이 제거된 순백의 상태를 가리킨다. 따라서 중이란 아무 곳에도 치우침이 없는 본성(本性) 혹은 천성(天性) 그 자체를 뜻하는 것이 된다. 한편 화(和)는 이미 촉발된 정(情)이 중(中)에 의해 조절된 상태를 의미한다. 희로애락의 촉발(觸發)은 본성으로 말미암는 것이므로 그것이 적중하여 잘 들어맞은[中節] 상태란 바로 구체적인 현실에서의 보편성의 구현을 의미한다. 한편 화(和)는 각종의 고유한 성질을 가진 것이 각기 제 개성을 잃지 않으면서도 서로 조화되고 통일되는 것을 뜻한다.

전통적으로 중(中)은 하늘로부터 품부(稟賦)받은 본성[天命之性]에 해당되고 화(和)는 본성대로 따라 실천해야 할 길[率性之道]에 해당되는 것으로 설명해 왔는데, 주자는 이에 의거하여 중화의 개념을 심(心)의 체(體)와 용(用)으로 설명하기도 하였다. 미발인 때의 심(心)은 고요하여 움직이지 않는[寂然不動] 본체(本體)로서 천명지성(天命之性)이 완전히 구비되어 있다. 따라서 이러한 상태에는 과불급이 없기 때문에 저절로 중(中)이 된다. 그러나 세간의 일에 감응하여 따라 통[感而遂通]하게 되면 희로애락의 정(情)이 촉발되어 심(心)의 작용이 드러나게 되는데, 이 때 중절(中節)되지 않음이 없고 괴리(乖離)되는 곳이 없는 것을 화(和)라고 한다. 즉, 사려가 발동되지 않은 고요[靜]한 상태에서 본성(本性)이 혼연(渾然)되고 진리와 정의[道義]가 온전히 구비되어 있는 경우가 중(中)이다. 반면 사려가 발동되어 바깥 사물에 혼란스럽게 이르더라도 칠정(七情)이 각기 제멋대로 내달리지 않고 절제됨이 있는 경우는 화(和)이다.[22]

즉 기쁨, 슬픔, 성냄, 두려움, 사랑, 미움, 바람의 칠정(七情)이 발생하기 전의 상태를 중(中)이라 하는 것이다. 7정이 일어나기 전의 상태를 '성(性), 즉 본심, 본성, 마음의 본체'라 하며 '중(中)'이라 하는데[23], 이것이 바로 부모에게서 태어나기 이전[父母未生前]의 것으로서 본래면목인 것이다. 또한 같은 책에 '솔개는 하늘을 날고, 물고기는 연못에서 뛰논다'[24]라는 유명한

---

22 Cung-Ying Cheng, "Chu Hsi's Methodology and Theory of Understanding", *Chu Hsi and Neo-Confucisnism. ed. by Wing-tsit Chsn.*(University of Hawaii press. 1986) 182-183면 참조.

23 Wm. Theodore de Bary, *For One's Self,* (Columbia University Press, New York, 1991) 25-42면 참조.

24 『中庸』제 12장, "鳶飛戾天 魚躍于淵" 이 말은『詩經』「大雅」旱麓篇에 나오는 말이다. 솔

구절이 있는데, 이 역시 참 나의 면목을 그대로 진실하게 표현한 것으로서 선종의 본래면목과 잘 통하는 부분이다. 송(宋) 대의 주자(朱子)가 집대성한 신유교의 본성론의 기저(基底)에 당(唐) 대 조사선의 핵심 키워드 본래면목이 깊숙이 자리하고 있는 것이다.

이러한 경향은 16세기의 명(明) 대에 이르면 더욱 명백해진다. 왕양명(王陽明, 1472-1528)은 『중용』의 중(中)을 '양지(良知)'라는 개념으로 해명했는데,[25] 이 개념은 선종의 본래면목에서 유래했음이 분명하다. 그는 주자와 달리 양지와 본래면목을 직접적으로 거론한다.

> 선도 악도 생각지 않을 때 본래의 면목을 안다. 이것은 부처가 본래면목을 아직 깨닫지 못한 자를 위해 방편으로 설한 것이다. 본래면목은 바로 우리 유교에서 말하는 양지이다. … 즉 부처의 '항상 또렷이 깨어 있다'는 것 역시 저 본래면목을 말하는 것이다.[26]

양지는 양지양능(良知良能)이라는 말로 『맹자(孟子)』「진심상(盡心上)」에 나오는 말로, '배우지 않아도 능한 것'를 양능, '생각하지 않아도 아는 것'을 양지로 규정하고 있다. 즉 양지란 인간에게 선천적으로 부여되어 있는 천부적 인식과 능력을 지시하며, 이것은 주로 선천적인 도덕적 실천력과 인식 내용을 가리킨다. 그 구체적 예로는 부모에 대한 효도[愛親]와 어른에 대한 공경[敬長]을 들 수 있다. 이것은 인간의 본성이 순선(純善)하다고 보는 시각, 즉 성선설(性善說)의 입장을 전제했을 때만 제시될 수 있는 주장이

---

개가 하늘에서 날고 고기가 연못 속에서 뛰고 있다는 것은 성군(聖君)의 다스림으로 정도에 맞게 움직여지는 세상을 표현한 것이다. 새는 하늘에서 날아야 자연스러운 것이며, 물고기는 물에서 놀아야 자연스럽다. 이는 천지의 조화 바로 그 자체인 것이다. 퇴계 선생은 「도산십이곡」에서 천지만물의 자연스런 운행을 '春風에 花滿山하고 秋夜에 月滿臺로다. 四時佳興이 사람과 한가지일진대 하물며 魚躍鳶飛 雲影天光)이랴'라고 노래했다. 이는 봄바람이 산 가득 꽃을 피우고, 가을 밤 달빛이 환히 비추는 것은 어긋남이 없는 우주의 질서이고, 사계절의 아름다운 흥취와 함께 함은 자연과 합일된 인간의 모습이다. 게다가 솔개가 하늘을 날고 물고기가 못에서 뛰노니 이는 우주의 이치가 잘 발현된 상태라는 뜻이다. 여기서 연비어약(鳶飛魚躍)은 만물이 우주의 이치에 순응하여 살아가는 모습들을 집약한 표현이라 할 수 있다. 다시 말해, 이런 자연스런 상태를 인간의 심성에 견주면 바로 본래의 면목이 되는 것이다.

25 같은 책, 119-137면 참조.

26 『傳習錄』 卷中, 162條目, "不思禪不思惡時 識見本來面目 此佛氏爲未認本來面目者說此方便 本來面目卽吾聖門所謂良知. … 卽 佛氏常惺惺亦是常存他本來面目"

며, 그렇게 보았을 때 비단 애친과 경장뿐만이 아니라 인간의 본성에서 근거하는 인식의 내용과 행위는 모두 양지양능으로 볼 수 있다.

이것은 원래 맹자가 성선설을 부연 설명하기 위해 언급한 것이었으나, 후대의 왕양명은 이것에 근거해 치양지설(致良知說)을 수립함으로써 양명학(陽明學)의 주요한 이론적 골격을 구축하였다.

양지는 아직 발하지 않은 중(中)의 상태로서, 선종(禪宗)에서 말하는 본심, 본성, 자성, 불성이며 부모에게서 나기 이전의 본래면목과 다름없는 것이다.[27]

공맹(孔孟)의 선진(先秦) 유교는 소박한 인격론이나 수양론에 머물렀을 뿐 불교와 같은 치밀하고 체계적인 심성론이나 수행론 및 우주론을 갖지 못했다. 그러나 교학적으로 최절정기에 이른 수당(隋唐)의 정교한 불교를 접하고 나서 성립된 신유교(新儒教)는 그 영향을 받아 심성론과 수양론을 정립하게 된다. 즉, 8세기 『육조단경』의 '본래면목(本來面目)'은 유교로 들어가 13세기의 중(中)과 16세기의 양지(良知)라는 이름으로 중국인들의 마음속에 자리 잡았던 것이다.

## Ⅲ. 인접 개념과의 관계 및 현대적 논의

### 1. 인접 개념과의 관계

#### 1) 돈오돈수(頓悟頓修)

의발(衣鉢)을 강탈하러 추격해 왔던 혜명은 그대의 본래면목을 자각하라는 혜능의 말을 듣고 그 자리에서 즉시[言下] 깨달음을 성취한다. 혜명은 '즉각적으로' '단박에' 자신의 본래면목을 자각하였으며, 혜능은 즉시 그에게 전법(傳法)을 증명을 해 준다. 이처럼 본래면목의 수행은 단박에 깨닫고 마는 돈오견성(頓悟見性)과 단박에 깨닫고 단박에 닦는 돈오돈수(頓悟頓修)와 닦음과 깨달음의 차별 없음을 아는 정혜불이(定慧不二)로 그 성격이 요약된다. 이에 관해서는 지눌선사(知訥禪師)의 「수심결(修心訣)」에서의 해설

27 Wing-Thit Chan, *Chu Hsi, New Studies,* (University of Hawaii Press, Honolulu, 1989) 462-485면 참조.

이 지극히 간명(簡明)하고 직절(直節)하다.

> 돈오란 범부가 미혹했을 때 사대를 몸이라 하고 망상을 마음이라 하여 자기 자신의 참 법신을 모르고 자기의 영지가 참 부처인 줄 몰라 물결 따라 여기저기 헤매다가 홀연히 선지식의 지시로 바른 길에 들어가 한 생각의 빛을 돌이켜 자기 본래 성품을 보면, 이 성품에는 본래 번뇌가 없고 완전한 지혜의 성품이 본래부터 갖추어져 있어서 모든 부처님과 조금도 다르지 않다. 그러므로 돈오라 한다.[28]

사실 조사선의 수행은 어떠한 인위적 조작과도 거리가 멀다. 조사선은 모든 것을 드러나 있는 그대로 긍정하는 것이 수행의 전부이다. 눈앞에 드러나 있는 그대로가 모두 본성과 다르지 않다고 주장한다.

그 중에서도 홍주종(洪州宗)은 현실을 긍정하고자 하는 중국적 풍토에 가장 철저하게 적응한 종파라고 할 수 있다. 조사선의 정점으로서 홍주종의 결산이자 임제종(臨濟宗)의 건립자로서 우뚝 선 임제 의현(臨濟義玄, ?-866)의 다음 한 구절을 보면, 현실과 본성이 그대로 하나임을 역설하고 있음, 즉 있는 그대로를 온전히 긍정하는 자세를 분명히 알 수 있다.

> '대덕(大德)들이여, 무엇을 찾고 있는가? 지금 눈앞에서 법문을 듣는 그대로의 도인(道人)이 역력하게 분명하여 조금도 모자라지 않는다. 그대들이 만일 조사나 부처와 다르지 않기를 바란다면 다만 이처럼 알고 의심하지 말라. 그대들의 심(心)과 심(心)이 다르지 않은 것, 그것을 살아있는 조사(祖師)라고 말하는 것이다. 만약 심(心)이 다름이 있다면, 성(性)과 상(相)이 다른 것이 된다. 그러나 심(心)은 다르지 않기 때문에, 그 성(性)과 상(相)이 다르지 않은 것이다.[29]

망상이나 분별심을 하나하나 걷어내고 그것에 가려져 있던 본래면목을 드러내는 것이 아니다. 그 망상이나 분별심으로 덮힌 구름을 하나하나 없애고

---

28 知訥, 「修心訣」, 『普照全書』, 33면.

29 『臨濟錄』(禪藏28, 高雄:佛光出版社, 1994), 「示衆」 9, "大德覓什麽物. 現今目前聽法無依道人 歷歷地分明 未曾欠少.你若欲得與祖佛不別 但如是見 不用疑誤. 爾心心不異, 名之活祖. 心若有異, 則性相別. 心不異故, 卽性相不別"

마음의 밝은 거울[明鏡]인 본래면목을 회복하는 것이 아니다. 본래면목의 수행은 본래 청정했던 자성(自性)을 단지 아는 것이다. 본래 있는 그대로의 모습을 아는 것, 그것은 '선도 생각하지 않고 악도 생각하지 않는 그 이전[不思善不思惡]으로 표명되는 모든 인위적이고 상대적인 개념들을 투철하게 초월하는 것이다. 다만 그렇게 함으로써 인간의 본성, 자성, 본심, 불심, 불성인 본래면목은 자연스럽게 그 참 모습을 드러내게 된다.

즉, 본래면목은 수행에 의해서 획득되는 것이 아니라 본디 그러한 본래의 근원적 면목을 깨닫는 것이다. 그러므로 본래면목의 이 근원성은 자주 부모미생이전(父母未生以前)이라고 표현된다.[30] 아직 부모미생전의 본래의 면목을 보지 못했다면 진실한 도인이라고 하지 못한다.[31] 그러나 본래면목을 깨닫는다면 그 결과는 조금도 부족함이 없는 완전하고 궁극적인 성취에의 도달한다.

> 만일 사람이 … 다함께 일시에 몸과 마음이 깨끗하고 밝아져[身心明淨] 위대한 해탈의 경지[大解脫地]를 증득함으로써 본래의 면목이 나타날 때 …, 신속하게 모든 경지를 초월하여 일시에 최고의 대법륜(大法輪)을 굴리고, 궁극의 깊은 지혜를 펼쳐 연설한다.[32]

앞서 논한 신수와 혜능의 오도송과 그에 얽힌 이야기들은 혜능의 돈오사상을 추종하는 자들이 만든 『육조단경(六祖檀經)』에 실려 있기 때문에 다분히 자신들의 사상만을 치우치게 옹호하는 입장에 있다는 비판이 있다. 그러나 저간의 역사적 사실들은 제쳐두고라도 여하튼 이 책이 돈오와 점수의 사상적 입장을 대비적으로 보여주고 있는 것만은 틀림없는 사실이다.

돈오를 주장하는 혜능은 인간 본성의 본래 청정함을 강조한다. 물듦이 있어야 닦을 것이 있다. 물듦이 없이 본래부터 청정한 것이라면 닦을 필요가 없다. 본래부터 청정한 것은 물들지 않는다. 본래부터 물들어 있다면 닦아서 깨끗하게 만들 수도 없다. 물듦이 실재라면 없어질 수 없는 것이다. 그

30 中村元 외 5, 『岩波佛教辭典』 제2판, (東京 : 岩波書店, 1989) 949면.
31 「夢中問答」
『總合佛教大辭典』 下, (東京 : 法藏館. 1987) 1344b면에서 재인용.
32 『正法眼藏』「弁道話」
中村元 외 5, 『岩波佛教辭典』 제2판, (東京 : 岩波書店, 1989) 949면에서 재인용.

것은 허상일 뿐이다. 물듦이 실재가 아니라 허상이기 때문에 간단하고 쉽게 극복될 수 있는 것이다. 다만 문제는 중생들이 본래의 청정하여 물듦이 있을 수 없다는 것을 모르고, 허상을 실재로서 잘못 알고 있다는 사실이다. 결국 돈오주의자들에게 번뇌와 고통은 하나의 잘못된 인식에서 비롯된 환상일 뿐이다. 그런 것은 실재로서 존재하는 것이 아니다. 번뇌는 환상이고 청정하고 완전한 본래의 면목만이 실재이다. 중생들의 번뇌와 고통이란 단지 이 본래의 청정함을 모르는 데서 비롯되는 것이다. 따라서 깨달음이란 본래의 청정함과 완전함을 투철하게 깨달아 아는 것뿐이다. 그것은 인식의 전환을 통해서 순식간에 초래될 수 있는 것이다. 이것이 돈오이다. 점수파(漸修派)가 그릇된 생각을 제거해야 한다는 의미에서 이념(離念)을 주장하는 반면 돈오파(頓悟派)는 그릇된 생각은 본질적으로 존재하지 않는다는 주장에서 무념(無念)을 주장한다.[33]

그러나 점수를 주장하는 쪽에서 본다면, 본래 깨끗한 인간의 본래면목이라고 해서 전혀 물들 수 없는 것이 아니다. 만약 그렇다고 한다면 현재의 중생들의 모습인 번뇌와 고통을 설명할 길이 없다. 현재의 번뇌와 고통을 인식의 잘못에서 비롯되는 환상이라고 하기에는 중생들에게는 너무나 절실한 것이다. 배고픔을 비롯해서 인간들이 일상에서 겪는 헤아릴 수 없고 견디기 힘든 그 아픔들이 모두 실재가 아니라 환상이라니 수긍할 수 없다. 그래서 점수주의자들은 중생들이 겪는 번뇌와 고통을 환상이 아니라 실재로 본다. 그렇다면 그것은 하나하나 없애 나아가야 한다. 이 물듦을 차근차근 맑게 닦아내는 데에는 점차적인 단계와 시간이 필요하다. 그것은 본래의 청정함을 아는 인식만으로 갑자기 단박에 이루어지는 것이 아니다.

이 두 주장이 갖는 지적 설득력에 관계없이 중국 선불교의 역사는 돈오주의자들의 승리 쪽으로 흐른다. 중국 선불교의 중심사상이 된 돈오사상의 핵심은 "문자를 내세우지 않고, 가르침 이외에 따로 전하며, 곧장 사람의 마음을 가리켜서, 본래의 성품을 봄으로써 깨달음을 이룬다"[34]라고 하는 유명한 네 구절에 잘 나타나 있다. 단박에 깨달음을 얻을 수 있다고 주장하는 돈오주의 조사선은 일단 언어나 문자에 의한 가르침을 중시하지 않는다. 언어문

---

33 Heinrich Dumoulin, trans. by James W. Heisig & Paul Knitter, *Zen Buddhism : A History*. 109면.
Suzuki, Daisetz, *The Zen Doctrine of No-Mind*. 22면.

34 不立文字 敎外別傳 直指人心 見性成佛.

자에 의한 논리적 추구는 오히려 선수행의 궁극적 목표인 깨달음의 체험에 장애가 된다고 여긴다. 이것은 종래까지의 인도선이나 혜능 이전의 전통적 선이 경전의 가르침에 의지하던 것에 비하면 대단한 파격적 입장이다. 돈오선은 언어문자가 갖는 논리의 유용성을 거부하고 체험의 직접성과 초월성을 중시한다. 돈오선은 언어문자에 의한 논리적인 교리나 단계를 밟아 올라가는 인도식 명상수행인 좌선(坐禪)을 통해서 깨달음에 도달하려는 것이 아니라, 사람의 마음, 즉 각자가 지니고 있는 본래면목을 직접적으로 파악하여 체험함으로써 갑자기 단박에 깨달음에 도달할 수가 있다고 주장한다. 즉 돈오주의는 다만 자신의 성품을 직접 보는 견성(見性)을 중시한다. 자신의 본래면목은 불성으로서 본래 완벽하게 깨끗하고 원만한 상태이기 때문에 맑고 깨끗하게 닦을 필요가 없다. 자신의 본래면목이 본래 부처인 줄을 깨달으면 되는 것이다. 자신의 본래 면목이 완벽하고 원만하기 때문에 이것을 깨닫는 데 단계적인 수행이나 점진적인 과정은 필요 없으며 이것을 보는 순간 갑자기 단박에 깨달음을 성취할 수 있다는 것이다.

그러므로 돈오를 주장하는 조사선에서는 마음을 맑고 깨끗하게 한다거나 마음을 고요하게 유지한다거나 하는 선적인 수행을 필요로 하지 않는다. 돈오선에서는 경전도 필요 없을 뿐만 아니라 장기간의 수행단계도 절대적인 것이 아니다. 다시 말하면 선의 핵심적 요체인 깨달음은 어느 누구도 어떤 방법으로도 가르쳐 줄 수 있는 무엇이 아니라는 것이며, 깨달음은 오로지 자신의 본성, 즉 자신의 본래면목을 스스로 체험함으로써만 가능하다는 것이다. 또한 본래면목을 깨닫는 데는 반드시 좌선을 해야만 하는 것도 아니다. 다니고 머무르고 앉고 눕고 말하고 침묵하고 움직이고 고요한 일상의 모든 생활 속 언제 어디에서든 본래면목을 깨달을 수가 있다. 일상생활의 언제 어디서든 자신의 본래면목을 깨닫기만 하면 그 순간 순식간에 깨달음의 경지, 즉 부처를 이루게 된다는 것이다. 이렇게 자신의 본래면목을 파악하여 체험함으로써 갑자기 순식간에 깨달음을 이루는 돈오선에서는 윤리적 덕목인 계율이나 선행(善行)같은 것은 필수 요소가 아니다. 돈오선의 극치로 여겨지는 마조 도일(馬祖道一, 709-788)이나 임제 의현(臨濟義玄, ?-866?)에 이르면 아무런 인위적인 수행 없이 그저 배고프면 밥 먹고 목마르면 물마시고 졸리면 잠자는 것과 같은 자연스러운 인간의 모든 행위들이 그대로 이미 본래면목의 구현이라고 간주되기에 이른다.[35]

혜능 이후 갑자기 단박에 깨닫는 돈오선은 조사선(祖師禪)이라고 불리면서 동북아시아 선불교의 중심 전통이 되었다. 조사선은 자신들 이외의 것을 여래선(如來禪)이라고 하여 자신들과 구분하고자 한다. 조사선에서 실천하는 깨달음을 위한 선수행의 방법 또한 여래선의 그것과는 전혀 달라진다. 인도불교식의 단순한 좌선 대신에 옛 선사(禪師)들이 제시한 공안(公案), 즉 화두(話頭)를 참구(參究)하는 간화선(看話禪)을 주된 수행방법으로 삼게 되는 것이다.[36] 공안은 조사선이 인도로부터 전래된 경전보다도 조사들의 언행을 오히려 더 중시함으로써 생겨난 것이다. 공안은 본래 관공서의 공식문서로서 관리들이 따라야 할 모든 행위의 준거(準據)가 되는 것이다. 조사선은 이것을 선수행자들이 따라야 할 준칙(準則)이라는 의미로 사용한다. 이후 공안은 조사들의 깨달음과 관련된 짤막한 이야기들로서 선수행을 인도하고 가늠하는 일종의 준칙처럼 된 것이다. 조사선에 입각하여 깨달음을 추구하는 수행자들은 공안을 깨달음을 위한 선수행의 도구이자 준칙으로 삼게 된 것이다.

돈오선에서 발전한 조사선은 공안을 참구하는 방법을 통해서 인간이 본래면목을 자각케 하려는 수행방법으로서, 명상에 의한 좌선의 수행법을 경시함으로써 선 본래의 존재방식으로부터 벗어났다는 비난을 받기도 하였다. 이후 당나라 말기 8세기의 폐불사건(廢佛事件)을 계기로 교학(敎學) 불교가 침몰하면서 조사선은 도리어 전성기를 맞이한다. 이후 조사선은 돈오점수에 대한 다양한 해석에 따라서 오가(五家) 혹은 칠종(七宗) 등 여러 분파로 갈리면서 종파에 따라서 수행론의 다양한 이론들이 제기되었다.

### 2) 평상심시도(平常心是道)

인간 본래의 면목을 긍정하는 데서 출발한 조사선은 나아가 인간의 모든 행위를 전적으로 긍정하고자 하는 극단적 긍정주의의 방향으로 흐르게 된다. 선악마저도 구분 않는 일상의 일체 모든 행위를 전적으로 온전히 수긍하는[全收的] 입장은 조사선(祖師禪)의 본격적 개화(開花)[37]로서 마조 도일

---

35 Heinrich Dumoulin, trans. by James W. Heisig & Paul Knitter, *Zen Buddhism : A History*. 179-201면.

36 같은 책. 243-261면.
柳田聖山, 안영길·추만호 역, 『禪의 思想과 歷史』(서울 : 민족사, 1989), 147-149면.

37 Heinrich Dumolin, *Zen Buddhism : a History,* trans by James W. Heisig and Paul knitter, (New York : Macmillan Publishing Company, 1988), 159-160면.
조사선은 '直指人心 見性成佛', '道不用修 但莫汚染'의 실천과 '煩惱卽菩提 妄念卽眞性

(馬祖道一, 709-788)의 선사상을 담고 있는 텍스트『마조어록(馬祖語錄)』[38]에 아주 쉽게 확인할 수 있다. 그는 평범한 일상의 모든 행위 속에서 갖는 마음을 '평상심(平常心)'이라고 불렀는데 그는 이 일상의 평범한 마음에 대하여 다음과 같이 설명하고 있다.

종밀의 사상을 잘 계승한 것으로 유명한 보조 지눌(普照知訥, 1158-1210) 역시 마조 도일을 일상의 모든 행위를 차별 없이 긍정하는 입장임을 지적한다.

> 홍주(洪州, 馬祖道一)[39]의 뜻은 마음을 일으키고 생각을 움직이고 손가락을 퉁기고 눈을 껌벅이는 모든 행위가 도두 불성의 작용이다. 다시 따로 작용이 없다. 탐심을 내고 화를 내고 어리석은 생각을 갖는 것과, 선행(善行)을 하고 악행을 해서 괴로움을 받고 즐거움을 받는 것이 모두 다 불성이다. 마치 밀가루로 여러 가지 음식을 만들면 음식이 모두 밀가루인 것과 같다.[40]
>
> '도(道)란 수행[修]을 필요로 하지 않고 다만 더러움에 물들지 않는 것이다. 오염이란 무엇인가? 만약 삶과 죽음에 대한 마음[生死心]이 있거나, 일부러 행하거나 목적의식을 가지고 한다면, 이것은 모두 오염이다. 만약 도(道)를 바로 알고자 한다면 평상심(平常心)이 도(道)이다. 무엇을 평상심이라고 하는가? 조작이 없고 시비가 없고 취사(取捨)가 없고 단견(斷見)과 상견(常見)이 없고 범부[凡]도 없고 성인[聖]도 없는 것이다.[41]

'평상심이 진리다[平常心是道]'라는 선언은 일상을 차별 없이 긍정하는 마조의 전수적(全收的) 선 사상을 단적으로 표현한다. '평상심(平常心)'이

'의 一心사상으로 특징된다.

38 온전한 이름은『강서마조도일선사어록(江西馬祖道一禪師語錄)』이다. 독립적으로 존재하지 않으며 그의 3代 후예인 백장(百丈), 황벽(黃檗), 임제(臨濟)와 함께『四家語錄』(卍續藏經 卷119)에 제 1권『江西馬祖道一禪師語錄』으로 실려있다. 현대적 연구로는 入矢義高,『馬祖の語錄』, (東京 : 禪文化硏究所, 1985)가 대표적이다.

39 종밀은 이러한 마조계의 선종을 홍주종(洪州宗)이라고 이름 붙이고 있는데, 이것은 그가 강서의 홍주 개원사(洪州 開元寺)를 중심으로 활약했기 때문이다.

40 普照知訥,『法集別行錄節要並入私記』, (『韓國佛教全書』제 4권, 742면), "洪州意者，起心動念，彈指動目，所作所爲，皆是佛性，全體之用嬔更無別用，全體貪嗔癡，造善造惡受苦受樂，皆是佛性，如麵作種種飯食，一一皆麵嬔"

41『馬祖語錄』, (『卍續藏經』, 119권, 812상), "道不用修 但莫汚染 何爲汚染 但有生死心 造作趣向 皆是汚染 若欲直會其道 平常心是道 何爲平常心 無造作 無是非 無取捨 無斷常 無凡無聖"

란 의도적이지 않은, 가치판단하지 않는, 분별의식이 없는, 옳고 그름을 가리지 않는, 긍정도 부정도 않는, 버리고 취함이 없는, 그저 일상의 모든 것이 자연스럽게 모두 긍정되는 그런 마음을 가리킴에 틀림없다. 만일 긍정과 부정을 가린다면 그것이 바로 오염이다. 마조의 평상심은 긍정과 부정의 시비조작마저도 거부하는 무조건적 긍정이다. 다시 말해서 현재의 바로 이 마음이 부처인데[卽心是佛],[42] 현재의 이 마음이란 아무런 조작이나 가감이 없이 그대로 전적으로 긍정되어야 할 일상의 평범한 마음[平常心][43]이라는 것이다. 이처럼 마조에게서는 어떠한 마음도 부정되지 않는다.

아무런 시비조작(是非造作)이 없는 평상심이 전적으로 긍정되어야 하는 것은 그것이 바로 불성이기 때문이다. 종밀의 표현을 빌자면 마조는 일상의 평범한 마음이 바로 불성이며 그것 외에 부처가 따로 없다고 한다.

> 지금 말하고, 동작하며, 탐내고, 성내며 혹은 사랑하고 참으며, 선악(善惡)을 만들고, 고락(苦樂)을 받는 등이 곧 모두가 불성(佛性)으로서 본래 부처이다. 이것을 제외하고 또 다른 부처가 없다.[44]

착한 마음 훌륭한 마음, 즐거운 마음 사랑하는 마음, 참는 마음 베푸는 마음 만 불성이 아니다. 욕심과 성내는 마음과 어리석은 마음은 물론 악을 행하고 괴로움을 겪는 마음도 불성의 현현이다. 일상의 평범한 마음 모두가 가리지 않고 전적으로 긍정된다.[45] 마조 역시 '각자 자신의 마음이 부처임을 믿으라'[46]고 분명하게 말한다. 중생(衆生) 각자의 마음, 즉 자심(自心)이란 바로 일상의 평범한 마음 즉 평상심이다. 마조는 이 평상심을 있는 그대로 진리로서 전적으로 긍정하고 있다.

인간의 본래면목을 단박에 깨닫는, 그래서 인간과 세계의 현존을 있는 그대로 온전히 인정[全收門]하는 이러한 조사선의 전통은 21세기에 이른

---

42 岩村宗康, 「卽心是佛について(上)」, 『大乘禪』(東京 : 1998), 39면.
43 鈴木大拙, 「平常心是道」, 『心』 19-1, (東京 : 1966) 참조.
44 鎌田武雄, 『앞의 책』, 217면.
『六祖法寶壇經』(『大正藏』 48권, 402하), "卽今能語言動作貪嗔慈忍造善惡受苦樂等 卽汝佛性 卽此本來是佛 除此無別佛也"
45 종밀은 이를 한 마디로 '一切皆眞의 태도'라고 불렀다.
『景德傳燈錄』28 (『大正藏』 51권, 440상), "只如今行住坐臥 應機接物盡是道"
46 『馬祖語錄』, (『卍續藏』, 119권. 810하), "各信自心是佛 此心是佛"

한국불교에서도 그대로 나타난다.

> 자성(自性) 가운데서 부처를 찾을지언정 마음 밖에서 부처를 찾지 맙시다. 부처님은 본래(本來) 나지 않았고 법(法)은 멸(滅)함이 없습니다. 일체 빛깔과 소리는 부처님의 지혜(智慧)의 눈이며 산하대지(山河大地) 산빛 물빛이 진리의 광명입니다. 곳곳에서 만물이 본지풍광(本地風光)을 드러내고 지옥에 있는 중생이 본분사(本分事)를 밝히니 부처님은 도솔천을 떠나지 않고 왕궁(王宮)에 내려왔으며 어머니에게서 태어나기 전에 중생들을 다 제도하였습니다. 꽃이 피면 한량없는 세계가 일어나고, 티끌이 모여 불국토(佛國土)를 이룹니다. 한 발자국 드니 그대로가 부처요, 한 발자국 내리니 그대로가 중생입니다.[47]

우리는 이 기록에서 8세기『육조단경』(六祖壇經)에서 시작한 본래면목의 사상이 이후 중국 조사선의 전통[48] 속에서 면면히 이어지고, 조사선 전통의 맥락 속에 있는 한국의 불교에서 21세기에 이르기까지 여전히 고스란히 그대로 투영되고 있음을 뚜렷하게 알 수 있다.

### 2. 현대적 논의

8세기 이후 중국에서 확립된 조사선 속에서의 인간은 죄를 짓고 버림받은 존재가 아니며 본래부터 물들고 오염된 존재가 아니다. 조사선이 확립한 본래면목의 사상은 인간본성에 대한 있는 그대로의 무한한 신뢰와 긍정을 담고 있다. 조사선에 의해서 파악된 현존의 인간은 고통에 허우적대는 부정적 존재일지는 모르나 본래의 인간은 부처로서의 성품[佛性]을 온전하고 완전하게 갖추고 있는 전적으로 긍정적인 존재인 것이다. 조사선이 파악한 중생들의 타고난 본래의 진실한 모습은 선험적으로 순수하며 완전한 본성을 지닌 존재이다. 즉 본래면목은 인간 안에 선험적으로 완성되어 있는 본래의 자기 모습인 것이다.

47 〈부처님 오신 날 법어〉 조계종 법전 종정. 《경향신문》 2005년 05월 12일.

48 마조를 필두로 차례로 그 뒤를 잇고 있는 백장 회해(百丈 懷海, 749-814), 황벽 희운(黃檗 希運, ?-850?), 임제 의현(臨濟 義玄, ?-866)은 모두 인간의 본래면목을 돈오돈수하는 것으로 그 종지를 삼고 있다.

또한 인간 본연의 이러한 본래면목을 삶과 인격으로 구현하는 조사선의 수행은 '즉각적으로', '단박에' 자신의 본래면목을 자각하여 깨닫는 돈오견성(頓悟見性)이며, 단박에 깨달아 단박에 닦고 마는 돈오돈수(頓悟頓修)이며, 결국 닦음과 깨달음의 차별 없음과 그것을 깨우쳐 아는 정혜불이(定慧不二)로 그 성격이 요약된다.

즉 조사선의 수행은 망상이나 분별심으로 덮힌 구름을 하나하나 없애고 마음의 밝은 거울[明鏡]인 본래면목을 '회복'하는 것이 아니라, 청정한 자신의 본래면목을 단지 깨우쳐 아는 것이다. 본래 있는 그대로의 모습을 아는 것, 그것은 '선도 생각하지 않고 악도 생각하지 않는[不思善不思惡] 것'이며, 표명되는 모든 인위적이고 상대적인 개념들을 투철하게 초월하는 것이다. 다만 그렇게 함으로써 인간의 본성, 자성, 본심, 불심, 불성, 즉 본래면목은 자연스럽게 그 참 모습을 드러내게 된다.

그러므로 사실 조사선의 수행이란 '수행이 없는 수행, 수행이 아닌 수행[無修而修, 非修而修]'이다. 조사선에서의 도(道)란 수(修)를 필요로 하지 않는다. 다만 더러움에 물들지 않을 뿐이다. 만일 일부러 수행하거나 목적의식을 가지고 수행한다면, 이것은 모두 인간성에 대한 잘못된 이해해서 비롯된 어리석음이다. 만약 도(道)를 바로 알고자 한다면 평범한 일상의 마음, 즉 평상심(平常心)이 도(道)라고 할 것이다. 무엇을 평상심이라고 하는가? 조작이 없고 시비가 없고 취사(取捨)가 없고 단견(斷見)과 상견(常見)이 없고 범(凡)도 없고 성(聖)도 없는, 다만 있는 그대로의 자신의 본래면목인 것이다. 즉 조사선의 중요한 키워드인 본래면목은 인간 본래의 완전성에 대한 가장 극단적인 선포라 할 수 있다.

조사선의 본래면목이 보여주는 인간 본성에 대한 이러한 무한 신뢰와 긍정의 선포는 일견 이처럼 아름답다. 인간의 본래적 청정성이나 완전성을 인정하는 것은 우리의 현존을 인정하기 위해 더없이 중요하다. 본래의 청정성이나 완전성을 인정하지 않는다면 그것을 지향하기도 어렵기 때문이다. 만일 본래의 완전성을 인정할 수 없다면 또한 미래의 가능성을 담보하기도 어렵다. 본래 청정하고 완전해야만 그것을 다시 회복하여 이룰 수 있다.

그러나 한편, 이러한 선포는 인간의 본각(本覺), 즉 인간의 본래적 완전성과 미래적 가능성을 강조한 것에 지나지 않는다는 점을 간과해서는 안 될 것이다. 즉 본래면목의 강조는 인간의 본성은 부처될 잠재적 가능태[佛性]를 적시한 것일 뿐이다. 다시 말해, 본래적 완전성이나 미래의 가능성이 현재의 완전성까지 담보하는 것은 아니다.

만일 조사선의 키워드인 본래면목을 본래의 완전성이나 미래의 가능성을 넘어 현재의 완전성으로까지 확대해석한다면 심각한 문제를 초래할 수밖에 없다. 본래의 완전성과 미래의 가능성은 이미 논리적으로 그것의 현실화를 위한 노력을 필연적으로 요청하고 있다. 이러한 필연성을 몰각한 채 현재의 평상심과 일상을 있는 그대로 인정하고 만다면, 그것은 반드시 비윤리적 방종(放縱), 몰역사적 방기(放棄), 탈현실적 내면함몰(內面陷沒)로 떨어질 수밖에 없다.[49]

이러한 우려는 조사선을 중심 이념으로 삼아온 지역의 불교사에서 비교적 분명하게 현실화되어 왔음을 알 수 있다. 그곳에서의 불교사는 사회적 헌신이나 역사적 실천의 외면이라고 하는 이른바 역사성(historicity)의 결여를 분명한 한 특징으로 보여주고 있다. 중국에서도 한반도에서도 조사선은 언제나 '버리고 떠나버리기의 이념[捨離精神]'이라는 비판에서 자유롭지 못했다.

만일 조사선이 본래면목에서 인간의 본래적 완전성만을 강조한다면 앞서 지적한 우려를 영영 극복하기 어려울지도 모른다. 따라서 본래면목의 강조는 인간본성의 본래적 완전성 및 미래적 가능성과 함께 현재적 노력의 필연성이 더욱 강조되어야만 한다. 그래야만 선(禪)이 개인의 인격은 물론 세계의 역사와 현실을 위한 동력으로 작동할 수 있을 것이다. ❁

**윤영해** (동국대)

49 이 주제를 위한 논의로는 문제제기로서의 길희성의 「民衆佛教, 禪 그리고 社會倫理的 觀心」, 『宗教研究』 제4집(서울: 한국종교학회, 1988, 27-40면)과 답변모색격인 윤영해의 「祖師禪의 全收門, 그리고 윤리적 定向」, 『宗教研究』 제28집(서울: 한국종교학회, 2002)을 참조.

우리말 불교개념 사전

# 아뢰야식

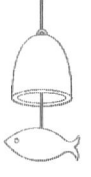

| |
|---|
| 범 ālayavijñāna 장 kun gzhi rnam par shes pa 한 阿賴耶識 |

아뢰야식은 산스크리트 ālaya-vijñāna를 음역한 말이다. ālaya가 내포하는 의미는 다양하여 여러 가지의 명칭으로 번역되며, 그 식의 작용은 미세하며 깊고, 기능과 소연(所緣)의 범위는 아주 넓다. 아뢰야식의 포괄적 의미를 일반적으로 정의하면, '모든 과거 행위의 영향을 종자의 형태로 간직하여 온갖 존재·현상을 산출하며, 생명을 유지하고 자연을 만들어내는 근본식'이라고 할 수 있다.

그러므로 아뢰야식은 업력을 보존하고 심상속(心相續)을 가능케 하며, 모든 존재·현상의 근거이며 윤회의 주체가 되는 근본적인 마음을 일컫는 불교 술어이다.

## Ⅰ. 어원적 근거 및 개념 풀이

아뢰야식은 산스크리트 ālaya-vijñāna를 번역한 말이고, 티베트어로는

kun gshi→ gzhi rnam par śes→ shes pa이다. 영어로는 dwelling·house·seat·store 등으로 번역된다. 산스크리트에서 ālaya-vijñāna는 중성명사로 사용된다. 중국에서는 ālaya-vijñāna를 번역자에 따라 음역해서 아뢰야식(阿賴耶識)·아라야식(阿羅耶識)·아려야식(阿黎耶識)·아리야식(阿梨耶識) 등으로 표현하고, ālaya식을 의역해서는 무몰식(無沒識)·장식(藏識) 등으로 나타내었다. 아뢰야식과 장식은 현장법사(玄奘法師, 600-664)가 번역한 것으로 이른바 신역이며, 아리야식(阿梨耶識)·무몰식(無沒識) 등 그 밖의 명칭은 대부분 진제법사(眞諦法師, 499-569) 등의 번역으로서 현장법사 이전에 번역된 구역에 속한다.

ālaya라는 말은 주로 '집착' '집착의 대상'을 의미하는 용어였다. 유가행파는 집착의 근원적인 대상으로 아뢰야식을 발견했다. 집착의 근원적인 대상 곧 '집착되는 식'이라는 의미에서 ālaya-vijñāna라는 술어가 새롭게 만들어졌다고 생각된다. ālaya의 또 하나의 의미는 '장(藏)' '택(宅)'으로 한역되고, dwelling·store로 영역되듯이, 무엇인가를 그 안에 담는 창고·용기(容器) 내지 주거(住居)의 의미이다.[1]

ālaya가 유래하는 동사의 어근은 ā-√li인데, 여기에는 어느 곳에 '집착하다'와 '저장되다·저장하다'라는 두 가지 의미가 있다. 그러므로 ālaya는 '집착'과 '저장'의 두 가지 의미를 가지는데, 다시 '저장'을 분석하면 '저장되다'와 '저장하다'의 의미로 나뉘므로, 아뢰야식은 '어떤 장소에 저장된다'는 성질과 '어떤 것을 저장한다'는 두 가지의 성질을 가진다.[2]

처음 아뢰야식을 설한 『해심밀경』에,

> "또한 아뢰야식이라고 한다. 왜냐하면 이 식은 육체 속에 섭수·장은 되어 있고 안위(安危)를 함께 한다는 의미가 있기 때문이다."[3]

라는 내용이 있다. 이에 의하면 아뢰야식은 육체 속에 내재[섭수]하고 잠재해[장은] 있기 때문에 아뢰야식으로 불린다는 것이다.

동사 어근 √li는 영어의 to lie의 뜻으로서 '가로 눕다·엎드리다·숨다·잠기다'의 의미가 있다. 현장이 두 용어를 섭수(攝受)·장은(藏隱)으로 번역한

1 橫山紘一, 妙柱 譯, 『唯識哲學』(서울: 경서원,1989), 116면 참조.
2 위의 책, 116-117면 참조.
3 『解深密經』(大藏經, 16, 692중), "亦名阿賴耶識. 何以故. 由此識於身攝受藏隱同安危義故"

것을 보더라도, 두 동사는 이 경우에는 어떤 장소에 '숨어서 잠재하는' 상태를 의미하는 것으로 생각되므로 '내재하다', '잠재하다'로 번역할 수 있겠다.

이와 같이 초기의 유식론자들은 ālaya를 '잠재하는 것'으로 받아들여서, 육체 속에 잠재하는 근원적인 식을 ālaya-vijñāna[阿賴耶識]로 이름 지어 부르게 되었다.

ālaya가 갖는 또 한 가지의 중요한 의미는 '어떤 것을 저장하는 창고'라는 의미이다. 아뢰야식은 그 안에 모든 법을 과거의 업의 인상(印象) 및 그 여력(餘力)인 습기(習氣)의 형태로 저장하고 있다. 수행 중 내면에서 잠재적인 식을 발견한 요가 수행자들은 그것이 마치 습기를 저장하는 그릇 내지 창고와 같은 것으로 생각하고, 그런 뜻을 갖는 ālaya를 붙여서 ālaya-vijñāna로 이름을 붙였던 것이다. 이와 같이 유식론자들은 ālaya가 갖는 '저장되다'와 '저장하다'라는 수동과 능동적인 의미를 모두 취했다. 아뢰야식은 육체 속에 모든 법의 원인으로 저장되어 있으며, 동시에 습기[종자]의 형태로 모든 법을 결과로서 저장하고 있는 것이다.[4]

또 제8식을 구역에서는 아리야라고 음표(音表)하고 무몰(無沒)이라 번역하는데, 아(阿)를 단음으로 해서 alaya로 보면 a는 무(無), laya는 멸진(滅盡) 또는 몰실(沒失)의 뜻이므로 무몰이라 번역할 수 있게 되는 것이다. 무몰식(無沒識)은 진제 삼장이 번역한 것이며, 물(物)·심(心) 제법(諸法)의 종자를 모두 이 식 속에 간직하여 잃어버리지 않는 식이라는 의미이다.

아리야와 아뢰야는 구역과 신역의 차이가 있으며, 아리야는 『대승기신론(大乘起信論)』 등의 중국 법성종(法性宗)계통의 전적에 쓰이고, 아뢰야는 『유식론(唯識論)』 등의 중국 법상종(法相宗) 계통의 전적에 쓰인다.

## Ⅱ. 역사적 전개 및 용례

### 1. 근본불교와 아비달마불교에서의 아뢰야

아뢰야식[ālaya-vijñāna]은 유가행파에 의해 처음으로 만들어진 술어이다. 그러나 아뢰야[ālaya]라는 말은『숫따니빠다』를 비롯한 몇몇 근본불교

4 횡산굉일, 앞의 책, 118면.

의 경전에서 보이며, 이미 지적했듯이 주로 '집착'이나 '집착의 대상'을 의미하는 용어였다. 따라서 무착보살도 그의 『섭대승론(攝大乘論)』 권상에서

> "세간의 중생은 아뢰야를 사랑하고, 아뢰야를 즐기며, 아뢰야를 기뻐하고, 아뢰야를 좋아한다."[5]

라고 『증일아함경』의 문구를 그 교증(教證)으로 인용하고 있음을 볼 수 있는데, 여기에서의 아뢰야는 '애(愛)·락(樂)·흔(欣)·희(喜)' 라는 탐욕의 대상으로 생각되고 있다. 또한 『아비달마구사론(阿毘達磨俱舍論)』 권16에서는,

> 이를테면 계경에서 다음과 같이 말하고 있다. 부처님께서 대모에게 말씀하셨다. 그대의 생각은 어떠한가? 존재하는 모든 색으로서 그대가 지금 눈으로써 보는 것도 아니며, 그대가 일찍이 본 것도 아니며, 그대가 앞으로 볼 것도 아니며, 보려고 희구한 것도 아니라면, 그대는 이것으로 말미암아 탐욕을 일으키고, 친함을 일으키고, 애욕을 일으키고, 아뢰야를 일으키고, 니연저를 일으키고, 탐착을 일으킨다고 할 것인가, 그렇지 않다고 할 것인가?[6]

이라고 하여 욕망을 일으키고, 친함[애정]을 일으키고, 애욕을 일으키며, 아뢰야를 일으키고, 니연저[執取]를 일으키며, 탐착을 일으킨다고 설하고 있음을 볼 수 있어서, 아뢰야가 탐욕·욕망 등과 나란히 열거되고 있는 것이다. 또한 『대비바사론(大毘婆沙論)』 제145권에서도 '아뢰야는 애라고 하며[阿賴耶者謂愛]'라고 하여 아뢰야를 '애욕'으로 설명하고 있어서, 이처럼 부파불교까지 아뢰야는 집착·집착의 대상, 곧 우리의 집착작용을 의미했던 것이다.[7]

---

5 無着菩薩 造, 玄奘 譯, 『攝大乘論』 卷上(『大正藏』 31권, 134상), "如彼增壹阿笈摩說 世間衆生愛阿賴耶 樂阿賴耶 欣阿賴耶 喜阿賴耶"

6 尊者世親 造, 玄奘 譯, 『阿毘達磨俱舍論』 卷十六(『大正藏』 29권, 87하), "謂契經說 佛告大母 汝意云何 諸所有色 非汝眼見 非汝曾見 非汝當見 非希求見 汝爲因此起欲貪起親起愛起阿賴耶起尼延底起眈着不…"

7 橫山紘一, 『唯識の哲學』(京都:平樂寺書店, 1984), 116-117면 참조.

## 2. 아비달마불교에서 아뢰야식(阿賴耶識)의 연원(淵源)이 되는 사상과 용어

석존의 깨달음의 내용은 연기법이다. 모든 불교사상의 근본명제라고 할 수 있는 삼법인 중의 제행무상인(諸行無常印)과 제법무아인(諸法無我印)도 이 연기의 이치 위에서 논의된 것이며, 제행이 무상하고 제법이 무아인 까닭은 그것이 연기하는 것이기 때문이다. 이러한 연기의 근본원인은 업력(業力)으로서, 유정(有情) 각자가 지은 이 업력으로 해서 유정세간과 기세간(器世間)의 차별이 초래된다.

그러나 이러한 무상(無常)·무아설(無我說)과 업(業)·윤회설(輪廻說) 사이에는 불교철학 상의 대단히 어려운 문제들이 내포되어 있다. 곧 '일체(一切)가 무상(無常)하여 찰나에 생멸(生滅)하는데, 어떻게 업이 전이상속(轉移相續)되어 과보를 가져 오는가' 하는 업력보존(業力保存)의 문제와 '심(心)·심소(心所)도 찰나생멸하는 무상한 것이고 오무심위(五無心位)에서는 의식이 단절되므로 육식설(六識說)로써는 그것들의 지속성에 대한 설명이 미흡하고 곤란하다'는 심상속(心相續)의 문제와 또 '제법(諸法)이 무아(無我)인데 누가 업을 짓고 무엇이 윤회하면서 그 과보를 받는 것인가'하는 윤회의 주체(主體) 등에 대한 문제들이 곧 그것이다. 바로 이러한 문제점들에 대한 해명작업이 대승 유가행파의 종자설(種子說)과 아뢰야 식설(識說)의 연원이 되는 것이므로, 그 과정에 관하여 업력의 보존과 심심소(心心所)의 연속성[心相續] 및 윤회의 주체라는 세 항(項)으로 나누어 살펴보기로 한다.

### 1) 업력(業力)의 보존

모든 유위법(有爲法)은 찰나에 생(生)하고 찰나에 멸(滅)하는 무상(無常)한 것이다. 근본불교에서는 제행무상(諸行無常)을 설하고 업설(業說)을 주장하고 있지만, 업(業)의 과보(果報) 문제를 어떻게 해석하는지 명확히 알 수 없다. 그런데 부파불교 시대가 되면, 이러한 문제에 대해서 구체적인 논의가 이루어진다. 아니 도리어 이러한 논의들로 해서 부파불교가 성립되는 것이다. 아래에서는 업력(業力)의 보존(保存) 문제에 대해서 각 부파들은 어떻게 해명하고 있는지, 그 이론들을 살펴보기로 한다.

#### (1) 설일체유부(說一切有部)의 이론

일체법(一切法)의 찰나성(刹那性)은 업과 과보 사이에 어려운 문제점을 남긴다. 곧 유위제법이 찰나에 생멸한다면, 업 역시 생기하자마자 소멸되는 것인데, 소멸된 업이 어떻게 미래의 과보를 산출할 수 있는가 하는 문제가 발생하기 때문이다. 이것은 바로 이시인과(異時因果)의 관계에 있어서 원인과 결과 사이의 시간적 간격을 어떻게 해소할 것인가 하는 문제이기도 하다. 유부(有部)에서는 이러한 풀기 어려운 문제에 답하기 위하여 '삼세실유(三世實有)'와 '무표업(無表業)' 그리고 '득(得)' 등의 이론을 창출하였다.[8]

① 삼세실유설(三世實有說)

유부의 삼세실유(三世實有)·법체항유설(法體恒有說)은 '모든 유위법은 3세를 지날 때에 자성(自性, 본질, dravya)에는 차이가 없고, 상태[位, avasthā]만 변화한다'는 교설이다.[9] 곧 유위법의 작용은 현재세뿐이지만, 법의체(體, 自性)는 과거·현재·미래의 3세에 실유한다는 것으로, 작용하고 있는 현재는 물론이고 자성만 있는 과거나 미래도 실유일 수 있다는 것이다. 그리고 상태나 작용이 변하기 때문에 무상설(無常說)에 배치되지 않는다고 주장한다.

삼세실유설은 말 그대로 과거·현재·미래의 삼세가 실재한다는 뜻이지만, 유부의 법상(法相)에서 볼 때, 시간 자체는 개별적 실체로서 존재하지 않으며, 다만 생멸변천하는 유위제법에 근거하여 설정된 것일 뿐이다. 다시 말해 시간은 유위(有爲, saṃskṛta)의 다른 이름이기 때문에 삼세실유는 삼세에 걸친 유위제법의 실유를 의미하며, 그것은 결국 법체항유(法體恒有)와 다르지 않다. 따라서 삼세실유설은 유부(有部) 실재론[諸法有論]의 이론적 근거라고 할 수 있다.[10] 유부에서는 삼세실유설의 이증(理證)으로서 '선행된 업(業)은 반드시 그 과보(果報)를 산출하기 때문이다[已謝業有當果故]'라는 논거를 제시한다. 만약 현재만이 실재하고, 과거나 미래가 존재하지 않는다면, 업(業)의 인과설(因果說)에 모순이 생겨나게 된다. 즉 과거가 실재하지 않는다면 과거로 낙사(落謝)한 선악업(善惡業)은 소멸해 버렸으므로 현재 아무런 과보도 산출하지 못할 것이며, 현재에 감수하는 고락 등의

8 權五民, 앞의 책, 213면 참조.

9 世友의 '位不同說'에 의한 三世實有說의 定義이다. 三世實有의 현상적 차별에 대하여, 婆沙의 4大論師인 法救·妙音·世友·覺天에 의해 네 가지의 학설이 주장되고 있는데, 有部에서는 세우의 위부동설을 정설로 받아 들인다. 자세한 내용은 『大毘婆沙論』제77卷에 실려 있다.

10 權五民, 앞의 책, 184-185면 참조.

과보도 그 원인이 되는 선행된 업이 없이 생겨났다고 해야 할 것이다. 또한 현재의 업 역시 미래가 존재하지 않으므로 어떠한 과보도 낳지 못할 것이기 때문에 '무인유과 유인무과(無因有果 有因無果)'에 떨어지게 된다. 따라서 현재의 고락 등을 과보로 보면 그 원인이 되는 선행된 업이 과거에 있어야 하며, 현재의 업을 원인으로 보면 그 과보는 반드시 미래에 생겨나야 하는 것이다.

위에서 유부의 교학체계의 제1명제인 삼세실유설의 논거중의 하나가 업력의 보존 문제임을 보았다. 그들의 논리로는 현행법뿐이라면 인과(因果)를 세울 수 없다는 것이다. 그러므로 그들은 법체가 미래에서 오다가 현재에서 현행하고서는 사라지지 않고 과거에서 실재하게 된다고 주장한다. 업력의 보존문제와 관련되는 이러한 유부의 삼세실유설은 인과응보의 문제를 나름대로 해명하기 위해서, 삼세는 실유라고 할 수밖에 없다는 지극히 상식적인 교설이라고 할 수 있을 것이다.

② 무표업(無表業)

업(業)의 다양한 분류 중에서 신(身)·어(語)·의(意)의 삼업(三業)이 가장 오래되고 대표적인 분류이다.[11] 이 중에서 의업(意業)을 가장 중요시 하는 것이 불교의 특색이다.[12] 유부(有部)에서는 3업을 실유(實有)로 인정하는데, 이 중 신업과 어업은 다시 표업(表業)과 무표업(無表業)으로 나뉜다. 유부에서는 신업의 본질을 형색(形色)으로, 어업(語業)의 본질은 언어[소리]로 보고 있으며, 이것은 유위법의 찰나생멸론에 따른 필연적 귀결이다. 표업은 외부에 나타나 타인이 인지할 수 있는 업이며, 무표업은 다음의 업에 대해 영향을 끼쳐서 선(善)의 무표업은 악업(惡業)을 막고, 불선(不善)의 무표업은 선업(善業)을 막는 것으로서 무표업이 다음 업의 인(因)이 되는 것은 아니다. 표업에는 신업과 어업이 해당되며, 무표업은 표업이 있는 경우에만 생길 수 있어서 의업은 표업이 아니므로 의업에는 무표업이 없다.

유부에서 무표업(無表業)의 특질은 무표색(無表色)이다. 무표색은 선·악의 신(身)·어(語) 표업을 지을 경우나 무심정(無心定)에서 생기하며, 그때

11 불교성전 중 가장 오래된 『숫따니빠다』나 『법구경』에서도 고찰된다.

12 석존 당시에 브라만교는 제사 등의 종교적 행위만을 중시하여 형식주의로 흐르고, 육사외도들은 극단적인 고행의 수행법 등으로 외적 행위만을 중요시 하는 경향이었으므로, 그것에 대한 불교의 철학적인 반성으로 보인다.

마음이 중간에 바뀌어도 상속되는 무견무대(無見無對)이며 대종소조(大種所造)의 성격을 갖는다.[13] 무표업이 선악에만 통하고 무기(無記)에는 없는데, 이것은 무기심(無記心)은 힘이 미약하고 저열해서 인(因)과 함께 일어나서 강력한 업을 이끌만한 공능(功能: 효력)이 없기 때문이다.[14]

업설에서 표업의 의의는 계율(戒律)과 깊은 관계가 있다. 유부의 업설의 목적은 인과설명(因果說明)의 논리적 해명에만 그치는 것이 아니라, 지계(持戒)의 의의와 수행의 의미를 살리고자 하는 실천적이고 윤리적인 것과 관계가 깊은 것이다. 선계(善戒)를 지닌 자에게는 심신에 나타나는 표색(表色)이 4대종에 의하여 일종의 색법을 내고, 이에 의하여 방비지악(防非止惡)하는 공능(功能)이 생기는데, 이것이 계체(戒體)이다. 무표업은 오위(五位)의 법체계(法體系)에서는 색법이며, 오온 중에서는 색온(色蘊)이고, 12처에서는 법처(法處)이며, 18계에서는 법계(法界)에 속한다. 그러므로 업으로 명칭된 무표업이 법의 분류에서는 표업과 같이 색으로 규정되고 있는 것이다. 따라서 유부에서는 무상정(無想定)과 멸진정(滅盡定)에서 심상속(心相續)이 완전히 단절된다고 하더라도, 신(身)표업과 어(語)표업에 의한 무표업이 색법에 포함되는 것이므로 무표업의 상속이 단절되지는 않는다.

극미와 형색의 실재성을 주장하는 유부의 경우, 오근(五根)과 오경(五境)은 바로 극미의 화집(和集)이다. 유정이 5근과 5경을 소의(所依)와 소연(所緣)으로 삼아 업을 지을 때 표업은 짓는 순간 바로 소멸해 버리지만, 과보를 낳게 하는 업의 힘은 눈에 보이지 않는 무표업의 형태로 존속해 간다. 이처럼 유부가 표색의 잔재로서 눈에 보이지 않는 무표색을 요청하고 상정(想定)하게 된 것은 업과 과보의 일관성을 보장하기 위해서였다. 유위법의 찰나생멸성 속에서도 업의 존속이 있어야 과보를 산출할 수 있으므로, 유부는 그러한 업이 성취되는 근거를 무표업의 이론으로 설명하여 그 실유성을 논증했던 것이다.

③ 득(得)·비득(非得)

유부는 일체법이 찰나멸한다는 입장에 서 있으므로, 업의 양태도 생주이멸(生·住·異·滅)이라는 유위사상(有爲四相)의 과정을 통해서 생멸한다. 그래서 생주이멸하는 업이 어떻게 그 영향력을 한 개인의 상속에 계속 남아

13 『順正理論』2 (『大正藏』29, 335하), "作等心等 及無心有記 無對所造性 是名無表色"

14 같은 책.36, 545중, "無表有通善不善性無有無記 所以者何 是强力心所等起故 無記心劣無有功能 爲因等起引强力業 令於後後餘心位中及無心時亦恒續起"

있게 하여 미래에 그 과보를 생성하도록 하는가를 설명해야만 했다. 이러한 업의 상속 문제를 해명하기 위해서 유부가 도입한 개념 중의 하나가 득(得, prāpti)이다.

득(得)은 어떤 한 유정으로 하여금 자신이 상속한 유위제법이나 택멸·비택멸의 무위법과 관계시키는 힘이며, 비득(非得)은 그러한 제법과 소극적으로 관계시키는 힘이다.[15] 업의 상속원리로서의 득·비득은 특히 번뇌의 단진과 관계가 있다. 번뇌자체가 현행하고 있지 않더라도 번뇌의 득이 상속(相續)에 구비되어 있다. 번뇌는 미래세라는 시간적 장소에 보존되어 있으며, 이것은 득이라는 힘에 의해 자기의 상속에 연결되어 그 과보가 생성될 때까지 이어진다. 득에 의해 상속에 주어진 번뇌가 의식의 장(場)에 현행된 것이 전(纏, paryavasthāna)이고, 아직 의식의 장에 현행되지 않고 잠재상태에 있는 것이 수면(隨眠, anuśaya)이다.

대중부(大衆部)나 일설부(一說部) 등의 부파에서는 전은 현행(現行)하고 있는 여러 번뇌로서 심상응법(心相應法)이라 하고, 수면은 전을 생기하게 하는 잠세적인 힘으로서 그것은 심心(도) 아니고 심소(心所)도 아니며, 구체적인 특정의 대상을 갖지 않는 추상적 원리로서 심불상응법(心不相應法)이라고 한다.

그러나 유부에서는 수면을 번뇌의 다른 이름이라 하여 심소(心所), 곧 심상응법(心相應法)의 일종으로 간주한다.[16] 유부의 경우에는 잠세적인 힘으로서의 수면이 아니더라도 업의 인과상속은 '법체항유(法體恒有)'나 '무표업(無表業)' '득(得)' 등의 이론으로써 충분히 설명될 수 있기 때문에 구태여 심소로 생각되기 쉬운 수면을 별법(別法)의 원리(原理)로서 상정할 필요가 없었다. 표업(表業)이 이루어질 때 그것에 따라 생겨난 무표업(無表業)이 또 다른 실체로서의 원리인 득에 의해 현재의 마음과 결합함으로써 과거의 업이나 기억은 상속되는 것이다. 이와 같이 무표업과 득은 이시적(異時的) 인과관계(因果關係)의 상속(相續)을 설명하기 위해 제출된 유부의 이론으로서,[17] 업은 성취되는 순간 바로 소멸하는 것이 아니라 무표업의 형태로 잔재하여 상속하다가 득·비득 등의 제 원리에 의해, 또는 다양한 여러 연(緣)

15 權五民, 앞의 책, 114면.

16 『俱舍論』19 (『大正藏』29, 98하), "阿毘達磨依實相說 卽諸煩惱說名隨眠 由此隨眠是相應法"

17 梶山雄一, 權五民 譯, 『인도불교철학』(서울: 민족사,1990), 77면 참조.

에 의해 마음과 결합함으로써 미래의 새로운 과보를 낳는다고 한다.[18] 그러나 유부에서 무표업이나 불상응행법의 득은 다 같이 상사상속(相似相續: 隨轉, pravāha)하여 제법(諸法)을 규정하는 세력이지만, 득은 개별적 실체로서 존재하는 반면 무표업은 소조색(所造色)에 근거하기 때문에 색법(色法)이라고 한다.[19] 이와 같이 유부에서는 업(業)의 인과상속(因果相續)의 근거로서 득(得)·비득(非得)과 무표업(無表業) 등을 상정하고 그것의 실재성을 주장했던 것이다.

④ 피동분(彼同分)

유부에서는 삼세실유설(三世實有說)을 뒷받침하는 기본적인 이론의 하나로서, 18계의 범주를 동분(同分, sabhāga)과[20] 피동분(彼同分, tat-sabhāga)으로 분류하고 있다. 분(分, bhāga)이란 근(根)과 경(境) 그리고 식(識)이 서로 작용하고 교섭하는 것으로, 이 세 가지[三事]가 각기 자신의 작용을 실현하면서 자기의 역할을 완성하는 것을 동분(同分)이라고 한다.[21] 예를 들자면 동분안(同分眼)이란 어느 때인가 색(色)을 볼 수 있는 분(分)을 가진 안(眼)이라는 말이며, 동분색(同分色)이라고 하면 언제인가 안식(眼識)의 대상이 될 분(分)을 가진 색(色)이라는 의미이다. 어떤 하나의 인식이 생겨날 때 작용하는 삼사(三事)의 각각을 동분이라 하며, 이 때 삼사는 현세적(顯勢的)인 것이다. 이에 반해 피동분이라고 하는 것은 단순한 가능성에 그칠 뿐 그 작용을 실현함이 없는 삼사(三事)를 말하며, 동분과 동류(同類)의 것으로 어느 때·어느 장소에 있어서 인식에 참여하지 않는 잠세적(潛勢的)인 근(根)·경(境)·식(識) 곧 불생(不生)의 유위법을 말한다.[22] '피(彼)'는 산스크리트 'tat'를 번역한 말로서 대체로 '저 것[同分]과 같은 종류의 것'이라는 뜻이다.

유부의 경우 대상없는 인식이란 있을 수 없기[識有必境] 때문에 인식에는 반드시 실재적인 대상[境]이 존재해야 된다. 그리고 근(根)은 근(根)대로 남아있어야 식을 일으킬 수 있다. 동분과 피동분은 서로 불가분의 관계로서

---

18 權五民, 앞의 책, 217면 참조.

19 같은 책, 176면 참조.

20 심불상응행법의 하나인 중동분[nikāya-sabhāga]을 동분[sabhāgatā]이라고도 하는데, 여기서의 동분과는 구별되는 것이다. 중동분은 유정을 유정이게끔 하는 일반성 내지 보편성이나 유사성을 말한다.

21 『불광대사전』3, 2243면 참조.

22 權五民, 앞의 책, 203면 참조.

상속한다. 근·경·식은 모두 찰나에 생멸하면서 전변·상속하는 것이므로, 어느 시점에서 현세적인 것도 다음 시점에서는 잠세가 되며, 잠세적인 것을 원인으로 하여 다음 순간에 현세적인 것이 된다. 그러므로 과거·현재·미래라고 하는 것도 결국 서로가 서로에 대해 동분의 관계로서, 그것은 현세와 잠세라고 하는 두 가지 존재양태의 차이에 불과한 것이다. 외계의 대상은 우리에게 직접 지각되는 것이며, 다만 그것이 피동분의 관계에 놓일 경우에는 잠세가 되어 지각되지 않을 뿐이다.

따라서 우리의 현재의 지각에 관계없이 법의 본질은 항상 실재하며, 그것을 제한된 현재 자신의 지각으로 한정시킬 수 없다는 것이 유부의 주장이다.[23] 제법의 찰나생멸을 주장하므로 간단이 있는 육근·육경·육식 만으로 현상을 설명해야 하는 유부로서는 만약 피동분을 설정하지 않으면, 인식의 연속성(連續性)이나 삼사(三事)의 전변·상속 등을 설명할 수 없게 되기 때문에, 그것의 설정은 논리상의 필연적인 귀결인 것이다.

(2) 대중부(大衆部) 등의 이론

아비달마의 여러 부파들은 유부의 삼세실유설(三世實有說)에 반대하여 과미무체(過未無體)·현재실유설(現在實有說)을 주장하였다. 그래서 그들은 경량부처럼 철저한 찰나멸론에 입각함으로써 당연히 발생하게 되는 업의 연속과 인과상속의 문제를 해결하기 위한 이론체계를 마련해야만 했다. 다시 말해 그들은 원인과 결과의 시간적 간격을 해소할 만한 원리를 상정해야만 했던 것이다.

『이부종륜론(異部宗輪論)』에서는 대중부(大衆部)·일설부(一說部)·설출세부(說出世部)·계윤부(鷄胤部) 등 네 부파의 본종동의(本宗同義)로서 다음과 같은 내용을 전하고 있다.

> 수면(隨眠)은 심법(心法)도 아니고 심소법(心所法)도 아니며, [그러므로 그것은] 어떠한 대상도 갖지 않는다. 수면과 전(纏)은 서로 다르다. 수면은 심(心)과 상응하지 않는 것이며, 전은 심과 상응하는 것이다.[24]

---

23 같은 책, 203-204면 참조.

24 『異部宗輪論』(『大正藏』49, 15하-16상), "此中大衆部一說部說出世部鷄胤部 本宗同義者 隨眠非心 非心所法 亦無所緣 隨眠異纏 纏異隨眠 應說隨眠與心不相應 纏與心相應"

곧 전(纏, prayavasthāna)이 현행하고 있는 번뇌로서 심상응법(心相應法)이라면, 수면(隨眠, anuśaya)은 전을 낳게 하는 잠세적인 힘이며 심법도 심소법도 아닌 심불상응법이라고 한다. 과미무체(過未無體)를 주장하는 대중부 등의 네 부파의 경우에 만약 수면을 찰나멸의 마음작용으로만 생각한다면 업의 인과상속은 설명할 수 없게 되는 것이다. 또한 현세적 번뇌인 전을 일어나게 하는 잠세적 번뇌인 수면을 인정치 않게 되면, 무심(無心)의 상태에 있을 때나 중생이 어떤 기연(機緣)으로 선심이 생겨났을 경우에 그 순간 그에게는 어떠한 불선심도 존재하지 않기 때문에 그를 성자라고 해야 하는 곤란한 문제점이 따른다. 그러므로 대중부 등의 네 부파에서는 악업[因]과 번뇌[果]라고 하는 업도(業道)의 문제를 놓고 본래 상응법(相應法)이었던 수면을 불상응법의 수면으로 개념을 전이(轉移)시킴으로써 이러한 문제를 해결하고자 하였던 것이다.[25] 이러한 대중부 계통의 수면설(隨眠說)은 사실상 범부와 성자의 구별 근거를 마련하기 위해 비롯된 업 일반의 문제로서 전개된 것이며, 그것은 종자설과 잠재심으로서의 아뢰야식의 구도(構圖)없이 업도의 문제를 해결하려는 고육지책의 논리적 산물이었던 것이다.

(3) 정량부(正量部)의 부실법(不失法)

독자부(犢子部)로부터 유출된 정량부(正量部)는 업상속의 문제를 해명하기 위해서 부실법(不失法)이라는 개념을 상정하였다. 세친은 그의 『대승성업론(大乘成業論)』에서 이러한 개념의 설정 이유에 대해 다음과 같이 설한다.

> (만약 유부에서처럼 실유의 업체를 인정하지 않는다면) 선과 불선의 신(身)과 어(語)의 두 업에 따라, 그 체(體)가 실유이며 심불상응행온에 포함되는 별법(別法)을 오온의 상속 중에 설정해야만 한다. 어떤 사람들은 이러한 법을 증장이라 하고, 또 어떤 사람들은 부실괴(不失壞)라고도 하는데, 이러한 법이 있어야만 미래세에 좋거나 나쁜 과보를 얻게 되는 것이다. 그리고 의업에도 역시 이와 같은 법을 설정해야만 한다. 만약 그렇게 하지 않으면 (선행한 마음과) 다른 마음이 일어날 때, (선행된 전 찰나의) 마음은 바로 소멸해 버리기 때문이다. 즉 심상속 중에 이와 같은 법을 인정해야만 하는 것이다. (예컨대 우리가) 이전에 어떤 글을 읽거나 의미를 익혔기 때문에 그

25 權五民, 앞의 책, 221-223면 참조.

> 뒤에 오랜 시간이 지나서도 그것을 기억해낼 수 있으며, 또 지난날에 경계들을 자주 보고 들었기 때문에 그 뒤 오랜 시간이 지나서도 그 경계에 대해서 도로 기억해낼 수 있는 것이다. 어떤 찰나에 어떤 법을 일으켰다면, 이로 말미암아서 그것을 도로 기억해낼 수 있는 것이다.[26]

말하자면 부실법은 유부의 득(得)과 같이 심불상응법으로서 업의 작자가 행한 업력(業力)을 상속시켜 그 과보를 현행하게 하는 상속의 원리이다. 유부의 득이 선·악의 무표업으로 하여금 마음과 결합시켜 락(樂)·고보(苦報)를 낳게 하는 원리[心不相應行法]이듯이, 부실법 또한 업 그 자체[當體]나 업의 주체가 아니라, 업에 근거하여 주체로 하여금 좋거나[愛] 좋지 않은[非愛] 결과를 가져오게 하는 원리이다.[27] 나아가 그들은 이 부실법으로써 기억과 상기의 문제를 해명하고 있다. 그러므로 부실법은 업의 인과상속과 기억과 상기를 가능하게 하는 원리이며, 이것은 유부의 득(得)과 유사한 개념으로서 그것에 근거하여 이해되어야 할 것이다.

(4) 경량부(經量部)의 비판과 종자설(種子說)

경량부 철학의 경향은 유부의 제법분별론에 대한 비판으로써 그 대강을 이룬다. 유부의 삼세실유설(三世實有說)·무표업(無表業)·득(得) 등의 이론에 대해서는 말할 것도 없고, 여러 부파에서 설정한 개념들도 유부의 득과 같이 업의 상속을 가능하게 하기 위해 요청된 불상응법으로서 비판의 대상이 된다. 이러한 경량부 철학의 체계에 있어서 두드러진 특징은 유부 등이 주장한 개념으로서의 존재인 불상응법을 단지 가립(假立, prajñapti)된 것으로밖에 생각하지 않는 점이다. 따라서 대중부계에서 주장한 수면이나 정량부의 부실법 역시 그것이 불상응법인 한 그것은 실체로서의 존재[實有, dravya sattā]가 아니며, 다만 언어적 가설로서 설정된 존재[假有, prajñapti sattā]일 뿐이다.[28]

---

26 『大乘成業論』(『大正藏』31, 783중), "若爾, 應許由善不善身語二業, 蘊相續中引別法起. 其體實有, 心不相應行蘊所攝. 有說:「此法名爲增長.」有說:「此法名不失壞.」由此法故, 能得當來愛非愛果. 意業亦應許有此法. 若不爾者, 餘心起時, 此便斷滅. 心相續中, 若不引起如是別法, 云何能得當來世果 是故定應 許有此法. 若於先時誦習文義, 後經久遠, 復生憶念;又於先時, 於諸境界數見聞等, 後經久遠, 於彼境中還生憶念;於何刹那引起何法, 由此後時還生憶念.

27 權五民, 앞의 책, 226면 참조.

이러한 관점에서 출발한 경량부는 대중부 등의 수면설에 대해서 다음과 같이 논의하고 있다.

> 만약 번뇌를 낳게 하는 수면[煩惱種]이라고 하는 별도의 심불상응법(心不相應法)을 주장한다면 마땅히 [현행의 생각을 낳게 하는] 생각의 종자[念種]라고 하는 별도의 불상응법이 있어, 그것이 다음 생각[後念]을 낳게 한다고 해야 할 것이다. 만약 그렇지 않다면 앞의 것은 어째서 그러한가? [이 두 가지 사실을] 차별할 만한 어떠한 근거도 알려지지 않기 때문에 [불상응법으로서의 수면은] 실재하지 않는다.[29]

삼세실유를 주장하는 유부의 경우에 수면은 당연히 심소 곧 심상응법이지만, 과미무체를 주장하는 대중부 계통이나 화지부에 있어 그것은 유부의 득과 같은 불상응법으로서, 업을 상속시켜 현행하게 하는 원인[能生의 因]이다. 물론 여기서 수면은 바로 번뇌를 낳는 것이 아니라, 선행된 악업으로 하여금 번뇌를 낳게 하는 별법(別法)이다.

그런데 이러한 사유형태에는 두 가지의 중요한 문제점을 지니고 있다. 첫째, 만약 수면이 불상응의 실체로서 번뇌를 낳게 하는 원리라고 한다면, 현행하는 일체의 법도 또한 번뇌와 마찬가지로 그것을 낳게 하는 실체로서의 원리 곧 능생(能生)의 인을 갖지 않으면 안 된다. 다시 말해 번뇌라고 하는 현상만을 차별하여 별도의 불상응법을 세울 이유가 없으며, 그것만을 차별하여 주장할 경우에는 그 근거로서 또 다른 원리를 상정해야 할 것이다. 둘째, 이치적으로 불상응의 실유법인 수면은 탐욕 등의 선악업과 어떠한 관계도 지닐 수 없다. 왜냐하면 그것은 실체이기 때문에 그것과 성질을 달리하는 어떤 다른 법으로부터 생기할 수도, 혹은 그것으로 전이할 수도 없기 때문이다.[30]

결국 이와 같은 불합리한 모순점을 해결하기 위해서는 수면 등을 불상응법으로부터 배제시키지 않으면 안 된다. 그러나 만약 그것을 다시 유부의 경우처럼 심상응법 곧 심소법이라고 한다면 법체항유(法體恒有)를 주장하

---

28 같은 책, 228-229면 참조.

29 『俱舍論』 권19 (『大正藏』 29, 99상), "若執煩惱別有隨眠心不相應名煩惱種 應許念種 非但功能別有不相應 能引生後念 此旣不爾 彼云何然 差別因緣不可得故"

30 權五民, 앞의 책, 229-230면 참조.

는 유부로서는 별 문제가 되지 않겠지만, 과미무체(過未無體)의 찰나멸론을 주장하는 대중부 등의 경우에서는 업의 인과상속은 이루어질 수 없게 되며, 마침내 문제는 원점으로 되돌아오고 만다.[31] 여기서 아비달마 제 부파의 견해들을 비판하고 여러 가지 문제점들을 회통시키려고 하는 경량부의 독자적인 견해가 나타나게 된다. 유부에서는 수면을 상응법(相應法, 心所法)이라 하였고, 대중부 등에서는 그것을 현행의 번뇌인 전(纏)과는 다른 불상응법이라고 하였다. 그러나 경량부에서는 상응법도 아니고, 불상응법도 아니라고 하여 유부와 대중부계를 동시에 비판한다.

경량부에 있어 업의 인과상속은 선행된 업에 의해 형성된 종자(種子)의 특별한 능력에 의해 이루어지는 것이며, 그것이 몸에 보지(保持, 熏習)·상속(相續)하여 이 후 새로운 결과[果報]를 낳는 원인이 되는 것이다. 경량부의 이러한 사유방법은 유부나 대중부 등의 사유방식과는 완전히 그 성격을 달리 한다. 대중부계의 수면이나 정량부의 부실법은 선행된 원인이나 현행의 결과와는 별도의 존재[別法]로서, 선행된 원인에 따라 현행법을 생기하게 하는 불상응법이기 때문에, 그것과 현행의 관계는 직접적인 것이다. 현행하는 번뇌종자[번뇌의 生因, 能生法]는 선행된 번뇌공능의 차별[所生法]일 뿐, 대중부 등에서 말하는 것과 같은 어떤 별법이 아니다. 이것이 바로 경량부의 '종자(種子, bīja)설'이다.[32] 그리고 경량부가 설하는 종자는 실체가 아니며, 단지 비유적인 명칭일 뿐이다.

경량부가 설하는 종자와 상속에 대해 『구사론(俱舍論)』 제4권에서는 다음과 같이 설명한다.

> 무엇을 종자라고 하는가? 명색(名色: 有情의 所依身)이 자신의 과보를 생기할 때 가지는 전전공능과 인근공능이다. 이것은 상속의 전변과 차별을 통해서 형성된다. 전변이란, 상속 중의 앞뒤가 다른 성질이다. 상속이란 인과관계를 본성으로 하는 삼세의 제행(諸行)이다. 차별이란 간단없이 과보를 내는 공능이다.[33]

31 같은 책, 230면 참조.

32 權五民, 앞의 책, 231-232면 참조.

33 『俱舍論』4 (『大正藏』29, 22하), "此中何法名爲種子 謂名與色於生自果 所有展轉隣近功能 此有相續轉變差別 何名轉變謂相續中前後異性 何名相續 謂因果性三世諸行 何名差別謂有無間生果功能."

경량부가 말하는 종자는 명색(名色, 五蘊) 그 자체도 아니고, 심불상응의 별법도 아니며, 더구나 심상응법인 심소도 아니다. 현행의 결과[과보]는 유부나 대중부계의 경우처럼 오온과는 다른 별도의 원리에 의한 것이 아니다. 경량부의 종자는 명색이 보지하고 있는 능력이며, 현행의 결과는 바로 이것에 의해 생겨난다. 전전공능(展轉功能)은 종자의 상속이며, 인근공능(隣近功能)은 전변차별(轉變·差別)로서 현행하기 바로 전찰나의 종자[공능]를 말한다.

상속의 전변과 차별[saṃtati-pariṇāma-viśeṣa]이란 종자가 결과를 낳기까지 특수하게 변화해 가는 과정을 나타내는 용어로서, 사실상 종자와 동의어이다. 종자는 선행된 업인에 따라 과보를 낳게 될 때까지 찰나 찰나 상속하면서 변화[전변]하다가 마침내 특수하게 변화[차별]함으로써 과보[결과]로서 드러나는 것이다. 경량부에 있어 종자는 실체적 개념이 아니라, 종자적 성격을 지닌 공능[śakti, samartha: 능력, 효력]으로서, 그 자체 상속하는 것이기 때문에 '상속의 전변과 차별'이란 용어에는 종자의 내용이 모두 포함되어 있다. 여기서 상속의 내용은 인과관계를 가진 삼세의 제행이며, 시간적 연속을 뜻하는 것은 아니다. 그것은 연속적으로 생멸하는 제법과 다른 어떤 영속적 원리[anasthita: 不相應의 別法]가 아니라, 선행된 업에 따라 그에 상응하는 오온[色心]이 단절되지 않고 연속하여 계기하는 힘[行: saṃskāra]으로서 종자 그 자체를 의미한다. 전변은 상속이 앞 뒤 다르게 일어나는 것을 말한다. 차별이란 전변의 최후 순간에 이르러 바로 결과로 이어지는 특별한 공능을 지님으로써 다른 상속과는 성격을 달리하는 전변을 말한다. 이러한 상속의 전변과 차별설은 바로 종자가 결과를 낳을 때까지의 과정을 해명하는 교설이며, 인과상속의 근거로서 제시된 이론이다.

맥락을 달리하여 종자의 정의는 『구사론』에서 유부의 득론(得論)을 비판하면서 설해지기도 하는데,[34] 유부의 득은 바로 소득제법(所得諸法)의 생인(生因)이다. 따라서 경량부의 종자설은 유부의 '득(得)·비득론(非得論)'의 대안으로 제출된 이론이라고 할 수 있다. 곧 경량부에서는 종자라고 하는 개념으로써 찰나멸하는 색심(色心)의 소의신(所依身)이나 업의 인과상속을 해명하고 있는 것이다.[35] 선악의 업이 있고 나서 그 과보를 받을 때까지의

34 같은 책, 같은 면, "如是二種[得·非得]亦假非實 故所依中唯有種子 未拔未損增長自在於如是位 立成就名 無有別物"

35 權五民, 앞의 책, 234-241면 참조.

업력의 보존 문제에 있어서는 업과 그 과보를 연관시키는 매개자가 필요하다. 그것을 유부는 무표업이나 득 등으로 설명했으며, 정량부는 부실법(不失法)이라고 불렀고, 대중부계에서는 증장(增長)이라 부르고 번뇌와 관련해서는 수면설(隨眠說)로써 업도의 문제를 해결했다. 경량부는 이 업력을 종자라고 불렀는데, 경량부의 종자·상속의 전변과 차별설은 업의 인과상속에 관한 부파불교의 여러 이론체계 중에서는 가장 뛰어난 학설이다. 6식의 구도로써는 종자설(種子說) 이상의 설명은 나오기가 힘들 것이다. 다만 해결되지 않고 남는 문제점이 있다면, 색법과 심법종자의 개별성 문제와 종자가 보존되어 있는 장소의 문제일 것이다. 이러한 문제점들의 완전한 해결은 대승 유가행파의 아뢰야식설의 발견으로 해서 가능하게 되는 것이다.

**2) 심심소(心心所)의 연속성(連續性, 心相續)**

(1) 유심위(有心位)에서의 심상속(心相續)

모든 유위법은 생·주·이·멸의 사상(四相)이 있고 시간의 흐름을 따라 생멸변화(生滅變化)하는 무상(無常)한 것이다. 유부는 심심소(心心所)도 찰나멸한다고 해석했기 때문에 그것의 지속성에 대한 설명이 미흡하고 곤란할 수밖에 없었다. 유부는 마음을 심지(心地, citta-bhūmi)로서 이해한다. 이 용어는 이미 『계신족론(界身足論)』에 나오는데,[36] 지(地, bhūmi)란 토대로서 다른 것이 거기서 활동하는 지반이다. 동시에 그것은 다른 것을 생산하는 힘을 갖고 있다. 그와 같은 의미에서 마음은 갖가지 마음작용이 활동하는 심지로 생각된다. 그러나 선심(善心)이 불선(不善)을 지(地)로 하여 활동할 수는 없기 때문에 심적 성질이 다른 지(地)로서 5종의 지(地)가 설정되었다. 심소는 6종류이지만 부정법(不定法)에 있어서는 심지가 생각되지 않았다. 예컨대 번뇌지(煩惱地)는 그로부터 번뇌가 생기는 지반이다. 왜냐하면 탐욕이나 진에 등의 번뇌는 항상 마음에 나타나고 있는 것은 아니기 때문이다. 연(緣)을 만나야 나타나는 것이기 때문에 그것들이 잠재적인 상태로 존재하고 있는 장소가 필요하다. 이것이 번뇌지[kleśabhūmi]이다. 선심 등에 대해서도 같은 것이 생각된다. 참(慚)이나 괴(愧)나 정진(精進) 등의 마음작

36 『阿毘達磨界身足論』上 (『大正藏』26, 614중)
"有十大地法 十大煩惱地法 十小煩惱地法"

용이 생기는 지반이 선지(善地, kuśalabhūmi)이다. 이러한 사유방식에서 유부는 심소법을 구별하여 대지법(大地法)·대선지법(大善地法)·대번뇌지법(大煩惱地法)·대불선지법(大不善地法)·소번뇌지법(小煩惱地法)이라는 5종의 심지를 주장했다. 그리고 이들 중 어느 것으로부터도 생기지 않는 심소를 부정법이라고 하여, 심소를 모두 6종류로 했던 것이다.[37] 유부가 심지를 생각한 것은 심심소의 지속성에 대한 미비점을 보충하는 의미가 있었다. 그러나 이것만으로는 찰나멸하는 심심소의 연속성을 충분히 설명할 수 없다. 유부가 명근(命根)을 설하는 것도 이로써 인간의 생명적인 지속성을 해명하고자 했기 때문이었을 것이다. 또한 유부는 심상속을 설하고 전후의 마음이 관계가 있다고 주장하지만, 심작용의 지속성을 밝히는 점에 있어서는 유부의 심소론은 불충분하기 짝이 없다.[38]

한편, 빠알리 상좌부에서는 잠재심으로서 유분식(有分識, bhavaṅga-viññāṇa), 유분심(有分心, bhavaṅga-citta)이 설해지고 있다. 이 유분식은 7론의 하나인 『발취론(發趣論)』에 설해지고 있으며, 『밀린다팡하』에도 설해져 있다. 유분식이란 잠재심의 상태를 말하는 것이다. 표면심에서 심작용이 이루어지고 있지 않을 때에는 마음은 유분의 상태, 곧 무의식의 상태가 된다고 한다. 그러다가 외계로부터 자극이 있다든지 혹은 마음속에 동요가 일어나 마음이 활동하려고 하는 상태가 되면, 마음은 유분으로부터 표면심으로 전화(轉化)한다. 이것을 인전(引轉)이라고 하며, 그로부터 영수(領受)·추탁(推度)·확정(確定) 등 12종의 과정을 거쳐 인식이 성립한다고 설명하고 있다.[39] 다음으로 경량부는 앞의 항에서 살펴 본 바와 같이 마음의 지속을 '종자'에 의해 설명했다. 이 종자의 상속·전변·차별에 의해 마음현상의 지속과 변화를 설명했던 것이다. 또한 대중부가 '근본식(根本識)'을 설하고,[40] 비유자(譬喩者)와 분별론사(分別論師)가 '세심(細心)'을 인정했다고 하는데,[41] 이러한 것들도 잠재적인 지속심을 말하는 것이다. 이와 같은 사상들은 잠재심을 설정하지만 그 설명이 미흡하며, 이러한 마음현상이 생기는 장소 문제에 있어서는 합리적인 해명이 없다. 이러한 사상들을 바탕으로 하여 이치적·

---

37 平川彰, 앞의 책 상, 184면 참조.
38 같은 책, 189면 참조.
39 같은 책, 189-190면 참조.
40 世親, 『大乘成業論』(『大正藏』31, 785상)
41 『大毘婆沙論』151 (『大正藏』27, 772하, 774상)

논리적으로 무의식의 영역을 설정한 것이 대승 유가행파의 ‘아뢰야식 사상’인 것이다.

(2) 무심위(無心位)에서의 심상속(心相續)

모든 유위법이 찰나멸한다는 입장에서 발생하는 또 하나의 어려운 문제는 무심의 상태로부터 깨어날 때 한동안 중단되었던 심상속이 어떻게 다시 생기할 수 있는가 하는 점이다. 대승의 유식사상에서는 무심의 상태로서 5위무심(五位無心)[42]을 설하지만, 유부의 『대비바사론』에서는 무심위(無心位)로서 무상정(無想定)과 멸진정(滅盡定)이 많이 언급되고 있다.[43] 그러나 여기에서는 심상속의 문제를 선정(禪定)중심으로 다루되, 무상정은 외도의 범부가 행하는 선정이므로, 불교의 선정인 멸진정을 중심으로 하여 그 문제를 살펴보기로 한다.

멸진정은 멸수상정(滅受想定) 또는 상수멸정(想受滅定)이라고도 하는데, 수(受)와 상(想)이 완전히 소멸되는 선정이라는 의미를 지닌다. 세친은 『구사론』에서 다음과 같이 말한다.

> 제8해탈은 멸진정이다. 그 자성 등에 관해서는 앞에서 말한 것과 같다. 수(受)와 상(想)을 싫어하고 등져서 이 정(定)을 일으켰기 때문에, 혹은 대상[所緣]이 있는 것을 모두 싫어하고 등졌기 때문에, 이 멸진정은 해탈이라는 명칭을 얻게 된 것이다.[44]

곧 멸진정은 대상을 가지지 않으며, 일상적인 의식상태를 넘어선 완전한 무의식(無意識)의 선정으로서 일시적으로 모든 심(心)·심소(心所)가 정지되는 것으로 보고 있다. 그러나, 만약 멸진정이 완전한 무심의 상태라면, 우선

42 無心位라 함은 마음이 작용하지 않는 상태를 말한다. 五位無心은 極睡眠·極悶絕·無想天·無想定·滅盡定을 말한다. 오늘날의 사정을 보탠다면, 전신마취나 극도의 최면상태도 이 무심위에 포함시킬 수 있을 것이다.

43 有部는 心不相應行法으로서 14종을 제시하고 있는데, 이 법에 無想定·滅盡定·無想天이 포함되어 있다. 무상정은 想이 소멸한 禪定이며, 이 定에서는 마음의 想의 단계까지 멸해버린다. 멸진정은 滅受想定이라고도 하듯이, 想뿐만이 아니라 受의 단계까지 멸하는 것이며, 무상정보다도 더욱 깊은 선정이다. 두 정은 모두 無心의 상태이기 때문에 心不相應行으로 보며, 유부에서는 이러한 상태를 실체시 한다.

44 『俱舍論』29 (『大正藏』29, 151중), “第八解脫卽滅盡定 彼自性等如先已說 厭背受想而起此故 或總厭背有所緣故 此滅盡定得解脫名”

멸진정의 상태에서는 심상속이 중단되지만, 신체[身]와 목숨[壽]과 체온[煖]을 계속해서 유지[執受]할 수 있어야 하고, 그리고 멸진정 동안에 심상속은 중단되더라도 종자상태에 있는 업의 과보[異熟]와 행상[ākāra]의 상속은 소멸되지 않아야 하며, 나아가 멸진정의 상태에서 중단되었던 심상속이 멸진정에서 나올 때 다시 생기할 수 있어야 하는 설명하기 어려운 문제점을 남긴다. 이러한 내용들이 멸진정의 무심설이 야기하는 존재론적인 문제점들이다.

그런데 우리는 『잡아함경(雜阿含經)』의 제568경에서 멸진정을 유심(有心)으로 해석할 수 있는 논거를 발견할 수 있다. 이 경에 질다라장자(質多羅長者)가 묻고 가마(伽摩, kāmabhū)비구가 답하는 형식으로 다음과 같은 내용이 나온다.

> 문: 존자여, 그러면 몇 가지의 법이 있습니까?
> 만약 사람이 신체를 버릴 때에, 그 신체는 시체로 땅에 누웠고, 다시 그것을 무덤에다 버리면, 마음이 없어 마치 나무나 돌과 같습니다.
> 답: 목숨[壽]과 체온[暖]과 의식[識]은 신체를 버릴 때 함께 버리어 진다네. 그 신체를 무덤에다 버려버리면, 마음이 없어 마치 나무나 돌과 같은 것이라네.
> 문: 또 존자여, 죽음과 멸진정에 드는 것과는 어떤 차이가 있습니까?
> 답: 목숨[壽]과 체온[暖]을 버리면, 근들은 모두 허물어져 신체[身]와 목숨[命]은 분리되는데, 이것을 죽음이라고 한다. 멸진정은 신·구·의의 行[業]만 멸하는 것으로서, 수명을 버리지 않고 체온도 사라지지 않으며, 근들도 허물어지지 않아 신체와 목숨이 서로 붙어 있다. 이것이 죽음과 멸진정에 드는 것과의 차이가 나는 특질이다.[45]

곧 목숨[壽]과 체온[暖]과 의식[識]은 항상 함께 존재한다는 것을 알 수 있다. 그리고 멸진정에 든 수행자는 모든 신·구·의의 삼업이 소멸된다는 점에서는 죽은 사람과 동일하지만, 목숨·체온·근들이 파괴되지 않는다는 점에

45 『雜阿含經』21 (『大正藏』2, 150중), "復問尊者有幾法 若人捨身時 彼身屍臥地 棄於丘塚間 無心如木 答言長者 壽暖及與識 捨身時俱捨 彼身棄塚間 無心如木石 復間尊者 若死若入滅盡定受有差別不 答捨於壽暖 諸根悉壞 身命分離 是名爲死 滅盡定者 身口意滅 不捨壽命 不離於暖 諸根不壞 身命相屬 此則命終入滅正受差別之相"

있어서는 죽은 사람과 다르다는 것을 알 수 있다. 이러한 두 가지 사실의 내용을 종합하면, 멸진정에 든 수행자의 의식[識]은 멸진정 동안에도 수행자의 신체를 떠나지 않아야 한다는 결론에 이르게 되며, 이것은 멸진정 유심설(有心說)의 중요한 논거가 된다. 그러나 멸진정이 유심의 상태라면, 멸진정에 촉(觸)이 존재할 것이고, 수(受)·상(想)·사(思) 등 나머지의 심소(心所)들이 존재하게 될 것이다. 그렇게 되면 상과 수가 소멸되는 선정이라는 멸진정의 기본적인 정의에 모순되어 인식론적인 문제를 낳게 된다.

초기의 경량부에서는 색심호훈설(色心互熏說)[46]에 입각하여 멸진정의 상태에서도 심종자는 멸진정에서도 파괴되지 않는 유색근신(有色根身)에서 유지된다고 하여 멸진정의 무심을 주장하였다. 그러나 이들의 주장은 앞에서 언급한 바 있는 멸진정의 존재론적인 문제점을 해결하지 못한다. 그래서 사(思, cetanā)심소를 업의 본질로 인정하면서 업의 과보가 종자의 형태로 심상속에 훈습(熏習)된다고 주장하면서, 경량부는 멸진정의 유심설로 전향하게 된다. 그들은 멸진정에서도 단절되지 않는 심(心)을 세심(細心) 또는 세의식(細意識)이라고 부른다.

유부의 『대비바사론(大毘婆沙論)』에서는 세심설(細心說)이 비유사(譬喩師)와 분별론사(分別論師)의 견해라고 하면서 다음과 같이 소개한다.

> 비유자(譬喩者)와 분별론사(分別論師)는 멸진정에서도 세심이 소멸되지 않는다고 주장한다. 그들은 '유정이면서 색이 없거나, 또한 선정에 있으면서 마음이 없는 자는 없으며, 만약 선정에 마음이 없다면, 명근(命根)도 끊어져 버릴 것이므로, 죽음이라고 해야지 선정에 들었다고 할 수는 없는 것이다'라고 말한다.[47]

그러나 비유사(譬喩師)나 분별론사(分別論師)의 세심이론(細心理論)도 멸진정의 인식론적인 문제점을 해결하지 못한다. 왜냐하면 어떠한 형태로든 멸진정에서 마음이 존재한다면 그로부터 삼사화합(三事和合)이 있게 되고, 계속해서 수·상·사가 생기하여 상수멸(想受滅)이라는 멸진정의 기본적인 정의에 어긋나기 때문이다. 이와 같이 세친 이전의 멸진정 유심설들은 기

---

46 經量部에서는 種子의 보존장소로서 잠재심을 상정하지 않고 色心互熏說을 주장했다.

47 『大毘婆沙論』152 (『大正藏』27, 774상), "謂譬喩者分別論師執 滅盡定細心不滅 彼說無有有情而無色者 亦無有定而無心者 若定無心 命根應斷 便名爲死非謂在定"

본적으로 현행식(現行識) 곧 육식(六識)이라는 한계를 벗어나지 못하고 있으며, 멸진정의 인식론적인 문제를 극복하지 못한다.[48] 그래서 세친은 『대승성업론(大乘成業論)』에서 이러한 이론들을 검토한 후, 기존의 현행식의 한계를 넘어서 심을 현행식에 해당되는 종종심(種種心)과 잠재식에 해당되는 집기심(集起心)으로 나누고, 멸진정에서는 비록 종종심은 중단되지만 [無心], 집기심은 단절되지 않고 존재한다[有心]고 새로운 이론을 세운다. 세친은 『대승성업론』에서 집기심과 종종심을 다음과 같이 정의한다.

> 마음은 두 종류가 있다. 첫째는 집기심(集起心, ācayacitta)이다. 헤아릴 수 없이 많은 종자들이 모여 있다가 일어나는 곳이기 때문이다. 둘째는 종종심(種種心, nānācitta)이다. 소연(所緣)과 행상(行相) 그리고 차별로써 굴러가기 때문이다. 멸진정 등의 [無心] 상태에서는 두 번째의 마음이 없기 때문에 '무심'이라고 일컫는다. 마치 한 발만 있는 평상에는 다른 발이 없기 때문에 발이 없다고 일컫는 것과 같다.[49]

곧 집기심은 일체의 종자를 저장하는 심이며, 종종심은 찰나찰나에 생멸하면서 각각의 소연과 행상을 지니고 차이를 나타내면서 작용하는 심이다. 그러므로 종종심은 현행식이며, 집기심은 잠재식이 된다. 이 잠재하는 집기심은 항상 외계의 대상과 관계하면서 끊임없이 생멸하는 현행의 종종심들과는 다르게, 잠재적인 상태로 계속하여 상속의 흐름을 이어가게 된다. 이러한 집기심이 존재한다면 멸진정을 무심위(無心位)로 볼 수 없다는 것이다. 세친의 이러한 사유체계는 뒷날 유가행파의 아뢰야식설의 바탕이 되는 것이다.

빠알리 상좌부의 유분식(有分識)은 멸진정에서 육식이 단절되더라도, 그 흐름을 이어가며 존재하지만, 업의 과보를 집수(執受)한다는 측면이 결여되어 있다. 대중부는 찰나론을 받아들이고 종자설을 받아들이지만, 종자의 훈습에 대한 이해를 놓치고 있다. 멸진정의 문제에 있어서는 근본식의 잠재성을 보인다는 점에서 멸진정의 유심설(有心說)을 지지하는 태도이며,

---

48 황순일, 『經量部 世親의 Ālayavijñāna 연구』, 석사학위논문(서울: 동국대학교 대학원,1994), 54-55면 참조.

49 『大乘成業論』(『大正藏』31, 784하), "心有二種 一集起心 無量種子集起處故 二種種心 所緣行相差別轉故 滅定等位第二心闕故名無心 如一足床闕餘足故亦名無足"

그들의 심리론이 기본적으로 심성본정설(心性本淨說)에 바탕을 두고 있는 점에서는 불충분한 점이 있다. 비유사(譬喩師: 경량부의 元祖) 등의 세심설(細心說)도 멸진정의 인식론적인 문제점을 극복하지는 못하고 있다. 멸진정의 문제에서 유부처럼 무심설을 지향하게 되면 수(壽)·난(煖)·식(識)의 구유(俱有)나 심상속의 단절 그리고 입정심(入定心)과 출정심(出定心)의 상속이라는 존재론적인 문제점이 따르게 된다. 유부는 수·난·식이 항상 함께 존재한다는 문제에 대해서, 명근[jivitendriya]을 체온과 식의 의지처로서 실체적인 불상응행법으로 세우고 상속을 유지하며 목숨[壽, āyus]이란 명칭으로 존재한다고 한다. 멸진정에 들어가는 심인 출정심이 후에 멸진정에서 나오는 심인 출정심을 어떻게 생기하여 상속의 흐름을 계속해서 이어가느냐 하는 문제에 대해서는, 과거의 법이 존재하기 때문에 멸진정에서 심상속이 완전히 중단되지만, 멸진정에 들어가기 직전의 심인 극세심(微細心)은 파괴되지 않고 존재하다가 이 심을 등무간연(等無間緣)으로 하여 출정심이 생기게 된다고 설명한다. 유부에서는 삼세실유설(三世實有說)·득(得)·무표업(無表業)·피동분(彼同分)·명근(命根)·등무간연(等無間緣) 등의 많은 개념과 복잡한 이론들을 동원해서, 업과 과보나 심상속 등의 문제점들을 해결하고자 하나, 너무 번쇄하고도 구차한 논리로서 난해하기 그지없다. 그리고 빠알리 상좌부나 대중부나 경량부처럼 멸진정(滅盡定)의 유심설(有心說)을 주장하게 되면 상수멸(想受滅)이라는 멸진정의 기본적인 정의에 위배되어 인식론적인 문제점이 생기게 된다. 이들이 주장하는 유분식·근본식·세심 등의 설은 기존의 현행식이라는 한계를 넘어서지 못하고 있으며, 유부의 경우에 있어서도 그 점은 마찬가지다. 멸진정은 인식론적인 분석을 통해서는 무심의 상태로 파악되고, 존재론적인 분석을 통해서는 유심의 상태로 파악되는데, 이러한 모순점을 해결하려면 반드시 잠재심으로서의 아뢰야식과 거기에 저장되어 있는 잠재된 업력으로서의 종자라는 개념을 설정하지 않을 수 없다. 왜냐하면 아뢰야식과 종자설의 입장에서는 멸진정의 상태도 현행식의 측면에서는 무심이지만, 잠재심의 측면에서는 유심이 되므로 멸진정의 존재론적·인식론적인 문제점이 동시에 해결된다. 또한 입정심이 아뢰야식에 종자로서 잠재되어 있다가 출정심으로 현행하게 되므로 심상속의 단절도 문제가 되지 않는 것이다.[50]

50 황순일, 앞의 논문, 101-110면 참조.

### 3) 윤회의 주체

근본불교는 무아설에 입각하여 실체적인 아의 존재를 부정하고 있기 때문에, 인격이나 윤회의 주체 문제를 어떻게 해석하는지를 명확하게 알 수가 없다. 아라는 주체를 설정하지 않으면, 윤회나 기억의 지속이나 업의 과보 및 책임의 소재 등의 문제를 분명하게 설명하기가 매우 어렵다.

『잡아함경(雜阿含經)』 제13권에는 업의 주체에 관하여 다음과 같은 언급이 나온다.

> 안(眼)과 색(色)을 연하여 안식(眼識)이 생기한다. 이 세 가지의 화합(和合)이 촉(觸)이다. 촉과 함께 수(受)·상(想)·사(思)가 생기(生起)한다. 이 네 가지[수·상·사·식]은 무색온(無色蘊)이며, 안은 색온(色蘊)이다. 이러한 법(法) 등을 인간[人]이라고 하며, 여기서 갖가지 인간의 개념[想], 이를테면 중생[sattva]·나라[nara]·마누샤[manuṣya]·마나바[māṇava]·뿌루샤[puruṣa]·뿌드갈라[pudgala]·지바[jīva]·잔뚜[jantu] 등을 만들어 낸다. 또, '내 눈이 색을 보고, 내 귀가 소리를 듣는다.……'고 하지만, 그 때의 '나[我]'란 주관적 관념[想]이고, 기억[誌]이며, 언설(言說)일 뿐이다.[51]

이 경문에서 중생이나 뿌드갈라 등의 명칭은 인간 일반을 나타내는 용어이지만, 철학적으로 심화될 때는 모두 윤회의 주체를 나타내는 용어가 될 수 있다. 여기서 주목해야 할 사실은 제온(諸蘊), 곧 네 가지의 무색온(無色蘊)과 색온(色蘊)이 바로 그러한 윤회의 주체이며, 그 밖에 따로 상일주재(常一主宰)하는 아나 실체적인 어떤 것도 존재하지 않는다는 점이다.[52] 말하자면 수(受)는 고(苦)·락(樂)·불고불락(不苦不樂)으로서 윤회의 결과이며, 행[思]은 업의 본질이니 윤회의 원인이다.[53] 아직 철학적 논의가 심화되지 않은 근본불교에 있어서 윤회의 주체는 무상(無常)·무아(無我)인 오온(五蘊)이며, 이 오온의 상속에 의해 윤회의 세계는 펼쳐지는 것이다.

---

51 『雜阿含經』13 (『大正藏』2 87하-88상), "眼色緣生眼識 三事和合觸 觸俱生受想思 此四無色陰 眼色 此等法名爲人 於斯等作人想衆生 那羅 摩菟闍 摩那婆 士其 福伽羅 耆婆 禪頭 又如是說 我眼見色 我耳聞聲.……是則爲想 是則爲誌 是則言說"

52 權五民, 앞의 책, 394면 참조.

53 『雜阿含經』2 (『大正藏』2, 11하), "諸覺相是受受陰 何所覺 覺苦 覺樂 覺不苦不樂 是故名覺相是受受陰.……爲作相是行受陰 何所爲作 於色爲作 於受想行識爲作 是故爲作相是行受陰"

또, 『잡아함경』제13권에는 윤회의 주체와 관련하여 근본불교의 분명한 입장이 보인다.

> 안(眼)이 생기할 때 오는 곳이 없으며, 소멸할 때 가는 곳이 없다. 이와 같이 안은 실체없이 생기하며, 생기해서는 바로 소멸해 버린다. 그러므로 업과 과보는 있지만, 업의 작자는 없다. 곧 전 찰나의 제온(諸蘊)이 소멸함과 동시에 다음 찰나의 다른 제온이 상속하는 것이다.[54]

곧 모든 것은 연기하는 것이며 찰나에 생멸한다는 것이다. 연기하는 세계에서는 실체적인 윤회의 주체는 있을 수 없으며, 근본불교에서 윤회의 주체라면 끝없이 연기하는 무상·무아인 오온일 뿐이라는 것이다. 그런데 연기설이나 무아설은 이해하기가 어렵고, 세간의 사람들은 대부분 제법이 있고 유정이 있다고 생각한다. 그래서 이들을 교화하기 위해 일부의 부파에서는 윤회의 문제에 있어서 유아적(有我的)인 방편을 취하게 된다. 아래에서는 유아적인 교설의 대표격인 독자부의 보특가라(補特伽羅, pudgala)와 화지부의 궁생사온(窮生死蘊), 그리고 경량부의 일미온(一味蘊) 등에 대해서 그 내용을 살펴보기로 한다.

(1) 독자부(犢子部)의 보특가라(補特伽羅)

독자부는 설일체유부보다 늦게 분파하였지만, 사상적으로는 매우 진보적인 뿌드갈라 사상이 있었다. 뿌드갈라는 인간 또는 영혼·아(我)·유정(有情)·명자(命者)라는 뜻이며, 인(人)·삭취취(數取趣)·중삭자(衆數者)라고 번역하는데, 다시 태어나서 죽어가는 주체를 말한다. 다시 말해서 뿌드갈라는 업을 짓고 그 결과로서 고락(苦樂)의 과보를 감수하며, 견문각지(見聞覺知)하고 윤회전생(輪廻轉生)하는 주체이다. 그리고 기억과 상기의 주체이며, 선악업에 대한 책임자이기도 하다. 이러한 교리는 중생들의 근기에 맞추어 설명된 교의로서는 매우 타당성이 있다고 볼 수 있으나, 후세에는 실유사상이라고 해서 배척된다.[55] 그러나 뿌드갈라는 실유로서 설명되는 것이 아니며, 가설로 설정된 것이다. 그 당시의 논사들이 불교의 무아사상에

54 『雜阿含經』13 (『大正藏』2, 92하), "眼生時無有來處 滅時無有去處 如是眼不實而生 生已盡滅 有業報而無作者 此陰滅而異陰相續"

55 吳亨根, 『唯識과 心識思想 硏究』(서울: 佛敎思想史, 1989), 40-41면 참조.

역행하여 실아사상(實我思想)에 집착하지는 않았을 것이다. 『이부종륜론(異部宗輪論)』에는 독자부의 본종동의(本宗同義)로서 다음과 같은 내용이 보인다.

> 뿌드갈라는 온(蘊)도 아니고, 온(蘊) 아닌 것도 아니며, 온(蘊)·처(處)·계(界)에 근거하여 임시로 시설되어진 명칭이다.……만약 제법(諸法)에 뿌드갈라가 없다면, 그것은 전세로부터 후세에로 전지상속(轉至相續할 수가 없다. 이와 같은 뿌드갈라가 있기 때문에 전이상속(轉移相續)이 있을 수 있는 것이다.[56]

독자부가 말하는 뿌드갈라는 상일주재(常一主宰)하는 실체적인 아가 아니다. 곧 그것은 온(蘊)·처(處)·계(界)에 근거하여 가립된 것으로 실체적인 것이 아니다. 뿌드갈라를 설정하는 이유는 만약 그것이 없으면, 윤회나 상속을 설명할 수 없게 되기 때문이라는 것이다.

『구사론』제29권에서는 독자부의 뿌드갈라를 다음과 같이 소개한다.

> 뿌드갈라가 있는데, 그 체(體)는 오온(五蘊)과 같지도 않고, 다르지도 않다.……우리가 세운 뿌드갈라는 당신이 따지는 실유(實有)나 가유(假有)라고 하는 것과 같지 않다. 다만 내적인 것이며 현재세에 해당하는 유집수(有執受)의 제온(諸蘊)에 근거하여 뿌드갈라를 세운 것이다.……이것은 세간에서 섶에 근거하여 불을 세우는 것과 같다.[57]

뿌드갈라는 오온과 같지도 않고 다르지도 않으며, 현재의 순간에 해당하는 유집수의 제온을 근거로 하여 설정된 것이다. 그러므로 그것은 실체적인 것이 아니며, 그것은 비유하자면 섶[諸蘊]에 근거하여 불[뿌드갈라]을 설정하는 것과 같다고 한다. 곧 섶을 떠나 불은 있을 수 없지만, 불과 섶은 같다고 할 수 없다. 만약 같다면 불과 섶은 동일한 것이 되고 만다. 그렇다

---

56 『異部宗輪論』(『大正藏』49, 16하), "補特伽羅非卽蘊離蘊 依蘊處界假施設名.……諸法若離補特伽羅 無從前世轉至後世 依補特伽羅可說有移轉"

57 『俱舍論』권29 (『大正藏』29, 152하), "有補特伽羅 其體與蘊不一不異.……非我所立補特伽羅 如仁所徵實有假有 但可依內現在世攝有執受諸蘊 立補特伽羅.……此如世間依薪立火"

고 다르다고도 할 수 없는데, 만약 다르다면 섶이 없이도 불은 탈 것이기 때문이다. 뿌드갈라도 역시 오온과 같다고도 다르다고도 할 수 없는 것이다. 만약 오온과 다르다면 그 본질[體]은 마땅히 상주[常]할 것이며, 같다면 오온과 더불어 단멸[斷]하고 말 것이기 때문이다.[58]

이와 같이 독자부가 주장하는 뿌드갈라의 본질은 실체적인 것이 아님에도 불구하고, 윤회의 주체임을 확실히 했기 때문에 다른 부파에 의해 유아론과 동일한 것으로 간주 되었으며, 세친 등의 유가행파에 의해서도 배척당하게 된다. 그러나 뿌드갈라설이 아뢰야식의 연원이 되는 사상임은 그 내용을 통해 충분히 알 수 있는 것이다.

(2) 화지부(化地部)의 궁생사온(窮生死蘊)

화지부는 상좌부의 계통이며, 교리의 특징은 과미무체설(過未無體說)과 종자상속설(種子相續說) 그리고 궁생사온(窮生死蘊) 등의 사상이 있다. 이 가운데서 궁생사온설은 화지부의 독특한 교설로서 인격이나 윤회의 주체라는 관념으로 나타난 것이다.

무착의『섭대승론』에서는 궁생사온을 다음과 같이 정의한다.

> 화지부도 다른 이름으로 이 식(識: 아뢰야식)을 말하며, 궁생사온이라고 일컫는다. (왜냐하면) 어느 곳 어느 때에 색심[五蘊]이 단절되더라도 아뢰야식 중의 그 종자는 단절되지 않기 때문이다.[59]

곧 처소와 시간에 따라 색(色)과 심(心: 오온)에는 단절이 있지만, 궁생사온은 아뢰야식 중의 종자처럼 단절이 없다는 것이다. 세친은『섭대승론석(攝大乘論釋)』에서 주석하기를,

> 화지부에서는 다른 이름으로 궁생사온이라고 부른다. 이렇게 부르는 이유를 해석하기 위해서 '어느 곳' 등이라고 말한다.
>
> '어느 곳'이라고 말하는 것은 무색계에서는 식(色)들이 없음을 말한다. '어느 때'라고 말하는 것은 무상정 등의 상태에서는 마음작용이 없음을 말

58 權五民, 앞의 책, 403-404면 참조.

59『攝大乘論』上(『大正藏』31, 134상), "化地部中亦以異門密意說 此名窮生死蘊 有處有時見色心斷 非阿賴耶識中彼種有斷"

> 한다. '아뢰야식 중의 그 종자는 단절됨이 없다'는 것은 아뢰야식 중의 색심(色心: 오온)의 훈습은 이것을 인(因)으로 삼아 색심이 다시 있게 됨을 말한다.[60]

라고 했다. 궁생사온은 무색계에 출생하거나 무상정이나 멸진정에 들어가도 단절되지 않고 상속된다는 것이다. 무성의 『섭대승론석(攝大乘論釋)』에는 좀 더 구체적으로 설명되어져 있다.

> 화지부 등에서는 세 종류의 온(蘊)이 있다고 한다. 첫째는 일념경온(一念頃蘊: 한 찰나 존재하는 온)으로서 한 찰나에 생멸하는 법이다. 둘째는 일기생온(一期生蘊: 일생동안 존재하는 온)으로서 죽을 때까지 항상 따라 굴러가는 법이다. 이것은 아뢰야식이 없으면 다른 식도 존재할 수 없는 것과 같다. 궁생사온은 아뢰야식과 명칭만 다를 뿐인데, 온들은 결정코 생사가 다할 때까지 계속되지 않기 때문이다.[61]

이러한 설명에서 무성논사는 궁생사온을 아뢰야식과 동일시하고 있음을 알 수 있다. 궁생사온은 생사윤회의 주체이며, 생사의 끝인 금강유정에 이르기까지 단절되지 않고 상속되는 것이다. 화지부가 육식구도의 교의에 입각하여 아뢰야식에 해당하는 것을 설명할려고 상정한 개념이 바로 궁생사온이다. 궁생사온설은 제8 아뢰야식의 연원이 되는 것으로, 후세의 호법논사도 『성유식론』에서 그러한 견해를 피력하고 있다.

(3) 경량부(經量部)의 세의식(細意識)과 일미온(一味蘊)

세의식(細意識)과 일미온(一味蘊)은 경량부가 주창한 개념이다. 경량부는 규기의 『성유식론 술기』에 의하면 상좌부에서 분파된 것이 불멸후 1세기까지 소급되며, 꾸마라따(鳩摩羅多, Kumārata)를 시조로 본다. 꾸마라따는 세심설(細心說)을 창안하였는데, 불멸후 400년경에 나타나는 실리타다(室利邏多, Śrilata)가 세심설의 내용을 보충하여 세의식 및 일미온설(一味蘊

---

60 世親, 『攝大乘論釋』2(『大正藏』31, 327상), "化地部中異門說爲窮生死蘊 爲釋此因說有處等言有處者 謂無色界無有諸色 言有時者 謂無想等諸定位中無有諸心 非阿賴耶識中彼種有斷者 謂阿賴耶識中色心熏習 由此爲因色心還有"

61 無性, 『攝大乘論釋』2(『大正藏』31, 386상), "化地部等者於彼部中有三種蘊 一者一念頃蘊謂一剎那有生滅法 二者一期生蘊 謂乃至死恒隨轉法 三者窮生死蘊 謂乃至 得金剛喻定恒隨轉法 此若除彼阿賴耶識 餘不應有 但異名說阿賴耶識 如名諸蘊決定無有窮生死故"

說)을 정립하였다. 일미온은 세우(世友)의 『이부종륜론(異部宗輪論)』에서 근변온(根邊蘊)과 더불어 언급되고 있는데, 규기는 『이부종륜론술기(異部宗輪論述記)』에서 이것을 다음과 같이 설명한다.

> 일미온은 무시이래 전전화합하여 변하지 않고 계속되는 것으로서, 일찌기 간단이 없이 존재하는 세의식이다. 이것은 네 가지 온들을 갖추고 있다. 근변온(根邊蘊)에서 근(根)이란 앞에서 말한 세의식이다. 생사에 머무는 [윤회하는] 유정들의 근본이기 때문에 근(根)이라고 말한다. 이 근본으로부터 오온이 생기한다. …… 따라서 일미온은 근본이므로 중단[邊]된다고 할 수 없다. 그 이외의 중단되는 오온의 法은 부수적인 것이 일어나는 것이기에 근변온이라고 한다.[62]

세의식은 일미온과 근변온으로 분류된다. 일미온은 오온의 근본으로서 무시이래로 동일[一味]하게 전전하고 화합하여 단절되지 않는 것이다. 근변온은 일미온에 훈습된 종자의 공능에서 발생되는 오온과 심작용을 말한다. 그러므로 일미온은 수·상·행·식을 속성으로 하는 세의식임과 동시에 윤회의 근본체가 되는 것임을 알 수 있다.[63] 이러한 경량부의 세의식 곧 일미온설은 아뢰야식설에 영향을 미치게 되고, 멸진정의 상태에서도 단멸되지 않는 것이므로 아뢰야식설의 연원이 되는 것임을 알 수 있겠다.

### 3. 대승불교에서의 아뢰야

#### 1) 아뢰야식설(阿賴耶識說)

불교는 삶을 얘기하고, 그래서 일상을 떠나지 않는다. 삶은 신·구·의의 삼업에 의해 이루어지며, 그러한 업력에 의해 중생들의 윤회의 세계가 펼쳐지게 되는 것이다. 그런데 그러한 업의 습기가 어디에 보존되어 있다가 어떻게 과보를 발생시키고 생사윤회를 가능하게 하는가라는 어려운 문제는 여전히 그대로 남는다. 곧 업력의 보존 장소와 윤회주체의 문제가 심각

62 窺基, 『異部宗輪論述記』(『新纂卍續藏經』71, 589하-590상), "一味者 卽無始來展轉和合一味而轉卽細意識曾不間斷 此具四蘊 有根邊蘊者 根謂向前細意識住生死根本故 說爲根由此根故有五蘊起 ……然一味蘊是根本故不說言邊 其餘間斷五蘊之法是末起故名根邊蘊"

63 吳亨根, 앞의 책, 45면 참조.

하게 대두되는 것이다. 그래서 몇몇 부파에서는 업력을 보존하면서 윤회를 가능하게 하는 윤회의 주체를 상정했다. 앞에서 언급한 바 있는 독자부의 뿌드갈라·화지부의 궁생사온(窮生死蘊)·경량부의 세의식 일미온 등이 그것이며, 업력의 보존 장소에 대해서는 경량부의 색심호훈설(色心互熏說) 등이 바로 그것이다. 이러한 술어들의 주제는 아뢰야식설의 선구적인 이론이라고 할 수는 있지만, 내용상 불합리하다고도 불충분한 점을 많이 내포하고 있었다. 그래서 유가행파에서는 경량부의 종자설을 받아들여 의미를 새롭게 하고, 종자를 담지하는 아뢰야식설을 창안함으로써 한없이 다양한 현상들을 하나의 간단한 구도와 다양한 의미를 함축하고 있는 아뢰야식으로써 그때까지 해결되지 않은 많은 문제점들을 합리적이고도 간결하게 해결한다.

(1) 아뢰야의 의미

앞에서도 살펴본 것처럼 **ālaya**는 동사 **ā-li**로부터 나온 파생어이며 명사화한 것으로서 , 여기에는 본래 두 가지의 의미가 있다. ㉠'집착하다'와 ㉡'저장하다[되다]'라는 의미인데, 아뢰야는 이 가운데서 ㉠를 취하면 '집착'의 의미가 되고, ㉡를 취하면 '저장'의 의미가 된다. 그리고 '저장'을 다시 분석하면, ⓐ저장하다 ⓑ저장되다의 두 가지의 의미로 나뉜다. **ālaya**식에서 **ālaya**를 ⓐⓑ 두 가지의 뜻으로 해석하면, 다음과 같은 두 가지의 성질을 가지므로 아뢰야식이라고 한다.

ⓐ 어떤 것을 저장하므로 아뢰야식이다.
ⓑ 어떤 장소에 저장되므로 아뢰야식이다.

아뢰야식의 ⓑ의 성질은 그때까지 그다지 주목되지 않았지만, **ālaya-vijñāna**라는 술어를 처음 만든 사람들은 이 식의 개념에 ⓑ의 성질도 충분히 고려하였다.[64] 아뢰야식은 과거의 모든 경험내용을 저장하는 장식(藏識)이며, 또한 그것들이 저장되는 곳이다.

처음으로 아뢰야식을 설한 『해심밀경(解深密經)』에는 이 식이 아뢰야식으로 불리는 이유를 다음과 같이 서술한다.

---

64 橫山紘一, 앞의 책, 118면 참조.

또한 아뢰야식이라고 한다. 왜냐하면 이 식은 신체에 내재하고 잠재하여 안위(安危)를 함께 한다는 의미가 있기 때문이다.[65]

아뢰야식은 신체 속에 내재하고 잠재해 있기 때문에 아뢰야식으로 불린다는 것이다. 이처럼 초기의 유식논사들은 ālaya를 '잠재하는 것'으로 받아들여서, 신체 속에 잠재하는 근원적인 식을 아뢰야식이라고 이름붙였다. 아뢰야식의 ālaya는 또 한 가지 중요한 의미를 갖고 있는데, 앞에서 말한 ⓐ '어떤 것을 저장하는 창고'라는 의미이다. 아뢰야식은 그 안에 모든 법(法)을 습기(習氣, 種子)의 형태로 저장하고 있다. 습기는 과거의 業의 인상(印象)이므로, 모든 법의 결과로서 저장되어 있는 것이 된다. 잠재적인 식을 발견한 요가 수행자들은 그것이 마치 종자[습기]를 저장하는 그릇 내지 창고와 같은 것으로 이해하고, 그런 뜻을 갖는 ālaya를 붙여서 ālaya-vijñāna를 명명하기에 이르렀을 것으로 생각된다.[66]

세친도 아뢰야식의 개념을 받아들일 때 '아뢰야'를 이와 같은 의미로 이해하고 사용한 것은 그의 저작을 통해 분명히 알 수 있으며, 그러한 점은 아래에서 밝혀진다.

(2) 아뢰야식의 삼상(三相)

『유식삼십론송(唯識三十論頌)』 제2송(頌)의 후 반송은 다음과 같다.

첫번째의 능변식은 아뢰야식이고
이숙식이며 일체종자식이다.[67]

'첫번째[初]'라는 말은 아뢰야식이 으뜸가는 식체(識體)이며 모든 식의 근원이 되는 근본식임을 표명하는 것이다. 이러한 아뢰야식은 육체를 유지하는 기능[五根의 執受]이 있으며, 몸과 마음이 조성한 업력[種子]를 보존하는 기능이 있고, 윤회의 주체로서 계속하여 새로운 생존상태를 형성해 가는 기능이 있다. 이와 같이 아뢰야식은 광범위한 역할과 기능을 가지고 있

65 『解深密經』 1 (『大正藏』 16, 692중), "亦名阿賴耶識 何以故 由此識於身攝受藏隱同安危義故"
66 橫山紘一, 앞의 책, 119-120면 참조.
67 『唯識三十論頌』, 60중, "初阿賴耶識 異熟一切種"

으므로, 그 특성을 세 가지로 분류하여 설명하는데 이를 아뢰야식의 삼상(三相)이라고 한다. 삼상(三相)은 제8식에 구유된 자상(自相)·과상(果相)·인상(因相)의 세 가지 측면을 말하며, 송문(頌文)에 아뢰야식·이숙식·일체종자식이라고 열거한 것이 순서대로 그것에 해당한다. 이 세 가지 특성을 잘 이해하면, 아뢰야식의 전체적인 모습과 내용을 잘 파악할 수 있다.

① 아뢰야식의 자상(自相)

아뢰야식 그 자체만의 고유한 특성을 말한다. 아뢰야식은 아뢰야의 본래적 의미인 '제법을 전개할 바탕이 되는 일체의 종자를 함장했다'는 뜻으로부터 장식이라고 번역되는데, 이 '아뢰야' 곧 '장(藏)'이 바로 제8 아뢰야식의 자상이다. 그러므로 제8식을 '아뢰야식[ālaya-vijñāna]'이라고 부르는 것은 제8식의 자상의 측면에서 붙인 명칭인 것이다. 이와 같이 아뢰야식은 과거의 경험이나 업력이 보존되는 장소이며, 제법이 전개되는 바탕이 되는 식이라는 의미를 가지고 있다.

『성유식론』제2권에 의하면, 이 장식의 '장(藏)'에 능장(能藏)·소장(所藏)·집장(執藏)의 세 가지 의미가 있으며, 이것을 뢰야삼장(賴耶三藏)이라고도 하고 장삼의(藏三義)라고도 한다. 능장은 아뢰야식이 제법[일체 현상]을 전개하고 생기하게 하는 업력[종자]을 능동적으로 간직하는 것을 말하며, 소장은 아뢰야식이 전7식이 조성한 종자를 보존하는 처소가 되는 것을 말한다. 집장은 제7 말나식이 무시이래로 아뢰야식의 견분을 대상으로 하여 실체적인 我라고 집착하는데, 이처럼 아뢰야식이 말나식으로부터 실체아(實體我)로 집착되는 것을 말한다.

능장에서는 아뢰야식이 주관[能]이 되고, 종자가 객관[所]이 된다. 소장에서는 7전식이 주관[能]이 되고, 아뢰야식이 객관[所]이 된다. 집장에서는 제7 말나식이 주관[能]이 되고, 아뢰야식이 객관[所]이 된다. 능장은 아뢰야식이 과거의 경험이 잠복된 상태[종자]로서 미래 경험의 원인이 되는 측면을, 소장은 아뢰야식이 훈습(熏習) 곧 경험이 아뢰야식에 인상지워지는 것을 받아들이는 측면을, 집장은 아뢰야식이 말나식에 의해 실체적인 자아로 애착되는 측면을 나타내고 있다.

아뢰야식은 말나식의 사량(思量)에 의해 제8식이 아집의 대상으로 되는 단계에 붙여진 명칭이다. 『증일아함경』에서는 아뢰야의 의미에 애(愛)·락(樂)·흔(欣)·희(憙)의 네 가지가 있다고 말하는데, 이 또한 집장과 같은 의미인 것을 알 수 있겠다.

② 아뢰야식의 과상(果相)

과거의 업인으로 생겨난 과체(果體)를 과상(果相)이라 한다. 제8(아뢰야)식은 전생에 지은 선(善)·악업(惡業)의 과보로서 받은 총보(總報)의 주체이다. 항상 끊임없이 상속하는 제8식을 초감(招感)할 업인은 반드시 강성한 선업이나 악업임이 요구되는데, 그래야 다음 생을 불러올 수 있는 힘이 있게 되기 때문이다. 선업은 락과(樂果)를, 악업은 고과(苦果)를 감수하게 되는데, 이 때 고락의 두 과보는 선도 아니고 악도 아닌 무기법(無記法)이므로 이숙(異熟)이라 한다.

예를 들자면, 우리의 육체 그 자체는 선도 아니고 악도 아닌 이숙무기의 과체이지만, 이 과체를 내게 하는 업인은 선이나 악의 업이므로 그 인과 과의 성질이 달라졌다는 뜻으로 이숙[vipāka]이라 한다. 그러므로 제8식을 이러한 과거 선·악업의 과보라는 측면에서는 이숙식(異熟識)이라고 부르는 것이다.

③ 아뢰야식의 인상(因相)

만법을 생기하게 하는 원인이 되는 특성을 인상(因相)이라 한다. 제8식은 유위나 무위, 유루나 무루 및 색이나 심 등 일체법의 종자를 모두 간직하고 있다는 뜻에서 일체종자식(一切種子識)이라 불린다. 제8식에 저장되어 있는 종자[因]는 현행할 연을 만나면, 모든 존재물·사상을 산출하게 되는데, 현상을 산출하는 근원[원인:종자]이 되거나 가지고 있다는 측면을 일체종자식 또는 집지식(執持識:adāna-vijñāna)이라고 하는 것이다. 일체법의 종자를 집지하여 잃어버리지 않고 보존하는 능력은 다른 식에는 없는 이 제8식만의 특질이다.

이숙식(異熟識)과 일체종자식(一切種子識)은 아뢰야식의 다른 이름이다. 이숙이란 선악의 업인(業因)에 의해서 감득(感得)된 유정총보(有情總報)인 무기(無記)의 과체(果體)를 말한다. 아뢰야식은 선악의 인업(引業)에 초감된 삼계(三界)·오취(五趣)·사생(四生)의 이숙의 과체이기 때문에, 이숙이라는 것은 이 식의 과상이다. 과거의 선·불선업의 과보에 의해 이끌리므로 과보식(果報識), 또는 그 인업소감(引業所感)의 이숙이기 때문에 이숙식이라고도 하는 것이다.[68] 일체종자식이란 전7식의 업의 결과가 아뢰야식에 종자로서 저장되어, 모든 법을 생기하는 인(因, 種子)이 된다는 의미이므로 이 식의 인상(因相)이 된다. 업은 그 영향력을 아뢰야식 속에 남기는데, 그 남겨진 영향력이 종자이다. 이것은 의식의 영역에서는 직접 지각되지는 않지만, 모든 존재를 발생시키는 가능태로서 심층심리 속에 잠재한다고 생각되는 것이다. 이와 같이 아뢰야식은 전세의 업의 총보(總報)이면서, 일체의 종자를 담지(擔持)하는 식인 것이다.

④ 제8식의 삼상(三相)과 삼위(三位)의 관계

유식의 교학은 위에서 살펴본 바와 같이 삼상(三相)의 구조 아래 만법을 아뢰야식의 변현(變現)으로 설명하면서 유심론을 수립한다. 이러한 설명구도는 일체를 아뢰야식에서 연기한 것이라고 파악하기 때문에, 이것을 '아뢰야식연기'라고 한다.

제8(아뢰야)식은 아뢰야식의 삼장의(三藏義) 중에서 집장(執藏)의 뜻이 있는 기간과 경지 등을 수행의 계위에 따라 세 가지로 나뉜다. 제8(아뢰야)식의 자상(自相)은 범부로부터 보살의 제7지까지, 이승의 경우에는 유학의 성자위에 있는 자까지 갖는다고 하며, 이 지위를 아애집장현행위(我愛執藏現行位)라고 한다. 왜냐하면 제7지 이전의 보살들이나 유학위의 성자들은 아뢰야식에 의지하여 안정을 욕구하는 경향성이 있는데, 이것은 그들에게는 아직도 아집이 현행하고 있음을 의미하는 것이기 때문이다. 이 기간과 경지까지의 제8식을 'ālaya'식이라고 한다.

보살의 제8지 이후 또는 이승의 무학위의 성자[아라한]는 아집이 없기 때문에 제8(아뢰야)식은 그 자상을 버리는데, 다만 이숙식인 과상이 남는다고 하며, 이 지위를 선악업과위(善惡業果位)라고 한다. 제8지 이상 제10지까지의 보살들이나 무학위의 성자들은 아집은 없어졌지만 아직 선악업의 과보가 상속되고 있는 기간이므로, 이때의 제8식을 'vipāka'식이라고 한다.

불과에 이르면 이숙식의 과상도 떨어지는데, 유정에게 이익을 행하기 위해 일부러 제법의 종자 및 오근을 집지하여 버리지 않고 상속케 한다고 하며, 따라서 종자식인 인상(因相)만이 남는다. 이 지위를 상속집지위(相續執持位)라고 한다. 또한 중생들은 유루와 무루의 종자들을 함께 가지고 있

68 深浦正文, 앞의 책, 126면 참조.

으나, 구경의 불지까지도 무루의 종자만은 가지고 있으므로, 이때의 제8식을 'adāna(執持)'식이라고 부르는 것이다. 이상을 제8(아뢰야)식의 삼위(三位)라 한다.

삼상(三相)의 자상에서 알 수 있듯이 아뢰야식의 본래적인 의미는 삼장 중에서 집장임이 확실하다. 이와 같이 집장이 아뢰야식의 자상이며, 불교의 수행이 아집을 끊어가는 것이라면, 아뢰야식은 범부로부터 부처가 되는 전미개오(轉迷開悟)의 도가 되는 것으로서, 여실히 그 특질을 알아야 할 것이고 의지해야 할 곳이기 때문에, 아뢰야식을 다른 이름으로 소지의(所知依)라고도 하는 것이다.[69]

(3) 아뢰야식의 소연(所緣)과 행상(行相)

이어지는 제3송에서는 아뢰야식의 소연(所緣)과 행상(行相)을 밝히고 있는데, 그 내용은 다음과 같다.

집수(執受)와 기세간[處]의 요별작용(了別作用: 了)을 감지하기 어렵도다.[70]

집수(執受)와 처(處)는 아뢰야식의 소연(所緣)을 가리키고, 요(了)가 행상(行相)을 나타낸다. 집수(執受, upādi)는 유근신과 종자를 말하며, 처[sthāna]는 유정의 소의처(所依處)인 기세간(器世間)이다. 집수의 집은 섭지(攝持)로서 아뢰야식과 함께 안위(安危)를 같이하는 것[71]이고, 수(受)는 영각(領覺)으로서 아뢰야식이 능히 각수(覺受)를 생기하게 하는 것이다. 그러므로 결국 아뢰야식이 유정의 체로서 능히 그것을 임지(任持)하여 자기의 대경으로 삼고 그것에 감각이 생기도록 하는 것을 말한다. 유근신은 유정의 색신[신체]을 가리키고, 종자는 일체 유루삼성(有漏三性)의 제법종자를 말한다. 기세간은 산천초목 등의 모든 외계를 가리킨다. 그것은 어느 것이나 유정에게 수용되어진 것이기 때문에 기(器)라 하고, 그러한 세간이므로 기세간 혹은 기세계라고 한다. 그 체는 색·성·향·미·촉의 오진(五塵)으로 이루어진 것이다. 이것은 안위를 공동(共同)으로 하거나 능생각수(能生覺受)로 하거

69 『佛光大辭典』4, 3677면 참조.
70 『唯識30論頌』, 60중. "不可知執受 處了"
71 곧 제8식이 善趣라면 종자나 유근신도 善趣[安]이며, 惡趣라면 더불어 惡趣[危]가 되는 것을 뜻한다.

나 집수의 뜻이 없기 때문에 외경으로 삼는다. 다만 그것은 심외(心外)의 경(境)의 뜻이 아니고 외처존재(外處存在)의 뜻이다. 곧 제8아뢰야식이 현행할 때 그 친인연(親因緣)과 증상연(增上緣)의 힘에 의해서 안으로는 종자 및 유근신을 변현하고 밖으로는 기세간을 변현해서 그것을 소연(所緣)으로 하는 것을 말한다.[72] 아뢰야식은 이러한 육체를 유지하는 기능과 본식(本識)의 친소연(親所緣)인 종자·유근신 및 기세간을 변현해서 소연으로 하는 기능이 있다.

그리고 '요(了)'라는 것은 요별(了別, vijñapti)의 의미로, 능연(能緣)인 견분(見分)의 작용을 말한다. 이것을 행상(行相)이라고 하는 것은 능연인 마음[見分]이 소연의 체상(體相: 상분)에 작용해서 인식하는 의미를 나타낸다.

그리고 '감지하기 어렵다[不可知]'라고 한 것은 앞에서 말한 아뢰야식의 소연과 행상이 미세 또는 광막해서 범부의 사려로는 도저히 요지하지 못하는 것을 나타낸다. 곧 행상인 연변(緣變)의 모양은 지극히 미묘하므로 해료(解了)할 수 없으며, 또한 소연 중에서 종자·오근도 매우 은밀하므로 식별할 수가 없다. 소의처인 기세간은 그 양이 광막하여 헤아려 알 수가 없는 것이다. 따라서 이 소연·행상에 관해서 '불가지'라고 말한 것이다.

(4) 상응하는 심소(心所)

제3송의 제2·3·4구에서는 제8아뢰야식과 상응하는 심소를 다음과 같이 밝히고 있다.

> 항상 촉(觸)·작의(作意)·수(受)·상(想)·사(思)와 상응(相應)한다.[73]

심소는 상응법(相應法)이라고도 하며, 심왕[識]에 상응해서 일어나는 마음의 작용이다. 심왕이 작용할 때 거기에 수반되는 여러 가지의 종속적인 마음작용을 심소라고 하며, 유식사상에서는 51법으로 나눈다. 지금 초능변(初能變)의 아뢰야식과 상응하는 심소는 다섯 가지의 변행심소(遍行心所)이다. 이 심소들은 8식의 어떠한 식이 일어나도 반드시 거기에 상응해서 일어나는 종속적인 작용이므로 이러한 명칭을 얻게 되었다. 『성유식론』에서는

72 深浦正文, 앞의 책, 167-170면 참조.
73 『唯識三十論頌』, 60중, "常與觸 作意受想思相應"

아뢰야식은 유루(有漏)·무루(無漏)의 단계를 불문하고 전의(轉依)를 이루기 이전까지 일체의 위(位)에서 항상 5변행심소와 상응한다고 한다.

촉(觸, sparśa)이란 심법을 대상[境]으로 향하게 하고 접촉하게 하는 작용을 갖는 심소이며, 그 작용은 근(根)·경(境)·식(識)의 삼사가 화합함으로써 생긴다. 나아가 삼사의 화합이 원인이 되어 생긴 결과로서의 촉이 더욱 더 그들 셋을 결합하게 하는 작용을 한다. 그리고 마음이 대상에 접촉하면 작의(作意)·수(受)·상(想)·사(思)의 심소도 생기하기 때문에 촉은 작의·수 등의 심소의 소의가 된다. 곧 촉은 심법과 경의 인식론적 접촉에서 생기하며, 모든 심작용을 생기하게 하는 최초의 심작용이다.

작의(作意, manaskāra)는 마음을 구체적으로 활동시키고, 마음을 어느 일정한 대상으로 향하게 하는 심소이다. 곧 대상이 무엇인지 구체적으로 알아보려고 하는 심작용을 말한다.

수(受, vedanā)는 소연(所緣)의 대상을 고(苦)나 락(樂) 및 사(捨)로 감수[領納]하는 심소이며, 순경(順境)에 대해서는 애착을 일으키고 위경(違境)에 대해서는 불쾌감[非愛]을 일으키는 등의 情的인 마음작용이다.

상(想, saṁjñā)은 감각기관을 통해 얻어진 감각적 소재를 통합하여 하나의 표상으로 구체화시키는 심작용이다. 대상의 특수성 내지 특질을 인지하는 개념·지각작용이며, 언어를 발생시키는 지적인 마음작용이다.

사(思, cetanā)는 대상에 대하여 여러 가지 마음의 내용을 조작하며, 그것에 의해 선(善)·악(惡)·무기(無記)의 구체적인 행위를 일으키게 하는 의지작용이다. 여기서 업이 생겨나고, 이 의지를 통해 행위가 선(善) 혹은 악(惡)이라는 윤리적 가치를 띠게 된다. 유식사상은 모든 업(業)을 마음으로 환원하는데, 업의 본질을 이루는 것이 바로 이 사심소(思心所)이다.

(5) 오수(五受)에 있어서의 상응

제3송의 제4구는

오직 사수(捨受)뿐이다[74].

라고 되어 있다. 앞에서 아뢰야식은 5변행심소와 상응한다고 서술했으므로, 아뢰야식은 수심소(受心所)와 항상 상응하는 것이 된다. 수(受)의 심소

74 같은 論頌, 같은 면, "唯捨受"

(心所)에는 삼수(三受) 또는 오수(五受)가 있다. 삼수(三受)는 고수(苦受)·락수(樂受)·사(捨)[不苦不樂]수(受)이며, 오수(五受)는 여기에 우수(憂受)와 희수(喜受)를 더한 것이다. 오수(五受)는 삼수(三受)에서 고수(苦受)를 다시 고수(苦受)와 우수(憂受)로, 락수(樂受)를 다시 락수(樂受)와 희수(喜受)로 나누고, 여기에 사수(捨受)를 더해 다섯 종류로 한 것이다. 오수(五受)에서 고(苦)·락수(樂受)는 전오식상응(前五識相應)의 신수(身受)이며 무분별(無分別)의 감수작용이고, 우(憂)·희수(喜受)는 제6의식(第6意識) 상응(相應)의 심수(心受)이며 유분별의 감수작용인 것이다. 그런데 아뢰야식은 사수[捨, upekṣāvedanā]하고만 상응한다고 밝히고 있다. 사수는 고(苦)도 락(樂)도 아닌 감수작용을 말한다.

아뢰야식의 행상은 지극히 불명료(不明了)해서 순(順)·위(違)의 경상(境相)을 분별할 수는 없지만, 심층적인 마음으로서 매우 미세해서 일류상속(一類相續)하는 것이기 때문에 오직 사수와만 상응한다. 또, 이 식은 진이숙(眞異熟)이므로 상응하는 수(受)도 또한 진이숙이 아니면 안 되기 때문에 사수임을 요한다. 또한, 이 식은 일류상속하여 전역(轉易)이 없기 때문에 제7식이 집착하여 아견을 일으키는 것이므로, 상응하는 수(受)는 반드시 사수여야 하는 것이다. 만약 칠전식(七轉識)처럼 전역하는 식이거나 전6식과 같은 이숙생의 식이라면 고·락이나 우(憂)·희(喜)의 수(受)와 상응하게 된다.

(6) 삼성(三性)에 있어서의 소속(所屬)

제4송의 제1·2구의 내용은 다음과 같다.

이것은 무복무기(無覆無記)이며, 촉(觸) 등도 또한 이와 같다[75].

삼성(三性)이라는 것은 선과 불선[惡]과 무기(無記)의 세 가지 성류(性類)의 의미로서, 법(法)을 종교·도덕적인 성질의 측면에서 분류한 것이다. 그런데 무기는 그것이 염(染)인지 불염(不染)인지에 따라서 유부(有覆)와 무부(無覆)의 둘로 나눌 수 있기 때문에 삼성의 내용은 네 가지가 되고, 그 중에서 아뢰야식은 무부무기성(無覆無記性)이라는 것이다.

아뢰야식이 무부무기(無覆無記)이지 않으며 안 되는 이유를 『성유식론』

75 같은 論頌, 같은 면, "是無覆無記 觸等亦如是"

에서는 세 가지로 열거하고 있다. 즉 첫째로는 아뢰야식이 이숙성[眞異熟]이기 때문이며, 그 이숙이라는 것은 성류(性類)를 달리해서 생기는 것이다. 따라서 아뢰야식은 선·악의 업에 이끌린 총보의 과체이므로 무기이지 않으면 안 된다. 만일, 이것이 무기가 아니라면, 유정의 유전(流轉)과 환멸(還滅)은 있을 수 없게 된다. 요컨대 만일 아뢰야식이 선이라고 고정되면 유정은 선과만을 끌어당겨 유전하지 않게 되고, 반대로 불선이라면 유정은 염오(染汚)의 업만을 지어서 환멸로 향할 수 없기 때문이다. 둘째로는 아뢰야식은 선(善)·염(染) 어떤 쪽에서건 의지하는 바가 되기 때문에 무복무기라고 한다. 만일 선이거나 악이라면 선법만을 또는 염법(染法)만의 소의(所依)가 될 뿐이며, 쌍방의 소의는 될 수 없는 것이 된다. 그리고 셋째로는 이 식은 소훈처(所熏處)이기 때문에 무부무기이지 않으면 안 된다고 한다. 곧 아뢰야식은 전7식에서 삼성의 어느 쪽의 종자도 훈습할 수 있기 때문에, 만약 선 또는 염만이라면 다른 성(性)의 것에 대해서는 훈습이라는 것이 성립할 수 없게 된다. 훈습이 없다면 아뢰야식을 근본으로 하는 염·정의 인과관계도 성립할 수 없게 되기 때문이다. 따라서 이런 이유들에 의해 아뢰야식은 무부무기성이라고 한다. 여기서 말하는 무부라는 것은, 부(覆)는 성도(聖道)를 장애하는 염법, 또는 마음을 가려서 부정케 한다는 의미이므로 '성도를 장애하지는 않는다'는 말이다.[76] 아뢰야식은 이런 점에서 염이 아니며, 뒤에서 설명할 제7말나식이 유부(有覆)임에 대해서는 무부(無覆)라는 것이다.

다음에 송문(頌文)의 '촉(觸) 등(等)도 또한 이와 같다'라는 것은 아뢰야식[心王]이 무부무기이기 때문에 상응의 심소도 여기에 따라서 무부무기성이라는 것을 말한다. 촉(觸) 등(等)[sprśâdayah]이라는 것은 촉(觸)·작의(作意)·수(受)·상(想)·사(思)의 심소를 가리킨다. 이들 심소가 심왕에 따르는 것에 대하여 『성유식론』에서는 성류(性類)뿐만이 아니라, 오의(五義)의 예동(例同)의 의미가 있다고 한다. 곧, 촉(觸) 등의 심소는 아뢰야와 같이 ㉠ 이숙(異熟)일 것 ㉡ 소연(所緣)·행상(行相)이 다 불가지(不可知)일 것 ㉢ 종자(種子)·오근(五根)·기계(器界)의 삼경(三境)을 연(緣)으로 할 것 ㉣ 다섯의 심소 가운데서 각자를 제외한 다른 사법(四法)과 여기에 제 8심왕을 더한 오법(五法)에 상응할 것 ㉤ 무부무기성인 것이 모두 각각의 심소(心所)에 대해 예동(例同)한다는 의미이다.[77]

---

76 『成唯識論』, 12상.

(7) 아뢰야식의 인과(因果)와 비유 및 복단(伏斷)의 위차(位次)

또, 계속되는 제4송 제3·4구의 내용은 다음과 같다.

> 항상 유전(流轉)하는 것이 폭포수와 같도다.
> 아라한위(阿羅漢位)에서 버리네.[78]

유정으로서의 아뢰야식이 상속하는 것을 폭포수에 비유한 것으로, 그 상속의 인과가 연기의 도리에 어긋남이 없다는 것을 말하는 것이다. 곧 제8아뢰야식은 단멸하는 것도 아니고 상주하는 것도 아니며 항상 유전하는 것에 의하여 상속되는 것을 서술하고 있다. '항(恒)[항상]'이라는 것은 비단(非斷)의 뜻으로, 그것은 이 식이 무시이래 오로지 상속해서 끊임이 없는 것을 나타낸다. 그러므로 아뢰야식은 삼계(三界)·오취(五趣)·사생(四生)의 근본이 되어 상속하며, 또 그 성(性)이 견주(堅住)해서 제법의 종자를 잘 보호유지(保護維持)하여 그것을 잃어버리는 일이 없다.

그리고 '전(轉)[流轉]'이란 비상(非常)의 의미로, 그것은 이 식(識)이 무시이래로 찰나찰나에 생멸하여 변화하기 때문에 실아(實我)와 같이 상일주재(常一主宰)한 것이 아님을 말한다. 그것은 이 식(識)이 항상 7전식(轉識)의 종자를 훈습시키며 변화하고 있는 것에서도 알 수 있는 것이다. 이와 같은 비단(非斷)·비상(非常)의 아뢰야식의 인과상속의 교설은 아뢰야식이 유정이라는 존재의 중심주체이면서도 실아(實我)와 같이 상일주재하는 것이 아니라는 것을 의미한다. 바로 '폭포수와 같다'는 말은 물의 흐름으로써 제8아뢰야식의 흐름을 형용한 것으로 아뢰야식이 常住하는 것이 아님을 밝혀서 ātman과 다른 성질의 것임을 명백히 하고 있는 것이다.

아공관(我空觀)을 닦아 아라한위(阿羅漢位)에 이르면 분별아집(分別我執)이 끊어지는데, 이 때의 아뢰야식은 제7말나식이 상응하는 아견에 의해 아라고 집착되지 않으므로, 곧 아뢰야식의 아애집장(我愛執藏)의 명칭이 제거되므로 아라한위에서 버려진다고 했다. 여기에서 주의해야 할 것은 단(斷)사(捨)라고 해도 그것은 아뢰야의 명칭을 버린다는 의미이지 제8식의 체마

---

77 같은 論, 12중.

78 『唯識30論頌』 60중, "恒轉如瀑流 阿羅漢位捨"

저 없어진다는 것은 아니다. 아뢰야는 일체의 잡염법(雜染法)을 잃지 않고 있는 범부와 유학위(有學位)에서의 명칭이다. 제8식의 여러 가지 이명(異名) 가운데 심(心)·아타나(阿陀那)·소지의(所知依)·종자식(種子識) 등의 명칭은 각각 이 식의 특성을 나타내며,[79] 이들의 명칭은 범부와 성자를 불문하고 일체의 자리[位]를 통해서 존속하는 것이다.

### 4. 텍스트별 용례

아뢰야식 사상에 대하여 앞에서는 주로『해심밀경(解深密經)』과『성유식론(成唯識論)』에 나오는 내용을 중심으로 하여 살펴보았으므로, 이제부터는 다른 대승론부에서는 아뢰야식설이 어떻게 나타나고 있는가를 살펴보고, 아울러 그 명칭과 사상의 성립 및 여러 기능에 대하여 고찰해 보기로 한다.

#### 1) 대승론부(大乘論部)의 아뢰야식(阿賴耶識) 사상(思想)

대승론부의 양은 엄청나게 많으므로, 유가계(瑜伽系)에만 국한시키고 그 중에서도 중요하게 다루어지는 몇 가지 논부의 내용만을 살펴보고자 한다.

(1) 유가사지론(瑜伽師地論)[80]

유가사지론은 부파불교의 아비달마 문헌에서 많이 설해진 교의개념이나 대승의 여러 경전에서 설해진 여러 가지의 교의개념들을 널리 수집하고 종합하여, 새로운 방침 아래 편성 개정함으로서 그것에 의해 대승교의의 형식적인 체계를 수립하려고 의도한 것이다. 이 논서는 '본사분(本事分)·섭결택분(攝決擇分)·섭석분(攝釋分)·섭이문분(攝異門分)·섭사분(攝事分)'의 다섯 분으로 구성되어 있는데, 그 가운데 심식설(心識說)은 '본사분(本事分)'과 '섭결택분(攝決擇分)'에 주로 나타나 있음을 볼 수 있다. 특히 '섭결택분(攝決擇分)'에서 아뢰야식의 중요성을 강조하여 자세하게 설하고 있다. 따라서 여기서는 다만 '섭결택분(攝決擇分)'에 보이는 아뢰야식의 존재와 성질에 대하여 몇몇 문구를 인용하여 그 내용을 알아보고자 한다.

---

79『成唯識論』3, 13하.
80 彌勒菩薩 說, 玄奘 譯,『瑜伽師地論』(百卷), (『大正藏』30卷, 279-882)

'섭결택분(攝決擇分)'에서는 아뢰야식(阿賴耶識) 존재(存在)의 성교량(聖敎量)으로서『해심밀경(解深密經)』권1의,

아타나식은 매우 심오하고 미세하며, 일체종자식은 폭포수의 흐름과 같도다. 나는 범부와 어리석은 무리에게는 열어 보이지 않느니, 그들이 분별하고 집착해서 (實)我로 삼을까 저어하기기 때문이니라.[81]

라는 게송을,

세존께서는 아타나식은 매우 심오하고 이세하여 일체종자식은 폭포수의 흐름과 같도다. 나는 범부와 어리석은 우리에게 열어보이지 않나니, 그들이 분별하고 집착해서 실재하는 나로 삼을까 저어하기 때문이다.[82]

라고 그대로 인용하고 있음에서 불구하고, '아뢰야식'의 이름은 보이지 않고 다만 '아타나식'이라는 이름만으로 쓰고 있음을 볼 수 있다.

또한 이 논서에서는 아뢰야식의 존재를 논증함에 있어서 여덟 가지의 이유·근거를 말하고 있는데, 곧

집수·(최)초(생기)·명료(체성)·(유)종자(성)·업(용차별)·신수(차별)·무심정·명종(시식)에서, 모두가 도리에 맞지 않는 것이 없으니 여덟 가지의 상 때문이다.[83]

라고 밝히고 있는 것이 그것이다. 그런데 이 여덟 가지의 이유는 대체로 아뢰야식의 집수성(執受性)으로부터 아뢰야식의 존재를 논증하며, 아울러 식들이이 함께 전기(轉起, 俱轉)하는 사실로부터 아뢰야식의 존재를 예를 들어 증명하고 있다고 하겠는데, 그 내용은 다음과 같다.

---

81 玄奘 譯,『解深密經』卷一, (『大正藏』16卷, 692하), "阿陀那識甚深細 一切種子如瀑流 我於凡愚不開演 恐彼分別執爲我"

82 彌勒菩薩 說, 玄奘 譯, 同論 卷三, (『大正藏』30卷, 579상), "如世尊說 阿陀那甚深細 一切種子如瀑流 我於凡愚不開演 恐彼分別執爲我"

83 同揭書, "執受初明了 種子業身受 無心定命終 無皆不應理 由八種相"

> 아뢰야식을 증명할 결정적인 이유는 이러하다. 만약 아뢰야식을 떠난다면 의지처(依止處)와 집수가 도리에 맞지 않게 된다. … 무슨 까닭인가? 만약 아뢰야식이 없다면 의지와 집수가 도리에 맞지 않게 되는 다섯 가지의 이유가 있게 되기 때문이다. …무슨 까닭인가? 만약 아뢰야식이 없다면 최초의 생기(生起)가 도리에 맞지 않게 된다. …무슨 까닭인가? 만약 식들이 함께 전기(轉起)하지 않는다면 안식 등과 함께 하는 의식의 체성이 명료함을 얻지 못할 것이기 때문이다. …무슨 까닭인가? 만약 아뢰야식이 없다면, 종자가 있다는 것이 도리에 맞지 않게 된다. …무슨 까닭인가? 만약 식들이 함께 전기하지 않는다면 업용의 차별이 있음이 도리에 맞지 않게 된다. …무슨 까닭인가? 만약 아뢰야식이 없다면, 신수의 차별이 (있음이) 도리에 맞지 않게 된다. …무슨 까닭인가? 만약 아뢰야식이 없다면, 무심정에서 (깨어남이) 도리에 맞지 않게 된다. …무슨 까닭인가? 만약 아뢰야식이 없다면 목숨을 마칠 때에 (업력을 실어 나를) 식이 (있어야 됨이) 도리에 맞지 않게 된다. … [84]

그런데 여기에서 '집수(執受)·종자(種子)·무심정(無心定)·명종(命終)'의 네 가지는 아뢰야식의 집수성(執受性)으로부터 이 식이 존재해야 한다는 것을 논증한 것이며, '초(初)·명료(明了)·업(業)·신수(身受)'의 나머지 네 가지는 식들의 구전(俱轉)으로부터 이 식의 존재를 논증한 것이다.[85] 더욱이 이것은 아뢰야식 존재의 논증인 동시에 또한 이 식의 성질도 그 중에 함께 논증한 것이기도 하다. 곧,

> 아뢰야식을 간략하게 설명한다면, 네 가지의 상으로 말미암아 유전문을 세우고, 한 가지의 상으로 말미암아 환멸문을 세운다.… 어찌하여 네 가지 상으로 유전문을 세우는가? 알아야 한다. 소연전상을 세우기 때문이고, 상응전상을 세우기 때문이며, 호위연생전상을 세우기 때문이고, (아뢰야식과 전식) 구전전상을 세우기 때문이다.…[86]

---

84 前揭書, 579상-하, "證阿賴耶識決定是由 謂若離阿賴耶識 依止執受不應道理…何故若無阿賴耶識依止執受不應道理 有五因故…何故若無阿賴耶識 最初生起不應道理…何故若無諸識俱轉 與眼等識同行意識 明了體性不得耶…何故若阿賴耶識 有種子性不應道理…何故若無諸識俱轉 業用差別不應道理…何故若無阿賴耶識 身受差別不應道理…何故若無阿賴耶識 無心定不應道理…何故若無阿賴耶識 命終時識不應道理"

85 金東華, 『唯識 所依經論上의 心識說-佛敎 唯心思想의 發達 그 VI-』, 『佛敎學報』第五輯(서울: 동국대 불교문화연구소, 1967), 37-38면.

이라고 하여, 모든 중생이 생사고해에 유전하는 것이나 또한 열반에 환멸하는 것도 모두 다 이 식을 근본으로 하고 있다고 밝히고 있음이 그것이다. 여기에서 아뢰야식이 사종상(四種相)에 의하여 유전한다고 하는 사종상(四種相)이란 '소연전상(所緣轉相)·상응전상(相應轉相)·호위연생전상(互爲緣生轉相)·식등구전전상(識等俱轉轉相)'으로 설명하고 있다.[87]

(2) 현양성교론(顯揚聖教論)[88]

이 논서는 유가사지론에서 가장 중요하고도 긴요한 것을 취하여 구성한 것이다. 일체제법을 종합·분류함에 있어서, 부파불교의 아비달마(阿毘達磨) 이래 색법(色法)·심법(心法)·심소유법(心所有法)·불상응행법(不相應行法)·무위법(無爲法) 등 오위(五位)의 분류법이 사용되었고, 대승불교에 와서는 색(色)·심(心)·심소(心所)·불상응행(不相應行)·무위(無爲) 등의 오위설(五位說)이 있었으나[89] 『현양성교론(顯揚聖教論)』에서는 이와는 달리 심(心)·심소(心所)·색(色) 등의 오위설로 구분함을 알 수 있다.[90] 그러나 『유가사지론(瑜伽師地論)』에서는 이 오위설을 구체적으로 설해 놓은 곳이 없었지만, 이제 본 『현양성교론(顯揚聖教論)』에 이르러서는 권1에서,

> 논한다. 일체법이란 다섯 가지의 법이 있으며 보살장을 총괄적으로 포함한다. 무엇이 다섯 가지인가. 게송으로 말한다. 심법과 심소유법과 색법과 불상응행법과 무위법을 말하네.[91]

라고 하여, 그 구체적인 조직을 설하고 있음을 볼 수 있다. 그런데 이러한

86 彌勒菩薩 說, 玄奘 譯, 同論 卷一, (『大正藏』 30卷, 579하), "若略說阿賴耶識 由四種相建立流轉 由一種相建立還滅…云何四相建立流轉 當知建立所緣轉故 建立相應轉故 建立互爲緣性轉故 建立識等俱轉轉故"

87 金東華, 前揭書, 32면.

88 無着菩薩 造, 玄奘 譯, 『顯揚聖教論』(二十卷), (『大正藏』31卷, 480-583)

89 金東華, 『大乘論部上의 心識說-佛教 唯心思想의 發達 그 V-』, 『佛教學報』 第6輯(서울: 동국대 불교문화연구소,1969), 8면.

90 彌勒菩薩 說, 玄奘 譯, 同論 卷三, (『大正藏』30卷, 293하), "略說法界 若假若實有八十七法 彼復云何 謂心所有法有五十三 始從作意 乃至尋伺爲彼邊 法處所攝色有二種…不相應行二十四種…無爲有八事…差別分別有六百六十"

91 無着菩薩 造, 玄奘 譯, 同論 卷一, (『大正藏』 31卷, 480중), "論曰 一切者有五法 總攝菩薩藏 何等爲五 頌曰 心心所有色 不相應無爲"

분류법은 부파불교의 분류법의 순서가 소위 '제법생기(諸法生起)'의 차제(次第)였음에 비하여 유식소변(唯識所變)의 '심법위선(心法爲先)'의 순서로 설하여져 있는 것이다.

한편, 그러한 심법설(心法說) 가운데 설하여 있는 아뢰야식에 대해서는 권1에서,

> 아뢰야식[自相]이란 전생에 지은 업과 번뇌를 증장한 것을 연(緣)으로 하고 시작이 없는 때로부터 오면서 희론의 훈습을 인(因)으로 하여 생겨난 일체종자는 이숙식[果相]의 체가 된다. 이 식은 색근과 근의 소의처와 희론의 훈습을 집수하고 요별하여 어느 때든지 한 종류로 생멸하여 잘 알기가 어렵다.… 염오가 있는 전식 등을 염오케 하는 것을 업으로 삼고, 청정한 전식들을 줄게 하는 것을 업으로 삼는다.[92]

라고 하였다. 곧 아뢰야식이라는 것은 시작이 없는 때로부터의 훈습(熏習)을 인으로 하고, 또 선세(先世)에 지은 업을 연으로 하여 생기한 일체의 종자가 이숙식(異熟識)의 체라는 것이다. 또한 현생의 아뢰야식이 무엇을 하는가에 대해서는, 이 식이 능히 그 식중에 있는 종자와 오색근(五色根)을 집섭수지(執攝受持)하여 이것들을 요별(了別)하는 인식작용(認識作用)을 하며, 또한 그 오색근(五色根)의 소의처(所依處)가 되고 희론(戱論)의 훈습처(熏習處)가 되어 一切에 한 종류[色心·善惡 등 各自의 種子]로 생멸 곧, '종자생종자(種子生種子)'의 전멸후생(前滅後生)하는 인과관계(因果關係)로 상속되어 가는 것이어서, 이 식의 이러한 상태는 실로 범부의 인식능력으로는 이해하기 어렵다[不可了知]는 것이다.

그리하여 아뢰야식이 이와 같이 내부적으로 자식(自識) 내의 종자와 자신(自身) 내의 오근(五根)만을 요별(了別)의 대상으로 할 뿐 아니라, 외부적으로 기세계까지도 능히 집섭수지(執攝受持)하여 이것도 또한 요별(了別)의 대상으로 한다는 것이다. 이것이 이른바 후세 유식학에서 아뢰야식의 세 가지 소연(所緣)인 종자(種子)·오근(五根)[內部]·기세간(器世間)[外部]이라는 것이다.

그 다음 심소설(心所說)에 대하여서는 권1에서,

---

92 前揭書, 480하.

> 심소유법이란 아뢰야식의 종자로 부터 생긴 어떤 법을 말한다. 마음(心王)에 의지하여 생긴 것이며 마음과 함께 전기하여 상응한다.[93]

라고 하여, 심소법 역시 아뢰야식의 종자에서 생기하는 것임을 밝히고 있으며, 계속하여 육위오십일심소(六位五十一心所)로 분류하여 설명하고 있음을 볼 수 있다. 그런데 그러한 심소설(心所說)의 원형은 『유가사지론』이라고 하겠지만,[94] 그 곳에서는 이와 같은 각 심소의 정의적인 해설은 찾아볼 수 없었다. 그러던 것을 이제 이 론(論)에 이르러 상세한 해설을 하였으며, 물론 『유가사지론』의 설만을 그대로 고수하지 않았다는 것은 주지의 사실이다.[95]

(3) 섭대승론(攝大乘論)[96]

유가행파의 유식이론은 무착의 『섭대승론』에 의하여 비로소 체계화된다. 무착은 이 논서에서 삼성설(三性說)과 Ālaya식설을 유기적으로 통합하여, 유식성(唯識性)에 들어가는 수행[유가행]에 이론적인 뒷받침을 함과 동시에, 이 세 부문을 포함한 유식설을 확립하고서 그것들을 대승불교 최고의 가르침으로 하여 모든 대승교설의 기초로 삼았던 것이다.[97]

아뢰야식을 기반으로 하여 마음을 중층적인 구조 아래에서 포착하고, 이 아뢰야식을 중심으로 삼성설을 조직적으로 논한 것은 이 논전이 효시이다.[98]

이 논서에는 진(陳)나라의 진체 역[二卷]과 후위(後魏)의 불타선다(佛陀扇多) 역[三卷] 등 여러 이역(異譯)이 있지만, 여기에서는 전자인 진체의 번역을 중심으로 살펴보고자 한다.

이 론 권상에서,

---

93 前揭書, 480하-481상, "阿賴耶識者 謂先世所作增長業煩惱爲緣 無始時來戲論熏習爲因所生一切種子異熟識爲體 此識能執受了別色根根所依處及戲論熏習 於一切時一類生滅不可了知...有染轉識等爲業及能損減淸淨轉識等爲業"

94 金東華, 前揭書, 13면, "心所有法者 謂若法從阿賴耶識種子所生 依心所起與心俱轉相應"

95 한 가지 例로서, 『瑜伽師地論』에서는 隨煩惱에 邪欲·邪勝解의 두 心所를 넣어서 二十二로 하고 있음에 비해 『顯揚聖敎論』에서는 그 두 종류를 省略하였다.·

96 無着菩薩 造, 玄奘 譯, 攝大乘論 (三卷), (『大正藏』 31卷, 113-132)

97 高崎直道 외8, 이만 역, 『강좌. 대승불교 8』, 63면.

98 위의 책, 99면.

> 이 계(界)는 시작이 없는 때로부터 일체법의 의지(依止)이다. 만약 있다면 모든 도(道)가 있으며 열반을 증득함이 있다.… 모든 법이 의지하고 저장되고 머무는 일체종자식이다. 그러므로 아려야식이라고 한다. 나는 수승한 사람을 위하여 설한다.[99]

이라는 게송을 인용하였는데, 이는 아려야식(阿黎耶識, 阿賴耶識)이란 어떠한 것이며, 이 식의 여러 가지 명칭을 밝히는 문단에 불세존(佛世尊)은 어느 곳에서 이를 설(說)하셨는가 하는 의문에 대한 교증(教證)으로 밝히고자 함이었다.

먼저 이 식을 아려야라고 이름하는 이유에 대하여 같은 논서 권상에서,

> 이 아함경의 두 게송은 식의 체와 이름을 입증한다. 어떻게 하여 부처님께서는 이 식을 아려야라고 이름하셨는가? 일체의 유(有)가 생기하는 부정품법이 이 가운데에 숨어 간직되어 과(果)가 되기 때문이다. 이 식이 모든 법을 가운데 숨겨 간직하여 인(因)이 되기 때문이다. 또 중생들은 이 식 가운데 아상(我想)을 취착하여 저장하기 때문에 아려야식이라고 이름한다.[100]

라고 하여, 장(藏)에 아려야(阿黎耶)의 의미가 있기 때문이라고 밝히고 있다. 또한,

> 어찌하여 이 식을 아타나식이라고도 하는가? 일체의 유색근들을 간직하고 유지할 수 있어서 모든 생을 받는 취(取)의 의지이기 때문이다. 왜냐하면 유색근들은 이 식에 의해 간직되고 유지되어 무너지지 않고 상실되지 않으며, 내지는 다음 생에도 상속되어 생을 받는 때에 (오)취음을 생하기 때문이다. 그러므로 육도의 몸은 모두 이와 같은 취(取)이며 현상계의 작용이 이 식에 의해 간직되고 유지되기 때문에 아타나라고 이름한다.[101]

---

99 無着菩薩 造, 玄奘 譯, 同論 卷上, 114상, "此界無始時 一切法依止 若有諸道有 及有得涅槃...諸法依藏住 一切種子識 故名阿黎耶我爲勝人說"

100 同揭書, "...此阿含兩偈證識體及名 云何佛說此識名阿黎耶 一切有生不淨品法 於中隱藏爲果故 此識於諸法中隱藏爲因故 復此諸衆生藏此識中由取我相故 名阿黎耶識"

101 同揭書, "云何此識或說爲阿陀那識 能執持一切有色諸根 一切受生取依止故 何以故 有色諸根此識 所執持不壞不失 及至相續後際 又正受生時由能生取陰故 故六道身皆如是取事用識所執持故 說名阿陀那"

라고 하여, 이 식을 아타나식이라고도 하는 이유를, 아타나(阿陀那)는 '집지(執持)'의 의미이며, 이 식이 능히 일체의 유색제근(有色諸根)을 집지(執持)하고 또 바로 생을 받을 때에 오음(五陰)[오온]을 취하기 때문이라고 밝히고 있다. 이어서,

> 혹은 심이라고 말하기도 한다. 불세존께서 심·의·식을 말씀하신 것과 같다. 의(意)에는 두 가지가 있다. 첫째는 그것과 더불어 차제연의를 생할 수 있기 때문에 먼저 멸한 식이 의(意)가 되며, 또 식이 생하는 의지처를 의(意)라고 한다. 둘째는 염오가 있는 의(意)이며 네 가지 번뇌와 항상 상응한다. 첫 번째는 신견이고, 두 번째는 아만이며, 세 번째는 아애이고, 네 번째는 무명이다.[102]

라고 설하고 있다. 곧 이 식을 심이라고도 이름하는 것은 불세존께서 심(心)·의(意)·식(識)이라 설하심과 같기 때문이라고 하였으며, 또한 의(意)라고도 이름하는 것에 대해서는 두 가지로 밝히고 있다. 첫 번째는 '육식무간멸(六識無間滅)'을 의(意)[意根]라고 하고, 바로 생(生)할 식(識)의 의지(依止)가 되는 것을 의(意)라고 한다고 하였다. 두번째는 신견(身見)·아만(我慢) 등의 네 가지의 번뇌(煩惱)와 항상 상응(相應)하는 '유염오의(有染汚意)'라고 하였던 것이다.

그리고 '아려야식(阿黎耶識)의 삼상(三相)'이라는 것을 설하고 있는데 곧,

> 또한 이 식상(識相)을 세우니, 어떻게 볼 수 있는가? 이 상(相)은 간략하게 설하여 세 가지가 있다. 첫째는 자상(自相)을 세우는 것이고, 둘째는 인상(因相)을 세우는 것이며, 셋째는 과상(果相)을 세우는 것이다.[103]

라고 한 것이 그것이다. 여기에서 아려야식의 자상(自相)이라고 하는 것은 아려야식이 일체의 부정품(不淨品) 곧, 모든 잡염법(雜染法)의 습기(習氣)에 의하여 잡염법을 생기할 인이 되고, 또 잡염법을 생기할 종자를 섭지[저장]하는 것을 말하는 것이다. 이 식의 인상(因相)이라 함은 일체종식인 아려야

102 同揭書, "或說名心 如佛世尊言心意識 意有二種 一能與彼生次第緣依故 先滅識爲意 又以識生依止爲意 二有染汚意 與四煩惱恒相應 一身見 二我慢 三我愛 四無明"

103 前揭書, 115상, "復此成立此識相云何可見 此相略說有三種 一立自相 二立因相 三立果相"

가 일체의 잡염법을 생기할 인이 됨을 의미하는 것이며, 과상(果相)이라고 하는 것은 아려야식이 일체의 잡염법의 무시이래의 습기를 인으로 하여 생겨난 이숙(異熟)의 과체(果體)를 내는 것을 말한다.

우리가 인생을 영위해 감에 있어서 특히 지적으로 볼 때 무엇을 먼저 알아야 할 것인가 하는 그 제일의 대상을 제시하는 것을 이른바 '응지승상(應知勝相)'이라고 하는데, 이것이 바로 '의타성(依他性)[依他起性]'·'분별성(分別性)[遍計所執性]'·'진실성(眞實性)[圓成實性]' 등의 '삼종자성(三種自性)'이라는 것이며, 이에 의하여 성립되는 '상무자성(相無自性)'·'생무자성(生無自性)'·'승의무자성(勝義無自性)'을 '삼무성설(三無性說)'이라고 한다.[104] 그런데 이 논서에서는 이에 대하여 아려야식의 성질(性質)에 입각하여 설(說)하고 있음을 볼 수 있는데, 같은 논서 권상에서,

> 이와 같이 알아야 할 것[응지]의 의지(依止)의 수승한 상(相)[모습, 특징]에 대해서는 이미 말하였다. 응지의 수승한 상은 어떻게 알아야 하는가? 이러한 응지의 상은 간략히 말해 세 가지가 있다. 첫째는 의타성상이고, 둘째는 분별상이며, 셋째는 진실성상이다. 의타성상이란 본식이 종자가 되며 허망분별에 의해 섭지되는 모든 식의 차별이다. 어떤 것이 차별인가? 곧 신식·신자식·수자식 … 이 진상(塵相)이 영원히 있는 것이 없으나, 이것이 실로 없지 않음으로 해서 진실성상 이라고 한다.[105]

라고 한 것이 그것이다. 곧 세 종류의 자성(自性)이란 요컨대 현상계의 제법[依他起性]과 주관적인 여러 가지의 집견(執見: 遍計所執性)과 본체계(本體界: 圓成實性) 등의 일체의 제법을 총망라한 것이다. 이와 같은 제법이 무엇을 원인으로 하고 그것을 기반으로 하여 건립되어 있는 것인가에 대하여, 그것은 바로 아려야식을 종자[원인]로 하고 있다고 설하고 있음을 볼 수 있다. 그리하여 이 아려야식을 직접 종자로 해서 현상의 제법으로 나타난 것이 '의타성'이고, 이 의타성의 제법에 의하여 일어나는 것이 '분별성'인 것이며, 이 의타성의 분별성은 무실체·무소유한 것이지만 의타성이 없는 것

104 金東華, 前揭書, 25면.

105 無着菩薩 造, 玄奘 譯, 『攝大乘論』 卷上(『大正藏經』 31卷, 118상·중), "如此異說應知依止勝相云何應知 應知勝相此應知相略說有三種 一依他性相 二分別性相 三眞實性相 依他性相者 本識爲種子 虛妄分別所攝諸識差別 何者爲差別謂身識 身者識受者識…由此摩相永無所有 此實不無 是名眞實性相"

은 아니므로, 이 의타성의 실로 없지 아니한 것을 곧 '진실성상' 이라고 하였던 것이다. 이와 같이 일체제법의 대명사라고 할 수 있는 세 종류의 자성은 아려야식의 종자에서 생기한 의타기성을 중심으로 분별성(分別性)·진실성(眞實性)의 두 자성이 존재하는 것이다. 따라서 의타·진실 두 자성의 관계를 같은 논서 권중에서,

> 만약 의타성이 없다면 진실성도 역시 없다. 모든 것이 없다는 것은 성립되지 않는다. 만약 의타성과 진실성이 없다면, 곧 염오품과 청정품이 없다는 과실이 있게 된다. 이 두 가지 품은 없지 않다는 것을 알 수 있으니, 따라서 모든 것이 없는 것은 아니다.[106]

라고 하여, 분별성은 무(無)[없음]이지만 의타·진실의 이성(二性)은 유(有)[있음]라고 밝히고 있음을 볼 수 있는데, 이와 같이 의타·진실 두 자성이 유(有)[있음]이므로 현상계의 제법이 성립할 수 있다고 한다.

### 5. 제8 아리야식설(阿賴耶識說)의 불교철학사적 의의

아뢰야식설은 불교철학 상에서만이 아니라, 전 인도철학 상에서 쟁점이 되었거나 잘못 이해되었던 많은 문제점들을 해결한다. 불교철학 특히 부파불교에서 많이 논의되었던 업력의 보존·심상속·윤회의 주체에 관한 문제를 종자설과 함께 합리적으로 해결한다. 부파불교 중에서도 유부는 많은 술어와 다양한 논리를 펴지만, 그들의 교설이 삼계실유설(三世實有說)로부터 출발하기 때문에, 항상 실체론적(實體論的) 사고에 빠질 우려가 크며, 불교의 근본교리인 무상·무아설에 위배될 위험성이 컸다. 그래서 그들은 근본불교의 무상·무아설에 어긋나지 않기 위해 찰나멸론(刹那滅論)을 주장하면서 또한 업력의 과보(果報)나 심상속 등의 문제를 설명하기 위해 삼세실유설을 세우지 않을 수 없었고, 거기에 바탕을 두고 문제를 해결하자니 각 경우에 따라 술어와 논리가 잡다해질 수밖에 없었다. 그것은 그들이 외계실유설(外界實有說)에 입각하면서 잠재심(潛在心)의 설정없이 6식만으로 문제를 해결하려고 했기 때문에 생긴 어쩔 수 없는 한계였다. 대중부 등은 찰나멸론과 거기에 맞춰 과미무체설(過未無體說)을 주장하면서 업력이나

---

106 同卷 卷中, 120중, "若無依他性眞實性亦無 一切無不成 若無依他性及眞實性 則有無染污及淸淨品過失 此二品可知非無 是故非一切皆無"

마음이나 생명 등의 지속성 문제를 6식설의 범위 내에서 해명하려고 하다 보니 그 설명과 내용이 미흡할 수밖에 없었다. 대중부의 수면설(隨眠說)이나 경량부의 종자설(種子說) 등은 6식설의 한계는 벗어나는 듯 했지만, 그 보존 장소에 대한 설명이 이치에 어긋나 버렸다. 업상속에 관한 정량부의 부실법(不失法)이나 윤회의 주체로서 상정된 독자부의 뿌드갈라, 타지부의 궁생사온(窮生死蘊) 등도 그 보존 장소의 문제뿐만 아니라, 실체론적 사고에 빠질 우려가 크기 때문에 브라만교의 아뜨만설과 크게 다를 바가 없었다.

그리고 무심위(無心位)에서의 심상속에서, 유부처럼 멸진정(滅盡定)을 무심의 상태로 보게 되면 수(壽)·난(煖)·식(識)의 구유(俱有)나 심상속(心相續)의 단절 그리고 입정심(入定心)과 출정심(出定心)의 상속이라는 존재론적인 문제점이 따르고, 빠알리 상좌부나 대중부나 경량부처럼 멸진정의 유심설을 주장하게 되면 상수멸이라는 멸진정의 기본적인 정의(定義)에 위배되어 인식론적인 문제점이 생기게 된다.

위에서 언급된 이러한 문제들은 모두 잠재심(潛在心)으로서 또 업력의 보존 장소로서 아뢰야식을 몰랐고, 그것을 상정하지 않았기 때문에 생긴 것들이다. 아뢰야식설과 종자설이라면 위의 문제점들은 간단하게 해결된다. 업력의 보존은 종자로써 그 보존 장소는 아뢰야식설로써 해결되고, 심상속(心相續)은 아뢰야식 내 종자의 상속으로써 해결되며, 윤회의 주체는 찰나에 생멸하면서도 업력을 종자상태로 담지(擔持)하여 잃지 않으면서 일류상속(一類相續)되는 아뢰야식으로써 해결된다. 무심위(無心位)의 문제는 무심위(無心位)가 현행식(現行識)의 측면에서는 무심(無心)이지만, 단절됨이 없는 아뢰야식의 측면에서는 유심(有心)이므로 논쟁거리가 되지 못한다. 그러므로 아뢰야식은 업력을 보존하는 장식(藏識)이며, 전세(前世)의 업력의 과보에 의해 이끌리는 이숙식(異熟識)이며, 업력이 종자로 저장되어 있다가 모든 법을 생기(生起)하는 일체종자식(一切種子識)인 것이다. 또한 제8식은 생명을 유지하는 아타나식(阿陀那識)이며, 모든 무루법(無漏法)의 의지처인 무구식(無垢識)으로서 범부에게 성불의 가능성까지 나타내 보이는 많은 의미를 함축한 식이다. 이와 같이 '제8 아뢰야식설'은 철학 상의 많은 문제점을 해결하면서, 참으로 많은 내용을 얘기하고 있는 위대한 교설인 것이다.

**김진태** (동국대)

우리말 불교개념 사전

# 자성

| |
|---|
| 범 svabhāva 빠 sabhāva 장 rang bshin 한 自性 영 self nature |

## Ⅰ. 어원적 근거 및 개념 풀이

### 1. 어원적 근거

자성은 범어로 svabhāva, 빠알리어로 sabhāva, 서장어로 rang bshin, 한자로 自性, 영어로 self nature이다. 자성의 원어는 svabhāva이다. 이 말은 sva와 bhāva의 합성어로서, sva는 '스스로의' '자신의' 라는 의미의 접두어이며, bhāva는 '존재' '성질' '자체'를 의미하는 명사이다. sva는 접두어로서 붙는 말이지만, bhāva는 다양한 의미를 가지고 있다. bhāva는 '존재하다' '되다'라는 의미의 동사어근 √bhū에서 나온 명사로, bhāva는 '존재하는 것', '생기한 것', '되어진 것', '-인 상태', '-인 성질' 등을 가리킨다. 이 말은 성질, 상태라는 추상적인 의미의 존재성으로부터 실제 존재하는 것, 사물이라는 구체적인 존재물에 이르기까지 전 존재를 지칭하고 있다. 따라서 bhāva는 존재하는 것 일반을 폭넓게 가리켜, 존재하는 사물, 개물(個物)

을 포함해 존재하는 사물의 존재성, 유성(有性) 일반을 가리킨다. 존재성, 유성 등 보편적인 성격의 존재 개념은 인도철학에서 존재하는 사물을 구분하는 범주중의 하나로 나타난다. 특히 6파철학중의 하나인 바이쉐시카 학파에서 말하는 유성(sattā)은 최고의 보편개념을 가리키는 말로, 이말은 bhāva와 그 의미가 동일시된다.

따라서 sva와 bhāva의 합성어인 svabhāva는 '스스로 존재하는 것', '그 자체로 존재하는 것', '그 자체로 존재하는 것의 성질, 상태', '스스로의 성질' 등을 의미한다. 곧 스스로 온전하게 존재하는 성질, 그러한 성질을 가진 사물, 개체 등 다양한 의미가 담겨져 있다. 이런 의미의 svabhāva는 한역에서는 '스스로의 성질'을 의미하는 자성(自性)으로 대표적으로 번역되지만, 그 다양한 의미에 따라 '자상(自相)', '자체(自體)', '정성(定性)', '체성(體性)', '본성(本性)', '유성(有性)' 등으로 한역된다. 그리고 이 말은 'The self nature' ' The own nature' 'The intrinsic nature or substance of a thing or person' 등으로 영역된다.

이처럼 다양한 의미를 갖는 svabhāva는 불교사상 중요한 철학적 개념을 가진 말로서 사용된다. 부파불교에서는 법의 근본적인 성격을 지칭하는 말로 나타나며, 대승불교에서는 svabhāva에 대한 깊은 철학적 논의를 바탕으로 niḥsvabhāva 즉 무자성(無自性)이라는 말로써 불교사상의 핵심을 나타내기에 이르렀다. 따라서 svabhāva는 불교의 근본입장에서는 부정적, 비판적으로 사용되는 말이라 할 수 있으나, 실제 불교 역사에서는 긍정적인 의미나 인명(因明)에서와 같이 독특한 의미 등으로 다양하게 사용되고 있다.

### 2. 개념 풀이

#### 1) 일반적인 용례

자성이란 말의 일반적인 용례는 자성을 부정의 대상으로서 비판적으로 사용하는 경우이다. 이것은 자성을 부정적 의미로 사용하는 것으로, 자성을 '변하지 않는 실체', '고정불변의 것', '변하지 않는 근본성질' 등으로 간주하는 경우이다. 곧 자성을 실체, 개체, 본성, 본질 등과 같은 변하지 않는 성격의 의미로 보는 것이다. 이러한 자성의 의미에 대해서는 '자성이 공(空)하다(svabhāva-śūnya)'는 의미로서 자성을 부정하는 말이 대승불교경전에 자주 나타나지만, 이 자성을 부정하는 구체적인 논증은 대승불교의 사상가인 나가르주나(Nāgārjuna, 龍樹) 저술인『중론(中論)』에서 더욱 분명히 나타난다. 나가르주나는 자성을 비판의 대상으로 간주하여 자성이 성립하지 않음을 논증하여 불교의 근본정신은 자성을 부정한 무자성(無自性)에 있음을 밝히고 있다. 나가르주나에 의하면 자성이란 '만들어지지 않은 것', '변하지 않는 것'이란 의미로서 고정적 실체 등의 의미로 사용된다. 곧 자성이란 말은 '변하지 않는 실체', '고정불변의 성격을 갖는 것', '영원히 변치 않는 근본적인 존재' 등의 의미를 가진다.

따라서 이러한 고정불변의 실체로서 자성의 개념은 초기불교 이래 불교에서 비판하는 실체적 개념과 그 궤를 같이 한다. 초기불교에서는 고정불변의 실체적인 개념으로서 아트만(ātman) 즉 아(我)를 부정하여 무아설(無我說)을 주장하고 있는 것으로, 이 무아설의 전통이 대승불교에 이르러 무자성의 논증으로 이어지고 있는 것이다. 그리고 이 무자성의 논증은 나가르주나에게 있어 불교의 근본정신을 회복하는 중요한 작업이라 할 수 있다. 왜냐하면 이 무자성의 논증에는 자성을 법의 근본성격으로 인정하는 부파불교에 대한 비판이 담겨있기 때문이다. 따라서 무자성의 의미와 그것에 대한 논증은 나가르주나 이래 대승불교의 근본이념으로 간주되어, 인도 후기불교에 이르기까지 중요한 철학적 전통으로 이어진다. 특히 후기중관파로 대표되는 인도의 후기불교에서는 무자성에 대한 다양한 논증이 이루어져, 무자성이 불교의 근본정신을 나타내고 있음을 보여준다. 그리고 이 후기 불교에서는 인격신(人格神)의 개념으로서 자재신(自在神, Īśvara)에 대한 논쟁도 이루어진다. 불교에서는 이 자재신의 존재를 비판하지만, 이러한 자재신에 대한 비판적 태도도 무자성의 철학적 전통을 잇고 있는 것이다. 따라서 초기불교 이래 무아설로서 실체적 개념을 부정하는 불교의 근본정신은 대승불교에서는 무자성으로 이어지고, 이 전통은 후대 자재신을 비롯한 다양한 실체적 개념을 비판하는 불교의 전통으로 전해진다. 이렇듯 자성은 부정의 대상으로서 불교에서는 많은 논란을 불러일으킨 말이며, 또한 그 자체로서도 불교철학 전통상 중요한 철학적 의미를 가지고 있다.

**2) 긍정적인 용례**

자성이란 말은 비판대상, 부정적 의미로 불교철학상 중요한 말이지만, 실제 이 말이 긍정적인 의미로 사용되는 경우도 자주 나타난다. 이러한 긍정적인 의미로 사용되는 경우는 주로 자성이 성질이나 본성 등 어떠한 성격을 가리킨다. 곧 자성이 '스스로의 본성', '그 자체의 성질', '본성', '본질' 등의 의미로 쓰여 지는 경우이다. 이러한 의미로서는 자성신(自性身), 자성청정심(自性淸淨心), 자성분별(自性分別) 등과 같은 예를 들 수 있다. 자성신은 여래의 법신(法身)을 가리키는 말로서, 여래의 법신 그 자체를 본성으로 하는 몸이라는 의미이다. 자성청정심도 마음 본래의 성품, 마음 그 자체의 성질, 본성이 청정하고 깨끗하다는 의미이다. 자성분별이란 말도 색법(色法)을 지칭하는 것으로, 색의 본래 성질이란 말이다. 이러한 경우 자성이란 의미는 본래 성질, 그 자체의 성질이란 의미로 사용되는 것으로, 긍정적인 경우라 말할 수 있다.

이렇게 자성의 의미가 긍정적으로 사용되는 중요한 예로서 유식사상(唯識思想)에서 사용되는 삼성설(三性說)을 들 수 있다. 삼성설은 유식사상에서 존재의 성질을 셋으로 나눈 것으로 변계소집성(遍計所執性, parikalpita-svabhāva), 의타기성(依他起性, paratantra-svabhāva), 원성실성(圓成實性, pariniṣpanna-svabhāva)의 셋을 가리킨다. 이 경우도 자성이 그 성질, 본성의 의미로서 긍정적으로 사용되고 있다. 물론 유식사상에서는 삼성의 각각에 대해 상무자성성(相無自性性, lakṣaṇa- niḥsvabhāvatā), 생무자성성(生無自性性, utpatti-niḥsvabhāvatā), 승의무자성성(勝義無自性性, paramārtha-niḥsvabhāvatā)의 삼무자성성(三無自性性)을 말하여, 본래 삼성이 각각 무자성임을 밝힌다. 그렇지만 자성의 용어는 집성자성(集性自性), 성자성(性自性), 상성자성(相性自性), 대종성자성(大種性自性), 인성자성(因性自性), 연성자성(緣性自性), 성성자성(成性自性) 등과 같이 다양하게 사용된다.[1] 이렇게 자성이란 말은 긍정적으로 사용되는 경우가 있으며, 그 경우에는 자체의 성질, 본질, 성격 등의 의미로 사용되고 있다.

### 3) 인명에서의 용례

자성이라는 말은 인명(因明) 즉 불교논리학에서도 사용되고 있다. 불교논리학은 인도논리학의 역사에서 중요한 위치를 차지하고 있다. 특히 니야야학파로 대표되는 인도논리학에서 일반적으로 사용되고 있던 오지작법(五支作法)의 논증식을 불교논리학에서 삼지작법(三支作法)으로 비판적

1 『楞伽阿跋多羅寶經』1 (『大正藏』 16卷, 483중)

으로 정리한 것은 중요한 논리학상의 공헌으로 간주된다. 자성이라는 말은 삼지작법의 논증식 중 주장명제의 주어를 가리킨다. 이 주장명제에 대해 『유가사지론(瑜伽師地論)』은 다음과 같이 말하고 있다.

> '성립되는 것'의 의미는 두가지이다. 첫째는 자성(自性)이고 둘째는 차별(差別)이 성립된다. 자성이란 유(有)를 세우면 유가 되는 것이고, 무(無)를 세우면 무가 된다. 차별이란 유의 위에 세워 유의 위에서 성립하며, 무의 위에 세워 무의 위에서 성립하는 것이다.[2]

여기에서 '성립되는 것'이란 한역의 '소성립(所成立)'이란 말로서 삼지작법의 논증식 가운데 주장명제를 가리킨다. 삼지작법이란 주장명제[宗], 이유[因], 실례[喩]의 셋으로 구성된 논증식을 말한다. 예를 들면 다음과 같다.

> 저산에 불이 있다(주장). 연기가 나기 때문에. (이유, 因)
> 연기가 있는 곳에는 불이 있다. 아궁이와 같이. (동일한 예, 同喩)
> 불이 없는 곳에는 연기는 없다. 연못과 같이. (상이한 예, 異喩)

이 경우 불교논리학에서는 주장명제의 주어에 해당하는 '저산'을 유법(有法)이라 표현하고 술부의 '불'을 법(法)이라 표현한다. 이것은 주장명제를 "저산은 불을 가진다"라고 이해하기 때문이다. 따라서 술부의 '불'인 법을 가지고 있는 까닭에 저산은 유법이라 표현되는 것이다. 이 주장명제의 유법과 법을 다른 말로 자성과 차별로 표현한다. 곧 주장명제의 주어로서 '저산'을 자성이라 말하고 '불'이라는 법을 차별이라 하는 것이다. 그리고 인명에서는 이유에 해당하는 '연기'는 '불'의 개념에 내포되어 있는 까닭에 이 연기와 불의 관계를 자성인(自性因, svabhāva-hetu) 또는 자성관계(自性關係, svabhāva-pratibandha, <필연적 관계>)라고 표현한다. 필연적이고 본질적인 관계에 있다는 의미이다. 이처럼 인명에서의 자성이란 말에는 본질적인 것, 근본적인 것, 필연적인 것이란 의미가 담겨져 있는 것이다.

---

2 『瑜伽師地論』(『大正藏』 30卷, 356하)

#### 4) 자성의 개념

자성이라는 말은 '자신의', '스스로의', '그 자체의'라는 의미의 sva와 '성질', '자체', '존재'를 의미하는 bhāva가 합성된 말로써, 자성이란 '그 자체의 성질' '본성' '본질' 또는 '그 자체로 존재하는 것'을 의미한다. 다른 것에 영향을 받거나 구애를 받지 않고 스스로 존재하고, 또 스스로 존재성을 간직하는 것을 의미한다. 그리고 bhāva라는 말에는 단순히 성질, 본성 등의 추상적인 의미만이 아니라 그러한 성질, 본성을 갖는 것으로 구체적인 사물, 개물의 의미도 가지기 때문에, svabhāva 즉 자성은 '스스로의 성질'이라는 의미 외에 그러한 존재성을 가진 구체적 개물(個物)이란 의미를 갖는다. 이러한 의미를 갖는 자성이란 말은 불교철학상 중요한 의미를 갖는 것으로, 대승불교에서는 이 자성의 개념을 부정하고, 비판함으로써 불교의 정체성을 드러내 보였다. 나가르주나는 『중론(中論)』 제15의 「자성을 고찰하는 장」에서 다음과 같이 말하고 있다.

> 자성이 갖가지 연(緣)과 인(因)에 의해 생기는 것은 올바르지 않다. 자성이 인과 연에 의해 생긴 것이라 한다면 그것은 만들어 진 것이 될 것이다. (『중론』 XV-1)

> 더욱이 또 어찌하여 자성이 만들어 진 것이라 하겠는가. 왜냐하면 자성이란 만들어진 것이 아니고, 또 다른 것에 의존하지 않는 것이기 때문이다. (『중론』 XV-2)

이와 같이 나가르주나는 『중론』에서 자성의 의미를 (a)만들어진 것이 아닌 것(akṛtrimaḥ) (b)다른 것에 의존하는 것이 아닌 것(nirapekṣaḥ)으로 정의하고 있다.여기에서 '만들어진 것이 아닌 것'이라는 말은 본래부터 그렇게 되어 있다는 말로써, 만들어지거나 생겨난 것이 아니라 본래부터 그렇게 되어 있어 변함이 없다는 말이다. 곧 본래부터 그러한 성질을 가진 존재로서, 영원히 변화됨이 없이 존재하는 것을 의미한다. 나가르주나는 또 "모든 존재는 자성이 없는 것으로 왜냐하면 거기에는 변이(變異)가 보여지기 때문이다(bhāvānāṃ niḥsvabhāvatvam anyathābhāva darśanāt, 『중론』 XIII-3)"라고 말해, 그 자성이란 변화하지 않고 영원히 그 자체로 존재하는 것이라고 말하고 있다.

그리고 이처럼 변하지 않고 고정적인 것으로서 자성은 또한 '다른 것에 의존하는 것이 아닌 것'이다. 다른 것에 의존하지 않는 것이란 달리 말해 연기(緣起)하여 생긴 것이 아니라는 의미로, 서로 의존하는 성질을 떠나 독자적으로 존재한다는 의미이다. 이것은 다른 사물에 영향을 받지 않고 홀로 존재하는 것으로서, 독자적인 존재성 곧 독존성(獨存性)을 가지는 것을 의미한다. "연에 따라 존재하고 있는 것은 자성으로서는 적멸(寂滅)되어 있는 것이다(pratītya yadyadbhavati tattacchāntaṃ svabhāvataḥ, 『중론』 VII-16)"라고 하는 것과 같이, 자성이란 인연을 떠난 존재로서 다른 것에 영향을 받지 않고 구애됨이 없이 홀로 존재하는 것이다. 이처럼 자성이란 다른 것에 의존하지 않고 순수하게 독립적으로 존재하는 것이다. 이러한 자성의 성격을 『현식론(顯識論)』에서는 다음과 같이 정의하고 있다.

> 자성에는 두가지 뜻이 있다. 첫째는 불잡(不雜)의 뜻이다. 욕(欲)의 성품은 색(色)과 다르며, 색은 무색(無色)이 아니다. 둘째로는 불개(不改)·부전위(不轉爲)의 뜻이다. 욕(欲)은 욕을 이루고, 색은 색을 이루며, 무색은 무색을 이룬다. 선악도 그와 같다.[3]

곧 자성이란 다른 것과 섞이지 않는 그 자체의 고유한 성품이며[不雜], 또한 다른 것으로 바뀌거나, 변화하지 않는[不轉爲] 성질을 가진 것을 의미한다. 또한 이러한 성격의 자성을 『십팔공론(十八空論)』에서는 무시(無始), 인(因)의 두가지 뜻을 가진 것으로 정의한다.[4] 즉 처음도 끝도 없이 본래 그렇게 되어있으며, 그 자체가 원인으로서 존재한다는 의미이다.

이와 같이 자성이란 개념은 만들어진 것이 아니고, 다른 것에 의존하는 것이 아닌 것으로, 이 개념은 인도사상의 존재 개념으로서 실체(實體, dravya)의 개념을 반영하고 있다. 곧 실체란 궁극적으로 소멸됨이 없는 영원히 존재하는 근본실재이다. 인도사상은 이러한 근본적 실재의 존재를 인정하는가의 여부에 따라 정통파와 비정통파로 구분된다. 따라서 실체의 존재를 인정하는 정통철학에서는 궁극적 실재로서 아트만(ātman), 브라만(Brahman) 등을 설정하고, 그것에 근거하여 철학 사상을 전개한다. 예를 들어 정통파

---

3 『顯識論』(『大正藏』 31卷, 880중)
4 『十八空論』(『大正藏』 31卷, 862상)

인 베단타학파에서는 브라만이나 아트만은 변함이 없이 영원히 존재하는 것으로 인정하고 있다. 이러한 영원불변의 개념은 이미 불교 이전의 우파니샤드에서도 나타나는 것으로, 특히 아트만과 같은 인간 내면의 궁극적 실체는 영원히 존재하는 것이고, 내면에서 모든 인간의 의식을 지배하는 절대적 존재로 간주된다. 인간의 내면에서 항상(恒常)하며 모든 인간의 의식과 행동을 지배하는 궁극적 본질, 그리고 윤회의 주체로서 영원불멸한 존재이다. 따라서 이러한 것을 아는 것이 바로 해탈이고 윤회에서 벗어나는 길이었다. 이러한 궁극적 실체는 '내적인 통제자(antaryāmin)'로서 주재성(主宰性)을 가지며, 다수가 아닌 유일한 존재로서 유일성(唯一性)을 가지며, 영원히 존재하는 항상성을 갖는 존재이다. 이것이 바로 궁극적 실체로서의 아트만이며, 이것은 또한 우주자연의 근본진리인 브라만과 동일하다. 이처럼 브라만과 아트만의 궁극적 존재성을 강조하는 베단타 학파 외에 샹캬 학파의 근본 원리인 푸루샤(puruṣa)와 프라크리티(prakṛti), 바이쉐시카 학파의 여섯가지 범주[六句義] 등의 개념은 불교에서 비판하는 자성의 개념과 동일시 될 수 있는 영원불변의 성격을 띄고 있다.

이러한 영원불변하는 실체의 개념에 대하여 불교는 철저히 비판하고 있다. 불교는 초기불교이래 무아설(無我說, anātma-vāda)을 기본으로 하여 영원불변하는 실체나 고정불변의 존재 등을 부정하였다. 자성의 개념도 이러한 실체적인 성격을 띄고 있어 비판의 대상이 된 것이지만, 대승불교에서 비판하는 자성의 개념에는 이전의 부파불교에서 논의되고 있던 법(法)의 개념이 전제되어 있다. 부파불교를 대표하는 설일체유부(說一切有部)에서는 무아설에 의거하여 고정불변하는 아트만의 존재를 부정하였지만, 삶의 근본요소로서 법(法)의 개념을 논의함에 있어 법의 고정불변적인 성질로서 자성을 인정하였다. 설일체유부는 궁극의 법이 과거·현재·미래의 삼세(三世)에 걸쳐 그 자성으로서 존재하는 까닭에 우리의 삶이 형성된다고 하는 삼세실유(三世實有) 법체항유(法體恒有)의 개념을 주장하였다. 나가르주나가 비판하고 있는 자성의 개념은 이러한 설일체유부의 자성관을 전제로 하는 것으로, 이러한 비판은 영원불변적인 실체를 부정하는 불교의 근본사상을 잇고 있는 것이다.

# Ⅱ. 역사적 전개 및 텍스트별 용례

## 1. 초기불교와 아비달마불교에서 자성

자성이란 말은 스스로 존재하는 성질, 또는 그러한 성질을 가진 것을 의미한다. 스스로 존재하는 성질이란 누군가 혹은 다른 어떤 것에 의해 만들어 진 것이 아니고, 또 다른 것에 의존하는 것이 아닌 고정 불변적인 성격을 가진 것이다. 이처럼 다른 것에 의존하지 않는 독존적인 성질로서 자성의 개념은 초기불교이래 불교의 비판적 대상이 되어온 실체적인 관념, 즉 무엇인가 변하지 않는 어떤 절대적인 것이 있다는 관념에서 나온 것이다.

불교는 실체적인 개념을 인정하지 않으며, 그러한 불교의 입장을 제행무상(諸行無常)·제법무아(諸法無我)·열반적정(涅槃寂靜)의 삼법인(三法印)으로 규정하고 있다. 이 가운데 특히 실체적 개념을 직접적으로 비판하는 것이 제법무아인으로, 이것은 초기불교의 『아함경(阿含經)』 등에서 보여지는 무아설(無我說)이 법인으로 정리된 것이다. 불교에서 비판하고 부정하는 아 즉 아트만은 인간의 내면에서 인간의 의식을 주재하며 영원히 변치않는 절대적인 유일자로서 간주된 것이다. 이러한 성격의 아트만은 불교 이전의 우파니샤드에서도 나타나는 것으로, 불교에서는 그러한 아트만을 비판 부정하고 있다. 그리고 그러한 아트만이 존재하지 않음을 『아함경(阿含經)』에서는 오온(五蘊)이나 육입(六入), 십이처(十二處)의 교설로써 무아설을 논증하고 있다. 곧 색수상행식(色受想行識)의 오온이나 안이비설신의(眼耳鼻舌身意)의 육입 등 변화생멸하는 우리의 심신(心身)을 상세히 분석 고찰함으로써 아트만의 존재를 부정한 것이다. 이러한 무아설의 논증과 관련된 다양한 심신의 요소는 후에 일체법(一切法)의 요소로서 정리되어 진다. 이렇게 정리된 일체법의 개념에는 심신의 인간적인 요소는 물론 인간을 둘러싼 다양한 자연적 요소도 포함되기에 이른다. 이렇게 인간적인 심신의 요소와 자연적인 요소를 체계적으로 정리한 것이 일체법(一切法), 제법(諸法)의 개념으로, 이러한 제법의 개념은 초기불교이후 아비달마 불교시대에 교학의 중심적인 위치를 차지한다. 아비달마 불교시대에 만들어진 많은 아비달마 논서 가운데 이러한 제법의 체계적인 내용을 잘 보여주는 대표적인 문헌이 세친(世親)이 저술한 『아비달마구사론(阿毘達磨俱舍論)』 즉 『구사론』이다.

『구사론』에서는 제법의 개념을 상세히 분석 고찰하여, 특히 제법을 오위

(五位) 칠십오법(七十五法)으로 나누어 설명하고 있다. 이렇게 다양하게 설명하는 법은 기본적으로 과거·현재·미래의 삼세에 걸쳐 존재하는 것이다. 이러한 각각의 법에는 그 법만의 독특하고 변치않는 성격, 곧 자성이 있어 그것으로 인해 삼세를 통해 실제 존재하고 있는 것이다. 예를 들면 『구사론』에서는 다음과 같이 말하고 있다.

> 그런 까닭에 삼수(三受)는 자성(自性)으로서 실유(實有)이다.[5]

> 그런 까닭에 낙수(樂受)는 자상(自相)으로서 실유이다.[6]

우리가 느끼는 감수작용인 수(受)의 법이 실유인 것을 나타내고 있다. 곧 수라고 하는 법은 '자성으로서' 혹은 '자상으로서' 실유인 것이다. 『구사론』에서는 자성과 자상이 동일한 의미로 사용되고 있는 것이다. 그리고 이 자성과 자상은 고정불변적인 의미의 실체(dravya)와도 동일하게 사용된다.[7] 그리고『구사론』에서는 이러한 자성과 자성의 용어로써 법의 개념을 정의하고 있다. 『구사론』은 다음과 같이 말하고 있다.

> 자상을 지니는 까닭에 법(法)이라 한다.[8]

> 자상을 지니는 까닭에 계(界)라고 한다.[9]

이처럼 법이나 계는 자상이나 자성을 지니는 것이라 말하고 있다. 우리의 삶을 구성하는 요소로서 각각의 법이나 계는 변치 않는 속성으로서 자성을 지니고 있는 까닭에 삼세에 걸쳐 항상 존재하는 것이다. 이처럼 자성은 근본적으로 변치 않는 속성을 가지며 각각의 법을 다른 법과 구분하는 고유한 성격을 갖게 한다. 『구사론』에서는 75의 다양한 법이 이처럼 고유한 성격으로서 자성을 간직하고 있다고 말하고 있다. 색법을 구성하는 4대요

---

5 Pradhan Ed., *Abhidharma Kośabhāṣya,* 331면, l.12.
6 ibid. 331면, l.4.
7 加藤純章, 「自性と自相」『佛教思想の諸問題』(春秋社, 1985), 491면.
8 Pradhan Ed., *Abhidharma Kośabhāṣya,* 2면, l.9.
9 ibid. 112면, l.21.

소인 지수화풍(地水火風)의 자성에 대하여 『구사론』은 다음과 같이 말한다.

> 그 자성은 어떠한가. 그것들은 순서대로 견고성·습윤성·온난성·운동성을 본질로 하니, 이를테면 지계(地界)는 견고한 성질이며, 수계(水界)는 축축한 성질이며, 화계(火界)는 따뜻한 성질이며, 풍계(風界)는 운동의 성질이다.[10]

이 지수화풍의 각각의 자성에서 보듯 각각의 고유한 성질을 갖게 하는 본질적인 성격이 바로 자성인 것이다. 가령 화 즉 불의 요소가 지니는 고유한 성격으로서 온난성은 불의 자성으로, 이것은 어떠한 것과도 구분되는 불의 본질적인 성격을 나타낸다.

이렇듯 『구사론』에서는 5위75법의제법이 각기 모두 근본적으로 고유한 자상, 자성을 지니는 것으로, 이러한 변치않는 자성이 존재함으로써 제법은 과거·현재·미래를 불문하고 영원히 존재하는 것으로 간주되었다. 이것이 곧 『구사론』의 삼세실유의 법개념으로서, 부파불교를 대표하는 설일체유부의 법의 성격이다. 하지만 이러한 법의 성격은 모든 것을 무상하고 무아로 간주하는 불교의 근본 성격과 모순 된다. 곧 제법을 무상, 무아로 설명하는 불교 본래의 의도와 달리 고유한 자성의 존재를 인정함으로써 법의 실유성, 실재성에 빠지는 모순을 가지고 온 것이다. 이러한 법의 실재성을 대승불교에서는 강하게 비판하고 있다. 따라서 『반야경』을 비롯한 대승불교경전에서는 제법의 자성이 실유(實有)가 아니라 공(空)한 것임을 강조하고 있다. 『반야심경(般若心經)』의 범어 원문에서도 다음과 같이 말하고 있다.

> 성관자재보살(聖觀自在菩薩)이 심원한 반야바라밀을 행하면서 두루 관찰하였다. [그때] 오온들의 <u>자성이 공한 것</u>을 보았다. (āryāvalokiteśvarabodhisattvo gambhīrāyāṃ prajñāpāramitāyāṃ caryāṃ caramaṇo vyavalokayati sma, pañca skandhāḥ tāṃśca <u>svabhāvaśūnyān</u> paśyati sma)[11]

범어 원문에 나타나는 '자성'이란 용어는 현장(玄奘)의 한역에서는 '조

10 『俱舍論』(『大正藏』 29卷, 3중)
11 *Buddhist Sanskrit Texts,* No.17, 97면.

견오온개공(照見五蘊皆空)'으로서 생략된 채 번역되고 있다. 그러나 실제의 의미는 단순히 오온이 공한 것이 아니라 법으로서 오온의 자성이 공한 것임을 알 수 있다. 따라서 『반야심경』에서 보이는 제법개공(諸法皆空)의 의미는 보다 구체적으로는 제법의 자성이 공한 것을 의미한다. 이처럼 『반야경』과 대승경전에서는 자성의 공한 것을 강조하고 있지만, 그 자성의 구체적으로 무엇을 의미하는지에 대해서는 후의 나가르주나를 비롯한 대승논사들의 출현을 기다려야 했다. 곧 나가르주나로 대표되는 대승논사들에 이르러 자성의 의미가 설명되고 또한 그것이 공하다는 것이 논증되어, 무자성의 원칙이 확립되는 것이다.

## 2 대승불교에서 자성

### 1) 초기 중관학파에서 자성

중관파의 개조(開祖)인 나가르주나(Nāgārjuna, 龍樹)는 대승불교의 철학을 체계화한 사람으로 유명하며, 그의 대표적 저술인『중론(中論)』은 그러한 사상적 면모를 잘 보여준다. 이『중론』에서는 불교의 근본개념으로서 연기(緣起)를 논증하는 것이 핵심적인 테마이다. 『중론』은 불교의 근본사상으로서 연기설과 그에 대립하는 개념으로서 자성을 설정해 그 논리를 전개해 간다. 특히 중론 제15장은 <자성의 고찰이라 이름하는 장(svabhāva parīkṣā nāma prakaraṇam)>으로 자성에 대해 철저한 분석이 이루어지고 있다. 앞서 보았듯 15장 제1, 2게송에서는 자성이란 '만들어지지 않는 것', '인과 연에 의존하지 않는 것'으로 정의하고 있다. 곧 자성이란 영원히 변치않는 성질을 가지며, 다른 것과 관계없이 그 자체로서 존재하는 독존성을 가지는 것이다. 나가르주나는 이처럼 변화하지 않는 성격의 자성이란 존재하지 않기 때문에, 자성에 의거하여 주장된 존재란 성립하지 않는다고 말하고 있다. 여기에서 나가르주나는 자신의 고유한 성격으로서 자성과 그 이외의 다른 것의 고유한 성격으로서 타성(他性, parabhāva)의 존재를 설정해 존재의 의미를 규명해 간다. 곧 존재란 자성 혹은 타성의 존재이며, 또 자성이 존재하지 않는 경우 타성도 존재하지 않게 된다. 본질적인 그 자신의 성격을 갖는 자성이 성립하지 않는다면 다른 것의 본성으로서 타성은 성립하지 않는다. 그렇다면 자성을 전제로 하였을 때 존재가 성립하지 않는다면 그것과 대립하는 비존재도 성립하지 않는 것이다. 따라서 나가르주나는 자성을 전제로 한 존재, 비존재 모두가 성립하지 않는다고 하여 다음과 같이 말하고 있다.

> 무릇 자성과 타성과 존재와 비존재를 보는 사람은 붓다의 교설에 있어 진실을 보는 일이 없다. (『중론』 XV-6)

곧 부처님의 진실된 가르침에는 이러한 자성이나 타성 그리고 그러한 자성의 개념에 의거한 존재, 비존재 모두가 성립하지 않는 것이다. 그리고 나가르주나는 이러한 자성으로서 실체적 개념에 의거하였을 때 존재가 성립하지 않음을 본성(本性, prakṛti)이란 말을 사용해 다음과 같이 말하고 있다.

> 만약 있다는 것이 본성으로서 있는 것이라면 거기에는 없다는 것은 있을 수 없을 것이다. 왜냐하면 본성이 변하는 것은 결코 성립하지 않기 때문에. (『중론』XV-8)

존재하는 것이 본성으로서 있다고 한다면, 본성은 변하는 일이 없기 때문에, 그 경우에는 없다는 것은 있을 수 없다는 의미이다. 여기에서 사용된 프라크리티(prakṛti) 란 말은 본래 인도의 샹카학파에서 사용하는 말로 변화하지 않는 근본 실체를 의미한다. 곧 변화하지 않는 실체적인 것으로 존재하는 것은 어떤 경우에도 없어질 수 없다는 의미이다. 이 본성이란 개념도 변화를 하지 않는 고유한 실체로서 이것은 자성의 개념과 상통하는 것이다. 나가르주나는 따라서 자성을 전제로 한 존재의 개념이란 성립할 수 없다는 것을, 이 견해가 상주(常住)와 단멸(斷滅)의 견해에 떨어진다고 다음과 같이 말하고 있다.

> 왜냐하면 무릇 자성으로서 존재하는 것이 "존재하지 않는 것이 아니다"라고 한다면 상주라는 견해의 과실이 그리고 "이전에는 존재했지만 지금은 존재하지 않는다"라고 한다면 단멸이라는 편견이 과실로서 따르기 때문이다.(『중론』XV-11)

이와 같이 나가르주나는 「자성의 고찰이라 이름하는 장」에서 자성을 전제로 존재를 설정하면 상주와 단멸이라는 견해에 떨어진다고 말해, 자성을 전제로 한 존재는 성립되지 않고 또한 자성도 성립하지 않는다고 말하고 있다.

나가르주나는 『중론』 제15장 외에도 곳곳에서 자성을 고찰하여 자성이란 변화하지 않고 고정적 실체적 존재임을 밝히고 있다. 그리고 그러한 자성의 존재는 부정되어야할 것으로, 무자성인 것을 논증하고 있다. 변화하지 않는다는 것은 절대적이고 영원한 실체적인 개념을 의미한다. 따라서 나가르주나는 "만약 자성이 존재한다고 한다면 변이하는 것이 어떤 존재에 있을 수 있겠는가(kasya syād anyathābhāvaḥ svabhāvo yadi vidyate), (『중론』 XIII-4 후반게)"라고 말하고 있다. 그리고 이러한 변화를 부정하는 실체의 개념으로서 자성을 부정하는 것은, 모든 것이 연기에 의해 생겨나고 변화하는 존재임을 증명하는 것이다. 또한 이러한 연기의 원리는 공성(空性)의 원리이기도 한 것이다. 나아가 나가르주나는 이러한 자성의 실체에 의거하는 존재물에 의해 우리 인간이 망상과 분별을 하게 되는 것을 희론(戱論, prapañca)이라는 말로 표현하고 있다. 곧 실질적인 도움이 되지 못하는 분별과 유희에 의거한 거짓의 논의라는 의미이다. 따라서 자성의 실체적 개념에 의거한 모든 인간적 활동은 인간에게 분별과 고뇌를 증진시키는 원인이 된다. 나가르주나는 이러한 실체적 개념에 대하여 연기를 기본으로 하는 공의 입장에 의거해 사물을 올바로 이해하고 실천할 것을 강조하고 있다.

이처럼 자성의 존재를 비판하는 나가르주나는 자성과 대비해 타성의 존재를 상정해 비판한다. 타성(他性)이란 '다른 사물의 고유한 자성'이란 의미로 다른 존재물이 갖는 고유한 실체를 의미한다. 곧 어떤 사물의 고유한 성질을 가리킬 때 자성이란 말을 사용하지만, 그 사물 이외의 다른 사물의 자성을 타성이라 지칭하는 하는 것이다. 이것은 논리학적으로 배중율(排中律)의 관계에 있는 것으로, 따라서 자성과 타성을 합치면 존재하는 일체의 자성을 가리키게 된다. 이러한 자성과 타성의 관계도 고정적인 실체로서 자성의 개념을 전제로 할 때 생겨나는 것으로, 실체로서 자성의 개념이 부정되어 진다면 타성의 개념도 자연히 부정되어진다. 곧 만들어지지 않고, 다른 것에 의존하지 않는 자성이란 존재는 부정되어지는 것으로, 이 자성의 개념이 부정된다면 타성의 개념 역시 부정되는 것이다. 배중율의 관계에 있는 자성과 타성의 개념은 후에 자성의 유일성으로서 일자(一者)의 개념과 일자와 배중율적 관계에 있는 다자(多者)와의 관계로 설정되어 무자성 논증의 중요한 논리식을 성립시키게 된다. 일과 다의 자성을 이유로 하여 무자성의 논증식을 세운 사람이 후기 인도불교사에 중요한 위치를 차지하는 샨타라크쉬타(Śāntarakṣita)로서 그는 자신의 『중관장엄론(中觀莊嚴論)』에서 일체가 무자성인 것을 다음과 같이 말하고 있다.

> 자파와 타파가 설하는 이것들 실재하는 것은 진실에 있어서 무자성이다.[宗]
> 일(一)과 다(多)의 자성을 떠나 있기 때문에.[因] 영상과 같이.[喩] [12]

곧 일체의 존재가 무자성인 것을 자성의 개념을 이유로 하여 논증하고 있다. 여기에서도 자성의 하나[一者]인 성질과 그에 대비되는 다자(多者)의 성질을 이유로 하여 살펴보면 양자의 성질은 모두 성립하지 않기 때문에 자성은 이유가 되지 않는 것이다. 자성의 일성과 다성과 같이 양자 모순의 성질을 '서로 배제(排除)하며 성립하는 것을 특징으로 하는 것(parasparaparihārasthita-lakṣaṇa)'이라 말하고 있다. 나가르주나의 자성과 타성의 배제성은 이처럼 일성과 다성의 배제성으로 이어지고 있다.

### 2) 중기 중관학파에서 자성

나가르주나에게 있어 무자성의 논증은 불교의 근본정신을 드러내는 것이며, 또한 후대 나가르주나를 따르는 중관학파에게 있어서도 중요한 논증의 대상이 되었다. 그리고 자성을 부정하는 무자성의 논증은 대부분의 불교사상가들에게 그대로 이어져 후기불교에서 보듯 다양한 무자성의 논증으로 이어진다. 그러나 이러한 불교의 역사 가운데 자성의 개념을 이제설(二諦說)과 연관시켜 승의(勝義)의 입장에서 자성을 인정하는 특별한 사람이 있다.

그가 바로 찬드라키르티(Candrakīrti)로서, 그는 바바비베카(Bhāvaviveka)와 더불어 중기중관학파를 대표하는 사상가이다. 그는 같은 중관학파인 바바비베카를 비판한 것으로 널리 알려져 있다. 그는 자성의 개념을 세속제(世俗諦)와 승의제(勝義諦)의 이제설(二諦說)로 나누고 설명하고 있으며, 그

---

12 一鄕正道, 『中觀莊嚴論の研究』(文榮堂, 1985), 120면.

의 자성의 개념을 정리하면 다음과 같다.[13]

> 자성(A): 세간(世間)에 있어서 자성, 예를 들면 불의 온난성(溫暖性)
> 자성(B): 무명(無明)이라는 장애를 떠난 성자(聖者)가 '보지 않는다'라는 형태로 인식대상을 삼는 자체, 예를 들면 무생기(無生起)

자성(A)로 설명되는 것은『구사론』에서도 나타나듯 자성의 일반적인 의미이다. 하지만 찬드라키르티에게 있어 본래의 자성의 의미란 자성(B)와 같은 것으로, 무명을 떠난 성자의 의식 속에 떠오르는 무생기, 공성(空性)을 전제로 한 자성을 가리킨다. 이것은 공성을 그 자성으로 한다는 의미와 통하는 것이며, 또한 나가르주나가 "표현해야할 것이 지멸(止滅)하고, 마음의 영역이 지멸할 때, 법성(法性)은 생기도 소멸도 하지 않는다. 예를 들면 열반과 같다 (『중론』XVIII-7)"라고 하는 경우의 법성과 같은 성질을 갖는다고 한다.[14] 곧 철저한 공성에 의거한 법의 성품이 바로 자성과 같다는 의미로, 찬드라키르티에게 있어 법성의 의미로서 자성이 진정한 자성인 것이다. 찬드라키르티는 법성에 대해 그의『명구론(明句論)』다음과 같이 말하고 있다.

> 제법에는 법성이라는 것이 있으며, 이것이야말로 자기 자신의 모습이다. 그러면 이 법성이란 무엇인가. 제법의 자성이다. 그 자성이란 무엇인가. 본성이다. 이 본성이란 무엇인가. 이것은 공성이다. 이 공성이란 무엇인가. 무자성성이다. 이 무자성성이란 무엇인가. 진여이다.[15]

이와같이 제법의 자성이란 공성과 본성의 모습으로, 이러한 자성의 개념은 승의제에 입각하고 있는 것이다. 곧 제법의 실상을 보여주는 승의의 영역에서 자성이 승인되고 있다는 것이다.

일반적으로 불교 역사상 중관파에게 있어서는 승의제의 영역에서 무자성, 공성이 논증되는 것이지만, 찬드라키르티에게 있어서는 승의의 입장에서 자성이 긍정적으로 수용되고 있다. 찬드라키르티의 이러한 태도는 자성

---

13 岸根敏幸,『チャンドラキールティの中觀思想』, (大東出版社, 2001). 114면.
14 上同
15 Poussin Ed. *Mulamadhyamakakārikās,* 264면 l.11-265면 l.1.

을 긍정적으로 수용하는 것으로 독특한 특징을 보이는 것이다. 그러나 실제 불교역사에서는 자성의 부정과 무자성에 대한 논증이 주류를 이루고 있으며, 이것은 후기의 불교전개에 이르러 다양하게 무자성의 논증이 정리되는 것에서도 알 수 있다.

### 3) 후기중관학파에서 자성

고정적 실체, 변화하지 않는 성질 등으로서 자성의 개념은 불교사상상 끊임없는 비판을 받아왔다. 이것은 삼법인(三法印)의 가르침에서 보듯 불교가 기본적으로 무상, 무아의 교설에 근거하고 있기 때문이다. 모든 것은 무상한 존재로서 시간적인 찰나의 생멸을 벗어나지 못하기 때문에 영원한 것은 있을 수 없다. 이러한 영원하고 절대적인 것은 존재하지 않는 까닭에 아트만과 같은 영원한 실체도 존재하지 않는다.

하지만 불교의 이러한 주장과 달리 인도의 사상은 영원하고 변하지 않는 절대적인 존재를 본질적으로 승인하고 인정하는 입장에서 발전해 왔다. 샹캬 학파의 푸루샤(puruṣa), 프라크리티(prakṛti)의 이원론이나 베단타학파에서 주장하는 범아일여(梵我一如)의 원리 등은 브라만이나 아트만이 모두 존재한다는 근본적 입장 위에서 전개된 사상이다. 또한 바이쉐시카 학파에서 말하는 육구의(六句義)론도 존재하는 것을 여섯 범주로 나누어 설명하지만 이것도 궁극적인 실체를 전제로 전개된 사상이다. 이렇게 근본적으로 서로 대치는 사상적 조류는 인도에서 극심한 논쟁과 상호비판을 야기하였으며, 특히 인도불교 후기로 갈수록 그러한 논쟁은 그 도를 더해간다. 그리고 논쟁의 수단으로서 논리학이 사용되었다. 따라서 불교의 입장에서 인도사상에 대한 비판은 무자성에 대한 논리학적 증명으로 나타났으며, 이러한 논리학적 증명에 참여한 대표적인 사람들이 중관학파와 불교논리학파이다. 특히 중관학파중 후기중관파의 논사들은 발전된 불교 논리학을 무기로 삼아 무자성 논증에 심혈을 기울였다.

후기중관파의 논사로서 무자성의 논증을 잘 보여주고 있는 사람으로는 샨타라크쉬타와 카말라쉴라를 들 수 있다. 샨타라크쉬타는 앞서 보았듯 자신의 주저 『중관장엄론(中觀莊嚴論)』에서 일체가 무자성인 것을 '이일다성(離一多性)의 원인'을 이유로 논증하고 있다. 샨타라크쉬타는 자성의 특징으로서 유일성(唯一性)에 초점을 맞추어, 자성이 유일하다면 승의의 입장에서 존재물은 성립하는 것인가를 고찰해 가고 있다. 이러한 고찰은 불교 내부의 유부(有部), 경량부(經量部), 유식파(唯識派)의 교리는 물론 불교 이외의 인도사상의 실체적인 사상에까지 다양하게 고찰을 진행한다. 만약 존재하는 것이 변치 않는 자성을 가졌다고 한다면 변화하는 각각의 찰나나 순간에 그 자성이 어떻게 존재하는가 등의 고찰이 이루어지고 있다. 샨타라크쉬타의 근본적인 논점은 변화하지 않는 자성과 변화하는 현상과의 모순을 지적하고 있는 것이다. 이러한 자성을 전제로 한 고찰은 외계(外界)의 현상은 물론 우리 인간의 의식(意識)에 대해서도 이루어지고 있다. 곧 의식이 자성으로서 존재하는 경우 유일성을 갖는 의식과 표상으로 나타나는 다양한 형상과의 관계가 논의의 초점이 되고 있다. 이렇게 샨타라크쉬는 불교의 경우는 물론 인도의 다양한 사상에 대해서도 자성을 전제로 하였을 경우 그 교리가 성립되지 않는 것을 논증해간다.

이러한 고찰의 과정에서 샨타라크쉬타는 자성의 하나인 성질과 다수인 성질은 나가르주나가 자성과 타성의 배중율적 관계를 제시한 것과 동일한 상호 배중율적 관계에 있음을 지적한다. 즉 존재하는 사물에 있어 자성이란 유일한 것이 아니면 다수인 것으로, 이 둘 중의 어느 하나인 것이다. 존재하는 사물이 유일한 자성을 가진 것이라는 전제로 고찰을 진행하는 것이다. 그리고 이러한 논리적 고찰은 승의(勝義)의 제일의(第一義)적인 입장에서 이루어지고 있다. 곧 이것은 논리식의 사용을 적극적으로 이용한 중기 중관파의 자립논증파(自立論證派)의 입장을 따르는 것이다. 따라서 궁극적인 승의의 입장을 바탕으로 논리식을 사용해 고찰하면 자성의 유일성은 논증되지 않는다. 그리고 자성이 유일한 것으로 존재하는 것이 성립하지 않는다면 자성이 다수의 성질로서 존재하는 것도 증명할 수 없다. 이것은 그 둘이 배중율의 관계로서 상호 배제적인 관계에 있기 때문이다. 따라서 샨타라크쉬타는 『중관장엄론』에서 다음과 같이 말하고 있다.

> 어떤 것을 고찰하였을 때 거기에 일성은 성립하지 않았다. 일성이 존재하지 않는 경우 다성도 없다.(61게송)[16]

> 일과 다 이외에 제3의 방식을 갖는 존재는 없다. 이 둘은 서로 배제하여 존재하는 까닭이다.(62게송)[17]

---

16 一鄕正道, 『中觀莊嚴論の研究』(文榮堂, 1985) 154면.

이와같이 자성의 유일성을 전제로 논리식을 전개해 무자성을 논증하는 것이 이일다성의 증인에 의한 논증식이다. 이 이일다성의 증인에 의한 논증식은 샨타라크쉬타에 의한 무자성 논증의 대표적인 논증식이다.

샨타라크쉬타의 제자로 알려진 카말라쉴라(Kamaraśīla)는 샨타라크쉬타의 저술들에 대해 다수의 주석서를 남기고 있으며, 그 주석에 있어 다양한 논리적 지식을 사용하고 있다. 그리고 카말라쉴라는 자신의 저술인『중관명(中觀明, Madhyamakāloka)』속에서 당시까지 무자성을 논증하는 논리식을 다섯가지로 정리하고 있다. 각각의 논증식은 카말라쉴라의 다른 저술 속에서도 산발적으로 나타나지만, 무자성에 대한 논증식을 총체적으로 정리하여 기술한 것은 불교사상 중요한 의미를 갖는 것이다.『중관명』속에 보여지는 다섯가지 논증식 각각을 살펴보면 다음과 같다.

(1) 먼저 '금강편(金剛片)의 능증(能證, Vajrakaṇhetu)'이라 불려지는 것으로, 이것은 다음과 같은 논증식을 구성한다.[18]

> 승의로서 자(自), 타(他), [자타의] 둘로부터 생기하는 것과 무인(無因)으로부터 생기하는 것을 떠나 있는 것은, 진실로서 무자성이다. 예를 들면 허공의 연화(蓮華)와 같이. 자파와 타파에 의해 진실로서 존재한다고 하는 모든 것도 그것과 완전히 동일하다.

이 논증식은 카말라쉴라 자신의『칠백송반야경주석(七百頌般若經注釋)』에도 나타난다.

(2) 다음으로 '유(有)와 무(無)로부터 생기를 부정하는 증인(sadasadutpādapratiṣedhahetu)'으로, 이 증인을 사용한 논식은 다음과 같다.[19]

> 이미 있는 결과는 생기지 않는다. 생긴다는 것이 무의미하기 때문이다. 아직 생기지 않은 결과도 생기지 않는다. 토끼뿔 등도 생기게 될 것이기 때문에.

17 앞의 책, 158면.
18 森山清徹, 「Madhyamakālokaの無自性論證と<佛性論>」,『印度學佛教學研究』40-1, 1991, 409면.
19 上同

이 논증식도 카말라쉴라의『칠백송반야경주석』에 나타난다.

(3) 다음에 '4극단의 생기(生起)를 부정하는 증인(catuṣkoṭyutpādapratiṣedha hetu)'으로 다음과 같은 논증식이다.[20]

> 하나인 원인으로부터 다(多)인 결과가 생기하는 것은 불합리하다. 다인 원인으로부터 하나인 결과가 생기하는 것은 불합리하다. 그렇지 않으면 원인의 구별에 의해 결과의 구별이 설정되어지지 않기 때문이다. 실로 그런 까닭에 다인 원인으로부터 다인 결과는 생기하지 않는다. 만약 각각의 결과에 대하여 모든 원인이 작용한다면 그 때에는 그 원인의 구별자체가 결과의 구별을 설정하지 않을 것이다. 다인 원인으로부터 각각의 결과가 생기하기 때문이다. 각각의 결과에 대하여 다인 원인이 작용하지 않는다면 그 때 어떻게 다인 원인으로부터 다인 결과가 생기하겠는가. 하나의 원인으로부터 하나인 결과가 생기하는 것도 아니다. 눈 등의 감관으로부터 그것의 식이 생기하지만, 그 때 자기와 같은 모습의 순간이 생기하지 않는다면 모든 사람은 맹인이나 귀머거리가 될 것이다"

이 논증식도 카말라쉴라의『칠백송반야경주석』에 나타나지만, 이것은 카말라쉴라 이전의 후기중관파 논사로 알려진 즈냐나가르바(Jñānagarbha)의『이제분별론(二諦分別論)』에 나타나는 유명한 무자성 논증식이다.

(4) 다음은 '연기(緣起)의 증인(pratītyasamutpādahetu)'으로서, 논증식은 다음과 같다.[21]

> 연기하는 것은 승의로서 자성이 공(空)인 것이다. 예를 들면 환영(幻影)과 같이.

이 논증식은 카말라쉬라 자신의『중관장엄론주석』속에 보여진다.

(5) 다음은 '일(一)과 다(多)를 떠나는 증인[ekānekaviyogahetu]'으로, 앞서 샨타라크쉬타의 논증식을 인용하고 있는 것이다. 카말라쉴라는 "일체

---

20 上同

21 앞의 논문, 408면.

의 사물은 일과 다의 자성을 떠나는 까닭에 무자성이다"라고 하여 샨타라크쉬타의 무자성 논증을 정리하고 있다.[22]

이와 같이 카말라쉴라는 무자성의 논증에 대해 다섯가지 증인을 거론하며 5논증법을 소개하고 있다. 이 다섯 가지 논증은 자성이 존재하지 않음을 논증한 것으로, 후기 인도불교에서 자성을 인정하고 궁극적 실체를 받아들이는 사상을 무자성의 논증을 통해 비판하는 중요한 논리식이다. 이렇듯 무자성에 대한 논증은 후기불교에 이르러서도 불교의 근본정신을 보여주는 중요한 작업으로서 중시되었다.

## Ⅲ. 인접 개념과의 관계 및 현대적 논의

### 1. 인접 개념과의 관계

자성의 개념은 고정적 실체로서 변하지 않는 절대적 본질이나 그러한 성격을 지닌 개체 등을 의미한다. 곧 이 말은 변하지 않는 성격을 가진 것, 그러한 존재, 개체를 가리키며 또한 그런 성격, 본질 그 자체를 가리킨다. 이와같이 불교에서 비판하는 변하지 않고 고정적인 실체의 개념은 불교이외의 인도사상에서는 다수 나타나는 개념이다. 인도사상에서 보이는 각파의 중요한 교의는 기본적으로 변치 않는 실체를 바탕으로 전개되는 것으로, 이러한 실체는 근본적으로 자성의 개념과 상통한다. 상캬학파의 푸루샤와 프라크리티의 2원론에서 나타나는 푸루샤의 개념이나 프라크리티 역시 변치 않고 영원하며 실재한다. 푸루샤는 아트만과 동일하게 프라크리티를 관조하는 영원히 변치않는 실체이다. 프라크리티는 현상을 전개시키는 근본물질로서, 이것 또한 모든 전개된 현상 속에 존재하며 소멸되지 않는 것이다. 또한 바이쉐시카에서 거론하는 6범주[六句義]의 각요소는 기본적으로 변치 않고 실재한다. 실체(dravya), 성질(guṇa), 운동(karma), 보편(sāmānya), 특수(viśeṣa), 내재(samavāya)의 6범주는 인간과 자연의 궁극적인 요소로 변치 않고 실재하며 세계를 유지시키는 존재이다. 그리고 베단타학파에서 주장하는 범아일여(梵我一如)의 브라만과 아트만도 궁극적으로 변치 않고 실

22 上同

재하는 것들이다. 이와 같이 인도사상은 기본적으로 이러한 변치 않는 실재로서 궁극적인 요소에 의거해 그 사상적 체계가 성립한다. 따라서 불교에서 비판하는 자성의 개념은 근본성격에서는 인도사상의 여러 개념에서 보이는 실체적 개념과 상통하고 있다. 그리고 이러한 실체적 개념을 둘러싸고 불교와 인도사상은 오랜 세월 그 논쟁을 반복해 왔다. 후대 인도불교의 뛰어난 사상가이었던 샨타라크쉬타는 그의 *Tattvasaṃngraha*에서 당시 인도사상의 중요한 교의를 비판적으로 검토하고 있다. 이 *Tattavsaṃgraha*는 전체 27편으로 구성된 방대한 양의 저술로서, 여기에서 비판적으로 검토하는 용어는 대체적으로 자성의 개념과 유사한 실체의 개념을 나타내고 있다. 샨타라크쉬타가 거론하는 실체적 개념 중 중요한 것으로 prakṛti(제1장), īśvara(제2장), svabhāvika-jagad-vāda(自性論者, 제4장), puruṣa(제6장), ātman(제7장), pudgala(제7장6절), padārtha(바이쉐시카파의 句義論, 제10-15장) 등을 들 수 있다. 샨타라크쉬타는 이외에도 실체적 개념과 관련해 다양하게 인도사상의 교의를 비판한다.

이러한 논의 가운데 초기불교 이래 불교의 입장을 분명히 나타내고 있는 것이 무아(無我, anātma)의 개념으로, 무아의 아(我) 즉 아트만(ātman)은 부정되어야 할 대표적인 대상이었다. 이 아트만은 본질적으로 변하지 않고, 유일하며, 인간 내면을 주재 통제하는 절대자로서 항상성(恒常性), 유일성(唯一性), 주재성(主宰性)을 가진다. 이러한 성격의 아트만은 변함없이 인간의 내면에 존재하여 인간의 사고와 말과 행동을 통제한다. 따라서 인간이 짓는 업의 근원은 이 아트만에 의거한다. 그리고 인간이 행하는 행위가 다양함에 따라 그것에 의거하는 업도 다양하지만 이 아트만은 인간의 행위에 영향을 받지 않는 순수하고 절대적인 존재이다. 이러한 변하지 않고 다른 것에 영향 받지 않는다는 의미에서 아트만은 자성의 개념과 유사성을 갖는다. 자성의 개념은 기본적으로 어떠한 것에도 영향을 받지 않고 변함이 없는 절대적인 실체이기 때문이다. 이와같은 아트만의 개념은 초기불교 이래로 불교의 근본적인 비판대상이 되었다. 다시 말해 불교의 다양한 사상적 전개도 이러한 아트만이 존재하지 않는 것을 논증하거나 밝히는 과정이라고 말할 수 있다. 특히 일체법의 개념으로 등장하는 오온(五蘊), 십이처(十二處), 십팔계(十八界)는 이러한 무아의 논증과 관련해 우리의 심신을 상세히 분석한 용어이다. 더욱이 오온무아(五蘊無我), 육입무아(六入無我)로써, 인간 심신(心身)의 다양한 요소는 아트만에 의거하고 있지 않음을 밝히고 있다. 이 아트만에 대한 비판은 초기불교이래 무아설의 교설로 전승되고 부파불교에 이르면 인무아(人無我)로서 정리된다. 그렇지만 부파불교에서는 인무아와 함께 법의 실유(實有)가 주장되어 소위 아공법유(我空法有)의 교설이 나타났다. 이 법유의 사상은 법의 자성이 존재함을 바탕으로 하는 것으로, 이것에 대해 대승불교에서는 공사상(空思想)에 의거해 법의 자성을 비판하여 법무아(法無我)의 교리를 체계화시켰다. 따라서 대승에서는 인무아, 법무아의 교리가 체계화되어 아법이공(我法二空)으로 정리되어졌다. 그리고 대승불교 철학에서는 법무아의 교리를 구체적으로 논증하여 무자성의 논증을 전개하였다. 곧 나가르주나를 비롯한 많은 대승의 논사들은 이러한 무자성의 논증이 불교의 진실된 가르침을 드러내는 것으로 간주해 그것의 논증에 전력을 기울였다.

그리고 자성의 개념과 유사한 것으로 인도후기불교에서 치열한 논쟁이 이루어지는 자재신(自在神) 즉 신에 대한 개념을 들 수 있다. 자재신인 이슈바라(Īśvara)는 베단타 학파에 의하면 궁극의 브라만이 속성을 가지고 나타난 것으로, 일종의 인격신(人格神)을 가리킨다. 그러나 후기 불교사상가들이 비판하는 이슈바라는 세계의 창조자이며, 전지자(全知者)이며, 유일자이다. 우주를 창조하고 세계에 두루 존재하는 절대적 존재로서 유일자이며, 변함이 없는 존재이다. 이러한 이슈바라에 대한 개념은 서양의 신 개념과 유사한 것으로, 궁극적으로 존재하고 변함이 없다는 점에서 항상성, 유일성의 성격을 가진다. 이러한 성격으로서 이슈바라의 개념은 영원하고 변함이 없는 자성의 개념과 상통한다. 인도 후기불교에서 인도사상과의 논쟁 중 이슈바라에 대한 논쟁은 중요한 의미를 차지하고 있다. 이 논쟁은 법신(法身)이나 진여(眞如) 등의 불교 개념이 브라만과 이슈바라 등의 개념과 혼동될 위기에 처해 있었던 까닭에, 불교의 정체성을 나타내 보이는 데 중요한 역할을 하였다. 곧 이슈바라가 자성과 같은 궁극적 실체의 성격을 가지고 있는 점을 비판함으로써 불교의 다른 용어들과 차이가 있음을 명확히 하였던 것이다.

그리고 자성과 유사한 개념으로서 사용되고 있던 것으로 자상(自相, svalakṣaṇa)의 개념을 들 수 있다. 자상은 『구사론』에서 보는 것과 같이 자성의 개념과 동일시되지만, 불교논리학파에서는 중요한 인식론의 용어로서 사용된다. 불교논리학파는 디그나가(Dignāga), 다르마키르티(Dharmakīrti) 등으로 이어지는 인식론, 논리학을 전개한 학파로서, 이 학파에서 자상은 매우 중요한 의미를 지닌다. 즉 우리 인간에게 있어 올바른 인식은 직접지각(直接知覺)과 추리(推理)에 의해 생기는 것이며, 그리고 이 직접지각의 대상이 바로 자상이라고 하는 것이다. 곧 아무런 분별작용도 없는 직관적인 인식으로서 직접지각의 대상이 자상인 것이다. 그리고 이 직접지각의 대상으로서 자상은 불교논리학파에 의하면 '효과적 작용능력(效果的作用能力, arthakriyāsāmarthya)'을 가지는 것으로 설명된다. 즉 무엇인가 효과적 능력을 가지고 직접지각을 일으키는 것이 자상인 것이다. 따라서 이 자상은 직접지각의 대상으로서 객관적인 대상 즉 법의 근본성격을 나타낸다. 이 효과적 능력을 갖는 자상이 존재치 않는다면 직접지각은 생겨나지 않으며, 대상에 대한 지각은 불가능하게 된다. 이러한 자상을 불교논리학파는 승의적(勝義的)으로 존재하는 것으로 승의유(勝義有)라 설명하고 있다. 곧 승의유의 자상이 인간에게 지각을 일으킨다는 것이다. 불교논리학파의 자상은 우리가 인식하는 외부의 대상이 자상을 가짐으로써 직접지각을 가능케 한다는 것으로, 이것은 객관대상으로서 법의 근본속성을 가리킨다. 이러한 법의 속성으로서 자상은『구사론』에 나타나는 법의 속성으로서 자성과 동일한 개념이라 할 수 있다. 곧 법의 변하지 않는 속성으로서 자성의 개념은 지각을 일으키는 대상으로서 본질적인 속성을 갖는 자상과 거의 같은 성격을 가지기 때문이다. 따라서 이 자상은 궁극적으로 존재하는 법의 근본적인 성격이라 할 수 있다.

자상과 동일한 의미로 사용되는 자성의 개념은 앞에서 살펴 본대로 인명(因明) 즉 불교논리학에서 인식을 성립시키는 근거의 의미로 사용된다. 곧 자성은 어떤 사물의 본질적인 관계를 가리킨다. 곧 "이것은 나무이다(주장), 왜냐하면 이것은 싱샤파 나무이기 때문에(이유)"라는 논리식에서 나무라고 하는 것은 싱샤파 나무의 본질 즉 자성인 것이다. 이 때 이유는 주장에 반드시 속하는 까닭에 이 이유를 자성인(自性因, svsbhāva-hetu), 자성관계(svabhāvapratibandha, 본질적 필연적 관계) 등으로 표현하고 있다. 곧 자성이란 어떤 것의 본질적 성격을 지칭하는 것으로, 이러한 본질적 관계는 긍정적 의미로 사용되는 자성의 의미와 상통한다.

이와 같이 자성의 개념은 불교역사상 다양하게 사용되었지만, 기본적으로는 무자성의 논증에서 보듯 비판대상, 부정대상으로서 자성의 개념이 불교사상의 근간을 이루었다. 이러한 부정의 의미로서 무자성에 대한 논증은 불교사상의 중요한 정체성을 보여주는 것으로, 이것은 무아설의 정신을 잇고 있다. 또한 이러한 철학적 전통은 인도의 다른 사상과 끝없는 논쟁을 펼치며 불교의 정체성을 드러내었다.

## 2. 현대적 논의

자성이라는 개념은 서양철학 일반에서 말하는 실체(實體, substance)의 개념에 해당한다. 실체란 생멸변화하는 현상에 대하여 상주적, 불변적, 자기동일적, 실질적인 본체를 가리킨다. 이것은 우리가 지각하는 성질, 상태 등의 근저에 있으면서 그것을 제약하는 존재로서 실유(實有)로 표현되기도 한다. 이와같이 상주하며 변하지 않는 불변적인 실체의 개념은 서양철학에서는 그리이스철학 이래 중요한 개념으로서 간주되었다. 밀레토스 학파의 세계원질, 엘레아학파의 원자론자의 원자, 플라톤의 이데아 등은 기본적으로 소멸하지 않는 실체적인 것으로 간주된다. 이러한 실체에 대한 개념은 중세의 신학의 발전과 함께 신(神)의 개념과 결부되어 서양철학의 중요한 사상전통으로 이어진다. 중세의 신학에서는 신은 영원하고 변치 않는 절대적인 존재임을 논증하는 데 많은 할애가 이루어 졌다. 그리고 근세에 들어서도 이러한 신의 개념과 함께 실체의 개념은 여전히 중요한 철학적 논의의 대상이 되고 있다. 데카르트는 실체를 그것이 존재하기 위하여 다른 아무것도 필요로 하지 않고 자체적으로 존재하는 것으로, 신을 무한실체, 정신과 물체는 유한실체로 간주하였다.[23] 이와같이 변하지 않는 절대적인 실체의 개념은 근세 서양철학에서는 존재하는 것으로서 논의가 이루어지지만, 로크나 흄, 칸트 등에 이르면 실체의 개념은 정신이 만들어 낸 관념에 불과한 것으로 이해된다. 특히 칸트에 이르러서는 형이상학적  실체의 개념은 부정되고 있다. 즉 칸트는 경험의 대상으로서 현상적 실체는 인정하였지만, 궁극적인 존재로서 형이상학적인 실체는 인식의 범위에서 벗어나는 것으로 간주하였다. 서양철학의 실체의 개념은 오랫동안 신에 대한 논증과 함께 중요한 철학적 테마로서 간주되었으며, 현대에서는 정신적인 산물, 복합적인 관념의 산물로 간주되는 경향이 강하다.

하지만 신을 다루는 신학(神學)에서는 여전히 변치 않고 절대적이며 유일한 속성으로서 신을 인정하고 있다. 비록 신에 대한 이해가 인간의 이성

23 <實體>, 『哲學事典』, 平凡社, 1992.

적 정신으로는 이해되지 않는다 하더라도 계시를 통해 인식 가능한 존재로 이해되고 있다. 이것은 서양종교 본래의 믿음과 신앙, 절대적인 타자로서 신에 대한 복종 등이 인간의 이성을 초월해 작용한다는 믿음에 의거하고 있다. 따라서 변치 않는 실체로서 신의 개념은 오늘날에도 인간의 의식을 지배하는 중요한 요소로 작용하고 있다.

불교에서 비판하는 자성의 개념은 인간의 의식을 지배하는 실체의 개념이나 신의 개념과 유사한 것이다. 무엇인가 영원히 변하지 않는 존재를 상정하는 인간의 사고는 이미 불교이전부터 우파니샤드 등에서 볼 수 있는 오래된 사고이며, 서양에서도 오랫동안 사람들의 정신을 지배하고 있는 관념이다. 불교에서는 초기불교의 근본개념인 무아설을 통해 영원불변의 실체로서 아트만을 비판하고 있지만, 이러한 비판은 인간이 가진 실체적인 개념에 대한 비판이었다. 무엇인가 절대적이고 영원불변하는 절대자가 있어야 한다는 생각은 불교의 입장에서 보면 인간이 가진 근본적인 번뇌의 원인이 되는 것이다. 그러나 이러한 사고는 예나 지금이나 인간의 정신을 지배하고 있다. 더욱이 자성의 개념은 무아를 근본으로 하는 불교 내에서조차 실체적인 개념으로서 등장하는 것으로, 대승불교의 철학도 이러한 자성의 개념을 비판하는 것으로부터 출발하였다. 또한 대승불교 내에서도 후대에는 영원불변의 자성의 개념과 유사한 다양한 개념들이 전개된다. 법신, 진여, 여래장 등의 개념은 자성의 개념과 유사한 면이 많음으로 인해 기존의 인도사상과는 다른 불교의 정체성을 혼란시킬 우려도 가지고 왔다. 곧 아트만이나 브라만 등 영원불변하는 절대적인 실체를 인정하는 인도사상과 달리 불교는 절대적인 실체를 인정하지 않지만, 그러한 용어들은 실체적인 것을 부정하는 불교의 정체성에 혼동을 가져올 여지가 있었던 것이다. 자성의 개념은 부정되어 무자성의 개념으로 받아들여지지만, 한편에서는 긍정적이며 본질적인 의미를 가지고 다양하게 사용되었다. 따라서 이러한 중요한 용어가 다양하게 혼동되어 쓰여진 것은 인도에서 불교사상이 그 정체성을 잃는 한 계기가 되었을 것이다. 곧 인도에서 불교가 사라지는 데에는 이러한 정체성의 혼란이 중요한 요소로 작용하였을 것이기 때문이다.

자성으로 대표되는 실체의 개념은 인간의 오래된 정신적 유형을 보여준다. 오늘날에도 영원하고 절대적인 존재에 대한 믿음이 강하게 살아있듯이, 자성의 개념은 인간 정신의 중요한 전통을 담고 있다. 그리고 이러한 실체적인 사고에 대한 규명은 오늘날 인간의 뇌의식(腦意識)에서 그 근원을 찾는 뇌과학(腦科學)의 입장에서 새로운 시도가 이루어지고 현대과학이 풀어야할 하나의 숙제로도 등장하고 있다. 곧 인간에게 절대적이고 실체적인 관념을 일으키는 근원으로서 뇌의 속성에 대한 규명이 이루어지고 있는 것이다. 따라서 이러한 자성에 대한 개념은 인류의 오래된 정신적 역사의 면모를 보여주는 것으로, 오늘날 인간 존재의 과학적 규명과 함께 인간 의식의 새로운 규명을 제공하는 계기를 만들어 주고 있다. ❁

**이태승** (위덕대)

우리말 불교개념 사전

# 일체지

| | |
|---|---|
| 범 sarvajñatā, sarvajñatva, sarvajña-jñāna, sarva-ākāra-jña | |
| 장 thams cad mkhyen pa·kun mkhyen·kun tu mkhyen pa | 한 一切智 |

## Ⅰ. 어원 풀이

일체지(一切智)에 해당하는 범어로는 sarvajñatā, sarvajñatva, sarvajña-jñāna, sarva-ākāra-jña를 들 수 있다. 이 가운데 가장 일반적으로 쓰이는 말은 sarvajña로, 상응하는 빠알리어는 sabbaññu, 서장어로는 thams cad mkhyen pa·kun mkhyen·kun tu mkhyen pa[1]이다. 불교이전의 용례를 보면, sarvajña라는 용어는 『리그 베다』에 한번도 등장하지 않으며, 단지 이에 상당하는 베다어로서 viśvavid라는 용어가 2회 출현하고 있음이 지적되고 있다. 그 밖에 근대에 들어와서는 śiva, Buddha, viṣṇu 등에 sarvajña라는 호칭을 붙

1 Chandra Das의 *TIBETAN-ENGLISH DICTIONARY,* Rinsen, 1988.의 설명에 따르자면, thams cad 는 'all' 'whole'을 뜻하는 형용사이며, mkyen pa 는 'the omniscient' 'the all-knower'를 뜻하는 명사이다. 또한 thams cad pa 는 붇다나 보살의 별칭(epithet)이기도 하며, 화신으로서의 라마 역시 그 존중의 표현으로 이 같은 타이틀로 불려진다.

이고 있다. 자이나교의 성전어인 Ardha-Māgadhi로는 sarvajja이며, 사전상의 해석은 Omniscient, Jina, Buddha, Mahādeva, Parameśvara 등이다.

인도적으로는 대부분 Buddha가 sarvajña의 동의어 내지는 그 대응어로서 열거되고 있으며, 나아가 쉬바신이나 비쉬뉴신과 같은 최고신의 별칭으로 쓰여 그 신성이나 특징을 나타내기도 한다. 한편, 후대에 들어서면 sarvajña는 사람의 이름에도 쓰여져 Sarvajñamitra와 같은 이름이 나오기도 한다. 한편 대승경전에서는 귀의나 경의를 나타내는 말로서 Namaḥ sarvajñāya라는 말이 사용되기도 하는데, 이는 namo buddhāya나 namo Mañjuśriye와 동의어이다.

한편, 이 sarvajña가 일체지(一切智)로 한역된 경우는 의정(義淨)역『유부율파승사(有部律破僧事)』, 현장(玄奘)역『구사론(俱舍論)』, 구마라집(鳩摩羅什)역『마하반야바라밀경(摩訶般若波羅蜜經)』등 가장 많은 경전에서 발견된다. 이밖에도 일체지자(一切智者)(波羅頗迦羅蜜多羅역『大乘莊嚴經論』), 일체지인(一切智人)(眞諦역『俱舍論』), 일체지지성(一切智智性)(玄奘역『大般若波羅蜜多經』), 일체지심(一切智心)(菩提流支역『勝思惟梵天所問經論』), 일체지(一切知)(支謙역『大明度經』), 일체상지편(一切相智遍)(玄奘역『大般若波羅蜜多經』), 일체종지(一切種智)(鳩摩羅什역『小品般若波羅蜜多經』), 일체지존(一切智尊)(玄奘역『梵摩渝經』), 일체지자(一切知者)(鳩摩羅什역『妙法蓮華經』), 일체지견자(一切知見者)(菩提流志역『大寶積經』), 일체혜(一切慧)(曇無讖역『菩薩地持經』) 등의 의역어 및 살바야(薩婆若)(玄奘역『大般若波羅蜜多經』), 살운야(薩云若)(無羅叉역『放光般若經』), 살운연(薩云然)(支婁迦讖역『道行般若經』), 살벌야(薩伐若)(玄奘역『大寶積經』), 살바야다(薩婆若多)(鳩摩羅什역『大智度論』), 살반야(薩般若)(求那跋陀羅역『過去現在因果經』), 살반야지(薩般若智)(慧遠撰『大乘義章』) 등의 음역어가 있다.

이처럼 여러 가지 한역어가 존재하는 것은, 이 일체지로 한역되는 범어의 원천이 다양하기 때문이며, 고래로 한역자들은 이 말들에 대한 정확한 구별을 짓지 않은 채 종종 이 모두를 통틀어서 일체지(一切智)라고 번역했음을 볼 수 있다. 반대로 일체지를 일체종지(一切種智)로 번역하는 경우도 있는데, 이는 sarvajña와 sarva-ākāra-jña가 엄밀히 구분되지 않은 채 이해되고 있었음을 말한다.

결국 한역불전 내에서 쓰여지고 있는 일체지 관련 용어들은 그 해당 원전이 존재하지 않는 한, 구체적으로 어떤 원어로부터 번역되었는지 정확히 알아낼 수는 없다. 하지만, 전체적으로는 sarvajña가 그 대표격이 되고 있다고 말할 수 있겠다.

sarvajña가 인격적 개체로서의 붇다를 가리키기도 함은 범어동의어사전인 Amarakośa를 통해서도 알 수 있는데, 여기에서는 sugato(善逝)·buddho(佛陀) 등 붇다를 가리키는 18명칭 가운데 하나로서 sarvajña를 들고 있다. 이 밖에도 sarvajñātṛ, sarvajñīya, sarva-vid, sarva-vettṛ, sarva-dṛś, viśva-vid, viśva-vidvas, viśva-cakṣus, kevalajña, kevalin등의 범어 동의어가 있다.[2] 여기에서 kevalin은 자이나교에서의 최고지자인 자이나교의 교조를 가리키는 말로, 완전지를 획득한 자로서 해탈을 이룬자(Siddha)를 의미한다.[3] 2세기의 Umāsavāti의 『제의증득경(諦義證得經, Tattvārthādhigama-sūtra)』에는 감관지(mati)·성전지(śruta)·직관지(avadhi)·타심지(manaḥparyā)·완전지(kevala)의 오지(五智)가 설해지는데, 이 가운데에서 마지막의 완전지(kevala-jñāna)는 해탈상태에 도달한 인간·완전지자(kevalin)의 지(知)를 의미한다.[4]

이와 같이 '일체지'에 상당하는 원어는 다양하지만, 그 대표격인 sarvajña와 더불어 이와 어소적으로 관련이 깊은 용어, 곧 sarvajñatā, sarvajñatva, sarvajña-jñāna, sarva-ākāra-jña에 대해 그 내용과 쓰임새를 약술해 보면 다음과 같다.

일체지의 대표격인 sarvajña는 구조적으로는 sarva와 jña의 복합어로, 일차적으로는 형용사의 형태를 취한다. 다시 sarva는 형용사로서 다른 형용사 앞에서는 부사적인 역할을 하는데, 그 의미는 크게 '일체의 whole, all'·'완전한(perfect)'의 두 가지가 있는데, 어느 쪽을 취하느냐에 따라 사뭇 달라진 내용을 나타낸다. 곧, 전자를 취한다면 sarvajña는 일체법을 두루 아는 지혜 내지는 사람을 뜻하며, 후자를 취한다면 완전하고 결함 없는 지혜 내지는 사람을 뜻하게 된다. 이 두 가지 해석방식은 곧 일체지자로 표현되는 붇다의 특성과도 연결이 됨은 물론이거니와 불도수행의 궁극적 목적지인 해탈을 향한 수행도의 방식에도 영향을 미치게 되는 것이다.

한편, jña는 어근 √jñā에서 파생한 형용사로, 어근 jñā는 기본적으로 알다

---

2 川崎信定,『一切智思想の研究』(東京: 春秋社, 平4年), 27면.

3 Shri Fantnachandraji Maharaj, *An Illustrated Ardha-Māgadhī Dictionary,* Motilal Banarsidass.

4 川崎信定,『一切智思想の研究』(東京: 春秋社, 平4年), 11면.

(know)·이해하다(understand)는 의미와 함께 획득하다(become acquainte with), 경험하다(experience), 조사하다(investigate, examnine) 등의 의미를 지닌다. 따라서 여기에서 파생한 jña는 먼저 '어떤 대상을 아는(knowing)', '대상과 친숙한(familiar with)', '현명한(wise)'이라는 형용사적 의미와 함께 남성명사로서 '현명하고 학식있는 사람(leared man)'을 뜻하게 된다.[5] 한편, 이 말은 실천적으로는 '요가행자의 직접지각(yogipratyakṣa; yogi-jñāna)'을 나타내기도 한다.

후기로 가면 sarvajña에 sarva를 다시 덧붙인 형태인 sarva-sarvajña라는 용어가 쓰여지는데 이는 '일체를 두루 아는 자'이자 '지(知)를 완성한 자'라는 개념으로서 비교적 인도후대의 문헌에서 활발히 사용되기 시작하며, 후기인도에서는 초기의 불교논리학파에서 중요한 개념으로 다루어지고 있다.

sarvajñatā는 sarvajña에 tā를 붙여 만들어진 여성형 추상명사로, '일체지의 특성' 내지는 '일체지의 상태'를 나타내며 일체종지(一切種智), 일체지과(一切智果), 선지(善智) 등으로 한역된다.

sarvajñatva는 sarvajñ에 tva를 붙여 특정한 상태, 곧 일체지의 상태를 나타내는데, 진제(眞諦)는 이 말을 『구사론(俱舍論)』에서 일체지덕(一切智德)라고 번역했다.

sarvajña-jñāna는 '일체지를 얻은 자의 지혜'를 가리키며, 일체지(一切智)·일체종지(一切種智)·일체지자지(一切知者智)·불지(佛智)·불일체지(佛一切智)·일체지인(一切智人)·일체지지(一切智智)·살바야지(薩婆若智)라고 의역·음역되는 등 아마도 가장 다양하게 한역되는 말일 것이다.

sarva-ākāra-jña는 '일체(법)의 형상을 아는(자)'라는 뜻으로, 일체종(一切種)·일체종지(一切種智)·일체상지(一切相智) 등으로 한역된다. 여기에서 ākāra는 '구조'나 '형상' '모양'을 뜻한다. 여성형 추상명사 -tā를 붙인 sarvākara-jñatā는 일체법에 대해 그 개별성을 구체적인 특상을 통해 아는 지혜를 가리킨다.

---

5 Williams, Monier, *Sanskrit-English Dictionary,* London: Oxford University Press, 1956.

# Ⅱ. 역사적 전개 및 텍스트별 용례

## 1. 인도 정통종교사상에서의 용례

전술했듯이 일체지(一切智, sarvajña)라는 용어는 리그베다에서는 한번도 사용된 적이 없으며, 고(古)우파니샤드에서부터 그 유사한 사용례를 보게 된다. 아마도 가장 유사한 초기 형태는 뿌라슈나 우파니샤드에서처럼 '일체를 본다'는 술어적인 표현으로서 '일체지자'를 나타내는 경우일 것이다.

> "꿈을 꾸는 수면 가운데에서 신(devaḥ)은 위대함을 체험한다. …이미 본 것과 아직 보지 못한 것, 이미 들은 것과 아직 듣지 못한 것, 이미 느껴진 것과 아직 느끼지 못한 것, 존재하는 것과 존재하지 않는 것 등 일체를 본다. 곧, 일체가 된 그가 일체(一切)를 보는 것이다(sarvaḥ paśyati)."[6]

여기에서는 일체를 본다는 것은 곧 신적인 능력을 가리키는 것으로, 범인은 경험하지 못하는 초월적인 능력을 지니고 있음을 말한다. 곧, '일체를 아는 자'가 되기 위해서는 먼저 '일체를 보는 자'이지 않으면 안되는 것이다.

좀더 구체적으로 『브리하드 아란야카 우파니샤드』에는 '내적인 지배자를 아는 자'와 '브라흐만 내지 아트만을 아는 자'와 '일체를 아는 자(sarva-vit)'가 동격으로 다루어진다.

> "실로 저 내적인 지배자를 아는 자는, 아아 카피야여, 그는 브라흐만을 아는 자(brahma-vit)이며, 세상을 아는 자(loka-vit)이며, 신을 아는 자(deva-vit)이며, 베다를 아는 자(veda-vit)이며, 아트만을 아는 자(ātma-vit)이며, 그는 일체를 아는 자(sarva-vit)이다."[7]

한편, 『마이뜨리야 우파니샤드』에서 sarvajña가 최고신 이슈와라의 속성이자 초월적 원리로 표현되기도 한다.

---

6 Praśna-Upaniṣad Ⅳ. 5

7 Bṛhadāraṇyaka-Upaniṣad Ⅲ.7.1

> "생각하기 어렵고 드러내는 모습 없고 심원하고 비밀스럽고 결함 없이 견고하며, 꿰뚫기 어렵고 특징을 지니지 않고 청정하고 빛나며, 삼덕을 향수하는 자이고 남이 두려워하는 자이고 무너지지 않는 자이며, 요기의 최고 신(yogīśvaraḥ)이고 일체를 아는 자(sarvajño)이며, 죄없고 헤아리기 어렵고 시작도 끝도 없고 상서롭고 태어나는 일 없고 사려깊고 이야기 하기 어려우니, 그는 일체의 창조자이고 일체의 본질이고 일체를 향수하는 자이고 일체의 우두머리이고 일체 가운데 중심이 되는 자이다."[8]

한편, 주지적(主知的) 성향이 강한 요가체계에서는 신비체험의 지적(知的) 표현으로서 jñāna(知)·prajñā(叡智)·citi(絕對智)와 함께 sarvajña라는 용어가 보이는데, 이 가운데에서도 jñāna는 가장 넓은 의미를 지니는 말이다. 곧, 일상적이고 통상적인 개념적 의미에서의 지적작용을 중심으로 하면서도 그 이외의 것을 포함하는 지극히 포괄적인 용어임이 지적되고 있는 것이다.[9] 한편, 이처럼 다양한 용어가 동의어로 쓰이는 이유는 그 각각의 필요성에 의해서라고 얘기할 수 있는데, 그것은 특수한 성질을 지닌 지적작용을 일반적인 지(知)로부터 특별히 구분해야 할 필요가 있었기 때문이었다.[10] 한편, 요가체계에 있어서는 sarvajña는 prajñā와 함께 요가수행에 의해 도달한 깊은 정신적 경지를 기반한 특이한 지적작용을 가리키면서도 특히 sarvajña는 신령(神靈)에의 귀입의 결과로서 획득된 특수한 지(知)를 의미한다. 곧, sarvajña는 일체(sarva)에 통하는 지(智)이지만, 이것은 온갖 사상(事象)을 개념적으로 다 알아낸다고 하는 의미에서의 전지(全智)인 일체지의 종자(sarvajña-bīja)는 온갖 사상(事象)에 대해 초감각적인 파악(atīndriya-grahaṇa)을 하는 곳에서 발현한다. 이 점을 특히 요가바샤는 강조하고 있다. 초감각적인 파악이란 사상을 단지 감각적으로 파악하는 것이 아니라, 내면의 깊은 곳에서 그 특수한 의미를 이해하는 것이다. 그러나 그 종자는 경지의 진전과 더불어 성장한다. '차례로 증진해서(vardhamāna)' 최고에 도달한 곳, 그것이 일체지이다. 그 때문에 일체지가 일체지인 이유는 양적인 넓이가 아닌 질적인 깊이에 있는 것이다. 신비체험을 전제로 하며, 그에 기반한 지(智)인 것이다[11]

---

8 Maitrī-Upaniṣad Ⅷ, 1면.
9 岸本英夫, 『宗教神秘主義』(東京: 大明堂, 1958), 210-211면.
10 岸本英夫, 『宗教神秘主義』 212면.

나아가 요가체계에 있어서는 이같은 일체지의 실현자로서 신령(神靈)을 내세운다. 하지만, 그 신령이란 통상의 유신론적 체계와는 현저하게 다른 것으로, 신령은 영원히 일체지를 구비한 특수한 푸루샤에 머문다. 그 실제의 작용은 오직 수행자의 삼매에의 도달을 돕는 것이다. 요가체계는 신령의 존재를 인정하면서도 결코 본래체계의 근본적인 입장이 흔들리는 것은 아니다. 상키야의 무신론적 이원기구에 그 근본을 둔 이 체계가 요가의 흐름에 있어서 전통적인 유신사조의 압력을 받아 신령을 도입하기에 이르렀다고 해도 그것은 요가의 흐름속에 있어서 유신적 경향을 고취한다고 하는 적극적인 태도의 것은 아니었다.[12]

물질과 정신의 차별성을 분별하기 위해 전념하는 자는 일체 존재의 지배자(sarva-bhāvādhiṣṭhātṛtvaṁ)가 되고 '일체를 아는 자(sarvajñātṛtvaṁ)'가 된다고 하는데,[13] 이는 곧 『요가수트라』에서도 일체지가 분별능력을 통해 얻어질 수 있음을 뜻하며, 불교의 수행완성자로서의 일체지자와도 유사한 의미를 지닌다.

결국, 일체지가 인도의 정통종교철학내에서 거론되는 경우는 다분히 초월적 신성을 지닌 상태를 의미함을 알 수 있다. 곧, 『우파니샤드』에서 보는 일체지는 초월적 원리를 수식하고 있으며, 『요가 수트라』에서의 일체지는 과거·미래·현재에 관한 개별적인 혹은 집합적인 초감각적인 일을 인식하는 지(知)로서, 그 지의 소유자에 의해 지야말로 일체지자의 종자가 되는 것이다. 어떤 존재에 있어서 이 일체지의 종자가 증대해 나아가 결국에는 결코 남이 능가할 수 없는 무상의 상태에 도달했을 때 이 존재가 바로 일체지자(一切智者, sarvajña)이기에 이는 불교나 자이나교에서처럼 수행완성자로의 한 개인을 수식하는 경우와 유사한 것이다.

불교나 자이나교에서는 각각의 교조가 일체지자(sarvajña)의 지위를 얻고, 또한 일체지는 그들의 깨달음의 본질을 구성하게 되는데, 인도에 있어서 한 인간을 <일체지자>로 호칭하는 경우는 불교와 자이나교뿐으로,[14] 곧, 비바라문 계통의 비정통철학에서 최초로 사용되는 것이다. 신을 믿는

11 岸本英夫, 『宗教神秘主義』 213-214면.
12 岸本英夫, 『宗教神秘主義』 269면.
13 Yoga-sūtra Ⅲ. 48면.
14 불교·자이나교 각각의 입장에서 보는 <일체지>에 대해서는 E.A.Solomon(1962), H.M.Bhattacaryya(1967), P.S.Jaini(1974), B.Bhaskar(1976) 등의 연구가 있다.

그 어떤 경우의 종교사상에 있어서도 인간이 일체지자(sarvajña)로 지명되는 일은 없다. 실제, 『우파니샤드』를 비롯한 전(全)바라문 문헌 가운데 아무리 뛰어난 자라도 그를 일체지자로 지칭하는 예는 전무하다. 미망사 학파는 붇다를 포함해 그 누구도 결코 일체지자일 수 없다고 주장했다.

## 2. 불교의 일체지와 자이나교의 일체지

인도종교철학사에 있어서 한 개인에게 일체지자의 칭호를 붙이는 대표적인 경우로서 불교나 자이나교를 들었는데, 그렇다고 이 두 종교사상이 일체지의 내용에 대해서도 동일한 입장을 지니고 있었던 것은 아니다. 인도정통학파인 미망사의 sarvajña의 존재부정설에 대해 자이나교와 불교는 함께 반박하면서도 어느 쪽을 일체지자로 인정할지에 대해서는 상대의 일체지성을 부정하고 반박하는 태도를 취해왔다. 이는 곧 두 종교가 해탈열반이라는 동일한 목적을 지니면서도 그리로 가는 방법에 차이를 보인 데서 기인한다.

불교자료를 통해 자이나교의 교조인 니간타 역시 스스로를 일체지자로 자처하고 있었음을 알 수 있다. 『사문과경』에 의하면 그는 스스로를 일체지(一切智)·일체견인(一切見人)이라고 자칭하고 있었다고 전하며,[15] 『증지부』 경전에서는 니간타 나타뿟따가 왜 일체지자이며, 또한 이에 대해 붇다의 입장을 듣는 장면이 나온다.

> "존자이시여, 니간타 나타뿟따는 일체지자·일체견자·남김없이 지견을 갖췄다고 스스로 인정하는 자입니다. …… 그는 고행을 통해(tapasā) 오래된 업을 소멸시키고자 하며, 무행위(akaraṇā)에 의해 신업을 파괴하려 합니다. 여기에서 업의 멸진에 의해 고가 멸진하고, 고의 멸진에 의해 감수가 멸진하며, 감수의 멸진에 의해 일체가 소멸하니, 이와 같이 해서 현전하는 청정한 괴멸에 의해 출리가 있다고 합니다. 이 설에 대해서 존자이시여, 세존께서는 어떻게 말씀하시는지요?"[16]

15 『沙門果經』(『大正藏』1권, 109상)
16 *Majjhima-Nikāya* vol. Ⅰ, 92-95면. Ⅰ, 2.4 *Cūḷadukkhakkhandhasuttaṁ*(14)

이에 대해서 아난다는 석존께서 설하신 3종의 청정한 괴멸(imā nijjarā visuddhiyo)을 얘기해 준다.[17]

한편 불교의 자료에 의하면, 일체지자를 자칭한 것은 불교나 자이나교뿐만은 아니었던 듯하다. 『대반열반경』에 의하면 자이나교의 교조인 니간타를 포함해 육사외도(六師外道)로 알려진 부란나가섭(富蘭那迦葉)·말가리구사리자(末伽梨拘舍梨子)·산자야비라지자(刪闍夜毗羅子)·아기다시사흠바라(阿耆多翅舍欽婆羅)·가라구타가전연(迦羅鳩馱迦旃延)·니건타야제자(尼揵馱若提子) 등이 자신들의 가르침만이 일체지(一切智)이지 다른 것은 사견(邪見)에 불과하다고 주장했다고 전한다.[18] 곧, 초기불교와 시기를 같이해서 흥기한 신흥사상가들 역시 나름대로 자신들의 경지를 '일체지'라고 주장하고, 스스로를 '일체지자'라 칭하고 있었음을 알 수 있다.

### 3. 초기불교에서의 일체지의 용례

sarvajña에 해당하는 빠알리어는 sabbaññū로 초기불교에 있어서 이 말의 출현빈도는 그다지 많지 않다. 비교적 초기의 경전이라고 일컫는 장로게에서는 붇다를 '일체지성(sabbaññutā)'으로 수식하는 예가 보인다.

> "일체지(一切智)의 최상의 지혜를 지닌 자[붇다]에 의해 설해진, 뛰어나고 위대한 이의 가르침을 듣고나서[sutvāna dhammaṁ mahato mahārasaṁ sabbaññutaññāṇavarena desitaṁ]"[19]

또한 『장아함』 「대본경(大本經)」 등에서는 출가 이전의 태자를 가리켜 일체지라고 부르기도 하며,[20] 붓다 스스로 자신이 일체지자임을 선언하는 장면도 있다. 곧, 성도후 고오타마 붓다는 다섯 비구를 교화시키기 위해 녹야원으로 향하는데, 그리로 가는 길에서 사명외도 우빠까( Upaka ājivika)를 만난다. 여기에서 안색이 맑아 보이는 고오타마 붓다에게 우빠까는 묻기를, "존자여, 그대는 무엇을 목적으로 출가했는가. 또한 그대의 스승은 누

---

17 *Aṅguttara-Nikāya* vol. Ⅰ, 220-222면.
18 『大般涅槃經』(『大正藏』1권, 203하)
19 *Thera-Gāthā* 10면, v.69.
20 『長阿含經』(『大正藏』1권, 4하)

구이며, 누구의 가르침을 선택했는가?"라고 묻는다. 이에 고오타마는 "나는 일체승자(sabbābhibhū)이고 일체지자(sabbavidū)이다. 일체법에 있어서 오염되는 일 없으니, 갈애는 다하고 일체를 여의어 해탈했다"[21]고 말하면서 스스로를 '일체지자'라고 대답한다.

한편, 『본생담』에서는 붓다가 연기(緣起)의 관찰을 통해 일체지자의 지혜를 획득했다고 전한다.

> "이와 같이 해서 그분께서 열두 지분으로 이루어진 연기의 방식을, 생기와 환멸 다음으로 곧, 순역으로 살펴보고 있을 때, 십천세계는 저 바다 끝에 이르기까지 12회에 걸쳐 진동했다. 그리고 재차 태양이 나올 무렵에는 십천세계가 소리를 냈으며, 대장부(大丈夫)는 일체지자(一切智者)의 지(智, sabbaññūta-ñāṇaṁ)를 획득했던 것이다."[22]

나아가 『중부경』(Cūḷasakulūdāyisuttaṁ)에서는 신통지와 연기지를 일체지의 내용이라고 설한다.[23]

한편, Trenkner에 의해 이미 지적되었듯이 『밀린다팡하』(Milinda-pañhā)에서는 붓다의 일체지성에 관한 논의가 8가지 존재하는데,[24] 그 논의는 대부분 일체지자로서의 붇다에게 초월적 신격을 부여하느냐의 문제이다.

가령 계(戒)의 수범수제(隨犯隨制)와 일체지에 관련해서 "붓다가 일체지자라면 왜 모든 계율을 일시에 제정하지 못하고 수범수제했는가?"라는 식의 질문이 행해지는데, 이는 일체지자로서의 붇다는 당연히 예지능력을 가져야만 한다는 흔히 있을 수 있는 의구심에 기인하는 것이다. 구체적으로 이 같은 일반의 선입견은 붓다와 데바닷다의 문제에 대해서 제기되고 있다. 곧, 세존께서 일체지자라면 당연히 데바닷다가 장래에 붇다를 위해하리라는 것쯤은 알았어야 하지 않았느냐는 질문이 그것인데, 이에 대해 나가세나는 다음과 같이 대답한다.

---

21 *Majjhima-Nikāya* vol.1, 171면. (26)*Ariyapariyesanasuttaṁ*
22 *Jātaka* vol. Ⅰ, 75-77면.
23 *Majjhima-nikāya* vol.Ⅱ, 31면.
24 V.Trenkner ed: *The Milindapañho, being Dialogues between King Milinda and the Buddhist Sage Nāgasena,* London: PTS., repr, 1962.

"대왕이시여, 데바닷타를 괴로움에서 벗어나게 하기 위해 여래께서는 자비심으로 그를 출가시킨 것입니다. 대왕이시여, 만약에 세존께서 데바닷타를 출가시키지 않으셨다면, 데바닷다는 일조(一兆)겁에 걸쳐 지옥의 고통을 경험해야 했을 것입니다."[25]

나가세나의 대답을 통해서 본다면, 세존께서는 데바닷타의 위해를 미리 알면서도 그의 출가를 허용한 것이 된다. 하지만, 이것이 곧 붇다의 일체지가 미래를 예견하는 초월적 능력을 의미하고 있는지는 분명하지 않다.

같은 경에서 그 같은 일체지가 수행, 곧 주의 기울임(āvajana)으로 얻는 것임을 말하는 부분이 있다. 곧, "존자 나가세나여, 붓다는 일체지자인지요(Buddho sabbaññū ti)?"라고 묻는 왕에게 나가세나는 "대왕이시여, 그렇습니다. 세존은 일체지자이십니다. 그렇다고 세존에게 항상 끊임없이 지견(知見)이 일어나는 것은 아닙니다. 세존의 일체지자로서의 지는 주의 기울임[傾注]에 기반하는 것입니다(āvajjana-paṭibaddhaṁ). 곧, 주의를 기울여 원하는 바 그대로 아는 것입니다"라고 대답한다. 곧, 세존의 일체지는 명상에 의해 얻어진다는 것을 밝히는 구절이다. 이에 대해 대왕은 다시 원함으로써 일체지자로서의 지가 구족된다고 한다면, 붓다는 일체지자가 아니라고 부정하는데, 나가세나는 이에 대해 다음과 같이 대답한다.

"대왕이시여, 그처럼 정등각자·일체지자·십력을 갖춘 자·사무외소에 도달한 자·십팔불공법을 구족한 자·무한의 승자·장애없는 지를 지닌 자들에게 그 마음은 그 어디에도 신속하게 생하고, 신속하게 움직입니다. 왜냐하면, 일체처에서 그 마음이 청정하기 때문입니다."

일체지를 일종의 예지능력으로 보고자 하는 태도는 이미 초기불교에서부터 나타나고 있다. 『증일아함경』 제9권에는 데바닷타(提婆達多)가 세존을 위해하고자 아사세왕을 찾아가서는 코끼리에게 독(毒)한 술을 먹여 취하게 한 뒤 다음날 아침 사문 구담이 성에 들어와 걸식할 때 그 취한 코끼리를 풀어놓자고 제의한다. 그리고 나서 데바닷타는 "만일 사문 구담에게 일체지가 있어서 닥쳐올 일을 미리 안다면, 내일은 분명히 성에 들어와 걸식

25 *Millinda-pañha,* 108면.

하지 않을 것입니다"[26]라고 말하는데, 이는 바로 세존의 일체지를 미래예지능력으로 보고 있다는 것을 의미한다.

나아가 『증일아함경』 제41권에서는 세존의 일체지를 삼세(三世)의 예지능력으로 표현하기도 한다.

> 만일 사문 구담이 일체지가 있어 3세의 일을 안다면 그 청을 받아들이지 않을 것이요, 만일 일체지가 없다면 곧 청을 받아들여 제자들을 데리고 왔다가 모두 불에 탈 것이오. 만일 그가 하늘 사람이라면 불의 피해를 입지 않고 안온할 수 있을 것이오.[27]

이같은 경향과는 달리 석존 스스로 일체지자임을 부인하는 듯이 보이는 경우도 있는데, 『중부경』(**Kaṇṇakatthala-suttaṁ**)에서 파세나디(**Pasenadi**)왕은 세간에 떠도는 얘기를 들어, 사문 고오타마에게 '일체지자이고 일체견자이며, 남김없이 지견을 갖췄다고 스스로 인정할 수 있는 그 어떤 사문이나 바라문도 존재하지 않으니, 이같은 일은 있을 수 없다'고 얘기했는지를 확인한다. 이에 세존은, 그 같이 말했던 것을 시인하면서 동시에 일체를 알고 일체를 보는 사문·바라문은 존재하지 않는다고 대답하고 있다.[28] 하지만, 이같은 세존의 대답은 자이나교에서 주장하는 일체지, 곧 일시에 일체를 안다고 하는 초월적 지혜를 부인하는 데에 그 초점을 두고 있다고 보아야 한다. 왜냐하면 불교의 일체지는 어디까지나 그만한 공능을 성취해서 얻어내는 것이기 때문이다.

이와 같이 정통바라문사상에 반기를 들고 출현한 신흥사상로서의 불교는 붇다의 재세시에는 붓다 스스로 자신이 신격화되는 것을 기피했다고 볼 수 있겠다. 하지만, 불멸이후 어느 정도의 시간이 지남에 따라 붓다는 점차 숭배의 대상이 되어갔으며, 이 같은 신격화에 따른 현상의 하나로 붓다의 지혜와 수행완성자[아라한]의 지혜를 구분하는 현상도 나타났다고 보여진다. 그 뚜렷한 예를 밀린다 팡하에서 볼 수 있는데, 본 경에서는 아라한의

---

26 『增一阿含經』(『大正藏』2권, 590상)

27 『增一阿含經』41(『大正藏』2권, 774중)

28 "대왕이시여, 나는 다음과 같이 얘기한 것을 인정합니다. 곧, '동시에 일체를 알고 일체를 보는 사문·바라문은 존재하지 않는다. 곧, 그 같은 경지란 존재하지 않는다'고 말입니다"(*Majjhima-Nikāya* vol.Ⅱ, 4.10.)

지(知)와 여래의 지(知)를 구별해 일체를 아는 것은 일체지자(一切智者)로서의 여래만의 일이라고 한다.[29]

"대왕이시여, 어떤 아라한에게 있어서 일체를 안다는 것은 그 영역을 넘어서 있습니다. 그것은 왜냐하면, 그에게는 일체를 아는 힘이 존재하지 않기 때문입니다. 대왕이시여, 아라한이 모든 남자나 여자들의 이름이나 성씨를 알 수는 없습니다. 또한 대지에 길(道)을 알 수는 없습니다. 대왕이시여, 하지만, 아라한 가운데에는 해탈을 하는 자도 있으니, 육신통을 얻은 아라한은 자기능력을 한계를 앎니다. 곧, 대왕이시여, 일체지자이신 여래만이 일체를 아는 것입니다"[30]

### 4. 아비달마의 일체지

후대 불교논리학자들에 의해 전개되는 일체지의 논의는 이미 아비달마에서 충분히 거론되고 있다. 대체로 아비달마에서는 육경·육근의 십이처를 아는 것을 일체지라고 정의하는데, 예를 들어『잡아비담심론』「수다라품(修多羅品)」에서는 "일체(一切)를 아는 까닭에 '일체지(一切智)'라고 말한다. 일체란 십이입(十二入)으로, 그 자상(自相)과 공상(共相)에 있어서 그 일체를 남김없이 아는 것이다"[31]라고 말하며, 나아가 법지·비지·세속등지의 세 가지 지가 일체지를 포섭한다고 말하기도 한다.[32]

한편, 일체지에 대한 불교의 입장이 명료히 표명되는 곳 가운데 하나가 바로『구사론』으로,『구사론』「파집아품」에서는 찰라멸과 일체지와의 관계를 다음과 같이 설명하고 있다.

"우리들은 '부처님께서는 일체법에 대해 능히 단박에 두루 알기 때문에 일체지자(一切智者)라고 이름한다'고는 말하지 않는다. 다만 상속신에 [일체지를] 감당할 만한 공능[堪能]을 가졌다는 사실에 근거하여 그렇게 말한

---

29 후기로 가면 일체지는 다시 일체종지와 구분된다. 곧, 일체지는 붇다 이외의 覺者인 성문·벽지불의 智로 한정되며, 붇다의 智는 一切種智로서 표현되게 된다. 이에 관해서는『대지도론』에 상세히 설명되고 있다.

30 *Millinda-pañha,* 267면.

31 『雜阿毘曇心論』(『大正藏』28권, 931중)

32 『雜阿毘曇心論』(『大正藏』28권, 916하)

> 것일 뿐이다. 이를테면 부처라는 명칭을 획득한 이는 제온의 상속에 이와 같은 [일체지를] 감당할 만한 뛰어난 공능[즉 一切智德]을 성취하여 문득 작의(作意)할 때 알고자 하는 대상에 대해 전도됨이 없는 지(智)가 일어나기 때문에 '일체지'라고 이름한 것으로, 한 찰나[一念]에 능히 단박에 [일체의 경계를] 두루 안다는 뜻이 아니다."[33]

이같은 아비달마의 입장은 초기불교에서의 입장을 그대로 반영하고 있다고 볼 수 있다. 곧, 불교에서 주장하는 일체지란 결코 초월적 지혜 내지는 능력의 소유자가 아니라 전도되지 않은 지혜를 획득했기에 일체지라고 불리운다는 것으로, 이는 불교가 결코 지각할 수 없고 인식을 넘어선 지혜를 추구하지는 않았음을 말해준다.

### 5. 대승불교의 일체지

초기불교의 일체지가 십이처의 인식과 연기에 의한 깨달음에 근거하고 있다면, 대승불교 전반에서 보이는 일체지 사상은 반야사상과 깊은 관련을 맺으면서 전개되고 있다. 하지만, 대승에서 주장되는 반야, 곧 지혜란 기본적으로는 육근·육경으로 이루어진 일체를 대상으로 얻어지며, 또한 반야는 연기의 지혜라는 점에서 본다면 초기불교와 대승불교에서 설해지는 일체지는 같은 맥락을 취한다고 보아야 하겠다.

대승불교에 들어서면 소·대품을 불문하고 '일체지'라는 용어가 빈출하는데, 특히 반야지와 관련을 맺으면서 그 성립초기부터 언급이 되고 있다. 곧, 초기대승경전 가운데에서도 그 성립시기가 앞서는 경전인 『도행반야경』에서는 "반야바라밀을 행하지 않는 보살은 살운야(薩芸若: 一切智)를 얻지 못한다"고 확언하는 것이 그것이다. 이같은 입장은 『도행반야경』과 마찬가지로 초기대승경전의 하나인 『팔천송반야경』에 다음과 같이 설해진다.

> "그것은 왜냐하면, 결합에 대해 추구하는 자는 반야바라밀을 파악하지 못하며, 반야바라밀에 대해 노력하지 않으며, 반야바라밀을 완성하는 일이 없기 때문입니다. 반야바라밀을 완성하지 못하는 자가 취득되지 않는 것을

33 『阿毘達磨俱舍論』(『大正藏』29권, 155상)

취해 일체지성을 향해 나아가는 일은 없습니다. 이같은 입장에서 보살마하살은 반야바라밀에 대해 추구해야만 합니다.

이것이 바로 보살마하살의 일체법의 비취득(非取得)이라고 이름하는 삼매로, 광대하고 존귀하고 무량해서 성문이나 독각이 함께 할 수 없습니다. 그 일체지성(sarvajñatā) 역시 취득되지 않습니다."[34]

곧, 반야바라밀을 추구하는 것이 곧 일체지성의 취득이 되는데, 『팔천송반야경』에서 말하는 반야바라밀이란 이른바 오온에의 집착을 여의는 것과 함께 십력(十力)·사무외소(四無畏所)·십팔불공법(十八不共法) 등으로 이러한 반야의 속성이 곧 일체지의 속성이 되고 있는 것이다.

『대지도론』에서는 "부처님은 무슨 인연으로 마하반야바라밀을 설하시는가?"라고 물음을 던지고는 이에 대해 23가지 대답을 하는데, 그 중 네 번째 대답으로, "부처님이 마하반야바라밀을 설하는 것은 중생들이 부처가 일체지인(一切智人)임에 대해 의심을 품는 것을 단절케하기 위함이다"[35]라고 명기하고 있으며, 또한 다음과 같은 세인의 의혹이 있음을 설한다. "부처는 스스로 일체지, 일체견이라 칭하지만, 세간에 존재하는 일체의 경서·기술·지교(智巧)·방편은 그 수가 매우 많아 무량해서 가령 일체중생이 함께 한다고 해도 일체사를 알기는 어려운 일이다. 그런데 하물며 부처 한 사람에게 일체지가 있을 수 있겠는가" 또한 부처가 알지 못하는 여섯 가지 일(六事)[36]을 들어 부처의 일체지를 부정하지만, 이와 같은 비난에도 불구하고 부처는 대중을 향해 사자후를 발한다. 그렇게 함으로써 믿는 자를 환희시키고 삿됨을 행하는 자에게 두려움을 느끼게 되니, 때문에 부처는 사무소외를 구족한 존재가 되는 것이다.[37]

또한 『대지도론』에서는 "일체의 종(種)과 일체의 법을 잘 이해하기 때문에 일체지인(一切智人)이라 부른다"고 하면서 다시 "일체법을 여실히 잘 분

34 P.L.Vaidya, *Aṣṭasāhasrikā prajñā pāramitā, Buddhist Sanskrit* Text No.4, Darbhanga, 1960. 4-5면.

35 『大智度論』(『大正藏』25권, 58중)

36 ①부처에 의해 설해지지 않은 제경서(Vyākaraṇa, sāṁkhya, veda등 18종의 대경서) ②수미산의 크기(尺量), 대지의 심천, 일체초목의 頭數 ③14難 ④법의 색법무색법, 가견불가견, 유대무대, 유루무루, 유위무위 등 ⑤부처는 단지 한 종류의 道事因緣을 알 뿐, 異法의 종종의 인연을 모두 알지 못한다.(『大正藏』25권, 243중)

37 川崎信定, 『一切智思想の研究』(東京: 春秋社, 平 4 年), 110-111면.

별해서 설하기 때문에 일체견인(一切見人)이라 부르고, 일체법을 현전에서 알기 때문에 일체지견무애인(一切知見無礙人)이라 부르고, 마음이 일체중생에게 동등하기 때문에 대자비인(大慈悲人)이라 부른다"[38]고 하는데, 여기에서 중요한 것은 자비가 일체지와 동등한 맥락에서 다루어지고 있다는 점이다. 『대반열반경』에서는 "자비심을 구족하기에 일체지라 이름한다"고 말해, 일체지와 자비의 관계를 뚜렷이 드러내주고 있다.

나아가 대승불교에서는 일체지가 니르바나를 대신하는 신앙의 대상으로서 언급되기도 하는 경우를 『팔천송반야경』에서 볼 수 있다.

> "유행자 슈레니카는 이 가르침에 믿음을 기울였던 것입니다. 그는 모든 경우에 있어서 일체지성에 대해 믿음으로 따랐으며, 법성에 의지해서 이와 같이 일체지성을 믿었기 때문에 그는 그 어떤 법(法)도 취하지 않았습니다. 곧 그가 얻을 그 어떤 법도 없었으며, 그가 인식하거나 버려야 할 그 어떤 법도 없었습니다. 심지어 그가 니르바나라고 여길만한 그 어떤 법도 없었습니다."[39]

### 6. 일체지(一切智)와 일체종지(一切種智)

한편 불교사상의 전개와 더불어 일체지와 뚜렷하게 구분되기 시작하는 용어 가운데 하나가 일체종지(sarva-ākāra-jña)이다. 여기에서 종(種)에 해당하는 범어인 ākāra는 앞에서 설명했듯이 '모양'이나 '형태'를 의미한다. 아비달마에서는 일체지와 일체종지의 차별이 논해지는데, 예를 들어 『대비바사론』에서는 사리불과 붇다의 일체지를 비교하면서, 십이처에 대해 부처는 일체지와 일체종지를 갖추지만 사리불존자는 다만 십이처에 대해 일체지만을 갖출 뿐 일체종지를 결여하고 있다고 설한다.[40] 이는 불타론의 변천과 더불어 수행완성자인 아라한과 믿음의 대상으로서의 붇다를 구분하려는 노력과도 관련을 맺는다.

『대지도론』 권27에서는 일체지는 일체법의 총상을 아는 아라한·벽지불에 속하며 일체종지는 그 별상을 아는 불지에 속한다고 구별한다.[41]

---

38 『大智度論』24(『大正藏』25권, 235상-241하)

39 P.L.Vaidya, *Aṣṭasāhasrikā prajñā pāramitā, Buddhist Sanskrit* Text No.4, Darbhanga, 1960. 5면.

40 『大毘婆沙論』(『大正藏』27권, 382하)

『십주비바사론』 권74에는 자상과 공상의 차별을 논하면서, “존자 사리불은 이 십이처법에 대해서 오직 능히 그 하나하나마다 공상(共相)을 증지(證知)하지만, 그 자상(自相)에 대해서는 아직 하나하나마다 여실히 증지하지 못한다”[42]고 한다. 곧, 일체법의 공통된 특징을 아는 것만으로는 불지(佛智)라고 하지 못한다는 입장을 취하는 것이다.

후기 대승불교에서는 이 지의 상[行相]을 둘러싸고 논쟁이 일어나 유상유식과 무상유식의 분립을 일으키기도 한다. 『대지도론』에서는 “지혜문(智慧門)을 이름하여 종(種)으로 삼는다. 어떤 이는 하나의 지혜문으로써 관하고, 어떤 이는 2·3·10·백·천 내지 항하사 등의 아승지의 지혜문으로써 제법을 관한다. 이제 일체의 지혜문으로써 일체종에 들고 일체법을 관하니, 이를 이름하여 일체종(一切種)이라 한다”고 하며 일체법을 아는 지혜문이 다수 존재함을 언급하고 있다. 나아가 일체종이란 세지(世智)·출세지(出世智)…불지(佛智) 등의 지혜로써 제법을 아는 것을 이름한다고도 한다.[43] 다시 말해 지(知)라고 하는 매개체를 통해 알려졌을 때 비로소 일체종이라 불려진다는 것이다. 따라서 마음에 비추어진 영상·형상으로서의 행상(行相)과 같은 의미로 종(種)이 사용되고 있음을 알 수 있으니, 지가 본래 지니는 분별작용의 최고도의 완성자로서의 붇다를 곧 일체지자로 부른 것이다. 한편, 밀교에서는 ‘일체지인이 지니는 지(智)’를 의미하는 일체지지(一切智智)가 ‘불공(不共)의 지(智)’ 혹은 ‘일체종지를 초월하는 지(智)’로 해석되기에 이른다.

이와 같이 인도 정통철학에서 초기불교·아비달마·대승불교를 거쳐 밀교에 이르기까지 일체지(sarvajña)라는 말과 관념은 불교역사 속에서 다양하게 전개되고 있으며, 또한 경우에 따라서는 전혀 다른 의미부여를 하고 있는 것도 사실이다. 또한 이러한 사정은 불교뿐만 아니라, 미망사와 같은 인도의 정통학파와 자이나교들의 논쟁 및 사상교류를 촉진하는 역할을 하기도 하는 것이다.[44]

41 『大智度論』27(大正藏 25권, 259상) “이 모든 아라한과 벽지불들은 능히 總相에 대해 무상·고·공·무아임을 안다. 十二入을 알기 때문에 이름하여 一切智라 하니, 성문이나 벽지불 조차 별상을 알지 못하는 것이다”

42 『十住毘婆沙論』74(『大正藏』27권, 383하-384상)

43 『大智度論』(『大正藏』25권, 138상)

44 川崎信定, 『一切智思想の研究』(東京: 春秋社, 平 4 年), 9면.

## Ⅲ. 근접개념으로서의 일체법과 연기와 반야

이와 같이 본다면 일체지란 붇다의 깨달음 내지는 해탈과 동일한 개념으로서, 이는 근본적으로 일체법에 대한 무지가 타파된 상태이자 그로 인해 초래된 궁극의 상태를 가리킨다고 보아야 하겠다. 따라서 자연히 해탈을 목표로 하는 불도수행의 제반 개념들이 일체지와 관련될 수밖에 없는데, 그 가운데에서도 특히 관련을 맺는 근접개념들은 바로 일체법 그 자체와 그 일체법의 존재방식인 연기 및 이해방식인 반야의 세 가지 개념이라고 말할 수 있겠다.

**일체법과 일체지:** 일체법(sarva-dharma)이란 일체의 물질적·정신적인 제현상 내지는 존재를 가리킨다. 그 본래의 의미는 만들어진 모든 것, 곧 유위법을 가리키지만, 후에 무위법(asaṁskṛta-dharma)도 포함하게 된다. 여기에서 법(法)에 대한 범어 dharma는 지지(支持)나 유지(維持)를 의미하는 어근 √dhṛ에서 유래한 명사로, 기본적으로는 세상을 유지하고 떠받치는 그 어떤 원리나 질서같은 것을 가리킨다. dharma가 이른바 형이상학적인 측면을 나타낼 때는 '진리'나 '이법(理法)'으로 번역되며, 윤리적인 측면이 강조되면 '정의'로 번역된다. 도덕이나 사회규범으로서의 측면을 강조한다면 '의무'로 번역되기도 한다. 물론 dharma는 실로 다양한 의미를 지니지만, 대체로 그 개념의 근저에는 형이상학적·존재론적인 것을 함축하고 있다고 볼 수 있겠다. 고대인도에 있어서는 인간의 제의적 행위와 자연현상을 관계지어 이러한 것들의 총체로서 세계가 dharma에 의해 유지되고 있다고 여겨졌다. 인도에서는 불교를 비롯한 개개의 종교나 종교의 가르침을 dharma라고 하듯이, 이 말은 종교적인 관련을 맺으면서 다양한 의미를 지닌다.

한편, 이같은 법의 총체적인 현상을 표현한 것이 곧 일체법인데, 불교에서는 '일체법은 모두 소연(대상)이 된다'고 하듯이, 일체법을 인식의 대상으로 보고자 하는 것이다. 이 일체법은 십이처(十二處)로 대표되는데, 십이처[45]란 이른바 눈·귀·코·혀·몸·뜻의 여섯 인식기관과 그 각각에 상당하는 모양·소리·냄새·맛·촉감·법의 여섯 대상을 말한다. '일체란 십이입을 일컫

45 여기에서 처(處)에 해당하는 āyātana는 이른바 인식작용이 일어나는 바탕을 의미하는데, 『俱舍論』에서는 이를 '심과 심작용이 생하는 문(citta-caitta-āya-dvāra-arthaḥ)'으로 설명한다.

는다'[46]라고 하듯이, 일체법은 이 열두 가지 범주 내에서 성립된다고 하는 것이 곧 불교의 기본적인 세계관이다. 곧, 우리의 지각과 사유는 이 일체법을 대상으로 하며, 나아가 일체지란 이 인식 가능한 대상을 중심으로 전개되는 것이다.

**연기와 일체지:** 연기(pratitya-samutpāda, 緣起)란 일체법이 '서로 기대어 생한다'는 의미로, 마음작용·행위 및 존재에 대해 인과관계로써 설명하는 방식이다. 곧, 일체의 현상은 무수한 원인(hetu)과 조건(pratyaya)이 상호 관계해서 드러남을 가리킨다. 경전상에서는 무명이 근본의 인이 되어 고(苦)라는 과가 발생하기까지의 과정을 설명하는 방식으로 정형화되는데,[47] 그것은 곧 깨달음을 얻는 확고한 수행도로서 자리를 잡게 된다. 곧, '연기를 보는 자는 법을 보고 법을 보는 자는 연기를 본다'[48]고 하는 것이 그것이다. 연기의 가장 단순한 형태는 이른바 2지의 형태로, 가령 『숫타니파아타』에서 '만족(sāta)과 불만족(asāta), 그것에 연(ūpanissāya)해 욕망이 일어난다'[49]라든가 '애착을 연해(nidānā) 괴로움이 일어난다'[50]라고 하는 경우가 그것이다. 이는 다시 3지, 4지 혹은 12지로 확대되기에 이른다. 최종의 형태인 십이연기는 무명(無明)·행(行)·식(識)·명색(名色)·육처(六處)·촉(觸)·수(受)·애(愛)·취(取)·유(有)·생(生)노사(老死)로 이루어지는데, 연기관이란 이를 순차로(anuloma) 관찰해 무명으로 인해 생존의 고가 일어남을 알며, 다시 이를 역으로(pratiloma) 관찰해 고의 최초의 원인이 무명임을 알아채어 고에서 해방을 얻는 수습관법인 것이다.

『잡아함경』에서는 이같은 연기법이 세존만이 깨우친 법인지를 묻는 장면이 있는데, 이에 대해 세존께서는 연기법은 그 누가 지은 것도 아니며, 법계에 상주하는 법으로 여래는 이 법을 깨달았을 뿐임을 밝힌다.[51] 『율장(Vinaya-piṭaka)』의 대품(大品)이나 우다나(Udāna) 등에서 고오타마 붇다

46 『雜阿毘曇心論』(수다라품)(『大正藏』28권, 874상)

47 『大正藏』2권, 85상. 云何緣起法法說。謂此有故彼有。此起故彼起。謂緣無明行。乃至純大苦聚集。是名緣起法法說。

48 *Majjhima-Nikāya* vol. Ⅰ, 191면.

49 *Suttanipāta,* 169면, 867게송.

50 *Suttanipāta,* 202면, 1050게송.

51 『雜阿含經』(『大正藏』2권, 85중) 緣起法者。非我所作。亦非餘人作。然彼如來出世及未出世。法界常住。彼如來自覺此法。成等正覺。

의 깨달음을 십이연기로 전하고 있음에 의해 십이연기를 석존의 자내증(自內證)의 법문으로 보고자 하는 경향도 있지만, 일반적인 지지를 얻는 것은 아니다. 초기불교의 연기설은 부파불교에 들어서면 업사상과 연결되어 업감연기설(業感緣起說)로 전개된다. 또한 십이연기를 과거·현재·미래로 나눈 삼세양중인과설(三世兩重因果說)을 비롯해 인(因)·연(緣)·과(果)를 육인(六因)·사연(四緣)·오과(五果)로 세우거나 찰나(刹那)·연박(連縛)·분위(分位)·원속(遠續)의 4연기설 등으로 점차 세밀해져 간다.

대승불교에 있어서는 초기불교 이래의 무상·공·무아사상에 기반해 연기는 상의상관(相依相關)의 관계 속에서 탐색되기에 이르며, 이같은 연기의 관찰은 곧 깨달음의 도량에 앉은 보살마하살의 특성이자 연기가 곧 보살마하살에게 있어서 일체를 아는 자의 지혜의 획득으로 표현된다. 곧, 경에서 말하기를 '수부띠여, 그 어떤 보살마하살들이 있어 그들이 이 다함이 없는 도리를 성취해 반야바라밀에서 행하면서 연기를 관찰한다면, 그들은 성문의 계위나 벽지불의 계위에 머무는 일 없이 일체지성에 머물게 되느니라'[52]고 하는 것이다.

**반야바라밀과 일체지:** 앞에서 언급했듯이 초기 대승불교의 반야경 계통에서는 일체지라는 용어가 반야지와 관련을 맺으면서 빈출한다. 대승불교로 접어들면 반야바라밀(prajñā-pāramitā), 곧 지혜의 완성은 일체지의 주된 내용이 되며, 급기야는 반야바라밀을 획득하지 않고서는 일체지의 특성을 얻을 수 없다고 말하기에 이른다. 다시 말해 반야바라밀을 얻는다는 것은 곧 일체지를 획득함을 말하는 것이다. 여기에서 반야(prajñā)란 일상의 알음알이(vijñāna, 知識)와는 구별되는 개념으로, 직관적이고(도) 종합적이면서도 존재에 대한 통괄적인 파악을 의미한다. 바라밀은 pāramitā의 음사어로, 현장이후의 신역에서는 바라밀다(波羅蜜多)로 음역한다. 이 바라밀의 어의형성에는 크게 두 가지 설이 있는데, 첫째는 '최고'를 가리키는 parama가 명사가 되고 다시 여기에 추상명사어미인 tā를 붙여 만들어졌다고 하는 설이다. 이로부터 그 말뜻은 '최상'·'완성'이 된다. 둘째는, pāramitā의 어원을 '피안'을 가리키는 말인 pāra의 목적격인 param과 '가다'는 의미를 지닌 √i의 과거수동분사인 ita의 합성어로 보는 설이다. 이로부터 그 말뜻은

52 P.L.Vaidya, *Aṣṭasāhasrikā prajñā pāramitā,* 232면.

'피안으로 건넌 상태'를 가리키게 되는데, 한역에서는 주로 '도피안(到彼岸)', '도(度)' 등으로 번역된다.

반야바라밀은 대승불교의 실천덕목인 육바라밀의 하나이자 무상정등각을 향해 나아가는 보살마하살이 구족해야 하는 으뜸가는 자량이다. 대승불교에 있어서 붇다의 깨달음을 구하면서 동시에 일체중생의 구제를 서원하는 보살(bodhisattva)의 수행덕목은 육바라밀로 대표된다. 곧, 물심양면으로 시여를 행하는 보시의 완성(dāna-pāramitā)·계율을 지키는 지계의 완성(śīla-pāramitā)·원한을 품지 않고 어려움을 견뎌내는 인욕의 완성(kṣānti-pāramitā))·물러서지 않고 노력을 계속하는 정진의 완성(vīrya-pāramitā)·마음을 가라앉히고 집중시키는 선정의 완성(dhyāna-pāramitā)·일체의 실상을 깨닫는 반야의 완성(prajñā-pāramitā)이 그것으로, 이 가운데 반야바라밀은 가장 중요한 수행덕목으로 반야바라밀을 결여한 다섯 바라밀은 바라밀로 불리지 못한다고 설해진다.

한편, 『팔천송반야경』에서는 이 반야바라밀이 나머지 다섯 바라밀에 앞서고 그 안내자가 되고 이끄는 자가 되는 것은 바로 그 일체지성을 향해 회향된 선근에 의함을 설하며, 다음과 같은 비유를 든다.

> "예를 들어, 아난다여, 대지에 뿌려진 종자가 모든 주변의 인(因)을 얻는다면 반드시 성장을 하며, 대지는 그들 종자의 바탕이 되느니라. 그들 종자는 대지에 떠받혀져 성장하느니라. 이와 마찬가지로, 아난다여, 다섯 종의 바라밀은 반야바라밀에 넣어져 일체지성 속에 서게 되느니라. 반야바라밀에 떠받혀져 다섯 바라밀은 성장하나니, 반야바라밀과 맺어져 비로소 바라밀이라는 이름(pāramitānāmadheyaṃ)을 얻느니라. 그러므로 아난다여, 반야바라밀이야말로 다섯 바라밀의 인도자이며 안내자인 것이니라."[53]

다시 본경에서는 샤리뿌뜨라의 말을 통해 반야바라밀이 다섯 바라밀을 이끄는 이유는 바로 일체지성의 길로 들어서기 위해서임을 밝힌다.[54] 나아가 반야바라밀이란 일체법의 자성을 직관하는 것이자 일체를 아는 경지로서,[55] 궁극적으로는 일체지자의 지혜를 성취하는 일인 것이다.

---

53 P.L.Vaidya, *Aṣṭasāhasrikā prajñā pāramitā,* 40-41면.
54 P.L.Vaidya, *Aṣṭasāhasrikā prajñā pāramitā,* 86면.
55 "세존이시여, 반야바라밀이란 일체를 아는 자의 지혜를 성취하는 일(sarvajña jñāna

결국, 반야는 대상을 분석하고 판별하는 인식작용으로서의 식(識, vijñāna)을 뛰어넘는 지혜이자 예지이다. 이 반야에 의해 부처가 되기에 불모(佛母)라고 하다. 원시불교에서는 절대적정의 경지인 열반(nibbāna)과 동일시되며, 대승불교에 들어서서는 반야바라밀로 전개되기에 이른다. 또한 참된 지혜인 반야의 획득은 동시에 일체중생에 대한 무한한 자비심으로 전화(轉化)되기에 이른다. 이는 곧 일체지자의 속성 가운데 대자비를 두는 것과도 같은 맥락이다. 반야경류에서 드러나는 반야바라밀은 그 어떤 것에도 집착하지 않는 무집착(無執着)을 특징으로 하는데, 이는 초기불교이래 이어지는 공사상(空思想)과도 깊은 관련을 맺으며, 여기에 새로운 불타개념의 등장과 더불어 일체지 역시 그에 걸맞는 의미를 부여받아 중생의 범주를 벗어난 붇다만의 불공성(不共性) 내지는 초월성(超越性)과 연계되어 이해되기에 이르는 것이다.

## Ⅳ. 현대적 논의

인도에 있어서 일체지사상을 둘러싼 연구는 주로 자이나교와 불교의 자료를 중심으로 이루어지고 있다. 일체지사상이 하나의 주된 주제로 연구되게 된 것은 아마도 인도에 있어서 시기적으로는 śāntarakṣita(寂護)의 『진리강요』 및 Kamalaśīla(蓮花戒)의 주석서인 『진리강요석(眞理綱要釋, tattvasaṁgraha-pañjikā)』등의 범본텍스트가 발견·간행된 시기로 거슬러 올라간다고 한다. 이후 이들 텍스트를 중심으로 B.B.Bhattacaryya, Gaṅgānātha Jhā, K.B. Pathak 등의 자이나연구가들에 의해 일체지사상의 전개가 연구되기에 이른다. 특히 K.B.Pathak은 문제가 되는 자이나교의 논서와 Kumārila의 Mimāṁsā-śloka-vārttika에 있어서의 sarvajña비판설을 검토하면서, 이들의 전후관계·평형관계를 면밀히 고찰하기도 했다.[56]

인도종교·철학사에 있어서는 정통철학인 미망사와 신흥사상인 불교·자이나교 사이에 완전지자로서의 sarvajña에 관한 상호간의 비판과 논쟁이

pari-niṣpattir)입니다. 세존이시여, 반야바라밀이란 일체를 아는 경지(sarvajñatvaṁ)입니다" P.L.Vaidya, *Aṣṭasāhasrikā prajñā pāramitā,* Buddhist Sanskrit Text No.4, Darbhanga, 1960, 86면.

56 川崎信定, 『一切智思想の硏究』(東京: 春秋社, 平 4 年), 11면.

벌어졌는데, 이같은 복잡한 상황은 Tattvasaṁgraha와 자이나교의 논서 및 Kumārila의 Mīmāṁsā-śloka-vārttika를 비교검토함으로써 명료히 드러나게 됐는데, 곧 자이나교 성자의 완전지에 대한 논란과 더불어 불교의 선교(善逝, sugata)·불타의 일체지에 대한 논란이라고 하는, 미망사 학파·자이나교·불교의 논쟁이 있었음이 밝혀졌다.[57]

근년에 들어서는 Dharmakīrti의 연구가 진전을 보임에 따라 이에 기반한 붇다의 지의 내용을 둘러싼 불교논리학의 연구성과가 드러나고 있다. 곧, 서구에 있어서는 Dharmakīrti의 인식론연구에서 출발하는 Vetter나 Steinkellner와 같은 학자들이 그 대표적인 예이며, 일본에서는 불지(佛知)의 문제에 착안해 일체지(一切智)와 일체종지(一切種智), 난일체지인(難一切智人)의 사상에 주의를 환기시킨 미야모토 마사타가(宮本正尊)를 비롯해 『반야경』, 『대지도론』, 『현관장엄론(現觀莊嚴論)』, 『진리강요(眞理綱要)』 및 중관사상을 중심으로 그 관련을 분석하려는 연구가 행해져 오고 있다. 그 가운데에서도 근래에 있어서 일체지사상을 주제로 가장 광범위한 논의를 보여준 것은 카와사키 노부사다(川崎信定)의 『일체지사상의연 구(一切智思想の研究)』라고 해야 할 것이다. ❁

김형준 (동국대)

57 川崎信定, 『一切智思想の研究』(東京: 春秋社, 平 4 年), 11-12면.

우리말 불교개념 사전

# 출전 근거와 참고문헌

## 붓다

### 1. 일차자료


*Aṅguttara-nikāya* (London: PTS, 1976).
*Dīgha-nikāya* (London: PTS, 1976).
*Dīvyāvadāna* (Amsterdam: Oriental Press NV Publishers, 1970).
*Dhammapada* (London: PTS, 1976).
*Itivuttaka* (Lndon: PTS, 1889).
*Kathāvatthu* (London: PTS, 1894 & 1897).
*Majjhima-nikāya* (London: PTS, 1976).
*Milindapañha* (London : PTS, 1962).
*Paramatthajotikā* Ⅱ(*Sutta-Nipāta* commentary)(London: PTS, 1966-1972).
*Saṃyutta-nikāya* (London: PTS, 1976).
*Sutta-nipāta* (London: PTS, 1976).
*Therī-gātā* (London: PTS, 1976).
*Udāna* (London: PTS, 1885).
*Visuddhimagga* (London: PTS, 1975).
*Vinaya-piṭaka* (London: PTS, 1982).
『大毘婆沙論』(『大正藏』49권).
『大乘義章』(『大正藏』44권).
『妙法蓮華經』(『大正藏』9권).
『別譯 雜阿含經』(『大正藏』2권).
『成實論』(『大正藏』32권).
『十八部論』(『大正藏』49권).
『阿毘達磨俱舍論』(『大正藏』29권).
『阿毘曇甘露味論』(『大正藏』44권).
『維摩詰所說經』(『大正藏』14권).
『異部宗輪論』(『大正藏』49권).
『雜阿含經』(『大正藏』2권).
『長阿含經』(『大正藏』1권).
『中阿含經』(『大正藏』1권).
『增一阿含經』(『大正藏』2권).

**2. 이차자료**

Carrither, Michael, *The Forest Monks of Sri-Lanka*, Delhi: Oxford University Press, 1983.
D. Malvania & H. C. Bhayani (eds.), *Sambodhi*, vol. Ⅰ, no. 4.
Dass, S. C., *A Tibetan-English Dictionary*, Delhi: Motilal Banarsidass, 1970.
Dube, S.N., *Cross Currents in Early Buddhism*, Delhi: Munshiram Manoharlal Publishers, 1980.
Dutt, N., *Buddhist Sects in India*, Delhi : Motilal Banarsidass Publishers, 1978.
Dutt, N., *Mahāyāna Buddhism*, Delhi: Motilal Banarsidass Publishers, 1978.
Endo, Toshiichi, *Buddha in Theravada Buddhism : A Study of the Concept of Buddha in the Pali Commentaries*, Dehiwela: Systematic Print(Pvt) Ltd, 1997.
Horner, I.B., *The Early Buddhist Theory of Man Perfected*, Delhi: Munshiram Manoharlal Publishers, 1979.
Jacob G. A., *A Concordance to the Principal Upaniṣads and Bhagavadgīta*, Delhi: Motilal Banarsidass Publishers, 1985.
Jaini, S. Padmanabh, 'Buddha's Prolongation of Life', *Bulletin of the School of Oriental & African Studies* vol. 21, 1958.
Katz, N., *Buddhist Image of Human Perfection*, Delhi: Motilal Banarsidass Publishers, 1989.
Law B. C., *Some Jaina Canonical Sūtras*, Delhi: Indological Book House, 1988.
Murti, T. R. V., *The Central Philosophy of Buddhism*, London: George Allen and Unwin, 1960.
Nyanatiloka, *Buddhist Dictionary,* Kandy: Buddhist Publication Society, 1997.
Pachow W., 'ūkara-maddava and the Death of the Buddha', *Annals of the Bhandarkar Oriental Research Institute,* 1942.
Rhys David, T.W., *The Pali Text Society's Pali-English Dictionary,* repr., Delhi: Munshiram Manoharlal Publishers, 1989.
Tomas, E. J., 'Buddha's Last Meal', *Indian Culture* vol. 15.
Tr. Aung, S.Z. & Rhys Davids, C.A.F., *Points of Controversy or Subjects of Discourse,* London: PTS, 1915.
Tr. Ñāṇamoli, Bhikkhu, *Path of Purification*, Kandy : Buddhist Publication Society, 1991.
Tr. Rhys Davids,T.W., *The Questions of King Milinda*, Delhi: Motilal Banarsidass Publishers, 1988 & 1993.
Waley A., Did the Buddha die of Eating Pork? with a note on Buddha's Image(1931-2).
Williams, Monier, *Sanskrit-English Dictionary,* London: Oxford University Press, 1956.
김동화, 『原始佛教思想』(서울: 보련각, 1992).
김동화, 『불교교리발달사』(서울: 불교통신교육원, 1983).
노권용, 「불타관의 연구」, 원광대 박사학위논문, 1987.
안양규, 「붓다의 수명포기 원인에 관하여」, 『한국불교학』, 한국불교학회, 2001.
윤미경, 「『大智度論』의 佛身論 연구」, 『한국불교학』제37집, 한국불교학회, 2004.
이기영, 「佛身에 관한 연구」, 『한국불교연구』(서울: 한국불교연구원, 1982).
전관응 감수, 『불교학대사전』(서울: 홍법원, 1988).
조준호(Cho, Joon-ho), 'A Study of The Concept of Buddha' : A Critical Study Based on the Pāli Texts, Delhi: 델리대 박사학위논문, 1999.

## 아라한

**1. 일차자료**

*Aṅguttara-nikāya* (London: PTS, 1976).
*Dīgha-nikāya* (London: PTS, 1976).
*Dīvyāvadāna* (Amsterdam: Oriental Press NV Publishers, 1970).
*Dhammapada* (London: PTS, 1976).

*Itivuttaka* (Lndon: PTS, 1889).
*Kathāvatthu* (London: PTS, 1894 & 1897).
*Majjhima-nikāya* (London: PTS, 1976).
*Milindapañha* (London: PTS, 1962).
*Paramatthajotikā* Ⅱ(*Sutta-Nipāta* commentary)(London: PTS, 1966-1972).
*Saṃyutta-nikāya* (London: PTS, 1976).
*Sutta-nipāta* (London: PTS, 1976).
*Therī-gātā* (London: PTS, 1976).
*Udāna* (London: PTS, 1885).
*Visuddhimagga* (London: PTS, 1975).
『大毘婆沙論』(『大正藏』49권).
『大乘義章』(『大正藏』44권).
『妙法蓮華經』(『大正藏』9권).
『別譯 雜阿含經』(『大正藏』2권).
『成實論』(『大正藏』32권).
『十八部論』(『大正藏』49권).
『阿毘達磨俱舍論』(『大正藏』29권).
『阿毘曇甘露味論』(『大正藏』44권).
『維摩詰所說經』(『大正藏』14권).
『異部宗輪論』(『大正藏』49권).
『雜阿含經』(『大正藏』2권).
『長阿含經』(『大正藏』1권).
『中阿含經』(『大正藏』1권).
『增一阿含經』(『大正藏』2권).

**2. 이차자료**

A. A. Macdonell and A. B. Keith, *Vedic Index : Vedic Index of Names and Subject*, Jacob G. A., *A Concordance to the Principal Upaniṣads and Bhagavadgīta*, Delhi: Motilal Banarsidass Publishers, 1985.
Carrither, Michael *The Forest Monks of Sri-Lanka*, New York: Oxford University Press, 1983.
D. Malvania & H. C. Bhayani (eds.), *Sambodhi*, vol. Ⅰ, no. 4.
Dass, S. C. *A Tibetan-English Dictionary*, Delhi: Motilal Banarsidass, 1970.
David, Rhys, *The Pali Text Society's Pali-English Dictionary*, repr., Delhi: Munshiram Manoharlal Publishers, 1989.
Dube, S.N. *Cross Currents in Early Buddhism*, Delhi: Munshiram Manoharlal Publishers, 1980.
Dutt, N. *Buddhist Sects in India*, Delhi: Motilal Banarsidass Publishers, 1978.
Dutt, N. *Mahāyāna Buddhism*, Delhi: Motilal Banarsidass Publishers, 1978.
Horner, I.B. *The Early Buddhist Theory of Man Perfected,* Delhi: Munshiram Manoharlal Publishers, 1979.
Katz, N. *Buddhist Image of Human Perfection*, Delhi: Motilal Banarsidass Publishers, 1989.
Malalasekera, G. P. *Encyclopaedia of Buddhism,* Colombo: Department of Buddhist Affairs, 1966.
Murti, T. R. V. *The Central Philosophy of Buddhism*, London: George Allen and Unwin, 1960.
Nyanatiloka, *Buddhist Dictionary*, Kandy: Buddhist Publication Society, 1997.
*Path of Purification* (Tr. Ñāṇamoli Bhikkhu), Tr. of the Visuddhimagga, Kandy: Buddhist Publication Society, 1991.
*Points of Controversy or Subjects of Discourse,* London: PTS, 1915.
Tr. T.W. Rhys Davids, *The Questions of King Milinda*, Delhi: Motilal Banarsidass Publishers, 1988 & 1993.

Williams, Monier, *Sanskrit-English Dictionary*, London: Oxford University Press, 1956.
김동화, 『불교교리사』(서울: 불교통신교육원, 1983).
조준호, 『우파니샤드 철학과 불교 - 종교 문화적 그리고 사상적 기원에 대한 비판적 검토-』(서울:경서원, 2004).
조준호(Cho, Joon-ho), 'A Study of The Concept of Buddha', : A Critical Study Based on the Pāli Texts, Delhi: 델리대 박사학위논문. 1999.
최성렬(공저), 『나한 이야기』(광주: 불교서원, 2006).

## 보살

### 1. 일차자료

*Dīgha-Nikāya* (London: P.T.S., 1884-1911).
*Saṃyutta-Nikāya* (London: P.T.S., 1884-1911).
*Aṅguttara-Nikāya* (London: P.T.S., 1884-1911).
Jones J. J, *The Mahāvastu*. vol Ⅰ, (London: P.T.S., 1973).
『金剛頂經』瑜伽十八會指歸(『大正藏』18권).
『大方廣佛華嚴經(40卷)』(『大正藏』10권).
『大方廣佛華嚴經(80卷)』(『大正藏』10권).
『大毘盧遮那成佛神變加持經』(『大正藏』18권).
『大乘莊嚴經論』(『大正藏』31권).
『大般若波羅蜜多經』(『大正藏』5권).
『大般涅槃經』(『大正藏』12권).
『大乘阿毘達磨集論』(『大正藏』31권).
『大智度論』(『大正藏』25권).
『道行般若經』(『大正藏』8권).
『摩訶般若波羅蜜經』(『大正藏』8권).
『妙法蓮華經』(『大正藏』9권).
『菩薩地持經』(『大正藏』30권).
『佛本行集經』(『大正藏』3권).
『佛性論』(『大正藏』31권).
『佛說無量壽經』(『大正藏』12권).
『佛說普曜經』(『大正藏』3권).
『佛說太子瑞應本起經』(『大正藏』3권).
『佛地經論』(『大正藏』26권).
『不空羂索陀羅尼經』(『大正藏』20권).
『舍利弗阿毘曇論』(『大正藏』28권).
『小品般若波羅蜜經』(『大正藏』8권).
『勝鬘師子吼一乘大方便方廣經』(『大正藏』12권).
『阿毘達磨俱舍論』(『大正藏』29권).
『阿毘達磨大毘婆沙論』(『大正藏』27권).
『瑜伽師地論』(『大正藏』30권).
『瑜伽師地論釋』(『大正藏』30권).
『維摩詰所說經』(『大正藏』14권).
『雜阿含經』(『大正藏』2권).
『長阿含經』(『大正藏』1권).
『增一阿含經』(『大正藏』2권).
『華嚴經』七處九動頌釋章(『大正藏』36권).
『新譯華嚴經』七處九動頌釋章(『大正藏』36권).
『解深密經』(『大正藏』16권).
『顯揚聖教論』(『大正藏』31권).
吉藏, 『維摩經義疏』(『大正藏』38권).

吉藏, 『淨名玄論』(『大正藏』38권).
『長部經』2(『南傳大藏經』7권).
『中部經』3(『南傳大藏經』11권).
『相應部經』2(『南傳大藏經』13권).
『小部經』2(『南傳大藏經』24권).
『小部經』3(『南傳大藏經』25권).
『小部經』6(『南傳大藏經』28권).
『小部經』12(『南傳大藏經』34권).
『小部經』19(『南傳大藏經』41권).
小山憲榮, 『異部宗輪論述記發軔』(『國譯大藏經』 論部13).
『國譯異部宗輪論』(『國譯大藏經』論部13).
『國譯異部宗輪論』(『國譯大藏經』論部13).
『南傳大藏經』(東京: 大正新修大藏經刊行會, 1935-1950).
『本生經』(서울: 동국역경원, 1995).
『長老偈』(서울: 동국역경원, 2001).
『現證三昧大教王經』(서울: 동국역경원, 2001).
「卽身成佛義」, 『弘法大師全集』제1집(서울: 동국역경원, 1995).

**2. 이차자료**

『望月佛教大辭典』(東京: 世界聖典刊行協會, 1974).
*Encyclopedia of Buddhism* Vol.Ⅲ, Ceylon: The Government of Ceylon, 1971.
Har Dayal, *The Bodhisattva Doctrine in Buddhist Sanskrit Literature*, London, 1932.
法頂 譯, 『숫타니파타』(서울: 샘터, 1991).
干潟龍祥, 『本生經類の思想史的 研究』(東京: 山喜房佛書林, 1978).
金東華, 『俱舍學』(서울: 文潮社, 1971).
睦楨培, 『불교교리사』(서울: 지양사, 1987).
山田龍城, 『大乘佛教成立論序說』(京都: 平樂寺書店, 1977).
西義雄, 『大乘菩薩道の研究』(京都: 平樂寺書店, 1968).
栗田善如, 『般若經における菩薩行』, 西義雄博士 頌壽記念論集 (東京: 大東出版社, 1981).
平川彰·梶山雄一·高崎直道 編, 鄭承碩 譯, 『大乘佛教概說』(서울: 김영사, 1989).
西義雄, 「bodhisattvaの 語源について」, 『大乘菩薩道の研究』(京都: 平樂社書店, 1968).
石川海淨, 「菩薩思想の源流に就いて」, 『印度學佛教學研究』제1권 1호, 日本印度學佛教學會, 1952.
雲井昭善, 「原始佛教における菩薩の觀念」, 西義雄博士 頌壽記念論集 『菩薩思想』 (東京: 大東出版社, 1981).
李 永子, 「法華經의 菩薩思想」 太空宋月珠스님 華甲紀念論叢 『菩薩思想』(서울: 曹溪宗出版社, 1996).
Eric Cheetham, 'Bodhisattva Practice in Great Way', *The Middle Way*, London: The Journal of Buddhist Society, Vol.70, No.2, 1995.
Sylvia Swain, 'The Bodhisattva in the Twentieth Century - A talk at Buddhist Society Summer School 1995', *The Middle Way*, London: The Journal of Buddhist Society, Vol.70, No.3, 1995.

## 중생

**1. 출전 근거**

『증계대승경』(證契大乘經).
『아미타경』(阿彌陀經).
『칭찬정토불섭수경』(稱讚淨土佛攝受經).
『도행반야경』(道行般若經).

『대명도경』(大明度經).
『대승입능가경』(大乘入楞伽經).
『예기』(禮記).
『장자』(莊子).
『장아함경』(長阿含經).
『분세기경』(分世記經).
『부증불감경』(不增不減經).
『잡아함경』(雜阿含經).
『보살선계경』(菩薩善戒經).
『불설불모출생삼법장반야바라밀경』(佛說佛母出生三法藏般若波羅蜜多經).
『불설인왕반야바라밀경』(佛說仁王般若波羅蜜經).
『대승이취육바라밀경』(大乘理趣六波羅蜜多經).
『보살선계경』(菩薩善戒經).
『묘법연화경』(妙法蓮華經).
『부증불감경』(不增不減經).
『보살지지경』(菩薩地持經).
『대방광불화엄경』(大方廣佛華嚴經).
『부증불감경』(不增不減經).
『구경일승보성론』(究竟一乘寶性論).
세친(世親) 『구사론』(俱舍論).
세친(世親) 『무량수경우바제사원생게』(無量壽經優婆提舍願生偈).
용수(龍樹) 『대지도론』(大智度論).
용수(龍樹) 『대지도론석』(大智度論釋).
규기(窺基) 『유식론술기』(唯識論述記).
길장(吉藏) 『법화의소』(法華義疏).
길장(吉藏) 『금강반야경의소』(金剛般若經義疏).
무착(無著) 『대승장엄론』(大乘莊嚴經論).
천친(天親) 『불성론』(佛性論).
마명(馬鳴) 『대승기신론』(大乘起信論).
지의(智顗) 『마하지관』(摩訶止觀).
원효(元曉) 『대승기신론소』(大乘起信論疏).

**2. 참고 문헌**

西義雄, 『大乘菩薩道の研究』(京都: 平樂寺書店, 1968).
『望月佛教大辭典』, (東京: 世界聖典刊行協會, 昭和 32년 增訂).
『佛光大辭典』(台北: 佛光大藏經編修委員會 編, 1988).
吉祥 編, 『佛教大辭典』(서울: 弘法院, 1998).
『織田佛教大辭典』(東京: 大藏出版株式會社, 소화 55년 新訂).
『岩波佛教辭典』(東京: 岩波書店, 1989).
『新版佛教學辭典』(東京: 株式會社 法藏館, 1994).

## 무아

*Anguttara Nikāya.*
*Majjhima Nikāya.*
*Saṁyutta Nikāya.*
*Dhammapada.*
*Aitareya Upaniṣad.*
*Bṛhadāraṇyaka Upaniṣad.*
*Chāndogya Upaniṣad.*
*Kaushītaki Upaniṣad.*

*Taittiriya Upaniṣad.*
『雜阿含經』(『大正藏』 2권).
『法句經』(『大正藏』 4권).
『那先比丘經』(『大正藏』32권).
『金剛經』, 第三 大乘正宗分, (『大正藏』 8권).
『大般涅槃經』(『大正藏』 12권).
『승만경』(『大正藏』 12권).
『解深密經』 권1 (『大正藏』 16권).
『六祖壇經』 行由品 (『大正藏』 48권).
『俱舍論』 破執我品 (『大正藏』 29권).
『中論』(『大正藏』 30권).
『十二門論』(『大正藏』 30권).
『六十頌如理論』(『大正藏』 30권).
『大智度論』, 初品, (『大正藏』 25권).
『佛性論』(『大正藏』 31권).
『究竟一乘寶性論』(『大正藏』 31권).
道生, 『大般涅槃經集解』(『大正藏』 37권).
道生, 『注維摩詰經』(『大正藏』 38권).
R. Belder, *The Concept of Ātman in the Principle Upanisads*, 1972.
K. Bhattacharya 영역, *The Dialectical Method of Nāgārjuna*, (Delhi : Motilal Banarsidass, 1978).
K. N. Chatterjee, *Vasuvandhu's Vijñapti-Matratā-Siddhi, With Sthiramati's Commentary,* (Vanarasi : Kishor Vidya Niketan, 1980).
E. Conze, *Buddhist Thought in India* (The University of Michigan Press, 1973).
S. A. Dasgupta, *A History of Indian Philosophy,* (London : Cambridge University Press, 1969).
Rhys Davids, *Dialogues of the Buddha* (London : PYS, 1951).
A. K. Coomaraswamy, *Introduction to Living Thoughts of Gotama the Buddha* (London, 1948).
E. M. Hare 영역, *The Book of the Gradual Sayings* (The Pali Text Society, 1978).
J. Hastings, *Encyclopedia of Religion and Ethics*, New York, 1955.
K. Jaspers, "Nagarjuna", *Die Grossen Philosophen,* 1957.
D. Kalupahana, *Causality : The Central Philosophy of Buddhism* (The University Press of Hawaii, 1975).
D. Kalupahana의 *Nagarjuna* (SUNY, 1986).
A. B. Keith, *The Religion and Philosophy of the Vedas and Upanisads,* (Massachusetts, 1925).
T. R. V. Murti, *The Central Philosophy of Buddhism* (London : George Allen and Unwin Ltd, 1960).
Charles Prebish ed., *Buddhism : A Modern Perspective* (The Pennsylvania State University Press, 1978).
S. Radhakrishnan, *The Brahma Sūtra - The Philosophy of Spiritual Life* (London : George Allen & Unwin, 1960).
R. Robinson, *Early Madhyamika in India and China* (Motial Banarsidass, 1978).
T. Stcherbatsky, *The Conception of Buddhist Nirvana* (Leningrad, 1927).
T. Stcherbatsky, *The Central Conception of Buddhism and the Meaning of the Word "Dharma"* (Motilal Banarsidass, 1983).
Kant, *Kritik der reinen Vernunft,* (Hamburg : Felix Meiner Verlag, 1956).
Kant, *Prolegomena zu einer jeden künftigen Metaphysik,* (Hamburg : Felix Meiner Verlag, 1969).
賴永海, 저, 김진무 역, 『불교와 유학』(서울: 운주사, 1999).
徐小躍, 저, 김진무 역, 『선과 노장』(서울: 운주사, 2000).
上山春平 저, 정호역 역, 『아비달마의 철학』(서울: 민족사, 1990).

카지야마 유이치, 권오민 역, 『인도불교철학』(서울: 민족사, 1990).
고익진, 「아함의 무아윤회설」, 『불교의 체계적 이해』(서울: 새터, 1999).
김동화, 『불교윤리학 : 인간학으로서의 불교』(서울: 보련각).
김종욱, 『하이데거와 근대성』(서울: 철학과 현실사, 1999).
윤호진, 『무아 윤회문제의 연구』(서울: 민족사, 1992).
전재성, 『초기불교의 연기사상』(서울: 한국빠알리성전협회, 1999).
정승석, 『윤회의 자아와 무아』(서울: 장경각, 1999).
한자경, 『불교의 무아론』(서울: 이화여대출판부, 2006).

## 오온

*Majjhima-Nikāya*(London: PTS, 1976).
*Saṃyutta-Nikāya*(London: PTS, 1976).
『長阿含經』(『大正藏』 1권).
『中阿含經』(『大正藏』 1권).
『雜阿含經』(『大正藏』 2권).
『增壹阿含經』(『大正藏』 2권).
『長阿含十報法經』(『大正藏』 1권).
『佛說轉法輪經』(『大正藏』 2권).
『佛說阿含正行經』(『大正藏』 2권).
『五陰譬喻經』(『大正藏』 2권).
『道行般若經』(『大正藏』 8권).
『光讚經』(『大正藏』 8권).
『摩訶般若鈔經』(『大正藏』 8권).
『大明度經』(『大正藏』 8권).
『大方廣佛華嚴經』(『大正藏』 10권).
『大智度論』(『大正藏』 25권).
『阿毘達摩大毘婆沙論』(『大正藏』 27권).
『雜阿毘曇心論』(『大正藏』 28권).
『阿毘達摩俱舍論』(『大正藏』 29권).
『大乘五蘊論』(『大正藏』 31권).
『異部宗輪論』(『大正藏』 49권).
『異部宗輪論述記』(『卍續藏經』 83권).
권오민, 『有部阿毘達摩와 經量部哲學의 硏究』 (서울: 경서원, 1994).
붓다고사, 『청정도론』, 대림 옮김(울산: 초기불전연구원, 2004).
루네 E. A. 요한슨, 『불교심리학』, 박태섭 옮김(서울: 시공사, 1996).
고익진, 「아함법상의 체계성 연구」(동국대학교 대학원 석사학위청구논문, 1971).
和辻哲郎, 『原始佛教の 實踐哲學』(東京: 岩波書店, 1945).
Radhakrishnan, *The Principal Upaniṣads*, London: George Allen & Unwin, 1968.

## 번뇌

**1.** 약호

| | |
|---|---|
| AKBh | Abhidharmakośa-Bhāṣya (Vasubandhu). Ed. P. Pradhan, Patna 1975. |
| AS | Abhidharmasamuccaya (Asaṅga). Ed. P. Pradhan, Santiniketan 1950. (=『大乘阿毘達磨集論』T 31). |
| ASBh | Abhidharmasamuccaya-Bhāṣya. Ed. N. Tatia, Patna 1976. |
| BHSD | Buddhist Hybrid Sanskrit Dictionary. Ed. F. Edgerton |
| CPD | Critical Pāli Dictionary. |
| D | Derge 판 西藏大藏經, Tanjur, Sems tsam. |

P　　北京版 西藏大藏經 經疏 唯識部.
T　　대정신수대장경
YBh　　Yogācārabhūmi of Ācārya Asaṅga. Ed. V. Bhattacharya, Calcutta 1957.


**2. 참고문헌**


Ahn, Sung-doo, *Die Lehre von den Kleśas in der Yogācārabhūmi,* (Alt-und Neu- Indische Studien Nr. 55) Stuttgart, 2003.

Frauwallner, Erich, *Abhidharma-Studien III. Der Abhisamayavādaḥ*, Wiener Zeitschrift für die Kunde Süd- und Ostasiens 1971.

Hahn, Michael, *Nāgārjuna's Ratnāvalī* Vol. I. Bonn 1982.

Kritzer, Robert, *Rebirth and Causation in the Yogācāra Abhidharma*, Wien 2000.

Schmithausen, Lambert, *Der Nirvāṇa-Abschnitt in der Vinicayasaṃgrahaṇī der Yogācārabhūmi*, Österreichische Akademie der Wissenschaften, Philos.-his, Klasse, Sitzungsbericht 264. Bd. 2, Wien 1969: 19 ff.

______, 「我見に關する 若干の考察 --薩伽倻見, 我慢, 染汚意--」, 『佛教學』 7, 1979.

______, *Zur Liste der kleineren Fehler in der Ratnāvaī und zum Problem der Schulzugehörigkeit Nāgārjunas*, Studien zur Indologie und Iranistik 11/12, 1986.

______, Ālayavijñāna: *On the Origin and Early Development of a Central Concept of a Yogācāra Philosophy*, Part I: Text; Part II: Notes, Bibliography and ndices. Studia Philologica Buddhica (The International Institute for Buddhist Studies), Tokyo 1987.

Yukihiro Okada & Michael Hahn, *Zur Quelle der 57 Fehler in der Ratnāvalī des Nāgārjuna*, Indo-Iranian Journal 28, 1985.

加藤純章, 「隨眠 -anuśaya-」, 『佛教學』 28, 1990.

水野弘元, 『パ-リ佛教を中心とした佛教の心識說』(東京: 出版社, 1978)

西村實則, 『アビダルマ 教學』, 東京 2002.

宮下晴輝, 「業雜染に 關する Asaṅgaの 見解」, 『印度學佛教學研究』 27. 1, 1978: 176-177.

舟橋尙哉, 「大乘阿毘達磨集論と初期唯識論書との先後について-十二有支と三雜染との關係を中心として」, 『Buddhist Seminar』 54, 1991: 15-37.

櫻部健, 「九十八隨眠說の成立に ついて」, 『大谷學報』 35. 3, 1955: 20-30.

佐佐木現順(編著), 『煩惱の研究』, 東京: 1975.

勝呂信靜, 「瑜伽論の成立に關する私見」, 『大崎學報』 129, 1976.

向井亮, 「Asaṅgaにおける大乘思想の形成と空觀」, 『宗教研究』 49. 4, 1976: 520 ff.

______, 「瑜伽論の成立とAsaṅgaの年代」, 『印度學佛教學研究』 29. 2, 1981.

池田練成, 「<百八煩惱說>成立の意義」, 『曹洞宗研究員研究紀要』 No. 12, 1980: 36-52.

池田練太郎, 「俱舍論隨眠品における煩惱論の特質」, 『佛教學』 7, 1979: 119-140.

________, 「俱舍論にみられる二種類の煩惱說」, 『駒澤大學 佛教學部研究紀要』 44: 16-34.

안성두, 「瑜伽師地論에 있어 '煩惱雜染'」, 『종교연구』 26, 서울: 한국종교학회, 2002, 197-215.

______, 「瑜伽師地論에 있어 128종 隨眠(anuśaya)說의 성립과 그 특징」, 『인도철학』 12-2, 서울: 인도철학회, 2003, 63-88.

______, 「<禪經>에 나타난 유가행 유식파의 단초 -4善根을 중심으로」, 『불교학연구』 6, 서울: 불교학연구회, 2003, 249-278.


## 무명


『雜阿含經』(『大正藏』 2권).
『法句經』(『大正藏』 4권).
『正法華經』(『大正藏』 9권).
『勝鬘經』(『大正藏』 12권).
『阿毘達磨大毘婆沙論』(『大正藏』 27권).
『入阿毘達磨論』(『大正藏』 28권).

『阿毘達磨俱舍論』(『大正藏』 29권).
『阿毘達磨順正理論』(『大正藏』 29권).
『瑜伽師地論』(『大正藏』 30권).
『成唯識論』(『大正藏』 31권).
『攝大乘論釋』(『大正藏』 31권).
『大乘起信論』(『大正藏』 32권).
『大乘起信論疏』(『大正藏』 44권).
『大乘起信論別記』(『大正藏』 44권).
『大乘義章』(『大正藏』 44권).
*Aṅguttara-Nikāya*, London: PTS, 1979.
*Majjhima-Nikāya*, London: PTS, 1976.
*Saṃyutta-Nikāya*, London: PTS, 1979.
*Dīgha-Nikāya*, London: PTS, 1977.
*Dhammapada*, London: PTS, 1965.
『현대인의 성경』(서울: 생명의 말씀사, 1988).
荻原雲來 編, 『漢譯對照 梵和大辭典』(東京: 講談社, 1979).
平川 彰 編, 『佛教 漢梵大辭典』(東京: 靈友會, 1997).
전재성 편, 『빠알리語辭典』(서울: 한국불교대학 출판부, 1994).
李智冠 편, 『伽山佛教大辭林』 권6 (서울: 가산불교문화연구원, 2004).
高崎直道 외, 『佛教·インド思想辭典』(東京: 春秋社, 1987).
佐々木現順 編著, 『煩惱の研究』(東京: 清水弘文堂, 昭和50).
이기영, 『원효사상, 세계관』(서울: 한국불교연구원, 2002).
정태혁, 『요가수트라』(서울: 동문선, 2000).
Rune E. A. Johansson(박태섭 옮김), 『불교심리학』(서울: 시공사, 1996).
Puligandla, R.(이지수 옮김), 『인도철학』(서울: 민족사, 1991).
岩本泰波, 『キリスト教と佛教の對比』(東京: 創文社, 1974).
阿部正雄(변선환 엮음), 『禪과 현대신학』(서울: 대원정사, 1996).
石上善應, 「avijjāと moha」, 『印度學佛教學研究』 VI-2 (東京: 日本印度學佛教學會, 1958.3).
이거룡, 「샹까라의 Avidyā이론에 대한 라마누자의 비판」, 『인도철학』 제17집 (서울: 인도철학회, 2004).
David, Rhys, *The Pali Text Society's Pali-English Dictionary,* London: PTS, 1979.
Williams, Monier, *Sanskrit-English Dictionary,* London: Oxford University Press, 1956.
Radhakrishnan, S., trans., *The Brahma Sūtra: The Philosophy of Spiritual Life,* London: George Allen & Unwin, 1960.
Thibaut, G., trans., *The Vedānta-sūtras with the Commentary of Śaṅkarācārya. The Sacred Books of the East,* Vol. XXXIV, XXXVIII. Oxford: 1890, 1896.
Gambhirananda, Swami, trans., *Brahma-sūtra-bhāṣya of Śrī Śaṅkarācārya.* Calcutta: Advaita Ashrama, 1977.
Gabhīrānanda, Swāmī, trans., *The Māṇḍūkya-kārikā,* Trichur: Sri Ramakrishna Math, 1987.
Sengaku, Mayeda, *Śaṅkara's Upadeśasāhasrī: Critically Edited with Introduction and Indices,* Tokyo: The Sankibo Press, 1973.
Yardi, M. R., *The Yoga of Patañjali,* Poona: Bhandarkar Oriental Research Institute, 1996.
Woods, J. H., *The Yoga System of Patañjali, or The Ancient Hindu Doctrine of Concentration of Mind.* New York: Gordon Press, 1973.
Radhakrishnan, S., *Indian Philosophy*, vol. 1, 2. London: George Allen & Unwin, 1940.
Bharatan Kumarappa, *Realism and Illusionism in Hinduism,* Delhi: Mayur Publications, 1986.
Thomas O'neil, L., *Māyā in Śaṅkara: Measuring the Immeasurable,* Delhi: Motilal Banarsidass, 1980.

## 고


倶舍論 (『大正藏』 29권).
金光明經 (『大正藏』 16권).
大乘入楞伽經 (『大正藏』 16권).
大乘莊嚴經論 (『大正藏』 31권).
無量壽經 (『大正藏』 12권).
菩薩善戒經 (『大正藏』 30권).
菩薩地持經 (『大正藏』 30권).
寶行王正論 (『大正藏』 32권).
佛本行集經 (『大正藏』 3권).
成唯識論 (『大正藏』 31권).
瑜伽師地論 (『大正藏』 30권).
中論 (『大正藏』 30권).
中邊分別論 (『大正藏』 31권).
顯楊聖教論 (『大正藏』 31권).
*Abhidharmakośabhāṣya*. P. Pradhan(ed.), *Abhidharmakośabhāṣyam of Vasubandhu* (2nd ed. ; Patna : K. P. Jayaswal Research Institute, 1975).
*Aṅguttara-Nikāya*, Part Ⅰ. ed. by Richard Morris, revised by A. K. Warder (2nd ed.; London: PTS, 1961).
*Bodhisattvabhūmi*. ed. by Unrai Wogihara (Tokyo: Sankibo buddhist Book Store, 1971).
*Madhyamaka-Śāstra*. P. L. Vaidya(ed.), *Buddhist Sankrit Texts*, No. 10 (Darbhanga: mithila Instiitute of Post-Graduate and Research in Sanskrit Learnig, 1960).
*Mahāyānasūtrālaṃkāra*. Surekha Vijay Limaye(tr.), *Mahāyānasūtrālaṃkāra by Asaṅga* (Delhi: Sri Satguru Publication, 1992).
*Majjhima-Nikāya*, Vol. Ⅲ. ed. by Robert Chalmers (London: PTS, 1899).
*Saddhamalaṅkāvatārasūtra*. P. L. Vaidya(ed.), *Buddhist Sankrit Texts*, No. 3 (Darbhanga: mithila Instiitute of Post-Graduate and Research in Sanskrit Learnig, 1963).
*Saddhamapuṇḍarīkasūtra*. P. L. Vaidya(ed.), *Buddhist Sankrit Texts*, No. 6 (Darbhanga: mithila Instiitute of Post-Graduate and Research in Sanskrit Learnig, 1960).
*Saṃyutta-Nikāya*, Part Ⅱ. ed. by Léon Feer (London: PTS, 1888).
*Saṃyutta-Nikāya*, Part Ⅲ. ed. by Léon Feer (London: PTS, 1890).
*Saṃyutta-Nikāya*, Part Ⅴ. ed. by Leon Feer (London: PTS, 1898).
*Sutta-Nipāta*. ed. by Dines ansersen & Helmer Smith (London: PTS, 1913).
*Thera-Gāthā and Therī-Gāthā*. ed. by Hermann Oldenberg & Richard Pischel (2nd ed.; London: PTS, 1966).
*Udāna*. ed. by Paul Steinthal (London: PTS, 1885).
『공동번역 신약성서』 (개정판, 대한성서공회, 1999).
藤田宏達, 「苦の傳統的解釋--アビダルマ佛教を中心として」, 佛教思想研究會(編), 『苦』, 『佛教思想』 5 (京都: 平樂寺書店, 1980).
望月信亨(編), 『望月佛教大辭典』, 第一卷 (增補增訂版; 東京: 世界聖典刊行協會, 1974).
峰島旭雄, 「西洋諸思想の苦觀と佛教の'苦'」, 佛教思想研究會(編), 『苦』, 『佛教思想』 5 (京都: 平樂寺書店, 1980)
水野弘元, 『佛教要語の基礎知識』 (東京: 春秋社, 1972).
雲井昭善, 『パーリ語佛教辭典』 (東京: 山喜房佛書林, 1997).
荻原雲來(編), 『漢譯對照 梵和大辭典』 (新裝版; 東京: 講談社, 1986).
鄭承碩, 「상키야 철학의 修習法」 (『한국불교학』 제33집, 서울: 한국불교학회, 2003).
諸橋轍次, 『大漢和辭典』, 卷9 (修訂版; 東京: 大修館書店, 1985).
中村 元, 「苦の問題」, 佛教思想研究會(編), 『苦』, 『佛教思想』 5 (京都: 平樂寺書店, 1980).
Apte, Varman Shivaram. *The Practical Sanskrit-English Dictionary* (Revised & Enlarged Edition; Poona: Prasad Prakashan, 1957).
Boyd, James W. "Suffering in Theravāda Buddhism", Kapil N. Tiwari(ed.), *Suffering: Indian Perspectives* (Delhi: Motilal Banarsidass, 1986).

Chatterjee, Satichandra & Datta, Dhirendramohan. *An Introduction to Indian Philosophy* (7th ed.; Calcutta: Unversity of Calcutta, 1968).
Childers, Robert CÆsar. *A Dictionary ot the Pali Language* (1st ed. 1875; Kyoto: Rinsen Book Company, 1987).
Monier-Williams, Sir Monier. *Sanskrit-English Dictionary* (London: Oxford University Press, 1899).
Narain, Harsh. "Suffering in Mahāyāna Buddhism", Kapil N. Tiwari(ed.), *Suffering: Indian Perspectives* (Delhi: Motilal Banarsidass, 1986).
Radhakrishnan, S. *Indian Philosophy*, Vol. Ⅰ (London: G. Allen and Unwin, 1923).
Stcherbatsky, Th. *The Central Conception of Buddhism and the Meaning of the Word* "Dharma" (London: Royal Asiatic Society, 1923).

## 업

Aṅguttaranikāya, PTS, London, 1899.
Bhagavadgita, State University of New York Press, 1984.
Bṛhadāraṇyaka Upaniṣad, with the Prakasika of Ranga Ramanuja , ASS, No 64, Poona, 1911
Majjhimanikaya, PTS, London, 1888.
Milindapañha, Ed. by Piyaratana and Gunaratana Theras. Colombo. 1927.
Ṛg-Veda, Ed. by Vishva Bandhu, Hoshiarpur, 1966.
Satapatha-Brahmana. Ed. by Vidyadhara Sarma, Acyuta-Granthamala, Varnasi, 1937.
Suttanipata, PTS, London, 1913.
『阿毘達磨順正理論』(大正藏, 卷29).
『阿毘達磨俱舍論』)大正藏, 卷33).
『阿毘達磨大毘婆沙論』(大正藏, 卷27).
『雜阿毘曇心論』(大正藏, 卷11).
『增支部經傳』(南傳大藏經, 卷17).
『阿毘達磨順正理論』, 한글대장경(서울: 동국역경원).
『阿毘達磨俱舍論』, 한글대장경(서울: 동국역경원).
『阿毘達磨藏顯宗論』,한글대장경(서울: 동국역경원).
『中論』『百論』『十二門論』『大乘廣百論釋論』, 한글대장경(서울: 동국역경원, 1993).
축역『한글대장경』8권 논집부①, 불교정신문화연구원.
김동화, 「구사학」(서울: 보련각, 1977).
김동화, 「불교윤리」(서울: 보련각, 1973).
早島鏡正·高崎直道 외, 정호영 역, 「인도사상의 역사」(서울: 민족사, 1988).
사사키 겐준, 김효경·김길상 역, 「업이란 무엇인가」(서울: 홍법원, 1994).
진열 편저, 「업연구 - 업의 원리와 그 재해석」(서울: 경서원, 1988).
사사키 겐준, 마스다니 후미오 , 이태영·정양숙 역, 「업사상」(서울: 대원정사, 1990).

## 여래장

### 1. 출전 근거

『金剛三昧經』(『大正藏』 9권).
『大般涅槃經』(『大正藏』 12권).
『大般泥洹經』(『大正藏』 12권).
『楞伽阿跋多羅寶經』(『大正藏』 16권).
『究竟一乘寶性論』(『大正藏』 31권).
E. H. Johnston ed., The Ratnagotravibhāga Mahāyānottaratantraśāstra, Patna: The Bihar Research Society, 1950.
中村瑞隆,『梵漢對照 究竟一乘寶性論研究』(東京: 山喜房佛書林, 1961).

『구경일승보성론』『한글대장경』 제135권(서울: 동국역경원, 1975).
慧遠, 『大乘起信論義疏』, (『大正藏』 44권).
元曉, 『大乘起信論疏』(『大正藏』 44권, 『韓國佛敎全書』 1권).
法藏, 『大乘起信論義記』 (『大正藏』 44권).
法藏, 『大乘法界無差別論疏』 (『大正藏』 44권).

**2. 참고 문헌**

Monier Williams, A Sanskrit-English Dictionary, London: Oxford University Press, 1960.
荻原雲來, 『梵和大辭典』 (東京: 講談社, 1979).
高崎直道 외, 『佛教·インド思想辭典』 (東京: 春秋社, 1987).
이기영, 「教判史上에서 본 원효의 위치」, 『한국불교연구』(서울: 한국불교연구원, 1982).
이기영, 「法에 관한 연구 I — Hiraṇyagarbha와 Tathāgatagarbha를 중심으로」, 『불교연구』 1집 (서울: 한국불교연구원, 1985).
이기영, 『대승기신론강의』 상·하 (서울: 한국불교연구원, 2004).
은정희 역, 『대승기신론소·별기』 (서울: 일지사, 1991).
정호영, 『여래장사상』 (서울: 대원정사, 1993).
정호영, 「베단타와 여래장사상에서의 존재의 문제」, 『불교연구』 13집(서울: 한국불교연구원, 1997).
조수동, 「여래장사상에 관한 연구」, 영남대 박사학위논문, 1987.
조수동, 『여래장』 (대구: 이문출판사, 1997).
小川一乘, 『如來藏·佛性の研究-ダルマリンチェン造寶性論釋疏の解讀』 (京都: 文榮堂, 1974).
小川一乘, 「『寶性論』と『佛性論』-「悉有佛性」の三種義を中心に」, 平川彰編, 『如來藏と大乘起信論』 (東京: 春秋社, 1990).
高崎直道, 『如來藏思想の形成』 (東京: 春秋社, 1974).
高崎直道, 『如來藏思想』 I, II (東京: 法藏館, 1988, 1989).
高崎直道, 『寶性論』 (東京: 講談社, 1989).
高崎直道 등 편, 『講座大乘佛教 6, 如來藏思想』 (東京: 春秋社, 1982).
宇井伯壽, 『寶性論研究』 (東京: 岩波書店, 1969).

E. Obermiller, The Sublime Science of the Great Vehicle to Salvation, being a Manual of Buddhist Monism. The Work of Ārya Maitreya with a Commentary by Āryāsaṅga, reprinted from Acta Orientalia (vol. IX, Copenhagen, 1931), Shanghai, 1940.
Jikido Takasaki, A Study on the Ratnagotravibhāga(Uttaratantra), Being a Treatise on the Tathāgatagarbha Theory of Mahāyāna Buddhism, Roma: Serie Orientale Roma, XXXIII, IsMEO, 1966.
David Seyfort Ruegg, La Théorie du Tathāgatagarbha et du Gotra, Études sur la Sotériologie et la Gnoséologie du Bouddhisme, Paris: École française D'Extrême-Orient, 1966.
David Seyfort Ruegg, Buddha-nature, Mind and the Problem of Gradualism in a Comparative Perspective, On the Transmission and Reception of Buddhism in India and Tibet, London: University of London, 1989.

## 삼신

**1. 일차자료**

*Aṅguttara-nikāya*(London: PTS, 1976).
*Majjhima-nikāya*(London: PTS, 1976).
*Saṃyutta-nikāya*(London: PTS, 1976).
『유행경』 (大正藏 1, 26상).
『불설니원경』 (大正藏 1, 172).
『증일아함』 (大正藏 2).

『합부 금광명경』(大正藏 16).
『금광명최승왕경』(大正藏 16).
『금광명최승왕경소』(大正藏 39).
『해심밀경』(大正藏 16).
『능가아발다라보경』(大正藏 16).
『대승입능가경』(大正藏 16).
『소품반야경』(大正藏 8).
『불모출생삼법장반야경』(大正藏 8).
『대반야경』(大正藏 7).
『무량수경』(大正藏 12).
『묘법연화경』(大正藏 9).
『60화엄』(大正藏 9).
『80화엄』(大正藏 10).
『금강정유가삽십칠존출생의』(大正藏 18).
『법화경론』(大正藏 26).
『섭대승론석』(大正藏 31).
『십지경론』(大正藏 26).
『금강반야바라밀경론』(大正藏 25).
『섭대승론』(大正藏 31).
『섭대승론석』(大正藏 31).
『성유식론』(大正藏 31).
『대승장엄경론』(大正藏 31).
『대비바사론』(大正藏 27).
『대지도론』(大正藏, 25).
『중론』(大正藏 30).
『대승장엄경론』(大正藏 31).
『불성론』(大正藏, 31).
『보성론』(大正藏 31).
『대승기신론』(大正藏 32).
『이부종륜론』(大正藏 49).
『대승의장』(大正藏 44).
『법화현론』(大正藏 34).
『대승법원의림장』(大正藏 45).
『즉신성불의』(大正藏 77).

**2. 이차자료**

早島鏡正 監修, 『佛教・インド思想辭典』(東京: 春秋社, 1987).
Sir Monier Monier-Williams, Sanskrit-English Dictionary (London: Oxford University Press, 1960).
鈴木學術財團編, 『梵和大辭典』(東京: 講談社, 1986).
中村元, 『佛教語大辭典』(東京: 東京書籍, 1975).
『望月佛教大辭典』(東京: 世界聖典刊行協會, 1980년 판).
김동화, 『불교교리발달사』(대구: 삼영출판사, 1977).
노권용, 『불타관의 연구』, 원광대학교 대학원, 박사학위논문, 1987.
정순일, 『인도불교사상사』(서울: 운주사, 2005).
武內紹晃, 「불타관의 변천」, 『대승불교개설』, 정승석역(서울: 김영사, 1984), 196쪽.
勝又俊教博士古稀記念論集, 『大乘佛教から密教へ』(東京: 春秋社, 1981).
平川彰, 『初期大乘佛教の研究』(東京: 春秋社, 1969).
______, 還曆紀念論文集 『佛教における法の研究』(東京: 春秋社, 1975).
玉城康四郎 還曆紀念論文集 『佛の研究』(東京: 春秋社, 1977).
山口益, 「佛身論觀の思想史的 展開」, 『佛教學 ゼミナ』 17호, 1973.
長尾雅人, 「佛身論をめぐって」, 『哲學研究』 521號, 1971.

高崎直道,『如來藏思想の形成』(東京: 春秋社, 1975).
武邑尙邦,『大乘起信論講讀』(京都: 百華院, 1959).
松長有慶,『密教の歷史』(京都: 平樂寺書店, 1972).
金岡秀友,『密教哲學』(京都: 平樂寺書店, 1974).
宇井伯壽,『佛教汎論』(東京: 岩波書店, 1976).
_______,『大乘莊嚴經論研究』(東京: 岩波書店, 1979).
日本佛教學會編,『佛教における淨土思想』(京都: 平樂寺書店, 1977).
____________,『釋尊觀』(京都: 平樂寺書店, 1985).
____________,『佛陀觀』(京都: 平樂寺書店, 1988).
姉崎正治,『現身佛と法身佛』(東京: 前川文榮閣, 1935).
中村 元,『インド思想史』(東京: 岩波書店, 1981).
_____,『イソドとキりシアとの思想交流』(東京: 春秋社, 1979).
_____,「華嚴經の思想史的意義」,『華嚴思想』(京都: 法藏館, 1960).
橫超慧日,『法華思想の研究』(京都: 平樂寺書店, 1971).
勝呂信靜,「初期の大乘經典」,『アジア佛教史, インド編III』(東京: 佼成出版社, 1980).
田村芳朗,「法華經の佛陀觀」,『講座·大乘佛教4, 法華思想』(東京: 春秋社, 1983).
_______,「日本佛教の佛陀論」,『佛の研究』(東京: 春秋社, 1977).
神子上惠龍,『彌陀身土思想の展開』(京都: 永田文昌堂, 1982).
柳田聖山,『達摩の語錄』(東京: 筑摩書房, 1979).
_______,『初期の禪史』(東京: 筑摩書房, 1979).
胡適,『神會和尙遺集』(台北: 胡適記念館, 民國 54년).
秋月龍珉,『臨濟錄』(東京: 筑摩書房, 1979).

## 진여

『雜阿含經』(『大正藏』2권).
『大方廣佛華嚴經』(『大正藏』9권).
『勝鬘師子吼一乘大方便方廣經』(『大正藏』12권).
『大般涅槃經』(『大正藏』12권).
『解深密經』(『大正藏』16권).
『入楞伽經』(『大正藏』16권).
『大方等如來藏經』(『大正藏』16권).
『不增不減經』(『大正藏』16권).
『佛地經論』(『大正藏』26권).
『攝大乘論』(『大正藏』31권).
『大乘莊嚴經論』(『大正藏』31권).
『顯揚聖教論』(『大正藏』31권).
『攝大乘論釋』(『大正藏』31권).
『成唯識論』(『大正藏』31권).
『大乘起信論』(『大正藏』32권).
『異部宗輪論』(『大正藏』49권).
이평래,『신라불교사상여래장연구』(서울: 민족사, 1996).
小野玄妙,『佛書解說大辭典』(東京: 大東出版社, 1968).
望月信亨,『望月佛教大辭典』(台北: 地平線出版社, 1979).
전재성,『빠알리어사전』(서울: 한국불교대학출판부, 1994).
水野弘元·中村元·平川彰·玉城康四郎,『佛典解題事典』(東京: 春秋社, 1997).
赤沼智善,「起信論の眞如に就て」『大谷學報』第十卷 第一號, 大谷大學, 1929.
柏木弘雄,「心眞如と心生滅」『佛教學』第九·十特集號(日本: 佛教學研究會, 1980).
柏木弘雄,「大乘起信論における法と義」『平川彰博士還曆記念論集 佛教における法の研究』, 1993.

## 심

### 1. 출전근거

Saṁyutta Nikāya.
Aṅguttara Nikāya.
『法句經』 1.
『雜阿含經』 2(『大正藏』 제2책).
『增壹阿含經』 51(『大正藏』 제2책).
『四卷楞伽經』 권1.
『瑜伽師地論』 권1.
『60권華嚴經』(『大正藏』 제9책).
『60권華嚴經』(『大正藏』 제9책).
『大日經』 권1.
『大日經疏』 권4.
『華嚴經』「十地品」 권29(『(대정장』제10책).
元曉, 『金剛三昧經論』 卷상(『韓佛全』 제1책).
元曉, 『大乘起信論疏』(『韓佛全』 제1책).
馬祖, 『馬祖語錄』.
知訥, 『修心訣』(『韓佛全』 제4책).
知訥, 『華嚴論節要』 권1(『韓佛全』 제4책).
知訥, 『法集別行錄節要并入私記』(『韓佛全』 제4책).
知訥, 『圓頓成佛論』(『韓佛全』 제4책).
太古, 「玄陵請心要」, 『太古和尙語錄』 권상(『韓佛全』 제6책).
覺璉 錄, 『懶翁禪師語錄』(『韓佛全』 제6책).
休靜, 『禪家龜鑑』(『韓佛全」 제7책).

### 2. 참고문헌

望月信亨, 『望月불교대사전』 1-13(동경: 세계불교성전간행협회, 1973).
불광대장경편수위원회 편, 『佛光대사전』 1-7(대만: 불광출판사, 1988).
織田, 『織田불교대사전』(동경: 대장출판주식회사, 1965).
中村 元, 『불교어대사전』상중하(동경: 춘추사, 1975).
中村 元 외, 『岩波불교사전』(동경: 암파서점, 1989).
이철교 외, 『선학사전』(서울: 불지사, 1995).
이동철 외, 『21세기의 동양철학』(서울: 을유문화사, 2005).
미조구치 유조 외, 김석근 외 옮김, 『중국사상문화사전』(서울: 민족문화문고, 2002).
龍 城, 『覺海日輪』(서울: 불광출판부, 1997).
性 徹, 『禪門正路評釋』(서울: 장경각, 1990, 3쇄).
申法印, 『西山大師의 禪家龜鑑 硏究』(서울: 김영사, 1989).
宗 浩, 『臨濟禪硏究』(서울: 경서원, 1996).
윤호진, 『무아 윤회 문제의 연구』(서울: 민족사, 1997).
정승석, 『윤회의 자아와 무아』(서울: 장경각, 1999).
高榮燮, 『한국불학사』1-4(서울: 연기사, 2005).
이영돈, 『KBS 다큐멘터리 마음』(서울: 예담, 2006).
김선근, 「청담스님의 한국불교사에서의 위치」, 『선과 문화』 제3집, 한국선문화학회, 2006.

## 심소

### 1. 일차자료

求那跋陀羅譯, 『雜阿含經』(大正藏 2).
瞿曇僧伽提婆譯, 『中阿含經』(大正藏 1).

世親造 玄奘譯,『阿毘達磨俱舍論』(大正藏 29).
護法等菩薩造 玄奘譯,『成唯識論』(大正藏 31).
窺基撰,『成唯識論述記』(大正藏 43).
天親菩薩造 玄奘譯,『大乘百法明門論本事分中略錄名數』(大正藏 31).
_________ 窺基註解,『大乘百法明門論解』(大正藏 44).
安慧菩薩造 玄奘譯,『大乘阿毘達磨雜集論』(大正藏 31).
無着菩薩造 玄奘譯,『大乘阿毘達磨集論』(大正藏 31).
無着菩薩造 波羅頗蜜多羅譯,『大乘莊嚴經論』(大正藏 31).
阿僧伽作 佛陀扇多譯,『攝大乘論』(大正藏 31).
無着菩薩造 眞諦譯,『攝大乘論』(大正藏 31).
_________ 玄奘譯,『攝大乘論本』(大正藏 31).
世親菩薩造 眞諦譯,『攝大乘論釋』(大正藏 31).
_________ 玄奘譯,『攝大乘論釋』(大正藏 31).
無性菩薩造 玄奘譯,『攝大乘論釋』(大正藏 31).
世親菩薩造 笈多共行矩等譯,『攝大乘論釋論』(大正藏 31).
惠沼述,『成唯識論了義燈』(大正藏 43).
尊者世友造 玄奘譯,『阿毘達磨界身足論』(大正藏 26).
尊者大目乾連造 玄奘譯,『阿毘達磨法蘊足論』(大正藏 26).
尊者世友造 玄奘譯,『阿毘達磨品類足論』(大正藏 26).
尊者法勝造 僧伽提婆共慧遠譯,『阿毘曇心論』(大正藏 28).
遁倫集撰,『瑜伽論記』(大正藏 42).
彌勒菩薩說 玄奘譯,『瑜伽師地論』(大正藏』30).
窺基撰,『瑜伽師地論略纂』(大正藏 43).
天親菩薩造 般若流支譯,『唯識論』(大正藏 31).
無着菩薩造 玄奘譯,『顯揚聖教論』(大正藏 31).
_________ 玄奘譯,『顯揚聖教論頌』(大正藏 31).

## 2. 이차자료

『望月佛教大辭典』(東京: 世界聖典刊行協會, 1973).
『伽山 佛教大辭林』(서울: 伽山佛教文化研究院, 2001).
『漢譯對照 梵和大辭典』(東京: 講談社, 1979).
平川彰編,『佛教漢梵大辭典』(東京: THE PEIYUKAI, 1997).
Monier Williams, *A DICTIONARY ENGLISH AND SANSKRIT*, Delhi, 1992.

金東華,『唯識哲學』(서울: 寶蓮閣, 1980).
_____,『俱舍學 — 小乘佛教의 有哲學思想』(서울: 文潮社, 1971).
吳亨根,『佛教의 物質과 時間論』(서울: 瑜伽思想社, 1994).
_____,『唯識과 心識思想 研究』(서울: 佛教思想社, 1989).
_____,『唯識思想研究』(서울: 佛教思想社, 1983).
_____,『유식학입문』(서울: 불광출판부, 1992).
수산 ,『불교와의만남』(서울: 마하야나, 2002).

結城令聞,『世親唯識の研究』上·下(東京: 大藏出版株式會社, 1986).
山口益·野澤靜證,『世親唯識の原典解明』(東京: 法藏館, 1965).
勝友俊教,『佛教における心識說の研究』(東京: 山喜房佛書林, 1974).
戶崎宏正,『佛教認識論の研究』上·下(東京: 大東出版社, 1979).
平川彰·梶山雄一·高崎直道編,『講座 大乘佛教 — 8 / 唯識思想』(東京: 春秋社, 1982).
結城令聞,『世親唯識の研究』上·下(東京: 大藏出版株式會社, 1986).
山口益·野澤靜證,『世親唯識の原典解明』(東京: 法藏館, 1965).
勝友俊教,『佛教における心識說の研究』(東京: 山喜房佛書林, 1974).
戶崎宏正,『佛教認識論の研究』上·下(東京: 大東出版社, 1979).
上杉宣明,「心所法のチビ゛ ダ゛ ルマ的變化」,『佛教研究』第13號, 1983.

中村隆敏,「心所法としての厭と欣」,『大正大學綜合佛教研究所年報』第5號, 1983.
吉元信行,「阿毘達磨論の關係」,『印度學佛教學研究』第21卷 第2號, 1973.

金東華,「唯識所依 經論上의 心識說」,『佛教學報』제5집, 동국대학교 불교문화연구원, 1967.
______,「大乘論部上의 心識說」,『佛教學報』제6집, 동국대학교 불교문화연구원, 1969.
黃晟起,「圓測의 唯識學說 研究」, 박사학위논문, 동국대학교 대학원, 1975.
吳亨根,「心識의 四分說에 대한 考察」, 동국대학교 대학원『研究論集』제5집, 1975.
______,「唯識學의 五位百法에 대한 考察」, 동국대학교 대학원『研究論集』제4집, 1974.
______,「阿賴耶識의 三相」, 동국대학교『東國思想』제4집, 1968.
______,「原始唯識의 興起에 대한 考察」, 동국대학교 대학원『研究論集』제3집, 1973.
______,「圓測法師의 心識說에 관한 研究」,『佛教學報』제13집, 동국대학교 불교문화연구원, 1976.
______,「瑜伽師地와 十七地」, 한국불교학회『韓國佛教學』제10집, 1985.
______,「唯識學의 五位百法에 대한 考察」, 동국대학교 대학원 研究論集 제4집, 1974.
______,「六足論의 心分思想에 대한 考察」, 동국대학교『論文集』제16집, 1977.
______,「第七末那識의 成立에 對한 考察」,『韓國佛教學』제1집, 한국불교학회, 1975.
______,「第八阿賴耶識의 淵源에 對한 考察」,『佛教學報』제11집, 동국대학교 불교문화연구원, 1974.
鄭駿基(唯眞),「心王心所說의 變遷上에서 본 二障 연구」, 박사학위논문, 동국대학교대학원, 1997.
方仁,「太賢의 唯識學說 研究」, 박사학위논문, 서울대학교 대학원, 1994.
黃旭,「無着[Asaṅga]의 唯識學說 研究」, 박사학위논문, 동국대학교 대학원, 1999.

## 삼성

### 1. 일차자료

바라파밀다라 역,『대승장엄경론』(대정장 제31권).
반야류지 역,『유식론』(대정장 제31권).
원　측,『해심밀경소』(韓佛全 제1책.
진제 역,『섭대승론』(대정장 제31권).
______,『섭대승론석』(대정장 제31권).
______,『중변분별론』(대정장 제31권).
______,『대승아비달마집론』(대정장 제31권).
______,『변중변론』(대정장 제31권).
______,『섭대승론석』(대정장 제31권).
______,『성유식론』(대정장 제31권).
______,『유가사지론』(대정장 제30권).
______,『유식삼십론송』(대정장 제31권).
______,『유식이십론』(대정장 제31권).
______,『현양성교론』(대정장 제31권).
______,『해심밀경』(대정장 제16권).

### 2. 이차자료

金東華,『唯識哲學』(서울: 보련각, 1973).
다카사키 지키도 지음, 이지수 옮김,『유식입문』(서울: 시공사, 1997).
上田義文,『佛教思想史研究』(京都: 永田文昌堂, 昭和 33).
스티라마띠 저, 박인성 역주,『유식삼십송석』(서울: 민족사, 2000).
勝又俊教,『佛教における心識說の研究』(東京: 山喜房佛書林, 昭和 36).
深浦正文,『唯識學研究』(上,下)(京都: 永田文昌堂, 昭和 29).
葉阿月,『唯識思想の研究』(東京: 國書刊行會, 昭和 50).

오형근, 『유식사상연구』(서울: 불교사상사, 1983).
요코야마 고우이츠 지음, 묘주 옮김, 『유식철학』(서울: 경서원, 1989).
宇井伯壽, 『大乘莊嚴經論硏究』(東京: 岩波書店, 1961).
宇井伯壽, 『攝大乘論硏究』(東京: 岩波書店, 昭和 10).
宇井伯壽, 『瑜伽論硏究』(東京: 岩波書店, 1958).
田中順照, 『空觀と唯識觀』(京都: 永田文昌堂, 1977).
舟橋尙哉, 『初期唯識思想の硏究』(東京: 國書刊行會, 昭和 51).
핫토리 마사아키 외, 이만 옮김, 『인식과 초월』(서울: 민족사, 1991).
Anacker, S., *Seven Works of VASUBANDHU*, Delhi:Motilal Banarsidass, 1984.

## 종자

『잡아함경』.
『대승아비달마경』.
『구사론』.
『해심밀경』.
『유가사지론』.
『섭대승론』.
『유식이십론』.
『유식삼십송』.
『성유식론』.
『화엄경』.
『법화경』.
『대승기신론』.

## 의식(육식)

### 1. 일차자료

*Majjhima-nikāya*, London, PTS, 1976.
*Saṃyutta-nikāya*, London, PTS, 1976.
*Abhidharmakosabhāṣya*, ed. by P. Pradhan, Patna, 1967.
*Madhyāntavibhāgabhāṣya*, ed. by G.M. Nagao, Tokyo, 1964.
*Yogacārabhūmi of Ācārya Asaṅga*, ed. by V. Bhattacharya, Calcutta, 1957.
Śāstrī and Tripāṭhī, *Vijñaptimātratāsiddhih*, Director, Research Institute, Varanaseya Sanskrit Vishvavidyalaya, Varnasi, 1972.
『中阿含經』(『대정장』 제1권).
『雜阿含經』(『대정장』 제2권).
『解深密經』(『대정장』 제16권).
『阿毘達磨大毘婆娑論』(『대정장』 제28권).
『阿毘達磨品類足論』(『대정장』 제26권).
『阿毘曇心論』(『대정장』 제28권).
『阿毘達磨俱舍論』(『대정장』 제29권).
『瑜伽師地論』(『대정장』 제30권).
『顯揚聖教論』(『대정장』 제31권).
『攝大乘論』(『대정장』 제31권).
『成唯識論述記』(『대정장』 제43권).
『成唯識論學記』(『한불전』 제3책).
『成唯識論演秘』(『대정장』 제43권).
『解深密經疏』(『한불전』 제1책).
『百法明門論疏』(『대정장』 제44권).

**2. 이차자료**


운허 스님, 『佛教辭典』(서울: 동국역경원, 2002).
관응 스님 감수, 『佛教學大辭典』(서울: 홍법원, 1988).
『世界哲學大辭典』(서울: 교육출판공사, 1989).
伽山智冠 편저, 『伽山佛教大辭林』(서울: 가산불교문화원, 2001).
『望月佛教大辭典』(東京: 世界聖典刊行協會, 昭和 48).
『佛光大辭典』, 佛光出版部(臺灣 : 高雄, 1988).
『佛教インド思想辭典』(東京: 春秋社, 昭和 61).
David, Rhys, *The Pali Text Society's Pali-English Dictionary*, London, PTS, 1979.
Nyanatiloka, *Buddhist Dictionary*, Kandy, Buddhist Publication Society, 1997.
Monier Williams, *Sanskrit-English Dictionary*, London, Oxford University Press, 1956.
고익진, 『아함법상의 체계성 연구』(서울: 동국대학교 출판부, 1990).
權五民, 『아비달마불교』(서울: 민족사, 2003).
김동화, 『俱舍學』(서울: 文潮社, 1971).
_____, 『唯識哲學』(서울: 寶蓮閣, 1973).
金聖觀, "心性說에 관한 연구 — 圓佛教思想과 융思想의 비교고찰을 중심으로 —", 원광대 대학원 박사논문, 1986.
김학룡, 「意識 狀態 및 現象에 관한 記述的 硏究 試論」, 동국대학교 『동국논집』 제12집, 1993.
대림, 각묵 스님 공동번역 및 주해, 『아비담마 길라잡이』 상권(울산: 초기불전연구원, 2002).
데이비드 코언 지음 원재길 옮김, 『마음의 비밀 — 의식의 신비 속으로 떠나는 시각적 탐구 —』(서울: 문학동네, 2004).
묘주, 『成唯識論 外』(서울: 동국역경원, 1995).
박인성, 『安慧 著 唯識三十頌釋』(서울: 민족사, 2000).
오형근, 『唯識과 心識思想 硏究』(서울: 瑜伽思想社, 1989).
李萬甲, 「意識의 生物學的 硏究」, 『대한민국 학술원 논문집(인문사회과학편)』 제29집, 1990.
李符永, 『分析心理學 — C.G. Jung의 人間心性論—』(서울: 일조각, 1978).
深浦正文 著 全觀應 譯, 『唯識論解說』(서울: 명심회, 1993).
太田久紀 지음 정병조 옮김, 『불교의 심층심리』(서울: 현음사, 1983).
홍대식 번역, 『심리학개론』(서울: 박영사, 1981).
이정균, 『개정판 정신의학』(서울: 일조각).
結城令聞, 『心意識より見たる唯識思想史』(東京: 東方文化學院, 1935).
西義雄, 『阿毘達磨佛教 硏究』(東京: 國書刊行會, 1975).
勝呂信靜, 『講座·大乘佛教 8 — 唯識思想』(東京 : 春秋社, 昭和 57).
深浦正文, 『唯識學硏究』 下(京都 : 永田文昌堂, 昭和 29).
_______, 『唯識論解說』(京都: 龍谷大學校出版部, 1985).
山口益·野澤靜證, 『世親唯識の原典解明』(京都: 法藏館, 1965).
寺本婉雅, 『安慧造 唯識三十論疏』(東京: 國書刊行會, 1977).
宋本亮三 譯, 『精神の起源について』(東京: 思索社, 1985).
佐佐木現順, 『阿毘達磨思想硏究』(東京: 淸水弘文堂, 昭和 47).
橫山紘一, 『唯識の哲學』, サ-ラ叢書 23(京都: 平樂寺書店, 1979).
Kalupahana, D.J. , *The Principles of Buddist Psychology*, Albany : State University of New Yo가 Press, 1987.
Diana Y. Paul, *Philosophy of Mind in Sixth-Century China*, Stanford University Press, Stanford, California, 1984.
Jagat Prakash Atreya, *Mind and Its Function in Indian Thought*, Classical Publishing Company, New Delhi, 1985.
T.V. Murti, *The Central Philosophy of Buddhism*, London, Allen & Unwinn(?), 1959.
Wilson, E. 0., *Promethean Fire : Reflections on the Origin of Mind,* Harvard University Press, Cambridge, 1983.
__________, *On Human Nature*, Bantam Books, 1982.
Crook, J. H., *The Evolution of Human Consciousness*, Clarendon Press, Oxford, 1980.
J. Janes, *The Origin of Consciousness in the Breakdown of the Bicameral Mind*, Houghtion

Mifflin, New York, 1976.
Stenhouse, D., *The Evolution of Intelligence : A General Theory and Its Implicaition*, Allen & Unwin, London, 1974.

## 말나식

『俱舍論』.
『俱舍論光記』.
『大毘婆沙論』.
『大乘起信論義疏』.
『大乘起信論義記』.
『大乘起信論敎理抄義疏』.
『大乘百法明門論』.
『大乘義章』.
『法蘊足論』.
『辯中邊論』.
『成唯識論』.
『成唯識論述記』.
『成唯識論了義燈』.
『攝大乘論釋』.
『阿毘達磨發智論』.
『五事毘婆沙論』.
『瑜伽師地論』.
『唯識三十論頌』.
『入楞伽經』.
『雜阿毘曇心論』.
『顯揚聖敎論』.
『顯識論』.
『解深密經疏』.

## 사향사과

### 1. 일차자료

*Aṅguttara-nikāya* (PTS.).
*Dīgha-nikāya* (PTS.).
*Majjhima-nikāya* (PTS.).
*Milindapañha* (PTS.).
*Saṃyutta-nikāya* (PTS.).
*Vinaya-piṭaka* (PTS.).
『大阿羅漢難提蜜多羅所說法住記』(『大正藏』49권).
『大智度論』(『大正藏』30권).
『三國遺事』(『大正藏』49).
『成實論』(『大正藏』31권).
『阿毘達磨俱舍論』(『大正藏』29권).
『阿毘達磨大毘婆沙論』(『大正藏』28권).
『維摩詰所說經』(『大正藏』14).
『異部宗輪論』(『大正藏』49권).
『雜阿含經』(『大正藏』2권).
『長阿含經』(『大正藏』1권).
『中阿含經』(『大正藏』1권).

『增一阿含經』(『大正藏』2권).

**2. 이차자료**

望月信享 編, 『佛教大辭典』(東京: 世界聖典刊行協會).
Nyāṇatiloka , *Buddhist Dictionary: Manual of Buddhist Terms and Doctrines.* 4th rev. ed. Kandy, Sri-Lanka. 1980.
Williams, Monier, *Sanskrit-English Dictionary,* London: Oxford University Press, 1956.
L.Cousins etc. Dordrecht-Holland/ Boston- U. S. A : D. Reidel Publishing Company, 1974.
Bhikshu Sangharakshita, *A Survey of Buddhism, Bangalore: Indian Institute of World Culture,* 1966.
Gombrich, How Buddhism Began : The Conditioned Genesis of the Early Teachings, London & Atlantic Highlands: The Athlone Press. 1996.
Harvey, Peter, *The Selfless Mind: Personality,* Surrey: Curzon Press. 1995.
Horner, Isaline B., *The Early Buddhist Theory of Man Perfected: A Study of the Arahan.* London: Williams & Nortgate. 1936.
Katz, Nathan, *Buddhist Images of Human Perfection : The Arahant of the Sutta Pitaka Compared with the Bodhisattva and the Mahasiddha,* Delhi: Motilal Banarsidass, 1982.
Nalinaksha Dutt, *Early Monastic Buddhism*, Calcutta: Firma K.L. Mukhopadhyay. 1971.
Pruden, Leo M. (trans)., *Abhidharmakośabhāsyam by Louis de La Valleé Poussin,* Berkeley: Asian Humanities Press. 1988.
Ray, Reginald A., *Buddhist Saints in India*. Oxford University Press. 1994.
Seyfort Ruegg D. "Pāli Gotta/ Gotra and the Term Gotrabhū in Pāli and Buddhist Sanskrit" in *Buddhist Studies in Honour of I. B. Horner* edited by.
Toschiichi Endo, *Buddha in Theravada Buddhism: A Study of the Concept of the Buddha in the Pali commentaries.* Dehiwela: Buddhist Cultural Centre 1997.
김동화, 『佛教教理發達史』(서울:뇌허불교학술원, 2001).
佛教思想研究會編, 『解脫』(東京:平樂社書店, 1982).
안양규, 「붓다의 입멸과정과 그 해석-說一切有部를 중심으로-」, 『인도철학』 제11집 제1호(인도철학회, 2001.8).
안양규, 「인도 및 동남아 불교의 이상인간상」, 『종교와 문화』제7호, (서울: 서울대 종교문제연구소, 2001).

## 삼세육추

**1. 출전 근거**

求那跋陀羅 譯, 『楞伽阿跋多羅寶經』 4卷. 『大正藏』 16, No.670. 高麗藏10, No.159).
菩提流支 譯, 『入楞伽經』 10卷(『大正藏』 16, No.671. 高麗藏10, No.160).
親光 外·玄奘 譯, 『佛地經論』 7卷(『大正藏』 26, No.1530. 高麗藏15, No.554).
彌勒 著·玄奘 譯, 『瑜伽師地論』 100卷(『大正藏』 30, No.1579. 高麗藏15, No.570).
護法 等 造 玄奘 譯, 『成唯識論』 10卷(『大正藏』 31, No.1585. 高麗藏17, No.614).
世親 著·眞諦 譯, 『轉識論』 1卷(『大正藏』 31, No.1587. 高麗藏17, No.612).
馬鳴 著·眞諦 譯, 『大乘起信論』 1卷(『大正藏』 32, No.1666. 高麗藏17, No.616).
元曉, 『大乘起信論別記』(2卷)(『韓佛全』 1, pp.677~697,; 『大正藏』 44, No.1844, pp.202~226).
元曉, 『大乘起信論疏』(2卷)(『韓佛全』 1, pp.698~732,; 『大正藏』 44, No.1845, pp.226~240).
元曉, 『二障義』(1卷)(『韓佛全』 1, pp.789~814).
元曉, 『金剛三昧經論』(3卷)(『韓佛全』 1, pp.604~677,; 『大正藏』 34, No.1730, pp.961~1008).

**2. 참고 문헌**

운허 용하 편, 『불교사전』(서울: 동국역경원, 2002).
김길상 편, 『불교대사전』 상·하(서울: 홍법원, 1998).
불광대장경편수위원회 편, 『불광대사전』(대만: 불광출판사, 1989).
망월신형, 『망월불교대사전』(일본 동경: 세계성전간행협회, 1973).
영목대졸, 『범화대사전』(일본 동경: 영목학술재단, 1986).
金煐泰, 「『涅槃經宗要』에 나타난 和會의 세계」, 『원효학연구』 제3집(서울: 원효학회, 1998).
高翊晉, 「원효의 『기신론소·별기』를 통해 본 진속무애원융관과 그 성립이론」, 『불교학보』 제10집(서울: 동국대학교 불교문화연구원, 1973).
金東華, 『唯識哲學』(서울: 보련각, 1973).
朴太源, 『大乘起信論思想 硏究(Ⅰ)』(서울: 민족사, 1994).
申賢淑, 『元曉의 認識과 論理』(서울: 민족사, 1988).
吳亨根, 「元曉思想에 대한 唯識學的 硏究」, 『佛敎學報』 제17집(서울: 동국대불교문화연구소, 1980).
은정희, 「삼세·아라야식설의 창안」, 『원효연구논총』(서울: 국토통일원, 1987).
李平來, 「煩惱·所知二障과 人·法二無我의 基礎的硏究」, 『哲學硏究』 34(서울: 철학연구회, 1982), 『新羅佛敎 如來藏思想 硏究』(서울: 민족사, 1996).

## 본래면목

**1. 출전 근거**

『景德傳燈錄』(『大正藏』 권51).
『觀心論』(『卍續藏徑』, 권55)
『南明泉和尙頌證道歌』(『大正藏,』 권45)
『馬祖語錄』(『卍續藏經』 권119).
『禪門拈頌集』(『高麗大藏經』 권46)
『禪宗無門關』(『卍續藏經』 권119).
『神會和尙語錄』(臺北 : 文殊出版社 1995).
『六祖法寶壇經』(『大正藏』 권48).
『臨濟錄』(禪藏28, 高雄 : 佛光出版社, 1994).
『傳習錄』(台北 : 新文豊出版公司, 1978).
『正法眼藏』(東京: 岩波書店, 1979)
『祖堂集』(『大正藏』 권45).
『宗鏡錄』(『大正藏』 권44).
『中庸』(台北 : 新文豊出版公司, 1978).

**2. 참고 문헌**

管原時保, 『本來の面目』(東京: 同文館, 1939).
鎌田武雄, 『宗密教學の 思想史的 硏究』(東京: 東京大學出版會, 1975).
高橋定坦, 『一休奇行錄』 修養禪話(東京: 玄洋社, 1934).
吉喜星, 「民衆佛敎, 禪 그리고 社會倫理的 觀心」, 『宗敎硏究』 제4집(서울: 한국종교학회, 1988).
普照知訥, 「修心訣」, 『普照全書』(서울: 普照思想硏究院, 1989).
普照知訥, 『法集別行錄節要並入私記』, 『韓國佛敎全書』4권(서울 : 동국대학교 불전간행위원회, 동국대학교 출판부, 1979).
常般大定, 『支那における佛教と儒教道教』(東京: 東洋文庫. 1966).
岩村宗康, 「卽心是佛について(上)」(『大乘禪』, 1998).
鈴木大拙, 「平常心是道」, 『心』 (東京: 岩波書店, 2000).
龍谷大學, 『佛敎大辭彙』 第 6卷(東京: 富山房, 1975).
友枝龍太郎, 『朱子の思想形成』(東京: 春秋社, 1983).

柳田聖山,『禪의 思想과 歷史』 안영길·추만호 역(서울: 민족사, 1989).
尹永海,「祖師禪의 全收門, 그리고 倫理的 定向」,『宗教研究』 제28집((서울: 한국종교학회, 2002).
臨濟義玄,『臨濟錄』(高雄: 佛光出版社, 1994).
入矢義高,『馬祖の語錄』(경도: 禪文化研究所, 1984).
井上哲次郎,『禪の 本義』(東京: 春陽堂書店, 1937).
中村元,『廣說佛教語大辭典』下卷(東京: 東京書籍株式會社, 2002).
_____ 外 5,『岩波佛教辭典』제2판(東京: 岩波書店, 1989).
_____ 外 5,『總合佛教大辭典』下(東京: 法藏館. 1987).
川秀蝶森,『白隱禪師坐禪和讚』聖典講義(東京: 佛教年鑑社, 1934).
荒木見悟,『佛教と儒教』(東京: 平樂寺書店, 1954).
荒木見悟,『陽明學の展開と佛教』(東京: 研文出版, 1984).
Cung-Ying Cheng, "Chu Hsi's Methodology and Theory of Understanding", *Chu Hsi and Neo-Confucisnism. ed. by Wing-tsit Chsn.* Honolulu : University of Hawaii press. 1986.
Heinrich Dumolin, *Zen Buddhism: a History,* trans by James W. Heisig and Paul knitter, New York : Macmillan Publishing Company, 1988.
Wm. Theodore de Bary, *For One's Self*, New York, Columbia University Press, 1991.
Wing-Thit Chan, *Chu Hsi, New Studies*, Honolulu, University of Hawaii Press, 1989.
《경향신문》 2005년 05월 12일.

## 아뢰야식

### 1. 일차자료

佛陀耶舍·竺佛念譯,『長阿含經』(大正藏 1.
瞿曇僧伽提婆譯,『中阿含經』(大正藏 1.
求那跋陀羅譯,『雜阿含經』(大正藏 2.
玄奘譯,『解深密經』(大正藏 16.

尊者世親造 玄奘譯,『阿毘達磨俱舍論』(大正藏 29.

彌勒菩薩說 玄奘譯,『瑜伽師地論』(大正藏 30).
彌勒菩薩說 玄奘譯,『辯中邊論頌』(大正藏 31).
無着菩薩造 玄奘譯,『顯揚聖教論頌』(大正藏 31).
無着菩薩造 玄奘譯,『顯揚聖教論』(大正藏 31).
無着菩薩造 玄奘譯,『大乘阿毘達磨集論』(大正藏 31).
無着菩薩造 波羅頗蜜多羅譯,『大乘莊嚴經論』(大正藏 31).
阿僧伽作 佛陀扇多譯,『攝大乘論』(大正藏 31).
無着菩薩造 眞諦譯,『攝大乘論』(大正藏 31).
無着菩薩造 玄奘譯,『攝大乘論本』(大正藏 31).
世親菩薩造 眞諦譯,『攝大乘論譯』(大正藏 31).
世親菩薩造 玄奘譯,『攝大乘論譯』(大正藏 31).
無性菩薩造 玄奘譯,『攝大乘論譯』(大正藏 31).
世親菩薩造 笈多共行矩等譯,『攝大乘論譯論』(大正藏 31).
世親菩薩造 玄奘譯,『大乘成業論』(大正藏 31).
世親菩薩造 玄奘譯,『大乘五蘊論』(大正藏 31).
天親菩薩造 玄奘譯,『大乘百法明門論本事分中略錄名數』(大正藏 31).
安慧菩薩造 地婆訶羅譯,『大乘廣五蘊論』(大正藏 31).
安慧菩薩造 玄奘譯,『大乘阿毘達磨雜集論』(大正藏 31).
天親菩薩造 眞諦譯,『中邊分別論』(大正藏 31).
從無相論出 眞諦譯,『顯識論』(大正藏 31).
天親菩薩造 般若流支譯,『唯識論』(大正藏 31).
世親菩薩造 玄奘譯,『唯識二十論』(大正藏 31).

世親菩薩造 玄奘譯, 『唯識三十論頌』(大正藏 31).
護法等菩薩造 玄奘譯, 『成唯識論』(大正藏 31).
窺基撰, 『成唯識論述記』(大正藏 43).
惠沼述, 『成唯識論了義燈』(大正藏 43).
遁倫集撰, 『瑜伽論記』(大正藏 42).
窺基撰, 『瑜伽師地論略撰』(大正藏 43).
窺基撰, 『辯中邊論述記』(大正藏 44).

## 2. 이차자료

『望月佛教大辭典』(東京: 世界聖典刊行協會, 昭和 48).
『朱芾煌, 法相大辭典』(台北: 新文豊出版公司, 中華民國 76).
中村元, 『佛教語大辭典』(東京: 東京書籍, 昭和 50).
『佛書解說大辭典』(東京: 大東出版社, 昭和 43).
『漢譯對照 梵和大辭典』(東京: 講談社, 昭和 54).
『佛光大辭典』(台北: 佛光大藏經編修委員會 編, 1988).
『佛教學大辭典』(서울: 弘法院, 1990).
鄭承碩 編, 『佛典解說事典』(서울: 民族社, 1989).

金東華, 『俱舍學』(서울: 文潮社, 1971).
______, 『唯識哲學』(서울: 寶蓮閣, 1980).
______, 『佛教教理發達史』(서울: 寶蓮閣, 1993).
______, 『佛教學概論』(서울: 寶蓮閣, 1984).
元義範, 『現代佛教思想』(서울: 集文堂, 1982).
吳亨根, 『唯識思想研究』(서울: 佛教思想社, 1983).
______, 『唯識과 心識思想 研究』(서울: 瑜伽思想社, 1989).
______, 『유식학입문』(서울: 불광출판부, 1992).
______, 『佛教의 物質과 時間論』(서울: 瑜伽思想社, 1994).
權五民, 『有部阿毘達磨와 經量部哲學의 研究』(서울: 경서원, 1994).
金妙注, 『唯識思想』(서울: 경서원, 1997).
尹浩眞, 『無我·輪廻問題의 研究』(서울: 民族社, 1992).
李仲杓, 『阿含의 中道體系』(서울: 불광출판부, 1991).
吉熙星, 『印度哲學史』(서울: 民音社, 1988).

平川彰 著, 이호근 역, 『印度佛教의 歷史』上·下(서울: 민족사, 1991).
橫山紘一 지음, 장순용 옮김, 『唯識이란 무엇인가』(서울: 세계사, 1996).
梶山雄一 지음, 권오민 옮김, 『印度佛教哲學』(서울: 민족사, 1994).
服部正明 외, 이만 옮김, 『認識과 超越』(서울: 민족사, 1993).
方倫 저, 김철수 옮김, 『唯識學 講義』(서울: 불광출판부, 1993).
三枝充悳 저, 송인숙 역, 『世親의 삶과 思想』(서울: 불교시대사, 1993).
三枝充悳 편, 김진무 옮김, 『存在論·時間論』(서울: 불교시대사, 1995).
______________________, 『認識論·論理學』(서울: 불교시대사, 1995).
______________________, 『인간론·심리학』(서울: 불교시대사, 1996).
______________________, 『종교론·진리론』(서울: 불교시대사, 1998).
上山春平·櫻部建 著, 정호영 譯, 『아비달마의 哲學』(서울: 민족사, 1989).
安慧 著, 박인성 역주, 『唯識三十頌釋』(서울: 민족사, 2000).
結城令聞, 『唯識學典籍志』(東京: 大藏出版株式會社, 1985).
________, 『世親唯識の研究』上·下(東京: 大藏出版株式會社, 1986).
袴谷憲昭, 『唯識の解釋學-解深密經 を讀む』(東京: 春秋社, 1994).
高崎直道, 『瑜伽行派の形成』(東京: 春秋社, 昭和 57).
________, 『唯識入門』(東京: 春秋社, 1992).
宇井伯壽, 『攝大乘論研究』(東京: 岩波書店, 昭和 10).
________, 『瑜伽論研究』(東京: 岩波書店, 1979).

________,『印度哲學史』(東京: 岩波書店, 昭和 16).
葉阿月,『唯識思想の研究』(東京: 國書刊行會, 昭和 50).
舟橋一哉,『原始佛教思想の研究』(東京: 法藏館, 昭和 27).
保坂玉泉,『唯識根本教理』(東京: 鴻盟社, 昭和 39).
山口益·野澤精證,『世親唯識の原典解明』((東京: 法藏館, 昭和 40).
上田義文,『大乘佛教思想』(東京: 第三文明社, 1982).
『世界の名著 2 大乘佛教』(東京: 中央公論社, 昭和 45).
『水野弘元著作選集 2 佛教教理研究』(東京: 春秋社, 1997).
勝友俊教,『佛教における心識說の研究』(東京: 山喜房佛書林, 昭和 49).
西義雄,『阿毘達磨佛教の研究』(東京: 國書刊行會, 昭和 53).
戸崎宏正,『佛教認識論の研究』上(東京: 大東出版社, 昭和 54).
深浦正文,『唯識論研究』(京都: 龍谷大學校出版部, 昭和 60).
________,『唯識論解說』(京都: 龍谷大學校出版部, 昭和 60).
________,『唯識學研究』(京都: 永田文昌堂, 昭和 47).
佐佐木現順,『煩惱の研究』(東京: 清水弘文堂, 1975).
竹村牧男,『唯識の構造』(東京: 春秋社, 1985).
平川彰,「瑜伽行派の成立」,『インド佛教史』下(東京: 春秋社, 1979).
______,『印度佛教史』上·下(東京: 春秋社, 1985).
______,『初期大乘佛教の研究』(東京: 春秋社, 昭和 43).
平川彰·梶山雄一·高崎直道 編,『講座 大乘佛教-8』(東京: 春秋社, 昭和 57).
橫山紘一,『唯識の哲學』(京都: 平樂寺書店, 1979).

金東華,「原始佛教의 心識說」,『文理論集』제2집, 고려대학교, 1957.
______,「部派佛教의心識說」,『佛教學報』제2집, 동국대학교 불교문화연구원, 1964.
______,「小乘佛教의 心識說」,『佛教學報』제3·4합집, 동국대학교 불교문화연구원, 1966.
______,「唯識所依 經論上의 心識說」,『佛教學報』제5집, 동국대학교 불교문화연구원, 1967.
______,「大乘論部上의 心識說」,『佛教學報』제6집, 동국대학교 불교문화연구원, 1969.
______,「中國佛教의 唯識學說」,『佛教學報』제7집, 동국대학교 불교문화연구원, 1970.

元義範,「認識의 正과 誤의 基準」,『佛教學報』제8집, 동국대학교 불교문화연구원, 1971.
______,「佛陀의 辨證的인 破棄法」,『佛教學報』제11집, 동국대학교 불교문화연구원, 1974.
吳亨根,「阿賴耶識의 三相」,『東國思想』제4집, 동국대학교 , 1968.
______,「原始唯識의 興起에 대한 考察」,『研究論集』제3집, 동국대학교 대학원 , 1973.
______,「第八阿賴耶識의 淵源에 대한 考察」,『佛教學報』제11집, 동국대학교 불교문화연구원, 1974.
______,「唯識學의 五位百法에 대한 考察」,『研究論集』제4집, 동국대학교 대학원, 1974.
______,「十代論師 및 諸家論師에 대한 小考」,『東國思想』제7집, 동국대학교, 1974.
______,「唯識學의 修行과 그 證果」,『佛教學報』제12집, 동국대학교 불교문화연구원, 1991.
______,「第八阿賴耶識의 淵源에 대한 考察」,『韓國佛教學』제1집, 한국불교학회, 1975.
______,「心識의 四分說에 대한 考察」,『研究論集』제5집, 동국대학교 대학원, 1975.
______,「圓側法師의 心識說에 관한 研究」,『佛教學報』제13집, 동국대학교 불교문화연구원, 1976.
______,「唯識學上의 十地菩薩과 十波羅蜜」,『研究論集』제6집, 동국대학교 대학원, 1976.
______,「世親의 五蘊觀에 대한 小考」,『東國思想』제9집, 동국대학교, 1976.
______,「六足論의 小分思想에 대한 考察」,『論文集』제16집, 동국대학교, 1977.
______,「末那識의 名稱과 所依說에 대한 考察」,『佛教學報』제19집, 동국대학교 불교문화연구원, 1982.
______,「唯識學上의 中有思想과 阿賴耶識」,『韓國佛教學』제7집, 한국불교학회, 1982.
______,「瑜伽師地와 十七地」,『韓國佛教學』제10집, 한국불교학회, 1985.
______,「唯識學上의 第六意識 研究」,『佛教學報』제23집, 동국대학교 불교문화연구소, 1986.
______,「部派佛教의 物質論 研究 II」,『佛教學報』제27집, 동국대학교 불교문화연구소, 1990.
______,「唯識學에 나타난 物質論」,『佛教學報』제28집, 동국대학교 불교문화연구소, 1991.
______,「佛教의 時間論」,『佛教學報』제29집, 동국대학교 불교문화연구소, 1992.

吳亨根,「初期唯識思想의 淵源과 阿賴耶識成立에 대한 硏究」, 박사학위논문, 동국대학교 대학원, 1986.
曺勇吉,「初期佛教의 業說에 관한 硏究」, 박사학위논문, 동국대학교 대학원, 1986.
李仲杓,「阿含의 中道體系 硏究」, 박사학위논문, 동국대학교 대학원,1989.
權五民,「經量部哲學의 批判的 體系 硏究」, 박사학위논문, 동국대학교 대학원, 1990.
鄭承碩,「상캬哲學의 轉變說 연구」, 박사학위논문, 동국대학교 대학원,1990.
金仕業,「現象의 成立에 관한 唯識學的 硏究」, 박사학위논문, 동국대학교 대학원, 1996.
朴仁成,「有部의 有爲相觀에 대한 諸批判 硏究」, 동국대학교 대학원, 1996.
李鍾撤, 「世親思想の研究-『釋軌論』を中心として-」,박사학위논문, 일본동경대학교 대학원, 1994.
全姃鎬(明星),「三能變識의 硏究」, 박사학위논문, 동국대학교 대학원, 1997.
崔晶圭,「無着(Asaṅga) 唯識哲學의 硏究」, 박사학위논문, 고려대학교 대학원, 1996.
鄭駿基,「心王心所說의 變遷上에서 본 二障 硏究」, 박사학위논문, 동국대학교 대학원, 1997.
한자경,『成唯識論』에서의 識과 境의 관계 연구」, 박사학위논문, 동국대학교 대학원, 1999.
黃旭,「無着의 唯識學說 硏究」,박사학위논문, 동국대학교 대학원, 1999.
吳亨根,「阿賴耶識硏究」,석사학위논문, 동국대학교 대학원, 1967.
金敬玉,「唯識二十論에서의 唯識無境 硏究」, 석사학위논문, 동국대학교 대학원, 1989.
황순일,「經量部 世親의 Ālayavijñāna 硏究」, 석사학위논문, 동국대학교 대학원, 1994.

## 자성

*Mūlamadhyamakakārikās,* Louis de la Vallee Poussin(ed.)
*Abhidharma Kośabhāsya*, Vasubandhu, P. Pradhan(ed.), K.P.Jayaswal Research Institute, Patna, 1967.
*Buddhist Sanskrit Texts Series,* P.L.Vaidya(ed.), The Mithila Institute of Post-Graduate Studies and Research in Sanskrit Learning, Darbhanga, 1961.
M.Ichigo, Madhyamakālaṁkāra, Buneido, 1985.
『大正新修大藏經』.
『望月佛教大辭典』(東京: 世界聖典刊行協會, 1980).
多屋賴俊 外編. 『佛教學辭典』(東京: 法藏館, 1981).
武邑尙邦著, 『佛教思想辭典』(東京: 教育新潮社, 1982).
『佛教·インド思想辭典』(東京: 春秋社, 1987).
中村元 外編『岩波佛教辭典』(東京: 岩波書店, 1989).
『哲學事典』(東京: 平凡社, 1992).
平川彰博士古稀紀念會, 『佛教思想の諸問題』(東京: 春秋社, 1985).
三枝充德, 『中論偈頌總覽』(東京: 第三文明社, 1985).
一鄕正道, 『中觀莊嚴論の研究』(京都: 文榮堂, 1985).
奧住 毅, 『中論 註釋書の研究』(東京: 大藏出版社, 1988).
岸根敏幸, 『 チャンドラキールティの中觀思想』(東京: 大東出版社, 2001).
加藤純章, 「自性と自相」『佛教思想の諸問題』(東京: 春秋社, 1985),
森山淸徹, 「Madhyamakālokaの無自性論證と<佛性論>」, 『印度學佛教學研究』40-1, 1991.
곽철환 편저 『시공 불교사전』(서울: 시공사, 2003).
권오민 역주, 『아비달마구사론』(1-4)(서울: 동국역경원, 2002).
吉熙星, 『印度哲學史』(서울: 민음사, 1984).
스터얼링 P. 램프레히트, 『西洋哲學史』(김태길외 공역)(서울: 을유문화사, 1981).
『세계철학대사전』(서울: 교육출판공사, 1980).
이태승, 「『中觀莊嚴論』의 形象說에 대하여」, 『印度哲學』제8집, 1998
______, 「『中觀莊嚴論』의 成立의 사상적 배경」, 『印度哲學』제10집, 2000
______, 「샨타라크시타의 自在神 批判에 대하여」, 『韓國佛教學』제35집, 2003

## 일체지


### 1. 일차자료

*Dhammapada* (London: PTS, 1960).
*Dīgha-nikāya* (London: PTS, 1960).
*Majjhima-nikāya* (London: PTS, 1960).
*Saṃyutta-nikāya* (London: PTS, 1960).
*Aṅguttara-nikāya* (London: PTS, 1960).
*Jātaka* (London: PTS, 1960).
*Sutta-nipāta* (London: PTS, 1960).
*Thera-gāthā* (London: PTS, 1960).

### 2. 이차자료

David, Rhys, *The Pali Text Society's Pali-English Dictionary,* London: PTS, 1979.
Monier Williams, *Sanskrit-English Dictionary*, London: Oxford University Press, 1956.
P.L.Vaidya, *Aṣṭasāhasrikā Prajñā pāramitā, Buddhist Sanskrit* Text No.4, Darbhanga, 1960.
Prin. Vaman Shivaram Apte, *The Practical Sanskrit-English Dictionary*, Rinsen, 1978.
Rhys David & Stede, *Pali-English Dictionary*, London: Pali Text Society, 1921-1925, Reprinted in 1979.

高翊晉 編,『梵·英·漢對照八千頌般若經』(서울: 東國大學校佛教大學, 1986).
권오민 譯,『阿毘達磨俱舍論』(서울: 동국역경원, 2002).
金亨俊 譯,『팔천송반야바라밀다경』(서울: 담마아카데미, 2002).
中村元,『原始仏教の成立』(東京: 春秋社, 1993).
_____,『初期ウェーダンター思想』(東京: 春秋社, 1990).
_____,『インド思想の諸問題』(東京: 春秋社, 1990).
_____,『ウパニシャッドの思想』(東京: 春秋社, 1990).
鈴木学術財団 編,『梵和大事典』(東京: 講談社, 1986).
岸本英夫,『宗教神秘主義』(東京: 東京大明堂, 1958).
雲井昭善,『パーリ仏教語辞典』(東京: 山喜房佛書林, 1997).
早島鏡正監修·高崎直道,『仏教・インド思想辞典』(東京: 春秋社, 1987).
川崎信定,『一切智思想の研究』(東京:春秋社, 平4年).
U. Wogihara, *Abhisamayālaṁkārālokā prajñā-pāramitā-vyākhyā*, Tokyo: The Toyo Bunko, 1932.
Shri Fantnachandraji Maharaj, *An Illusstrated Ardha-Māgadhī Dictionary,* Motilal Banarsidass.
Chandra Das, *TIBETAN-ENGLISH DICTIONARY*, Rinsen, 1988.

# 찾아보기

(ㅇ)

(ㅈ)

## 편자약력

**고 영 섭**

동국대학교 불교학과 교수(역사철학)
불교대학 세계불교학연구소 소장

## 저자약력

성명 가나다 순

| | |
|---|---|
| 고 영 섭(동국대) | 이 태 승(위덕대) |
| 김 묘 주(동국대) | 이 평 래(충남대) |
| 김 종 욱(동국대) | 이 호 근(강릉대) |
| 김 종 인(경희대) | 정 순 일(원광대) |
| 김 진 태(동국대) | 정 승 석(동국대) |
| 김 형 준(동국대) | 정 유 진(동국대) |
| 류 승 주(연세대) | 정 호 영(충북대) |
| 안 성 두(서울대) | 조 용 길(동국대) |
| 안 양 규(동국대) | 조 준 호(고려대) |
| 윤 영 해(동국대) | 최 정 규(고려대) |
| 이 봉 순(서울불교대학원대) | 한 자 경(이화여대) |
| 이 중 표(전남대) | 황 수 산(동국대) |